最新果樹園芸技術ハンドブック

吉田義雄
長井晃四郎
田中寛康
長谷嘉臣
編集

朝倉書店

編集者

吉田義雄（よしだよしお）　前農林水産省果樹試験場育種部長
長井晃四郎（ながいこうしろう）　前農林水産省果樹試験場栽培部長
田中寛康（たなかひろやす）　前農林水産省果樹試験場保護部長
長谷嘉臣（はせよしおみ）　農林水産省果樹試験場栽培部長

リンゴ：ジョナゴールド

リンゴ：陸奥（左は無袋果，右は有袋果）

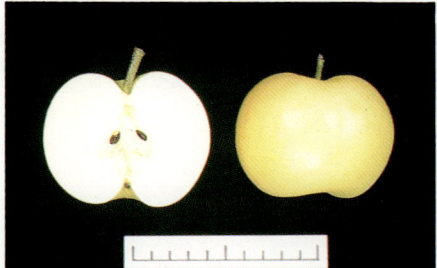
ニホンナシ：筑水

ニホンナシ：豊水

セイヨウナシ：ラ・フランス

セイヨウナシ：ル・レクチェ

ブドウ：ピオーネ

ブドウ：甲斐路

ブドウ：巨峰

マルメロ：かおり

モモ：ちよひめ

オウトウ：佐藤錦

オウトウ：ナポレオン

カキ：富有

カキ：次郎

スモモ：ソルダム

キウイフルーツ：香緑

クリ：筑波

クリ：石鎚

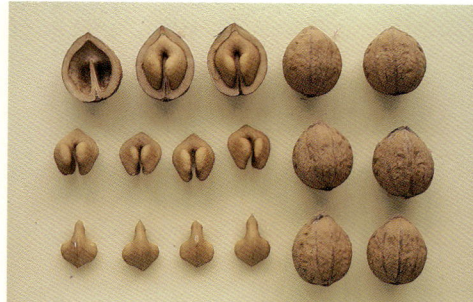
クルミ：オニグルミ継衛系

温州ミカン：興津早生

温州ミカン：久能温州

温州ミカン：瀬戸温州

ビワ：長崎早生

ビワ：茂木

せん孔細菌病（モモ）

リーフロール病（ブドウ）

フタテンヒメヨコバイ成虫

チャノキイロアザミウマ幼虫

キイロマイコガ幼虫

ヤノネカイガラムシ成虫

灰星病（オウトウ）

根頭がんしゅ病（ブドウ）

接ぎ木部異常病（カラタチ台レモン）

序

　昨今の果樹産業をめぐる情勢は，国内では消費者ニーズの多様化・高級化，国際的には貿易の自由化に伴う外国産果物との競合など一段と厳しさを増し，足腰の強靱な経営の確立とそれをバックアップする品質向上技術の体系化が急務となっている．一方，育種，栽培，保護分野における諸技術もその進歩には著しいものがある．

　このような背景の中で，本書は最近の果樹園芸技術革新の成果をハンドブックのかたちで，研究者，学生，技術指導者，果樹栽培者の方々に提供すべくまとめられた．総論では果樹園芸の現状，遺伝資源，育種，バイオテクノロジー，繁殖，栽培，病害虫，植物生長調節剤，果実生理，収穫・貯蔵，加工利用を詳細に解説し，各論では主要樹種の経営上の特性，分類，品種解説，栽培管理，収穫・出荷，病害虫防除について詳しく記述されている．

　刊行は当初の予定より約2年遅れたが，最新のデータをできるだけ組み入れて編集したので，内容については表題どおり「最新果樹園芸技術ハンドブック」になったものと信じている．

　御多忙の中を執筆いただいた方々に刊行の遅れのおわびを申し上げるとともに御礼を申し上げたい．また，朝倉書店に対して忍耐強く待ち，本書の出版に漕ぎ着けていただいたことに感謝申し上げたい．

　本書が所期の目的どおり，研究者，学生，技術指導者，果樹栽培者の座右の書として広く活用されることを願いつつ，編集者を代表して発刊の言葉といたします．

　　1991年9月

編集者代表　吉田義雄

執 筆 者

西山保直	前農林水産省果樹試験場	高木一夫	農林水産省果樹試験場
真田哲朗	農林水産省果樹試験場	坂神泰輔	農林水産省果樹試験場安芸津支場
吉田義雄	前農林水産省果樹試験場	岩垣 功	農林水産省果樹試験場興津支場
小崎 格	農林水産省果樹試験場	鈴木邦彦	農林水産省果樹試験場
羽生田忠敬	長野県果樹試験場	池田富喜夫	東京農業大学農学部
朝倉利員	農林水産省果樹試験場	山木昭平	名古屋大学農学部
駒村研三	農林水産省果樹試験場	吉岡博人	農林水産省果樹試験場盛岡支場
福田博之	農林水産省果樹試験場盛岡支場	荒木忠治	前農林水産省果樹試験場興津支場
鴨田福也	農林水産省果樹試験場盛岡支場	伊庭慶昭	農林水産省果樹試験場
福元将志	農林水産省果樹試験場	垣内典夫	農林水産省果樹試験場
間苧谷徹	農林水産省果樹試験場	土屋七郎	農林水産省果樹試験場
今田 準	農林水産省果樹試験場安芸津支場	小原信実	青森県畑作園芸試験場
柳瀬春夫	農林水産省果樹試験場口之津支場	工藤亜義	青森県りんご試験場
田中寛康	前農林水産省果樹試験場	千葉和彦	農林水産省北海道農業試験場
小金澤碩城	国際稲研究所	青葉幸二	農林水産省果樹試験場盛岡支場
小泉銘冊	農林水産省果樹試験場興津支場	瀬川一衛	前青森県畑作園芸試験場
高梨和雄	前農林水産省果樹試験場	山田雅輝	青森県りんご試験場
家城洋之	農林水産省果樹試験場安芸津支場	佐藤義彦	農林水産省果樹試験場
工藤 晟	農林水産省果樹試験場	関本美知	千葉県農業試験場
佐久間勉	農林水産省果樹試験場	長柄 稔	鳥取県倉吉農業改良普及所
久原重松	前農林水産省果樹試験場口之津支場	松浦永一郎	栃木県農業大学校
石井英夫	農林水産省果樹試験場	猪俣雄司	農林水産省果樹試験場
井上晃一	農林水産省果樹試験場	梅本清作	千葉県農林部
是永龍二	農林水産省果樹試験場興津支場	内田正人	鳥取県果樹野菜試験場
氏家 武	農林水産省果樹試験場口之津支場	佐竹正行	山形県農林水産部

執筆者

高瀬紘一	山形県立園芸試験場	高木伸友	岡山県立農業試験場
大沼幸男	山形県立農業試験場最北支場	武田吉弘	長野県農業総合試験場
上野 亘	山形県病害虫防除所	寺井康夫	山梨県果樹試験場
小林祐造	長野県果樹試験場	宮崎 稔	島根県農業試験場
吉田雅夫	神戸大学農学部	山田昌彦	農林水産省果樹試験場安芸津支場
鶴田富雄	山梨県東山梨農業改良普及所	木村伸人	愛知県農業総合試験場園芸研究所
村瀬昭治	熱帯農業研究センター沖縄支所	今川博之	愛知県立農業大学校
前阪和夫	和歌山県果樹園芸試験場紀北分場	長谷嘉臣	農林水産省果樹試験場
落合政文	福島県果樹試験場	矢井治夫	岐阜県高冷地農業試験場
土屋恒雄	前山梨県果樹試験場	寿松木 章	福島県果樹試験場
山口正己	山形県立園芸試験場	多久田達雄	島根県中海干拓営農センター
藤本欣司	和歌山県果樹園芸試験場紀北分場	山田偉雄	岐阜県農業総合研究センター
若林義則	香川県農業試験場府中分場	末澤克彦	香川県農業試験場府中分場
尾澤 賢	前長野県農業総合試験場	真子正史	神奈川県園芸試験場根府川分場
京谷英壽	農林水産省果樹試験場	牛山欽司	神奈川県園芸試験場根府川分場
山西久夫	長野県果樹試験場	高橋浅夫	静岡県柑橘試験場落葉果樹分場
萩原保身	長野県南信農業試験場	壽 和夫	農林水産省果樹試験場
村岡邦三	群馬県園芸試験場	佐久間文雄	茨城県下館地区農業改良普及所
長谷部秀明	徳島県果樹試験場県北分場	荒木 斉	兵庫県立中央農業技術センター
田辺賢治	福井県園芸試験場	片桐澄雄	茨城県園芸試験場
北野欣信	和歌山県果樹園芸試験場	田中敬一	農林水産省果樹試験場
中尾茂夫	大分県農業技術センター	磯田隆晴	熊本県農業研究センター果樹研究所
小松英雄	和歌山県果樹園芸試験場	黒木功令	山口県豊田農業改良普及所
西村幸一	農林水産省果樹試験場	株本暉久	兵庫県立中央農業技術センター
丹沢 隆	山梨県果樹試験場	伊藤裕朗	愛知県農業総合試験場豊橋農業技術センター
小柳津和佐久	前山梨県果樹試験場	廣田耕作	愛知県農業総合試験場園芸研究所
山川隆平	山形県立農業試験場庄内支場	山下優勝	前兵庫県病害虫防除所
山根弘康	農林水産省果樹試験場安芸津支場	高橋清重	山形県村山農業改良普及所
武井和人	山梨県果樹試験場	渡辺久昭	北海道立中央農業試験場
高橋国昭	島根県農業試験場	上野 勇	農林水産省果樹試験場安芸津支場

執 筆 者

谷口哲微	静岡県柑橘試験場	松本亮司	福岡県農業総合試験場園芸研究所
高辻豊二	農林水産省果樹試験場口之津支場	佐々木 篤	広島県立農業技術センター
末次信行	佐賀県農林部	松本 要	広島県立農業技術センター
矢野昌充	農林水産省果樹試験場興津支場	吉田俊雄	農林水産省果樹試験場興津支場
河瀬憲次	大阪府立大学農学部	浅田謙介	長崎県果樹試験場
山本省二	前和歌山県農業大学校	一瀬 至	長崎県果樹試験場
大久保宣雄	長崎県果樹試験場	森田 昭	長崎県果樹試験場
生山 巌	農林水産省果樹試験場安芸津支場	横溝徹世敏	長崎県総合農林試験場
山田彬雄	農林水産省果樹試験場口之津支場	梶浦一郎	農林水産省農林水産技術会議事務局
榊原正義	愛知県農業総合試験場園芸研究所		(執筆順)

目　次

I. 総　論

1. **果樹園芸の現状と動向** ……………………………………………［西山保直］… 3
   1.1 需要の現状と動向 ……………………………………………………… 3
   1.2 生産の現状と動向 ……………………………………………………… 6
   1.3 貿易の現状と動向 ……………………………………………………… 10
2. **遺伝資源の収集，保存とその利用** …………………………［真田哲朗］… 14
   2.1 果樹導入の歴史的経過 ………………………………………………… 14
   2.2 遺伝資源の探索と収集 ………………………………………………… 16
   2.3 隔離栽培とウイルスの無毒化 ………………………………………… 19
   2.4 遺伝資源の保存 ………………………………………………………… 23
   2.5 遺伝資源の評価と利用 ………………………………………………… 25
3. **育種と品種** ………………………………………………………………［吉田義雄］… 27
   3.1 わが国における果樹育種の歴史 ……………………………………… 27
   3.2 育種目標 ………………………………………………………………… 28
   3.3 育種法 …………………………………………………………………… 30
   3.4 育種技術 ………………………………………………………………… 31
   3.5 育種の経過と成果 ……………………………………………………… 34
   3.6 種苗登録と育成者の保護 ……………………………………………… 37
4. **バイオテクノロジーの育種への応用** ………………………［小崎　格］… 51
   4.1 組織培養の育種への応用 ……………………………………………… 51
   4.2 細胞培養の育種への応用 ……………………………………………… 54
   4.3 遺伝子組換え …………………………………………………………… 56
5. **繁　殖** ……………………………………………………………………［羽生田忠敬］… 59
6. **適地条件** ………………………………………………………………………………… 66
   6.1 気象的条件 ……………………………………………………………［朝倉利員］… 66
   6.2 土壌および地形的条件 ………………………………………………［駒村研三］… 69
7. **低樹高栽培** …………………………………………………………………［福田博之］… 74
8. **気象と災害** …………………………………………………………………［鴨田福也］… 81
   8.1 気象と果樹栽培 ………………………………………………………… 81

8.2 気象災害	85
8.3 生育の予測	88
9. 施設栽培 ［鴨田福也］	93
9.1 施設栽培の現状	93
9.2 環境制御と樹体の反応	95
9.3 施設の種類と構造	99
10. 土壌，栄養生理および水分生理	101
10.1 果樹生産と土壌 ［駒村研三］	101
10.2 果樹の栄養生理と施肥 ［福元将志］	108
10.3 果樹の水分生理と水分管理 ［間苧谷 徹］	112
11. 病　　害	116
11.1 ウイルス病	116
（1） 病徴と診断 ［今田 準］	116
（2） ウイルスの種類と検定 ［柳瀬春夫］	118
（3） 伝搬と対策 ［田中寛康］	124
11.2 ウイロイド病 ［小金澤碩城］	126
11.3 細菌病	129
（1） 病徴と診断 ［小泉銘册］	129
（2） 病原細菌の種類と簡易同定法 ［高梨和雄］	131
（3） 根頭がんしゅ病 ［家城洋之］	135
11.4 糸状菌病	137
（1） 枝幹病害の種類と防除 ［工藤 晟］	137
（2） 土壌病害の種類と防除 ［佐久間 勉］	140
11.5 発生予察―電算機利用― ［久原重松］	143
11.6 薬剤防除―殺菌剤の種類と耐性菌― ［石井英夫］	146
12. 虫　　害	149
12.1 最近の果樹害虫相 ［井上晃一］	149
12.2 害虫の発生予察 ［是永龍二］	153
12.3 防除技術 ［氏家 武］	158
12.4 害虫の天敵とその利用 ［高木一夫］	163
12.5 殺虫剤の特性 ［坂神泰輔］	167
13. 植物生長調節剤と除草剤	171
13.1 植物生長調節剤 ［岩垣 功］	171
13.2 除草剤 ［鈴木邦彦］	175
14. 果実の生理	181
14.1 結実，肥大生理 ［池田富喜夫］	181
14.2 成熟の生理 ［山木昭平］	186
14.3 貯蔵の生理 ［吉岡博人］	192

15. 収穫・出荷 ……………………………………………［荒木忠治］… 196
　15.1　収　　　穫 …………………………………………………… 196
　15.2　出　　　荷 …………………………………………………… 198
16. 輸送・貯蔵・流通 ……………………………………［伊庭慶昭］… 201
　16.1　輸　　　送 …………………………………………………… 201
　16.2　貯　　　蔵 …………………………………………………… 202
　16.3　流　　　通 …………………………………………………… 209
17. 加工利用 …………………………………………………［垣内典夫］… 212
　17.1　果実成分 ……………………………………………………… 212
　17.2　加工成分 ……………………………………………………… 217
　17.3　加工利用 ……………………………………………………… 220
18. 機能性食品としての果実 ……………………………［垣内典夫］… 224

II. 各　　論

1. リ　ン　ゴ ……………………………………………………………… 231
　1.1　経営上の特性と問題点 ………………………………［土屋七郎］… 231
　1.2　分類と来歴 ……………………………………………………… 234
　1.3　リンゴ栽培品種の伝搬とわが国への導入 …………………… 235
　1.4　品種の変遷と品種解説 ………………………………………… 236
　1.5　栽培管理 ………………………………………………［小原信実］… 243
　1.6　出　　　荷 ……………………………………………［工藤亜義］… 256
　1.7　貯　　　蔵 ……………………………………………………… 258
　1.8　加　　　工 ……………………………………………………… 264
　1.9　災害防止と生理障害 …………………………………………… 266
　　（1）　鳥獣害防止 ………………………………………［小原信実］… 266
　　（2）　凍　　　害 ………………………………………［千葉和彦］… 267
　　（3）　生理障害 …………………………………………［青葉幸二］… 270
　1.10　病　　　害 ……………………………………………［瀬川一衛］… 274
　1.11　虫　　　害 ……………………………………………［山田雅輝］… 279
2. ニホンナシ ……………………………………………………………… 285
　2.1　経営上の特性と問題点 ………………………………［佐藤義彦］… 285
　2.2　分類と来歴 ……………………………………………………… 286
　2.3　品種の変遷と品種解説 ………………………………………… 289
　2.4　栽培管理 ………………………………………………［関本美知］… 295
　　　　二十世紀栽培の要点 …………………………………［長柄　稔］… 313
　2.5　出　　　荷 ……………………………………………［松浦永一郎］… 320
　2.6　貯　　　蔵 ……………………………………………………… 322

目　次

- 2.7　加　　工 ……………………………………………………………… 323
- 2.8　災害防止と生理障害 …………………………………………………… 323
  - （1）　防鳥・防蛾対策 ………………………………………………… 323
  - （2）　生 理 障 害 ……………………………………………［猪俣雄司］… 325
- 2.9　病　　害 …………………………………………………［梅本清作］… 328
- 2.10　虫　　害 …………………………………………………［内田正人］… 334
- 3.　セイヨウナシ …………………………………………………………… 340
  - 3.1　経営上の特性と問題点 ………………………………［佐竹正行］… 340
  - 3.2　分類と来歴 ……………………………………………［高瀬紘一］… 342
  - 3.3　品種の変遷と品種解説 ……………………………………………… 342
  - 3.4　栽 培 管 理 ……………………………………………［佐竹正行］… 345
  - 　　　　追　　熟 ……………………………………………［高瀬紘一］… 353
  - 3.5　出　　荷 ……………………………………………………………… 354
  - 3.6　貯　　蔵 ……………………………………………………………… 354
  - 3.7　加　　工 ……………………………………………………………… 355
  - 3.8　生 理 障 害 …………………………………………………………… 356
  - 3.9　病　　害 ……………………………………………［大沼幸男］… 359
  - 3.10　虫　　害 ……………………………………………［上野　亘］… 361
- 4.　マルメロ，カリン ……………………………………［小林祐造］… 364
  - 4.1　マルメロ ……………………………………………………………… 364
  - 4.2　カ リ ン ……………………………………………………………… 371
- 5.　モ　　モ ……………………………………………………………… 376
  - 5.1　経営上の特性と問題点 ………………………………［吉田雅夫］… 376
  - 5.2　分類と来歴 …………………………………………………………… 377
  - 5.3　品種の変遷と品種解説 ……………………………………………… 379
  - 5.4　栽 培 管 理 ……………………………………………［鶴田富雄］… 386
  - 　　　　低樹高栽培 ……………………………………………［村瀬昭治］… 400
  - 　　　　施 設 栽 培 ……………………………………………［前阪和夫］… 402
  - 5.5　出　　荷 ……………………………………………………………… 406
  - 5.6　貯　　蔵 ……………………………………………………………… 407
  - 5.7　加　　工 ……………………………………………………………… 408
  - 5.8　病　　害 ……………………………………………［落合政文］… 409
  - 5.9　虫　　害 ……………………………………………［土屋恒雄］… 414
- 6.　ス　モ　モ ……………………………………………………………… 419
  - 6.1　経営上の特性と問題点 ………………………………［山口正己］… 419
  - 6.2　分類と来歴 …………………………………………………………… 421
  - 6.3　品種の変遷と品種解説 ……………………………………………… 424
  - 6.4　栽 培 管 理 ……………………………………………［藤本欣司］… 429

　　　　低樹高栽培 ……………………………………………………［若林義則］… 435
　6.5　出　　　荷 …………………………………………………［藤本欣司］… 437
　6.6　貯　　　蔵 ……………………………………………………………………… 438
　6.7　加　　　工 ……………………………………………………………………… 439
　6.8　病　　　害 ……………………………………………………［尾澤　賢］… 439
　6.9　虫　　　害 …………………………………………………［土屋恒雄］… 441
7.　アンズ ……………………………………………………………………………… 444
　7.1　経営上の特性と問題点 ……………………………………［京谷英壽］… 444
　7.2　分類と来歴 ………………………………………………………………… 446
　7.3　品種の変遷と品種解説 ………………………………………………… 448
　7.4　栽 培 管 理 …………………………………………………［山西久夫］… 451
　7.5　出荷・貯蔵 ………………………………………………………………… 460
　7.6　加　　　工 ……………………………………………………………………… 460
　7.7　病　　　害 ……………………………………………………［尾澤　賢］… 461
　7.8　虫　　　害 …………………………………………………［萩原保身］… 462
8.　ウ　メ ……………………………………………………………………………… 465
　8.1　経営上の特性と問題点 ……………………………………［京谷英壽］… 465
　8.2　分類と来歴 ………………………………………………………………… 467
　8.3　品種の変遷と品種解説 ………………………………………………… 469
　8.4　栽 培 管 理 ………………………………………………………………… 472
　　（1）　開園・植え付け …………………………………………［村岡邦三］… 472
　　（2）　整枝・せん定 …………………………………………［長谷部秀明］… 474
　　（3）　結実管理 …………………………………………………［田辺賢治］… 476
　　（4）　収　　　穫 ………………………………………………［村岡邦三］… 478
　　（5）　土壌管理，施肥管理 ……………………………………………… 479
　8.5　出　　　荷 …………………………………………………［北野欣信］… 480
　8.6　貯　　　蔵 ……………………………………………………………………… 482
　8.7　加　　　工 ……………………………………………………………………… 483
　8.8　病　　　害 …………………………………………………［中尾茂夫］… 485
　8.9　虫　　　害 …………………………………………………［小松英雄］… 488
9.　オウトウ …………………………………………………………………………… 491
　9.1　経営上の特性と問題点 ……………………………………［西村幸一］… 491
　9.2　分類と来歴 ………………………………………………………………… 492
　9.3　品種の変遷と品種解説 ………………………………………………… 496
　9.4　栽 培 管 理 …………………………………………………［佐竹正行］… 501
　　　　施設栽培 ………………………………………………………［丹沢　隆］… 512
　　　　低樹高栽培 ………………………………………………［小柳津和佐久］… 515
　9.5　出　　　荷 …………………………………………………［佐竹正行］… 518

9.6	貯　　　蔵	………………………………………………………	520
9.7	加　　　工	………………………………………………………	520
9.8	病　　　害	……………………………………………[大沼幸男]…	521
9.9	虫　　　害	……………………………………………[山川隆平]…	524

10. ブドウ ……………………………………………………………… 528

10.1	経営上の特性と問題点	……………………………[山根弘康]…	528
10.2	分類と来歴	………………………………………………	530
10.3	品種の変遷と品種解説	………………………………………	530
10.4	栽培管理	…………………………………………………	538
（1）	開園・植え付け	………………………………[武井和人]…	538
（2）	整枝・せん定	…………………………………[高橋国昭]…	544
（3）	結実管理	………………………………………………	546
（4）	収　　　穫	……………………………………[武井和人]…	548
（5）	土壌管理,施肥管理	……………………………………	549
（6）	施設栽培	……………………………………[高木伸友]…	551
10.5	出　　　荷	………………………………………[武田吉弘]…	554
10.6	貯　　　蔵	………………………………………………………	555
10.7	加　　　工	………………………………………………………	558
10.8	生理障害	…………………………………………[高木伸友]…	560
10.9	病　　　害	……………………………………………[寺井康夫]…	563
10.10	虫　　　害	……………………………………………[宮崎　稔]…	568

11. カキ …………………………………………………………………… 573

11.1	経営上の特性と問題点	……………………………[山田昌彦]…	573
11.2	分類と来歴	………………………………………………	575
11.3	品種の変遷と品種解説	………………………………………	576
11.4	栽培管理	…………………………………………………	582
（1）	開園・植え付け	………………………………[木村伸人]…	582
（2）	整枝・せん定	…………………………………[今川博之]…	583
（3）	結実管理	……………………………………[木村伸人]…	585
（4）	収　　　穫	………………………………………………	587
（5）	水分管理,施肥管理	……………………………[長谷嘉臣]…	589
（6）	施設栽培	……………………………………[今川博之]…	591
（7）	低樹高栽培	………………………………………………	596
11.5	出　　　荷	………………………………………[矢井治夫]…	597
11.6	貯　　　蔵	………………………………………………………	599
11.7	加　　　工	………………………………………………………	601
11.8	生理障害	…………………………………………[寿松木　章]…	605
11.9	病　　　害	……………………………………………[多久田達雄]…	609

11.10 虫　　害 ……………………………………………………［山田偉雄］… 614
12.　キウイフルーツ ………………………………………………………… 619
　12.1 経営上の特性と問題点 ……………………………………［末澤克彦］… 619
　12.2 分類と来歴 ……………………………………………………………… 621
　12.3 品種の変遷と品種解説 ………………………………………………… 623
　12.4 栽培管理 ………………………………………………………………… 626
　12.5 出　　荷 …………………………………………………［真子正史］… 633
　12.6 貯　　蔵 ………………………………………………………………… 636
　12.7 加　　工 ………………………………………………………………… 638
　12.8 病　　害 …………………………………………………［牛山欽司］… 640
　12.9 虫　　害 …………………………………………………［高橋浅夫］… 644
13.　ク　　リ ………………………………………………………………… 648
　13.1 経営上の特性と問題点 ……………………………………［壽　和夫］… 648
　13.2 分類と形態的特性 ……………………………………………………… 651
　13.3 品種の変遷と特性の概要 ……………………………………………… 654
　13.4 栽培管理 …………………………………………………［佐久間文雄］… 658
　　　　低樹高栽培 ………………………………………………［荒木　斉］… 663
　13.5 出　　荷 …………………………………………………［片桐澄雄］… 666
　13.6 貯　　蔵 …………………………………………………［田中敬一］… 669
　13.7 加　　工 ………………………………………………………………… 671
　13.8 病　　害 …………………………………………………［磯田隆晴］… 672
　13.9 虫　　害 …………………………………………………［黒木功令］… 676
14.　クルミ …………………………………………………………………… 682
　14.1 経営上の特性と問題点 ……………………………………［小林祐造］… 682
　14.2 分類と来歴 ……………………………………………………………… 683
　14.3 品種の変遷と品種解説 ………………………………………………… 686
　14.4 栽培管理 ………………………………………………………………… 690
　14.5 出荷販売 ………………………………………………………………… 697
　14.6 貯　　蔵 ………………………………………………………………… 698
　14.7 加　　工 ………………………………………………………………… 698
　14.8 病　　害 …………………………………………………［尾澤　賢］… 698
　14.9 虫　　害 …………………………………………………［萩原保身］… 700
15.　イチジク ………………………………………………………………… 702
　15.1 経営上の特性と問題点 ……………………………………［株本暉久］… 702
　15.2 分類と来歴 ……………………………………………………………… 702
　15.3 品種の変遷と品種解説 ………………………………………………… 703
　15.4 栽培管理 ………………………………………………………………… 705
　15.5 出　　荷 …………………………………………………［伊藤裕朗］… 711

　　　　　　　　目　次

15.6　貯　　　蔵 …………………………………………………… 713
15.7　加　　　工 …………………………………………………… 713
15.8　病　　　害 ………………………………………[廣田耕作]… 715
15.9　虫　　　害 ………………………………………[山下優勝]… 717
16.　小　果　類 …………………………………………[千葉和彦]… 720
　16.1　栽培・経営上の特性と問題点 …………………………… 720
　16.2　分類と来歴 ………………………………………………… 720
　16.3　品種の変遷と品種解説 …………………………………… 721
　16.4　栽　培　管　理 …………………………………………… 725
　16.5　収穫・貯蔵・加工 ………………………………………… 728
　16.6　病　虫　害 ………………………………………………… 729
17.　ア　ケ　ビ …………………………………………[高橋清重]… 731
　17.1　分類と来歴 ………………………………………………… 731
　17.2　品種・系統 ………………………………………………… 731
　17.3　生　育　特　性 …………………………………………… 732
　17.4　栽　培　管　理 …………………………………………… 733
18.　ハスカップ …………………………………………[渡辺久昭]… 740
　18.1　経営上の特性と問題点 …………………………………… 740
　18.2　来歴と一般的性状 ………………………………………… 740
　18.3　品種と繁殖 ………………………………………………… 741
　18.4　栽　培　管　理 …………………………………………… 742
　18.5　貯蔵・加工 ………………………………………………… 743
　18.6　病　虫　害 ………………………………………………… 744
19.　温州ミカン …………………………………………………… 745
　19.1　経営上の特性と問題点 …………………………[上野　勇]… 745
　19.2　分類と来歴 ………………………………………………… 748
　19.3　品種の変遷と品種解説 …………………………………… 749
　19.4　栽　培　管　理 …………………………………[谷口哲微]… 754
　　　　土壌管理，水分管理，施肥管理 ………………[高辻豊二]… 764
　　　　施　設　栽　培 …………………………………[末次信行]… 767
　19.5　出　　　荷 ………………………………………[矢野昌充]… 771
　19.6　貯　　　蔵 ………………………………………………… 775
　19.7　加　　　工 ………………………………………[荒木忠治]… 777
　19.8　生　理　障　害 …………………………………[河瀬憲次]… 780
　19.9　病　　　害 ………………………………………[山本省二]… 788
　19.10　虫　　　害 ………………………………………[大久保宣雄]… 793
20.　中晩生カンキツ類 …………………………………………… 800
　20.1　経営上の特性と問題点 …………………………[生山　巌]… 800

20.2　分類と来歴 …………………………………………………… 801
20.3　品種の変遷と品種解説 ……………………………………… 802
20.4　栽培管理 ……………………………………………………… 809
　（1）　開園・植え付け ……………………………………[山田彬雄]… 809
　（2）　整枝・せん定 ……………………………………………… 812
　（3）　結実管理 …………………………………………………… 813
　（4）　収　　　穫 ………………………………………………… 816
　（5）　土壌管理，水分管理，施肥管理 ………………[高辻豊二]… 818
　（6）　施設栽培 …………………………………………[榊原正義]… 822
20.5　出　　　荷 …………………………………………[矢野昌充]… 824
20.6　貯　　　蔵 …………………………………………………… 825
20.7　加　　　工 …………………………………………[荒木忠治]… 826
20.8　生理障害 …………………………………………………[松本亮司]… 831
20.9　病　　　害 …………………………………………[佐々木　篤]… 834
20.10　虫　　　害 …………………………………………[松本　要]… 838

21. ビ　ワ ……………………………………………………… 843
21.1　経営上の特性と問題点 ……………………………[吉田俊雄]… 843
21.2　分類と来歴 …………………………………………………… 844
21.3　品種の変遷と品種解説 ……………………………………… 846
21.4　栽培管理 …………………………………………[浅田謙介]… 849
　（1）　結実管理 …………………………………………………… 849
　（2）　整枝・せん定 ……………………………………………… 851
　（3）　寒　　　害 ………………………………………………… 852
　（4）　土壌管理，施肥管理 ……………………………[高辻豊二]… 853
　（5）　施設栽培 …………………………………………[浅田謙介]… 855
21.5　出　　　荷 …………………………………………[一瀬　至]… 859
21.6　貯　　　蔵 …………………………………………………… 860
21.7　加　　　工 …………………………………………………… 861
21.8　病　　　害 …………………………………………[森田　昭]… 862
21.9　虫　　　害 ………………………………………[横溝徹世敏]… 864

22. ヤマモモ ……………………………………………[梶浦一郎]… 867
22.1　経営上の特性と問題点 ……………………………………… 867
22.2　品種と品種改良 ……………………………………………… 869
22.3　栽培管理 ……………………………………………………… 870
22.4　出　　　荷 …………………………………………………… 871
22.5　加工利用 ……………………………………………………… 872
22.6　病　　　害 …………………………………………………… 872
22.7　虫　　　害 …………………………………………………… 872

事項索引 …………………………………………………… 875
病虫害索引 ………………………………………………… 883

I. 総　　論

1. 果樹園芸の現状と動向

1.1 需要の現状と動向

　わが国の果樹農業は，1950年代半ば以降の国民所得の向上，食生活の多様化による堅調な需要に支えられ，農業者の生産意欲により順調に発展してきた．農政面でも1961年に「果樹農業振興特別措置法」が制定され，以後現在に至るまでこの法に基づき，農林水産省はおおよそ5年ごとに果樹農業振興基本方針を公表して，需要の見通し，生産数量の目標，経営の指標などを掲げて需要に即応する果樹生産を誘導するための諸施策を講じてきた．この間技術面でも，新品種の育成，栽培技術の向上，貯蔵加工技術・施設の充実による需要の拡大が図られ，量の増加ばかりでなく，種類の多様化，品質の向上，消費期間の延長など，質の面でも著しい発展をみた．

　しかしながら，1973年の第1次石油ショック以降，果実生産をめぐる情勢は徐々に変化し，果実需要にかげりがみえ，わが国の果実生産の主力である温州ミカンを中心に消費も生産も減少してきた．このため果樹農業の現況は表1.1のように，1975年前後をピークに，栽培農家数，面積，生産量，消費量も減退してきている．しかし農業総生産額に占める果樹の産出額は1988年で7.8％あり，これは米（28.8％），畜産物（27.2％），野菜（21.9％）についで第4位である．

　表1.2で過去20年間の果実の総需給量の推移をみてみると，総消費量は1965年の4,466千tから1975年の過去最高値7,993千tまで急速に増大した．しかし1970年代後半に入ると消費の伸びは止まり，7,000千t台で上下しながら推移してきている．

表1.1　果樹農業の主要指標の推移

項目 \ 年次	1970年	1975年	1980年	1985年	1990年
栽 培 農 家 数　（千戸）	916	898	817	759	527
栽 培 面 積　（千ha）	416	430	408	387	346
生 産 量　（千t）	5,521	6,744	6,052	5,604	5,054*
産 出 額　（億円）	3,966	6,462	6,916	9,383	8,167**
同上の農業総産出額に占める割合(%)	8.5	7.1	6.7	8.1	7.8**
1人当たり年間果実消費量　（kg）	40.2	49.7	41.6	36.4	34.4*
国 内 自 給 率　（％）	84	84	81	77	67*

資料：農林水産省「統計表」「食糧需給表」および「農業センサス」．
注：*は1989年，**は1988年の数値．

表1.2 果実の総需給量の推移

年次	総消費量 (千t)	総供給量 (千t)		国内自給率 (%)
		国内生産量	輸 入 量	
1965年	4,466	4,034	573	90
1970年	6,517	5,467	1,186	84
1975年	7,993	6,686	1,387	84
1976年	7,481	6,096	1,464	81
1977年	7,840	6,621	1,481	84
1978年	7,828	6,173	1,634	79
1979年	7,956	6,848	1,621	86
1980年	7,635	6,196	1,539	81
1981年	7,582	5,843	1,614	77
1982年	7,899	6,239	1,699	79
1983年	7,926	6,402	1,611	81
1984年	7,030	5,183	1,753	74
1985年	7,466	5,747	1,904	77
1986年	7,500	5,552	2,174	74
1987年	8,068	5,974	2,260	74
1988年	7,954	5,331	2,383	67
1989年	7,829	5,214	2,638	67

資料：農林水産省「食料需給表」.
注：加工品も生果換算して含む．

　この需給量には加工仕向量（生果換算）も含まれているので，加工品まで含めた総消費量は，減退とみるよりもむしろ果実総体の需要の伸び悩みが現状となろう．このように1975年以降の総消費量が停滞状況であるにもかかわらず，供給源となる国内生産量は1975年以降，伸びは停止し，1981年頃から減少傾向にある．輸入量は近年増加傾向にあるので，その結果，果実の国内自給率はここ10年ほどの間に80％台から60％台に低下している．

　ところで，わが国の果実の需給関係の大きな特徴は，生鮮果実の供給が主体であることである．表1.3に生産県における主要果樹の用途別出荷割合を示したように，生食向けの出荷割合がきわめて多い．もっとも樹種によって差はあり，オウトウの加工向け割合は40％弱と多く，温州ミカン，モモは30％前後，ブドウも1989年には17％程度になっている．温州ミカン（早生温州，普通温州）の加工向け割合は近年増加しており，30％以上になっている．これらの加工向け出荷量の増加は，一般に生食用果実生産の過剰基調，消費の多様化による需要の変化にあるとみられているが，樹種により要因はさまざまなものがある．

　加工の用途は，果汁，缶詰，瓶詰が主たるものである．

　次に生鮮果実の消費動向であるが，これをみるのには総務庁の家計調査から，世帯員1人当たりに換算した生鮮果実の年間購入数量がよく使われる（表1.4）．この資料にはスイカ，メロン，イチゴのような果実的野菜も含まれているが，品目別にみると購入数量が格段に多いのは温州ミカンであり，1973年に23.1kgを記録して1989年には8.1kgに激減したもののやはり購入数量は首位にある．リンゴは1970年代から

表1.3 主産県における主要果樹の用途別出荷割合（単位：t，％）

年次・区分 品目	1970年 出荷量	用途別割合 生食向け	用途別割合 加工向け	1975年 出荷量（主産県計）	用途別割合 生食向け	用途別割合 加工向け	1980年 出荷量（主産県計）	用途別割合 生食向け	用途別割合 加工向け
温州ミカン	1,998,937	87.1	12.9	3,260,477	77.0	23.0	—	—	—
早生温州	—	—	—	—	—	—	852,711	69.7	30.3
普通温州	—	—	—	—	—	—	1,239,411	63.0	37.0
リンゴ	868,938	94.7	5.3	837,171	86.1	13.9	772,550	85.2	14.8
ブドウ	189,300	88.3	11.7	251,711	92.0	8.0	239,225	87.8	12.2
ニホンナシ	373,461	99.7	0.3	403,305	99.9	0.1	368,270	99.9	0.1
モモ	238,082	65.5	34.5	243,510	74.2	25.8	193,565	70.3	29.7
オウトウ	11,680	39.2	60.8	11,863	77.7	22.3	11,497	61.9	38.1
クリ	35,265	85.0	15.0	43,465	77.8	22.2	28,831	76.6	23.4

年次・区分 品目	1985年 出荷量（主産県計）	用途別割合 生食向け	用途別割合 加工向け	1987年 出荷量（主産県計）	用途別割合 生食向け	用途別割合 加工向け	1989年 出荷量（主産県計）	用途別割合 生食向け	用途別割合 加工向け
温州ミカン	—	—	—	—	—	—	—	—	—
早生温州	838,797	72.3	27.7	880,919	69.0	31.0	755,337	72.8	27.2
普通温州	959,650	68.8	31.2	949,520	63.8	36.2	705,655	70.0	30.0
リンゴ	711,367	78.4	21.6	777,748	77.5	22.5	809,034	77.8	22.2
ブドウ	224,575	86.5	13.5	220,688	85.3	14.7	196,681	82.8	17.2
ニホンナシ	340,971	99.8	0.2	338,199	99.8	0.2	301,579	99.9	0.1
モモ	151,169	71.8	28.2	159,349	73.6	26.4	128,918	69.6	30.4
オウトウ	19,167	60.9	39.1	14,604	68.1	31.9	11,319	61.2	38.8
クリ	28,051	90.0	10.0	27,725	94.3	5.7	21,681	93.3	6.7

資料：農林水産省「果樹生産出荷統計」．
注：1970年は農林水産省「青果物出荷統計」による全国計の値である．

表1.4 生鮮果実の1人当たり年間購入数量（全国）の推移（単位：kg）

区分 年次	平均世帯人員（人）	生鮮果実計	温州ミカン	ナツミカン	レモン	その他のカンキツ	リンゴ	ナシ	モモ	ブドウ	カキ	バナナ	スイカ	メロン	イチゴ	その他の果実
1970年	3.98	40.2	13.7	1.3	0.2	…	6.0	2.7	1.1	1.1	0.9	5.0	4.3	…	1.1	2.2
1973年	3.91	54.6	23.1	2.2	0.4	1.7	4.9	3.0	1.1	1.2	1.2	5.3	6.2	…	1.4	2.9
1975年	3.89	49.7	20.0	2.1	0.3	2.4	4.5	2.7	1.0	1.3	0.9	4.9	5.7	…	1.1	2.8
1980年	3.82	41.6	14.5	1.4	0.4	3.2	5.0	2.4	0.8	1.3	1.0	3.7	3.5	1.4	1.3	1.8
1985年	3.71	36.4	9.6	1.3	0.4	3.5	4.6	2.3	0.7	1.4	1.1	3.4	3.0	1.7	1.2	2.2
1987年	3.67	37.6	9.4	1.1	0.4	3.7	5.1	2.4	0.7	1.3	1.1	3.7	2.9	1.7	1.3	2.7
1988年	3.63	36.8	9.0	1.1	0.4	4.0	5.5	2.2	0.7	1.2	1.2	3.7	2.6	1.6	1.3	2.6
1989年	3.61	34.4	8.1	0.7	0.4	3.7	5.1	1.9	0.6	1.2	1.0	3.7	2.3	1.7	1.3	2.5

資料：総務庁「家計調査年報」．
注：果実的野菜を含む．1世帯当たり年間購入数量（全国，全世帯）を平均世帯人員で除して1人当たり年間購入数量とした．

5kg前後に推移し，バナナは1980年代に入って5kgから3kg台に減少した．他の品目はスイカを別として3kg以下で，しかも1973年以降ほぼ一定かあるいは微減か微増である．

生鮮果実計で購入数量をみると，1973年の54.6kgをピークとして年々減少し，

1985年には36.4 kgとなった．しかし，1989年には34.4 kgの購入数量があり，1985年以降安定化してきている．この減少の主因は温州ミカンの消費の減少にあると考えられている．これらの推移については，1970年代半ば以降国民のし好の変化，食生活の多様化，所得の向上で良品質品を少量ずつ多品目を消費するといった傾向を示し，果実消費も量より質の時代になったとする例にされている．

1.2 生産の現状と動向

1955年以降，果実生産は堅調な需要に支えられて，収益性の高い相対的優位部門として，温州ミカン，リンゴ，ブドウ，ナシなどを中心に発展してきた．しかし最近では，労働力の不足や温州ミカン需要の減退から，全体として減少の状況にある．農業センサスによると（表1.5），果樹栽培農家数は1975年の898千戸から1990年には527千戸と41.3％も減少した．しかし総農家数も減少しているので，総農家数に占める果樹農家数の割合は，1990年に13.7％で1975年の18.1％からの大きな減退はない．果樹の種類別農家数をみると，ナツミカン，温州ミカンでの減少が大きい．とくにナツミカンの栽培農家数は15年間に77％も減少している．主要な落葉果樹の栽培農家数も，リンゴ，ブドウ，ナシ，モモなど，それぞれ程度の差はあれ減少している．

これらの果樹栽培農家数の栽培規模別割合の現況をみたのが表1.6である．従来からわが国の果樹農業は，0.5 ha以下の小規模経営が多い特色があった．表1.6においても，大部分の樹種で0.5 ha以下の小規模階層が50％を超えている．しかし主要果樹の温州ミカン，リンゴでは0.5～1.0 ha規模の農家割合がともに35.9％と一番多く，ブドウ，ニホンナシでも0.5～1.0 ha規模階層が0.3～0.5 ha規模階層より若干多くなっている．これらの主要果樹では機械化，省力化などにより，多少とも規模拡大

表1.5 果樹栽培農家数の推移（全国）

区分 項目		農家戸数（戸）				増減率（％）	
		1975年	1980年	1985年	1990年	1985/1975	1990/1975
総 農 家 数		4,953,071	4,661,384	4,376,013	3,835,000	△11.7	△22.6
果 樹 農 家 数		898,021	817,087	758,979	527,000	△15.5	△41.3
果樹農家の比率		18.1	17.5	17.3	13.7	—	—
果樹の種類別農家数	温州ミカン	353,504	302,270	236,902	139,717	△33.0	△60.5
	ナツミカン	84,676	49,219	43,352	18,981	△48.8	△77.6
	その他のカンキツ類		91,273	107,622	72,104	—	—
	リ ン ゴ	102,647	90,890	94,309	85,099	△ 8.1	△17.1
	ブ ド ウ	86,254	78,707	71,027	56,185	△17.7	△34.9
	ニホンナシ	62,798	54,812	50,548	43,466	△19.5	△30.8
	モ モ	79,369	70,322	64,249	48,092	△19.1	△45.2
	カ キ	92,351	96,137	109,804	80,269	18.9	△13.1
	ク リ	137,668	134,173	137,846	87,980	0.1	△41.7
	ウ メ	—	65,742	90,343	64,534	—	—
	その他の果樹	168,680	57,585	74,305	—	—	—

資料：農林水産省「農業センサス」．増減率の項で△は減少を表す．

1.2 生産の現状と動向

表1.6 果樹の種類別の規模別農家数割合 (1988)

種類	主とする果樹の栽培面積が80%以上を占める農家数 (戸)	栽培規模別農家数割合 (%)						
		0.3ha未満	0.3〜0.5	0.5〜1.0	1.0〜1.5	1.5〜2.0	2.0〜3.0	3.0ha以上
果樹全体	221,500	36.7	21.8	25.0	9.4	3.9	2.5	0.8
温州ミカン	51,620	12.6	25.4	35.9	14.7	6.5	4.0	1.0
その他のカンキツ	13,520	50.0	20.0	18.4	6.5	3.1	2.3	0.9
リンゴ	29,910	6.8	22.4	35.9	18.9	8.7	5.5	1.6
ブドウ	22,820	44.2	22.8	25.7	5.7	1.2	0.5	0.2
ニホンナシ	18,610	34.6	24.4	27.7	9.2	2.9	1.1	0.1
モモ	8,200	59.6	22.4	16.9	2.0	0.4	0.1	0.02
ウメ	10,420	65.7	16.2	12.2	3.6	1.5	0.8	0.2
カキ	20,160	55.7	20.3	16.5	4.9	1.6	1.3	0.3
クリ	38,330	56.9	18.8	15.0	5.0	1.8	1.6	0.9
その他の果樹	7,540	63.8	16.0	11.8	3.6	1.9	2.3	1.8

資料:農林水産省「1988年果樹農業構造調査結果概要」より作表.

注:1) この数値は,主産県のうち,温州ミカン,リンゴは30a以上,その他の果樹は10a以上を栽培している農家を対象とした調査結果である.
   2) 果樹全体の農家数と種類別農家数の計が一致しないこと,規模別農家数割合の計が100にならないのはラウンドのためである.
   3) 規模別農家数割合は,主とする果樹の栽培面積が80%以上を占める農家に対するものである.

が進んだことによるものであろう.

1戸当たりの栽培規模は小さくても,農家数の減少は,当然に全国果樹栽培面積と収穫量の減少にも影響している(表1.7).1975年栽培面積約427千ha,収穫量約6,670千tから1989年には337千ha,5,089千tに減少した.樹種別にみれば,リンゴ,ニホンナシ,カキのように栽培面積も収穫量もほぼ安定しているものから,ブドウのように栽培面積は減少しても収穫量は微減なもの,キウイフルーツのように新規に栽培が始められたもの,イヨカン,ハッサクなど栽培面積も収穫量も増加したものなど多様であるが,温州ミカンだけは面積でも収穫量でも減少が非常に大きい.1989年には1975年に比較して,栽培面積で83,800ha,収穫量で1,650千tも減少し,果樹全体の面積,収穫量の減少の主因をなしている.この温州ミカンの面積,収穫量の急激な減少は,オレンジ・オレンジ果汁の輸入自由化国内対策として,農林水産省が1988年から3年間「かんきつ園地再編整備事業」で減反政策を積極的に進めてきたことにもよる.

表1.8に果樹栽培の収益性の指標となる果実販売価格,収量,生産費,労働時間の推移を主要果樹について示した.ここ15年間くらいの動向をみると,労働時間はやや減少傾向にあるものの,第1次生産費は漸増傾向にある.収量は年による豊凶はあっても安定傾向にある.1988年には温州ミカン,イヨカンの価格が低落しており,第1次生産費が増加傾向にあることから所得が低く,とくに温州ミカンの所得は低くなっている.

1. 果樹園芸の現状と動向

表 1.7 日本の主要果樹の栽培面積, 結果樹面積および収穫量 (単位: ha, t)

年次・項目 種類	1970年 栽培面積	1970年 結果樹面積	1970年 収穫量	1975年 栽培面積	1975年 結果樹面積	1975年 収穫量	1980年 栽培面積	1980年 結果樹面積	1980年 収穫量	1985年 栽培面積	1985年 結果樹面積	1985年 収穫量	1989年 栽培面積	1989年 結果樹面積	1989年 収穫量
温州ミカン	163,000	137,200	2,552,000	169,400	160,700	3,665,000	139,600	135,000	2,892,000	112,500	106,900	2,491,000	85,600	78,800	2,015,000
ナツミカン	18,100	15,800	253,600	16,300	15,100	371,900	15,600	14,000	366,200	12,800	12,600	268,700	9,100	8,680	200,700
ネーブルオレンジ	797	636	8,200	11,100	862	14,900	3,800	2,230	35,300	5,020	4,240	62,500	4,080	3,800	54,400
ハッサク	4,860	3,880	76,300	6,960	6,040	157,600	9,420	7,980	210,300	9,680	9,140	209,000	6,920	6,750	142,900
イヨカン	1,130	972	20,800	2,120	1,640	45,200	7,670	4,720	91,400	11,700	10,300	170,100	12,600	11,300	217,300
ビワ	2,570	2,460	18,600	2,350	2,180	14,400	2,420	2,200	14,200	2,580	2,270	10,300	2,750	2,370	12,800
リンゴ	59,600	56,100	1,021,000	53,200	48,600	897,900	51,200	46,400	960,100	54,400	47,900	910,300	54,300	49,900	1,045,000
ブドウ	23,300	21,500	234,200	29,200	24,400	284,200	30,300	27,900	323,200	28,400	26,500	311,300	26,800	24,600	275,100
ニホンナシ	18,100	17,200	444,800	19,100	17,000	460,500	19,900	17,900	484,600	20,500	18,800	461,100	20,500	18,600	439,100
セイヨウナシ	1,430	1,340	18,700	1,150	1,110	13,100	851	817	11,200	715	626	8,750	890	595	8,820
モモ	20,100	18,500	279,300	17,200	16,100	270,600	16,500	15,100	244,600	15,300	13,900	205,400	14,300	12,800	180,200
スモモ	...	...	...	...	...	...	2,980	2,320	27,900	3,650	2,980	36,300	4,140	3,370	30,700
オウトウ	1,720	1,440	13,100	2,880	2,000	13,400	2,780	2,440	15,100	2,630	2,340	23,300	2,870	2,420	14,500
ウメ	15,900	12,900	67,600	16,300	14,500	62,500	15,900	14,300	64,000	16,800	15,000	79,700	18,000	15,200	66,100
カキ	35,900	33,400	342,700	31,900	29,300	274,700	29,400	26,800	265,200	29,800	26,900	289,700	29,500	26,300	268,100
クリ	39,000	31,400	48,300	44,300	37,900	59,800	44,100	39,100	47,000	42,200	38,600	48,200	38,300	35,100	39,500
キウイフルーツ	...	...	...	...	...	...	...	...	...	...	...	...	5,100	3,800	43,700
パインアップル	...	2,900	67,000	3,600	1,980	64,500	3,200	1,620	56,200	2,260	1,610	41,100	1,840	1,420	35,500
計	405,507	357,628	5,466,200	427,060	379,412	6,670,200	395,621	360,827	6,108,500	370,935	340,606	5,626,750	337,590	305,755	5,089,420

資料: 農林水産省「果樹生産出荷統計」.
注: 計は, 本表についての集計である.

表1.8 主要果樹の果実の販売価格,収益性,労働時間の推移

種類	年次	1kg当たり販売価格	10a当たり			
			収量(kg)	第1次生産費(円)	所得(円)	労働時間(時間)
温州ミカン	1970	65.9	2,888	103,757	124,848	249.3
	1975	48.7	3,448	164,416	79,379	205.4
	1980	70.9	3,058	234,027	100,316	166.9
	1985	92.9	3,162	291,494	157,612	174.2
	1988	82.4	3,256	281,522	140,354	166.1
イヨカン	1970	100.9	1,859	93,782	133,860	192.9
	1975	153.9	2,470	152,271	269,274	103.3
	1980	128.2	3,120	247,425	260,439	133.9
	1985	162.3	2,010	282,069	170,261	113.5
	1988	126.7	2,716	358,497	195,320	181.7
リンゴ	1970	54.5	2,816	93,309	97,889	302.8
	1975	157.6	2,649	198,039	308,982	285.8
	1980	154.5	2,964	319,750	294,526	258.2
	1985	202.1	2,562	354,646	332,861	238.8
	1988	144.7	2,681	374,078	207,267	265.1
ブドウ	1970	170.9	1,396	152,778	154,049	367.8
	1975	302.4	1,452	310,065	277,046	375.6
	1980	236.9	1,407	411,617	153,897	314.3
	1985	351.4	1,437	487,690	291,621	296.1
	1988	343.6	1,348	527,971	247,448	315.1
ニホンナシ	1970	122.0	4,027	158,989	144,068	358.6
	1975	123.0	3,975	306,506	329,902	373.3
	1980	124.1	3,626	386,233	262,968	275.6
	1985	192.3	3,082	515,887	351,795	305.7
	1988	151.7	2,628	498,642	184,084	285.9
モモ	1970	69.9	2,527	105,837	120,923	294.6
	1975	142.2	2,933	224,624	303,814	295.9
	1980	153.6	2,545	334,038	236,732	260.0
	1985	223.6	1,881	383,558	269,558	230.2
	1988	232.2	2,112	411,893	307,466	261.8
クリ	1970	62.8	178	20,572	25,330	51.2
	1975	366.1	204	52,229	51,378	45.4
	1980	493.2	218	65,494	69,172	41.5
	1985	344.6	145	62,515	14,093	26.0
	1988	343.6	145	71,272	24,186	33.9

資料:農林水産省「農産物生産費調査報告,果実生産費」.

 これらの収益性の諸指標の推移には,栽培品種の盛衰,変化に起因したものも大きく,労働時間の低減は省力機械化体系など栽培法の改善による結果の影響も大きい.わが国の果樹農業は経営規模が小さく,集約栽培で果実の付加価値を高め,販売価格の維持と収量の確保による収益性の保持を余儀なくされているのが現状である.農業

も国際化を迎えている今日，競争力のある果実生産が必要であり，生産コストの低減が問題となる．そのため，たとえ集約栽培であったとしても，優良品種の育成，労働時間や生産費の低減，生産性向上の技術開発は今後とも大きな命題である．

1.3 貿易の現状と動向

農産物のなかでは，果実は自給率の高い作目であり，1989年で67％（加工品も含む）の自給率である．わが国は温帯にあって南北に長いため，生産する果実の種類もきわめて多い．したがって，経済成長に伴う所得水準の上昇が，消費の多様化をもたらす以前の1965年の果実自給率は90％であった（前掲表1.2）．国内で需要されている果実で生産できないものは，バナナ，パインアップルといった熱帯産の果実と，一部のカンキツ類ぐらいであり，輸入果実もこれらが主体をなしている．しかし，生産果実および果実加工品の輸出入量の収支は，周知のとおり大幅な入超である．

(1) 輸　　出

温州ミカン，リンゴ，ミカン缶詰は第二次世界大戦前から輸出されていた．現今でも，それぞれ検疫，国際競走，コスト高，そして円高の問題に悩まされながらも，品質の向上，コスト引下げの努力によって継続されている．しかし，ミカン缶詰の輸出はスペインなど新興国との競合，コスト高，円高で1986年には1970年のわずか8％に当たる44万箱にまで激減した．そのため，1987年10月にはミカン缶詰輸出向け共販体制も閉幕されるに至っている．主要な生鮮果実の輸出状況を表1.9に示した．

1989年の生鮮果実の輸出は，温州ミカンを主体にナシ，リンゴ，カキなど総量約41千t強ときわめて少なく，国内果実生産量の0.7％にしか当たらない．

温州ミカンはカナダ西部を中心に，かつてはクリスマスオレンジ，現在はテレビマンダリン（テレビをみながら皮を手でむいて食べられるミカンの意）として親しまれている．毎年2万t前後がカナダ，米国，韓国へ輸出されている．米国本土への輸出はかいよう病対策の問題があり，近年条件付きで解禁されているが，1985年以降の輸出量をみても伸びは多くはない．

表1.9 生鮮果実の輸出状況　（単位：t）

品目＼年次	1970年	1975年	1980年	1985年	1988年	1989年	おもな輸出先
温州ミカン	24,398	18,726	18,128	25,139	23,356	21,030	カナダ，韓国，米国
リンゴ	14,032	832	2,269	712	961	1,774	韓国，シンガポール
ナシ(マルメロ含む)	3,114	1,223	9,135	14,151	12,213	9,183	香港，米国
ブドウ	1	0	2	123	2	11	
カキ	—	—	—	5,730	4,393	2,229	香港，シンガポール
その他の鮮果	16	144	2,383	199	220	282	

資料：大蔵省「日本貿易月表」．
注：1980年以前のその他の鮮果にはカキを含む．

1.3 貿易の現状と動向

ナシの輸出が 1982 年にカナダ，1984 年に米国本土で解禁されたことにより，最近は年間 13 千 t 前後の輸出量に増加した．二十世紀が主体に輸出されている．日本園芸農業協同組合連合会による 1987 年 11 月の調査によれば，米国ロスアンゼルス市内の小売店の販売価格は，日本産二十世紀が 616～712 円/kg で米国国内産セイヨウナシが 246～401 円/kg，同リンゴ（ゴールデン・デリシャス）152～277 円/kg，であった．二十世紀はかなり高価に販売されている．外国人のこの品種に対する評価も，きれいで高級品イメージ，水分が多くて癖のない味，果肉が crispy，めずらしいと色々であるが，やはり外観も内容も品質がよいことが評価される重要な要因と考えられる．

カキも近年 2～4 千 t 前後が，東南アジアに輸出されている．品種は富有が主体である．リンゴは近隣諸国へのふじの輸出が多い．

以上のように，輸出されている生鮮果実はすべてわが国独特の果樹か品種である．これらの品質が外国で評価され，少々高価でも消費されうる例は非常に示唆に富むものがある．ますます激化する国際競合のなかでこれからの輸出拡大に当たっては，単なる過剰生産果実の輸出ということではなく，国際的な視野に立って，日本特産で，しかも高品質の果実を，検疫やコスト高，円高の問題に対処しつつ妥当な価格で，国外に輸出供給すべきことを示しているものと考えられる．

（2）輸　　入

1989 年における果実の輸入量は約 264 万 t（加工品は生果換算）で，国内総需要量の 33％になる．1975 年以降，果実輸入の自由化の進展，国内需要の多様化により輸入量は漸増してきている（前掲表 1.2）．輸入果実は生鮮果実が多く，熱帯産果実や一部のカンキツ類などわが国で生産し難い果実が主体である．しかしながら，無秩序に輸入されたのでは国内の果実生産に悪影響を及ぼすおそれがあるので，従来はそれぞれ所要の関税など国境措置がとられ自由化を制限してきた．しかしわが国の貿易収支が黒字に転じ，貿易相手国や多国間貿易交渉（東京ラウンドなど）で果実およびその加工品の自由化についてきわめて強い要請がなされ，内外の情勢に応じて必要な輸入自由化が進められてきた．その推移は表 1.10 に取りまとめて示した．

1988 年 10 月に非カンキツのフルーツパルプ，フルーツピューレ・ペーストなどが自由化された．自由化されていなかった一部の果汁類なども 1990 年までに漸次自由化，1991 年にはオレンジ，1992 年にはオレンジ果汁も自由化が予定され，自由化制限の果実とその加工品はなくなることになる．

貿易上の制限ではないが，生鮮果実については重要病害虫の侵入防止のため，検疫で輸入が認められていないものがかなり多い．殺菌，殺虫方法が科学的に確立，立証されたものについては，栽培中の薬剤防除法，果実の消毒，くん蒸など一定の条件付きで輸入を許可するのが互いに国際的な方策となっている．日本から米国本土に輸出される温州ミカンはかいよう病についてこのような措置がとられている．輸入果実ではイスラエル産カンキツ類がチチュウカイミバエのため，台湾産ポンカン，タンカンはミカンコミバエのため条件付き解禁の例がある．米国産オウトウの輸入もコドリン

表 1.10 果実および同加工品の輸入自由化の推移（1988 年 8 月 2 日現在）

年　次	当該年度に輸入自由化した生鮮果実	当該年度に輸入自由化した果実加工品
1960年10月	アーモンド，オウトウ，ナシ，マルメロ，ベリー類，パパイヤ，キウイフルーツ，メロン	
1961年10月	パインアップル，クリ，その他ナッツ	
1962年 4月	ブドウ（欧州系以外）	
10月	クルミ	
1963年 4月	バナナ	
1964年 5月	レモン	
1968年10月	ライム	
1970年 9月		乾燥デーツ，レモンジュース
1971年 1月	ブドウ（欧州系）	
6月	リンゴ，グレープフルーツ	冷凍パインアップル（加糖，無糖），ネクター
1978年 4月		アプリコット・ナッツ類のフルーツパルプ，ライムジュース（無糖）
1984年 7月		フルーツピューレ・ペースト，フルーツパルプ（カンキツ類，パインアップル，モモ，リンゴ，ブドウのものを除く），プルーンなどのジュース，トロピカルジュース（パインアップルを除く）
1986年 4月		グレープフルーツジュース
（以下1988年8月2日決定）		
1988年10月		フルーツピューレ・ペースト（非カンキツ）フルーツパルプ（非カンキツ）ベビーフードジュース（非カンキツ）
1989年 4月		非カンキツ果汁（パインアップル，リンゴ，ブドウを除く）
1990年 4月		パインアップル調整品 非カンキツ果汁（リンゴ，ブドウ，パインアップル）
1990年10月		フルーツパルプ（カンキツ類），フルーツピューレ・ペースト（カンキツ類）
1991年 4月	オレンジ	
1992年 4月		オレンジ果汁

ガの殺虫方法が確立して 1982 年から条件付き解禁になっている．

　生鮮果実の輸入状況を表 1.11 に示した．1989 年で約 156 万 t の総輸入量で，国内総収穫量の 30 ％に及ぶ．品目をみると，主力はバナナ，グレープフルーツ，レモン，オレンジ，パインアップルで，これらだけで約 142 万 t になり，総輸入量の 90 ％以上になる．このほかでは，キウイフルーツ（約 50 千 t），クリ（約 30 千 t，中国クリが主体），オウトウ（約 9 千 t）が比較的多い．

表1.11 主要生鮮果実の輸入状況 (単位:t)

品目＼年次	1970年	1975年	1980年	1985年	1988年	1989年	おもな輸入国
バ ナ ナ	843,891	894,111	726,086	680,035	760,409	773,723	フィリピン, 台湾
パインアップル	35,366	54,218	105,013	128,912	138,157	135,383	フィリピン
ア ボ カ ド	16	414	479	2,359	3,370	2,694	
マ ン ゴ ー			1,216	2,609	5,291	5,966	
パ パ イ ヤ	—	—	2,538	3,270	5,240	5,744	
レモン, ライム	54,043	64,051	100,691	113,924	118,906	112,300	米国
オ レ ン ジ	4,313	22,116	71,403	111,635	115,347	128,372	米国
グレープフルーツ	2,265	146,702	135,213	120,804	235,006	275,350	米国
その他のカンキツ	693	683	411	336	220	281	
ク リ	14,501	17,619	24,294	25,742	29,458	30,226	中国
ブ ド ウ	4	1,312	1,403	2,099	7,629	7,741	米国, 台湾
リ ン ゴ	—	1,195	—	—	—	—	韓国
ナシ, マルメロ	—	646	26	53	—	—	
オ ウ ト ウ	—	132	2,652	1,726	8,525	8,796	米国
キウイフルーツ	…	…	5,101	27,661	57,137	50,175	ニュージーランド
その他の鮮果	…	…		1,562	2,102	2,314	
計	955,092	1,203,199	1,176,526	1,222,727	1,486,797	1,539,065	

資料:大蔵省「日本貿易月表」.
注:1975, 1980年のオウトウにはその他の核果を含む. 計は本表についての集計である.

近年の輸入動向をみると, バナナは70万t台に減少, グレープフルーツは20万t台に増加, レモン, オレンジは12万t前後で推移している. キウイフルーツ, オウトウは増加傾向で, アボカド, マンゴーなども量は少ないが年々増加している.

以上のうちキウイフルーツ, オウトウ以外は国内生産が困難な果実である. しかしながら, かつてグレープフルーツの輸入は国内のアマナツミカンの生産と消費を伸ばした. キウイフルーツの輸入需要の動向は, 国内でまったく生産のなかったこの果樹を, この10年間で5,000ha, 43千tの生産まで急速に普及させ, 近代の新規果樹ではめずらしい事例になった. 米国産オウトウの輸入は国内のオウトウ生産や施設化を刺激している.

これらの例は, 消費者は果実に新鮮さと高品質を求めていて, このような果実の供給の重要さを示すものと考えられる. 国内産果実のみならず, 輸入生果といえども, 新鮮さと高品質の要件はみたされるべきであろう. 　　　　　　　　　　　[西山保直]

文　　　献

1) 畑中孝晴 (1980), 日本園芸の課題と長期的対応 (農林経済研究所編), 43-60, 農林経済研究所.
2) 巣山太郎 (1980), 同上, 122-134.
3) 唯是康彦 (1980), 同上, 147-160.

2. 遺伝資源の収集，保存とその利用

2.1 果樹導入の歴史的経過

　わが国は北海道から沖縄まで南北に細長く，北はリンゴ，セイヨウナシ，オウトウなどの寒冷地果樹，南はカンキツ，パインアップル，バナナなどの亜熱帯果樹と，現在栽培されている果樹の種類は多岐にわたっている．しかし，わが国に原生する果樹の種類は限られている．主要な栽培果樹の発祥の地は図2.1に示されるように，栽培リンゴ，ヨーロッパブドウ，オウトウなどが西アジア，モモ，ニホンスモモ，アンズ，ウメなどが東アジアなどとされている（詳細については各論参照）．古くからわが国で広く栽培されている果樹の多くも，長い歴史のなかで東アジア諸国との交流を通して導入されてきたものが多い．

　明治時代以前にわが国で栽培されていた果樹はニホンナシ，ウメ，スモモ，アンズ，

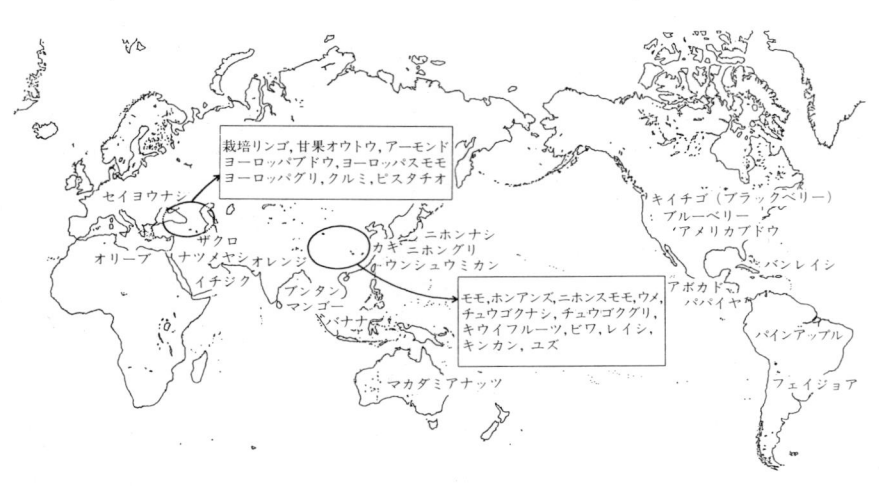

図2.1　主要な栽培果樹の発祥地または原生地とされる地域（資料：最新園芸大辞典編集委員会(1984)，佐藤(1984)，星川(1982)，バビロフ(1980)，他）

ニホングリ，ブドウ，カキ，イチジク，カンキツの一部などとされている．紀州のミカン，甲州のブドウ，岐阜，広島のカキなどは昔から知られていたが，農作物としてはあまり重要視されていなかったようである．

(1) 明治～大正

　明治になって，勧業寮，北海道開拓史で果樹栽培の重要性を認め，北海道開拓史では1971～72年に米国からリンゴ75，セイヨウナシ53，ネクタリン5，オウトウ25，スモモ22，ブドウ30，アンズ4，ラズベリー14，ブラックベリー5，スグリ8，フサスグリ10品種を導入している．また，勧業寮では1875年にフランスからリンゴ106，セイヨウナシ125，モモ14，ネクタリン5，スモモ20，ブドウ99，オウトウ30品種を導入している．このほか，ブドウ，リンゴ，モモ，カキなど(1875年，中国)，オレンジ，レモンなど(1876年，米国)が導入されている．導入された果樹は三田育種場(勧業寮)，青山試験場および札幌育種場（北海道開拓史）で国内における適応性試験が行われ，全国各地に配布され，果樹栽培が奨励されている(日本園芸発達史，1943)．このように，現在栽培されている主要果樹の多くはこの時期に海外より導入されており，近代的な果樹栽培の始まりとみなされる．セイヨウナシ，オレンジ，レモンなどはまったく新しい果樹であり，また，リンゴ，モモなどは古くから利用されていたが，導入以前に利用されていたものは小果系統であり，現在のような大果系統の栽培の始まりは明治初期の導入品種の直接利用による．

　明治～大正時代にかけて，明治初期の導入を始めとしおもに海外で育成，栽培されている主要品種の導入に力が注がれた．導入品種のなかにはリンゴの国光，紅玉，ゴールデン・デリシャス，デリシャス，セイヨウナシのラ・フランス，バートレット，オウトウのナポレオン，スモモのソルダム，モモの上海水蜜桃，ブドウのデラウェア，キャンベル・アーリー，カンキツのワシントン・ネーブル，ポンカンなどが含まれており，わが国の果樹産業にとって重要な役割を果たしたものも多い．

(2) 昭和以降

　試験研究機関による育種試験が計画的にしかも本格的に始められるに伴い，直接利用を目的とした導入のほかに，育種素材として海外で育成された品種とともに栽培品種にみられない各種の特徴ある形質をもった野生種の導入が図られるようになってきた．とくに，1965年に遺伝資源管理の事業が発足し，農林水産省技術会議事務局に種苗保存導入係が新設されるとともに，農業技術研究所に種子貯蔵庫，園芸試験場に導入隔離施設などが設置され，国内の導入・保存体制が強化された．また，わが国の農林水産，食糧産業などの今後の発展を図るためには，育種の基盤となる遺伝資源の確保は緊急を要する課題であり，1985年に農林水産省において農作物のほか，林木，水産，家畜，微生物に関する農林水産省ジーンバンク事業が開始され，1986年に遺伝資源のセンターバンク(林木および水産植物を除く植物遺伝資源は農業生物資源研究所)が設立され，遺伝資源の探索・導入，保存，評価体制が整備されてきた．これに伴い，

16   2. 遺伝資源の収集，保存とその利用

海外育成品種の導入のほか，探索収集による野生種または在来系統の導入が急激に増加している．

2.2 遺伝資源の探索と収集

（1） 目的と方法

遺伝資源は，育種素材ないしは研究素材としての位置付けになる．歴史的にみて，リンゴ，モモ，オウトウなど海外で育成された品種の直接利用はわが国の果樹産業の発展に重要な役割を果たしてきたが，さらに，これらの導入品種は育種素材としても利用されており，今後もこの海外で育成された品種の導入は品種改良を行う上でもきわめて重要である．また，既存の品種には見られないきわめて重要な遺伝子，たとえ

表2.1 日本に原生する代表的な果樹遺伝資源

属	種	学　名
カヤ	カヤ	*Torreya nucifera* Sieb. et Zucc.
ハシバミ	ハシバミ	*Corylus heterophylla* Fisch. var. *japonica* Koidz.
	ツノハシバミ	*C. sieboldiana* Blume
クリ	ニホングリ	*Castanea crenata* Sieb. et Zucc.
クルミ	オニグルミ	*Juglans sieboldiana* Maxim.
	ヒメグルミ	*J. subcordiformis* Dode
ビワ	ビワ	*Eriobotrya japonica* Lindley
リンゴ	ミツバカイドウ	*Malus sieboldii* Rehd.
	エゾノコリンゴ	*M. baccata* Borkh.
	オオウラジロノキ	*M. tschonoskii* Schneid.
ナシ	マメナシ	*Pyrus dimorphophylla* Makino
	アオナシ	*P. hondoensis* Nakai et Kikuchi
	イワテヤマナシ	*P. aromatica* Kikuchi et Nakai
キイチゴ	バライチゴ	*Rubus illecebrosus* Focke
	エビガライチゴ	*R. phoenicolasius* Maxim.
スグリ	スグリ	*Ribes sinanense* F. Maekawa
	コマガダケスグリ	*R. japonicum* Maxim.
カンキツ	タチバナ	*Citrus tachibana* Tanaka
ブドウ	ヤマブドウ	*Vitis coignetiae* Pulliat
ヤマモモ	ヤマモモ	*Myrica rubra* Sieb. et Zucc.
アケビ	アケビ	*Akebia quinata* Decne.
	ミツバアケビ	*A. trifoliata* Koidz.
マタタビ	サルナシ	*Actinidia arguta* Planch. et Miq.
	シマサルナシ	*A. rufa* Planch.
グミ	ナワシログミ	*Elaeagnus pungens* Thunb.
	ナツグミ	*E. multiflora* Thunb.
	アキグミ	*E. umbellata* Thunb.
カキ	カキ	*Diospyros kaki* L. f.
スノキ	クロマメノキ	*Vaccinum uliginosum* L.
スイカズラ	クロミノウグイスカグラ	*Lonicera caerulea* L. var. *emphyllocalyx* Nakai

資料：最新園芸大辞典編集委員会（1984），佐藤（1984），牧野（1985），北村・村田（1985），他．

ば，耐病虫性，耐寒性，わい化性などの遺伝子が野生種のなかに認められており，このような野生種の確保は今後ますます重要になる．わが国に原生している遺伝資源としては表2.1に示したようにリンゴのミツバカイドウ，ナシのマメナシ，イワテヤマナシ，ブドウのヤマブドウなどが知られているが，主要果樹の遺伝資源は限られており，広く世界に分布する野生の遺伝資源（栽培リンゴの近縁種を表2.2に例示した）を導入し，育種素材として利活用する必要がある．

各樹種の発祥の中心地では多様な遺伝形質が認められており（N. I. Vavirov, 1967），このような地域への探索収集が必要である．世界的には，果樹遺伝資源の原生する地域の調査は古くから行われており，1920年頃から野生種の地理的分布などの報告が出されており，すでに多くの国で遺伝資源の収集が行われている．第一には，海

表2.2　栽培リンゴの代表的な近縁野生種

学　　　名	原生地とされる地域
Malus angustifolia Michx.	北米東南部
M. asiatica Nakai	中国
M. astracanica Dum.	ソ連南部，西アジア
M. baccata Borkh.	日本（北海道），中国北部，朝鮮
M. ceracifera Spach	東アジア
M. coronaria Mill.	北米東部～南部
M. floribunda Sieb.	日本（九州）
M. fusca Schneid.	北米北西部
M. halliana Koehn.	中国中部～南部
M. hupehensis Rehd.	中国中部～南部，ヒマラヤ
M. ioensis Brit.	北米中部
M. kansuensis Schneid.	中国西部
M. lancifolia Rehd.	北米中部～東部
M. micromalus Makino	中国中部～東部
M. platycarpa Rehd.	北米東部
M. prattii Schneid.	中国中部～南部
M. prunifolia Borkh.	中国
M. pumila Mill.*	ヨーロッパ中部～東南部
M. sieboldii Rehd.	中国中部～東部，日本，朝鮮
M. sieversii Roem.	中国北西部
M. sikkimensis Koehn.	中国南部
M. soulardii Brit.	北米中部
M. spectabilis Borkh.	中国東部
M. sylvestris Mill.	ヨーロッパ中部～西部
M. toringoides Hughes.	中国中部～西部
M. transitoria Schneid.	中国中部
M. tschonoskii Schneid.	日本（本州）
M. yunnanensis Schneid.	中国中部～南部

*：栽培リンゴのほとんどがこの種に属する．
資料：最新園芸大辞典編集委員会(1984)，北村・村田(1985)，L. H. Bailey (1914)，Standard Cyclopedia of Horticulture. 兪徳浚(1979)，中国果樹分類学，他．

外の試験研究機関で探索収集し，保存している遺伝資源を導入する方法がある．この方法はきわめて容易な方法と思われるが，現実には，海外の試験研究機関で保存している遺伝資源の目録の入手が困難であったり，遺伝資源の配布が制限されている場合が多い．第二には，各樹種の発祥の中心地および中心地に近い地域へ探索隊を派遣し収集に努める方法がある．主要な果樹遺伝資源が分布する地域では，探索隊の派遣が困難な地域も多いが，世界に広く分布する果樹遺伝資源を計画的に調査収集し，貴重な遺伝資源の確保に努める必要がある．

（2） 遺伝資源の探索収集体制
a．国際植物遺伝資源委員会

国連食糧農業機構（FAO）は1969年以降，植物探索と導入に関する専門家会議を開催し，遺伝資源に関する国際的な組織網の設立を勧告した．また，国際的研究所の設立などに関与してきた国際農業研究協議グループ（CGIAR）の補佐機関である技術諮問委員会（TAC）の勧告に基づき，1974年に国際植物遺伝資源委員会（IBPGR）が設立された．IBPGRの基本的機能は，植物遺伝資源の収集，保存，記録，評価，利用に関して国際的組織網を推進し，地域開発や気候の変化に伴う遺伝資源の喪失への対応と遺伝資源の育種的利用の向上を図るために必要な諸事項を論議，決定することにある．このIBPGRの設立に伴い，各国で植物遺伝資源の探索収集，保存体制が推進されている（遺伝資源の探索・導入，1980）．

b．農林水産省

1970年に熱帯農業研究センターが発足し，研究活動の一環として熱帯，亜熱帯作物の探索導入を開始している．1975年には農林水産省技術会議事務局で"有用遺伝子の探索導入に要する経費"が予算計上され，組織的な探索収集事業が開始されている．また，1985年に農林水産省ジーンバンク事業が開始され，国内外への遺伝資源の探索収集事業が強化されている．現在，探索収集事業は作物優先度と地域優先度を組み合わせた探索計画に基づき実施されている．

c．大学，県試験研究機関

大学，各県の試験研究機関でも一部で遺伝資源の調査・収集・保存が行われているが，規模と種類に限界がある．

（3） 国内における探索収集

国内における果樹の遺伝資源の収集は比較的古くから行われている．果樹では一般に野生系統が台木に用いられており，リンゴのマルバカイドウやミツバカイドウ，ニホンナシの各種の近縁野生種などを収集し，台木としての優良系統を選抜して直接利用してきた．また，カキやニホンナシでは，古くから庭木として栽培されている在来系統を収集し，育種素材として利用している．

近年，遺伝資源の収集と保存体制の整備，強化に伴い，国内にある野生種や在来系統の収集も組織的に行われるようになってきた．果樹試験場では，1985年に沖縄本島

に自生するカンキツの探索収集を実施しており，1986年に宮崎県などへのタチバナ，静岡県へのヤマモモ，1988年に岐阜県などへのカキ，群馬県へのクロマメノキの調査および探索収集を行い，貴重な国内遺伝資源の調査・収集に努めている．

（4） 国外での探索収集

国外の果樹野生種の確保については，海外の試験研究機関との遺伝資源の交換事業を通して徐々に導入されていたが，本格的な野生種の導入は，農林水産省およびIBPGRの探索導入事業が開始されてからである．おもな探索地は，1975年にインド（カンキツ），1983年にタイ（カンキツ），1984年にネパール（リンゴ，ナシ，モモ，アンズ，カンキツなど），タイ，マレーシア（カンキツ），米国（ブドウ），1985年にネパール（リンゴ，ナシ，モモ，アンズ，カンキツなど），台湾（モモ，スモモ，ウメ，ビワなど），1987年にイタリア，ギリシャ，イスラエル（ビワ，カンキツ）などとなっており，各種果樹の発祥の中心地ないし中心地に近い地域への探索が実施され，多くの種類の野生種およびその地域の在来種などの収集が行われている．今後，これらの探索導入した遺伝資源の特性評価を行い，育種素材として有効利用が図られる．

海外における探索収集にもいくつかの問題がある．導入果樹遺伝資源の隔離栽培期間の短縮，増大する果樹遺伝資源の保存法の開発と保存体制の整備などが今後に残された問題である．また，主要な果樹の発祥の中心地とされる地域への探索収集が困難な情勢にある．海外への探索収集では，探索を受ける国にとっても有意義であることが理想であり，共同探索・共同利用を原則とすべきである．

2.3 隔離栽培とウイルスの無毒化

（1） 植物防疫と隔離栽培

海外からの遺伝資源の導入は今後の果樹産業，研究を進めていく上できわめて重要であるが，また，同時に大きな問題を伴う．海外から植物を導入する場合，これに付着して，今までにわが国にみられなかった病害虫などが侵入し，国内の農作物に甚大な被害をもたらす危険がある．このため，わが国では，1914年に輸出入植物取締法が施行され，1950年には植物防疫法が制定されており，植物防疫所が取り締まりに当っている．

導入された遺伝資源は，植物防疫所で可視的な病害虫の検疫を受ける．導入遺伝資源が種子の場合には，果樹ウイルスの多くは種子伝染が認められないので，その多くが輸入時の検疫後輸入者に引き渡される．穂木の場合は，ウイルス病などの検査のため，リンゴ，ナシ，核果類，カンキツ，ブドウなどの果樹については植物防疫所での輸入時の検疫の後，植物防疫所の隔離ほ場での栽培が義務付けられているが，カキ，ビワ，キウイフルーツなどについては輸入時の検疫のみで隔離栽培は義務付けられていない．植物防疫所での隔離栽培中，ウイルスを保毒していることが判明した導入果樹は焼却処分となる．試験研究の目的の場合には，農林水産大臣に"輸入禁止品の輸

入許可"を受けて,隔離栽培を継続して保毒ウイルスの無毒化を行い,再検査を受ける.

"輸入禁止品の輸入許可"を受けて隔離栽培を行う場合に,植物防疫所で許可された隔離施設で隔離栽培が行われるが,消毒された土壌および鉢に導入果樹が植えられる.増殖,保存の過程でのウイルスの感染を防ぐことは最も基本的なことであり,ブドウなどのように挿し木発根性のよい植物を除いて,接ぎ木を要する果樹ではウイルスの伝搬の認められない実生が台木に用いられる.また,カンキツのトリステザウイルス(CTV)などのようにアブラムシなどで伝染するものについては維持管理に十分な注意を払う必要がある.

(2) ウイルスの無毒化

ウイルスの無毒化にはいくつかの方法が採られており,その方法について簡単に紹介する.

a.熱処理法

無毒化を予定している品種の苗木を鉢植えにし,これを37～40℃(16時間)と30～35℃(8時間)の変温または37～38℃の高温条件,約80％の湿度条件で30～40日間生育させる.リンゴ,ナシ,核果類などの落葉果樹では,熱処理期間中に伸長した新しょうの先端部から約5 mmを接ぎ穂とし,実生台に接ぎ木する(図2.2).また,

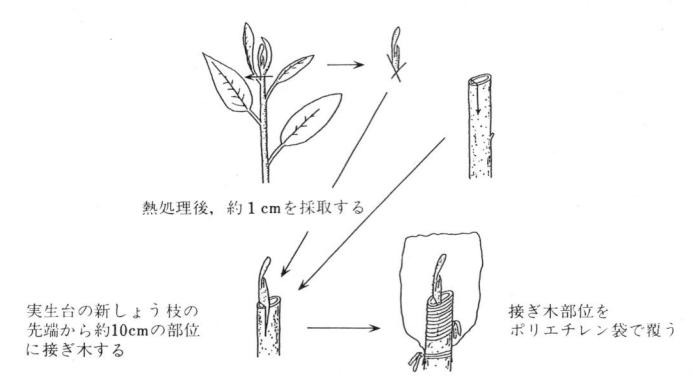

図2.2 落葉果樹の熱処理後の茎頂接ぎ木

カンキツの場合は,まず,27～28℃,暗黒条件下で約2週間生育させたカラタチの黄化実生苗を準備し,これに熱処理を行った新しょうの先端部から約0.5 mmを接ぎ木する(台木の形成層の上に成長点部位をおく).

b.培養法

リンゴ,ブドウなどの場合は茎頂培養が比較的容易であり,ほ場で生育している新しょうの先端部から約0.5 mmを採取して,無菌的に培養する茎頂培養法が用いられる.リンゴのクロロティックリーフスポットウイルス(ACLSV)などの比較的無毒化

しやすいウイルスの場合は茎頂培養だけでも無毒化できる．しかし，熱処理を行ったものを用いた方がより確実であり，リンゴのステムグルービングウイルス（ASGV）などのように熱処理または茎頂培養法の単独処理では無毒化しにくいウイルスでは熱処理と茎頂培養法を併用する．

また，カンキツでは0.3 mm程度の小さな茎頂部の培養が一般に困難とされている．このため，前述の熱処理・茎頂接ぎ木で無毒化しにくいエキソコーティスウイロイド，タタリーフウイルスなどの無毒個体の獲得には，熱処理を行った新しょうの先端部から約0.15 mmを採取して，無菌的に試験管内で育成した実生台に接ぎ木する方法が用いられている．

最近，リバビリンなどの抗ウイルス剤の利用が注目されている．$12.5\,\mu g/ml$ のリバビリンを添加した培地上で，リンゴのASGVなどを保毒している茎葉を約80日間培養し続けると，その組織が無毒化される（山家ら，1986）．この方法の処理の簡易化とウイルスの適用範囲などの検討が今後に残された問題である．

c．珠心胚の利用法

カンキツ類のなかには，多胚性を示す種類が多く含まれている．これらの種子に含まれる胚のうち，原則として交雑胚は一つで，残りの胚（珠心胚）は母本と同じ個体になる．さらに，カンキツ類では，種子伝染性ウイルスが認められていないので，珠心胚から育成された植物体は無毒になる．この場合，珠心胚と交雑胚とを的確に識別する必要があり，また，実生が結実に至るまでに長い年月を要する．

（3）ウイルスの検定

ウイルスの検定方法は木本，草本植物などの各種ウイルスの指標植物を用いる方法とウイルスを抗原として作製した抗血清を用い，抗原抗体反応で検定する方法とがある．

a．指標植物を用いる検定

各樹種のウイルスにはそのウイルスに特異的に反応する植物がみつかっている．一例としてリンゴのACLSVについて示す．木本検定植物としてシャイデッケリー，マルバカイドウ，R 12740-7Aなどがあり，草本検定植物としてはケノポジウムキノア（アカザ科）がある．木本植物で検定するときは，あらかじめ被検穂木にマルバカイドウなどの木本検定植物を接ぎ木しておき，それを実生台に接ぎ木する．通常，検定される穂木がACLSVを保毒している場合，接ぎ木後3〜6カ月で若いマルバカイドウの葉にえそ斑点やクロロシス，皮部にえそ斑点を生じる．草本植物で検定するときは，検定するリンゴの葉に少量のニコチンを含んだリン酸緩衝液を加えて摩砕し，その液をケノポジウムキノアの葉に接種する．リンゴにACLSVが保毒されている場合には接種した葉に黄色の小斑点を生じる．各々のウイルスで指標植物が異なっており（表2.3），接種法，症状も異なる．

表2.3 各果樹ウイルス（ウイルス様病害を含む）の指標植物

樹 種	ウ イ ル ス な ど	木本検定植物	草本検定植物
リンゴ	Apple chlorotic leafspot virus (E) Apple stem pitting Apple stem grooving virus (E)	シャイデッケリー R12740-7A ミツバカイドウ (MO-65) ミツバカイドウ (MO-65)	ケノポジウムキノア ケノポジウムキノア
モモ	Apple chlorotic leafspot virus (E) Prune dwarf virus (E) Prunus necrotic ringspot virus (E)	GF305 白普賢 白普賢	ケノポジウムキノア キュウリ キュウリ
オウトウ	Little cherry	キヤニインデクス1	
ブドウ	Grapevine fanleaf virus (E) Grapevine leafroll Grapevine fleck	セントジョージ カベルネフラン セントジョージ	ケノポジウムキノア
ナシ	Pear necrotic spot	HN-39	
カンキツ	Citrus tristeza virus (E) Satsuma dwarf virus (E) Citrus mosaic virus (E) Citrus exocortis viroid Citrus tatter leaf virus (E)	メキシカンライム エトログシトロン ラスクシトレンジ	 ケノポジウムキノア 白ゴマ トマト ケノポジウムキノア

資料：農林水産省植物検疫所（1988），隔離検疫マニュアル，1-63，農林水産省植物検疫所．
　　　與良 清他（1983），植物ウイルス事典，朝倉書店，他．
注：（E）はELISA検定法が確立していることを示す．

b．抗原抗体反応を用いる検定

　一般に，酵素結合抗体法（ELISA）が用いられる．まず．純化ウイルスを抗原としてウサギなどに注射して，そのウイルスに特異的な抗体を作製し，この抗体に酵素を結合させて酵素結合抗体を作製する．ELISA用プレートの小さな穴に抗体液を入れ，プレートに抗体を吸着させた後洗浄し，次に検定する葉の摩砕液を入れる．葉にウイルスが含まれているとプレートに吸着された抗体にウイルス（抗原）が結合される．これを洗浄した後，先ほどの酵素結合抗体液を入れると，プレートに結合した抗体・ウイルス（抗原）に酵素結合抗体が反応し，プレート上に抗体・ウイルス（抗原）・酵素結合抗体ができる．これを洗浄して，この酵素の基質を加えて反応させた後，着色の程度を吸光度計で測定してウイルスの有無を調べる方法であるが，このELISAには各種の変法がある．ACLSVのほか，ASGV，ブドウファンリーフウイルス（GFV），CTV，温州萎縮ウイルス（SDV）などの抗体はすでに市販されている．

2.4 遺伝資源の保存

(1) 保存方法
a. 樹体による保存
　栄養繁殖性作物である果樹は，各遺伝子についてヘテロ性が高く，その品種の諸特性を変えずに保存する場合には，栄養体で保存する必要がある．現在，栄養体で保存する方法として最も安全な方法は樹体による保存である．この樹体での保存の利点は，常時その特性が観察でき，必要に応じて穂木および生殖質が利用できる点であり，欠点としては，管理に広大なほ場と経費とがかかる点があげられる．一般に，保存用の台木としては，台木からのウイルス感染を防止するために実生台木が用いられる．

b. 穂木による保存
　穂木の長期貯蔵法の確立は最も有効であるが，一般に穂木による遺伝資源の長期保存は困難である．リンゴ穂木の場合，ポリエチレン袋などで湿度を保ち，約0℃の温度条件での生存期間は1年程度である．また，カンキツなどの常緑果樹ではさらにその期間は短い．最近，リンゴなどの落葉果樹で，冬期の休眠枝を液体窒素条件下に貯蔵し，成長点部位を無菌培養して個体再生する方法が報告されているが，まだ，安定した技術となっておらず，実用化に至っていない．

c. 種子による保存
　栽培品種を保存する場合は栄養体での保存が原則となるが，野生種などの遺伝資源の場合は特定の遺伝子の保存となるので種子による保存も必要になる．一般に，種子の長期貯蔵は乾燥種子を低温下で貯蔵するのが最も簡易で，よい方法である．ニホンナシ，リンゴなどでは，種子消毒した後，種子の含水量を5〜7％程度に下げ，低温下で安全に長期間貯蔵することができる．しかし，クリ，カキ，カンキツの一部では，種子を乾燥すると発芽能力が低下するため，現在，安全な長期貯蔵法が検討されている．

d. 花粉による保存
　リンゴなどの花粉は，乾燥して低温条件に保つと約1年間は発芽能力があり，育種事業などにもこの方法が利用されている．また，ニホンナシ，モモなどの花粉を長期貯蔵する場合には凍結乾燥法が有効とされ，乾燥花粉は超低温下で長期間貯蔵が可能である．しかし，この保存法は種子の場合と同様に，野生種などの遺伝資源の保存に限られる．

e. その他
　培養細胞および組織の超低温下での貯蔵方法も検討されているが，まだ検討段階である．ウイルスがアブラムシなどで伝播されるカンキツなどにとって，この方法の確立はウイルス無毒個体を長期間安全に保存できる利点がある．

(2) 保存体制

果樹遺伝資源は，農林水産省では果樹試験場のほかに，農業生物資源研究所の宮崎および新庄，種苗管理センターの各農場で保存を分担している（図2.3）．現在の保存点数は表2.4に示したように，保存総数が約7,000点となっている．また，大学関係

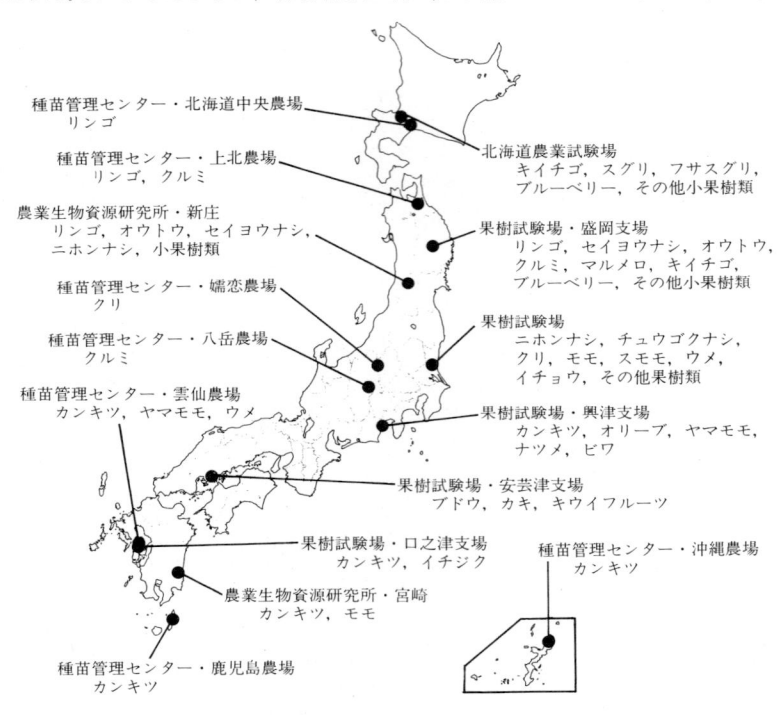

図2.3 果樹遺伝資源の保存場所と保存樹種

（地図中の記載）

種苗管理センター・北海道中央農場
　リンゴ

種苗管理センター・上北農場
　リンゴ，クルミ

農業生物資源研究所・新庄
　リンゴ，オウトウ，セイヨウナシ，
　ニホンナシ，小果樹類

種苗管理センター・嬬恋農場
　クリ

種苗管理センター・八岳農場
　クルミ

種苗管理センター・雲仙農場
　カンキツ，ヤマモモ，ウメ

北海道農業試験場
　キイチゴ，スグリ，フサスグリ，
　ブルーベリー，その他小果樹類

果樹試験場・盛岡支場
　リンゴ，セイヨウナシ，オウトウ，
　クルミ，マルメロ，キイチゴ，
　ブルーベリー，その他小果樹類

果樹試験場
　ニホンナシ，チュウゴクナシ，
　クリ，モモ，スモモ，ウメ，
　イチョウ，その他果樹類

果樹試験場・興津支場
　カンキツ，オリーブ，ヤマモモ，
　ナツメ，ビワ

果樹試験場・安芸津支場
　ブドウ，カキ，キウイフルーツ

果樹試験場・口之津支場
　カンキツ，イチジク

農業生物資源研究所・宮崎
　カンキツ，モモ

種苗管理センター・鹿児島農場
　カンキツ

種苗管理センター・沖縄農場
　カンキツ

表2.4 農林水産省における果樹遺伝資源の保存点数（1988）

樹　　種	保存点数	樹　　種	保存点数
リンゴ	1,615	カンキツ	1,673
オウトウ	142	オリーブ	34
小果樹類	96	ヤマモモ	35
クルミ	42	ビワ	39
セイヨウナシ	125	ブドウ	738
ニホンナシ	384	カキ	359
クリ	243	キウイフルーツ	61
モモ	634	イチジク	40
スモモ	230	ザクロ	15
アンズ	158	その他	117
ウメ	120	合計	6,900

でも佐賀大学のカンキツなどのように特定の果樹遺伝資源を集中的に保存している研究室もあるが，保存体制が確立されているところは限られている．

　農林水産省では，収集，導入された遺伝資源を，その特性が評価されるまでワーキングコレクション（W）とし，その特性を評価した後，永久保存の必要な遺伝資源をベースコレクション（B）としている．また，このベースコレクションのなかで配布できるものをアクティブコレクション（A）としている．これらの区分に従い，各品種・系統の来歴などを記載したパスポートデータを作成し，遺伝資源の保存とともに情報の保存とその利用が図られている．

2.5　遺伝資源の評価と利用

（1）評　　価

　農林水産省では，遺伝資源の有効利用を図るため作物の評価体制が整備されつつあり，その一環として，各果樹の調査項目，評価基準が決められ，データベース化され，特性調査結果の有効利用が図られつつある．

　各樹種ごとに，その遺伝資源の識別同定に必要な葉，枝，果実の形態などの調査項目（第1次特性調査）の他，生態，耐病性などの調査項目（第2次特性調査），農業生産に重要な調査項目（第3次特性調査）などについて調査が進められている．特性調査は各樹種ごとに調査項目が決められており，その調査結果をコード化して，調査年度，調査場所などの項目とともにコンピューターに入れられ，必要なときにその調査結果を育種事業に利用できるシステムがとられている．

（2）利　　用

　導入品種が育種素材として利用されてきた事例は多く，リンゴでは導入品種である国光とデリシャスの交雑によりふじが育成されており，また，カンキツでは温州ミカンの宮川早生と導入品種のトロビタ・オレンジの交雑により清見が育成されている．このように，導入果樹であるリンゴ，モモ，オウトウなどをはじめとし，多くの果樹で海外育成の導入品種は育種素材として広く利用されている．

　野生系統の利用では，リンゴのマルバカイドウ，ミツバカイドウが台木として直接利用されており，ナシ，モモなどでも古くから野生種の実生が台木として利用されている．米国やソ連では耐凍性のあるバッカータなどを用いて耐凍性台木の育成が進められている．わが国においても挿し木発根性のあるマルバカイドウとわい性台木のM.9やM.26などの台木系統とを交雑し，挿し木発根性のあるわい性台木の育成が進められている．また，野生種を果樹として利用している事例としては，クロミノウグイスカグラ（ハスカップ）があり，ジャムなどに加工して利用されており，現在，野生系統の品種改良が進められている．

　野生種の遺伝子を栽培品種に取り込んだ事例としては，リンゴの野生種であるフロリバンダ（*M. floribunda*）の利用があげられる（図2.4）．栽培品種には，リンゴの黒

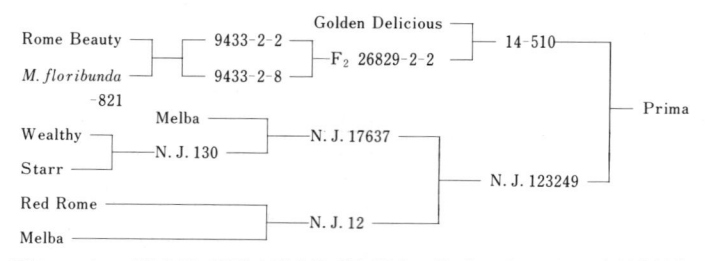

```
Rome Beauty ──┐
              ├── 9433-2-2 ──┐    Golden Delicious
M. floribunda ┤              ├── F₂ 26829-2-2 ──── 14-510 ──┐
   -821    ───┘ 9433-2-8 ────┘                              │
              Melba ──┐                                     │
Wealthy ──┐           │                                     ├── Prima
          ├── N.J.130 ┼── N.J.17637 ──┐                     │
Starr  ───┘           │                ├── N.J.123249 ──────┘
Red Rome ─────────────┤                │
                      ├── N.J.12 ──────┘
Melba ────────────────┘
```

図 2.4 リンゴ野生種（黒星病耐病性系統 *Malus floribunda* 821）の育種素材化
(Dayton, D.F., et al. (1970), *Fruit Vars. and Hort. Dig.,* **24**, 20-22)

星病耐病性を支配する多くの微動遺伝子の存在が認められているが，これらの微動遺伝子を計画的に集積し，耐病性品種を育成することは難しいとされている．しかし，野生系統のフロリバンダ 821 は 1 遺伝子座でしかも優性の耐病性遺伝子（Vf）をもっている．この遺伝子をもつフロリバンダと主要品種を交雑し，数代栽培品種などと交雑をくり返してプリマ，プリシラなどの黒星病耐病性品種が育成されている．さらに，このフロリバンダの Vf 遺伝子のほかにも Vb，Vm などの遺伝子がバッカータ，ミクロマルスなどの野生種にあることが報告されている．このように，現在栽培されている品種はある限られた遺伝子群を利用している可能性が高く，今後，さらに多くの野生種を収集し，その特性調査を進め，未利用の遺伝資源を育種素材として有効利用していく必要がある．

近縁野生種の有用遺伝子を栽培品種に取り込む場合には，前述したように交雑育種法で目的の遺伝子を取り込むことができる．しかし，遠縁野生種の遺伝子を取り込む場合，交雑育種法では，雑種種子の獲得が困難であったり，1 代雑種が得られても，その後の維持管理が困難である場合も多い．このため，現在，有用遺伝子を有効利用するために胚培養法，細胞融合法，遺伝子組換え法などの技術開発が進められている．

[真田哲朗]

文　献

1) 星川清親 (1982)，栽培植物の起源と伝播，204-280，二宮書店．
2) 北村四郎，村田　源 (1985)，原色日本植物図鑑木本編 I，II，保育社．
3) 小林　章 (1986)，果物と日本人，15-235，日本放送出版協会．
4) 牧野富三郎 (1985)，牧野新日本植物図鑑，北隆館．
5) 日本園芸中央会 (1943)，日本園芸発達史，3-62，朝倉書店．
6) 農林水産省技術会議事務局 (1980)，遺伝資源の探索・導入―経過とその成果，1-101，農林水産技術情報協会．
7) 最新園芸大辞典編集委員会編 (1984)，最新園芸大辞典，1～13 巻，誠文堂新光社．
8) 佐藤公一，他編 (1984)，果樹園芸大事典，養賢堂．
9) 土屋七郎 (1986)，遺伝，**40**，44-49．
10) バビロフ (1980)，栽培植物発祥の研究（中村英司訳），195-229，八坂書房．

3. 育種と品種

3.1 わが国における果樹育種の歴史

人類はつねによりよいものを求めて生活をしている．果樹においても計画的交雑育種を始める前の長い歴史の間に，偶発実生や枝変わりのなかからよりよいものを選んできた．これも人為選抜による育種の一手法である．わが国における果樹の歴史を育種の面からみると次の二つの特徴がある．

（1） 日本古来の果樹

ニホンナシ，モモ，ブドウ，カキ，クリ，カンキツ類，ビワのように，日本で古い栽培の歴史をもつ樹種では，長い歴史の間に突然変異または偶発実生から生じた品種が多く，これらが長い間親しまれて栽培されてきた．たとえば，ニホンナシの二十世紀，長十郎，晩三吉，モモの白桃，大久保，ブドウの甲州種，カキの富有，次郎，会津身不知，クリの有磨，銀寄，岸根，温州ミカンの伊木力系，宮川早生，杉山温州などである．

しかし，これらの品種も時代が変わるにつれ新しく育成された優良品種におきかえられつつある．たとえばニホンナシでは幸水，豊水，新水，モモではあかつき，クリでは筑波，丹沢，伊吹，温州ミカンでは興津早生などがあり，これらは既存の品種にかわって増加しつつある．

（2） 外国から導入した果樹

リンゴ，セイヨウナシ，オウトウのように，明治の始めに時の政府が外国から品種を導入して本格的な栽培が始まった樹種では，当然のことながら外国の品種に頼って栽培がされてきた．たとえばリンゴでは国光，紅玉，セイヨウナシでは好本号，バートレット，オウトウでは高砂，黄玉，ナポレオンなどである．これらのなかにはもっともらしい日本名が付いているものが多いが，いずれも外国生まれの品種であって，日本で便宜のため別名を付けたものである．これらの品種も，わが国の育種が進むにつれて，わが国育成の優良品種にかわりつつある．その好例はリンゴのふじ，つがる，千秋であり，オウトウの佐藤錦である．

3.2 育種目標

（1） 樹種共通の育種目標

育種目標は各樹種によって異なるが，一応，次の諸項目が共通の育種目標となろう．

食味の改良　食べておいしい品種を育成すること，およびその果樹の特徴を生かした食味に改良することが重要である．

熟期の拡大　熟期の幅を広げ，早生，中生，晩生と販売の期間を長くし，消費の拡大と経営の安定を図る必要がある．

外観の改良　果実は食べるものであるから食味は最も重要であるが，味は視覚に訴える面もあるので外観も軽視できない．とくにリンゴに例をとれば，袋掛け，葉摘み，玉回し，かや掛け，尻あぶり，人工着色など外観向上のためだけの技術を省いて生産費の低減を図るためには，外観優良な品種を育成することが必要である．

病害虫抵抗性品種の育成　病害虫抵抗性品種を育成することによって，薬剤散布の資材や労力を省くことができ，生産費の低減が可能となる．また，健康食品志向の現在，農薬汚染のない果実を供給するためにも必要である．

省力栽培適性品種の育成　コンパクトタイプやスパータイプ品種の育成によって省力栽培が可能となり，生産費低減につながる．台木によるわい化栽培ではわい性台木の育種も重要であるが，本章では省略した．

高生産力品種の育成　花付きが早くよく，結実率が高く，落果が少ない品種を育成することによって生産力が向上し，経営的に大きなプラスとなる．なお，果実の大きい品種の育成も目指すが，この場合は食味と貯蔵性を落とさないことが条件となる．

貯蔵性および輸送性の高い品種の育成　できるだけ鮮度の高い果実を消費者に供給するためには貯蔵性が高く，輸送性に富む品種の育成が必要である．とくに，これから外国への輸出を考えた場合には，この二つの性質の改善は重要である．

加工適性品種の育成　わが国の果実は生食用に消費される場合が多いが，これからの果樹園芸の発達には加工消費の増大を図る必要がある．このため，育種目標の設定においては加工適性を具備した品種育成を考慮する．また，料理用品種の育成も重要である．

（2） 樹種別の育種目標

育種目標は樹種によって異なり，それぞれ特徴があるので，主要果樹における樹種別の育種目標をみると次のとおりである．

リンゴ　リンゴの特徴は酸味と貯蔵性である．酸味についていえば，現在の品種構成は早生のつがる，中生のスターキング，晩生のふじと甘い品種一辺倒になってしまった．これからの食生活が西欧化することおよび加工産業の発展を考えると，もう少し酸味があってフレーバー（風味）のある品種の育成がのぞまれる．貯蔵性も重要であって，ふじのように肉質が硬く，水分が多く，貯蔵力のある品種を育成する必要

がある．

具体的には，晩生ではふじに酸味を加え，着色を改良する．中生では千秋の優良肉質と食味を維持しながら裂果がなく，着色鮮明な品種を育成する．早生ではさんさ，つがるではやや遅いので，それ以前の 7〜8 月に熟し，日持ち性のある品種を育成する．

ニホンナシ　ニホンナシの特徴は「水」であり，この水分の豊富さを失ってはならない．具体的には二十世紀の品質優秀性を維持しながら黒斑病に強い品種の育成が目標となる．幸水の育成によってこの目的はある程度達成されたが，これからは熟期の幅を広げ，9〜11 月まで収穫され，かつ日持ち性のある品種の育成が必要である．

モモ　モモは果皮が軟らかいことと夏に熟すので，日持ち性が短いのが特徴である．輸送性をよくし，消費期間を長くするには果皮を丈夫にし，肉質を改良して日持ち性を長くすることも考えられるが，選抜に際してモモの特徴をなくさないよう配慮する必要がある．したがって，早生→中生→晩生と各熟期に収穫できる品質優良な品種の育成が目標となる．

ブドウ　雨の多いわが国ではヨーロッパ系の品種は定着せず，米国系のデラウェアやキャンベル・アーリーが主要品種になった．しかし，米国系のブドウはヨーロッパ系のブドウより品質が劣るので，ヨーロッパ系の良品質をもち，しかも栽培しやすい品種の育成が目標となる．また，雨の多いわが国では裂果が少なく，病害虫に強い品種の育成も重要である．さらに，最近の消費動向から赤色大粒品種と品質優良な無核（タネナシ）品種の育成が急がれている．

ワイン用では生食用以上に栽培が容易で裂果がなく，糖度の高いことが要求される．わが国は外国のようにワインの消費が生活に密着していないので，生食・醸造兼用の優良品種育成も考える必要がある．

カキ　渋ガキより甘ガキの方が商品性が高いことおよび甘ガキに優良品種が少ないことから，カキの育種は甘ガキの改良に重点がおかれている．育種目標としては品質優良で栽培容易な完全甘ガキを各熟期にわたって育成することである．品質的には糖度が高く，肉質がち密で果汁が多いこと．栽培性では結実がよくて，へたすきや果頂裂果などの障害果の発生が少なく，炭そ病などに耐病性であることなどが目標となる．また，完全甘ガキの熟期が晩生に偏っていることから，早生品種の育成も重要な育種目標となっている．

クリ　ゆでグリ用では品質優良で粉質でしかも甘味の強い品種がのぞまれる．とくに最近は甘味の強いサツマイモやカボチャが育成されているので，それに対抗できる甘味とクリ独特の風味のある品種の育成が重要である．また，果皮が薄く，渋皮のはがれやすいことも必要である．焼グリ用ではきゅう肉が薄く，渋皮がはがれやすく，品質優良でとくに甘味の強いことが要求される．熟期としては 9 月上旬〜10 月下旬に熟し，貯蔵性のある品種の育成が目標となる．

カンキツ　品質がよく，多収性でかつ病害虫に強く，耐寒性で栽培容易であることが育種目標となる．用途には生食用と加工用があるが，現在のカンキツの消費動向

や生産動向からみて，加工専用種の栽培は困難であるので，当面は両方の用途に適する品種の育成が目標となる．しかし，傾斜地での栽培の省力化が進めば，加工専用種の育種も今後の課題となろう．品質的には，はく皮が容易で食べやすく，芳香があり，肉質がよく，果汁の糖と酸の含量が高く，しかも両者のバランスがとれている品種の育成を目指す．ポンカンやキンカンではタネナシにすることも考える必要がある．

ビワ　　在来種の田中や茂木より大果で，種子が小さく，品質優良で味の濃厚な品種を育成する．また，早熟であることおよび大樹となるビワではわい化性あるいはコンパクト性のある品種を育成することも重要な育種目標となる．

3.3　育　種　法

交雑育種　　計画的交雑育種が本命となる．しかし，果樹では諸形質が遺伝的にヘテロ（異質）であるため，目標とする形質が劣性の場合は F_1 で分離してこないので，F_2，F_3 と世代を重ね，F_2 以降での出現を待つ必要がある．また，戻し交雑，兄姉交雑，近縁交雑などによって期待する形質のホモ（同質）化ならびに集合化を図って，優秀な果実形質や耐病虫性などの実用形質をもった個体を育成する．農林水産省果樹試験場では1990年までに65品種を育成したが，ミカンの珠心胚実生の5品種を除いてあとはすべて交雑育種によって育成された品種である（後出の表3.1参照）．

分離育種　　在来品種のなかから特定の優良形質を選び出して新しい品種を作るもので，枝変わりの選抜や偶発実生の選抜もこの範囲に入る．民間育成品種はこれによって選抜された品種が多い（後出の表3.2，3.3参照）．

導入育種　　元来その地方になかった品種を導入してそのまま品種として成立する場合であって，明治の始めにわが国に入ってきたリンゴの国光や紅玉，セイヨウナシのバートレット，オウトウのナポレオンなどがその好例である．

倍数性育種　　倍数性個体の特性を利用して行う育種法で，2倍体から半数体を作り，これにコルヒチンなどの薬品処理によって遺伝的にホモ2倍体を作る．さらに，2倍体の染色体を倍加して4倍体を作り，4倍体と2倍体の交雑から3倍体を作る．このように，染色体構成や染色体数の変化によって生じる果樹の形態，生理，生態などの違いを利用する方法である．

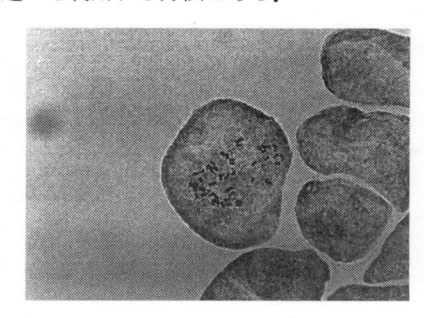

図3.1　リンゴの染色体（羽生田原図）
品種：高嶺．3倍体で $2n=51$．

ブドウでは大粒系品種育成のため4倍体を親に用いて交雑が行われている．また，リンゴでは陸奥，ジョナゴールド，ハックナイン，北斗，高嶺などの3倍体品種が実用化されている．図3.1に高嶺の染色体を示した．

突然変異育種　自然界に現れる突然変異（枝変わり）については分離育種の項でふれたが，人為的に放射線を照射して突然変異個体を作り，そのなかから有用形質をもった個体を選抜する．突然変異育種は交雑育種の補助手段として行われることが多いが，次の目的をもっている．

① 交雑育種のいきづまりを打開し，変異を拡大する．② 遺伝子が不明で交雑育種で取り込むことができない場合に，耐病性や自家親和性のような新しい形質を作り出す．③ 有性繁殖でなくなってしまう特別な形質を保持する．④ 一つの遺伝子が二つ以上の形質を支配するような形を打破する．⑤ キメラを解消したり，均一化した枝変わりを安定にする．⑥ 遠縁の不和合性を解消する．⑦ 半数体を作り出す．

ニホンナシの二十世紀は品質は優良であるが，黒斑病に弱い特性を有していて栽培上問題であった．真田ら（1988）は1962年から二十世紀にガンマ線の緩照射を続け，1982年に耐病性の γ-1-1 を選抜した．これは1990年6月にゴールド二十世紀と命名，なし農林15号として農林登録された．リンゴにおいてもふじの穂木および苗木に放射線を照射して着色のよい盛放ふ3などが選抜された（吉田，1986）．

3.4　育種技術

（1）樹種共通の育種技術

a．着花促進法

永年生木本作物の果樹では，交雑実生が着花するまでに数年〜10数年かかる．そこで，いかに幼若相（juvenile phase）を早く経過させ成熟相（adult phase）に相転換させて着花を促進するかが重要となる．これには次の諸法がある．

図3.2　接ぎ木による結実促進（果樹試験場盛岡支場）
M.26台に接がれたリンゴ交雑実生．

図3.3　幹および枝を湾曲して誘引し結実促進を図るニホンナシの育種ほ場（果樹試験場）

① 接ぎ木法：　接ぎ木によって着花が促進される．リンゴではわい性台木のM.9，M.26，M.27の利用が有効である．図3.2にM.26台利用の状況を示した．この場合，台木はウイルスフリーであることが必要である（吉田，1986）．

② 高接ぎ法：　成木に高接ぎをして着花促進を図る．カンキツでは温州ミカン中間台への高接ぎが最も着花が早く，接ぎ木2～3年後には着花する（奥代ら，1980）．この場合も，台木や中間台からウイルスを感染させないことが条件となる．

③ 湾曲法：　幹および枝を曲げて誘引，生理的に老化を促進して着花を早める．ニホンナシの育種ほ場の状況を図3.3に示した．捻枝も有効である．

④ 外科的手法：　断根，環状はく皮，スコアリング，夏季せん定などにより着花促進を図る．

⑤ 気象環境調節法：　ファイトトロンなどの利用によって気象環境を人為的に制御し，生長サイクルを短縮して着花を促進する．

⑥ 植物生長調節物質処理法：　ジベレリンやアブシジン酸などを処理し，植物生理の面から老化を促進し着花を早める．

⑦ 栄養生理的手法：　燐酸肥料施肥などにより栄養条件を変えて生長を促し，着花を促進する．

b．早期検定法の確立

幼苗の諸形質と果実および樹の形質との関係を早期に検定する技術が確立されれば，幼苗選抜の能率は飛躍的に向上し，育種年限が短縮される．しかし，果実をおもな選抜の対象とする果樹では，幼苗の特定形質と果実の形質との関連については，確実な決め手となる早期検定法は確立されていない．今後リンゴでは果実の高糖，高酸が幼苗実生の葉中の糖および有機酸組成とレベルに関係しているか確認する必要がある．また，カンキツの苦味成分が葉中のリモニンおよびノミリンの分析で可能であるか否か検討する必要がある．

病害虫抵抗性に対する早期検定法については，幼苗時に殺菌剤または殺虫剤の無散布区を設けて選抜する．また，病原菌の接種によって耐病性は早期に検定できる．耐虫性の早期検定としてはブドウのフィロキセラやカンキツのヤノネカイガラムシを幼苗に接種して抵抗性を検定することができる．

c．バイオテクノロジー技術の開発

果樹の育種手法はこれまで交雑育種法を主体としてきたが，育種効率を高め，変異の幅を拡大し，あるいは通常の交雑では得られない雑種を育成するためにはバイオテクノロジーの諸手法を取り入れた育種技術の開発が必要である．

カンキツ類の細胞融合技術開発では，すでにオレンジとカラタチの細胞融合により属間雑種である"オレタチ（愛称）"の育成の成功によって技術的に確立された（Ohgawaraら，1985）．この手法を応用し，両親に実用形質をもつワシントン・ネーブルとマーコット・タンゴール（愛称マーブル），ワシントン・ネーブルとグレープフルーツ（愛称グレーブル），ワシントン・ネーブルと林温州（愛称シューブル）の細胞融合に成功し，現在体細胞雑種個体を育成中である（Kobayashiら，1988）．これらの植物が

そのまま実用化されるか否か確認を急ぐ必要がある．いずれにしても，上記細胞融合育種技術の確立は，これからの生物工学的育種の推進上大きなステップとなったことは確かである．

（2） 樹種別の育種技術

リンゴ　交雑育種が主体であるが，突然変異育種や倍数性育種によって変異の幅を広げる必要がある．突然変異ではふじの早熟性枝変わりのやたかのほか，ふじの着色系が利用されている．交雑不和合性はつぼみ受粉や老化受粉（羽生田ら，1985）によって解消して，種間雑種や属間雑種の可能な範囲を広げる．また，諸形質の遺伝関係を解明して育種能率の向上を図る必要があるが，リンゴではすでに果実の大きさ，色，食味，熟期の遺伝，節間長，バーノット，生産力の遺伝，ワタムシ，黒星病，斑落病，うどん病，赤星病，ACLSV，ASPV の遺伝，白子，偽白子の遺伝関係が解明されつつある（吉田，1986）．これらの遺伝様式を応用し，斑落病や黒星病などの耐病性育種に力を注ぎ，栽培しやすい品種育成の道を拓くことが今後の課題である．

ニホンナシ　交雑育種が主体であるが，ナシには交雑不和合性があり，品種のもつ S 因子型によって特定の組合せでは交雑不能である．これを克服する育種技術の改良が必要であるが，最近では S 因子の突然変異体であるおさ二十世紀が自家和合性であり，その後代に自家和合性系統が得られることが知られている．突然変異育種も一部で行われており，前述のように真田ら（1988）は黒斑病に罹病性の二十世紀に放射線を照射して耐病性の γ-1-1（ゴールド二十世紀）を選抜した．

モモ　交雑育種ではモモの実生は 3 年目くらいから結実するので，第一次選抜および第二次選抜（後出の図 3.4 参照）とも他の樹種より短期間で行うことができる．早生モモのように胚が未熟のうちに収穫する場合は胚培養によって交雑実生を獲得する．モモは自殖性で比較的純系になりやすいので，優良遺伝子の導入を積極的に行って変異の幅を広げることができる．自然における枝変わりの発現頻度はリンゴやカンキツより少ないので，放射線照射による人為突然変異の誘発が今後考えられる．

ブドウ　ブドウは無核の品種が歓迎される．有核×無核の F_1 は 10 ％前後が無核であるが，育種能率の向上を図るには，この F_1 の優良個体にさらに無核品種を交配してホモ化していく必要がある．育種年限短縮では温室を利用して幼苗の発育を促進すれば，結果樹齢を早めることができる．近年，大粒系のブドウが好まれるが，その育成のためには 4 倍体の人為作出法が開発され（山根・栗原，1980），いろいろな特性をもった 4 倍体品種を交配親に使うことが可能となった．

カキ　カキは一般に雌雄異花で，虫媒が主体である．そして交雑不和合性や自家不和合性のない特殊な果樹である．交雑育種が主体であるが，雄花をつける品種が限られているので花粉親が限定される．完全甘ガキとそれ以外のカキの F_1 からは完全甘ガキは生じない．一方，完全甘ガキ同士の交雑では大部分の F_1 は完全甘ガキとなる（池田ら，1985）．カキは結果樹齢に達するのが遅いので，成木への高接ぎにより育種年限を短縮する．胚の発育が途中で止まる一部のカキでは胚培養によって交雑実生を獲得

クリ　育成途中の特性検定ではクリタマバチと胴枯病抵抗性が問題となる．クリタマバチ抵抗性は交配親に耐虫性品種を用いると抵抗性個体の出現率が高く，とくに銀寄を片親に使うと耐虫性個体の出現率が高い．クリタマバチ抵抗性の早期検定法の確立が重要である．また，中国グリの胴枯病抵抗性と渋皮はく皮容易性を導入する育種も重要である．クリはモモと同じく結果樹齢に達するのが早いので，育種年限は比較的短くてすむ．

カンキツ　カンキツ類にはブンタン，ハッサクなどの単胚性品種と温州，スイート・オレンジなどの多胚性品種がある．単胚性同士または多胚性と単胚性品種を交雑するときは単胚性品種を母親に使うが，多胚性同士の交雑では交雑実生を得ることは困難である．この多胚形成を制御する方法や交雑胚と珠心胚を識別して交雑実生を得る方法については過去に多くの研究が行われ（上野・西浦，1976），ある程度の成果は得られているが，胚数が5個を超える品種についての雑種育成は困難である．しかし，カンキツの多胚性は単性優性遺伝をするので，ヘテロに遺伝子をもつ多胚性品種同士の交雑から単胚性個体も生じる．そして，多くの優秀な多胚性品種はヘテロである（Iwamasaら，1967）．

したがって，育種能率を高めるためには多胚性遺伝子をヘテロにもつ品種同士の雑種から単胚個体を作出し，これに戻し交雑する方法がとられる．近年，宮川早生とトロビタ・オレンジの単胚雑種である清見（タンゴール）が育成され，今後とも優良品種の育成が期待できる．

早生ミカンでは交雑しても種子が得にくく，得られた種子も胚が未発達の場合は胚培養によって交雑実生を獲得する．結実を促進するためには，2年生交雑実生を高接ぎし，芽かきを行いながら1本に仕立てることによって，接ぎ木後3～4年で結実させる技術が開発され，育種年限は5～6年短縮できるようになった（奥代ら，1980）．

ビワ　主要形質の遺伝関係はほとんど明らかになっていないので，これを明らかにして育種能率を高める必要がある．また，わい化性があり，がんしゅ病抵抗性品種を作出する育種技術の開発も重要である．

3.5 育種の経過と成果

(1) 民間育種

果樹ではこれまで民間育種の果たしてきた役割はきわめて大きい．リンゴでは王林，金星，ニホンナシでは長十郎，二十世紀，モモでは砂子早生，倉方早生，布目早生，大久保，オウトウでは佐藤錦，ブドウでは巨峰，マスカット・ベーリーA，ネオ・マスカット，ピオーネ，甲斐路，カキでは富有，平核無，次郎，クリでは銀寄，岸根，温州ミカンでは宮川早生，林温州，杉山温州，南柑4号，同20号，青島温州，十万温州，ビワでは茨木，田中などがある．民間育成品種の特徴はブドウを除いて偶発実生や枝変わりから生じたものが多いことである（後出の表3.2，3.3参照）．

（2） 官庁育種
a．公立試験場の育種

リンゴでは青森県りんご試験場が1928年に育種を開始し，これまで陸奥，恵，王鈴，つがる（以上旧種苗法），北の幸，夏緑，北斗，メロー（以上新種苗法）を種苗登録した．この他，北海道立中央農業試験場がハックナイン，ノースクイーン，秋田県果樹試験場が千秋，群馬県農業総合試験場があかぎ，陽光，新世界，長野県果樹試験場が高嶺を育成し，それぞれ実績をあげている．他の樹種では公立試験場で本格的な育種を進めているところは少ない．それでも，新しい種苗法に基づいて県が種苗登録したものはニホンナシの清澄（千葉県），南水（長野県），モモのスイートネクタリン黎明，同晶光，同黎玉，同晶玉（以上山梨県），照手紅，照手桃，照手白，照手水蜜（以上神奈川県），ウメの新平太夫（福井県），玉織姫（群馬県），アンズの信州大実，信山丸，信陽（以上長野県），スモモの紅明（山梨県），クリの五十波，西播磨（以上兵庫県），カキのこさどかき（新潟県），東京御所（東京都），キウイフルーツの香緑（香川県），カンキツのサガマンダリン（佐賀県），ビューティメイプル，駿河温州，富士見温州（以上静岡県），阿波オレンジ（徳島県），紀の国温州（和歌山県）がある．

なお，ビワの白茂木は長崎県で種苗登録したが，国の育種指定試験で育成されたもので，びわ農林1号となっている（後出の表3.3参照）．また，ブドウの笛吹とネオアリカントも国の育種指定試験として山梨県で育成されたもので，種苗登録はされなかったが，それぞれぶどう農林1号，農林2号として農林登録されている．

b．農林水産省果樹試験場の育種

果樹試験場ではニホンナシの育種を1909年に始めたという記録があるが，各樹種の本格的交雑育種は1938年以降である．現在の品種育成の担当研究室は，ニホンナシとクリが育種部育種第2研究室，モモなど核果類が同育種第3研究室，リンゴが盛岡支場育種研究室，ブドウとカキが安芸津支場育種研究室，ミカンが興津支場育種第1研究室，中生および晩生カンキツが口之津支場育種研究室となっている．

育種支持部門としては，育種部育種第1研究室，興津支場育種第2研究室，安芸津支場育種法研究室がバイオテクノロジーを含む育種技術開発を，育種部育種第4研究室が遺伝資源の探索，収集，特性調査，保存，配布を，育種部加工適性研究室が育成系統の加工適性調査を担当している．

なお，育種指定試験としては，オウトウを山形県立園芸試験場，醸造用ブドウを山梨県果樹試験場，施設栽培用ブドウを福岡県農業総合試験場，ビワを長崎県果樹試験場，パインアップルを沖縄県農業試験場が担当している．

農林水産省果樹試験場および育種指定試験地で一次選抜された系統は系統適応性検定試験（以下系適試験という）として各都道府県の試験場で二次選抜される．系適試験場所は，ブドウが岩手県園芸試験場，石川県農業試験場，リンゴが青森県りんご試験場，秋田県果樹試験場，山形県立園芸試験場，長野県果樹試験場，モモが福島県果樹試験場，山梨県果樹試験場，岡山県農業試験場，ニホンナシが埼玉県園芸試験場，鳥取県果樹試験場，カンキツが神奈川県園芸試験場，静岡県柑橘試験場，和歌山県果

3. 育種と品種

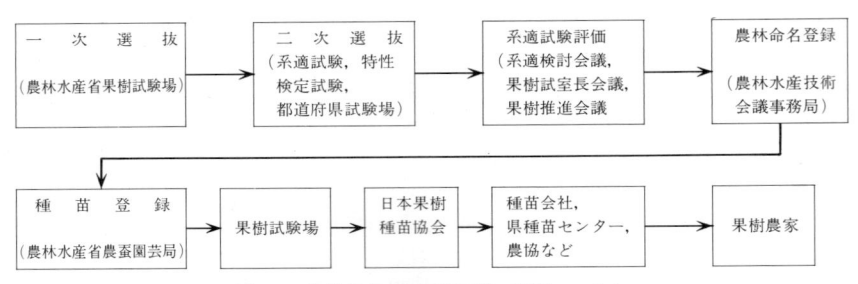

```
┌─────────────┐   ┌─────────────┐   ┌─────────────┐   ┌─────────────┐
│  一 次 選 抜 │→ │  二 次 選 抜 │→ │ 系適試験評価 │→ │ 農林命名登録 │
│(農林水産省果 │   │(系適試験,特性│   │(系適検討会議,│   │(農林水産技術 │
│ 樹試験場)   │   │ 検定試験,    │   │ 果樹試室長会議│   │ 会議事務局)  │
│             │   │ 都道府県試験場)│  │ 果樹推進会議)│   │             │
└─────────────┘   └─────────────┘   └─────────────┘   └─────────────┘
                                                            │
┌─────────────┐   ┌─────────┐   ┌─────────┐   ┌─────────────┐   ┌─────────┐
│  種 苗 登 録 │ ← │果樹試験場│ ← │日本果樹 │ ← │種苗会社,    │ ← │果樹農家 │
│(農林水産省農 │   │          │   │種苗協会 │   │県種苗センター│   │         │
│ 蚕園芸局)   │   │          │   │          │   │農協など     │   │         │
└─────────────┘   └─────────┘   └─────────┘   └─────────────┘   └─────────┘
```

図 3.4 農林水産省果樹試験場の育種システム

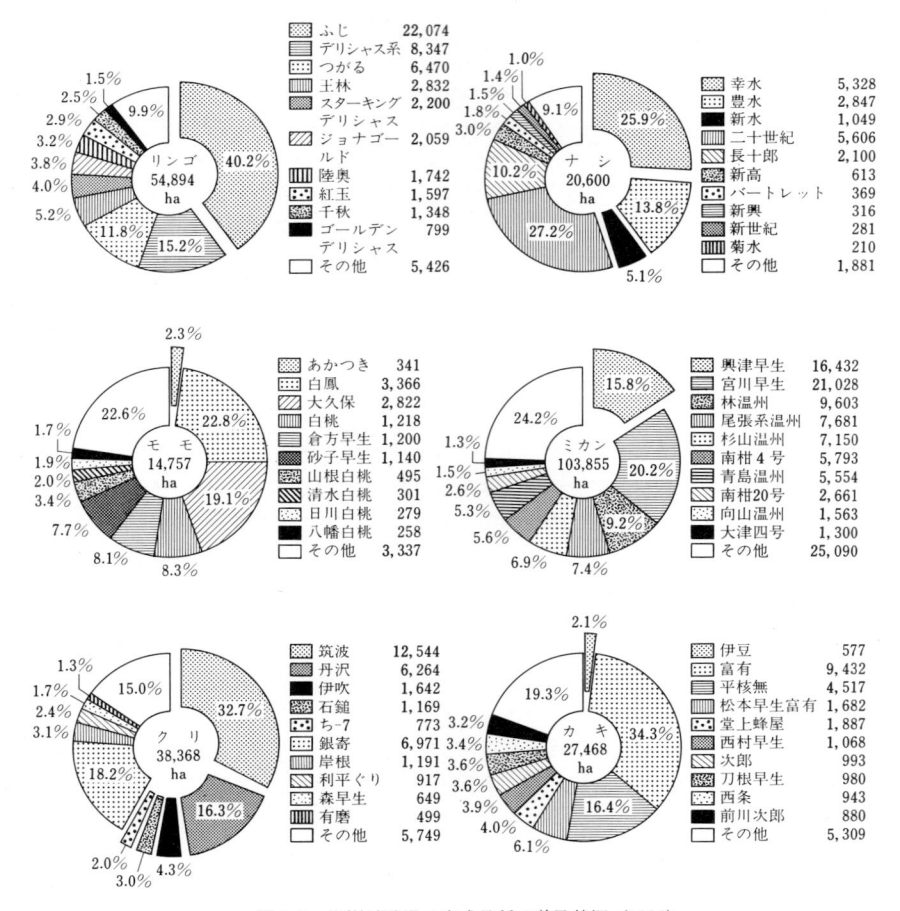

リンゴ 54,894 ha
- ふじ 22,074 (40.2%)
- デリシャス系 8,347 (15.2%)
- つがる 6,470 (11.8%)
- 王林 2,832 (5.2%)
- スターキングデリシャス 2,200 (4.0%)
- ジョナゴールド 2,059 (3.8%)
- 陸奥 1,742 (3.2%)
- 紅玉 1,597 (2.9%)
- 千秋 1,348 (2.5%)
- ゴールデンデリシャス 799 (1.5%)
- その他 5,426 (9.9%)

ナシ 20,600 ha
- 幸水 5,328 (25.9%)
- 豊水 2,847 (13.8%)
- 新水 1,049 (5.1%)
- 二十世紀 5,606 (27.2%)
- 長十郎 2,100 (10.2%)
- 新高 613 (3.0%)
- バートレット 369 (1.8%)
- 新興 316 (1.5%)
- 新世紀 281 (1.4%)
- 菊水 210 (1.0%)
- その他 1,881 (9.1%)

モモ 14,757 ha
- あかつき 341 (2.3%)
- 白鳳 3,366 (22.8%)
- 大久保 2,822 (19.1%)
- 白桃 1,218 (8.3%)
- 倉方早生 1,200 (8.1%)
- 砂子早生 1,140 (7.7%)
- 土根白桃 495 (3.4%)
- 清水白桃 301 (2.0%)
- 日川白桃 279 (1.9%)
- 八幡白桃 258 (1.7%)
- その他 3,337 (22.6%)

ミカン 103,855 ha
- 興津早生 16,432 (15.8%)
- 宮川早生 21,028 (20.2%)
- 林温州 9,603 (9.2%)
- 尾張系温州 7,681 (7.4%)
- 杉山温州 7,150 (6.9%)
- 南柑4号 5,793 (5.6%)
- 青島温州 5,554 (5.3%)
- 南柑20号 2,661 (2.6%)
- 向山温州 1,563 (1.5%)
- 大津四号 1,300 (1.3%)
- その他 25,090 (24.2%)

クリ 38,368 ha
- 筑波 12,544 (32.7%)
- 丹沢 6,264 (16.3%)
- 伊吹 1,642 (4.3%)
- 石鎚 1,169 (3.0%)
- ち-7 773 (2.0%)
- 銀寄 6,971 (18.2%)
- 岸根 1,191 (3.1%)
- 利平ぐり 917 (2.4%)
- 森早生 649 (1.7%)
- 有磨 499 (1.3%)
- その他 5,749 (15.0%)

カキ 27,468 ha
- 伊豆 577 (2.1%)
- 富有 9,432 (34.3%)
- 平核無 4,517 (16.4%)
- 松本早生富有 1,682 (6.1%)
- 堂上蜂屋 1,887 (4.0%)
- 西村早生 1,068 (3.9%)
- 次郎 993 (3.6%)
- 刀根早生 980 (3.6%)
- 西条 943 (3.4%)
- 前川次郎 880 (3.2%)
- その他 5,309 (19.3%)

図 3.5 果樹試験場の育成品種の普及状況 (1986)

樹園芸試験場，愛媛県立果樹試験場，佐賀県果樹試験場，熊本県果樹試験場，鹿児島県果樹試験場，クリが岐阜県農業総合研究センター，愛媛県立果樹試験場，カキが福岡県農業総合試験場，ビワが千葉県暖地園芸試験場，ウメが和歌山県果樹園芸試験場，オウトウが北海道立道南農業試験場，パインアップルが沖縄県農業試験場八重山支場となっている．さらに，特定の病害に関する特性検定試験は，リンゴで北海道立中央農業試験場，青森県りんご試験場，カンキツで静岡県柑橘試験場，三重県農業技術センター，愛媛県立果樹試験場が担当している．

実際には上記系適試験を行っている試験場のほかに，各樹種に関係する都道府県試験場では自主系適の形で二次選抜に参加している．都道府県で二次選抜された系統は，系適試験の評価会議で優秀と認められると命名して農林登録され，さらに種苗登録される．種苗登録された品種は日本果樹種苗協会が国にかわって種苗会社や県の種苗センターなどに苗木販売の許諾を与え，そこから苗木が果樹栽培農家にわたるシステムになっている．以上の流れを示すと図3.4のとおりである．

農林水産省果樹試験場では1990年までに表3.1に示したリンゴ8品種，ニホンナシ11品種，モモ20品種，クリ5品種，カキ4品種，ブドウ2品種，カンキツ15品種を育成した．このうち，リンゴのふじ，ニホンナシの幸水，豊水，新水，モモのあかつき，クリの筑波，丹沢，伊吹，カキの伊豆，カンキツの興津早生などが経済品種として重要な位置を占めている．この状況を図3.5に示した．

3.6　種苗登録と育成者の保護

（1）　旧種苗法

1947年に農産種苗法に基づいて種苗登録制度が発足し，表3.2に示したリンゴ5品種，ニホンナシ3品種，モモ11品種，スモモ3品種，ウメ4品種，オウトウ2品種，クリ5品種，ブドウ11品種，カキ4品種，クルミ2品種，カンキツ24品種，ビワ5品種が登録された．しかし，この旧種苗法では許諾の制度がなく，名称登録の色合いが濃いため実質的に育成者の保護はなされなかった．

（2）　新種苗法

1978年6月に農産種苗法の一部改正の形で種苗法（1978年法律第89号）が成立し，同年12月28日に施行された．新しい種苗法では，種苗登録された種苗の販売については育成者の許諾が必要となり，許諾料を支払って販売の権利を得なければならない．新種苗法によって1990年12月5日までに登録された品種を表3.3に示した．

なお，国で育成した品種を農林登録する場合は優秀性が問題となるが，種苗登録では優秀性が登録の要件となっていないことが特徴である．すなわち，従来の品種にない形質をもっていて，区別性があれば登録は認められるのである．このほか，均一性，安定性および出願前に販売されていないことも登録の要件となる．登録期間は旧種苗法で3～7年間であったが，新種苗法では果樹は18年間である．　　　　［吉田義雄］

3. 育種と品種

表 3.1 果樹試験場育成品種一覧表（1990年12月現在）

落葉果樹

種類	品種名	命名登録 登録番号	登録年月	品種登録 登録番号	登録年月	交配年	育成経過 交配組合せ	育成場所
リンゴ	ふじ	りんご農林1号	1962. 5			1939	国光×デリシャス	盛岡支場
	あかね	りんご農林2号	1970.10			〃	紅玉×ウースター・ペアメン	
	はつあき	りんご農林3号	1976.11			〃	紅玉×ゴールデン・デリシャス	
	きたかみ	りんご農林4号	1981.11	第0366号	1983. 2	1959	東北2号×レッドゴールド	
	ひめかみ	りんご農林5号	1984. 5	第0931号	1985. 7	1968	ふじ×紅玉	
	いわかみ	りんご農林6号	〃	第0932号	〃	〃	ふじ×紅玉	
	さんさ	りんご農林7号	1987.10	第1565号	1988. 3	1969	ガラ×あかね	
	きざし	りんご農林8号	1990. 6	(出願中)		〃	ガラ×ふじ	
ナシ	雲井	なし農林1号	1955. 7			1939	石井早生×八雲	育種部
	翠星	なし農林2号	〃			〃	菊水×八雲	
	幸水	なし農林3号	1959. 3			1941	菊水×早生幸蔵	
	新水	なし農林4号	1965. 8			1947	菊水×君塚早生	
	早玉	なし農林6号	1968. 1			〃	君塚早生×祇園	
	八幸	なし農林7号	1972. 8			1953	八雲×幸水	
	豊水	なし農林8号	〃			1954	リ-14×八雲	
	新星	なし農林11号	1982.10	第0526号	1984. 3	1952	翠星×新興	
	秀玉	なし農林12号	1986. 6	第1524号	1988. 1	1963	菊水×幸水	
	筑水	なし農林13号	1988. 5	第2060号	1989. 9	1970	豊水×八雲	
	八里	なし農林14号	1989. 6	第2532号	1990.12	1972	八幸×75-23	
モモ	缶桃2号	もも農林1号	1956. 5			1941	(アーリーエルバータ×タスカン)×(岡山3号×オレンジ・クリング)	育種部
	缶桃5号	もも農林2号	〃			〃	(金桃×タスカン)×(岡山3号×オレンジ・クリング)	
	缶桃12号	もも農林3号	〃			1940	(金桃×タスカン)×(岡山3号×タスカン)	
	缶桃14号	もも農林4号	〃			1936	岡山3号×オレンジ・クリング	
	錦	もも農林5号	1964. 8			1952	缶桃12号×缶桃2号	
	あかつき	もも農林6号	1979. 6			〃	白桃×白鳳	
	ファーストゴールド	もも農林7号	1980.11	第0216号	1982. 2	1964	錦×C-18-1	
	アーリーゴールド	もも農林8号	〃	第0217号	〃	1967	錦×フォーチュナ	
	フレーバーゴールド	もも農林9号	〃	第0218号	〃	1952	II-S-b-9×缶桃5号	
	スイートゴールド	もも農林10号	〃	第0219号	〃	1966	フォーチュナ×缶桃5号	
	ゆうぞら	もも農林11号	1981.11	第0361号	1983. 2	〃	白桃×あかつき	
	ヒラツカレッド	もも農林12号	〃	第0362号	〃	1961	興津×NJN17	
	さおとめ	もも農林13号	1982.10	第0468号	10	1957	白鳳×ロビン	
	ちよひめ	もも農林14号	1986. 6	第1523号	1988. 1	1968	高陽白桃×さおとめ	
	ちよまる	もも農林15号	1988. 5	第2059号	1989. 9	1974	21-26×布目 op-2	
	シズクレッド	もも農林16号	1989. 6	(出願中)		1972	19-1の自然雑交実生	
	チヨダレッド	もも農林17号	〃	(〃)		1973	ヒラツカレッド×ネクタレッド5	
	ヒタチレッド	もも農林18号	〃	(〃)		〃	19-18×ファンタジア	
	よしひめ	もも農林19号	1990. 6	(〃)		〃	21-18×あかつき	
	まさひめ	もも農林20号	〃	(〃)		〃	21-18×あかつき	

3.6 種苗登録と育成者の保護

種類	品種名	命名登録 登録番号	登録年月	品種登録 登録番号	登録年月	交配年	育成経過 交配組合せ	育成場所
クリ	丹沢	くり農林1号	1959. 3			1949	乙宗×大正早生	育種部
	伊吹	くり農林2号	〃			1947	銀寄×豊多摩早生	
	筑波	くり農林3号	〃			1949	岸根×芳養玉	
	石鎚	くり農林4号	1968. 1			1948	岸根×笠原早生	
	国見	くり農林5号	1981.11	第0353号	1983. 2	1965	丹沢×石鎚	
カキ	駿河	かき農林1号	1959. 3			1938	花御所×晩御所	興津支場
	伊豆	かき農林2号	1970.10			1955	富有×A-4	
	新秋	かき農林3号	1990. 6	(出願中)		1971	興津20号×興津1号	安芸津支場
	陽豊	かき農林4号	〃	(〃)		1967	富有×次郎	
ブドウ	安芸シードレス	ぶどう農林3号	1986. 6	第1522号	1988. 1	1969	マスカット・ベーリーA×ヒムロッド	安芸津支場
	ノースレッド	ぶどう農林4号	1990. 6	(出願中)		1976	セネカ×キャンベル・アーリー	

常緑果樹

種類	品種名	命名登録 登録番号	登録年月	品種登録 登録番号	登録年月	交配年	育成経過 交配組合せ	育成場所
カンキツ	興津早生	みかん農林1号	1963. 7			1940	宮川早生(珠心胚実生)	興津支場
	三保早生	みかん農林2号	〃			〃	〃 (〃)	
	久能温州	みかん農林3号	1971.12			1946	長橋温州(〃)	
	瀬戸温州	みかん農林4号	〃			〃	杉山温州(〃)	
	興春ポンカン	みかん農林7号	1990. 6	(出願中)		1948	ポンカン(〃)	
	清見	タンゴール農林1号	1979. 6			1949	宮川早生×トロビタ・オレンジ	
	スイートスプリング	タンゼロ農林1号	1981. 6	第0298号	1982.10	1947	上田温州×ハッサク	
	サマーフレッシュ	タンゼロ農林2号	〃	第0299号	〃	〃	ハッサク×ナツミカン	
	メイポメロ	ぶんたん農林1号	1984. 5	第0916号	1985. 7	1946	ハッサク×平戸ブンタン	
	イエローポメロ	ぶんたん農林2号	〃	第0917号	〃	〃	ハッサク×平戸ブンタン	
	はやさき	ぶんたん農林3号	1986. 6	第1518号	1988. 1	1962	麻豆ブンタン×平戸ブンタン	口之津支場
	南香	みかん農林5号	1987. 6	第1857号	1989. 3	1970	三保早生×クレメンテイン	
	早香	みかん農林6号	1989. 6	第2526号	1990.12	1972	今村温州×中野3号ポンカン	
	清峰	タンゴール農林2号	1988. 6	第2056号	1989. 9	1971	清見×ミネオラ	
	津之香	タンゴール農林3号	1990. 6	(出願中)		1972	清見×興津早生	

中間母本

種類	品種名	命名登録 登録番号	登録年月	品種登録 登録番号	登録年月	交配年	育成経過 交配組合せ	育成場所
ウメ	すももうめ中間母本農1号	すももうめ中間母本農1号	1987. 6	第1860号	1989. 3	1970	ソルダム×地蔵梅	育種部
	すももうめ中間母本農2号	すももうめ中間母本農2号	〃	第1861号	〃	〃	ソルダム×地蔵梅	
オレンジカラタチ	オレンジカラタチ中間母本農1号	オレンジカラタチ中間母本農1号	1990. 6	(出願中)		1984	オレンジ+カラタチ体細胞雑種(細胞融合)	安芸津支場

3. 育種と品種

表3.2 旧種苗法によって登録された果樹の品種（1949年9月14日～1978年7月12日）

種類	品種名（両親）	登録番号	登録年月日	登録期間	登録者
リンゴ	陸奥（ゴールデン・デリシャス×印度）	1	1949・9・14	3	青森県りんご試験場
	恵（国光×紅玉）	15	1950・3・30	7	〃
	王鈴（ゴールデン・デリシャス×デリシャス）	33	1951・7・25	3	〃
	金星（ゴールデン・デリシャス×国光）	238	1972・3・14	5	佐藤 肇
	つがる（ゴールデン・デリシャスの実生）	277	1975・11・28	5	青森県りんご試験場
ナシ	清玉（二十世紀×長十郎）	45	1952・3・26	4	川島琢象
	早生二十世紀（二十世紀の枝変わり）	122	1958・10・23	4	大下熊蔵
	長寿（旭×君塚早生）	295	1976・12・18	5	神奈川県
モモ	倉方早生（長生種×実生種）	36	1951・8・25	5	倉方英蔵
	布目早生（偶発実生）	38	〃	5	布目 清
	中津白桃（白桃の自然交雑実生）	82	1955・6・7	5	中津正之
	大和早生（大和白桃の枝変わり）	83	〃	5	森川嘉造
	砂子早生（偶発実生）	114	1958・6・13	5	砂子政市
	西野白桃（　〃　）	199	1967・6・13	5	芦沢達雄
	松森早生（白鳳の枝変わりまたは偶発実生）	207	1968・6・28	5	松森美富
	秀峰（偶発実生）	226	1970・7・30	5	曽根悦夫
	浅間白桃（高陽白桃の枝変わり）	259	1974・10・23	5	須田新喜作
	志賀白桃（高陽白桃の自然交雑実生）	273	1975・11・28	5	池田正孝
	かなえ（白桃×興津）	327	1978・7・12	5	竹内 整
スモモ	大石早生すもも（フォーモサの自然交雑実生）	50	1952・4・21	5	大石俊雄
	レート・ソルダム（ソルダムの枝変わり）	241	1972・9・9	5	手塚高春
	大石中生（偶発実生）	258	1974・10・23	5	大石俊雄
ウメ	玉英（偶発実生）	144	1960・12・23	5	野本英一
	竜峡小梅（　〃　）	161	1962・11・28	5	大栗重寿
	南香（内田実生の偶発実生）	184	1965・10・29	7	高田貞楠
	梅郷（偶発実生）	213	1969・2・18	5	青木就一郎
オウトウ	蔵王錦（偶発実生）	140	1960・12・23	5	吉田清助
	南陽（ナポレオンの自然交雑実生）	326	1978・7・12	5	山形県
クリ	利平ぐり（偶発実生）	6	1950・3・16	5	土田健吉
	林1号（笠原早生×支那栗の1代雑種の実生）	11	〃	7	林 与八
	相生（朝鮮産支那栗の実生）	28	1951・4・14	5	日高啓夫
	銀鈴（鈴江銀寄と思われる枝変わり）	101	1957・6・1	5	青山寒太郎
	森早生（豊多摩早生×日本栗系朝鮮在来種）	125	1959・6・13	5	猪原慥躄
ブドウ	摂津（デラウェアの枝変わり）	105	1957・6・1	5	土井勝真
	ヒロ・ハンブルグ（マスカットハンブルグ×甲州三尺）	223	1970・7・30	5	広田盛正
	ピオーネ（巨峰×カノンホールマスカット）	247	1973・10・17	5	井川秀雄
	カベルネ・サントリー（ブラック・クィーン×カベルネ・ソービニョン）	257	1974・2・6	7	サントリー株式会社
	高尾（巨峰の自然交雑実生）	264	1975・1・28	5	東京都農業試験場
	紅瑞宝（ゴールデンマスカット×井川200号）	274	1975・11・28	5	小野岩松
	サントリー・プラン（三尺×カベルネソービニョン）	275	〃	5	サントリー株式会社
	リースリング・リオン（三尺×リースリング）	276	〃	5	〃
	レッドパール（デラウェアの枝変わり）	296	1976・12・18	5	中村良雄

3.6 種苗登録と育成者の保護

種類	品種名（両親）	登録番号	登録年月日	登録期間	登録者
ブドウ	甲斐路（フレームトーケー×ネオ・マスカット）	319	1977・9・7	7	植原正蔵
	黒王（巨峰の枝変わり）	330	1978・7・12	5	越 元吉
カキ	松本富有早生（富有の枝変わり）	43	1952・3・26	5	松本 豊
	前川次郎（次郎の枝変わり）	100	1957・6・1	5	前川唯一
	西村早生（偶発実生，富有と赤柿との雑種と推定）	143	1960・12・23	5	西村弥蔵
	杉田早生（平核無の枝変わり）	333	1978・7・12	5	新潟県羽茂町
クルミ	晩春（偶発実生）	120	1958・6・13	5	清水直江
	信鈴（実生より選抜）	168	1964・7・15	5	信州大学
カンキツ	鵜久森ネーブル（ネーブルオレンジの枝変わり）	9	1950・3・16	7	鵜久森恵
	石川うんしゅう（うんしゅうの枝変わり）	14	〃	7	花沢政雄
	川野なつだいだい（なつだいだいの枝変わり）	16	1950・8・29	5	村上正一
	松山早生（尾張温州の枝変わり）	57	1953・6・4	4	鵜久森丑太郎
	十万うんしゅう（尾張温州の枝変わり）	59	〃	5	十万可章
	晩王柑（文旦と柚の雑種とみられている）	79	1954・10・22	5	戸梶 清
	米沢うんしゅう（長尾温州の枝変わり）	88	1955・6・7	5	米沢芳太郎
	立間早生（尾張うんしゅうの枝変わり）	113	1958・6・13	5	松本喜作
	丹下ネーブル（ワシントンネーブルの枝変わり）	149	1958・6・16	7	丹下博光
	鈴木ネーブル（　〃　）	158	1962・7・3	7	鈴木正雄
	オレンジ日向（日向夏の枝変わり）	187	1965・10・29	7	土屋吉蔵
	宮内伊予柑（伊予柑の枝変わり）	192	1966・11・17	7	宮内義正
	今村温州（尾張温州の枝変わり）	206	1968・6・28	7	今村芳太
	立花オレンジ（川野なつだいだいの枝変わり）	248	1974・2・6	5	立花政一
	吉田ネーブル（ワシントンネーブルの枝変わり）	282	1976・3・19	5	吉田武雄
	森田ネーブル（　〃　）	283	〃	5	森田勝男
	清家ネーブル（枝変わり）	284	〃	5	清家清太郎
	紅甘夏（川野なつだいだいの枝変わり）	285	〃	5	吉田泰一
	橘うんしゅう（宮川早生の枝変わり）	294	1976・12・18	5	橘 渉
	農間紅八朔（八朔の枝変わり）	298	〃	5	中村良雄
	多田錦（無核ゆずの実生）	310	1977・9・7	5	多田謙一
	大津四号（十万温州の実生）	312	〃	7	大津祐男
	橋本早生（松山早生の枝変わり）	320	〃	5	宇和青果農協
	甘夏つるみ（川野なつだいだいの枝変わり）	335	1978・7・12	5	大津加堅男
ビワ	野島早生（偶発実生）	89	1955・10・25	5	拝原哲夫
	森尾早生（　〃　）	220	1970・1・26	5	森尾三太郎
	天草早生（豆ビワの枝変わり）	265	1975・1・28	5	小浦庄松
	長崎早生（茂木×本田早生）	289	1976・3・19	5	長崎県
	湯川（偶発実生）	302	1977・3・18	5	中山茂木

表 3.3 新種苗法によって登録された果樹の品種（1979年11月1日〜1990年12月5日）
※印は登録取り消しとなったもの（1990年2月16日まで）

品　種　名　（両親）	登録番号	登録年月日	登　録　者	育　成　者
リンゴ				
千秋（東光×ふじ）	第42号	1980・3・31	秋田県	鈴木　宏он他4名
ニュージョナゴールド（ジョナゴールドの枝変わり）	63	1980・8・13	福島天香園	斎藤昌美
わらび（旭の枝変わり）	128	1981・5・27	吉沢正一※	吉沢正一
陽光（ゴールデン・デリシャスの実生）	129	〃	群馬県	佐藤三郎他1名
紅月（ゴールデン・デリシャス×紅玉）	130	〃	岡田東作	谷内助九郎
北の幸（つがる×祝）	131	〃	青森県	三浦淳平他4名
きたかみ（東北2号×レッドゴールド）	366	1983・2・24	果樹試験場	定盛昌助他6名
夏緑（きたかみ×メク10）	367	〃	青森県	山田三智穂他4名
北斗（ふじ×陸奥）	368	〃	〃	〃
高嶺（レッドゴールド自然交雑実生）	527	1984・3・19	長野県	宮川健一他4名
スカーレット（あかね×スターキング）	528	〃	ヤマモファーム	波多腰邦男
さやか（紅玉×世界一）	529	〃	桜井茂隆	〃
成保光（ゴールデン・デリシャス×ふじ）	926	1985・7・18	成田　正※	成田　正
乱山（スターキング×ウイルソン）	927	〃	滝沢佳太	滝沢佳太
こうとく（東光の自然交雑実生）	928	〃	木村喬久	木村甚弥
アンビシャス（　　〃　　）	929	〃	〃	〃
飛騨（ふじ×王林）	930	〃	砂原富男	砂原富男
ひめかみ（ふじ×紅玉）	931	〃	果樹試験場	定盛昌助他6名
いわかみ（　　〃　　）	932	〃	〃	〃
静香（ゴールデン・デリシャス×印度）	1082	1986・8・8	中島天香園	村上恒雄
由香里（旭×ゴールデン・デリシャス）	1148	1986・8・26	林　惟充	林　惟充
ハックナイン（ふじ×つがる）	1237	1986・11・21	峰岸恒弥他4名	峰岸恒弥他4名
やたか（ふじの枝変わり）	1450	1987・11・12	平良木忠男	平良木忠男
新世界（ふじ×あかぎ）	1564	1988・3・5	群馬県	中条忠久他1名
さんさ（ガラ×あかね）	1565	〃	果樹試験場	吉田義雄他6名
マーク（台木：M9の自然交雑実生）	1626	1988・5・21	中島天香園	R. F. カールソン
姫小町（アルプス乙女の自然交雑実生）	1627	〃	小町園	波多腰邦男
ノースクイーン（ふじ×つがる）	1864	1989・3・27	北海道	峰岸恒弥他6名
グリーン・スイート（ゴールデン・デリシャスの実生）	1924	1989・7・15	下条　毅	下条　毅
秀麗（　　　　）	1925	〃	〃	〃
あずみ（スターキング・デリシャスの実生）	1926	〃	〃	〃
紅はづき（つがるの自然交雑実生）	1987	1989・9・14	小町園	波多腰邦男
松本小町（ラリタン×コピローワ・アニシク）	1988	〃	ニッポン緑産	桜井茂隆
紅小丸（スターキング×　〃　）	1989	〃	〃	〃
リスロッテスマイル（つがる×　〃　）	1990	〃	〃	〃
ぽんぽん（　〃　×　〃　）	1991	〃	〃	〃
紅の舞（ふじの交雑実生）	1992	〃	中島天香園	村上恒雄
松本錦（つがる×ネロ26）	1993	〃	ニッポン緑産	桜井茂隆
ローズハスク（ガラ×ブラッシング・ゴールデン）	1994	〃	〃	〃
あまぶれ（千秋の自然交雑実生）	2217	1990・4・6	斎藤文伸	今喜代治他1名
サマーデビル（ネロ26×レッドフィールド）	2353	1990・8・4	ニッポン緑産	桜井茂隆
プロピーナ（アルプス乙女の自然交雑実生）	2354	〃	〃	波多腰邦男

3.6 種苗登録と育成者の保護

品　種　名　（両親）	登録番号	登録年月日	登　録　者	育　成　者
リンゴ（続）				
仁科（ふじ×ラリタン）	2355	〃	小沢治人	小沢治人
サマードレス（紅玉×スターキング）	2407	1990・10・6	ニッポン緑産	桜井茂隆
ローシャン（世界一×ネロ26）	2408	〃	〃	〃
青林（レッドゴールドの自然交雑実生）	2409	〃	小山田博他2名	井上通夫他1名
紅昌（偶発実生）	2460	1990・11・20	土屋博太郎	土屋博太郎
メロー（ゴールデン×印度）×印度	2461	〃	青森県	鈴木長蔵他6名
ラブピンゴ（アルプス乙女×コピローワ・アニスク）	2533	1990・12・5	ニッポン緑産	桜井茂隆
ナシ				
おさ二十世紀（二十世紀の枝変わり）	11	1979・11・1	長　昭信	長　昭信
清澄（新水の枝変わり）	41	1980・3・31	千葉県	石橋寛巳他3名
新星（翠星×新興）	526	1984・3・19	果樹試験場	梶浦　実他10名
八代（鴨梨×慈梨）	925	1985・7・18	八代　功	八代　功
清麿呂（太平洋×バートレット）	1081	1986・8・8	花沢　茂	花沢　茂
英里（長十郎の自然交雑実生）	1449	1987・11・12	倉方英蔵※	倉方英蔵
秀玉（菊水×幸水）	1524	1988・1・18	果樹試験場	金戸橘夫他11名
幸菊（幸水の枝変わり）	1625	1988・5・21	猿投農協	梅村築男
南勢チヤボ（偶発実生）	1693	1988・8・18	西　英明	西　英明
秋水（幸水×豊水）	1694	〃	宮本文雄	円谷正秋
筑水（豊水×八幸）	2060	1989・9・19	果樹試験場	町田　裕他11名
南水（越後×新水）	2293	1990・6・13	長野県	三浦小四郎他11名
愛甘水（長寿×多摩）	2352	1990・8・4	猪飼孝志	猪飼孝志
喜水（明月×豊水）	2531	1990・12・5	松永喜代治	松永喜代治
八里（八幸×75-23）	2532	〃	果樹試験場	金戸橘夫他11名
モモ				
早生桃山（白鳳の偶発実生）	9	1979・11・1	奥島泰一郎※	奥島泰一郎
聖ネクタリン（水野ネク×早生ネク）の自然交雑実生	38	1980・3・31	水野広巳	水野広巳
都白鳳（白鳳の枝変わり）	39	〃	小平忠雄	小平忠雄
反田ネクタリン（白桃×ネクタリン）	40	〃	反田喜雄	反田喜雄
陽山白桃（偶発実生）	119	1981・5・27	戸田雅夫	戸田雅夫
紅鳳（山根白桃×都白鳳）	120	〃	小平忠雄※	小平忠雄
勘助白桃（愛知白桃の枝変わり）	121	〃	山本勘次	山本勘次
サマーエース（白鳳の枝変わり）	122	〃	加納岩農協	奥山一太郎
日川白鳳	123	〃	田草川利幸	田草川利幸
やまなし白鳳（白鳳の偶発実生）	124	〃	山下博光	田中譲次
百田白桃（山根白桃の枝変わり）	125	〃	百田農協	志村正巳
のと早生（浅間白桃の枝変わり）	126	〃	一宮町農協	能登卯平
いずみ白桃（川中島白桃×山根白桃）	127	〃	津金佑幸	注田正元
峰村ネクタリン（興津×倉方早生ネクタリン）	214	1982・2・3	峰村　聡※	峰村　聡
雄鳳（都白鳳×山根白桃）	215	〃	小平忠雄※	小平忠雄
ファーストゴールド（錦×C-18-1）	216	〃	果樹試験場	金戸橘夫他11名
アーリーゴールド（錦×フォートゥナ）	217	〃	〃	梶浦　実他14名
フレーバーゴールド（II-S-b-9×缶桃5号）	218	〃	〃	金戸橘夫他11名
スイートゴールド（フォーチュナ×缶桃5号）	219	〃	〃	〃
清水早生（清水白桃の枝変わり）	220	〃	山陽農園	富山義則
日秀早生（倉方早生の枝変わり）	301	1982・10・21	園畑大嘉志	園畑大嘉志

3. 育種と品種

品種名（両親）	登録番号	登録年月日	登録者	育成者
モモ（続）				
山富士白鳳（白鳳の枝変わり）	302	〃	加納岩農協※	藤巻静雄
瀬戸内白桃（白桃の枝変わり）	360	1983・2・24	山陽農園	富山義則
ゆうぞら（白桃×あかつき）	361	〃	果樹試験場	金戸橘夫他6名
ヒラツカレッド（興津×NJN-17）	362	〃	果樹試験場	金戸橘夫他6名
歌田白桃（山一白桃の枝変わり）	363	〃	古屋 信※	古尾 信
加能岩白桃（浅間白桃の枝変わり）	364	〃	加納岩農協	平塚八郎
紅清水（偶発実生）	365	〃	岸 清	岸 清
さおとめ（白鳳×ロビン）	468	1983・10・29	果樹試験場	梶浦 実他7名
朝倉早生（倉方早生の枝変わり）	523	1984・3・19	大内田国博	大内田国博
櫛形白桃（偶発実生）	524	〃	斎藤幸一※	斎藤幸一
ひろせ（　〃　）	525	〃	高木征治※	高木征治
スイートネクタリン黎明（反田ネクタリン×インデペンデンス）	646	1984・9・5	山梨県	足立元三他5名
スイートネクタリン晶光（反田ネクタリン×インデペンデンス）	647	〃	〃	〃
阿部白桃（偶発実生）	922	1985・7・18	阿部静雄	阿部静雄
まなみ（愛知白桃×千曲）	923	〃	岩松今朝市※	岩松今朝市
長沢白鳳（白鳳の枝変わり）	924	〃	櫛形町農協	長沢猪四重
松浦白鳳（　〃　）	969	1986・3・3	松浦孝吉※	松浦孝吉
照手紅（赤しだれ×ほうき系種）	970	〃	神奈川県	高橋栄治他2名
照手桃（ほうき系種×赤しだれ）	971	〃	〃	〃
照手白（ほうき系種×残雪しだれ）	972	〃	〃	〃
浮羽早生（倉方早生の枝変わり）	1038	1986・7・11	原 清之	原 清之
甘美（秀峰×早生ネクタリン）	1039	〃	山崎昭五	山崎昭五
美園早生（清水白桃の自然交雑実生2代）	1040	〃	千本 隆	千本 隆
篠岡紅陽（白鳳の枝変わり）	1147	1986・8・26	篠岡農協	落合 勉
暁星（あかつきの枝変わり）	1236	1986・11・21	佐藤孝雄	佐藤孝雄
富田白桃（白桃の自然交雑実生）	1338	1987・6・10	富田宣三	富田宣三
ちよひめ（高陽白桃×さおとめ）	1523	1988・1・18	果樹試験場	西田光夫他4名
かなめ（白桃の突然変異体）	1563	1988・3・5	山陽農園	西尾正志
西尾ゴールド（ゴールデンピーチの枝変わり）	1691	1988・8・18	〃	〃
末木白桃（白桃の自然交雑実生）	1692	〃	岩間光高	岩間光高
めごひめ（白鳳×さおとめ）	1761	1988・11・5	佐藤正光	佐藤正光
桃山白鳳（白鳳の枝変わり）	1762	〃	杉原成和	杉原成和
竹下白鳳（　〃　）	1823	1988・12・13	竹下 裕	竹下 裕
スイートネクタリン黎王（反田ネクタリン×インデペンデンス）	1824	〃	山梨県	山田喜和他9名
スイートネクタリン晶玉（反田ネクタリン×インデペンデンス）	1825	〃	〃	〃
黄嶺（山一白桃の枝変わり）	1863	1989・3・27	榎原敬忠	榎原敬忠
竜鳳（白鳳の枝変わり）	1986	1989・9・14	高石憲一	高石憲一
みさか白鳳（　〃　）	2058	1989・9・19	御坂農協	北浦精次
ちよまる（21-26×布目自然交雑実生-2）	2059	〃	果樹試験場	西田光夫他5名
一宮水蜜（浅間白桃の枝変わり）	2098	1990・2・6	山梨一宮農協	古屋弘起
紅博緋（あかつきの全樹枝変わり）	2099	〃	大橋喜博	大橋喜博

3.6 種苗登録と育成者の保護

品　種　名　(両親)	登録番号	登録年月日	登　録　者	育　成　者
モモ（続）				
ミス・かよ（白桃×フレーバートップ）×ヒラツカレッド	2291	1990・6・13	塚平貞俊	塚平貞俊
ミス・りか（〃×〃）×〃	2292	〃	〃	〃
照手水蜜（源平枝垂桃×白鳳）	2406	1990・10・6	神奈川県	高橋栄治他4名
ワッサー（偶発実生）	2458	1990・11・20	中村　渡	中村　渡
紅錦香（くにか）（野池白桃の枝変わり）	2459	〃	野池今朝喜	野池今朝喜
美晴白桃（偶発実生）	2530	1990・12・5	植木喜作	佐藤一男
スモモ				
ホワイトクイーン（マンモス・カージナル×ソルダム）	359	1983・2・24	菅野幸男※	菅野幸男
ピキシー（台木：セントジュリアン ドゥ オルレアンタイプの自然交雑実生）	742	1985・1・23	中島天香園	A. B. ピークペン
七郎（偶発実生または枝変わり）	838	1985・7・6	関屋道直	関屋道直
パルル（ケルシーの自然交雑実生）	949	1986・1・18	波多腰邦男	波多腰邦男
紅りょうぜん（マンモス・カージナル×大石早生）	1410	1987・8・7	菅野幸男	菅野幸男
りょうぜん早生（ホワイトクイーン×大石早生）	1448	1987・11・12	〃	〃
リュウザー（サンタローザの枝変わり）	1862	1989・3・27	龍沢智副	龍沢智副
紅さゆり（太陽×ソルダム）	2404	1990・10・6	川窪一三	川窪一三
関口早生（偶発実生）	2405	〃	関口　一他1名	関口　一他1名
李王（大石早生×ソルダム）	2528	1990・12・5	深沢　渉	深沢　渉
紅明（〃×〃）	2529	〃	山梨県	山田喜和他6名
ウメ				
伊那豊後（豊後の枝変わり）	521	1984・3・19	戸田七郎	戸田七郎
虹笛（思いのままの枝変わり）	645	1984・9・5	白石　浩	白石　浩
大栗小梅（竜峡小梅の枝変わり）	948	1986・1・18	大栗重寿	大栗重寿
新平太夫（南高の枝変わり）	968	1986・3・3	福井県	田辺賢治他15名
緑宝（偶発実生）	1145	1986・8・26	小平忠雄	小平忠雄
前沢小梅（小梅系の実生）	1337	1987・6・10	小町園	前沢千舟
としの梅（在来小梅の自然交雑実生）	1406	1987・8・7	塚原　進	塚原　進
すももうめ中間母本農1号（ソルダム×地蔵梅）	1860	1989・3・27	果樹試験場	吉田雅夫他6名
すももうめ中間母本農2号（〃×〃）	1861	〃	〃	〃
玉織姫（織姫の自然交雑実生）	2177	1990・4・3	群馬県	村岡邦三他2名
夢富士（中津白桃の実生）	2178	〃	佐藤孝雄	佐藤孝雄
アンズ				
信州大実（新潟大実×アーリーオレンジ）	36	1980・3・31	長野県	東城喜久他2名
信山丸（山形3号の自殖実生）	37	〃	〃	〃
紅浅間（平和の自然交雑実生）	357	1983・2・24	田中邦幸	田中邦幸
幸福丸（偶発実生）	740	1985・1・23	桜井茂隆	波多腰邦男
信陽（山形3号×甚四郎）	2290	1990・6・13	長野県	東城喜久他5名
オウトウ				
羽陽ことぶき（偶発実生）	358	1983・2・24	近野徳寿	近野徳寿
香夏錦（佐藤錦×高砂）	522	1984・3・19	佐藤正光	佐藤正光
コルト（台木：F299/2×シロハナカラミザクラ）	741	1985・1・23	中島天香園	H. M. タイデマン
ジャンボ錦（偶発実生）	921	1985・7・18	桜井茂隆	木村コヨ
豊錦（〃）	1035	1986・7・11	斎藤一博	斎藤一博

品　種　名　　（両親）	登録番号	登録年月日	登　録　者	育　成　者
オウトウ（続）				
東香錦（ナポレオンの自然交雑実生）	1036	〃	中島天香園	武田茂太郎
光麗（偶発実生）	1037	〃	小沢光男	小沢光男
弘寿（　〃　）	1146	1986・8・26	小関弘二	小関弘二
正光錦（香夏錦の自然交雑実生）	1407	1987・8・7	佐藤正光	佐藤正光
まさみ（高砂の枝変わり）	1408	〃	保坂正巳	保坂正巳
瑞光（偶発実生）	1409	〃	渡辺富多	渡辺富多
陽峰（　〃　）	1447	1987・11・12	中山　進	山野井英幸
桜頂錦（偶発実生）	1758	1988・11・5	田中清一朗	田中清一朗
夕紅錦（　〃　）	1759	〃	菊地堅治郎	菊地堅治郎
ダイアナブライト（　〃　）	1760	〃	佐藤光之助	佐藤光之助
高陽錦（偶発実生）	1985	1989・9・14	高橋庄次郎	高橋庄次郎
大将錦（　〃　）	2216	1990・4・6	加藤　勇	加藤　勇
ブドウ				
伊豆錦（井川205号×カノンホール・マスカット）	29	1980・3・31	井川秀雄	井川秀雄
めぐみ（S-5279号×マスカット・オブ・アレキサンドリア）	30	〃	〃　※	〃
竜宝（井川200号×ゴールデン・マスカット）	31	〃	竜王農協※	〃
尾鈴（巨峰×スーパーハンブルグ）	32	〃	永友百二※	永友百二
日向（巨峰×間瀬8号）	33	〃	〃　※	〃
サントリー・ノワール（甲州三尺×カベルネ・ソービニオン）	34	〃	サントリー株式会社	佐野　孝他1名
カベルネ・リオン（　〃　　　〃　）	35	〃	〃	〃
峰寿（フレーム・トーケ×オパレー）×カノンホール・マスカット	61	1980・8・13	井川秀雄※	井川秀雄
イカワ・オパレー（フレーム・トーケ×オパレー）	62	〃	〃　※	〃
レッド・クィーン（井川633号の枝変わり）	83	1981・2・4	武田万平	武田万平
ハニーレッド（井川682号の枝変わり）	84	〃	峰村　聡	峰村　聡
ガーネット（甲斐路の枝変わり）	117	1981・5・27	橘田清次	橘田清次
信濃ベリー（巨峰の枝変わり）	118	〃	西原正雄	西原正雄
勝宝（キャンベル・アーリーの枝変わり）	231	1982・2・3	坂田涼志※	坂田涼志
シャルドネ ドゥ コライユ（甲州×シャルドネ）	256	1982・6・7	マンズワイン株式会社	田崎三男
リースリング・フォルテ（甲州三尺×リースリング）	354	1983・2・24	サントリー株式会社	石井賢二他2名
巨摩光（セミヨン×甲州）	355	〃	〃	〃
モルゲンシェーン（カッタ・クルガシ×甲斐路）	356	〃	植原宣紘	植原宣紘
サンライトシードレス（ピオーネの枝変わり）	518	1984・3・19	松本光重	松本光重
ルビー・オクヤマ（イタリアの枝変わり）	519	〃	奥山フミ子	奥山孝太郎
浅間（シャルドネ×善光寺）	520	〃	マンズワイン株式会社	志村富男他1名
紅やまびこ（「D×K151」×デラウェア）	835	1985・7・6	山越幸男	山越幸男
キングデラ（レッド・パール×マスカット）	836	〃	中村弘道	中村弘道
北光（甲斐路×ネオ・マスカット）	837	〃	渡辺喜勇次	渡辺喜勇次
藤稔（井川682×ピオーネ）	919	1985・7・18	青木一直	青木一直
万力（リースリング・クローン239Gm×甲州三尺）	920	〃	マンズワイン株式会社	赤沢賢三他1名
ブラックペガール（成功×S-9110）	1030	1986・7・11	沢登晴雄	沢登晴雄
国立ヒムロッド1号（1号×ヒムロッド）	1031	〃	〃	〃
紅南陽（デラウェアの枝変わり）	1032	〃	菊地善一	菊地善一
甲州セミヨン（甲州×セミヨン）	1033	〃	サントリー株式会社	石井賢二他1名
巨摩セミヨン（セミヨン×甲州三尺）	1034	〃	〃	石井賢二他2名

3.6 種苗登録と育成者の保護

品種名（両親）	登録番号	登録年月日	登録者	育成者
ブドウ（続）				
由布（マスカット・ベーリーAの枝変わり）	1079	1986・8・8	大沢大治	大沢大治
紫玉（巨峰高墨系の枝変わり）	1404	1987・8・7	植原宣紘	植原宣紘
ロザリオ ビアンコ（ロザキ×マスカット・オブ・アレキサンドリア）	1405	〃	〃	〃
みやじま（ピオーネの1樹変異）	1443	1987・11・12	広島県	平田克明
ルーベルマスカット（甲斐路×ローデハネポート）	1444	〃	原田富一	原田富一
マスカットビオーレ（ 〃 × 〃 ）	1445	〃	〃	〃
マスカット・トーキョウ（川崎×ゴールデン・クイーンに紅マスカットとIP28の混合花粉交配）	1519	1988・1・18	沢登晴雄	沢登晴雄
ハニー・ジュース（オリンピアとフレドニアの枝変わりの交雑実生）	1520	〃	〃	〃
沢登ワイングランド（モスクワアムレンシスの実生にセイベル13053号×中島1号の花粉交配）	1521	〃	〃	〃
安芸シードレス（マスカット・ベーリーA×ヒムロッド）	1522	〃	果樹試験場	栗原昭夫他8名
甲斐あかね（ピオーネの苗木より）	1687	1988・8・18	早川 登	早川 登
サマー・アーリー（ブラックオリンピアの自然交雑実生）	1688	〃	井手俊邦	井手俊邦
瀬戸ベリー（マスカット・ベーリーAの枝変わり）	1689	〃	綾歌南部農協	西村岩雄
キタサキレッド（巨峰園の偶発実生）	1690	〃	久野 博	久野 博
紅金沢（オリンピアの枝変わり）	1756	1988・11・5	船山芳夫	船山芳夫
ミュスカ・トパーズ（マスカット・ベーリーA×ヒムロッドとトムソン・シードレス）	1757	〃	サントリー株式会社	石井賢一他1名
紅沢（フレドニア×間瀬1号）	1821	1988・12・13	沢登晴雄	沢登晴雄
天秀（ピオーネ×カノンホール・マスカット）	1822	〃	井川 公	井川秀雄
ハイ・ベリー（両親不明の交雑実生）	1858	1989・3・27	花沢 茂他1名	花沢 茂他1名
瀬戸ジャイアンツ（グザルカラー×ネオ・マスカット）	1859	〃	〃	〃
涼玉（S-9110×ネオマスカット）	1922	1989・7・15	〃	〃
炎山（オリンピア×デラウェア4倍体枝変わり）	1923	〃	岸本幸久	岸本幸久
ブラック三尺（紅三尺×グザール・カラ）	1983	1989・9・14	花沢 茂他1名	花沢 茂他1名
甲州コロネーシオン（ピノー・ブラン×甲州三尺）	1984	〃	サントリー株式会社	石井賢二他2名
紅井川（ピオーネ×センテニアル）	2097	1990・2・6	井川 公	井川秀雄
ネオマート（ネオ・マスカット×リザマート）	2455	1990・11・20	島根県	髙橋国昭他3名
ヤトミ・ローザ（パンノーニア・キンチェ×ウーバ・ローザ×ローデ・マスカット）	2456	〃	花沢 茂他1名	矢富良宗
ヤマ・ソービニオン（山ブドウ×カベルネ・ソービニオン）	2457	〃	山梨大学	守屋正憲他2名
カキ				
刀根早生（平核無の枝変わり）	28	1980・3・31	刀根淑民	刀根淑民
かずさ（富有×里御所）	51	1980・8・13	三枝三一	三枝三一
きよた早生（愛宕の偶発実生）	252	1982・6・7	池本喜代太※	池本喜代太
原野早生（富有の自然交雑実生）	738	1985・1・23	石和町	原野 博
いさはや（富有の枝変わり）	911	1985・7・18	古閑貞之	古閑貞之
大核無（平核無の枝変わり）	912	〃	福岡良晃	福岡良晃
こさどかき（ 〃 ）	913	〃	新潟県	小川庄平他3名

品　種　名　（両親）	登録番号	登録年月日	登　録　者	育　成　者
カキ（続）				
上西早生（松本富有早生の枝変わり）	1028	1986・7・11	上西嘉一	上西嘉一
東京御所（B-17×花御所）	1561	1988・3・5	東京都	土方　智他1名
すなみ（富有の枝変わり）	1683	1988・8・18	杉原作平	杉原作平
やおき（蜂屋の枝変わり）	1754	1988・11・5	菅野春雄	菅野春雄
倉方柿（交雑実生，両親不明）	2095	1990・2・6	倉方英蔵	倉方英蔵
庄の宮（御所の実生）	2453	1990・11・20	水野広巳	小林英市郎
クリ				
石島（偶発実生）	255	1982・6・7	石島喜三光※	石島喜三光
国見（丹沢×石鎚）	353	1983・2・24	果樹試験場	金戸橘夫他4名
白栗（支那栗の自然交雑実生）	414	1983・5・30	井上安義	井上安義
六甲1号（偶発実生）	517	1984・3・19	畑野善雄	畑野善雄
神鍋（　〃　）	644	1984・9・5	小田垣政市郎	小田垣政市郎
人丸（　〃　）	833	1985・7・6	吉岡次男	吉岡次男
谷本早生（　〃　）	1078	1986・8・8	谷本俊太郎	谷本俊太郎
五十波（利平ぐり×岐阜1号）	1685	1988・8・18	兵庫県	中原照男
西播磨（西川あまぐりの自然交雑実生）	1686	〃		
七立（偶発実生）	1982	1989・9・14	竹田　功他5名	竹田　功他5名
長谷川（　〃　）	2287	1990・6・13	長谷川徳三	長谷川徳三
相模（　〃　）	2288	〃	榎本泰子	猪原慥爾他1名
清里（　〃　）	2289	〃		
クルミ				
笑（オニグルミの自然交雑実生）	918	1985・7・18	清水直江※	清水直江
キウイフルーツ				
セイラ（偶発実生）	1080	1986・8・8	金武源二	金武源二
香緑（ヘイワードの自然交雑実生）	1446	1987・11・12	香川県	福井正夫他1名
サルナシ				
信山（さるなし「長野県在来」×トムリ）	1562	1988・3・5	中村正昭	中村正昭
カンキツ				
じゃばら（ユズの近縁種）	10	1979・11・1	福田国三	福田国三
大谷伊予柑（宮内伊予柑の枝変わり）	52	1980・8・13	大谷政幸	大谷政幸
力武早生（松山早生の枝変わり）	53	〃	力武八重子※	力武八重子
大浦早生（山崎早生温州の枝変わり）	54	〃	宮川照吉	宮川照吉
盛田温州（宮川早生の枝変わり）	55	〃	盛田博文※	盛田博文
尾鈴早生（　〃　）	56	〃	河野和広※	河野和広
石塚早生（興津早生の枝変わり）	57	〃	石塚秀俊	石塚秀俊
徳森早生（宮川早生の枝変わり）	58	〃	伊予園芸農協※	徳森信夫
井上早生（　〃　）	59	〃	西宇和青果農協※	井上福雄
楠本早生（　〃　）	60	〃	〃	楠本　誠
宮本早生（　〃　）	82	1981・2・4	宮本喜次	宮本喜次
堂脇早生（　〃　）	114	1981・5・27	堂協義信	堂協義信
金沢早生（松山早生の枝変わり）	115	〃	宇和青果農協※	金沢義雄
森田ポンカン（低しょう系ポンカンの枝変わり）	170	1981・10・8	高知園芸農協※	森田可笑
古田温州（杉山温州の枝変わり）	171	〃	古田源一	古田源一
清岡橙（偶発実生）	172	〃	清岡慎一	清岡慎一

3.6 種苗登録と育成者の保護

品　種　名　（両親）	登録番号	登録年月日	登　録　者	育　成　者
カンキツ（続）				
佐々木温州（山崎早生温州の枝変わり）	253	1982・6・7	佐々木義男※	佐々木義男
足立ネーブル（ワシントンネーブルの枝変わり）	254	〃	足立敏雄	足立敏雄
スィートスプリング（上田温州×はっさく）	298	1982・10・21	果樹試験場	西浦昌男他7名
サマーフレッシュ（はっさく×なつみかん）	299	〃	〃	七条寅之助他6名
山見阪ネーブル（ワシントンネーブルの枝変わり）	409	1983・5・30	山見阪龍馬	山見阪龍馬
山下紅早生（宮川早生の枝変わり）	410	〃	山下順一朗	山下順一朗
サマーレッド（川野なつだいだいの枝変わり）	411	〃	熊本果実農※	宮石住男
小堀新甘夏（新甘夏の枝変わり）	412	〃	〃	小堀喜悦
太田ポンカン（庵原ポンカンの枝変わり）	413	〃	清水市農協	太田敏雄
市文早生（宮川早生の枝変わり）	467	1983・10・29	市丸文吉	市丸文吉
祖母の香（普通系カボスの枝変わり）	516	1984・3・19	後藤正彦	後藤正彦
高林早生（興津早生の枝変わり）	637	1984・9・5	高林敏郎	高林敏郎
サガマンダリン（小西早生×フェアチャイルド）	638	〃	佐賀県	中牟田拓史他8名
イセ温州（尾張り系温州の枝変わり）	639	〃	山本　保	山本　保
ビューテイメイプル（杉山温州×テンプル）	640	〃	静岡県	鹿野英士他4名
駿河温州（土橋紅温州の珠心胚実生）	641	〃	〃	原　節生他4名
寿太郎温州（青島温州の枝変わり）	642	〃	山田寿太郎	山田寿太郎
富士見温州（新谷温州の珠心胚実生）	643	〃	静岡県	原　節生他4名
河井（尾張系温州の枝変わり）	739	1985・1・23	河井登一	河井登一
白浜1号（宮川温州の枝変わり）	832	1985・7・6	熊本果実農協	田中信利
阿波オレンジ（日向夏×トロビタオレンジ）	914	1985・7・18	徳島県	音井　格他5名
上野早生（宮川早生の枝変わり）	915	〃	上野寿彦	上野寿彦
メイポメロ（はっさく×平戸ぶんたん）	916	〃	果樹試験場	岩崎藤助他7名
イエローポメロ（〃　　×　　〃　　）	917	〃	〃	〃
香美の川（普通系カボスの枝変わり）	1144	1986・8・26	佐藤篤文	佐藤篤文
紀の国温州（丹生系温州の珠心胚実生）	1235	1986・11・21	和歌山県	森本純平他5名
稲葉早生（宮川早生の枝変わり）	1278	1987・2・27	稲葉一雄	稲葉一雄
室戸小夏（日向夏の枝変わり）	1336	1987・6・10	松浦政喜	松浦政喜
山川早生（宮川早生の枝変わり）	1402	1987・8・7	山川農協	田中法一
ニュー上市温州（丹生系温州の枝変わり）	1403	〃	武内一博	武内一博
森早生（宮川早生の枝変わり）	1440	1987・11・12	森　杉男	森　杉男
真求力温州（青島温州の珠心胚実生）	1441	〃	南　正博	南　正博
勝山伊予柑（宮内伊予柑の枝変わり）	1442	〃	温泉青果農協	樋口光雄
はやさき（麻戸ぶんたん×平戸ぶんたん）	1518	1988・1・18	果樹試験場	七条寅之助他6名
白鳥日向（日向夏の枝変わり）	1684	1988・8・18	白鳥龍作	白鳥龍作
紀州葵（尾張系温州の枝変わり）	1755	1988・11・5	富山哲次	富山哲次
南香（三保早生×クレメンティン）	1857	1989・3・27	果樹試験場	奥代直巳他6名
白川（青島温州の珠心胚実生）	1920	1989・7・15	熊本県	磯部　暁他2名
善九郎（林温州の枝変わり）	1921	〃	前山善秀	前山善秀
日南1号（興津早生の枝変わり）	1981	1989・9・14	野田明夫	野田明夫
紀宝早生（宮川早生の枝変わり）	2055	1989・9・19	中井正巳	中井正巳
清峰（清見×ミネオラ）	2056	〃	果樹試験場	奥代直巳他7名
秀山早生（山本系温州の枝変わり）	2176	1990・4・3	山本良雄	山本良雄
ニュー則村（則村温州の珠心胚実生）	2402	1990・10・6	則村昌昭	則村昌昭
岡本早生（堂脇早生の枝変わり）	2403	〃	岡本政敏	岡本政敏

品　種　名　（両親）	登録番号	登録年月日	登　録　者	育　成　者
カンキツ（続）				
南風（清見×フェアチャイルド）	2454	1990・11・20	宮崎県	波多野洋他3名
早香（今村温州×中野3号ポンカン）	2526	1990・12・ 5	果樹試験場	奥代直巳他7名
ビワ				
長生早生（室戸早生×田中）	116	1981・ 5・27	下司長生	下司長生
里見（楠の自然交雑実生）	211	1982・ 2・ 3	千葉県	中井滋郎他2名
房光（瑞穂×田中）	212	〃	〃	〃
白茂木（茂木の自然交雑実生）	300	1982・10・21	長崎県	浜口克巳他6名
源蔵（偶発実生）	1029	1986・ 7・11	倉方英蔵他1名	倉方英蔵他1名
富房（津雲×瑞穂）	2057	1989・ 9・19	千葉県	中井滋郎他3名
倉方ビワ（偶発実生）	2527	1990・12・ 5	倉方英蔵	倉方英蔵
パインアップル				
N67-10（系統選抜）	834	1985・ 7・ 6	沖縄県	小那覇安優他8名

文　献

1) 羽生田忠敬，吉田義雄，真田哲朗（1985），果樹試報，**C12**，35-42．
2) 池田　勇，山田昌彦，栗原昭夫，西田光夫（1985），園学雑，**54**(1)，39-45．
3) Iwamasa, M., Ueno, I. and Nishiura, M. (1967), *Bull. Hort. Res. Sta. Japan*, Ser. **B7**, 1-10.
4) Kobayashi, S., Ohgawara, T., Ohgawara, E., Oiyama, I. and Ishii, S. (1988), *Pant Cell, Tissue & Organ Culture,* **14**, 63-69.
5) Ohgawara, T., Kobayashi, S., Ohgawara, E., Uchimiya, H. and Ishii, S. (1985), *Theor. Appl. Genet.,* **71**, 1-4.
6) 奥代直巳，吉永勝一，高原利雄，石内伝治，生山　巌（1980），果樹試報，**D2**，15-28．
7) 真田哲朗，西田光夫，池田富喜夫（1988），園学雑，**57**(2)，159-166．
8) 上野　勇，西浦昌男（1976），果樹試報，**B3**，1-8．
9) 山根弘康，栗原昭夫（1980），果樹試報，**E3**，1-13．
10) 吉田義雄（1986），農及園，**61**(1-12)．

4. バイオテクノロジーの育種への応用

最近のバイオテクノロジーの急速な発展は多彩で新しい育種技術の開発の道を拓いている．ここでは，果樹に関して，組織培養から細胞培養，そして最近の組換え DNA までを概観してみることにする．

4.1 組織培養の育種への応用

(1) 胚（はい）培養法の利用

完全種子を得にくい場合，未熟あるいは不完全な胚を取り出して人為的に培養し，個体にまで育成して利用するもので，交雑育種の補助手段として用いることが多い．遠縁交雑，多胚種子の受精胚など，通常では途中で発育停止または退化する胚を救済して育種に利用する．

a．遠縁交雑などの胚の培養

種間交雑，属間交雑などの遠縁交雑，あるいは倍数体間交雑を行った場合，胚の発育が途中で停止または退化して成熟種子が得られないことが多い．このような場合，胚が発育停止または退化する以前に胚を取り出し，人工培地で無菌的に培養して個体を育成する．交雑範囲を拡大するのに有効な手段であり，この方法によりスモモ，ウメ，モモ，アーモンドなど核果類の種間雑種が得られている．

b．核果類の未熟胚の培養

早生モモ，オウトウなどの核果類では，外見上種子が成熟しても胚の成熟が生理的に不完全で次代植物が得られないことがある．またモモの早生品種では，核割れのため胚が退化または腐敗することが多い．このような場合，未熟胚を取り出して人工培地で培養し，胚を救済して交雑実生を育成する．

モモの早生品種の場合は開花 75 日後くらいの胚を培養し，休眠処理の後生育させる方法が育種の過程で用いられる．

c．多胚性カンキツ類の胚培養

ミカン類，オレンジ類など主要なカンキツ類の多くの品種は多胚性であり，交配しても受精胚（はい）が珠心胚に抑えられ，交雑実生が得られないことが多い．この場合，交雑して得られた種子の胚を分離，培養することで 1 個の交雑個体と，複数の珠心胚由来の個体を得ることができる．得られた個体が交雑胚由来か珠心胚由来かは生化学的分析など各種の方法で識別する．胚培養で得られた雑種として，清見（タン

ゴール；上田温州×トロビタオレンジ）ほかの雑種品種があり，珠心胚由来の品種としては興津早生，三保早生などの温州ミカンがある．なお，カンキツ類の胚培養は，開花直後から，種子の完熟時まで可能である．

カンキツ類以外での珠心胚培養も試みられており，リンゴで成功している．この手法によって，カンキツと同様，小変異を利用した育種法の開発が期待できる．

d．たねなし品種からの胚培養

本来種子のない品種では，当然種子親としては利用できないので，花粉利用以外雑種獲得の方法がないが，カキ，ブドウ，カンキツ類の一部では，胚が早い時期に生育を停止して残存することがあり，これらの小さい胚を摘出し，培養して個体を得ることが可能である．

単為結果で無種子果実のできる品種のうち，受粉受精が正常に行われた後，胚の発育が停止し，そのまま残存するものでは，これらの胚を培養して実生を得る可能性がある．成功例として，カキ平核無，極早生系温州ミカンの胚から個体が得られている．

この方法は，今後，種なし品種の育種に役立つものと期待できる．

e．胚乳培養

胚乳組織は，卵細胞形成時にできる2個の極核と，花粉に由来する1個の生殖核によってできるため，3倍性（$3n$）である．重複受精後，胚乳は多核の段階を経て一斉に多数の胚乳細胞ができ，一時胚のうを埋めるが，胚の発育に伴い，これに栄養を供給しながら退化する．この退化する前の胚乳組織を摘出培養し，個体を再生できれば，3倍体を育成でき，育種的利用がのぞめる．カンキツ，リンゴ，ナシなどで3倍体育成の成功例がある．

（2） 茎頂培養の利用

生長点を含む茎頂部分の培養が多くの果樹で可能になり，種苗繁殖，ウイルスの無毒化のほか，育種目的に利用され始めている．

a．茎頂培養による増殖

茎頂組織を無菌的に取り出し，これを適当な培地に置床し，温度，日長を適当な条件におくと，生育し，茎葉を分化する．生育した茎葉を切り取り，新しい培地に移植するとさらに増殖し，継代培養をくり返すと，次々に増殖する．必要に応じて発根用培地に移植すれば発根して幼苗ができ，これを植え出して苗木生産が可能である．

通常の繁殖法では困難あるいは繁殖率の低い種類などに利用できる．リンゴのわい性台木の繁殖をはじめ，核果類の台木，ベリー類などで利用されるようになっている．

繁殖用に用いる茎頂は，やや大きい方が生育がよく，継代培養からはさらに大きい茎頂が用いられる．培地は基本培地としてN&NまたはMSの1/2濃度またはNH_4NO_3濃度のみを低くしたものなどが用いられることが多い．茎頂の分裂と生長にはサイトカイニン，発根にはオーキシンを添加するが，それらの最適濃度は種類によってかなり異なる．培養条件としては20～28℃，16時間照明が一般的である．

b. 茎頂培養および茎頂接ぎ木によるウイルスの無毒化

ウイルスを保毒している品種から無毒個体を得る目的で，茎頂培養または茎頂接ぎ木が利用される．

ウイルス保毒個体であっても，生長中の茎頂組織はウイルスのない場合が多く，これを利用する．通常，おう盛に伸びている茎頂から，0.2 mm以下の組織を取り出し，これを培養し，無毒個体を育成，繁殖する．取り出す茎頂組織は，生長点を含んだ，なるべく小さい組織の方がウイルス保毒率が低いが，培養には大きい茎頂ほど生存率，生長がよい．そこで通常，高温処理と併用して，高温処理中に伸長した新しょうから採取した，比較的大きな茎頂を用いる．この方法で従来の高温処理法のみでは除去が困難なウイルス，ウイロイドも無毒化が可能である．また，継代培養をくり返した茎頂はウイルスの保持率が低いことが認められている．このような茎頂培養の利用により，リンゴ，ブドウなど落葉果樹ではウイルス無毒の母樹養成と，これからの無毒苗供給が行われている．

カンキツ類では，茎頂培養法がまだ確立していないので，茎頂接ぎ木法が用いられる．切り出した茎頂組織を実生台木に接ぐもので，0.1～0.2 mmの茎頂を，暗黒下で約2週間で養成したカラタチ実生の切り口にのせ，培養する．

本方法の変法として高温処理を行った芽を1 mm前後に切り出し，鉢植えのカラタチ実生台に接ぐ，セミマイクログラフティングとよぶ方法も用いられている．

c. 茎頂培養系を用いた突然変異誘起

茎頂培養系が確立している場合，これを用いて突然変異誘起を行うものである．果樹では，利用価値の高い芽条突然変異（枝変わり）が生長点で起こるので，茎頂培養系を利用すると効率的である．従来のように温室内の鉢植えなどの材料を用いて行うのに比較すると，必要な部分を，多量に，季節的制約にとらわれず，しかも強い処理を安全かつ集中的に行うことができ，変異率を高めることができる．

茎頂は培養中に分岐，生長したものが多量に得られるので，これを用いる．化学的突然変異を誘起する場合は，茎頂を化学薬品の溶液に浸漬した後培養するか，培地に変異物質を含ませて培養する．ブドウの例では，コルヒチン処理による倍数体の誘起，PFP処理による異数体の誘起が相当高率に得られている．染色体突然変異は茎頂を植え出した個体の根端で確認し，その時点で選抜する．

その他，遺伝子突然変異，放射線による突然変異についても，同様に茎頂培養が利用できる．

d. 茎頂による遺伝資源の保存

果樹の遺伝資源保存方法の一つとして，茎頂組織の長期保存が試みられている．ほ場または鉢植えによる樹体保存に比較し，面積，病害虫汚染などの点で有利であり，種子あるいは花粉と比較し栄養体で遺伝形質をそのまま残せる点で優れている．

茎頂培養が可能な果樹では，継代培養の間隔を長くするのが一法である．通常の培養条件としては，20～28℃，16時間照明，3～4週ごとの継代がくり返されるが，これらの条件を変え，低温，暗黒などにより生育を抑えて寿命を延長する方法をとる．

1年に1回程度の継代培養により安全に長期保存が可能であれば利用できよう．ブドウなどで一部成功例がある．

さらに，半永久的な栄養体保存には，茎頂組織の超低温貯蔵が適していると考えられる．この方法では，茎頂組織を液体窒素（-196℃）中で長期保存し，その後解凍して，培養によって正常な個体を再生する．

通常，茎頂をDMSOなどの凍害防止剤を添加して-40℃前後で予備凍結した後，液体窒素中に入れて保存し，保存後は38℃前後の温湯で急激に解凍し，培養液に入れて凍害防止剤を除去した後，培養に移す．

リンゴ，ナシで成功例があるが，まだ確立した技術とはいいがたく，実用的には問題点が多い．

(3) やく（葯）培養法の利用

やく培養は，開花前のやくを培養し，花粉起源の半数体を得ることをおもな目的とする．半数体が得られると，果樹では育成の困難な遺伝的純系すなわちホモの2倍体が育成でき，育種素材の獲得上重要である．カンキツ類では，カラタチをはじめ，サワーオレンジなど数種の半数体が得られ，染色体数（$n=9$）が確認されている．

得られた半数体は生活力が弱く，植え出した後，枯死する例が多い．実生台木に接ぎ木することで生長を続けることがある．

ブドウ，リンゴ，オウトウ，ザクロでやく培養から2倍体植物の再分化がみられている．これらはやくのやく壁あるいは付着した花糸からの体細胞起源のものと，花粉起源のものとがあると考えられる．体細胞起源の場合であっても，突然変異誘起，ウイルス無毒化などに応用できると考えられる．花粉起源で，初期の段階で半数体細胞ができ，これがやく内で倍加してホモの2倍体を作ることも考えられる．

(4) 葉片などの組織培養の利用

果樹類の葉片，茎，根などの組織を培養すると比較的容易にカルスを形成する．材料と培地によっては，これらの組織片から不定根の形成もしばしばみられる．不定芽を形成することは，まれであるが，材料と培地条件によってみられることがある．これまで，マザクラ，リンゴ，ブドウ，キウイフルーツ，ザクロ，ナシで例がみられている．

一度脱分化したカルスを継代培養し，これから茎葉を再分化することは，さらに困難であるが，一歳ザクロでは容易に不定芽の形成が得られる．このような再分化系が得られると果樹の新たな育種への応用が期待できる．

4.2 細胞培養の育種への応用

(1) 細胞培養と細胞選抜

組織またはカルスの細胞を分離して，これを継代培養し，これから再び細胞群，細

胞塊を経て，茎葉を再分化し，植物体へ復元することが多くの果樹で試みられている．現在のところ，リンゴ，カンキツの珠心起源の細胞をはじめ，ブドウ，ザクロ，オウトウ，キウイフルーツ，パインアップルなどで成功例がある．しかし，まだ確立した系が少ないのが現状である．

　細胞培養系が確立すると，育種を進める上で，変異の拡大，優良形質の選抜が細胞段階で効率的に行える可能性が出てくる．個体を扱うより，はるかに多数の細胞を，短期間に取り扱うことが可能と考えられる．放射線または化学物質での突然変異誘起も，個体レベルでは正常細胞にマスクされ現れない場合が多いが，細胞レベルでは容易に変異細胞が培養できると考えられる．また個体では困難な処理を行うことも容易である．さらに，大量の培養細胞のなかから，適当な条件(温度，塩濃度，化学物質，菌の毒素など)の下におくことで，各種の耐性をもつ細胞を容易に選抜できる可能性が大きい．カンキツの耐塩性が細胞レベルで選抜できたという報告事例があり，今後，耐寒性，耐病性，耐薬剤性などの細胞選抜に期待するところが大きい．

(2) プロトプラストの単離と培養

　プロトプラストは細胞を単離し，細胞壁を取り除いた，裸の細胞である．プロトプラストは細胞としての機能をもつが，細胞壁がないため球形をしており，高分子物質，ミトコンドリアやプラスミド，ウイロイドなどの，かなり大きなものまで取り込みやすい性質があり，さらにプロトプラスト同士が融合しやすい．このようにプロトプラストの特性を用いると，育種に応用する可能性が大きい．

　植物の組織は，細胞がほぼ一定の形で配置された集合体である．各細胞は厚い細胞壁をもち，この細胞壁はセルロースを骨格とし，ヘミセルロース，ペクチンなどで構成されている．細胞間はおもにペクチンで結合している．ペクチン分解酵素ペクチナーゼで処理すると，細胞が分離し，単離した細胞が得られる．さらにセルラーゼによってセルロースを分解すると，細胞壁が除かれ，プロトプラストが得られる．通常この処理はマンニットなどを用いた高張液中で原形質分離を起こさせて行う．ペクチナーゼ処理による細胞の単離とセルラーゼ処理による細胞壁除去を分けて行うか，同時に行うかにより，2段階法，1段階法とよぶ．1段階法によることが多い．

　プロトプラストを，未分離の細胞，残さなどと，低速の遠心分離，メッシュ，あるいは密度勾配による比重選によって分離する．分離したプロトプラストを，高張液から徐々に浸透圧を下げ，サイトカイニンを含む培地におくと，短時間で細胞壁を再び形成する．さらに，培養条件が適していれば細胞分裂を始める．

　果樹の場合，プロトプラストの単離は，カンキツ，ブドウ，リンゴ，モモ，オウトウ，キウイフルーツ，セイヨウナシ，ザクロなどの葉肉，子葉，胚珠あるいは培養したカルスから得られている．このなかで，カンキツ，ブドウ，モモ，オウトウ，キウイフルーツではプロトプラストの培養から，細胞分裂がみられている．

　カンキツ類では，オレンジの珠心細胞起源のカルスから，プロトプラストを単離，培養して，植物体を再生することに成功した(Vardiら，1975)．オウトウの台木マザ

クラ，ザクロ，モモ，キウイフルーツでは，プロトプラストから細胞のコロニーまたはカルスの形成をみており，このうちマザクラでは根の再分化をみている．

(3) 細胞融合による体細胞雑種

プロトプラストは細胞壁がないため，他のプロトプラストと融合しやすく，異種のプロトプラストとも容易に融合する．このようにして融合したプロトプラストを培養して個体を再生できれば，交配によらない体細胞雑種ができる．前提として，プロトプラストから個体を再生する系の確立が必要である．プロトプラスト間の融合は，自然に起こることもあるが，機械的刺激，電気パルス，あるいはPEG（ポリエチレングリコール）などの添加によって促進される．

融合したプロトプラストを，未融合のもの，同種間で融合したものなどと分離し，培養する．再分化した個体は，形態，染色体調査あるいはDNA解析などにより，雑種であることを確認する必要がある．培養中に染色体の脱落が起こらなければ，複2倍体になる．

カンキツ類では，再分化能のある珠心由来のカルス培養系を用いて細胞融合により，体細胞雑種を得ることができる(Ohgawaraら，1985)．トロビタオレンジの再分化能の強いカルス培養系のプロトプラストにカラタチの葉肉細胞由来のプロトプラストをPEG法で融合させ，これを培養して個体（俗称オレタチ）を得た．この個体は形態からみてカラタチと同じ三出葉をもち，オレンジとの中間的な葉身と，オレンジの香りをもち，またDNA解析によってもオレンジとカラタチの雑種であることが確認されている．その後同様な方法でネーブルオレンジと温州ミカン，グレープフルーツとネーブルオレンジなどの体細胞雑種が作られている．

細胞融合による体細胞雑種の育成法は，交配によらない雑種育成法として画期的である．とくに，交雑困難な遠縁種属間の雑種育成のほか，無種子あるいは無花粉の不稔性優良品種を育種材料に利用できるようになる．遠縁間の雑種は不稔のことがあり，後代で分離あるいは染色体脱落の可能性が高いが，栄養繁殖性作物である果樹の場合は，果実が結実すればそのまま利用でき，将来実用的品種を得る可能性が高い．

さらに細胞融合雑種は原則として複2倍体となり，4倍性であるので，2倍体との交配による3倍体の無種子果実品種育成の可能性も大きい．

4.3 遺伝子組換え

(1) 遺伝子導入

遺伝子の組換えは従来交雑によって行われてきたが，遺伝子の本体がDNAであり，制限酵素によってDNAを特定の部分で切断したり，連結したりすることが可能になり，交雑によらない遺伝子組換えが可能になってきた．これを交雑による組換えと区別し，組換えDNAという．また，遺伝子組換えによりできた植物体は組換え体，あるいは遺伝子導入植物，形質転換植物という．

4.3 遺伝子組換え

（2） 組換え DNA による育種の有利性

組換え DNA による高等植物の育種は特定の遺伝子を既存の品種・系統に組み込むことが可能になるため，きわめて有利な方法である．交雑育種の場合，両親のもつすべての遺伝子について組換えが行われ，新しい無数の組合せのなかからのぞむ組合せ個体を選ぶ必要がある．これに対し，組換え DNA の場合，既存の優良品種の遺伝子構成を大幅に変えることなく，優良な遺伝子を導入することができる．さらに，交雑育種では同種または近縁種間に限られるのに対し，組換え DNA では異種の植物はもちろん，遠縁植物，微生物，ときには動物のもつ遺伝子すら組み込むことが可能であり，遺伝子組換えの範囲が無限に拡大することになる．

（3） 遺伝子組換えの例

1983 年に実験モデル植物として組換えタバコが作出されて以来，トマト，ジャガイモ，ナタネ，イネ，トウモロコシ，ダイズなど，30 種以上の作物で組換え植物が作られている．その多くは実験的なもので，組み換えた遺伝子はカナマイシンなどの抗生物質耐性遺伝子，除草剤耐性遺伝子，種子貯蔵タンパク遺伝子などであり，変わったところではホタルの発光酵素遺伝子もある．さらに，遺伝子により形質を付加するだけでなく，特定の遺伝子の発現を抑制して，色の発現のコントロール，果実の保存性の向上を可能にしている例もみられる．

（4） 組換え DNA の方法

組換え DNA の方法はいくつかあるが，現在最も一般的なのはアグロバクテリウム (*Agrobacterium tumefaciens*) の Ti プラスミドを用いた Ti プラスミドベクター系とよばれる方法である．

果樹にも多い根頭がんしゅ病は，アグロバクテリウムの細菌が傷口から侵入し，これに感染した植物細胞が無秩序に増殖してこぶ（ゴール）を形成する病害である．この腫瘍化の原因は，細菌の中の Ti (Tumor-inducing) プラスミドによるものであり，その一部 (T-DNA) が植物染色体に導入されることが明らかになった．さらに，T-DNA にはサイトカイニンおよびオーキシン合成遺伝子が存在することが明らかにされており，また腫瘍化に関連する遺伝子を除去あるいは不活性化した T-DNA が種子繁殖によっても後代に遺伝することも証明されている．

この T-DNA に導入したい遺伝子，たとえば光合成促進，窒素固定，ストレス耐性，ウイルス抵抗性などの遺伝子を組み込んでおけば，その Ti プラスミドをもつアグロバクテリウムを感染させることで，植物細胞にその遺伝子を組み込むことが可能である．

アグロバクテリウムの Ti プラスミドを用いて異種遺伝子を植物に組み込む手順としては，① Ti プラスミドに目的の遺伝子を導入する．② この組換え Ti プラスミドをもつアグロバクテリウムを植物または植物細胞に感染させて，異種遺伝子を菌体から植物染色体に導入する．③ 形質転換した植物細胞を適当な条件においてスクリーニ

ングし，それを植物個体に再分化させ，組換え体植物（*trans*-genic plant）を得る．

トランスジェニックの果樹を作る前提としては，導入する遺伝子のクローニングと，細胞から植物体への再分化系の確立が必要であり，まだ解決すべき問題は多いが，今のところ，組換え体を作る最も近道はこのアグロバクテリウムのTiプラスミドベクターによる方法と考えられている．

植物細胞へ遺伝子を導入するこれ以外の方法としては，プロトプラストを用いたPEG法，電気パルス，あるいはマイクロインジェクションによりDNAを直接導入する方法があり，さらにDNAを付けたタングステン，あるいは金の微粒子を急激に衝突させて細胞内に入れるショットガンもしくはパーティクルガン方式も試みられている．Tiベクターを用いるより簡便なため，今後このような直接的方法が拡大する可能性が大きい．

(5) 今後のバイオテクノロジーと育種技術

バイオテクノロジー，とくに遺伝子導入による形質転換植物の育成は始まったばかりであるが，今後急速な進歩が予想され，実用的品種の育成の日も遠くないと考えられる．果樹においても，その材料の取り扱いの不便さ，培養系の不足などからまだ初歩の段階であるが，一方，栄養繁殖である有利性もあり，今後の研究の進展に期待するところが大きい． 　　　　　　　　　　　　　　　　　　　　　　　　　　　　　　[小崎　格]

文　献

1) 石原愛也(1979)，果樹その他木本植物の増殖，新植物組織培養(竹内正幸他編)，229-247，朝倉書店．
2) 小崎　格 (1985)，育種法の基本，果樹全書，果樹共通技術（農文協編），439-450，農文協．
3) 小崎　格，野間　豊編著 (1990)，果樹苗生産とバイオテクノロジー，博友社．
4) 日経バイテク編 (1987)，日経バイオテクノロジー最新用語辞典，日経マグロウヒル社．
5) 酒井　昭編 (1987)，凍結保存，朝倉書店．

5. 繁　　殖

（1）果樹の繁殖の特徴
　果樹は遺伝的に雑種性が強いため，種子繁殖（有性繁殖）では品種固有の遺伝的特性を維持することができない．そのため，古くから栄養繁殖（無性繁殖）の技術が研究され，利用されている．現在，主要な果樹で種子繁殖されているのは台木の増殖に限られている．
　果樹で利用される栄養繁殖の方法には，接ぎ木，挿し木，取り木，株分けなどがあり，最近では，組織培養技術を用いた急速大量増殖法が各種の果樹で検討され，実用化が図られている．

（2）接　ぎ　木
　接ぎ木は増殖を目的とする植物体の一部（接ぎ穂）を他の植物体（台木）と接着させ，新しい個体を作る方法である．枝や芽を接ぎ穂として利用することから，増殖効率がよく，ほとんどの果樹で利用することが可能で，しかも，台木の遺伝的特性（わい化性，耐病虫性など）を利用することができるなどの利点もあるため，最も広く利用されている．
　接ぎ木には用いる器官，手法，状態などにより多くのよび名，分類がある．接ぎ穂に枝を用いる枝接ぎは，切り接ぎ，割り接ぎ，舌接ぎ，袋接ぎ，鞍接ぎ，合わせ接ぎ，腹接ぎなどがあり，芽を用いる芽接ぎには盾芽接ぎ，そぎ芽接ぎなどがある．また，接ぎ木作業の状態や接ぎ木部位，時期により揚げ接ぎ，居接ぎ，高接ぎ，橋接ぎ，脚接ぎ，休眠枝接ぎ，緑枝接ぎなどに分けられる．
　さまざまな方法，よび方があるが，果樹の繁殖におもに利用されているのは切り接ぎと芽接ぎである．

a．切り接ぎの方法（図5.1）
　図5.2に示したように穂木，台木を鋭利なナイフで削る．穂木と台木の切断面がすき間なく密着することが望ましいため，それぞれの切断面が波うったり，わん曲したりしないように削ることが大切である．穂木と台木の形成層を合わせるように穂木をさし込み，結束する．両者の太さが異なる場合には片側の形成層を確実に合わせる．
　接ぎ木の活着は，最初に切り口付近の形成層や篩管，柔組織の健全な細胞からカルスが分化し，抱合する．その後，カルスに穂木と台木の形成層をつなぐ連絡形成層が分化し，通導組織が形成され，接ぎ木が完成する．切り接ぎの適期は早春の発芽直前

図5.1 切り接ぎ

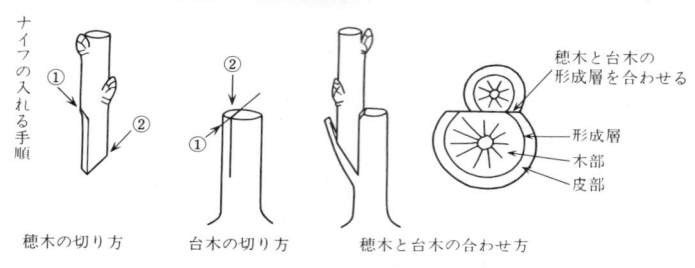

図5.2 切り接ぎの手順
穂木の切り方　台木の切り方　穂木と台木の合わせ方
ナイフの入れる手順
穂木と台木の形成層を合わせる
形成層
木部
皮部

であるが、樹種により異なる。モモ、リンゴ、ナシなど根の活動の早いものは早めに行った方がよいが、クリ、カキ、カンキツ類などは遅い方がよい。クルミは加温するか、気温の上がる6月頃の方が成績がよい。

生育期間中に生育中の穂木を用いて行う緑枝接ぎは、形成層や、柔細胞の活動が盛んな時期であり、活着が早いが、接ぎ穂が乾燥しやすいのでポリ袋などで被覆することが必要である。

b．芽接ぎの方法（図5.3）

盾芽接ぎとそぎ芽接ぎが一般に行われる。盾芽接ぎは台木の樹皮をT字形に切り込み、樹皮を開いて、盾状に切り取った接ぎ芽を挿入する。樹皮のはげやすい8月〜9

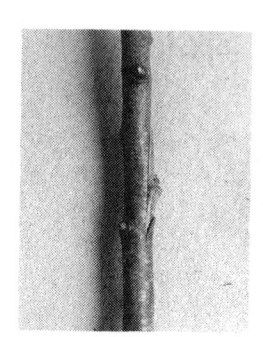

図5.3 芽接ぎ（そぎ芽接ぎ）

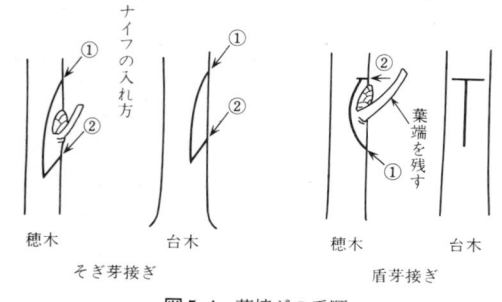

そぎ芽接ぎ　盾芽接ぎ
穂木　台木　穂木　台木
ナイフの入れ方
葉柄を残す

図5.4 芽接ぎの手順

皮部をT字形に切り込む。皮部を左右に開き、そこへ穂木を挿し込み、結束する。

月上旬頃が適期である．そぎ芽接ぎは図5.4に示したように台木を切り，同様な形で切り取った接ぎ芽をはめ込む．樹皮をはぐ必要がないため，適用可能な時期は広く，接ぎ穂も休眠枝，緑枝ともに利用できる．芽接ぎは活着するまでおよそ1カ月を要する．接ぎ芽は通常翌春の発芽期に結束したテープを除き，発芽，伸長させる．

c．接ぎ木不親和

接ぎ木後活着して正常に伸長することのできない組合わせを接ぎ木不親和という．親和性は一般に分類学的に近縁なものほど高い．果樹では親和性のよい同属の台木が用いられるが，セイヨウナシに対するマルメロのように，わい性台木として近縁の異

図5.5 中間台利用による接ぎ木不親和の克服（セイヨウナシ"ラ・フランス"/"オールドホーム"/マルメロ）

属の植物を使うことがある．穂品種により親和性が異なるため，両者に親和性のある品種を中間台に用いる方法がとられている（図5.5）．

（3）挿 し 木

挿し木は枝，根など植物体の一部を取り，発根させ，新しい個体を得る方法である．この方法で増殖できるものは発根性の高い樹種に限られる．

枝挿しは，休眠枝を用いる休眠枝挿しと，生育中の枝を用いる緑枝挿しがある．果樹では，リンゴ台木（マルバカイドウ），ブドウ台木，オウトウ台木（アオバザクラ），マルメロなどで苗木生産に利用されている．根挿しは根の一部を切り取り，挿し木し，新しょうを発生させる．果樹では台木を用いるのが一般的であるため，台木の繁殖法として利用できるが，挿し穂の確保が問題であり，実用的に利用されることは少ない．

枝挿しにおける挿し穂の発根は節の直下または切り口部分で生じる．リンゴなど一部の樹種のように枝中に根原基を分化しているものもあるが，多くは挿し木後，切り口付近に根原基を分化する．不定根の形成にはオーキシンとその他2～3の物質が関与していると考えられており，さらに，根量が挿し穂の長さ，重さ，葉量などと関係があることから，炭水化物や窒素化合物などエネルギー源も大切な要素である．

a．挿し木の方法

休眠枝挿しはほ場に直接挿し木することが多いが，発根率を高めるためには，挿し床を作りミスト装置を利用するなど，十分管理された条件で行う．挿し床に用いられ

る用土は，通気性がよく，保水力があり，排水がよく，バクテリアの繁殖しにくいものがよい．赤土，川砂，鹿沼土，バーミキュライトなどが一般に用いられる．

挿し木の時期は，休眠枝を用いる場合には発芽前3～4月に行うのが簡便で，発根もよい．穂木は貯蔵養分の多い初冬に採取し，調整して，乾燥しないようにビニルなどで被覆し，冷所で保存する．発根は若い枝がよいため，採穂母樹は毎年切り返しを加え，充実した枝条がたくさん発出するように管理する．

緑枝挿しは梅雨期を中心とした夏期に行われるが，モモ台木では9月挿しが好成績を示した．挿し穂は枝や芽が充実していることが大切で，葉の量も発根に影響する．挿し穂の乾燥を防ぐため，ミスト装置の利用あるいは密閉挿しが行われる．ミスト装置は断続的に細かい霧を噴霧するもので，空中湿度を高め，発根条件を向上するが，設備費がかかるのが難点である．密閉挿しは挿し床全体をビニルで覆い，湿度を保つ方法である．直射日光があたると温度が上昇しすぎる難点はあるが，手軽に行える利点がある．発根促進のためオーキシン処理が有効であり，オーキシンを主成分とした発根促進剤が市販されている．挿し穂を調製後，粉末処理，浸漬処理を行う．

（4）取り木

取り木は枝を親株から切り離さず不定根を出させ，独立した個体を作る方法である．リンゴのわい性台木の繁殖は取り木が主体であり，ほかにイチジク，キイチゴなどで

盛り土法　　圧条法(1)　　圧条法(2)　　接ぎ木盛り土法

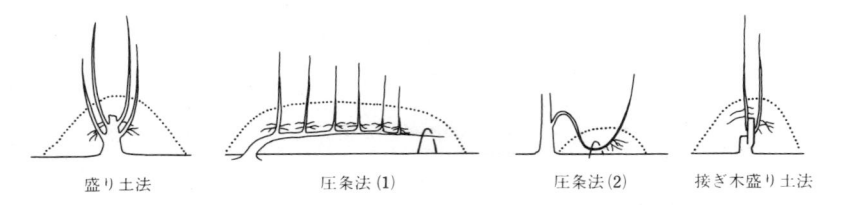

図5.6　取り木の方法

も利用される．取り木には，盛り土法，圧条法が一般に行われているが，わが国では接ぎ木盛り土法も行われている（図5.6）．キイチゴでは根部から不定芽が生じやすく，それを切り離し増殖している．

（5）実生繁殖

果樹ではおもに台木の繁殖に利用される．栽培品種（共台）や，台木として優れた特性をもつカラタチ，ミツバカイドウ，ホクシマメナシ，オハツモモなど野生種の種子が用いられる．多くの樹種で種子は果実の成熟期に採取しても休眠しており発芽しない．一定期間低温に合わせ，休眠を打破した後は種する．表5.1に示すように低温要求量は樹種により異なる．低温処理期間中は種子を湿った状態に保つことが必要で，洗浄，消毒した種子の水を切り，ビニル袋に入れ冷蔵庫に入れるか，冬期間湿った砂に入れる（積層法）などの方法がとられる．

表5.1 種子の休眠打破に要する低温要求量 (Westwood)

種類	低温要求量（日数）	適温 (°C)	種類	低温要求量（日数）	適温 (°C)
リンゴ	60〜100	4	アンズ	60	5
ナシ	60〜 90	4	オウトウ	90〜120	4
ホクシマメナシ	10〜 55	4	スモモ	120	5
マメナシ	10〜 30	7	クルミ	60〜120	5
モモ	45〜100	4〜7	クリ		1

（6） **茎頂培養による繁殖**

組織培養技術を用い，試験管内で無菌的に増殖する方法で，環境条件を人為的にコントロールし，通年増殖できるため，増殖率が高く，無病苗を容易に得られるなどの利点がある．果樹で一般に行われる茎頂培養は，培養した茎頂から多数の枝条を発生させ，それらを切り離して，別の培地に植え付けて増殖する方法である．

茎頂培養の過程は，無菌培養系の確立，増殖，発根・順化の3段階に分けられる．第1段階で，生育中の茎頂から0.1〜0.2mm程度の微小な生長点部分を切り出すことにより，ウイルスに感染していない無病の培養系を獲得できるため，ウイルスフリー苗の増殖に利用されている．増殖および発根の段階はサイトカイニン，オーキシンなど植物ホルモンの添加により調節される．

（7） **茎頂接ぎ木**

ウイルスフリー樹の育成を目的に熱処理した個体から茎頂部分を切り取り，ウイルスフリーの台木（同一樹種の実生苗など）に接ぎ木する方法である．最近では試験管内で急速増殖した茎頂を，ほ場の木に接ぎ木し，高接ぎ更新を行うことも試みられている．

茎頂部分は組織の分裂能が高いため，接ぎ木後，活着が早く，1〜2週間で伸長を開始するが，その間，穂木を乾燥させないよう，ポリ袋被覆やパラフィルムで覆うなどする．切り取る茎頂部分は通常1cm前後であるが，ウイルスフリー化のためには小さいほどよく，生長点接ぎ木法（生長点部分を0.2mm程度に切り取り接ぎ木する）が考案されている．

（8） **苗木生産**

苗木の良否は長期間にわたって生育や生産に影響を及ぼす．したがって，生産の安定のためには無病で環境条件に適合した良質な苗木を利用する必要がある（図5.7）．良苗のおもな条件は以下のとおりである．
○穂品種，台木が純正で間違いがない．
○病害虫がなく，健全である．とくにウイルス病については治療法がなく，苗木では外見的に識別できない場合（潜在感染）も多いことから，採穂母樹の選定には十分な注意が必要である．

図5.7 マルバ台に接がれた
リンゴ苗木

表5.2 台木の繁殖方法

種 類	種子	挿し木	取り木
リンゴ	(○)	○	○
ナシ	○	(○)	
モモ	○	(○)	
アンズ	○		
オウトウ	○	○	
スモモ	○		
カキ	○		
クリ	○		
クルミ	○		
ブルーベリー		○	
ブドウ		○	
キウイフルーツ	○	○	
ミカン	○		

( )は特定の台木,目的で利用される.

○品種固有の色沢をもち,地上部,地下部がよく発達し,均衡がとれている.
○根の発育,とくに細根が多い.
○幹が太く,節間がつまっており,芽は充実している.

a. 苗木生産の方法

台木の繁殖 果実生産において,台木の役割は大きい.台木のもつ特性(耐病虫性,耐寒性,わい化性など)を効果的に利用した生産体制を組むことにより,生産の安定,省力,低コスト化などにつながる.各種果樹の台木の繁殖法を表5.2に示した.実生繁殖が多いが,挿し木,取り木など遺伝的特性を変えない繁殖技術は,固有の台木特性の利用が進むに従い重要となってきている.

接ぎ穂の採取 切り接ぎでは,冬期間芽が活動する前に採取する.また,芽接ぎでは8月～9月上旬に芽が充実した時期に接ぎ木直前に採取する.採取母樹は品種,系統が明らかであることはもちろんであるが,ウイルス病の有無については十分注意する.2～3年ごとにウイルス検定することが望ましい.

表5.3 苗木規格(cm以上)(長野県果樹種苗協会)

| 苗木の種類 | 特 等 | | 1 等 | | 芽の状態 | 根の状態 |
	長さ	太さ(新しょう基部の円周)	長さ	太さ(新しょう基部の円周)		
リンゴ	120	3.5	100	2.5	枝条全体に芽数が多く,実生苗は地表より,接ぎ木苗にあっては接ぎ木部よりそれぞれ30cmまでの部分に5芽以上の定芽を有するもので,病害虫の認められないもの	根は地上部に応じた発育をし,病害虫の認められないもの
ナシ,モモ	100	4.0	80	3.0		
クルミ	45	4.5	30	3.5		
アンズ,ウメ	120	3.0	100	2.5		

苗ほの管理　苗ほでは接ぎ穂を十分伸ばすため，台芽かき，除草，病害虫防除，施肥，かん水などに努める．苗木の掘り上げは，枝条が充実し，耐寒性が高まる自然落葉期を待って行う．種苗の規格は苗の長さ，根の量，芽の充実度などによって区分される．表5.3にその例を示した．

［羽生田忠敬］

6. 適地条件

6.1 気象的条件

　果樹は永年生作物であり，毎年安定して高品質果実を生産するためには適地で栽培する必要がある。気象的条件としては気温，降水量，日射量が最も重要であり，農林水産省の果樹農業振興基本方針では年平均気温，4月から10月の平均気温と降水量によって植栽に適する基準が決められている．

(1) 気　温

　気温は一般に，緯度が1度増すごとに1℃低下し，海抜が100 m増すごとに0.6℃低くなる．そのため，標高の高い地域を除けば南北に長いわが国では，平均気温は図6.1のように低緯度地帯で高く，緯度が増すにつれ順に低くなる．札幌と那覇の気温は冬で20℃程度の差がみられるが，夏は7℃となりその差は小さくなる．4月から10月頃までは，札幌から鹿児島までの間では気温の変化は約7℃の幅を保って推移し，南ほど温度の上昇する時期が早く，遅くまで温度が高い．そのため，開花や果実の成熟は南の地域から規則的に北進する．

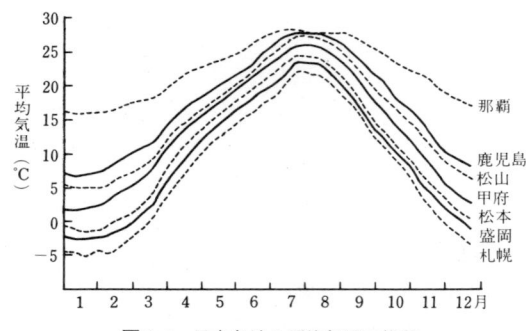

図6.1　日本各地の平均気温の推移

　このような，気温変化のなかで果樹が無事に冬を越し，開花から成熟まで順調に生育し品種固有の特性を発揮するためには，次のような条件が満たされる必要がある．
　① 冬の低温に十分耐えること．

② 落葉果樹では低温要求量が満足されること．
③ 開花から成熟までの間，一定温度以上の十分な日数が確保されること．
果樹栽培の北限は，①および③の条件により，また，南限は②の条件によりほぼ決まる．

耐凍性は樹種，品種により異なるが，最も強いものでも－40℃以下になるような地域では栽培は不可能である．落葉果樹は比較的耐凍性の弱いクリ，カキ，イチジクでも，厳冬期には－20℃から－15℃の低温に耐えることができるが，カンキツやビワなどの常緑果樹は－7℃以下では凍害により栽培が困難である．とくに，成熟前の果実が樹上で越冬する中晩柑類やビワの耐凍性は弱い．熱帯性の果樹は，凍結を起こさない10℃以下の温度でも生育停止や落葉などの低温障害を受けることがある．

落葉果樹では，冬季の気温が高すぎると休眠完了のための低温要求量が満足されず，開花が遅れたり不揃いとなることがある．低温要求量は，7℃以下の積算時間で表すことができる．

開花から果実の成熟までにはある温度以上の一定日数が必要であり，それが満足されないと十分な成熟を迎えることができずに初霜の被害を受けたり，糖度が不足したりする．甘ガキでは渋が残ったりすることがある．1年のうちで10℃以上になる日数は札幌170日，盛岡185日，松本200日，甲府230日，松山250日，鹿児島280日，那覇365日となる．有効積算温度（日平均気温が10℃以上の日について，日平均気温から10℃を引いた値の総計）や温量指数（月平均気温が5℃以上の月について，月平均気温から5℃を引いた値の総計）も同様に，札幌が小さく，那覇が大きくなる．

わが国では，夏季の気温が高すぎて問題になることは少ないが，糖度や酸，着色などは成熟期の気温に影響されるので，その時期が好適温度の地域が適地となることが多い．

（2） 降水量と日射量

わが国は，梅雨，秋りん，台風，降雪があり世界的にみても降水量は多い．降水量が多いことは，日射量不足をもたらし果実生産のもとになる光合成作用を低下させる．また，病原菌の繁殖しやすい条件になり，さらに薬剤の適期散布が困難となることなどから病虫害の発生が多い．オウトウや欧州系ブドウでは裂果の発生が多くなる．また，葉や果実から無機物，糖や酸の一部が，雨で流亡することが知られている．わが国では干害を受けることは少ないが，傾斜地や水源の確保の難しいところでは被害を受けることがある．果樹農業振興基本方針では，リンゴ，モモ，オウトウは1,300 mm以下，欧州系を除くブドウは1,600 mm以下，欧州系ブドウと二十世紀ナシでは1,200 mm以下と決められている．

わが国の生育期間の降水量と日積算日射量は表6.1のように，他の果樹産地に比べ降水量は多く，日射量は少ない．ヨーロッパの果樹産地の降水量は200〜400 mm程度であり，また米国西海岸では南部で50 mm，北部でも300 mm程度である．ニュージーランドやアルゼンチンでは500〜600 mm，カンキツ栽培地帯であるフロリダ半島は

表6.1 果樹の産地の気候

地名　（国名）	年平均気温 (°C)	降水量 (mm)	日積算日射量 (MJ/m²)
マドリード　　（スペイン）	13.9	226	17.5
パリ　　　　　（フランス）	10.9	357	15.7
ローマ　　　　（イタリア）	15.5	361	18.3
ブダペスト　　（ハンガリー）	11.2	388	16.6
イーストモーリング（英国）	13.3	343	13.9
ロサンゼルス　（米国）	18.0	53	23.3
マイアミ　　　（〃）	24.0	1,248	21.9
ブエノスアイレス（アルゼンチン）	16.9	546*	21.4*
オークランド　（ニュージーランド）	15.2	635*	19.1*
札幌　　　　　（日本）	8.0	670	15.5
東京　　　　　（〃）	15.3	1,092	13.4
鹿児島　　　　（〃）	17.4	1,855	16.2

降水量，日射量は4月から10月の値，ただし*印は10月から4月の値．

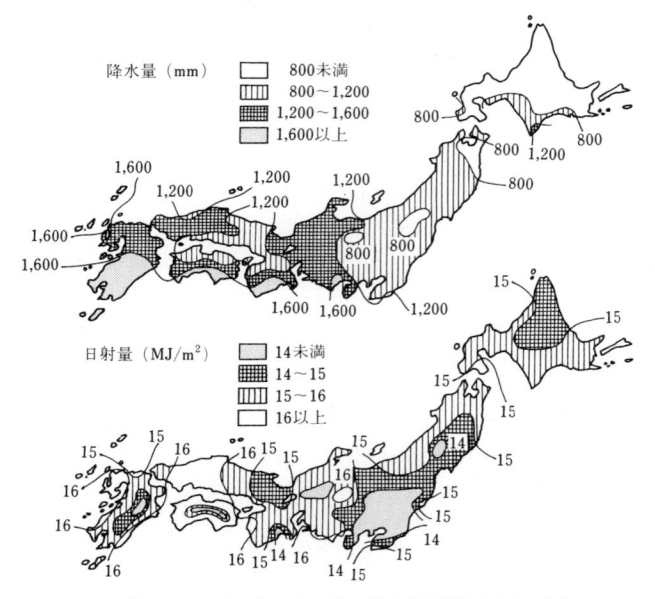

図6.2 4月から10月の降水量と日積算日射量の分布

かなり多く，1,200 mm である．日射量については日本より緯度の高い英国の日積算日射量が 14 MJ/m² (1 MJ/m²＝23.89 cal/cm²，MJ はメガジュール) で少ないが，その他のヨーロッパの果樹産地は 15〜21 MJ/m²，米国西海岸 23 MJ/m²，ニュージーランド 19 MJ/m²，雨の多いフロリダでも 22 MJ/m² となり，日本に比べ日射量に恵まれている．これら日射量の多い産地では，水条件が満足されれば果樹栽培の適地といえる．

図6.2はわが国における4～10月の降水量と日射量の分布を示したものである。関東以北，瀬戸内，山陰地方は1,200 mm以下であり，北海道，青森，山形，福島，長野では800 mm以下の地域がみられる。一方，九州南部から静岡にかけての地域は1,600 mm以上の降水量となっている。

日積算日射量は，13から17 MJ/m²の間に分布している。晴天日の日射量は一般に南に行くほど多くなるが，梅雨時期には太平洋岸に前線が停滞するのでそうした地域では日射量は少ない。また，東北地方の太平洋岸や関東地方の一部では梅雨明け後も天候が不順となることがあり日射量は少ない。日射量の多いのは中国・四国，九州地方であり，16 MJ/m²以上の地域がみられる。また，関東地方では14 MJ/m²以下となり比較的日射量は少ない。

昼の時間を1日12時間として，平均の日射量を計算すると13 MJ/m²で303 W/m² (1,000 W/m²＝1.433 cal/cm²・分)，17 MJ/m²で396 W/m²となる。400 W/m²の日射量があれば，樹冠表面の葉の光合成は飽和状態になると考えられるが，樹冠内部の葉は光不足となる。このように，日射量の少ないわが国では木全体に光が効率的に当たるように，きめ細かいせん定や新しょう管理が必須の作業となる。　　　［朝倉利員］

文　　献

1) 岩政正男，他 (1985)，農業技術体系，果樹編8，1-153，農文協．
2) 小林　章 (1985)，果樹風土論，養賢堂．

6.2　土壌および地形的条件

(1) 果樹園土壌の特徴
a．果樹園土壌の種類

わが国における果樹園の土壌を土壌群別に分けると，褐色森林土や黒ボク土，黄色土が多い。表6.2のように，桑園，茶園を含めた樹園地土壌のおもな種類は，褐色森林土，黒ボク土，黄色土の順で，これら三つの土壌群で樹園地全体の77％を占め，さらに褐色低地土，赤色土を加えると92％となる。これらのうち，褐色森林土は東北，中部，近畿，中国・四国，九州に，黒ボク土は東北，関東，九州に，黄色土および赤色土は中部，近畿，中国・四国，九州に，褐色低地土は北海道，東北，関東に多く分布する。

1959～77年に全国的に行われた「地力保全基本調査」では，樹園地40.3万haを含む508.4万haの農耕地土壌が，総合的かつ体系的に調査され，土壌の基本的な性格と土壌生産力の阻害要因が解明された。そのなかでは，"ほぼ同じ材料から同じような過程をとおり生成された結果，ほぼ等しい断面形態をもっている一群の土壌の集まり"である土壌統を区分単位とし，合計309に分類し，さらに土壌断面の形態，母材，堆積様式，分布する地形において共通点をもつ土壌統をまとめ，先に記したものを含む

表6.2 樹園地の土壌群別面積割合（土壌保全調査事業全国協議会，1979）

地域		岩屑土	砂丘未熟土	黒ボク土	多湿黒ボク土	褐色森林土	灰色台地土	赤色土	黄色土	暗赤色土	褐色低地土	灰色低地土	グライ土	面積(千ha)
北海道		—	—	9	—	7	17	—	—	—	53	—	11	3
東北	太平洋側[1]	—	—	—	2	36	—	—	—	—	65	—	—	1
	日本海側[2]	—	—	47	1	18	2	—	—	—	22	7	2	46
関東[3]		—	—	73	—	3	—	—	—	—	24	—	—	34
中部	北陸[4]	—	47	9	—	1	—	—	26	—	13	3	—	3
	東山[5]	—	—	27	4	29	3	—	12	—	19	6	1	47
	東海	—	—	20	1	28	2	11	33	—	1	4	—	43
近畿		2	—	2	—	58	3	5	18	—	7	4	—	45
中国	山陰[6]	—	—	41	—	58	—	—	—	—	—	—	—	5
	瀬戸内[7]	34	—	—	—	23	—	—	42	—	—	—	—	15
四国		1	1	—	—	83	—	4	8	—	2	—	—	63
九州	北部	—	—	3	—	26	—	8	52	10	—	—	—	54
	中・南部[8]	2	—	28	—	37	2	12	15	2	3	—	—	45
全国		2	—	21	—	37	2	5	19	2	9	3	1	403

—: 0または1％未満．1) 岩手，福島，2) 秋田，3) 茨城，栃木，埼玉，千葉，東京，4) 福井，5) 岐阜，6) 島根，7) 岡山，8) 宮崎，沖縄を除く．泥炭土などを省いたため合計が100になっていない地域がある．

16の土壌群に分類している．

　これらのうち褐色森林土，赤黄色土は，地質的には花こう岩，安山岩，玄武岩，流紋岩，頁岩，砂岩，泥岩，凝灰岩，結晶片岩，緑泥片岩などを母材としており，黒ボク土は火山灰を母材としている．また，それらの母材の地質年代は，古生代，中生代，第三紀，洪積世，沖積世などにわたっており，果樹園土壌はさまざまな土壌母材から構成されている．

　果樹園土壌の姿や生産力は，その地質母材や堆積状態，立地条件などにより多種多様に異なるが，その養分供給力や保肥力などの化学性に加え，保水性や透水性などの物理性は土壌母材の影響を強く受けており，とくに下層土ほど母材の影響が大きい．

b．果樹園の立地特性

　果樹園土壌の立地条件をみると，平坦地の多くが水田や畑地として利用され，傾斜地に果樹，チャ，クワなどが植えられていたが，さらに多くの開墾や果樹園地開発事業が傾斜地の地形改造により行われてきたこともあり，表6.3に示すように傾斜地の割合が高い．しかも，15°C以上の急傾斜地も多く，ミカンでは46％に達している．一方，ナシやリンゴでは平坦地が多く，樹種別の特徴が認められる．

　傾斜地は，排水性や気象環境などの栽培上の利点がある場合もあるが，一般的には有効土層が浅く，また園地の造成に伴い土壌条件が劣悪化したり，植栽方法や薬剤散布，かん水，収穫などの栽培管理の作業性に困難を伴うことが多い．また，土壌の流

6.2 土壌および地形的条件

表6.3 各果樹の傾斜度別栽培面積割合(%)(農林水産省農蚕園芸局果樹花き課資料より作成, 1983)

樹種＼傾斜度	5度未満	5〜15度	15〜25度	26度以上
ミ カ ン	19	35	31	15
ナツミカン	19	33	33	15
その他のカンキツ	25	35	28	12
リ ン ゴ	64	28	7	1
ブ ド ウ	64	23	8	2
ニホンナシ	70	20	8	2
セイヨウナシ	75	22	3	0
モ モ	69	23	7	1
オ ウ ト ウ	79	10	5	0
ビ ワ	15	37	36	12
カ キ	53	30	14	3
ク リ	43	30	18	9
ウ メ	54	27	12	7
ス モ モ	57	29	11	3
キウイフルーツ	58	32	8	2
パインアップル	31	55	12	2
その他果樹	72	28	0	0
計	41	31	20	8

表6.4 樹園地の阻害要因とIII・IV等級面積割合(%)(土壌保全調査事業全国協議会, 1979)

地域	阻害要因	表土の厚さ	有効土層の深さ	表土の礫含量	耕うんの難易	過湿	乾燥	自然肥よく度	養分の豊否	障害性	災害性	傾斜	侵食	III・IV等級
北海道		—	16	—	11	22	17	—	1	10	—	—	1	42
東北	太平洋側	9	—	0	—	—	—	—	9	65	—	—	—	74
	日本海側	—	5	1	—	2	4	15	9	2	—	7	6	31
関東		—	6	6	—	—	53	53	28	5	—	3	29	69
中部	北陸	23	3	—	14	3	48	5	2	1	—	4	2	80
	東山	6	19	8	20	1	22	10	5	6	—	8	8	50
	東海	15	23	10	8	1	24	4	10	39	—	10	10	85
近畿		17	15	4	13	1	9	7	27	6	—	16	26	70
中国	山陰	2	8	3	7	—	4	37	49	5	—	21	22	88
	瀬戸内	15	19	21	29	—	61	20	48	10	1	71	40	96
四国		54	50	3	5	2	19	15	26	30	—	53	55	79
九州	北部	3	8	2	38	—	12	10	20	1	—	12	8	63
	中・南部	6	13	6	9	—	25	13	15	9	—	11	14	52
	沖縄	—	—	—	—	—	—	—	—	—	—	—	—	—

—: 0または1%未満. 地域区分は表6.2に同じ.

亡や侵食が起きやすいことから，地表面管理や肥培管理に格別の留意を要する．
 とくに黒ボク土や花こう岩土などからなる傾斜地では，侵食被害が大きく，黒ボク土の裸地では降雨強度 6 mm/10 分以上で表面流去水による土壌流出が発生する．侵食防止策としてはテラス造成による地形改造，集排水組織，土砂留め施設，のり面保護，草生栽培，マルチ栽培などがあげられる．

c．果樹園土壌の生産力的特徴

 地力保全基本調査では，①表土の厚さ，②有効土層の深さ，③表土の礫含量，④耕うんの難易，⑤湛水透水性，⑥酸化還元性，⑦土地の乾湿，⑧自然肥よく度，⑨養分の豊否，⑩障害性，⑪災害性，⑫傾斜，⑬侵食の13の調査項目について，各々の

表6.5　主要果樹の土壌感応性（農林水産省果樹試験場，1985）

項　目	ミカン	リンゴ	ブドウ	ナシ	モモ	カキ	クリ
耐　湿　性	弱	中くらい	強	中くらい	弱	比較的強	弱
耐　干　性	強	やや弱	やや強	弱	中〜やや強	弱	強（ただし土層が浅いと乾燥害が出やすい）
土壌物理性に対する要求度	空気の要求度大	水分および空気の要求度大	水分および空気の要求度大	水分の要求度大	空気の要求度大	水分の要求度大	空気の要求度大
根　の　深　さ	カラタチ台浅根性ゆず台深根性	深根性	アメリカ系浅根性ヨーロッパ系深根性	深根性	中くらい土性により浅根性になりやすい	深根性	中くらい
土　壌　条　件	透水，通気性がよく，粘土分を含んだ土壌が適	有機質に富む埴壌土が適	透水性，通気性のよいやや粘質土が適	有機質に富む深い土壌あるいは砂壌土が適	砂質土壌が最適で，排水不良地は不適	有機質に富む土層の深い土壌が適，地下水流があっても生育可能	有機質に乏しい土壌，排水不良土，保水性の小さい土壌は不適
土　壌　の　反　応	酸性に対してかなり強い	微酸性ないし中性を好む	石灰飽和度の高い土壌に適し，栄養生理的に石灰要求度が高い	微酸性が適（pH6.0）	酸性に強い	酸性にかなり強い（pH5.0〜6.0）	酸性に強い
肥料に対する感応性	吸肥力が弱く，肥効が低い	窒素過多の害が出やすい	窒素に敏感に反応し，過剰吸収の害が出やすい	肥料に鈍感，地力窒素への依存度が高い	吸肥力が強く，窒素過多を忌む	肥料にやや鈍感，窒素過多に注意	窒素に対する反応は敏感，リン酸には鈍感

果樹に対する基準値に基づき，土地の生産力をⅠ～Ⅳ等級に分級し，評価している．それによると，樹園地では，自然肥よく度，養分の豊否では70％以上が，土地の乾湿（乾燥），表土の厚さ，耕うんの難易，侵食では50％以上がなんらかの障害があるとされている．しかも全面積の70％以上は二つ以上の阻害要因が複合しており，有効土層の深さと土地の乾湿，耕うんの難易と土地の乾湿，傾斜と土壌侵食，養分の豊否と自然肥よく度，土壌侵食と養分の豊否，表土の厚さと養分の豊否，有効土層と障害性などの複合が多い．

樹園地において不良土壌となるⅢ・Ⅳ等級の占める面積の割合は，表6.4のように，全国的には64％であるのに対し，中国・四国，東海および北陸では75％以上と高く，とくに高い中国・四国では，傾斜，侵食，表土の厚さが主要因となっている．このように，果樹園は相対的には多くが傾斜地に立地し，さらに近年では山麓の開墾や水田転換で拡大されており，土壌環境に起因するさまざまな生産性阻害要因を抱えているところが多い．

(2) 果樹の土壌感応性

さまざまな土壌における樹体の反応に関する既往の検討から，樹体の土壌に対する感応性を帰納的に整理すると，表6.5のように表せる．土壌的適地条件としては，果樹は永年性で，根域が広く深い特徴があり，安定した生育および果実生産のためには，根域の確保と養水分の補給の点で有効土層の深さが重要である．また，ほとんどの樹種は，根の酸素要求量が大きく，排水不良や通気性不良に弱い．とくに酸素要求性の高いミカン，モモ，クリ，イチジクなどは顕著であり，排水のよいことが重視される．

土壌の反応は，pH 5.0～6.5の微酸性から中性が適しているが，樹種間でpHや石灰飽和度に対する反応には差がみられる．また，樹種ごとの一律な評価は困難であるが，根の張り方や耐湿性，窒素肥よく度に対する反応性などの差，および実態調査から整理すると，有機質に富む深い土壌を好むナシ，カキ，クリに対し，ブドウやモモはむしろ砂質土壌がよいとされている．

〔駒村研三〕

文　献

1) 土壌保全調査事業全国協議会編(1979)，日本の耕地土壌の実態と対策，7-55，土壌保全調査事業全国協議会．
2) 農水省農蚕園芸局果樹花き課編(1988)，果樹農業に関する資料，農水省農蚕園芸局果樹花き課．
3) 関谷宏三，他 (1971)，果樹園土壌生産力に関する研究，1-40，農林水産技術会議事務局．
4) 関谷宏三 (1982)，果樹園の土壌管理と施肥技術，21-46，博友社．

7. 低樹高栽培

　果樹栽培とほかの作物との大きな相違は，木本植物を対象とすることである．木本植物は背丈が高くなり，オウトウ，カキ，クリなどは，樹高が6m以上で栽培されていることが多い．しかし，樹が高いほど摘果，収穫などの作業の能率が低下するだけでなく，下枝への日当たりが低下し果実の品質が劣る傾向がある．また，スピードスプレーヤーによる薬剤散布にも樹冠頂部への薬液到達のために大きな馬力のある機械が必要になる．

　このことから，リンゴ，モモ，カンキツなどでは，樹高を4m程度に制限する努力がこれまでも行われてきた．4mという高さは，2mの脚立の上に人が乗って手を伸ばしたときに届く高さである．さらにいえば，2mの脚立の上で背伸びをせずに安全に収穫できる高さは約3.5mであり，着果はこの高さまでにとどめるのが望ましい．脚立が2m以上になると女子や高齢の作業員では果樹園のなかを容易に持ち運べなくなり，能率だけでなく疲労度も大きい．

　動力によって作動する作業台も考案されたが，果実を1個ずつ手で収穫するかぎり能率はそれほど高まらず，作業は楽になるがコスト倒れになる可能性が大きい．また，果実の機械収穫は果面に傷が発生することなど問題が多く，わが国ではまだ実用の目途が立っていない．

　低樹高栽培は，4m以下に樹を低く仕立てて，作業能率を高める栽培法である．表7.1は，高さ約4mのリンゴ樹について，脚立を必要とする2m以上と，必要としない2m以下に分けて収穫作業の能率を比較したものである．2m以上の部位では1.7倍

表7.1 樹高約4mのリンゴ樹における収穫作業時間（福田ら，1975）

樹 No.	樹高2mまで			樹高2m以上		
	樹当たり着果数	全収穫所要時間	100果当たり所要時間	樹当たり着果数	全収穫所要時間	100果当たり所要時間
1	800	56.7	7.1	1,008	119.0	11.8
2	750	50.4	6.7	693	89.3	12.9
3	673	46.9	7.0	663	75.4	11.4
4	520	33.2	6.4	655	65.5	10.0
5	315	21.1	6.7	574	62.9	11.0
6	311	23.0	7.4	504	68.0	13.5
平均(比率)	562	38.6	6.9 (100)	683	80.0	11.8 (171)

7. 低樹高栽培

ほど多くの時間がかかっている．したがって，4mよりさらに低樹高に仕立てることができれば収穫などの作業能率が高まることは明らかである．

わが国において低樹高栽培の重要性が強く認識されるようになったのは，1970年代になってわい性台木を用いたリンゴ栽培が導入されてからである．導入が始まってから現在まで，わい性台木利用のリンゴ栽培は作業能率だけでなく，収量増や果実品質の向上など多くの優れた面があることが認められ，急速に普及している．現在，新植されるリンゴ園はほとんどがわい性台木に接いだ樹を選択しているといわれている．さらに，ナシ，モモ，オウトウ，カキ，ミカンなどでもわい性台木の研究が始められている．また，最近では果樹の施設栽培が急速に増加しているが，ハウス内で栽培するために，果樹をさらに低く仕立てることが必要になってきた．

多くの果樹はそのままではかなりの高さに生育する．低樹高栽培はまだ完全に確立した技術になっていないものもあるが，種々の方法が考えられている．前述のわい性台木を用いるのもその方法の一つであるが，このほか，遺伝的にわい性の品種も発見されており，化学薬剤（わい化剤）の利用や，根系制限なども考えられている．さらに，せん（剪）定法も低樹高維持にはきわめて重要である．

（1） わい性台木を利用した低樹高栽培

果樹栽培に用いられている台木には，種々の性質のものがあるが，標準の台木に比べて地上部の生育が著しく低下する台木を一般にわい性台木と称している．すでに実用化されているものとして，リンゴのM.9, M.26, セイヨウナシのマルメロ台などがある．また，温州ミカンで台木に使われているカラタチもカンキツ類のなかで最もわい化効果の高いグループに属するので，わい性台木といえる．

これらの台木に接いだ果樹は一般に生育量が少なく，高さを制限しやすい．リンゴ，セイヨウナシでは，これらわい性台木を用いた果樹栽培をわい化栽培と称している．

リンゴ，セイヨウナシのわい性台木は，最初ヨーロッパでベルサイユなど宮殿の庭で鑑賞を兼ねて果樹を小型に育てるために開発され，その後に一般の栽培に取り入れられるようになったものである．ヨーロッパでは，収穫などの作業能率が高まるだけでなく，果実品質も改善されることが明らかになり，急速に普及した．リンゴについてみると，主としてM.9台を用いて樹高を2.5m程度とし，低い踏台を用いた収穫作業が行われてきたが，最近は樹高を2m程度とし，脚立や踏台をまったく追放した栽培も増加している．

一方，わが国では，樹を低く仕立てると収量も減少するという試験成績もあるので，極端な低樹高が経営的に有利かどうか，論議があるところである．そのため，M.9台より若干，樹が大きくなるM.26台が多く使用され，3.5m程度の樹高に仕立てられている．

リンゴの台木は，外国での分類を参考にして一応，次のように分類できる．

① 極わい性台木：M.27
② わい性台木：M.9, M.26, マーク

③ 半わい性台木：M.7，MM.106
④ 普通（標準）台木：マルバカイドウ，ミツバカイドウ
⑤ 強勢台木：リンゴ実生

しかし，わが国の栽培条件下では，MM.106 とマルバカイドウとでは必ずしも地上部の生育に明確な差はみられず，また，リンゴ実生台を用いた樹もせん定によってマルバカイドウと同程度の高さに仕立てることができるので，マルバカイドウ，ミツバカイドウ，リンゴ実生，MM.106 をまとめて強勢台木とし，M.9 などわい性台木との2分法とすることも可能である．なお，これらの台木のうち，M系および MM 系は英国で育成されたもので，マークは M.9 台の実生から米国で育成されたものである．

リンゴ以外では，セイヨウナシのわい性台木として英国で系統選抜されたマルメロ台（Q.C，Q.A など）がわが国でも使用されている．さらに，わが国でも，新たなわい性台木の探索が行われており，ユスラウメ，ニワウメがモモの，マメザクラ，タイザンフクン，ミドリザクラなどがオウトウの"わい化"をもたらすことが明らかになり，現在，実用性が検討されている．

わい性台木のわい化機構については，ホルモン説，接ぎ木部結合不全説などの仮説が提案されているが，必ずしも明確に"わい化"を説明できる段階には至っていない．このうち接ぎ木部結合不全説は，接ぎ木部の結合が不完全で，地上部と地下部の養分の移行が接ぎ木部位で制限されることが"わい化"に関係するというものである．とくにわい化度の強い樹ではこの部位が異常に肥大し，こぶができていることが多いが，これは，養分の移行がスムーズにいかないためとの推論がある．

また，わい化の程度は台木が同じでも穂品種によって差異があり，M.26 に紅玉やゴールデン・デリシャスなどのリンゴ品種を接ぐと著しくわい化するが，ふじはそれほどわい化しない．この場合，いったん M.26 にふじを接いで，その上にゴールデン・デリシャスなどを接ぐと，直接，M.26 に接いだものよりわい化度が少なくなる．このことから，ふじは M.26 との接ぎ木親和性が高いと考えられている．セイヨウナシについても，ラ・フランスはマルメロ台に接いだとき，フレミッシュ・ビューティなどの品種よりわい化度が著しいことが認められている．

わい性台木利用のリンゴ樹では枝の生育は抑制されるが，果実の肥大には影響はなく，むしろ肥大が促進されることが多い．糖含有量や着色度もわい性台木利用樹では高まる傾向がある．このことは，葉で生産された同化養分が枝幹より果実の生育に多く使用されることを示しているが，その生理的な機構は明らかでない．なお，ヨーロッパでは樹の過剰な生育を抑制するため，若木の段階から多めに着果させる栽培が行われている．これは，着果が多くなるほど，枝や根の生育が減少することを利用しているのである．

わい性台木を用いたリンゴやセイヨウナシは，普通，スレンダースピンドル（slender spindle）とよばれる樹形に育てられる．これは細い主幹形の樹形で，ヨーロッパから導入されたものである．この樹形では，主幹の高さ 50～100 cm に比較的大きな側枝を2～4本配置し，果実の大部分を生産するとともに，主幹の極端な生育を牽制する．

これらの側枝はスキャフォールド（scaffold），すなわち骨格枝とよばれ，これがよく発達した樹は円錐形または逆T字形になる．しかし，密植度が高く栽植本数が10 a 当たり120本以上になると，骨格枝は小さくなり，さらに密植になると省略されることもある．

（2）　わい性品種の利用

果樹の品種のなかには，わい性台木を用いなくても，遺伝的にわい化した生育を示すものがある．図7.1 はわい性系統のモモの栽培状況であるが，この場合は腰をかがめないと収穫できないのでかえって作業能率が低下することなどの問題があり，まだ実用化には至っていない．

図7.1 わい性モモ

ほかの果樹においても，わい性の突然変異（枝変わり）が見出されている．リンゴのデリシャスの枝変わりのなかに，新しょうの生育がわい化し短果枝を多数着ける系統がある．短果枝は英語でスパー（spur）というので，わが国でもこの枝変わりをスパータイプとよんでいる．スパータイプのデリシャスは枝の生長が弱いだけでなく，強く切り込んでも短果枝，すなわち花芽が着くので，低樹高に仕立てやすい．米国では，スパータイプをMM.106などの半わい性台木に接いだ低樹高栽培が行われている．半わい性台木は根系が比較的しっかりしているので，わい性台木を用いた場合のように支柱を付ける必要がないなどの利点がある．しかし，スパータイプのデリシャスは果実品質が劣る傾向があり，わが国ではほとんど普及していない．スパータイプは旭，ふじなど，ほかのリンゴ品種でも多数見出されている．

表7.2 カキ（西村早生）のわい性，強勢系統の生育比較（文室ら，1988）

系統	幹周 (cm)	樹高 (m)	樹冠占有面積 (m^2)	樹冠容積 (m^3)
わい性	29.8	2.7	7.6	14.4
強　勢	76.3	3.8	31.6	84.1

カキでも，西村早生，平無核などの品種でわい性の系統が見出されている．西村早生はもともとわい性の品種で，強勢系統がむしろ枝変わりといわれるが，表7.2のとおり，24年生西村早生のわい性系統は，強勢系統に比べて樹高が約30％も低かった（文室ら，1988）．

（3） 生育調節剤利用による低樹高栽培

アミノザイド（Bナイン），クロルメコート（CCC）などの薬剤は，ジベレリン活性を抑制して樹をわい化させる作用があり，一部で果樹の生育抑制のために使用が検討されている．また，最近は同様の作用のある薬剤として，パクロブトラゾール，ウニコナゾールなどが開発されている．これらのわい化剤で実用性の高いのは，モモやオウトウなどの核果類である．

わい化剤を処理すると，新しょうの節間が詰まり全体として枝が短くなるだけでなく，二次伸長も抑制される傾向がある．オウトウに対するパクロブトラゾールの散布または土壌かん注によって，樹冠容積の拡大が抑制されるほか，花芽の形成が促進され，収量も増加することが認められている（表7.3）．また，果柄が若干短くなる傾向はあるが，果実の大きさ，品質には無処理と差異は認められない．オウトウは本来，大樹になる傾向があり，わい性台木もまだ開発中であるので，わい化剤の実用性は高いと考えられる．わい化剤の利用によってハウス栽培も容易になる．

表7.3 パクロブトラゾールによるオウトウの生育抑制効果と果実品質（新谷ら，1988）

処　　理	樹の生育			果実品質	
	樹冠容積 (m³)	平均新しょう長 (cm)	樹冠容積当たり花束状短果枝数 (個/m³)	1果重 (g)	糖度 (%)
散布	4.75	29.7	129	5.7	15.4
土壌かん注	5.23	35.1	97	5.8	15.5
無処理	6.21	66.2	77	5.5	15.1

散布，土壌かん注処理は1985年度に行い，調査は1987年度の結果．

また，ブドウにおいて，アミノザイドを使用することによって，不必要なつる伸びを抑制することができる．アミノザイドはつる伸びの抑制だけでなく，花振るいの防止効果もあり，一時は実用化されたが，現在はこの薬剤の農薬登録が失効したため使用できなくなった．

（4） 根系の生育抑制による低樹高栽培

温州ミカンの台木としては，カラタチ台が樹をわい化させる傾向があるが，これを一定の大きさの箱のなかに植え付け，根の生育を制限してさらに樹高を低くコントロールする栽培法が行われている．これをボックス栽培と称している（谷口，1987）．表7.4に一例を示したが，ボックス栽培では10年目でも樹高が1.25 mで，ほ場に植えた

表7.4 ボックス栽培温州ミカンの樹体発育（谷口・大野，1988）

項　　目	樹齢（年）			
	4	6	8	10
樹　高 (m)	0.88	1.03	1.25	1.25
ほ場樹対比 (%)	80	70	70	60
樹　幅 (m)	0.75	1.04	1.13	1.08
ほ場樹対比 (%)	60	60	50	50

樹の60％の高さに抑制されていた（谷口・大野，1988）．この場合，根や枝幹の生育が抑制されるので，果実に使用される同化養分が増加する．また，肥料や水分の調節も園地に直接植えるより容易であるので，果実品質が高まることが認められている．ボックス栽培は，オウトウ，カキ，モモ，ブドウなどの果樹でも実用化が始まっている．

（5）せん（剪）定による低樹高栽培

　せん定によって果樹は一般に小振りに仕立てることができる．普通台木を用いたリンゴやモモが約4mの高さに仕立てられるのもせん定の効果である．果樹の樹形については多くの分類法があるが，一般的には，主幹形，変則主幹形，および開心形に大別することができる．同じ台木を用いた場合，樹は主幹形が最も高く，変則主幹形がこれにつぎ，開心形が最も低く仕立てることができる．標準台木マルバカイドウを用いたリンゴ樹についても，4m程度に仕立てるためには開心形をとるのが普通である（図7.2）．

図7.2 開心形のマルバカイドウ台リンゴ樹

　開心形では，主幹とそれから出た2〜4本の主枝で樹を構成するが，主枝は水平ないし少し斜立させる．主枝は斜立角度が急になるほど伸びがよくなり，樹は高くなる傾向がある．たとえば，主幹に対して主枝の角度を45度程度とすると，リンゴ樹は主幹形と差がないほど高くなることがある．したがって，それより水平に近い角度で誘引することが望ましい．主枝には亜主枝または結実枝を配置するが，主枝が斜立しない方が花芽の形成がよく，結実も早い．樹が若いうちから果実を着けると，養分が枝より果実に集積するので，そのことからも樹はわい化しやすくなる．なお，主幹から主枝を発出させる高さは，あまり低いと草刈りなど樹冠下での作業が不便になるので，リンゴの例では2本主枝の場合は約1.5m，3〜4本主枝の場合には約1mの高さに第1主枝を配置することが多い．

　最近はオウトウ，カキ，ビワ，クリなどの果樹でも，開心形による低樹高仕立てが試みられている．

　なお，わい性台木を用いたリンゴやセイヨウナシのスレンダースピンドル仕立ては主幹形に属する．わい性台木を用いると，主幹形でもせん定法によっては3.5m程度

の低樹高に保つことが可能なためである．また，これらの樹形が横に広がりやすい開心形より密植栽培に向いているためである．これらの樹は最初は主幹形に育てるが，高くなりすぎると最上部の側枝まで切り下げるなどの方法がとられる．

　低樹高化のためには，針金などで作った棚に枝を誘引することも広く行われている．ニホンナシの棚栽培は一種の低樹高栽培と考えられるが，最近では，ミカン，ウメ，イチジク，カキなどでも，垣根状に作った針金に枝を誘引する仕立て方の実用性が検討されている（文室・村田，1987；菊池ら，1986；黒上，1984）．

　低樹高栽培における目標となる樹の高さは，樹種，栽培体系，および経営方針によって異なる．露地では3.5 m程度の樹高でもよいが，ハウス栽培では施設費の面からさらに低い樹高が望ましいことが考えられる．また，露地栽培でも，経営面積が広く雇用労力を節減したい場合には，3.5 mより低い樹高の方が望ましいことがある．

　多くの樹種では，低樹高栽培はまだ開発の途上にある．しかし，農産物の貿易自由化など果樹の栽培環境も厳しさを増すなかで，省力，高品質化をねらいとした低樹高栽培の重要性は高まるものと考えられる．　　　　　　　　　　　　　　　［福田博之］

文　　　献

1) 福田博之，千葉和彦，久保田貞三，川村英五郎，山根弘康（1975），果樹試報，**C2**，43-72．
2) 福田博之（1988），研究ジャーナル，**11**(4)，12-16．
3) 文室正彦，村田隆一（1987），滋賀農試研報，**28**，72-84．
4) 文室正彦，村田隆一，田中　昇（1988），園学要旨，昭63秋，158-159．
5) 菊池卓郎，他（1986），小づくりに仕立てる―わい化・低樹高・コンパクト栽培―，農文協．
6) 黒上九三郎（1984），徳島果樹試特別報告，3号．
7) 谷口哲微（1982），施設栽培，農業技術体系（カンキツ），農文協．
8) 谷口哲微（1987），ボックス栽培の手引き，静柑連．
9) 谷口哲微，大野文征（1988），園学要旨，昭63秋，42-43．

8. 気象と災害

8.1 気象と果樹栽培

　果樹は永年にわたり同じ場所に生育することから，気象や土壌条件の影響が大きく，その適否が栽培管理の難易や収穫果実の良否を左右する．作物栽培すべてに共通することであるが，適地適作は果樹栽培にとって最も基本的な事項である．しかし，現実には栽培農家は気候および土壌改良を行い，技術改善を図り適地とは判断しにくいところへも栽培することが少なくない．

　果樹栽培に適する自然的条件（気候条件）は，表 8.1 のようなものである．この表は，果樹農業振興基本方針（1986 年 2 月 7 日公表）で明らかにされているものである．ここには，寒候期における温度条件にはふれていないが，休眠覚醒に関与する低温要求量や耐凍性の上で注目する必要がある．

　低温要求量に関して，露地栽培で問題になることはきわめて少なく，キウイフルー

表 8.1　果樹栽培に適する自然的条件

果樹の種類	平均気温		降水量
	年	4月1日～10月31日	
カンキツ類の果樹	15℃以上		
リ　ン　ゴ	6℃以上 14℃以下	13℃以上 21℃以下	1,300mm 以下
ブ　ド　ウ	7℃以上	14℃以上	1,600mm 以下（欧州種については 1,200mm 以下）
ナ　　　シ	7℃以上	13℃以上	二十世紀については 1,200mm 以下
モ　　　モ	9℃以上	15℃以上	1,300mm 以下
オ　ウ　ト　ウ	7℃以上 14℃以下	14℃以上 21℃以下	1,300mm 以下
ビ　　ワ	15℃以上		
カ　　　キ	甘ガキについては13℃以上　渋ガキについては10℃以上	19℃以上　16℃以上	
ク　　　リ	7℃以上		
ウ　　　メ	7℃以上		
ス　モ　モ	7℃以上		
キウイフルーツ	13℃以上	19℃以上	
パインアップル	20℃以上		

　上表の基準は，一般に普及している品種および栽培方法によるものである．

ツが沖縄において低温不足のため栽培しにくいといった程度である．なお，施設栽培において早期加温を行う場合，低温遭遇時数の多少と加温開始時との関連で問題になることがある．休眠覚醒に関与する低温やその遭遇時数は樹種によって異なり，主要樹種の値は表9.4（施設栽培の項）のようである．休眠覚醒に有効な低温域は主要な落葉果樹で3～12°Cであり，低温遭遇時数はモモで少なく250時間以上でよく発芽し，ついで，クリ400時間，ブドウ，カキ700時間，ナシ，オウトウは1,000時間以上で良好な発芽をみることを示した．

寒候期における低温の度合や発生頻度は，樹体生存の可否や果実障害への影響が問題となり，果樹栽培の適地判定に関与する大きな気候条件となる．たとえば，キウイフルーツについてみると冬期の耐凍性は−15°C前後であり，このような低温の発生地域や霜害の程度，生産される果実の品質などを勘案し，キウイフルーツの栽培適地は図8.1のようなものと判断される．

図8.1 キウイフルーツの気候的栽培適地区分

果樹栽培と温度要因との関係では，上に述べた事項と合わせ，とくに開花結実から成熟までの温度がきわめて重要である．温度要因のなかでも広く注目されるのは，積算温度や気温較差，気温の高低などである．

積算温度との関連で数多くの生育現象が説明され，特徴的な現象として休眠覚醒や開花，果実の肥大や成熟などがあげられる．たとえば，ブドウ品種と成熟積算温度との関係では表8.2のようなものがあり，品種によって差がみられ，栽培適地や栽培地における品種選択の指標となる．また，生育や成熟適温との関係で，気温の高低や較差が問題とされる．ニホンナシでは7月中旬までの夜温を20°C前後にすることが大果を得るのに有効であり，温州ミカンの果皮色（カロチノイド）の発現に対しては15°Cが23°Cより有効で，また，ブドウの巨峰では自然温区に比べ低夜温区の発色（アントシアニン）が優ることなどが明らかにされている．

気象と果樹栽培との関連で重要なものは，上に述べた温度のほかに，降水や風，日

8.1 気象と果樹栽培

表8.2 ブドウ品種と成熟積算温度（大阪府農業試験場，1958）

品種名	開花期	収穫期	成熟日数(日)	成熟積算温度(°C)
キャンベル・アーリー	5月22日～27日	7月28日～8月3日	68	1,542
デラウェア	5月23日～29日	8月5日～10日	75	1,748
マスカット・ベーリーA	5月28日～6月1日	9月2日～10日	99	2,462
甲州三尺	6月1日～8日	9月5日～15日	98	2,460
甲州	5月30日～6月5日	9月28日～10月5日	122	3,021
マスカット・オブ・アレキサンドリア	5月14日～20日	9月5日～10日	115	3,505

照などがある．周知のとおり，気象条件はある範囲内において果樹生産にとってプラスの要因として作用するが，範囲を越えての多寡はマイナス要因として作用する．

まず降水量についてみると，暖候期における降水（雨）不足は干ばつ状態をもたらし，果実肥大の抑制や極端な干ばつ時には裂果や落果をみる場合もある．なお，日本において降水不足のため果樹栽培が不可能であるといった地域はないが，夏期干ばつに遭遇する機会は地域によって異なり，瀬戸内地帯が最もその確率が高い．降水量と園地消費水量との収支で土壌水分が決定され，土壌水分の多少によって樹体や果実生育が大きく左右される．

余剰降水は速やかに園地から排水されることがのぞましく，生育や成熟に適度な土壌水分で管理される必要がある．最近，糖度が高く着色も良好な果実生産がのぞまれ，それの生産技術の一つとして成熟期における土壌水分の減少が重要視されている．表8.3はその実験例の一つであり，成熟期（9～10月）に少湿にすることが可溶性固形物（糖度）を高めるのに役立っていることがわかる．

なお，寒候期における降水は雪が主であり，異常降雪は果樹栽培にとって最も危険なものである．積雪量によって導入される樹種や栽培法が異なり，平均最深積雪が2.0～2.5 mの地域は果樹栽培の限界地帯であり，1.0 m以下の地域では適正な栽培法を主体に多雪時に備えた対策をとることにより，果樹栽培の可能地とされる．なお，積雪地帯では耐雪型の仕立て方や棚構造の対策が図られる．たとえば，わい性台木を

表8.3 ミカン幼樹の収量と品質からみた時期別好適土壌水分（鈴木ら，1969）

区			収量		平均果重(g)	果形指数	着色指数	果皮歩合(%)	果汁分析		
5～6月	7～8月	9～10月	果数	重量(kg)					可溶性固形物(%)	クエン酸(%)	甘味比
多湿	中湿	中湿(小湿)	55.5	3.98	71.4	130	5.8	27.8	12.34	1.25	9.89
少湿	中湿	中湿(多湿)	52.7	3.69	70.4	130	4.9	27.0	10.56	1.24	8.50
中湿(少湿)	多湿	中湿	54.5	4.19	77.1	129	4.9	26.1	10.28	1.31	7.86
中湿(多湿)	少湿	中湿	52.7	3.63	68.8	126	4.7	29.9	9.76	0.97	10.03
中湿	中湿(少湿)	多湿	53.2	3.87	72.6	128	5.6	27.4	10.65	1.06	10.05
中湿	中湿(多湿)	少湿	61.7	4.11	66.4	127	5.6	29.3	12.34	1.35	9.17
中湿	中湿	中湿	53.0	3.95	74.2	130	5.5	26.4	10.52	1.22	8.65
L.S.D. (0.05)			n.s.	n.s.	n.s.	n.s.	0.5	1.5	0.90	0.15	0.95
(0.01)			—	—	—	—	0.6	2.0	1.24	0.21	1.30

使ったリンゴでは，その結果枝を地上50cm程度の高さから発生させることが多く，沈降荷重にとって最も危険な高さである．そのため，耐雪性を増すために交差分枝法や圧枝下垂法，側枝変角法などが採用され雪害防止軽減に役立っている．また，豪雪地帯におけるブドウは，つるを棚からはずし地面にはわせたり，棚の高さを高くするなどの対策がとられる．

風と果樹栽培との関連では，防風垣の設置と強風地帯を避けた樹種選択が重要である．なお，適度（多くの場合4～5 m/秒以下）な風は蒸散促進による養水分吸収の増加，葉の動揺による樹冠内への日射透過，樹冠内の湿度変化などが期待できる．しかし，台風や強い季節風，フェーンなどはさまざまな被害をもたらす結果となる．

日照と果実品質などとの関係はきわめて密接であり，園地は日当たりのよい場所を選ぶことが第一条件である．日照との関係で問題になるのは，光合成や樹体の生長，花芽の着生，果実の肥大や品質である．

表8.4 各種落葉果樹の光合成特性（鴨田ら，1986）

樹　　種	品　　種	光補償点 (lx)	光飽和点 (klx)	最大光合成速度[1]	暗呼吸速度[1]
リ　ン　ゴ	ふじ	300	50	17.5	1.0
	つがる	400	50	25.8	2.6
ブ　ド　ウ	巨峰	400	48	18.6	1.1
	（ガラス室）	300	40	17.2	1.0
	ネオ・マスカット	400	48	19.0	0.6
	キャンベル・アーリー	400	50	22.7	1.6
	デラウェア	300	48	20.4	0.4
ニホンナシ	二十世紀	500	48	17.8	1.6
	長十郎	400	50	24.6	0.9
	幸水	300	50	21.3	0.6
	（ハウス）	300	40	15.1	1.0
	豊水	400	48	16.7	1.5
セイヨウナシ	バートレット	400	53	26.7	2.3
	シルバーベル	300	54	19.1	2.1
カ　　キ	富有	300	40	20.0	1.0
	平核無	400	60[2]	11.2[3]	1.2
モ　　モ	白鳳	200	40	25.0	1.5
	白桃	300	40	19.0	1.5
オウトウ	佐藤錦	400	40	14.1	1.2
	ナポレオン	400	45	18.4	0.8
キウイフルーツ	ヘイワード	400	60[2]	18.9[3]	1.4
	モンティ	400	60[2]	19.5[3]	1.3
	ブルーノ	400	60[2]	29.6[3]	1.5
	アボット	300	60[2]	14.2[3]	1.5
	マチュア	400	40	16.9	1.4

1) （$mgCO_2/dm^2 \cdot$時）． 2) 60klxで光飽和状態に達しなかったもの．
3) 光強度60klxでの光合成速度．

光の強さと光合成特性との品種間差は，表8.4のようであり，光強度が強くなるにつれ光合成速度が高まる．光飽和点は高いもので60 klx，低いもので40 klx程度であり，光補償点は多くの品種で400 lx前後である．また，最大光合成速度は高いもので25～29 $mgCO_2/dm^2$・時を示し，暗呼吸は1～2 $mgCO_2/dm^2$・時で品種間差が少ない．

日照低下に伴う弊害は数多く，その光強度の限界条件も生理作用の種類によって異なる．花芽着生や生理落果，根の生長，果実肥大や着色などに関して，自然光を100にした場合で30～40％の光強度でかなり著しい障害をみる例が多い．なお，山かげや谷間に開けた樹園地や，防風垣などによる日かげで日照不足と合わせ日長不足になる例も少なくないが，それの改善のために適切な防風垣の管理や反射資材などの利用がのぞましい．

8.2 気象災害

気象災害とは"時間的に，また地域的に異常な気象現象が原因となり発生する災害"であるといえる．今日，よく耳にする異常気象による被害もこの範ちゅうに入るが，毎年襲来する台風は異常気象とよばないものの，それによる被害はまさしく気象災害である．なお，従来の気象災害はある面で不可抗力なものがあり，天災の性格が強かったが，今日のそれはかなり性格変化がみられる．すなわち，防災技術や気象予測技術などの発展により，それをいかに利用し駆使するかが問題とされ，それの良否いかんによって災害程度は大きく変化し，天災だけでなく人災的なものがあるともみられる．

果樹に気象災害をもたらす気象要因としては，表8.5にみるように，温度，降水，風の三大要因がある．なお，有害な煙や排気ガス，光化学スモッグなど空気汚染環境変化からひき起こされる公害も今日的な大きな問題である．

果樹は永年作物であることから，年間をとおして各種災害に遭遇する機会が多く，生育時期によってさまざまな対応がみられる．たとえば，同じ凍害であっても春先や秋口には霜害として扱われ，一方，厳冬期には－10℃や－20℃を下回る温度低下で樹体凍結が起こり，一般によばれる凍害として区別される．温度低下による障害は冬期

表8.5　果樹にみられる主要な気象災害

災害をもたらす主要な気象要素	災害の内容
温度	寒害，凍霜害，異常低温障害，冷害，暖冬害，異常高温障害
降水	洪水（融雪洪水），風水害，雨害（長雨および強雨），水蝕，雪害，湿害，ひょう害，寡照害，乾燥害，干害
風	強風害（台風，竜巻，突風，局地風，季節風），暴風雨害，寒風（冷風）害，乾風害，塩風害，飛砂，風蝕

に限ったことではなく，夏期の異常低温により果実肥大の低下や熟期遅延が災害として問題となる．

以下，果樹栽培で問題となる主要な気象災害について，その概要を述べる．

a. 霜　害

寒候期の温度低下による寒害にはさまざまなものがあり，果樹にみられる主要災害として霜害，凍害，寒風害などがあげられる．ここでは，まず霜害から述べる．

春季または秋季において，寒さに対する抵抗性が弱い時期に-2～-3℃といった低温遭遇で発生する被害を霜害とよんでいる．霜害には結霜のある場合とない場合とがあり，いずれも氷晶が細胞内に発達し被害をもたらすものである．霜害に関連する報告は今日まで数多くあり，その発生予測や被害の実態，発生機構，防止法など多くの分野にわたって報告されている．

ここでは，新しい知見として(研究段階の部分もあるが)，凍霜害を誘導する氷核活性細菌とその制御について紹介する．葉や花器上の露滴が氷点以下の比較的高い温度で凍る際に，その核の形成にあたって氷核活性 (ice nucleation activity，INA) をもった細菌が関与することが知られている．つまり，INA細菌の存在によって霜害程度が異なり，この細菌を制御することにより，霜害を防止することが期待できる．INA細菌の制御法には，拮抗微生物，INA阻害剤や被膜剤の利用が有効である．

b. 凍　害

厳寒期に著しい低温襲来で発生する被害であり，人為的な防除法としては樹体を土中に埋める方法などがある．凍害発生温度は樹種によって大きく異なり，リンゴやラズベリーなどは-35℃に耐え，モモやキウイフルーツは-15～-20℃で被害をみる．

なお，常緑果樹は耐寒性が弱く-7～-9℃以下で大きな被害発生となる．耐寒性の強いものにはカラタチ，ユズ，スダチなどがあり，とくに弱いものには晩白柚，リスボンレモン，メキシカンライムなどがある．

厳寒期の凍害防止に関して，人為的な防除は困難な面が多く，基本的には栽培適地を選ぶことが重要である．

c. 寒風害

カンキツ類などにみられる冬季の低温（0～4℃），強風（7～8 m/秒以上），乾燥，強日射などによりひき起こされる異常落葉を寒風害とよんでいる．上述のような環境条件下で，カンキツ類は吸水の減少と蒸散の増大がみられ，体内水分が異常となり落葉が促進されるのが寒風害の発生機構である．

これらの被害防止には，栽培適地選定をはじめ防風林や防風網の設置，コモやネットなどの被覆，結実量や水分制御などの栽培管理の改善などが実施される．

d. 雪　害

冬季における果樹の気象災害で寒害とならび大きな問題となるのが，果樹雪害である．雪害は表8.6のように区分され，多面的な災害をもたらすことがわかる．雪害のなかで最も関心の高いのは，樹冠や果樹棚への着雪などによる枝幹折損や棚崩壊であり，さらに，積雪沈降力による枝折れがある．また，ネズミやウサギ，鳥などによる

8.2 気象災害

表 8.6 果樹雪害の区分

被害区分		被害の原因	被害様相
果樹雪害	直接害 — 力学的雪害	積雪の重さによる被害(着雪・冠雪・雪圧) 積雪の沈降による被害 積雪の移動による被害 雪崩による被害	枝の裂開,折損脱落,ひび割れ 幹折れ,幹割れ 浮根,根曲り,棚の倒壊 支柱の折損
	生理的雪害	早期降雪 長期間の根雪 融雪水の滞溜	果実の凍結,品質低下 根の活性低下 病害発生
	間接害	ネズミ,ウサギ,鳥などによる被害 融雪遅延	樹体の生育遅延,枯死 葉数や花数の減少,耕起の遅れ

食害も間接的な雪害として注意する必要がある.

　雪害防止の基本は降雪条件を考慮した園地開発と樹種の選択であり,さらに,雪害に対する恒久的対策に加え降雪条件に応じた応急的対策が重要である.恒久的対策としては,防雪林や流雪溝の設置,雪荷重に耐える仕立て方や棚仕様の導入が重要であり,応急的対策としては,降雪前の粗せん定や枝結束,棚補強,食害防止用プロテクターの取り付けの実施,さらに,降雪時の雪落し,雪踏み,埋雪枝の掘り上げ,融雪促進などを適期に行うことが重要である.

　近年,わい性台木を利用したリンゴをはじめ低樹高仕立ての樹種が多くなり,雪に対する抵抗が脆弱化し,さらに施設栽培の導入や果樹農家の老齢化などにより雪害の顕在化が目立っている.地下水や温床線利用による融雪や雪層切断の機械化などが試みられているが,実際の園地での実用化には未だ問題が多い..

e. ひょう (雹) 害

　強い上昇気流によって積雲のなかで発達した氷晶は,ひょうとなって落下し物理的な衝撃として被害を与える.衝撃の強さはひょうの大きさ,比重,落下速度によって決まるが,果樹に対する被害は樹体や枝葉,果実の着き方などによって様相が大きく異なる.

　ひょう害はきわめて局地的な例が多く,被災地は惨状を呈するが,広範囲でないことから重要視されにくい面がある.ひょう害の多いのは関東,中部,東北地方の山間部であり,その発生も雷雨注意報などとして予想されるようになった.

　ひょう害防止に最も有効なものは防ひょう網を張ることであり,網目は 4～6 mm とし防ひょうのほかに鳥や蛾,強風を回避するなどの多目的な用途に供される.

f. 風水害

　風害と水害がともに生ずるとき,風水害とよび,台風時に発生することが多い.台風による被害はその進路や強さによって大きく異なるが,最悪の場合には各種気象災害のなかで最も広範囲に激甚で悲惨な被害となる.

　台風の発生およびその進路,強弱などは気象衛星や定点観測値から詳細に広報され

るようになり，台風対策は万全を期することが可能となった．恒久対策は従来と同様であるが，応急対策はきわめて効率的に実施できるようになった．

　果樹園における風水害対策は，防風林や防潮林の設置，土壌侵食防止のための草生栽培や敷わらの実施などがあり，また，排水設備の補強，樹体の支柱補強と防風ネットの被覆，場合によっては襲来直前に果実収穫を行うなどによりある程度被害回避が可能である．

　現在，台風の進路を人為的に変えることは無理であり，進路予報を十分に理解し有効な被害軽減を図ることが重要である．なお，台風害の回避には限度があり，災害保険の活用なども考えるべきである．

g．干　　害

　無降雨日数が長く続き，土壌中の有効水分が著しく減少した場合，樹体内の水分欠乏により干害が発生する．干害がとくに目立つのは蒸発散が盛んである夏季高温時であり，冬季の干害はあまり目立たない．

　果樹は普通作物などに比べ深根性であり，根群域内の有効水分量は多く，干害を受ける例は少ない．しかし，西日本を中心に広がる鉱質土や砂質土では保水力に乏しく，また，傾斜地園地では土層が浅く保水量が少なく，干害を受けやすい．土壌水分張力が pF 3.0 以上に乾燥し，体内水力張力が $-15\,\mathrm{bar}$ 以上に高まる水分欠乏で光合成の低下，呼吸の増大，果実肥大の抑制や落果，落葉など干害が著しくなる．

8.3　生育の予測

　果樹栽培において，各種の生育現象の予測に関する要望や需要はきわめて大きい．たとえば，春先から数えてみてそのおもなものに，休眠覚醒期，開花期，展葉期，果実肥大の推移，病虫害の発生，着色や果実品質，収穫量，貯蔵適性など予測を要する事項が数多くある．さらに，災害時などにおける樹体の損傷程度や収量，品質低下の予測なども必須なものである．

　ここでは，予測に関し要望の高い開花期，果実肥大，収穫期および病虫害発生予測についてその概要を紹介する．

（1）　開花期の予測

　開花期の予測法には，気象要因そのもの（気温，降水量，日照時数など）を利用するものや生物季節（当該樹種より早く開花するウメ，サンシュユ，タンポポ，サクラなどの開花期）を利用する方法などがある．

　気象要因のなかで開花に対し影響が最も大きいのは気温であり，気温の積算値や特定期間における平均気温などから開花期を予測する方法がとられる．切り枝を用いた実験から得た"開花-温度曲線"は図8.2のようであり，両者間に密接な関連がみられ，温度の変化から開花を予測することの妥当性がうかがわれる．

　開花日の予測式は各樹種について，今日まで数多く提示されており，その基本式は

8.3 生育の予測

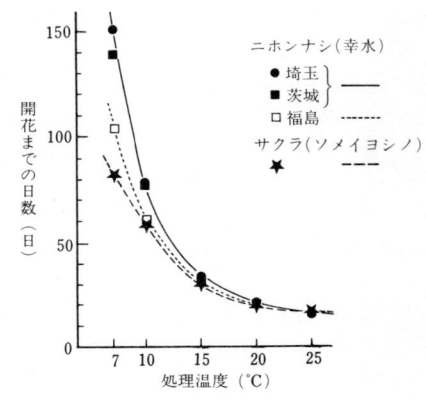

図8.2 開花-温度曲線

次のようなものである．

$$y = ax + b \tag{1}$$

ここで，y は起算日からの日数（日），b は定数，a は係数，x は特定期間の気温（℃）．

しかし，この式で問題になるのは次のような事項である．すなわち，図8.2からもわかるように開花に対する温度の効果は直線的でないこと，起算日を毎年一定にしているが，実際は起算日は年によって変化する可能性が大きいことなどである．

これらの問題を解決するために，最近いくつかの合理的な予測法が提示されている．その一つが温度変換日数法であり，他の一つがノンパラメトリック法である．

温度変換日数法の原理は，次のようなことによっている．すなわち，温度と生育速度の関係はアレニウスの法則に従うとした上で，生物の生育は温度変換日数を積算した生体時計で進行するというものである．生育過程における温度の感受性や生理的転

表8.7 ウメ満開日の観測日と計算日の誤差（村岡ら，1989）

年次	単回帰			重回帰			温度変換日数		
	白加賀	花香実	甲州最小	白加賀	花香実	甲州最小	白加賀	花香実	甲州最小
1975	1.1	5.2	6.4	2.7	5.2	6.4			
1976	0.4	2.6	5.4	−1.1	0.7	1.9	0.9	−1.6	−3.9
1977	−10.2	−7.5	−6.8	−6.7	−4.2	−2.6	3.2	−5.0	−2.1
1978	4.0	6.0	5.4	−2.5	1.4	0.0	−2.0	−2.9	−3.9
1979	−0.8	−3.3	−1.0	−1.6	−5.1	−3.8	1.9	6.1	2.3
1980	3.2	−1.7	−3.4	2.4	−1.7	2.3	1.5	2.6	1.3
1981	−6.9	−7.8	−9.6	−7.3	−7.6	−9.4	2.3	2.7	8.4
1982	−7.3	−2.8	−3.7	−3.2	−2.3	2.6	0.4	−1.1	1.5
1983	4.7	2.0	2.2	2.3	2.0	2.9	0.9	2.6	2.2
1984	6.1	4.1	5.8	5.0	1.6	2.6	2.0	−0.1	0.2
1985	6.9	10.9	8.8	9.3	12.2	9.8	1.1	−0.4	0.0
1986	1.9	−2.1	−1.9	0.4	−3.5	−4.2	−1.7	1.0	1.3
1987	−3.3	−5.6	−8.0	0.5	−2.2	−3.2	0.5	−0.8	3.7

表中の数字の単位は日で示し，+の場合は観測日より予測日が遅いことを示し，−の場合は早いことを示す．

換温度は,計算上で感温特性値あるいは温度係数として示され,従来の積算温度法よりも精度の高い予測が可能である.

ウメの満開日について,従来から使用されていた単回帰および重回帰式による予測と,温度変換日数法による計算日と実際の観測日との誤差を示したのが,表8.7である.13年間の計算例のうち,ほんの2,3例を除き,いずれも温度変換日数法の誤差が小さいことがわかる.

ノンパラメトリック法による開花予測では,起算日を0,開花期を1とする生育ステージ(DVI)のスケールで,日々の発育速度(DVR)を積算し予測することができる.これらは次式により与えられる.

$$DVI = \sum DVR(t_i) \quad (2)$$

ここで,t_iは日平均気温など.

(2) 果実肥大の予測

果実肥大の予測は,摘果や着果量の決定,収量予測などの上できわめて重要なものである.果実肥大の経過はその多くがロジスチック曲線をたどり,生育のなかでいくつかの生理的転換温度が存在すること,日射量や土壌水分の影響も大きいこと,着果量や葉果比の問題,土壌肥沃度や同化産物の分配の問題など数多くの要因が関与する.

従来から,果実肥大の予測に関していくつかの式が提案されており,その基本式は(1)式にみられるような回帰式が多かった.たとえば,表8.8に示すようなものであり,ある時期の果実横径から収穫期の果重を予測するといったものである.長期にわたる調査結果から集約されたこれらの予測式は,ある程度高い精度(誤差1.3%前後)で予測できるとしている.しかし,さらに精度向上をねらって果実肥大に関連の深い特定期間の気温などを計算に加味することが試みられている.

表8.8 幸水の果実肥大予測式(金子,1989)

x	y	予測式
60日の横径	100日の横径	$y = 3.061 + 1.898x$
〃	収穫時の横径	$y = 62.175 + 0.716x$
100日の横径	〃	$y = 59.592 + 0.398x$
60日の横径	収穫時の果重	$y = 50.36 + 7.72x$
100日の横径	〃	$y = 66.91 + 3.62x$

最近,開花期の予測と同じように温度や日長などの気象要因の影響評価から,ノンパラメトリック法(ノンパラ法)や温度変換日数法(DTS法)などが提案された.ノンパラ法では気温(t)と発育速度(DVR)との関係(DVR-t曲線)からその特性がわかり,(2)式によって生育ステージ(DVS)を予知することができる.またDTS法では,果実肥大は標準温度における経過日数を変数にもつロジスチック曲線に従って起こるものとし,現実の生育日数の標準温度における日数への変換には温度変換日数法を用いている.

8.3 生育の予測

表8.9 DTS法によるリンゴ果実肥大の予測重量と観測重量との違い（ふじ）（小野ら，1989）

調査日	1973	1974	1975	1976	1977	1978	1979	1980	1981	1982	1983	1984	1985	1986
6/ 1	0.7	−3.3	−3.3	−2.6	−5.0	−4.6	−7.7	−3.9	−6.2	−6.9	−2.0	−3.6	−4.8	−4.4
6/15	0.1	0.8	2.2	2.3	−2.0	−1.9	−6.4	−1.2	−4.0	−8.0	−0.7	−2.0	−5.6	−2.5
7/ 1	14.2	7.3	−4.4	8.3	−1.1	3.4	−4.6	4.3	1.7	−16.4	2.3	6.4	1.3	3.7
7/15	14.1	19.5	12.8	17.1	−1.4	3.7	5.8	18.5	−7.8	−19.6	−2.7	25.8	15.5	0.0
8/ 1	−20.2	13.0	25.0	4.1	−0.6	12.8	−8.2	16.6	−4.5	−23.5	−2.8	28.1	−0.5	7.3
8/15	−15.5	12.5	−0.4	6.2	8.9	−3.1	−8.6	15.0	−9.9	−34.7	−6.2	30.2	5.8	−4.7
9/ 1	1.7	6.7	26.6	−2.2	0.3	16.5	1.7		2.5	−20.9	−32.8	−14.3	23.4	1.7	−2.8
9/15	−19.2	−9.8	−2.8	−13.8	−1.5	−18.0	−15.3		15.6	−18.5	−26.4	−0.7	13.9	2.3	−8.2
10/ 1	−9.3	−5.9	7.9	−20.1	−2.6	−28.1	−13.6	−0.2	−22.3	−23.8	−3.1	−8.0	−9.0	−9.8
10/15	2.5	7.3	7.9	0.2	14.0	5.5	6.3	−1.5	−17.8	1.4	10.1	9.7	11.3	11.2
11/ 1	—	—	—	—	—	6.9	6.8	9.9	−3.3	7.8	7.7	—	—	—

リンゴ（ふじ）の果実肥大の予測重量と観測重量との差について示したのが，表8.9である．10月中旬の1果重が290g前後であり，予測と観測重量との差が最小で0.2g，最大で17.8gであり，最大誤差は6％程度である．

（3） 収穫期および収量予測

収穫期および収量の予測は，その要望がきわめて高く最も関心の集まるところである．まず，収穫期の予測については満開日後の経過日数や，ある特定期間における気温や降水量，果実横径などの値を用い，（1）式や多元一次式から求める例が多い．一例としてカキの富有の収穫始めは（3）式により，ニホンナシの幸水のそれは（4）式によって求められる．

$$y_1 = 0.030\, x_1 - 37.64 \tag{3}$$

ここで，y_1は10月1日を起算日にした収穫予測日，x_1はほう芽期から9月30日までの平均気温10℃以上の積算温度（℃）．

$$y_2 = 154.2 - 0.504\, x_2 - 1.32\, x_3 \tag{4}$$

ここで，y_2は満開日を起算日にした収穫予測日，x_2は4月1日を起算日にした満開日，x_3は5月から7月の平均気温（℃）．

開花期から収穫期までの日数は，品種によってほぼ一定しており，平常年であれば開花期の遅速に応じ収穫期は容易に予測できる．

たとえば，温州ミカンの収量予測に関し，樹体の生理・生態調査や気象条件などを説明変数としていくつかの予測式が提案されている．予測時期は開花期，生理的落果期前後，摘果後など各時期に試みられ，それぞれに収量予測式が異なる．収量と相関係数の高い項目は，着果数や有葉花数であり，静岡県興津での調査例では枝収量（y）と有葉花数（x）との相関が0.908，予測式は次式で示され，9月上旬において95％以上の精度で予測できることが確かめられている．

$$y = 33.29\, x + 692.59 \tag{5}$$

なお，収穫期に関連し果実糖度（リンゴ）や着色度（カキ）などの予測も試みられている．

（4） 病虫害発生予察

病害の発生予測（察）は病原体，寄主，環境の関連から実験的あるいは統計的な方法などで行われる．病原菌観察からの予察では，越冬菌量，胞子形成や胞子の分散と飛散などから病害発生が予察される．また，環境要因としては気温や日照，降雨などが発病に対し大きく関与する．たとえば，ミカンのそうか病に対して，次式のような予察式が提示されている．

$$y = 23.499 + 1.104\,x \tag{6}$$

ここで，y は発病量，x は降水量(降雨日数 13 日に達した半旬と次の半旬との合計)×日数÷日照時間．

さらに，寄主側の条件によって病害発生が異なり，寄主の耐病性や初期発病の差などが観察される．

害虫発生予察も国の事業として 1960 年から実施されており，的確な予察と適期防除に大きな成果をあげている．発生予察手法の多くは，春先の気温などを利用し，（1）式にみるような関係式から第 1 世代 1 齢幼虫発生日や第 1 回羽化期，越冬卵ふ化初発日などが推定される．たとえば，青森県におけるモモシンクイガの第 1 回成虫初発日は次式のようである．

$$y = 3.833 - 1.224\,(x - 22.058) \tag{7}$$

ここで，y は 5 月 31 日を起算日とした第 1 回成虫初発日までの日数，x は 4 月中旬と下旬の 9 時気温の合計を示す．　　　　　　　　　　　　　　　　［鴨田福也］

文　献

1) 羽生寿郎，中川行夫，他 (1983)，農業気象学，119-199，文永堂．
2) 鴨田福也 (1987)，地域農業資源の作物生態学的評価と利用(第 1 回)，64-75，農水省農研センター・農環研．
3) 北島　博 (1984)，果樹園芸大事典（佐藤公一編），269-271，養賢堂．
4) 小林　章 (1976)，果樹園芸大要，養賢堂．
5) 小中原実 (1988)，カンキツの気象災害，農文協．
6) 松井弘之 (1989)，果樹の物質生産と収量（平野　暁，菊池卓郎編），25-74，農文協．
7) 奥代重敬 (1984)，果樹園芸大事典（佐藤公一編），271-274，養賢堂．
8) 小野祐幸 (1989)，落葉果樹における予測技術の現状，19-26，農林水産省果樹試験場．
9) 高橋幸吉 (1988)，植物保護ハイビジョン―1988（第 3 回報農会シンポジュウム），報農会．

9. 施設栽培

9.1 施設栽培の現状

　果樹の施設栽培は，ガラス温室ブドウの例をみるように100年以上の歴史をもっている．しかし，この例はきわめて特殊なものであり，露地では栽培困難なマスカット・オブ・アレキサンドリアという品種を対象にし，良質高級なブドウ生産を意図したものであった．

　一方，1953年頃から農業用ビニルフィルムをはじめとし，各種のプラスチックフィルムが農業生産現場に利用されるようになり，園芸作物を中心に施設栽培（被覆栽培）が一大発展を遂げた．

　施設栽培の発展は野菜を主体に大きく伸展し，果樹部門での施設栽培はこれよりかなり遅れた形で発展する経緯をたどった．果樹の施設栽培の進展は，図9.1にみるように，ここ10年来顕著なものがあり，野菜や花に比べ面積の伸びが著しい．

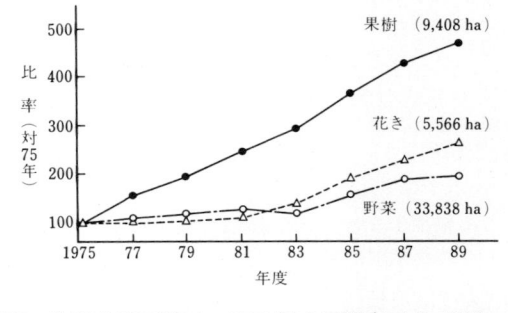

図9.1　園芸用ガラス室・ハウスの設置面積の推移（農林水産省食品流通局資料，1989年6月現在）

　果樹の施設栽培面積は，1989年6月現在で9,408haに達しており，樹種別にみた内訳は表9.1のとおりである．施設面積で最も大きいのはブドウの6,403haで，施設栽培面積の約3/4がブドウであることを示している．ついで，カンキツ類の1,691ha，オウトウ757ha，ニホンナシ118haなどとなっている．なお，果樹の施設栽培面積が一般露地を含めての結果樹総面積に占める割合は約3％程度であり，施設面積の割合は決して大きいものではない．

　府県別にみた施設面積分布は図9.2のようであり，全国すべての都道府県で実施さ

表9.1 樹種別施設栽培面積および結果樹面積との比（農林水産省，1990）

樹　種	施設面積 (ha)	施設面積総計 に対する比(%)	結果樹面積 に対する比(%)
ブドウ	6,403	68.1	26.0
ミカン	1,056	11.2	1.3
中晩柑	635	6.7	1.6
オウトウ	757	8.0	31.3
ナ　シ	118	1.3	0.6
ビ　ワ	91	1.0	3.8
イチジク	52	0.6	23.2
モ　モ	71	0.8	0.6
スモモ	15	0.2	0
カ　キ	17	0.2	0
リンゴ	2	0.0	0
その他	191	2.0	—
総　計	9,408	100.0	2.9

1) 1988年7月〜1989年6月の実績を示す．
2) 施設面積にはガラス室，ハウス，雨よけ施設を含む．
3) その他の果樹は，表記以外の樹種を示す．

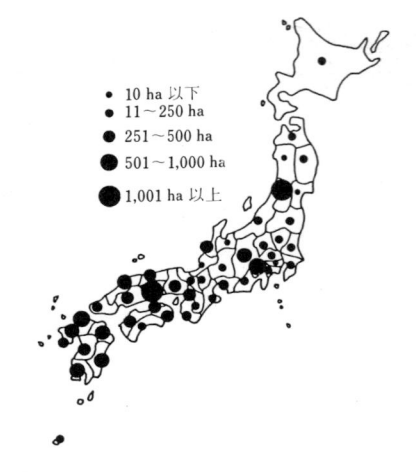

図9.2 果樹施設栽培面積の都府県別分布図（1989年6月現在）

れている．なかでも，面積の多いのは山形と岡山両県のそれぞれ1,000 ha以上で東西の雄であり，ついで，山梨，島根，大分，福岡，佐賀，宮崎の各県で，概して西高東低の傾向がみられる．

　現在，どのような樹種が施設栽培として取り上げられているかを，栽培面積の大小を問わず整理すると，落葉果樹ではブドウ，ニホンナシ，イチジクなど12種類，常緑果樹でミカン，ネーブルオレンジ，ビワなど23種類，合計35種類に及んでいる．施設栽培対象樹種のうち，ブドウは47都道府県すべてで取り上げられており，ついで，ニホンナシ24県，イチジク20県，ミカンおよびモモが19県，カキ13県，ネーブルオレンジ12県などである．なお，ネクタリン，スダチ，カボス，マンゴーなどは特定な県で対象樹種となっている．

　施設栽培対象樹種を各府県ごとに整理すると，それぞれに大きな特徴がみられる．最も数多くの樹種を取り上げているのが和歌山県であり，ブドウ，ニホンナシ，オウトウ，ミカンなど18種類に及び，ついで，佐賀県17種類，愛媛県15種類，熊本県13種類などである．一方，ブドウ1種類だけの都県は東京，富山，福井，滋賀などである．

　施設栽培対象樹種の代表的な品種は，表9.2のようである．これら各品種に共通にみられる特性としては，早生種であること，施設栽培によって品質向上が期待できること，販売単価が高いこと，早期出荷によって有利販売が期待できることなどをあげることができる．

　施設栽培を行うことにより，従来の露地栽培をも含め収穫期が大幅に拡大した．そ

表9.2 施設栽培果樹の代表的な品種

樹　種　名		品　種　名
落葉果樹	ブドウ	マスカット・オブ・アレキサンドリア，巨峰，デラウェア，ベーリーA，ネオ・マスカット，ピオーネ
	カキ	西村早生，刀根早生，前川次郎，伊豆，平核無
	リンゴ	つがる，ラリタン
	オウトウ	佐藤錦，高砂，ナポレオン
	ニホンナシ	新水，幸水，長寿，二十世紀
	モモ	武井白鳳，八幡白鳳，東早生，布目早生，砂子早生
	イチジク	桝井ドーフィン
	スモモ	大石早生，サンタローザ，ソルダム，メスレー
	アンズ	信州大実，平和
常緑果樹	温州ミカン	興津早生，宮川早生，宮本早生
	ビワ	茂木，長崎早生，森尾早生
	レモン	リスボン
	中晩柑類	アンコール，マーコット，セミノール，イヨ，清見，ネーブルオレンジ，ノバ，カラ，ハッサク，日向夏，サンズ，タンカン
	その他カンキツ	スダチ，カボス，ユズ
	マンゴー	アーウィン

の典型的な例をブドウのデラウェアにみることができ，極早期の加温栽培では4月収穫も容易であり，ついで，普通加温や無加温，雨よけ栽培など次々に収穫が可能であり，露地栽培の8月収穫まで5カ月間の収穫を可能にした．現在，樹種ごとに数多くの作型が開発されており，その作型設定に当たっては施設内の環境調節と樹体の生育反応，施設栽培の収益性などを十分考慮し実施する必要がある．

なお，樹種ごとの作型や経済性などについては各論において述べられるので，ここでは，施設栽培の現状からみた問題点と取り組むべき課題について指摘しておきたい．第一点は生産費の低減であり，資材費および暖房費の節減，栽培法の改善や管理作業の省力化や自動化があげられる．第二点は，良質・安定生産であり，樹体の適正管理や好適環境の作出，生理障害や樹勢衰弱の防止などが解決課題として指摘できる．さらに，第三点として，経営・販売体制の強化であり，それには経営規模の適正化や施設栽培の団地化と集中化，さらに販売体制の拡充と強化が求められる．

果樹施設栽培の今後の発展を図る上で，上記の問題は避けて通れないものであり，よりいっそうの努力改善がのぞまれるところであろう．

9.2　環境制御と樹体の反応

果樹の施設栽培における環境制御のうち，その主要なものは被覆による光環境の変化，暖冷房などによる温度制御，かん排水による水分制御，換気による温湿度や空気流動，CO_2濃度などの制御などがあげられる．

表9.3は，農林水産省野菜振興課の調査資料から求めた果樹用ガラス室・ハウスの

表9.3 果樹用ガラス室・ハウスの環境制御装置の設置面積とその割合（1990年9月）

装　　　　置	総面積(ha) 9,408	割合(%) 100.0
加　温	2,526	26.8 (33.3)
自動かん水	1,723	18.3 (33.2)
CO_2施用	3	0.0 (2.1)
1層カーテン	1,606	17.1 (35.6)
多層カーテン	820	8.7 (12.9)
換気扇	1,495	15.9 (13.1)

1) 農林水産省野菜振興課「園芸用ガラス室，ハウス等の設置状況」（1990年9月）の資料から算出．
2) （　）内数値は野菜施設における設置率．

環境制御装置の設置面積とその割合を示したものである．これによると，加温装置の設置面積は 2,526 ha であり，施設総面積の 26.8％に相当する．ついで，自動かん水装置 1,723 ha (18.3％)，1層カーテン 1,606 ha (17.1％)，換気装置 1,495 ha (15.9％)などとなっている．この表では，果樹施設栽培においては環境制御装置の設置割合がかなり低いようにみうけられるが，これは施設面積に雨よけやトンネル被覆を含めているためである．

（1） 温度制御

温度管理のなかで最も重要視されるのは，施設内の気温制御であり，暖房機による加温や換気による異常昇温防止，細霧を利用した冷房，カーテン利用による保温などが実際に行われている温度制御の方法である．なお，地温調節についてはその重要性が認識されているものの，マルチなどによる調節以外に例はみられない．

果樹の施設栽培における温度制御と樹体反応のうち，その主要なものは休眠覚醒のための低温要求量，開花促進および結実向上のための温度制御，成熟促進や着色，品質向上のための温度制御などである．

まず，休眠覚醒のための低温要求量に関して，わが国の従来の露地栽培で問題になることはほとんどなかった．つまり，秋冬期に十分な低温に遭遇し自発休眠が完全にあけた後に，春の発芽，開花を迎えるからであった．しかし，加温栽培がより前進するにつれ，加温開始時と休眠覚醒の早晩とが大きな問題になってきた．休眠覚醒が不十分な場合には，加温開始時から発芽，開花期までに多くの時間を要したり，生育不良をきたすなどの障害がみられる．

樹種別の休眠覚醒に関する研究例は，米国などを中心に数多いが，わが国での休眠覚醒に有効な温度域や低温遭遇時間などについての研究は少ない．表9.4 は著者らが切り枝を使って測定した例であり，樹種によって有効温度域や自発休眠覚醒に必要な低温遭遇時間数に差がみられる．休眠覚醒に有効な低温域は，3〜10℃の範囲にあり，低温遭遇時間数はブドウが最も少なく 200 時間，クリ 400 時間，ナシやオウトウが 1,000 時間程度である．これらの結果をもとに，一部の果樹では鉢植えの木を用い低温

9.2 環境制御と樹体の反応

表9.4 休眠覚醒に対する低温域と低温要求量

樹　種	遭遇温度（℃）			遭遇時間（時間）		
	A	B	C	A	B	C
モ　モ	5〜9	3, 10<	20<	250<		
ブドウ	3〜8	9〜15	20<	700<	150〜350	
ナ　シ	5〜12	3, 13<		1,000<	400〜700	
オウトウ	3〜12	15	20<	1,500<	600	400>
カ　キ	3〜8		10<	700<		350>
ク　リ	10〜15	3〜10	20<	400<		200>

A：良好な発芽がみられる，B：発芽に長時間を要する，C：不発芽となる．

表9.5 樹種別の温度管理概要

樹　種	作　型	平均夜温（℃）	平均昼温（℃）
ブドウ	無加温	7〜15	22〜29
	加温	11〜18	23〜28
ミカン	加温	17〜21	25〜30
中晩柑類	無加温	9〜14	26〜32
	加温	11〜14	26〜32
ナ　シ	無加温	外気温	20〜30
	加温	10〜15	21〜28
リンゴ	無加温	自　然	20〜28
イチジク	無加温	保　温	23〜30
	加温	12〜13	27〜28
カ　キ	加温	5〜15	25〜28
モ　モ	加温	3〜14	19〜27
スモモ	無加温	保　温	20〜30
	加温	3〜12	20〜25

処理（山上げや冷蔵庫を用いる）による休眠覚醒の早期完了を図り，施設栽培の前進化が行われている．

フィルム被覆以後，開花および果実肥大促進を図る温度管理は最も重要なものであり，温度設定の基本的な考え方は，それぞれの品種が露地栽培で遭遇する温度経過に類似したものとし，それにそった温度制御が行われる．

樹種別の温度管理概要は表9.5のようであり，樹種や作型によって異なる．日中の温度は，多くの樹種で30℃以下に制御され，中晩柑類の一部で32〜34℃に制御する例もみられる．果実の着色に対する温度の影響は大きく，カキやミカンではより低温にすることにより着色促進が図られる．生育時の夜温については，ミカンは17〜21℃といった高夜温に保持され，一方，モモやスモモは3〜14℃と比較的低い夜温に経過させることが多い．

（2） 水 分 制 御

施設栽培では被覆により自然降雨がしゃ断されることから，水分補給はかん水や地下多水分域からの移動水に依存することになる．施設内環境制御のうち，水分制御は

表 9.6 樹種別の生育時期別好適土壌水分範囲（pF）

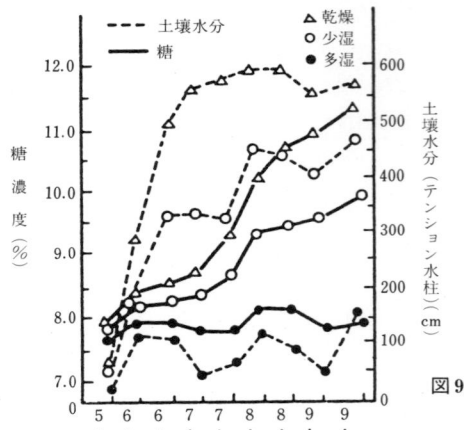

樹種名	生育初期	果実肥大期	成熟期	樹種名	生育初期	果実肥大期	成熟期
ブドウ	2.2～2.5	2.2～2.7	3.0以上	オウトウ	2.1～2.6	2.2～2.6	2.7以上
ナシ	2.2～2.7	2.2～2.6	2.8以上	イチジク	2.0～2.5	2.0～2.5	2.7以上
カキ	2.0～2.5	2.2～2.7	3.0以上	ミカン	2.3～2.5	2.2～2.7	3.0以上
モモ	2.3～2.5	2.3～2.7	2.8以上	ビワ	2.2～2.5	2.2～2.7	2.7以上

図 9.3 土壌水分と果汁の可溶性固形物濃度の推移（川野，1984）

温度とならび最も重要なものであり，生育時期別にそれぞれ特徴ある制御が行われる．その概要は表9.6のとおりであり，生育初期はpF2.0～2.5，果実肥大期はpF2.0～2.7に乾燥した時点でかん水を行い，成熟期には各樹種ともpF2.7以上に乾かし糖度上昇を図る例が多い．

かん水方法には各種のものがあり，スプリンクラーやドリップ，ホースかん水などが行われる．かん水開始は上に述べたような乾燥状態になった時点で行う一方，湛水を避ける上で十分な排水対策が行われることが重要である．

ハウスミカンにおける土壌水分と糖度との関係をみた一例が図9.3である．これによると，土壌水分をより乾燥気味にした方が糖度が高まることを示しており，土壌水分制御の重要性がうかがわれる．

（3） 光 制 御

施設内の光量は外に比べ少なく，新しいフィルムを張った直後で90％（対外比）前後，その後，時間の経過とともにフィルムの変質や汚れなどにより光透過率は低下する．施設栽培における光制御のうち，しゃ光は容易であるが光を増やすことは難しく，実用的には，反射マルチの利用や施設の北壁面に反射資材を張るなどの方法がとられるにすぎない．しかし，最近，収穫期間際などごく重要な時期に人工光を照射し，着

色や増糖効果を期待するなどの研究が始められた．

　光環境と果樹の生育反応との関連で重要なことは，樹種ごとの光合成特性である．すなわち，樹種ごとの光合成の光飽和点や光補償点の値であり，これの大小により光制御（被覆資材の選択，反射資材の利用，整枝・せん定法など）の方法が異なる．

　各種落葉果樹の光合成特性（生育盛期の切り枝を用い，赤外線ガス分析計による同化箱法で測定した値）についてみると，光補償点は 300～400 lx であり，光飽和点が低いのは施設栽培の巨峰（ブドウ）や幸水（ナシ），露地栽培では富有（カキ），白鳳・白桃（モモ），佐藤錦（オウトウ）などで 40 klx 前後であった．一方，高いのはヘイワード，モンティ（キウイフルーツ）や平核無（カキ）などで 60 klx を示し，その他，デラウェア（ブドウ），豊水（ナシ），バートレット（セイヨウナシ）などは 48～50 klx であった．

　反射マルチの利用により樹冠下の光環境改善に役立ち，モモやオウトウなどの着色向上が期待できる．

（4）　CO_2 制　御

　CO_2 増与により光合成の増加を図り，収量増や品質向上，樹勢維持などに期待できるが，実用化されている例は少なく，ミカンなどごく一部の果樹にみる程度である．CO_2 施用は白灯油や LP ガスの燃焼排ガスを利用するものや，CO_2 ガスそのものを施用する例などがある．施用濃度は 1,000～2,000 ppm が適当であり，施用時間は日の出後から換気するまでとする．

　なお，CO_2 濃度に対する光合成反応は樹種によって異なり，その例は表 9.7 のとおりである．CO_2 濃度増加に伴って光合成が大きく増加するのは，ミカン，ビワ，リンゴなどであり，あまり増加しないのはナシで，その他，ブドウ，モモ，カキなどでは光合成の増加が期待できる．これらのことから，CO_2 施用に当たっては樹種の選択が重要であり，施用方法や時期などに関しさらに詳しい研究がのぞまれる．

（5）　そ　の　他

　環境制御と樹体反応の総合評価として，図 9.4 のようなことがみられる．収量は露地に比べ多く，一方，糖度は露地に比べ高い場合や低い場合などまちまちである．樹種によっても大きく異なり，温州ミカンは収量品質ともに優れる例が多く，一方，ニホンナシ（幸水）は収量増加はなく糖度向上も少なく，樹勢にも問題がある．今後，好適環境作出と合わせ施設栽培向きの品種選択やその育成，導入が肝要である．

9.3　施設の種類と構造

　施設の種類にはガラス室，鉄骨ハウス，パイプハウス，パイプや FRP などを利用したトンネル，各種の雨よけ施設などがある．これらの施設の多くは，すでに結実している成木を対象に設置されることから，野菜や花きの施設に比べかなり異なる点があ

9. 施設栽培

表9.7 樹種別の CO_2 濃度処理による光合成速度 (単位:$mgCO_2/dm^2$・時)

樹　種 (品種)	CO_2濃度	照　　　度 (klx)						
		50	40	30	20	10	5	1
リンゴ (ふじ)	370ppm	24	23	22	21	15	8	0
	656	42	45	42	32	20	8	0
	1,044	53	51	43	36	23	16	5
	(比)	2.2	2.2	2.0	1.7	1.5	—	—
ブドウ (巨峰)	376	11	11	11	11	10	8	1
	652	17	17	17	16	13	9	2
	1,059	22	22	22	20	16	12	3
	(比)	2.0	2.0	2.0	1.8	1.6	—	—
モモ (白鳳)	350	20	19	18	18	12	6	0
	599	27	26	26	23	14	9	1
	1,034	37	35	33	28	18	8	1
	(比)	1.9	1.8	1.8	1.6	1.2	—	—
カキ (西村早生)	356	21	19	19	17	14	7	1
	622	25	23	20	17	14	7	1
	1,027	40	38	34	27	17	10	3
	(比)	1.9	2.0	1.8	1.6	1.2	—	—
ニホンナシ (幸水)	422	26	24	24	23	17	7	1
	754	37	35	33	30	20	12	1
	1,000	36	35	33	30	20	13	1
	(比)	1.4	1.5	1.4	1.3	1.2	—	—
温州ミカン (青島)	337	10	10	9	9	5	2	1
	678	15	14	13	10	7	5	2
	996	27	25	24	19	12	7	3
	(比)	2.7	2.5	2.7	2.4	2.4	—	—
ビワ (田中)	362	10	9	8	7	5	2	1
	635	15	14	14	12	11	7	2
	1,059	20	19	17	17	13	10	2
	(比)	2.0	2.1	2.1	2.4	2.6	—	—

1) 比の値は，通常大気濃度下の光合成速度に対する1,000ppm前後濃度下の光合成を示す．
2) 温度15〜20℃，通気量10l/分．葉面積1〜1.5dm^2の切断葉を用い，赤外線ガス分析計で測定．

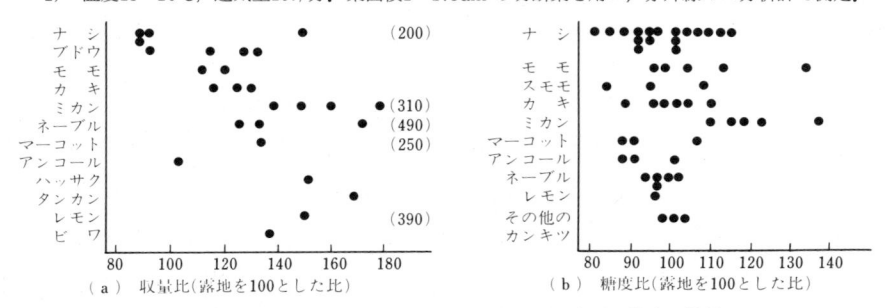

図9.4 樹種別にみた施設および露地栽培の収量と糖度の比較
●印は測定事例1点を示す．(a)図の( )内の数値は最大の比を示す．

る．相違点のおもなものは，棟高が高いこと（オウトウやカキなど樹高の高い樹種），傾斜ハウスやひな段式のハウスがあること（傾斜地に栽培されるブドウや階段畑に栽培されるミカンなどにみられる），不整形なハウスがあること(結果樹既成園を対象に被覆することから園地に合わせたハウスとなり，不整形になることが多い）などである．

施設構造については，鉄骨や軽量鉄骨，パイプなどを主材とした骨組みであり，野菜や花きの施設と同様である．ブドウやナシなどの棚栽培の果樹では，棚上の簡易被覆にFRPや針金などを利用した骨組みで被覆する例やオウトウの雨よけ栽培にみるような可動式の施設構造を有するものもある．さらに，鳥や蛾，ひょう，風などの被害軽減のため園地全体をネットで被覆する栽培方式も多く，全国で3,700 haに達している．

被覆資材にはビニルやポリエチレンなどが多く，一部に酢ビフィルムの使用もみられる．硬質ビニルフィルムやFRP，FRAなどの被覆材は少ない． ［**鴨田福也**］

文　献

1) 広瀬和栄 (1984)，カンキツ類ハウス栽培の新技術（広瀬和栄編），誠文堂新光社．
2) 板木利隆 (1983)，施設園芸，誠文堂新光社．
3) 鴨田福也 (1985)，果樹の施設栽培（谷口哲微編），12-32，家の光協会．
4) 鴨田福也 (1987)，新訂施設園芸ハンドブック，382-387，日本施設園芸協会．

10. 土壌，栄養生理および水分生理

10.1 果樹生産と土壌

（1） 土壌の種類と果樹生産

　果樹の生育や生産性に影響を及ぼす園地土壌の諸特性は，土壌の種類により基本的に特徴づけられる面がある．

　褐色森林土は，山麓地や丘陵地の斜面，台地上の波状地などの排水の良好なところに多く，暗褐色の表層とその下の黄褐色の土層からなり，一般的に腐植含量は少なく表土は浅い．母材は各種の岩石で，塩基が流亡し酸性化していることも多い．落葉果樹を中心に多くの樹種が栽培されているが，有効土層の確保，有機物の施用および侵食防止が重要である．

　黒ボク土は，一般に火山灰土壌とよばれ，火山灰，火山礫のような火山放出物の堆積によりできた土壌で，火山山麓，台地，および沖積地の一部などに広く分布し，風積のものが多い．一般に腐植含量が高く，比重が小さく，孔げき率が大きく，保水力が大きく，透水性がよいなど物理性が優れている．土壌水分保持力が高いため，根の養分吸収が盛んであるが，春先の地温上昇が遅いため初期生育が遅れたり，果実収量は高いが，着色や成熟の遅れ，糖度低下により品質的に劣る傾向がある．また降雨による塩基類の流亡が著しいため，塩基飽和度が小さく酸性になりやすく，MgやB欠乏症が発生しやすい．また含有粘土鉱物がアロフェンを主体とするため，リン酸固定力が強いなど，化学性に問題が多い．また下層にち密なローム層があったり，シラス，ボラ，浮石土などの層があり，夏期に乾燥害にあいやすい園もある．リンゴ，ニホンナシ，クリなどやカンキツ類が栽培されている．

　黄色土は，東海地方の台地，瀬戸内海沿岸や山陰の低山地域，北九州などに分布し，温州ミカンなどのカンキツやモモ，ブドウなどが栽培されている．腐植含量が小さく陽イオン交換容量が小さいため保肥力が小さい．塩基およびリン酸に欠乏し，養分的にはやせており，ち密な堆積形態で通気性や透水性に乏しく，乾燥状態では固結しやすい．したがって乾燥期には下層からの水分供給は少なく，多雨期には停滞水が生ずるなど，過湿や過乾のおそれが大きい．

　赤色土は，おもに台地および丘陵地の 200 m 以下の地帯で排水良好な部分に少しずつ分布している．腐植の少ない表層土の下に，赤色で塊状構造の層が続き，強酸性の

ものが多い．カンキツが多く，ビワなども栽培される．

　褐色低地土は，沖積低地のうち自然堤防のような排水良好なところに分布する．多くが黄褐色を呈しており，関東以北中心に全国に分布する．モモやナシ，リンゴなどが栽培される．

（2）　果樹栽培下の土壌の変動

　果樹は同一場所で長期にわたり栽培され，その間生育ステージに応じた管理が維持・反復されるため，土壌の諸特性は経年的に変動することが多い．

　物理的には，スピードスプレーヤー（SS）やトラクターなどの重量作業機の走行や管理作業者の踏圧による土壌の圧密化があげられる．年10数回に及ぶ薬剤散布の反復や収穫などは，とくに樹冠外周や樹列間の作業機の走行路や回転部を著しくち密化する．

　圧密化は大きな孔げきの破壊から始まるが，その程度は土壌水分状態や土性，腐植含量などにより異なり，塑性限界以上の多水分状態，とくにほ場容水量（pF 1.5～1.8）付近の水分状態では圧縮が激しい．また腐植含量が多いほど圧縮されにくく，赤黄色土に対し，黒ボク土では圧縮されにくい．さらに礫質や砂質土も圧縮されにくい．

　地表近くの土層は腐植が多く，草などの植生があると，圧密化は軽度であり，また機械的撹はんにより圧密層が破壊される機会が多いが，その下の層は圧縮が累積されるため，地表から深さ5～15 cm層近辺の土層の圧密化が進行する．

　また，清耕管理下や中耕の反復は，雨滴の衝撃や有機物の分解により土壌を単粒化し，粘質土では表面にクラストとよぶ薄膜を形成し，透水性や通気性を劣化させ，地表流去水を増加させる．

　果樹根の伸長は，土壌硬度（山中式硬度計）が25 mmを超えると困難になる．圧密化や単粒化による表層土壌の固相率の増大や気相率の減少は，果樹根の伸長阻害だけでなく，水の浸透や，根域土層のガス交換を阻害し，根の養分吸収や呼吸などの生理機能を阻害する．

　圧密層が形成されると，土層内で根の呼吸や有機物の分解などの微生物活動により発生するCO_2濃度が高まり，O_2濃度が低下し，土壌が還元的になりやすい．土壌中には多様な微生物が生息しており，気相率が10％以下に低下すると好気性菌の活動が不活発になり，発酵を行う嫌気性菌が中心となるとされる．

　化学的には，各種の要因により土壌の酸性化が進行する．とくに，化学肥料の連用や多用の影響が大きく，また降雨による塩基類の流亡，樹体による塩基類の吸収なども関係している．

　また養分のバランスの異常も進行する．樹体の吸収養分のうち，KやPは果実収穫により，園外に収奪され，園内還元率の高いCaも土層内からは奪われ，落葉として地表へ還元される．さらに，土壌改良や施肥として供給されたリン酸や石灰は，下層に移行しにくく，表層と下層との養分濃度やpHの格差が拡大する．また，リンゴやブドウなどの老齢園では，積年の農薬散布により，地表部にCuやZnなどの微量重金属

が高濃度に集積していることもある．

また，土壌中の有機物は，微生物活動を介し分解無機化され，年々消耗し，さらに除草剤の連用は，土壌小動物や微生物を少なくし，土壌の単粒化を促進する．

さらにこれらの要因に加え，長期栽培下では根圏に生息する微生物相は単純化し，耐病性が低下したり，モモ，リンゴやイチジクなど樹種によっては，根の分泌物や残根の分解産物のなかに含まれる生育抑制物質により，改植や後作物の生育を阻害するいや地や連作障害を起こすことがある．

このように，一般的管理下における多くの変動は悪化方向であるため，悪化を減速し土壌環境を改善する管理や栽培体系の確立が重要となる．

(3) 好適土壌の維持・改良
a．果樹園土壌の診断

果樹園土壌の堆積状態や理化学性は，その土壌母材の種類や地形，開園時の土壌の撹乱程度や造成工法，さらには施肥や地表面管理などの栽培諸管理により大きく異なる．阻害要因を排除し，樹種に応じた好適土壌条件に改良・維持することは重要な栽培管理のひとつである．

そのためには，土壌の診断基準に基づく適切な診断評価が重視されるが，園内の土壌は一様ではなく，平面的かつ表層から下層に至る垂直的変動が大きい．

一般的な土壌診断においては，樹体の根の分布している土層や領域を診断対象とする．土壌診断の基準設定では，根域土層を，養分吸収の主役となる細根の70～80％以上が分布する深さまでの範囲である"主要根群域"と，さらに深く，根の90％以上が分布する領域までの"根域"とに定義し，各々の土層における診断測定項目と基準値が検討されている．

すなわち，表10.1のように，土壌の物理的要因については，主要根群域のみならず50～80 cmまでの根域全体を改善対象とし，透水性やち密度などを診断する．一方，土壌化学性の診断は，表層から30～40 cmまでの主要根群域を対象に，pH，塩基飽和度，塩基バランスおよび有効態リン酸などの項目について行う．リン酸吸収係数や陽イオン交換容量は，土壌母材などの影響が大きく，短期間では変動が小さいので，連年測定する必要はない．

これらは，直接採土することを要するが，検土杖や貫入抵抗式硬度計などによる地表からの下層土診断や，根圏の土壌水分張力測定や土壌溶液の採取・分析などの動的診断も活用する．とくに高品質化や施設栽培などでは重要である．また，降雨後の排水状況や草の生育の観察，さらには樹体の伸長や肥大，葉色など果樹の生育相や栄養状態を加えた総合的評価を重視する．

b．土壌の管理と改良

土壌環境の改善は，既設園はもとより，新設園においても，投入する労力，資金，機械，方法など多くの面で困難を伴うことが多い．園地の選定や定植前の整備の段階で，土壌の立地条件や土層堆積状況，排水性，理化学性などについての診断を先行し，

10.1 果樹生産と土壌

表10.1 主要果樹の土壌診断基準（農林水産省果樹試験場，1985）

対象土層	項目	樹種	ミカン			リンゴ			ブドウ			ナシ		
		土壌区分	I	II	III	I	II	III	I	II	III	I	II	III
	主要根群域の深さ (cm<)		30	40		30			30	40		40		
	根域の深さ (cm<)		60	80		60			50	60		70		
	地下水位 (cm<)		100	100		100			80	80		100		
根域全体	ち密度 (mm>)		20		21	22			20			20		
	粗孔げき (%<)		15	20	10	15			12			10(主要根群域15)		15
	透水係数 (cm/秒)		10^{-4}	10^{-4}	10^{-3}	10^{-3}			10^{-4}			10^{-4}		
根域下層	pH(H₂O)		4.5〜5.5			5.5〜6.0			—			—		
主要根群域	pH(H₂O)		5.5〜6.5			5.5〜6.0			6.0〜7.0			5.5〜6.5		6.0〜7.0
	塩基飽和度 (%)		50〜80	40〜80	60〜80	50〜80			70〜100	60〜80		50〜70	40〜60	60〜75
	Ca/Mg (当量比)		4〜8	5〜9	4〜8	4〜8			3〜6	4〜6	4〜8	6〜6.5	6〜7	6>
	Mg/K (当量比)		2〜6	2〜6	2〜6	2<			2<	2<	2<	2<	2<	2<
	有効態 P₂O₅ (mg/100g<)		20	5	20	10			10	10	10	20	10	20
	腐植 (%<)		2	—	1	—			2	—	1	—	—	—

対象土層	項目	樹種	モモ			カキ			クリ		
		土壌区分	I	II	III	I	II	III	I	II	
	主要根群域の深さ (cm<)		30			40		60	40		
	根域の深さ (cm<)		60			60		80	60		
	地下水位 (cm<)		100			80	100	100	100		
根域全体	ち密度 (mm>)		20			20	20	20	22		
	粗孔げき (%<)		15		18	15	20	10	15	20	
	透水係数 (cm/秒<)		2×10^{-4}		5×10^{-4}	10^{-4}			10^{-4}		
根域下層	pH(H₂O)		5.0〜6.0			5.0〜6.0			—		
主要根群域	pH(H₂O)		5.5〜6.0			5.5〜6.8	5.5〜6.2	6.0〜6.8	5.0〜5.5		
	塩基飽和度 (%)		50〜70			50〜80	40〜70	60〜80	35〜50		
	Ca/Mg (当量比)		4〜8			4〜8	5〜8	2.5〜5	4〜7		
	Mg/K (当量比)		1.5〜3.0			2<	2<	2<	2〜5		
	有効態 P₂O₅ (mg/100g<)		10			10	5	10	5	2	
	腐植 (%<)		3	—	1	2	—	1	2	—	

1) 有効態 P₂O₅ はトルオーグ法．
2) 土壌区分はI型は褐色森林土，灰色台地土，赤色土，黄色土，褐色低地土，灰色低地土など，II型は黒ボク土，III型は砂丘未熟土のほか，それ以外の土壌群のうち，土性がS, LSのものを含む．

必要な事前対策により阻害要因を極力排除すること，および栽培過程における日常諸管理において改善に留意することが必須である．

排水対策，客土　湧水，横浸透や排水不良により，土層内水分が過剰な場合には，

暗きょなどの排水管埋設や園外周の遮水溝や遮水板の設置により，浸透水を排除した上で，土壌構造を改善する．水田転換などで地下水位が高かったり，排水の困難な場合には，排水対策をした上で高うねとするか，客土により地盤を高くする．

深耕と圧密層の破壊　草生栽培などの地表面管理や降雨後の機械走行の回避など圧密化させない管理を行うことが重要であるが，有効土層の確保や圧密層の破壊，根の活性化のために深耕を行う．また深耕とともに，リン酸や石灰などの改良資材，有機物を土層内に混入すると効果的である．

植栽下では労力や作業性に困難が伴い，また深耕効果の持続性は，長くて2～3年であるので，過剰施用や強断根により樹勢攪乱や果実品質悪化に陥らないよう留意し，部分深耕や吹起耕により，園内を年次計画で順次改良する必要がある．

地表面管理　園地の地表面管理は，傾斜地での土壌流亡や侵食防止，土壌の圧密化抑制，有機物生産・供給などの土壌保全上重要であるとともに，土壌水分や地温変動，有機物分解による窒素発現などを通じて，樹体の生育や果実品質に大きく関与する．

表10.2　有機物の分解特性による群別と施用効果（志賀，1985）

初年目の分解特徴		有機物例	施用効果		
N	C, N分解速度		肥料的	肥よく度増	有機物集積
N放出群	速やか (年60～80%)	余剰汚泥，鶏ふん そ菜残渣，クローバー (C/N比 10前後)	大	小	小
	中速 (年40～60%)	牛ふん，豚ふん (C/N比 10～20)	中	中	中
	ゆっくり (年20～40%)	通常のたい肥類 (C/N比 10～20)	中～小	大	大
	非常にゆっくり (年0～20%)	分解の遅いたい肥類 （バークなど） (C/N比 20～30)	小	中	大
N取り込み群	C速やか (年60～80%) N取り込み	わら類 (C/N比 50～120)	初マイナス 後　中	大	中
	C中速～ ゆっくり (年20～60%) N±0または 取り込み	水稲根，製紙かす， 未熟たい肥 (C/N比 20～140)	初　小 後　中	中	中
	C非常に ゆっくり (年0～20%) N取り込み	おがくず　など (C/N比 200～)	マイナス	小	中

清耕法，草生法，マルチ（被覆）法およびそれらの折衷法があるが，地力の維持増強からは草生法が優れており，樹体と草の養水分競合の回避や生育調節の上では，部分草生やマルチとの折衷を工夫するのがよい．

有機物の施用 たい肥など有機物の施用は，土壌の理化学性を改善し，保水力や透水性を高めるとともに，生物活性を増大し，腐植の蓄積や土壌の団粒化を促進し，養水分の保持や緩衝力を高める．

連年消耗する有機物を補うだけでも，10 a 当たり 1 t 以上の投入が必要であるが，果樹園に利用できる有機物資材には，わらたい肥や家畜ふん尿，バーク（樹皮）たい肥など多種多様のものがある．それらは，表 10.2 のように，素材により分解特性や含有成分が異なり，結果として，有機物に期待する効果も，肥料効果，地力維持・増強，土壌構造改善などと異なってくる．

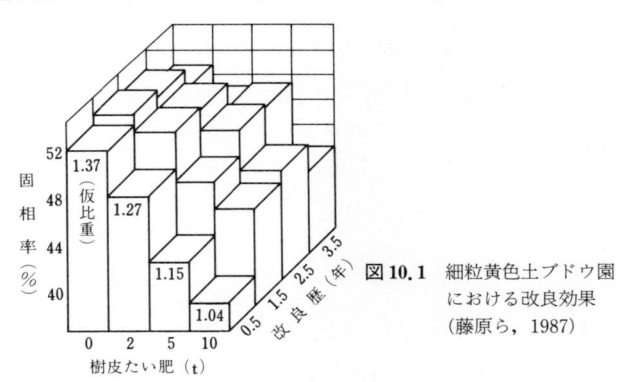

図 10.1 細粒黄色土ブドウ園における改良効果 (藤原ら，1987)

施用に当たっては，その目的を明らかにし，それに適した素材を十分吟味すること，十分に腐熟した有機物を利用すること，樹勢や果実品質をみながら計画的継続的に供給することなどが，土壌諸特性の維持・改善と安定生産・果実品質向上の上で重要である．また，有機物の大量入手が困難ななかでは，図 10.1 のように根域土壌構造の改善では，土壌 1 m³ 当たり 100 kg 相当の濃度でバークたい肥などを集中的に混入するなど，限定された量の資材を効果的に施用する． ［駒村研三］

文 献

1) 土壌保全調査事業全国協議会編(1979)，日本の耕地土壌の実態と対策，59-228，土壌保全調査事業全国協議会．
2) 藤原多見夫，木村陽登，古井シゲ子，関谷宏三，駒村研三(1987)，広島果樹試研報，**12**，29-38．
3) 平野 暁(1977)，作物の連作障害，28-90，農文協．
4) 駒村研三(1989)，果樹・野菜栽培における予測と診断，235-240，化学工業日報社．
5) 志賀一一(1985)，農耕地における有機物施用技術，8-28，農林水産技術情報協会．
6) 千葉 勉(1982)，果樹園の土壌管理と施肥技術，47-80，博友社．

10.2 果樹の栄養生理と施肥

現在，日本で栽培されている果樹は種類が多く，樹種によってその栄養生理特性はさまざまである．たとえば，常緑果樹であるミカンでは根から吸収された硝酸態窒素の多くはアンモニアに還元されることなくそのままの形態で地上部まで移行するが，リンゴなどの落葉果樹ではほとんどの硝酸態窒素は根部において還元されてアンモニア態窒素やグルタミン，アスパラギンなどのアミノ酸に形を変え地上部へ移行すると考えられている．土壌や気象条件の変化によって養分吸収の実態は大きく変動するので一概にはいえないが，果樹作物のおもな必須養分の窒素に対する相対的な吸収比率を1年生作物と比較すると興味ある傾向がみられる（表10.3）．果樹では1年生作物に比べると概してカリウムの吸収量が低くなっている．逆にカルシウムの吸収量は，石灰を多量に吸収するところから石灰植物とよばれるダイズやクローバーなどのマメ科植物に匹敵しており，果樹作物の養分吸収特性がある程度みてとれる．

表10.3 無機養分の年間吸収量の相互比率

作物	N	P_2O_5	K_2O	CaO	MgO	備考
リンゴ	10	4	12	20	3	20年生樹駒村ら
モモ	10	2	13	10	2	11年生樹寿松木ら
ブドウ	10	3	9	11	2	7年生樹広保ら[1]
ミカン	10	2	7	13	2	50年生樹久保田ら[1]
ダイズ	10	2	20	19	4	木内[2]
クローバー	10	2	20	13	<1	〃
陸稲	10	1	25	5	2	〃
オーチャード	10	2	24	2	<1	〃

1) 果樹園の土壌管理と施肥技術（博友社）から引用．
2) 最新土壌・肥料・植物栄養事典（博友社）から引用．

また，常緑と落葉果樹では樹体生理が異なることがある．本節では，リンゴなどの落葉果樹を中心に述べる．

（1） 窒素栄養と樹体の反応

果樹栽培においては，1年生作物とは異なり，長年にわたって樹勢を維持・管理しながら安定的に果実を生産することが必要である．それには，当年の収量を確保しながら翌年の再生産のために貯蔵養分を充実させるような施肥設計を組まなければならない．

さて，窒素は空気中や水から取り込まれる炭素，水素，酸素についで樹体に多く含まれ，果樹の栄養生理に重大な影響を与える．水耕栽培によって明らかになったリンゴの窒素の理想的な吸収曲線を図10.2に示してある．5月を中心とした春先と9月上旬から10月上旬にかけた秋に二つの山を形成している．最初の山にあたる5月は，開花・展葉のために炭水化物などの貯蔵養分が消費されつくされている時期である．こ

10.2 果樹の栄養生理と施肥

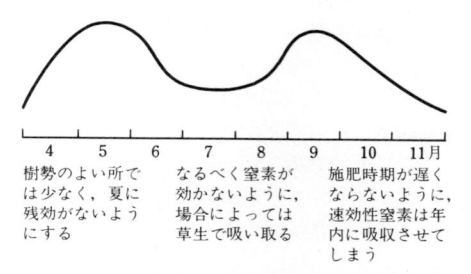

| 4 | 5 | 6 | 7 | 8 | 9 | 10 | 11月 |

樹勢のよい所では少なく,夏に残効がないようにする / なるべく窒素が効かないように,場合によっては草生で吸い取る / 施肥時期が遅くならないように,速効性窒素は年内に吸収させてしまう

図10.2 リンゴ生育各期の窒素栄養のあり方（森ら，1958）

のときに，樹体の生育をおう盛にして果実の肥大を順調に進めていくには葉の光合成を盛んにすることが必要で，それには活発な窒素養分の吸収が伴わなくてはならない．7月から8月中旬にかけては，逆に窒素吸収を抑制する必要がある．すなわちこの時期に窒素を過剰に吸収することは，枝の二次伸長を引き起こしたり果実の着色などの品質低下をもたらすことになる．6月頃から貯蔵養分の蓄積が活発になってくるが，9月に入ると枝・葉の過繁茂の心配もなくなり，窒素の吸収量を増加させることが貯蔵養分の充実につながる．

9月の上旬までにはモモの大部分やリンゴの早生種の収穫が終わっており，この時期の窒素吸収の増加はなんら果実に悪影響を及ぼさない．問題はリンゴの中生および晩生種，とくにふじである．図10.3には，重窒素を使った実験で施肥時期の違いが樹体の窒素分布に与える影響を示している．この結果，9～10月に施肥した窒素はほとんど果実に取り込まれないことが明らかになった（図10.3(a)）．6月の新根伸長の最盛期から一時低下していた根の伸長は，9月下旬から再び増加して10月に最大となって11月まで続くが，秋施肥窒素は樹体内に十分吸収・蓄積されており，まだ根からの養分吸収が十分でない翌春の生長に寄与することを示している（図10.3(b)）．

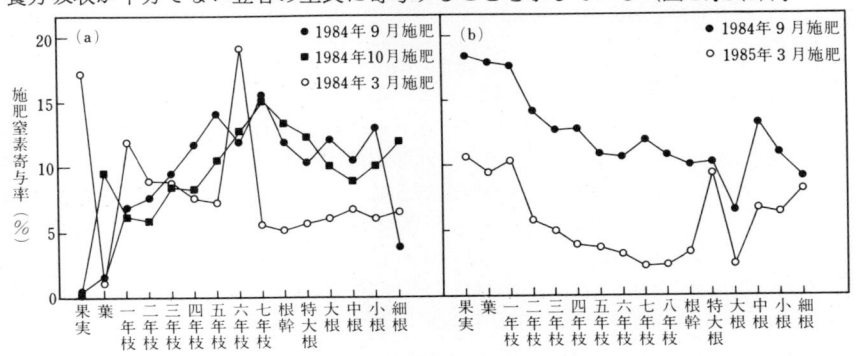

図10.3

(a) リンゴ樹体内の施肥窒素の分布に及ぼす施肥時期の影響．1984年12月5日に解体．
(b) 秋期施肥窒素の翌春における樹体内の分布．1985年6月13日に解体（いずれも福島県果樹試験場）．

(2) 窒素の施用時期と果実品質

　春先からの気温の上昇とともに地温も上昇して夏にピークを迎え，その後は秋・冬にむかって地温は低下していく．地温の動きに従い土壌からの窒素の無機化量が増加し，樹体への窒素吸収量は増加することになる．春の窒素施肥は，ともすれば夏における窒素の過剰吸収を生じ果実品質の低下が問題となる．無袋のふじについて窒素の施肥時期がどのような影響を及ぼすかを調査した結果が図10.4と表10.4に示されている．春に全量施肥したり春秋半量ずつ施肥した場合に比べると，秋全量施肥は果実

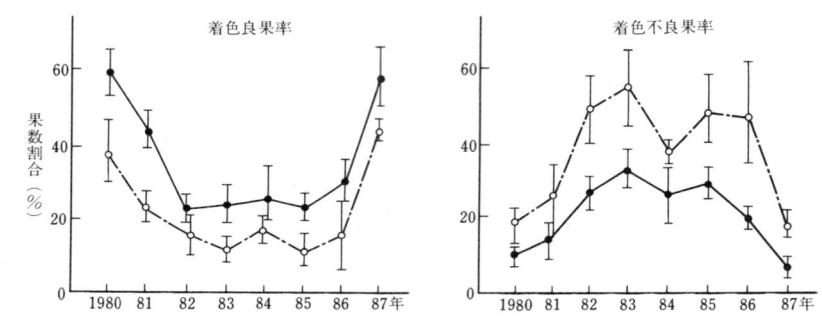

図10.4 施肥時期の違いと果実着色の年次推移（福島県果樹試験場）
○は春肥（3月中旬），●は秋肥（9月中下旬）．

表10.4 施肥時期の違いと果実形質（福島県果樹試験場）

処理	果肉 N %			RM 示度			リンゴ酸 g/100ml			硬度 ポンド			蜜入り		
	良	中	不良	良	中	不良	良	中	不良	良	中	不良	良	中	不良
春肥区	0.159^a	0.170	0.210	15.0	14.5	13.9	0.40^a	0.37^a	0.36^{ab}	14.0	13.3^a	13.2	3.2^a	3.0^a	2.6^a
春秋半量区	0.156^a	0.169	0.200	15.0	14.5	13.9	0.40^a	0.37^a	0.35^a	14.2	13.7^{ab}	13.5	3.4^{ab}	3.5^b	3.1^b
秋肥区	0.139^b	0.149	0.197	14.9	14.5	13.9	0.42^b	0.39^b	0.37^b	14.2	14.0^b	13.7	3.6^b	3.4^{ab}	2.8^{ab}

異なる符号間はダンカンの多重検定5％レベルで有意差あり．

の着色を向上させ，蜜入りや硬度，酸度などが高まる結果となっている．この試験に使用された土壌からは，無窒素栽培下においても少なくとも年間に20 kg/10 a 程度の窒素が無機化してくることがわかっている．なお，秋に施肥したリンゴ樹においても樹勢の低下は認められなかった．窒素施肥量を低下させることにより果実の着色は向上することがわかっているが，秋施肥は貯蔵養分を充実させるという意味で積極的な施肥法である．園地の肥沃度や気象条件によって分施が必要な場合もあろうが，理想的な窒素吸収パターンに近似させる施肥法として秋施肥は一つの大きなヒントとなろう．

(3) 養分間の相互作用

　ある特定の養分が樹体内に吸収，利用される際の栄養生理を考える場合，共存する他の養分濃度を考慮することが必要である．

たとえば，リンゴの斑点性生理障害の一種であるビターピットの発生は果実内のカルシウム欠乏が原因と考えられているが，窒素やカリウム，マグネシウムなどの過剰供給によって発生がいっそう増加することがわかっている．障害果のカルシウム含量を調べてもカルシウム濃度はそれほど低くないということがときどきみられるが，欧米ではカルシウム単独よりもカルシウムと，カリウムおよびマグネシウムとの比率の低下と密接な関係があると指摘されている．日本の障害発生園では，窒素やカリウムが異常に高いことがたびたび指摘されている．

現在の日本では肥料が潤沢に手に入るので，山地を開墾して園地を造成したり水管理が十分でない場合を除いて単純な養分欠乏症は起こりにくい．それよりは相対的な養分バランスの不均衡が問題となろう．石灰の過剰投与によるホウ素欠乏の発生なども，pH上昇による効果と同時に相対的な不均衡とも考えられる．

果樹の施肥を考える際，少なくとも主要な養分については適切な養分バランスを図る工夫を設計に取り入れる必要があろう．

(4) 今後の課題——品質向上と施肥

十数種類もの必須元素のなかで過剰症や欠乏症がたびたび話題に上がるのは数種類の元素である．それは，窒素，カリウム，カルシウム，マグネシウム，ホウ素，亜鉛，マンガンなどである．なかでも窒素，カリウム，カルシウムおよびホウ素は果実品質に重要な影響を与える．

これまでの試験結果からみると，窒素やカルシウム吸収量の増加は果実の熟期を遅らせるようであり，逆にホウ素では熟期を早める傾向がある．モモに窒素を多く施用すると，地色の抜けが遅くなって収穫盛期を遅らせるし，ナシにカルシウムを葉面散布してカルシウム濃度を高めると，果実硬度の増加が認められた（福島県果樹試験場，未発表）．ホウ素が欠乏するとリンゴでは縮果病が発生するが，逆に過剰に供給すると果実が熟期を迎える前に果肉が崩壊して商品価値がなくなってしまう．リンゴのふじのホウ素含量を適度に高くすると，蜜入りが早くから増加するので収穫期を早めることができるかもしれない（福島県果樹試験場，未発表）．

ところで，カルシウムとホウ素の間には興味ある関係が報告されている．すなわち，ホウ素欠乏植物を使った実験から，ホウ素が細胞壁におけるカルシウム代謝に密接な関係があることが示唆されている．このことは，カルシウムと同様に，ホウ素も細胞の強度に関与する可能性を示している．他方，カルシウムとホウ素には拮抗関係が存在するともいわれており，これら養分濃度を調節することにより品質のコントロールが期待できる．

窒素供給量をコントロールすることによって果実品質の向上が期待できることを前に述べた．養分の相互作用と樹体生理との関係が解明され，個々の養分の欠乏と過剰の限界濃度が明らかになれば，窒素やカルシウムやホウ素などの複数養分の供給量とバランスを調節することにより熟期調節が可能になろうし，良品果実を安定的に生産することができよう．　　　　　　　　　　　　　　　　　　　　　　　　［福元将志］

文　献

1) 青葉幸二（1982），果樹園の土壌管理と施肥技術，144-173，博友社．
2) 久保田収治（1982），果樹園の土壌管理と施肥技術，123-144，博友社．
3) Pilbeam, D. J. and Kirkby, E. A. (1983), *J. Plant Nutrition,* **6**, 563-582.
4) 佐藤雄夫（1980），農及園，**10**, 1244-1248.
5) Yamauchi, T., Hara, T. and Sonoda, Y. (1986), *Plant Cell Physiol.,* **27**, 729-732.

10.3　果樹の水分生理と水分管理

　高品質果実生産のために園地で適切な水分管理を行うには，ある指標のもとにかん水時期と，かん水量を的確に把握することが重要である．園地の水分管理に利用できる指標としては，根群域の土壌水分状態を表示し，さらに樹体の生長とも密接な関係を示すという条件を，少なくともみたす必要がある．根群域の土壌水分を知るためには，土壌水分を直接測定することが最も簡単に思われる．しかし，果樹のような深根性のものでは，根域の深さが不明なことが多い．かりに根群域を想定して，層別に土壌水分を測定しても，どの値を代表値とすればよいのかを決定しがたい場合が多い．そこで，樹体の水分ストレスを指標にして水分管理を行う試みもなされてきた．
　現在，植物の水分ストレスの測定に用いられている方法には，熱電対湿度計法とプレッシャー・チャンバー法とがある．

（1）　熱電対湿度計法とプレッシャー・チャンバー法の比較

　熱電対湿度計法（T.P.法）とプレッシャー・チャンバー法（P.C.法）は植物の水ポテンシャルを測定する方法である．水ポテンシャルの概念は他の成書に譲るとして，植物の水分ストレスは水ポテンシャルとして表示した方がよいといわれている．なお，水ポテンシャルは負数（単位は bar, Pa で表す場合が多い）なので，水分ストレスが大きいほど水ポテンシャルは低いという表示になる．
　T.P.法と P.C.法による測定値を比較した結果をオレンジの葉とニホンナシの果実について，それぞれ図 10.5, 10.6 に示した．いずれの場合も高い相関を示す直線関係が認められたが，1：1の関係ではなかった．また，葉では回帰直線が葉齢によって，果実では測定時期および品種によって異なっていた．
　T.P.法と P.C.法との関係が1：1にならない理由について，次のようなことが考えられている（佐伯，1981）．T.P.法は原理的には水ポテンシャルを正確に測定できることになっているが，サンプルチャンバー壁が水蒸気のシンクになったり，生体を扱うときは呼吸熱や水蒸気拡散に対する植物組織の抵抗が誤差の原因になるとされている．一方，P.C.法は，浸透ポテンシャルを測定していないこと，加圧時に道管の切り口面へ水が動く時の抵抗が誤差につながることなどが指摘されている．T.P.法と P.C.法とのいずれの方法が正確な水ポテンシャルを測定しているのか不明である．しかし，

図10.5 T.P.法とP.C.法における葉の水ポテンシャル測定値の比較（バレンシアオレンジ）(Kaufmann, 1968)

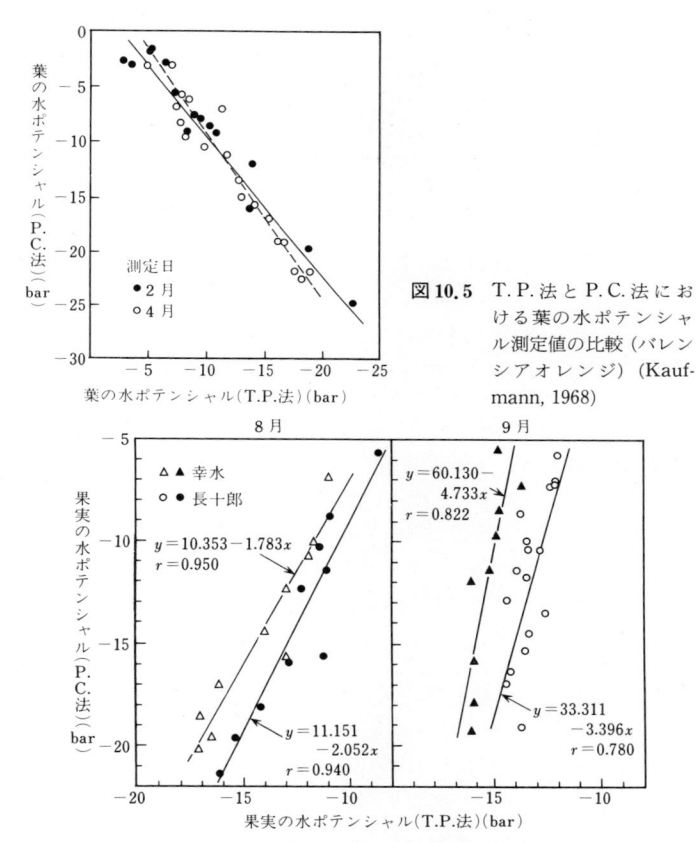

図10.6 T.P.法とP.C.法における果実の水ポテンシャル測定値の比較（ニホンナシ）(岩永ら, 1987)

一般にはT.P.法を標準として扱っている場合が多い。そこで，あらかじめT.P.法とP.C.法との間でキャリブレーションカーブを作成しておき，短時間に測定可能なP.C.法による測定値から，そのカーブを利用してT.P.法の値に読みかえることを推奨している報告も多い（Barrsら, 1970; Boyer, 1967; Kaufmann, 1968)。

(2) 葉の水ポテンシャルと土壌水の毛管ポテンシャルとの関係

葉の水ポテンシャルは，日の出前が最も高く，日中に低下し，夜間にしだいに高くなるという日変化を示す。この日変化の振幅は，晴天日には大きく，曇天日には小さい。このように，日中の葉の水ポテンシャルは気象要因の影響を強く受けるため，土壌水の毛管ポテンシャルとの関係はあまり密接ではない。

しかし，日の出前の葉の水ポテンシャル（ψ_{max}）に限っていえば，土壌水の毛管ポ

図 10.7 温州ミカンの ψ_{max} と土壌水の毛管ポテンシャル（町田・間苧谷，1974）

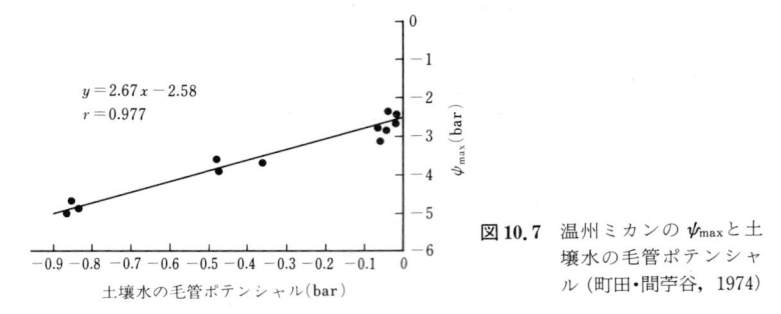

テンシャルとの間には図 10.7 に示すように非常に密接な相関関係が認められた．このように，果樹で根群域の土壌水のポテンシャルを求める場合には，土壌水分測定器で測るよりは，ψ_{max} から推定した方が無難である．

(3) かん水開始時の ψ_{max} とかん水量

樹体の水分ストレスが高まると，樹体の生長は低下する．温州ミカン樹でも，ψ_{max} と各器官の生長量との間には密接な関係があって（図 10.8），ψ_{max} が果実で約 -8 bar，主幹で約 -7 bar，葉で約 -15 bar になると生長は停止し，それ以下になると，逆に負の生長を示した．なお，生長停止時の ψ_{max} は土壌および気象要因の影響を受けて，多少変化する（間苧谷ら，1977）．

以上のように，ψ_{max} は土壌水の毛管ポテンシャルや樹体の生長とも密接な関係を示すので，ψ_{max} を指標にして，樹園地の水分管理を行うことが可能である．間苧谷ら（1980）は，ψ_{max} を用い，夏季における温州ミカン樹のかん水開始時期について，次のような検討をしている．梅雨があけた後，ψ_{max} を $-3 \sim -4$，-5.5，-7.0，-11.5 bar

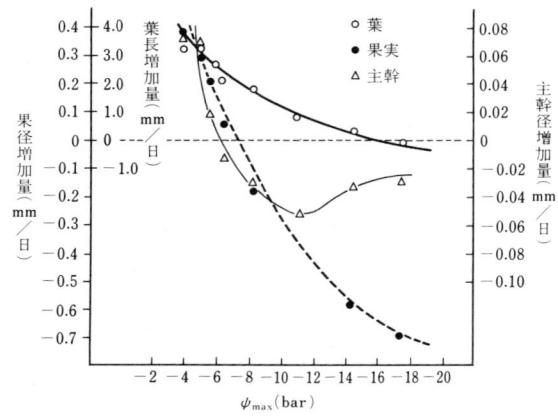

図 10.8 温州ミカンにおいて ψ_{max} が果実，夏葉，主幹の生長に及ぼす影響（間苧谷ら，1977）

表10.5 温州ミカンにおける夏季の ψ_{max} が収穫時の果実品質に及ぼす影響
(間苧谷・町田，1980)

処　理 (ψ_{max})	遊離酸含量 （クエン酸 g/100ml）	屈折計示度 (Brix)	1果重 (g)	果皮着色*
−11.5 bar	1.26	10.9	99.2	0.643
− 7.0 bar	1.22	10.3	113.2	0.712
− 5.5 bar	1.17	10.0	126.8	0.834
−3〜−4 bar	1.08	9.8	134.2	0.809

* : $\dfrac{5 \times n_1 + 4 \times n_2 + 3 \times n_3 + 2 \times n_4 + 1 \times n_5}{5(n_1 + n_2 + n_3 + n_4 + n_5)}$

5＝完全着色，0＝緑色，n_1〜n_5＝調査果数.

に保つ処理を9月1日まで行った．その結果（表10.5），収穫期の果実品質は，−3〜−4 bar と−5.5 bar 区で優れ，次に−7.0 bar 区であり，−11.5 bar 区では1果重は軽く，果皮の着色も極端に悪かった．この結果から，かん水開始時の限界の ψ_{max} は−7.0 bar であり，貯水量の多い園地では，−5.5 bar 前後でかん水することが望ましいとしている．山下ら(1979)の結果も，ψ_{max} の−6〜−7 bar が温州ミカン樹の夏季における水分管理の下限指標としており，上記の結果とほぼ一致している．[**間苧谷　徹**]

文　献

1) 岩永秀人，寿松木　章，村上ゆり子，間苧谷　徹 (1987)，果樹試報，**A14**，49-56．
2) 町田　裕，間苧谷　徹 (1974)，園学雑，**43**，7-14．
3) 間苧谷　徹，町田　裕 (1980)，園学雑，**49**，41-48．
4) 佐伯敏郎(1981)，個体における水の吸収と移動，水とイオン（熊沢喜久雄編），78-98，朝倉書店．
5) 山下重良，北野欣信，和田年裕，山村文三 (1979)，和歌山果樹園芸試臨時報告，**2**，1-21．

11. 病　　　害

11.1　ウイルス病

(1)　病徴と診断
a．病徴と種類
　ウイルスの感染によってひき起こされる植物の形態，生長，機能などの異常を病徴という．病徴はその現れ方によって，外部から肉眼的に認められる外部病徴と組織や細胞内に認められる内部病徴，また，ウイルスに全身感染して生じる全身病徴と局部感染し感染部位に生じる局部病徴に分けられる．一方，ウイルスに感染しても外部病徴がまったく現れないが，全身感染している潜在感染（無病徴感染）が知られている．また，植物の生育段階や，とくに温度などの環境条件の影響で病徴が発現しなくなったり，病徴が消失することがある．このような現象を病徴の陰ぺい（マスキング）という．
　これらの病徴は，一つのウイルスに感染した単独感染で現れる場合と複数のウイルスの重複感染による場合とがある．とくに果樹は永年作物であるため，ほかの作物に比べて永年にわたって次々といろいろなウイルスに感染する割合が高い．また，いくつかの病徴が複合して現れたり，同じウイルスでも果樹の品種や台木との組み合わせが変わると病徴も変わることが多い．果樹のウイルス病が発見された過程で，いくつもの病名がつけられてきたのはこの事情を物語っている．

1）　外部病徴
葉，枝の病徴
　モザイク・モットル：　緑色部と退緑部が入り混じって寄木細工様となる（リンゴモザイク病，モモ斑葉モザイク病など）．
　葉巻：　葉が下方に巻きこむ（ブドウリーフロール病）．
　舟型葉・さじ型葉：　主脈を中心に外側に折れ曲がり，舟の形になったり，主脈の伸長が止まり，葉の中央がくぼみ，スプーンのようになる（温州萎縮病，カンキツモザイク病）．
　扇状葉：　葉が半開きの扇状になる（ブドウファンリーフ病）．
　ラインパターン：　線状，稲妻型の病斑（イチジクモザイク病など）．
　葉脈黄化：　（リンゴモザイク病）．

エネーション: 葉の表または裏に突起を生じる(カンキツベインエネーション病，モモひだ葉病など).
えそ斑点: (ナシえそ斑点病).
ステムピッティング: 木質部に小さな点状または刻線状のくぼみができたもの(カンキツステムピッティング病，リンゴ高接ぎ病).
樹皮えそ: (リンゴ高接ぎ病).
木質部えそ: (ナシ粗皮病).
接ぎ木部異常: 接ぎ木部分に亀裂が生じたり，台負けや台勝ちとなったもの（カンキツ接ぎ木部異常病）.

花，果実の病徴
斑入り果: 果色のまだら模様（カンキツモザイク病，イチジクモザイク病，パパヤ輪紋ウイルス病）.
奇形果: (リンゴ奇形果病，パパヤ輪紋ウイルス病).
小玉化: (カンキツステムピッティング病など).
着色不良: (ブドウリーフロール病など).

樹全体の病徴
萎縮: 枝の節間がつまり，葉が小形になり，樹全体が小さくなる（温州萎縮病，カンキツステムピッティング病，モモ萎縮病など）.
衰弱症状: (リンゴ高接ぎ病，カンキツ接ぎ木部異常病).

2) 内部病徴

これには組織や細胞の退化・増生・え死などの形態学的異常と細胞内封入体の形成とがある．これらは光学顕微鏡レベルで認められるが，さらに核や細胞内におけるウイルス粒子の集積，細胞内小器官の変性，各種封入体の形成などの細胞内の微細構造の変化も電子顕微鏡レベルで明らかにされている．篩部え死はブドウリーフロール病などの篩部局在性ウイルス病において顕著な病徴で，葉巻や葉の黄化・赤変などの外部病徴をひき起こす．カンキツやリンゴなどのステムピッティングは形成層始原細胞が正常に分化できない結果として起こる．

3) 潜在感染

果樹のウイルスのなかには，感染しても病徴を現さない，いわゆる潜在感染するものが多い．このような植物を保毒植物という．果樹の品種更新に当たって，潜在感染した果樹から穂木をとって高接ぎしたため発病した例として，リンゴ高接ぎ病，カンキツ接ぎ木部異常病，中間台が潜在感染していたため発病した例として，カンキツステムピッティング病があげられる．

4) マスキング

一般にウイルスの増殖は感染後，急性期を経て慢性期に移行するが，慢性期にはときに病徴が消失することがある．また，温度などの環境条件の影響でも病徴が一時的に消失することがある．このような現象をマスキングといい，ウイルス病でよくみられる特徴的な現象である．たとえば，温州萎縮病は28°C以上の高温になると病徴はマ

スクされる．したがって罹病樹でも高温時に発芽する夏秋しょうには通常病徴は現れない．

b．診　　断

　ある病気が，ウイルス病であることを決定し，さらに病原ウイルスの種類が既知のウイルスと同じものかどうかを同定することを診断という．診断は病害防除の基礎であり，的確な診断を行うことによって，初めて適切な防除手段をとることができる．

　病気の診断は通常肉眼的診断に始まる．外部病徴だけから病原ウイルスの種類を正確に診断するのは困難な場合が多いが，特徴ある外部病徴や内部病徴を示す場合はこれだけで診断可能である．たとえば，温州ミカンの葉が舟型やさじ型となり，樹全体が萎縮する温州萎縮病，ニホンナシの硬化葉にえそ性の黒褐色斑点を生じるナシえそ斑点病，自然の紅葉より早く紅葉または黄葉し，葉が内側に巻くブドウリーフロール病，ブドウの維管束の切断面を落射型の蛍光顕微鏡で直接観察することにより，感染発病の有無が診断できるブドウリーフロール病などの篩部局在性ウイルス病などはこの例といえる．しかし，類似の病害があって，それらとの区別や肉眼的な診断を確実にするためには，指標植物への接種などによる生物学的診断，血清反応を応用して行う血清学的診断，ウイルス粒子の電子顕微鏡による観察など次の段階の診断法によらなければならない．　　　　　　　　　　　　　　　　　　　　　［今田　準］

（2）ウイルスの種類と検定

a．ウイルスの種類

　これまでに植物ウイルスとして報告されているものは世界中で700種以上，わが国で200種以上あり，これらのうちには農作物に病気を起こし，大きな被害を与えているものが多い．

　ウイルス名　　植物ウイルス名はタバコモザイクウイルス（tobacco mosaic virus）のようにウイルスが分離された宿主植物名とその主要な病徴をとって付けられることが多い．しかし，宿主が同じで，病徴も同じような病気を起こす病原ウイルスが複数あるような場合はジャガイモXウイルス，ジャガイモYウイルスのように符号をつけた例もみられる．こうした名称は普通名（common name）として用いられている．わが国で発見されたウイルスには和名が付けられるが，英名とは一致しないものもある．

　ウイルス粒子の形状　　植物ウイルスには棒状，糸状など長形ウイルス，球形ウイルス，桿菌状または弾丸状ウイルス，不完全な球形粒子が2個つながった双球型ウイルス，分枝糸状ウイルスなどいろいろな形態のものがある．また，その粒子構造は核酸とそれをとり巻くタンパク質の外殻からできており，ウイルスによってはさらに外側を外膜によって包まれているものもある．ウイルス核酸にはRNAとDNAがあり，それぞれ1本鎖および2本鎖のものがある．

　ウイルス粒子内におけるウイルスゲノムは単一の核酸分子として存在する場合と2種類以上の核酸分子に分節している場合があり，前者を単一ゲノム，後者を分節ゲノ

ムという．ウイルスの感染，増殖に必要なゲノムが二つの粒子に分かれている場合を2粒子分節ゲノム，三つの粒子に分かれている場合を3粒子分節ゲノムという．このようにゲノムが複数個のウイルス粒子に配分されているようなウイルスを総称して多粒子性ウイルスという．

ウイルスグループ　植物ウイルスの分類は歴史的にはさまざまな試みが行われてきたが，現在では上記のようなウイルス粒子の形状，増殖，複製，生物的特性などウイルス自体の重要形質について共通性をもつ種類を集めてグループ分けし，これに普通名の省略化を主体としたグループ名を与えている．また，個々のウイルス名としてはこれまでの普通名が用いられているが，普通名の情報不足を補うため，ウイルスのおもな形質を記号化し，その性状を示すためのクリプトグラムが考えられた（表11.1）．現在，ウイルスの分類については国際微生物会議の組織の一つであるICTVで審議・決定されているが，1987年の第6次ICTVまでに採択された植物ウイルスグループは34グループである（表11.2）．各グループにはそれぞれタイプウイルスが決められている．わが国の果樹で知られているウイルスのグループは表11.3のとおりである．なお植物ウイルス以外の動物ウイルス，細菌ウイルスおよび菌類ウイルスの命名および分類については生物と同じくラテン二名法が導入され，門，綱，目，科，属，種に分けられている．植物ウイルスでも動物ウイルスと形状が類似するものについては動物ウイルスとともに同じ科に入れられているものもある．このように現行では植物ウイルスだけが他の宿主のウイルスと異なった分類方式をとっているが，将来とも植物ウイルスだけが独自の分類方式を採り続けることは困難と考えられている．

表11.1　クリプトグラムの記号とその意味

〔例〕　ジャガイモYウイルス　R/1：3.1/6：E/E：S/Ve/Ap
第1対：核酸の種類/核酸の鎖性
　R＝RNA，D＝DNA，1＝1本鎖，2＝2本鎖

第2対：核酸の分子量（×10^6）/粒子の核酸分量（％）
　1種類の粒子に複数個の分節ゲノムを含むものは総ゲノム分子量をΣで示す．
　分節ゲノムが複数の種類の粒子に配分されているものは分けて表記する．

第3対：粒子の外形/ヌクレオカプシドの外形
　S＝球形，E＝長形，両端に丸みなし，U＝長形，両端に丸みあり，X＝複合形または上記に該当しない，e＝被膜あり，o＝粒子はviral matrix中に生成

第4対：宿主の種類/伝染様式/媒介者の種類
　宿主の種類
　　A＝藻類，B＝細菌，F＝菌類，S＝種子植物，I＝無脊椎動物，V＝脊椎動物
　伝染様式
　　C＝先天性（植物ウイルスでは種子伝染），O＝汚染環境，接触，Ve＝媒介者
　媒介者の種類
　　Ac＝ダニ，Al＝コナジラミ，Ap＝アブラムシ，Au＝ヨコバイ，ウンカ，Cc＝コナカイガラムシ，Cl＝ハムシ，Th＝アザミウマ，Fu＝菌類，Gy＝メクラカメムシなど，Ne＝線虫

表 11.2 植物ウイルス分類群とその性状[1]

ウイルスグループ[2]	タイプウイルス	粒子 形[3]	大きさ (nm)	核酸 型	分節	分子量(×10^6)	外被タンパク質 種類	分子量(×10^3)
Caulimovirus	カリフラワーモザイクウイルス	I	50	dsDNA	1	4.8	1	37
Geminivirus	maiz streak virus	I	18×30	ssDNA	1	0.7〜0.8	1	28〜34
Reoviridae								
Phytoreovirus	wound tumor virus	I	70	dsRNA	12	0.3〜3.0	7	35〜160
Fijivirus	Fiji disease virus	I	71	dsRNA	10	1.1〜2.9	7	64〜139
Phytocryptovirus								
Subgroup A	white clover cryptic virus	I	30〜38	dsRNA	2	0.8〜1.3, 1.4〜1.6	1	50〜60
Subgroup B	white clover cryptic virus 2							
Tomato spotted wilt virus	トマト黄化えそウイルス	IE	80	ssRNA	4	1.3〜2.6	5	27〜78
Rabdoviridae	lettuce necrotic yellow virus	BE	135〜380 ×45×95	ssRNA	1	4.0	5	21〜170
Maiz chlorotic dwarf virus	Maiz chlorotic dwarf virus	I	30	ssRNA	1	3.2	—	—
Tymovirus	turnip yellow mosaic virus	I	30	ssRN	1	2.0	1	20
Tombusvirus	tomato bushy stunt virus	I	34	ssRNA	1	1.5	1	40
Sobemovirus	インゲンマメ南部モザイクウイルス	I	30	ssRNA	1	1.4	1	30
Necrovirus	タバコネクロースウイルス	I	30	ssRNA	1	1.4	1	30
Luteovirus	オオムギ黄化萎縮ウイルス	I	30	ssRNA	1	2.0	1	24
Marafivirus	maize rayado fino virus	I	31〜35	ssRNA	1	2.0	1	20

11.1 ウイルス病

Cucumovirus	キュウリモザイクウイルス	I	29	ssRNA	3	1.3,1.1,0.8	1	24
Bromovirus	brome mosaic virus	I	29	ssRNA	3	1.1,1.0,0.7	1	20
Ilarvirus	タバコ条斑ウイルス	I	26〜35	ssRNA	3	1.1,0.9,0.7	1	25
Alfalfa mosaic virus	アルファルファモザイクウイルス	B	28〜58×18	ssRNA	3	1.1,0.8,0.7	1	24
Comovirus	ササゲモザイクウイルス	I	30	ssRNA	2	2.4,1.4	2	22, 42
Nepovirus	タバコ輪点ウイルス	I	30	ssRNA	2	2.8,1.3〜2.4	1	55〜60
Pea enation mosaic virus	pea enation mosaic virus	I	30	ssRNA	2	1.7,1.3	2	22, 28
Dianthovirus	carnation ringspot virus	I	34	ssRNA	2	1.5,0.5	1	40
Tobravirus	タバコ茎えそウイルス	R	180〜215×22, 46〜114×22	ssRNA	2	2.4,0.6〜1.4	1	22
Tobamovirus	タバコモザイクウイルス	R	300×18	ssRNA	1	2.0	1	17〜18
Hordeivirus	ムギ類斑葉モザイクウイルス	R	100〜150×20	ssRNA	2〜4	1.0〜1.5	1	21
Potexvirus	ジャガイモXウイルス	T	470〜580×20	ssRNA	1	2.1	1	18〜23
Carlavirus	カーネーション潜在ウイルス	T	620〜700×13	ssRNA	1	2.7	1	32
Potyvirus	ジャガイモYウイルス	T	680〜900×11	ssRNA	1	3.0〜3.5	1	32〜36
Closterovirus	ビート萎黄ウイルス	T	600〜2,000×10	ssRNA	1	2.2〜4.7	1	23〜27
Tenuivirus	イネ縞葉枯ウイルス	T	400×8	ssRNA	4	0.9〜1.9	1	32

1) おもに Mattews (1982), Francki ら (1985) による.
2) 記載のグループに加え第6次ICTVにおいて次の五つのグループが承認された. ( ) 内はタイプウイルス Capillovirus (potato virus T), Carmovirus (carnation mottle virus), Fabavirus (ソラマメウイルトウイルス), Furovirus (ムギ類萎縮ウイルス), Parsnip yellow fleck virus group (parsnip yellow fleck virus).
3) I:球状, B:桿菌状, R:棒状, T:ひも状または糸状.

表11.3 わが国の果樹で知られているウイルスのグループ

ウイルス	略称	果樹	形状	グループ
温州萎縮ウイルス	SDV	カンキツ	球状	未分類
カンキツモザイクウイルス	CiMV	〃	〃	〃
ナツカン萎縮ウイルス	NDV	〃	〃	〃
ネーブル斑葉モザイクウイルス	NIMV	〃	〃	〃
カンキツリーフルゴースウイルス	CLRV	〃	球状	Ilarvirus
カンキツトリステザウイルス	CTV	〃	ひも状	Closterovirus
カンキツタターリーフウイルス	CTLV	〃	〃	Capillovirus
カンキツ黄色斑葉ウイルス	CYMV	〃	〃	未分類
リンゴクロロティックリーフスポットウイルス	ACLSV	リンゴ，ナシ，モモ	〃	Closterovirus
リンゴステムグルービングウイルス	ASGV	リンゴ，ナシ	〃	Capillovirus
リンゴモザイクウイルス	ApMV	リンゴ	球状	Ilarvirus
モモひだ葉ウイルス	PEV	〃	〃	未分類
プルヌスネクロティックリングスポットウイルス	PNRSV	モモ	〃	Ilarvirus
プルンドワーフウイルス	PDV	オウトウ	〃	〃
ブドウファンリーフウイルス	GFV	ブドウ	〃	Nepovirus
ブドウモザイクウイルス	GMV	〃	ひも状	Closterovirus
タバコネクローシスウイルス	TNV	〃	球状	Necrovirus
ブドウリーフロール関連ウイルス	—	〃	ひも状	Closterovirus
ブドウモザイク関連ウイルス	—	〃	ひも状	Potyvirus

b．ウイルスの検定
生物検定法

1) 木本指標植物を用いた接ぎ木検定： ウイルスに感染した場合，明瞭な病徴を現す木本植物を選んで指標植物とする．これに被検植物を接ぎ木接種して病徴発現の有無を調べる．接種方法としてはあらかじめ指標植物の苗木を養成しておき，これに被検植物の樹皮などをそぎ接ぎする場合や，ウイルスフリーの実生苗に被検植物の樹皮や芽などを接ぎ，その真上に同時に指標植物の芽を接いで，この芽を伸ばす場合，あるいはウイルスフリーの台木に，あらかじめ被検植物の穂木と指標植物を接いでおいたものを切り接ぎするなどの方法がある．ウイルスあるいは病気により，指標植物が決められている．

本法は病原ウイルスが不明であっても，病気の検定は可能である．また，ウイルス濃度が低く，他の方法では検出できない場合でも，検出可能なこともあり，信頼度は高いが，検定期間が長くかかること，植物を準備したり，また管理する必要があり，場所と労力がかかるなどの短所がある．

2) 草本植物に対する汁液接種： 汁液接種により草本植物に感染するウイルスについては，草本植物のなかから病徴の明瞭なものを選んで検定植物とする．検定植物はウイルスにより，それぞれ決められている．汁液接種の接種源としては，春先の発芽まもない頃の若葉や花弁が用いられる．摩砕液にはニコチンや還元剤を加えた緩衝液が使用されることが多い．

血清学的検定法 ウイルスに対する抗血清が作製されている場合には血清学的手

法による検定が可能である．生物検定に比べ検定に必要な日数は短く，多数の試料を同時に検定することができるなどの長所がある．ELISA 法や DIBA 法は検出精度も高い．

1) **ELISA 法**：ポリスチレン製マイクロプレートの穴にウイルスに対する抗体をコーティングし，これに被検植物の葉などの磨砕液を加える．ウイルスがあれば抗体と結合する．これに抗体に酵素を結合させた酵素結合抗体を加えると，これがウイルスと結合する．最後に酵素の基質液を加えると，基質が分解され発色するので肉眼で発色の有無を調べる．発色の程度を数字で表したい場合は分光光度計で測定する．ELISA 法には直接法と間接法があり，間接法は検出できる系統の範囲が広いという特徴がある．

2) **DIBA 法**：マイクロプレートのかわりにニトロセルロースシートを用いる．このシートに被検液の磨砕液をスポットし，これに一次抗体を処理する．さらに一次抗体に対する二次抗体を反応させる．この二次抗体にはあらかじめ酵素を結合させておく．その後，基質液を処理する．結果は試料中にウイルスがあれば滴下した試料のスポット部分が発色するので肉眼で判定する．

電子顕微鏡による検定　血清学的手法と電子顕微鏡による観察を組み合わせた免疫電顕法がよく用いられる．方法はまずフォームバール膜を張ったグリッドに抗体を付着させる．被検植物の磨砕液をパラフィルム上に滴下し，先のグリッドを抗体を付着した面を下にして浮かばせる．ウイルスは抗体と結合して捕捉される．次に抗体液のドロップにこのグリッドを浮かばせ，抗体と反応させる．その後，酢酸ウラニルで染色し，電顕観察する．目的とするウイルスがあれば抗体と反応し，周辺部が黒く染色されるのでわかる．

核酸検出法　RNA ウイルスの場合に，感染組織にウイルス増殖過程で複製型の2本鎖 RNA が形成される．この2本鎖 RNA を抽出し，電気泳動法により検出する．検定法としては多数試料を扱えないことや，いくつかのウイルスが混合感染しているとウイルスの同定が難しいこと，あるいは試料の処理が面倒なこともあって一般的な実用検定には用いられないが，ウイルス病であるかどうかの判定やウイルスの系統判別などに補助的に利用される．

また，ウイルスゲノム RNA に相補的な DNA を作製し，これにアイソトープあるいはビオチンを標識して，これをプローブとし，被検植物の磨砕試料中からウイルス核酸を検出する方法がある．このようにウイルスゲノムを直接検出する方法は遺伝子診断法といわれる．検出感度は ELISA 法と同程度かあるいはそれ以上である．アイソトープを用いる必要があること，ビオチンの場合，非特異反応が問題となる，cDNA が簡単に入手できないなどの理由から研究上の利用にとどまっている．

以上のようにいくつかの検定法があるがそれぞれ特徴があり，目的によってそれに適した検定を選ぶようにする．ウイルスフリー母樹を選定しようとする場合など，いくつかの方法を組み合わせ，ウイルスの感染を見逃すことのないようにする必要がある．

〔柳瀬春夫〕

文　献

1) Francki, R. I. B. (ed.) (1985), The Plant Virus, Vol. 1 : Polyhedral Virions with Tripartite Genomes, Plenum Press, New York and London.
2) Francki, R. I. B., Milne, R. G. and Hatta, T. (1985), Atlas of Plant Virus, I , II, CRC Press, Florida.
3) Koenig, R. (ed.) (1987), The Plant Viruses, Vol. 3 : Polyhedral Virions with Monopartite RNA Genomes, Plenum Press.
4) Mattews, R. E. F.(1982), Classification and Nomenclature of Virus : *Intervirology,* **17**, No.1-3.
5) Milne, R. G.(ed.) (1988), The Plant Virus, Vol. 4 : The Filamentous Plant Viruses, Plenum Press.
6) Regenmortel, M. H. V. (ed.) (1986), The Plant Virus, Vol. 2 : The Rod-Shaped Plant Viruses, Plenum Press.
7) 與良　清，斎藤康夫，土居養二，井上忠男，都丸敬一編(1983)，植物ウイルス事典，朝倉書店.

（3）伝搬と対策
a．伝　　搬

　果樹においては，ウイルス，ウイロイド，スピロプラズマ，マイコプラズマ様微生物（MLO），難培養細菌（fastidious bacteria＝xylem limited bacteria（XLB）および phloem limited bacteria（PLB））などはすべて接ぎ木伝搬するので，ウイルス病などに似た症状がこれらによるのか否かを調べるために，往々にして接ぎ木接種試験が行われている．大部分の果樹ウイルスは接ぎ木によってのみ伝搬するが，一部のウイルスは他の方法によっても伝搬することが知られている．伝搬方法を明らかにすることは，対策をたてる上できわめて重要である．

　接ぎ木伝搬　　ウイルスに感染した台木や成木に無毒の穂木を接ぎ木すると，その穂木が伸長して生じた苗木や枝しょうはウイルスに感染する．また，無毒の苗木や成木にウイルスに感染した穂木を接ぎ木あるいは高接ぎすると，その苗木や成木はウイルスに感染する．このような場合を接ぎ木伝搬という．

　汁液伝搬　　罹病樹組織の汁液の塗沫によって健全植物が感染する場合をいう．この伝搬は一般に人工的であって自然条件下で行われているとは考えにくい．果樹ウイルスで汁液伝搬するものは比較的少ない．果樹の体内でのウイルス濃度は一般に非常に低いが，もし汁液で草本植物に伝搬すると高濃度に増殖するので，病原ウイルスの純化や同定が容易になる．

　接触伝搬　　汁液伝搬の範囲と考えられるが，接ぎ木ナイフやせん定ばさみなど汚染器具で伝搬する場合をいっている．ウイロイドは一般に熱や乾燥，アルコールなど多くの薬剤に耐性が大であるため，汚染器具上できわめて長期間感染性を保つことができる．わが国ではカンキツのエクソコーティスウイロイドが果樹園で実際に伝搬するものと考えられている．

　昆虫伝搬　　果樹ではアブラムシ（ウイルス），ヨコバイ（スピロプラズマ，XLB），キジラミ（MLO，PLB）などが媒介昆虫として知られている．伝搬の仕方により，永

続，半永続，非永続に分けられている．わが国ではカンキツのトリステザウイルスとベインエネーションウイルスが数種のアブラムシで非永続伝搬することが知られている．

土壌伝搬 媒介者として線虫（*Xiphinema*, *Longidorus*）や菌類（*Olpidium*, *Polymixa* など）が知られている．ブドウのファンリーフウイルスは *X. index* などの線虫で伝搬する．温州萎縮病のグループはほ場観察などから土壌伝染すると考えられ，ある種の菌類が媒介者として推定されている．これらの発生園は汚染土壌となり，改植時に注意を要する．

種子伝搬 一部の果樹ウイルスは汁液接種で発病した草本植物で種子伝搬するが果樹の種子による伝搬は知られていないので，実生苗は実用的には無毒と考えられている．

花粉伝搬 プルヌスネクロティックリングスポットウイルスとプルンドワーフウイルスで樹から樹への伝搬が知られている．訪花昆虫や風で花粉が運ばれてウイルスが伝搬するものと考えられているが，保毒樹から周囲への伝搬速度はあまり速くないようである．

b．対　策

果樹は一般にその形質を保つために栄養繁殖によって次代を育成するので，母樹がウイルスを保毒している場合は，それに由来する苗はすべて母樹と同じウイルスを保毒していることになる．これらの苗木を果樹園に栽植した場合，ウイルス病としての病徴を現しているか，あるいは潜在感染して外観健全であるかにかかわらず，その樹からウイルスを取り除くことは不可能である．したがって，ウイルス病の被害を回避する唯一の方法は，まず無毒の苗を育成して栽培することであり，そのためには無毒母樹を確保する必要がある．これがウイルス病対策の第一歩である．

無毒母樹の入手方法 現在以下のような方法が考えられるが，いずれの場合も得られた個体についてウイルス検定を実施して無毒であることを確認する必要がある．

1) 果樹園での探索：品種が確かであること，成木であること，ウイルス症状を示していないこと，生育良好で樹勢がよいこと，永年にわたって収量が安定していることなどを条件として選抜する．

2) 外国からの無毒材料の輸入：外国の研究機関に連絡をとると入手できるものが多いし，品種によっては外国の苗木業者から購入することができる．

3) 熱処理による作出：果樹ウイルスの無毒化として最も普及していた方法である．永年にわたる研究の結果，多くのウイルスについて無毒化の条件が明らかにされている．ウイルスの種類によって無毒化が容易なものと困難なものがある．ウイロイドは一般に困難である．

4) 茎頂培養（生長点培養，組織培養）と茎頂接ぎ木：熱処理で無毒化不可能または困難なウイルスのために応用あるいは開発された経緯があるが，現在ではむしろこれらの方法が主流となっている．一般に採取する生長点付近の切片は薄いほど無毒化率が高いが，無毒化される理論はいまなお十分解明されていないようである．熱処

理と併用すると切片は少し厚くても無毒化可能である．具体的な方法はⅠ.4.1節およびⅠ.5章を参照のこと．

無毒苗供給システム　欧米諸国では古くからウイルス病の被害が多かったので，多くの樹種で無毒苗供給システムが作られ，十分機能を果たしてきている．わが国でも早急にこのシステムを確立する必要がある．

1) 原母樹の隔離保存：　作出された無毒樹は，原母樹としてウイルスに感染しない状態で保存する．一般に原母樹園は既存の産地から離れていることが望ましい．カンキツではアブラムシによってトリステザウイルスに感染するので，網室内に保存する必要がある．毎年ウイルスの肉眼検査を，また2～3年おきに検定によって汚染されていないことを確認する．

2) 増殖用母樹園の設置：　常時穂木を供給するために，無毒原母樹から採穂して増殖用の無毒母樹を必要本数作成し，原母樹に準じた条件で保存する．

3) 無毒苗の育成・配布：　増殖用母樹園から採穂し，無毒台木苗に接ぎ木して無毒苗を育成する．育成中のウイルス汚染防止には同様に留意し，肉眼検査を行う．無毒苗にはその旨明記した確認書を貼付し，このシステムによらない苗と区別する．

無毒苗栽培以外に実施すべき対策　接ぎ木以外の方法で自然伝搬するウイルスにはそれぞれ別の手段を講ずる必要がある．

1) 汚染器具による伝染防止：　カンキツのエクソコーティスウイロイドには，汚染器具を1％NaOHと1％フォルマリンの含有液に数秒間浸漬して消毒したのち，水洗する．

2) 昆虫伝染防止(弱毒系統による干渉効果の利用)：　一般にウイルスの系統間には他の系統の侵入を抑制する性質，すなわち干渉効果が存在する．カンキツのトリステザウイルスでは病気を起こさない弱毒系統が病気を起こす強毒系統に干渉効果を示すので，優良弱毒系統を探索し，母樹に接ぎ木接種して感染させ，これから苗を育成して栽培すると被害を回避することができる．媒介昆虫が知られているウイルス病には現在最も有効な防除手段とされているが，必ずしも完全ではない．

3) 土壌伝染防止：　改植時に殺線虫剤や殺菌剤で土壌消毒する．しかし，完全とはいいきれないので耐病性台木の探索が望まれている．

4) 花粉伝染防止：　現在的確な対策はないが，受粉樹が無毒であることは重要なことである．　　　　　　　　　　　　　　　　　　　　　　　　［田中寛康］

11.2　ウイロイド病

a．ウイロイドとは

ウイロイドとは"ウイルスもどき"を意味する造語で，1971年Dienerがジャガイモやせいも病の病原体がウイルスに似て非なることから名づけたものである．ウイルスが遺伝子である核酸(RNAまたはDNA)とそれを包み込んでいるコートタンパク質とから構成されているのに対し，ウイロイドはタンパク質をもたない裸のRNAであ

11.2 ウイロイド病

表11.4 果樹ウイロイドの種類

ウイロイド名（略号）	宿主	報告年	塩基数
カンキツ エクソコーティス ウイロイド（CEVd）*	カンキツ，ブドウ	1968	370〜375
ココヤシ カダンカダン ウイロイド（CCCVd）	ココヤシ	1975	246, 287, 492, 574
ホップわい化ウイロイド（HSVd）*	カンキツ，スモモ，モモ，ブドウ，キイチゴ，バナナ	1977	297〜303
アボカド サンブロッチ ウイロイド（ASBVd）	アボカド	1979	247
ココヤシ ティナンガヤ ウイロイド（CTiVd）	ココヤシ	1981	254
リンゴさび果ウイロイド（ASSVd）*	リンゴ，ナシ	1982	329〜330
カンキツ カケキシア ウイロイド（CCaVd）	カンキツ	1983	301
シトロン バリアブル ウイロイド（CVaVd）	カンキツ	1985	332
ブドウ イエロースペックル ウイロイド（GYSVd）	ブドウ	1988	367
オーストラリア ブドウ ウイロイド（AGVd）	ブドウ	1988	369
ブドウ ウイロイド1b（1b）	ブドウ	1988	363
リンゴゆず果ウイロイド（AFCVd）*	リンゴ	1989	
モモ ラテント モザイク ウイロイド（PLMVd）	モモ	1990	

*は日本で発生．

る．このRNAは1本鎖の環状構造をとっており，分子量は8〜12.5万ダルトン（250から370塩基）で，ウイルスRNAの約1/20の大きさである．また，ウイルスとは異なり，タンパク質をコードする遺伝子をもっていない．

このように小さいRNAであるにもかかわらず，ウイルスと同じように，植物体内に侵入すると，細胞内で増殖し，植物に病気を引き起こす．

b．種類

現在まで十数種類のウイロイドが各種の植物から分離されているが，そのうち，13種のウイロイドが果樹から検出されている（表11.4）．これらのうちカンキツエクソコーティスウイロイドとホップわい化ウイロイドは複数の果樹から検出されている．

c．病気の特徴

ウイルス感染による病徴は一般に高温下で隠ぺいされるのに対し，ウイロイド感染による病徴は高温度，高日射量下でむしろ激しくなる．また，感染を受けてから発病するまでの期間が長い．このため，ウイロイド病は栄養繁殖性のものや，木本植物のような多年生植物に多く発生する．一般に草本植物のウイロイド病ではわい化の症状が現れるが，果樹のウイロイド病では各々のウイロイドと宿主の組合せに応じて特有の病徴が発現する．

d．検定法

ウイロイドの検定は，① 適当な検定植物に接種する生物検定，② ポリアクリルアミドゲル電気泳動（PAGE）による環状RNAの検出，③ 相補的DNAまたはRNAによる遺伝子診断により行う．

生物検定はだれでも行うことができ，検出感度も高い優れた方法であるが，検定に長い期間を必要とする欠点がある．カンキツエクソコーティス病はエトログシトロン（アリゾナ831-S-1）に接ぎ木接種するか，罹病カンキツ枝を切り付けたナイフで直接，ビロードサンシチの茎を切り付けて接種し，検定する．ホップわい化ウイロイド

（スモモ斑入果病など）は罹病葉から核酸をフェノール抽出し，濃縮してから，キュウリ（四葉）に汁液接種する．生物検定は30℃前後の高い温度条件下で行う．

PAGE検定はリンゴさび果病やゆず果病のように生物検定を実用上行うことができないウイロイド病に対しても適用でき，1～2日で判定することができる．ウイロイドは環状構造をとっているため，尿素や加温などによる変性条件下では同じ分子量をもつ線状の核酸より遅く泳動される．したがって，最初，未変性条件下で泳動して，分子量の大きく異なる核酸と分離し，次に変性条件下で泳動して近い分子量をもつ線状核酸と分離することにより，微量のウイロイドを検出することができる．2回目の泳動を2次元で行う2次元電気泳動と逆方向に泳動するリターンゲル電気泳動とがある．

相補DNA（またはRNA）を利用した遺伝子診断法は検出感度がよく，特異性も高い．現在，ラジオアイソトープで標識しており，RI施設のあるところでしか実施できないのが難点である．蛍光色素やビオチンで標識した相補DNAを使うことも考えられているが，現在のところ非特異反応が強く，検出感度も低いため，これらを改良する研究が進められている．

e．伝搬と対策（ウイルス病の項も参照）

果樹のウイロイドはおもに接ぎ木で伝染する．したがって，接ぎ木を行う際には健全な穂木や台木を使用することが防除の基本になる．カンキツエクソコーティスウイロイドは接ぎ木やせん定作業などの際，ナイフやハサミなどによって伝染するし，また，多くのウイロイドは根の接触により伝染するので，病気が蔓延するのを防ぐため，発病樹はすみやかに抜根する必要がある．虫媒伝染や土壌伝染は果樹ウイロイドでは知られていない．アボカドサンブロッチウイロイドは種子伝染および花粉伝染する．

f．果樹のおもな病気

カンキツエクソコーティス病　　わが国のカンキツはカラタチを台木としている．カラタチは本病にきわめて感受性であり，感染すると樹皮の亀裂やはく皮などの症状が現れ，樹勢は衰弱し，果実の収量は低下する．なかには枯死する樹も出る．

リンゴさび果病（斑入り果病）　　リンゴ果実のていあ部から放射状に胴部に向かってさびが生じる．国光ではさびの部分に亀裂が入る．スターキングでは最初斑入りが現れるが，後にさびが現れる．紅玉やレッドゴールドでは斑入りのみが現れる．

スモモ斑入り果病　　大石早生や太陽などの品種で果実が成熟し，着色し始めると，約1～2cm平方程度のやや長円形の大小の赤色の斑入り模様が，果面全体に現れる．その後熟期が進むと地色は黄色となり，やがて赤色となるため，病徴はやや不鮮明となるが，果粉のまだらが残る．ソルダムでは果皮および果肉が黄色味がかって硬くなる．病原はホップわい化ウイロイドの一系統とされている．

リンゴゆず果病　　陸奥，紅玉，王林，千秋，つがる，ふじ，陽光，北斗など多くの品種に病徴を現し，いずれの品種でも果実全体に凹凸がみられ，赤く着色する品種では小さな斑入りが現れる．とくに王林での病徴は激しく，果実全体が凹凸になるばかりでなく，果実のなかは大根のす入りに類似の症状が現れる．スターキング・デリ

シャスでは粗皮症状が現れる．

潜在感染　最初，ホップに特有な病原と考えられていたホップわい化ウイロイドはブドウやカンキツなどの果樹に広く分布し，病徴を発現することもなく潜在感染している．また，ブドウにはホップわい化ウイロイドのほかに，カンキツエクソコーティスウイロイドやオーストラリアブドウウイロイドなどが潜在感染している．これらの潜在感染宿主が伝染源となって，他の感受性の作物にウイロイドが伝染するおそれがあるので，これらの潜在ウイロイドに対しても防除対策を講ずる必要がある．

［小金澤碩城］

文　献

1) Diener, T. O. (1980), ウイロイド（岡田吉美監訳），共立出版．
2) Diener, T. O. (ed.) (1987), The Viroids, Plenum Press.
3) 小金澤碩城 (1987), 農及園, **62**, 49-53.
4) 佐野輝男 (1988), 今月の農業, **32**(9), 64-69.
5) Semancik, J. S. (ed.) (1987), Viroids and Viroid-Like Pathogens, CRC Press.

11.3　細　菌　病

(1)　病徴と診断

a．日本に発生する細菌病

わが国でおもな果樹に発生する細菌病としては，カンキツのかいよう病と褐斑細菌病，核果類のせん孔細菌病（スモモでは黒斑病）とかいよう病，ビワがんしゅ病，クリかいよう病，キウイフルーツの花腐細菌病とかいよう病，ナシさび色胴枯病などが確認されている．このほか，ナシやリンゴの火傷病のように，世界的にも重要な細菌病であってもわが国では未発生のものがある．

b．発生形態と病徴

細菌病の特徴として，まず宿主への侵入様式があげられる．細菌は糸状菌のように発芽や付着器形成，表皮貫通のような積極的な侵入行動をとらない．気孔，水孔などの自然開口部や傷口に水で運ばれたり，または昆虫によってその食入痕に運ばれて侵入する．したがって，細菌病の病斑はこのような侵入門戸周辺から起こることが多い．

気孔侵入は一般に若葉や硬化前の緑枝，幼果など，気孔が最も大きく開いているときに起こる．あまり若すぎる組織では気孔が未発達なため侵入できず，感染は少ない．一方，硬化した組織では気孔前孔を覆うようにクチクラ突起が発達するため，通常の雨ではほとんど侵入しえない．このように，気孔侵入による場合には硬化前の若い組織に発病するのが普通である．気孔は葉では大部分が裏側に分布し，表では中肋部分にのみ分布している．したがって，初期症状は葉裏に現れやすいのも特徴である．カンキツかいよう病，モモせん孔細菌病（スモモ黒斑病）などがその代表的な例である．

緑枝の気孔も重要な侵入門戸である．皮目は火傷病ではほとんど問題にならないが，

クリかいよう病やモモせん孔細菌病では侵入門戸になる．皮目は気孔部分の表皮組織が発達した粗な細胞層と木質部との間に形成された細胞分裂層からなる．したがって，常識的には細菌が侵入できる状態ではないが，他のコルク層と違ってスベリンの集積が少ないため侵入が起こるのである．

キウイフルーツかいよう病では葉の水孔からの感染が認められている．リンゴ，ナシの火傷病では花器のがく片にある水孔から侵入し，花腐れを起こす．同様に，雄ずいの基部にある蜜腺も重要な侵入口である．キウイフルーツ花腐細菌病やクリかいよう病の花腐れについても，同様な侵入方法が推察される．

落葉果樹では落葉痕も重要な侵入口になる．気温が低くなると落葉した後の癒傷組織の形成が緩慢になり，病原細菌の侵入を許すためである．モモせん孔細菌病菌や核果類かいよう病菌は秋期に感染し，越冬して翌春，拡大して重要な伝染源になる．

硬化した組織では，自然開口部からの侵入は困難になるが，傷口からは容易に侵入する．傷口はすべての細菌病で最も重要な侵入口であるが，とくに胴枯れ性の病害では収穫やせん定で生じた傷口から通導組織に侵入し，通導組織にそって主幹や主枝に広がり，枯死に導く．キウイフルーツかいよう病，ナシさび色胴枯れ病などはその例である．

　c．おもな病徴

　水浸状病斑　　葉や緑枝での代表的な初期症状である．葉では光に透かすと鮮明な輪郭をもって明るくみえる．宿主細胞の原形質膜が崩壊し，細胞間隙に液体が充満しているためによく光を通すのである．このような細胞間げきでは多数の病原細菌が増殖している．この症状が進むと宿主組織は崩壊し，黒変・萎凋して枯死したり（若芽でのキウイフルーツかいよう病やリンゴ，ナシの火傷病），かいよう状を呈したり（カンキツかいよう病），欠落して穴が開いたり（モモせん孔細菌病）する．後期の病斑では，周辺部に細胞分裂層からなる防衛組織ができるのが特徴である．

　がんしゅ状病斑　　枝に生じた病斑が長期にわたって拡大し，中心部は木質化したえ死組織，周辺部には宿主の抵抗反応による細胞分裂層などが生じたものである．ビワやクリでは，芽枯れからがんしゅに発達する場合が多い．枝の回りを覆うまでに拡大するとそこから先端が枯死する．それまでに至らなくても養分の転流を阻害し，樹体の衰弱や減収を招く（ビワがんしゅ病，クリかいよう病）．

　胴枯性病斑　　枝や幹が侵され，そこから先の部分が萎凋，枯死する．感染部分では枝や幹の皮目あるいは割目から樹液や菌泥を分泌する．新鮮な感染組織からの菌泥は白濁し，そこからは容易に病原細菌を分離できるが，後期には褐色となり，病原細菌の分離が困難になる．後者は宿主の抵抗反応に起因する樹液である．ナシさび色胴枯れ病では分泌部分は弾力があり，ぽこぽこしており，その部分をナイフで削ると，内層，形成層まで淡紅色ないし紅褐色になっている．キウイフルーツかいよう病では通導組織，木質部，内部の髄の部分まで褐変する．このような症状は，表面からみた病患部よりもはるかに広い範囲に及んでいるのが普通である．

　花腐れ　　蜜腺，水孔から侵入して褐色に枯らす．前者の場合には雄ずいの根元か

11.3 細　菌　病

ら褐変する．後期の病花では糸状菌が2次寄生する場合があり，初期の病徴を重視する．

d．診　断　法

診断は以下の過程を踏むことを原則としている．① 病徴観察，② 病原細菌の検出・分離，③ 純粋培養した病原細菌の同定，④ 純粋培養菌の病原性の確認，⑤ 人工接種による病斑からの再分離．しかし，これは新しく病害を発見したり，厳密に確認するときに必要なことである．発生の多い病害では，一度厳密な診断を行えば，以後は病徴観察だけ，あるいは簡易な検定だけで十分診断することができる．

病徴観察　病徴は発病部位，初期の症状，その後の経時的変化などを綿密に観察する．気象条件，とくに気温と湿度は病徴に大きな影響を及ぼすので，気象条件との関係はとくに注意深く観察する．また，植物の生育時期も重要である．各過程ごとに病原細菌の検出を試み，その消長を追跡しておけば，以後の簡易診断に役に立つ．

血清学的手法　病原細菌の検出には血清学的手法が最も簡便である．とくに酵素結合抗体法（ELISA）は精度が高く，1～2日で結果が得られる．血清学的手法で注意しなければならないのは，近縁の細菌，あるいは植物体から通常分離される腐生性細菌とは反応しないことを確認しておくことである．ウサギなどに注射して作る通常のポリクローナル抗体では，他種の細菌にも部分的に反応する場合がある．これにはその細菌を熱処理して死菌とし，これで血清を処理し，共通抗体を除去してから使う．特異性の高いモノクローナル抗体ではこのような問題は少ない．血清学的手法では，病原細菌の分離・培養の必要はなく，多少の雑菌の存在もかまわない．しかし，多すぎると反応を妨害することもあるので，できるだけ雑菌が少ない新鮮な病斑を供試した方がよい．

遺伝子工学的手法　近年，病原細菌から特異的な DNA 塩基配列を見出し，遺伝子工学的手法で放射線同位元素などで標識した相補 DNA を増殖し，これを用いて検定試料中の細菌との塩基配列対合性によって判定する方法が注目されている（RFLP）．

［小泉銘冊］

（2）病原細菌の種類と簡易同定法

a．病原細菌の種類

一般に植物の主要細菌病は *Agrobacterium*, *Corynebacterium*, *Erwinia*, *Pseudomonas*, *Streptomyces*, *Xanthomonas* の6属菌によるとされてきた．しかし，果樹に発生する病害には *Streptomyces* 属と *Corynebacterium* 属菌に起因するものはまだ記載されていない．なお，*Corynebacterium* 属を四つの属に分ける分類法が Bradbury（1986）によって提唱されている．これ以外に広義の細菌として，マイコプラズマ様微生物，スピロプラズマ，難培養病原細菌（木部局在細菌および篩部局在細菌）などがあるが，前述の一般細菌とは生物学的あるいは生態学的特徴が著しく異なる．果樹でもカンキツのグリーニング病，ブドウのピアス病などよく知られた病害があるが，幸い日本では現在のところこれらは未発見である．

b. 病原細菌の簡易同定
1) 属の簡易検索順序

西山 (1978) の提唱による属の簡易検索順序は図 11.1 のとおりである．ただし，正確な同定をのぞむならば，ここで推定された属，種の参考菌株を加えた 50〜80 項目の細菌学的性質などを調べる必要がある．

```
                  分離細菌菌株
                      │
                 ①病原性検定
                  ┌───┴───┐
                  －       ＋
                非病原菌   ②グラム反応
                        ┌───┴───┐
                        －       ＋
                     ③発酵性   Corynebacterium属*
                   ┌───┴───┐
                   －       ＋
              ④鞭毛着生位置   Erwinia属
              ┌───┴───┐
              極毛     周毛
           ⑤菌叢集落の色  Agrobacterium属
           ┌───┴───┐
           無色      淡黄色
        Pseudomonas属  Xanthomonas属
```

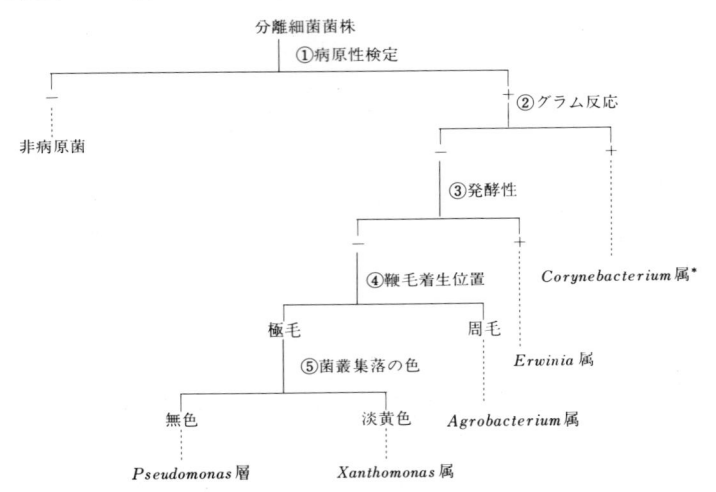

図 11.1 主要植物病原細菌 5 属の簡易検索表 (西山, 1978 から作図)
＊：この属は最近 Bradbury (1986) によって 4 属に分ける分類法が提唱されている．

グラム反応② 現在は劉の方法が簡便法としてよく用いられている．20〜30 時間培養した新鮮な細菌塊をかきとって，清浄なスライドグラス上にのせ，3 % KOH 溶液を 1 滴加えて揚枝でよくかきまぜる．静かに引きあげるとき納豆の糸のような粘質物が認められる場合がグラム陰性，認められない場合を陽性と判定する．後者の陽性の植物病原細菌は *Corynebacterium* 属と判別される．

発酵性の検定(OF 検定)③ BTB を添加し，中性とした供試培地を 2 本の試験管に棒状（高層）に固めたのち，一方には殺菌流動パラフィンを重層して空気を遮断する．これら両試験管に微量の若い供試菌を穿刺接種する．両方とも細菌が発育して培地を酸性化（黄変）した場合は陽性（F）で，条件的嫌気性菌と判定する．開放培地のみ発育した場合は陰性(O)で，好気性菌と判定する．前者は *Erwinia* 属菌と判別される．

鞭毛着生位置④ 最近は試薬による鞭毛染色法にかわって電子顕微鏡による観察が一般的である．短桿状菌体の両極あるいは単極に 1〜数本の鞭毛を有するものは極毛菌，周縁から複数の鞭毛を生ずるものは周毛菌と判定する．好気性で周毛菌は *Agrobacterium* 属に判別される．なお条件的嫌気性の *Erwinia* 属菌も周毛菌である．

菌叢集落の色(非水溶性黄色色素産生)⑤　普通寒天培地上で無色から白色の菌叢に発育するものは Pseudomonas 属と判別される．これに対してはじめは無色であるが，のちに淡黄色の菌叢に発育するものは Xanthomonas 属と判別される．

2) 種の推定

果樹に発生が確認されている主要な3属，Erwinia, Pseudomonas および Xanthomonas 属内のおもな種の判別を行う手順はそれぞれ図11.2～11.4のとおりである．なお，Agrobacterium 属は各種果樹苗あるいはトマト苗への付傷接種でほとんどが付傷部にがんしゅ(こぶ)病斑を生ずる A. tumefaciens の1種のみと考えてよい．

Erwinia 属　まず図11.2に示したように，菌叢集落の色⑤で陽性と陰性に分ける．前者の陽性群には果樹細菌病の病原に含まれるものはない．後者の陰性菌はさらに硝酸塩の還元能の有無⑥によって分ける．これが陰性のA群には火傷病の病原菌として有名な E. amylovora のほかに E. nigrifluense などが含まれる．陽性のB群には軟腐病の病原として知られる E. carotovora やさらに E. chrysanthemi が含まれる．

```
              供試細菌株
                 │
         ⑤菌叢集落の色(黄色)
         ┌───────┴───────┐
         −               ＋
                   ⑥硝酸塩の還元
                   ┌─────┴─────┐
                   −           ＋
                 A群           B群
           E. amylovora    E. carotovora
           E. nigrifluense E. chrysanthemi
```

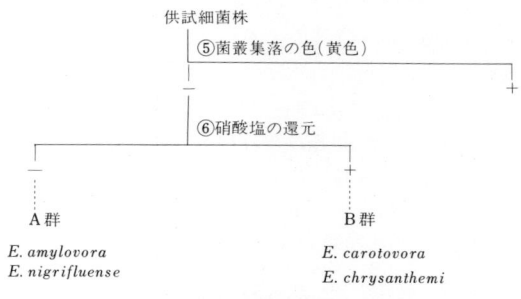

図 11.2　Erwinia 属細菌の検索表 (西山，1978から作図)

```
              供試細菌株
                 │
          ⑦シュクロースの利用
         ┌───────┴───────┐
         −               ＋
    P. viridiflava など      P. syringae など
```

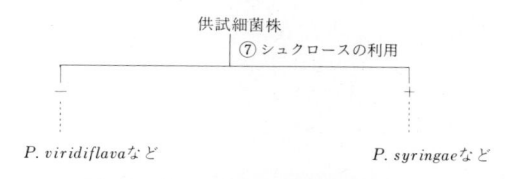

図 11.3　Pseudomonas 属細菌の検索表

Pseudomonas 属　図11.3に示したようにシュクロースの利用⑦によって陽性と陰性に分ける．前者の陽性にはP. syringaeなど多数の種が含まれ，後者の陰性にはP. viridiflava などのいくつかの種が含まれるが，この属では同一種とされる菌株間にも主要な細菌学的性質に対する反応に変異のあることが知られており，簡易に種の判別がしにくい．ここでは詳細を省くため，西山(1986)が9項目の主要性質で Pseudomonas 属の種の群別を試みた成績(植防，**40**, 296-298)があるので，その文献を参照されたい．なお，P. syringae は大きな集合種で，病原性から多数の病原型(pathovar)がこれに含まれている．実用的な防除対応には分類学的には種の下に位置

```
              供試細菌株
       ┌────────┴────────┐
              ⑧粘液性発育
       │                 │
       −                 ＋
   X. albilineans     X. campestris
```

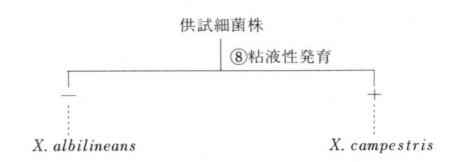

図11.4 *Xanthomonas* 属細菌の検索表（西山，1978から作図）

づけられるこの pathovar まで明らかにすることが便利かつ必要である．病原性の重複する場合は2，3の細菌学的性質の相違を併用して pathovar に分けることも行われている．

Xanthomonas 属　図11.4に示したように粘液性発育⑧の有無によって分ける．この属に属するのはグルコース含有培地上で粘稠な菌叢発育をする *X. campestris* と，陰性の *X. albilineans* の2種があり，後者は果樹では知られていない．前者の *X. campestris* も大きな集合種で実用上，病原性によって多数の pathovar に分けられている．

c．主要検査性質の試験法

発酵性(OF)試験③

試験培地：　ペプトン2g，NaCl 5g，K_2HPO_4 0.3g，グルコース10g，0.005％ BTB水溶液1l（BTB 0.05gを50mlの1/10N NaOH液でよく溶解したのち，蒸留水950mlを加えると0.005％BTB水溶液1lとなる．これで調製した培地はpH 7.1付近でほぼ中性となる．⑦とも共通），寒天3g．培地は試験管に分注し，高層培地とする．1供試菌に2本を用意し，一方には殺菌流動パラフィンを重層して空気を遮断する．

試験方法：　培養2日の若い供試菌の微量を重層，開放各培地に穿刺接種して4～7日後の発育を調査する．両試験管とも黄変したものが陽性(F)で条件的嫌気性菌，開放試験管のみ黄変したものは陰性（O）で好気性菌と判定する．

硝酸塩の還元⑥

試験培地：　0.1％ KNO_3 加用普通寒天（NBA）の半斜面培地．

検査試薬：　A液：スルファニル酸8g/5N 酢酸水1l．B液：α ナフチルアミン5g/5N 酢酸水1l．

試験方法：　供試菌を試験培地に面線培養し，1日および3日後に培地のき裂や気泡の有無（ガスの発生）を調査したのち，検査試薬A，B液を各1mlずつ注加する．30分以内に赤変するものを陽性と判定する．変色しないものには微量の亜鉛末を加えて赤変の起こるものは陰性，ここで変色しないものは陽性とする．

シュクロースの利用⑦

試験培地：　$NH_4H_2PO_4$ 1.0g，KCl 0.2g，$MgSO_4\cdot 7H_2O$ 0.2g，0.005％ BTB水溶液1l（前出），寒天20gの斜面培地．

試験方法：　若い供試菌を培地に塗沫接種する．培養2～7日後に調査し，培地の黄変したものを陽性と判定する．

〔高梨和雄〕

（3） 根頭がんしゅ病

本病は，果樹，花卉などイネ科植物を除く木本および草本植物の根や幹，枝にがんしゅを形成する病気である．病原は細菌の一種，*Agrobacterium tumefaciens* で，Ti プラスミドを保持し，これが植物体にがんしゅを形成する．最近この Ti プラスミドはバイオテクノロジー分野において，遺伝子の運び屋として脚光を浴びている．

わが国において果樹で本病が報告されたのは，1890 年南アメリカから輸入されたオウトウ苗からである．また，ブドウでは 1912 年頃北米から輸入されたデラウェア苗であった．近年，ブドウ，ナシなどの果樹で集団的に若木で発生がみられ問題になっている．

a．症状と被害部位

がんしゅの形成部位は根，地際部，接ぎ木部付近および地上部の主幹や枝である．とくにブドウでは主幹，主枝，亜主枝，2～3 年生枝などにがんしゅが形成されるので，容易に発見できる（図 11.5）．その他の果樹でのがんしゅ形成部位は大部分が根や地際部である．

図 11.5　ブドウ（巨峰）の接ぎ木部に形成されたがんしゅ

形成初期のがんしゅは淡色で軟らかく，指で押すとくぼみ，ほぼ球形である．数カ月を経過すると濃緑色となり，硬くなって表面には複雑な紋様が入るようになる．症状が進むと新しょうの生育が抑制され，葉は黄化して樹は衰弱する．

b．病原菌と寄主範囲

本病の病原は前述のように *A. tumefaciens* という細菌であり，生理的性質によってさらに細かく biovar 1, 2, 3 の 3 生理型に分けられる．この生理型の違いによって寄主特異性がみられる．

本病原細菌の寄主範囲は，木本および草本植物を含めて 93 科 643 種の植物に及んでいる．そのうち，果樹ではカンキツ，リンゴ，ナシ，マルメロ，カリン，モモ，スモモ，アンズ，ウメ，オウトウ，ブドウ，カキ，クリ，クルミ，ビワ，イチジク，スグリ，キイチゴ，キウイフルーツなどである．これらの果樹のうちブドウを除くナシやモモなどの核果類からは biovar 1 と 2 が分離されているが，biovar 3 は分離されてない．それに対して，ブドウからは大部分 biovar 3 が分離され，biovar 1, 2 についてはきわめて少数である．このようにブドウに寄生する菌は特殊であるといえる．こ

の点について，核外遺伝子のプラスミド分析によると，biovar 3 は biovar 1, 2 に比較して塩基数が少なく，差異があることが報告されている．核果類などに寄生するbiovar 1, 2 の菌は果樹のみでなく，バラ，クレマチス，シャクヤク，キク，サクラ，カナモチ，ダリア，ボケなどの花卉にも根頭がんしゅ病を起こす．*Agrobacterium* 属の中にはがんしゅを形成する *A. tumefaciens*（Ti プラスミドを保持）のほかに，毛根を形成する *A. rhizogenes*（Ri プラスミドを保持）と非病原性の *A. radiobacter* がある（表 11.5）．生物防除のために用いられるストレイン 84 はこの *A. radiobacter* に属している．

表 11.5 *Agrobacterium* 属菌の種類

A. tumefaciens	biovar 1 biovar 2 biovar 3	Ti プラスミドを有し，がんしゅを形成する
A. rhizogenes		Ri プラスミドを有し，毛根を形成する
A. radiobacter		非病原性菌（生物防除に用いられるストレイン84が属する）

がんしゅ形成に対する植物の抵抗性について，筆者らがブドウに接種して調べたところ，ほ場で発生が多い巨峰，甲州，甲斐路などで弱く，一方，デラウェア，天山，台木用品種のテレキ5BB，8B，SO4などは強く，品種間で差がみられた．

c．病原菌の生活史および伝搬方法

本病原細菌は土壌中および罹病植物の根圏で半年以上生存することができる．このように土壌中で病原細菌が生存している場合，植物体の地下部に耕起作業，昆虫による食害などによって傷ができると，そこから病原細菌が侵入し，根，地下部，地際部，接ぎ木部付近，主幹や枝にがんしゅが形成される．biovar 1, 2, 3 のいずれも土壌伝搬が確認されているので，汚染地での育苗は避けなければならない．

病原細菌がいったん植物体に侵入すると，維管束を通って上部に移行する例がみられる．たとえば，ブドウではがんしゅ形成部位よりかなり離れた新しょう部からも菌が分離される．このことは，がんしゅを形成した樹より穂木を採取して，苗木を育成することはきわめて危険であることを示唆している．

d．防除対策

苗木による伝搬を防止するため，苗床には無病地を選び，健全樹から穂木を採取して苗木を育成する．そのため母樹の検定を行って，無毒母樹を確保しなければならない．新植または改植する場合，前作に根頭がんしゅ病が発生していたかどうかを必ず確かめ，もし発生していたなら土壌伝搬を防止するためできるだけ植え付けを避ける．ブドウでは凍害が本病の発病を助長する傾向があるので，寒冷地ではわらなどの防寒資材で主幹を覆うなど凍害対策を実施する．

有効な防除手段がなかった本病に対して，1972年オーストラリアのKerrらによって，本病原細菌と同じ *Agrobacterium* に属する非病原性の *A. radiobacter* strain 84 が

モモ根頭がんしゅ病の防除に卓効を示すことを明らかにした．本菌の防除価が高い樹種は，biovar 1 と 2 が感染するモモ，リンゴ，オウトウ，スモモ，ナシ，アーモンドなどであり，諸外国ではすでに生物防除に使用されている．わが国でも，牧野らによってバラなどの根頭がんしゅ病に効果があることが明らかにされ，生物農薬として販売されている．この菌はアグロシン 84 と称する抗菌性物質を産生し，大部分の根頭がんしゅ病菌 (biovar 1 と 2) の生育を抑制するが，ブドウにがんしゅを起こす biovar 3 の菌に対しては効果はみられないなどの問題がある．　　　　　　［家城洋之］

文　　献

1) Kerr, A. (1972), *J. Appl. Bacteriol.*, **35,** 493-497.
2) Kerr, A. and P. G. Brisbane (1983), Plant Bacterial Diseases, pp. 27-43, Academy Press, Australia.
3) 北島　博 (1979), 農及園, **54,** 1536-1540.
4) 牧野孝宏 (1986), 植防, **40,** 540-546.

11.4　糸状菌病

(1) 枝幹病害の種類と防除
a．枝幹病害の位置付け

多種多様の果樹を栽培しているわが国において，樹の永久組織が侵害される枝幹病害の発生は古くより知られており，とくに落葉果樹ではその種類も多い．これらの病害は病原菌が枝幹の組織内部に侵入しているため，薬剤散布による通常の防除法では十分な効果が得られず，さらに被害部除去の煩雑さなどもあって，今日では難防除病害に位置付けられている．

枝幹病害はその発生部位によって，主幹，主枝，亜主枝などに病斑を形成する胴枯症状と，生育年数の少ない細枝に発生する枝枯症状とに大別される．しかし，枝枯症状は枝の局部に形成された病斑の拡大伸展による上部枝の枯死であり，基本的には胴枯症状の発生様相と類似している．

b．枝幹病害の種類

枝幹病害の病原菌　　枝幹病害の病原菌は，その大多数が子のう菌類あるいはこれに類縁の不完全菌類に属する糸状菌で，前者は主として無性世代の柄胞子と条件によっては有性世代の子のう胞子を，また後者は柄胞子のみを，それぞれ病患部組織上に形成して伝染源としている．他には担子胞子を伝染源とする担子菌類や遊走子を形成して水媒伝染する鞭毛菌類があげられる（表 11.6）．これらの病原菌の多くはまた傷い寄生菌とよばれており，枝幹組織への侵入時にはせん定痕，凍寒害による損傷部，昆虫類の食跡などの傷口を必要とする．このとき，病原菌の胞子発芽を助長する栄養源が豊富な新しい傷ほど侵入門戸になりやすい．枝幹病害は概して病原菌の侵入から発病までに長期間を要するが，いったん発病するとその被害は慢性的に現れることが

表11.6 わが国で発生が知られている果樹の主要枝幹病害の種類とその病原菌

病　原　菌	病　　名	樹　種　名
子のう菌類—胴枯病菌科		
Diaporthe eres	胴枯病	ナシ
D. medusaea (*Phomopsis fukushii*)	胴枯病	ナシ
D. tanakae	胴枯病（枝枯病）	リンゴ，セイヨウナシ
Endothia parasitica	胴枯病	クリ
Leucostoma persoonii	胴枯病	モモ，スモモ，アンズ
Valsa ceratosperma	腐らん病	リンゴ，ナシ，セイヨウナシ
子のう菌類—その他		
Botryosphaeria berengeriana f. sp. *persicae*	いぼ皮病	モモ
B. berengeriana f. sp. *piricola*	輪紋病（いぼ皮病）	リンゴ，ナシ，セイヨウナシ
B. dothidea	枝枯病	ナシ，ウメ
Nectria cinnabarina	紅粒がんしゅ病	リンゴ，ナシ，クリ
担子菌類		
Corticium salmonicolor	赤衣病	カンキツ，リンゴ，ビワ
Stereum purpureum	銀葉病	リンゴ，アンズ
鞭毛菌類		
Phytophthora cactorum	疫病	リンゴ，ナシ
P. cambivora	疫病	リンゴ
P. katsurae	疫病	クリ
P. nicotianae var. *parasitica*	疫病（苗疫病）	カンキツ
不完全菌類		
Fusicoccum sp.	枝折病	モモ
Phomopsis mali	胴枯病	リンゴ
P. viticola	つる割病	ブドウ
P. sp.	枝膨病	ブドウ

多い．

なお近年では，細菌類を病原とする枝幹病害もいくつか明らかにされている．

病原菌の種類別主要病害とその特徴

1）　胴枯病菌科の子のう菌類による病害：　本科には *Diaporthe*, *Endothia*, *Leucostoma*, *Valsa* などの各属が位置し，重要な枝幹病害の病原菌が多数含まれている．これらの子のう殻は宿主の樹皮組織中に形成され，子のうの膜は一重で，その頂部に apical ring を有し，ヨード反応で青変しないことが分類上の特徴である．*Diaporthe* は樹木類に寄生して胴枯病を起因する代表的な属菌で，その不完全世代は *Phomopsis* の形態特性を示す．ナシ胴枯病は本来 *Phomopsis fukushii* が病原菌とされていたが，その完全世代 *Diaporthe medusaea* が近年見い出された．しかし，ナシの胴枯症状部位からは種々の病原性を異にする *Phomopsis* 菌が得られ，これらを大別すると強い系統は *D. eres* に，また弱い系統は一方の *D. medusaea* に該当すると考えられている．セイヨウナシの胴枯病菌は従来 *D. ambigua* とされていたが，種々検討された結果，*D. tanakae* に改変され，さらにリンゴ胴枯病にも関与していることがその後明らかとな

11.4 糸状菌病

った.

　Endothia 属菌は林木類に寄生するものが多く, E. parasitica によるクリ胴枯病は古くから知られた重要病害である. ただしニホングリは本菌に対して比較的抵抗性であるが, アメリカグリ, ヨーロッパグリは罹病性といわれている. Leucostoma は子座下面に黒色の子座殻を形成する特徴がある. L. persoonii はモモ, スモモなどの核果類に寄生して枝枯れやがんしゅ状の胴枯症状を生じ, 被害部に赤褐色の胞子角を溢出する. Valsa 属菌による果樹の病害としては, V. ambiens によるモモ, ウメ, アンズのがんしゅ病と V. ceratosperma によるリンゴ, ナシなどの腐らん病が知られている. とくに後者はこれまでに北日本のリンゴ産地で幾度か多発し, 大被害を与えている重要病害で, 病原菌は仁果類のほかに多くの樹木を宿主としている.

　2) その他の子のう菌類による病害: 果樹の輪紋病は別名いぼ皮病とよばれ, リンゴ, ナシ, セイヨウナシに同様の被害を生ずる. その病原菌は従来 Physalospora 属菌とされていたが, 子のうの膜が二重であることから子座室子のう菌類の Botryosphaeria に近年改属された. モモいぼ皮病菌もまた同様に本属に処理されたが, 輪紋病菌と形態的に同一であり, それぞれを寄生性に基づく分化型としている. さらにナシ枝枯病菌やリンゴ胴腐病菌が本属に含まれる. しかし各病原菌の分類学的検討は国外も含めてまだ十分とはいえない. Nectria cinnabarina は多くの広葉樹に寄生して紅粒がんしゅ病を起こす. 果樹では主としてナシで被害を生じているが, 局地的な発生に止まっている.

　3) 担子菌類による病害: 赤衣病は熱帯, 亜熱帯に広く分布するきわめて多犯性の病害で, わが国では南方域のカンキツに発生が多い. しかし近年では, 冷涼な中部地域のリンゴに発生が認められ, 病勢の動向が注視されている. 銀葉病はリンゴ以外にはアンズなどの核果類でまれに発生することがある. 本病原菌の寄生部位は枝幹で, 症状発現部位は葉に限定される特異な発生様相を示す.

　4) 鞭毛菌類による病害: 土壌伝染性の Phytophthora 属菌による疫病がいくつか知られている. リンゴ疫病は主幹地際部が腐敗することからカラーロットと通常よばれており, 2種の疫病菌がそれぞれ病原とされている. カンキツの疫病には P. nicotianae var. parasitica に加えて数種の同属菌が関与するとされているが, 幼木の新しょうに発生する苗疫病と成木の主幹地際部に発生するすそ腐病とに区別してよばれている. クリ疫病に対してニホングリは罹病性でいずれの品種も発病するが, その発生域は現在のところ一部地方に限られている.

　5) 不完全菌類による病害: 完全世代を欠くかまたは不明の病原菌で, 果樹の枝幹病害では Botryodiplodia, Fusicoccum, Macrophoma, Phoma, Phomopsis などの属菌が知られている. これらのなかで, Phomopsis 菌を病原とする病害の種類は多く, ブドウ枝膨病のように現在問題となっている病害もある. リンゴ胴枯病は古くから知られ, 若木に発生しやすいとされているが, わい性台樹で往々多発することがある. ブドウ枝膨病は西南暖地の巨峰群に近年発生した新規病害である. 一方のつる割病とは発病初期の症状が酷似しているため両病の識別は容易ではない. しかし, 枝膨病は

被害枝節部の肥大や大型柄胞子の産生を特徴としている．モモ枝折病は *Fusicoccum* の一種による病害で，アンズにもまれに発病するが，発生は局地的である．

c．防除

総合防除の必要性 枝幹病害の病原菌は皮層部あるいはさらに木質部にまで内在すること，またそれらの活動は周年にわたり，伝染源がたえず飛散していることなどから，薬剤のみによる防除には限界がある．したがって防除効果を上げるためには薬剤防除に加えてほ場衛生や栽培管理を組み合わせた総合的な防除対策をとる必要がある．

薬剤処理 枝幹病害対象には通常，発芽前あるいは落葉期に石灰硫黄合剤，チオファネートメチル水和剤，ベノミル水和剤，イミノクタジン酢酸塩液剤などを散布している．この散布はせん定痕，凍寒害による損傷部，採果痕などからの感染防止が目的であり，効果の評価には長期間を要するが欠くことはできない．さらに枝幹病害に共通して，古くから実施されている被害枝のせん除ならびに病患部の削除は，病原菌密度の低減と関連した最も的確な治療対策である．しかしこれらの処理箇所は同時に新鮮な傷口にもなり，再感染の場となることから，せん定切口を対象にしたときと同様に，チオファネートメチル，有機銅，ポリオキシン，イミノクタジン酢酸塩の各塗布殺菌剤での処理が不可欠である．

発生条件と栽培管理 枝幹病害には，せん定枝や園地周辺の林木に寄生して伝染源を多量に形成する病原菌が多いことから，各病原菌の生態特性を把握することも防除対策上必要である．樹勢と発病の関係については以前より種々論議されているが，明確な結論にはまだ達していない．しかし，排水不良や土壌病害などが原因で衰弱した樹はもちろん，多施肥による伸長過多の樹もまた枝幹病害が発生しやすいとされているので，それぞれの樹種に適合した肥培管理が防除対策上重要である．〔工藤　晟〕

文献

1) 北島　博 (1989)，果樹病害各論，1-581，養賢堂．
2) 富樫浩吾 (1950)，果樹病学，1-383，朝倉書店．

（2） 土壌病害の種類と防除

果樹における土壌病害は，作物の性質からいってすべてが難防除病害に入っている．すなわち，いったん植え付けるとリンゴなどは60年近く，ナシでも40～50年は同一場所を占有するわけで，根に発生する病害を薬剤などで毎年防除するには経費のかかりすぎで，ナシ，リンゴなどではせめて3～4年に1回の処理であれば実用技術として使われよう．クリなどではその経済性から10年くらいの効果の持続性がないと一般には使われない．このような要求をみたす薬剤は現在のところ見当たらない．有効な防除法として，作物の根に共生するような根圏拮抗微生物の利用が考えられるが，これらの研究は他の作物の病害をも含めてまだ緒についたばかりといって過言ではない．

11.4 糸状菌病

a. 土壌病害の種類

大半の果樹に共通な土壌病害としては紫紋羽病，白紋羽病，ならたけ病がある．一方，種は違うが大半の果樹に発生する病害として疫病がある．イチジク株枯病 (*Ceratocystis fimbriata*), クリ黒根立枯病 (*Didymosporium radicicola*, *Macrophoma castaneicola*) などは他の樹種での発生がなく，異色な病害である．

果樹に発生する土壌病害を日本植物病理学会編集による日本有用植物病名目録およびその後の日本植物病理学会報への追録より拾い，表11.7に示した．これらの病害のうちおもなものについて研究の現状および防除法を述べる．

表11.7 各種果樹に発生する糸状菌による土壌病害

樹種名	白紋羽病	紫紋羽病	疫病	ならたけ病	ならたけもどき病	白絹病	黒根立枯病	株枯病
カンキツ類	○	○	○	○		○		
リンゴ	○	○	○	○		○		
ナシ	○	○		○				
セイヨウナシ	○							
モモ	○	○		○	○			
オウトウ	○	○						
ウメ	○	○						
アンズ	○	○						
スモモ	○	○						
ブドウ	○	○		○		○		
カキ	○	○						
ビワ	○	○						
キウイフルーツ	○							
イチジク	○	○						○
クリ	○	○		○	○		○	

白紋羽病および紫紋羽病 両病害の発生生態について，荒木 (1976) は果樹において詳しく研究し，両者には"すみわけ"現象があるとしている．すなわち，紫紋羽病は土壌来歴の新しい未熟な土地で，pHは低く腐植に富み，開墾後20〜30年の未分解有機質の多い畑で発生が多い．土壌来歴が古く開墾後50〜100年以上を経過した地帯で，熟畑化したpHの高い土壌で白紋羽病は発生するとし，土壌水分についても紫紋羽病は乾燥しやすい土地で，白紋羽病は逆であると結論している．

最近，リンゴはわい性樹栽培を志向し，現在は栽培面積の約20%にも達しているが，青森，福島，群馬県などからの最近の報告によると，これらわい性樹園地で両紋羽病の同時発生をみるところが多くなっている．しかも白紋羽病の発生していた園地で紫紋羽病が発生するようになっており，"すみわけ"論で説明がつかない現象が出てきた．今後これらを防除するときに問題が大きくなる．すなわち，現在登録のある防除薬剤の種類および処理方法は，紫紋羽病にはアンバム液剤のかん注であり，白紋羽病にはベノミル，チオファネートメチル剤のかん注または注入，イソプロチオラン剤の土壌

混和と両者で異なるからである．

　土壌病害研究においては病気の発生しない抑止型土壌の探索がよく行われるが，果樹においても青森県のリンゴ栽培地帯で両紋羽病の発生しない土壌がみつかっており，抑止力の一面が生物学的なものだろうと報じられている．しかし，他の作物病害研究でみられるような物理・化学的根拠に基づく抑止力の解析は未だ着手されていない．

　1980年前後にリンゴ栽培地帯で，樹冠下の管理をイネ科牧草による草生栽培にすることは両紋羽病の発生抑制に効果が高いとの民間技術が報告された．以後，多くの試験機関で追試験がなされたが，明らかに効果ありとの結論は出ていない．イネ科牧草は両紋羽病の宿主に入っていない点から，効果がありそうと考えられたものと推定される．永年性作物の土壌病害防除はこの種の生物防除が効果的なので，イネ科牧草の発病抑制効果については早急に結論を出す必要があろう．

　土壌病害としての疫病　　ほとんどの果樹で疫病発生の記録はあるが，土壌病として過去に大きな問題を起こしたのは，わい性台リンゴ樹の疫病（クラウンロット），クリの疫病，ミカン苗疫病である．

　1）リンゴ疫病：　リンゴ栽培現場では1970年代に種々なわい性台木が導入，試作されたが，北海道，青森県など積雪地帯ではその樹勢の強さと，やや大型の樹型からMM. 106台が選定された．この台木は疫病菌の一種 *Phytophthora cambivora* に弱く，第一期に作付されたものの大半が本病の発生によって枯死した．病徴は地際部や根の樹皮が水浸状に腐敗するが，他の樹種の疫病でみられるような遊走子が飛散して地上部が被害をうけることはない．現在この台木が使われている地域は少ないが，中間台木としての利用が検討されている．リンゴにはほかに *P. cactorum* による疫病があるが，これは果実のみ侵し，根に被害を与えることは認められていない．欧米諸国におけるわい性台リンゴ樹の疫病はこの *P. cactorum* によるものが主で，*P. cambivora* による被害は少ない．

　2）クリ疫病：　クリは1955年頃までは疫病による被害は知られていなかった．粗放栽培から清耕栽培に移った1960年頃に突如 *P. katsurae* による被害が多発生した．本病は地中の根に被害は出ないが，地上に露出した根や主幹部，ときには枝や果実にも発生する．主幹に発生した場合には樹全体が枯死するので被害は大きい．これは地中に棲息する菌の遊走子のうから降雨時に游走子が飛散して病気を起こすものである．この病気については，土壌中の疫病菌の飛散を抑えるために，樹冠下を牧草で覆ったり，稲わらマルチをすることで解決された．現在は問題が小さい．

　3）カンキツ苗疫病：　カンキツに発生する疫病のうち苗疫病（*P. nicotianae* var. *parasitica*）はカラタチ台実生苗育成時に立枯れを起こしたり，カラタチ台にカンキツを接ぎ木した場合に接ぎ穂からの幼芽や新しょうが枯死するもので被害は大きい．本病発生の初期には *Botrytis* 菌による灰色かび病ともよばれていたが，*P. nicotianae* var. *parasitica* によりひき起こされることがわかり，防除法も確立された．カラタチ台部がそのヒコバエより本病菌の侵害をうけ枯死する場合があるが，これは台木部を地

中に入るように植え付けることで被害回避ができる．カンキツにはこのほかに *P. citrophthora* による，すそ腐病がある．この場合，主として果実での発生が多く，被害も大きい．本菌はナルトミカンの地際部を侵すが，カラタチ台は侵さない．

ならたけ病　カンキツ，リンゴ，ナシなどほとんどの果樹で発生が記録されている．地上部の症状は，葉色が黄色味を帯び，やがて萎凋枯死する．これは白紋羽病と同じ症状である．また，病斑部の菌糸が白色であることから，白紋羽病と誤認されやすい．被害部の皮をむいたとき，白紋羽病では1点から四方に白色の菌糸束が走るのに対し，ならたけ病の場合もこの点は類似しているものの，黒色～紅紫色のやや太い菌糸束（針金状～ひも状）が地中に伸びるので，区別がつく．

b. 防　　除

殺菌剤による防除技術　紫・白紋羽病の発生跡地処理にはクロルピクリン，カーバム，ダゾメット微粒剤処理がある．両紋羽病菌の垂直分布は約50 cmに及んでいるので，深部に存在する菌をいかに殺菌するかが防除の技術である．クロルピクリン処理の方法としては，30 cm四方に網目状に垂直に20 cm，40 cmの所に各4 ml注入してポリエチレンフィルムで1ヵ月覆う方法，60 cmの網目状に垂直20 cmの所に1穴当たり20 ml注入し，上記フィルムで覆う方法がとられている．ダゾメット微粒剤は効果が高く，処理法も簡便である．

立木処理の方法としてはベノミル，チオファネートメチル，アンバム，イソプロラチオン剤処理があるが，詳細は個々の病害のところを参照されたい．

土壌改良剤などによる防除技術　最近，各種作物の土壌病害防除に病原菌の拮抗微生物を探索し，それを施用して実効をあげる例が多くなってきた．果樹のような永年性作物では理想とする防除法である．この点に関しては果樹関係でも多くの研究機関で試みられているが，未だ実効ある微生物は見つかっていない．また，種々の微生物を樹皮や家畜糞尿など産業廃棄物，生活廃棄物と混合した土壌改良剤が土壌病害に効果がありとして販売されているが，果樹関係ではこれらの土壌病害に対する効果の判定法が確立されていないので，公的研究機関での評価法の作成および評価が急がれている．

〔佐久間　勉〕

文　　献

1) 荒木隆男 (1967)，農業技術研究所報告，**C 21**, 1-109.

11.5　発生予察—電算機利用—

果樹の重要病害のなかで，発生してからでは防除が困難で卓効を示す耕種的または薬剤による防除の手段がなく，さらに伝染期間が長いため，発生が環境条件によって著しい影響を受け，発生条件が整うときは短期間に激発状態になる病害を効率的に防除しうるためには発生予察が重要である．とくに防除に多回数の薬剤散布が行われて

いる病害について，発生の年変動に対応した防除を設定するためには，防除の省略によって防除が失敗することがないような高精度の予察技術が必要である．そのためには，高精度の予察をめざして，データ群の複雑な計算処理を高速で行う電算機を利用した予察支援がきわめて重要である．

果樹では樹種ごとに予察を必要とする多くの病害があり，各生産県では重要な事業として発生予察が実施されている．また，電算機利用により予察精度を向上させる試みも 1971 年頃から始められてきたが，現在電算機利用の予察技術の開発がある程度の水準に達しているのは果樹のなかではカンキツの黒点病とかいよう病だけである．

これらの病害のいずれの場合でも電算機利用による予察は，気象データなど発生に関与する要因のデータを与えて計算処理を行うときには，発生要因の状態に対応した発生状態を提示しうる発生シミュレーションモデルの活用が中心となって行われる．

黒点病の場合は，発生シミュレーションモデルによって伝染源からの胞子の溢出，分散，発芽，侵入という黒点病菌の生活史の各段階に対する温度，湿度，果面の濡れ，濡れの持続時間，散布農薬残存量などの影響が計算によって求められ，1 日ごとに果実 1 個当たりの黒点病感染数が提示される．このモデルに開花期，計算開始月日と終了月日，計算期間における毎日の 9 時の気温と湿度，降雨の有無，降雨量，降雨の始まりと終りの時刻などを入力し，さらに薬剤の散布月日と薬剤の種類，濃度などを入力すれば現時点までの果実 1 個当たりの 1 日ごとの感染数とそれまでの総感染数が提示される．この場合，薬剤防除を行わない場合の感染数も同時に示される．これらから，現時点での感染状態と現時点までの発生の傾向を知ることができる．

次の段階としてシミュレーションに基づく発生予測を行う．それには予測期間における発生要因の状態，とくに気象要因の状態を予測できることが前提となる．要因の状態の予測ができれば，これらの予測データを用いた計算で得られた発生状態が予測発生状態である．実際には予測期間における過去数十年間の気象データを用いた計算結果をもとに，発生状態の下限や上限，平均発生状態，発生状態がある水準以上または以下になる確率などを予測することができる．

しかし，今日の防除では上述の発生予測を行うことなく，防除の目的達成に必要な最小限の予測情報を知ることで防除要否の決定が行われている．それにはまれにしか起こらないような多発条件 (たとえば今後 10 日間，毎日 10 mm ずつ，合計 100 mm の降雨) を気象データとして設定し，今後 10 日間のシミュレーションを行い，その結果によって，防除が危機的状態にあるかどうかを予測し，防除計画を設定する．すなわち，シミュレーションの結果で感染が認められない場合は薬剤の残効が十分であるとして，今後 10 日間は防除を要しないとする．

次に感染が認められ，その感染数が防除水準を超えない場合は，次の防除までに最大 10 日間の許容期間があるとみなし，この期間中にその後での感染を防ぐための薬剤防除を行うこととする．さらに設定した感染数よりも多い感染が認められる場合はその時点で緊急に防除を行うこととする．こうしたシミュレーションを利用する予察—防除の試みはすでに多くの生産地で検討され，従来の防除暦による防除に比べて失敗

のない優れた防除結果が得られている．

　かいよう病については1樹当たりの越年葉数と越年葉での病斑数，春葉数，開花盛期，1時間ごとの降雨量，風速および湿度をもとに春葉主感染期から，春葉硬化期，梅雨感染期にわたる期間で，発病葉率，1葉当たり平均病斑数を1日ごとに提示するシミュレーションモデルが開発され，年度間の発生変動を罹病性品種の場合でかなりの程度再現できることが示されている．

　実測データを入力して得た基幹防除期ごとのシミュレーションの結果が現時点での要防除水準よりも高い場合では，現時点での薬剤防除を実施する．一方，要防除水準よりも低い場合では予測期間を次期の基幹防除期（約30日後）までとし，この予測期間の気象データに多発年次のデータを入力してシミュレーションを行う．得られた予測発生状態が予測時点での要防除水準よりも低い場合では現時点での防除を省略し，要防除水準よりも高い場合では現時点での防除を実施することになる．さしあたってはこのモデルを薬剤防除の効果をシミュレートできるものへと改善し，さらに春葉主感染期から梅雨感染期までだけでなく夏期や秋期での感染をもシミュレートできるものへと拡張することが望まれている．

　こうして得られたモデルによる予察—防除への技術情報支援は，かいよう病罹病性品種の栽培で発生の年変動に対応した効率的で信頼性の高い防除を可能にするであろう．また，米国向け輸出温州ミカンの生産で要求されるかいよう病無病地帯の合理的な管理の遂行にも役立ちうると思われる．

　このほかかいよう病では伝染源量，品種の罹病性，重要感染時期，防除薬剤など発生に関連したデータや，知識群を収納した知識ベースと知識工学に依拠した推論機構をもち，利用者との対話によって，栽培品種の罹病性を考慮し，その年の発生状況に対応した防除計画の設定を支援するエキスパートシステムが開発されている．今のところこれから得られる情報は，常識的な水準のものであるが経験の少ない生産者に対して，発生に対応した防除計画の設定プロセスを教示するのに有用である．

　今後は個々の病害だけでなく複数の病害を対象に，フレーム化された知識，推論機構，シミュレーションなどで得られた知識から，それぞれの病害の発生現状の評価と発生の予測を行い，それに対応した同時防除の設定やそのための薬剤の選択を含む一連の防除計画を提供して，いわゆるカンキツ病害防除の自動化をめざした技術情報支援システムの開発が急がれる．

　カンキツ以外の病害で被害が大きく，発生変動が著しいために電算機利用の予察防除支援システムが必要と思われるものに，ナシ黒斑病，キウイフルーツ花腐病，ブドウ枝膨病，モモせん孔細菌病など多くの病害がある．これらの病害でも効率的で信頼度の高い防除計画を支援しうる予察—防除支援システムの開発が望まれている．

［久原重松］

11.6 薬剤防除—殺菌剤の種類と耐性菌—

(1) 殺菌剤の有効成分による分類

作物の病害の防除に使用される殺菌剤は従来主として，その有効成分によって分類されることが多く，銅剤（ボルドー液，水酸化第二銅，オキシン銅），硫黄剤（石灰硫黄合剤，ジネブ，マンネブ，マンゼブ，ポリカーバメート，プロピネブ，チウラム，チアジアジン），フタルイミド剤（キャプタン），有機塩素剤（TPN），ベンゾイミダゾール剤（チオファネートメチル，ベノミル，チアベンダゾール），ジカルボキシイミド剤（イプロジオン，ビンクロゾリン，プロシミドン），抗生物質（ポリオキシン，ストレプトマイシン）およびその他に大別されてきた．そして，その他の殺菌剤には比較的最近登録されたいくつかのもの，たとえばホセチル，メタラキシル，エルゴステロール生合成阻害剤（EBI剤）のように注目に値する薬剤も多く含まれる．それぞれの殺菌剤の作用特性や使用上の注意，適用病害あるいは適正使用基準などについての記述は他の成書や資料を参照されたい．

(2) 耐性菌
a．殺菌剤の作用点と耐性の発達

農薬の人体に対する安全性や環境に対する影響についての社会的な関心が高まるなかで，防除対象となる病原菌に選択的に作用する薬剤が求められ，必然の結果として多作用点阻害剤よりも特異作用点阻害剤が多く開発されることとなった．たとえば，ナシ黒斑病やリンゴ斑点落葉病を防除の対象とするポリオキシン剤は菌の細胞壁成分キチンの生合成を特異的に阻害するほか，ベンゾイミダゾール系薬剤は微小管タンパク，チューブリンに結合して菌の細胞分裂を停止させ，またフェニルアミド系薬剤メタラキシルはポリメラーゼに作用して菌のRNA合成を阻害する．しかし，このような特異作用点阻害剤の実用化は一方で，病原菌のわずかな遺伝的変異による薬剤耐性化とこれに伴う薬剤の病害防除効果の低下という問題を新たにひき起こした．病原菌における耐性発達のリスクによって殺菌剤を大別すると表11.8のようになる．

1) ベンゾイミダゾール系薬剤： 各種の病害に卓越した防除効果を示す反面，病原菌における耐性の発達も速く，これまでに多数の病原菌で耐性化が起こっている（表11.9）．

2) フェニルアミド系薬剤： わが国の果樹園では未確認であるが，メタラキシルやオキサジキシルのようなフェニルアミド系薬剤もべと病菌などで耐性発達のリスクが大きい．この系統の薬剤は通常，菌に対する作用機構の異なる他の薬剤と混合して使用されているが，混用といえども耐性菌に対する選択圧は働くので注意は怠れない．

3) ジカルボキシイミド系薬剤： 耐性発達のリスクは中程度とされているが，ブドウ灰色かび病菌などで耐性菌がすでに見出されている．

4) EBI剤： 最近わが国でも登録されたトリフルミゾール，ビテルタノール，フ

11.6 薬剤防除

表11.8 植物病原菌の耐性発達のリスクによる殺菌剤の類別
(GeorgopoulosとSkylakakis, 1986を一部改変)

リスクが高い：	ベンゾイミダゾール系薬剤
	フェニルアミド系薬剤
	ポリオキシン
中程度：	ジカルボキシイミド系薬剤
	エルゴステロール生合成阻害剤
	カスガマイシン
	有機リン系薬剤
	カルボキシアニリド系薬剤
リスクが低い：	硫黄剤
	銅剤
	フタルイミド系薬剤

表11.9 わが国の果樹園で発生が確認された薬剤耐性菌

樹　種	病　原　菌	P	D	B	S
カンキツ	青かび病菌			○	
	緑かび病菌			○	
	灰色かび病菌		○	○	
	かいよう病菌				○
リンゴ	斑点落葉病菌	○	○		
	黒星病菌			○	
	腐らん病菌			○	
ナ　シ	黒斑病菌	○			
	黒星病菌			○	
セイヨウナシ	黒星病菌			○	
核果類	灰星病菌			○	
モモ	せん孔細菌病菌				○
ウメ	黒星病菌			○	
	灰色かび病菌			○	
ブドウ	灰色かび病菌		○	○	
	ペスタロチアつる枯病菌			○	
カキ	灰色かび病菌			○	
	うどんこ病菌			○	
ビワ	灰斑病菌			○	
キウイフルーツ	灰色かび病菌			○	

P：ポリオキシン剤，D：ジカルボキシイミド系薬剤，B：ベンゾイミダゾール系薬剤，S：ストレプトマイシン剤．

エナリモルなどのEBI剤は治療効果の点でも優れ，期待されているが，いずれも菌の細胞膜成分エルゴステロールの生合成経路のうち共通の脱メチル化過程を阻害することから，これらのEBI剤間では通常，交さ耐性が見られる．わが国の果樹園ではEBI剤耐性菌は未確認であるが，海外ではすでにリンゴ黒星病菌，ブドウうどんこ病菌，カンキツ緑かび病菌などで報告され，一部でEBI剤の効果の低下も観察されている．

EBI剤耐性の発達のスピードは一般にベンゾイミダゾール系やフェニルアミド系の薬剤の場合と異なり緩やかであるが，そのためか防除効果の低下の確認は必ずしも容易ではない．

5) その他の薬剤： ホセチルは疫病やべと病などの藻菌類による病害の防除に有効であるが，その抗菌活性は分解物である亜リン酸に基づくとされる．また，ホセチルを処理した植物細胞では，過敏感反応による病原菌の封じ込め，ファイトアレキシンの蓄積を伴った抵抗性の増大が観察されたとする報告もある．ホセチル耐性菌は実験室内では容易に得られるが，ほ場では樹木の疫病菌について海外で報告されているだけである．

グアザチンはブドウ黒とう病などに使用されるが，わが国ではこの薬剤に対する耐性菌はみられず，海外でもわずかにカンキツの緑かび病で報告されているにすぎない．

b．耐性菌対策とその困難さ

ところで，耐性菌の出現による被害を回避する方策として，病原菌に対する作用機構の異なる他の系統の薬剤との混用や交互使用が一般に勧められている．しかし，これは耐性菌の防除対策として決定的なものではなく，薬剤が使用される以上，菌の集団の中から耐性菌を選抜し，その量や割合を増加させる圧力は続くと考えた方がよい．また，耐性菌が優占した果樹園では，ベンゾイミダゾール耐性のナシ黒星病菌のように，問題の薬剤の使用を中止して数年間にわたって他の代替薬剤のみを使用しても耐性菌の割合が速やかに低下しないことも多い．このように耐性のほ場での永続性が高い場合，耐性菌が負相関交叉耐性を示すような薬剤の使用が有効と考えられる．ある種の N-フェニルカーバメート系化合物がベンゾイミダゾール耐性菌のみに特異的に効力を示すことが明らかになり，このうちのジエトフェンカルブがベンゾイミダゾール系薬剤との混合剤としてわが国でも実用化された．しかし最近フランスで，両剤に耐性のブドウ灰色かび病菌が検出され，再び問題になりつつある．

以上のように，耐性菌に十分有効な対策はまだ確立されていないのが現状である．しかし，防除薬剤の開発に抗して菌の集団のなかで耐性菌を優占化させることは不良環境に対する生物の多様な適応能力を反映した結果でもあり，化学物質による人為的な防除が続けられる限り不可避の問題ともいえよう． ［石井英夫］

文 献

1) 深見順一他編 (1983)，薬剤抵抗性，p.412，ソフトサイエンス社，東京．
2) 農薬ハンドブック編集委員会編(1985)，農薬ハンドブック，p.682，日本植物防疫協会，東京．

12. 虫　　害

12.1　最近の果樹害虫相

（1）わが国の果樹栽培と害虫相

　わが国では各種の果樹が栽培されており，カンキツ類やリンゴのように主産地の地域性の高いものから，カキ，ブドウ，クリなど広域に栽培され，主産地が散在しているもの，オウトウ，ビワのように産地が局限されたものまでがある．このような果樹栽培の実状が，害虫の種類構成および発生様相に種々の影響を及ぼしていることはいうまでもない．

　表12.1に樹種別に見た主要害虫の種類と1987年の発生面積を示した．2，3の例外はあるが，ほぼ最近の害虫の発生状況を示したものと考えてよい．

　カンキツ類　　発生面積が最も多いのは，ミカンハダニ（*Panonychus citri*），ついでミカンハモグリガ（*Phyllocnistis citrella*），アブラムシ類，チャノキイロアザミウマ（*Scirtothrips dorsalis*）の順となっている．なお，この表からもれているが，ゴマダラカミキリ（*Anoplophora malasiaca*）が現在全国的に発生の増加が認められている．

　リンゴ　　キンモンホソガ（*Phyllonorycter ringoniella*）やハダニ類の発生面積が多く，モモシンクイガ（*Carposina sasakii*）は少ないが，これはモモシンクイガの重要性が低下しているわけではない．モモシンクイガは，幼虫が果実の内部を食害する害虫で，たとえ果実のなかに1匹入っても商品価値がなくなる最重要害虫であるので，発生面積が少なくても，実際に防除する面積はほとんど全栽培地域にわたり，しかも薬剤の散布回数は数回以上に及ぶ．したがって，発生面積の多い害虫のみが重要だとは限らない．それは害虫の加害部位，被害程度が果実の商品価値や樹の発育および収量に及ぼす影響によって異なってくるわけである．

　ナシ　　アブラムシ類とハダニ類の発生面積が他に比べて多い．カメムシ類，ナシヒメシンクイ（*Grapholita molesta*），モモシンクイガ，吸蛾類などは発生面積が少ないけれども，いずれも果実を加害する厄介な害虫である．

　モモ　　ナシの場合と同様に，ハダニ類，アブラムシの発生面積が多く，ついでコスカシバ（*Synanthedon hector*），モモハモグリガ（*Lyonetia clerkella*）の順となっている．

　ブドウ　　チャノキイロアザミウマが最も発生面積が多く，この傾向はこれまで長

表12.1 樹種別にみた主要害虫の種類と発生面積

樹　種 (栽培面積千ha)[1]	害虫の種類	発生面積 (ha)[2]	樹　種 (栽培面積千ha)[1]	害虫の種類	発生面積 (ha)[2]
カンキツ (153.9)	ヤノネカイガラムシ	17,837	ブドウ (27.5)	カイガラムシ類	829
	ナシマルカイガラムシ	4,268		チャノキイロアザミウマ	5,272
	ロウムシ類	3,952		ブドウスカシバ	825
	カメムシ類	9,824		ハマキムシ類	682
	アブラムシ類	48,579		フタテンヒメヨコバイ	2,450
	チャノキイロアザミウマ	44,303		ブドウトラカミキリ	3,042
	ミカンハモグリガ	71,692		ハダニ類	1,816
	ミカンハダニ	106,303	カキ (29.5)	カイガラムシ類	3,997
リンゴ (54.8)	クワコナカイガラムシ	428		カメムシ類	9,163
	アブラムシ類	6,907		チャノキイロアザミウマ	3,882
	モモシンクイガ	1,871		カキクダアザミウマ	6,555
	ハマキムシ類	5,856		カキノヘタムシガ	5,183
	キンモンホソガ	19,575		ハマキムシ類	3,884
	ハダニ類	13,974	ウメ (17.1)	ウメシロカイガラムシ	2,185
ナシ (21.2)	カイガラムシ類	1,321		アブラムシ類	5,227
	カメムシ類	3,665		コスカシバ	1,636
	アブラムシ類	10,057	オウトウ (2.6)	ウメシロカイガラムシ	108
	ナシヒメシンクイ	1,590		コスカシバ	559
	モモシンクイガ	1,417		ハダニ類	530
	ハマキムシ類	1,660	クリ (40.6)	カツラマルカイガラムシ	2,779
	吸蛾類	2,700		クリイガアブラムシ	7,460
	ハダニ類	8,790		モモノゴマダラノメイガ	11,315
	ニセナシサビダニ	1,032		ネスジキノカワガ	5,566
モモ (14.7)	カイガラムシ類	985		クリシギゾウムシ	3,657
	カメムシ類	943			
	アブラムシ類	6,243			
	ナシヒメシンクイ	1,587			
	コスカシバ	4,263			
	モモハモグリガ	3,872			
	ハダニ類	7,497			

1) 昭和63年版果樹統計（日園連，1988）による．
2) 昭和62年度病害虫防除関係資料（農水省植物防疫課，1987）による．

期間続いている．本種は果実，穂軸を加害し，商品価値を低下させるので，防除面積および散布回数の多い害虫といえる．このほかに，ブドウトラカミキリ (*Xylotrechus pyrrhoderus*)，フタテンヒメヨコバイ (*Arboridia apicalis*)，ハダニ類などが多い．

カキ　カメムシ類とカキクダアザミウマ (*Ponticulothrips diospyrosi*)，ついでカキノヘタムシガ (*Stathmopoda masinissa*) の発生面積が多くなっているが，1987年はとくにカキにカメムシ類の加害が多かった年で，毎年発生が多いわけではない．一方，カキクダアザミウマは最近発生分布が拡大し，栽培園での被害が増大している．また，カキノヘタムシガは従来から果実を加害する代表的な害虫として知られている．その他，多発傾向が認められるものとして，フジコナカイガラムシ (*Planococcus kraun-*

hiae) があげられる．

クリ　果実を加害するモモノゴマダラノメイガ（*Conogethes punctiferalis*）の発生面積が最も多く，ついでクリイガアブラムシ（*Moritziella castaneivora*），ネスジキノカワガ（*Characoma ruficirra*），クリシギゾウムシ（*Curculio sikkimensis*），カツラマルカイガラムシ（*Comstockaspis macroporana*）の順になっている．なお，この表にはあがっていないが，クリタマバチ（*Dryocosmus kuriphilus*）やシロスジカミキリ（*Batocera lineolata*）も防除上，重要な害虫として知られている．

(2) 重要害虫の発生と要因

カンキツ類　チャノキイロアザミウマの発生が多く，また，本種はブドウ，カキの主要害虫となっている．ミカンハダニについても薬剤抵抗性の発達で有効な殺ダニ剤が少なくなってきた現在，防除対策に苦慮している地域が多い．その上，一般に天敵に対して残効性が強い合成ピレスロイド剤の普及に伴い，ミカンハダニが異常増殖する，いわゆるリサージェンス現象を呈するところが目立ってきている．ヤノネカイガラムシ（*Unaspis yanonensis*）は，発生予察技術の普及と有効薬剤の出現で，以前に比べて発生が抑えられているが，管理不十分な園では勢力をもり返しつつある．しかし，1980年に中華人民共和国からわが国に導入した2種の寄生蜂（ヤノネキイロコバチ（*Aphytis yanonensis*）とヤノネツヤコバチ（*Coccobius fulvus*）の働きで本種の密度増加が抑えられている．ゴマダラカミキリは過去10年以上，発生のかなり多い年が続いているが，本種の発生を助長している原因として，カンキツ園の管理不十分がまずあげられる．また，カンキツ類のほかに，最近リンゴ，ナシでもその被害が問題になっている．

リンゴ　近年，ギンモンハモグリガ（*Lyonetia prunifoliella malinella*）がしだいに増加し，主産地で被害が問題になっている．本種が多くなった要因として，ふじやデリシャス系の増加に伴い，高接ぎ更新樹や幼木では一般に発育新しょうが多いためにギンモンハモグリガの産卵可能な葉が多く，世代の継続が容易になったこと，農薬散布の影響で天敵が少なくなったこと，有機リン系殺虫剤に抵抗性が発達したことなどが考えられている．キンモンホソガも発生量が多くなり，今では主産地のどこでも重要害虫の一つに数えられている．この虫からは数多くの寄生蜂が知られているが，他の害虫防除を含めた殺虫剤散布がこれら寄生蜂に悪影響を及ぼして，キンモンホソガに対する天敵の抑圧効果が弱められ，それが誘因の一つとなってこの害虫が多発したものと思われる．ハダニ類としてはナミハダニ（*Tetranychus urticae*）とリンゴハダニ（*Panonychus ulmi*）の2種が主要なものであるが，最近はナミハダニを優占種とする地域が全国的に多くなっている．そのほか，ハマキムシ類（おもにリンゴコカクモンハマキ，*Adoxophyes orana fasciata*）の多発要因として，防除薬剤に対する感受性の低下があげられる．モモシンクイガは無袋栽培を行う場合に大きな障害となっている重要害虫であるが，現在，各種の有効な防除薬剤により，被害を最小限度に抑えている．

ナシ　ワタアブラムシ（*Aphis gossypii*）の発生が全国的に多く，一部の県ではリンゴミドリアブラムシ（*Ovatus malicolens*）の発生が確認されている．アブラムシの種類や優占度が以前に比べて変わってきているが，これは防除薬剤の変遷に伴う感受性アブラムシの淘汰や果樹園をとりまく発生環境の変化によるものであろう．ハダニ類については，ナミハダニ，カンザワハダニ（*Tetranychus kanzawai*），ミカンハダニの順で被害が問題になっており，とくにナミハダニが今後も重要な位置を占めると思われる．カメムシ類は1973年の多発以来，果樹の重要害虫として注目されるようになり，以後も全国的規模あるいは西日本での多発が数年おきに見受けられている．主として，チャバネアオカメムシ（*Plautia stali*）とクサギカメムシ（*Halyomorpha mista*）により，ナシのほかにモモ，カキ，カンキツ類などに被害が多い．本種の発生要因として，餌植物の種類と量，カメムシの越冬量，気象要因，天敵などがあげられている．ここ数年，クワコナカイガラムシ（*Pseudococcus comstocki*）が増加の傾向がみられる．最近は，無袋栽培が一般化してこの虫の発生が少なくなっていたが，有袋栽培では袋のなかで増殖して被害が出やすい．このほかに，増加の原因として，NAC剤（デナポン水和剤）に対する感受性低下が著しいことが鳥取県で報告されている．果実吸蛾類のアカエグリバ（*Oraesia excavata*），ヒメエグリバ（*Oraesia emarginata*）などの発生も一般に多く，無袋栽培果樹での被害はあなどれない．多発の原因は幼虫の発生源となる山林原野の手入れ不足によるカミエビなどの幼虫の餌植物の繁茂が考えられている．

モモ　モモアカアブラムシ（*Myzus persicae*）とカワリコブアブラムシ（*Myzus varians*）の発生が多く，前者の場合はとくに有機リン剤抵抗性が発達しているため，防除が厄介である．鱗翅目のモモシンクイガ，ナシヒメシンクイ，コスカシバ，モモハモグリガ，吸蛾類なども年により多発する重要害虫である．コスカシバの場合は成虫の発生時期が5～10月と長期にわたる上に，幼虫が樹幹を食入するので，防除が徹底しにくい害虫といえる．

ブドウ　チャノキイロアザミウマが全国的に最も重要な害虫となっている．本種が増加してきた原因については，はっきりしないが，殺虫剤の変遷に伴う害虫相の変化，新植地における潜在昆虫の害虫化，ブドウ栽培の変化による大粒系品種の増殖，多肥栽培のため新しょう伸長がおう盛になることによる密度増などが要因としてあげられている．ブドウトラカミキリも発生が多く，普遍的に防除の対象となっている．一方，ハウスやガラス室などの施設栽培ブドウでは，好適な発生環境のためカンザワハダニあるいはナミハダニの発生が一番問題となっている．

カキ　カキクダアザミウマとチャノキイロアザミウマの発生および被害が近年増加している．前者は最初，岡山県で1975年に発生を確認し，その後，周辺の府県に飛び火した．現在では広範囲に分布が拡大しているが，早くから発生した地域では，主として，寄生菌（*Beauveria bassiana*）の影響でしだいに密度が低下し，被害は少なくなってきている．次に，フジコナカイガラムシがカキの主産地で年々増加しているが，この原因の一つとして，使用薬剤の変遷に伴う天敵相の貧困化があげられる．

クリ　モモノゴマダラノメイガの被害の増加とともに，クリイガアブラムシが近年多発しているが，クリの品種によって発生に差があり，筑波や石鎚に多い．本種が増加してきた原因としては，従来有効であったPAP剤（エルサン乳剤，パプチオン乳剤）が最近各地で効果が低下したことが考えられている．カツラマルカイガラムシも最近発生面積が多くなっており，地域的にかなりの枯死樹を出している県がある．多発要因としては，低密度時の初期防除および適期防除の不徹底があげられる．そのほかに，クリタマバチ，クリシギゾウムシもクリ産地では被害が目立ち，放置できない害虫である．クリタマバチについては，耐虫性品種の育成と普及で一時期防除に成功したが，現在はこれらの品種の大部分に寄生するクリタマバチの系統が出現し，再び被害が増えつつある．しかし，1979年と1981年に中華人民共和国から導入した寄生蜂（チュウゴクオナガコバチ（*Torymus sinensis*））の有効性について，目下検討されており，有望な天敵として期待が持たれている．　　　　　　　　　　　［井上晃一］

12.2　害虫の発生予察

　発生予察の目的には時期と量の予察とがあり，その手法には統計的方法とシステム・ダイナミックスによる方法がある．統計的方法は幼虫初発日など目的変数と関係がありそうな要因（説明変数）との間の関係式を統計的に求めるもので，単回帰式と重回帰式による方法がある．その要因として気象要因が一般的に用いられるが，生物気象や害虫の初期密度などの生物要因も用いられる．システム・ダイナミックスは害虫をとりまく諸要因の働きを解析し，それらを総合して一つの体系とするものである．これらの具体的な例を示し，あわせてその問題点をあげる．

（1）　予察式の作成
a．統計的方法
単回帰式による方法　　統計的方法は害虫の発生とその原因との因果関係が明確でなくても使用できる点は長所といえるが，精度の高い予察式を求めるには多くの年数や調査地点の異なるデータの膨大な累積を必要とする短所をもっている．また予察式の計算に用いたデータの範囲外への外挿（たとえば，異常気象で気温などがこれまでの極値を越えた場合や極端に異なった新たな地点）にはそれまでの予察精度の保障がない．これらの適用上の留意点に注意を払って用いれば，十分に有効な情報を得ることが可能である．時期の予察には要因として気温が，また量の予察にはその他に降水量や初期密度などが用いられる．どの時期の要因を用いるかということは，試行錯誤によっても可能であるが，生態調査で見当をつけることが好ましい．また，気温などを総合したものとして表現される生物季節を用いることもでき，カンキツのヤノネカイガラムシでは卵巣の発育時期や温州ミカンの発芽時期などが，リンゴのモモシンクイガでは特定の品種の開花期などが用いられている．これらの例を表12.2に示す．

　回帰式に平方根や2乗などの形で説明変数を用いることもでき，要因と目的変数の

表 12.2 予察式の例（統計的方法）

害虫名	県名	予察式	y（目的変数）	x（説明変数）
ヤノネカイガラムシ	静岡	$y=67.9-0.68x_1-2.15x_2-1.84x_3-1.71x_4$	第1世代1齢幼虫初発日（4月30日起算）	x_1, x_2, x_3, x_4はそれぞれ1月16～31日, 2月1～15日, 3月16～31日, 4月1～10日の平均気温（℃）
〃	和歌山	$y=48.68-0.079x$	第1世代1齢幼虫初発日（5月1日起算）	3～4月の日最高気温－10 の和
ブドウスカシバ	熊本	$y=28.4+0.56x$	第1世代1齢幼虫初発日（5月1日起算）	温州発芽日（3月16日起算）
〃	岡山	$y=38.5-2.29x$	羽化最盛日（6月5日起算）	4月の最低気温（℃）
ブドウトラカミキリ	岡山	$y=98.5-4.95x$	第1世代1齢幼虫初発日（5月23日起算）	4月の平均気温（℃）
〃	青森	$y=52.4-2.9x$	第1世代1齢幼虫初発日（8月15日起算）	4月の平均気温（℃）
クワコナカイガラムシ	福島	$y=-3.47+1.826x$	幼虫移動開始日（4月30日起算）	デリシャス満開日（4月30日起算）
〃	福島	$y=53.7-2.01x$	幼虫ふ化初日（4月15日起算）	3月4半旬～4月4半旬の最高気温の平均（℃）
リンゴハダニ	青森	$y=35.107-0.437x$	越冬卵ふ化50％突破日（3月31日起算）	3月5半旬～4月1半旬の半旬平均気温の合計（℃）
キンモンホソガ	青森	$y=0.1127+0.4849x$	第4世代密度（対数変換）	第3世代密度（対数変換）

表 12.3 ヤノネカイガラムシ寄生数予測の重回帰式──目的変数：第2世代雌成虫数
(実数値：枝単位)[a] (足永ら, 1978)

変数番号とその内容	神奈川	興津	広島	熊本	共通
1. 第2世代幼虫発生日頃の雌成虫数（実数：枝単位）[a]	0.868**	0.610**	0.821**	0.853**	0.874**
2. 第2世代幼虫最多寄生数/[No.1]	0.025**	0.011**	0.030**	0.025**	0.023**
3. 天敵の発生（無0, 少1, 多2）	-0.228**	-0.152**	-0.009	-0.236**	-0.150**
4. 第2世代幼虫初発生後21～30日間の雨量（1日5mm以上）[a]	0.083*	-0.104*	0.139*	0.306**	0.108**
5. 神奈川=1, 他は0 （ダミー変数）	—	—	—	—	-0.531**
6. 広島=1, 他は0 （ダミー変数）	—	—	—	—	-0.072
7. 熊本=1, 他は0 （ダミー変数）	—	—	—	—	-0.006
回帰寄与率 $(100 R^2)$	74.2	58.0	73.2	83.7	79.4
標準誤差 (SE)	0.322	0.238	0.294	0.321	0.323

[ ]内は変数番号。 [a]：$\log(x+1)$の変換をしている。 *, **：5％および1％水準で有意。

間に曲線関係が予想される場合に有効である．現在用いられている予察式には表12.2にみられるように1次の単回帰式が多い．

重回帰分析による方法　目的変数と関係があると思われる説明変数を多く用意し，変数増減法などで回帰式（予察式）の変数選択を行う．たとえば数地域が共同で予察式を作成する場合を考えると，それにはまず，各地域ごとに重回帰式を推定して，選択された変数の偏回帰係数などを地域間で比較する．ここで各地域に共通して用いられているなるべく少ない変数を用いて変数指定法で回帰式を推定する．重回帰式では説明変数（要因）を多くすると得られた式による予測値とその式の計算に用いた実測値の相関係数 R は大きくなるが，新たな環境での予測性は一般に低くなるから注意を要する．

ヤノネカイガラムシの雌成虫数の予察にこの方法を適用した例を表12.3に示す．相関係数 R の2乗（寄与率）は，目的変数の変動のうちで用いた説明変数により説明できた割合を示す．この値による回帰式の有効性の判定には自由度も関係する点に注意しなければならない．次項をも含めて，これらの詳細については統計の解説書などを参照されたい．この方法ではすべてのデータをまとめて利用して求めた回帰式の方が県単独の式よりも予測性は高かった．また，各地域ごとに重相関係数が最大になるように選択された要因を組み合わせて作った重回帰式よりも，重相関係数が少し低くても，どの地域でも共通して選択された要因から成り立つ式の予測性の方が高かった．これは各地域の重回帰式の重相関係数を高くすればするほど，その地域や調査期間の特殊性の強い式になってしまうのに対し，地域間に共通する要因を用いると，より適用範囲の広い式になるためであろう．この重回帰分析では地域差を表す変数を加えて調整することもできる．

従来，重回帰式は残差平方和（residual sum of squares, RSS）が最小になるように決められてきたが，このようにして決められた重回帰式はその式を計算したデータ自身によく適合するように作られたものであるから，新たな環境における予測もうまくいくとは限らない．このような欠点を避けるため，予測誤差（prediction sum of squares, PSS）を最小にする重回帰式を推定するプログラムが開発されている．この両方法をヤノネカイガラムシに適用して予測の精度を比較すると，データ数が十分であれば差はみられなかったが，データ数が少ないときには後者の予測性が高かった．このプログラムは農林ライブラリーに登録されている．

前にも述べたように，統計的手法により信頼性の高い予察式を得るにはサンプル数の大きいことが必要である．これには年次の積み重ねのほかに調査地点数を増やすことでもカバーできるので，農林水産省で行っている予察事業で得られたデータが有効である．このとき参加地域の調査基準などを揃えることが後の解析を容易にするために重要と思われる．

これらの方法は得られたデータから予測値を求めるのに計算機を必要とするが，予察式が簡単な場合は計算図表を用いて簡便化することもできる．ヤノネカイガラムシ第1世代1齢幼虫初発日の予察では，説明変数が二つの場合の計算図表が作成され（図

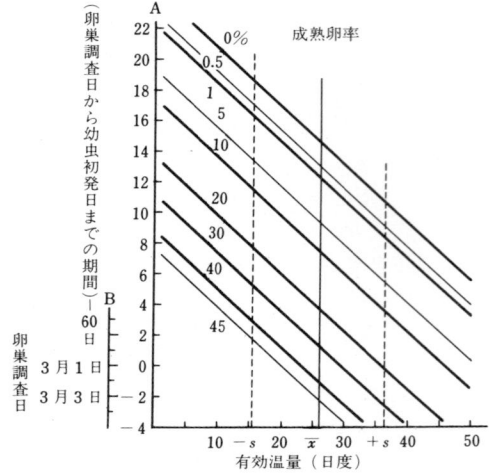

図 12.1 ヤノネカイガラムシ第1世代1齢幼虫初発日を求めるための計算図表（坂神ら，1982）縦軸Aは移動尺で，B軸上の卵巣調査日にA軸の0を合わせる（この図は3月1日に卵巣調査の場合）．有効温量：4月1〜15日の13℃以上の温量．計算は坂神らの三角法による．$\bar{x}$：平年の有効温量，sは標準偏差．

12.1)，これを用いて3月上旬の卵巣調査の段階で，4月の気温が平年並であった場合の値を得，さらに4月前半の気温が得られたときに，この予測値を補正するようにしている．

b．システム・ダイナミックスによる方法

まず害虫の生態，とくに発育速度や増殖率，移動分散などに天敵などの要因を組み合わせて害虫発生システムの概念図を作成する．次にこれを連立差分方程式や連立微分方程式で表現し（図 12.2 参照），コンピューターで解いて時々刻々の発生予察に用いる方法である．この方法は要因間の関係が正しく組み込まれていれば，汎用性をもつ利点はあるが，それを得るためにはやはり膨大な調査や実験を必要とする．発育速度，発育率，雨による脱落などのデータは地域を問わずに利用できるので，研究者間の分担によって研究の効率化が進む．天敵の関与が大きいと，それだけで害虫のシステムと同じ程度のシステムを組む必要が生じる場合もあり，省力化のためある程度はブラックボックスとして取り扱わざるをえない．しかし，これらを信頼性あるシステムモデルとして完成するためには，関係する要因をぬかりなく用意し，関係式はできるだけ多くのデータから正確に得る必要があり，これは統計的方法の場合と同様の慎重さを必要とする．この方法の他の長所は，生存率や産卵数などの数値を変えることにより，どの要因が発生量などの目的変数の変動に大きな影響を与えているかということが評価できることである．

電算機を用いたシミュレーションを果樹害虫の発生予察に用いたのは，ヤノネカイガラムシ各齢の発生時期に関する予察が最初である．その後ミカンハダニの防除時期の予察法確立の特殊調査が組まれ，実用的なモデルが作成された．その概念図と式の一部を図 12.2 に示した．

この実際の適用で問題とされるのは，予想気象条件の入力である．つまり，害虫の

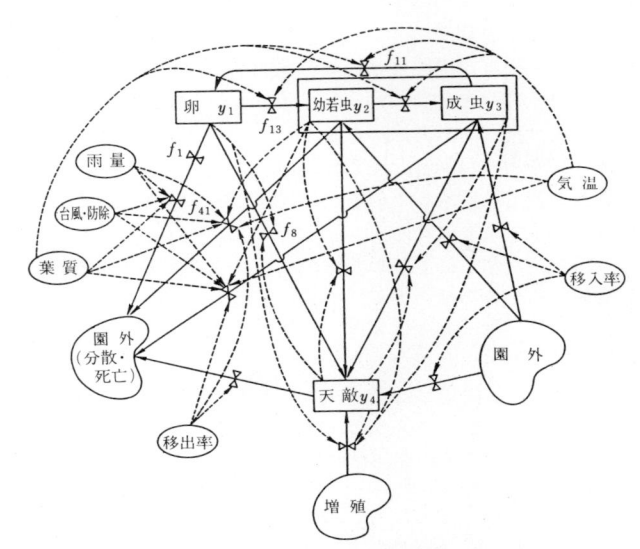

図 12.2 ミカンハダニのモデルの例（塩見，1980 による）

実線は個体数の移動を，破線は移動率への影響を示す．
たとえば，卵数 (y_1) の変化を下式で表す．

$$\frac{dy_1}{dt} = -(f_1+f_{13}+f_{41})y_1 - f_8 y_4 + f_{11}\left(1-\frac{y_3}{5000L}\right)y_3$$

ここで，卵の死亡：$f_1=0.003$ （0.3%/日：一定と仮定）
　　　　産卵数：$f_{11}=0.269T-2.86$ （個/♀/日）
　　　　ふ化率：$f_{13}=0.010T-0.093$ （率/日）
　　　　雨による脱落：$f_{41}=0$ （雨量≦50mm/日）（率/日）
　　　　　　　　　　　　　$=0.1$ （雨量>50mm/日）（率/日）
　　　　天敵による捕食：$f_8=\dfrac{5}{16}\dfrac{y_1}{W}y_4+0.1$ （頭/日）

T は温度(℃)，L は葉質，W はミカンハダニのバイオマス（雌成虫換算）．

発生に気象条件は大きく影響し，気温は平均値である程度予測できるとしても，雨量の年次間変動の予測はきわめて難しく，平年値の入力はあまり意味がない．また降雨は気温にも影響するのでこれを独立のデータとして入力することもできない．この解決法として愛媛県がミカンハダニで試みたように，典型的な高温少雨，低温多雨の年の実際のデータを用い，それぞれの場合の予測値を求めるのも一方法である．

(2) 適合性の検討

こうして得られた予察式の改良のためには，予察の適合性の検討が必要であり，残差分散から予測値の標準誤差を求め，予測値と実測値との差をみる．それには実測値である初発日や密度などの正確な把握が必要であり，統計的手法による予察の場合には，基準ほ場条件の変更などに留意する．また，密度の把握にはフェロモントラップ，

黄色粘着トラップや誘蛾灯の利用のほかに，実際に計数する見とり調査があるが，その簡便法としてミカンハダニで提案されている雌成虫存在率や，集中ないしランダム分布であれば利用できる非寄生葉数の割合と1頭および2頭以上が存在する葉数の割合だけからグラフにより推定する方法がある．

密度調査にトラップを用いた場合，注意しなければならないのはトラップで捕獲された虫数がどの範囲の密度を反映しているかの検討である．また，すべてが加害種とは限らず，類似種の同定も重要になる．

これらの方法で得られた結果の誤差の許容範囲は，その害虫の要防除密度によっても，また被害の様相やその許容度によっても異なってくる．また推定の精度を上げると，それに必要なサンプル数は急激に大きくなって実行不可能になることがある．実用上十分な精度まで下げるのも必要である．

果樹害虫の発生予察は方法論的には普通作のそれと変わるところはないが，チャノキイロアザミウマ，カメムシ類，ミドリヒメヨコバイ類，果実吸蛾類のように他作物や植物から飛来する害虫はそこでの発生や栽培体系をも考慮しなければならず，人為的要素も加わり予察は複雑になる． ［是永龍二］

文　献

1) 広崎昭太，他 (1979)，農林研究計算センター報告，**A15**，45-104．
2) 是永龍二，他 (1978)，応動昆，**22**，141-151．
3) 久野英二 (1986)，動物の個体群動態研究法 I ―個体数推定法―，共立出版．
4) 奥野忠一編 (1979)，応用統計ハンドブック，養賢堂．
5) 斎尾乾二郎，他編 (1984)，農林水産研究とコンピュータ，農業技術協会．

12.3　防除技術

(1) 化学的防除法
a．殺虫剤散布の問題点

殺虫剤は両刃の剣で，優れた防除手段であるが，反面弊害もある．殺虫剤の弊害といえば，人畜に対する影響（急性・慢性毒性，催奇性など）が取り上げられがちだが，使用基準を守って散布する限りその心配はない．むしろ農薬の害虫自体に対する影響の方が深刻な問題といえよう．

農薬の問題で，最近とくに注目されているのはリサージェンスである．すなわち，合成ピレスロイド剤が続々と登録され，速効性と適用範囲の広さから，多くの果樹害虫防除に採用されるようになった．それに伴って，これら薬剤の使用後にハダニ類が異常に多発する現象が起きてきた．これがリサージェンスであって，いくつかの要因の総合された結果起こると考えられる．そのなかで最も重要な要因は害虫に活性のある農薬が，同じ節足動物である天敵昆虫（ダニ）にも活性をもつことである．さらに一般に天敵の方が，害虫より低い濃度で悪影響を受ける．植物体上の殺虫成分は，分

解，流失し，ある時点で対象害虫には効果がなくなるが，以降もしばらくは天敵に活性を持続している．この間隙に害虫が異常多発するもので，合成ピレスロイド剤に限らず，この活性濃度較差の大きい薬剤ほどリサージェンスが起こりやすい．

　農薬の第二の問題点は，害虫の薬剤抵抗性獲得である．果樹害虫のうち最も薬剤抵抗性が問題になりやすいのはハダニ類である．ついでアブラムシ類，ハマキムシ類，ハモグリガ類など，年間世代数の多い害虫に抵抗性が生じやすい．今後，新しい農薬の開発は容易でなく，とくにダニ剤の開発はハダニの抵抗性発達に追いつけなくなりつつある．既存の薬剤に抵抗性が付かないよう大切に使用すべきである．薬剤抵抗性は同一の薬剤の連続使用でおきやすいが，ときにはある薬剤の使用によって，全然別の薬剤に抵抗性が生ずることがある（交差抵抗性）．同一薬剤の連用を避けることはもちろんだが，他の防除手段を有効に活用して，薬剤の総使用回数を削減する努力も必要である．

b．殺虫剤以外の化学的防除

　誘引剤・忌避剤　ミバエ類は世界的に最も恐れられている果樹害虫である．わが国でも，つい数年前までミカンコミバエが南西諸島および小笠原群島に発生し，本土への侵入も懸念されていた．本種の誘引物質としてはメチルオイゲノールが知られている．本物質と殺虫剤（BRP）の混合剤をテックス板あるいは木綿ロープに吸着させて，くり返し散布し，雄を誘殺することによって，南西諸島では1986年の八重山群島を最後に本種の根絶に成功した．また小笠原でもこの方法と不妊化雄の放飼（後述）を併用して，1985年撲滅が達成された．果樹害虫の誘引剤としては，このほか，メタアルデヒドがナメクジおよびカタツムリの誘引（誘殺）に利用されている．

　忌避剤としてはβ-ナフトール，クレオソート系，チウラム(以上ほ乳類)，テトラヒドロチオフェン，ジアリルジスルフィド（以上鳥類）などが用いられる．これら忌避剤の欠点は"慣れ"が生ずることで，短期間しか有効でない．

　行動制御剤　昆虫の性フェロモンは理論的には防除にも利用できる．具体的防除法としては，雄（または雌）を多量に捕獲してしまう（マストラッピング）か，園内にフェロモンあるいは類縁化合物を充満させ，雌（または雄）の放出するフェロモンと区別できないようにして，交尾を阻害する(交信かく乱)．現在わが国では性フェロモンによる果樹害虫防除例はないが，発生予察用に市販されている性フェロモン剤にはリンゴコカクモンハマキ，コスカシバ，ナシヒメシンクイガ，モモシンクイガ，リンゴモンハマキ用などがある．またキンモンホソガの性フェロモンが合成されており，これらは防除にも利用の可能性がある．

（2）耕種的防除法

　最近，鳥取県でナシ園のクリーン作戦運動が展開されている．ことの発端は二十世紀ナシの黒斑病が薬剤だけでは防除困難になってきたことから始まった．この作戦は害虫にも拡大され，発生予察の徹底，薬剤の適期散布を実施しながら，粗皮削り，古くなった誘引縄の更新，誘殺バンドの処理などの励行によって，果樹園環境を整備し，

害虫の越冬,潜伏場所を少なくすることを目標にしている．即効的ではないが,確実に効果があがっている．このような耕種的管理作業は,ナシに限らず果樹栽培の基本である．

(3) 物理的防除法

光利用　果実吸蛾類,カメムシ類は果樹共通の害虫で,幼虫の発生源が山野にあり,そこから成虫が飛来して加害するため,薬剤だけでは防除困難である．これらに対しては,光利用防除法との併用が有効である．

光の利用には二通りあり,その一つは高圧水銀灯,青色蛍光灯,ブラックライトなどを用いて誘殺する方法で,上記以外に走光性のある害虫,たとえばシンクイムシ類(モモシンクイガを除く),ハマキムシ類,コガネムシ類などの防除にも利用できる．

もう一つは黄色光源を用いて忌避効果をねらったもので,もともと果実吸蛾類を対象に開発された方法であるが,特定の波長(600 nm 付近)ではカメムシ類にも有効といわれている．しかし,カメムシ類に関しては無効とするデータもあり,カメムシの種類や点灯時期についてはまだ検討の余地がある．ナシの果実吸蛾類を対象にした黄色蛍光灯の設置数は,10 a 当たり,40 W 灯を棚上 2 灯,棚下 5 灯(園内がほぼ 1 lx 以上になる)が基準である．他の果樹の場合,状況に応じて増減する．

袋掛け　袋掛けは従来果実吸蛾類,カメムシ類,シンクイムシ類,モモチョッキリなど果実加害性害虫の防除を目的に始められた．しかし,現在では二十世紀ナシなどでの黒斑病対策は別として,リンゴ,モモ,ブドウなどでは病害虫防除より,外観の商品価値向上の意味の方が大きい．なお,リンゴでは有袋にすると糖度が低下するため,無袋が推奨される傾向にある．またリンゴ,ナシでは,袋中にコナカイガラムシ類が侵入してすす病が多発するなど悪影響もある．

網掛け　網は害虫(鳥)防除に利用されているが,対象によって目の大きさを変える．果実吸蛾類対象の場合は 12 mm,カメムシ類対象の場合は 5 mm の網を用いる．鳥類はもっと粗い目でも十分であるが,すき間を探して侵入するので縫合面に十分な配慮を要する．

網目が細かくなると,遮光の心配が出てくる．5 mm 程度では問題にするほどではないが,古くなると光の透過量が低下するので,一般に 4〜5 年で更新する必要がある．網掛けの最大の問題点は経費で,防風など別の目的を兼ねる場合以外,必ずしも有利にはならない．また,ナシやブドウのように棚仕立ての果樹では比較的容易だが,立木仕立ての果樹には向かない．

その他の物理的防除法　カンキツのゴマダラカミキリに対しては,薬剤散布だけでは十分防除できないので,平行して成虫の捕殺と幼虫の刺殺が行われている．成虫の捕殺は発生期の活動の鈍い早朝に実施すると効果が高い．

アブラゼミの成虫はナシの果面の粗い品種や,新聞紙の袋の上から果実に産卵する．セミ類に対しては,幼虫の樹上への登はんを阻止して捕殺するセミとり器が市販されており,発生園では薬剤散布と併用してかなりの効果が期待できる．この場合,支柱

(4) 生物的防除法
a. 天敵節足動物

導入天敵 わが国において過去に成功した果樹害虫の生物防除の例として,ミカントゲコナジラミに対するシルベストリコバチ,イセリアカイガラムシに対するベダリアテントウ,ルビーロウムシに対するルビーアカヤドリコバチ(以上カンキツ)およびリンゴワタムシに対するワタムシヤドリコバチ(リンゴ)が知られている.これらはいずれも侵入害虫に対して,天敵を導入放飼して永続的に利用する,いわゆる伝統的利用法(導入定着法)によるものである.なお,ルビーアカヤドリコバチは,在来近似種からの突然変異によって生じたとされていた時代もあったが,最近の調査で中国大陸から入ってきた可能性が高くなった.

これ以後の天敵の導入例としては,クリタマバチに対するチュウゴクオナガコバチ(1979,1981),ヤノネカイガラムシに対するヤノネキイロコバチとヤノネツヤコバチ(1980)の中国から導入した寄生蜂がある.

ヤノネカイガラムシの2種の寄生蜂は1981年に長崎県と静岡県に,その子孫は引き続き各地に放飼された.ヤノネキイロコバチは,1988年現在九州のほぼ全域に分散した.また詳しい調査はないが,本州,四国のカンキツ栽培地帯の大部分にも分散したと考えられる.ヤノネツヤコバチはこれに比べると分散速度は遅いが,着実に分布域を広げつつある.これらは2種同時放飼園で,ヤノネカイガラムシの被害果率を5～15%に抑える効果があり,生物的防除要因として期待される.

チュウゴクオナガコバチは,つくば市と熊本県で放飼されて定着した.つくば(果樹試験場)では,クリタマバチの被害は著しく減少して効果が認められている.本種は年1世代のため増殖に時間を要し,クリ栽培地帯全体に分散するまでには長い目で見る必要がある.なお,クリは他の果樹に比べて,経済的にも園の立地条件,樹形などからも薬剤散布が実施しにくい.また,チュウゴクオナガコバチは成虫活動時期(3～4月)以外はゴール内にあるため,たとえ薬剤が散布されても影響を受けにくい.このような理由から,クリタマバチは天敵による生物的防除に最も適した害虫であり,チュウゴクオナガコバチの早期定着に対する期待は大きい.

天敵のなかには強力な効果をもちながら,わが国の気象条件下では定着できないような種もある.これらに対しては,人工的に増殖して定期的に放飼する方法が取られる.その代表的な例がチリカブリダニで,米国(原産地はチリ)から導入され,果樹ではハウスブドウでの小規模試験で好成績をあげている.このような利用法は農薬の散布と似ているが,価格的には農薬に対抗できない.収穫の直前あるいは最中のように,農薬がまったく使用できない場面での利用が期待される.

在来天敵 すべての昆虫には必ず天敵が存在する.ミカンハダニは,まったく薬剤の散布されていないカンキツ園でキアシクロヒメテントウ,ハダニアザミウマ,ケシハネカクシ類,ニセラーゴカブリダニなどの在来天敵類によって,要防除水準以下

に保たれることはよく知られていた。一方，一般散布園ではこれらの天敵はほとんど生息できないと考えられていた。ところが前述のリサージェンス現象から，散布園でも従来考えられていた以上に，天敵が重要な役割を演じていることが示唆された。完全な薬剤無散布状態では他の病害虫の発生もあり，経済的な果樹生産は困難だとしても，天敵に害の少ない薬剤の使用により在来天敵の活用は可能と考えられる。

薬剤抵抗性天敵 天敵は一般に農薬に感受性が高いが，なかには，一部農薬に抵抗性を獲得したものもある。青森県では，リンゴのハダニ類防除に，ニュージーランドから3種の薬剤抵抗性カブリダニを導入して試験している。国内でもケナガカブリダニの薬剤抵抗性系統が発見されており，これらのハウスブドウ，カンキツなどでの利用の研究が進められている。薬剤散布回数削減が容易でない果樹栽培の現状から，薬剤抵抗性天敵利用も一つの方法ではある。しかし，安易に薬剤抵抗性天敵に依存する考えは，農薬散布の乱用につながるおそれがある。

b．天敵微生物

昆虫病原性バクテリアの1種，*Bacillus thuringiensis* の生菌，あるいは菌体内に生成される毒素を有効成分としたBT剤が，リンゴの食葉性鱗翅目害虫類の殺虫剤（生物農薬）として市販されている。

昆虫の病原ウイルスのなかで，コカクモンハマキ顆粒病ウイルスは，ほ場試験でリンゴコカクモンハマキ防除に実用性が示された。またリンゴモンハマキ，チャハマキの顆粒病ウイルス，コカクモンハマキの核多角体病ウイルスも実用化が期待されている。しかし，ウイルスの共通の問題点は生産コストが高く，商業規模での大量増殖が困難なことである。今後，昆虫の培養細胞を用いた増殖技術の開発など，大量増殖法の確立が望まれる。

天敵糸状菌のなかで，クワのキボシカミキリに由来した *Beauveria brongniartii* が最近カンキツのゴマダラカミキリ防除に試験され，好成績を収めている。適用法に問題が残されているが，比較的大量生産が容易であり，実用化が期待されている。

天敵微生物は，一般に対象害虫の当世代か，せいぜい次の世代までしか効果は期待できないので，大量増殖して，くり返し適用する生物農薬的な用法を用いることが多い。

c．その他の生物的防除

耐虫性品種 果樹の耐虫性品種の利用は今後最も重要な生物防除手段になると思われるが，過去の例では品質が伴わないことが多く，実用化されたものは少ない。唯一わが国の果樹で耐虫性品種が利用された例はクリタマバチ耐虫性品種であり，一時注目されたが，耐虫性品種を加害する系統のクリタマバチが出現するに及んで，この方面でのその後の進展はない。

ブドウのネアブラムシ（フィロキセラ）には抵抗性台木が普及し，被害は問題にならなくなった。しかし，最近自根栽培の拡大につれて再び一部で顕在化している。このような栽培法の流行は時代に逆行するものであって勧められない。

遺伝的防除 昆虫の蛹にコバルト60を照射して不妊化虫を大量に作り，野外に放

飼して正常な虫同士の交尾を阻害し，子孫を減らす方法で，誘引物質と組み合わせてミバエの根絶事業に貢献した．しかし，放射線を扱うため膨大な施設と費用が必要であり，このような防除を要する事態にならないような日常の防疫体制が重要である．

[氏家　武]

12.4　害虫の天敵とその利用

　果樹を加害する害虫の種類は非常に多く，その加害様式も実にさまざまである．人為的な手段（防除）を加えなければ果樹の発育は妨げられ，収穫物の量や品質は維持できない．害虫の密度は餌（果樹）の量と気象要因，天敵生物要因，耕種的要因などによって左右される．ここでは天敵生物要因を害虫の防除に利用する意義とその方法について述べる．

　害虫の密度を左右する天敵は果樹の生産にとって有用な資源である．この資源は再生産が可能なものであり，拡大再生産の過程が防除効果と考えてよい．その点が経済的にも優れた防除素材とされる理由である．このような有用資源は枯渇させないように注意しながら使わなければならない．

　天敵を利用するためには，まずその果樹の害虫と天敵の種類について知る必要がある．現在，害虫とは考えられない昆虫（潜在害虫）についてもその天敵を知っておくことは重要である．なぜなら薬剤の散布などによって天敵が消滅した場合，その昆虫が大害虫となる例が大変多いからである．また重要な天敵の代替寄主として意識せず利用している場合も多い．実際に天敵を利用するためには天敵のモニタリングと保護の方法を知らなければならない．

（1）　天敵生物のモニタリング

　昆虫にはその発育期の各々に色々な種類の天敵がいて，その生存をおびやかしている．卵の時期には卵を専門にねらう寄生蜂や捕食虫，幼虫になるとそれに加えて各種の病原微生物による感染が待ち受けている．天敵の利用に当たってはまずそのほ場における天敵相の調査を行う．天敵の種類構成は時期によっても，地域によっても大変違うので，場合によっては天敵の活動状況を継続的にモニタリングすることが必要である．

a．寄主を利用するモニタリング

　果樹園に生息している調査対象の寄主を発育ステージごとに計画的に採集して，室内で天敵による寄生状況を調査する．この場合，採集場所・時期・寄主の発育期の記録が重要である．また室内で飼育した寄主を一定期間ほ場に暴露してその後調査する方法もある．

寄生性天敵

1)　羽化装置に寄主を入れ，天敵が羽化するのを待って羽化数を記録する（害虫全般）．寄主の数を計数し，寄生率を求める．羽化装置には色々あるが，大量の場合には

専用の羽化箱(趨光性を利用),少量の場合には試験管を用いる.植物中に産み込まれた卵や,植物に密着した小型の虫など寄主植物が乾燥するとすぐ死亡するものはサランラップで包み,羽化した天敵を顕微鏡の下で調査する(アザミウマ,ヨコバイ).

2) 寄主に寄生している天敵の卵,幼虫,蛹を直接顕微鏡下で調査する.この場合暗視野照明装置が有効である.また,天敵の脱出孔・脱皮殻・蛹糞・産卵管挿入痕などを調べることも寄生者を決定するのに有効である場合がある(カイガラムシ,コナジラミ,アブラムシ).

捕食性天敵 顕微鏡下で寄主に残っている捕食虫の食害痕を調べ,捕食率とする(テントウムシ類).ハダニの卵の場合には走査電子顕微鏡によって摂取痕を調べ,捕食虫を区別することができる.特定の害虫の抗血清をあらかじめ作成しておき,捕食虫の消化管の内容物を調べる方法がある.

病原性微生物天敵 罹病した昆虫は特殊な行動をする場合があり,採集しやすくなるので罹病率を過大評価しやすい.したがってサンプリング法には注意が必要である.昆虫が幼虫初期に死亡する場合,それを見逃すために過小評価が起きやすい.サンプリングした昆虫のうち生きている個体を飼育して調べると,2次感染が障害となることがある.これを防ぐためには個体飼育をするか,粘着テープなどに固着して観察する.

採集した昆虫のうち死亡虫は実体顕微鏡下で観察し,軟化個体,硬化個体に分ける.軟化個体はスライドグラス上に1滴の滅菌蒸留水をおき,そのなかに表皮・内部組織・脂肪などの小片を入れ,500倍程度で観察する.核多角体病ウイルス(NPV)と細胞質多角体病ウイルス(CPV)ではウイルスの封入体が多角形のサイコロのように見える.顆粒病ウイルス(GV)では粒子が小さいのでバクテリアなどと区別がつかない.その他微胞子虫,線虫の有無を調べる.ウイルス病の疑いのある虫は資料を電子顕微鏡によってさらに検査する.硬化個体は70%アルコールで20秒間(小型の虫ではそれに応じて時間を短くする)表面殺菌した後,湿ったろ紙の上におき,定温(25℃),高湿に保存し,24~48時間後に調査し,寄生菌を調べる.

b. 寄主を利用しないモニタリング

寄生性天敵,捕食性天敵

1) 吸引粘着トラップ: 天敵の活動する場所にベンチレーターを設置し,吸引した空気を粘着板に吹きつけ,小型の天敵を捕える(図12.3).その他,このトラップの

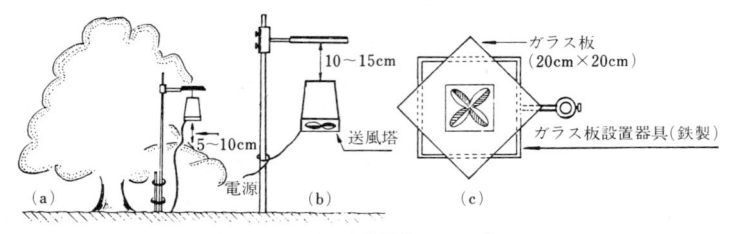

図12.3 吸引粘着トラップ

捕虫装置としてアルコールに落下させたり，ネット内に集める装置もある．この方法では小型の寄生蜂がよく捕えられ，また小型の害虫（アザミウマ，カイガラムシ雄虫，タマバエ，ホソガ，ハモグリガ）のモニタリング法としても有効である．

2) カラートラップ： 天敵が特定の色（黄色の例が多い）に誘引されることを利用する．捕虫方法としては粘着板・水盤などがある（ヒラタアブ，ヒメバチ，カゲロウ，テントウムシ類）．

3) カイロモントラップ： 寄主のカイロモントラップにその寄生蜂が誘引されて捕えられるのを利用する（カイガラムシ類の寄生蜂，カメムシの寄生バエ）．

4) ビーティング法： 寄主の生息する植物を棒などでたたき，落下した天敵を捕虫網で捕えたり，粘着板に落下させて集める．小型から大型までのすべての天敵に適用できるので，昆虫相の調査のような一時的な調査方法としては最も優れている．継続調査では天敵の密度を低下させるおそれがあるのが欠点である．

5) 目視法(カウント法)： 一定の方法によって寄主植物上で発見される天敵の数を目視によって記録する．果実上など特定の場所を調査する際に有利である（カンキツ果実上のチャノキイロアザミウマ，ヒメヨコバイ，リンゴ，ナシのクワコナカイガラムシ）．

病原性微生物天敵

1) 選択培地法： 特定の寄生菌やバクテリアが増殖する培地を使って，その菌やバクテリアの有無と量を判定する．硬化病選択培地，*Beauveria*, *Metarhizium* 選択培地などがある．

2) 遠心分離法： 比重の差を利用して，昆虫の体内に存在するウイルス，微胞子虫，線虫，土壌中に存在するウイルスの多角体，菌の休眠胞子などを分離する．

3) 抗原抗体法： 病原性微生物のモノクローナル抗体をあらかじめ作り，病死虫を検定する．バクテリア，微胞子虫ではよく用いられる．

c．天敵モニタリングの活用

　天敵のモニタリングによって害虫と天敵の数が判明した場合，その害虫を将来そのまま放置すれば，大発生して作物に被害を与えるのか，それとも現存する天敵によって密度が低く抑制され，化学薬剤による防除は必要がないのかの判定に利用する．

　天敵は害虫死亡要因の一部にすぎず，経済的な被害が予想される場合には，農業用薬剤の使用によって被害を防止する必要がある．その場合には薬剤の天敵に与える効果のシミュレーションを行って，天敵に最も被害が少なく，害虫の被害を最小限にする時期や量を決定してから実行する必要がある．このような判断をするシステムはまだ部分的にしか存在していない．したがって，現在のところ，ある害虫の主要な天敵がそのほ場に生息しているかどうかをモニタリングし，生息が認められる場合には散布する薬剤の種類を影響の少ないものとし，生息が認められない場合には通常の防除を行う．そのほかに潜在害虫の天敵に注目して，潜在害虫を顕在化させないような薬剤防除を実施する．

(2) 天敵の保護・利用
a. 生息環境の整備
　果樹園内外の植物相を多様化して，代替寄主昆虫を保護する．この場合果樹害虫と天敵を共有しながら，果樹の害虫にならない昆虫が生息する植物を選ぶのがポイントである．このような植物の多様化は具体的には樹冠下の草，防風樹などで実行できる．たとえばカンキツ園では，針葉樹（スギ）の防風樹がハダニ（スギノハダニ）の捕食虫の安定供給に大きな役割をもっている．また，イヌマキの防風樹はマキアカマルカイガラムシが多く，それに寄生するコバチ類（ハネケナガツヤコバチ，キイロコバチなど）の供給源として重要である．
　果樹園の下草にはカブリダニを含む，多種類の捕食性天敵が生息し，果樹でハダニ類が多発生したときに移動してくる．カンキツ園ではカブリダニの好む花粉を多く生産するカッコウアザミ類，リンゴ園では緑肥にもなるクローバ類などが適している．

b. 耕種的管理
　せん定や整枝は害虫の生息環境を整理し，薬剤散布での散布むらをなくすために非常に有効な手段である．しかし，せん定や整枝などの農作業のために天敵が果樹園から持ち出されることがあるので注意が必要である．このような例はクリ園において秋～冬期の整枝とともにクリタマバチ被害枝の除去が行われ，クリタマバチの寄生蜂が焼却されたり，園外に持ち去られる場合にみられる．害虫であるクリタマバチそのものはこの枝にはすでに生息していない．果樹園の樹冠下のマルチも害虫の生息環境を大きく変えるものである．とくに発育時期の一部を土壌中で過ごす虫の防除には有効であるが，同時に天敵の生活環も破壊することがあるので注意が必要である．
　人為的な管理で最も天敵に影響の強いものは薬剤散布である．殺虫剤の影響についてはリサージェンスなどとしてよく知られているが，殺菌剤もカブリダニや昆虫疫病菌の活動に強い影響を与えることが多いので，害虫の多発をひき起こす場合がある．

c. 外国からの導入
　侵入害虫に対して外国から天敵を導入する場合は，その害虫の在来天敵による死亡率は非常に低いのが普通であり，導入した天敵による死亡率が純粋に加算され，非常に有効な場合が多い．最近ではヤノネカイガラムシの寄生蜂が中国から導入され成功した例がある．また，クリタマバチに対するチュウゴクオナガコバチの利用も軌道に乗りつつある．導入に当たっては，目的外の2次寄生蜂やその他の病害虫の偶発的な導入が起きないように細心の注意が必要である．

d. 生物農薬的利用
　人工的な方法で増殖した天敵を果樹園に大量に放飼することで害虫防除を行うものである．ハダニ類に利用するため導入されたチリカブリダニは捕食能力，増殖能力とも優れた天敵で，施設栽培の野菜では実用化も考えられている．最近では果樹栽培も施設化しているので，近い将来に利用されるものと考えられる．最近，殺虫剤に抵抗性のあるカブリダニを果樹園に導入する研究が盛んに行われている．これも将来有効に利用されるようになるであろう．ナシ，リンゴを加害するクワコナカイガラムシの

寄生蜂であるクワコナカイガラヤドリバチもこのような考え方のもとに使用されたが，現地に適応して定着が実現し，現在もその力を発揮している．

微生物天敵はもっぱらこの方法で利用される．BT剤のようにすでに実用化されているものもある．コカクモンハマキの昆虫ウイルスには顆粒病ウイルスと核多角体病ウイルスがある．いずれもリンゴコカクモンハマキ，チャノコカクモンハマキに対して効果が高く実際に使うことができる．

［高木一夫］

12.5 殺虫剤の特性

戦後の果樹産業を支えてきた最も大きな力は，安価な有機合成農薬の普及であるといっても過言ではない．殺虫スペクトルの広い有機リン剤や有機塩素剤がその主役であった．しかし，この万能といってもよい農薬も人畜毒性の強さ，生産物や土壌中の残留などさまざまな欠点を抱えていた．有機合成殺虫剤の発達は，これらの問題をいかに克服するかということと同じであったといってもよい．

現在使われている農薬には多くの種類があり，一時代前の農薬のように万能に近い効果はもたないもののそれぞれに特色をもっている．それらを対象に応じてうまく使いこなし，体系化することが防除暦を作る指導者の能力でもあり，生産性を上げる一手段ともなってきている．

殺虫剤についてはすでに多くの書物が発行されているが，ここでは果樹害虫に適用のある薬剤について概説することとする．

（1） 有機リン剤

最も古くから使われてきた薬剤群であるが，その人畜毒性，とくに急性毒性の強さがパラチオンなどに特定毒物の指定をもたらした．この反面容易に分解され，生体内に蓄積することが少ないという特徴もあり，低毒化を目標にMEPなど多くの薬剤が開発された．現在使われている薬剤はほとんどのものが劇物かそれ以下になっており，毒物はエチルチオメトン，EPNくらいである．しかし，この低毒化はしばしば殺虫スペクトルを狭めるという結果をもたらした．また，有機リン剤のなかには植物体内に浸透し，移行するタイプのものがあり，この特徴を生かして粒剤化した薬剤の土壌施用やトップドレッシングなどの新しい防除技術も生まれた．現在使われている果樹用有機リン剤のなかでは，ESP，バミドチオン，ジメトエート，チオメトン，エチルチオメトン，DMTP，アセフェートなどに浸透性が認められる．

有機リン剤の殺虫作用は，コリンエステラーゼの働きを阻害して神経の興奮を高めて死に至らしめる点で共通しており，多くは接触毒，食毒として作用するが，ガス効果のある薬剤もみられる．魚介類に対する毒性は概してそれほど高くはなく，ほとんどの剤がBクラスである．ダイアジノン，EPN，PAPは魚毒B-s，クロルピリホス，CVPなどは魚毒Cであり，ダイアジノンでは長時間の接触でいわゆる"脊曲り"の原因となるといわれており，PAP剤のように海水魚に影響が大きいといわれるものも

ある．

　一般的にアルカリに対しては弱く，ボルドー液や石灰硫黄合剤との混用は避けた方がよいが，ダイアジノンのようにボルドー液と混用ができるものや，ホサロンやプロチオホスのように散布直前ならば混用が可能なものもある．大部分の有機リン剤と除草剤の DCPA，MCC 剤との同時散布や近接散布 (10 日以内) は，薬害と効果の低下をもたらす．

(2) カーバメート剤

　殺虫作用としては有機リン剤と似た作用を示すが，殺虫スペクトルはより狭く，クモなどの天敵類に比較的影響が少ない．人畜毒性，魚毒性は一般的に低い．光線，熱，酸に対しては概して安定であるが，アルカリには弱く，やむをえずアルカリ性の薬剤と混用する場合には散布直前に行い，ただちに使用しなければならない．有機リン剤と同様に除草剤の DCPA，MCC 剤との同時散布や近接散布 (10 日以内) は，薬害を生ずるおそれがある．

　カーバメート剤の多くはウンカ，ヨコバイなど水田害虫に使用されており，果樹に登録のある薬剤は少ない．果樹で最も広範に使われているカーバメート剤は NAC であるが，最近ではエチオフェンカルブ，ピリミカーブも有機リン剤抵抗性のアブラムシに使われている．いずれも浸透移行性あるいは深達性をもち，速効性を示す．NAC は植物成長調節剤としての効果もあり，リンゴでは摘果剤として用いられている．したがって，開花後約 1 ヵ月は殺虫剤としては用いることができない．また，花粉媒介昆虫や天敵にも強い影響があるが，エチオフェンカルブ，ピリミカーブではそのおそれはほとんどない．

(3) 合成ピレスロイド剤

　ピレスロイドは除虫菊に含まれる殺虫成分とその類縁化合物の総称であり，古くから除虫菊剤として用いられてきた．天然のピレスロイドは安全性，速効性はあるが安定性，残効性が劣るため，農業用としてはあまり使用されなかった．最近多くのピレスロイドが合成され，その広範な殺虫力と残効性とにより農業用として実用化されている．これらの剤の多くは天然のピレスロイドとはまったく化学構造が違うが，殺虫作用が同じであることからピレスロイドとして扱われる．

　神経に作用し異常興奮と興奮伝導の抑制とによって殺虫効果を示す．したがって，有機リン剤やカーバメート剤とは殺虫作用が異なるので，これらの薬剤に抵抗性を示す害虫にも有効である．殺虫スペクトルは広く，接触毒として作用する．天然ピレスロイドに欠けていた安定性，耐雨性に優れ，残効性も増している．効力は同じく速効性で，高温時よりもむしろ低温時に高くなる．天敵類に対してはきわめて低濃度で強力に作用する剤が多く，また長期間忌避作用を示すものもある．

　注意すべきは魚毒性で，ほとんどの薬剤が C であるので，薬液が河川や養魚池に流入，飛散する場所では使用を避ける．またカイコに対しても強力に働くので，養蚕地

帯での使用も規制されている場合が多い．
　現在登録がある合成ピレスロイド剤の大半は，殺ダニ活性がないか，きわめて弱い．したがって，合成ピレスロイドを用いた場合に，ハダニ類が異常に増殖するいわゆるリサージェンス現象が起きる．とくに顕著にリサージェンスが起きて問題になっているのはカンキツのミカンハダニであるが，試験段階ではカキにおいてもカンザワハダニやカキヒメハダニのリサージェンスがみられている．
　フェンバレレートなどでは高濃度で用いると葉に白斑や黄化などの薬害が出る．

（4）　天然殺虫剤

　現在果樹で使用されている天然物による殺虫剤は，ニコチン剤とマシン油剤のみである．硫酸ニコチンはハモグリなどに広い殺虫スペクトルを示し，残効が短いので新葉が硬化するまでに加害する害虫に使われてきたが，散布間隔を短くしなければならないため，最近では合成ピレスロイドに変わりつつある．また，ミカンハモグリガでは抵抗性の疑いが出てきている．
　マシン油乳剤の殺虫作用は油膜による被覆で窒息死させる物理的作用であるため，古くからカイガラムシ類など越冬害虫の防除に使われてきたが，この作用が植物の生育期には薬害を出すため冬季以外にはほとんど使われなかった．近年高度精製マシン油を使用することにより，薬害はほとんどみられなくなり使用時期の幅が広くなった．カンキツにおいては，薬剤抵抗性によりミカンハダニ防除に使える薬剤が少なくなっているので，高度精製マシン油乳剤は抵抗性のおそれがない唯一の薬剤として生育期に用いられている．ただし，7月以降の散布は着色の遅れや果実品質に影響がある．

（5）　殺ダニ剤

　殺虫剤を分類する際は，その化学的成分の類似で分けることが多い．しかし，ハダニ類に有効な薬剤は，他の害虫には効果がない場合が多いので，とくに殺ダニ剤として区別されている．早くから専用殺ダニ剤として使われてきたものには，DDTの誘導体であるジコホールのように塩素を含む化合物が多いが，その後に開発されたものにはキノキサリン系や有機スズ剤など，さらにポリナクチン複合体のように抗生物質の殺ダニ剤もあり多様である．
　これらの薬剤はすべてのハダニ類に有効であるとは限らず，ミカンハダニなどパノニクス属のハダニとカンザワハダニなどのテトラニクス属のハダニでは効果に差がある場合がしばしばあり，寄生しているハダニの種類を確実に把握しなければ薬剤の選択を誤ることがある．
　ジコホールやアミトラズのようにすべてのステージに効果のある剤も多いが，BPPSや酸化フェンブタスズなどは殺卵性は低く，この逆の場合もある．また，通常の薬剤では温度が高い方が効果が高くなるが，低温期の方が効果の高い剤もあり，ハダニの密度や発生時期によりこれらをうまく選択することが効果的な防除の要点である．

いずれの剤も遅かれ早かれハダニに薬剤抵抗性が発達し，とくにカンキツにおけるミカンハダニではその傾向が顕著である．その対策として，殺ダニ剤をいくつかの類縁化合物でまとめたグループにし，そのグループを交互に使うことと，一つの薬剤を年間に1回程度の使用に制限することで抵抗性の発達を遅らせている．しかし，この場合でも抵抗性がつくのを防ぐことはできない．

（6）その他

　昆虫に寄生する細菌類やウイルスによる害虫防除は，かなり以前から研究が進められてきたが，大量生産などに問題点が多く実用化されたものは少ない．BT剤はバチルス・チューリンゲンシスが生産する結晶毒素を製剤化したもので，製剤のときに含まれる細菌の芽胞を殺してあるものとないものとがある．この結晶は虫の消化液により溶けて毒作用を現すが，アルカリ性でないと溶けないので，鱗翅目幼虫などアルカリ性消化液をもつ害虫にだけ効果がある．ウイルスを製剤化したものもあるが，果樹では登録がない．

　カルタップは食害性の害虫に効果の高い薬剤であるが，その開発の端緒となったのはネライストキシンというイソメ（海棲動物）の毒素である．チオシクラムもネライストキシン様の薬剤でともに幅広い効果を示す．

　まだ登録数は少ないが，昆虫の発育や脱皮などの生理機能をかく乱して殺虫効果を現すIGR（insect growth regulator, 昆虫成長調節剤）が最近登場してきた．昆虫の幼若ホルモン（JH）の構造が明らかになってから，JH活性物質を農薬として用いる研究が盛んに行われてきた．現在果樹で使われているIGR剤のジフルベンズロンやブプロフェジンには脱皮を阻害して死に至らしめるもののJH活性はない．ジフルベンズロンの殺虫作用は，脱皮に必要なキチンの合成機能を破壊することにある．これらの薬剤は脱皮阻害剤であるため成虫には効果がないので，幼虫期に用いる．

　昆虫の機能をかく乱する剤の一つとして，性フェロモンがある．性フェロモンは昆虫が交尾する際に未交尾雌が雄を誘引するために放出する物質で，それぞれの種類に特有の物質をもっている．この性質を利用して目的とする害虫に特有のフェロモンを合成し，防除に用いる．実際には性フェロモンを封入して徐放効果をもつようにした容器を多数の場所に設置し，いわゆる交信かく乱によって交尾を妨げて受精卵数を減らし，その結果として発生密度を低下させる．ハマキガ類などに対して実用化されており，天敵や環境などにはまったく影響はないが，効果が現れるまでに長い時間がかかることや，地形・風向などで効果が一定しないなどの欠点もある．　　　[**坂神泰輔**]

13. 植物生長調節剤と除草剤

13.1 植物生長調節剤

　作物の栽培は，それぞれの作物の遺伝的特性を，目的にかなった方向に十分に発揮させようとして行われる．そのためには，作物の生理・生態機能が明らかにされることが必要だが，それが完全に解明されなくても，栽培研究および生産者の経験から，高度な栽培技術を組み立てることは十分に可能である．

　果樹の植物生長調節剤の利用の場面でも，それぞれの生理活性物質の作用機作が研究されているが，メカニズムの解明に関しては今後に残された問題が少なくない．そのような現実のなかでも，植物生長調節剤の顕著な機能のために数多くの薬剤が開発され，果実生産のための不可欠の技術となってきている．

　植物生長調節剤の開発は，日本植物調節剤研究協会を通して，薬剤メーカーと公的試験場が研究を重ね，実用化可能と判定されたものが毒性試験を経て農薬登録されるというシステムになっている．表13.1，13.2に登録植物生長調節剤の一覧表を掲げるとともに，主要な使用例について解説する．

(1) 落葉果樹
a．熟期の促進

　植物ホルモンであるエチレンを発生するエテホン（エスレル10）が，ナシの熟期促進に使用されている．

　前期低濃度散布：　果実の横径が35 mmのときに，25〜35 ppm液を散布する．これにより熟期を5〜7日程度早めることができる．肥大を促進させる効果も認められるが，散布時期が遅れると裂果の危険がある．

　後期高濃度散布：　満開後100日以上で，果実の横径が60 mm以上に達したときに，50〜100 ppm液を散布する．熟期が10日前後早まるが，果実の肥大促進効果はない．裂果，落果，落葉が発生することがあるので注意が必要である．

　エテホンによる熟期促進効果は，二十世紀，八雲，その他で認められている．赤ナシでは一般に効果が低く，新水では収穫後の日持ちが悪くなる．エテホンの熟期促進効果は，カキ，モモ，オウトウでも登録されている．

　ジベレリン（ジベレリン顆粒など）がブドウの熟期促進剤として使用されている．

表 13.1 落葉果樹に使用できる登録植物生長調節剤（1988年9月現在）

種類・品質		使用目的	薬剤名
リンゴ		側芽発生促進	ベンジルアミノプリン液剤
		摘　　果	NAC 水和剤
		さび果防止	二酸化ケイ素水和剤
		収穫前落果防止	ジクロルプロップ液剤, ダミノジット水溶剤, MCPB 乳剤
		幼木の新しょう伸長抑制，次年度の花芽着生促進，着色増進，貯蔵果実のぼけ防止	ダミノジット水溶剤
ニホンナシ		収穫前落果防止	MCPB 乳剤, ジクロルプロップ液剤
		熟期促進	エテホン液剤, ジベレリン塗布剤
オウトウ		着色促進	ダミノジット水溶剤
		熟期促進	エテホン液剤
モモ		熟期促進	エテホン液剤, ダミノジット水溶剤
カキ		落果防止	ジベレリン水溶剤, ジベレリン液剤
		熟期促進	エテホン液剤
ブドウ	デラウェア	無種子化, 熟期促進, 果粒肥大	ジベレリン水溶剤
		第1回ジベレリン処理適期の拡大	ストレプトマイシン液剤, ベンジルアミノプリン液剤
		花振るい防止	ベンジルアミノプリン液剤
		幼木の遅延防止	ダミノジット水溶剤
	マスカット・ベーリーA	無種子化	ストレプトマイシン液剤
		果粒肥大	ジベレリン水溶剤
		熟期促進	ジベレリン水溶剤, ストレプトマイシン液剤
		花振るい防止	ベンジルアミノプリン液剤
	巨　峰	着粒増加	ダミノジット水溶剤
		無種子化	ジベレリン水溶剤
	マスカット・オブ・アレキサンドリア, ネオ・マスカット, キャンベル・アーリー	新しょう伸長抑制, 着粒増加	ダミノジット水溶剤
	キャンベル・アーリー	果房伸長促進	ジベレリン水溶剤
	高　尾	果粒肥大促進	
	ピオーネ	無種子化	
	ヒムロッド	果粒肥大	
	ヒロハンブルグ	果粒肥大促進	

13.1 植物生長調節剤

表13.2 常緑果樹に使用できる登録植物生長調節剤（1988年9月現在）

種類・品種	使用目的	薬 剤 名
パインアップル	開花促進，熟期促進 果実の日焼け防止	エテホン液剤 炭酸カルシウム水和剤
温州ミカン	摘　要 熟期促進 浮き皮軽減 予措効果	エチクロゼート乳剤，ジクロルプロップ液剤 エチクロゼート乳剤 エチクロゼート乳剤，炭酸カルシウム水和剤 炭酸カルシウム水和剤
晩柑類	着色促進	炭酸カルシウム水和剤
イヨカン	熟期促進 花芽抑制による樹勢の維持 へた落ち防止	エチクロゼート乳剤 ジベレリン水溶剤 ジクロルプロップ液剤，MCPB乳剤
ネーブル	熟期促進 へた落ち防止	エチクロゼート乳剤 ジクロルプロップ液剤，MCPB乳剤
ワシントンネーブル	落果防止	ジベレリン水溶剤，ジベレリン液剤
ポンカン タンカン	着色促進	エテホン液剤
ハッサク	果実の離層形成促進 へた落ち防止	エテホン液剤 MCPB乳剤
日向夏 河内晩柑	後期落果防止	ジクロルプロップ液剤，MCPB乳剤
アマナツ	後期落果防止 へた落ち防止	ジクロルプロップ液剤 ジクロルプロップ液剤，MCPB乳剤

デラウェアで20～24日程度，マスカット・ベーリーAで10日程度の熟期促進が期待される．ナシではジベレリン塗布剤（ジベレリンペースト）の果実肥大促進効果が認められている．青ナシおよびエテホンでは日持ちを悪くする新水，幸水などの赤ナシでも熟期を5日程度促進させる．糖度の上昇も認められているが，ユズ肌果発生の危険がある．

b．無核化

ブドウではジベレリンによる無核化が普及している．デラウェアに対しては，開花の12～16日前に100 ppm液で花穂の浸漬処理を行う．この開花前処理により，受精を妨げることによる無核化を行い，さらに開花後10～14日に2回目の100 ppm処理を行って果粒の肥大を促す．2回の処理によってデラウェアの熟期は3週間程度早められる．

デラウェアのジベレリン処理は，第1回目の処理適期の判定が難しい．処理時期の幅を広げるために，ストレプトマイシンあるいはベンジルアミノプリン（BA剤）を加用することも行われている．デラウェア無核化の成功に続いて，巨峰，ピオーネなどでもジベレリンによる無核化技術が開発された．しかし，果梗の硬化，登熟不良，品質のばらつきなど，解決すべき問題も残されている．

c. その他

ダミノジット（Bナイン）がリンゴでは着色促進および果実の日持ち性向上のために，モモでは熟期促進効果のために，またオウトウでは着色促進のために実用化されている．リンゴ，ナシの収穫前落果防止剤としてMCPB，ジクロルプロップが，カキの落果防止剤としてベンジルアミノプリン，ダミノジット，ジベレリンなどが実用化されている．ブドウの花振るい防止のためには，ベンジルアミノプリンが使われている．

(2) 常緑果樹
a. 着花の調節

カンキツでは，収穫する果実数の10〜100倍の花が着くのが普通である．多すぎる着花は養分の消耗を招き，また花数の増加に反比例的に新しょうの発生数が減少するので，樹勢低下の原因になる．

宮内イヨカンに対して，12月下旬から1月下旬の間にジベレリン25〜50 ppmを散布すると，直花が減少して有葉花率が高まる．管理良好な園では，春枝の増加や新葉の増加による樹勢の向上が期待できる．ただし，ジベレリンには，樹勢がすでに弱っているようなカンキツを強くするほどの効果はない．

花が多すぎるケースとは反対に，花が少なすぎる場合も問題となる．最近この分野では，ベンジルアミノプリンの着花促進効果が注目されている．温州ミカンのハウス加温開始後に150〜300 ppmを散布すると，新しょうの発生促進に伴って花数も増加することが多い．安定した効果をあげるために研究が継続中である．

b. 摘 果

温州ミカンの摘果剤として，エチクロゼート（フィガロン）とジクロルプロップ（エラミカ）の2薬剤が登録されている．いずれもオーキシン活性を有する植物ホルモンである．

エチクロゼートは，満開20〜50日後の生理落果の期間中に100〜200 ppmを散布することによって摘果効果を発揮する．樹体の生理的条件や気象条件によって振れが生じる問題もあり，より効果的な使用方法について試験が継続中である．その一つに，離層形成促進効果をもつエテホンを混用する方法がある．エチクロゼート200 ppmにエテホン25〜50 ppmを混用して，全摘果効果を確実にしようとするものである．この場合，落葉をいかに少なくするかが問題になる．

c. 品質の向上

カンキツではエチクロゼートが熟期促進のために広く使用されている．満開50〜60日後と70〜80日後の2回，70〜100 ppmを散布する．第1回目の散布は，間引き摘果を目的として満開20〜50日後に散布してもよい．果実の着色が早まり，果皮の赤味が増す．糖度は1度近く上昇することを期待できる．着色促進のための薬剤としてエテホンがある．カンキツではポンカン，タンカンに登録があり，着色開始期に10％液剤の1,000倍を散布する．温州ミカンは，収穫前の過湿や高温のために果皮の生長が続

き，浮き皮となりやすいが，浮皮軽減のために，着色開始期にエチクロゼート70～100 ppmを散布する方法がある．同じ目的で炭酸カルシウム水和剤（クレフノン）も使われている．

(3) 今後の発展方向

植物生長調節剤の利用は，基礎的にまた実用化を目指して，精力的な研究が進められている．今後はすでに述べた着花果のコントロール，品質の向上，さらに樹勢の調節などの場面の発展が期待されている．薬剤の施用方法，たとえば，ペースト，テープなどによる施用部位についての研究の必要もあるだろう．

サイトカイニンの利用場面も拡大されるであろうが，ベンジルアミノプリンよりも強力な活性を示すホルクロルフェニュロン（KT-30 S）の研究が進められている．また，第6の植物ホルモンとしての発展が期待されている，生育促進タイプのブラシノライドの研究に関心が集まっている．トリアゾール系化合物のパクロブトラゾール（PP-333）や，ウニコナゾール（S-327 D）による生育抑制効果が，多くの果樹類において各種発育段階の生育調節のために研究されている． ［岩垣 功］

文　献

1) 広瀬和栄 (1985), 植物の化学調節, **20**, 149-159.
2) 岩堀修一 (1983), 植物の化学調節, **18**, 26-37.
3) 仁藤伸昌, 倉石 晋 (1983), 植物の化学調節, **18**, 140-143.
4) 田辺賢二 (1986), 植物の化学調節, **21**, 35-43.
5) 湯田英二 (1988), 植物の化学調節, **23**, 66-75.

13.2 除草剤

除草剤使用の目的は，完全に雑草を除去する場合（清耕）と，雑草を除去する必要がある時期だけ雑草の地上部を枯らす場合（刈取代用）とに分けることができる．それぞれの目的に合った薬剤を選定し，効率的な使用をする必要がある．

(1) 除草剤の種類と商品名

ひとつの農薬にはいくつかの名前がある．化学名は物質の構造に基づいて付けられた名前である．しかし，この名前は非常に長いものが多い．そこで一般に通用する短い名前を付けて，これを一般名という．しかし，農薬店で購入するときには商品名とよばれる別の名前がある（表13.3, 13.4参照）．たとえば，化学名を"3-(3,4-ジクロルフェニル)-1,1-ジメチル尿素"という薬剤は diuron あるいは DCMU という一般名をもつ．さらに，商品名には，カーメックスD，ジウロン，クサウロン，DCMUなどがある．このように，同じ成分の薬剤でも種々の商品名があって間違えやすい．また，2種類以上の成分をもつ混合剤もある．注意しないと同一の物質を何回も使用する危険があるため，一般名も知っておく必要がある．

（2） 果樹の種類と使用できる除草剤

果樹園において使用できる除草剤は，その作用性や食用部分への残留性，薬害などの観点から，特定の薬剤が登録され，使用が許可されている．果樹園用として登録されている除草剤を表13.3に示す．

表13.3　果樹園用登録除草剤とその特性

除草剤名（一般名）	カンキツ	リンゴ	ナシ	モモ	スモモ	アンズ	ブドウ	カキ	オウトウ	ウメ	クリ	ビワ	パイナップル	茎葉処理型 接触型	茎葉処理型 移行型	土壌処理型
ジクワット＋パラコート液剤	○	○	○	○			○	○	○					○		
ジクワット液剤	○	○	○	○	○	○	○	○	○		○			○		
DCPA＋NAC水和剤	○													○		
DCPA乳剤	○	○	○				○							○		
グルホシネート液剤	○	○	○				○	○	○	○	○			○		
ビアラホス液剤	○	○	○	○										○		
DCPA＋NAC＋XMC水和剤	○														○	○
DCPA＋NAC＋DCMU水和剤	○														○	○
セトキシジム乳剤	○														○	
フルアジホップ乳剤	○	○	○												○	
グリホサート液剤	○	○	○				○	○		○	○				○	
ブロマシル水和剤	○														○	○
ブロマシルX粒剤	○															○
ターバシル水和剤	○														○	○
DCMU水和剤	○											○			○	○
DCMU微粒剤	○															○
アメトリン乳剤	○															○
ターバシル＋DCMU水和剤	○	○														○
アジュラム液剤	○	○	○	○			○			○					○	
DCPA＋MTMC乳剤	○															○
DBN粒剤	○	○	○				○									○
DBN＋DCMU粒剤	○															○
トリフルラリン粒剤		○					○									○
CAT水和剤	○	○	○				○	○			○					○
リニュロン水和剤		○	○				○	○								○

茎葉処理移行型の欄と土壌処理型の欄の両者に○がある剤は土壌兼茎葉処理型という．

（3） 除草剤の種類と雑草に対する効果

除草剤は，すべての雑草に同様に効果を示すのではなく，雑草によって殺草特性が異なる．雑草の種類に合わせて特性を検討し，最も適した除草剤を選定することが必要である．

除草剤の作用特性として，選択殺草性がある．イネ科雑草に強い効果を示す除草剤，広葉雑草に強い効果を示す除草剤あるいは，特定の種に対して殺草効果を示すものなど，種々の選択殺草性がある．一方では多くの草種に対し強い殺草効果を示す薬剤があり，これを非選択性除草剤という．表13.3に示す果樹園用除草剤のなかで，イネ科

13.2 除草剤

雑草に強い効果を示すものにはフルアジホップ，セトキシジムなどがあり，これらは広葉雑草に対する効果はほとんど認められない．一方，DBN剤は広葉雑草に強力な効果を示すが，イネ科雑草には十分な効果を示さないことがある．

その他の除草剤は，一般に非選択性といわれるが，薬剤によっては，それぞれ強い効果を示す雑草と，十分な効果を示さないものがある．グリホサートは強力な殺草効果を示すが，スギナ，ツユクサ，タデなどでは十分な効果を示さない場合がある．温州ミカン園でのみ使用が許されているブロマシル剤はやはり，タデやツユクサには効果が十分でない．多年生雑草に強い効果を示すアシュラムは多くの草種に強い効果を示すにもかかわらず，ハマスゲなどのカヤツリグサ科の雑草は再生してくる．一方，グルホシネートやビアラホス剤は比較的選択性が弱い非選択性除草剤ということができる．

a．植物体内での移行性による分類

移行型除草剤　雑草の茎葉に散布された場合，あるいは土壌から根に吸収されて雑草の体内に入った場合に，体内を移行して全身的な殺草効果を示す薬剤を移行型除草剤といい，薬剤が雑草の一部分に付着しても，付着した部分だけでなく，雑草全体を枯らすことができるという特性をもつ．そのため，強力な殺草効果を示す薬剤は，一年生雑草だけでなく，多年生雑草も根絶し，清耕状態を保つことが可能である．このような薬剤が果樹の枝葉にかかると他の部分に移行し，かからなかった部分にも影響を及ぼす．幼木では枯死に至る場合もある．

接触型除草剤　薬液が茎葉にかかった場合，付着した部分だけを枯殺する除草剤を接触型除草剤という．移行性が弱いだけに，多年生雑草の地下部までは枯らすことができない．すなわち，地上部だけを枯らすことから，刈取代用除草剤ということができる．

b．処理方法による分類

土壌処理型除草剤　茎葉に散布しても十分な殺草効果を示さないが，土壌表面に散布することにより，土壌中に浸透し，根から吸収されて殺草効果を発揮する除草剤である．茎葉に散布しても吸収されにくい特性のものや，発芽時に地表面付近から薬剤が吸収されるもの，粒剤で，散布しても葉上に薬剤が残らず，土壌表面に落下してしまうものなどがある．

果樹園で使用できる土壌処理剤としては，CAT，DCMU，DBN，リニュロン，ブロマシルなどがある．ブロマシルは温州ミカン園でのみ使用が許可されている．CATは茎葉に散布しても殺草効果が非常に弱く，種子からの発芽時にのみ殺草効果を発揮する．このような薬剤は，生育の進んだ雑草や多年生雑草に散布しても効果は期待できない．

土壌処理効果が強い薬剤で，土壌移行性が大きいものは，果樹の根からも吸収され，薬害が発生しやすい場合がある．とくに砂質土壌では問題になりやすいので注意が必要である．

茎葉処理型除草剤　主として茎葉表面から吸収され効果を表す薬剤で，土壌表面

に落下した薬液は土壌コロイドなどと結合してしまい，根から吸収されることが少ない除草剤をいう．これらの除草剤のなかには移行型のものと，接触型のものとがある．代表的な薬剤には，ジクワット，ジクワット＋パラコート，グリホサート，グルホシネート，ビアラホスなどがある．茎葉処理型除草剤は，茎葉に付着することにより薬害を生じるため，散布時に果樹の枝葉に薬剤が飛散しないような注意が必要である．

土壌兼茎葉処理型除草剤　土壌処理型除草剤のなかで，基本的には根から吸収された方が殺草効果が強力であるが，展着剤を加用することによって茎葉の表面から吸収されやすくなり，殺草効果が強まる薬剤を土壌兼茎葉処理剤とよぶ．このような特性を示す薬剤のなかには，土壌処理剤としても分類されているDCMU，ブロマシル，ターバシルなどがある．使用時には，土壌処理剤としてばかりでなく，茎葉処理剤としての注意が必要である．また，形式はやや異なるが，除草効果を長く維持させることを目的として，茎葉処理型の除草剤と土壌処理型除草剤を混合したものもある．

表13.4　おもな果樹園用除草剤とその使用法

商品名 （一般名）	10a 当たり 使用薬量	使用 時期	特性ならびに使用上の注意
プリグロックスL液剤 （ジクワット＋パラコート）	800〜1,000ml (100〜150l)	雑草生育期 収穫30日前 まで	枝葉にかかると薬害を生じる．毒性が強い．非イオン系展着剤を加用．使用回数年5回以内．速効性．
レグロックス液剤 （ジクワット）	300〜500ml (70〜100l)	雑草生育期 収穫30日前 まで	枝葉にかかると薬害を生じる．毒性が強い．非イオン系展着剤を加用．使用回数年5回以内．広葉雑草に効果が高い．速効性だが抑草期間が短い．
ワイダック水和剤 ワイダック乳剤 （DCPA＋NAC）	1〜1.5kg 2〜3l (150〜400l)	雑草生育期	水和剤は非イオン系展着剤を加用．梅雨明け後の高温期処理で強い効果を発揮．使用回数水和剤年4回，乳剤年1回以内．散布後降雨があると効果が減少しやすい．
バスタ液剤 （グルホシネート）	300〜1,000ml (100〜150l)	雑草生育期	非選択性．カンキツ，リンゴ以外は750mlまで．2回以内．他は3回以内．使用期間はリンゴ，クリは30日前，カキは60日，他の樹種は21日前まで．
ハービエース液剤 （ビアラホス）	500〜1,000ml (100〜150l)	雑草生育期 収穫30日前 まで	枝葉にかかると薬害を生じる．多年生雑草には750〜1,000mlで使用．年3回以内．非選択性だが，移行性は強くない．
クサダウンDX水和剤 （DCPA＋NAC＋XMC）	1〜1.5kg (150〜200l)	雑草生育期	生長した雑草を枯殺するが，種子からの発生も抑制する．
ストロンダック水和剤 （DCPA＋NAC＋DCMU）	1〜1.5kg (200〜400l)	雑草生育期	NACおよびNACを含有する薬剤．年4回以内．種子からの発生も抑制する．
ナブ乳剤 （セトキシジム）	200〜1,000ml (150〜200l)	雑草生育期	イネ科雑草のみに効果を示す．一年生雑草は200〜400ml，多年生雑草は500〜1,000mlで局所散布．幼穂形成前の処理がよい．年2回以内．
ワンサイド乳剤 （フルアジホップ）	200〜400ml (100〜150l)	雑草生育期	イネ科雑草にのみ効果を示す．幼穂形成前の処理が効果的．年1回以内．一年生雑草は200〜300ml．カンキツ園のチガヤ，ススキには400mlまで．

13.2 除草剤

薬剤名	10a当たり使用薬量	使用時期	備考
ラウンドアップ液剤 (グリホサート)	250～1,000ml (50～100l)	雑草生育期	果樹の枝葉にかかると薬害を生じる．多年生雑草には500～1,000mlとする．生育後期に使用する方が効果が強い．
ハイバーX水和剤 ハイバーX粒剤 (ブロマシル)	150～500g (150～200l) 10～15kg	雑草発生前または生育期収穫90日前まで	温州ミカンのみ対象．他の作物や防風樹に薬害を生じる．水和剤の生育期処理では，非イオン系展着剤を加用．使用回数年1回以内．
カーメックスD, DCMU, ジウロン, ダイロンなど (DCMU) クサウロン微粒剤など (DCMU)	100～200g 200～400g 7.5～10kg	雑草発生前または生育期	水和剤の生育期処理では，非イオン系展着剤の加用が必要．雑草生育期には200～400g/10aとする．使用回数年1回以内．水和剤など雑草発生前およびごく初期の場合は水量70～100lとする． 微粒剤などの土壌処理では土が湿っている方が効果が高い． 砂質土壌では薬害を発生することがある．
ゲザパックス乳剤 (アメトリン)	1～1.5l (150～300l)	雑草生育期	草丈30～50cm時に散布．草丈が低いと十分な抑草効果が得られない．砂質土壌では薬害を発生することがある．
ゾーバー水和剤 (ターバシル+DCMU)	200～300g (150～300l)	雑草発生前または生育期	生育期の茎葉処理では，非イオン系展着剤の加用が必要である．夏ミカンにも使用できる．砂質土壌では薬害が発生しやすい．
アージラン液剤 (アジュラム)	1～2l	雑草生育期	一年生雑草およびキク科，タデ科の多年生雑草対象．局所散布が好ましい．リンゴは年2回以内，他は1回
ロンリーフ乳剤 (DCPA+MTMC)	3l (200～400l)	雑草生育期	接触型．高温期に効果が高い．降雨により効果が低下しやすい．
カソロン2.5粒剤 カソロン4.5粒剤 カソロン6.7粒剤 (DBN)	20～25kg 8～12kg 6～12kg	雑草生育期	イネ科雑草には効果が低い．草丈が高い場合や，高温期には効果が低下しやすい．土壌が湿っている方が効果が強い．多年生雑草は局所処理が適する．砂質土壌の場合や処理後に中耕すると薬害を発生することがある．
カッター粒剤 (DBN+DCMU)	9～12kg	雑草生育期	一年生雑草では全面処理．多年生雑草に対しては局所処理が適当．
トレファノサイド粒剤2.5 (トリフルラリン)	3～5kg	雑草発生前	雑草の発芽に強い効果を示すため，春季，雑草発生前に処理する．土壌が湿っているとき．土壌混和処理で効果が強い．
シマジン水和剤 (CAT)	150～300g (70～150l)	雑草発生前	成長した雑草には効果が期待できない．抑草期間が長い． 接触型の除草剤と併用すると効果的である．
ロロックス水和剤 (リニュロン)	300～400g (70～150l)	雑草発生前	ブドウは300～400g，他は300g．年1回のみ．土壌処理効果が強く，抑草期間が長い．
クサトール，クロレート，デゾレート液剤など 同水溶剤など (塩素酸塩)	15～30l 7.5～15kg	雑草生育期	薬害が激しいので開園前や果樹が植わっていない空地などの雑草防除に用いる．開園前処理では，薬害の心配がなくなるまで植え付けを延ばす．

表13.3と合わせて検討することが必要．薬剤に添付された説明書をよく読んで使用すること．
10a当たり使用薬量の欄の（ ）内は，10a当たり希釈水量を示す．

(4) 除草剤の特性と使用上の注意

　除草剤の特性や使用薬量，使用上の注意などについて表 13.4 に示した．それぞれの特性と発生雑草の種類を調査し，最も効率的にそれらの雑草を防除できる除草剤を選び，さらに使用法を検討することが大切である．

　果樹園での除草剤の使用は，一年生の草本作物を栽培する場面で使用する場合よりも作物に対する薬害の面で安全性が高いと考えられやすい．しかし，茎葉処理剤が果樹の枝葉に付着した場合に薬害が発生することは当然である．また，土壌処理効果が高いもののなかには，透水性のよい砂質土壌で使用したり，処理後に中耕したりすると薬害を発生するものもある．

　動物に対する毒性や，他作物への影響，残留性の問題などから決められた年間使用回数なども考慮し，安全な使用を心がける必要がある．　　　　　　　　　　［鈴木邦彦］

14. 果実の生理

14.1 結実,肥大生理

(1) 結実過程

　果樹は結果樹齢に達すると開花し果実を着ける.植物の結実現象(fructification)を作物では種実生産のため結実(seed setting)とよび,果樹では果実生産のため結果(fruiting, bearing)とよび区別することもあるが,両用されることも多い.ここでは表題に従い結実だけを用いる.果実の結実の第一段階は花芽分化である.一般に落葉果樹では前年に,常緑果樹では年明け後に花芽分化が始まるとされている.いずれも開花期は2月から5月に当たるのに対して,花芽分化の開始期はたとえばブドウでは前年の5月に,リンゴその他では6～8月に,カンキツでは1月中旬にみられ,樹種により花芽分化から開花までの期間に著しい相違がある.

　人為的に花成を制御し,周年結実を図る試みがなされている.しかし,果樹では熱帯性の果樹を除いて,周年結実に成功していない.現在加温により3,4ヵ月程度開花期を早める前進栽培がカンキツ,ブドウなどの施設栽培で行われている.

　開花後受精により子房が発達し,果実へと発育するが,この過程で多くの花または幼果が自然落果する.自然落果はたとえばブドウでは開花後15日以内で,リンゴでは70日前後,モモ,スモモでは40～60日,カキでは90日前後,カンキツでは70日前後までにみられ,二つまたは三つの落果のピークを示す.温州ミカンでは二つのピークがあり,第一のピークは開花直後にみられ,花梗を着けたままで落果を示し,第二のピークは6月下旬から7月上旬にかけてみられ,果梗を残した状態で落果する特徴を示す.開花後みられる自然落果を早期落果とよび,収穫直前にみられる後期落果と区別している.

　開花から収穫までの自然落果は樹体の生理現象として生じるもので,一種の自己摘果である.通常の結実歩合は,ブドウでは20～60％,リンゴでは5～15％,カキでは40～60％,温州ミカンでは3～30％程度である.図14.1は温州ミカンの例であるが,1樹当たり約300果収穫するのに1万個の開花をみており,自然落花,落果後さらに人為的に摘果を必要としている.

　後期落果期は樹種により異なり,リンゴ,ナシでは収穫1ヵ月前にきわめて多く,カキでは9月に多く,カンキツでは年明け後収穫のポンカン,ネーブル,ヒュウガナ

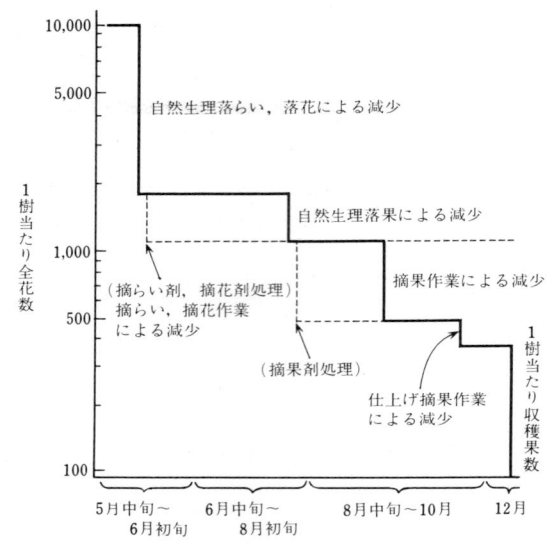

図14.1 開花から収穫までの間の温州ミカンの着花,果数の変化

ツなどでみられ,とくに樹液流動期と関連が深い.年内収穫の温州ミカンでは後期落果がみられない.自然落果が激しすぎると当然収量低下をきたすので,結実数の確保は果樹栽培にとってきわめて重要である.

(2) 結実調整

自然落果の原因はいろいろ考えられる.早期落果の原因は不受精あるいは雌ずい不全や胚の発育停止,果実への養分供給不足がおもなものである.種子をもつ果実では種子のIAAやGAなどのホルモンレベルがきわめて重要であるが,温州ミカンや無核ブドウなど種子なし果実では発育過程での養分競合が問題になる.後期落果は成熟果の種子あるいは果肉からの多量のエチレン発生,または根の不測的発達が原因でおこる.病虫被害果や物理的きずが原因となるものも多い.

花や果実が樹体より離脱するメカニズムは,落葉とほぼ同じと考えられる.その大筋は,① 離脱は植物体に存在する離層組織を舞台として開始する.② まず離層が発達し,このとき組織内にIAAの減少とエチレンまたはときとしてABAの増加が起こる.このとき離層の柔細胞は細胞質やオルガネラを局在化し,呼吸の上昇とタンパクやリボ核酸合成を活発にする.③ 次に,離層柔細胞同士の膜間結合物質が,セルラーゼやポリガラクチュロナーゼによって溶解され,細胞壁からCa^{2+}が溶脱する.④ エチレンがタンパク合成を促進するかたわら,これらの酵素活性を高め,細胞膜への浸入を促す.⑤ このようにして薄膜化した柔細胞は,果実の荷重で分離し,同時に維管束細胞も物理的に切断する.

14.1 結実, 肥大生理

果樹では結実を自然のなりゆきにすると，成り年と不成り年を交互にくり返すいわゆる隔年結果現象を呈する．成り年（on-year）と不成り年（off-year）の収量差を縮小し連年安定生産をあげるため，早期落果停止後に人為的に結実数を削減する摘果作業を実施している．その際，どの程度の果実数を残すか，つまり摘果強度の決定は樹体の光合成による物質生産力に関わっている．したがって，適当な摘果強度は葉を中心に葉果比や葉面積指数などを基準に決定する．

葉果比は，① 適正な果実生長をもたらし，② 翌年の樹勢を維持できる，③ 花芽分化に適した，1果当たりの葉数であり，摘果時の目安となる．リンゴの大玉果品種では50～60，小玉果品種40枚程度，ナシでは25～35，モモ，スモモでは15～20，カキでは20枚程度であり，温州ミカンでは25～30で，早生温州はこれよりやや多く，小葉の極早生温州では50～60枚を必要とする．

葉面積指数（LAI）は一定土地面積当たりの葉の延べ面積である．陽葉性のキウイフルーツで3程度，温州ミカンで7であり，リンゴなど多くの落葉果樹ではこの中間程度の葉面積指数のとき，最適の果実生産量となる．

結実調整はせん定による花芽数の制御，摘花による花数制御さらに摘果による着果数の制御と，三つの生育ステージで行われ，栽培にとっての重要度は樹種ごとに異なる．現在，結実調整作業の能率向上のため，各種の化学物質のテストが行われ，着花調節剤，摘らい剤，摘果剤として一部実用化している．カンキツの着花調節剤のGA，摘果剤のエチクロゼート，リンゴの摘花剤の石灰硫黄合剤，摘果剤のカルバリル剤が普及利用されている．

（3） 果実肥大

開花から収穫に至る日数は樹種で異なり，きわめて短いイチゴの3週，きわめて長いバレンシアオレンジで60週などあり，大部分の果樹は15週前後である．樹種によっては早熟系の枝変わりの発見があり，品種変遷に伴いかなり短縮している．温州ミカンでは普通系が210日程度であるが，早生温州は180日前後，さらに極早生温州では150日前後となっている．

しかし，樹種の違いで成熟日数に大きな相違があっても，各果樹はそれぞれの期間内にある遺伝的に決まった果実の大きさまで肥大生長を遂げる．果実の肥大過程には，各樹種固有の果実の生長パターンがみられる．開花から暦日をおって1果重の推移をみると，樹種ごとに数種の関数式で表される生長曲線に類別できる．温州ミカンは典型的なS字曲線を示し，ナシやリンゴは図14.2のBのようなやや曲線性の弱い生長パターンを示す．ブドウ，カキ，イチジクではS字曲線が2度くり返される生長パターンの二重S字曲線を示し，キウイフルーツは三重S字曲線をとり，数式化はきわめて困難である．

杉山温州の例では，$y = a/(1 + b \cdot e^{-cx})$（$y$：1果重, x：開花後日数, a, b, c：パラメータ）の関数式があてはまり，果実の1日当たりの果重増加量を計算すると，開花後50日頃が1.0g，100日頃が1.6g，140日頃が1.0g，200日頃が0.12gであった．

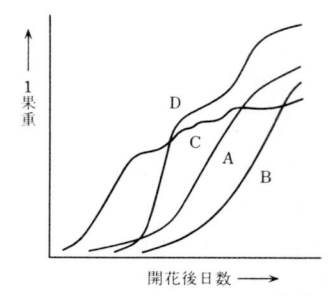

図 14.2 数種の果実生長パターン
A：S字曲線タイプA（ミカン），B：S字曲線タイプB（リンゴ，ナシ），C：二重S字曲線（ブドウ，カキ），D：三重S字曲線（キウイフルーツ）．

果実肥大は気温や雨量などの環境条件に支配されるばかりでなく，養分吸収による栄養条件に加えて，摘果などの栽培条件によって大きく影響を受ける．しかし果実の生長パターンは品種固有のものなので，開花以後の生育日数が果実肥大にとっての重要な決定因子となる．

二重や三重のS字曲線の肥大生長パターンをとる果樹では，果実内の種子胚の急速な生育が，果肉の肥大を一時的に抑えている場合が多い．ブドウでは種皮が硬化するときは果実肥大がにぶるが，このときに種子胚は急速な生長を示す．核果類でも同様，二重S字曲線を示すが，種子胚のない種なし果では果実の生長パターンが一重S字曲線をみせる．

果実の大きさは構成する細胞の数と各細胞の大きさに各細胞間げきの容積を加えたものの積で表される．そして果実の肥大過程で最も大きさに貢献するのは果肉細胞である．果肉細胞の起源は樹種により異なり，モモ，ウメ，カンキツなどは子房を構成した細胞の発達したものである．一方，イチジク，リンゴ，イチゴなどではがく，花托，花軸を構成した細胞が果肉細胞となっている．前者を真果とよび，後者を偽果とよぶ．さらに，組織発生的には，カンキツの果肉は生長点のチュニカ（tunica, L-1層）に由来し，他の果樹のコルパス（corpus, L-2層）由来と類別される．各果樹での果肉細胞の起原や由来のこのような相違は果実肥大過程での細胞分化の特徴と関連をもっている．

温州ミカンの可食部はじょうのう，つまり袋を構成する砂じょう，すなわちつぶつぶである．一つの砂じょうは1個の子房外皮細胞の分裂増殖したもので，発生学的には表皮の1本の毛と相同である．砂じょう原基は5月20日頃の開花期に分裂を開始し，6月中旬までに分裂をほぼ中止する．したがって，果実肥大の因子のひとつである果肉細胞の数は，開花後1カ月弱の期間内で決定されることになる．この6月中旬には新葉による光合成は少なく，細胞分裂に必要な物質やエネルギー源はほとんど旧葉の光合成か貯蔵物質の分解産物に負っている．その後新葉の完成と豊富な光合成に支えられ，砂じょう細胞の細胞質増大による細胞肥大が起こり，果実肥大速度の最も大きい開花後100日目頃に，細胞内に液胞の発達が急激に起こり，160日目までにほぼ完成した大きさの砂じょうとなる．

真果のモモ，ウメなどの可食部は子房の中層部が細胞分裂して多肉となったもので

ある．偽果のリンゴの可食部は花托の中層部が細胞分裂して多肉となったもので，細胞増大に必要な物質やエネルギー源は貯蔵物質の分解産物に負っている．リンゴの果肉細胞の増加も開花後20〜30日までで完了し，その後は細胞の容積の増大で果実肥大をとげる．9月中旬までに7〜10倍の長さとなるが，容積の増大で細胞同士がお互いに離れ，大きな細胞間げきや維管束組織の分化が起こる．果肉での細胞間げきは20〜30％の容積を占め，これ以上では果肉品質の劣化となる．リンゴでは大玉果品種が一般に細胞数，細胞肥大ともに優れている．

（4）肥大生理

花や果実は植物体で最も強力な光合成産物のシンクである．果肉細胞は果実肥大にその細胞数の増加と肥大を通して最も貢献しているので，この部分で活発なシンク力が生まれていると思われる．種子のある果樹では果実の大きさと種子数の間に相関がある場合が多いため，種子の産成する内生ホルモンがシンク力の源泉とする見方が多い．種子のない果樹にあっても，蕾など子房にはいずれの部位より高いオーキシン濃度が知られる．オーキシン，GA，サイトカイニンはいずれも細胞分裂や細胞肥大を促す生長促進物質であり，幼果時の果肉細胞にとくに多量に認められる．

二重S字曲線の生長パターンを示すイチジクでは，胚や胚乳の発育期に果肉内への供給が多く，1〜5 mg IAA 当量/kg 乾重程度の濃度が知られている．そして，生育の後期にはその半量程度に減少する．種子のない温州ミカンの果実肥大でも同様の傾向を示し，開花後1カ月程度の幼果で最も高い IAA 濃度がみられ，kg 生重当たり50〜60 mg 程度の濃度をもつ．その後は漸減し，最も肥大速度の大きい開花後100日前後には10 mg 程度に低下する．蕾には4,000 mg IAA 当量/kg 生重程度の高濃度のオーキシンが知られているので，開花期に一度濃度減少があり，開花後1カ月後再びオーキシンの高まりを示すパターンをとっていると思われる．砂じょう細胞分裂期に当たるこの高まりは，オーキシンが果実肥大に対して細胞数の増大により，貢献していることを示している．

サイトカイニンや GA も果実肥大の初期段階で高濃度であることが知られており，ほぼオーキシンと同様のパターンで果実肥大に関与していると思われる．ブドウでは，開花後7日目で100 ppm GA_3 当量/生重程度の濃度であり，その後60日目には1/1,000 程度まで激減する．

ABA は1963年に発見され，生体に果たす役割が急速に明らかにされつつある生理活性物質の一つである．核酸やタンパク質の合成を，酵素合成阻害や酵素活成阻害を通して抑え，また，原形質膜や液胞膜の透過性を変える生長抑制物質である．果実肥大過程では比較的後期に濃度の高まりがある．ブドウでは開花後50日頃より高まり，80日前後にピークに達し，1.5 mg/kg 生重程度の濃度となる．温州ミカンでは60日頃より高まり，果実肥大速度の最も大きい100日前後に最高に達し，2.0 mg/kg 生重程度の濃度となる．ナシでは80日目より高まり130日前後にピークとなり，4〜5 mg/kg 生重の濃度となる．この増大期は果実の生育パターンで急激な果重増加期と一致して

いる．このように ABA の果実肥大に果たす役割はきわめて大きく，果肉細胞の液胞分化に関与していると思われる．

果実の肥大生理は，上のような各種の生理活性物質の影響を受けながら，水分供給，光合成産物の転流，養分吸収により行われ，固有の生育パターンを形成している．

[池田富喜夫]

文　　献

1) 池田富喜夫 (1982)，四国農業の動向と技術的問題点，79-87，四国農試編．
2) 池田富喜夫，森永邦久，木原武士 (1983)，四国農試報告，**42**，61-73．
3) 池田富喜夫 (1988)，農及園，**63**，409-413．
4) 石原愛也 (1987)，農学大辞典（野口弥吉，川田信一郎監），1380-1406，養賢堂．
5) 中川昌一 (1978)，果樹園芸原論，114-430，養賢堂．

14.2　成熟の生理

果実の品質は甘味，酸味，果肉の硬度，香り，渋み，色などさまざまな化学的あるいは物理的な要因によって支配され，それらの要因は果実の生長過程，そして成熟あるいは追熟過程で大きく変化する．そのため消費者が食べる段階で最もよい食味を示すように収穫，輸送，日持ちを考えなければならない．また最近のように果実のうまさだけでなく機能食品として用いる場合には，その能力が最もよく発揮できる収穫適期を考えなければならない．いずれにせよ，品質要因を的確にとらえるには，果実のライフサイクルのなかで，各々の化学成分と，そしてそれらを変化せしめる物質がどのように変動するかを明らかにすることが大切である．

(1) 果実の成熟のタイプ

果実の成熟を考える場合まず留意しなければならないことは次のような果実の性質である．一つは光合成同化産物を一度デンプンにして果実内に貯蔵するかどうか．多

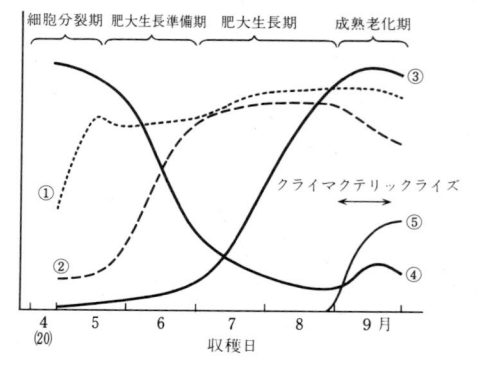

図14.3　ニホンナシの生長・成熟ステージ
① DNA 量/果実，② 細胞壁多糖類量/果実，③ 果実重，④ 呼吸量（炭酸ガス発生），⑤ エチレン発生量．

量のデンプンを貯蔵するものは未熟果で樹から取っても追熟中に糖度が増すことが考えられるが，あまり蓄えないものは収穫後ではほとんど糖度が増加しない．前者の代表的なものはバナナ，キウイフルーツ，セイヨウナシ，後者の代表的なものはモモ，ブドウ，ミカンであり，リンゴ，ニホンナシなどはその中間になる．もう一つは，クライマクテリックライズを示すかどうかである．クライマクテリックライズとはエチレン発生による呼吸の急激な上昇に伴って，果実が成熟する現象である（図14.3）．この現象を示す典型的なものはバナナ，リンゴ，セイヨウナシ，ニホンナシなどで，ミカン，ブドウは示さない．また，カキはまだはっきりしない．クライマクテリックライズを示すものは，その発生を人為的に制御してやれば比較的成熟の調節は容易である．このように成熟を考える前に個々の果実の成熟パターンの特性を考慮しなければならない．

（2） 生長と成熟に伴う生体成分の変化

a．果実成分の転流

果実の品質を決めるさまざまな成分と基本となる物質は葉，根から供給される．糖，有機酸，渋み，色素などの前駆物質が生長段階で他の器官から供給され，果実内でその果実特有な成分に変換されるのである．それゆえ，個々の果実での代謝過程を知ることが成熟をコントロールするための基本である．多くの果実は光合成同化産物をシュクロースの型で転流するが，バラ科に属するリンゴ，ニホンナシなどはおもにソルビトールとして転流する．また窒素化合物はアルギニン，アスパラギン，グルタミンあるいはプロリンなどによって根から転流し，果実の種類によってその型は異なる．多くの成分は果実内でこれらの物質から合成されるのである．

b．糖および有機酸の変動

果実に蓄積される糖はおもにショ糖，フルクトース，グルコース，ソルビトールであり，種類そして成熟度によってその割合は異なる．たとえばカンキツでは，転流したショ糖がインベルターゼによってグルコース，フルクトースに分解され細胞内に入り，その後再びシュクロース（シュクロース-リン酸）合成酵素によりショ糖に合成され蓄積する．ブドウ，カキなどもこのタイプである．モモなどはソルビトール，ショ糖で転流し，それらがソルビトール酸化酵素，ソルビトール脱水素酵素，インベルターゼによってグルコース，フルクトースに変換され，その後シュクロース（シュクロース-リン酸）合成酵素によってショ糖に合成されて蓄積する．リンゴ，ナシの場合にはこの経路のほかに，生長期にグルコースがデンプン合成酵素によってデンプンになって蓄積する．この一時的に蓄積したデンプンはアミラーゼ，ホスホリラーゼによって分解され，再度ショ糖に転換する．またバナナやキウイフルーツは転流したショ糖がインベルターゼによってグルコース，フルクトースに分解され，これがデンプン合成酵素によってデンプンに合成され蓄積する．その後追熟に伴ってアミラーゼ，ホスホリラーゼによって分解し，シュクロース（シュクロース-リン酸）合成酵素によって，ショ糖に変換されて蓄積する（図14.4）．

14. 果実の生理

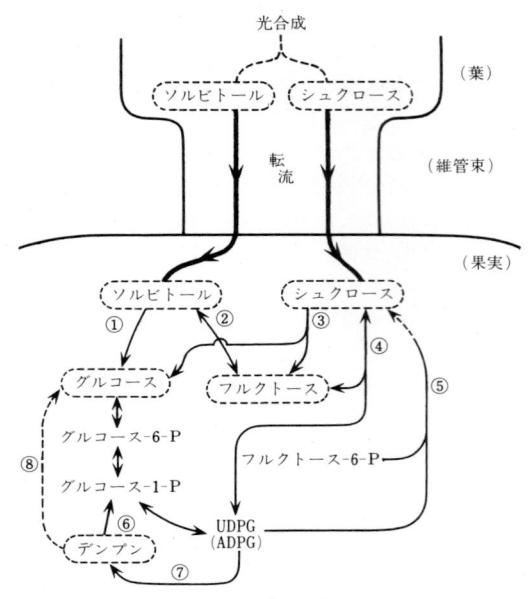

図 14.4 果実における糖の代謝経路
① ソルビトール酸化酵素，② ソルビトール脱水素酵素，③ インベルターゼ，④ シュクロース合成酵素，⑤ シュクロース-リン酸合成酵素，⑥ ホスホリラーゼ，⑦ デンプン合成酵素，⑧ アミラーゼ．

表 14.1 成熟果での糖含量（mg/g 新鮮重）

	グルコース	フルクトース	ショ糖	ソルビトール
ニホンナシ（幸水）	23	47	38	19
チュウゴクナシ（ヤーリー）	23	39	3	35
セイヨウナシ（ラ・フランス）	15	80	18	28
リンゴ（ジョナゴールド）	28	75	60	6
モモ（白桃）	3	5	103	10
スモモ（ヨーロッパ系）	51	20	43	53
オレンジ	24	24	47	0
温州ミカン	19	22	60	0
カキ（富有）	68	73	11	0
ブドウ	82	73	0	0
バナナ	58	38	66	0

　成熟あるいは追熟した果実での最終的糖含量と組成は表14.1に示した．一般に，糖は摂取しすぎると肥満など，健康にマイナスを与えるといわれるが，これは極度に食べすぎればのことである．バラ科，とくにスモモ，ニホンナシ，セイヨウナシの成熟果に比較的多く含まれているソルビトールは整腸作用があるなど健康にプラスの働きをする興味のある物質である．有機酸は一般に未熟果において多量に蓄積し，成熟とともに減少していく．とくに，クライマクテリック型のものでは，その開始とともに貯蔵されたリンゴ酸がリンゴ酸酵素によって脱炭酸され急激に消費される．果実の種類によって蓄積する有機酸の種類が異なるが，ほとんどのものがリンゴ酸をおもに蓄

積し,カンキツ,ウメなどがクエン酸,ブドウが酒石酸,シュウ酸などをこれに加えて蓄積する.いずれにせよ,これらの有機酸は呼吸の基質として最も消費されやすいものであるので,貯蔵時に容易に分解,減酸し,ときには味気ないものとなる.そのため低温貯蔵などによって,呼吸による有機酸の消費を防ぐことも大切である.

c. 肉質の変化

果実の肉質は重要な品質要因であり,硬すぎなく,軟らかすぎなく,ある程度の弾力性があることなど,さまざまな条件が要求される.肉質に最も影響を及ぼしているのは,細胞壁の厚さおよび細胞壁を通しての細胞同士の結合である.細胞壁は細胞同士の結合に最も強く関与しているペクチン,ヘミセルロース,そして2次壁に存在し壁の厚さに最も関与しているセルロースから構成されている.それゆえにこれらの成分がどのように構成されるかによって果実の肉質は微妙に変化するものと思われる.ニホンナシでは果肉の変化に伴ってポリガラクチュロナーゼ(ペクチン分解酵素),そしてセルラーゼ(セルロース分解酵素)活性が急激に高くなり,細胞壁を分解し,薄くし,また細胞同士の結合を緩くし,結果的に果肉は軟らかくなるものと思われる.またヘミセルラーゼ活性は少し遅れて上昇し,果肉の崩壊をひき起こす(図14.5).す

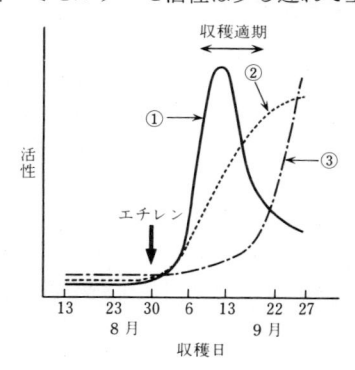

図14.5 ニホンナシ果実の軟化に伴う細胞壁分解酵素活性の上昇と収穫適期
① ポリガラクチュロナーゼ,エキソセルラーゼ,② エンドセルラーゼ,③ ヘミセルラーゼ.

なわち,前二者の酵素活性が上昇してから,後者の活性が上昇し始める間が肉質からみた成熟期である.モモやセイヨウナシでは,軟化にはポリガラクチュロナーゼと同時にペクチンメチルエステラーゼによるペクチン物質の水溶化が重要であるといわれる.リンゴではポリガラクチュロナーゼ活性は弱く軟化にはあまり関与せず,むしろヘミセルラーゼが重要であるといわれる.

果実の肉質は,たとえばニホンナシ果実に示されるように,急激に肥大を開始しするまでに,成熟時に必要な細胞壁多糖類をすでに蓄えてしまっている.すなわち,多糖類は量的にはこれ以上増加しないと考えてよい.あとは肥大に伴って多糖類に質的な変化が生じ,ちょうど風船が膨らむように細胞壁は拡張し,薄くなっていくものと思われる(図14.3参照).それゆえ,拡張する時点での分解酵素活性の変動とともに,未熟果の間にいかに多くの細胞壁多糖類を合成し,蓄えるかが大きな問題である.この時期はニホンナシでは5月末から6月末である.他の果実も多少の差はあれ,基本

d．色素および渋みについて

果実とくに果皮の色はカンキツ，カキなどはカロチン，モモ，ブドウ，リンゴ，スモモなどはおもにアントシアンからなる。カロチンにはキサントフィル系のもの（黄色）とリコピンに代表される赤色の系統のものがある。カロチン，とくにリコピンはあまり高温では発現せず，ある程度温度が低下すると（25℃以下）発現する。カキの果皮色が低温になると赤みを増していくのはこのためである。またアントシアンは赤，青，紫などさまざまな色を示す。このアントシアンの発現もある波長の光と低温を必要とする。とくに，昼夜の温度差がこの発現に効果があることが知られている。

果実の渋みに関与しているタンニン類にはさまざまな成分があり，カキではロイコアントシアン，リンゴ，モモ，ナシではクロロゲン酸その他カテキンなどが中心である。一般にタンニン類は果実の生長過程でその濃度が高く，非常に渋く感じる。この渋みは，タンニンが水に溶けて人の舌に存在するタンパク質と結合し，タンパク質が収れんするために感じるといわれる。果実が成熟するにつれてタンニンが重合して不溶性となったり，あるいは他の高分子に結合して不溶性になると，量的には未熟果と変わらなくても舌のタンパク質に結合しないために渋みを感じないのである。カキの脱渋はまさにこの典型である。

その他，果実の成分としてアミノ酸，脂質そして香気成分などが，ある種の果実では重要な働きをするが，ここでは触れないことにする。

（3）成熟の誘導

果実はどのような機構によって成熟するのであろうか。クライマクテリックライズを示す果実は比較的その機構は明らかになっている。植物ホルモンの一つであるエチレンが生成し，このエチレンによっていわゆる成熟の引き金が引かれ，果実は不可逆的に成熟の方向へ進行するのである。このエチレンは図14.6に示すように，メチオニンより1-アミノシクロプロパン-1-カルボン酸（ACC）になり，このACCの分解によって生ずる。それゆえ，エチレンの生成にはACCを合成するACC合成酵素とACCをエチレンに分解するエチレン生成酵素の成熟に伴う活性誘導が必要である。このエチレンはたとえばナシ，リンゴでのリンゴ酸酵素活性を誘導し，蓄積したリンゴ酸を

メチオニン → S-アデノシルメチオニン →① 1-アミノシクロプロパン-1-カルボン酸(ACC) →② エチレン

5'-メチルチオアデノシン

N-マロニルACC

アデニン

5-メチルチオリボース

①ACC合成酵素
②エチレン生成酵素

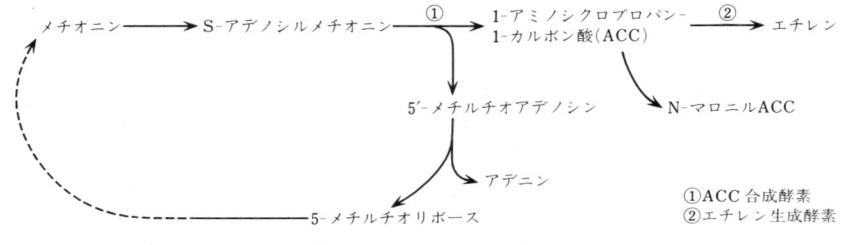

図14.6　エチレン生成経路

脱炭酸により消費し，炭酸ガス発生を上昇させ，結果的に有機酸の減少に導く．この炭酸ガス発生の上昇をクライマクテリックライズといっている．また，肉質に関係したポリガラクチュロナーゼ，セルラーゼ活性も誘導し，果肉を軟化させる．リンゴなどではクロロフィル分解酵素活性も高くなり緑色を軽減し着色していく．このように，エチレンによって多くの酵素系が活発になり成熟が進む．それゆえ，まだエチレンを発生しない未熟なうちに果実を収穫し，人為的にエチレン処理をした場合にも同様の反応が生じ，果実は成熟することができる．

しかしながら，カンキツ類やブドウなどではその成熟にエチレンの発生を伴わない．人為的にエチレン処理をした場合，カンキツの果皮の着色は促進されるが果肉の成熟はとくに進まない．またブドウについては脱粒が生じる場合があるものの果実の成熟をとくに促進しない．ブドウの成熟にはアブシジン酸が関与するといわれ，ベレーゾン期付近でこれで処理すると，急激に着色，成熟が進む．最近では，アブシジン酸の濃度は果実組織への物質の蓄積が活発になるにつれて増加すると報告されている．リンゴ，カンキツ，ブドウ，ナシなどではいずれも成熟肥大に伴ってアブシジン酸濃度が上昇し，これが同化産物蓄積の推進力の一つとなっているといわれる．またオーキシンは古くから果実の生長に欠くべからざる重要なホルモンである．着果時にはときには単為結果を誘発でき，生長時には種子から生成されるオーキシンによってこの勾配を形成し，これが同化産物を取り込む力となり果実は肥大生長するといわれる．しかしながらある程度肥大生長が終了し成熟する段階においては，オーキシンは成熟にはあまり積極的に働かないものと思われる．

（4） 成熟の指標と収穫期

果実をいつ収穫するかは最も大切で難しい問題であり，また利用の目的によってかなり異なる．従来は満開後の日数，果重，果色，糖度，硬度などを基準にして収穫してきた．とくに非破壊的な測定法（満開後の日数，果重，果色）がよく利用されてきたが，これによると果皮と果肉の成熟が平行しないときには問題を生じる．たとえば，ニホンナシなどは冷夏の場合は果皮の着色に比べて果肉の成熟が先行する傾向にあり，ときどき市場でトラブルを生じる．それゆえ，より精度の高い非破壊測定法として電磁波，赤外線の透過による熟期の判定が試みられているがまだ不十分である．

そこで現段階では非破壊的方法と破壊による種々品質要因を測定する方法を併用することが望ましい．今までは硬度，糖度，酸度などがその指標として用いられてきたが，生体成分や酵素活性のようなもっと生理的な変化を直接示すような指標，たとえばエチレンの発生時期，ポリガラクチュロナーゼ，セルラーゼ活性の上昇時期，リンゴ酸酵素活性の上昇時期，ショ糖の蓄積時期，デンプンの消失時期，可溶性タンニンの減少程度などが，個々の品種によって多少の差があるが有効な指標として利用できるであろう．今後より生理的変化を現す指標の充実と，これらの指標と非破壊的測定による指標との相関をより詳細に検討し，目的に応じた的確な収穫時期を定めることが必要である．　　　　　　　　　　　　　　　　　　　　　　　　［山木昭平］

文　献

1) Hulme, A. C. (1970), The Biochemistry of Fruit and Their Products, Vol. 1, Academic Press.
2) 伊庭慶昭，福田博之，垣内典夫，荒木忠治編 (1985)，果実の成熟と貯蔵，7-85，養賢堂.
3) 中川昌一 (1982)，果樹園芸原論，221-357，養賢堂.
4) Yamaki, S. (1983), *JARQ*, **17**, 34-40.
5) 山崎利彦，山木昭平，梶浦一郎 (1981)，植物の化学調節，**16**，118-130.

14.3　貯蔵の生理

　果実は収穫されると樹からの養分や水分の供給は断たれるが，1個の生命体として活発な生命活動を営んでおり，呼吸や蒸散による消耗や成熟・老化現象の進行に伴う軟化などによって，品質が著しく低下する場合もある．したがって収穫後の生理を十分に理解して，適切な取扱いに心がけることが大切である．

（1）呼吸と蒸散
a．呼　　吸

　呼吸は果実の生命を維持するために不可欠であるが，収穫後は果実自身に蓄積した糖や有機酸を呼吸基質として消費するため，品質低下の原因にもなる．また呼吸熱の発生による果実温度の上昇は，低温貯蔵の効率を下げることにもなる．したがって，呼吸をいかに制御するかは貯蔵にとってきわめて重要である．

　一般にウメ，モモ，ビワなど果実の生長の早い種類はリンゴやナシに比べ呼吸は盛んである．また，同一果実でもカキではへた部，ブドウは果梗部，温州ミカンは果皮部の呼吸活性が高く，これらの部位の呼吸が貯蔵中の品質変化に与える影響も大きい．一方，損傷や微生物の侵入などを受けた場合（傷害呼吸）や，選果，輸送中の振動によっても呼吸は増大し，品質へも影響を与える．

　呼吸の抑制と品質の保持には低酸素条件や低温などは有効であり，CA貯蔵やプラスチックフィルム包装，低温貯蔵に利用されている．しかし，極端な低酸素条件は無気呼吸を昂進して異臭の発生や組織のえ死の原因となる．また，ある種の果実では低温でミトコンドリアの機能の異常などによって低温障害を招く場合もあるので注意が必要である．

b．蒸　　散

　果実は普通85〜90％の水分を含み，5％失われると商品性が著しく低下するといわれる．蒸散は低温によって抑制されるが，その効果は果実の種類によって高いものと低いものがある（表14.2）．この違いは果実の表面構造と関連するものと考えられる．

　一般に果実の蒸散はクチクラ層からは比較的少なく，気孔や皮目などの開孔部を通じるものが大きい．したがって，クチクラ層の厚さやワックスの有無にも影響される

14.3 貯蔵の生理

表 14.2 果実の種類による蒸散特性 (樽谷, 1963)

蒸散特性	果実の種類
温度が低くなるにつれて蒸散量が極度に低下するもの	カキ, ミカン, リンゴ, ナシ, スイカ
温度が低くなるにつれて蒸散量も低下するもの	ビワ, クリ, モモ, ブドウ (欧州種), スモモ, イチジク, メロン
温度に関わりなく蒸散が激しく起こるもの	イチゴ, ブドウ(米国種), オウトウ

が, 気孔や皮目の数が大きく影響する. カキ, ブドウなどでは果面に気孔も皮目もないため, へた部や果梗部を通して行われる. また擦傷などがあるとその部分が水分の出口となる.

蒸散は, 表面と周囲との水蒸気圧の差によって生じるものであり, 暖かい果実を冷蔵庫に入れると周囲との水蒸気圧の差を生じ, 多量の水分を失うことになる. したがって, 冷蔵前に予冷を行って品温を下げておく必要がある.

このように貯蔵庫内の湿度管理は重要であるが, 高湿度ではかびやむれの発生する危険もあり, 温州ミカンのように浮き皮防止のため予措乾燥を行って水分を減らす果実もある.

(2) 貯蔵中における成熟・老化の進行

a. 果実の成熟・老化と収穫・貯蔵

果実の成熟は果実特有の品質を完成する過程であるとともに, 一方では組織の崩壊に至る老化過程でもある. また樹上のみならず貯蔵中にも進行して, 品質変化の要因となる. このように果実の成熟・老化は果実の品質や貯蔵と密接に関連している.

b. 成熟・老化に伴う生化学的変化

果実の成熟・老化には細胞壁構造の崩壊やクロロプラストのクロモプラストへの転換などの細胞構造の変化や, 軟化に関与するポリガラクチュロナーゼ, 果皮の黄化に関与するクロロフィラーゼ, エチレン発生に関与する ACC 合成酵素などの活性増加など, さまざまな生化学変化を伴う. また, 未熟段階と成熟段階では果実内での遺伝子発現パターンが違っており, 成熟・老化に関与する遺伝子の発現とタンパク質の合成が生じているものと考えられる. これらの変化はエチレンなどの成熟・老化ホルモンの作用によって制御されている.

c. 果実の成熟・老化とエチレンの役割

一般に果実はクライマクテリック型果実 (リンゴ, セイヨウナシ, バナナなど) と, 非クライマクテリック型果実 (カンキツ類, ブドウなど) に分けることができる (図 14.7).

クライマクテリック型果実では成熟制御にエチレンが重要な役割を演じており, 果実の生長が一定の段階に達するとエチレンに対する感受性が高まり, 組織内に微量に

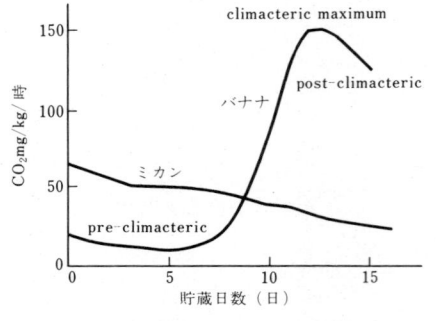

図 14.7 クライマクテリック型果実（バナナ）と非クライマクテリック型果実（ミカン）の貯蔵中における呼吸パターン

存在するエチレンに反応して成熟の引金が引かれるものと考えられている．その結果，エチレン生成の増大（自己触媒的合成）や呼吸の増大，軟化，着色などの成熟現象が顕在化する．

一方，非クライマクテリック型の果実では成熟時に呼吸は漸減し，エチレン生成量の増大もない．これらの果実では成熟制御要因として ABA などの関与が考えられているが，その機構がクライマクテリック型果実とまったく異なるものなのかどうかなど疑問点も多い．

クライマクテリック型果実ではエチレン除去剤や CA 貯蔵などエチレンの作用を調節する貯蔵技術の開発が進められている．一方，非クライマクテリック型果実でもエチレン処理がカンキツ果皮の黄化を促進するなど一定の成熟促進効果をもつので，ミカンやレモンの催色処理にエチレンが利用されている．

（3）低温と果実の貯蔵
a．低温の効果と障害の発生

一般に凍結しない範囲内であれば低温ほど呼吸，蒸散，成熟の進行などを抑制し，品質保持にはのぞましい．とくに 10°C 以下での効果は大きい．しかし，ある種の果実，とくに熱帯，亜熱帯原産の果実では 0〜15°C で低温障害を受け，褐変やピッティング，ビタミン C 含量の低下などが生じるので注意が必要である（表 14.3）．

表 14.3 果実の種類と低温障害の発生

種類	発生温度(°C)	障害の症状
ウメ	8〜10	ピッティング，果肉褐変
オレンジ	2.8〜6.6	ピッティング，褐変
グレープフルーツ	10.0	ピッティング，虎斑症，水浸状腐敗
レモン 緑熟果	11〜14.5	ピッティング，じょうのうの褐変
レモン 黄熟果	0〜4.5	ピッティング，じょうのうの褐変
パインアップル	4.4〜7.2	果心部の黒変
バナナ	11.7〜14.4	果皮果肉の褐変，追熟不良
リンゴ	2.2〜3.3	内部褐変，軟性やけ

b. 低温障害の発生機構

　低温に弱い植物は低温で生体膜を構成する脂質二重層部分の相転換や膜タンパクの疎水結合部分などの不安定化によって膜機能が破壊され，呼吸異常や代謝変動が生じると考えられている．低温に強い植物は膜を構成する脂肪酸の不飽和度が高いため低温でも相転換を起こさず，フレキシビリティが高いと考えられる．

　低温による変化は短期間であれば，温度を上げると可逆的に回復するが，一定期間を過ぎると不可逆となり，商品性が著しく低下する．したがって個々の果実について適切な温度を知ることが大切である．　　　　　　　　　　　　　　　［吉岡博人］

文　　献

1) Grierson, D. (1987), *HortSience*, **22**, 859-862.
2) 伊庭慶昭, 福田博之, 垣内典夫, 荒木忠治編 (1985), 果実の成熟と貯蔵, 養賢堂.
3) McGlasson, W. B. (1985), *HortScience*, **20**, 51-54.
4) 緒方邦安編 (1977), 青果保蔵汎論, 建帛社.
5) 樽谷隆之 (1963), 日食工誌, **10**, 186-202.
6) 山木昭平 (1975), 化学と生物, **13**, 62-67.

15. 収穫・出荷

15.1 収穫

　果実の成熟期は収穫によって終る．果実にはこの成熟期の間に完熟するものと収穫後，追熟処理を行うことにより完熟に至るものがある．前者にはカンキツ類，リンゴ，ニホンナシ，ブドウ，オウトウ，ビワ，モモ，スモモ，アンズ，甘ガキ，後者にはセイヨウナシ，キウイフルーツ，バナナ，アボカド，マンゴーなどがある．

（1）収穫適期
　果実は本来もっている最高の食味に達した時期に収穫することがのぞましい．しかし，モモやスモモ，アンズなどではこのような時期に収穫すると，食べ頃の期間（日持ち）が短くなるので，食味上の適期より早い時期に収穫することが一般的である．セイヨウナシ，バナナなどは収穫後の追熟処理により初めて完熟し食べ頃になるが，これらは可食適期前に収穫することになる．
　収穫時期はまた，貯蔵性や生理障害発生程度と関係が深い．完熟したリンゴ果実では貯蔵中の果肉軟化が早く，ゴム病や内部褐変などの障害発生が多くなる．逆に収穫が早すぎると食味が劣り，やけ病などが多発する．
　このように，果実の収穫時期は貯蔵用か即売用かなどの目的や用途に応じて異なるので，収穫はそれぞれの適期に行う必要がある．

（2）収穫適期の判定
　このように，果実の収穫時期は果実品質や貯蔵力を直接左右するが，その判定については画一的な基準設定は困難であり，現実には個々の樹種ごとに満開後の日数や成熟過程における果実の呼吸量，エチレン生成量，糖，酸，ペクチン含量，果皮の着色度および果肉硬度などの成熟指標の変化から収穫時期を判定している．
　a．満開後日数，暦日による方法
　米国ではセイヨウナシ，バートレットの収穫適期を満開後105～115日としている．わが国において，セイヨウナシ主要品種の満開後日数と収穫期を調査した事例を表15.1に示した．バートレットでは，満開後110～120日に収穫した果実はいずれも順調に追熟し，品質も良好であった．

15.1 収穫

表 15.1 セイヨウナシ主要品種の満開後日数と収穫時期（山形県立園芸試験場）

品種	満開日 (月.日)	満開日から の日数	収穫時期
ラ・フランス	5.4	150～160	10月上中旬
バートレット	5.5	110～120	8月下旬～9月上旬
シルバーベル	5.9	160～170	10月中下旬
マイクルマスネリス	5.5	130～140	9月中旬
ウインター・ネリス	5.6	170～180	10月下旬～11月上旬
パス・クラサン	5.5	180～	11月上旬

表 15.2 リンゴ主要品種の収穫期（岩手県果樹指導要項による）

品種	貯蔵用	即売用
紅　玉	10月5日～10日	10月10日～20日
デリシャス	10月10日～15日	10月15日～25日
ゴールデン	10月15日～20日	10月20日～25日
陸　奥	10月20日～25日	10月20日～30日
ふ　じ	11月1日～10日	11月5日～15日

しかし，この日数と時期は産地や栽培年の気象条件により若干変動する．開花後5～9週間の日平均気温積算値と満開後日数に負の相関 (Lambardら，1971) が認められているが，これら気象要因などを加えた関係式の検討が必要である．

リンゴでも満開日から収穫適期までの日数は品種によりほぼ一定であるが，栽培年次により変動する．たとえば旭の満開後日数が123日から150日までの幅があったが，暦日での収穫適期の変動は10日以内であった．わが国でも，東北地方で1984年度は前年度より開花日が20～30日遅れたが，中・晩生種の収穫日は両年ともほとんど変わらなかった．これまでも経験的にリンゴの成熟期は，毎年ほぼ同じ時期になることが知られており，たとえば岩手県では表15.2のように，主要品種について貯蔵用と即売用の収穫期が定められている．

このように一定の月日（暦日）によって収穫適期を決めることがあるが，果実形質は各年度の諸条件により影響を受けるので，これら形質についても調査し総合的に判定することが必要である．とくに果肉硬度は貯蔵用果実の収穫時判定上重要である．

b．カラーチャートによる判定

果実成熟度の非破壊的判定法のひとつとして果色による方法がある．果樹試験場において，収穫適期判定基準を設定する目的でカンキツ，ナシ，カキなど18種類の果実についてカラーチャートが作成された．果実の成熟老化に関与する諸要因を解析し，その変動の特徴と果色を対応させ両者の関連を検討した．

図15.1はニホンナシ豊水の糖含量と関連酵素活性の変化と果色との関係を検討したものであるが，これから判断される収穫適期はデンプンが完全に消失しショ糖が十

15. 収穫・出荷

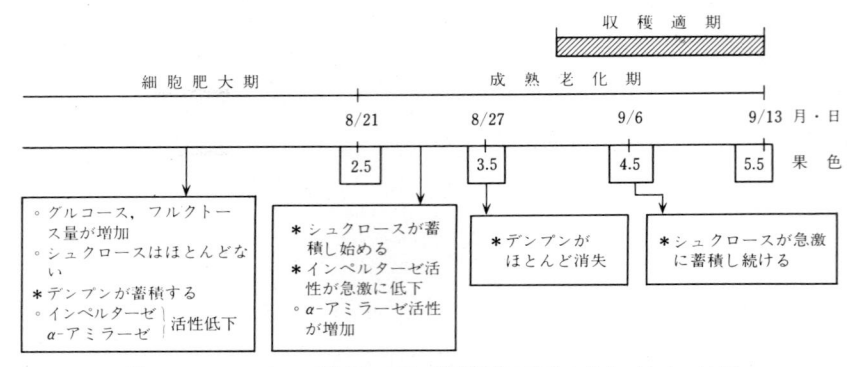

図15.1 ニホンナシ（豊水）の糖，酵素活性と変化と果色（山木，1982）

分蓄積される期間，果色では 4.2〜5.5 である．同時に成熟過程での呼吸，エチレン発生，細胞壁多糖類の分解酵素活性の変化と果色との関係から，目的に応じた収穫適期判定が可能である．すなわち，食味を優先する場合は果色 4.5〜5.0 が適期であり，日持ち性を重視する場合は 3.5〜4.5 で収穫する．

また，ニホンナシでもみつ症状のような果肉異常により日持ちを悪くするが，豊水では果色 4.2 以下で収穫することによりほとんど回避することができる．

15.2 出　荷

青果物の流通経路は複雑であり，近年，宅配や産地直結方式などが進出し多様化しているが，市場を経由する経路が主であることに変わりはない．図15.2 は温州ミカン

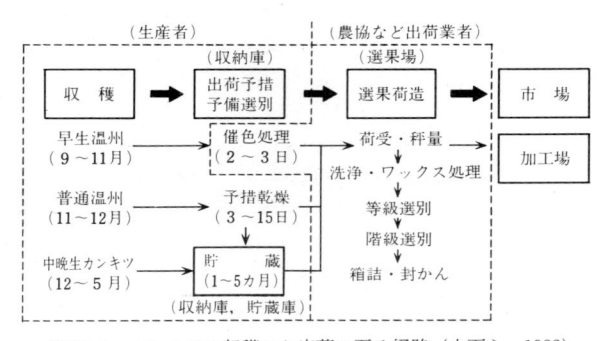

図15.2 カンキツの収穫から出荷に至る経路（山下ら，1982）

の収穫から出荷に至る作業の流れを示した．果実は収穫後選果荷造りが行われ出荷されるが，カンキツ類のように生産者により一時収納され，出荷予措や予備選別が行われることがある．

15.2 出荷

(1) 選果場の機能

果実は出荷に先だって選果場に送られる．選果場におけるおもな作業工程は，① 荷受け，② 前処理（洗浄，除袋，ワックス処理など），③ 等級選別，④ 階級選別，⑤ 箱詰め包装，⑥ 仕分け，⑦ 精算業務などである．価格形成を有利に導く目的から，等級別・階級別の区分が重要である．

(2) 果実の規格

果実の規格は階級（大小の基準），等級（外観の美しさの基準）および包装基準の三つから構成されている．果実の全国規格は1960年代前半に生産量の増大，共同選果体制の促進による選果場の大型化が進むとともに整備された．以来，規格の簡素化が検討されカンキツ類，リンゴ，ナシ，モモなど11品目について新しい規格が定められている．

a. 等級区分

果実の外観の美しさは果皮の着色と傷の程度によって決まる．着色について，リンゴでは主要品種別に等級の色沢割合が決められているが，それ以外の果実では抽象的な定義しかない．果皮の傷についても同様で，重欠点果として腐敗変質果，病虫害果，未熟果，軽欠点果は外観不良果，軽微な傷害果を示すと定義されているにすぎない．その上で品位基準として，玉揃い，重欠点果，軽欠点果の項目があり，等級呼称として品位のよいものから順に秀，優，良，格外の4段階に判定する．さらにリンゴでは各等級格付けの最低基準，モモ果実の品位基準などが決められている．

b. 階級区分

階級区分は果実の大きさによる区分けで，一般に3～6階級(3L, LL, L, M, S, SS) に分けられ，容器に表示される．果実の重さを基準としているものに，リンゴ，ナシ，モモ，カキ，クリ，ビワがあり，リンゴはパック1段5kgの玉数と1果の基準重量で表示されている．モモ，カキについても1箱当たりの果数と1果の基準重量が示されている．ブドウは1房の重量が50g単位に区分けされる．果実の直径を基準としているのはカンキツ類，クリ，オウトウ，スモモがある．

c. 出荷容器

出荷容器の基準は段ボール箱に統一された．包装基準として箱の大きさ(量目)，材質，箱の継ぎ目，手掛穴について規定されている．箱の大きさは果実の種類，量目により異なり，温州ミカンでは15kgと10kgの2種類がある．カンキツでは幅がすべて一定で，品種により長さと深さで調整している．リンゴ，ナシ，カキも同じ方法をとっており，スモモ，オウトウはバラ詰用とパック詰用がある．

材質は日本工業規格 Z 1516 で定める外装用複両面ダンボール，または両面ダンボールである．出荷容器の重要な特性の一つである箱圧強さは多くの要因に影響されるが，流通過程で吸湿し箱圧強さが低下する．製箱直後の水分は約9％で，15％ぐらいまでは1％増加するごとに強さは約10％低下する．

（3） 選果荷造工程の問題点

温州ミカンでは，共同出荷組織の確立と呼応して大型選果場での選果荷造が進められた．しかし，工程中の果実損傷，浮き皮果の増大，食味や貯蔵性の低下が指摘され，その改良策が進められている．果実の品質低下要因は選果場によって異なるので選果方式とともに，改善すべき工程を特定する調査を行うことが必要である．等級選別の自動化と選別基準の統一がのぞまれているが，さらに食味判定を目途に，紫外近赤外分光法や核磁気共鳴法などを用いた果実成分や，果肉異常識別法の開発が進められている． ［荒木忠治］

文　献

1) 福田博之 (1985)，農及園，**60**, 775.
2) 福島住雄，三浦淳平，三上敏弘，工藤亜義，斉藤貞明，野呂昭司(1978)，リンゴの収穫適期判定法，農林水産技術会議事務局.
3) 伊庭慶昭，福田博之，垣内典夫，荒木忠治編(1985)，果実の成熟と貯蔵，25, 61, 183, 養賢堂.
4) Lambard, P. B., Cordy, C. B. and Hansen, E. (1971), *J. Amer. Soc. Hort. Sci.,* **96**, 799.
5) 三浦　洋，荒木忠治 (1988)，果実とその加工，117-156, 建帛社.
6) 山木昭平(1982)，果実および葉のカラーチャートの開発と利用法に関する研究集録，17-37, 農林水産省果樹試験場.
7) 山下重良，北野欣信，八田茂喜，宇田　拡 (1982)，和歌山果試報，**6**, 42.

16. 輸送・貯蔵・流通

16.1 輸　　送

　果実はイチジクなどの都市近郊栽培の果樹を除いて，産地は都市から遠距離のところにあるので，輸送は重要である．最近は輸出も増えてきたので，輸送の方法に関心がもたれるようになった．

(1) 予　　冷
　果実も他の青果物と同様に温度は低いほど鮮度保持には好適である．モモ，ナシ，オウトウ，ウメなどは流通適性が劣る上に比較的気温の高いときに収穫するので鮮度保持が困難である．そこで，収穫後できるだけ早く，予冷を行って果実の温度を下げれば，果実の呼吸作用が抑えられ鮮度保持期間が長くなる．
　予冷は野菜で広く普及しているが，果実では一部のモモで行われており，その他の果実では現在試験中である．モモは鮮度保持期間の短い果実のため，完熟前の硬い未熟の果実を収穫していた．しかし，予冷によって完熟果実を出荷できるようになり，収穫後5時間以内に10～15℃にして，そのまま低温で輸送する．
　ナシでは7～8月の高温期に収穫する早生種で予冷して低温輸送すると効果が大きく，新水，幸水で成功した成績がある．九州から東京に輸送する場合を想定すると，新鮮なナシを消費者に届けるのに必要な日数は7日間程度であり，温度は15℃が最適である．

(2) 輸送方法
　果実の輸送はわが国では主として鉄道，自動車，船で行われる．以前は鉄道による輸送が主で，大規模な選果場や青果市場には線路が敷かれていたが，現在は自動車輸送が大部分を占めている．カンキツ類の輸出入には専用船と一般のコンテナ船が用いられる．
　輸送中に果実に与える要因として，振動，温度，湿度，空気組成があるが，振動以外の要因は果実の貯蔵中のデータを利用できる．振動の表示法に物体に生じる加速度の大きさを重力の加速度の倍数で示すGがある．

(3) 輸送中の振動と品質変化

振動は輸送中と荷物の積み込みや積下ろしの際に起こる．輸送中の振動は貨車とトラックでは異なり，鉄道輸送では1Gを越える振動はない．トラックは道路の状態と速度で違ってくるが，高速道路では1Gを越えることはほとんどないが，舗装状態が

表16.1 青果物の種類と振動による損傷に対する抵抗性
(中村，1977)

類　　　型	種　　　類	輸送中の振動加速度に耐えられる限界点(G)
打撲，摩擦のいずれにも強い	カキ，カンキツ類，トマト(未熟)，根菜類，ピーマン	3.0
打 撲 に 弱 い	リンゴ，トマト（成熟）	2.5
摩 擦 に 弱 い	ナシ，ナス，キュウリ，結球野菜類	2.0
打撲，摩擦のいずれにも弱い	モモ，イチゴ，スイカ，バナナ，軟弱葉菜類	1.0
脱　　　粒	ブドウ	1.0

悪いと，速度が20 km以上で1Gを越え，40 kmで4Gにも達することがある．船は0.1 G程度と最も振動が少ない．果実によっては振動に強いものと弱いものがある．それらを類別すると表16.1のようになる．

(4) コールドチェーン

果実の輸送には出荷から消費者まで低温で保存するコールドチェーンが理想的であるが，わが国では完全なコールドチェーンで輸送している例はほとんどない．1965年に科学技術庁による食品流通体系の近代化に関する勧告がなされ，コールドチェーンの研究が果実でも行われたが，貯蔵までを低温で行っても，出荷後は常温で輸送していた．最近，市場で低温倉庫が完備されるようになったので，今後果実でも低温流通が増加するものと思われる．

16.2 貯　　　蔵

(1) 貯蔵生理

成熟する過程で呼吸が図16.1のように急激に増加する果実があり，この現象をクライマクテリックライズというが，カンキツ類のように果実の種類によってまったくないものもある．クライマクテリックライズのあるリンゴはCA貯蔵に適するといわれている．

果実の貯蔵に病原菌による腐敗と生理障害が大きな影響を与える．収穫時から後の

16.2 貯蔵

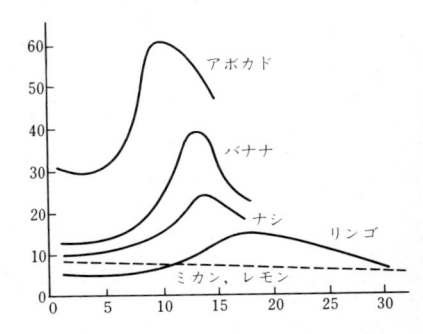

図16.1 貯蔵中の呼吸の変化
(Biale, 1950)

　果実の取り扱いを乱雑にすると果皮に傷が生じ，そこから発病したり，呼吸が増加して品質が低下する．丁寧に取り扱うと腐敗を防止できるので，果実の貯蔵・流通に当たっては果実の扱い方に注意する必要がある．
　生理的な要因で発生する障害も鮮度を低下させ，外観，食味も悪くなる．果実の生理障害にはカンキツ類のこ斑症，リンゴの果肉褐変障害，やけ病，オウトウの裂果などがあり，いずれも栽培管理の影響が大きい．

（2） 最適環境条件

　果実の貯蔵・流通中の環境条件には温度，湿度，ガス濃度がある．後で述べるCA貯蔵は，空気中の酸素と炭酸ガスを調節して行う貯蔵である．それ以外の貯蔵ではガス濃度については温度や湿度ほど神経を使わなくともよいが，大量に貯蔵したときや，フィルム包装で，果実を密閉したときは，炭酸ガスの濃度には注意を払う必要がある．エチレンにも気をつけないと，果実によっては軟化して鮮度の低下することもある．

a．温湿度

　貯蔵可能な果実の最適貯蔵温湿度と，貯蔵期間を図16.2にまとめた．一般に青果物は低温高湿条件を必要とし，温度は低い方が呼吸作用を抑制するので望ましいが，低すぎると低温障害が発生する．
　低温障害の発生はバナナでは10℃前後と非常に高く，カンキツもリンゴなどと比べると高温で発生する．カンキツ類のなかでは，レモンやグレープフルーツは温州ミカンに比べて低温障害の起こる温度は高い．温州ミカンでも，完熟果は1℃でも発生しないのに未熟果では3℃でも発生することがある．
　湿度は低すぎると水分の蒸散が激しくなって，果皮が萎凋して商品価値が低下するとともに貯蔵量が減少する．しかし，逆に湿度も高すぎると図16.3のように腐敗果が多発する．

b．ガス条件

　果実を密閉すると，時間の経過とともに，呼吸によって酸素を吸収するために酸素濃度が空気中の21％から徐々に低下する．逆に炭酸ガス濃度は，空気中の0.03％か

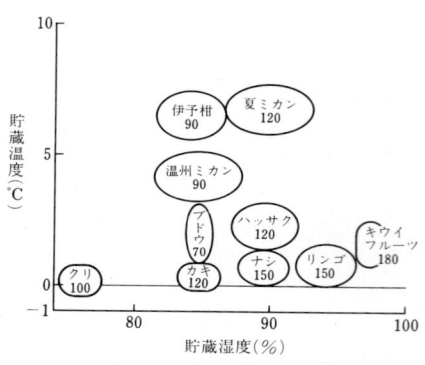

図 16.2 果実の最適貯蔵温湿度（数字は貯蔵可能日数）（伊庭，1985）

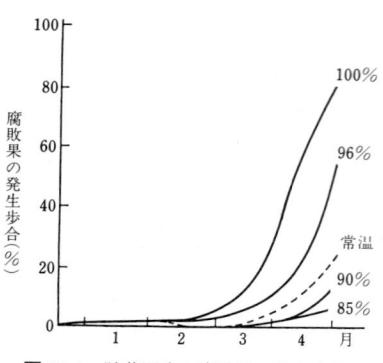

図 16.3 貯蔵湿度と腐敗果の発生歩合（伊庭ら，1974）貯蔵温度は常温以外は 3°C.

ら増加して最終的には 100 % 近くに達する．水分の蒸散によって，湿度も高くなる．この状態のとき，少量の酸素を入れて炭酸ガスを放出し，酸素，炭酸ガスともに 3 % に保つと，リンゴでは果実の呼吸が抑えられ，貯蔵期間が長くなる．

リンゴ以外にも空気中の濃度である酸素 21 %，炭酸ガス 0.03 % より酸素濃度が低く，炭酸ガス濃度を高くした方が，長期間保存できるものもあるが，この濃度は果実の種類によって異なる．カンキツ類は酸素濃度が低くなると酸素を使わない分子間呼吸を始め，アルコール臭が発生したり，異臭が生じて，鮮度の低下する場合もある．

c．エチレンの発生

リンゴはエチレンを発生する．カンキツでは幼果で発生するが，成熟すると傷が生じないと発生しない．エチレンは果実の成熟を促進し，さらに老化させる働きをもっており，鮮度は急速に低下するので，貯蔵ではエチレンは大敵である．エチレンの除外にはエチレン吸着剤が用いられる．

（3）貯蔵前の操作
a．予　措

予措は温州ミカンを長期間貯蔵するときに行われるが，果実を乾燥させるので，一見鮮度保持に逆行するやり方である．しかし以前から予措の重要性が認識され，貯蔵果実には普及した．最近は中晩柑類にも催色と併用して行われたり，収穫直後に出荷する早生温州にも出庫予措が推奨されるようになった．

b．追　熟

大部分が果実は成熟するとそのまま食べられるが，セイヨウナシ，キウイフルーツは追熟を必要とする．クライマクテリックライズのある果実はバナナやアボカドのように追熟しないと食べられないものが多い．

セイヨウナシは 15〜20°C の温度で追熟させるが，1〜2 週間 4°C で低温貯蔵した後に

追熟させると熟期が揃う．キウイフルーツも20℃の高温で追熟を行うが，軟腐病の出る場合は15℃以下にする．

カンキツ類でも着色促進とこ斑症の防止のために追熟を行う．この追熟には温度，ガス濃度が関係する．高温で追熟が促進され，酸素濃度が低いと抑制される．低濃度のエチレンを加えることによって追熟が促進される．

c．脱　渋

甘ガキは成熟すると樹上で脱渋するが，渋ガキは成熟しても渋いので出荷前に脱渋処理を行う．脱渋にはアルコール，炭酸ガスがおもに使われる．

(4) 貯　蔵
a．常温貯蔵

常温貯蔵は環境条件の調節を冷凍機などの機械に頼らずに行う方法である．最も簡単な方法は畑の中に小屋を作ったり，納屋などを利用するが，長期貯蔵はできない．

常温貯蔵庫は壁を厚くしたり，断熱材を入れて断熱性能を高め，天井に換気孔をつけ床下の土中より新鮮な空気を導入できるようにしている．ミカンやリンゴの貯蔵に用いられ，比較的長期の貯蔵が可能である．土壁の熱容量が大きいため，夜間の冷気の導入で比較的低温が保持でき，換気量と入庫量を調節して湿度をコントロールしている（図16.4）．

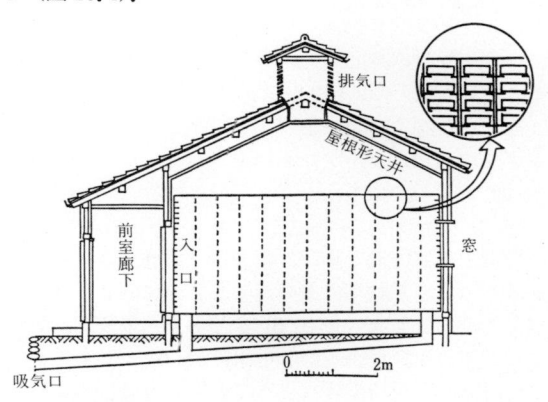

図16.4 普通貯蔵庫の断面図
(伊庭ら, 1963)

b．省エネ貯蔵

一般に地中は，その土地の平均気温と同じ温度を1年中保つといわれている．しかし，宇都宮市の大谷石の採掘跡の地下50mの温度は7月でも10℃以下であるが，これは坑道の断面が図16.5のように井戸のような1本の穴ではなく，2～3本の穴が地下で結ばれているためであることが判明した．

このような場所では，冬は地上の空気が地下のものより重いために対流が起こり，地下へ冷気が移動して冷やされる．夏は地下の空気が重いので対流が起こらず，冬の間に蓄積された冷気がそのまま留まって動かず温度が低く保たれ，4月以降も10℃以

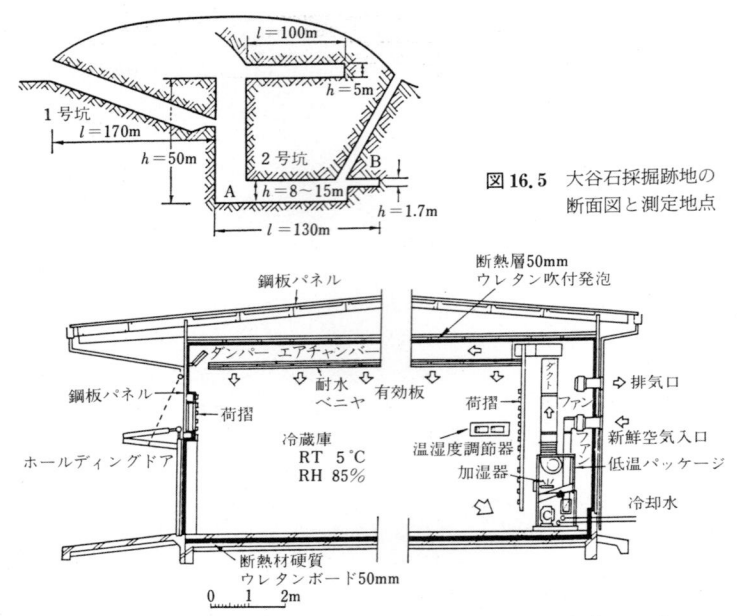

図16.5 大谷石採掘跡地の断面図と測定地点

図16.6 アマナツの低温貯蔵庫（断面図，大分県佐伯市）（伊庭，1982）

下を保つので，冷凍機を使わずにアマナツ，キウイフルーツなどの果実が貯蔵できる．この地下貯蔵の技術はトンネルなどの廃道や廃坑にも応用ができる．熊野市ではバイパスの開通で不用になったトンネルの入口にカーテンを付けコンピューターでトンネル内の温度を調節し，カンキツ類を貯蔵している．

c．低温貯蔵

機械で庫内温度を一定に保つ貯蔵を低温貯蔵と称し，普通の貯蔵庫にルームクーラーを取り付けた簡単な冷房貯蔵庫から，断熱材で外気の影響を完全にさえぎり，つねに一定の温度を維持できる本格的な低温貯蔵庫（図16.6）まである．果実で一般に低温貯蔵するのはカンキツ類，リンゴ，カキ，キウイフルーツ，ナシなどであるが，ブドウでも一部行われている．低温貯蔵庫は保持温度によって分類されているが，果実貯蔵庫はＣ3級で$-2〜+10°C$のものである．

d．気体調節貯蔵

低温で果実の呼吸量が減り貯蔵期間が長くなるが，さらに庫内の酸素を減らし炭酸ガスを増やして，果実の呼吸を抑えれば，さらに貯蔵期間を延ばすことができるとの発想で開発されたのがCA貯蔵法である．庫内を低圧にするとエチレンを除去でき，さらに酸素分圧の低下で，CA貯蔵と同じ効果をもたらすのが減圧貯蔵である．

CA貯蔵（controlled atmosphere storage）は貯蔵内の温湿度のみならず，気体組成も調整して行う方法である（図16.7）．リンゴでは酸素と炭酸ガス濃度をそれぞれ3

16.2 貯蔵

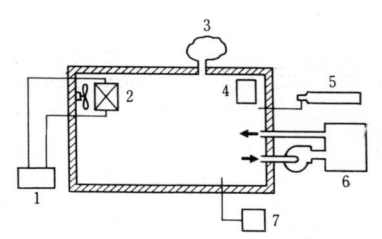

図16.7 CA貯蔵庫
1：冷凍機，2：クーラー，3：プリザーバック，4：脱臭機，5：窒素ガスボンベ，6：スクラバー，7：ガス分析器．

％にすると貯蔵性は著しく高まる．初期のCA貯蔵庫は果実の呼吸作用を利用して庫内の酸素濃度を低下させ，炭酸ガス濃度を高めるもので，普通方式（レギュラー方式）とよぶ．過剰の炭酸ガスは消石灰などを入れたスクラバーで除去する．内圧調整のためプリザーバッグを設置する．庫内の気体組成の調整に時間がかかり，高度な機密性が要求され，管理も繁雑なためこの方式は現在ほとんど使用されていない．

現在，最も多く用いられているのは再循環方式のCA貯蔵庫である．この方式は燃焼装置（コンバーター）によって庫内の酸素を炭酸ガスに転換させて再び庫内に送り込む．コンバーターではプロパンガスを燃焼させるが，低酸素濃度でも完全燃焼できるように触媒を使用する．庫内を短期間でCA状態にすることが可能で一部出荷した後に再びCA状態にすることも容易である．

窒素発生方式は圧縮空気中の酸素を活性炭に吸着させ，分離した窒素を庫内に取り込み酸素濃度を低下させる方法である．なお，特殊な膜で窒素を取り出す方法もある．

減圧貯蔵は庫内を一定の減圧状態にして果実を貯蔵する方法である．リンゴでは0.1気圧の減圧下では糖・酸および硬度の保持効果が高い．減圧下のため，果実が発散する異臭も果実内にこもることがなく，CA貯蔵でつきやすい異臭もほとんど認められない．さらに，減圧貯蔵果は出庫後も呼吸の上昇抑制がかなりの期間続くので店持ちも優れている．減圧貯蔵は庫内を強い減圧下に保たなければならないので，これに耐える貯蔵庫の建設が必要である．そのために莫大な経費がかかるので実用化されてない．

(5) 包　装

アマナツのように高湿で貯蔵する場合と，カキのようにCA状態を簡単につくる場合に果実でもポリエチレンフィルムでの貯蔵が行われる．またキウイフルーツのように高湿条件とエチレンの除去が必要な場合には，フィルム包装とエチレン吸着剤を併用した貯蔵が行われる．

果実を包装すると果実から発生する水蒸気と炭酸ガスによってフィルム内の濃度が外気より高くなる．逆に酸素濃度はフィルム内が低くなる．フィルムにガスの透過性があると，フィルム内の濃度が高くなると外部との濃度差によってガスがフィルム外に出て，フィルム内の濃度が低くなる．そして一定の濃度で均衡を保つようになる．この濃度は，常時ガスが発生していると，ガス発生量と透過速度のバランスによって変わってくる．

表16.2 アマナツのポリエチレンフィルム貯蔵
(稲葉, 1969, 一部省略)

区別	3月21日		5月31日	
	腐敗果歩合(%)	減量歩合(%)	腐敗果歩合(%)	減量歩合(%)
OED10倍液浸漬	16.0	11.2	38.0	20.0
ポリ0.02mm個装	11.3	2.1	14.0	4.7
ポリ0.02mm25果包装	49.9	2.2	83.6	5.6
対照	20.0	16.6	45.4	29.8

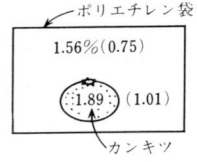

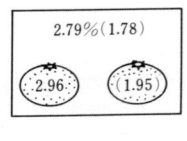

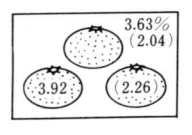

```
   ポリエチレン袋
 1.56%(0.75)      2.79%(1.78)      3.63%(2.04)
  (1.89)(1.01)    (2.96)(1.95)    (3.92)(2.26)
           カンキツ
```

図16.8 1袋内の果実数とポリ袋内および果実内炭酸ガス濃度（伊庭, 1988）
2℃, 56日間貯蔵. 数値は低密度0.02mmフィルム使用時, ( )内数値は高密度0.01mmフィルム使用時.

　高湿を好むアマナツは，貯蔵庫内全体を高湿度に保つのは難しいので，フィルムを利用して高湿の環境条件を得ている．1個ずつ包装しているのは，表16.2のように袋に2個以上入れると腐敗果が増加するからである．これは果実から発生する水蒸気量とフィルムから透過する水蒸気量とのバランスがとれてフィルム内の湿度が決まるが，果実が1個の場合は湿度が95％となって，アマナツにとって最適の環境条件になる．しかし，果実が2個以上になると，1個の場合より水分の発生量が多くなり，フィルム内の湿度が高くなって腐敗効果が増加する．
　この状態を測定の容易な炭酸ガスで調べたのが図16.8である．厚さと容量が同じフィルムの袋に果実の数を変えて入れて試験したが，フィルム内の炭酸ガス濃度は果実の数が多くなるほど高くなっている．それに伴って果実内の炭酸ガスも増加している．
　フィルム内のガス濃度は，保存温度やフィルムの種類，厚さ以外に袋の大きさとなかに入れる青果物の量によっても異なる．同じことは湿度（水蒸気の濃度）でも生じており，表16.2のように袋に果実を2個以上入れると，湿度が高くなり腐敗果が発生する．

(6) 鮮度保持剤

　鮮度保持剤には多くの種類があるが，果実には被膜剤，エチレン吸着剤，吸湿剤，殺菌剤が用いられる．被膜剤はフルーツワックスと称し，主成分が天然ロウ，モルホリン脂肪酸塩で果実に塗布する．水分の蒸散抑制によって果皮のしおれを防止する目的でカンキツ類で主として使われているが，塗布の際の機械処理で腐敗を助長するので最近貯蔵用には用いられなくなった．

エチレン吸着剤は過マンガン酸カリウムや活性炭が主成分でリンゴ，キウイフルーツで主として用いられている．果実からのエチレンの排出量が多いと吸着剤が吸収しきれなくなり，残ったエチレンが果実の軟化を促進するなどの問題があるが，キウイフルーツでは普及してきている．ブドウでは脱粒防止にエチレンの効果が認められるのもあるが，あまり普及していない．

吸湿剤は高吸水性樹脂を材料にしたものが開発されて，渋ガキの脱渋時の黒変果の発生防止に使われており，湿度調節用にも試験が行われている．殺菌剤として，TBZ，二酸化塩素，二酸化硫黄，ヒノキチオールがあり，一部実用化しているが，大部分は試験中である．

16.3 流　　通

(1) 流通適性

果実類には収穫後に短期間で鮮度が低下し，貯蔵はおろか，長距離の輸送も大変な，ビワ，モモ，ウメ，オウトウ，イチジクなどと，長期間貯蔵できるリンゴ，カンキツ類，キウイフルーツがある．カキ，ブドウ，ナシ，クリはその中間に位置すると思われる．リンゴ，カンキツ類，キウイフルーツは1～6カ月の長期にわたって貯蔵が可能なので，貯蔵庫でいかに長期間貯蔵できるかが問題であるが，モモ，イチジク，オウトウは収穫後の傷みや軟化が早いため，収穫から消費者にわたるまでの流通が問題となる．

(2) 流通経路

果実の流通は米穀類と異なり，価格形成のために卸売市場を経由するのが一般的であったが，最近はスーパーマーケットの出現や産地直売など果実の流通経路は多様化

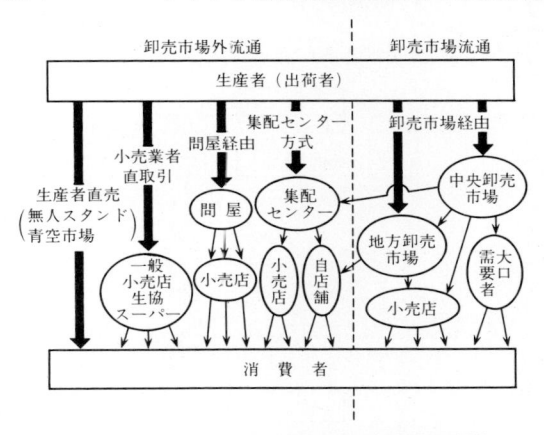

図16.9　生鮮食料品流通の諸形態（市場流通要覧）

している．その概要を図16.9に示したが，卸売市場を経由するものと，それ以外に大別できる．

（3） 市場外流通

市場外流通は流通経費節減を目的として流通経路を短縮するために行われることが多い．この方法は市場を通すより流通経費が安くなるが価格を円滑に決めにくい欠点がある．最近注目される流通経路に産地直売がある．これには宅配便を利用したものと，有機農業による生産物を中心に生協を通すものがある．

集配センター方式もスーパーマーケットの出現によって試みられたが，果実は季節的な価格変動が複雑で，その上品質と価格の関係も微妙で，価格を先に決めると，それよりも市場価格が高くなれば品質の悪いものがふりむけられて，よい果実がスムーズに集まらず，流通経費の節減など産地直売のメリットが期待したほど現れない場合が多かった．

（4） 市 場 流 通

果実の出荷に規格があっても大きさの規格は別にして，外観や食味は産地により，出荷時期により異なるため，すべての果実を市場に持ち込んで，競売にかけて価格が決められている．その経路は図16.10のとおりで，卸売業者（青果会社）が，果実を生産者や組合から集荷し，セリにかけて最も高い価格を付けた仲卸業者（仲買人）に売ることになる．そこから小売店を通じて消費者が果実を手に入れることになる．

卸売業者は出荷者から果実の販売を依託され，競売にかけるが，依託の申込みを受けると拒否できず，また安い価格で販売されても出荷者は賠償の請求ができないことになっている．以上述べたことは受託集荷と称している．このほかに，買付け集荷がある．これは価格を定めて卸売業者が買い取るもので，輸入果実やリンゴの一部で行われるだけである．

競売には移動競売と固定競売がある．前者は入荷した順に荷物を開封して並べ，競

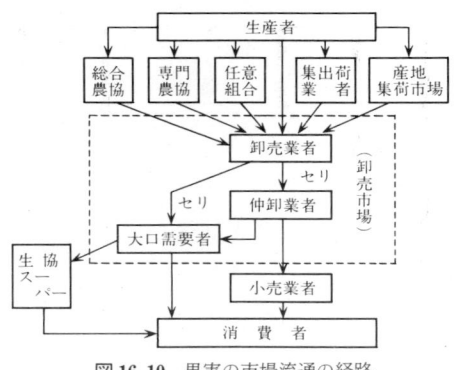

図16.10 果実の市場流通の経路

り人と買い受け人が移動しながら競売する．荷口が大型になると荷物は倉庫に入れてサンプルを競売場に展示して行うが，これを固定競売と称している．果実の販売方法にはこれ以外に先取り取引，相対取引，予約相対取引がある．

セリ売りの方法は価格形成の公平さでは優れているが，価格や供給の安定の面では問題がある．そこで必要なときに必要量を安定的な価格で確保できるように，一定の条件を付けて，予約相対取引が認められている．しかし，先取り取引や予約相対取引が多くなると価格形成の面で問題が生じる．

(5) 輸　　出

果実の輸出は温州ミカンがカナダを中心に2万t，ニホンナシが米国や東南アジアに1万t，他にカキ，リンゴがある．ミカンは1果ずつ紙で包み4kg入る段ボール箱に並べて入れている．果実を輸出する場合に植物検疫や農薬の残留基準値が国によって異なることや，価格が問題である．価格は相手国での販売価格とともに為替ルート，輸送費が関係するが，空輸運賃が輸出と輸入で異なるなど複雑な面がある．

[伊庭慶昭]

17. 加工利用

17.1 果実成分

　果実類の品質は，果実成分の含有量に支配されることが多い．果実成分のうち重要なものとしては，糖分，有機酸，ビタミン，色素，無機質，多糖類，繊維質，揮発性成分などがあげられる．これら成分について，ここでは栄養成分と品質成分に大別して述べることとする．

(1) 栄養成分

　果実類の食品としての価値は，みずみずしいおいしさに加えて，生理的には人体の栄養として役立つことにある．糖分や有機酸などもエネルギー源となり，広い意味では栄養成分といえるが，ここでは人体の特定の疾病の治癒や体調の維持に効果のある成分を栄養成分とし，糖分や有機酸などの嗜好的要因としての品質成分とは区別して述べることとする．

a．ビタミンA

　ビタミンAはCとともに果実類に含まれるビタミン類の代表である．ビタミンAとはレチノールと同等の生理作用をもつ化合物の総称で，植物体に存在する代表的なものは図17.1に示す全トランスレチノールとその誘導体である．これらはβ-ヨノン骨格とイソプレン骨格からなる化合物で，視覚を感じる重要な物質としての視紅 (rhodopsin) の生成に関与する．

　一方，レチノールそのものではないが，動物が摂取した後に体内でビタミンAに変化する物質をプロビタミンA (provitamin A) というが，その化学構造は未置換のβ-ヨノン環をもつカロチノイド系の色素化合物であり（図17.1），果実類にも多く含まれている．果実類に含まれるプロビタミンAとしてのカロチノイドはβ-カロチン，α-カロチン，γ-カロチンおよびクリプトキサンチンなどであるが，β-カロチンの効果はとくに大きい．

　ビタミンAが欠乏すると視覚物質の欠乏により夜盲症になる．また皮膚炎，角膜乾燥症・生殖障害や生長遅滞を引き起こす．またビタミンAは制癌作用と癌予防効果のあることも明らかにされている．

　ビタミンAの生物学的力価を示す単位としてIU国際単位が用いられる．1IUは全

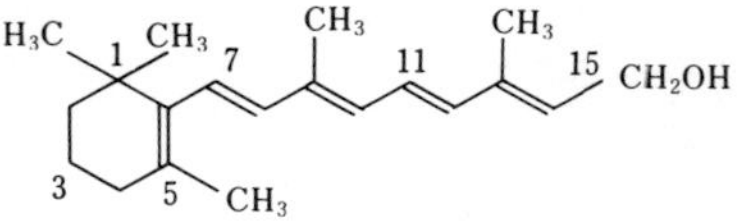

17.1 果実成分

[化学構造図: 全トランスレチノール (all-*trans*-retinol)]

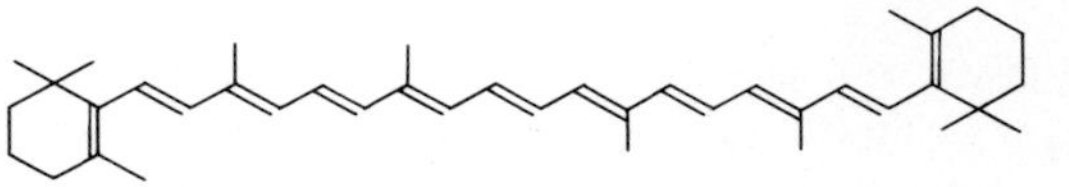

[化学構造図: β-カロチン (β-carotene)]

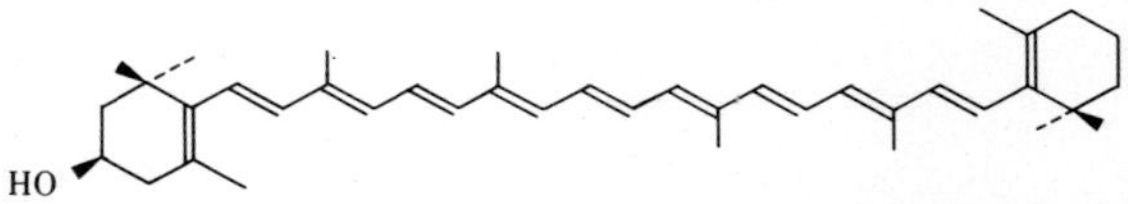

[化学構造図: (β-)クリプトキサンチン (β-cryptoxanthin)]

図17.1 主要なビタミンA誘導体の化学構造

トランスレチノールの $0.3\,\mu g$，あるいは β-カロチンの $0.6\,\mu g$ を示す効力と等価である．一方レチノールは体内で100％吸収されるが，β-カロチンの吸収率は1/3に低下するため，$0.6\,\mu g \times 3 = 1.8\,\mu g$ が β-カロチンの1IU相当量となる．成人の日所要量は2,000 IU（0.6 mg相当）とされている．

果実類のビタミンA効力は果実により異なり，マンゴー，パッションフルーツ，アンズ，ビワ，温州ミカン，カキなどで高い値を示す．

b. ビタミンC（アスコルビン酸）

ビタミンCは果実の栄養成分のなかで最も重要な成分であると同時に，果実自体の鮮度の指標としてよく用いられる．動物体の結合組織や細胞壁成分に作用し構造の強化をする働きがある．また，体内でのチロシンの代謝，副腎皮質ホルモンの生成，鉄の代謝などにも作用し，欠乏すると壊血病となり歯ぐき，皮下や毛細管などの損傷により出血が起こる．わが国での成人1人当たり日所要量は50 mgとされ，全摂取量の約30％を果実類に依存している．

ビタミンC（アスコルビン酸）は非常に酸化されやすい化合物である．すなわち相手を還元する力が大きいために相手物質の酸化を防ぎ，自体は酸化される．これは図17.2に示すように C_2, C_3 に付くOHのHが離れやすく，酸化型アスコルビン酸になりやすいためである．とくにアルカリ性ではラクトン環が開いて2,3-ジケト-L-グロン酸

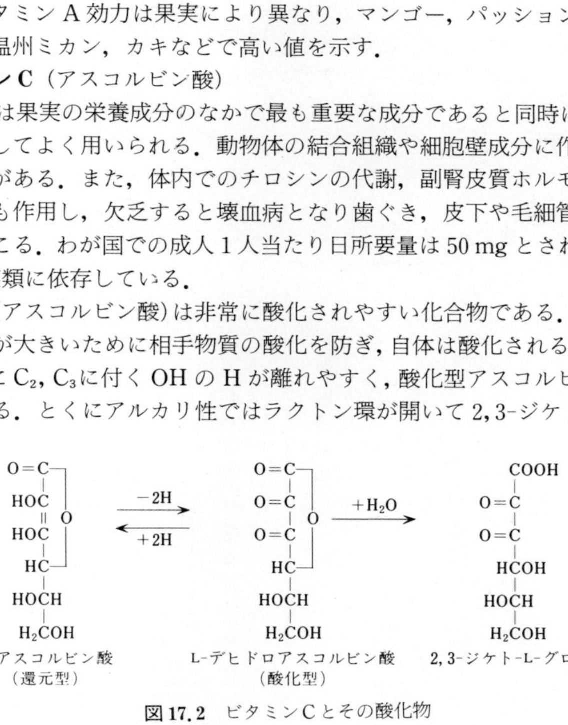

[化学構造図: L-アスコルビン酸（還元型） ⇌ (-2H/+2H) L-デヒドロアスコルビン酸（酸化型） → (+H₂O) 2,3-ジケト-L-グロン酸]

図17.2 ビタミンCとその酸化物

まで分解し，ビタミンC効力を失うこととなる．しかし，近年は還元型と酸化型は同等のビタミンC効果を有することが明らかにされている．

日本食品標準成分表に基づく果実類のビタミンC含有量は種類により大差があり，果肉100g中300mg近いものから，数mgのものまで果実による変異は大きい．また，果実の部位別にみると果皮部は果肉部に比べて多いのが特徴である．

還元型ビタミンCは果実を貯蔵したり加工すると失われ，先に示した酸化型ビタミンC，さらには2,3-ジケト-L-グロン酸に分解され，最後にはフルフラールなどの異臭成分まで変化する．そのため，貯蔵果実や加工製品などの還元型ビタミンCと酸化型ビタミンCの比率を追跡することにより，品質劣化の程度を推定することができる．

c．ビタミンE

ビタミンEは脂溶性ビタミンの一つで，野菜や豆類に多いが，果実類にも含まれることが明らかにされつつある．ビタミンEの生理作用は老化や成人病の予防に効果があるとされている．すなわち，生体内の毒物としての過酸化脂質の生成を抑制する抗酸化作用がある．過酸化脂質は細胞内の脂質が過酸化反応により生成され，細胞膜や血液に入り種々の臓器や組織にも害を及ぼし老化を促進する．

ビタミンEとしてはトコフェロール（tocopherol）がその本体であり，これには同族体の $\alpha, \beta, \gamma, \delta$-トコフェロールがある．ビタミンEとしてのトコフェロールの日所要量は10mgとされている．果実類のビタミンEとしてのトコフェロール類の含有量は表17.1に示すとおりである．果実類の含有量は果肉部ではおおむね0.1～1mgの範囲であり，組成別にみると効力の大きい α 型が多いのが特徴である．

d．無 機 質

無機質は骨格を構成する重要な栄養成分であると同時に種々の代謝生理に関与する

表17.1 果実類のトコフェロール含量（mg/100g 果肉）
(Piironen, 1986)

果　実　名	α-T	β-T	γ-T	δ-T
リンゴ	0.24	—	—	—
セイヨウナシ	0.06	0.01	tr	—
ブドウ	0.63	tr	0.14	—
オレンジ	0.36	tr	tr	—
グレープフルーツ	0.32	tr	tr	—
マンダリン	0.32	tr	tr	—
バナナ	0.21	tr	tr	—
スモモ	0.85	0.01	0.08	—
モモ	0.96	tr	0.05	—
ブルーベリー	1.85	tr	0.21	—
クランベリー	0.94	0.02	0.25	0.04
イチゴ	0.56	tr	0.15	tr
トマト	0.66	tr	0.20	tr

T＝トコフェロール，tr＝微量．

重要な機能を有している．とくに，近年は Ca, P, Mg, K, Fe などを中心にバランスよく摂取することの重要性が指摘されている．果実類の場合の無機質としては K が最も多く，果肉 100 g 中 200 mg 前後のものが多い．Ca は K の 1/10〜1/20 程度のものが多く，含有量では果肉 100 g 中 10〜20 mg 程度となっている．

（2）品質成分

a．糖

果実類の食味を左右する品質成分として最も重要な成分は糖分である．果実の糖分

表 17.2　果実類の糖含量とその組成（果肉100g 中 g）（文献値より作表）

果実名	全糖	ショ糖	ブドウ糖	果糖	備考
アンズ	6〜8	3.4	1.9	2.7	
アボカド	1	0.5	0.3	0.2	
イチジク	14〜16	tr	9.5	6.3	
イヨカン	8	4.8	1.5	1.7	
ウメ	0.5〜1.0	0.2	0.2	0.3	ソルビトールあり
温州ミカン	8〜10	4.2	1.8	2.3	
オウトウ	7〜10	0.2	4.7	3.2	ソルビトールあり
オレンジ	7〜10	4.7	2.4	2.4	米国産
カキ	15〜16	7.0	4.0	2.0	
キウイフルーツ	6〜7	0.7	3.0	3.0	デンプン最高 6 %
グァバ	7〜10	4.2	2.0	2.0	
グレープフルーツ	7	4.3	1.3	1.4	
ザクロ	12〜17	tr	5.5	6.1	
スモモ	7	2.0	3.0	2.0	ソルビトールあり
ナツミカン	7〜8	4.0	1.4	1.6	
ニホンナシ	9〜11	1.5	2.6	5.5	ソルビトールあり
セイヨウナシ	9〜11	2.9	1.2	5.5	ソルビトールあり
パッションフルーツ	9〜11	7.7	1.1	1.0	
バナナ	16〜18	8.8	4.7	3.1	デンプン最高35%
パインアップル	10〜12	7.6	1.6	1.3	
パパイア	8〜9	4.0	2.6	1.9	
ブドウ	14〜18	0.5	9.6	7.8	
ビワ	8〜10	1.3	3.5	3.6	
ヒュウガナツ	8	5.0	1.5	1.5	
ポポウ	13	9.0	1.7	1.7	
ポンカン	8〜10	5.4	1.6	2.0	
マンゴー	14〜15	8.3	4.1	2.0	
モモ	8〜10	6.8	0.9	1.1	
ライチー	14〜17	2.5	5.8	6.5	
リンゴ	13〜14	4.4	3.8	5.3	ソルビトールあり
レモン	3〜4	1.9	0.5	1.0	
クリ	3	2.5	0.2	0.3	採取直後

tr：微量．

は成熟するにつれて増加し，完熟期に最高値を示すものが多い．果実別の全糖含有量と糖組成は表17.2 に示すとおりである．主要な糖組成はショ糖，ブドウ糖，果糖およびソルビトールであるが，果実によってその組成は異なる．糖組成により果実類を分類すると次のようになる．

　ショ糖型： 全糖の50％以上をショ糖が占める果実で，アンズ，イヨカン，カキ，バナナ，パインアップルがこの部類に入る．しかしモモ，スモモなどは完熟期にショ糖が急増する．

　還元糖型： 全糖のうちブドウ糖と果糖の還元糖が50％以上を占める果実類で，オウトウ，リンゴ，ニホンナシ，ブドウ，温州ミカンなどがこれに入る．

　ソルビトール含有型： ソルビトールはバラ科の果実に共通して含まれている．リンゴ，オウトウ，ウメ，モモ，スモモなどでは，量的にかなりの変動があるが，ソルビトール型果実に入る．

b. 有 機 酸

　果実の有機酸は糖分とともに品質を左右する成分である．また果実の加工においても製品の食味はもとより殺菌効果や成分変化に重要な役割を有している．果実には表17.3 に示すように，種々の有機酸が含まれ，糖，アミノ酸などの呈味成分とあいまって食味を形成する．とくに果実類の甘味度は糖・酸比で示すことが多く，糖度計示度

表 17.3 果実の主要な有機酸

果実名	酸(%)	主要な有機酸
アンズ	～2～	リンゴ酸(25～90%)，クエン酸
イチゴ	～1～	クエン酸(70%以上)，リンゴ酸
ウメ	4～5	クエン酸(40～80%以上)，リンゴ酸
温州ミカン	0.8～1.2	クエン酸(90%)，リンゴ酸
バレンシアオレンジ	0.7～1.2	クエン酸(90%)，リンゴ酸
カキ	～0.05～	リンゴ酸，クエン酸
キウイフルーツ	1～2	キナ酸，クエン酸
グレープフルーツ	～1～	クエン酸(90%)，リンゴ酸
オウトウ	～0.4～	リンゴ酸(75%以上)，クエン酸
スモモ	1～2	リンゴ酸(大部分)，クエン酸
セイヨウナシ	0.2～0.4	リンゴ酸，クエン酸
ナツミカン	1.5～2.0	クエン酸(60%以上)，リンゴ酸
ニホンナシ	～0.2～	リンゴ酸(90%)，クエン酸
パインアップル	0.6～1.0	クエン酸(85%)，リンゴ酸
バナナ	0.1～0.4	リンゴ酸(50%)，クエン酸
ビワ	0.2～0.6	リンゴ酸(50%)，クエン酸
ブドウ	～0.6～	酒石酸(40～60%)，リンゴ酸
モモ	0.2～0.6	リンゴ酸，クエン酸
リンゴ	0.2～0.7	リンゴ酸(70～95%)，クエン酸
レモン	6～7	クエン酸(大部分)，リンゴ酸

を酸含量で除した値で表すのが通例である．

果実類を有機酸組成により分類すると次のようになる．

① 全酸中に占める有機酸の大部分がクエン酸で，その他少量のリンゴ酸，コハク酸，酢酸などからなる果実で，カンキツ類，ザクロなどがこの部類に入る．
② 大部分がリンゴ酸であり，その他少量ずつの有機酸からなる果実で，リンゴ，ニホンナシ，スモモ，アンズなどがこれに入る．
③ クエン酸が主要な酸ではあるが，リンゴ酸もかなり多い果実で，パインアップル，イチゴ，オウトウ，ウメなどがこれに入る．
④ リンゴ酸が主要な酸ではあるが，クエン酸もかなり多く，その他少量ずつの酸からなる果実で，モモ，ネクタリン，ビワ，バナナなどがこれに入る．
⑤ 酒石酸がおもな酸で，ついでリンゴ酸の多い果実で，ブドウがこれに入る．

酸の種類により酸味に若干の違いがあり，果実による微妙な味の変化が生じる．一般にクエン酸は丸みのある爽快な酸味を呈し，リンゴ酸はやや刺激性の収れん味のある酸味を呈する．また酒石酸は収れん性の渋味のある酸味を呈する．

17.2 加 工 成 分

果実の加工には，果肉組織の調整，破壊，抽出，加熱などの操作を経て容器に詰め，長期にわたり保存されることが多いために成分に由来する種々の問題が生じる．このような加工と深い関連のある成分を加工成分としてとらえ，おもな成分についてのみ以下に述べる．

(1) アントシアン (anthocyan)

アントシアンはアントシアニジンと糖が結合した配糖体アントシアニンの総称である．これは図 17.3 のような 2-フェニルベンゾピリウム構造を有し，いわゆるオキソニウム化合物と称している．不安定な化合物であるために色調の変化が著しく，最終的に褐変するので，加工上とくに問題の多い成分である．

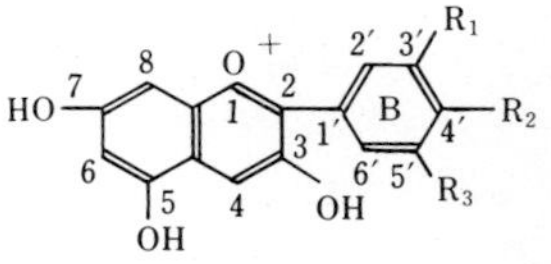

図 17.3 アントシアンの基本構造
$R_2 = -OH$ (ペラルゴニジン系)，
$R_1, R_2 = -OH$ (シアニジン系)，
$R_1, R_2, R_3 = -OH$ (デルフィニジン系)．

アントシアンはおもに B 環 (ベンゾール) の R の種類によって，ペラルゴニジン系，シアニジン系の二つの基本グループ (アグリコン) に大別され，メトキシル化の有無でさらに変化する．モモ，オウトウ，リンゴはシアニジン系，ブドウはデルフィニジン系が主である．

アントシアンは温度，pH，塩類，金属イオンや酵素 (ポリフェノールオキシダーゼ) などにより分解される．また，化学構造的には B 環の $3'〜5'$ 位が $-H, -OH, -OCH_3$

のいずれで置換されるかにより変色が生じる．$-OH$ の数が多いほど紫色が濃く，メトキシル基（$-OCH_3$）が多いほど淡色になる．また 3 位だけに糖の付いたモノグルコシドより 3 位と 5 位の両方に糖が付いたジグルコシドの方が色が濃くなる．これらのことからペラルゴニジンは橙赤色，シアニジン系は紅赤色，デルフィニジン系は紫赤色となる．

アントシアンは酸性下では安定であるが，アルカリ性下ではすみやかに変色するので加工上注意が必要となる．また，金属イオンと錯化合物を形成して青紫色に変わるので，アントシアンの蓄積した果肉を鉄材缶で缶詰にすることは避けなければならない．

アントシアンは一般に低温や乾燥には比較的安定であるため加工に利用される．

（2） フラボノイド（flavonoid）

$C_6-C_3-C_6$（ ◯-C-C-C-◯ ）を基本構造とする化合物で，フラボン，フラボノール，フラバノン（表 17.4），イソフラボンのアグリコンからなる酸糖体である．糖としては，グルコースとラムノースが結合して種々の配糖体を形成し，苦味のあるものや血管増強作用のあるものも存在する．

表 17.4 カンキツ類の主要フラボノイド

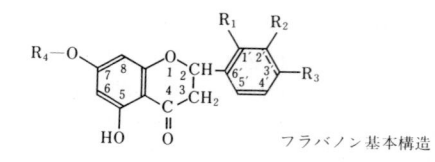

配 糖 体	R_1	R_2	R_3	R_4	アグリコン
ヘスペリジン	H	OH	OCH_3	ルチノース	ヘスペレチン
ネオヘスペリジン	H	OH	OCH_3	ネオヘスペリドース	ヘスペレチン
ナリンギン	H	H	OH	ネオヘスペリドース	ナリンゲニン

フラバノン基本構造

フラボノイド化合物はアルカリ性で黄色化し，金属イオンと錯化合物を形成すると黄色か青褐色に変色する．カンキツ類果皮のフラボノイド化合物の分布は種類により特定されている．ナツミカンなどに多いナリンギンは強い苦味を呈するため，加工にあたっては種々の問題点が指摘され，脱苦味法も開発されている．

一方，温州ミカンに多いヘスペリジンは，無味，無色の化合物であるが，水にきわめて難溶性のため，缶詰製造後に果肉に沈着したり白濁の原因となる．そのためヘスペリジナーゼを用いて酵素的に分解し，白濁を防止する技術が開発されている．

（3） ペクチン質

果実のペクチン質は，加工品の肉質，混濁性，ジャム類のゼリー化などと深い関係があり加工上重要な成分である．ペクチン質はガラクチュロン（galacturonic acid）

の一部のカルボキシル基がメチル化されたものを基本として，α 1, 4 結合で鎖状に重合した多糖類の一種で不溶性のものをプロトペクチン（protopectin）といい，可溶性のものをペクチン（ペクチニン酸，pectinic acid）という．

ペクチンはメトキシル含量，すなわちメチル化の程度によって性質が非常に異なる．カルボキシル基がすべて遊離の型のペクチンは $C_6H_8O_6$ であり，カルボキシル基のすべてがメチル化したものは $C_7H_{10}O_6$ となる．後者の場合，メトキシル基の比率を分子量でみると，$C_7H_{10}O_6=190$，メトキシル基の $OCH_3=31$ であるので $31/190\times100=16.32\%$ が完全メチル化されたときのメトキシル基含量の理論値であり，0% のときをペクチン酸（pectic acid）という．

このメトキシル含量の差異は，ペクチンのゲル化に大きな影響を与える．メトキシル含量が 7% を境に，それより大きいペクチンを高メトキシルペクチン，小さいペクチンを低メトキシルペクチンとよんでいる．高メトキシルペクチンはジャム，ゼリーなどの製造に適しており，糖と酸の存在下で水素結合型のゲルを形成するため，ジャムの加工に利用される．

果実のペクチン質は果汁の混濁のおもな原因となると同時に，果汁のろ過性を困難なものにする．果汁の清澄化や搾汁率を向上するにはペクチンエステラーゼ，ポリガラクチュロナーゼ，ポリメチルガラクチュロナーゼにより，ペクチン質をガラクチュロン酸に分解する処理が行われる．

(4) 香気成分

果実の香気は数十から数百の成分が混成して独特の香りを生じる．果実の種類を問わず，香気成分の基本的組成はアルコール類，エステル類，ケトン類，テルペン類，アルデヒド類およびラクトン類からなっている．香気はごく微量で特徴的芳香を示すが，熱に対してはきわめて不安定のため，加工品の風味が著しく変化したり減少する場合が多い．果実別の香気成分の特徴を要約すると次のようになる．

a. カンキツ類

カンキツ類の芳香成分は果皮中の油胞組織で精油（essential oil）として含まれるものと果肉中に含まれるものがある．精油の約 90% はテルペン類の d-リモネンが主成分で，その他アルコール，アルデヒド類からなる．d-リモネンのほか，γ-ターピネン，ミルセン，α-ピネン，p-シメン，リナロール，シトロネロールなどが多い．オクタナールやデカナールなどのアルデヒド類は甘い香りと関連が多く，これらの含有量の多いオレンジ類は含有量の少ない温州ミカンより芳香が良好といわれている．そのためオレンジからの回収香料の添加技術が開発されている．

b. リンゴ

アルコール，エステルおよびアルデヒドが香気の主体をなしている．紅玉，はつあきなど香気の高い果実ではエステル類が多いのが特徴で，エチル 2-メチル酪酸，ヘキサナール，t-2-ヘキサナールなどが主成分とされている．加熱によりとくにエステルとアルデヒドの減少が著しいために，香気が減少する．

c．モ　モ

主要成分はアルコール類，エステル類およびラクトン類である．果実が完熟に近づくにつれて，甘い芳香のラクトン類，とくに γ-デカラクトンと δ-デカラクトンが急増し，青くさみの強いアルコール類のヘキサノールやアルデヒド類のヘキサナールが急減する．モモのラクトン類は熱には比較的強い．そのため香気の高い完熟果を用いると加工品の香気は良好である．

17.3　加工利用

果実の加工利用は缶（瓶）詰，果実飲料およびジャムがおもなものである．近年は果実飲料とジャムの加工が増加傾向にあるが，輸出不振の続く缶詰は減少傾向が著しい．果実缶（瓶）詰と果実飲料加工について以下に述べる．

（1）果実缶（瓶）詰

果実缶詰の原料としては温州ミカン，モモ，パインアップル，リンゴ，アンズ，ビワ，オウトウ，クリ，セイヨウナシ，ニホンナシなどが利用される．生産量では温州ミカンが最も多く約50％を占め，ついでモモとパインアップルが約10％，残りの40％を他の果実が占めている．

a．缶詰規格

果実缶詰の規格は全形，全果粒，二つ割り，四つ割り，薄切り，輪切り，くさび形などがあり，果実の種類に適した形状で缶詰加工が行われている．缶詰のシロップの糖度規格としては，エキストラライト（10～14％未満），ライトシロップ（14～18％未満），ヘビーシロップ（18～22％未満）およびエキストラヘビーシロップ（22％以上）となっており，酸含量の多い果実では糖・酸比を調節するために糖度を高くして加工することが多い．一方，酸含量が少なすぎるものはシロップに0.2～0.5％の範囲で酸を添加する必要がある．

b．原料適性

果実缶詰の品質は原料の適性に依存するところが大きい．たとえば黄肉桃などでは加工専用品種が育成されており，品質的には優れているが，原料価格が安いために生産そのものに問題が生じている．一方，生加兼用品種でも熟度や取り扱いにより加工適性を十分保持していることも多く，果実の品種による加工適性が明らかにされている．原料適性としては熟度，肉質，香味，色調，変色要因などの諸条件が重要であり，果実の種類に応じた品質管理が必要である．

c．選　果

加工原料は一般に規格外果実が利用されることが多く，形状，熟度などがまちまちであるため，選果工程は非常に重要である．選果機としてはドラム式，ベルト式，ロール式などがあり，果実ごとに適した方式が用いられる．果実の形状や熟度についてみると，形状の優れたものでやや未熟果は缶詰に仕向け，形状が劣りやや完熟に近いものは飲料に加工されることが多い．

d. はく皮・脱皮

はく皮と脱皮工程は果実缶詰には不可欠である．温州ミカン，リンゴ，パインアップルなどは機械はく皮によるが，ビワ，クリなどは手作業に依存するところが大きく，生産コスト面から問題となっている．薬品による脱皮法としては，温州ミカンのじょうのう膜に対して酸・アルカリ法を，モモ，アンズなどではアルカリ法を用いている．

e. 殺　菌

果実缶詰は一般に酸が多く pH が低いので，殺菌効果は他の食品に比べて著しく高い．殺菌効果が高いために低温条件でも完全殺菌が可能であり，温州ミカン缶詰では 85℃（缶中心 74℃以上），12 分殺菌が採用されている．一方，モモ，ビワなどは酸がやや少なく pH が高いので 95℃，20～30 分の高温，長時間殺菌が必要となる．

(2) 果実飲料

果実飲料の消費は 1970 年頃から急増し，1986 年には全生産量に対して温州ミカンが 23％，リンゴが 19％に達した．その他の果実の飲料消費も年ごとに増加の傾向にある．

a. 果実飲料の規格

日本農林規格に基づく果実飲料の分類は図 17.4 のとおりであり，天然果汁，濃縮果汁，果汁飲料，果汁入り清涼飲料，果粒入り果実飲料，果肉飲料および果実ピューレに区分されている．

天然果汁：　果実の搾汁を飲用とする果汁分 100％のものをいう．しかし天然果汁を濃縮した後，もとの天然濃度に戻したものも天然果汁に入るが，この場合は濃縮還元果汁と表示する義務が課せられている．

濃縮果汁：　果実の搾汁を濃縮したもので，1/3～1/6 に真空濃縮が行われる．天然果汁，果汁入り清涼飲料，果粒入り果実飲料などの素材に用いられる．

果汁飲料：　果実の搾汁，果実ピューレなどの果汁等含有率が 50％以上 100％未満

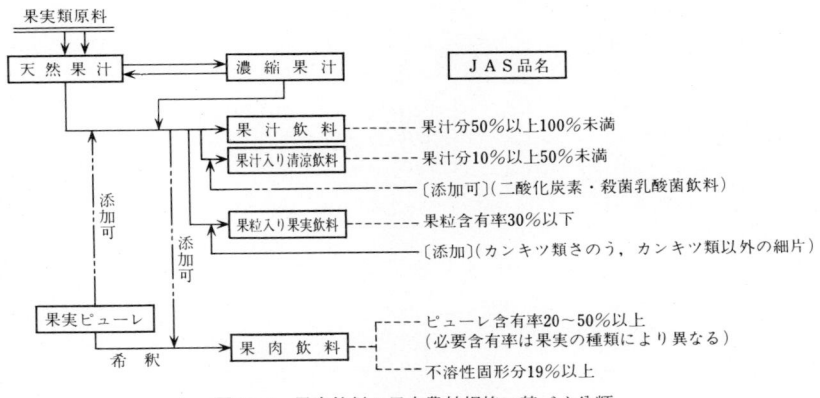

図 17.4　果実飲料の日本農林規格に基づく分類

のもので果肉飲料および果粒入り果実飲料を除くものと規定している。濃縮果汁や天然果汁を希釈したものに、糖、酸、香料などを添加して調合され、一般には50～70％の果汁含有率のものが多く製造されている。

果汁入り清涼飲料： 果汁等含有率が10％以上50％未満のもの（果肉飲料を除く）で、二酸化炭素（炭酸ガス）や乳酸菌飲料あるいは野菜ジュースなどを混合し、糖、酸、香料を用いて調合する。

果粒入り果実飲料： 果汁などまたはそれを希釈したものに、果粒（カンキツの砂のう、ブドウ果粒やその他果肉の細切したもの）を加え、果粒含有率が30％以下のもので、糖、酸、香料を用いて調合する。

果肉飲料： 果実ピューレなどを希釈して飲用とするもの。果実ピューレ含有率は果実ごとに規定があり、温州ミカン、ナツミカン、ニホンナシは50％以上、セイヨウナシ、アンズ、カキ、マンゴー、パパイアは40％以上、リンゴ、モモは30％以上、グァバ、ウメ、バナナは20％以上となっている。果肉飲料は別名ネクターとして市販されている。

果実ピューレ： 果実を破砕して裏ごししたもので、おもに果肉飲料の原料に用いられる。ピューレの不溶性固形物含量については果実の種類ごとに基準が定められている。

b. 原料適性

カンキツ類では温州ミカンが主たる原料で、その他ナツミカン、ハッサク、イヨカンなども果汁用として用いられている。温州ミカンは果汁中カロチノイド含量が多く色調は良好であるが、フレーバーが劣るため他者との混合が広く行われている。またナツミカン、ハッサクなどは酸味が強すぎるためイオン交換などによる樹脂吸着法に基づく酸味の調節法が開発され、実用化されている。

リンゴでは果汁加工適性の高い紅玉の生産量が著しく減少し、香気の優れる品種の育成に期待がかけられている。紅玉を片親とするはつあき、ジョナゴールド、あかね

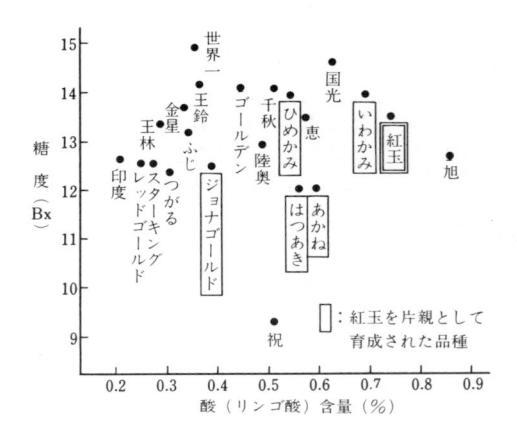

図17.5 リンゴ主要品種の糖度と酸度の関係

などの香気は高いので果汁加工に適している．

一方，果汁の品質要因として重要な糖度と酸度の関係は図 17.5 のようである．リンゴの天然果汁の製造において，糖度の点ではいずれの品種でも十分であるが，酸度の少ない品種が多く，0.6％程度の酸含量で香気の優れる生加兼用品種の育成が待たれる．

c．搾　　汁

カンキツ類の果実の構造は複雑であり，外果皮，じょうのうや砂のう組織を有し，外果皮には苦味成分や精油を含むので，これらの特徴に搾汁法が採用されている．カンキツ果汁の搾汁方法としては，果皮付きのまま全果搾汁を行うインライン搾汁法（in-line juice extractor）とはく皮果肉を破砕搾汁するチョッパーパルパー搾汁法（chopper-pulper juice extractor）が一般に用いられている．この両者にそれぞれの得失があるため，両者による果汁を混合し，果汁品質を向上させることが多い．

d．殺　　菌

果汁の殺菌機としてはプレート型熱交換機（plate type heat exchanger）と管型熱交換機（tubular type heat exchanger）がおもなもので，果汁風味の減少を最小限に留めるための装置が開発されている．殺菌温度は 93℃，30 秒程度行われ，缶に直接熱間充てんして製品化する．濃縮果汁を一次加工原料として多くのタイプの果実飲料が製造されてきたが，搾汁果汁を濃縮することなく，直接天然果汁とする品質のよいシーズンパック果汁が見直されている．　　　　　　　　　　　　　　　［垣内典夫］

文　　献

1) 伊庭慶昭，福田博之，垣内典夫，荒木忠治編 (1985)，果実の成熟と貯蔵，148-180，養賢堂．
2) 科学技術庁資源調査会 (1982)，4 訂日本食品成分表，232-255，医歯薬出版．
3) 三浦　洋，荒木忠治 (1988)，果実とその加工，9-56，建帛社．
4) 中林敏郎，木村　進，加藤博通 (1967)，食品の変色とその化学，3-63，光琳書院．

18. 機能性食品としての果実

(1) 果実の食品機能

　食品の価値は人体への栄養素の供給体であり，その質を栄養面から評価する従来からの一次機能 (primary function) が重要であることはいうまでもない．また，食品のおいしさ，すなわち呈味や嗜好特性などの感覚機能が，二次機能 (secondary function) として位置づけられ，果実類でもこれらの一次，二次機能のみを中心に研究が行われてきた．

　しかし近年，栄養機能や感覚機能に加えて食品が人体に及ぼす生理調節機能としての三次機能 (tertiary function) に関する新しい側面が明らかにされ，果実類でもにわかに関心がもたれるようになった．果実類は元来ビタミン，ミネラルなどの栄養面と食生活を豊かにするデザートとしてのおいしさが高く評価されてきた保健的食品であるが，生理調節機能としての三次機能も注目されるようになった．

a．果実の一次機能

　果実の一次機能，すなわち栄養特性に関する研究はこれまで盛んに行われており，日本食品標準成分表などでも明らかにされている．一次機能として最も重要な成分は 17.1 節の (1) 項で示した抗障害機能をもつビタミン C, A であろう．無機質としては K, Ca, Mg, Cu, Fe などがある．エネルギーとしてはあまり重要ではないが，二次機能としての食味の向上の観点から糖含量の増加と酸度の調節が図られてきた．また近年はビタミン B_1, B_2, E, P, ナイアシンなどの栄養機能に関する研究が進められている．

b．果実の二次機能

　果実の二次機能，つまり呈味性や香味に関する研究はこれまで化学的手法により行われてきたが，その発現機構や制御技術についてはまだ緒についたばかりである．しかし果実のおいしさの主要成分である糖・酸含量からみた食味向上に関する研究は，生産・流通の両面から詳細な研究が行われてきた．糖・酸含量に関する実用的おいしさの基準を示すと表 18.1 のようである．とくに糖度の場合，基準値以上であれば食味として合格する下限を示す．たとえば温州ミカンでは，酸が 0.9％で全糖 9.0％（糖度計示度 11.0 Bx）以上であれば多くの人がおいしいと判断する一応の基準であることを示す．

　一方，糖・酸以外の呈味成分や香気成分に関する二次機能については一部の果実を除き，今後の研究に待つところが大きい．

18. 機能性食品としての果実

表18.1 果実類の食味で合格する糖・酸含量と糖度計示度(飯野らの調査結果による)

品 目	全 糖 (%)	酸 (%)	糖 度 計示度	品 目	全 糖 (%)	酸 (%)	糖 度 計示度
温州ミカン	9.0	0.9	11.0	モ　　　モ	8.5	0.35	11.0
イヨカン	8.5	1.0	11.0	スモモ	7.0	1.5以下	10.0
アマナツ	7.0	1.3以下	10.0	カ キ (甘)	13.5	0.08	16.0
ハッサク	8.5	1.1以下	10.5	メ ロ ン	8.0	0.08	10.5
オレンジ	8.5	0.8	11.0	スイカ	8.5	0.08	9.0
リ ン ゴ	11.0	0.35	12.5	イ チ ゴ	5.0	0.85	7.0
ニホンナシ	9.0	0.2	11.0	ト マ ト	3.0	0.4	5.0

全糖は分析による糖含量を示す．

c. 果実の三次機能

食品の三次機能には，生体防御（免疫），体調リズムの調節（消化機能調節），疾病の防止と回復（高血圧防止，抗腫瘍），老化抑制（過酸化脂質生成抑制）などが含まれ，これらの機能を人為的に付与した食品を機能性食品と称している．しかし，果実類のような天然物では加工食品のように人為的に特定の機能を付与することは不可能であり，機能成分を高めるための品種の選定や栽培技術，流通・利用技術の開発が今後の課題となろう．

以下に，果実類における三次機能としての成分とその役割を述べる．

(2) 果実の特殊機能
a. 食物繊維

食物繊維とは人体の消化酵素で消化されない食物中の不消化物であり，植物の細胞壁の構成成分であって果実類にはかなり多く含まれている．これは単一物質ではなく，果肉質細胞のセルロース，ヘミセルロース，ペクチンなどの多糖類とリグニンの総称で，種々の生理作用を有する．

表18.2 果実類に含まれる食物繊維 (g/100gFw)（川端ら，1974）

果 実 名		セルロース	ヘミセルロース	リグニン	ペクチン	食物繊維 (合計)
温州ミカン	(F)	0.04	0.22	0.03	1.88	2.17
オレンジ	(F)	0.23	0.03	0.24	1.50	2.00
オウトウ	(F・P)	0.25	0.92	0.07	0.47	1.71
セイヨウナシ	(F)	0.67	1.32	0.45	0.49	2.93
モ　モ	(F・P)	0.20	1.46	0.62	0.39	2.67
リンゴ	(F・P)	0.48	0.94	0.01	0.56	1.99
スモモ	(F・P)	0.23	0.99	0.30	0.44	1.96
バナナ	(F)	0.37	1.12	0.26	0.55	2.30
マンゴー	(F)	0.32	0.65	0.03	0.88	1.88

F=果肉，P=果皮．

おもな果実類の食物繊維量を表18.2に示した．含有量の多いものはセイヨウナシ，モモ，バナナなどで2～3％となっており，平均的野菜に匹敵する．食物繊維の人体に対する作用は多く，便秘の防止，発がん物質の生成の抑制，血清コレステロールの吸収抑制，Naの排せつ作用，過食の防止などの多くの生理調節機能が明らかにされている．なお，食物繊維の日所要量は20g程度とされている．

b．フラボノイド化合物

従来，フラボノイド類にはビタミンCとの併用で壊血病に著しい効果があり，かつ毛細管透過性の正常化作用，心収縮増大作用，抗肝臓毒作用さらには血圧降下作用のあることが明らかにされている．とくにC_6とC_8位にグルコースが結合したフラボノイド配糖体には強い血圧降下作用のあることが知られている．

またカンキツ類に多いフラボノイド化合物のヘスペリジンはビタミンP（別名バイオフラボノイド）として毛細血管の透過性を減少させ毛細血管の破壊を阻止したり，肺や喉の粘膜の強化作用がある．したがって，フラボノイド化合物には抗ウイルス作用があり，風邪に効果があるといわれている．

c．カロチノイド色素

果実類の橙黄色色素はカロチノイド系色素に由来するが，そのうちのβ-カロチンやクリプトキサンチンは人体内でビタミンAに変換されるためプロビタミンAといわれている．ビタミンA（レチノール）とプロビタミンA，とくにβ-カロチンには抗がん作用のあることが世界的に明らかにされてきた．わが国の例では緑黄色野菜や果実の摂取量の少ない人は，多い人より肺がんや前立腺がんが1.1～2.0倍多くなることが報告されている．

d．還元糖（ブドウ糖，果糖）

糖質が動物の虫歯を多発させる原因となることは疑う余地はない．しかし同じ糖質でもショ糖（砂糖）が虫歯を発生させる比率はきわめて高く，ブドウ糖や果糖などの還元糖はきわめて低いことが報告されている．ショ糖を食べると虫歯のストレプトコッカス・ミュータンス菌が，砂糖を材料として不溶性デキストランという粘着性の多糖質を作り，これに虫歯菌が付着して歯垢となる．付着した虫歯菌が別の砂糖を分解して酸を作り，歯を溶かして虫歯を発生させる．

そのため，ショ糖含量の少ない果実類は砂糖に比べて虫歯発生を軽減することとなる．また，もともとショ糖含量の少ない果実やカキのようにショ糖分解酵素（インベルターゼ）を含み，食べるとショ糖が還元糖に分解される果実は虫歯要因を軽減するといえる．果実飲料などは，pHが低いため溶器内でショ糖の加水分解が生じ，ほとんど還元糖に変化して虫歯要因が軽減される．　　　　　　　　　　　　［垣内典夫］

文　　献

1) 千葉英雄，荒井綜一 (1988)，化学と生物，**26**(1)，34-40．
2) 片山（須川）洋子，小島雅代 (1985)，栄養学雑誌，**43**(6)，277-287．
3) 川村信一郎 (1978)，日食工誌，**25**，402-412．

4) 川端晶子 (1985), 家政学雑誌, **36**, 561-576.
5) 隅元浩康, 松原義治, 飯塚義富, 村上哲男, 岡本耕造, 三宅英夫, 横井勝美 (1984), 農化, **58**, 137-143.
6) 桐山修八 (1974), 化学と生物, **15**(10), 639-641.
7) 中嶋 茂 (1988), 食品開発, **22**(10), 44-47.
8) Peto, P., Doll, R., Buckley, J. D. and Sporm, M. B. (1981), *Nature*, **290** (19 March), 201-208.
9) Sokoloff, B., Saelhof, C. C., Kato, S., Kato, A., Kim, T., Simpson, M. and Renninger, G. (1957), The Citrus Industry, November, 13-15, 17.
10) 山田 正 (1982), 科学と実験, 10月号, 29-32.

II. 各　　論

1. リンゴ

1.1 経営上の特性と問題点

(1) 収支補償の長期性

リンゴでは従来のきょう性な台木を用いるかぎり，盛果期に達するまでに 12～15 年前後を要し，単年度の収支が相償うのに 8～10 年，累積経営収支が黒字となるのはこれよりさらに 2～5 年後というのが普通である．しかもその早晩は品種，生産技術の適否によって大きく左右される．

このためリンゴ栽培においては少なくとも 10～20 年先の経営の安全性，優位性を考慮する必要があり，消費動向を考えた品種選択や新規需要を喚起しうる品種の採用に努めるとともに，栽培技術の改善を図り，時代の変化に即応可能な産業体質に変えていくことが大事である．そのためには現在実用化の図られているわい性台木利用によるわい化栽培がきわめて有効であり，その積極的な推進が待たれる．

わい化栽培は早期多収，良品生産，省力化を目的として開発されたものであるが，経営的には栽植本数が多く（80～125 本），かつ台木の材質が脆く自立できないため強固な永久支柱（支柱柵）を要するなど，従来の栽培法に比べて初期投下資本が大幅に増大するといった問題点を抱えている．しかし盛果期に達する期間は 7～8 年と著しく短縮され，しかも結実の初期から高品質果実が生産できること，さらに省力化が達成できることなどから 4～5 年生で単年度の収支が相償い，累積経営収支も 7～8 年

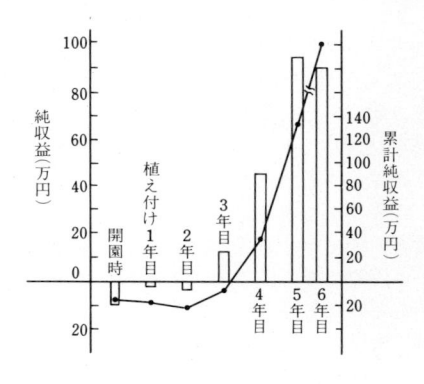

図1.1 ふじ（M. 26台）の開園時から植え付け 6 年目までの収益の変化（後藤，1982）

で黒字となり，経営的な有利性はきわめて大きい（図1.1）.

（2） 経営規模の零細性

わが国における1985年のリンゴ総栽培面積は54,400 ha，栽培農家数は94,309戸で1戸当たり平均リンゴ園面積は0.58 haである．さらに規模別農家数でみると，1 ha以上の規模をもつ農家の割合はわずかに1.4％であり，その経営規模はきわめて小さい（表1.1）.

表1.1　リンゴ規模別全国農家数（農業センサス）

	1980年	1985年
栽培農家数	90,890	94,309
0.1 ha 未満	14,524	15,639
0.1〜0.3 ha	31,614	30,707
0.3〜0.5 ha	16,420	16,474
0.5〜1.0 ha	17,728	18,383
1.0〜1.5 ha	6,392	7,669
1.5〜2.0 ha / 2.0 ha 以上	4,212	5,437

一方，リンゴ専業農家の戸数比率は，リンゴ生産の約1/2を占める青森県においてすらわずかに3.5％，面積比でも5.2％にすぎず，大部分が水稲あるいは畑作物との複合経営であり，さらに第2種兼業が増加の一途をたどっている．その最大要因が個別農家の経営規模の小さいことにあるのは明らかである．

果樹農業振興特別措置法ではリンゴの自立経営規模を1.5〜2.0 haとしているが，これは英国における10 ha，カナダにおける16 haに比較してもかなり狭小である．なお近年一部専業農家のなかに規模拡大の傾向がみられ，4〜5 haを有する農家もめずらしくなくなってきている．さらに岩手県内には13 haの経営規模をもつ生産者も出現していることからその動きに注目したい．

（3） 集団化・協業化

経営規模の小さいことに加え，わが国のリンゴ経営における特徴は園地の散在にある．リンゴを主体とする東北地方においても園地が1カ所の農家比率は48.9％であり，他は2〜4カ所，極端な場合には5カ所以上に分散している．規模の小さなわが国のリンゴ経営にあっては，いかに規模を拡大してもその点で他のリンゴ主産国と対抗することは困難である．国際的優位性を確保する唯一の道は高品質品種の先行的採用と，高品質果実の生産以外にはないものと考えられる．

しかしながら，その高品質果実も消費者の求めやすい価格，納得しうる価格で供給しないかぎりその優位性を確保することは困難である．このことからコストの低減は必須事項であり，そのための園地の集中あるいは集団化による作業能率の向上が不可欠である．さらに生産費の低減には設備，機械の過剰投資は避けるべきで，これには

1.1 経営上の特性と問題点

協業化が望ましい．なお集団化，協業化においては，わが国の国民性から，少なくとも個人の経営努力が報われる形であることが望まれる．すなわち個人経営の合理化のための手段として集団を形成し，協業形態を組むことが肝要と思われる．

(4) 収益性

1987年のリンゴの経営収支は表1.2のとおりで，収益率のきわめて低いのが実情である．生産費用の内訳をみるとその約60％は労働費であり，所要労働時間は平均で263.5時間である．これからみてもリンゴの栽培は労働集約的性格の強いことがわかる．リンゴの収益性は品種自体の特性やその品種およびリンゴ全体の需給バランスによって大きく左右されることは明らかであるが，さらに他の国内産果実，果実的野菜，輸入果実の影響も強く受けている．

リンゴの最大の特徴は貯蔵性が高く周年出荷の可能なことにある．このことはきわめて有利な条件であるが，反面他の競合材の影響を受けやすいことを意味している．したがって，その優位性を保ち収益の増大を図るには，長期的見通しに立って需要を大幅に拡大，喚起しうる高品質品種の採用を積極的かつ先行的に推進するとともに，高品質果実生産のための適地適作の徹底と栽培技術の改善，さらに高品質を維持するための収穫後の品質管理に努めることが重要である．

また収益を高めるためには質・量を維持しつつ大幅な生産費の低減を図ることが重

表1.2 収益性および労働時間（1987年）

	リンゴ平均	つがる	スターキング	ふじ	ふじ（わい化）
1kg 当たり					
生産費（円）	150.56	163.52	124.73	125.66	146.89
販売価格（円）	152.20	194.84	78.16	134.81	209.38
10a 当たり					
収量（kg）	2,792	2,915	2,312	3,761	3,941
粗収益合計（円）	425,050	567,971	183,699	507,066	825,107
費用合計（円）	379,597	455,078	267,823	434,876	544,609
労働費（円）	214,062	245,353	142,622	248,972	313,528
所得（円）	230,948	351,176	45,555	296,634	590,132
家族労働報酬（円）	190,179	302,992	11,314	257,260	529,773
1日当たり家族労働報酬	7,067	9,465	690	7,700	14,866
10a 当たり労働時間合計	267.8	282.0	169.3	341.3	292.6
家族（時間）	220.7	256.1	131.2	267.3	285.1
雇用（時間）	47.1	25.9	38.1	74.0	7.5
主要作業労働時間					
整枝・せん定（時間）	27.1	31.2	21.1	29.9	27.2
薬剤散布（時間）	5.4	7.5	5.3	6.1	1.7
受粉・摘果（時間）	76.1	73.5	54.7	87.1	92.9
袋掛け・除袋（時間）	36.9	37.3	2.1	66.1	18.4
収穫・調整（時間）	98.9	101.1	66.7	126.6	127.1

要であり，その技術体系を早急に組み立てるべきである．このことは農村の労働力の流失が予想を上回る速度で進行していることからも経営上の最大の課題と考えられる．1985年に見直しの行われた果樹農業振興特別措置法に基づく果樹農業振興基本方針において，自立経営規模を1.5～2.0 ha 以上，集団化の規模を15 ha 以上，10 a 当たり所要労働力を150～170時間としているのも国際化時代を背景としたものであり，その実現こそ緊急の課題と考えられる．

1.2 分類と来歴

(1) リンゴ属植物の分類と原生分布

Rehderは1926年にリンゴ属植物を，1. 真正リンゴ区，2. ズミ区，3. クロロメレス区，4. エリオロブス区，5. ドシニオプシス区の5区に分類している．ただし5区のうち果樹園芸学上重要なのは3区までで，第4，5区は真正リンゴ属植物とはかなり遠縁の植物と考えられている．

リンゴ属植物はこれまでに30種以上が知られており，ヨーロッパ，アジア，北米の三大陸に分布している．栽培品種に対しては国際的に *Malus pumila* Mill. var. *domestica* Schneid. が当てられているが，その基本種である *Malus pumila* Mill. の原生分布は，黒海とカスピ海に挟まれたコーカサス，北部イラン地方(De Candolle, 1885)，コーカサス山脈の北斜面(Vavilov, 1950)地域と考えられている．M系台木に含まれるパラダイス，ズーサン (Paradise, Doucin Apple) も本種の変種で，*Malus pumila* Mill. var. *paradisiaca* Schneid. の学名が与えられている．

栽培品種の分化，発展にはこの種のほかに *Malus sylvestris* Mill.（ヨーロッパ中部から西部一帯に分布，アジアには及ばない）と *Malus astracanica* Dum.（アジア西部のアストラカン地方からシベリア西南部に野生）が関与してきたにすぎないといってよい．中国原産で古くから栽培に供されていた真正リンゴ区の *Malus asiatica* Nakai は，わが国にも鎌倉時代前に渡来し，林檎（リンゴ）の名で親しまれていた．現在の栽培品種（セイヨウリンゴ，苹果＝リンゴ）が導入されてからは，ジリンゴ，ワリンゴとよばれていたが，経済性の低いことからしだいに衰退し，現在ではまったく栽培されていない．この種は *Malus pumila* Mill. に比較的近いが，現在の栽培品種の成立には関与していない．

なお最近真正リンゴ区以外にズミ区の野生種が特殊形質（耐病虫性など）の付与を目的に育種素材として利用され，品種成立に関与するようになってきた．わが国の原生種には真正リンゴ区の *Malus baccata* Borkh.（エゾノコリンゴ）とズミ区の *Malus sieboldii* Rehd.（ミツバカイドウ）があるが，台木として用いられるにとどまっていた．しかしこれらも中国原産の *Malus prunifolia* Borkh.（イヌリンゴ）やその変種である *Malus prunifolia* Borkh. var. *ringo* Asami（マルバカイドウ，キミノイヌリンゴ）が台木として広く使われるようになってから用いられなくなった．

リンゴの基本染色体数は17である．一般に2倍体（$2n=34$）であるが，栽培品種，

野生種の中には3〜4倍体（2n=51〜68）のものも数多く認められている．

1.3 リンゴ栽培品種の伝搬とわが国への導入

ヨーロッパにおけるリンゴ栽培の歴史はきわめて古く，紀元前2000年の頃に湖棲民族が野生種を栽培化した形跡が明らかにされており，ギリシャ時代にはTheophrastusによる野生種と栽培系統の区別，接ぎ木繁殖，栽培法の記録が残されている．さらにローマ時代に至ると品種の概念が明確にされるようになり，30品種前後の名称が記録に残っているが，すでにこの頃にはヨーロッパ各地に栽培が広がり，リンゴ（Malus）を果実の代表名として用いていた．*Malus pumila* Mill. を中心とするリンゴの中国への伝搬は6世紀頃とされ，さらに米国には移民によって17世紀前半にもたらされている．

わが国におけるリンゴ栽培は，1871年の米国を中心とする外国品種の導入によって開始された．したがって，その栽培の歴史はわずか120年にも満たず，ヨーロッパにおける歴史に比べるときわめて短い．しかしこの間に国内的にはカンキツにつぐ一大産業としての発展をみ，さらに国際的にはソ連，米国，中国，フランス，イタリア，トルコ，ポーランド，西ドイツ，ハンガリー，スペインにつぎ，世界11位（1983年から5カ年の平均値）の生産量を誇るまでになっている．

このような産業の展開をみた背景には，リンゴそのものが国民の嗜好に合致した果

表1.3 世界のリンゴ主要生産地域における重要品種の生産量（単位：千t）(Bultitude, 1983)

品　種	ヨーロッパ大陸	米国	英国	オーストラリア	ニュージーランド	5地域合計
ゴールデン・デリシャス	2,966	550	12		19	3,547
デリシャス	780	1,236		18	48	2,082
コックス・オレンジ・ピピン	780		164			944
ローム・ビューティ（芹川）	312	240				552
ベル・ドゥ・ボスクープ	390					390
グラニー・スミス	159			169	57	385
ジョナサン（紅玉）	156	206		6		368
マッキントッシュ（旭）		309				309
レネット・ドゥ・カナダ	234					234
ウースター・ペアメイン	78		30			108
デモクラット				55		55
スターマー・ピピン				30		30
ガラ					15	15
クレオパトラ				12		12
ディスカバリー			12			12
ラックストン・サパーブ			12			12
タイドマンズ・アーリー・ウースター			9			9
その他	1,954	1,207	86	7	81	3,335
地域合計	7,809	3,748	325	297	220	12,399

物であり，自然環境条件も比較的リンゴに適していたことによるものと考えられる．しかしその発展過程をみると技術的・経営的に諸外国とはかなり趣を異にする面が多い．また最近では，1920年代後半から開始された育種の成果として新しい品種が次々と発表され，経済品種として定着，世界的にも特異な品種群を形成している（表1.3，1.7，1.8参照）．

1.4 品種の変遷と品種解説

（1） 品種の変遷

1871年に導入された75品種のリンゴは東京青山官園で苗木繁殖が行われ，各県に配付された．これらの品種は1880年頃に結実を開始し，1884～5年頃から経済栽培が行われるようになった．

青森県の1911年における栽培品種は表1.4のとおりで，すでにこの時点で紅玉（Jonathan），国光（Ralls Janet）が主要品種となっている．さらに1927年には栽培面積が8,065haに拡大しているが，国光，紅玉は両者で76.5％を占めている．この頃経済品種として新たに加わったものに旭，デリシャス，ゴールデン・デリシャス，印度がある．青森県における主要経済品種はその後ほとんど変わっていないが，1947年の国光，紅玉の比率はさらに拡大し85.1％に達した．

わが国のリンゴの栽培面積，生産量は1965年にそれぞれ65,600ha，1,132,000tの最高値を記録した（表1.5，1.6）．しかしこの頃を境に紅玉，国光など主要品種に対する需要が急激に低下し，危機的状況を呈するに至った．一方，1928年，1939年に開始された青森県りんご試験場および果樹試験場盛岡支場の育種の成果は1948年以降に発表され，品質の優秀性がしだいに認められるようになった．

これらのことからリンゴ栽培においてはその活路を質的向上による消費の拡大に求め，国内育成の高品質品種への品種更新を積極的に展開した．その結果は表1.7，1.8に示すとおりである．これによってかつて海外導入品種に依存していたわが国のリンゴ栽培は，1988年にはその80％を国内育成品種で占めるまでになり，国際的に特異的な品種群を形成するに至ったのである．このような新育成品種による急激な品種更新は世界的にもその例をみないが，これにはわが国における育種が国民の嗜好性を充足しうる高品質品種の育成を果たしてきたことと，リンゴ栽培農家の生産規模が小さくつねに需要，収益性の高い高品質品種の採用に努力していることによるものと考えられる．

ただし，現在の品種構成をみるとこれには大きな問題点のあることに気づく．その第一点はふじの比率があまりにも大きすぎることである．いかにふじが優れた晩生貯蔵品種であっても，収穫期から翌年の早生品種が出るまでの間，店頭に並ぶリンゴがふじ一色といった状況は異常である．早晩消費者の飽食をきたすことは明らかである．現段階ではふじにかわる優良品種がないだけに，その経済寿命を伸ばす方策が必要である．これには生産比率を減じ需要が供給を上回る状態にもっていくことが肝要と考

1.4 品種の変遷と品種解説

表1.4 1911年の青森県におけるリンゴの品種別割合（青森県農会調査）

品種名	面積 (ha)	比率 (%)	品種名	面積 (ha)	比率 (%)
国　光	2,542	45.3	倭　　錦	207	3.7
紅　玉	1,668	29.7	紅　　魁	86	1.6
柳　玉	446	7.9	そ の 他	324	5.7
祝	330	6.1	計	5,603	100

表1.5 リンゴ栽培面積・生産量の推移

年	栽培面積 (ha)	生産量 (t)	年	栽培面積 (ha)	生産量 (t)
1960	61,900	876,100	1975	53,200	897,900
1961	63,500	955,400	1976	51,400	879,400
1962	64,700	1,000,000	1977	50,700	958,800
1963	65,300	1,155,000	1978	50,700	844,000
1964	65,300	1,090,000	1979	50,700	852,700
1965	65,600	1,132,000	1980	51,200	960,100
1966	65,600	1,059,000	1981	52,000	845,700
1967	65,200	1,125,000	1982	53,100	924,500
1968	63,500	1,136,000	1983	53,900	1,048,000
1969	61,200	1,085,000	1984	54,300	811,700
1970	59,600	1,021,000	1985	54,400	910,300
1971	59,000	1,005,000	1986	54,700	986,100
1972	58,200	959,100	1987	54,800	991,600
1973	56,900	962,700	1988	54,800	1,042,000
1974	55,000	850,400			

栽培面積：農林水産省果樹花き課調べ，生産量：果樹生産出荷統計．

表1.6 リンゴ主要生産県における栽培面積，生産量の推移

	1980 年		1985 年		1988 年	
	面積 (ha)	生産量 (t)	面積 (ha)	生産量 (t)	面積 (ha)	生産量 (t)
青 森 県	24,300	488,600	25,300	423,700	25,600	489,500
長 野 県	10,100	198,000	11,400	214,700	11,500	259,300
岩 手 県	3,200	50,200	3,760	54,000	3,810	61,000
山 形 県	3,570	77,500	3,720	78,400	3,720	86,100
秋 田 県	3,020	51,200	2,970	42,400	2,930	43,500
福 島 県	2,860	45,200	3,020	52,500	2,880	53,000
北 海 道	2,420	28,600	2,040	23,900	1,830	21,800
宮 城 県	679	8,030	514	5,840	518	5,850
群 馬 県	330	4,260	443	4,280	486	5,930
山 梨 県	135	2,240	319	2,840	362	5,810
石 川 県	132	1,430	162	1,070	151	1,150
栃 木 県	47	622	100	1,140	115	1,120
そ の 他	407	4,218	652	5,030	898	7,940
計	51,200	960,100	54,400	909,800	54,800	1,042,000

1. リンゴ

表1.7 リンゴ品種別構成割合の推移（結果樹面積，%）

品　種　名	1966	75	76	77	78	79	80	81	82	83	84	85	86	87	88
祝・旭	8	4	4	3	3	2	2	2	2	1	1	1	1	—	—
紅玉	30	12	11	9	8	7	6	6	5	4	4	3	3	3	2
国光	38	14	11	9	8	7	6	5	4	3	3	2	2	—	—
ゴールデン・デリシャス	15	7	6	6	5	5	4	4	3	3	3	2	2	2	1
デリシャス系		33	35	36	36	35	33	32	30	27	25	23	21	18	15
印度	4	3	3	2	2	—	—	—	—	—	—	—	—	—	—
ジョナゴールド	—	—	—	—	—	—	—	—	—	—	—	—	—	4	4
王林	—	—	—	—	—	—	—	—	—	—	—	—	—	6	6
ふじ		17	20	23	26	28	31	34	36	38	40	41	42	43	44
陸奥	5	4	4	4	4	4	4	4	4	4	4	4	4	3	3
つがる		5	6	7	8	3	5	6	7	8	9	10	12	13	13
その他						8	9	10	10	11	12	13	14	8	11

果樹生産出荷統計：1966年は主産県計の割合，1988年は速報値．1987, 1988年のジョナゴールド，王林は主産県のみの合計割合．

表1.8 リンゴ品種・系統別栽培面積ベストテン（1986年産）

品　種　名	栽培面積（ha）	割合（%）
ふじ	22,074	40.2
スターキング・デリシャス	8,347	15.2
つがる	6,470	11.8
王林	2,832	5.2
スターキング・デリシャス以外のデリシャス系	2,200	4.1
ジョナゴールド	2,059	3.8
陸奥	1,742	3.2
紅玉	1,597	2.9
千秋	1,348	2.5
ゴールデン・デリシャス	799	1.5
計	54,894	—

農林水産省果樹花き課調べ．栽培面積は県報告集計値統計情報部数値との調整は行っていない．「計」はその他の品種を含めた本調査の合計値．

表1.9 青森県におけるリンゴ振興計画

品　種	1986年実績（%）	1995年計画（%）
つがる	7.2	8.0
デリシャス系	18.8	8.0
紅玉	1.5	2.0
ジョナゴールド	5.3	10.0
千秋	—	5.0
北斗	—	12.0
陸奥	5.5	6.0
王林	6.3	12.0
ふじ	46.8	34.0
国光	1.7	—
その他	6.8	3.0

表 1.10 長野県におけるリンゴ振興計画

品　種	1985 年実績				1995 年計画			
	面積(ha)	同比(%)	生産量(t)	同比(%)	面積(ha)	同比(%)	生産量(t)	同比(%)
祝・その他早生	110	9.6	1,700	0.8	600	5.1	12,300	4.6
つがる	2,900	25.4	52,000	24.8	2,300	19.7	51,000	18.9
スターキング・デリシャス	700	6.1	10,000	4.8	250	2.1	6,300	2.3
ゴールデン・デリシャス	70	0.6	1,200	0.6	20	0.2	400	0.1
紅玉	370	3.2	5,670	2.7	300	2.6	7,300	2.7
ふじ	5,600	49.1	113,000	54.0	5,200	44.4	128,900	47.7
ジョナゴールド	220	1.9	3,350	1.6				
千秋	260	2.3	1,700	0.8				
陽光	60	0.5	350	0.2				
世界一	55	0.5	1,180	0.6				
王林	530	4.6	9,000	4.3				
陸奥	110	1.0	2,050	1.0				
その他	415	3.6	8,000	3.8	3,030	25.9	63,800	23.6
計	11,400		209,200		11,700		270,000	

えられる．

第二の問題点は，中生品種に柱となる品種が欠如することである．現状ではデリシャス系がその座にあるが減少傾向は急であり（表 1.7, 1.8 参照），その地位を保持することは困難である．これにかわる品種の出現が待たれるところである．

第三の問題点は，早生品種がつがるだけという状況にあり，しかもその比率が早生として異常に高いことである．リンゴの早生から中生品種の収穫時期は他の国内産果実の出荷最盛期でもあり，ただ 1 品種だけといった状態ではリンゴの購買意欲を削ぐことになる．かつての祝，旭の時代と同様，2～3 品種で構成することが肝要と考えられる．

以上のことからリンゴ関係県では，1985 年に 10 年先の品種構成目標を策定し，問題の解決を図ろうとしている．その例を青森，長野の両県にみると，表 1.9, 1.10 のとおりである．

（2） 主要品種解説

リンゴの成熟期は北東北で 7 月下旬から 11 月中旬に至る大幅な変異がある．これらについての早生，中生，晩生の区分はかなりあいまいである．満開日から成熟するまでの日数によって 90 日までを極早生，120 日までを早生，150 日までを中生，150 日以上を晩生としたいが，ここでは収穫期，市場出荷の慣習上，東北北部で 9 月末までに収穫する品種を早生とし，10 月中に収穫するものを中生，それ以降を晩生として記述する．

a．早生品種

つがる　青森県りんご試験場が 1930 年に交雑したゴールデン・デリシャスの実生で，花粉親は不明である．1970 年に青り 2 号として発表，1975 年につがるとして農産

1. リンゴ

種苗登録がなされた．

果実の大きさは中で250～300g．淡紅色縞状に着色する．酸味はやや少ないが果汁多く甘味も強い．品質優良．収穫期は長野県で9月上旬，東北北部で9月下旬となる．日持ちは約3週間で早生としては長い．

樹勢は中．M.26との接ぎ木親和性はやや劣り，大きな接ぎ目こぶを生ずる．とくに台木部分を長くすると樹勢が極度に低下する．結果期に入るのは3～4年で比較的早く豊産性である．収穫前の生理的落果が問題で落果防止剤の散布が不可欠である．暖地では着色が劣り日持ちも短い．適地はやや冷涼な地帯にあり，暖地では標高のやや高いところで良品を産する．

さんさ　果樹試験場盛岡支場が1969年にあかねの花粉をニュージーランドの科学産業研究所に送りガラと交雑，盛岡支場において播種，選抜した品種で，1986年に農林登録（りんご農林7号）され，1987年に種苗登録がなされた．

果実の大きさは中の小で230～250g．鮮紅色に着色し外観美麗である．肉質ち密で甘酸適和．果汁多くこの時期の品種としては品質がきわめて優れている．収穫期は長野県で8月下旬，東北北部では9月中旬である．日持ちは約3週間で早生としては長い．

樹勢は中位である．M.26との接ぎ木親和性はやや劣る．結果期に入るのは3年で比較的早く豊産性である．えき花芽の着生が多い．収穫前の生理的落果はまったく認められない．斑点落葉病，黒星病，赤星病に抵抗性を示し栽培が容易である．暖地でも着色は比較的良好で日持ちも長い．全国的に適地を有するが，暖地ではつがるにかえて普及できるものと考えられる．

早生品種がつがる一色でしかも過剰生産を示す現状を打破し，早生リンゴの消費の拡大に貢献できる品種として期待されている．

b．中生品種

スターキング・デリシャス　原産地は米国ニュージャージー州で，1921年にデリシャスの着色系枝変わりとして発見され，1924年に命名発表された．わが国への導入は1929年である．

果実の大きさは中で，250～300g．長円錐形で果頂部に明瞭な5陵王冠を示すのが特徴である．着色はきわめて良好で暗紅色縞状を呈する．完熟果は酸味がやや不足するものの，肉質ち密で果汁が多く芳香もあって食味良好である．最大の欠点は日持ち性の劣ることで，食味の優れる蜜入り果の販売は年内に限られる．CA貯蔵による長期保存のためにはやや未熟な状態での収穫が不可欠である．収穫期は長野県で10月上中旬，東北北部で10月中下旬である．

樹性は生育おう盛で若木時代は直立性を示すが，成木ではやや開張性となる．結実開始は遅く4～5年生時となる．結実性が低く，早期および後期の生理的落果が多い．また隔年結果性が強く，霜害にも弱いため生産が不安定である．マンガン過剰に基因する粗皮病に感受性が高く，さらに斑点落葉病，アブラムシにも弱い．

1950年代にリンゴ生産量の最高占有率を示したが，最近急激に減少している．冷涼

で肥よくな所に適地があり，中玉で貯蔵性の高い良品果実の生産に努める必要がある．

紅玉　米国ニューヨーク州原産で1826年に発表された．わが国への導入は1871年である．生食および加工兼用品種として世界的に有名な品種であり，わが国においても長い間主要品種としてリンゴ産業を担ってきたが，1968年以降急激に減少し，現在ではわずかに2％を占めるにすぎない．

果実の大きさは180～200g．扁円形で満面鮮紅色に着色する．酸味はやや強いが肉質ち密で，芳香もあり食味は優れている．日持ち性は比較的長いが，貯蔵中にゴム病，ジョナサン・スポットなど生理障害の多発することが最大の欠点である．樹性は半開張性で結実開始が早く豊産性である．えき花芽の着生はきわめて多い．

生産量は極度に低下したが品質的に優れており，さらに料理用，加工用としても他の追従を許さぬ特徴を有することから，5～8％の生産があってもよい品種である．良品を産する洪積台地での栽培が望まれる．

ジョナゴールド　米国ニューヨーク州立農業試験場育成の3倍体品種でゴールデン・デリシャスと紅玉の交雑実生から選抜された．交雑年次は1943年，命名発表が1968年である．わが国には1970年に秋田県果樹試験場によって導入された．

果実の大きさは300g以上．樹勢の落ち着かない樹やきょう性台木の樹では日陰部位の果実の着色が劣る．糖度，酸度ともに高く味は濃厚である．熟期は東北北部で10月中下旬．日持ち性はやや短く3～4週間で，冷蔵でも2～3カ月である．過熟の果実は果面が脂質となり商品性が劣る．

M.26との接ぎ木親和性は不良で接ぎ木部が異常に肥厚する．しかしこれが生産を阻害する要因とはなっておらず，むしろ生育を抑制し早期結実，熟期の促進，品質の向上，多収につながり効果をあげている．着色系枝変わりとしてわが国ではニュージョナゴールドが1980年に種苗登録されている．最近の苗木生産，定植はほとんどニュージョナゴールドである．

本品種の栽培においては中玉で日持ち性の高い果実の生産に徹することが肝要である．

千秋　秋田県果樹試験場が1966年に東光とふじを交雑して育成した品種で1980年に種苗登録された．

果実は中で250～300g．果形円～円錐形で褐紅縞状に着色する．甘酸適和で果汁も多く肉質良好で食味が優れる．本品種の最大の欠点は果面裂果の発現しやすいことで，とくに樹勢の落ち着いていない樹でその傾向が強い．日持ちは約1カ月．過熟果では果面の脂質が顕著となる．収穫期は長野県で9月下旬，東北北部では10月上旬である．

樹勢は中庸で開張性を示す．結果枝は側枝の発生が少なく裸枝になりやすい．枝が遅伸びする火山灰土壌では円錐形果が多く，果形，大きさの揃いが不良で良品生産は困難である．肥よくで保水性の高い土壌に適する．

陸奥　青森県りんご試験場が1930年に実施したゴールデン・デリシャス×印度の交雑実生から選抜した3倍体の品種で1948年に発表，1949年に農産種苗法による登録がなされた．

果実はきわめて大きく 350～450 g が標準である．果形は円～長円形．果色は緑黄色で陽向面が帯紫紅色に着色する．しかし有袋栽培が多く，収穫前 40 日頃に除袋し全面桃紅色に着色させている．貯蔵性が高く CA 貯蔵の無袋果は 5 月中旬，有袋果は 7 月まで出荷される．肉質ち密で果汁多く，甘酸適和で品質は優良である．

樹性は生育おう盛で豊産性．M.26 とは接ぎ木不親和性を示し，大きな接ぎ目こぶを生ずる．しかしこれが必ずしも生産阻害要因とはなっておらず，むしろ高品質果実の多収につながっている．

陸奥は現在大玉で外観の美しい有袋果が贈答品として喜ばれ高価に取り引きされており，その稀少性によって有利性を保っている．しかし無袋でもさびがほとんど発生しないことや貯蔵性が高いことから，英国ではクリスピン（Crispin），米国では Mutsu の名でゴールデン・デリシャスにかわる黄色品種として増植されている．わが国では他に黄色品種として王林や金星が存在することから，大衆品種としての有利性は低く，今後ともその特殊性を生かした栽培が行われるものと考えられる．

北斗　青森県りんご試験場が 1970 年にふじと陸奥を交雑して選抜した 3 倍体の品種で，1983 年に種苗登録された．

果実は大で 350 g 前後．果形は円形で紫紅色縞状の着色を示す．収穫期は長野県で 10 月上旬，東北北部では 10 月中下旬である．甘味強く多汁で適度な酸味を有し食味濃厚，品質優良である．貯蔵性は青森産の普通冷蔵で約 3 カ月である．着色，日持ち性の点から適地は冷涼な東北北部と中部地方のやや標高の高い地域にあるものと思われる．

本品種の欠点は心かびの多いことである．とくに若木で樹勢の落ち着いていない樹や暖地でその発生が多く，販売上問題となっており解決が求められている．また貯蔵果実ではやけ病が発生しやすい傾向がある．

樹勢はおう盛で開張性を示し枝しょうが太い．花芽の着生は良好で豊産性である．ふじ，紅玉とは交雑不和合性を示す．

c. 晩生品種

ふじ　果樹試験場盛岡支場が 1939 年に交雑した国光×デリシャスの実生から選抜した品種で，1958 年に東北 7 号として発表され，1962 年にりんご農林 1 号，ふじとして農林登録された．

果実の大きさは中の大で 250～300 g．収穫期は長野県で 10 月中旬から 11 月上中旬，東北北部で 11 月上中旬である．果色は褐紅縞状を呈するが着色はやや劣る．形状は円～長円形でやや斜軸となる．生育初期に雨が少なくその後多雨に見舞われた年に梗あ部の裂果が多い．肉質はやや粗く硬く，果汁がきわめて多い．甘味が強く，収穫直後は甘酸適和で食味がきわめて優れている．貯蔵性は高く普通冷蔵で 3～4 カ月，CA 貯蔵では 7 月までもつ．ただし貯蔵後期には酸味が不足し食味が淡白になること，果心部の褐変することなどが問題である．

樹性は生育おう盛で若木時代はやや直立性を示すが，成木では開張性となる．M.26 との接ぎ木親和性は高くおう盛な生育を示す．枝の発生，結果枝の着生も良好で豊産

性を示し，生理的落果も少なく生産が安定している．

ふじには着色系枝変わり系統が多数出現し，最近ではその利用が盛んである．着色系には全面紅色に着色し縞の現れない1系と，紅色縞状に着色する2系とがある．1系は外観がふじと著しく異なり肉質も劣ることから採用は勧められない．

一方，早熟系枝変わり品種としてやたかが種苗登録（1987年）されている．標準のふじより1カ月早く成熟するとされ中生品種として関心を集めているが，品質的にはふじより若干劣り日持ちも短い．ふじの過剰生産を抑えることが緊急の課題であることから栽培は控えた方がよい．なお標準のふじが成熟しない米国北部州やカナダではやたかの試作希望が強い．

王林　福島県伊達郡桑折町の大槻只之助がゴールデン・デリシャスに印度を交雑して育成したとされ，1952年に命名された．

果実の大きさは250～300gで，果形は長円形ないし卵形である．果点が大きく目立つ．果色は緑黄色で陽向面にわずかに紫紅色の着色を示す黄色品種である．果面には細いひび状のさびがネット様に発生し粗雑である．果汁，甘味，芳香に富み食味はやや良好であるが酸味が少ない．収穫期は長野県で10月中旬，東北北部では11月上旬である．貯蔵性は比較的高く中玉では2月末までもつが，大玉では年内が限度である．

樹勢はおう盛で直立性を示す．結実開始が早く豊産性である．果実の肌荒れは有袋で防げるが味の低下が著しい．あくまでも無袋栽培に徹すべきである．［土屋七郎］

1.5　栽培管理

（1）開園・植え付け

a．土地基盤の整備

農道：　園地までの農道や園地内の作業道が整備されないと，スピードスプレーヤーやトラックなどの作業能率が低下し，適切な栽培管理や集出荷などに支障をきたすので，開園にあたっては計画的に整備しておく．

排水対策：　排水不良のリンゴ園では，生理障害や病害虫の多発，生産力や品質の低下を招くばかりか，作業面でも大型機械の導入を困難にするなど問題が多いので，開園する土壌が排水不良の場合は地下水位が1m以下になるよう暗きょ排水施設などを設ける．

用水の確保：　農薬散布にとって水はぜひ必要であるし，土壌とか気象条件によってはかん水の必要な場合がある．このための用水源はあらかじめ確保するとともに，給配水施設などの整備を行う．

防風施設：　風当たりの強いところに開園する場合は，強風による落果や樹の倒伏などを防止するために，防風林，防風網などの施設が必要である．また，寒冷地では冬季の寒風によって凍寒害を受けやすいので，やはり防風施設が必要であるが，この場合は常緑樹による防風林の設置が望ましい．

b. 園地の造成と土壌対策

園地の造成　機械の導入や作業などを考慮した場合，土地の原傾斜度が10度以下の地形では山なり畑（現況地形をそのまま利用），または改良山なり畑（部分的に土を切盛し，緩傾斜を造成），10～15度では作業道型斜面畑（畑面は現況地形のままとし，作業道は施工造成する），15～25度では作業道型階段畑（切盛でほぼ水平の畑面造成）とするのが一般的である．

土壌対策　下層土がち密で，根の伸長を阻害しやすい土壌では60cmの深さまで心土を破砕する．心土破砕後は深耕用プラウなどで30～40cm耕起する．その際，たいきゅう肥と石灰質肥料を全面に施用する．

たいきゅう肥の量は10a当たり4t程度とする．たいきゅう肥を十分施用できないときは，緑肥作物を栽培してすき込みをする．石灰質肥料の施用量は，土壌の種類，pH値などによって異なるが，10a当たり2t前後とする．なお，改植園ではたいきゅう肥の施用前にクロルピクリンで土壌消毒をし，3週間ぐらい経ってからたいきゅう肥を施用する．

c. 栽　植

栽植距離と様式　リンゴの栽植距離は，台木の種類や地形，土壌などによって異なるが，およそ次の距離を標準とする．

普通台の場合：　7～8mの方形または矩形植えとする．ただしこの距離は開心形に仕立てた永久樹の場合であって，初期収量をあげるためには当初の樹間または樹列間に間植樹を植え，2～3倍密植とするのが一般的なやり方である．また，マルバ台など普通台でも半永久的に主幹形を維持する方式をとる場合には，樹列間5～6m，樹間3～4mの矩形植えとする．

わい性台の場合：　ヘッジロウ方式とし，樹列間4m±0.5m，樹間2m±0.5mとする．

植え穴　栽植距離が決まったら，次に植え穴掘りにとりかかる．植え穴は大きい方がその後の樹の生育にとって好ましいが，労力や資材の関係から，全園土壌改良を実施した場合は直径60cm，深さ60cm程度とし，全園改良が不完全な場合には直径90cm，深さ60cmぐらいとする．

新植地で心土破砕ができなかったときは，植え穴に水がたまり苗木を枯死させることがあるので，水みちを造って過剰水を排除する．水みちは樹列にそって溝を造り傾斜下方へ導く．また，もみがらなどの疎水材を入れる．

わい性樹で1樹ごとに支柱を立てる場合は改良資材を入れる前に支柱を打ちつける．改良資材は植え穴の大きさや土壌の種類，性質などによっても違うが，1穴当たり施用量はたいきゅう肥10～20kg，溶リン肥1～2kg，苦土炭カル0.5～1.0kgとし，これらを掘り上げた土とよく混ぜ合わせながら埋め戻す．

植え付け　植え付けにあたってはまず苗木の消毒を行う．消毒は苗木の根部をトップジンM水和剤またはベンレート水和剤各1,000倍加用ダイセンステンレス液剤1,000倍液に約10分間浸漬し，ただちに植える．

植え付けでは，盛った土が自然に沈下することを想定して地表面より高めのまんじゅう状に盛る．また，接ぎ木部が地表面上にはっきり出るようにする．植え付けが終ったら支柱を立ててこれに結わえる．なお，わい性台樹の場合は植え付け前にあらかじめ立てておいた支柱に結わえる．

混植 リンゴは自家不和合性が強く，また交雑不和合性も一部にみられるので，和合性のある品種の混植が必要である．混植は列状に行うのがよく，2～3列ごとに1列を受粉樹とするのが一般的である．なお，受粉樹として3倍体品種は不適である．

植え付け後の管理 苗木の切り返しの高さは苗木の大きさでも多少異なるが，一般には地上70～90 cm の所で切り返す．苗木が活着した6月頃に，窒素肥料を10 a 当たり2 kg（1樹当たり100 g 程度）を施用する．また，根元にはマルチ（敷わらなど）を行う．乾燥期にはときどきかん水をする．栽植後数年間は積雪前に樹冠の結束（多雪地帯），野ネズミ，野ウサギ対策を行う．

（2） 整枝・せん定

整枝・せん定には，マルバ台などを用いた普通台樹の場合と，わい性台を用いたわい性台樹の場合に大別される．

a．普通台樹の整枝・せん定

目標とする樹形 普通台リンゴ樹で標準的な栽植密度（10 a 当たり12～25本）の場合の目標とする樹形は次のとおりである．なお，この樹形は一般には樹齢20～30年以降で完成させる．

① 全体の形： 骨格の構成上からは開心形または遅延開心形とする．樹高は4～4.5 m，樹冠高は3～3.5 m とし，樹冠の外形は半円形とする（図1.2）．

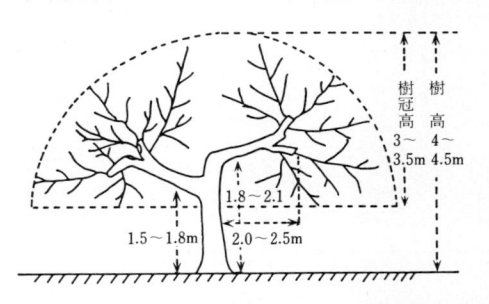

図1.2 目標とする樹形（青森県1990年りんご指導要項）

② 主枝： 主枝の本数は2～3本とする．樹間が狭いときや，弱勢品種では2本主枝が，樹間が広いときや強勢品種では3本主枝が有利であるが，樹が古くなるといずれも2本主枝の方が有利となる．主枝の発出位置は，2本主枝では下位1.5～1.8m，上位1.8～2.1mとし，3本主枝では下位0.9～1.2m，中位1.5～1.8m，上位2.1～2.4 m 程度とする．

主枝の角度は0.9 m 位の高さから出たものは仰角30～40度，1.5 m 位では20～30度，2.1 m 位では10～20度程度とし，枝の下がりやすい品種は斜立度を強めに，下が

り難い品種はゆるやかにする．主枝の長さは最上位の亜主枝の基部までとし，2.0～2.5 m とする．その先は主枝の延長部とし，骨格としては取り扱わない．

③ 亜主枝： 各主枝に2本ずつ，1樹で4本を標準とする．主枝上の位置は基部から2～2.5 m，間隔は0.3～0.5 m とし，主枝をはさんで反対方向につける．

亜主枝の主枝に対する挟角は40～50度とし垂直角度は主幹に近いものは立ち気味に，先端部のものはややゆるやかにする．長さは1.0～2.0 m とし，その先は延長部とし，骨格として取り扱わない（図1.3）．

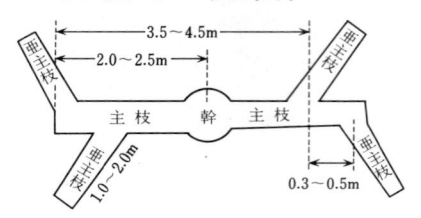

図1.3 骨格構成の基本
（青森県 1990 年 りんご指導要項）

樹齢別の整枝・せん定 目標とする樹形に到達するまでの樹齢別の樹形変化は図1.4のとおりである．

① 幼木時代（1～6年生）： この時代のせん定目標としては，有望な主枝候補枝を必要な部位に多く発出させること，樹を健全に生育させ樹冠を早く拡大させること，樹形構成に支障のない範囲で早く結実に導くことが主体となる．樹形は主幹形とするが，樹冠の外形からみるとはじめ円錐形で，だんだん深みのある半円形に近づける（図1.5）．

② 若木時代（14年生頃まで）： この時代のせん定目標としては，主枝候補枝を健全に育成し，不要なものはしだいに切り詰めること，心枝を抑制しながらこの末期にはせん去すること，できるだけ結実量を高めることが主体となる．樹形ははじめ主幹形，後に変則主幹形に移行する．

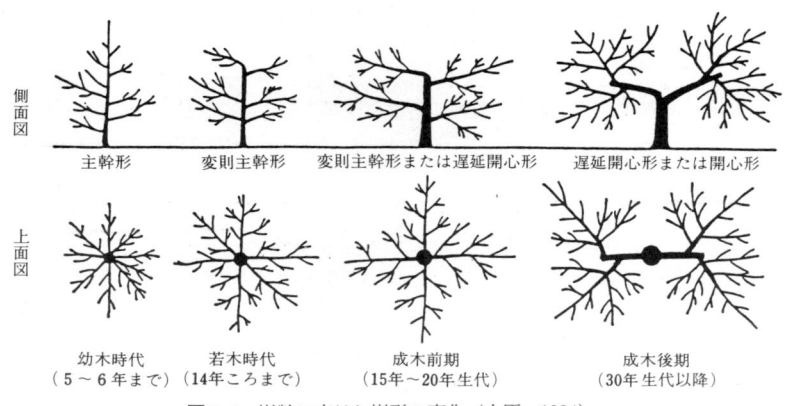

図1.4 樹齢に応じた樹形の変化（小原，1984）

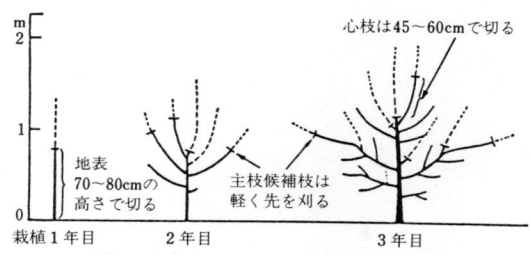

図1.5 幼木の仕立て方（小原，1984）

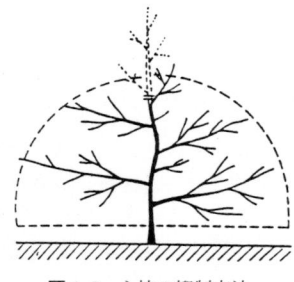

図1.6 心枝の抑制方法（小原，1984）

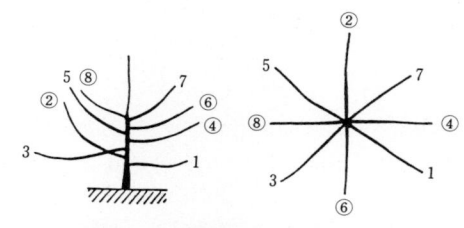

図1.7 主枝候補枝の選定（小原，1984）
1〜8は枝の発出順位．○で囲んだ数字が有力な主枝候補枝．

　心枝の抑制方法は，最下位の主枝候補枝を直径として半円を描き，これより上に大きくはみ出ている部分はこれにおさまるよう下位の小さめの枝まで切り下げをする（図1.6）．心枝のせん去は上位の主枝候補枝の熟度，つまり花芽がかなり着き，新しょうの伸びも若干衰えたころをみはからって行う．

　主枝候補枝のうち，高さ1.2〜2.4 mの範囲で30〜40 cmの間隔で4段に各段1本ずつの最有力候補枝を選定する．これに強めの切り返しを入れて側枝の発出を促し，太さと長さの釣り合いを保ちながら下垂を抑える．有力な主枝候補枝の選定にあたっては，下位から順次4方向に1本ずつ計4本を選ぶと最後に理想的な樹形ができあがる（図1.7）．有力候補枝以外は，結実を早めるためできるだけ手を入れない方がよいが，有力候補枝の邪魔になりだしたら基部からしだいに側枝を減らしていき，最後にせん去する．

　③ 成木前期（15〜20年生代）：　せん定目標は，主枝を決めること，主枝上に亜主枝を設けること，主枝を頑丈に作り充実した結果母枝を多く作ることが主体となる．樹形ははじめ変則主幹形，後に遅延開心形となり，外形は半円形となる．主枝はだいたい4本に整理されるが，残された主枝は下垂を抑えるために「腰入れ」を行う．最後まで残る2本の主枝については，亜主枝の候補枝を選びこれを育成していく．

　亜主枝を作る要領は図1.8のとおりである．4本の主枝がだんだん大きくなるにつれて，主幹延長枝や将来落とすべき2本の主枝の側枝を基部の方からしだいにせん去し，結実部位を徐々に外方に移行させ，腰の伸びきったときをみはからって切り落

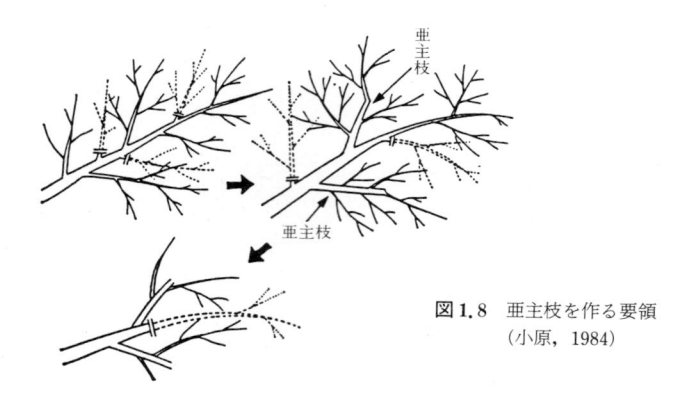

図1.8 亜主枝を作る要領
（小原，1984）

とす．

④ 成木後期（30〜50年生代）： この時代に入ると，2本の主枝とそれぞれの主枝に2本の亜主枝が確立され，いわゆるX字型の骨組みが形成され，目標とする樹形がほぼ完成する．樹形は遅延開心形か開心形となり，樹冠の外形は浅い半円形となる．

せん定目標としては，できあがった骨格を維持すること，結実部位の増大を図りながら個々の枝を充実させること，古くなった枝を若返らせたり更新を行うこと，隣接樹同士の樹冠間隔の調整を図ること，稀に骨格を更新することなどが主体となる．

b．わい性台樹の整枝・せん定

基本樹形　樹形はスレンダースピンドル（細がた紡錘形）を基本とする．その場合，樹高は結実部位の最上位で2.5〜3.0mとし，最下位の高さは地表50cmからとする．ただし，積雪が1.5m以上の地域では樹高を3.0〜3.5mとし，最下位の高さは地

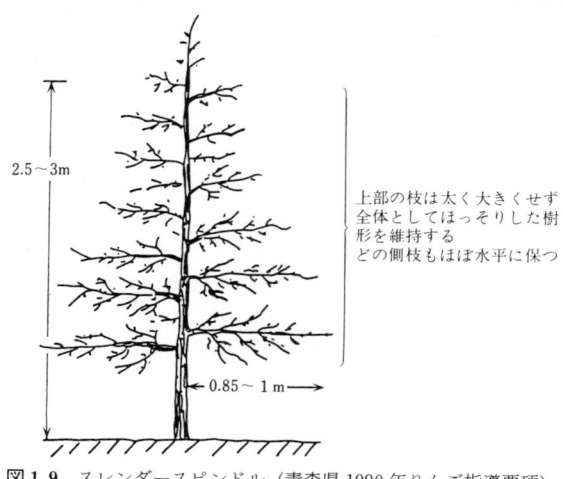

図1.9 スレンダースピンドル（青森県1990年りんご指導要項）

表から1m前後とする(図1.9)．側枝の長さは栽植距離によって異なるが，隣接樹と結実部位が交差しない程度とする．成木時の側枝数は20本前後が適当である．

1〜3年生樹までのせん定　この時期は主幹を丈夫に育て，主幹上によい側枝を十分つけることに主眼をおいて作業を進める．

① 1年生樹（接ぎ木翌年苗）：　生育のよい苗木は地上120 cmぐらいで切り返しをする．これより貧弱な苗木は短め（せん去する長さは地上全長の1/4程度が目安）に切る．

② 2〜3年生樹のせん定：　主幹延長枝（心枝）は先端部の芽の充実した強い枝を使い，一般には先刈りをしない．心枝と競合する強い側枝（主幹の太さの1/3以上のもの）や長い側枝（40〜50 cm以上）は2，3芽（5 cm程度）残してせん去する．残された側枝のうち，立ち上り気味のものは水平近くまで誘引するが先刈りはしない．

4〜5年生樹のせん定　この時期になると，樹形は目標のスレンダースピンドルに近づき，果実も成り始めるが，側枝の長大化や混み合いが目立つ時期でもあるので，下部の側枝の選択や取扱い，上部の側枝の育成に主眼をおいて作業を進める．樹高が2.5〜3.0 mに達しない場合は2〜3年生樹と同じ方法で心枝を選定する．

主幹より太くなった側枝や太くなりそうな側枝（主幹の太さの1/2以上のもの）および全体のバランスを乱しそうな大きな側枝はせん去するか強い切り戻しをする．側枝上の共枝，立枝などはせん去する．また側枝間の間隔が狭くなってきた場合は適宜間引きを行う．

5，6年生樹以降のせん定　この時期になると，樹形はほぼ完成し，着果量も増え，やがて盛果期に入る．しかし，樹によっては樹冠が大きくなりすぎて枝の交差が著しいものや，反対に衰弱するものも出てくる．このため，スレンダースピンドルの樹形と樹勢を維持しながら連年収量を確保することに主眼をおいて作業を進める．

心枝は適宜切り下げて，結実部位を2.5〜3.0 mに維持していく．上位（1.5 m以上）の側枝が大きくなったらせん去し，弱めの枝で更新する．側枝の長さは結実部位で1 m（栽植距離4 m×2 mの場合）を超えないようにする．もしこれを超えて隣接樹との交差が激しくなった場合は切り戻しをする．

側枝の共枝や直立枝はせん去して日光が基部まで入るようにする．側枝を同一方向に重ねる場合，日光が内部まで入るように50 cm以上の間隔をもたせる．下方の側枝が古くなってきた場合は切り上げを行って若返りをはかる．主幹より太くなった大きな側枝はせん去する．

成木になったら，樹勢に合わせてせん定を行うようにし，弱いものは強めに，強いものは弱めにせん定する．

(3) 受　粉
a．人手による受粉

人手で1花ずつねらった受粉は10 a当たり20時間程度の労働時間を要するが，結実の効果が最も高く，かつ安定しており，果実の肥大，形状も良好となる．

1. リンゴ

花粉の準備 花粉は受粉予定日の2～3日前に，風船状から開花直後の花を採取し，やく落とし機にかけてやくをとる．少量の場合は4～5mmの金網にこすりつけて落としてもよい．花粉用の品種は，雌花品種と違ったものでなければならないが，3倍体品種は不適であるし，品種の組合せによっては和合性の低い場合があるので注意が必要である．

やくは，20～25℃（湿度は80％以下）で1～2日間加温し開やくさせる．開やくした花粉はやく殻つき容量の2～3倍の石松子と混ぜて増量して使うと経済的である．

受粉のやり方 綿棒類（棒の先に脱脂綿や羽毛をつけたもの）などの用具を用いて，中心花を主体に1花ずつ受粉する．綿棒類は1回の花粉づけで20～30花ぐらい受粉可能であるが，風の強いときや雨降りのときは10～20花程度とする．

市販されているその他の受粉器具は綿棒類に比べて能率はあがるが確実性にやや欠けるものが多い．開花後4～5日は受精能力があるので，降雨でやくが褐変した花でも受粉を実施するとたいがい結実する．

b．ハチ類による受粉

リンゴの自然受粉の主役は本来は訪花昆虫であるが，近年は農薬の多用などで減少している．そこで，ハチ類などの訪花昆虫を人工的に増殖して受粉に活用する方法が広く普及されている．受粉に人為的に活用できるハチ類のおもなものはミツバチとマメコバチ（ツツハナバチ）がある．

ミツバチ ミツバチの利点は1群の個体数が多いことと，必要な時期に必要な場所に設置できることである．欠点としては，行動半径が数kmに及ぶことと，他に好ましい蜜源があればそちらの方に行ってしまうことである．そこで，効率的に活用するには大集団地に共同で導入するのがよい．

リンゴ園への導入適期は受粉したい品種の中心花が6～7分咲いた時期である．ハチ群の必要量は40a当たり1群（約2万匹のハチ数）ぐらいである．なお，養蜂業者が転飼する場合は，都道府県によって「みつばち転飼規制条例」が定められているので，これに従う必要がある．

マメコバチ マメコバチは受粉能力に優れ，飼育管理も容易であり，さらに活動範囲も比較的狭いなど利点が多いが，増殖に年数を要することや，コナダニなどに侵されやすい欠点もある．

巣群は40～60a（60～80m間隔）に1群ずつ配置する．1群当たり400～500本の種蜂の入っている筒（アシなど）が必要である．自然条件下におくと，開花前に活動をはじめ，受粉の必要な時期とずれることが多いので，冷蔵庫に筒ごと保管し，開花7日前頃に園地に設置するのがよい．

コナダニの駆除法としては，高温処理法と薬剤処理法がある．高温処理法は7月初め頃に30℃で60日間か32℃で40日間保つ．また薬剤処理法としては新しい巣筒をマリックス乳剤5,000倍液に数分間浸漬する方法と，ハチの脱出開始2～3日後に同剤を巣箱の前面に4～5日間隔で2～3回散布する方法とがある．

(4) 摘　　　果

摘果の目的は果実の肥大や食味など品質の向上，花芽分化を安定的に良好にするいわゆる隔年結果の防止，樹勢の維持，早期落果の軽減などであり，非常に重要な作業である．

a．摘果の時期

摘果はなるべく早い時期から始め，短期間に済ませるのがよい．結実さえ十分確保される見込みがある場合は，花のうちに摘み取る方法（摘花）も近年は普及している．しかし，一般にはがく片が立ち上がり，結実が確認できる頃（落花5～7日後頃）から始め，落花3～4週間後頃に終える．

摘果は初め1果そうに1果を残す作業（一つ成り摘果）を行い，そのあとに規定の強さにする作業（仕上げ摘果）をするが，熟練者の場合は始めから仕上げ摘果に入ってもよい．品種による摘果の順序は，植物上からみれば花芽分化期の早いものから始めるべきであるが，経営の主力となる品種とか商品性の高い品種から始めるのが通例である．また，ジューンドロップの発生しやすい品種では，落果誘発の危険期に入る落花10日後頃までに一つ成り摘果を終るのがよい．

b．摘果の強さ

摘果の強さは，地力，樹勢，枝の状態などで異なるが，おおよその基準は表1.11のとおりである．

表1.11　摘果の強さの基準

品　　種	摘果の強さ (残す果実)	ならせ方の目安 直径2cmのなり枝 (ほぼ水平の枝)(果)	10a当たり 標準着果量(万果)
国　光，紅　玉	3頂芽に1果	15～16	2.3
つがる，ジョナゴールド	3.5頂芽に1果	12～13	1.7
ふじ，王林，千秋	4頂芽に1果	11～12	1.5
デリシャス系，北斗	4.5頂芽に1果	10～11	1.4
陸　　　奥	5頂芽に1果	8～9	1.2

c．残す果実

一つ成り摘果では原則として中心果を残す．しかし，霜害などで中心果が不良な場合には，側果のなかから最もよいもの（肥大や果形がよく果梗が太く長いもの）を残す．仕上げ摘果の場合は一つ成り摘果で残した果実のなかから，3～4年枝上で，よい葉が多くついた果そうで，しかも，発育がよく，果梗が太く長いものを残す．枝の直下あるいは直上の果実はよい果実とならないので残さない．えき芽果は原則として残さない．

d．薬剤による摘果（花）

経営面積が大きいとか，労力不足などで早期に摘果ができない場合は，薬剤による摘花または摘果を実施して樹の負担を軽減する．

摘花剤の使い方　石灰硫黄剤100～120倍液を単用で10a当たり360 l 以上，めしべに十分かかるように散布する．散布時期は，人工受粉を行った所では満開期に，

人工受粉を行わない所では満開2～3日後に散布する．

摘果剤の使い方　ミクロデナポン1,200倍液に展着剤を加えて10a当たり360l以上を果実に十分にかかるように散布する．散布する時期は各品種の落花10日後が適当である．この時期は果実の横径が10mm前後（ふじの場合）である．品種別に散布できないときは，落花日の最も遅い主要品種の落花10日後に一斉散布する．

散布による落果は，散布後およそ10日後頃から始まり，以後10～14日間継続する．しかし，年によって効果の出方が遅れたり不十分な場合があるので，効果を過信して仕上げ摘果を遅らせないようにする．なお，つがる，デリシャス系など早期落果の起こりやすい品種は過剰摘果のおそれがあるから使用しない．また使用登録のない品種は使用できない．

(5) 土壌管理と施肥

a．土壌管理

リンゴ園の土壌管理は，牧草草生を基本とし，たいきゅう肥と石灰施用を組み合わせた体系とする．リンゴ樹の幹を中心に，普通台樹の場合は幹から2.5mくらい，わい性の場合は幹から1mくらいの範囲（樹冠下）とそれ以外のところ（樹間部）とで若干扱いを異にする．樹間部は牧草草生とし，樹冠下には，毎春，たいきゅう肥（10a当たり600kg程度）と石灰質肥料（苦土炭カルで10a当たり100kg程度）を施用し，軽く耕起する．その後は樹冠下，樹間部とも同様の草生管理とするが，樹間部から刈り取った草は樹冠下へ敷草する．

草生栽培　草種は，マメ科ではラジノクローバー，イネ科ではチモシー，ペレニアルライグラス，ケンタッキーブルーグラス，ベントグラスなどがよい．播種期は5月から9月上旬まで，土壌の湿りがあればいつでもよいが，雑草に負けないで牧草の揃いをよくするためには，9月上旬がよい．

なお，牧草は播種後5～6年くらい経つと産草量が落ちてくるので更新する．草生

表1.12　除草剤の種類と使い方

除草剤名	希釈倍率	10a当たり散布量(l)	処理時期	備考
レグロックス	300	100～150	5月上旬，7月上旬，8月中旬	展着剤加用（クサリノーまたはアルソープ100ml/10a）
プリグロックスLまたはマイゼット	150	100～150	5月上旬，7月上旬，8月中旬	
カーメックスD	700	150～200	5月上旬～7月下旬	展着剤加用（サーファクタントWK200 ～250ml/10a）
ゾーバー水和剤	700	150～200	5月上旬～7月下旬	
ハービエース水溶剤	200	100～150	5月上旬～8月中旬	
バスタ液剤	150	100～150	5月上旬～8月中旬	
ラウンドアップ液剤	100	25	5月上旬～8月中旬	生長盛期，ラウンドノズル使用

の刈取りは，5月から9月にかけて数回行い，刈り取った草は樹冠下へ敷く．刈取り代用として除草剤を使用するのもよいが，除草剤の種類と使い方は表1.12のとおりである．

たいきゅう肥と石灰施用　たいきゅう肥の種類は，稲わら，もみがら，おがくず牛糞，バーク，せん定枝などがあるが，いずれもよく腐熟したものを使用する．施用量は，樹冠下に10a当たり600kg以上とする．

石灰質肥料としては，苦土生石灰，消石灰，苦土石灰，炭酸石灰，苦土炭酸石灰などのいずれかを成木の樹冠下に毎年200kg程度施す．なお，酸性化が進んでいる園地では，酸性度に応じて10a当たり2t前後を施用するが，この場合は耕起による断根の悪影響を避けるため晩秋がよい．

かん水　普通台園の苗木や幼木，わい性台園では，夏期に無降雨が10～14日続いたらかん水する．かん水開始時期を確実に判断するには，テンシオメーターを設置し，示度が水柱で600cm（pF 2.8）を示すときとする．1回のかん水量は20mm（1m²当たり20l）程度とする．かん水方法は点滴かん水方式がよいが，応急的にはホースかん水でもよい．

b．施　　肥

施肥量　10a当たりの基準施肥量は表1.13のとおりである．なお，土層の深い園地，排水の不良な園地，着色のよくない園地，樹勢の強すぎる園地などは標準施肥量の半分量とする．また，高接ぎ一挙更新園および苦痘病，コルクスポットの発生がみられる園地などでは，2～3年間無肥料とする．

表1.13　リンゴ園の標準施肥量（成分，kg/10a）

	普通台園			わい性台園		
	成木	10年生位	5年生位	6年生以上	4～5年生位	1～3年生位
窒　素	15	10	5	15	10	5
リン酸	5	3	2	5	3	2
カ　リ	10	7	3	10	7	3

肥料の種類と施肥時期　使用肥料の種類については，どの肥料を用いても使用方法が適切であれば効果はほぼ同じである．有機質入りの複合肥料は，土壌を荒さず，養分の総合性，緩効性などからみて優れているが，土壌に入る有機物の量は少ないので草生栽培，たい肥によっても補給すべきである．

施肥の時期は，肥料を効率的に吸収させるためには春先がよく，とくに融雪期に流亡量の多い多雪地帯では一般に春肥が行われている．しかし，着色や食味など品質を総合的にみた場合は，多雪地帯を除けば秋肥の方が有利のようである．春肥を行う場合でも，消雪後できるだけ早く基肥を施用した方がよい．

（6）袋掛けと除袋
a．袋掛けの目的

袋掛けの元来の主目的は害虫防除にあったが，近年は果実着色の向上や風による枝

ずれの軽減など外観面での果実品質の向上の方にその目的の重点が移ってきた．しかし，遮光性の強い袋を使うほど着色は鮮明となる反面，食味が劣るのでできるだけ遮光性の低い袋を使うのがよく，また，無袋で良果の生産できる園地では袋を掛ける必要がない．

b．袋掛けの時期

病害虫の防除や着色向上の点からみれば，袋掛けは時期が早いほどよい．しかし，摘果作業や薬剤散布など作業の関連からみて，早期実施には限度があり，7月上旬頃までに終了すればよい．

c．品種と袋の種類

市販されている袋を大別すると，遮光率が5％以下，50〜80％程度，95％以上の3グループになる．スターキング，レッドゴールド，紅玉など着色の容易な品種とか，王林などのように赤色を必要としない品種，害虫防除や枝ずれ防止の目的だけの場合には5％以下のグループの袋がよい．ふじ，国光，つがるなど着色がやや難しい品種は50〜80％のグループの袋がよい．陸奥などとくに着色の困難な品種は95％以上のグループの袋がよい．なお，50〜80％，95％以上のグループの袋は除袋時に日焼けが発生しやすいので注意が必要である．

d．除袋の時期

除袋の時期は，袋の種類などによって多少異なるが，大雑把にみると，早生種は収穫の15〜20日前，中生種は25〜30日前，晩生種は35〜40日前頃が適期である．なお，除袋は晴天が数日間続きそうな日を選んで行うと，その後の色のあがりがよい．

e．除袋時の管理

除袋時に日焼けを出さないために次のような管理が必要である．二重袋をかけた場合は，まず外袋をはぎ，それから3〜5日後（果実が黄味を帯びだした頃）に内袋をはぐ．遮光性の中位の袋や二重袋の内袋をはぐ場合は曇天の日か晴天の日中（10〜14時頃）に行う．

（7）収穫前管理

a．着色手入れ

除袋後から収穫前まで数回にわたって果実に日陰をつくる葉を摘み，つるまわしをする．早くから葉を強くとりすぎると，鮮明な色がつかないし，食味を低下させるので注意する．なお，除袋直後の強い葉摘みは日焼けを出すことがあるので注意を要する．

b．落果防止

収穫前落果の起こりやすいつがるやデリシャス系品種などには，落果防止剤として

表1.14　2,4DP（ストッポール液剤）の使い方

品　　種	散布時期	回数	倍　　数	散布量	備　考
つがる デリシャス系	収穫前25日	1	1,000倍 (10l 当たり10ml)	350〜400l/10a	展着剤不用

2,4 DP（商品名ストッポール）液剤を散布する．本剤の使い方は表1.14のとおりである．ストッポールは果実の熟度を進ませる傾向があるので，収穫あるいは販売を遅らせないようにする．

(8) 収　穫

リンゴの収穫期は，大雑把にはその地方の例年の収穫期をもとに，その年の着色ののり具合や食べて美味しくなった頃をみはからって決めている．しかし，熟度が進むほど食味はよくなる反面，貯蔵性や日持ち性が低下してくるから，美味しさと新鮮さを兼ね備えたリンゴを消費者に供給するために，近年はより精度の高い収穫適期の判定法がとられている．

a．収穫期の判定基準

大別すると，満開期からの日数による判定と成熟現象による判定との2通りある．満開期からの日数による判定の仕方は，品種によって生育日数がほぼ一定していることを利用している．ただ，地域によって生育日数に多少の相違があり，また年によって開花が平年より大きくずれることがあり，ずれた日数が必ずしもそのまま収穫期の遅速につながらないので，熟度調査で補正する必要がある．

成熟現象による判定の要素としては，果実の呼吸の変化，果色，糖度，酸度，硬度，デンプン，蜜入り程度，種子色などがあげられる．しかし，成熟現象をすべて把握するのは困難なので，実際にはこのなかからいくつかの現象をとらえて判定する．

b．熟度判定の実際

園内の平均的な樹勢のものを2〜3樹選び，その樹のうちから着色，地色など平均的な果実を2個ぐらいずつ採取し，次の諸調査を行う．

硬度：　果実の赤道部の相対する2カ所の果皮を径2cm程度に薄く平らに切りとり，硬度計を差し込んで目盛を読みとる．

食味：　果実を縦に果心部までナイフを入れて薄く切片をとり試食する．食味の判定は，1（食用不適），2（やや不適），3（可食），4（良好），5（非常に良好）の5段階とする．

糖度：　食味と同じ要領で陽光面と陰光面の2カ所から切片をとり，はく皮して搾汁液を測定する．

0	1	2	3	4	5
染色なし	果皮直下がわずかに染色	20〜30％染色	がくおよび花弁維管束外染色	果心線外染色	ほとんど全面が染色

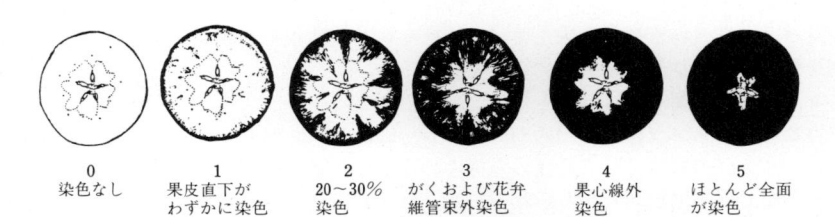

図1.10　ヨード・ヨードカリ液による染色度合と指数（デンプン粉の消失割合）
　　　　（青森県1990年りんご指導要項）

ヨード反応： 果実の真中を通るように切断し，片方の横断面全部に筆などで染色液（ヨード・ヨードカリ液）を塗布し，染色の度合を指数で表す。

染色度合の指数は，0（染色なし），1（果皮直下がわずかに染色），2（20～30％染色），3（がくおよび花弁維管束外染色），4（果心線外染色），5（ほとんど全面が染色）の6段階とする（図1.10）。

染色液の作り方は，水100 ml にヨードカリ5gを溶かし，さらにヨード1gを溶かす。

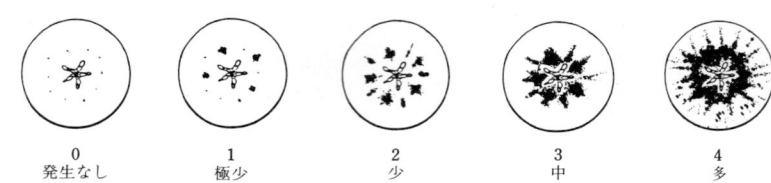

図1.11 蜜入り程度の基準（青森県1990年りんご指導要項）

表1.15 収穫時品質の標準指標（青森県）

品　　種	区　　分	食　味	糖　度	ヨード反応	種子色	蜜入程度	硬　度
つがる	即　　売	3.5以上	12.0％以上	3.5以下	褐色	—	—
デリシャス系	即売～短期貯蔵	〃	〃	2～3		2以上	14～16
ふじ無袋	短期貯蔵	4.5以上	14.0％以上	1～2		3以上	13～15
	長期貯蔵	4.0以上	13.5％以上	〃		2～3	14～16

蜜入り程度： 果実を横に切断し，蜜の程度を指数で表す。蜜入り指数は0（発生なし），1（極少），2（少），3（中），4（多）の5段階とする（図1.11）。

なお，各品種の収穫時の標準（青森県の場合）は表1.15のとおりである。

［小原信実］

1.6　出　　荷

（1）　出荷機構の概略

わが国の果樹農業は生産単位が零細であり，消費単位もまたきわめて小さいという特性を有している。リンゴにおいても例外でなく，生産から消費に至る過程に集出荷，仲継ぎ，分散という機能を果たすべき組織ないし機関の存在が必要とされる。その機構を青森県リンゴの流通を例にとって図1.12に示した。

a．集　出　荷

青森県ではリンゴ移出商が約50％，系統共販が約30％とリンゴ移出商の取扱いが多い。リンゴの特性として品種の多様性のほかに貯蔵性があり，品種と貯蔵管理技術の組合せで周年供給体制がとられる。とくに，貯蔵リンゴの販売を主体とする青森県では，冷蔵庫の収容能力が集出荷量をほぼ決定する。リンゴ移出商人の取扱い量が多いのは，早くから集出荷，冷蔵施設の整備に力を注ぎ集出荷量を増やしたためである。

1.6 出荷

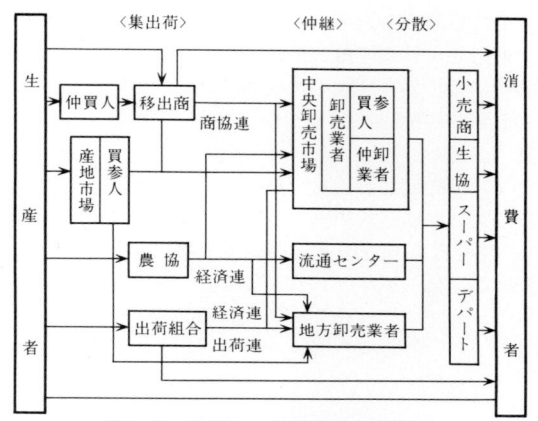

図1.12 青森リンゴ流通の主要経路

移出商には仲立人がいて生産者からの集荷を担当していたが，仲立人の高齢化に伴い，しだいに産地市場からの仕入れの割合が多くなっている．

b．仲継ぎ

中央卸売市場（53都市）が主体で，地方市場，類似市場および近郷市場などがある．荷受け会社はせり売りあるいは相対売りで買参人および仲卸業者に取り引きされる．価格形成は需要と供給によって決まり，出荷者も購入者も価格を決める力は原則としてない．したがって，出荷者が同じ等級のものを同じ時期に出荷しても出荷市場によって価格が異なってくる．

c．分散

仲買人は卸売会社からリンゴを買い受け，市場内の売り場で小売商などの買い出し人に再販する形で分散される．

(2) 選果，荷作り

a．等級，規格

全国統一規格は1～3等および格外の4階級で，等級ごとに格付けの最低基準が設けられている．しかし，実際は各産地，また同じ産地内でも出荷者によって等級表示がまちまちであり，しかもその年のでき具合によって選果基準が異なってくるので等級表示から内容を知ることは難しい．青森リンゴの選果の一例をあげると，選果の基準はほとんど外観選別で，まず障害果（傷，病害虫など）を除き，色調（色沢）に基づいて5～6等級に選別する．品種固有の色調をよく発揮したものが上等となるが，葉形があると格付けが劣るので生産におけるていねいな摘葉が要求されてくる．外観選別後は重量もしくは大きさ別に区分するが，出荷箱には1箱内の果実数（玉数）が表示される．

外観と重量選別を合わせれば18階級前後の選別となり選荷能率を著しく落として

いるが，この選果の良し悪しが出荷者のブランドとなり価格に大きく影響するだけに最も慎重である．最近では外観偏重から，果実の熟度を選別する選果機が導入され始めており，非破壊法による品質評価の選果機が登場し始めたが，いまの選果に欠けている「おいしさの表示」が検討課題となろう．

b．包装，荷姿

出荷容器は即売～短期貯蔵品が段ボール箱，長期貯蔵品は発泡スチロール箱がおもに使用されるが，しだいに発泡スチロール箱の使用量が増えている．容器はほとんど10 kg箱であるが，品種によっては3 kg，5 kg，16 kg箱も使われる．

内装資材は塩ビあるいはモールドパックに果実を詰めるが，陸奥および世界一などの大玉はフルーツキャップが使われる．10 kg箱は二段詰めとなるので緩衝材として中仕切り（片段ボール），発泡スチロール性のネットが使われる．長期貯蔵品は，0.03～0.04 mmのポリエチレンフィルムで包装し，エチレン除去剤などの鮮度保持剤が使われている．

（3）輸　　送

高速自動車道路網が整備されるにつれ貨車輸送からトラック輸送に切りかわった．トラック輸送は通常保冷車を使用するが，後期の販売には冷凍車が使用される．

1.7　貯　　蔵

リンゴの貯蔵性は果肉の軟化（ぼけ），減酸による味抜けおよび貯蔵障害によって制限される．これは，品種の遺伝的性質によるところが最も大きいが同一品種でも表1.

表1.16　貯蔵性に関係する要因

貯蔵性に関係する要因		
	収穫前	環　　境……気象，土壌など
		栽培管理……施肥，樹勢，被袋など
	収穫時	熟　　度……収穫時期
		形　　質……色（表面色，地色），大きさ，果形，蜜，エチレンなど
	収穫後	入庫遅速（冷却速度）
		貯蔵管理……温度，湿度，気体組成など
		包装容器……内装資材，外装資材，鮮度保持剤

16の要因によって左右され，これらの要因は単独というより相互に関連している場合が多い．

（1）品種と貯蔵性

リンゴは品種の数が多く，その収穫時期によって早生，中生および晩生種に分けられるが，概して収穫時期の早いものほど貯蔵性が劣る傾向にある．

つがる　　暖地産は7月中旬～8月上旬から収穫が始まり，寒冷地では9月中下旬が収穫時期となるが，収穫時は外気温が高いため冷蔵保管しないと果肉の軟化，酸味

1.7 貯蔵

表1.17 つがる(有袋)の保管温度と貯蔵性

温度	包装	硬度(1bs)	糖度(%)	酸度(g/100ml)	食味[1]	油上がり[2]	ビターピット(%)
0°C	無	13.2	12.7	0.253	2.7	19	12
	ポリ[3]	13.3	12.7	0.281	3.1	2	0
有意差		n.s.	n.s.	*	*	*	n.s.
10°C	無	11.3	12.8	0.248	2.3	100	36
	ポリ	12.9	12.9	0.263	3.1	82	12
有意差		**	n.s.	*	**	*	*

1) 最も良好を5,劣るを1とした指数.
2) {Σ(階級値×発生数)/(最大値×調査数)}×100. 触感による最大値を5,なしを0とした.
3) ポリフィルム0.05mm. 収穫は9月17日,調査は10月18日.

抜けによる食味の低下,油上がりなど品質低下が早く,斑点性障害およびビターピットの発生が多くなる.寒冷地産の有袋果の貯蔵性は冷蔵で11月末までである(表1.17).

千秋 10月上中旬が収穫期である.収穫後油上がりが早く,また酸味抜けにより食味が低下するので,貯蔵性は冷蔵で12月末である.

デリシャス系品種 暖地産は9月下旬には市場出荷しているが,10月中下旬が収穫期である.この品種の貯蔵性は果肉の軟化とやけ病および内部褐変の貯蔵障害に制限される.やけ病は未熟果に多く内部褐変は熟度の進んだ果実,とくに蜜入り果に発生が多い.貯蔵性は普通冷蔵で暖地産は年内,寒冷地産は2月末,CA貯蔵で寒冷地産は4月末である.

陸奥 本来緑黄色のリンゴであるが有袋栽培で鮮紅色となるため,市場に出回るのはほとんど有袋栽培のリンゴである.無袋果と有袋果の品質差がとくに大きい.有袋果は10月中下旬,無袋果は11月に入ってから収穫適期となる.やけ病,ビターピット,無袋果ではゴム病などが貯蔵性を制限する.貯蔵性は冷蔵で無袋果は3月末,有袋果は4月末,CA貯蔵は有袋果で7月末である.

ジョナゴールド 暖地産は10月上旬,寒冷地産は10月中下旬が収穫期である.無袋栽培果はとくに油上がりが多く,素手で触れるとベタ付き,ワックス処理と間違えられやすい.果肉の軟化がやや早く,また大玉になるとゴム病が発生する.貯蔵性は暖地産は年内,寒冷地産は冷蔵で無袋果は2月末,有袋果は4月末,CA貯蔵の有袋果は6月末である(表1.18).

北斗 寒冷地産で10月中下旬が収穫期である.蜜が入りやすく,蜜の多く入ったものは果肉の軟化がやや早く蜜が褐変することがある.やけ病は陽光面の過熟タイプが多く,早いものは12月頃から発生する.貯蔵性は冷蔵で3月末が限界と思われるが,味のよさを身上とするので年内流通がのぞましい.

王林 暖地産は10月上中旬,寒冷地産は10月下旬~11月上旬が収穫期である.酸味抜けによる食味の低下,やけ病の発生が貯蔵性を制限するおもな要因であるが,時として貯蔵中にビターピット,しおれ果の発生が多くなることがある.貯蔵性は冷

1. リンゴ

表1.18 ジョナゴールドの収穫時期と貯蔵性（青森県りんご試験場）

被袋の有無	収穫時期	重量(g)	着色[1]	収穫 硬度(1bs)	糖度(%)	酸度(g/100ml)	食味[2]	硬度(1bs)	糖度(%)	1988/2/15 酸度(g/100ml)	食味	油上がり	硬度(1bs)	糖度(%)	1988/3/14 酸度(g/100ml)	食味	油上がり
無	10/15	280	3.9b[3]	14.5a	12.4a	0.54a	2.1b	11.9a	12.5a	0.32ab	3.6b	1.0c	10.8a	12.5a	0.27a	3.3a	2.4c
	10/20	281	4.3ab	14.6a	12.4a	0.51ab	3.4a	11.8a	12.8a	0.32ab	3.8a	1.7b	10.6a	12.3a	0.27a	3.3a	3.9b
	10/25	292	4.5a	14.3ab	12.5a	0.51b	3.6a	11.4b	12.4a	0.34a	3.6b	1.6bc	10.6a	12.3a	0.27a	3.1a	3.7bc
	10/30	301	4.4ab	14.0b	12.6a	0.47c	3.6a	11.1b	12.7a	0.29b	3.4c	3.2a	10.8a	12.3a	0.26a	3.1a	4.7a
有	10/15	300	4.0b	15.3a	11.8a	0.48a	1.6c	12.2a	12.0a	0.32a	3.4a	0.2b	11.7a	11.6ab	0.25a	3.1a	0.3b
	10/20	300	4.0b	14.7b	11.4a	0.45ab	2.2b	12.2a	11.6b	0.33a	3.2ab	0.6b	11.3a	11.2b	0.24a	2.9a	0.7b
	10/25	315	4.4a	14.3c	11.5a	0.46ab	3.1a	12.4a	11.4b	0.34a	3.2ab	0.5b	11.7a	11.2b	0.24a	3.1a	0.5b
	10/30	289	4.4a	14.3c	11.8a	0.43b	2.9a	11.9a	11.7ab	0.28a	3.0b	1.4a	11.4a	11.7a	0.21b	2.8a	1.8a

1) 全面濃紅色を5，淡紅色を1，とした指数．
2) 最良を5，劣るを1，とした指数．
3) 英文字は同文字間に5％水準で有意差なし．

表1.19 王林の収穫時期と貯蔵性

年度	収穫時期	果重(g)	硬度(1bs) 2/25	3/26	4/22	酸度(g/100ml) 2/25	3/26	4/22	やけ病(%) 2/25	3/26	18°C+7日	18°C+7日 3/26	18°C+7日
1985	10/26	239	14.6a	13.9a	13.6a	0.23a	0.19a	0.19a	0	5	100a (93a)[2]	100a (90a)	
	10/31	258	13.9b	13.2b	12.6b	0.22a	0.18a	0.17a	0	0	97a (27b)	100a (70b)	
	11/5	261	13.7b	13.0b	12.8c	0.22a	0.18a	0.17a	0	0	41b (9c)	93c (52c)	
1986	10/27	254	14.3a	13.6a	13.0a	0.20a	0.17a	0.13a	0	11	82a (4)	93a (26a)	
	11/1	250	14.1a	13.4a	12.7a	0.20a	0.17a	0.13a	0	18	82a (0)	100a (15b)	
	11/6	252	13.9a	13.1b	12.0b	0.19b	0.16b	0.12a	0	0	9b (0)	53b (5b)	

1) 同文字間には5％水準で有意差なし，2) 症状の激しいもの．

蔵で3月末，CA貯蔵で5月末であるが，出庫後の品温が高くなるとやけ病が発生しやすい（表1.19）．

ふじ 暖地産は10月中旬に市場に出回ってくるが，11月に入ってからが本来の味が出てくる．蜜入り果は消費者に好まれるが貯蔵性を落とす要因でもある．酸味抜けによる味の低下，やけ病および内部褐変が貯蔵性を制限する要因である．貯蔵性は，

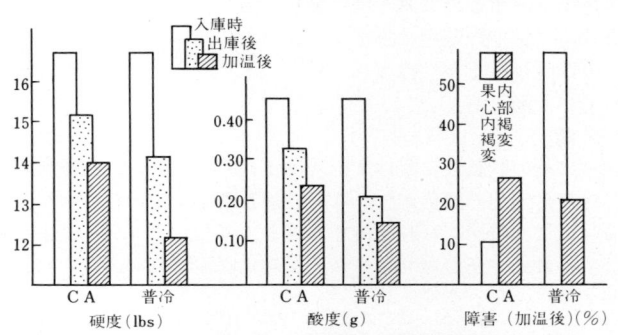

図1.13 ふじ（無袋）のCA貯蔵の効果（工藤，1985）
1984年11月9日収穫．11月9日から5月28日までCA．O_2 2.5%，CO_2 2%．加温は20°Cで7日間．

普通冷蔵で暖地産が2月，寒冷地産の無袋果が3月，有袋果が5月末であり，CA貯蔵では寒冷地産の無袋果が5月，有袋果が7月末である（図1.13）．

（2）貯蔵性に及ぼす要因
a．環境

生育中の気象条件が果実品質および貯蔵性に影響を及ぼすことはよく観察されているが，どの気象要因がいつの時期にどの程度影響しているかは必ずしも明らかにされていない．

概して，夏期高温で乾燥年は食味がよく，低温年は劣る．果実生育の前期に降雨が少なく土壌が乾燥したり，あるいは低温などで肥大が抑制されていたものが，後期に高温多雨などの条件で肥大がおう盛になるときは，ビターピットおよびゴム病などの障害発生が多くなる傾向にある．

土壌条件では河岸沖積土地帯でやけ病が多く，火山灰土地帯は蜜が多く入り，内部褐変の発生が多い傾向にある．収穫時に降雨が続いたときは，土壌中の疫病菌が果実に付着して貯蔵中に腐敗を起こすことがある．

b．栽培管理

強せん定，多肥および強摘果などの大玉を作るような栽培管理は，果肉中の窒素含量を高め，カルシウム含量が低くなることなどから，ビターピット，やけ病およびゴム病などの生理障害の発生を多くし，また貯蔵中に果肉硬度の低下を早め貯蔵性を落とすことにつながる．

樹勢が衰弱している樹のリンゴは熟度の進みが早いばかりでなく，小玉であっても果肉硬度の低下，酸味抜けが早く貯蔵性が劣る．収穫前落果防止剤のうち，2, 4-DP（ストッポール）やMCPB（マデック）は熟度を進め貯蔵性を落とすことがある．

有袋果は無袋果に比べ貯蔵中の目減り，果肉硬度の低下が少なく，またやけ病，ゴム病および内部褐変などの生理障害発生が少ないため貯蔵性が高い．このため，貯蔵リンゴの販売を主体とする青森県では有袋栽培体系が主力となっている．しかし，食味低下をきたすので長期貯蔵用に限定すべきである．

わい性台のリンゴはきょう性台より一般に5～7日程度熟度が進むので，貯蔵用としてはやや早めに収穫する．

c．収穫時期

収穫時期がその後の貯蔵性に及ぼす影響はきわめて大きい．収穫時期が早すぎた場合は，着色が劣り，地色の緑色が強いなど外観を落とすばかりでなく，渋み，デンプン臭が残り食味は収穫時および貯蔵後でも劣る．また，やけ病の発生が多く，黄色品種においてはしおれ果が多くなりやすい．反対に収穫時期が遅れた場合は，果肉の軟

表1.20 ふじの収穫時の標準指標（青森県）

被袋の有無	食　　味	糖度(%)	ヨード反応	蜜入り	硬度(lbs)
無　袋	4.0以上	13.5以上	1～2	2以上	13～16
有　袋	3.0以上	13.0以上	1～2	1以上	14～16

化（ぼけ）や酸味抜けによる食味低下を早め，また，ゴム病，内部褐変および蜜褐変などの障害発生が多くなる．収穫時期の判定は満開後の日数が目安になるが，熟度調査で判定する（表1.20；図1.10, 1.11参照）．

（3）貯蔵管理

リンゴの貯蔵は基本的には呼吸の抑制にあるが，鮮度保持だけでなく生理障害発生も防止しなければならないので果実の素質に応じた管理が大切である．貯蔵の方法としては，① 温度を下げる，② 湿度を高める，③ 酸素を減らす，④ 炭酸ガスを増やす，⑤ 減圧する，などがあり，これらの要因をいくつか組み合わせて管理する．

a．普通冷蔵

温度　リンゴの凍結温度は品種あるいは内容物の充実度によって異なるが，－2℃前後にある．低温ほど鮮度保持効果が高いが庫内の温度分布にむらがあり，凍結の心配があるので，0℃を基準としてややマイナス側で管理する．ただし，低温障害の発生しやすい品種（千秋，紅玉など）は急速に冷却しないで，少なくとも＋2℃以上で3～4週間保管後に冷却した方がよい．

湿度　果実の水分は蒸散の形で失われていく．細胞内の水蒸気は飽和状態になっており，周囲の湿度が低ければ気体は高い方から低い方へ逃げていくので，温・湿度差をできるだけ小さくする．このため，リンゴの冷却を速やかに行うとともに，冷媒の蒸発温度と冷蔵庫内の温度差をできるだけ小さくする（蒸発温度を－5℃前後）．湿

1.7 貯蔵   263

度は85％以上必要で，できれば90〜95％とする．

管理　果実を入庫する4〜5日前までに冷蔵庫内温度を−1℃くらいまで下げておく．リンゴは一般に予冷庫を設けないので，収穫した果実は午前中に収容能力の1〜2割程度ずつ入庫し，一度に大量のリンゴを入庫させない．冷蔵庫の機能を十分に発揮するには庫内の冷気をよく循環させるような荷積みが大切である．

b．CA貯蔵（controlled atmosphere storage）

CA貯蔵とは，リンゴ貯蔵庫内の気体組成を人為的に調整（酸素を減らし，窒素ガスおよび炭酸ガスの濃度を高める）して，さらに低温で貯蔵する方法である．この貯蔵法は1920年後半に英国で開発され，1940年後半に米国で商業化されたもので歴史は古い．日本には1964年に青森県に初めて導入されたが，本格的な商業用CA貯蔵施設の導入は1971年がスタート年といえよう．これはCA貯蔵施設の簡易化および自動化の開発によるところが大きい．

CA貯蔵の方式

① 再循環方式：　図1.14に示すように，プロパン燃焼装置（コンバーター）と炭酸ガス除去装置（アドソーバー）からなる．庫内とコンバーター間に空気の循環があ

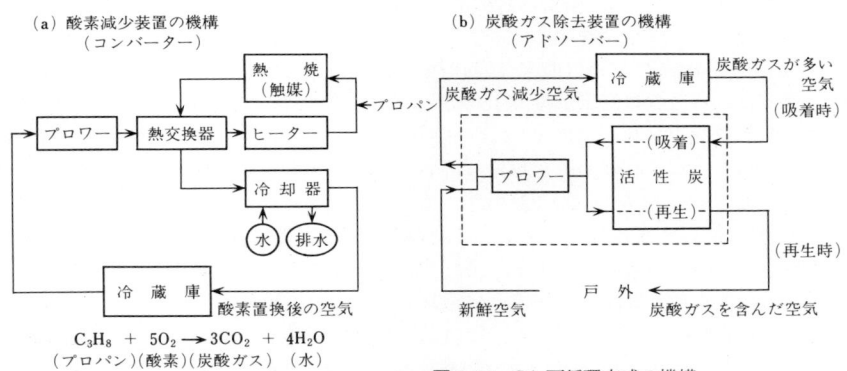

$$C_3H_8 + 5O_2 \rightarrow 3CO_2 + 4H_2O$$
（プロパン）（酸素）（炭酸ガス）（水）
1m³のプロパンは5m³のO₂を減少させる

図1.14　CA再循環方式の機構

り，コンバーターでプロパンを燃焼させるが，酸素濃度が下がっても完全燃焼させるために触媒を用いる．アドソーバーは活性炭の使用が一般的で，内部は炭酸ガスの吸着と新鮮な空気による再生を交互に行うため2塔に分かれている．全自動制御でCA貯蔵方式の主流をなす．

② テント方式：　冷蔵庫内に蚊帳状の強化ビニルテントを吊り下げて気密室とする簡易CA方式である．プロパン燃焼装置（ジェネレーター）で一方的に燃焼ガスを吹き込むが，①と違って外気を用いてプロパンを燃焼させる．炭酸ガス除去装置（ドライスクラバー）は消石灰を使用する．すべて手動で行うため小規模用施設である．容易に普通冷蔵からCA貯蔵に転換できるためCA導入の先導的役割をなした．

③ 窒素発生方式：　最近では窒素ガス発生装置による窒素発生方式が増加してい

る．外気の空気を圧縮させ，活性炭で酸素を吸着する P. S. A. 窒素発生方式とガス透過膜を利用した分離膜窒素発生方式が実用化されている．この方式は，CA 貯蔵における酸素濃度のより低濃度の方向化と CA 貯蔵庫出入りの自動装置化に伴う予備室の急速なプルダウンのために使用される．

④ 普通（レギュラー）方式： リンゴの呼吸により酸素濃度の低減を図り，炭酸ガスは苛性ソーダあるいは消石灰を用いたスクラバーで調整する．CA 状態になるのに日数がかかり管理も面倒なのでほとんど普及していない．

管理
① 温度，湿度： 普通冷蔵庫の管理に準ずる．
② ガス組成： 各品種とも酸素，炭酸ガスいずれも 2～2.5％を基準とするが，ふじについては炭酸ガス耐性が弱いので炭酸ガス濃度を 2％以下とし，とくに無袋果は蜜が入りやすく炭酸ガス障害を発生しやすいので 1.5％まで下げた方が安全である．酸素濃度は低濃度ほど鮮度保持効果が高いが 1.8％以下には下げない．1.5％以下では分子間呼吸を起こし，アルコールが蓄積され発酵臭が強くて商品価値を失うことになるので注意する．
③ リンゴサンプルの点検： 月に 1～2 回程度，リンゴ数個を取り出して品質，とくに障害発生のチェックをする．
④ 出庫： 庫内の空気は酸素欠乏状態になっているので絶対に吸わないこと．また，庫内に入るときは酸素濃度が 18％以上になっていることを確認する必要がある．

ポリエチレンフィルム包装
水分の蒸散と CA 貯蔵効果をねらったもので，フィルム資材は高圧低密度製法のポリエチレンフィルムが一般的に使用される．

① 原箱で使用する場合： フィルム内の底と上に吸湿紙（新聞紙など）を入れて水滴が溜るのを防ぎ腐敗を防止する．密封するときは果実温度が高いときは炭酸ガス濃度が高くなりすぎ，炭酸ガス障害（果肉および果心部の褐変症状）を起こすことがあるので，果実を冷却後に密封する．袋口は折り畳む程度でもよい．炭酸ガス障害防止対策として 1 箱（20 kg）に消石灰 100 g 程度を紙袋に詰めて入れる．
② 包装荷作り時に使用する場合： 内装資材にモールドパック，中仕切り（片段ボール）を使用すれば吸湿紙は不用である．鮮度保持剤（エチレン除去剤など）を使用するときは上段のネットなどの上に置く．

フィルムは 0.03～0.05 mm のものを使用するが，ふじなどの蜜入り果は障害発生を避けるため 0.03 mm の薄いものを使用した方がよい．

1.8 加　　工

（1） リンゴの加工利用の動向

リンゴの加工利用は他果樹に比べてきわめて広範囲にわたり，リンゴ消費に占める加工利用の割合は 1983 年度の約 19％から 1987 年度には約 27％と年々着実に増加し

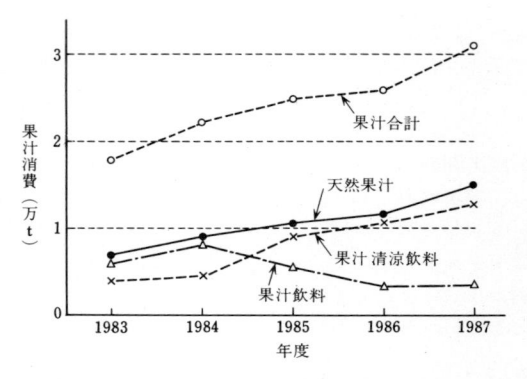

図1.15 年次別原果汁使用実績(1/5 濃縮換算)(農林水産省「果樹加工関係資料」より作図)

ている.とりわけリンゴ加工の約 90％を占めるリンゴ果汁の消費量が急激に伸びている.

果汁の消費動向を図 1.15 に示したが,天然果汁(100％果汁)と果汁清涼飲料(果汁含有率 10％以上 50％未満)の消費が伸び,果汁飲料(果汁含有率 50％以上 100％未満)が著しく減少している.これは,天然果汁は健康および本物志向による消費増,果汁清涼飲料は原料高による生産減を反映しており,一方,果汁飲料は中途半端な位置にあるため伸びていないと考えられる.また,社会的要求から容器の変化もあり,缶入り,瓶詰め,とくに中味の見える瓶詰商品の需要が高まっている.

(2) 加工製品と品種適性

加工利用を専用とした品種はなく,生食用栽培品種を加工に用いている.果汁用としては,JAS(日本農林規格)に定められている規格,すなわち,糖度 10％以上,リンゴ酸 0.3％以上,アミノ態窒素 6 mg 以上および灰分 0.2％以上の成分が必要である.透明果汁はほとんどの品種が適しているがデリシャス系品種は加工適性が高いとはいえない.混濁果汁はクリーミイ・ホワイトで最も生果に近い風味を有する.紅玉が最も加工に適し,陸奥,恵,ゴールデン・デリシャスなども適するが,デリシャス

表1.21 リンゴ品種別の加工適性 (伊崎, 1984)

品種	透明果汁	混濁果汁	プレザーブ	ジャム	ソリッドパック	シロップ漬け	アップルソース	ネクター	乾燥リンゴ	クリスタル
紅玉	○	◎	◎	◎	○	◎	○	◎	○	
国光	○	○	○	○	○	○	○	○	○	
デリシャス系	○	×	×		×	×	○		○	
ふじ	○				○		○			◎
陸奥	○	○	○	○	○		◎	○	○	
恵	○	○	◎	◎	◎	○	○	○		
ゴールデン・デリシャス	○	○						○	○	○
つがる	○	×	×		○	×				

◎:最適性, ○:適性, ×:不適性.

系品種は果皮の色素が製品に溶出し，JAS規格成分も少ない．また，つがるはリンゴ酸が少なくいずれも不適品種である．加工製品と品種適性については表1.21に示した．

(3) 加工用途の拡大と新製品の開発

用途の拡大は果汁については，健康飲料としての需要拡大，また外国産に対抗するためにも，搾りたてのストレートジュースを伸ばしていかなければならない．新製品の開発は単一品種の製品化，健康ジュースとしての野菜などとのミックスジュースなどが実用化されており，発泡酒，リンゴ酢なども評判がよい．また，ソース，焼肉のたれ，ドリンク剤の原料などにも使われる．飲料以外の加工としては，リンゴチップなどのスナック菓子，乾燥リンゴがあり，搾りかすの有効利用として濃厚飼料やアップルファイバーなど食品原料などとして注目されている．　　　　　　　　　　［工藤亜義］

1.9　災害防止と生理障害

(1)　鳥獣害防止

a．野ネズミ

野ネズミの防止法には，殺さずに回避する方法と殺そ剤などを使って殺し密度を減らす方法に大別できる．生息密度が低い場合は，前者の方法だけで防除がほぼ可能であるが，密度が高い場合は甚大な被害を受ける．したがって，基本的には生息密度低下のための殺そ剤の投与などと，回避，忌避法を併用した総合対策が望ましい．

被害の回避　園地が汚れていると，野ネズミの侵入が容易になり，被害を受けやすいので，野菜の残さなど汚れ物は片付けて園地を清潔にする．草生，敷草などを行っている場合は，野ネズミが巣を作りやすいので，積雪前（苗木や若木の場合は7月以降）に幹の囲りを清耕にする．

苗木および若木では晩秋に被覆材料（金網，杉葉，合成樹脂のプロテクターなど）を幹に巻きつけるか，市販の忌避剤（アンレス，キヒゲン，キヒコート，ベフラン塗布剤など）を幹や主枝などに散布するか紙や布などに塗布して幹に巻きつける．融雪期には，幹の回りの雪をよく踏み固め，垂れ下がって雪に埋まっている枝先を掘り出す．

野ネズミの駆除　市販の殺そ剤を晩秋と早春に園内に配置する．配置の仕方には，樹の根元や樹列間に一定間隔で置く（点状配置法），野ネズミの穴や通路穴に投入する（そ穴投入法），雑草や稲わらなどを用いて作った餌場のなかに置く（ブロック法）などの方法がある．殺そ剤の種類には，ダイファジン（商品名ヤソヂオン），リン化亜鉛（商品名ラテミンリン化亜鉛1％ZP），硫酸タリウム（商品名固形タリウム）などがある．殺そ剤以外による駆除法としては，ネズミとり器によって捕殺する方法や，水を入れた石油缶を土中に埋めて溺死させる方法などがある．

b. 野ウサギ

野ウサギは，狩猟獣のため捕獲するには狩猟法の適用を受け，毒殺は法律で禁止されているので，防止対策は次のような忌避法のみである．積雪の少ない所では，地表40～50 cm の幹の回りに金網などを巻く．市販の忌避剤(種類は野ネズミ用と同じ)を枝幹部に塗付する．被害のひどい所では，費用はかかるが積雪の上に約70 cm 出るように，金網の垣を園地の外周につくって侵入を防ぐ．

c. 野　鳥

都市近郊のリンゴ園などでは古くから鳥害が深刻な問題であるし，近年は農村部でも問題になりつつある．しかし，具体的な対策は，今のところ有効で簡便，低コストという方法はみあたらない．

ここでは実用的に見込みのありそうなものを紹介するが，網張り以外は程度の差こそあれ"慣れ"によって効果が落ちてくるので，いろいろな手法を組み合わせて，加害期間中鳥が慣れないよう工夫することである．また，対策の経費が鳥の被害額を上回るようなことになれば無意味であるから，慎重なコスト計算が必要である．

網張り　　リンゴ園を網で覆う方法である．材料はナイロン，テトロン，金網などで，網目は数 cm 以上でよいが，ひょう害防止を兼ねる場合は目の細かい方がよい．最も確実な防止法であるがコスト高が問題である．網そのものはそれほど高価でないが，鉄骨支柱などを用いる場合はかなり高くつく．また，網を張らない園地の方に鳥害が集中するという問題もある．園内を網のかわりに釣糸など糸を張りめぐらす方法もある．鳥に警戒心を起こさせると同時に羽にあたったりして侵入の邪魔をする．経費は最も安いが，慣れてくると効果が低くなる．

音　　爆発音などを出す装置(自動爆音機など)，電気器具類で音を出す装置(アパラーム，超音波，鳥声など)などがあるが，慣れが早いので他の装置と組合せが必要である．

防鳥機　　果樹園で今日実用化されているものには，電動ハイタカ，ラゾーミサイルなどがある．ラゾーミサイルは西ドイツ製で，音，動き，おどし模型を巧みに組み合わせた装置で，比較的慣れが遅く，今日最も効果が高いようであるが価格も高い．近年は類似の国産品も市販されている．　　　　　　　　　　　　　　　　[小原信実]

(2) 凍　　害

凍害は，植物が凍結に耐える限界温度を超えて冷却されたときに起こる害であり，凍害を受けたリンゴ樹は，重症の場合は枯死し，軽くても樹形・樹姿が乱れ，収量，品質の低下をまねき，その影響は数年間続く．

a. 凍害の症状と被害程度

凍害被害部の共通した症状は，組織の褐変である．被害の程度は組織の変色度合によって判断され，被害の大きいものほど褐変の度合いが強く，大きくなる．

被害の著しい樹は，全体的に枝幹部の樹皮が暗褐色を呈し，木質内部の心材が褐変，辺材も暗褐色をおび，芽のほとんどが褐変して枯死する．被害の軽い樹は，樹皮の変

色度合が淡褐色程度で，生育に伴ってほとんど被害が認められない程度にまで回復する．被害のさらに軽い樹は，新しょうの先枯れや花芽の枯死か，発芽遅延の程度にとどまる．

b．耐凍性

植物が凍結に耐える性質および能力のことを耐凍性という．

耐凍性の季節的変動： リンゴ樹は，一般に10月初旬頃には−5℃までの低温にしか耐えられないが，その後，耐凍性は急激に増大し，1月には最大耐凍性を示し，−25〜−28℃に耐える．この耐凍性は2月下旬頃からしだいに減少し，4月下旬には−5℃まで低下する．

品種と耐凍性： 早生旭，旭，アーリエストは耐凍性が高く，祝，つがる，デリシャス，ふじ，国光は中間で，紅玉，ゴールデン・デリシャス，陸奥，王鈴は低い．概して，早生種は耐凍性が高く，中生種は中間で，晩生種は低い傾向がある．

組織，器官および部位の耐凍性： 生育期間の耐凍性は，形成層，皮部，辺材が最も低いが，樹体の成熟が進むと，髄が最も低く，ついで辺材が低くなる．休眠期には，形成層の耐凍性は比較的高くなる．根の耐凍性は地上部に比べ低く，とくに細根が最も低い．葉芽は花芽より耐凍性が高く，頂芽は側芽より低い．花芽の耐凍性は，自発休眠期においては枝の皮部，形成層，辺材と同程度であるが，他発休眠期には樹体のなかで最も低くなる．新しょうや地際部や分岐角度の狭い股部も耐凍性が低い．

樹齢と耐凍性： 耐凍性は樹齢によって変化し，幼木期にはおう盛な栄養生長，結果開始期には炭水化物含量の不足，また老齢期には窒素と炭水化物含量の不足などが原因となって耐凍性が低下し，凍害が発生しやすくなる．

c．凍害の発生様相

木質部の凍害： 木質部は各組織の中で髄とともに耐凍性が最も弱く，凍害により木質内部は黒褐色に変わる．この褐変が切り口の半分以上の被害を受けた枝しょうは回復せず枯死する場合が多い．変色部が少なく他の組織が健全であれば回復可能である．

枝分岐部の凍害： 幹と主枝の分岐部分や分岐角度の狭い枝の股部は，成熟が遅れ，凍害を発生しやすく，その部分の樹皮，形成層，辺材が被害を受ける．

枝先端部の凍害： 一般的にみられる凍害で，新しょうおよび2年生以下の枝の先端部のえき芽，皮層，材，形成層が壊死し，先枯れを起こす．被害程度としては永続的なものでなく軽い．

芽の凍害： 頂芽の内部が褐変して葉，花の原基が枯死し，発芽しなくなる．芽の凍害は春先に季節はずれの暖気が続いたときに起こることが多い．

地際部の凍害： 主幹の地際部の樹皮が褐変し，黒褐色になりえ死して材部からはく離する．積雪前の初冬期と融雪直後の早春期に発生しやすい．

根の凍害： 根の凍害は冬期間，積雪が少なく，深く土壌凍結する地帯で発生しやすい．積雪地帯での被害はまれである．

日焼けによる凍害： 日射による南面の樹温上昇後，急激な気温低下で皮層部が凍

結し，幹の南西側に多発する．その後に被害部は木部からはく離する．
d．生育状態と耐凍性および凍害発生
　耐凍性の季節的変動および凍害発生のパターンは生育状態によって変化する．初冬期の耐凍性は徒長枝，二次生長枝，強勢樹の枝の順で低く，厳寒期の耐凍性は徒長枝と弱勢樹の枝が他のものより低い（図1.16）．

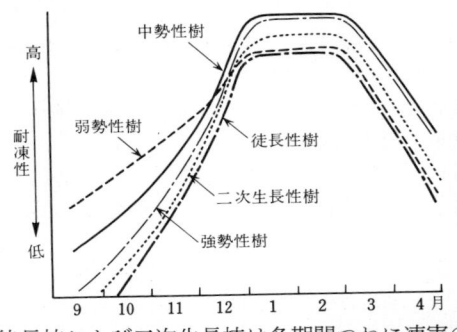

図1.16 生育状態の異なるリンゴ樹における耐凍性の季節的変動パターン（黒田，1988）

　徒長枝および二次生長枝は冬期間つねに凍害の危険にさらされ，強勢樹の枝は耐凍性増大が遅延する初冬期が凍害発生の危険期である．また，弱勢樹の枝では，初冬期には凍害を受けにくいが，厳寒期から早春期にかけて発生しやすい．したがって，初冬期に強い冷え込みにあうと，まず徒長枝が凍害を受け，さらに冷え込みが強くなると二次生長枝，強勢樹の枝の順に凍害を受け，徒長枝の被害はさらに大きくなる．厳寒期には徒長枝と弱勢樹の枝が他の生育状態のものより凍害を受けやすい．

e．凍害の発生要因
　凍害は，それぞれの耐凍性を超えた低温に遭遇したときに発生するが，耐凍性の限度を超える低温でなくとも発生する場合がある．
　本来の耐凍性を超える低温：　最大耐凍性の限界を超える低温は，いうまでもなく回復不可能な被害を受けて枯死する．
　ハードニングの遅延や不足とデハードニングの促進：　耐凍性の季節的変動は気象条件によって，その増大および減退が遅延，不足，または促進されたりする．したがって，樹体が十分な耐凍性を獲得する前に急激な低温にあったとき，暖い日が続いて耐凍性が低下した後で強い低温に見舞われたときなどに凍害が発生する．

栽培管理などによる耐凍性の低下
　① 樹勢の衰弱：　結果過多，収穫の遅れ，葉の損傷などは養分の浪費や同化養分の不足をまねくため樹勢を衰弱させる．樹体の充実不良は耐凍性の低下につながり，凍害の発生を助長する．
　② 新しょうの徒長，遅伸び：　窒素過多，強せん定，土壌水分過剰などで誘発される新しょうの徒長，遅伸び，二次伸長などは休眠芽の形成を遅延させ，枝の成熟が劣るため，凍害発生を助長する．
　③ 貯蔵養分の過不足：　着果過多，収穫期の遅れ，葉の損傷，窒素過多などは貯蔵

養分の過不足をまねき,耐凍性が低下するために凍害発生が助長される.

f. 凍害の防止法

凍害を防止する手段として,適地栽植が一番であるが,補助的手段として樹体管理による耐凍性の強化と被覆などによる樹体の保護の方法がある.

耐凍性の強化 栽培管理において,徒長および遅伸びをもたらす多肥,強せん定,密植,土壌水分過剰を避け,着果過多,収穫の遅れ,早期落葉などの樹体衰弱をもたらす要因を除くために,せん定,施肥,着果の適正化,病虫害防除の励行,土壌改良による排水不良の防止などの総合的な管理を行う.

着果量の適正化と適期収穫: 貯蔵養分の消耗は樹体とくに芽,木質部の耐凍性を低下させる.結果過多を避け,適正摘果と適期収穫を行う.

葉の保護: 早期落葉,病虫害,薬害などによる葉の損傷は凍害の発生を助長する.せん定,肥培,防除などの適正管理によって葉の保護に努める.密植園では間伐により,日当たりをよくし,葉,枝しょうの充実をはかる.

施肥の合理化: 窒素の過多は,休眠芽形成を遅らせ,枝幹の成熟遅延または不足のために耐凍性を低下させる.窒素施用を制限して,組織の充実をはかる.

せん定の適正化: 強せん定は,枝しょうの徒長,遅伸びを誘発し,そのために枝の枯れ込みなどを発生させる.

土壌過湿の回避: 土壌水分の過剰による枝の遅伸びは,枝の充実を遅らせ耐凍性増大の遅延またはその不足をまねく.排水不良園では,土壌改良や暗きょの設置などにより,土壌透水性を改善する.

樹体の保護

樹体の被覆: 地際部は最も成熟が遅く,地面の温度変化も激しく凍害を受けやすい.樹幹部を直接,断熱材,防寒マットなどで保護する.この方法は樹体枯死という強度の凍害防止が可能であるが,芽や枝しょうなどの軽度の凍害は防止できない.一方,資材によっては過湿状態になり,凍害発生を助長することもあるので注意する.

白塗剤の塗布: 幹の南面や南西面の太枝などは,春先の昼夜の温度較差のため凍害を起こしやすい.石灰乳などの白塗剤を塗って保護する.

防風林の設置: 凍害は寒風害を助長し,寒風害は凍害を助長する.防風林によって保護する.

[千葉和彦]

文献

1) 千葉和彦 (1985),農業技術体系,果樹編8 (共通技術),適地と環境,101-106,農文協.
2) 黒田治之 (1988),北海道農業試験場研究資料,**37**,1-101.

(3) 生理障害

リンゴの主要な生理障害としては,幼果時期と収穫期直前に発生する生理的落果とよばれる果実の異常落果現象がある.また果実の果皮表面に現れる障害としては,収穫期から貯蔵中にかけて果皮に褐色小斑点を発生する斑点性障害や貯蔵後期に果皮が

褐色に変色するやけとよばれる症状がある．果実の果肉部位に現れる症状では，貯蔵中に果肉が褐色に変色する果肉褐変とよばれる障害がある．またリンゴ樹体の枝幹部に現れる障害としては，樹皮が厚く褐変肥厚して，粗皮状に陥没する粗皮症がある．

a．生理的落果

リンゴの生理的落果は，果実発育期間中に異常に多くの果実が落果する現象であり，品種，気象条件，樹勢などに影響されているといわれている．正常な発育経過をたどっている場合でも，自然の淘汰現象として多少の生理的落果は認められるのが普通である．その量が異常に増大する場合が問題となるのであり，むしろ適正な生理的落果は樹体生理からみて望ましいと考えられる．

リンゴでは，開花後 2 カ月前後の幼果時期に落果の波相がみられる．それ以降の果実が大きくなった時期には，ほとんど落果はなく経過するが，収穫期前に再び落果がみられる場合がある．スターキング・デリシャスのような生理的落果の比較的多い品種と，ふじのように少ない品種があり，品種間差が認められる．

生理的落果で問題となるのは，6 月頃に異常に多量の落果が発生して，着果率が著しく低下することで，とくにジューンドロップとよばれる．この時期に遮光処理を行うと落果が著しく促進されることから，梅雨時期の高温，多湿，日照不足による光合成機能の低下は発生原因の一つと考えられる．

また果実や葉の植物ホルモン分布やその相互作用も著しい影響を及ぼすことが明らかにされつつある．たとえば落果する果実にはエチレンやアブシジン酸が増加すること，6 月頃の落果にはジベレリン散布が，収穫期直前の落果にはオーキシン散布が落果を抑制することが観察されている．

b．斑点性障害

リンゴの斑点性障害には，ビターピット，コルクスポット，ジョナサンスポットなどとよばれる多くの種類の症状がみられる．いずれも果皮に褐色から黒色の多くの小斑点を生じる症状が特徴的に認められる．

ビターピットは，収穫 1 カ月前頃から発生がみられるようになり，収穫後の貯蔵中にも発生する（図 1.17）．発生部位が特徴的で，通常は果実の赤道面から下部の，ていあ部にかけて大部分が発生し，重症になると赤道部より上部にも現れる．

果皮に 2 mm から 10 mm 程度の浅くくぼんだ暗褐色の斑点を生じ，斑点直下の果肉は 3 mm 程度の深さまでが褐変してコルク化しているのが普通である．また場合によ

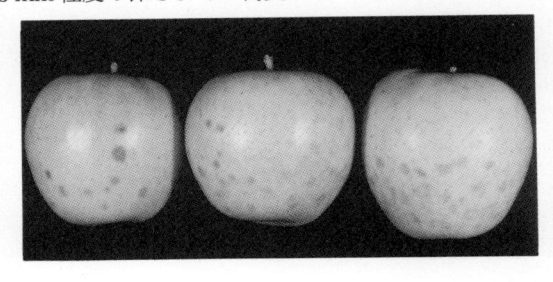

図 1.17 斑点性障害（ビターピットの例）
品種：王林．左方にあるものほど症状が進んでいる．

れば果皮には変化がなく,果皮から 10 mm 程度の深さの果肉にコルク化した褐色小斑点の発生が現れることもある.発生程度の著しい樹では,葉の縁から褐変が進むカルシウム欠乏症状がみられる.ほとんどの品種に発生することが認められている.

このビターピットを発生した果実は,果実中カルシウム含量の低下していることが明らかにされている.また,果実中のカルシウム含量を低下させる要因,たとえば有効態の置換性カルシウム含量が少ない土壌や,置換性カルシウムは十分でも土壌中の置換性カリウム含量や,有効態窒素含量が相対的に多い土壌にも発生しやすいことが知られている.したがって,土壌中の有効態カルシウム含量の低下,ならびに窒素質やカリ質肥料の多量施用は発生を増大させる大きな要因となる.

ビターピットの発現機構はまだ十分には解明されていないが,最近の研究では,障害を発生した果実細胞の原形質膜には,カルシウム含量低下が原因と考えられるプロトン輸送能力や ATPase 活性の減少する現象や,果実細胞膜の蛋白質組成にも変異の発生していることが報告され始めている.このようにカルシウム含量の低下は細胞膜機能に変化を及ぼし,その結果細胞の物質輸送に異常を生じて障害発生に結び付くものと考えられる.

ビターピット発生の抑制対策としては,窒素質やカリ質肥料の多量投入を慎み,石灰質資材の補給を心がけることが重要である.また塩化カルシウムのようなカルシウム剤の散布も効果がみられる.

コルクスポットは,果面に指先を押し付けてできたようなへこみ状のやや大きい斑点を生じ,色は進行するとやや褐色を帯びて,斑点の直下は褐変しコルク化している.果面のどの部分にも発生し,果皮は症状が進行しても崩壊しない.品種間差異がみられ,デリシャス系に発生が多い.発生要因は明確でないが,窒素質肥料の多量施用やカルシウムの吸収低下が関連しているものと考えられている.

ジョナサンスポットは主として紅玉に多く発生し,果皮表面の果点を中心に褐色の小斑点を生じる.褐変部位はほとんど果皮表面に限定されている場合が多い.発生条件はビターピットと同様に,果実中のカルシウム含量が低く,窒素やカリウム含量が多い場合に発生の高まることが認められている.

防止対策もビターピットと同様に,窒素質やカリ質肥料の多量施用を避け,石灰質資材の補給に心がける.

c. 果肉褐変

リンゴの果肉褐変には,果心部の方から褐変の始まる内部褐変と,果皮表面に近い果肉部位から褐変が進むゴム病とよばれる障害がある.いずれも貯蔵中に発生する.内部褐変はデリシャス系の品種に発生が多い.収穫時にみつ症状の著しい果実ほど多発するので,みつ症状の状態が貯蔵中にしだいに褐変に進行するものと考えられている.貯蔵後期の2月から3月頃より発生するので,長期貯蔵を行う果実は,みつ症状が現れる前に収穫をするのが望ましい.

ゴム病は紅玉に発生が多く,デリシャス系にも認められる.果実の赤道部からていあ部にかけて発生し,その部分の果肉の維管束がとくに強く褐変して,果肉がゴムま

りのように弾力があるのが特徴である．障害を発生した果実はカルシウム含量の低い傾向があるので，カルシウム含量低下が発生に関わっているものと考えられる．

防止対策としては，塩化カルシウムなどのカルシウム剤を散布すると発生が減少する．また土壌に石灰質資材の施用を行い，窒素質やカリ質肥料の多量施用を避ける．

d．や　け

貯蔵中に発生する障害の一つで，果皮表面が日焼けしたようにきたなく褐変する．貯蔵末期の3月以降の貯蔵中に，または冷蔵庫から出して室温に置いた場合や輸送中に発生することもある．ほとんどの品種に発生がみられ，多くの場合早く採取した未熟果実を貯蔵したときに，発生が増加することが認められている．

果実から発生するある種のガス成分による障害ともいわれているが，発生原因は明確ではない．対策としては，早めに収穫した未熟果実は長い期間にわたっての貯蔵を避けるよう注意する必要がある．

e．粗　皮　症

粗皮症は枝幹部の樹皮に小突起を生じ，しだいにき裂や陥没状を呈するようになり，いわゆる粗皮症状とよばれる状態を樹皮表面に生じる．樹勢はしだいに低下し，障害が著しい場合には樹全体が枯死することもある．障害を発生した枝幹部の樹皮は，厚く肥厚して褐変し，コルク化している．葉はやや小さくなり，クロロシスを生じる場合がある．果実にはほとんど症状が現れない．

この障害を発生した枝や葉には，マンガン含量が増加しており，マンガン過剰による障害と考えられている．品種により発生に差がみられ，スターキング・デリシャスのようなデリシャス系やふじに多く，旭，祝などの品種にはほとんど発生しない．

また台木により差がみられ，ミツバカイドウ台に発生が多く，マルバカイドウ台では少ない．ミツバカイドウ台を使用すると，地上部へのマンガン移行が明らかに増加することが，^{54}Mn を使用したトレーサー法により確かめられている．

この障害は，土壌の酸性化が進んだ場合に，土壌中のマンガンが可溶化して吸収されやすくなり発生することが多く，また排水不良地で土壌が還元状態になりやすい場合や，土壌母材のマンガン含量の高い土壌にも発生する．

対策としては，生理的酸性肥料の多量施用を慎み，低い土壌 pH は石灰質資材を施用して pH 6 程度まで改善することが必要である．また排水不良地では，暗きょなどを設置して排水の改良を図る．

[**青葉幸二**]

文　　献

1) 青木二郎 (1975)，新編リンゴの研究，376-411，津軽書房．
2) 小林　章，中川晶一 (1982)，果樹園芸原論，358-399，養賢堂．
3) 佐藤公一，他編 (1972)，果樹園芸大事典，446-447，養賢堂．
4) 鳥潟博高 (1968)，果樹の生理障害と対策，122-218，誠文堂新光社．
5) 全国農業協同組合連合会 (1984)，作物栄養診断カードⅡ，43-5，43-11，全国農村教育協会．

1.10 病　害

a. モニリア病

診断　葉，花，果実に発病する．葉に発病した初期病斑は葉腐れ（4月中下旬），その病斑が進展して花叢基部に達すると花腐れ，さらに柱頭から侵入して子房内部を腐敗させると実腐れ（5月中旬），その病斑が進展下降して果叢全体を腐敗させると株腐れとなる．葉腐れは中肋にそって進展するため肋骨状の病斑を形成し，モニリア病の特徴となる．株腐れは果叢全体を枯死させるので被害が大きく，また細菌性病害と混同されがちである．

病原菌　*Monilinia mali* (Takahashi) Whetzel

菌核，子のう盤，子のう胞子を形成する．また葉腐れ，花腐れ病斑上には大型分生胞子を，培地上では小型分生胞子を形成する．

伝染経路　菌核は地上で子のう盤始原体を形成したまま雪の下で越冬し，消雪と同時に開盤して子のう胞子を噴出する．この子のう胞子が発芽したばかりの稚葉に侵入して葉腐れを起こし，その上に形成された分生子は，開花時期に雌ずい柱頭に付着発芽し，花柱を通って子房内部を腐敗させ，実腐れや株腐れとなる．実腐れ，株腐れは地上に落下して菌核を形成する．

多発条件　① 積雪期間が長く，100日を超える所が常発地帯，② 開花期間中の低温多雨により実腐れが多発する．

防除　薬剤防除：　葉腐れの防除はリンゴの発芽が7～8割に達した頃およびその10日後頃が重要な散布時期である．この時期の防除にはイミノクタジン酢酸塩剤，フルオルイミド剤，TPN剤が有効である．なお，開花中の防除に有効な薬剤はないが，分生胞子の形成抑制にチオファネートメチル剤が有効なので柱頭侵入には抑制的に働く．

耕種的防除：　① 園地の清掃，乾燥による子のう盤形成阻止，② つぼみ受粉による早期人工受粉，③ 被害葉，被害果の摘み取り，などがあげられる．

b. 斑点落葉病

診断　葉，果実に発生し，激しい落葉を起こす．通常新しょう先端の若葉のみに発病するが，5月中上旬の初期発生では花叢葉にも不整形に拡大する"流れ形病斑"を生じて落葉しやすい．その後の新しょう先端部に出る病斑は径2～6 mm止まりの円形，赤褐色であるが，ときに癒合して不整形となる．病斑が葉柄につくと落葉しやすい．果実病斑は初期の幼果に発生した場合には黒点または油浸状の小点で後期には不明瞭になるが，6月中旬～8月上旬に感染するとかさぶた状となって果面に亀裂を生ずることも多い．太陽光線にあたることにより病斑外周に赤いリングが形成され見分けやすい．

病原菌　*Alternaria alternata* (Fries) Keissler apple pathotype

不完全菌の一種で，分生子のみを形成する．

伝染経路 菌糸が被害落葉，新しょう病斑，芽りん片，外観健全な枝の皮目などで越冬し，5月頃から分生子の形成が始まる．これに新生病斑上の分生子も加わって風で分散し，年間を通じて伝染源となる．病原菌は寄主体に侵入する際寄主特異性を有する毒素を産出して病斑を形成し，葉柄の離層形成に働く．

多発条件 高温多雨の年．

品種感受性 感受性の差が明瞭で，とくに印度，デリシャス系品種を交配親として育成された品種は高く，紅玉，旭，祝などは発病しにくい．

防除 薬剤防除： 基本的に初期防除と夏期防除に分けられるが，この時期の区別は明瞭ではない．初期発生は気温の高い地帯ほど早いが，通常初期防除としては開花直前から落花20日後にうどんこ病，黒星病との同時防除を兼ねてマンゼブ・DPC剤またはうどんこ病防除剤加用ジラム・チウラム剤を散布する．7，8月の夏期高温時では新葉はつねに感染，発病するので，ほぼ10日おきに有機銅剤，キャプタン・有機銅剤，ジラム・チウラム剤，プロピネブ剤，キャプタン・ホセチル剤，イミノクタジン酢酸塩剤を散布する．急増の兆しがみえたら，これらの基本薬剤にポリオキシン剤またはイプロジオン剤を加用して散布しなければならない．罹病性品種の袋掛け栽培では，とくに果実に被害を受けやすいので注意を要する．

c. 黒星病

診断 葉，果実におもに発病する．葉では5月中旬頃から薄い緑色の不整形病斑が現れ，その後暗褐色すす状になって隆起する．葉の表裏両面に病斑は形成されるが，新しょう葉では表側に多い．果実病斑は始め黒色すす状の不整形，拡大するとコルク化したかさぶた状を呈し，果実が生育すると亀裂ができて裂果および奇形となる．病斑が多くなると黄変落葉する場合もある．

病原菌 *Venturia inaequalis* (Cooke) Winter

子のう殻，子のう胞子，分生子を形成する．

伝染経路 被害落葉病斑上に形成された子のう殻で越冬し，これが積雪下で成熟し，子のう胞子を形成する．第一次伝染はおもにこの子のう胞子の雨による分散によって行われるが，まれに芽鱗片内に分生子または菌糸で越冬し，リンゴの発芽と同時に発病する場合がある．したがってこの場合の第一次発生時期は前者よりかなり早い．新病斑にはまもなく分生子が形成され，雨滴によって離脱し，次々と新葉に第二次伝染する．

多発条件 ① 初期発生期や夏の発生期の低温多雨，② 秋冷が早まる年．

品種感受性 現在栽植されている主要品種はすべて感受性が高いと考えられる．

防除 薬剤防除： 第一次伝染期の重点防除時期は，開花直前から落花直後にあたる5月上中旬で，子のう胞子の成熟期にあたる．この時期はうどんこ病，斑点落葉病(初期防除)，赤星病の防除時期と重なる．同時防除には予防的にはマンゼブ・DPC剤，うどんこ病防除剤加用ジラム・チウラム剤がよい．各種エルゴステロール生合成阻害剤(EBI剤)が高い効果を示しているが，すべてが効果が高いかどうかはわからない．現在トリフルミゾール剤，ビテルタノール剤，フェナリモル剤が使われている．

かつてベノミル剤およびチオファネートメチル剤が卓効を示したが，耐性菌の発現で現在ではほとんど使用されていない．

d．腐らん病

診断 3月下旬頃から樹皮の一部が褐色を帯びて弾力性を有し，形成層も広く褐変腐敗してアルコール臭を発する．病斑は気温の上昇とともに急激に拡大するが，夏期になるとこの部分が陥没して周皮を破って柄子殻の頂部が現れ，肉眼的には黒色細粒点に見える．老齢樹，障害樹など樹勢の衰弱した樹では健全部をも次々と侵害する．樹皮が腐敗し，病斑が拡大して樹幹部または枝の大部分に回るとその先は枯死する．

病原菌 *Valsa ceratosperma* (Tode ex Fries) Maire

子のう殻，子のう胞子，柄子殻，柄胞子を形成する．

伝染経路 病斑に形成された柄子殻は雨に濡れると黄色糸状の胞子角を噴出する．柄子殻に混在して子のう殻も形成され，子のう胞子も噴出する．この両者が伝染源となり，枝の切り口の枯死部または障害部から侵入し，1年中感染する．とくに柄子殻からは降雨時のほか冬期の樹上への積雪の融雪時にも柄胞子を噴出するので，休眠期間でも感染は行われる．

多発条件 ① 労力不足などの事情からせん定作業が粗雑になり，せん定痕の枯死部分が多くなっている樹，② 老齢樹で抵抗力が極端に低下した樹．

防除 薬剤防除： 休眠期（9月収穫期に入って以降，翌年の芽出期に至るまで）の防除をいかにするかが重要である．収穫後と春期できるだけ早い機会に持続効果の長い薬剤を枝幹部に十分散布して感染を防止する．積雪寒冷地ではこの作業は非常に困難であるが実施しなければならない．一方，病患部は削り取った後塗布剤の塗布によって治療する．チオファネートメチル，ポリオキシン，有機銅，イミノクタジン酢酸塩の塗布剤が有効である．

耕種的防除： 泥巻き法といわれる治療法が用いられている．土壌中の微生物の役割も多少あるが，土のもつ保水力を活用してリンゴ樹のカルス生成を助け，病斑部周辺の防御組織を作らせるためと考えられる．そのほか樹勢強化のいろいろな手段も予防や治療に役立つ．

e．白紋羽病

診断 地上部の症状は一種の栄養障害，水分障害で，紫紋羽病や高接ぎ病などとほぼ同様である．地下部では根の表面に白色の菌糸が付着し，被害部の表皮を剝ぐと木質部に白色の扇状または星状の菌糸束がみられる．菌糸は木質部まで深く侵入して腐敗させるので，地上部の衰弱は紫紋羽病より早い．

病原菌 *Rosellinia necatrix* Prillieux

伝染経路 ナシ白紋羽病参照．

防除 薬剤防除： 被害樹の治療にはまずなによりも早期発見が必須条件であり，根の 2/3 以上が腐敗した場合は治療回復が困難である．治療方法としては罹病樹の樹幹を中心に土を掘り上げ，腐朽した根は取り除き，チオファネートメチル剤かベノミル剤を1樹当たり 300〜500 l，その穴にかん注して覆土する．被害園地の跡地消毒とし

ては，全面あるいは局部的にしろ完全に耕起して健全根，被害根すべてを取り除き，整地してからクロルピクリンで燻蒸する．60 cm四方に1カ所の割合で20～30 cmの深さに注入器を用いて原液15～25 mlを注入し，ただちに土で封ずる．ガス化を助けるため処理後全面をポリエチレンフィルムで被覆する．

耕種的防除： 治療の際，完熟たい肥，尿素を土と一緒にすき込む．支柱をたて補強する．摘花，摘果をし樹勢の回復を図る．尿素の葉面散布を随時行う．台木，苗木の寄せ接ぎをする．夏期随時かん水をして乾燥を防ぐなど，樹勢回復と新根の発生を図る．

f．紫紋羽病

診断 白紋羽病と同様地上部の病徴は他の根部障害と区別がつかない．新しょうの伸びが悪くなり，葉色が淡くなり，葉が小型化し，樹勢が著しく衰えるなどの現象がみられるようになるとすでに末期的な症状である．しかしマルバカイドウ台の成木の場合，比較的長期間衰弱したまま枯死しない場合が多い．ところが最近のわい化栽培では，台木の根が浅いため急速に枯死する場合がみられる．根の表面に赤褐色の菌糸または菌糸束が網目状に付着し，これが密になると菌糸層となって地際部まであがることもある．菌糸層は木質部には侵入しないので容易に根からはげる．

従来，園地化してからの年次が浅い場合は紫紋羽病の発生が多く，熟畑化した園地では白紋羽病にかわるといわれてきた．しかしわい化栽培が始まると白紋羽病が紫紋羽病にかわる現象が最近多くみられている．

病原菌 *Helicobasidium mompa* Tanaka

被害根上に菌核をつくり，地際部に子実層，担胞子を形成する．

伝染経路 病原菌は菌糸束，菌核，菌糸層の形で生存し，土壌中の根，有機物を菌糸が伝わって次々と伝染する．本病の発生は沖積土壌で少なく，火山灰土壌で多い．

防除 薬剤防除： 治療方法は白紋羽病と同じであるが，薬剤はアンバム剤を使用する．跡地消毒やその他の樹勢回復などの処置も白紋羽病と同じである．

g．高接ぎ病

診断 マルバカイドウおよびミツバカイドウには病徴を示すが，普通栽培品種には病徴を現さない．台木部分の表皮にネクロシス，木部にピッティングを発現するものと，台木・品種の接合部直下に環状のネクロシスを発現するものがあり，いずれも根部障害のために地上部の病徴は白，紫紋羽病と同様に樹勢の衰弱から枯死に至る．本病の診断には，台木部分の表皮を削って所々にネクロシスがみいだされるか，接ぎ木部分に樹幹を取り巻くように褐変がみられるかを調べる．

病原ウイルス クロロティックリーフスポットウイルス（ACLSV），ステムピッティングウイルス（ASPV），ステムグルービングウイルス（ASGV）

マルバカイドウはACLSV普通系によってネクロシスとピッティングなどの病徴を現し，樹全体が衰弱する．ミツバカイドウはASPV，ACLSVマルバ潜在系，ASGVによってピッティングやその他の種々のネクロシスを生じ，樹全体の衰弱を起こす．

検定方法 ACLSVはELISAで検定できる．生物検定では普通系はR-12740-7 A,

マルバカイドウで検定できるが，マルバ潜在系は *Malus scheideckeri* のみに反応するので，両者を検定するのは *M. scheideckeri* の葉のえそ斑点発現を調べる．ASGV も ELISA 検定が可能である．生物検定は *M. sieboldii*（ミツバカイドウ，MO 65）の接ぎ木部のネクロシスまたは Virginia crab の接ぎ木部ネクロシスおよびステムグルービング発現を調べる．ASPV は生物検定のみで，*M. sieboldii*（MO 65）または *M. scheideckeri* で検定するが，後者では ACLSV と区別できない．最近青森県りんご試験場保存の *M. scheideckeri* は本来 *M. hupehensis* であると同定された．

伝搬方法 実際場面では接ぎ木伝染が唯一の伝染方法であり，きわめて人為的要素が高い．とくに品種の変遷の激しい昨今では高接ぎによる品種の更新が多く，これによって持ち込まれるのが問題である．

対策 熱処理（38℃，28 日）で無毒化できるので，これをもとに繁殖することによって無毒の個体が得られる．しかし ASGV は無毒化率が低いので，熱処理と茎頂培養を組み合わせる必要がある．

h. 赤星病

診断 葉，果実に発病する．とくに葉の被害が著しい．5月下旬～6月上旬に葉の表面に小さな黄色斑点が形成され，しだいに拡大して橙黄色に変わり，ときには周辺部が赤くふちどられる．7月上中旬には病斑部の裏面がやや凹み，ここに黄褐色の毛状物を形成する．果実では幼果のがく部周辺に黄緑色の円形病斑となって現れ，肥大とともに奇形を呈する．

病原菌 *Gymnosporangium yamadae* Miyabe ex Yamada

中間宿主のビャクシン類に冬胞子層を形成し小生子でリンゴに伝染し，リンゴのしゅう子毛からさび胞子で再びビャクシン類に戻る．

防除法 リンゴ園の周辺にビャクシン類を植えない．リンゴの防除は，開花前後頃他の病害と同時防除でマンゼブ・DPC 剤，ジラム・チウラム剤を散布する．

i. 輪紋病（いぼ皮病）

診断 成熟期に近づく頃果実に褐色円形の小型病斑を作り，しだいに明瞭な輪紋をつくりながら拡大し，やがて果実全体を軟化腐敗させる．多発園では 2～5 年の枝にあずき粒大の隆起したいぼが多数群生し，枝幹を枯死させる．

病原菌 *Botryosphaeria berengeriana* de Notaris f. sp. *piricola* (Nose) Koganezawa et Sakuma

伝染経路 枝上に形成されたいぼから飛散された柄胞子が果実に感染する．感染時期は 7 月中旬～9 月中旬で，盛期は 8 月中下旬と考えられる．

防除 伝染源であるいぼは，できるだけ削り取るかチオファネート塗布剤を塗る．果実には感染期にキャプタン剤，有機銅剤，ボルドー液を散布する．

j. 疫病

診断 果実に発病する疫病は，幼果時に泥がはねたり，水害後にみられるものと，熟期に果実に感染し，貯蔵期間や輸送期間中に発病するものがみられる．最初，果実表面に雲形状の褐色斑点が現れ，急激に拡大して濃褐色になるが，病斑部の境界は判

然としない。

病原菌 *Phytophthora cactorum* (Lebert et Cohn) Schröter
　本菌は土壌中に生息し，遊走子が水中を泳いで移動する．したがって果実に発生するのは多くは人為的または気象災害による感染の結果である．

k. さび果病

診断　果実にだけ発病し，葉，枝しょうなどには顕著な病徴がない．一般にていあ部を中心にさび状の縞が果梗部にむかって何条か走る．激しい場合にはていあ部全面にべったりさびが発生し，果実の肥大とともに奇形を呈し，裂果する場合もある．

病原菌　apple scar skin viroid (ASSV)
　接ぎ木伝染する．

防除　病徴のみられる樹から穂木を採取しない．品種によって病徴が発現しないものもあるので注意する．

l. その他の病害

うどんこ病　リンゴのうどんこ病菌は *Podosphaera leucotricha* (Ellis et Everhart) Salmon で，わが国では多くは菌糸の形で芽鱗片内で越冬するが，まれに子のう殻をつくり越冬する場所もある．リンゴの発芽とともに分生胞子を形成して第一次感染源となる．開花期頃から新しょう葉が伸び始めるが，次々と第二次感染して発病する．ただし展葉直後の新葉しか感染しないので，新しょう停止期以降の新感染はほとんどない．防除期はおもに新しょう伸長期に限られる．

褐斑病　リンゴで古くから知られた病害であるが，最近の発生はごく一部に限られている．病原菌は *Diplocarpon mali* Harada et Sawamura で子のう菌類に属する．越冬被害葉上に形成される子のう盤からの子のう胞子が第一次感染源で，その後は発病葉上に形成される分生胞子で第二次感染が長い間続く．

黒点病　葉，枝しょう，果実に発病することが知られているが，被害の主体は果実病斑である．*Mycosphaerella pomi* (Passerini) Lindau が病原菌とされ，被害葉上の子のう殻で越冬して落果10日後頃から7月いっぱい感染を起こす．果実のていあ部を中心に，始め緑色の小斑点として発病し，しだいに濃緑色から黒点にかわる．

すす点病，すす斑病　すす点病菌は *Gloeodes pomigena* (Schweinitz) Colby，すす斑病菌は *Zygophiala jamaicensis* Mason であるが，いずれも果実と枝しょうに発生し，とくに収穫期近くの果実で著しい汚染を招く．両病とも5月下旬～9月下旬まで感染発病するが，とくに秋期雨が多い年に発病が多い．越冬伝染源は枝しょう上の病斑と考えられている．　　　　　　　　　　　　　　　　　　　　　　［瀬川一衛］

1.11　虫　　害

(1) 発生様相

　わが国におけるリンゴ害虫の種類や密度はわずか100年そこそこの栽培歴のなかで大きな変遷があった．とくに戦後では病害虫防除のために使用された薬剤の種類の変

遷によって,害虫相も大きな様変わりをした.近年の状況をみると,1980年の前半までは有機リン剤が主力殺虫剤であり,この間,コカクモンハマキ,ミダレカクモンハマキ,キンモンホソガなどが多くの薬剤に抵抗性をもち,ギンモンハモグリガが突如として多発して害虫化した.また,ハダニの優先種がリンゴハダニからナミハダニにかわり,暖地ではアブラムシの優先種交替のきざしも認められている.このような変遷のなかで,基本害虫でもあるモモシンクイガは全体的に密度が低下したとはいうものの,依然として重要であり,その防除対策はリンゴ害虫防除体系の根底をなしている.

数年来よりピレスロイド剤が普及し始め,再び害虫相の様変わりが懸念され,それらしい兆候もみられるようになった.また,一方では選択性の高いIGR剤が最近実用化され,キンモンホソガ,ギンモンハモグリガ,ミダレカクモンハマキなどに使用され始めた.これらの殺虫剤の広範な使用が再び害虫相の変遷をもたらす恐れが出ている.

(2) 主 要 害 虫

a．ナミハダニ (two-spotted spider mite) *Tetranychus urticae* Koch

被害の特徴 各種の落葉果樹類のほか,ウリ類,マメ類,花き類など多くの作物およびリンゴ園の下草や防風樹に寄生する.リンゴでは葉裏から汁液を吸収し,加害部付近が脱色するので多発時は葉裏が黄褐色に変色する.被害は葉の機能低下による果実肥大の低下,着色不良などが重要である.また,果実のこうあ部に越冬成虫が潜入して果実品位を低下させるほか,輸出向ではくん蒸処理をしなければならなくなる.

生態 越冬形態はミカン色に変色した休眠型成虫で,樹皮下,枝の割れ目,分岐部のしわの間など,風雨の当たりにくい所で多く越冬する.また,粗皮の少ない若木やわい性樹では地表面に下り,樹幹周辺の枯れ葉,落葉などの下で越冬する.越冬成虫は,リンゴの芽出し頃から動きだし,その芽に寄生したり,地表面越冬のものとともに下草に多く寄生する.リンゴ樹上では,主幹,主枝の背部のような,薬剤のかかりにくい徒長枝基部などに残ったものと,その後地表から這い上がったり,風によって移動してきた個体が増殖し,一般に梅雨明け後に多発する(図1.18).このため,樹冠内では主枝に近い内部から密度が高まり,しだいに樹冠全体に拡大する.また,7～8

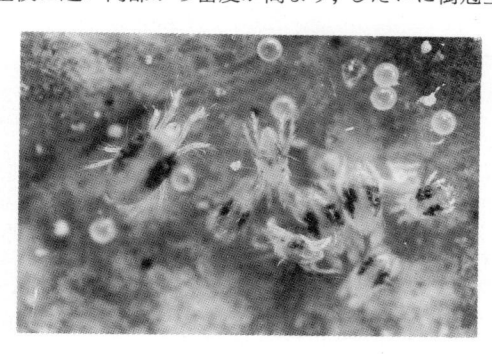

図1.18 ナミハダニ
(各発育形態)

月を薬剤で抑えると，9～10月に急増することもある．年6～8世代くらい経過する．
　気候的には夏期の高温，少雨条件で多くなる．天敵としてカブリダニが重要で，除草などの作業はカブリダニの密度低下を招き，それによりハダニの発生を助長することがある．生態的には越冬量の多少が重要である．
　園内の密度を推定するには越冬期では粗皮やバンド巻，樹幹周辺の落葉などを調べる．5～6月は主枝上の徒長枝での発生状況を観察し，7月以降は樹冠内部の葉で観察すると早期に発生を確認できる．
　防除　薬剤防除：　越冬世代と第1世代は春期に散布するマンゼブ，DPCなどの殺菌剤によって抑えられるので，一般的には殺ダニ剤の散布は必要でない．第1回目の殺ダニ剤は7月以降，徒長枝や樹冠内部の葉で発生が多くなったときとし，それ以降は発生状況に応じて散布する．近年は年に1～2回の殺ダニ剤散布で防除できる例が多い．なお殺ダニ剤には以下のような剤がリンゴ主産県の防除暦で使用されている．ヘキシチアゾクス，酸化フェンブタスズ，クロフェンテジン，フェニソブロモレート，ポリナクチン複合体・BPMC，BPPS．

　b．**リンゴハダニ**　(European red mite)　*Panonychus ulmi* Koch
　被害の特徴　寄主植物はリンゴのほかにナシ，モモ，スモモ，サクラなどバラ科の植物が主体であり，成虫や若虫が葉の表裏両面から吸汁するため，葉色の褐変は葉齢や表裏に関係なく全面に現れる．果実および樹体への影響はナミハダニと同様である．
　生態　越冬は枝幹上に産まれた冬卵で行われる．おもに若い齢枝の分岐部や短果枝の周りに多く，とくに雨の直接当たらないような下向きの場所に多く産まれている．リンゴの開花期より少し早めにふ化し始め，落花直後になると成虫が現れる．夏卵は葉の裏側に多く産まれる．その後の発育は気温により大きく遅速が生じ，盛夏期では約2週間で1世代を経過する．また，成虫の産卵期間が1/2世代くらいあるため，世代の経過とともに各種の発育形態のものが入り混じってくる．秋期になると短日，低温，高密度などの影響を受けて休眠型成虫が現れ，冬卵を産むようになる．この際，多発すると果実にも多く産卵するため，輸出向けリンゴでは問題となる．
　密度推定法としては，冬卵の場合は，2年枝上の短果枝の，開花期およびその前後は花そう基部葉の，また，夏場は新しょう中位葉のそれぞれ密度を調べる．
　防除　薬剤防除：　防除薬剤はナミハダニと共通であるが，ほかにリンゴハダニに有効なものとして，ベンゾメート，マシン油乳剤なども利用できる．ただし，マシン油乳剤は休眠期または芽出し頃の防除に使用される．

　c．**クワコナカイガラムシ**　(Comstock mealybug)　*Pseudococcus comstocki* Kuwana
　被害の特徴　寄主植物にはリンゴ，ナシ，モモ，スモモ，ウメ，カキ，ブドウ，ミカン，イチジク，クワなどがあり，多食性である．若虫と成虫が枝や果実に寄生して，吸収加害し，リンゴでは果実にかすり状の斑点やすす状の汚染を残すため，果実の品位を著しく損ねる．
　生態　越冬は白い綿毛に包まれた卵のうの状態で，樹幹の割れ目，粗皮下などで行

われる．この卵はリンゴの落花直後頃からふ化する．第1世代の卵は7月頃に産まれるが，この際，果実に袋を掛けていると，成虫が産卵のため侵入する．また，ふ化幼虫も好んで袋内に入り，そのまま袋内で果実から吸汁しながら発育する．年に2世代経過し，9月頃より産卵される卵がそのまま越冬する．年によっては一部2世代目もふ化するが，大部分は越冬できないで死亡する．

防除 薬剤防除： ふ化幼虫期に各種の有機リン剤やカーバメート剤を散布する．リンゴ主産県では，CYAP，DDVP，DMTP，MEP，PAP，クロルピリホス，サリチオン，ダイアジノン，プロチオホスなど，NAC のような剤をおもに使用している．

d．キンモンホソガ (apple leafminer, apple golden leafminer) *Phyllonorycter ringoniella* (Matsumura)

被害の特徴 リンゴ，ズミ，ヒメリンゴなどリンゴ属植物の葉を中心に，マルメロ，オウトウなどの葉にも潜入し，葉肉部を食害して葉の機能を低下させる．このため多発すると果実肥大，花芽形成，果実の着色などに悪影響を与え，被害をもたらす．

生態 越冬は虫孔内の休眠蛹で，落葉とともに地表面で行う．越冬世代成虫はリンゴの展葉期頃から羽化して，新葉に産卵する．卵はほとんど葉裏に産まれ，ふ化幼虫は卵殻と葉の接点部分から葉肉部へ侵入する．蛹化は虫孔の中で行い，羽化時は蛹の前半を虫孔より外へ突き出し，その部分から成虫が脱出する．年間の発生回数は夏期の温量によって異なり，4～5回程度のところが多い．また，多雪地帯では積雪量が多いほど越冬期の死亡率が高まり，個体群密度は激減する．

防除 薬剤防除： 成虫期をねらう場合と吸汁型幼虫期をねらう場合があり，使用する薬剤が異なってくる．成虫期防除剤はジフルベンズロン剤，硫酸ニコチン剤，各種ピレスロイド剤とその混合剤，幼虫期防除剤はサリチオン剤，DDVP 剤である．

耕種的防除： 春期，越冬世代成虫が出る前に落葉をかき集めてすき込むか，焼却することによって密度を下げることができる．また，台木から発出する根ばえは展葉が早いため，これに一斉に産卵されるので，産卵の終了する落花期頃にこれをせん去すると同じく密度低下に有効である．

e．ギンモンハモグリガ *Lyonetia prunifoliella malinella* (Matsumura)

被害の特徴 寄主植物はリンゴ，ズミ，マルメロなどであり，幼虫が幼若な葉の内部を食害し，加害部は褐変する．多発時は1枚の葉に数十個体が交錯して加害するため，葉全体が枯れて落葉する．しかし，展葉後，日数がたって組織が硬くなったものは加害しないので，第1世代の被害を除けば，徒長枝や二次伸長の多い部分に極限される．このため，外観的にみられる傷害の状況に比較して実質的な被害は少ない．

生態 越冬は交尾済みの雌成虫が樹幹の空洞部，建物のすき間などに入り込んで行う．越冬後の成虫は春期リンゴの芽出し頃から活動し，若い葉の内部に埋め込むようにして産卵する．葉内でふ化した幼虫はそのまま葉肉部を線状に食害して回り，食痕は幼虫の発育とともに幅広くなる．3齢を経過し，老熟すると，いったん葉から出，糸をはいてぶら下がりながら他の葉に移り，その裏側にハンモック状の白いまゆを作って蛹化する．このようにして年に6～7世代を経過し，秋には暗色部の多い冬型の

防除 薬剤防除：　卵期をねらって硫酸ニコチン剤，ジフルベンズロン剤が使用されている．このほか NAC 剤，MEP 剤，ピレスロイド剤なども他の害虫を防除した場合に同時防除が期待できる．

耕種的防除：　二次伸長や徒長枝をあまり出さないよう施肥やせん定を工夫することが大切である．

f．モモシンクイガ　(peach fruit moth)　*Carposina niponensis* Walsingham

被害の特徴　リンゴ，ナシ，モモ，マルメロ，アンズ，スモモなどバラ科の果実に潜入して果肉や果心部を食い荒らす．このため，1個体でも食入すると商品価値がほとんどなくなり，リンゴでは最も重要な害虫の一つである．果実への食入痕は非常に小さく針で突いたような小孔が残る程度で，ここから汁液がしみ出て飴状になったり，さらにそれが乾燥して白粉状になって付着していることがある．また，食入後，果実の肥大とともにその部分がへこんだり，幼虫が果皮の近くを食害した場合は果面に線状の赤いあざとなって残ることがある．多数の幼虫が食入すると果実が変形して凹凸になるものも多い（図1.19）．

図1.19　モモシンクイガの被害果

生態　老熟幼虫が地中に潜って冬まゆを作り，その中で越冬する．越冬幼虫は春から初夏にかけていったん冬まゆから脱出し，新たに夏まゆを作って蛹化する．この際，まゆの組み替え期は個体によるばらつきが非常に大きく，早いものはリンゴの落花期頃から始まり，成虫は落花30日後頃から羽化し，その次世代は年内にもう1回羽化するものが多い．一方，遅いものは7月に入ってからまゆを組み替え，これらは年1回で終わるものが多い．卵はほとんど果実のていあ部またはこうあ部に産み付けられ，ふ化幼虫は果面の至る所から食入する．果実内で十分発育した個体は脱出して，地面に落下する．第1世代の成虫となるものは夏まゆを作って蛹化し，年1回で終わるものはそのまま冬まゆを作ってしまう．

防除　薬剤防除：　樹上散布薬剤による防除では殺卵をねらって有機リン剤，カーバメート剤，ピレスロイド剤などを散布する．リンゴ栽培県で比較的多く利用されている剤は CYAP, DMTP, MEP, PAP, クロルピリホス，サリチオン，ダイアジノン，フェンバレレート・MEP，ペルメトリン，エトフェンプロックス，シペルメトリ

ン，フルシトリネート，トラロメトリン，シハロトリン，フルバリネート，NACなどである．残効性のあまりないものは成虫の発生期間に7〜10日間隔で散布しなければならないが，ピレスロイド剤のように残効性の長いものはその長さに応じて間隔を伸ばすことができ，極端な場合1カ月くらい伸ばすこともできる．

g．リンゴコカクモンハマキ　（summer fruit tortrix）*Adoxophyes orana fasciata* Walsingham

被害の特徴　寄主植物はリンゴ，ナシ，モモ，スモモ，カキ，クリなど多くの落葉果樹を含む．リンゴでは越冬後の幼虫による芽，花などへの食害があり，このときの幼虫は葉や花を糸でつづって，そのなかで加害する．ついで第1世代幼虫はおもに新しょうの若い葉を食害するが，多発すると果実にも多く加害する．果実ではおもに果皮とその直下の果肉を浅く舐めるように食害する．有袋栽培でも袋のなかに侵入するほか，除袋後にも，越冬世代のものが果実と葉の接触面に入って加害する．

生態　若齢〜中齢幼虫で，粗皮下，枝の割れ目，分岐部，枝の表面に芽鱗片や枯れ葉をくっつけたなかなどに粗いまゆを作って越冬する．越冬後の幼虫は芽出し後頃から活動し，新芽を食害する．越冬世代成虫は東北の北部で5月下旬頃から羽化し，第1世代幼虫は6月下旬頃から現れて，7月中旬まで加害する．第2世代成虫は7月下旬，第3世代成虫は9月上中旬に出現する．

防除　薬剤防除：　春期の防除は芽出し10日後頃に若芽に食入した幼虫ならびに越冬場所から移動する幼虫をねらって有効な殺虫剤を散布する．ただし，この時期は開花期に近いので，訪花昆虫への影響が懸念される薬剤は使わないようにする．ふ化幼虫期の防除は東北北部では第1世代で6月下旬頃，第2世代で8月上旬頃に有効な殺虫剤を散布する．有効な剤にはプロチオホス，クロルピリホス，サリチオン，フェンバレレート・MEP，ペルメトリン，エトフェンプロックス，シペルメトリン，フルシトリネート，トラロメトリン，シハロトリンなどがある．

h．ミダレカクモンハマキ　（apple tortrix）*Archips fuscocupreanus* Walsingham

被害の特徴　寄主植物はリンゴ，ナシ，オウトウ，モモ，スモモ，アンズ，クリなど各種果樹のほか，サクラ，ウワミズザクラ，ハンノキなどの林木にも寄生する．リンゴでは，幼虫が花，若葉，幼果などを糸でつづりながら食害する．とくに花と幼果の被害が重要である．

生態　越冬は，幹や枝の上に平面的に並べて産みつけた卵塊で行う．また，果樹園付近の林木にも多く産卵されており，これからふ化した幼虫が風に飛ばされて再び果樹園へ移動する例も多い．越冬卵のふ化はリンゴ樹の展葉期頃で，ふ化幼虫は新葉や花弁をつづって食害する．さらに，リンゴの生育とともに幼虫も発育し，しだいに幼果も加害するようになる．成虫は6月中下旬頃に羽化し，年1化性である．

防除　薬剤防除：　幼虫期をねらって殺虫剤を散布する．適期はリンゴ樹の開花直前に当たるが，この時期はマメコバチ，ミツバチなどの受粉昆虫が活動しているので，一般には芽出し10日後と落花10日後の2回の散布で防除する．プロチオホス剤，クロルピリホス剤，PAP剤，DMTP剤がよく使用されている．　　　　　　［山田雅輝］

2. ニホンナシ

2.1 経営上の特性と問題点

　ニホンナシはわが国特有の果物で栽培の歴史も古く，長い年月をかけて気候風土に適合した栽培体系や経営形態が確立されてきた．また，その適応範囲も広く，北海道南部から鹿児島県までの広い地域で栽培されている．

　一般的に，ニホンナシは棚仕立てで栽培されている．本来主幹形できょう木性のニホンナシを棚仕立てで栽培してきたのは，わが国には台風が多く，果実の成熟期が台風の襲来する時期と一致し，強風による落果を防ぐためである．その結果，結実層が平面的になり，受光態勢もよくなるため，変則主幹形などで栽培された場合より大果で品質の揃った果実を生産できるとともに，手作業も行いやすく，集約的な管理も可能である．その反面，開園時における棚などの設備投資に多額の費用がかかり，加えて近年は鳥害や夜蛾などの被害が著しく，これを防ぐため防鳥網が必須の施設となり，この傾向をいっそう助長している．さらに，大型機械の導入が難しく，経営面積の拡大が困難となるなどの不利な点もある．

　したがって，限られた面積で高品質果実を生産し，より多くの収益を上げるため集約的な管理作業が行われる．二十世紀では果実の外観をよくするためや黒斑病から果実を守るため袋掛け作業が，幸水では良好な結果枝を確保するために夏期の新しょう管理が必須の作業となっており，多くの時間を費やしている．労力の雇用が思うに任せない現状では，これらの作業量が経営規模を決定する大きな要因となっている．さらに，わが国の気候，とくにニホンナシの生育期間は高温多湿であるため黒斑病，黒星病などによる病虫害が多い．黒斑病については抵抗性品種の導入により回避できるが，黒星病をはじめとする病害虫については今なお薬剤散布に頼っており，多くの労働時間や費用を費やしている．また，高品質果実の生産安定のため，人工受粉は必須作業となっている．近年，自家受精する"おさ二十世紀"が発見され，将来は"おさ二十世紀"を使った新たな自家和合性品種の育成により，受粉作業を節減することも可能である．今後，品種改良や栽培技術の改善により，省労力省農薬栽培を進めていく必要がある．

　一方，品種構成からみた場合，晩生種には品質の優れた品種が少なく，リンゴやミカンと競合するためその消費は少なく，特産地的な栽培に留まっており，幸水や二十

世紀などの早生種や中生種を中心に栽培されている．しかし，これらの品種の大部分は貯蔵には適さず，また，産地間の収穫期の差異を考慮しても収穫盛期には市場への出荷が集中してしまうことが避けられない状況にある．さらに，加工利用への用途も少なく，ほとんど生食用として消費されることもこれらの傾向を助長している．最近では消費期間を拡大するため施設栽培により早期出荷を試みたり，消費拡大のため広く海外へ販路を求めたりしている．

2.2 分類と来歴

（1） 世界のナシ属植物

ナシはバラ科，ナシ亜科，ナシ属（*Pyrus*）に属する．ナシ属には多くの種が報告されているが，これらのなかには自然に生じた種間雑種と推定される命名種も多く含まれている．Challiceら（1973）は，欧米の研究者が西ヨーロッパ，地中海沿岸，中国を主体に行った調査をもとに20種前後が基本種であるとしている（表2.1）．しかし，このなかにはソ連の中央アジアや日本の調査結果は含まれていない．一方，ソ連や東欧のナシ属についてはMaleev (1939)が18種を上げている．これらの報告を総合し，Terpó (1985)が新たな分類を提案しているが，東洋ナシの分類については不完全である．このように，ナシ属の分類は今後に多くの課題を残している．

ナシ属の発祥地は中国の西部と南西部の山地と考えられている．そこから一つのグループは東へ向かい，中国や日本に至って東洋系のナシを形成し，他のグループは西に向かい，中央アジアあるいはコーカサス，小アジア，地中海沿岸地方に至ってセイヨウナシなどを生じたとされている．現在，ナシ属の野生種は西アジアを中心に，西はヨーロッパの東部，西部，南部地方，中近東の地中海沿岸から北アフリカに，東は中国，朝鮮半島から日本に分布している．しかし，南北アメリカやオーストラリアには分布していない．

（2） 日本におけるナシ属植物の分布

わが国におけるナシ属植物の分布調査は1910年前後から中井・小泉により行われ，80以上の種・亜種が命名された．これらは北海道から九州まで分布している．しかし，一般に野生種とするには群落の存在が必要であるが，三重県にマメナシ（*P. dimorphophylla*）の群生が現存するほか，富士山麓にアオナシ（*P. hondoensis*）が，岩手県早池峰山にはイワテヤマナシ（*P. aromatica*）の群落が記録されているのみである．その他は栽培品種とマメナシの雑種と推定されたり，栽培品種のエスケープと考えられるものであったり野生種とは認めがたいものが多い．

（3） ニホンナシ栽培品種の起源

ニホンナシの起源について，渡来植物説と野生種改良説の二つの説がある．

渡来植物説は風土記にナシの記載がないのに対し，日本書紀や万葉集になって記載

2.2 分類と来歴

表 2.1 ナシ属の基本種とその地理的分布 (Challice と Westwood, 1973, 一部改変；梶浦, 1983)

	学　名	和　名	英　名	中国語名	分布地域
アジア産マメナシ類 （2心室） (Asian pea pears)	P. calleryana Dec.	タイワンマメナシ	callery (pea) pear	豆梨	中国大陸中部・南部
	P. koehnei Schneid.	チョウセンマメナシ			中国大陸南部，台湾
	P. fauriei Schneid.	マメナシ	faury (pea) pear		朝鮮半島
	P. dimorphophylla Makino	ホクシマメナシ	(Japanese)pea pear		日本中部
	P. betulaefolia Bunge.		ussurian pea pear	杜梨	中国大陸東北部・中部
	P. pashia D. Don.		Indian wild pear	川梨	インド，ネパール，パキスタン，中国大陸西部
アジア産大果種 （5心室） (Asian large- fruited pears)	P. pyrifolia Nakai	ヤマナシ	Japanese pear	砂梨	日本，中国大陸中南部，朝鮮半島南部，台湾
	P. hondoensis Nakai et Kikuchi	アオナシ			日本中南部
	P. ussuriensis Max.	ホクシヤマナシ	ussurian pear	秋子梨	中国大陸東北部，朝鮮半島北部，シベリア
地中海沿岸部	P. amygdaliformis Vill.		oleaster pear		地中海地方，南ヨーロッパ，トルコ，クリミア，南東ヨーロッパ
	P. elaeagrifolia Pall.			胡頽子梨	イラン南部
	西アジア種 P. glabra Boiss.				イラン，ロシア
	P. salicifolia Pall.			柳叶梨	北東アフリカ，レバノン，イスラエル，イラン
	P. syriaca Boiss.			叙利亜梨	アフガニスタン，ロシア
	P. regelii Rehd.				
	北アフリカ種 P. longipes Coss. et Dur.				アルジェリア
	P. gharbiana Trab.				モロッコ
	P. mamorensis Trab.				モロッコ
ヨーロッパ種	P. communis L.	セイヨウナシ	pear	洋梨	西ヨーロッパ，南東ヨーロッパ，トルコ
	P. nivalis Jacq.		snow pear		ヨーロッパ西部・中部・南部
	P. cordata Desv.				フランス，スペイン

2. ニホンナシ

されていることや，古来から中国大陸との交易があったことから，茶などと同様に，その頃，中国大陸や朝鮮半島から導入されたものとする説である．一方，野生種改良説は菊池（1948）により提唱されたもので，「現在の主要品種は日本の襲速紀（ソハヤキ）地帯（九州，四国，紀伊半島等の総称）に分布していた野生種のヤマナシ（*P. pyrifolia*）から改良された．また，東北地方にはイワテヤマナシ（*P. aromatica*）が野生し，その改良品種が存在する．一方，中部地方にはアオナシ（*P. hondoensis*）が野生しているが栽培品種への影響はなく，さらに大陸，半島から渡来したであろう白梨（*P. bretschneideri*）等は大きな影響を与えなかった」とする説である．

これらの説に対し梶浦（1984）は，渡来植物説について，① 根拠となっている風土記や日本書紀などの記事はおもに支配層について書かれたもので民衆レベルまで十分把握していないことや，その内容が西日本，近畿地方に偏っていることなどから証拠としては不十分である．② 弥生時代後期以降の遺跡から炭化したナシの種子が発見されている．また，野生種改良説について，① ヤマナシの分布域とされるソハヤキ地帯は古くから開発され，群落が存在した記録がなく，ヤマナシは野生種と断定できない．② 砂梨（*P. serotina* の1亜種）とヤマナシ（*P. pyrifolia*）が同一種である確実な証拠がない．③ 西日本の調査が乏しい．④ 戦後，中国大陸や朝鮮半島との交流の深さ，古さが明らかになっているなどの問題点を指摘している．

梶浦ら（1979，1980，1981，1983）はニホンナシの起源を明らかにするため，東洋梨の果形，収穫期，果肉中の糖組成，葉中のフェノール成分と地理的分化について検討した．その結果，① 東北地方の在来品種は大陸の秋子梨と，九州地方と日本海沿岸の在来品種は大陸の白梨と果形上似た品種が多い．② 東北地方の在来品種には中生が多く，九州地方には晩生が，関東地方には早生が多く分布している．③ 糖組成の違い

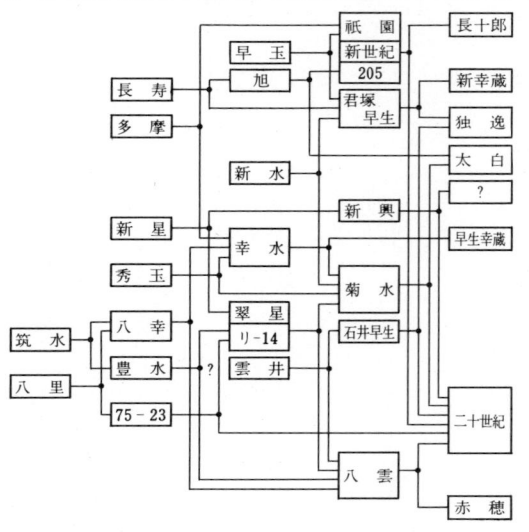

図2.1 主要な育成品種の交配組合せ
（梶浦ら，1984に一部追加）
?：豊水の交配親は疑問が残されている（町田ら，1982）．

によって東洋産ナシ品種が6品種群に区分できるが，一部の在来品種が白梨系とイワテヤマナシの組成に近い．④ イワテヤマナシや秋子梨に固有なフェノール成分が東北，北関東地方の在来品種で検出された．さらに，二十世紀や二十世紀から育成された品種からも多く検出された．これらの結果を基に，「現在までの研究で，従来の野生種改良説をくつがえすには至っていないが，少なくとも日本の栽培品種の全てが渡来植物とする説や改良品種とする説には賛成できない．また，イワテヤマナシと導入されたナシの影響も考慮する必要があると思われる」としている．このように，ニホンナシの起源についてはいまだ不明な部分も多いが，もともとニホンナシは地理的に偏って分化しており，遺伝的にかなり変異の大きい集団のようである．

一方，ニホンナシ栽培品種の歴史的変遷をみると，明治維新前後に南関東で発見された優良品種が全国に広まり，その後，明治時代中頃に出現した長十郎や二十世紀が各地の在来品種を駆逐し，ピーク時にはこれら2品種が全栽培面積の9割近くを占めた．また育種の場面では交配親として二十世紀を始めとする関東地方の品種やそれらからの育成品種が頻繁に使われてきた（図2.1）．その結果，関東地方在来品種に由来する品種は現在栽培されている品種の約9割を占めるに至った．このように，現在の主要品種に限れば，ニホンナシは遺伝的にかなり整一であるといえる．

2.3　品種の変遷と品種解説

(1) 品種の変遷

ナシは古来からわれわれの祖先の生活と深い関わりあいがあったと思われる．たとえば弥生時代後期の登呂遺跡からナシの炭化種子が発見されたり，記紀中に宮廷の食事や貢物として用いられたという記録やナシのことを詠んだ詩歌などが残されている．また，東北地方にはナシの実や木が登場する民話が残されていたり，各地で農家の鬼門の方角にはナシの木が「鬼門梨」として植えられていたことなどから，ナシは一部の支配階級の人々ばかりでなく，一般庶民にも身近な存在であったことがうかがえる．しかし，江戸時代になるまでは品種の概念が薄く，庭先散在果樹の状態で，産地の形成もなかった．

江戸時代中頃になると，園地に栽培され始め，関東では群馬県，神奈川県，千葉県，新潟県，関西では京都府，石川県などにナシの特産地が形成された．また，幕府の調査した諸国物産帳や，植物，農業に関する書物には多くの品種名や品種の特徴が記載されており，この頃，すでに品種という概念が形成されていたと思われる．とくに，天明2年（1782）に新潟県の栽培家，阿部源太夫の書いた「梨栄造育秘鑑」には，早熟種24品種，中熟種19品種，晩熟種56品種が記載されているほか，接ぎ木，栽植，土壌，肥料，棚仕立ての方式，せん定，害虫，果実の貯蔵などについて詳細な説明がある．江戸時代後期になると，前記の産地から技術を導入した宮城県，岡山県などに，また，明治維新前後には奈良県，静岡県，茨城県，福島県などにも新たな産地が形成されていった．このように，江戸（東京），大坂（大阪）および地方の主要な消費地の

2. ニホンナシ

近隣に産地が形成され，埼玉県の安行や大阪府の摂津池田などの苗木産地から，苗木として関東や関西の主要品種が各地に送られていった．この時代は在来品種が主体で，晩生品種を中心に中生品種，貯蔵果実を含め，秋から翌春にかけて消費されていたものと思われる．品種としては六月，平子，晩六，大古河，淡雪などが有名で，とくに淡雪はかなり広範囲な地域で栽培されていた．

明治維新の前後，千葉県や神奈川県で太平，独逸，真鍮，幸蔵などの比較的早熟の優良品種が発見され，それらが全国に広まり，各地の在来品種を駆逐していった．さらに，明治時代中頃になると神奈川県で長十郎が，千葉県で二十世紀が偶発実生として発見された．これらの品種は，その後も長くニホンナシの二大品種としてナシ産業界に多大な影響を及ぼした．また，明治時代後期，流通手段としての鉄道網の発達により大消費地の近隣県にも新たに産地が形成され，栽培面積は著しく増加した．このような気運にも恵まれて長十郎は急激に増植され，ついには全栽培面積の80％を占めるに至り，長十郎全盛期を迎えた．これに対し，二十世紀は黒斑病に弱いという当時としては致命的な欠点をもっていたため，その品質や栽培性などの点で非常に優秀であることが認められていたのにもかかわらず，すぐには普及されなかった．

大正時代になると，長十郎があまりに普及された結果，ナシは生産過剰気味に推移した．加えて，台湾バナナが大量に移入されるようになったことや，大和スイカの出荷が急激に増加したことなどにより，中生品種を中心に大きな影響を受け，それまで

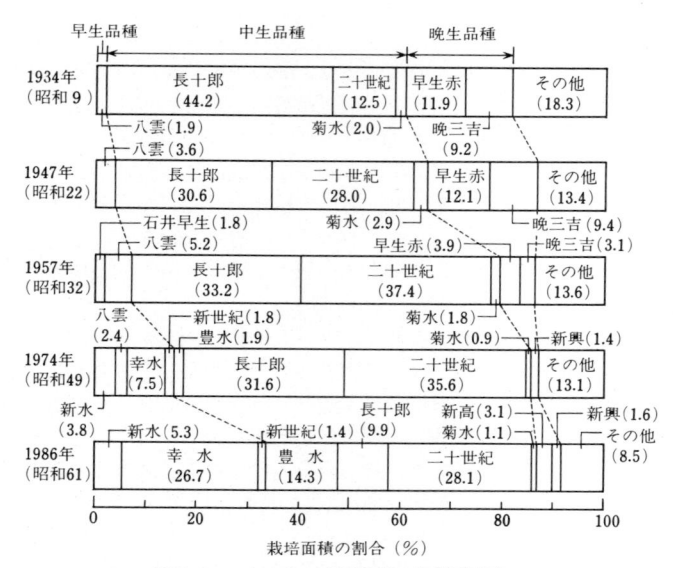

図2.2 ニホンナシ主要品種の年代別変化
（ ）内は全栽培面積に対する各品種の栽培面積の割合(%)．資料：1934，1947，1957年は園芸統計資料（1963）より，1974，1986年は果樹栽培状況等調査（1975，1987）より．

急増してきた栽培面積も徐々に減少していった．

　昭和時代に入ると袋掛けと薬剤散布の技術が確立されたことにより，それまで黒斑病に著しく弱いために普及しなかった二十世紀の栽培が可能になり，急速に増植されていった．これにより，長十郎と二十世紀の二大品種時代を迎えることになった．この時代の品種をみると，早生はごくわずかで，大部分は中生と晩生の貯蔵品種によって占められていた（図2.2）．これ以前から多くの早生品種があったのにもかかわらず栽培面積が少なかったのは，一般に早生品種は日持ちが悪かったため大消費地周辺でしか栽培できなかったことや，時期的に市場で競合するスイカなどに勝てる優秀な品質をもった早生品種がなかったためである．

　第二次世界大戦が激化するのに伴い，食糧増産のため平坦地に栽植されていたナシは次々と伐採されていった．戦後になって1955年頃から再び急激に増植されたが，それに伴う生産量の増加により価格が低迷し，1965年頃をピークに多少減少した．しかし，幸水など品質優秀な早生品種の出現がナシ経営に大きな影響を与え，栽培技術の進歩と合わせて早生品種を中心に再び栽培面積が増加し，昨今ではほぼ一定の面積で推移している．この時代の品種構成における最も顕著な変化は図2.2に示したように，新水，幸水のような品質の優れた早生品種の占める割合が著しく増加したのに対し，晩生品種の占める割合が著しく減少したことである．晩三吉や早生赤などの晩生品種は戦前かなり栽培されていたが，戦後，贈答用としての需要の減少と，増植が著しいミカンやリンゴとの競合に敗れたことにより栽培面積は激減した．加えて，晩生品種は関東以北の産地では西南暖地などと比べ品質を十分発揮できないため産地が限られることや，もともと品質優良な品種がなかったこともその一因である．また，中生品種として二十世紀とともに広く栽培されていた長十郎は戦後しばらく30％前後を保っていたが，幸水，豊水のような早・中生品種の出現を契機に更新され，現在は10％未満となっている．とくに，幸水は長十郎にかわって二十世紀とともに二大品種時代を形成している．

　このようにニホンナシの品種は，江戸時代は晩生の在来品種が主体であったが，明治時代になると関東地方で発見された中生品種の長十郎，二十世紀が全国に広がり在来品種を駆逐していった．そして第二次世界大戦後，晩生品種の衰退とともに，早生の優良品種の出現により，早生品種の著しい増植が行われた．この結果，ニホンナシの主体は晩生品種から早・中生品種に移行してきた．

（2）品種解説

長寿（ちょうじゅ）　神奈川県園芸試験場で旭に君塚早生を交配して育成され，1976年に登録された．樹勢，花芽の着生はいずれも中位で，栽培性は良好である．開花期は長十郎とほぼ同時期で花粉量は多く，主要品種との間に交配不和合性は認められない．

　果実は赤ナシ，扁円形で，大きさは300ｇ程度になる．品質は極早生としてはおおむね良好である．しかし，日持ち性が5日程度とやや劣り，収穫期を誤ると市場でトラブルの起こるおそれがある．黒斑病抵抗性で黒星病に対しても長十郎より強い．収穫

期が新水より1週間程度早いため，一時は西南暖地を中心に増植されたが，現在では減少傾向にある．

筑水　農林水産省果樹試験場で，豊水に八幸を交配して育成された．1988年，筑水と命名公表され，1989年に品種登録された．樹勢は中～やや弱で，えき花芽，短果枝の着生は中位で，その維持も良好である．開花期は幸水とほぼ同じで，主要品種とはそれぞれ交配和合性である．成熟期は新水と同時期かやや早く，関東地方では8月上中旬である．新水にかわる品種として期待されている．

果実は赤ナシで，ていあ部に緑色が残りやすい．果形は扁円，果重は250～300gで果面に軽度の凹凸を生ずることがある．果肉はち密で軟らかく，甘味が高く品質は優れている．みつ症，心腐れの発生はほとんどみられないが，日持ち性が25℃で5～7日とやや短く，日持ち性を考慮したうえで収穫適期を判定することが重要である．また，果梗が短く軸折れを生じやすいので，摘果方法に留意する．黒斑病抵抗性で，えそ斑点病には病徴非発現性で，黒星病も通常の赤ナシ用慣行防除を行えば問題はない．

新水　農林省園芸試験場（現農林水産省果樹試験場）で，菊水に君塚早生を交配して育成され，1965年に命名された．樹勢は強いが，枝の発生がやや少なく，花芽の着生も少ない．開花期は長十郎とほぼ同じで，幸水，秀玉と交配不和合である．

幸水の前（8月上中旬）に収穫される赤ナシで，果実は甘味が多く，酸味もあり，肉質は軟らかく品質優良である．しかし，高温時に収穫されるので，輸送中に果皮が黒変することがある．また，果梗が短く軸折れしやすいので，摘果の際には注意を要する．本品種は，やや小果であるうえ，結果枝確保が難しいため生産力が低く，黒斑病に多少弱いので栽培面積はやや減少傾向にある．

八里　農林水産省果樹試験場で，八幸に75-23［二十世紀×リ-14（菊水×八雲）］を交配して育成され，1989年に命名公表された．樹勢は強く，えき花芽の着生は中程度，短果枝の着生は中～やや多く，その維持は容易である．開花期は幸水と同時期かやや遅く，主要品種とはいずれの場合も交配和合性である．

早生の青ナシで，新水と同時期かやや遅く熟し，育成地では8月中下旬に収穫される．果形は円楕円形で，ときとして玉ぞろいの乱れることがある．果皮色は緑黄色でさびの発生は少なく，外観は良好である．果重は250～300gで，果肉はち密で軟らかく，果汁糖度も12％前後あり，酸味もわずかに感じられ，食味は優れている．収穫期後半にみつ症の発生がみられることがある．日持ち性は25℃の室温下で7日程度あり，実用上問題はない．黒斑病抵抗性で，えそ斑点病には病徴非発現性である．

幸水　農林省園芸試験場で菊水に早生幸蔵を交配して育成され，1959年に命名発表された．樹勢はやや強く，枝の発生密度は中位である．当初，花芽の着生が少なく，小果のため生産力の低さが問題とされたが，ここ10数年間の栽培技術の発達により安定した生産体系が確立され，栽培面積も急増してきた．開花期は長十郎より遅く，新水，秀玉と交配不和合である．関東地方では8月中旬～9月上旬に収穫される．

果実は中間色，扁円で，果実重は300g程度である．果肉は甘味多く，ち密で軟らかく多汁であり，果実品質は二十世紀より優れる．黒斑病抵抗性で，黒星病に対しては

長十郎程度である．年により，ていあ部の裂果が問題となることがある．

本品種は，樹勢は強い方であるが，結果過多になると隔年結果を起こすことがあるので，着果量は長十郎の7〜8割程度とする．また，胴枯病などの樹幹病害に弱いので，排水不良園などへの栽植は避ける．

八雲（やくも）　赤穂に二十世紀を交配して育成され，1927年に神奈川県立農事試験場園芸部（現神奈川県園芸試験場）より発表された．樹勢は弱いが，短果枝の着生，維持は良好である．開花期は遅く，翠星とは交配不和合である．

8月中旬頃に収穫される早生の青ナシで，さびの発生も少なく，外観は優れる．果形はやや長い円形で，果実の大きさは200〜250gと小さい．肉質は軟らかく多汁であるが，甘味はやや不足する．黒斑病抵抗性であり，黒星病に対しても長十郎よりは強い．

秀玉（しゅうぎょく）　農林水産省果樹試験場で，菊水に幸水を交配して育成され，1986年に命名発表された．樹勢は中，えき花芽の着生は中，短果枝の着生ならびにその維持も中程度である．開花期は二十世紀と同じで，幸水，新水と交配不和合である．

幸水と豊水の間に収穫される青ナシで，無袋ではさびの発生が著しい．果形は扁円で大果（400g程度）となる．果肉は多汁で甘味が多く，ち密で軟らかい．黒斑病抵抗性で，えそ斑点病には病徴非発現性であるが，ときに輪紋病の発生がみられる．

本品種は，果面のさび発生が著しく，大袋1回掛けにより，外観は相当に改善されるが，小袋掛けを併用しても二十世紀ほど美しくはならない．さらに，幸水と豊水の間に収穫できることから，品質のよい果実を連続的に供給する必要のある産地直売や観光果樹園などで特性が生かされると思われる．また，年により収穫期に入ってからの落果がある．これには落果防止剤の散布が効果的であるが，収穫後の日持ち性が低下するので注意する．

豊水（ほうすい）　農林省園芸試験場で育成され，リ-14（菊水×八雲）に八雲を交配したとされているが，両親については疑問が残る．1972年に命名公表された．若木のときは樹勢はやや強いが，結実期に入ると枝の伸長力が衰える．花芽の着生は良好で，多収性である．開花期は長十郎よりやや早く，主要品種との間に交配不和合性は認められない．黒斑病抵抗性で，えそ斑点病には病徴非発現性である．

長十郎とほぼ同時期に収穫される赤ナシで，果実は300〜400gの大果となる．果肉はち密で軟らかく，多汁で甘味多く，やや酸味もあり品質は優れる．しかし，秋季低温が早く訪れる北関東以北や標高の高い地域の果実は酸味が強く感じられ，食味を損うおそれがあるので，このような地域での栽培は避けたい．さらに，過熟になるとみつ症が発生し，とくに冷夏の年には多発する傾向がある．また，果実の大きさに比べ果梗が細いため軸折れしやすいので，摘果の際に注意する．

長十郎（ちょうじゅうろう）　1895〜96年頃，神奈川県橘樹郡大師河原村（現川崎市）の当麻辰次郎（屋号が長十郎）のナシ園で偶発実生として発見された．樹勢は中〜やや強く，花芽の着生はきわめて良好である．開花期は二十世紀とほぼ同時期で，花粉量も多く，主要品種との間に交配不和合性が認められないため，しばしば花粉採取用として用いら

れる．

果実は赤ナシ，扁円形で，300g程度の大きさとなる．甘味は多いが果肉は硬く，品質は劣る．収穫期は関東地方で8月下旬～9月下旬で，収穫期間が長い．これは1樹内の果実熟度のばらつきが大きいためである．日持ちは7日程度で決してよい方ではない．黒斑病抵抗性であるが黒星病にはやや弱い．また，排水不良園では果実に石ナシ症状が出やすい．

新星（しんせい）　農林水産省果樹試験場で，翠星に新興を交配して育成し，1982年に命名発表した．樹勢はやや強く，花芽の着生は良好である．開花期は新高と同じくらい早く，地域によっては晩霜害を受けやすい．新興と交配不和合である．えそ斑点病には病徴発現性であるので，高接ぎ更新をする場合は注意を要する．

豊水の直後に収穫される赤ナシである．果実は350g程度で，果形は円楕円形でリンゴのデリシャスに似る．年により有てい果が多い．果肉は軟らかくち密で，甘味も多く品質優良である．酸味が少ないので，豊水に比べ，地域や年による品質の変動が少ない．排水不良園などではゆず肌症が発生しやすい．

二十世紀（にじっせいき）　千葉県東葛飾郡八柱村大字大橋（現松戸市）で，松戸覚之助が発見した偶発実生で，1898年，二十世紀と命名された．樹勢は強く，短果枝の着生ならびに維持は良好で，収量も多い．開花期は長十郎とほぼ同じで，菊水とは交配不和合である．9月上中旬頃に収穫される青ナシで，果形は整った円形で，果重は300g程度である．無袋栽培ではかなりさびの発生がみられるが，有袋にすると外観はきわめて美しくなる．果肉は軟らかくち密であるが，とくに有袋栽培の場合，甘味が不足することがある．日持ちはきわめて良好である．黒斑病に弱く，えそ斑点病にも病徴発現性であるが，黒星病に対しては長十郎より強い．

鳥取県東伯郡の長信義のナシ園で二十世紀として導入したものの1樹が高い自家和合性を示すことが認められ，1979年に"おさ二十世紀"として品種登録された．この品種は自家和合性であることを除けば樹性や果実品質等の点では二十世紀とほとんど変わっていない．しかし，おさ二十世紀に二十世紀の花粉を受粉した場合には結実するが，二十世紀におさ二十世紀の花粉を受粉しても結実しないことなどから，おさ二十世紀は二十世紀のS遺伝子型（S_2S_4）のS_4が突然変異を起こしたstylar part mutant（花柱部突然変異体）であると考えられている．

新高（にいたか）　天の川に今村秋を交配して育成され，1927年，神奈川県立農事試験場園芸部から発表された．樹勢は強く，短果枝の着生も良好だが枝の発生がやや少ない．開花期は早いが花粉が少なく不完全なため受粉樹としては使えない．

豊水以降に収穫される晩生の赤ナシである．果実は大果，扁円形，果肉は幸水ほどではないが軟らかく，暖地で栽培すれば甘味も多い．黒斑病抵抗性で，えそ斑点病には病徴発現性である．晩生としては品質良好で，なおかつ大果であるため，一部地域では高価に取り引きされているが，導入に際しては，晩霜，台風の被害なども考慮して慎重に判断すべきである．

新興（しんこう）　新潟県農事試験場園芸部（現新潟県園芸試験場）において二十世紀の自然

交雑実生として発見され，1941年に公表された．若木のうちは樹勢も比較的おう盛で，短果枝の着生も良好だが，6～7年生頃より急激に樹勢が衰弱し，小果となることが多い．この原因について，ペインイエローなどのウイルスの潜在が確認されているが，現状ではウイルスフリーのものがないので，このウイルスが原因となっているのかどうかは明らかでない．開花期は早く，花粉量も多いが，新星とは交配不和合である．

果実は赤ナシで，樹勢のおう盛なときは400g程度になるが，樹勢が衰弱すると250g程度に低下する．小果にならなければ肉質も比較的よく品質良好である．収穫期は育成地の新潟県で10月中下旬である．黒斑病抵抗性で黒星病にも比較的強い方である．

晩三吉（おくさんきち） 新潟県中蒲原郡両川村（現新潟市）で早生三吉の偶発実生として発見されたとされているが，詳細は不明である．樹勢はきわめて強く，短果枝の着生，維持は良好である．開花期は遅く，主要品種との間に交配不和合性は認められない．

果実は赤ナシ，倒卵形で，500g以上の大果となる．肉質は中位で多汁である．西南暖地産の果実は甘味が多く，多少の酸味を伴い比較的美味であるが，近畿以北の産地の果実は甘味が不足し品質は劣る．10月下旬から11月上旬に熟す晩生種で，貯蔵力に富む． ［佐藤義彦］

文　献

1) 古田　収（1981），今月の農薬特別増大号，果樹栽培の総合技術（上），171-174，化学工業日報社．
2) 梶浦一郎（1982），今月の農薬特別増大号，果樹栽培の総合技術（下），67-72，化学工業日報社．
3) 梶浦一郎（1984），育種学最近の進歩，第25集，3-13．
4) 菊池秋雄（1948），果樹園芸学，上巻，64-121，養賢堂．
5) 寿　和夫（1987），今月の農業特別増大号，果樹園芸の最新技術，41-46，化学工業日報社．
6) 町田　裕（1972），果樹園芸大事典（佐藤公一編），525-540，養賢堂．
7) 町田　裕（1985），農業技術大系，果樹編3 ナシ，西洋ナシ，85-112，農文協．

2.4　栽培管理

（1）開園と植栽
a．園地造成

多くの場合新規に開墾するか，水田転換畑を造成するかのいずれかである．山林の開墾は傾斜程度によって造成方法は異なるが，大型機械での作業を考えると7～8度の勾配が限界である．また，果樹の場合は定植してしまえば，同一場所で長年にわたり栽培しなければならないという制限が加わるので，計画および施工は慎重に行いたい．

造成時にはブルドーザーによって圧密層ができるため，バックホーなどで深耕して定植後に少なくとも60cm以下まで根が伸長できるようにする．さらに定植までに時間があれば，1～2年の間イタリアンライグラス，ソルゴーなどを作付けしてすき込む．

水田転換園ではすき床を破壊し，場合によっては客土することによって有効土層が

60cm 以上になるよう造成したい．また，転換畑で最も問題になるのは排水対策である．粘質土壌では水の移動が悪いため樹列間ごとに排水管を埋設したい．さらに排水が悪いと予想される場合は，造成時にあらかじめ若干の傾斜をつけて表面排水も行う．

排水が不十分であると還元層ができて，根の伸長を妨げるため生育不良や異常落葉，春先の不発芽などの障害が出やすい．

b．栽　植

基本的な考え方としては，土質，地形，肥よく度，品種など種々の条件を総合して決めるべきである．

初期収量をあげ早期成園化を図るためには，計画密植法を採用したい．一般的には，定植場所に苗木を植え，徐々に樹冠の拡大を図り成園化するとよい．しかし，あらかじめ別ほ場で2～3年間育成した生育の揃った大苗を本ぽに定植すると，従来の方法より成園化が早まり非常に効率的である．

栽植密度は土質や肥よく度によっても異なるが幸水，二十世紀で4～5m，豊水でも3.5～4m植えの計画密植とし主枝，亜主枝の先端が交差してきたら早めに縮伐・間伐を行って最終的には前者で8～10m，後者で7～8m植えを目標とし，生育が思わしくない場合はこれの互の目とする．

植え付け時期は暖地では11月中旬～12月中旬頃の秋植えが望ましい．春植えは伸長を始めた新根を切断し，発根を遅らせるため定植後の生育が劣る．

c．棚作り

棚作り　一般的には植え付け後2～3年目に架設すればよいが，大苗を定植する場合は定植前に架設する必要がある．1枚の棚の大きさは棚の強度や作業性から50aくらいと考えられている．なお，大型機械の走行に支障がないように高さ1.8～1.9mの吊り棚にして，できれば多目的防災網を併設したい．また，幸水のように新しょうや予備枝の誘引が不可欠の品種を主体にする園は，小張り線の間隔を50cmくらいに狭くとり，作業能率の向上に配慮する．

多目的防災網　架設方式には屋根型と平型とがあり，前者は，ひょう害の頻度の高い地域で多く用いられている．いずれの方式を採用する場合もナシ棚と防災棚とは周囲柱，アンカーや控え線は別々にして，台風などによって防災棚が破損した場合もナシ棚の被害を最小限に食い止められるようにする．平型の場合は中柱の高さを3.5～4m，柱の間隔を7～8m間隔とし，ナシ棚の吊り柱と兼用させる．周囲柱は中柱と同じものを立てる．なお柱の先端には網ずれ防止用のキャップをつけ，小張り線は網の展張方向に60～100cm間隔に張る．

（2）整枝・せん定

a．整枝・せん定

この作業を行う目的は，受光態勢をよくすること，良品果実を安定生産すること，樹冠の拡大を早め，作業性を向上させることなどである．仕立て方法はいくつかあるが，ここでは一般に行われている折衷式について取り上げる．

主幹の高さ　　定植した苗木を 100〜110 cm の長さで切り，支柱に 2 カ所くらい結束し苗木を固定する．

1 年目　　苗木の芽が伸長を始め 5 cm くらいに伸びたとき，先端の 2 芽を犠牲芽としてかき取り，これに続く芽を主枝本数だけ残して伸長させる．新しょうが 20〜30 cm くらいに伸びたら，主枝ごとに苗木から 30〜40 cm 離して縦支柱を立て，それぞれの縦支柱に細竹を主幹に対し 50〜60 度にして入れ固定する．新しょうはこの添竹にそって誘引し，縦支柱に到達したら縦支柱にそって 30 cm 間隔くらいに誘引し伸長を助ける．

2 年目　　主枝先は枝の充実のよい所まで切り返す．1 年目の伸長のよい主枝は，せん定後に縦支柱を外側に 10〜15 cm 移動させ，誘引結束して 1 年目と同様に伸長させる．ただし，頂芽につぐ 2〜3 芽が強く伸びる場合は，基部の葉を 2〜3 枚付けて摘心し頂芽の伸長を助ける．また，主枝基部のわん曲部背面から発生する新しょうはすべてかき取り，棚付け時の折損や，定植後の徒長枝発生の原因をなくす．枝の勢力差が大きいときは，伸長のおう盛な枝の誘引を若干遅らせて長さを揃える．

3 年目　　2 年目と同様の強さで主枝先をせん定する．前年度に生育不良で縦支柱を外側に移動できなかった主枝は移動する．新しょう伸長に伴う主枝の誘引は 2 年目と同様に行う．3 年生部分から出た新しょうはそのまま残しておき，次年度の結果枝として利用する．

4 年目　　主枝先の切り返しせん定は 3 年目と同様かこれよりやや強めに行う．棚付けは暖地では 3 月下旬になり樹液の流動が始まり，芽がゆるんできたら行う．主枝の棚付けは図 2.3 のように卍型 (発生位置より 45 度ずらせる) になるようにねじると，主幹と主枝の分岐点が裂けることがない．

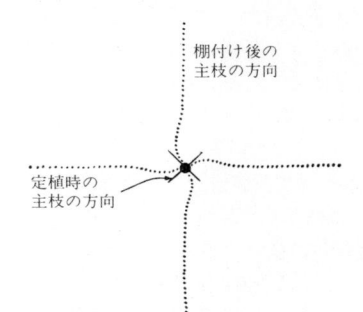

図 2.3　主枝をねじって棚付け
(吉岡原図)

5 年生以降　　樹齢が 6〜7 年生以降になると，第一次間伐の適期になる．この時期は主枝先端がかなり交差し始めているが，生産性が高いため縮伐・間伐がどうしても遅れやすい．

縮伐・間伐に当たっては，まず園全体をまわって，永久樹のじゃまになる第一次間伐樹の太枝を思いきって縮伐して永久樹の主枝，亜主枝を素直に伸ばす空間を与える．その後に永久樹および第二次間伐樹の亜主枝以外の太枝を，1 樹当たり年間 1〜2 本

ずつ間引いて樹形を徐々に整える。さらに10年生に達する頃から第二次間伐樹の縮伐・間伐を開始して，12年生頃には間伐を終了させる。

亜主枝の取る位置は樹齢4～5年生のときに永久樹，第二次間伐樹の主枝上にペンキなどで印をつける。印に近い位置の側面または斜め下方より出た枝を選んで亜主枝とする。予定位置から枝が出ない場合は目きずを入れるか，接ぎ木をして亜主枝を育成する。

亜主枝間隔は，土質や品種によって異なるが枝の伸長のおう盛な幸水，二十世紀では1.8～2.0m，豊水は1.5～1.8mが目標になる。主枝・亜主枝が目的の位置まで伸長した枝の先端は20～30cmくらいの直立部分を設けて，強い発育枝が2～3本出る程度に強く切り返し枝先を強化する。

予備枝の育成　赤ナシで最も多く栽培されているのは幸水であるが，短果枝が盲芽になりやすく，長十郎や二十世紀で行う従来のせん定法では安定生産が望めないため，着果の主体をえき花芽に大きく依存している（表2.2）。沖積土や粘質土の園では

表2.2　幸水の短果枝の種類と着果後の花芽着生（%）（関本ら，1976）

短果枝	花芽	葉芽	小芽	めくら芽	伸長	枯死
正　常	71.0	6.0	4.0	2.0	16.0	1.0
無着葉	3.0	6.0	55.0	36.0	0	1.1
1年生	92.0	4.0	2.0	1.0	1.0	0

えき花芽の着生がよいため，花芽が確保しやすい。しかし，火山灰土では花芽の着生が悪いため，毎年側枝の30～35%を更新するため予備枝の育成が重要である。樹冠の外側から発生した新しょうで，えき花芽着生のよい枝はそのまま結果枝として使用する。しかし，このような枝は少ないため亜主枝および側枝の側面または斜め下方から出た，基部の直径1～1.2cmくらいの新しょうを強さに応じて長さ20～30cmに切り戻す。せん定後の誘引は行わず立てたままにし，横向きや弱い枝は誘引して先端を立てる。また，基部より切除する側枝は必ず下側のしわのある部分を10cmほど残して，陰芽を発生させ予備枝を育成する。

豊水は花芽の着生維持がよいため，幸水ほど予備枝を多く取らなくともよいが，年々20～25%の側枝を交換した方が樹勢の維持や良果安定生産につながる。また，上向きの短果枝はせん除して，花芽の整理と軸折れ防止とを兼ねる。

側枝の間隔　幸水は耐陰性が劣るので片側40cm間隔に側枝を配置して，予備枝にも十分に光を当て花芽の着生がよくなるようにする。豊水の側枝間隔は35cm程度でよい。

その他　樹齢や品種いかんにかかわらず，せん定直後に切り口には保護剤を塗布して，枝の枯れ込みを防止する。

b．新しょう管理

芽かき　太枝を切り落としたあとや主枝，亜主枝の背面から出る竹の子状の芽は，放置しておくとおう盛に伸長し1.5m以上の長大な徒長枝になる。幼木や若木では樹

形を乱す原因となり，成木でも樹冠内の日当たりを悪くして，花芽着生不良を招く．そこで，開花後の約1ヵ月間に2～3回園内を見回り，不要な芽をかきとる．とくに若木では主幹分岐点から1mくらいまでの主枝背面からは，絶対に徒長枝を出さないように注意する．

新しょうと予備枝の誘引　側枝の更新を計画的に行い，花芽の着生を促すために行う作業である．とくに花芽着生の悪い火山灰土の幸水では生産安定のために不可欠の作業である．亜主枝または側枝の側面から出た新しょうを6月上中旬に仰角20度くらいに誘引する．

幸水の予備枝は先端から出た新しょうは25～30 cmくらいに伸びた頃に先端の1～2本を残し，他は2～3葉つけて切除する．さらに新しょうの長さが90～100 cm，葉数が18～20枚に達した6月中下旬に，棚面に対し仰角20～30度に誘引してえき花芽の着生を促す．

豊水は新しょうがねじれてわん曲し下垂する性質があるため，6月中旬頃に強勢な新しょうのみ仰角30度くらいに誘引すればよい．ただし，幼木や若木で主枝，亜主枝を育成中の先端新しょうは，6月上中旬頃の新しょうがねじれ始めた時期に先端部の展葉した葉3枚下で摘心すると，側芽が再伸長してわん曲が防止できる．

新しょう切除による花芽の確保　側枝上の短果枝副芽や葉芽が伸長した新しょうが5月上中旬頃に，いったん伸長を停止し再伸長するが，基部の葉のない芽の上で5月下旬に摘心すると花芽が着生する．しかし，摘心の本来の目的は，花芽の確保よりも枝先の強化や樹冠内に適度な光線を入れるためであるから，むやみに多用すべきではない．

(3) 品種更新

市場性の低下した品種や，老木で生産性の低下した樹を高接ぎまたは改植によって更新する．改植する場合は育成大苗を植えると，苗木を定植した場合に比べ，ほぼ2年間成園化が促進される（図2.4）．

a．高接ぎ更新

新たに接ぎ木した品種が結実を始めるまでの期間，中間台木の果実を収穫し減収期間をできるだけ短縮しようとする漸次更新法と，更新しようとする品種の枝を一挙に切り落として高接ぎを行う一挙更新法とに大別される．

漸次更新法

主枝漸次更新法：　主枝の基部に腹接ぎを行い，中間台の主枝上に高接ぎ品種を誘引しながら樹冠の拡大を図る．高接ぎ品種の伸長に支障のある中間台の側枝を徐々にせん除して更新を進めていくため，更新完了までの期間が長い．

亜主枝漸次更新：　主枝の側面または亜主枝の基部に1樹当たり20ヵ所くらい腹接ぎして，2～3年間かけて高接ぎ品種を育成してから中間台の亜主枝を更新する．樹冠形成が早いため，主枝漸次更新法より減収期間が短い（図2.5）．

図2.4 架線式大苗育成（3年目の秋の状態）

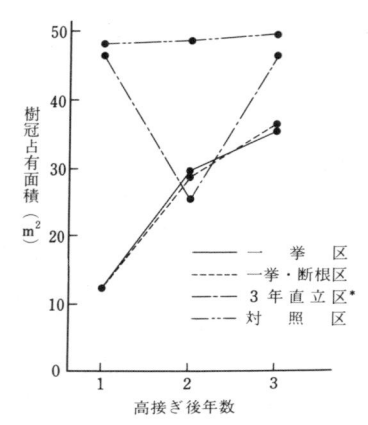

図2.5 豊水の各種高接ぎ更新法とせん定後の樹冠占有面積の推移
（千葉県農業試験場, 1984）
（＊：主枝，亜主枝漸次更新）

一挙更新法

主枝一挙更新法： 主枝の基部を30 cmほど残し切除して，枝の太さに応じて1主枝当たり2～4本をはぎ接ぎする方法である．この方法は4～5年生くらいまでの幼木には向いているが，成木では樹冠の拡大が遅く適切ではない．

亜主枝一挙更新法： 中間台の主枝はそのまま残して，亜主枝の基部を30 cmくらい残して切除し，太さに応じて1カ所に2～3本を高接ぎする．ただし，適当な個所に亜主枝がない場合は主枝側面に直接高接ぎする．

この方法は主枝一挙更新法に比べ樹冠の拡大が早く，若木や樹勢のよい樹に適している．

側枝一挙更新法： 側枝の基部を10 cmくらい残して切除して，接ぎ木する方法である．接ぎ木後の減収期間は短いが，接ぎ木個所が多いため，穂木の調製や接ぎ木に多くの労力を要する．樹冠の小さい若木には適するが，骨組みのできていない樹では根本的な更新にはならない．

接ぎ木の方法 一般的には穂木をほ場に持っていき，現場で穂木を調整して接ぎ木している．しかし，あらかじめ穂木を削り調整してポリエチレン袋に入れ0～5℃の冷蔵庫に貯蔵すると3カ月以上は健全な状態で保存できる．この方法を採用すると，事前に穂木の準備ができるため接ぎ木作業は大幅に省力化される（表2.3, 2.4）．

接ぎ木時期は，側枝の切接ぎは2月下旬～3月中旬がよい．主枝，亜主枝などの太枝ははぎ接ぎを行うので，皮が容易にはがれる4月～5月上旬くらいが適期になる．

接ぎ木後の枝の取り扱い いずれの接ぎ木方法によっても，骨格になる枝は2～3年間仰角60°以上に縦支柱を立てて，新しょう伸長期に4～5回誘引しおう盛に伸長させる．この間，高接ぎ品種の生育に支障がある中間台は冬期せん定時にせん除

表2.3 削り貯蔵法でのナシ高接ぎ,苗木別および貯蔵温度・期間別の活着率(%) (石橋ら,1984)

接ぎ木方法	貯蔵温度(℃)	貯蔵期間 (日)			
		80	49	28	10
高接ぎ	0	100	100	100	100
	5	100	100	100	100
	慣行	100			
苗木	0	100	96.7	100	93.3
	5	96.7	96.7	96.7	100
	慣行	96.7			

表2.4 慣行法と削り貯蔵法の所要時間 (石橋ら,1984)

	慣行法		削り貯蔵法	
	作業項目・所要時間(分)		作業項目・所要時間(分)	
接ぎ木日以前の作業(冬期間)	採穂貯蔵		採穂貯蔵始め	
			穂木調製	10
			穂木削り	22
			接ぎロウ塗り	5
			小計	37
接ぎ木日当日の作業	穂木調製 台木さき 穂木削り 穂木挿入	55	台木さき	9
			穂木挿入	12
	結束	44	結束	44
	接ぎロウ塗り	10		
	小計	109	小計	65
	合計	109	合計	102

1人当たり200本処理の所要時間.

して穂木に十分光を当てる.

2〜3年間育成した枝は棚つけ時にも,必ず先端部を上げて誘引し,枝先の強化をはかる.なお,この時点で亜主枝の大部分を切り落とし,高接ぎ品種の枝が十分伸長できる空間を作る.

b. 架線式大苗育成による更新法

新改植に当たって2〜3年間別ほ場で苗木を育成した後,本ぽに定植すると短年月のうちに結実樹齢に達し,しかも生育の揃った良質の苗木が定植できるため,成園化が短縮され計画密植の効果がより高まる.その他の特徴としては,苗木ほ場面積の10〜20倍のほ場に定植できる苗木の育成が可能である.苗木が集中管理できるため作業能率が上がり,しかも揃った良質の大苗が育成でき,苗木の掘り取りや運搬能率がよいことである(図2.6,表2.5).

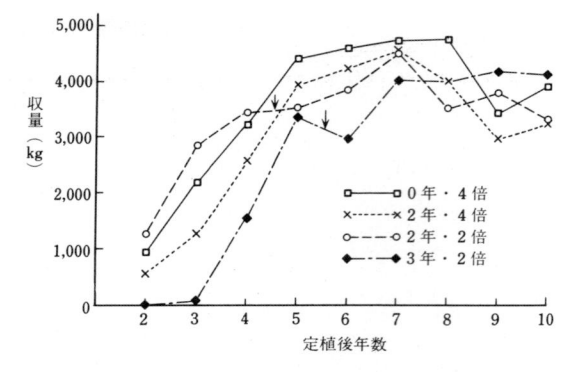

図2.6 大苗定植後の10a当たり収量の推移（千葉県農業試験場，1989）（↓は第一次間伐）

表2.5 苗木の栽植距離と栽植本数（千葉県農業試験場）

育成期間	栽植方法	畦間(cm)	条間(cm)	株間(cm)	10a当たり栽植本数(本)
2年	複条・千鳥	250	54	60	1,333
3年	〃	250	54	100	800

条間は育成架の構造によって多少異なる．株間はこれ以上つめないこと．

育成架の構造　支柱はナシ棚用の太さ $60.5\,mm\phi$，長さ5.5 m の亜鉛引鋼管を用い，高さ4.5 m になるように埋設する．腕木は長さ1 m の鋼管を図2.7の位置に設置する．横線は4本主枝の場合は2本ずつ張り，図2.7の正面図のように中央部に苗木を植える．3本主枝の場合は腕木の中央部と両端に1本ずつ横線を入れる．

苗木の定植と準備　定植前に苗木ほ場に完熟たい肥，苦土石灰，溶リンなどを施して中耕し整地する．苗木の定植は秋植えが望ましい．苗木は2年育成苗木の場合は

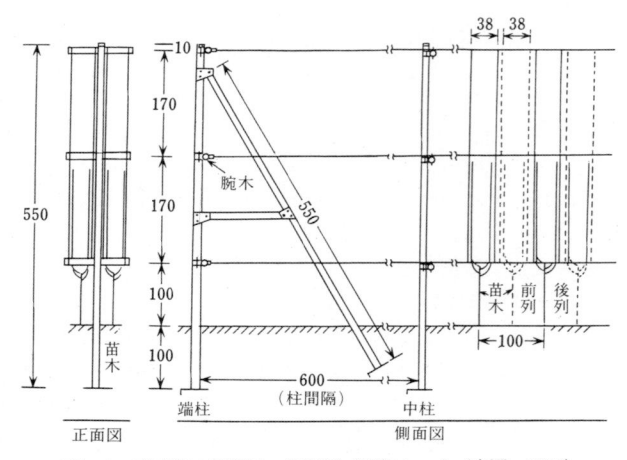

図2.7　育成架の正面図，側面図（単位：cm）（吉岡，1983）

2.4 栽培管理

表2.6 3要素（窒素，リン酸，カリ等量）の年次別施用量
（千葉県農業試験場）

育成期間	10a当たり栽植樹数(本)	単位	1年目	2年目	3年目
2 年	1,333	1樹当たり g	25	50	—
		10a 当たり kg	33.3	66.7	—
3 年	800	1樹当たり g	25	50	75
		10a 当たり kg	20	40	60

1) 3要素は化成肥料で2月，6月，9月の3回に分施する．
2) 以上のほかに，定植前，10a 当たり溶リン100kg，過リン酸石灰60kg，苦土石灰200kg を全面に散布してすき込む．

60cm間隔，3年育成では1m間隔に定植する．施肥法については，火山灰土で行った実例を示した（表2.6）．

定植後の管理

1年目： 基本的には折衷式の方法（（2）項a）と同じ取り扱いをする．主幹と主枝に用いる新しょうの角度は十分とり（60°以上に広げて）縦支線に誘引しないと，本ぽ定植時に思うように棚付けができない．場合によっては主幹と主枝の分岐点が裂けてしまう．

2年目： 主枝先は充実した個所まで切り戻す．伸長した頂芽は縦支線にそって1年目と同様に誘引するが，苗木を列植えしてあるため縦支線への誘引に当たっては，4脚の適当な高さの位置に足場板をわたして作業をすると誘引作業能率がよい．3年育成の場合は落葉後に樹列の30cmほど外側をトレンチャーで断根し，細根の発生を促して植え傷みを防止する．

3年目： せん定および新しょう管理は2年目と同様に行う．ただし，3年生部から発生する枝は強勢なものだけ除去して他は残す．

掘り取りと定植　　掘り取りは樹列から50cm外側をトレンチャーで溝を切った後，端から順に掘り進む．定植に当たって，定植位置の主幹部には真竹などのしっかりした支柱を必ず立て，棚の幹線の交点に固定する．定植時は5〜6人が組になって，主幹をもつ人，それぞれの主枝を所定の位置に入れる人，結束する人を決めて作業を進めると能率があがる．棚付けは主枝をねじって行う（図2.3参照）．

（4） 結実管理
a．摘らい，摘花

必要以上に花を咲かせることは，樹体の貯蔵養分をより多く消耗させることになる．そこで，開花前に余分のつぼみ（花）を摘除することによって，養分の消失を最小限に食い止められ，ひいては幼果の肥大を助けることにもなる．とくに双子花率の高い幸水では，子花を除いただけでも受粉能率が向上し，予備摘果作業の労力も削減できる．実施時期はつぼみがふくらみ始め，頭が白くなった頃に指先で押して花梗を折る．

若木では主枝，亜主枝先の1年生枝に着生した花をすべて摘除して新しょう伸長をおう盛にし，樹冠の拡大を促す．また，側枝の先端の1花そうは摘らいして，枝先の強化を図り，果実肥大を助ける．

b．受　　粉

訪花昆虫によって受粉できることが望ましい．しかし，近年は各地で開発が進み昆虫の生息密度が低下し，ナシ栽培自体も規模の拡大は行われているものの新植は特定品種に限られ，単植園が増える傾向がある．このような背景から，良果を生産するためには，樹列混植を行い，ミツバチなどの放飼による虫媒と人工受粉との併用による確実な受粉を行いたい．一方，単植園にする場合は，最初から花粉採取専用樹を準備しておき適期の人工受粉を実施して確実に結実させる．

c．訪花昆虫の利用

千葉県では1974年頃より開花期に35〜40aに1群程度のミツバチを導入している．しかし，開花期は気象の変動が激しいため，開花期がやや遅れる幸水においては，人工受粉と併用している生産者が多い．ミツバチの活動を助けるためには，防風垣を設けるなどの配慮も必要である．

d．人工受粉

ナシでは交配不和合性があるので，受粉用の花粉は和合性のある品種から確認のうえ採取するようにしなければならない．

花の採取　　開花直前の風せん状のつぼみ，または開花直後の花を手で摘み取る．あるいは，開花4〜7日前にえき花芽のよく着生した発育枝の切り枝をビニルハウスに持ち込み，水挿しか土挿しして，開花直前のつぼみから順次摘み取る方法が一般に行われている．この場合は，昼間のハウス内温度を30℃以上に上昇させないように，サイドを開閉して温度調節を行う必要がある．

一方，より効率的に花の採取を行う方法として，水稲用の育苗器を用いて一斉に開花させる方法もある．発育枝のつぼみがかなり白くなり，先端の1〜2花が風せん状になった頃に枝を切り取る．これを，最下段の水そうに10本ぐらいずつ束ねて入れ，20〜25℃に温度設定して加温すると開花の揃いもよい．全体の80％くらいの花が花粉採取の適期に達したときに，花をこき落として採やく機にかける．花粉の発芽率はやや劣るが，実用上の問題はない．

やくの採取と開やく　　採取したつぼみまたは花を採やく機にかけて，やくときょう雑物とに分離する．精選したやくは開やく箱にやくが重ならない程度の厚さに播いて，開やく器または開やく室の棚に挿す．開やく中は温度25℃，湿度40〜50％くらいに調節すると15時間くらいで開やくが完了する．開やく室で多量のやくを開やくさせる場合は数カ所に固形状の生石灰を入れた箱を挿しておき湿度を下げる．この方法でも下がりにくいときは，除湿機を入れ初期の湿度をできるだけ早く下げてやるとよい．

なお，採取した花が雨水などでぬれているときは，洗濯ネットに8分目ほど花を入れて，洗たく用の脱水機で2〜3分回転させるとほぼ完全に水が切れるため，採やく

の能率が向上する．

花粉の採取と貯蔵　開やくした花粉は品種別に花粉採取用のふるいまたは花粉精選器にかけて精製花粉にする．1週間程度の短期間貯蔵のときは，茶さじ1杯くらいに小分けして薬包紙に包み，茶筒か広口のポリ瓶に入れて，採取日，品種名を明記して4～5℃で保存する（表2.7）．

次年度用に長期保存するには，ストロー管または小型のポリ瓶に入れ貯蔵する（図2.8）．この場合はかなり注意しても5～10％くらいの発芽率の低下がみられるので，できるだけ発芽率の高い花粉を貯蔵したい．

表 2.7　花粉の保存条件と発芽率（％）（千葉県農業試験場，1988）

放置温度	5℃	25℃	30℃	室外
5時間	71.3(98.4)	12.5(17.2)	10.2(14.1)	70.9(97.9)
10時間	71.4(98.6)	8.4(11.6)	5.2(7.2)	45.9(63.4)

処理開始前の花粉発芽率は72.4％．（　）内は処理開始前の発芽率に対する比．室外の平均気温は15.2℃．

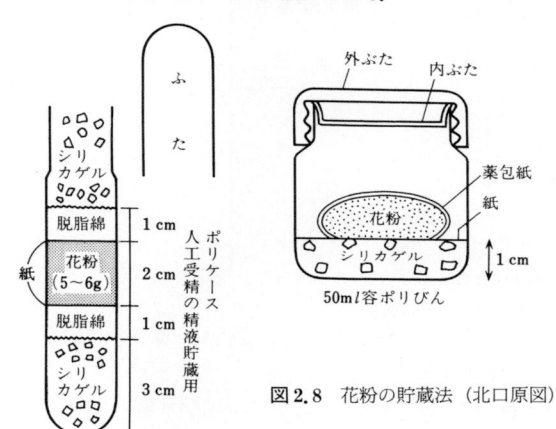

図 2.8　花粉の貯蔵法（北口原図）

人工受粉の実際　羽毛棒(凡天)，毛筆を使う場合はやくがら付きのままの粗花粉を増量しないで使用するか，精製花粉を発芽能力に応じて石松子で8～10倍に希釈して受粉に使用する．乾電池でファンを回して送風する花粉交配器の場合は増量した精製花粉を用いる．

e．摘　果

幸水，豊水はともに結実率が高く生理的落果がほとんどないため，かえって幼果期の養分競合が大きい．大果生産のためにできるだけ早期に摘果することが必要である．

幸水　満開後15～20日くらいの間に，1果そう1果にする予備摘果を完了させたい．1～2番果は開花が早いため，初期生育がよく摘果時には大きいが，果形や大きさが揃いにくい．6番果より上位のものは果実の揃い，果実の肥大とも劣る．3～5

表2.8 幸水の花そう内の果位と果実品質 (関本ら, 1976)

果位	果重(g)	糖度	硬度(kg/cm²)	不良果割合(%)
1～2	271.7±61.5	12.1	1.00	27.8
3～5	286.4±50.7	11.9	0.98	12.9
6～	264.2±56.2	11.8	1.04	26.8
子花	295.6±61.9	11.7	1.03	33.7

番果は果実も大きく揃いもよい (表2.8).

　予備摘果が遅れると, 果実肥大が劣る. 予備摘果が遅れ満開後30日にした場合は着果数を11,000果くらいまでに減らす必要がある. 本摘果では満開後30～40日に着果目標数より10～15%くらい多めに残す. 仕上げ摘果は裂果の多少が判明し, しかも果実の大小が見分けられる7月中旬に実施する. 10a当たり着果目標数は12,000～14,000果で, 平均果重300gを目標としたい (図2.9).

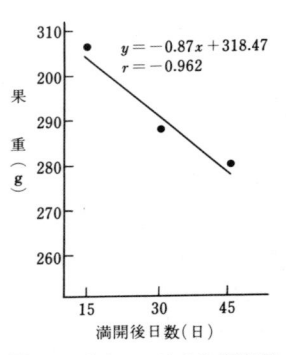

図2.9 幸水における予備摘果の時期と果重 (千葉県農業試験場, 1987)

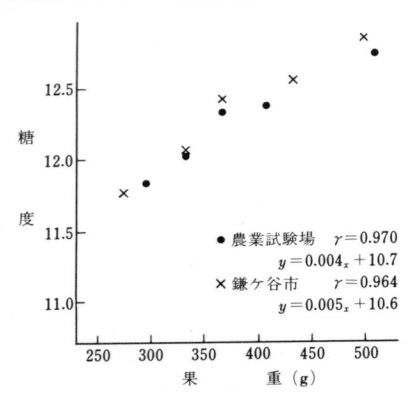

図2.10 豊水の果実の大きさと糖度 (千葉県農業試験場, 1982)

豊水　幸水と同様に実止まりはよいが, 予備摘果期の早晩による影響は幸水ほどではない. したがって, 満開後30～40日までに行えばよい. 本摘果は満開後60日頃までに行えば実用上の問題はない. この時点では幸水と同様に着果目標数より10～15%余分に残す. 仕上げ摘果は軸折れのほぼ終わる7月下旬から8月上旬に, 条溝果や変形果, 小果などを中心に摘果する. 10a当たりの着果目標数は11,000～12,000果で, 平均果重は食味を考慮して400gを目標にしたい (図2.10).

(5) 収　穫

　成熟期になると果実の地色は徐々に変化する. 青ナシは緑色が退化して淡黄色に, 赤ナシは黄色から赤褐色に着色する. 果実内ではデンプンが急激に糖に変わり, 肉質は軟化して多汁になる.

　熟期は開花からの日数や積算温度との関係が深く, 一般に開花が早く生育期の気温

が高めに推移した年に熟期は促進される．また，栽培条件によっても異なり，① 新しょう伸長の停止が早く窒素の肥効が早く切れる場合，② えき花芽果より短果枝果が，③ 着果量がやや少なめの場合に熟期は早くなる傾向がある．

a．カラーチャートの使用方法

幸水，豊水は市場人気が高い赤ナシである．しかし，両品種とも成熟に伴う果色の変化に特徴があり，収穫期の判定が難しい．ところが，農林水産省果樹試験場でニホンナシ用のカラーチャートを開発し，これを使うことによって現場で容易にしかも客観的な収穫適熟色の判定が可能になった．同チャートは各品種に共通して使用できる地色用と，品種専用の表面色用とがある．

使用に当たって地色用は，赤ナシの場合果面コルク層をナイフなどで軽くはいで，この下の地色を比色するため果実を傷つけるという欠点がある．しかし，この方法は果色と果実熟度とがよく一致するという利点がある．表面色用は果点間コルク層を比色するので果実が傷むことがないこと，ほ場で即座に使えることなどの利点がある反面，表面色は地色より着色度を合わせずらいという傾向がある．しかし，いずれのチャートを使う場合もていあ部の中間着色部で色合わせを行う（図 2.11）．理由は，この部分の果色が最も安定し果肉熟度と果色とが合いやすいためである．

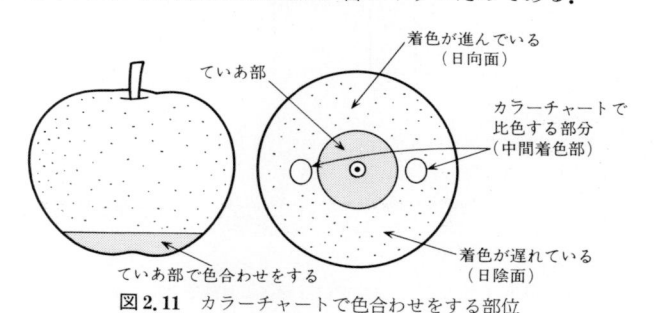

図 2.11　カラーチャートで色合わせをする部位

b．成熟特性

幸水，豊水の成熟に伴う果実の変化をみると，満開後の日数の経過とともに果色が進み，同時に糖度と果重も上昇する．一方，果肉硬度と比重は低下するが，進行速度は品種によって異なる．

幸水では収穫始めの満開後 122 日から収穫盛りの 129 日の間の果色と糖度の上昇は著しい．豊水も幸水と同様に満開後の日数の経過とともに果色，糖度が上昇するが，とくに硬度や比重の低下が顕著で，果重の増加は収穫後期まで続くなど成熟の進行に伴う果重や品質の変化が大きい（図 2.12，2.13）．

c．食味と日持ち

果色と食味の関係については，幸水は地色 2 から可食可能になり地色 4 が最高で，地色 5 は過熟で食味は低下する．豊水は地色 3 から可食適期になり，地色 5 で最高の食味になる．日持ち性の良否と食味は市場出荷をする場合最も注意をはらう必要があ

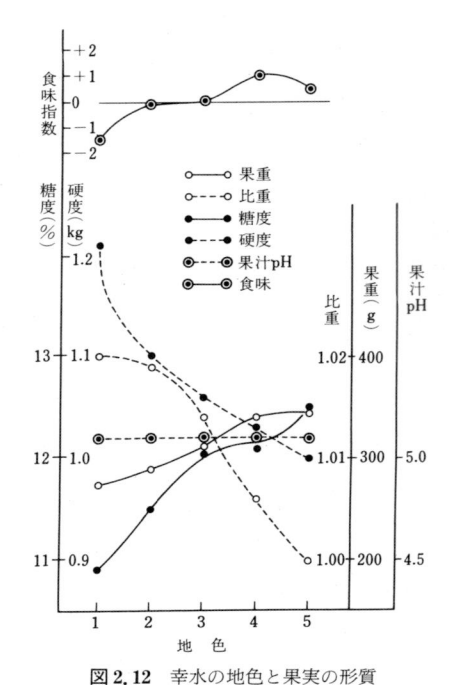

2. ニホンナシ

図2.12 幸水の地色と果実の形質
(長門ら, 1982)
1976～78年の平均値, 食味は1977～78年の平均値.

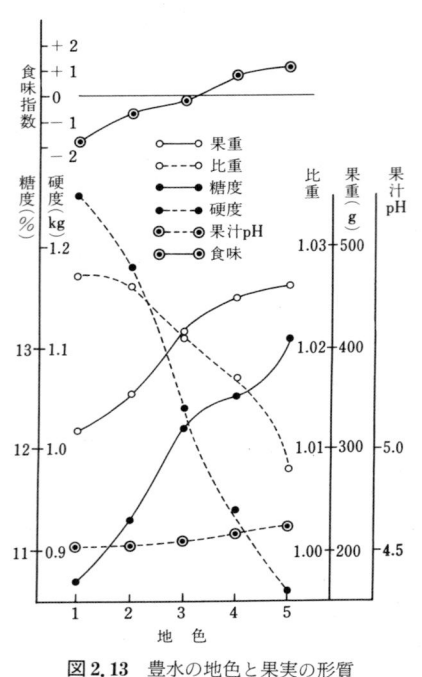

図2.13 豊水の地色と果実の形質
(長門ら, 1982)
1976～78年の平均値, 食味は1977～78年の平均値.

表2.9 幸水, 豊水の果色 (地色) と5日間室温貯蔵後における食味の変化 (長門ら, 1982)

年次	地色	幸水の食味指数			豊水の食味指数		
		収穫直後	5日後	収穫直後との差	収穫直後	5日後	収穫直後との差
1977	2	−0.222 →	−0.100	+0.122	−0.500 →	−0.200	+0.300
	3	0 →	0.222	+0.222	0 →	1.000	+1.000
	4	0.571 ←	−0.429	−1.000	0.667 ←	0.600	−0.067
	5	0.286 ←	−1.000	−1.286	0.667 ←	0.273	−0.394
1978	2	−0.571 →	0.100	+0.671	−0.375 →	−0.143	+0.232
	3	0 →	0.100	+0.100	0 ←	−0.125	−0.125
	4	2.667 ←	0.500	−2.167	1.400 ←	0.500	−0.900
	5	2.000 ←	0	−2.000	0.800 ←	0.125	−0.675

1) 食味は−3 (きわめて悪い) から0 (普通), 3 (きわめてよい) までの7段階評価.
2) 矢印は収穫直後に比べ→向上, ←低下を示す.
3) 1977年は8月19日収穫, 平均室温24.2°Cで貯蔵, 1978年は8月21日収穫, 平均室温25.3°Cで貯蔵.

る．収穫後5日間の食味の変化をみると，幸水では地色3が最も優れ，地色2がこれについでよく，収穫直後に食味が優れた地色4の食味は地色2よりも劣った．豊水でも地色3の食味指数は5日後に最高になり，地色4がこれについでよかった（表2.9）．

d．収穫適期

満開後の日数を大体の目安にして，さらにカラーチャートで確認を行って，適熟色の果実を収穫する．地色用のカラーチャートでの適熟色は，前述の結果から幸水，豊水とも3～4でよいが，北関東以北の豊水は4～5が適熟色である．また，同一品種でも収穫始めは果色より果肉の熟度が遅れ，収穫後半には果肉先熟になる傾向が強い．そこで，収穫始めはやや進んだ果色で，盛期以降はややチャート番号の小さい側で収穫する．

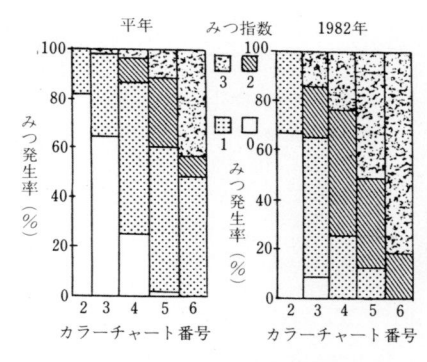

図2.14 地色別みつ症発生率（千葉県農業試験場，1982）

また，冷夏年（たとえば1982年）にはみつ症が多発しやすいので，満開後137日頃にみつ症発生の有無について果実を切って確認し，発生が予想されたら収穫の地色を0.5くらい手前で（チャート番号の小さい側）収穫してみつ症果の混入を回避する（図2.14）．

（6）土壌管理

a．土壌管理

深耕 土壌の理化学性を良好に保つことは，地上部の管理と同様に重要なことである．火山灰土では，全体の80％くらいの根は深さ60 cmくらいの間にあり，条件がよいと1 mの下層まで伸長する．しかし，地下水位が高かったり，土壌硬度が20 mm以上になるとナシの根は侵入できなくなる（図2.15，2.16）．

したがって，開園時に深耕を行わなかったり，スピードスプレーヤーなどの大型機械の走行によって圧密層ができている園では，物理性の改善が必要である．年次計画を立てて，部分的に深さ50 cm以上の深耕を行う．実施時期はある程度の断根を伴うので，落葉期の10月下旬から11月下旬頃に行うと，翌春の発根が早く樹に対する悪影響が小さい（図2.17）．深耕部には有機物，溶リン肥，苦土石灰などの改良資材を施用して，物理性の改善とともに化学性の改善も同時に行う．

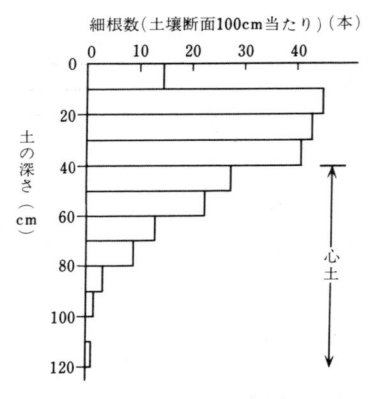

図2.15 火山灰土の長十郎園における細根分布（幹から2mの土壌断面の直径2mm以下の細根数）（吉岡ら，1975）

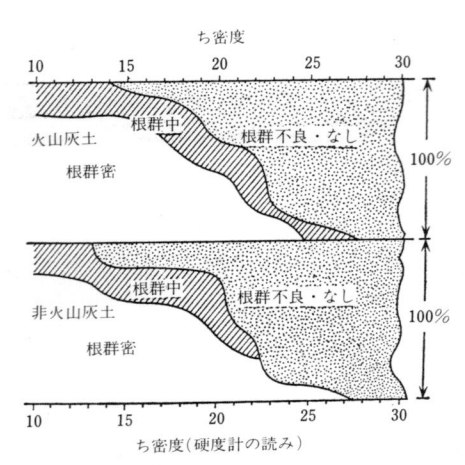

図2.16 土壌のち密度とナシの根群分布（三好，1971）

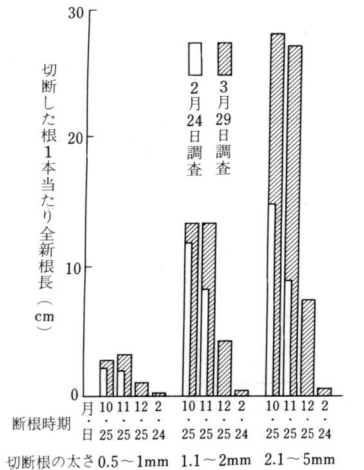

図2.17 断根の時期が早春の新根の発育に及ぼす影響（吉岡ら，1968）

表2.10 根量と刈り残し草量を含めた有機物生産量の比較（乾物量 kg/10a）（北口ら，1982）

項目	調査部位		イタリアンライグラス		オーチャードグラス	
草　量	刈り取り部		824		550	
	刈り残し部		90		77	
	計		914		627	
根　量	深さ(cm)	0〜5	90	(82)	155	(83)
		5〜10	10	(9)	20	(10)
		10〜20	4	(4)	8	(4)
		20〜30	3	(3)	3	(2)
		30〜40	2	(2)	2	(1)
	計		109	(100)	188	(100)
総　計			1,023		815	

（　）は，深さ40cmまでの根量を100とした比率．刈り残し部は，地際から草丈5cmまでの草量．

表層管理　生育期間中に中耕除草を行っている園をみかけるが，稲わらなどの有機物の入手が困難な状況下では，むしろ草生を導入したい．火山灰土壌の草生による10a当たり有機物の乾物生産量はイタリアンライグラスで約900kgくらいは期待できる（表2.10）．また，草生による養分と土壌水分の吸収について，窒素は無草生部を設けること，4〜5月に追肥することにより樹との競合が避けられる．水分についても適切な刈取りを実施した場合に，草生が清耕よりとくに土壌水分が低くなることは

ないが,熟度は3〜5日程度遅れる.
b. 施肥管理
　一般に栽培管理と合わせて,樹が必要とする養分を過不足なく十分吸収されるような施肥体系に基づく管理が必要である.
　ナシの根の伸長は2月中旬頃より始まる.一方,果実の大きさは細胞数とその肥大の良否によって決定されるが,二十世紀での調査によると果実細胞の分裂が停止する時期は,開花後25〜30日とされている.この時期は,貯蔵養分が最も少なくなる養分

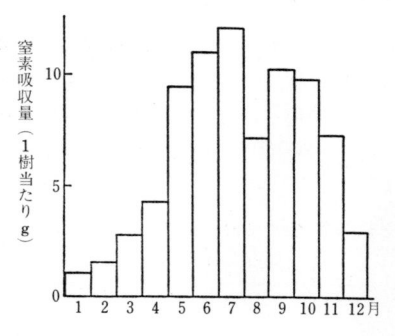

図2.18　長十郎の結果樹の月別窒素吸収量（れき耕栽培,年間を通して十分に窒素を供給）（吉岡ら,1972）

表2.11　火山灰土幸水園におけるリン酸施用効果の比較（千葉県農業試験場）

	調査項目	樹齢	P施用	P無施用	比率
生育状態	幹周(cm)	5	29.4	29.4	100
		10	50.8	50.8	100
		20	82.4	82.0	100
	1年生枝長(m/樹・年)	16〜21	497	481	97
	累計せん定量(kg)	2〜21	603.9	592.9	98
果実	収量(kg)	3〜5	27.5	27.9	101
		6〜10	129.8	128.3	99
		16〜21	164.1	160.7	98
		累計(3〜21)	2,610.9	2,532.7	97
	1果平均重(g)	3〜5	234.4	231.5	99
		6〜10	275.3	279.4	101
		16〜21	296.0	294.4	99
		3〜21	279.6	279.4	100
葉成分	N(%)		2.36	2.36	100
	P(%)		0.136	0.133	98
	K(%)		1.51	1.55	103
	Ca(%)		3.06	2.90	95
	Mg(%)		0.579	0.576	99

処理8樹2反復.比率はP施用区を100とした値.P施用区のリン酸施用量は窒素と等量.

転換期でもあり，大果生産に当たって最も重要な時期である．
　肥料要素のなかで，樹の生育に最も顕著な影響を及ぼすのは，窒素である．長十郎を用いて，年間十分に窒素を供給して窒素の吸収量をみると，吸収の最大の山は6～7月であり，収穫前の8月には一時的に吸収が低下する．しかし，9月以降は落葉期までかなりおう盛に吸収し，冬期間も少しずつではあるが休みなく吸収が続く（図2.18）．2カ月ごとに窒素を欠如した試験では，欠如した後の1～2カ月の窒素吸収は増加し，5～6月および7～8月欠如区で顕著であり，収穫後の秋肥の重要さがうかがわれた．
　リン酸については，火山灰土壌で行った実生苗，幼木においては生育促進，花芽の着生，早期多収などの効果が認められたが，樹齢が進んだり樹冠が拡大するにつれ効果は小さくなった．また，火山灰土壌で1mまで深耕した幸水のほ場で，定植時からリン酸施用区，無施用区を設けて21年間にわたって調査しているが，生育，収量，品質などへの両者の差は明らかでない（表2.11）．

表2.12　幸水・新水成木園の施肥量と窒素の時期別施肥割合（千葉県，1980）

土壌の種類	施用成分量			窒素の時期別施肥割合					計
	N	P_2O_5	K_2O	8/下～9/上	11/下～12/中	4/上中	4/下	6/中下	
火山灰土	20(26)	20	15	4	6	(+3)			10
粘質土	20(26)	10	15	4	6	(+3)			10
壌土	25	15	20	3	3		2	2	10
砂質土	25	15	20	3	3		2	2	10

　1）施肥はすべて全面施肥を原則とする．ただし，たい肥，有機物，リン酸肥料は溝または穴に施してもよい．
　2）（　）は草生法の場合に施用する．4月上中旬刈取後，無草生部分を含めて全面に施用する．草生栽培の場合は草生面積率を70％以内とする．Nの施用量は清耕栽培の20～30％増とする．
　3）リン酸とカリは任意的に考えてよい．したがって化成肥料または配合肥料を用いる場合は窒素と一緒に施すことになる．リン酸を単肥で埋め肥とする場合は11月下旬～12月中旬に施用する．

　施肥の実際について千葉県の施肥基準を表2.12に示したが，それぞれの県で基準を作成しているはずであるから，基準どおりの施肥を実施した上で，増減を検討すべきである．同県の多肥園で県の基準施肥区を設け3カ年にわたって実証試験を実施したが，収量，品質，収穫期などに施肥量による差は認められなかったが，多肥区では1m以上の徒長枝の割合が高かった．　　　　　　　　　　　　　　　　［関本美知］

文　献

1) 向井武勇（1982），今月の農薬特別増大号，果樹栽培の総合技術（下），73-84，化学工業日報社．
2) 農文協編（1983），農業技術大系，果樹編3 ナシ，西洋ナシ，229-233，農文協．
3) 吉岡四郎（1982），果樹園の土壌管理と施肥，351-379，博友社．

【二十世紀栽培の要点】

a. 生育ステージとおもな管理

ナシはほう芽期から落葉期までの間，開花，結実，展葉，新しょう伸長，花芽分化，同化デンプン蓄積，果実肥大，糖分蓄積，果実の成熟，貯蔵養分蓄積，落葉などいろいろな生長の流れがあるが，これらの生育は単独に起こるのではなく複数の生育相が関連し重複しながら進展する。生育期間中に一つでも障害が生じるとこの影響は当年だけでなく次年度あるいは3年目の生育にまで影響する。ナシの一連の生育相を図示したのが図2.19であり，ポイントを抑えた管理が要求される。

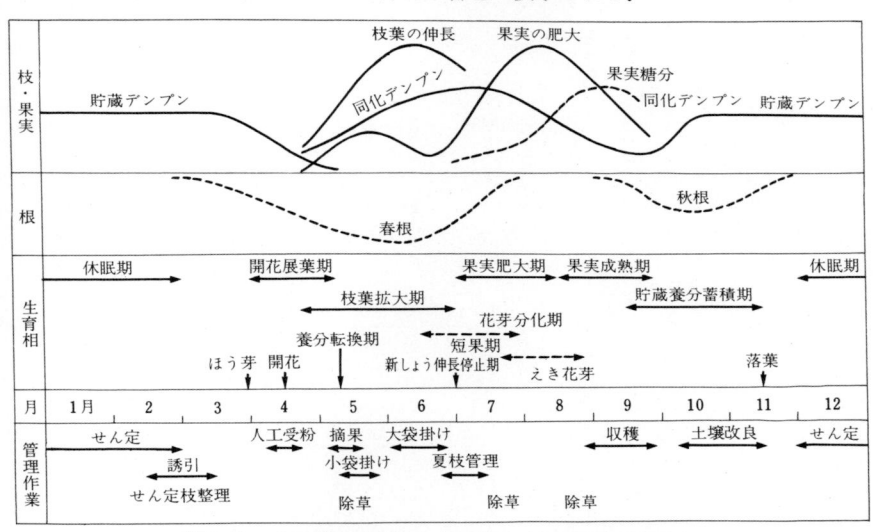

図2.19 二十世紀の生育とおもな管理（米山原図に長柄加筆）

b. 受粉

開花予測 ナシの開花期を事前に予測することができれば，人工受粉の作業上好都合である。二十世紀について3月の気温と開花に高い相関関係があり，二十世紀の開花予測式を求めた（図2.20）。鳥取県ではこの予測式によって毎年二十世紀の開花予測を行い，開花予想の的中度はおおよそ1～2日の誤差である。さらにサクラ（ソメイヨシノ）の開花始め日または満開日から二十世紀の満開日まではそれぞれ約2週間，1週間を要し，ソメイヨシノの開花日から二十世紀の開花予測式を求め，上記の予測式の補正値として用いている（図2.21）。

人工受粉 受粉樹：表2.13に示した和合性の品種組み合わせによって必要とする品種の花粉を採取する。受粉樹の条件は次のとおりである。また，二十世紀の受粉に利用される品種の特性を表2.14に示す。

① 花芽数，花粉量が多いこと。

2. ニホンナシ

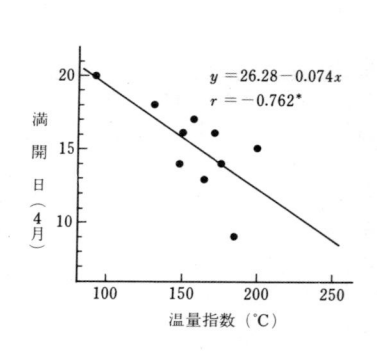

図2.20 3月の温量指数と二十世紀満開日の関係（簗取ら，1963）
x：温量指数，y：4月1日を起点とした満開予定日．測量指数：（最高気温 $-7°C$）．ただし7°C以下は0とする．＊：5％水準で有意．

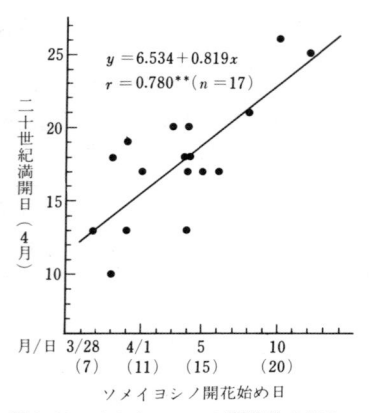

グラフ内：$y = 26.28 - 0.074x$，$r = -0.762^*$

図2.21 ソメイヨシノの開花始め日と二十世紀満開日の関係（長柄，1984）
（ ）は起算日（3月21日を0）からの経過日数．鳥取県果樹試験場，鳥取地方気象台資料より作成，1960〜76年．＊＊：1％水準で有意．

グラフ内：$y = 6.534 + 0.819x$，$r = 0.780^{**} (n=17)$

表2.13 おもなナシ品種間の交配不和合性

♀ \ ♂	二十世紀	おさ二十世紀	早生二十世紀	新水	幸水	豊水	長十郎	新興	新世紀	新高
二十世紀	×	×	×	○	○	○	○	○	○	○
おさ二十世紀	○	○	○	○	○	○	○	○	○	○
早生二十世紀	×	×	×	○	○	○	○	○	○	○
新水	○	○	○	×	×	○	○	○	○	○
幸水	○	○	○	×	×	○	○	○	○	○
豊水	○	○	○	○	○	×	○	○	○	○
長十郎	○	○	○	○	○	○	×	○	○	○
新興	○	○	○	○	○	○	○	×	○	○
新世紀	○	○	○	○	○	○	○	○	×	○
新高	○	○	○	○	○	○	○	○	○	×

○：和合性，×：不和合性．
新高は花粉がほとんどなく花粉採取品種としては不適当．

② 樹勢が強く，強い枝の切り込みに耐え，新しょうの発生が多いこと．
③ 満開期が受粉する品種より早いこと．
④ 病害虫被害が少なく，管理が容易であること．

　花粉採取：　受粉予定の約1週間前に花らいが白く風船状となった受粉樹の枝を元芽3〜4芽を残して切り，ハウス内で水挿しする．

表 2.14 受粉品種の特性

品種名	特　性
長十郎	えき花芽の着生がよく，花粉量も多い．
新　興	えき花芽の着生がよく，開花も早い．開やくが早く樹上で開やくしやすい．
豊　水	えき花芽の着生がよく，花粉量も多い．新しょうが捻転しやすい．
今村秋	えき花芽は少ないが短果枝はよく付く．花粉量が多い．
鴨　梨	開花が早く，花が早い品種に適する．発芽率が低い年がある．

　ハウス内の温度は 25～28℃に保ち，時々散水して開花を揃える．開花した花を摘み取り布袋に入れ脱水機（家庭用洗濯機でもよい）で脱水し，採やく機にかけてやくを分離する．花糸などのゴミを除き精選したやくをクラフト紙に広げ 25℃，湿度 50 ％の開やく機内で 24 時間かけて開やくさせる．開やくの終了した粗花粉は薬包紙やクラフト紙に包みポリ袋に入れ，100 ml 当たり 10 g のシリカゲルを加え，さらに発泡スチロール容器に入れ冷蔵庫で受粉当日まで貯蔵する．長期貯蔵は家庭用冷蔵庫でも 1 年間は貯蔵可能であるが，温度変化が大きく花粉の発芽率低下があり，最近では冷凍貯蔵（－18～－20℃）が増加している．

　二十世紀成木で 10 a 当たり最低 70～80 ml（生やくで約 300 ml）の粗花粉を必要とし，これに必要な花数はおよそ 7,000～8,000 花（花芽数で約 1,000）であるが，実際は 10 a 当たり 200 ml くらいの粗花粉を使用している．

　人工受粉：　子持ち花をあらかじめ摘花しておき，受粉作業は花が 5～6 番花まで咲き揃った頃が適期で，3～6 番花を中心に 1 クラスター当たり 2～3 花，絵筆，羽毛筆などで受粉する．1 筆で 20～30 花は受粉できる．受粉当日の気象に十分注意して，作業は 2 回行い確実な受粉を行う．

　ナシの受精は 15℃で受粉後 3 日以上必要で，気温がこれより低いときにはさらに時間を要する．雌ずいの柱頭上に付着した花粉は 15℃前後の温度条件で受粉後 2 時間で大部分の花粉が発芽侵入し，3 時間後には花柱内に入るとみてよい．このため，受粉作業中途や終了後の降雨では 3 時間以上経過していれば問題ないが，受粉後 2 時間以内の降雨や 3 時間以上経過しても気温が低いときには再受粉する．

c．摘　　果

　摘果時期：　摘果は果実肥大の点から早いほど有利であるが，果実品質の優劣が判定できるのは受粉後 2 週間を経過してからである．受粉後の果実肥大は温度条件で左右されるので，果実の形質がはっきり判別できる頃から摘果作業にとりかかる．

　方法：　摘果にあたって残す果実は，傷や病虫害のない図 2.22，2.23 に示すよく発育する形質を備えているものである．摘果時に果実が大きくても形が扁平に近くて果梗の短い果実は将来大果にはならず，幼果の形がやや長形でがくの脱落跡が皿の糸底に似た形（皿かむり）をした，果梗が太くて長い幼果が大玉となる素質をもち品質も優れる．

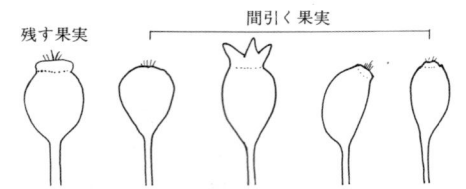

図2.22 残す果実と間引く果実（摘果期の果形で判断する）

残す果実：皿かむり型、イチジク型
間引く果実：有てい果、変形果、発育不良果

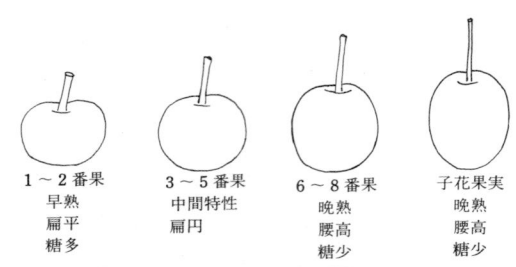

図2.23 着果番果と果形の関係

1〜2番果　早熟　扁平　糖多
3〜5番果　中間特性　扁円
6〜8番果　晩熟　腰高　糖少
子花果実　晩熟　腰高　糖少

摘果は発育不良果や変形果を間引き，1〜2番の元花，7〜8番の先花と子花の果実を除いた3〜6番花のなかで皿かむり果を残す．摘果初期は将来変形果となることが判定できないことがあり，この場合は2果残す予備摘果をして，みきわめができるようになって本摘果する．

d．袋掛け

小袋掛け　二十世紀の袋掛けは幼果が小さく早い時期に掛けるほど果面表面のコルクの発達が少なく，果面がきれいに仕上がるが，早い時期の袋掛けは風害を受け，落果しやすい．ナシの幼果は5月中旬をすぎると表皮上にある気孔が裂開し，果点コルクが形成される．この部分に雨や薬液が付着してコルクの発達を助長するので，小袋掛けは受粉後2週間から果点コルクの発達する受粉後30日頃までに終了する．

大袋掛け　小袋掛け終了後約2週間して果梗が十分硬くなった頃から2回目の大袋掛けをする．大袋は直接小袋の上から掛けて差し支えない．大袋には一重袋と二重袋の2種類があるが，二十世紀には二重袋を使用する．二重袋には外側にクラフト紙，内側にパラフィン紙を張り合わせた袋とこの逆に外側パラフィン，内側クラフト紙の袋があり，出荷時期の早晩，病虫害の多少など地域によって使い分けをする．

e．施肥・土壌管理

施肥のポイント　① 収穫後期の9月中下旬の礼肥（速効性の化成肥料）で十分な貯蔵養分を蓄え，これに10〜12月の基肥を与えて春のスタート（初期生育）をおう盛に行わせる．貯蔵養分による開花展葉後は葉で作られる同化養分との切り替えを早める（養分転換）．貯蔵養分が少ない場合は初期生育が悪く展葉の遅れと果実肥大が劣り，養分の切り替え時期も遅れがちとなる．

② 初期生育によって展開した短果枝葉や新しょうに,肥効が切れないようにして同化作用を十分させる.ここで窒素肥効の山が急に大きくできると同化産物のデンプンが窒素と化合しタンパク質合成に消費され,ますます新しょうの伸長がおう盛となり,枝の遅伸びと果実成熟の遅れ,糖度が低い味の悪い結果となる.また,この時期の窒素の効きすぎは黒斑病多発の要因となるので注意する.この時期に肥効が現れるのはおもに10〜12月に施した肥料によるものである.

鳥取県における二十世紀の施肥基準を表2.15〜2.17に示す.

表2.15 二十世紀成木施肥基準(鳥取県)

園地の区分	N成分量	時期別施肥割合 (%)						
		9中	10中	11〜12	2下	5中	6上	7上	合計
基 準 園	15〜18kg	15	15	45	10	—	15		100
老木で樹勢の弱い園	18〜20kg	10	10	40	10	10	10	10	100
肥料の種類		速	速緩	緩	速	緩	緩	緩	

速:速効性,緩:緩効性. 3要素の成分比 N:P:K=10:6:8(有機物の施用の多い園 N:P:K=10:6:6).

表2.16 二十世紀幼木樹齢別施肥基準 (N成分量)(鳥取県)

樹 齢	1〜2年	3〜4年	5〜6年
成分量	3〜4 kg	5〜7 kg	8〜10 kg

3要素の成分比 N:P:K=10:6:8.

表2.17 二十世紀幼木樹齢別時期別施肥割合基準 (N成分量)(鳥取県)

時 期	1〜4年	5〜6年
9月上旬	10	10
10月上旬	10	10
11〜12月	30	50
2 月	—	10
3月上旬	20	—
5月上旬	20	10
6月上旬	10	10
合 計	100%	100%

土壌改良 深耕と有機物施用: 土壌の物理性改良には通気性と排水対策が最も重視される.土づくりには有機物と土壌改良剤の施用が代表的であるが,それにまして通気性の改善が品質向上に役立つ.通気性の改善には毎年樹のまわりを深耕して土を膨軟にして土中に十分な空気を供給することが重要である.土中の酸素が十分にあると根の活性は強く,つねに新しい根が伸長して養水分が枝葉に供給され,果実の生育やデンプンの蓄積が優れる.また,ゆず肌症や水ナシなどの生理障害も軽減される.

深耕は収穫後の10〜11月にかけて行い,リン酸質,石灰質改良剤をそれぞれ毎年10

a当たり60～200kg程度土と有機物によく混ぜ施用する．有機物は十分に腐熟した窒素分が少ないたい肥や山草を10a当たり1,000kg以上投入する．未熟なきゅう肥や鶏糞は窒素分が多くしかも土中での分解が遅く，窒素の肥効のピークが6月に現れ，枝の遅伸びや果実成熟の遅れと黒斑病の多発の原因となるので注意を要する．

排水対策： ナシ根は40cm付近を中心に多く分布しており，また健全に生育するには有効土層が1m以上必要といわれる．土壌改良で掘った穴に水がたまりやすい重粘質の土壌では，水がたまらない穴の掘り方をするとともに，暗きょや明きょ排水を行い，水田転換園のように地下水位が高い園では高うね栽培などの対策を講じる．

f．整枝・せん定

主枝先端は強く保つ 成木の主枝，亜主枝の先端は樹勢を判断する目安となる．主枝，亜主枝の先端は，整枝法を問わず図2.24に示すように先端から新しょうが2本伸びる程度の強さに保つ．主枝，亜主枝先端は枝をできるだけまっすぐに延ばすことから，横～斜め上の芽で交互に切り返す．先端は毎年同じ長さで切り返すのではなく，前年の切り返しの長さと今年の新しょうの伸び具合をみて，強く伸びた場合にはやや

図2.24 主枝先端の新しょうの伸び方

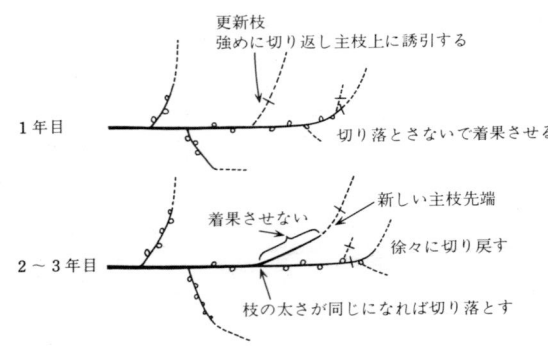

図2.25 主枝先端の更新方法
先端近くの1年生または側枝を更新枝とする．

弱めに，逆に弱めの伸びであれば強めに切り返す．先端部の新しょうが細く衰弱したときは，先端近くの適当な発育枝で更新を図る．更新枝の太さがもとの枝と同じになるまで待って古い枝を切り落とす．この間古い枝は着果させながら徐々に切り戻しておく（図2.25）．

亜主枝の間隔 亜主枝間隔が狭いと亜主枝上に配置する側枝が十分な長さがえられず，側枝が強せん定になりがちである．また，側枝が隣の亜主枝上まで伸びると日陰を作ることになり，果実の品質低下と花芽の充実不良となりやすい．このため亜主枝間隔を1.5～1.8mの広さにとり，この間に側枝をゆったりと配置する．

側枝の配置とせん定 主枝，亜主枝の先端部では直接短果枝を配置するが，これ以外の部位では亜主枝上に配置した側枝に短果枝を配置する．側枝基部からは徒長枝が発生したり，元部の短果枝から大きな発育枝が出たりして年々元部が太くなり花芽

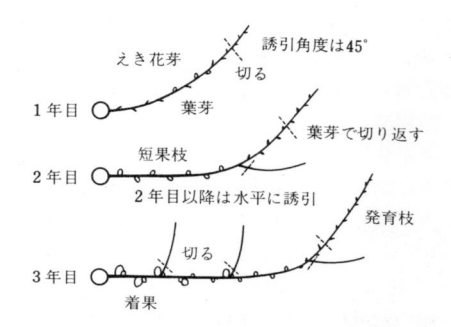

2.4 栽培管理

図2.26 側枝の作り方

が枝先へ逃げがちである．側枝の使用年数をおおむね5年程度として，毎年全側枝の20％程度を更新して，1年から5年生程度までの枝を適当に配置する．側枝の更新がうまくできないと更新が一時に集中して収量の低下となり，また古く強大化した側枝だけの樹では樹勢の低下をきたすので，計画的な側枝更新をする（図2.26）．

1年枝の扱い方：亜主枝上から直接出た枝や，短果枝から発生した発育枝のなかで充実がよく発生位置がよい枝を側枝候補枝として選び，先端1/4～1/5を葉芽で軽く切り返し，40～45°の角度で誘引する．亜主枝基部から出た枝はどうしても元部の充実が悪く，良質の短果枝が付きにくい．このため亜主枝のなかほどから元部では20cm程度の長さにした予備枝とする．予備枝から出た1年生枝は充実がよく，花芽のはげ上がりが少なく良質側枝となりやすい（図2.27，2.28）．予備枝から出た1年枝の扱いは他の1年枝と同じでよい．

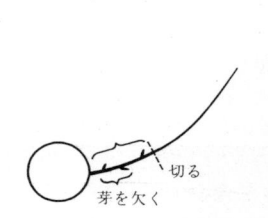

図2.27 予備枝（まち枝）の作り方 　　**図2.28** 予備枝から出た2年目の側枝の切り返し（短果枝の着生がよい）

2年枝の扱い方：先端の発育枝を前年枝の約1/2～1/3の長さで切り返す．短果枝が初めて付き側枝らしくなるが，直上の強い短果枝や下向きの弱い短果枝以外は花芽整理をしないで，摘果で着果調節をする．2年生部分は棚に水平に，1年生部分は45°の角度になるように誘引する．

3年枝の扱い方：短果枝が初成りした側枝で，この時点で側枝として置けるかどう

かを判断する．すなわち，枝の背面から徒長枝が3本以上立った場合は将来側枝としての利用価値がなく，ただちに更新する．徒長枝の発生がなく，2年枝，3年枝（着果跡）にも短果枝が付いて，側枝先端の1年生枝が素直に伸びた枝であればよほどのことがないかぎり良質側枝として数年間利用できる．

先端枝は前年の切り返しの長さの1/2程度に強く切り戻すが，側枝基部の花芽が強く二次花芽が多い場合にはやや長めに切り返す．短果枝間隔を片側20 cmくらいとして，芽の向きを斜め上〜横〜斜め下とする．2年枝の短果枝の花芽整理は上と下の花芽を整理する程度とする．

4年以降の扱い方： 側枝元部から徒長枝や短果枝から強い発育枝が出やすくなる．これら強い枝を出さないために，強い短果枝には2芽残し勢力を分散させる．先端は3年枝と同じく前年枝の1/3程度に強く切り返す．近くに更新枝の準備ができており，次年度には更新を予定する場合には先端1芽を残して強く切り返す．

［長柄　稔］

2.5　出　　荷

(1) 選　果
a．選果規格

ナシの流通上選果基準はなくてはならないものであり，各産地（県）ごとに，その規格を決めている．ただし，各産地ごとにまちまちでは市場取引上支障をきたすので，主要品種についてはほぼ同じような規格になっている．現在では，各県とも青果物検査規格を作成し，新水，幸水，豊水，二十世紀，長十郎などの選果基準を表示している．

栃木県の品質区分は次のとおりであり，その他の基準は表2.18のとおりである．

品質区分

秀：　異品種，腐敗変質果，未熟果または過熟果を含まず，玉揃いよく，形状秀でてさびは果面の1/3以下，日焼けは果面の1/5以下，薬害は果面の1/5以下，病害虫の被害はほとんどないもの，刺傷，切傷，圧傷などがないもので，すり傷などの損傷は目立たないもの．つるぬけは認めない．

優：　異品種果，腐敗変質果，未熟果また過熟果を含まず，玉揃いよく，形状優良でさび，日焼け，薬害また病害虫の被害のはなはだしくないもの．刺傷，切傷，圧傷などが軽微なもの，すり傷などの損傷ははなはだしくないもの．つるぬけは認めない．

良：　優につぐもの．

b．選果方法

手選果　個人選果の場合にとられる方法で，収穫の際にあらかじめ，大，中，小，および格外に分けて選別する．その後，選果台にのせて規格に従って選別するという2段階チェックが行われている．一般には，3人が1組になって，2人が選別パック詰めし，1人が箱詰めをするのが能率的である．1時間当たりの処理能力は，3人1

2.5 出荷

表2.18 幸水,豊水,長十郎,二十世紀群自主検査規格(栃木県)

形量区分	選別標準				容器	量目	荷造方法
	1箱の標準入個数		パック1枚当たりの穴数	1果の基準重量			
	15kg	10kg					
5L	30以内	20以内	10以内	455g 以上	ダンボール箱	10kg 標準	パック詰めの方法は,赤ナシは果梗を上にする。また,パックとパックの中仕切は片面ダンボール,パックの上と下にはトーシンネットを使用する。
4L	33, 36	22, 24	11, 12	400g 以上 455g 未満			
3L	39, 42	26, 28	13, 14	350g 以上 400g 未満		15kg 標準	
2L	45, 48	30, 32	15, 16	310g 以上 350g 未満			
L	54	36	18	270g 以上 310g 未満			
M	60, 63	40	20	235g 以上 270g 未満			
S	66	44	22	215g 以上 235g 未満			
2S	72	48	24	195g 以上 215g 未満			

ただし,新水,八雲の品種は1階級上げて設定する.この場合2Sのパック穴数は26, 28穴とし,1果の基準重量は175g 以上,195g 未満とする.

組で,10 kg詰めを22〜23箱程度である.

機械共選 機械選別機には,①光線を走査することによって,果実の高さおよび長さを自動的に測定し選別する光線式形状選果装置,②センサーカメラの撮影によって,果実の形状,傷および着色程度を自動的に測定し選別するカラーグレーダー式選果装置,③電子秤で,果実の重量を自動的に測定し選別する電子秤式重量選果装置がある.これらの装置は,1条当たり毎時9,000〜10,000個の選別能力がある.したがって,共同作業によって選果の能率,作業性の向上が図られ,玉揃いをよくし商品性を高めるうえでナシ産業の発展に寄与しているといえる.

(2) 出荷容器・包装

共同販売のほとんどの品種で,10 kg詰めのダンボール箱が使用されている.ダンボール箱の規格は,内径について長さ460 mm,幅300 mm,高さ160〜190 mmが標準である.包装は,箱の底にネットを敷き,その上にナシを詰めたパックを置く.次に中敷きを敷き再びパックを置き,最上段にマットを敷いて完了する.中敷きに用いる資材は,三水と長十郎では異なっている.なお,三水,長十郎など赤ナシのパック詰めは,裸詰めであるが,二十世紀やその他の青ナシは紙で包装後パック詰めがなされる.

2.6 貯　　蔵

ナシの貯蔵については種々の研究がなされているが，国内向けの出荷調整という目的では，まだ広く実用になっていない現状にある．しかしながら，最近は，二十世紀を始めとした輸出が行われるようになっており，その際の出荷調整に利用されている．今後は遠距離輸送から小売までの鮮度保持技術の開発が望まれる．

（1）低温貯蔵

ナシは，貯蔵によって果色が進み，光沢が低下してくるのが一般的である．また，内容的には果肉硬度が低下するとともに，比重が低下する．全糖はあまり変化がない．貯蔵用の果実は，収穫盛期以前に収穫されたもので，適熟果よりいくぶん早めのものがよく，収穫基準は表2.19のとおりである．

表2.19 貯蔵用果実の収穫基準

品　種	カラーチャート（地色用）	比　重
幸　水	1.5〜3	1.020以上
豊　水	3.5〜4	
二十世紀	3〜3.5	
新　高	3.5〜4	

表2.20 品種別貯蔵温度と品質保持限界日数との関係（日園連）

品種	貯蔵条件（℃）	品質保持限界日数	出庫後日持ち日数
新水	15	10	3
	10	20	5
	5	45	3
	0	60	3
幸水	15	10	3
	10	10	5
	5	20	3
	0	45	3
豊水	15	15	5
	10	25	3
	5	45	3
	0	60	3

貯蔵容器はコンテナを使用し，厚さ0.03 mmのポリエチレンフィルムで包装するとよい．貯蔵庫内の湿度は90〜95％がよく，温度は0〜1℃が最も品質保持期間が長い．各品種別の貯蔵温度と品質保持限界の目安を表2.20に示した．

（2）CA貯蔵

CA貯蔵は，低温貯蔵に比較して果皮色や硬度の保持が優れるとともに，腐敗も少なく，良好な品質保持効果が高い．果実の採取時期は，低温貯蔵と同様に収穫盛期より若干早い方がよい．好適なガス組成は，二十世紀がCO_2 4％，O_2 5％，新興がCO_2 5％以下，O_2 5％以上，菊水はCO_2 3％以下，O_2 10％以下とされ，品種によってやや異

なる．なお，CO_2濃度が高いほど，あるいはO_2濃度が低いほど果皮の緑色保持は高いが，果心部褐変を増大するようになる．一方，CA貯蔵前に予備冷蔵を行うと貯蔵中の果心部褐変が抑制されるともいわれている．

なお，今のCA貯蔵は，炭酸ガスを入れて濃度を調節するため貯蔵コストが高くつくのが難点である．これらを解消するため，簡易なCA貯蔵法の開発も進められている．

2.7 加 工

ナシの加工の目的は，流通にのせられない格外品の有効利用にある．これまで，二十世紀を対象とした加工の研究開発がなされ，缶詰，グラッセ，濃縮ジュース，ネクターなどが開発されている．これらのなかで，現在はグラッセとネクターが企業化され，とくに二十世紀ナシ・ネクターは需要を拡大している．一方，最近は，村づくり・町づくりのなかで，農産物の付加価値を高める意識が強くなっていて，ナシについても，ジュース，ジャム，ワインなどの特産品作りがなされている．

2.8 災害防止と生理障害

(1) 防鳥・防蛾対策
a．野鳥，吸蛾の種類

ナシ園に飛来し被害を及ぼす野鳥は，ムクドリが最も多く，そのほかにオナガドリ，ヒヨドリ，カラスなどである．野鳥による被害は，新水，幸水および豊水などうまい品種の栽培が多くなるにつれて増してきたといえる．ナシを加害する吸蛾の種類（一次加害）は，アカエグリバ，アケビコノハ，ムクゲコノハ，アカキリバ，フクラスズメ，ヒメエグリバ，ヒメアケビコノハなどである．一般には，アカエグリバ，アケビコノハおよびムクゲコノハの被害が多く，発生時期は7月下旬から9月下旬にかけてである．

b．網被覆による防鳥・防蛾

網の種類 防鳥対策については，いろいろな機材が検討されたが，現在のところ網を被覆するのが最も有効である．防鳥だけが対象の場合は，網目の大きさが表2.21のように30 mm以下であれば有効である．防鳥，防蛾を兼ねる場合は，網目を小さくしなければならない．アケビコノハやムクゲコノハなど大型の吸蛾であれば10 mm以

表2.21 網目の大きさと野鳥侵入状況（栃木県農業試験場，1974）

網目の大きさ(mm)	ムクドリ，オナガドリ，ヒヨドリ侵入状況
30	侵入なし
40	ムクドリ侵入
45	〃
55	〃

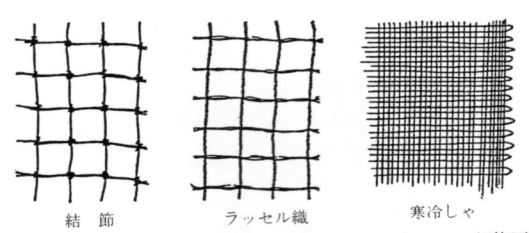

図2.29 主要な網の種類（神奈川県園芸試験場原図, 一部修正）

下であればよい．しかし，アカキリバなど小型の吸蛾には5 mm以下が必要である．なお，5 mm以下であればカメムシ類の防除にも有効である．また，10 mm以下であれば防ひょう効果も期待できる．

現在普及している網の種類は図2.29のような3種類の織り方に要約される．結節の網は，おもに30 mm目合の防鳥専用に作られている．ラッセル織および寒冷しゃは防鳥，防虫，防ひょうなど多目的網として利用されている．耐用年数は，防鳥専用網は1～3年，多目的網は6～10年程度である．

網被覆棚の架設　網被覆棚の架設方法には平型と屋根型がある．降ひょうのある地帯で，防蛾網を被覆する場合は，網目が小さいために防ひょう効果があるので，しっかりした棚にする必要がある．風の強い地帯も同じことがいえる．したがって，ナシ棚と網被覆棚の周囲柱，アンカー，控え線は別々にしておくことが大切である．

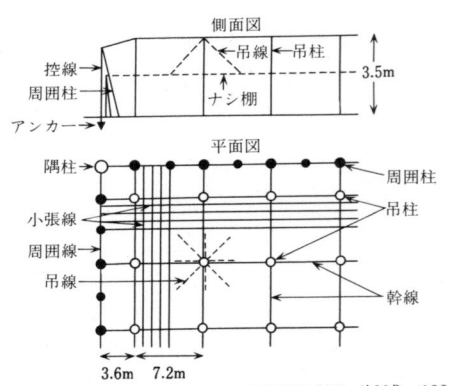

図2.30 防鳥・防虫用平張り網棚模式図（松浦, 1990）

防鳥，防蛾など多目的網を平型に被覆する場合の架設図を図2.30に示した．4間植えの園として（4間＝7.2 m），周囲柱および中柱の間隔は7.2 m，高さは3.5 mとする．高さを3.5 m以上にするとナシ棚に登って作業をするのがやりにくくなる．小張り線は90 cm間隔とする．これらに必要な10 a当たりの資材は表2.22のとおりである．この架設図および必要資材は防ひょうも兼ねたものであるため，防ひょうを想定しない場合はもっと簡略にしてよい．また，防鳥のみであれば，さらに簡略化できる．

2.8 災害防止と生理障害

表2.22 防鳥・防虫用平張り網棚必要資材 (10a 当たり, 1990)

名　　称	規　格	数　量	備　考
隅　柱	76.3×2.8×4	4本	キャップ金具付き
周囲柱	48.6×2.4×4	28本	
吊　柱	48.6×2.4×3.5	15本	
周囲線・隅柱控線	2.0mm×7本ヨリ	160m	
幹線・周囲柱控線	被覆半鋼線#10	660m	
小張線・吊線	被覆半鋼線#14	1400m	
隅用アンカー	P_2	8丁	
周囲用アンカー	P_1	28丁	
巻付クリップ（直）	2.0mm	1本	
〃　　　　（曲）	2.0mm	8本	
ターンバックル		8本	
ワイヤークリップ		62個	
隅用受石	20×20×15	4個	
周囲・吊柱用受石	20×20×10	43個	

c. 黄色灯を利用した吸蛾防除

波長の長い黄色灯を利用して，吸蛾類の複眼を明適応化させて，加害活動を低下させる効果をねらうとともに，照明による忌避効果をねらった方法である．吸蛾類防除に必要な理想的な照度は 1 lux とされ，この照度を得るためには，40 W の黄色蛍光灯が 10 a 当たり 7 灯必要である．7 灯のうち 5 灯を棚下へ，2 灯を棚上に設置するのが理想的である．黄色電球の場合は 10 a 当たり 26 灯必要で，棚下へ 24 灯，棚上へ 2 灯設置する．点灯は日没後から夜明けまでとし，吸蛾類の発生時期に合わせて行う．

［松浦永一郎］

文　献

1) 松浦永一郎，坂本秀之 (1978)，栃木農試研報，**24**，33-41.
2) 新堀二千男，青木秋広，松浦永一郎 (1986)，園学要旨，昭61秋，452-453.
3) 内田正人，福田博年，宇田川英夫 (1978)，鳥取果試研報，**8**，1-29.
4) 山根昭美 (1981)，農及園，**56**(1)，189-191.
5) 山根昭美 (1985)，鳥取県食品加工研究所特別報告，**2**，1-81.
6) 米山寛一 (1972)，果樹園芸大事典 (佐藤公一，他編)，573-575，養賢堂.

(2) 生理障害

a. 硬化障害 (石ナシ, ゆず肌)

ニホンナシの果肉が硬化するもので石ナシとよばれ，とくに果頂部に発生する．また，果実表面に大小の凹凸がみられることからゆず肌ともよばれる．いずれの症状も同一の原因による生理障害と考えられ，最近では硬化障害とよばれるようになった．二十世紀，長十郎，新世紀などで発生が多く，幸水，新水などには発生しない．

発生条件 一般に硬化障害は，排水不良の沖積土壌や乾燥しやすい砂質土壌で発生が多く，火山灰土壌では少ない．また，徒長枝の発生を伴う短果枝や長果枝に発生しやすく，樹冠の外側よりも内側に多い．このような障害の発生した樹は，根群の発達が不良な場合が多い．また，果肉中のカルシウム含量が低く，カリ含量が高い．

硬化障害の発生原因として，水分の不足とカルシウムの欠乏が考えられる．障害が発生した樹では，夏季の高温乾燥時に水分が不足し，葉と果実の浸透圧差が大きいことが知られている．また，硬化障害果のカルシウム含量は低い．これは枝葉と果実との水分，カルシウムの競合が起こり，その結果，果実へのカルシウムの転流が減少し，障害発生が誘起されると考えられる．

防止対策 防止対策には，カルシウムの供給，土壌条件の改善，樹体の適正管理があげられる．具体的には，深耕と同時に石灰と有機物の混和施用を行い，土壌のカルシウム含量を増やすことが大切である．さらに，根群の発達を促すために，かん水，排水対策による土壌条件の改善が重要で，そのためには暗きょの埋設などが考えられ

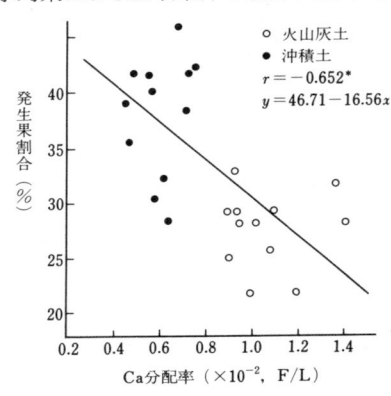

図2.31 2種類の土壌で栽培した鉢植えの樹における果実と葉のCa分配率と発生果程度との関係（高辻ら，1985）
Ca分配率：果肉のCa濃度/葉のCa濃度$\times 10^2$．＊：0.1％水準で有意．

る．樹体管理の面では，夏の新しょう管理を行い徒長枝の発生を抑え，果実へのカルシウム分配率を高める．また，摘らいや早期摘果も同様の効果が認められる（図2.31）．

b．みつ症

ニホンナシの豊水など一部の品種では，果実が成熟する過程で，果肉組織に水浸状の部分が生じることがある．この症状を一般にみつ症とよぶ．みつ症の発生は，果実が成熟から過熟に至る過程で発生する場合と，外観的には成熟が進んでいないうちから発生する場合があり，問題になるのは後者の場合である．ニホンナシのみつ症は，品質や日持ち性の点などに問題があり，商品性が劣る．

発生条件と果実品質 過去の本症の発生状況をみると，大発生したのは，夏の温度が低い冷夏の年であった．鉢植えの豊水を7月に人為的に低温に遭遇させた結果，3カ年の試験のうち2カ年はみつ症が大発生した．これらのことから，未熟な果実に発生するみつ症は，夏の低温が大きな要因と考えられる．みつ症が発生した果実では，平年のそれに比べて地色の着色が早いだけでなく，比重や硬度の低下が急速であり，

2.8 災害防止と生理障害

果肉先熟型の果実となる．このことは，同じ地色でも発生年の方が平常年よりも果肉組織の成熟が進んでいることを示す．

発生機構

糖の蓄積： みつ症組織は健全組織に比べてソルビトールおよびショ糖の蓄積が顕著である．ソルビトールの蓄積は，ソルビトール脱水素酵素の活性が低下することにより他の物質に代謝されないために蓄積するのか，あるいは，果実内で他の糖から合成されたかのいずれかと思われる．ショ糖の蓄積はインベルターゼ活性が低下することにより分解が抑制されたことによると思われる．

細胞壁の変化： みつ症の発生初期には果肉の一部が水浸状を呈するだけだが，症状が進行すると組織が崩壊する．発生が軽微な段階ではセルラーゼ活性が高まってセルロースの分解が始まる．症状が進むとアラバナーゼやキシラーゼ活性が高まり，さまざまなヘミセルロースが分解されて細胞相互間の接着が弱まる．さらにはポリガラクチュロナーゼやβ-ガラクトシターゼの活性が高まってペクチンが分解され，細胞壁が部分的に崩壊する．これらの変化は過熟の過程と類似しており，みつ症部分は他の部分よりも過熟になっていることを示す．

膜の透過性： 果肉細胞の老化（成熟）の程度は膜の透過性によって表すことができる．みつ症の発生部位は他の部位と比べて膜の透過性が高い．このことは成熟が進んでいることを示している．

防止対策 現在，確実な防止技術は確立されていない．冷夏の年には，地色がまだ進んでいないうちにみつ症が発生するので，通常の年よりカラーチャート値が1前

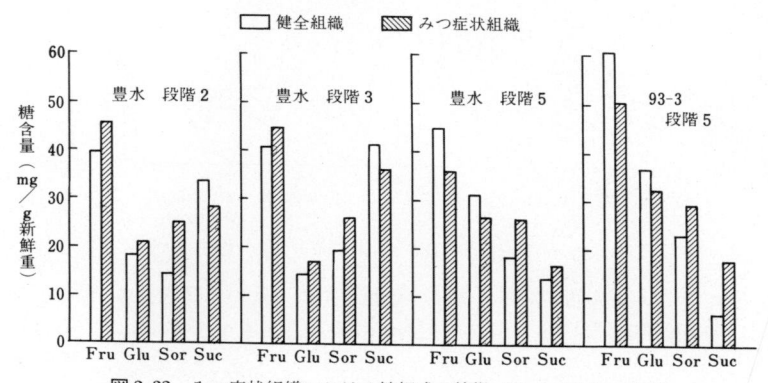

図2.32 みつ症状組織における糖組成の特徴（Yamakiら，1976）
Fru：果糖，Glu：ブドウ糖，Sor：ソルビトール，Suc：ショ糖．段階1から6にかけてみつ症状は進行する．

後低いうちに収穫するのが安全である．また，カルシウム剤の散布または果梗部への塗布による抑制効果が認められており，実用化にむけての検討が行われている（図2.32）．

c．裂　　果

ニホンナシの主要品種幸水は，年により裂果が大発生する場合がある．症状は，果梗部の亀裂程度である場合が多いが，ひどくなると，亀裂が果実全体に及ぶ．発生時期は7月中下旬であり，果実肥大の第3期に当たる．本症は，通常の年と比べて，7月が低温に推移し日照時間が少ない場合に発生が多い．また，梅雨明けが平年よりも遅い年にも発生が多い．降水量との関係は認められていない．

発生要因　ニホンナシ果実の日肥大量は，満開90日頃に最大となる．裂果の発生はその前後約15日間に多い．この時期の果実の日肥大周期と裂果との関係をみると，晴天日には1日当たりの果実の収縮は大きく，曇雨天日は逆に小さい．裂果は果実がほとんど収縮しない日が続いた場合に発生しやすい．収縮が大きい日は肥大量が少なく，収縮が小さい日は肥大量が多いという関係から，曇天または雨天日のように果実の日肥大量が大きい状態が続いた場合に裂果が発生すると考えられる．果実の肥大が一時的に抑制され，後に再び急激な肥大が起こった場合にも裂果が発生する．このように，裂果は，果実の日肥大量が大きい時期に，果実の肥大を急激に変化させる条件下で発生しやすいと考えられる．

防止対策　一般に裂果は，長大な徒長枝が発生し，新しょうの生長が不揃いな樹に多い．また，上向きの果台に着果した果実や，葉数の少ない古い側枝の果実などにも発生しやすい．このようなことから，新しょうの生長がよく揃い，樹勢の落ちつい

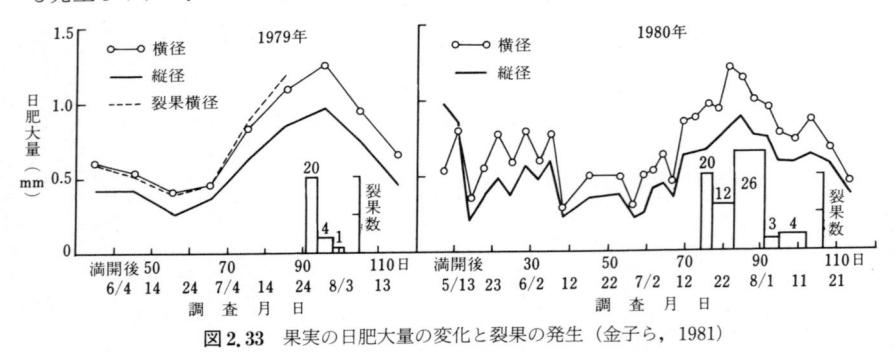

図2.33　果実の日肥大量の変化と裂果の発生（金子ら，1981）

た樹に育てることが大切である．側枝の更新を早めに行い，葉数の多い側枝を確保するようにし，摘果の際には，下向きの果台に着果した果実を残すことが大切である（図2.33）．

［猪俣雄司］

2.9　病　　害

a．黒斑病

診断　花弁，果実，葉，新しょう，越冬芽に発生する．通常若い組織に発病しやすいが，二十世紀では成熟果でも同程度に発病する．越冬病芽は春先に不発芽や伸長途

中で萎凋する．幼果では5月上中旬の小袋掛け期に直径1〜2 mm，真っ黒で丸く，ややへこんだ小病斑が発生する．葉では5月下旬頃，新しょうでは時期を問わず伸長中の緑色の部分に発生し，病斑を形成する．

病原菌 *Alternaria alternata* (Fries) Keissler Japanese pear pathotype
不完全菌の一種で，分生子のみを形成する．

伝染経路 枝病斑や芽の組織内で菌糸越冬し，翌年これらの部分に分生子が形成され，これが第一次伝染源となり，風で分散して伝染する．葉，新しょう，果実上に新たに形成された病斑上では再び分生子が形成され，盛んに第二次伝染を繰り返す．

多発条件 ① 開花時前後から小袋掛け終了までに高温多雨の年，② 日当り，通風および排水の悪い園，③ 窒素肥料の多用．

品種感受性 二十世紀には多発，ゴールド二十世紀，新水，早玉，君塚早生，菊水では少発，他の品種には発生しない．

防除 薬剤防除： 発生初期から小袋掛け前までの防除を徹底する．梅雨期にも葉と新しょうを防除し，翌年の伝染源を少なくする．有機銅剤，ポリオキシン剤（耐性菌の発生に要注意），イプロジオン剤，キャプタン・有機銅剤，チアジアジン剤，ポリカーバメート剤などが有効である．収穫期には成熟果が侵されやすいので，収穫前および収穫中にチアジアジン剤または有機銅剤を散布する．

耕種的防除： 耐病性品種のゴールド二十世紀を栽培する．せん定時に枝病斑や病芽を除去する．小袋掛けはできるだけ早く行い，枝病斑は塗布剤により封じ込める．

b．黒星病

診断 葉，果実，新しょうに発生する．幼果には5月上旬頃大きな黒色，こうやく状の病斑を生じる．5月上旬頃から葉柄や中肋部にも黒色の病斑が形成される．葉の病斑は初め淡黄緑色の輪郭が不明瞭な斑点で，のち多量に分生子が形成されて黒色となる．りん片上の病斑からその基部へ菌糸が伸長し，そこに4月上旬頃病斑（芽基部病斑）が形成される．芽基部には枯死したりん片が固着しているので，健全芽との区別がつきやすい．幸水の果実にはいわゆる後期肥大期以降も発生しやすく，葉と同様に病斑を生じるが，病斑部は肥大が悪くなるのでへこむ．

病原菌 *Venturia nashicola* Tanaka et Yamamoto
偽子のう殻，子のう胞子，分生子を形成する．

伝染経路 落葉上で越冬し，ほう芽期頃からの降雨時に子のう胞子が分散する．一方，えき花芽などのりん片が10月上旬〜11月中旬に感染すると，翌年1〜2月に病斑が形成される．3月上旬以降に分生子が形成されるとともにりん片基部に向かって菌糸が伸長し，そこにも病斑が形成され，その上にやがて多量の分生子が形成される．以上二つが第一次伝染源となり，葉，幼果，新しょうに発病し，そこで形成された分生子が第二次伝染源となる．初発生は子のう胞子を第一次伝染源とする場合が非常に多い．

多発条件 ① 開花前から満開終了10日後頃に多雨の年，② 日当たり，通風の悪い園，③ 窒素肥料の多施用．

品種感受性 豊水，幸水，長十郎などは感受性が高く，二十世紀，新高，晩三吉は低い．

防除 薬剤防除：りん片脱落期から満開終了10日後頃までの防除がとくに重要である．この時期に赤星病の防除を兼ねてエルゴステロール生合成阻害剤（EBI剤）やジネブ剤，ジチアノン剤を散布する．秋季の10月中旬〜11月上旬にキャプタン・有機銅剤などの保護殺菌剤を10日間隔で2〜3回散布をすると，りん片への感染防止効果が高い．

耕種的防除：りん片発病芽（生育が進むと新しょう基部発病）は開花前までに基部から除去すると効果が高い．落葉はできるだけ集めて焼くか埋めるようにする．

c．赤星病

診断 おもに葉に発生するが，幼果，新しょう，葉柄にも発病する．病原菌の伝染に好適な降雨のあった約3週間後が診断の適期で，通常開花後1〜2週間頃である．葉では初め鮮やかな橙黄色の直径2〜8 mmの病斑となり，その中央部に蜜液を分泌する光沢のある赤黄色の細点くさび柄子殻を密生する．やがてこれらの細点が黒変するとともに，病斑部の組織はやや肥厚して裏面に突出し，この部分に筒状，通常4〜8 mmの毛状体（さび胞子層）を多数形成する．

病原菌 *Gymnosporangium asiaticum* Miyabe ex Yamada

冬胞子層，冬胞子，小生子，さび柄子殻，さび柄子，さび胞子層，さび胞子を形成する．

伝染経路 6月頃から翌春2月まで中間宿主のビャクシン類のりん片葉組織中に菌糸で潜伏する．3月中旬以降冬胞子層が成熟し降雨により水分が供給されると寒天状となり，冬胞子が発芽し，その表面に黄色粉状の小生子が多数形成される．降雨から小生子形成まで8時間以上を要する．雨を伴った風によって小生子は飛散し，ナシ葉などに到達した小生子は最短4時間程度でクチクラから侵入する．異種寄生を行うので，二次伝染はない．

多発条件 ① ナシ園の近く（数百m以内）にビャクシン類が栽植されている場合，② 開花前までは降雨が少なく，その後1日以上降り続く霧雨が多数回ある年，③ 降雨時に6〜8 m/秒程度のやや強い風が吹く場合．

品種感受性 病原菌の系統（レース）の存在が指摘されているので，レースとの組合せにより品種の感受性は大きく異なる．ほ場観察では幸水，豊水，二十世紀など一般栽培品種は感受性が高く，秀水は明らかに低い．

防除 薬剤防除：中間宿主に対してはナシのほう芽期頃に石灰硫黄合剤，ポリオキシン剤を散布する．ナシではジチオカーバメート系薬剤，チアジアジン剤の予防効果が高く，展葉期から開花終了2週間後頃まで降雨前に散布する．なお，前者はジネブ剤を除いてこの時期の散布では葉に薬害を生じやすいので，注意する．EBI剤，メプロニル剤，フルトラニル剤は治療効果が高いので，展葉期以降開花終了2週間後頃まで，降雨の数日後に散布するだけで高い防除効果が得られる．

耕種的防除：ナシ園から1 km以内にあるビャクシンに代表される中間宿主を処

分すると効果が高い．

d. 輪紋病

診断 果実，葉，枝幹に発生する．果実は収穫直前頃から発病することが多い．褐色の円形病斑がしだいに拡大して果肉は軟化・腐敗する．色調の濃淡による同心の輪紋を生ずることがある．新しょうには秋以降にいぼ状突起を生ずる．

病原菌 *Physalospora piricola* Nose（本病菌はリンゴ輪紋病菌と同じであり，近々のうちに *Botryosphaeria berengeriana* f. sp. *piricola* とされるはずである）

子のう殻，子のう胞子，柄子殻，柄胞子を形成する．

伝染経路 枝幹の病斑部組織内の菌糸，柄子殻，子のう殻で越冬し，おもに柄子殻内に形成された柄胞子で伝染する．5月頃から降雨のたびに少しずつ柄胞子が分散し始め，7～9月に最も多くなる．分散した胞子は新しょうなどの部位に侵入，感染し，そこにいぼ状病斑を形成し，その後柄子殻と子のう殻を形成する．

多発条件 ① 5月下旬～7月下旬にかけて降雨日数が多い年(果実)，② 風当たりの強い場所（枝幹および果実）．

品種感受性 幸水，新水の果実は発病しやすく，長十郎，豊水はやや発病しにくい．

防除 薬剤防除： 4月下旬～8月上旬に，新しょうおよび果実の感染を防止するために月2回程度の散布を行う．キャプタン・有機銅剤，キャプタン・ベノミル剤などが有効である．

耕種的防除： いぼの削り取りを行うと菌密度が低下する．

e. 胴枯病

診断 枝幹と果実に発生する．枝幹では周年発生するので，とくに診断に適する時期はない．初め樹皮の表皮に黒褐色のへこんだ小病斑を生じ，しだいに拡大して赤褐色の楕円形または円形となり，健全部との境には亀裂を生じる．果心部が軟化腐敗し，激しく発病した場合には果梗を樹に残したまま落果する．

病原菌 *Diaporthe eres* Nitschke, *D. medusaea* Nitschke 〔*Phomopsis fukushii* Tanaka et Endo〕

柄子殻，柄胞子，子のう殻，子のう胞子を形成する．前者が強病原性，後者が弱病原性と考えられている．

伝染経路 病組織内の菌糸または柄子殻で越冬する．春から秋にかけて雨水などの水湿を得た柄子殻は白色の柄胞子を漏出し，ときには糸状の胞子角となる．これが分散し，枝幹の皮目やせん定痕などの枯死部に達すると，そこから侵入して発病する．そこで形成された病斑上には柄胞子が形成され，降雨時に二次伝染する．

多発条件 ① 樹勢が衰えた樹，② 窒素肥料の多施用，③ 1～2年生枝ではカワモグリの被害を受けた場合．

品種感受性 幸水は高く，豊水，新水はやや低く，長十郎や二十世紀は低い．

防除 薬剤防除： 健全部と病斑部の境界部分を木質部には達しないように浅く削り，そこへ薬剤を塗布する．チオファネートメチル，有機銅，イミノクタジン酢酸塩の各塗布剤が有効である．処理は年1回でよい．厳寒期を除けばいつ処理を行っても

よい.

f. 枝枯病

診断 おもに枝幹部に,ときに果実に発生する.せん定切り口,枯死部,枝表面の亀裂部などから発病し,暗赤色の縦方向に伸長した病斑を形成する.停滞型病斑は健全部との境に亀裂を生じる.表面に子座を密生してさめ肌状になるので,胴枯病との区別は難しい.果実では通常輪紋を生じず,果点部から軟化腐敗する.

病原菌 *Botryosphaeria dothidea* (Mougeot et Fries) Cesati et de Notaris

子座,子のう殻,子のう胞子,柄子殻,柄胞子を形成する.子のう殻,柄子殻とも黒色子座内に1〜数個形成される.柄胞子は大型柄胞子と小型柄胞子の2型がある.

伝染経路 病斑組織内で菌糸,黒色子座内では子のう殻または柄子殻を形成して越冬する.病斑上に形成された大型柄胞子および子のう胞子は風雨によって分散し,伝染する.病斑は春から秋に拡大伸展する.新病斑上には発病1〜2カ月後に柄子殻,さらにその後しばらくして子のう殻が形成され,二次伝染する.

多発条件 ① 窒素肥料の多施用により樹を軟弱徒長気味に育てた場合,② 結果過多や根に障害を生じて樹勢の悪い樹.

防除 薬剤防除: 病斑部と健全部との境界部分を中心に木質部には達しないように浅く削り,病斑部から健全部にかけて幅広く薬剤を塗布する.チオファネートメチル,有機銅,イミノクタジン酢酸塩の各塗布剤,機械油乳剤原液または3倍液混和ベノミル剤が有効である.処理は年1回で,晩秋から厳寒期を除けばいつでもよい.

g. 白紋羽病

診断 根部に発生する.季節に関わりなく根部を露出させると,根表面には白色〜灰褐色の菌糸がまとわりつき,皮質下の木質部表面には扇状菌糸束が認められる.病勢が進むと葉色が淡くなり,徒長枝数も少なく,伸長が悪くなる.異常に花芽の形成が多くなり,樹全体に生気がなく,若木では枯死することが多い.

病原菌 *Rosellinia necatrix* Prillieux

子のう殻,子のう胞子,分生子,疑似菌核を形成する.非常に多犯性である.隔膜部がセイヨウナシ形に肥大するのが特徴である.

伝染経路 分生子や子のう胞子による伝染の可能性は低く,作業機械のタイヤや作業者の靴に泥とともに付着した菌糸片が運ばれて伝染すると考えられる.発病樹に隣接する健全樹へは根の接触,やや離れた場所へは雨水の流れによる菌糸の移動が主と考えられる.新たな発病樹が伝染源となり,二次伝染が成立する.

多発条件 粗大有機物である枝などの根圏部への埋没.

防除 薬剤防除: 開花30〜40日前の休眠期に処理するのが望ましい.注入器具を用いた根圏部薬液注入処理ではベノミル剤またはチオファネートメチル剤を1樹当たり200 *l*,主幹を中心に半径1.5 m以内の部分にまんべんなく注入する.根部を掘り上げる露出処理では,主幹を中心に半径1.5 m,深さ40 cmまで掘り,発病のはなはだしい部分は切除した後,イソプロチオラン剤1樹当たり3〜5 kgを,発病部を水で濡らし,その一部をなすりつけ,残りを掘り上げた土とよく混和しながら埋め戻す.

耕種的防除： 着果量を制限し，徒長枝はある程度残し，樹勢の回復を図る．
h．ならたけ病
診断 地際部の樹皮下には白色の扇状菌糸層が広がっている．幹の菌糸層の部分はキノコ特有のかぐわしい臭いがし，根部には菌糸束が認められる．キノコは9～10月に被害部の根元などに発生する．

病原菌 *Armillariella mellea* (Vahl ex Fries) Karsten
菌糸膜，菌糸束，子実体(きのこ)，担子胞子を形成する．子実体のかさの直径は3～15 cmで多数群生または束生する．

伝染経路 子実体から分散した坦子胞子は，落葉あるいは土中の有機物上で腐生的に生育し，しだいに菌糸束を発達させ，宿主の根から侵入するといわれている．

多発条件 ① ナラタケが発生する雑木林の隣接園，② 山林を開墾して新設した園地へたい肥として雑木林の落葉を施用した場合．

防除 薬剤防除： 登録薬剤は現在皆無であるが，発病跡地処理にクロルピクリン剤を使用すると有効であるとする報告がある．

耕種的防除： 山林に隣接した果樹園では切株や倒木などを処分し，ナラタケの発生しやすい要因を除去する．

i．その他の病害
うどんこ病 *Phyllactinia pyri* (Castagne) Homma
初夏から葉裏に境界不明瞭な白色の菌叢を生じる．秋にはそこに黄色の細粒を生じ，やがて黒色に変わる．この子のう殻が，主として枝幹表面に付着，一部落葉上で越冬し，翌年の第一次伝染源となる．子のう殻は春から夏に裂開し，子のう胞子が分散して葉に一次伝染する．病斑上に形成された分生子により初秋まで第二次伝染をくり返す．通常，初発時期に1回，蔓延期に2回，ベンゾイミダゾール系薬剤（ベノミル剤およびチオファネートメチル剤），EBI剤を散布する．また，落葉は集めて焼くか土中に埋める．

疫病 *Phytophthora cactorum* (Lebert et Cohn) Schröter
新しょう，新葉，幼果などに初発生し，その部位から前年枝，亜主枝，主枝などの太い枝に広がる．発病後やがて果叢部がしおれたり，幼果は乾固してミイラ化し，そのまま枝に着いている．枝幹にはへこんだ大型病斑を形成する．病原菌は卵胞子で土中で越冬し，春に地温が上がると遊走子が形成され，風雨で分散し，葉や幼果の軟弱組織から侵入すると推定されている．

清耕栽培園や降雨時に雨水が溜るような園で多発する．二十世紀は発病しやすく，幸水，豊水，長十郎にも発病する．降雨時の水滴のはね返りを防ぐために，草生栽培または敷わらを行う．現在登録農薬はない．

さび色胴枯病 *Erwinia chrysanthemi* pv. *chrysanthemi* Burkholder, McFadden et Dimock〔*E. carotorora* subsp. *carotorora* (Jones) Bergey, Harrison, Breed, Hammer et Huntoon〕

7～10月頃に初め枝幹部の一部から樹液様液体が漏出し，まもなく乾固してさび色

を呈する．これが本病の典型的な病徴である．また，軟化腐敗部の表皮を剝ぐと特有のアルコール臭がある．多発地では感受性の低い品種の新高や八雲の高接ぎまたは新植が有効と推定される．薬剤による防除例はないが，ストレプトマイシン剤などの抗生物質が有効と推定される．

根頭がんしゅ病 *Agrobacterium tumefaciens* (Smith et Townsend) Conn

罹病苗では葉色が悪く，生育も悪くなる．ほ場で発病すると，接ぎ木部や地際部にがんしゅが形成される．がんしゅは初め半球形でその表面は淡色であるが，後には健全部と同色となる．通常，罹病苗で伝染するので，健全苗の育成が重要である．拮抗微生物（*Ag. radiobacter* K84）の懸濁液に根部を浸漬処理する方法でバラなどで防除が実用化しているので，ナシでもその可能性が高い．

えそ斑点病

6月頃，硬化した葉に不明瞭な退色斑点が多数発生し，しだいに 1～3 mm の多角形の黒褐色斑点となる．接ぎ木伝染することからウイルス病と推定されているが，病原は未確認である．ニホンナシ交雑実生のクローン HN-39 で検定可能である．二十世紀，八雲，新高，八幸，翠星，新雪などは病徴を発現するが，他の品種は病徴非発現性である．無保毒樹から穂木を採取して無毒苗を育成することが重要である．発病樹は病徴非発現性品種に更新する． ［梅本清作］

2.10 虫　　害

（1）発生様相

ニホンナシは日本列島に広く栽培されており，地域による病害虫の発生種や発生時期はかなり異なる．また，以前に比べて発生種が変化しており，その種類に応じた防除を行わないと思わぬ被害をこうむる．ナシ害虫は農薬使用の変遷や害虫をとりまく発生環境の変化，害虫自身の殺虫剤に対する抵抗性の獲得などによって増加したり減少したりする．全国的にみた場合のナシ害虫の発生傾向を要約すると以下のとおりである．

① 多発傾向の害虫： アブラムシ類（ワタアブラムシ），ハダニ類（ナミハダニ），クワコナカイガラムシ，ヤガ類，カメムシ類など．

② 減少傾向の害虫： ナシオオシンクイ，ナシグンバイ，ナシチビガ，ハマキムシ類，アブラムシ類（ナシミドリオオアブラムシ，ナシアブラムシ）など．

③ 依然として重要な害虫： シンクイムシ類（モモシンクイガ，ナシヒメシンクイ），ハダニ類（ミカンハダニ，カンザワハダニ），ニセナシサビダニなど．

被害が増加したり減少した害虫の原因を表 2.23 に示した．増加要因としては，薬剤の効果低下や抵抗性獲得，害虫の分布の拡大や新たな害虫化など，害虫の多発しやすい環境や品種の変化．減少要因としては卓効薬剤の登録，発生予察情報による防除の特定化などである．

表2.23 ナシにおいて最近増加したか減少した害虫の関連要因

分類	害虫類	増加または減少に関連する要因					
		薬剤効果低下	卓効薬剤	分布拡大	多発環境	品種変化	予察情報による防除時期特定
被害が増加した害虫	ヤガ類				○	○	●
	カメムシ類			○	○	○	●
	ナミハダニ	○		○	○		●
	クワコナカイガラムシ	○			○		●
	ワタアブラムシ	○	●	○	○		●
被害が減少した害虫	ナシオオシンクイ		●				●
	ナシミドリオオアブラムシ		●				
	ナシアブラムシ		●				
	ナシグンバイ		●				
	ナシノカワモグリ		●				
	ナシチビガ						●
	ハマキムシ類						●

○:増加要因,●:減少要因.

(2) 主要害虫

a. アブラムシ類 (aphids)

ワタアブラムシ (cotton aphid, melon aphid) *Aphis gossypii* Glover

ナシアブラムシ *Schizaphis piricola* (Matsumura)

ユキヤナギアブラムシ (spiraea aphid, apple aphid) *Aphis citricola* van der Goot

被害の特徴 アブラムシ類は6～7月に新しょうに寄生して加害する．硬化した葉，枝，果実にはほとんど寄生しない．若い葉や枝に集団で寄生し，吸汁すると同時に排泄物(ハネデュー)にすす病菌がつき，黒く汚す．ナシアブラムシがつくと葉は内側に巻き，奇形葉となる．

野菜や果樹(カンキツ類)では，アブラムシ類がウイルス病を媒介する事例が多いが，ナシではそのような報告はいまのところない．アブラムシ類の吸汁によって生育を妨げるだけでなく，吸汁口が病菌の侵入門戸となって病害の発生を助長することが知られている．アブラムシ類は，ナシのほとんどの品種に被害を及ぼす．

生態 アブラムシ類は複雑な生活史をたどり，種類によっていろいろな生活型がある．ワタアブラムシは近年被害が増加し，最も防除が困難な種類である．発生は6～7月．ナシアブラムシは古くからナシでの加害が認められた種類であるが，近年では発生が少ない．ナシ枝に産みつけられた卵で越冬し，4～5月に発生する．ユキヤナギアブラムシは5月下旬から発生がみられ，7月頃まで被害がみられる．

防除 薬剤防除： アブラムシ類は種類によって薬剤の効き方が異なる．ナシアブラムシはバミドチオン液剤，ユキヤナギアブラムシは前記剤のほかESP剤，ワタアブ

ラムシには合成ピレスロイド剤を使用する．

b．コナカイガラムシ類 (mealybugs)

クワコナカイガラムシ (Comstock mealybug) *Pseudococcus comstocki* (Kuwana)

マツモトコナカイガラムシ (Matsumoto mealybug) *Crisicoccus matsumotoi* (Shiraiwa)

被害の特徴　コナカイガラムシ類は，ナシの袋掛け栽培で問題となる．これは，この害虫が生息場所として暗い部分を好むからである．両種とも果実の加害が重要であるが，マツモトコナカイガラムシはナシの根に寄生し，虫こぶをつくる．その他，葉，枝（粗皮，切り口）での被害もあなどれない．

生態　クワコナカイガラムシの越冬形態は，卵（卵のう）で行われるが，越冬場所は枝の粗皮やせん定切り口などである．幼虫の発生は全国的に年3回あり，その時期は鳥取地方では第1回のピークが5月上旬，第2回が7月中旬，第3回が9月上旬である．本種は，暗部を好んで寄生するため発見が難しい．密度推定の場合，虫の集中性が高いのでせん定切り口をていねいに観察する．

マツモトコナカイガラムシは2齢幼虫で越冬し，越冬場所は枝の粗皮や切り口などである．寄生の多い場合は幹をアリが歩きまわる．幼虫の発生は年3回あり，その時期は，鳥取地方では第1回のピークが6月中旬，第2回が8月中旬，第3回が10月上旬である．

防除　薬剤防除：　コナカイガラムシ類の防除のためにはダイアジノン剤を処理した防虫袋を袋掛けするのが最も確実である．殺虫剤による場合は，幼虫の発生最盛期にダイアジノン剤，MEP剤，DMTP剤，クロルピリホス剤，NAC剤などを散布する．

耕種的防除：　成虫が粗皮やせん定切り口などに潜伏するので，その部分の粗皮削りや白く眼につく卵を捕殺する．また，8月中旬にナシ枝の亜主枝にクラフト紙を巻いておくと越冬虫が潜伏するので，冬季にはずして焼却してやることも有効である．

c．シンクイムシ類 (fruit moths)

モモシンクイガ (peach fruit moth) *Carposina niponensis* Walsingham

ナシヒメシンクイ (oriental fruit moth) *Grapholita molesta* (Busck)

被害の特徴　シンクイムシ類は上記2種のほかナシオオシンクイもあるが被害は少ない．代表2種は非常に幅広く果実を加害し，リンゴ，モモなどの重要害虫でもある．

生態　発生生態の詳しくはリンゴの項を参照されたい．モモシンクイガは年2回，ナシヒメシンクイは年4回の発生が普通である．幼虫が果実へ食入する前の卵期に防除する．

防除　薬剤防除：　成虫の発生最盛期に2回程度，MEP剤，DMTP剤，DDVP剤，クロルピリホス剤を散布する．鳥取地方では両種の防除を兼ねて6月下旬，7月下旬，8月下旬，9月上旬などの防除が重要である．ナシヒメシンクイの場合，近くに放任のモモ園があるとナシでの被害が多い．

d. ハマキムシ類 (leaf rollers)

チャノコカクモンハマキ　*Adoxophyes* sp.

チャハマキ　(oriental tea tortrix)　*Homona magnanima* Diakonoff

被害の特徴　ナシを加害するハマキムシ類には非常に多くの種類があり，14種が記録されている．暖地で重要なのは上記2種，寒冷地ではリンゴカクモンハマキが重要である．ナシにおいては，果実の加害が重要で"ナメリ果"，"ツヅリ果"などと俗称されている．

生態　詳しくはリンゴ害虫の項を参照されたい．

防除　薬剤防除：　シンクイムシ類の防除薬剤によって次の時期に防除する．

5月下旬……DMTP剤，ダイアジノン剤

6月下旬……クロルピリホス剤

7月下旬……MEP剤，クロルピリホス剤

8月下旬……DDVP剤

e. ヤガ類 (fruit piercing moths)

アケビコノハ　(fruit piercing moth)　*Adris tyrannus* (Guenée)

アカエグリバ　(fruit piercing moth)　*Oraesia excavata* (Butler)

ヒメエグリバ　(fruit piercing moth)　*Oraesia emarginata* (Fabricius)

被害の特徴　ヤガ類は夜間に果樹園に飛来して成熟果から吸汁する果実吸蛾類の総称である．早生ナシの新水，幸水，中生ナシの豊水などの無袋果での被害が多い．二十世紀の有袋果実でも被害が多いことがある．アンズ，モモなどの被害に続いて7月下旬からナシの被害が始まる．最も被害が多いのは8月下旬であり，9月下旬までナシでの被害がみられる．被害時刻は日没後1時間から始まり，翌朝の日の出前まで吸汁加害する．ヤガ類は収穫直前の成熟果を加害するので始末が悪い．

生態　ヤガ類の幼虫は山林原野に自生するつる性植物で育つ．アケビコノハはアケビ，ミツバアケビ，アカエグリバはカミエビ，ヒメエグリバはカミエビ，ハスノハカズラなどである．年に3～4回の発生と考えられ，ナシ園への飛来時期は普通7月下旬からであるが，飛来時期は年によって変動する．果樹園への飛来は前夜半が多い．ヤガは硬い果実にせん孔できるように鋭い吸収口をもっている．これらの種類を一次加害種という．腐敗果や前種の加害痕から吸汁する二次加害種があるが，防除上はほとんど問題にならない．

防除　耕種的防除：　ヤガ類の防除法としては黄色蛍光灯と網掛けによる被害回避法が最も普及している．580 nm前後の波長の40 W蛍光灯を10 a当たり7灯点灯する．棚下灯を5灯，棚上灯を2灯，計7灯設置することにより果実の着果面に1 luxの照度を与える．網掛けについては，最も大きな防蛾効果が期待できるが，労力が大変である．防蛾網の網目は10～12 mmでほぼ完全に抑えられるが，暖地でヒメエグリバが多い場合は5 mm程度とする．

f. カメムシ類 (fruit stink bugs)

クサギカメムシ　(brown marmorated stink bug)　*Halyomorpha mista* (Uhler)

チャバネアオカメムシ （brownwinged green bug, oriental stink bug） *Plautia stali* Scott

被害の特徴　ナシにおけるカメムシ類の被害は春季と夏季にある．春季は大豆大の果実をおもにクサギカメムシが加害し，著しい凹凸果となる．夏季は上記2種やツヤアオカメムシなどが収穫前の成熟果を加害する．カメムシ類の加害部位は果実のみである．無袋果を最も好み，ときには袋掛けをした二十世紀や新興でも被害がみられる．

生態　カメムシ類はほとんどの種類が成虫で越冬する．クサギカメムシは家屋内の壁のすき間や天井内，チャバネアオカメムシは山林の落葉内や常緑樹内で褐色に変化して越冬する．クサギカメムシは4月下旬に越冬場所を離れて近くのナシ園で幼果を加害し，年に1～2回の発生をくり返す．チャバネアオカメムシは年3～4回発生し，越冬場所を離れたあとは，サクラ，クワ，キリなどを転食し，8月からはナシで加害する．山林のスギ，ヒノキ，サワラなどが重要な繁殖場所と考えられている．ナシがカメムシに加害されるとその部分が海綿状になり，幼果では著しく凹む．夏季ではそれほど凹まないが，商品価値はまったくない．

防除　薬剤防除：　春季の防除としてDEP剤，NAC剤などを4月下旬から5月上旬に散布する．夏季防除にはMEP剤，DEP剤などを8月下旬から9月中旬に散布する．これらの薬剤は残効性が短いため5～7日間隔で散布する．収穫期近くの殺虫剤の散布はとくに安全使用基準に注意する．

耕種的防除：　防蛾灯（ヤガ類の項参照）や網掛けも被害を軽減できる．カメムシ類防止のための網目は5 mm以下とする．

g．ハダニ類（mites）

ミカンハダニ　（citrus red mite）　*Panonychus citri*（McGregor）
ナミハダニ　（two-spotted spider mite）　*Tetranychus urticae* Koch
カンザワハダニ　（Kanzawa spider mite）　*Tetranychus kanzawai* Kishida

被害の特徴　ハダニ類による被害はほとんど葉が中心である．しかし，成虫で越冬する種類（ナミハダニ，カンザワハダニ）による開花期のつぼみや幼果の被害はあなどれない．ハダニの吸汁により葉緑素が吸収されて葉色は生気を失い，枝の生長や果実の肥大，糖度などに大きな影響がある．7～8月に高温乾燥する年におけるハダニ類の加害は，早生ナシの新水や幸水などに著しい葉焼けを生じて早期落葉させる．

生態　ハダニ類の発生が目立つ時期は4～5月，7～8月および9～10月である．それらは発生時期によりそれぞれ春ダニ，夏ダニ，秋ダニとよばれている．春ダニは越冬あけ成虫による幼果や幼葉の被害をひき起こす．夏ダニはこの時期が繁殖に好適な高温乾燥のため葉での被害がはなはだしく，早期落葉や葉焼けの原因となる．秋ダニは越冬卵や越冬雌として翌年の発生源となり重要である．ハダニは卵→幼虫→第1若虫→第2若虫→成虫のステージを経過し，産卵に至るまでを1世代という．ハダニは生長が早く，暖地では年に10世代以上を経過する．

防除　薬剤防除：　ハダニ類はダニ剤の種類によって効き方が異なる．防除しようとするハダニの種類をみきわめ，それにあったダニ剤を選択しなくてはならない．ハ

表2.24 鳥取県の防除基準に採用されているダニ剤の適用表

ダニ剤名	倍数	ナミハダニ	カンザワハダニ	ミカンハダニ	使用時期 (月)	安全使用基準 (日/回)
酸化フェンブタスズ水	1,000	○	×	◎	7～8	21/2
フェニソブロモレート乳	1,500	○	○	◎	4～6, 10	30/2
アミトラズ乳	1,000	×	◎	◎	4～6	14/2
ケルセン水	1,500	○	×	○	4～6	7/2
ポリナクチン複合体・CPCBS乳	1,000	○	○	×	4～6, 10	45/1
フェンピロキシメート	1,000	◎	○	◎	7～8	14/1
ヘキシチアゾクス水	2,000	◎	×	○	6	7/1

◎:効果十分, ○:効果十分でないが輪番を守って使用, ×:効果不十分.

ダニは移動力が小さく,近親交配が行われるため抵抗性がつきやすい.ダニ剤の種類による適用表を表2.24に示した.成分の異なったダニ剤による輪番散布(ローテーション)をし,くれぐれも同一剤の連用は慎しまなくてはならない.

h. ナシのその他害虫

ニセナシサビダニ *Eriophyes chibaensis* Kadono

第2雌によりナシの若い枝のしわや分岐部の小片内でコロニーを作って越冬する.成虫は4月中旬には越冬場所を離れて枝先端の若い葉に寄生し,短期間で増殖しておびただしい数になって吸汁加害する.そのため,葉はさび症状となって小型奇形化し,早期に落葉する.バミドチオン剤,フェニソブロモレート剤などを5月下旬～6月下旬に2回程度散布する.

ナシチビガ (pear leafminer) *Bucculatrix pyrivorella* Kuroko

幼虫が葉を食害して早期に落葉させる.年4回の発生であるが,2齢幼虫の後半まで葉肉内で過ごすため殺虫剤の効果が現れにくい.卵期か3齢幼虫期にMEP剤,CYAP剤,クロルピリホス剤などを散布する. 　　　　　　[内田正人]

3. セイヨウナシ

3.1 経営上の特性と問題点

(1) 果実の価格と流通上の問題点

セイヨウナシの栽培は戦争の影響で著しく低迷したが，戦後の復興は加工需要の伸びに支えられた面が大きい．全国的な生産量の回復は1956年に戦前の水準まで達したが，山形県の場合は戦前水準の2倍に達した．これも加工需要にリードされたものである．

表3.1 セイヨウナシの年次別価格 (円/kg)

年次	生食用	加工用	年次	生食用	加工用
1955	61	29	1965	47	15
1956	57	35	1970	57	13
1957	63	33	1975	159	50
1958	44	23	1980	179	65
1959	47	24	1981	299	100
1960	51	21	1982	247	65
1961	45	24	1983	229	53
1962	71	36	1984	310	75
1963	61	32	1985	347	84
1964	47	7	1986	329	52

1965年までの生食用は東京市場調べ，加工用は山形県園芸特産課調べ．1970年以降の価格は経済連（山形，庄内）扱いの平均．

表3.1は1955年からの果実の価格を示したものであるが，1964年から加工が停滞し加工原料としての果実の価格が低迷した．1975年になるともち直し，生食用の価格も1980年代前半に高くなった．しかし1972年頃から栽培面積が減り始め，1976年頃からその傾向が強くなった．これは，加工向け品種のバートレットを伐採し始めたためである．生産指導も加工用から生食用主体に切りかえたことから，最近では生食用の価格が安定してきた．生食用生産として栽培様式も変わってきたが，品種も生食用に向いたものに変わりつつある．

表3.1の価格はセイヨウナシ全体の平均の価格であるが，生食向けの代表的な品種のラ・フランスの1987年の価格はkg当たり530円（山形経済連扱い）でバートレッ

トの2倍以上の価格となっている．今後は，このように生食用として食味のよいしかも扱いやすい品種に変わることは必須である．

セイヨウナシを生食用に出荷する場合の問題点として，追熟させた後に食用となるため可食期の判断が難しいことである．また追熟してからの日持ちも短く，流通販売上果実の取り扱いが面倒である．収穫する時期も果実の追熟を含めた品質に大きく関係してくる．

これらのことから，現在では品質的に優秀な晩生種で，追熟操作のしやすい品種が生食用の主流を占めつつある．現在適期収穫技術および追熟技術の研究が行われており，今後貯蔵も含めて，可食期の拡大が図られることと思われる．

（2） 経営上の問題点

実際の栽培者の実態調査から経営試算した一例が表3.2である．ここでは最近人気があり高価格で取り引きされているラ・フランスを対象にしたものである．山形県の

表3.2 ラ・フランスの経営試算
（山形県農業技術課）

項目		金額(円)
粗収益	収　量	2,000kg
	単　価	400
	粗　収　益	800,000
経営費	肥　料　費	32,000
	防　除　費	37,000
	光　熱　費	7,000
	小　農　具　費	7,000
	諸　材　料　費	49,000
	修　理　費	5,000
	出荷経費 ｛出荷資材費	50,000
	運　賃	25,000
	手　数　料	92,000
	建物償却費	5,000
	農機具償却費	23,000
	合　計	332,000
	所　得	468,000

例では，ラ・フランスの栽培面積が急増しており，棚仕立てと立ち木仕立ての2方法により植え付けられている．粗収益を80万円としているが，この場合の反収は2,000kg，単価を400円として計算している．ラ・フランスは多収をねらえる品種ではないので，販売単価を上げなければならない．経営費は合計で332,000円で，所得は468,000円となる．この場合出荷経費の経営費に占める割合が高く50％にもなる．

今後，収穫後の追熟に入る前に予冷を行うことが出荷の前提になると思われるので，その経費が増えることになる．また貯蔵によって，出荷時期の調整も当然行われることと思われるので，これらの経費も今後増大することになる．

棚仕立てを行うため棚を架設する場合の経費としては，鉄パイプ，鉄線などの資材費が約40万円，組立て人夫18名で18万円として合計58万円程度必要となる．また設置に伴う費用として，減価償却費，資本利子，修理費などがあげられる．減価償却は残存率10％，耐用年数17年として30,706円，資本利子は利率6％として17,400円，修理費は5％適用して29,000円である．費用の合計は77,106円となる．これにみあう収益を確保するには単価を400円とすると2,240kgの収量が必要である．

10a当たりの労働時間はリンゴなどと比べて少ない．棚仕立ては費用がかかるので，立ち木仕立てを行う人が多くなってきている．この場合主幹形に育て，側枝を水平誘引して早期多収をねらうようにすると経費はもっと抑えられる． [佐竹正行]

3.2 分類と来歴

セイヨウナシの基本種は *Pyrus communis* Linn.で，さらに栽培種を一括して var. *sativa* De Candolle と分類されている．しかし，ごく一部の品種ではあるが，キーファーのような東洋系のナシとの雑種もある．セイヨウナシの原産地はヨーロッパからカスピ海沿岸，カシミール地方にかけてといわれ，古代ギリシャや古代ローマを始めとしてヨーロッパでは有史以前から広く栽培されており，ここから世界各地に伝播したとみられる．

セイヨウナシの日本での栽培は，明治の初めに政府によって外国から導入されたことに始まり，日本における栽培の歴史はまだ新しい．このときの導入先は米国やフランスからの輸入がほとんどのようである．1884年発行の「舶来果樹要覧」には一部同種異名のものが入っているようであるが，125品種が記載されている．このなかにはバートレット，フレミッシュ・ビューティ，パス・クラサン，ブランデー・ワインなどもみられ，現在も栽培されている品種が多い．

導入当初は他の作物同様栽培適地や果実の取り扱い方などがわからないままに全国各地に苗木が配布されたようで，そのなかで，北海道，山形，新潟，長野，岡山などで栽培が定着し，現在に至っている．しかし，他の樹種に比較すると現在も栽培面積は少ない．

3.3 品種の変遷と品種解説

セイヨウナシの品種はヨーロッパ各国や米国などで品種改良が行われ，1921年発行の "The Pears of New York" には2,927の品種が記載されている．

明治時代，大正時代，昭和初期に栽培されていた品種を「日本園芸発達史」からおもなものを列挙すれば表3.3のようなものであった．このような品種名をみると現在栽培されている品種とほとんど変わりがない．ただ，品種の構成比率は最近大きく変わりつつあり，1955～64年頃までは加工需要に支えられ，加工に適したバートレットの栽培比率が大きかったが，近年は生食向けとして，味のよいラ・フランスなどの新

3.3 品種の変遷と品種解説

表3.3 各時代のおもな栽培品種（日本園芸発達史から作成）

区分	品　種　名
明治時代 (1868～ 1912年)	ドクトル・ジュール・ギュイヨー（プレコース），バートレット，デュセス・ダングレーム，アレキサンドリーヌ・ヅィラール（好本号），セニョール・デスペラン（ローレンス，ブランデー・ワイン），フレミッシュ・ビューティ（日面紅），ウインター・ネリス，キーファー，パス・クラサン
大正時代 (1912～ 26年)	プレコース，バートレット，デュセス・ダングレーム，ワシントン，ラ・フランス，ブランデー・ワイン，キーファー，日面紅，ウインター・ネリス，パス・クラサン，好本号
昭和初期 (1926年 ～)	プレコース，ワシントン，バートレット，好本号，デュセス・ダングレーム，ラ・フランス，ブランデー・ワイン，ウインター・ネリス，日面紅，パス・クラサン

植が多くなり，生食に適した品種への品種構成に変化が出てきている．

バートレット（Bartlett）　イギリス原産の品種で，本名は Williams Bon Chrétien である．単に William ともよばれる．米国にわたりバートレットとよばれるようになった．わが国には明治の初めに輸入された．現在も世界各地で栽培されている主要品種である．

樹勢はおう盛でとくに幼木の場合は直立しやすいが，枝が軟らかいため果実の重さなどによりしだいに開張してくる．幼木時代から豊産性で，隔年結果性が少なく毎年安定して生産を上げることができる．

果実の大きさは 300～350 g 程度で，典型的なひょうたん形である（図3.1）．果色は淡緑色で追熟すると黄色になる．果汁が多く，甘味が強く酸味もあり甘酸適和である．肉質はち密で芳香もあり果実品質は優良である．生食のほか加工にも適する．

収穫時期は山形県で8月下旬から9月上旬である．外気温がまだ高い時期であり，追熟後の日持ちが短いという問題点がある．

自家不和合性が強いので受粉樹の混植が必要である．また，梅雨明け頃から盛夏期にかけて葉焼けが多く発生するのが欠点である．

なお，バートレットの枝変わりの品種にマックス・レッド・バートレット（Max Red Bartlett）があり，国内でも一部栽培されている．これは果実が幼果期から生育中期は濃い紫色をしているが，生育が進むにつれ薄れてくる．しかし，追熟するときれいな赤色になる．収穫時期がバートレットより1週間から10日ほど遅れること，葉焼けの発生がないことなどの違いがあるが，果実品質にはバートレットと大きな違いはみられない．

ラ・フランス（La France）　フランス原産．わが国に導入された来歴は明らかでないが，明治時代に導入されている．従来はバートレットの受粉樹として栽植されることが多かったが，近年生食向け品種として果実品質が優れていることから需要が伸び，山形県を中心に栽培が増加しており，セイヨウナシの中心的な品種となってきている．

樹勢はおう盛で若木のあいだはとくに直立しやすい．枝は硬く立ち木仕立ては容易

| バートレット | シルバーベル | マルゲリット・マリーラ |

図3.1 セイヨウナシの主要品種

である．バートレットのような葉焼けの発生はほとんどみられないが，胴枯病に罹病しやすい．

果実の大きさは250～300g程度でやや小玉である．果面はさびが多く，外観はよくない．しかし，食味は糖度が高く，果汁が多く，肉質ち密で香りもあり品質はきわめて優良である．

収穫時期は山形で10月中下旬である．

シルバーベル　　山形県立農業試験場置賜分場でラ・フランスの実生のなかから選抜し，業務を引き継いだ山形県立園芸試験場によって1978年に命名された．

樹勢はおう盛で若木のうちは直立しやすいが，しだいに開張してくる．若木のうちや樹が落ち着かない状態では枝に刺の発生がみられる．

果形は不正円錐形で，大きさは400～500g程度で大きい．外観はラ・フランスに似るが，パス・クラサンにも似ることからラ・フランスとパス・クラサンの交雑ではないかと推察される（図3.1）．糖度が高く，若干酸味もあり，果汁が多く，肉質ち密で品質は良好である．しかし，ラ・フランスよりは石細胞と酸味をやや多く感じる．貯蔵性に優れ日持ちはよい．山形県での収穫適期は10月下旬である．

ル・レクチェ（Le Lectier）　　フランス原産の品種で日本には1903年頃導入されている．現在，新潟県を中心に栽培されている．

樹勢はおう盛である．結果期に入り，枝が下垂すると中・短果枝の着生が多くなる．

果実は果面がなめらかで果実の胴部からていあ部にかけてごく浅い溝状の凹部がみられる独特の形をしている．果実の大きさは350～400g程度である．果色は緑黄色で追熟すると黄緑色になり美しい．

収穫期は山形県で10月下旬である．糖度は高く，酸味もあり品質は良好である．極上と評価する人もあるが，渋みが出たり粉質化する場合がある．

パス・クラサン（Passe Crassane）　　フランス原産の品種で明治の初めにわが国に導入された晩生の品種である．

樹勢はおう盛で直立する．枝は太く，硬いので開張の少ない樹になりやすい．樹勢

が落ち着くと短果枝の着生がよくなり，花芽のつきがよくなる．

果実は不正円形で果皮は粗く，ややざらざらした感じがする．大きさは300～350g程度で大きい．肉質はラ・フランスに比べると石細胞を感じ，やや粗いが適度の酸味もあり糖度が高く品質は良好である．

収穫時期は山形県で11月上旬で極晩生種に入る．貯蔵性に優れ，冷蔵すれば2月から3月まで貯蔵が可能である．

ウインター・ネリス（Winter Nelis）　ベルギー原産で現在もウインター・ペアーの代表的な品種である．

樹勢は中くらい，枝は細く先端は屈曲しやすいため全体に弱々しい感じを受ける．

果実の大きさは200～250g程度でやや小さい．果形は短円錐形で果面は果点が小さいが目立ち，さびが出やすい．果汁が多く，糖度も高く香りがあり食味は良好である．しかし，年や栽培条件により渋みの発生が多いことがある．貯蔵性に優れる．

収穫時期は山形で10月下旬～11月上旬で極晩生種に属する．

マルゲリット・マリーラ（Marguerite Marillat）　フランス原産の品種である．樹勢はおう盛で枝が強く伸びやすい．しかし，花芽の着生は悪くない．

果実は大きさは500～600g程度で巨大である（図3.1）．果形は不正長円錐形．果汁が多く，甘味も強い方で品質はよい．

山形県では9月下旬～10月上旬に収穫できる．果実が大きいので収穫前の落果が多くなることがある．

この品種は雄性不稔で他の品種への受粉樹としては不適である．

このほか北海道ではブランデー・ワインが栽培されているし，近年ゼネラル・レクラークの栽培が青森県を中心に増加している．日面紅（Flemish Beauty），好本号（Alexandrine Douillard）など日本名の別名がついた品種もある．グランドチャンピオン，プレコース，グルモルソー，コンファレンス，ブルックリングなども栽培されている．外国とくに米国ではバートレットのほか，ボスク，アンジョー，ハーデーなどが栽培されている．東洋系のナシとの雑種，キーファーもある．　　　［高瀬紘一］

（文献は3.8項参照）

3.4　栽 培 管 理

(1)　苗木の植え付け

a．台　　木

苗木の生産はニホンナシに準じて行われてきたので，セイヨウナシの台木としても一般的にヤマナシや共台が使われている．共台はユーロピアンまたはフレンチ台とよばれるもので，ウインター・ネリス，バートレット，アンジョーなどの品種の実生が主となっている．植物学上の分類は *Pyrus communis* に属する．これらを使用した樹は，樹勢が強く，結実までに長時間を要するが，成り始めると豊産性で，耐寒性が強

く土壌に対する適応性も広いが，ファイアーブライトに弱い欠点がある．
　東洋系の台木として利用されているものに次のようなものがある．
　① ニホンヤマナシ（*P. serotina*），ホクシヤマナシ（*P. ussuriensis*）： ファイアーブライトに強いが果実に石ナシやしり腐れの発生が多い．ペアデクラインにも抵抗性が劣るといわれている．ヤマナシはセイヨウナシと接ぎ木親和性がよく，生育はおう盛であり，耐湿性も強いが耐干性が劣る．
　② マンシュウマメナシ（*P. betulaefolia*）： 樹勢がおう盛で，やせ地や強粘質土壌で良好な生育をする．また深根性で耐干性が強い．この台木を使った場合，品種によっては果実品質に差がみられる．
　③ マメナシ（*P. calleryana*）： 耐寒性が劣り寒地での使用は難しいが，ペアデクラインやクラウンゴールに抵抗性がある．耐湿性が強く，結実期に入るのが早く，果実品質もよく，収量が多い．東洋種としては実用性が高い台木である．
　④ オールドホーム（Old Home）： 挿し木繁殖が可能で，台木として利用した場合強勢で結実も遅くなる．ファイアーブライトおよびペアデクラインに抵抗性があり，マルメロとも容易に活着するので中間台木としても用いられる．
　⑤ そのほかマルメロ（*Cydonia oblonga*）も用いられる場合がある．発根が容易で，挿し木または取り木で繁殖できるが，耐寒性，過湿に弱く，ファイアーブライトにも弱い．ペアデクラインに強いが根域が狭く，風の強いところでは支柱が必要である．なお品種によって接ぎ木親和性は差異があると思われる．

b．苗木の選択

　苗木を選ぶ際は，まず品種系統のはっきりしたもので，地上部の生育が良好なもので，根量とくに細根の多いものを選ぶ．さらに病害虫の付着状況をよく確かめ，根頭がんしゅ病，紋羽病，胴枯病，ネマトーダなどの被害がないものを選ぶ．またくぼみ果病（ストーニーピット類似症）に感染していない穂木，台木を用いた苗木であることを確認する必要がある．
　この病害はウイルスに起因する接ぎ木伝染病害であり，やっかいな病害である．したがって無毒の穂木および台木を使用することが重要である．感染すれば症状が現れる品種（ラ・フランス，マルゲリット・マリーラ，ル・レクチェ，シルバーベル）と症状が現れない品種（マックスレッド・バートレット，バートレットなど）があるが，前者の場合はとくに注意する必要がある．

c．植え付け

　定植時期は秋植え（11～12月）と春植え（3～4月）があるが，秋植えの場合は根の活着が順調なため翌年の苗木の生育は良好である．秋植えの問題点は定植後の苗木が雪害にあうことと，野ネズミの被害にあうことである．このような所では春植えにした方がよい．
　春植えする場合最も大切なことは，植え付け時期をできるだけ早くすることである．苗木の発芽以前に植え付けるようにしなければならないが，遅れる場合は苗木に十分吸水させ，土壌も乾燥しないように注意する．

3.4 栽培管理

　植え穴の大きさは，直径 60～100 cm，深さは 60 cm 程度とし，完熟たい肥 10～20 kg，溶リン 1～2 kg，苦土石灰 0.3～0.7 kg（火山灰土の場合は若干増す）を土とよく混合して入れる．水田転換園や排水不良園では排水対策を講じてから植え穴を掘る．排水が十分できない場合は地上 30 cm 程度の高うねにすると湿害を軽減できる．
　定植前にベンレート水和剤 1,000 倍，またはトップジン M 水和剤 500 倍に 10 分間根部を浸漬して消毒してから定植する．その後支柱をして活着不良にならないようにする．
　植え付け方式は長方形植え，正方形植え，互の目植えなどがある．どの植え方にするかは地形，間伐計画などによって決められるが，機械の運行などの便から長方形植え（並木植え）が好都合の場合が多い．

表 3.4 植え付け距離の基準（山形県ナシ振興指標より）

仕立て方		肥よく地		やせ地	
		植え付け距離(m)	10a 当たり本数	植え付け距離(m)	10a 当たり本数
立ち木	計画密植	6.0×3.5	48	5.0×3.5	58
	永久樹	7.0×6.0	24	7.0×5.0	28
棚	計画密植	7.0×3.5	40	6.0×3.0	56
	永久樹	7.0×7.0	20	6.0×6.0	28

　栽植距離については，土壌条件や栽培のねらいで異なるが，成木に達するまでの期間は計画的に密植して早期に収量をあげるようにする．表 3.4 は山形県において基準としている栽植距離である．なおこれはラ・フランスを対象にした場合である．

（2）結実確保
a．受粉
　セイヨウナシは自家不和合性の品種が多いが，ラ・フランス，シルバーベル，ル・レクチェは最近の試験結果から単為結果性が高いことが判明している．しかしこれらについては無受粉にして単為結果した場合は果実の肥大が著しく劣り，品質も十分でない．したがってセイヨウナシについては受粉樹を混植しなければならない．混植率は 20～30 % とする．
　各品種間の交配和合性は表 3.5 のとおりである．ラ・フランスにはニホンナシの幸

表 3.5 交配和合性（%）（山形県立園芸試験場，1984～88）

♀ ＼ ♂	ラ・フランス	シルバーベル	バートレット	ル・レクチェ	ウインター・ネリス	幸水	豊水	新水
ラ・フランス	—	87.8	95.0*	98.1	66.3	92.0	96.0	97.9
シルバーベル	91.7	—	94.1	97.2				
バートレット	83.9	60.7	—	9.3				
ル・レクチェ	78.0	92.7	72.0	—				
マルゲリット・マリーラ	64.2	21.1		41.5				

*：山形県立農業試験場置賜分場

水，豊水，新水をはじめ，セイヨウナシではシルバーベル，バートレット，ル・レクチェなどが適している．

b．人工受粉

　花粉採取については，和合性のある品種の風船状に膨らんだ開花直前の花を集めることが大事である．花の採取量は10a当たり5,000〜7,000花が必要である．風の強い日や降雨のとき受粉する場合はおおよそ2倍量は必要である．

　やく落とし器などを利用してやくを落とし，2.5mm目の金網でやくだけふるい落とす．それを育苗器，開やく器などを利用し，湿度を80％以下に保ち，20〜25℃で1〜2日間加温して開やくさせる．開やくして得た花粉の発芽率を検定し，表3.6のように石松子で希釈して使用する．

表3.6 花粉の希釈倍率（山形県ナシ振興指標より）

花粉の発芽率(%)	やく殻付き花粉	石　松　子
81以上	1	4
80〜70	1	3
60〜50	1	2
40	1	1
30	1	0
20以下	花粉の活力が低いため使用しない	

　発芽の検定は寒天1g，ショ糖10gをビーカーに入れ，蒸留水を加えて100mlとし，ホウ素10ppmを加え加熱し寒天を溶かしたものをスライドグラスに滴下し，冷ました後花粉を薄く均一にまく．湿室状態のシャーレにスライドグラスを移しふたをして約25℃の恒温器に4〜5時間入れる．その後恒温器から取り出し，顕微鏡（100〜200倍）で発芽の状態を調べる．なお発芽床に染色固定液（コットンブリュー0.5gを乳酸100mlに溶かし水を加えて2倍に薄める）を吹き付けると検鏡しやすく，発芽管の伸長が停止するため，いつでも都合のよいときに調べることができる．

　受粉は綿棒類あるいは受粉器を用いる．綿棒を用いる場合は1回で50〜70花に受粉できるが，強風や降雨の場合はこの約半分くらいにする．

c．訪花昆虫利用による受粉

　ミツバチを導入する場合，導入時期は開花始めとする．導入するハチ群数は30〜40a当たり1群とする．ミツバチは飛ぶ距離が長いので（約2,000m）集団で共同して導入した方がよい．ミツバチは16℃で飛び始め，それ以下では不活発で受粉効果は期待できない．

　マメコバチを利用する場合は放飼場所から40〜60mの範囲まで受粉効果が認められるが，営巣密度を高めても受粉範囲は拡大しない．したがってマメコバチの活動範囲を40mとみて，80mの間隔に巣群を設置すればよい．少なくとも50a当たりに1巣群が必要となる．1巣群に必要な雌バチの数は500〜600匹である．ハチの入っているヨシは130本必要となり，それに営巣させるための新しいヨシを800本くらいおくことが望ましい．

3.4 栽培管理

(3) 適正着果

バートレットの1果当たりの頂芽数と果実の大きさの関係をみたのが表3.7である。これによれば3～4頂芽に1果が適正な着果量と思われる。ラ・フランスについては図3.2のとおり4頂芽に1果にすれば，果実の肥大・品質とも良好なものが得られる。1果当たりの葉数にすれば40～50葉程度である。やや大玉のパス・クラサンやシルバーベルは4～5頂芽に1果の割合で着果させ，ウインター・ネリスは3～4頂芽に1果着果させるのがよい。

表3.7 バートレットの1果当たり頂芽数と果実の大きさの割合（山形県立農業試験場置賜分場）

1果当たり頂芽数	調査果数	250g以上(%)	249～131g(%)	130g以下(%)
1.0	105	9	30	61
1.5	90	6	28	66
2.0	216	15	43	42
2.5	171	10	33	57
3.0	130	25	31	44
3.5	141	24	36	40
4.0	53	24	44	32

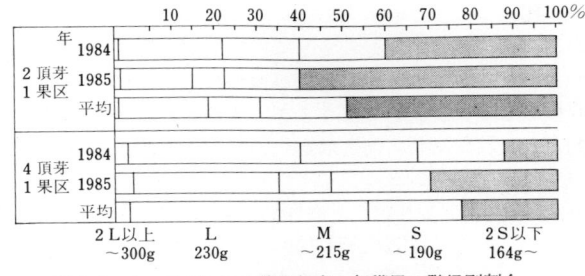

図3.2 ラ・フランスの着果程度と収穫果の階級別割合
（山形県立園芸試験場，1984～85）

隔年結果性は，ラ・フランス，シルバーベルおよびウインター・ネリスなどは強い部類に入る。着果過多にした場合は果実の味，とくにセイヨウナシ独特の香りが少なく，品質が著しく低下するので，適正な着果量を守らなければならない。

(4) 摘花・摘果

バートレットの発育中庸の枝に付いたえき花芽を花芽の少ない場合に限って利用することがあるが，他の品種では，えき花芽は利用価値がないので，つぼみのうちから花叢単位に全部摘み取るよう心がける。また主枝，亜主枝の先端45cmくらいの部分には着果させないで，すべて摘果し，新しい枝を伸ばすようにする。受粉樹の混植率の低い園地では受粉樹の花摘みはできるだけ控える。

摘果時期については，落花後15～20日頃になると，がく片の立上がりがみられ受精した果実と不受精果の区別が付くようになるので，そのあとできるだけ早く摘果に入

り，落花40日後までには終わるようにする．ラ・フランスのように摘果の効果が果実肥大に著しく影響するものについては，落花20日後頃までに1花叢1～2果を残す予備摘果を行う．

残す果実は最も肥大がよく，果形もよく生産が安定する3～4番花とする．そのなかでも果梗が太く，長く，がっちりした果実を残すようにする．がく端部が扁平で形の整ってない果実は正常なものに比べしり腐れや石ナシ果の発生が多くなるので，正常な果形の果実を残す．

（5）夏期管理

芽かき 主枝や亜主枝の背面から発出する枝は，徒長枝になりやすいので，強く伸びそうな枝は小さいうちにかき取る．弱い枝は日焼け防止のため適度に残すようにする．

捻枝および誘引 新しょうの伸びを抑え，花芽の着生を良好にするため捻枝または誘引を行う．捻枝の時期は組織の最も柔らかい時期（6月10日頃）が適当である．誘引は枝がもろく折れやすいので7月に入る頃から実施する．

（6）収　穫

セイヨウナシは収穫後一定期間追熟させて初めて可食期に入る．収穫が早すぎる場合は追熟日数が長く，遅すぎると追熟日数が短く，しかも果肉に内部褐変が出やすくなる．適期の収穫はセイヨウナシのうまさを出すためには最も大切なことである．

収穫適期の判定 収穫適期の判定は難しいが，以下のことがらを総合的に判定して決めればよい．

① 満開日からの日数による判定： 満開日から収穫期に達するまでの日数は品種によってほぼ一定であり，成熟期を示す基準となる．山形県の基準は表3.8のとおりである．

② 果実の硬度による判定： バートレットの場合，マグネスティラー型の硬度計を用いて（5/16インチ針頭使用），果実の赤道部をはく皮して測定した示度が最高で22～23ポンド，最低15～17ポンド，平均硬度17～20ポンドのときが適期である．品種によって若干数値が異なる．

表3.8 主要品種の収穫時期（山形県ナシ振興指標より）

品　種　名	満開日から収穫時期までの日数(日)	満開日(平年,月/日)	収穫時期(月旬)
ラ・フランス	165 前後	5/4	10中
バートレット	110～120	5/5	8下～9上
シルバーベル	160～170	5/9	10中～10下
ル・レクチェ	165～175	5/7	10中～10下
マイクロマス・ネリス	130～140	5/5	9中
ウインター・ネリス	170～180	5/6	10下～11上
パス・クラサン	180～	5/5	11上

③ 果実の外観,果色の変化による判定： 無袋果では地色が緑色から薄緑になった時期が適期であり,有袋果は緑色から黄緑になった時期である．また果実表面の果点がコルク化してから1～2週間頃が適期である．ラ・フランスの果皮色の変化は,ニホンナシ地色カラーチャートによって判定可能である．果皮色が2.5～3.0になったときが適期である．

④ 果梗の離脱の難易による判定： 果実を軽く持ちあげて,果梗の基部の所が枝から取れやすくなったら収穫期に入ったとみてよい．

⑤ ヨード・ヨードカリ反応による判定： 果実を輪切りにし,ヨード・ヨードカリ液を塗って,15分後に染色度合を調べて,その程度によって判定する．染色液は水100 mlにヨードカリ5gを溶かし,さらにヨード1gを溶解したものを用いる．染色度合

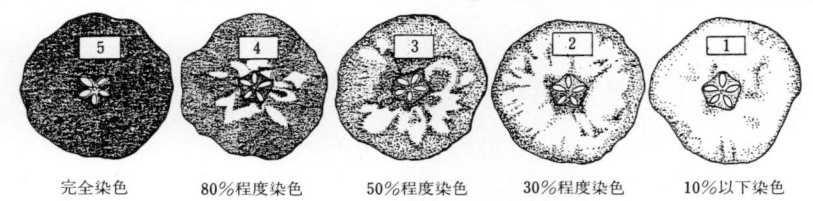

5	4	3	2	1
完全染色	80％程度染色	50％程度染色	30％程度染色	10％以下染色

図3.3 セイヨウナシのヨード・ヨードカリ液による染色度合と指数
(山形県立園芸試験場,1985)

は品種によって異なるが,ラ・フランスの場合は図3.3の指数で1と2の中間,染色度合では10％と30％の中間の程度が最適期となる．天候不順のため果実の成熟が順調でない年でも,確実性が高い．

(7) 施　肥

加工用を主体にした生産をしてきたときは多肥の傾向であったが,それでは生理障害の多発および品質低下の原因ともなるので,施肥の合理化が必要である．施肥量は土壌条件によって異なるが,山形県における標準的な施肥量は表3.9のとおりである．

表3.9 標準施肥量（山形県ナシ振興指標より）

樹齢	窒素	リン酸	カリ	備考
5年くらいまで	100	40	80	g/本
成木	15.0	6.0	12.0	kg/10a

施肥時期については,基肥は9月下旬から10月上旬に施用し,できるだけ根に吸収蓄積させる．全量を基肥として施用する．追肥を施す場合は基肥を80％程度の施用とし,追肥を20％程度とする．若木時の多肥は,胴枯病を多発させる要因になるので注意する．

(8) 整枝・せん定

セイヨウナシの仕立て方は,棚仕立てと立ち木仕立ての二つの方法がある．それぞ

れに長短はあるが，早期収量は棚仕立てが有利であり，成木時の収量は立ち木仕立てが多い．気象災害のうち台風の被害は立ち木仕立てが不利であるが，雪害の点では棚仕立てが不利である．また経営上棚の架設費も負担が大きい．

a．立ち木仕立て

立ち木仕立ての場合，次の点に留意する．主枝数は2～3本とし各主枝に2本の亜主枝をつけ樹冠を拡大する．主枝数が2本の場合は第2主枝を主幹の延長枝で構成すると心抜きすることもなく樹冠拡大が早い．心抜きする場合は，最上段の主枝が決まったら心枝を抑制し，心枝が主枝より細くなってからせん除する．

亜主枝は主枝の側面から発生した枝を利用し，主枝よりも弱く維持する．側枝は亜主枝よりさらに弱く維持し，枝先を頂点として三角形で，しかも交互に枝を出すようにし，できるだけ単純な形とする．

幼木の仕立て方は次のように行う．植え付けた苗木を地上45～60 cm くらいに少し強めに切りつめる．伸長不良の場合は10 cm くらいまで切り戻して出し直しをする．

主枝候補枝は長く残すと湾曲することがあるので強く切りつめるが，切り取る部分が多すぎて強せん定となる場合は夏期せん定を行う．主枝と亜主枝の先端が70 cm くらいに伸びたときに30～50 cm 残してせん除する．時期は6月下旬～7月5日頃までに，枝がまだ伸びる余裕のあるうちに行う．

2年目以降も主幹の延長枝を先端から1/3程度を切り，側枝の発生を促す．主幹の延長枝から発生した枝は夏期せん定を行う．側枝はできるだけ多く残して，主枝候補枝以外は誘引して早期結実を促す．

第1主枝は地上50～60 cm，第2主枝は第1主枝から30～40 cm 上部につくり，主枝3本の場合は第3主枝は第2主枝から30 cm 前後の間隔をとる．南側に第1主枝をとり最上段の枝は北側にとる．

成木化して主枝に亜主枝をつける場合は，各主枝の分岐点より1.2～1.5 m の所に第1亜主枝を，第2亜主枝をつける場合は，第1亜主枝から1.0～1.2 m 先の位置の反対側に配置するようにする．主枝および亜主枝の先端は側枝と同じ扱いにする．

短果枝に着生した果実は肥大もよく品質がよいので，つねに短果枝の着生のよい側枝をつくる．それには側枝は3～5年生を主体に構成し，更新枝をつねに用意しておき若々しい結果枝を維持することが大切である．

b．棚仕立て

棚仕立ての場合，棚の高さは作業の許す限り高くする．スピードスプレーヤーなどの機械の導入を考慮して幹のところで1.5 m，主枝先端のところで2.0 m くらいに維持する．

幼木の仕立て方は次のように行う．植え付けた苗木は主枝の分岐部になる地上1.0～1.2 m くらいの所で切り戻す．弱い苗木は充実しているところまで切り返し，2年目に1.0～1.2 m の高さで切り戻す．

1年目は主枝を3本とする場合，3本の枝が揃うように強い枝は角度を開かせて誘引し，弱い枝は立てて誘引する．2年目は3本の主枝に添え竹をあてて，まっすぐに

伸ばす．3年目もこのまま添え竹に誘引しながら伸ばしていく．

幼木時のせん定では主枝以外の強い枝は基部より切り取る．しかし弱い枝はできるだけ残し葉面積の確保に努める．棚付けは4年目の春に芽のりん片が開きかけた頃から6月中旬頃までに行う．

棚付け後は主枝の先端はつねに添え竹を用いて，棚面より斜立させまっすぐに，基部から先端まで太さに差がないように頑丈に養成する．主枝間の勢力差が出ないように誘引あるいは側枝の配置に注意する．

亜主枝は1主枝当たり2本とし方向を違えて交互に配置する．亜主枝は主枝より強くならないように注意し，配置する間隔は基部では広く先端ではしだいに狭くする．主枝，亜主枝が棚面いっぱいに広がれば一応樹は完成したことになる．その後は主枝，亜主枝を骨組みとして大切に維持するとともに，棚面に均等に側枝，結果枝を配置する．

側枝の配置は，主枝，亜主枝の近くに小形に配置する．側枝を長大化すると樹形を乱すことになる．側枝は短果枝から発生した発育枝または横あるいは斜め下より発生した弱めの発育枝を利用する．側枝の更新を行うときは側枝のもとの方から出た発育枝を利用し，新しい発育枝に花芽がついたら古い枝をせん除する． 〔佐竹正行〕

文　献

1) 深井尚也 (1967), 農及園, **42**(9), 50-54.
2) 石塚昭吾 (1972), 果樹園芸大事典 (佐藤公一, 他編), 605-611, 養賢堂.
3) 松田省吾, 他 (1986), 東北農業研究, **39**, 235-236.
4) 松田省吾, 佐竹正行 (1983), 農業技術大系, 果樹編3 (西洋ナシ), 3-26, 農文協.
5) 佐藤康一, 他 (1988), 園芸学会東北支部昭和63年度大会研究発表要旨, 25-26.
6) 椎名徳夫 (1978), 果樹栽培の新技術, 432-436, 博友社.

【追　熟】

セイヨウナシはニホンナシとは果実の取り扱いがだいぶ趣を異にする．すなわち，セイヨウナシは収穫後すぐに食べるのではなく，バナナなどのように追熟という過程を経て食用にする．したがって，ニホンナシなどに比較するとやや未熟の状態で収穫することになる．収穫した果実を適当な温度条件のところに保存すると後熟が進み，肉質がなめらかで軟らかく，多汁になり食用に適するようになる．上手に追熟ができたものはとろけるような舌ざわりと特有の香りをもったものが多く，ニホンナシにはない風味をもっているものが多い．

追熟温度　追熟は温度によって追熟後の果実品質や追熟の進行速度が変わってくる．バートレットの試験では30°Cでは温度が高すぎ，10°Cでは追熟の進行スピードが遅く，20°Cが適当とされている．温度が高すぎるとかえって追熟は進みにくくなり，追熟後の果実品質もよくない．また低すぎても追熟の進行は進まず，追熟完了までに多くの日数を要する．通常は15～20°Cで保管することにより，だんだん果実が軟らか

くなり食用に適するようになる．ただ，追熟適温は品種によっても異なり，バートレットでは20℃が適温とされているが，ラ・フランスではもっと低い温度（15〜10℃）で緩やかな変温状態（日較差の少ない室温）で追熟させた方が風味の優れたものになる．

　予冷　収穫した果実をそのまま追熟すると，果実により追熟がばらばらになりやすい．ところが一定期間低温で保存すると追熟が一斉に進むようになる．バートレットの場合は4℃で1週間から2週間予冷すると一斉に黄化して追熟が揃い，品質の優れたものになる．ラ・フランスの場合は5℃で10日程度の予冷が適している．

3.5　出　　荷

　セイヨウナシは追熟を必要とするため，収穫直後の果実を出荷すれば，消費地で追熟をしなければならず，販売先での保存期間が長くなる．逆に，食用に適するようになったものを出荷すれば，果実が軟らかいため輸送中や販売期間中のロスが多くなりやすい．そのため，やや硬めのものを出荷し，店先に並ぶときに食用に適する硬さになるような時期に出荷するようにしていることが多い．追熟の揃いをよくするため，予冷をしてから出荷されることが多くなってきている．収穫された果実は各県の出荷規格に基づいて，等級，階級別に選果され出荷される．

　出荷容器は他の果物と同じように，現在は段ボール容器を使用することがほとんどである．セイヨウナシは形が一定でないので，パックの開発が進まなかった．しかし，ウレタンなどの柔軟性のあるプラスチックのパックが作られてから，薄い紙で果実を包み，パック詰めをする方法が多くなってきた．

　とくに，バートレットやル・レクチェなど果皮が薄く追熟とともに黄色になる品種は，傷を付けたり果面が擦れたりすると果面の黒変が目立ち，商品性が損なわれることが多い．傷を付けないように果実の取り扱いに注意するとともに，容器内で果実が動き，擦れたり押し傷が付いたりすることがないように詰め方に注意する必要がある．

3.6　貯　　蔵

　セイヨウナシの品種のなかでも概してバートレットなどの早生種は貯蔵性が劣り，パス・クラサン，ウインター・ネリスなど晩生の品種には貯蔵性の優れたものが多い．収穫した果実は，呼吸により果実の内容が消耗し，老化する．より果実品質を損なわずに長期貯蔵をするには呼吸を抑える必要があり，低温やガス濃度を調節して呼吸を抑える方法がとられる．

　低温貯蔵　最も一般的な貯蔵方法である．果実成分の消耗は低温で少ないので，障害の起こらない範囲で，できるだけ低い温度で貯蔵をした方がよい．しかし，機械，施設の性能なども勘案して凍結が起こることが絶対にないように設定温度を決定すべきである．米国では−1℃で貯蔵されることが多いようであるが，凍結を起こさない

表3.10 貯蔵温度と果実品質および障害発生との関係 (山形県立園芸試験場, 1973)

調査月日		貯蔵温度(°C)	目減り(%)	硬度(ポンド)	屈折計示度(%)	酸(%)	果面のしなび(%)	空洞果(%)	水浸状腐敗(%)	果肉褐変(%)	果心内褐変(%)	維管束褐変(%)	輪紋その他腐敗(%)
収穫時		—	0	9.7	13.6	0.24	0	—	0	0	0	0	—
出庫時	1月23日	0	5.9	8.6	14.2	0.17	90.0	10.0	0	—	—	0	カビ10.0
		2	3.0	6.1	14.0	0.19	10.0	0	0	—	—	0	
		5	6.2	不能	13.4	0.14	40.0	0	40.0	—	—	30.0	—
追熟時	2月4日	0			15.0	0.16	100.0	0	0	—	10.0	0	20.0
		2			14.0	0.11	100.0	10.0	0	20.0	—	0	30.0
		5	全果腐敗のため不能										100.0
出庫時	3月20日	0	9.0	8.6	15.0	0.20	95.0	0	0	—	—	—	カビ10.0
		2	4.6	—	—	—	—	—	—	—	—	—	
追熟時	4月3日	0			15.0	0.15	100.0	5.0	0	—	—	—	10.0
		2			15.1	0.14	100.0	0	0	10.0	—	—	

品種:ラ・フランス,収穫月日:10月23日.

ようにわが国では一般に0〜+2°C程度で貯蔵されることが多い.

　セイヨウナシを貯蔵する場合は即売用果実の収穫時期より若干早めか同時期までに収穫した果実が貯蔵性に優れる.ラ・フランスの場合は,0°Cで貯蔵すれば約3カ月間の貯蔵が可能である(表3.10).

　CA貯蔵　空気のガス組成を変えて,果実の呼吸を抑える貯蔵法である.通常の空気より酸素濃度を下げ,炭酸ガス濃度を上げて,低温貯蔵との組み合わせで貯蔵する.酸素濃度を2〜3%に炭酸ガスを0.8〜1%に保つ.この場合,炭酸ガス濃度が濃いと果心部の褐変が起こるガス障害が出やすい.品種により適当なガス濃度は異なるとみられ,炭酸ガス濃度,酸素濃度のガス組成には十分注意する必要がある.CA貯蔵は米国などでは盛んに行われているようであるが,日本では生産量が少ないこともあり,CA貯蔵は,セイヨウナシでは現在のところほとんど行われていない.

3.7 加 工

　セイヨウナシの加工は缶詰がほとんどで,一部ジュースやジャムなどに加工されている.外国では梨酒(perryまたはpear cider)にも加工されている.日本でセイヨウナシは,とくに1955〜64年頃には加工原料用として栽培されたものが多かった.このときの品種は主としてバートレットが用いられた.近年はラ・フランスを缶詰にして,肉質の優れた缶詰製品がつくられている.

　缶詰加工をする場合は,追熟した果実をはく皮し,二つ割りあるいは四つ割りなどにし,果心を取り除き,缶に詰めた後,糖液を加え脱気し,殺菌を行ったのち冷却し,

製品とする.はく皮,除心の作業は機械による方法も開発されてはいるが,現在のところはほとんど手作業で行われている.

加工原料産地と缶詰製品との関係についての町田ら(1967)の調査結果によれば,夏季における昼夜の温度較差が大きい産地の果実からは優秀な製品が得られるが,昼夜の温度較差の小さい(夜温が高い)産地の果実からは優秀な製品は得にくいとしている.製品の肉質と原料果実の果肉内ポリフェノール含量に関係があり,ポリフェノール含量が少ないものには肉質の優秀なものが多かった.寒冷地の産地の果実には,ポリフェノール含量の少ないものが多かった.

果実の収穫時期と製品の品質については,収穫時期が早めのものは外観,肉質,香気のいずれの点でも劣る.また,加工時に果肉硬度が高い果実の製品は,肉質,香気が劣る.したがって,品質の優れた製品をつくるためには,適熟のものを採取し,追熟を適切に行い加工する必要がある.

3.8 生理障害

(1) 石ナシ (hard end),しり腐れ (black end)

症状 石ナシはおもに果頂部付近に石細胞の集積が多く果肉が硬くなり,追熟してもこの部分は柔らかくならない.果頂部付近の肥大が劣るために,やや扁平になる.症状は満開後 50〜70 日頃には判別できるようになる.果頂部の形が正常果に比べ扁平になり光沢が出ると同時に硬化してくる.果実が大きくなっても果肉がコルク化するようなことはなく,全体の形はそのまま大きくなったように肥大する.

しり腐れの初期症状は石ナシとまったく同じである.しかし,後に果頂部から黒変し,しだいに赤道部の方向に拡大していく.収穫 15〜10 日前に発生が確認されることが多く,漸次落果するようになる.多発園では追熟中にも発生が確認されることが多い.

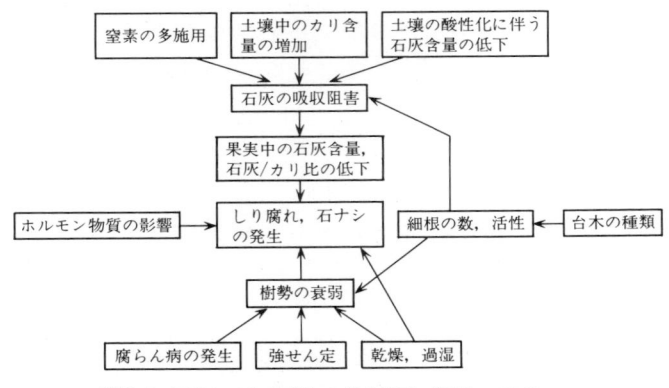

図3.4 石ナシ,しり腐れの発生経路(深井,1973)

3.8 生理障害

原因 しり腐れは石ナシの症状の進んだものとみられ，原因は両方とも果実におけるカルシウムの不足によるものとみられている．深井は石ナシ，しり腐れ発生の要因を図3.4のように示している．

石ナシ，しり腐れは欧米の果樹園でも発生が問題になりいろいろ検討されたが，台木の種類によって発生に大きな差がみられている．台木としてニホンヤマナシ（ヤマナシ，*Pyrus serotina* の1亜種）の系統を使用した場合に発生が多く，セイヨウナシ（*P. communis*）やホクシマメナシ（マンシュウマメナシ，*P. betulaefolia*）を台木に使用した場合には少ない．この理由については必ずしも明白ではない．

対策 石灰の供給： 土壌中に石灰が不足すると発生するので，消石灰，苦土石灰などの石灰資材を施す．石灰資材を施す場合には土とよく混和し，植え付け後であれば，液状にして高圧で土壌に注入するか，計画的に深耕し下層土に供給する．

多肥栽培を避けることもとくに大切なことである．石灰の絶対量の不足だけでなく，塩基のバランスが崩れることにより，石灰を吸収することができずに障害が発生することが多い．とくに問題になるのはカリとの拮抗作用で，カリを多用すると，石灰とカリのバランスが崩れ，石灰を吸収できなくなり石灰欠乏が起こる．石灰の絶対量とともに，石灰とカリとの比率には十分注意する．

台木の選択： ヤマナシ台で発生が多いので，発生の少ない共台やホクシマメナシ台を使用するか，これらを寄せ接ぎする．

(2) 葉焼け

症状 梅雨明けの頃から9月頃にかけて，徒長枝など新しょうの基部葉や果叢葉が褐変枯死することがある．とくに，雨が続いた後に高温，乾燥の日が現れると急激に発生が増加する．徒長枝では先端葉のまだ若い葉には発生がみられず，基部の方の成熟した葉に発生がみられる．葉の先端部や片側など，一部に症状がみられるものから，葉全体に及ぶものまであり，ひどくなると落葉する（図3.5）．

図3.5 葉焼け（バートレット）

品種により発生に差がみられ，表3.11のようにバートレット，コンフェレンスなどで発生が多く，ウインター・ネリス，ラ・フランスではほとんどみられない．

原因 葉焼けの発生をもたらす原因は葉に供給される水分と蒸散する水分のバラン

表 3.11 葉焼け発生の品種間差異（山形県立園芸試験場, 1970)

発生程度	品 種 名	品種数
甚	ボーレ・ジュモン，コンフェレンス，フェーム，グルーモルソー，バートレット	5
多	ボーレ・ジール，ボーレ・リュブラン，ピット・マストン，コバート，カージナル・ジョルジュ・タンボワズ	5
中	ベジ・ド・サンワースト，ボスク，ボーレ・ジール，キーファー，ブルックリングなど	8
少	ボーレ・ブラウン，クラップス・フェボリット，コミス，アイダホ，パス・クラサン，マルゲリット・マリーラ，ル・レクチェ，ダングレーム，スターキングなど	43
微	フレミッシュ・ビューティ，アレキサンドル・ランブル，アスペン・シュナーブル，ボーレ・ハーディーなど	12
無	ル・コント，ウインター・ネリス，マックス・レッド・バートレット，グランド・チャンピオン，ラ・フランス	5

スが崩れ，葉肉組織の脱水によって引き起こされるものと考えられている．葉齢が進んだ葉では気孔の機能が衰えて，気孔が開いたままになり，蒸散が多くなるために脱水症状が起こり，発生が多くなると考えられている．雨が続いた後晴れて高温乾燥の天気になると発生することから，急激な気象条件の変化が発生を多くしているようである．

対策 葉焼けのしやすい品種では，葉焼けを確実に止める方法は今のところない．現状としては品種により葉焼けの発生が異なるので，葉焼けの発生の少ない品種を選択するのが確実である．また，徒長枝など樹体の管理を適切に行うとともに，ハダニの発生が葉焼け発生の引金になるとの報告もあるのでハダニなどの病害虫の防除にも注意する．

薬剤散布を夕方にすると葉焼けの発生が少なくなるとの試験結果があるので，薬剤散布は夕方涼しくなってから行う．また，薬剤による防止対策もいろいろ試みられ，薬剤によってはある程度の効果が得られているが，実用化には至っていない．

［高瀬紘一］

文 献

1) 深井尚也 (1973), 農及園, **48**, 1307-1311.
2) U. P. Hedrick (1921), The Pears of New York, J. B. Lyon.
3) 菊池秋雄 (1948), 果樹園芸学, 上巻, 64-84, 養賢堂.
4) 町田 裕, 松田好祐 (1967), 園芸試験場報告 A（平塚），**6**, 49-67.
5) 日本園芸中央会 (1975), 日本園芸発達史, 42-43, 有明書房（復刻版).
6) 部 花雄 (1964), 農及園, **39**(7), 1153-1156.
7) 杉山直儀, 岩田正利, 髙橋和彦, 崎山亮三 (1964), 園学雑, **32**(4), 247-255.
8) T. Yamamoto and I. Iizuka (1973), *Bull. of the Yamagata Univ. Agr. Sci.*, **6**, 299-308.
9) C. Y. Wang (1982), The Pear (van der Zwet and Childers eds.), 431-443, Horticultural Publications, Florida.

3.9 病　　害

(1) 菌類病，細菌病
a. 輪　紋　病
診断　果実，枝，葉に発生する．果実は樹上でも発病するが，多くは収穫後の追熟中に発生し，茶褐色の円形病斑や輪紋状に軟腐する．枝幹には 3～5 mm 径の丸く隆起したいぼを形成し，いぼのまわりの枯死部に黒点状の柄子殻を生ずる．葉には黒褐色の斑点がみられる．

病原菌　*Botryosphaeria berengeriana* de Notaris f. sp. *piricola*（Nose）Koganezawa et Sakuma

柄胞子やまれに子のう胞子を形成する．形態はナシ輪紋病参照．

伝染経路　枝幹につくられる柄子殻が伝染源になり，湿度を得ると柄胞子が噴出し，風雨によって飛沫伝染する．果実の感染は 6 月上旬から収穫期までで，とくに 6 月下旬から 7 月下旬までの多雨期に多い．病菌は果点から侵入し，潜伏して果実が成熟すると発病してくる．

多発条件　① 7 月の多雨が発生を助長．② 高温下で追熟すると発生が多くなる．

防除　薬剤防除：休眠期に石灰硫黄合剤を散布する．6 月上旬から収穫期まで，キャプタン・有機銅剤，有機銅剤，ボルドー液剤を散布する．とくに重点防除期の 6 月中旬から 7 月下旬にはボルドー液剤を散布する．幼木時から防除し病菌密度を高めないようにする．

耕種的防除：病菌密度が高い園では 6 月中旬までに袋掛けを行う．5°C で予冷を行い，比較的低温下で追熟すると発生を軽減することができる．

b. 胴　枯　病
診断　主として枝幹部に，まれに果実に発生する．秋までに新しょうや一年枝に直径 1 mm 前後の黒紫色病斑が形成され，翌年これが拡大する．その結果，開花期には果台が黒褐色に変色して花葉叢が萎凋枯死したり，枝の周囲を取り囲むとその先が枯死する．黒褐色の枝病斑は乾燥すると陥没し，柄子殻が形成されてサメ肌状になり，湿度を得ると白い糸状の胞子角を形成するのが特徴である．果実の病徴は品種によって異なり，ラ・フランスでは円形～不正形の淡褐色病斑が水浸状に拡大し，中心部は固い．

病原菌　*Diaporthe tanakae* Kobayashi et Sakuma〔Phomopsis sp.〕

柄子殻，柄胞子，子のう殻，子のう胞子を形成する．柄胞子は α, β の 2 種で，α 胞子は紡錘形，β 胞子は鞭状で発芽能力がない．

伝染経路　胞子角は雨水で柄胞子となって分散し，新しょうなどの若い枝の表皮から侵入する．小黒点病斑形成まで 4～14 カ月潜伏し，さらに越年してから病斑が進展拡大する．秋期には子のう殻も形成されるが，伝染源の主体は柄子殻につくられる柄胞子である．

多発条件 ① 樹勢が弱いと発生しやすい．② 窒素質肥料を多施用しすぎると多発する．

品種感受性 ラ・フランスは弱い．

防除 薬剤防除： 休眠期に石灰硫黄合剤を散布する．太い枝の患部は削り取り，チオファネートメチル塗布剤，有機銅塗布剤，イミノクタジン酢酸塩塗布剤を塗布する．落花後から6月上旬頃までベノミル剤またはチオファネートメチル剤を散布する．その後は輪紋病と同じ防除を行う．

c．黒星病

診断 葉，新しょう，果実に発生する．葉には落花後から黒緑色の墨で塗ったような病斑が表面に散在する．秋には緑褐色の不規則な斑点が葉裏全体に広がる．果実では黒緑色ですす状（分生胞子）の斑点が生じ（図3.6），古くなると灰黒色のかさぶたになって裂果または奇形果になる．新しょうでは円形すす状病斑を生じてかさぶた状になる．

図3.6 セイヨウナシの黒星病

病原菌 *Venturia pirina* Aderhold
分生胞子，子のう殻，子のう胞子を形成する．

伝染経路 被害落葉につくられた子のう殻から子のう胞子，および枝の越冬病斑につくられた分生胞子が葉や幼果に伝染する．発病した葉，果実には新たに分生胞子が形成され，二次伝染をくり返す．

品種感受性 フレミッシュ・ビューティが罹病性で，バートレットやラ・フランスは抵抗性である．

防除 薬剤防除： 開花期と落花後の初期防除が重要で，ベノミル剤またはチオファネートメチル剤を，その後は収穫期までにキャプタン・有機銅剤を散布する．

(2) ウイルス病

a．ベインイエローズ病

診断 葉脈に囲まれた部位に退緑斑や斑点を生じ，葉脈の退色がみられる．症状は若木ほど明瞭である．

病原ウイルス 未確認．

検定方法 木本検定を行うが，ブーレ・ハーディー，ドワエネ・デュ・コミスでは若葉に葉脈の退色や黄化を生じ，ヌーボ・ポアトゥでは葉に褐色斑点を生ずる．

伝搬方法 接ぎ木伝染する．
対策 36°Cで3週間熱処理することによって容易に無毒化できる．

b．くぼみ果病
診断 果実，果梗および枝幹に症状が発現する．果実では幼果時からくぼみができ，成熟果ではくぼみが激しい．発病果の凹部直下の果肉にはコルクスポットを生ずることもある．果梗は部分的にえ死して粗皮になる．新しょうに初め水浸状の火膨れ症状がみられ，枝齢とともに拡大して粗皮症状になる．形成層が褐変し枝が枯死することもある．
病原 不明．接ぎ木伝染することが知られている．
検定方法 ヤマナシ実生台木にラ・フランスを指標植物として二重芽接ぎし，1～3年後に現れる枝の粗皮症で判別する．
伝搬方法 接ぎ木伝染する．
品種感受性 ラ・フランス，マルゲリット・マリーラ，シルバーベル，ル・レクチェなどが感受性である．無病徴感染品種は，バートレット，マックス・レッド・バートレット，パス・クラサン，グランド・チャンピオン，ジェネラル・レクラークなど．
対策 マックス・レッド・バートレットの感染率がきわめて高いので，高接ぎ更新や穂木の採取に注意する．無毒化の方法は不明． 〔大沼幸男〕

3.10 虫 害

(1) 発生様相

山形県における最近の害虫発生は，葉を加害するものではハマキムシ，ハダニ，アブラムシが，果実を加害するものではモモシンクイガとハマキムシが恒常的である．地域あるいは年次によってはナシグンバイ，クサギカメムシ，モモチョッキリゾウムシ，ナシオオシンクイなどの発生がみられる．

(2) 主要害虫

a．モモシンクイガ (peach fruit moth) *Carposina niponensis* Walsingham

現在は防除によって発生密度が抑えられているものの，防除を怠ると発生密度の回復が早い．防除不良園が近くにあると発生が多い．

被害の特徴 果実だけに加害し，食入痕には果汁の溢出物が乾き，白色のろう質物が残る．幼虫は果肉を不規則に食害しながら果心部に達する．幼果に食入した場合は，その後の果実肥大で外観はでこぼこになる．老熟した幼虫は果実から脱出するので，果実に径2mm程度の孔が残る．

生態 発生回数は北海道で1～2回，東北地方では2回が普通，暖地では3回の場合もある．

土中に扁円形の冬まゆを作り，幼虫態で越冬する．東北では5月下旬頃，冬まゆから幼虫が抜け出し，新たに紡錘形の夏まゆを作りこのなかで蛹化する．成虫は6月上

旬から7月中旬まで発生し、果実に産卵する。卵は8〜10日でふ化し、幼虫は果実内に食入して約3〜4週間後に脱出する。脱出した幼虫は土中にもぐり、大部分は夏まゆを作り蛹化し、第1世代の成虫となる。一部のものは冬まゆを作りそのまま越冬する。第1世代成虫は7月下旬から9月上旬まで発生し、果実に産卵する。

第2世代幼虫の加害期間は、第1世代よりやや短い。したがって、第2世代幼虫は8月下旬から脱出を始め、土中に冬まゆを作って越冬する。

防除 薬剤防除： 成虫の発生時に殺卵をねらって合成ピレスロイド剤（シペルメトリン剤、トラロメトリン剤など）、有機リン剤（クロルピリホス剤、CYAP剤など）およびカーバメート剤（NAC剤）のなかから選択し散布する。

耕種的防除： 被害果の摘み取りは、幼虫の脱出前に行い水漬けで処分する。

その他の防除： 成虫の発生期間中、性フェロモン製剤であるピーチフルア剤を樹に取り付ける。本剤の交尾阻害作用により、有精卵の産卵が少なくなり、被害が防止される。

b．ハダニ類（mites）

主要種はナミハダニ（two-spotted spider mite, *Tetranychus urticae* Koch）、リンゴハダニ（European red mite, *Panonychus ulmi* Koch）、オウトウハダニ（hawthorn spider mite, *Tetranychus viennensis* Zacher）の3種である。

被害の特徴 ナミハダニの被害は葉裏全体がしだいに黄褐色になり、被害が著しいと乾燥状態になって落葉する。リンゴハダニでは、初めかすり状に葉緑素が抜け、しだいに葉全体がつやを失って褐色味を帯びる。オウトウハダニでは、初め局部的に葉脈間の葉緑素がぬけて色あせ、しだいに広がり全体が褐変する。

生態 ナミハダニは雌成虫で越冬する。積雪地帯では枝幹の粗皮下や枯草の下などで、積雪のない地帯では多年生草本類で越冬する。樹上越冬の成虫は休眠から覚めたとき、ナシが展葉していると樹上で増殖するが、展葉していないと下草に移動する。一方下草で越冬した成虫は、その場で盛んに増殖する。下草で密度が高くなると樹上に移動し、梅雨明け後乾燥が続くと多発する。9月に入るとしだいに越冬場所へ移動する。リンゴハダニは卵で越冬する。越冬場所は枝の分岐部や芽の周辺である。越冬卵は開花期前後にふ化し、葉に移動し増殖をくり返す。梅雨明け後高温期が最盛期となる。9月頃から越冬卵を産下する。オウトウハダニは雌成虫で越冬する。越冬場所は枝幹の粗皮下やくぼみのなかなどである。5月中旬頃から活動し、初めは越冬場所に近い葉に寄生し密度が高まるまで分散しない。密度が高まると糸をはって分散する。夏期の高温時に急増する。9月には越冬成虫が出始める。

防除 薬剤防除： 休眠期にマシン油乳剤を散布する。また発生初期の6月上旬と増殖初期に当たる梅雨明け直後（7月下旬）の2回が重要な防除期である。さらに最盛期の8月中は発生推移をみて、1葉当たりの成幼虫数が3頭以上になった場合に防除する。防除薬剤は酸化フェンブタスズ剤、ヘキシチアゾクス剤、ポリナクチン複合体・CPCBS剤、ケルセン剤、フェニソブロモレート剤などがある。長い間使用している殺ダニ剤には抵抗性のダニも出ているので、効果の判断をしながら薬剤を選択する。

また，現在効果が高いものでも，抵抗性を防ぐため同一薬剤の連用は避ける．

c. ハマキムシ類 (leaf rollers)

主要種はリンゴコカクモンハマキ (summer fruit tortrix, *Adoxophyes orana fasciata* Walsingham)，リンゴモンハマキ (Asiatic leafroller, *Archips breviplicanus* Walsingham) の2種である．

被害の特徴 両種とも発芽期には芽，花および花葉叢をつづって食害し，夏期には新しょうの先端葉をつづったり，巻いて食害する．また果実が葉と接触しているとその間に入り，果面をなめるように食害する．

生態 両種の生態は似ており，山形県では3回発生する．越冬は幼虫で，その場所は枝の分岐部，粗皮下，せん定痕，枝についた枯葉の下などである．成虫の発生最盛期は，越冬世代が6月中旬，第1世代，第2世代がそれぞれ7月下旬〜8月上旬と9月上旬である．

防除 越冬幼虫に対しては休眠期（発芽前）に混合マシン油剤を散布し，さらに展葉期に有機リン剤を散布する．第1世代以降の防除は，各世代の幼虫発生初期に有機リン剤を散布する．有機リン剤のうち MEP 剤，ダイアジノン剤，CYAP 剤，クロルピリホス剤などが有効である．

d. ユキヤナギアブラムシ (citrus green aphid) *Aphis citricola* van der Goot

数種のアブラムシが寄生するが，主要種としては本種があげられる．

被害の特徴 新しょうの先端および若葉の裏に寄生する．被害葉は先端部が湾曲したり，わい化し，硬化する．

生態 セイヨウナシでは6月上旬から発生し，その後7月にかけて新しょうの先端や若葉の裏面に寄生する．8月に入るとほとんど主寄主であるユキヤナギやコデマリに飛び去り，そこで越冬する．

防除 薬剤防除： 発生初期に当たる6月上旬から1〜2回薬剤散布をする．アブラムシの専用防除にはバミドチオン剤や ESP 剤が優れている．その他，他害虫と同時防除で有効なものに MEP 剤，ダイアジノン剤，CYAP 剤，クロルピリホス剤，DMTP 剤などがある．

e. ナシグンバイ (pear lace bug) *Stephanitis nashi* Esaki et Takeya

風通しのよくない，密植園に発生が多い．

被害の特徴 成虫は葉裏から葉肉内に数粒まとめて産卵する．産卵痕は成虫の黒い分泌物でおおわれるので，葉裏に黒い斑点がつく．また，幼虫や成虫によって葉緑素が吸収され，葉表は白いかすり状になる．

生態 東北では年3回発生し，成虫で越冬する．冬期は被害樹の根際，付近の雑草などに潜伏している．5月下旬から出現して，7月下旬以降高温乾燥が続くと多発する．8月下旬から9月にかけては各生育ステージのものが混在する．

防除 ふ化幼虫が葉裏に群生している時期が防除の適期である．山形県では6月中下旬，7月下旬，8月下旬に防除する．MEP 剤，NAC 剤，硫酸ニコチン剤などが有効である．

〔上野 亘〕

4. マルメロ, カリン

4.1 マルメロ

(1) 経営の特性と問題点

マルメロは果肉が硬く，果汁が少なく味も特別に美味ではない．わが国では生食としない．昔から家庭では果実を薄く切り，干して乾燥したものを煎じて飲み，痰や咳止めの薬としていた．芳香に富むことから多くは砂糖漬け，シロップ漬けやジャム，羊かん，飴などの原料としたり，果実酒の材料として利用されている．さらに最近は果実をそのまま部屋，玄関，乗用車などのなかに置き，芳香を楽しむ人もいる．他の果物のように日常各家庭で大量に食べる果物ではないので，消費量には限界がある．

全国の栽培動向は1987年現在，栽培面積155 ha，生産量436 tである(表4.1)．主産地は長野，秋田，青森，山形の各県である(表4.2)．1965年頃には栽培面積，生産

表4.1 全国のマルメロ栽培と生産, 出荷状況 (1987)

栽培戸数	栽培面積(ha)			出荷量(t)	出荷率(t)	用途別仕向(t)	
	園地栽培	散在樹栽培	合計			生果	加工
4,053	94.6	60.5	155.1	436.1	348.9	197.7	151.2

表4.2 主産県のマルメロ栽培状況 (1987)

県名	栽培戸数	栽培面積(ha)	生産量(t)
秋田	460	61.4	55.6
青森	1,558	38.6	87.3
長野	527	35.0	160.0
山形	336	15.1	122.1
岩手	1,113	4.3	11.1

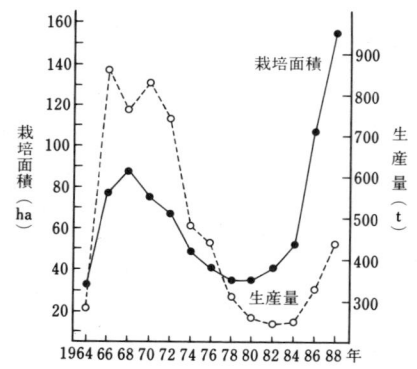

図4.1 全国のマルメロの栽培面積と生産量の推移 (日園連：果樹統計より作図)

量とも最も多かったが，その後他の果樹への転換，園地の宅地化，価格の低迷などにより減少した．しかし最近は健康食品ブームにのり，急激に栽培面積，生産量が増加の傾向にある（図4.1）．また，特産地を図ろうと植栽している地域もみられる．

過去の例からして生産過剰になると低価格となり，販売に苦慮しなければならない．栽培にあたってはこの点に留意し，補助的果樹として導入する．今後の問題は芳香の優れた豊産性品種の育成導入や早期多収対策，新加工製品の開発や健康食品として家庭での利用を勧め，消費拡大を図る努力が必要である．

(2) 分類と来歴

マルメロは落葉小きょう木または叢状低木で，枝は細く屈曲性で紫褐色となる．葉は卵円または長円形で，先端尖り基部は円形または心臓形，全縁で成葉の裏には柔毛が密生する．花は前年伸長し充実した枝の頂芽が伸長し，その新しょうが4～9cm程度伸びた先端に1花着生する．開花期は5月上中旬．花弁は倒卵形で淡紅色，ふくよかで美しい（図4.2）．花柱は5本である．果実は大別してセイヨウナシ型か球形．果皮は黄色となり，果尻にがく片があり果柄は短い．果肉は淡黄色で硬く粗い．強い芳香がある．子室は5室で各子室には2列に多数の種子が入る．

図4.2 マルメロの開花　　　図4.3 マルメロの幼果

変種のうち果樹として栽培されているものは次の2種に大別されている．

① セイヨウナシ型マルメロ（*Cydonia oblonga* Mill. var. *pyriformis* Rehd.）: 果実は倒卵形で大きく，セイヨウナシに以ている．代表的品種にチャンピオンがある．

② リンゴ型マルメロ（*Cydonia oblonga* Mill. var. *maliformis* Schneid.）: 果実は扁球形でリンゴに似ている．果柄の付け根付近はややでこぼこし乳頭状である．代表的品種にオレンジがある．

このほか果樹として栽培されていない var. *lustanica* Schneid., var. *pyramidalis* Schneid., var. *marmorata* がある．

セイヨウナシの台木用としてはフランスでは Angers と Provance の二つに大別している．また英国では Tydeman がヨーロッパ各地からマルメロの系統を集め，植物学的性状から Angers, Pillnitzer, Provance, EM-C, EM-D, Fontenay, Orleans の

7種に分類している．

マルメロはペルシャ，トルキスタン地方の原産．ヨーロッパでは古い歴史をもつ果樹で，古代には重要な地位を占めていた．米国ではヨーロッパからの移住者によってもたらされ，栽培は東部に多い．中国には10世紀頃中央アジアから新彊を経て陝西に伝わった．唐，宋の時代には盛んに栽植されていたらしい．

わが国には1634年長崎に渡来したとされている．明治の初めにも外国より導入し，1920年には米国から導入した．あまり普及せず長崎県と東北地方に散在して栽培された程度である．産地として有名な長野県諏訪地方ではマルメロをカリンとよび，1889年頃までは宅地や畦畔に植えられ，果実は薬用にしていた．その後独特の塚作りが普及，病害虫防除の確立，袋掛け技術の導入により生産が安定し，砂糖漬をはじめ加工製品が開発され，特産果樹として産地ができた．昭和に入ってからは農村の不況対策として振興を図ったが，第2次世界大戦と同時に食糧増産のため強制的に伐採された．戦後は1950年頃から砂糖の出回りで加工需要が増えたため，有利な果樹として栽培面積が増加した．1968年頃には生産が急増したため，加工面にも限界があり，価格の低下により，その後は栽培面積がしだいに減った．

（3） 品種解説

在来種（図4.4）　樹姿は開張性，枝は細く葉は円形で小さい．樹形は雑然となりやすい．果実は球形で小さく200g程度，果皮が緑黄色，芳香が強く，肉質が緊り品質がよいので加工原料として優れる．結果年齢が遅く，生理的落果が多く収量が少ない（10a当たり1.5～2t）．熟期は10月上中旬．栽培は少なく，スミルナの受粉樹として用いられる．

図4.4　在来種　　　　　　図4.5　スミルナ

スミルナ（図4.5）　樹姿は直立性，枝は太く葉が大きくやや楕円形．果実はセイヨウナシ形で大きく350g程度．果皮は淡橙黄色，外観が奇麗である．在来種に比べ肉質が軟らかく芳香が少ない．枝の伸びがよく整枝が容易．結果年齢が比較的早く，収量は多く（10a当たり2.5～4t）豊産性である．熟期は10月上中旬．栽培面積は最も多い．

かおり　波多腰邦男（長野県松本市新村）がスミルナとカリンを交配して育成．

1984年公表.樹勢はおう盛で,枝は太く葉は大きい.果実は円〜楕円形で,大きさ400 g程度.果皮は鮮黄色,外観が奇麗である.果肉は芳香が強く品質優れる.豊産性.熟期は10月上中旬でスミルナと同時かやや遅い.

オレンジ　樹姿は開張性,枝はやや細い.果実は球形で,大きさ250g程度.果皮は黄金色,果肉は淡黄色で軟らかく,果汁が多くやや酸味がある.品質が優れる.熟期は9月下旬〜10月上旬.古い品種で現在はあまり栽培されていない.

チャンピオン　米国原産,樹はおう盛,果実はセイヨウナシ型で非常に大きい.果皮は帯黄緑色,果面に狭い深いしわができ,尻部のへこみも深く,外観が奇麗である.果肉は淡黄色で軟らかく,果汁がありやや酸味がある.芳香は強く品質優れる晩生種である.

(4) 栽培管理

a. 適　　地

冷涼な気候を好み生育期間中の降雨が少ない地帯が適する.土壌は深く排水良好な肥よく地で,根が広く活動できる所がよい.根が浅いので極端に土壌が乾燥するような所は適さない.低湿地で地下水の高い所では果実品質が劣り好ましくない.わが国では栽培状況からみて甲信越地方から東北地方で良品質の果実が安定生産されることから,適地はリンゴの栽培適地と同様と考えられる.

b. 栽植方法

マルメロは比較的樹冠の広がりが小さく,早期結実するので密植栽培される.10a当たり栽植本数は,始めは50本植え程度とし,早期多収,樹形,日照の導入,作業性を考えて,最終的には25〜30本植えにする計画密植とする.

苗木は購入苗か自家養成苗を用いるが,台木の特性に留意する.共台は細根が多く浅根性のため干ばつの悪影響を受けやすく,カリン台は深根性であるので乾燥地や痩地でも生育良好となる.ヤマナシ台は接ぎ木親和性が劣り台木として好ましくない.

植え付け方法は他の果樹と同様である.秋植えを基本とするが場合によっては春植えでもよい.苗木は根部をトップジンM500倍液で消毒してから植える.植え穴に根をよく広げ,かん水をしながら根に土がよくなじむように覆土する.接ぎ木部位が地表に出る状態に植える.植え付け後は支柱を立て,敷わらをして苗木の活着とその後の生育を良好にする.

c. 結実確保

結果習性からして着花数が少なく,6月下旬〜7月上旬に生理的落果が多発しやすい特性がある.6月頃の落果は不良環境で樹体内の養分競合のため落果する.健全な種子が少ない果実ほど落ちやすいので,受精をよくし果実の種子数を多くする必要がある.またマルメロは自家結実性が劣るので,他品種の花粉を受粉する必要がある.

結実確保のため受粉受精をよくするには受粉樹として他品種を20〜30％程度混植する.一方,開花期中や前後の殺虫剤散布を控え,開花期中の天候に配意し,訪花昆虫の飛来を容易にしたり,不順天候のときにはナシやリンゴの要領で人工受粉をする.

d. 摘　果

　着果過多の場合は果実が小果，不揃いとなり，隔年結果や樹勢を弱める原因となる．摘果によって不良果を落とし，着果調節をして果実品質を高める．摘果は果実の肥大状況をみながら，満開後30日頃までに完了する．
　方法は小玉果，奇形果，病虫被害果などを優先的に落とし，形の整った大きな果実のみを残す．着果量の目安は葉数を基準とする．スミルナのような大果品種は葉数60～80枚に1果，在来種のような小果品種は40～50枚に1果あて着果させる．樹形の確立維持のため主枝や亜主枝の先端部には着果させない．枝の状態をよくみて立ち枝，横枝のしっかりした枝に多く着果させ，下垂枝や樹冠下部の枝には少なめに着果させる．

e. 袋　掛　け

　果実のシンクイムシ加害防止と果皮の黄色をよくし，商品性を高めるために袋を掛ける方法もある．摘果の終りしだい袋掛けをする．袋の種類は遮光率の高い袋が色上りがよいので，大きさ八切の切り込みのある KM_2，ビワ2号などを使用する．

f. 土壌管理と施肥

　毎年安定して生産をあげるには，合理的な土壌管理，地力の増進が必要である．樹冠下は清耕で樹間は草生にする．草刈回数を多くし，管理をしやすくするとともに有機物の補給を図る．施肥基準は長野県の事例では，10a当たり窒素19kg，リン酸16kg，カリ14kgである．これも樹勢をみて栽植本数，土壌の肥よく度によって増減する．
　施肥時期は11～3月に基肥として，年間施肥量の窒素80％，リン酸，カリは全量を施し，9月に追肥として窒素20％を施す．

g. 収　　穫

　収穫適期の判定は果実の地色が黄色で品種固有の色になり，種子が茶褐色で，果肉が淡黄色，特有の芳香が感じられる時期である．成熟しても果肉は急に軟化したり腐敗したりしない．過熟になると果肉褐変果が生じ品質が低下する場合がある．とくにスミルナは発生しやすいので適熟果の収穫に努める．
　収穫は適熟果から3回くらいに分けて行う．収穫はハサミを必要とせず簡単にもぎとれるが，果実に傷をつけないようにていねいに扱う．有袋果は除袋をしないでそのまま収穫する．収穫後は長く貯蔵すると腐敗果や果肉褐変果が生じやすい．

h. 整枝・せん定

　目標樹形は開心自然形とする．主枝は2～3本，主枝の角度はやや立ち気味にする．各主枝には亜主枝を2本配置し，樹高は3m程度で短幹仕立てとする（図4.6）．
　骨格枝作り　　若木時代は主枝の形成に重点をおく．植え付けた苗木は地上50～60cmの高さで切る．第1主枝は地上30～40cmの位置から出し，さらに20cm間隔で第2，第3主枝ができるように，主幹延長枝を40～50cmの長さで切る．これを頂点にして半円形になるよう他の枝を切る．毎年このようにして，主枝候補枝を養成する．このなかから，さらに幹からの発生位置，方向，角度を考慮し，太い発生角度の鈍角な枝を主枝に決定する．

4.1 マルメロ

図 4.6 成木の樹形

　決定した主枝は屈曲させないでまっすぐに仕立てる．必ず支柱を添えて誘引してやる．主枝が確立したら心抜きをして開心形にする．亜主枝は各主枝の側面から発生させる．第1亜主枝は幹から約1m離れた位置から出し，第2亜主枝はさらに先端よりに1mの位置に，方向を変えて出す．亜主枝はつねに主枝より細く小さく維持する．第2亜主枝は第1亜主枝より小さく維持する．主枝，亜主枝の先端は毎年やや強く切り返して下垂しないようにする（図4.7）．

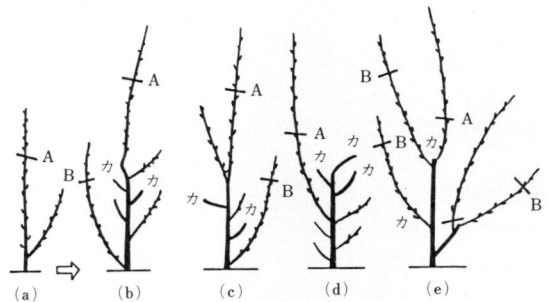

図 4.7 枝の出方と切り方（平倉，1963）
記号は切り返す位置．Aは新しょうを伸長させ，Bは結果枝を作る．カは結果した位置．

成り枝の扱い　側枝は主枝，亜主枝上に着生させる．本数，発生位置，大きさは日照の導入を考えて調節する．側枝は亜主枝より小さく維持し，状態をみて更新する．主枝や亜主枝の先端，樹冠の外側には小さな側枝を配置する．
　成木になると樹冠内部は枝が混んで日照の導入が悪くなりやすい．内部の枝を整理する．樹勢が落ち着いてくると新しょうが伸びないで，思うように樹冠が拡大しにくくなる．伸ばす必要のある枝は強く切り返す．結果枝を作る場合は弱く切り返し，結果母枝となる枝は先端を切らない．

果実をつけた枝はさらに先端から伸びた新しょうに果実をつける．これを年々くり返すと，枝の基部の方がはげあがってくるので，着果部位を骨格枝の方に戻す．基部の新しょうを残し，長くはげあがった枝を切除する．弱い新しょうに着果した果実は落果しやすいので，部分的に強いせん定をして，充実した強い新しょうを発生させる（図4.8）．

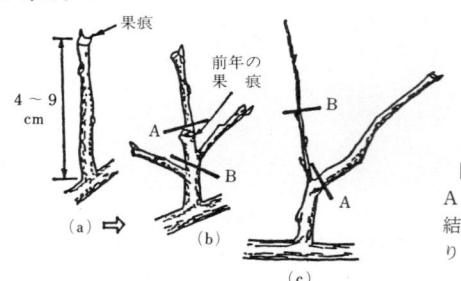

図4.8 結果枝の整理方法（平倉, 1963）
AまたはBで切る．(c)のように長く伸びた結果枝は基部の新しょうに更新し，はげ上がりを防ぐ．

夏季管理 夏季管理として支柱立てを行う．主枝，亜主枝には太い支柱を立てる．マルメロは根が浅く台風によって倒伏しやすいので，倒伏防止も考えて効果的にしっかりと立てる．

（5） 出　荷

収穫した果実は貯蔵しないで，収穫後2週間以内に出荷販売する．出荷の方法は腐敗果，裂果，虫害果，奇形果などを除去する．選果は次の基準で行う．LL：360g以上，L：240～360g，M：180～240g，S：100～180g．段ボール箱10kg入り，ばら詰めとする．なお腐敗果以外は加工用として販売できるので廃棄しない．

（6） 果肉褐変障害防止

収穫後果実を切断してみると果肉が一部褐変しているものがある．この果肉褐変果は外観からは発見できず，加工原料として品質上問題となる．品種ではスミルナに発生が多い．発生防止対策として栽培面では地下水の高い所での栽培を避け，窒素肥料の多用，極度の大果生産をしない．過熟果にならないよう適期収穫をする．

（7） 病害虫防除

赤星病 おもに葉に発生するが幼果や新しょうにも発生する．葉には落花期頃から表面に橙黄色の小斑点ができ，しだいに病斑は拡大して裏面に毛状のさび小腔が形成される．果実はおもにがく片部周辺に発病し奇形果の原因となる．防除法はマルメロ園の近くにビャクシン類を絶対に植栽しない．4月下旬～5月下旬の間に2～3回予防効果の高い有機硫黄系剤を散布する．感染盛期を中心にバシタック水和剤1,000倍液を散布する．

黒星病 ていあ部を中心に発生することが多く，果実を腐敗させないが商品性を

著しく損なう．感染期は落花後10日から7月末までの幼果期で，この間に降雨が多いと多発しやすい．防除法は有袋栽培では袋掛け前の感染に注意し，袋掛け時期が遅れないようにする．薬剤散布は落花後10日から2週間おきに3回，有機硫黄系剤を散布する．薬剤散布の間隔を長くあけすぎないようにする．

腐らん病　せん定などの傷口から傷に寄生菌が侵入し，幹や枝を枯死させる病害である．樹勢の弱い場合や凍寒害を受けると発病しやすい．樹皮が黒褐色に変わり軟化腐敗する．防除法は早期発見に努め，罹病部は放置せず，外科的処理をする．病斑部は健全部を少し含めて完全に削り取る．削り取った跡はトップジンMペーストまたは石灰硫黄合剤の原液を塗布する．せん定による切り口にも同様に塗布する．発生の多い園では12月上旬または発芽直前に石灰硫黄合剤10倍液を散布する．

シンクイムシ類　おもにナシヒメシンクイ，モモシンクイガが果実を加害する．果実の表面に密毛が多いため他の果樹より被害を受けやすい．防除法は発生の多い園では6月下旬から9月上旬まで2週間おきに，サイアノックス，オフナック，ミクロデナポンなどのいずれかを散布する．

4.2 カ リ ン

（1） 経営上の特性と問題点

カリンはマルメロの近縁で似ることから，よく混同される．果実の利用法もほぼ同様であるが，カリンこそ痰や咳止めの薬用とされてきたのである．最近は蜂蜜漬け，切り干しカリンに加工して販売している産地もある．これまで庭木や盆栽にして愛好

表4.3 全国のカリン栽培と生産，出荷状況（1987）

栽培戸数	栽培面積（ha）		
	園地栽培	散在樹栽培	合計
3,006	114.3	61.6	175.9

生産量(t)	出荷量(t)	用途別仕向（t）	
		生果	加工
835.5	690.2	66.4	623.8

表4.4 主産県のカリン栽培状況（1987）

県名	栽培戸数	栽培面積(ha)	生産量(t)
山　梨	160	78.0	651.0
福　島	1,236	22.8	8.0
長　野	586	16.3	34.1
山　形	148	14.2	46.9
熊　本	27	7.1	0.2
奈　良	70	6.4	26.0
静　岡	44	3.5	26.0

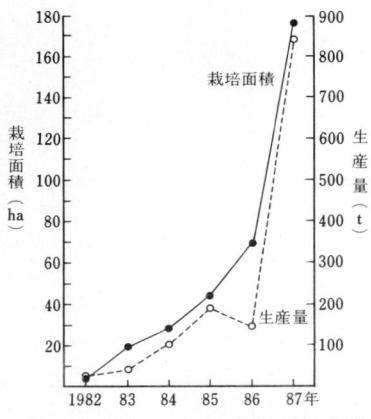

図4.9　全国のカリンの栽培面積と生産量の推移（日園連：果樹統計より作図）

され，果樹としての栽培はきわめて少なかった．

全国の栽培動向は1987年現在，栽培面積176 ha，生産量835 tである（表4.3）．主産地は山梨，福島，長野，山形の各県であるが，最近は静岡，奈良，熊本など24都県で生産出荷している（表4.4）．価格の推移は果実の大きさ，形状，市場によって異なるが，1985年頃は1 kg当たり800円前後であったのが，1988年では300～500円と低下傾向にある．健康食品として一時話題になり，急激に栽培面積，生産量が増加したことと，同じ目的で消費されるマルメロの生産量が増加したことにある（図4.9）．

消費量に限界があり，マルメロとも競合することから補助的果樹として導入するのが望ましい．成木園10 a当たり目標収量を3.5 t程度とする．消費者にはマルメロよりカリンの方が人気があり，評価も高い．今後の問題は早期多収の栽培体系の確立，消費者に魅力ある加工製品の開発，健康食品として消費増大を図ることが必要である．

(2) 特性と来歴

カリンは落葉性高木で，幹は太く樹皮は剝げて雲紋状，黄褐色の木肌となる．枝は最初柔毛が生え，後に落ちて紫褐色となる．葉は楕円または長円形，葉縁は鋭鋸歯がありマルメロと異なる．托葉は早期に落ちる．花は1年生枝の頂芽が伸長した先端に単生する．また充実した太い1年生枝のえき芽にも着生する場合がある．花弁は5枚で倒卵円形，淡紅色～紅色（図4.10），花柱は5本．開花期は4月下旬～5月上旬でマ

図4.10 カリンの花

ルメロよりやや早い．果実は楕円形または倒卵形で大きさ250～800 gとさまざまである．果皮は黄色で平滑，マルメロと異なり無毛である．果柄はごく太く短い．果肉は淡黄色で硬く粗い．強い芳香と渋味があり水分は少ない．子室は5子室で各子室には2列に多数の種子がある．中国原産とされ，原生地やわが国に導入された経過は不明である．

(3) 栽培管理

a. 適　地

冷涼な気候を好み，生育期間中は降雨の少ない方がよい．花芽の着生を多くし果実の肥大を図るため，日照を多く必要とする．土壌は適応範囲は広いが，耕土は深く肥

よくで，排水良好な適湿地が適する．干ばつ地は適さない．
b．栽植系統
カリンには品種として選定されたものはない．苗木は唐カリン，大実カリン，一才カリンなどで販売されている．最近は優良種として選抜育成された伊那カリン，毛涯カリンなどの販売もみられる．果実は総称してすべてカリンで販売されている．これまで実生苗を庭木として植えたため，果形，大きさ，果色，熟期の異なるものが多い

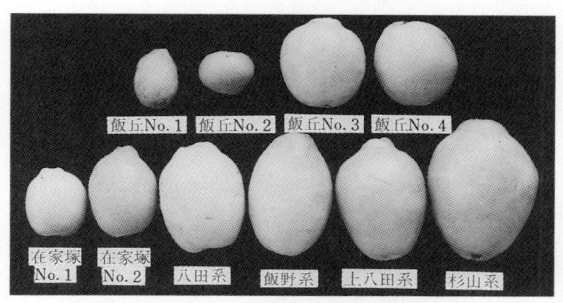

図4.11 カリンの果実の大きさと形状の比較

（図4.11）．今後は優良系統には品種名を付け栽植する必要がある．当面は価格の高い大果系で，豊産性の系統を導入栽植する．
c．栽植方法
早期多収，整枝・せん定の容易，日照の導入，作業の省力を考え，密植並木植えとする（図4.12）．栽植は列間4 m，樹間3～3.5 m（10 a 当たり83～71本植え）とす

図4.12 並木植え栽培

る．状況をみて最終的には間伐をし，10 a 当たり40～35本植えとする．苗木は果実特性の明確な系統の接ぎ木苗を植える．実生苗は果実品質が不明であり，結実開始が遅い欠点があるので植えない．カリンはほう芽期が早いので，植え付け時期は秋植えとする．植え付け方法はマルメロに準ずる．
d．結実確保
花は完全花と結実のしない雌ずいの欠けた不完全花や子房の発育不良花がある．カ

リンは開花数が多い割合に結実数が少ないのはこのためである。日照の確保と強めの樹勢維持で完全花を確保する。受粉樹として他系統を20％混植し、受粉受精を良好にする。

e．摘果・袋掛け

隔年結果性が強く、大きい果実(500～800 g)の方が価格も高いので、摘果によって適正着果に努める。摘果は小果、病虫被害果、奇形果、葉ずれ果などを除去し、大きさを揃える。摘果時期は5月下旬までに実施終了する(図4.13)。着果基準は樹勢に応じ調節するが、大果ほど葉枚数を多く必要とし、強めに摘果する。袋掛けはマルメロの方法に準ずる。

図4.13 カリンの結実状態

図4.14 カリンの収穫適期

f．収穫・出荷

収穫期は10月下旬～11月中旬。マルメロの方法に準ずる(図4.14)。出荷は一般果樹類と同様な方法で実施する。食味に配意する必要はない。あまり窒素肥料を多用しすぎたり、遅効きにすると果実の地色の抜けが悪く収穫期が遅れ好ましくない。

g．整枝・せん定

植え付け間隔によって樹形は主幹形、変則主幹形、開心形などのいずれかを採用する。整枝・せん定の省力化の点からは、直立性の樹姿を尊重して主幹形が適する(図4.15)。主幹形樹は主幹、側枝、結果枝で構成し、主枝、亜主枝を作らない。主幹は太く丈夫に作り屈曲、斜立させない。目標樹高は4 m程度とする。苗木は高さ80 cm前後で切る。以後数年は主幹延長枝を70～90 cmで切り、発生角度の狭い同勢力の枝2～3本も切除する。

側枝は主幹と競合しないよう、長大化させないで間引き更新する。おう盛な枝ほど発生角度が狭く裂けやすいので、あまり開かせる誘引をしないで花芽の着生を促す。主幹の下部に大きい側枝を3～4本配置し、上部ほど小さい側枝を配置する。側枝は強い側枝と弱い側枝に区分されるが、結果母枝を確保するため、太い1年生枝は強い

図4.15 主幹形仕立てのせん定前（左）とせん定後（右）

切り返しをし，徒長枝も5～10cm残して切り返す．着果部位を主幹に近づけるよう，古い側枝は切り戻す．植え付け間隔が広い場合は変則主幹形樹，開心形樹に仕立てるのがよい．方法はリンゴに準ずる．

h．病虫害防除

問題となる病害虫の発生は比較的少ない．マルメロに準じ防除する．とくに留意する病害虫は赤星病，輪紋病，黒点病，シンクイムシ類，アブラムシ，ケムシ，コウモリガなどである．年間5～6回の薬剤散布が必要である．　　　　　　　［小林祐造］

文　　献

1) 長野県（1984），長野県果樹発達史，長野県．
2) 長野県（1977），果樹指導指針，長野県．
3) 農文協編（1984），農業技術大系，果樹編，特産果樹，農文協．
4) 佐藤公一，他編（1984），果樹園芸大事典，養賢堂．
5) 農林水産省農蚕園芸局果樹花き課監（1978），特産果樹ハンドブック，地球社．
6) H. B. Tukey(1964), Dwarfed Fruit Trees.

5. モモ

5.1 経営上の特性と問題点

(1) 経営上の特性

モモは労働集約性の高い果樹である．生育が早く，摘果，収穫などの結実管理に要する作業は，春から夏にかけての短い期間に集中するため，労働力の配分が難しい．また，果実は軟らかく，日持ち性が劣るため，商品として取り扱う場合，機械よりも人手を利用する方が有利なので，労働の集約性は他の作目よりも高くなる．その結果，経営規模は1 ha前後のところが多く，モモ単作よりも他作目を組み合わせた複合経営が中心になっている．

わが国のモモ果実消費は生食用が主体で，全体の約8割を占め，シラップ漬け缶詰，ジュース，ネクターなどの加工に供されるものは2割程度にすぎない．とくに，生食用としては商品性の高い，良品質果実が要望されるので，生産から利用に至るまで集約的な品質管理が要求されている．米国など世界の主要生産国は加工用の比重が高く，機械利用など省力化のための粗放的管理が行われているのと比べて対照的である．しかし，生食用果実に対する需要は世界的に高まってきており，他作目に比較して集約的管理が要求されていることには変わりない．

モモは生育が早いだけでなく，結果樹齢に達するのも早い特性をもっている．そのため，早期に収益をあげることが可能であり，経営規模の小さいところでは導入しやすい作目といえよう．

(2) 経営上の問題点

モモは生産費のなかで労働費の占める割合が高く，労働の質が経営上大きな問題になる．生産に従事する人たちの高齢化は，生産性向上に障害となるが，省力化に役立つ低樹高栽培の普及，収穫時期の異なる品種の導入による労働時期の分散，共同選果などによる収穫調整労力の削減などの改善策がとられている．

商品性の高い果実が要望されているが，品質の良否は収穫時期の天候，とくに降雨との関係が深く，年によっては品質が低下して価格が下落することがある．そのため西南暖地の早出し地帯では雨よけなどの施設栽培が普及しつつある．生産の安定と品質向上は，モモ栽培にとって大きな課題であり，輸入果実やイチゴ，メロンなどと競

争できる生産流通技術の確立が望まれている．

　生食用果実の需要が増大する一方，安価な加工品が外国から輸入されるため，加工用果実を生産する経営は難しくなっている．缶詰専用の黄肉種の栽培は2％にまで低下してしまった．経営の安定には加工原料の生産も不可欠なので，生食・加工兼用種の導入は今後の課題となっている．

　モモは連作障害のみられる果樹で，産地移動の激しい作物の一つとされている．これには，他作物との輪作，有機物施用による土壌改善などを実施し，産地の維持・発展に努めている．

5.2　分類と来歴

(1)　原産地

　昔，モモの原産地はペルシアと考えられていたので，学名にペルシカの名が付けられたが，19世紀末にドカンドルがモモの原産地はペルシアではなく，中国であると発表して以来，これが定説となっている．さらに20世紀になってマイヤーは「陝西省と甘粛省の高原地帯がモモの原生地とみなされる」とし，黄河の流域がモモの生まれ故郷として注目されるようになった．しかし，モモ (*Prunus persica*) は中国南部やヒマラヤ南部にも広く分布しているので，原生地は黄河や揚子江の源となっている中国西南部の奥地やヒマラヤを含めた広い地域を想定した方が正しいと思われる．

(2)　モモおよびその近縁種

　モモはサクラ科サクラ属のモモ亜属に属し，アーモンドとは近縁で，中国から中央アジア，小アジアにかけて，近縁野生種10数種が分布している．栽培種はモモ (*P. persica*) の一種だけで，野生種は毛桃 (*P. kansuensis*)，山桃 (*P. davidiana*) が黄河上流の高原地帯に，光核桃 (*P. mira*) がヒマラヤ，チベット地域に，新彊桃 (*P. ferganensis*) が西部に分布している．アーモンドに近い西康扁桃 (*P. dehiscens*) は四川省などに分布している．アーモンド (*P. amygdalus*) は小アジア，アジア西部など乾燥地帯で発達していったが，モモは中国から中央アジアなど広い地域に分布し，形態，生態などの異なる変種や系統が誕生した．オヒヨモモ (楡葉梅，*P. triloba*) はモモの仲間に入れられていたが，最近の報告によれば野生のアーモンドの仲間に属するといわれている．中国東北部に分布するユスラウメ (毛桜桃，*P. tomentosa*)，ニワウメ (郁李，*P. japonica*) も近縁種としてモモの台木などに利用されている．

(3)　モモ品種分類

a．形態的分類

　モモは形態的特性によって次のように分類される．果皮に毛茸のあるものをモモ (普通モモ，peach，*P. persica* Batsch var. *vulgaris* Maxim.)，毛のないものをネクタリン (油桃，nectarine，var. *nucipersica* Schneid.) という．また，果実の形状が球形

のものを普通モモと称するのに対して，扁平形のものをバントウ(蟠桃，peento，var. *platycarpa* L. H. Bailey) という．遺伝的には有毛は無毛に，扁平形は球形に対して，それぞれ優性である．その他，果肉の色によって白肉桃と黄肉桃，肉質によって溶質 (melting) と不溶質 (ゴム質，non-melting)，果肉と核の離れやすさによって離核桃 (free stone) と粘核桃 (cling stone) などに分類されることがある．遺伝的には白肉は黄肉に，溶質は不溶質に，離核は粘核に対して，それぞれ優性を示す．

b．生態的分類

中国で生まれたモモは生態的条件の異なる地域で栽培され，いくつかの品種群に発達していった．

華北系品種群(北方桃品種群)： 黄河流域で改良が進んだもので，温帯中〜北部から亜寒帯に栽培されている．寒さ，乾燥に強いが，雨や病気に弱い．樹性や果実の特性はヨーロッパ系の品種によく似ており，果実の日持ち性に優れている．

東アジア系品種群(華中系品種群，南方桃品種群)： 揚子江流域で改良された大果，軟肉の"水蜜桃"グループで，温帯中部から南部に分布する．雨や病気に強く，樹は強勢，豊産性である．花は大きく，晩咲きのものが多い．生食用に適する白肉の粘核種が多い．

華南系品種群： 中国東南部から東南アジアにかけて分布する品種群で"蜜桃"とか"苦桃"とよばれている．温帯南部から亜熱帯に分布している．低温要求度が低く，開花，発芽ともに早く，常緑のものもみられる．果実は小さく，苦味をもつものもあり，品質は悪い．

ヨーロッパ系品種群(欧州系品種群，ペルシア系品種群)： 夏季乾燥する温帯に分布し，雨や病気に弱い．花は小さく，やや早咲き，結実は不安定である．黄肉で，酸味や香気が目立ち，ゴム質の缶詰用品種など日持ち性に優れるものが多い．

c．用途による分類

用途により，生食用，加工用，台木用，観賞用などに分類される．生食用品種は大果，軟肉多汁で風味のよいものが，加工用品種は缶詰，ジュース，ネクター，冷凍など目的によって異なるが，色と風味に重点がおかれ，とくに缶詰用品種では加工のしやすさからゴム質で粘核のものが望まれている．台木用としては耐寒性，耐水性，耐病虫性など環境適応性に優れるもの，わい化など樹勢調節に役立つものが求められる．観賞用は，花の美しさだけでなく，しだれ性，ほうき性，わい性など樹性に特徴のあるものが選ばれている．

(4) 栽培の歴史

中国大陸で生まれたモモは長い間に中国全土に広まり，果実が大きくて軟肉多汁の"水蜜桃"，木がわい性を示す"寿星桃"など，さまざまな変種が誕生していった．中国西北部から紀元前1〜2世紀に小アジア，西アジアに伝播したモモはペルシアで改良され，ヨーロッパに渡り，そこから米国，オーストラリア，アフリカなどへ伝わっていった．また，中国東部のモモは弥生時代以降，日本にも伝わってきたが，品質の

優れた品種は明治以降に渡来したものである．中国に赴任した宣教師が欧米に持ち帰った品種もヨーロッパの品種と一緒に栽培されて改良され，現在ではこれらの雑種品種が世界中に伝播し，温帯地域を中心に広く栽培されている．中国を除く，モモの主要生産国は，イタリア，米国，スペイン，ギリシャ，フランス，トルコ，メキシコ，日本，アルゼンチン，南アフリカ連邦，ブラジルの順になっている．

5.3 品種の変遷と品種解説

(1) 品種の変遷

モモは果樹のなかでも品種の交代，変遷が顕著である．結果樹齢に達するのが早く，樹の寿命が短いこと，新しい有望品種が出現しやすいことなどがその一因と考えられる．

a．明治以前

モモは弥生時代に中国から渡来したといわれている．厄除け，薬用，観賞用などに供され，果樹としても栽培されたが，品種記載がみられるのは江戸時代に入ってからである．京都ではサモモ，五月モモ，鎧ドヲシ，冬桃，夏桃などが，瀬戸内地方や北陸，奥羽地方ではモモと同じように油桃がかなり栽培された．江戸時代には花桃の品種改良がさかんに行われ，現在栽培されている品種は，この時代に改良されたものが多い．

b．明治時代

明治以前の品種は，小果で品質は不良，果物としての商品的価値は低かった．現在の大果軟肉の品種は，明治以降中国や欧米から導入されたものである．そのなかで上海水蜜桃と天津水蜜桃は，わが国の気候風土にも適し，中心品種となった．1900年頃には，これらの実生から多数の品種が生まれた．岡山では金桃，土用，離核，白桃など，神奈川では早生水蜜，伝十郎，橘早生などが育成され，各地で栽培された．

c．大正時代

1917年頃から興津にある農商務省農事試験場園芸部，岡山，神奈川両県の農事試験場で雑種育種が開始された．民間での偶発実生の発見と相まって多数の品種が各地で栽培された．

d．昭和時代

大正時代に始まった育種の成果がみられ，興津の園芸試験場からはネクタリンの興津が，神奈川県からは白鳳，甘泉，昭和など10品種が発表された．1935年頃から興津，岡山，兵庫などで缶詰用モモの品種改良が開始され，1955年以降，缶桃2号，缶桃5号，缶桃12号，缶桃14号，明星など，わが国の気候風土に適した黄肉でゴム質の品種が育成，発表された．昭和初期に栽培された生食用モモ品種は，岡山早生，橘早生，佐五平，日月桃，離核，土用，伝十郎など酸味の強い品種が中心であった．これらは日持ち性もよくないので，都市に近い産地で栽培された．

第二次世界大戦後になると岡山で発見された大久保，神玉，白桃など，神奈川で育

成された白鳳など品質のよい，甘い品種が少しずつ普及し始めた．1949年に種苗名称登録制度ができると，優良品種が次々に発表された．早生種では布目早生，砂子早生，倉方早生，大和早生，松森早生など，中生種では白鳳，大久保，神玉をはじめ箕島白桃，大和白桃，高倉，高陽白桃，中津白桃，馬場白桃，愛知白桃など，晩生種では白桃などが主要品種として栽培された．

1955年以降，モモ栽培はさらに盛んになり，多数の品種が登場してくる．とくに，1979年に新しい種苗法が制定され，新規性だけで品種登録ができるようになると，民間育成の品種が多数登録されるようになった．

ネクタリンは，1965年以降注目されるようになり，米国から多数の品種が導入された．ニュージャージー州育成のネクタレッドシリーズ，カリフォルニア州育成のフレーバートップ，ファンタジア，リグランド，メイグランドなどが日本の気候にも適合し，栽培された．わが国で育成，選抜された興津，早生ネクタリンに秀峰，ヒラツカレッド，水野ネクタリンなども加わり，長野，山梨などの産地で栽培が盛んになった．

(2) 品種解説
a. 生食用モモ
1) 早生種

さおとめ 農林水産省果樹試験場育成，もも農林13号，白鳳×ロビン，1983年登録．果実は扁円形，小果120g，果皮着色良，白肉，甘味中，酸味少，肉質は柔軟多汁，品質，日持ち性ともに良好，粘核．樹勢強，やや直立性，花粉あり．6月中旬，布目早生より1週間早く熟す．

ちよひめ 農林水産省果樹試験場育成，もも農林14号，高陽白桃×さおとめ，1988年登録．果実は短楕円形，150g，果皮着色良，白肉，早生としては甘い，酸味少，肉質やや密，品質，日持ち性ともに良好，粘核．樹勢中，花粉あり．6月下旬，布目早生より少し早く熟す．

布目早生 愛知県春日井市，布目清育成，白桃，離核，岡山早生，大久保の混植園から得た実生を選抜，1951年登録．果実は短楕円形，160g，着色中，白肉，甘味少，酸味少，肉質軟で良好，半離核．樹勢強，開張性，花粉あり．6月下旬熟す．成熟日数80日．

砂子早生 岡山県赤磐郡，砂子政市育成，偶発実生，1958年登録．果実は短楕円形，200～250g，着色やや良，白肉，甘味少，酸味微，肉質軟で良，日持ち中，年により食味淡泊，半粘核．樹勢中，開張性，花粉なし．6月下旬～7月上旬．布目早生に続いて熟す．

武井白鳳 山梨県山梨市，武井義正育成，白鳳の実生より選抜．果実は円形，200g，果皮着色良，白肉，甘味中，酸味少，肉質密，日持ち性やや良，粘核．樹勢強，開張性，結実良好．6月下旬～7月上旬熟す．

日川白鳳 山梨県山梨市，田草川利幸育成，白鳳の芽接ぎ苗より発見，1981年登

録．果実は扁円形，200g，果皮着色多，暗赤色，白肉，甘味中，酸味少，肉質中，粘核，核割れ多．樹勢中，開張性，花粉あり，結実良好．7月上旬，倉方早生より2〜3日早く熟す．

倉方早生　東京都目黒区，倉方英蔵育成，長生種×実生種(ゴム質)，1951年登録．果実は円形，180g，果皮着色良，白肉，甘味少，酸味少，肉質硬くてしまる，日持ち良，輸送性に富む，粘核．樹勢強，直立性，花粉なし，開花期やや早い．7月上旬熟す．

八幡白鳳　山梨県で1975年以前発見された，白鳳の枝変わり，橋場白鳳と同じか．果実は円形，200g，果皮着色良好，裂果あり，白肉，甘味中，酸味少，ときに渋味あり，肉質良，日持ちやや不良，粘核．樹勢やや強，開張性，花粉あり，豊産性．7月上中旬熟す．

松森早生　山梨県東八代郡，松森美富育成，白鳳の実生樹に芽接ぎしたものから発見，1968年登録．果実は円形，170g，果皮着色良，白肉，甘味中，酸味少，肉質やや良好，日持ち性良好，粘核．樹勢強，やや直立性，花粉あり．7月上中旬熟す．

加納岩白桃　山梨県山梨市，平塚八郎育成，浅間白桃の枝変わり，1983年登録．果実は扁円形，240g，果皮着色良，白肉，甘味多，酸味少，肉質良好，粘核．樹勢中，花粉あり，結実良好．7月中旬，倉方早生より1週間遅く熟す．

勘助白桃　愛知県豊橋市，山本勘次育成，愛知白桃の枝変わり，1981年登録．果実は扁円形，200g，果皮着色良，白肉，甘味中，酸味少，肉質中，粘核，核割れあり．樹勢強，花粉あり．7月中旬，白鳳よりやや早く熟す．

暁星　福島県伊達郡，佐藤孝雄育成，あかつきの枝変わり，1986年登録．果実は扁円形，200g，果皮着色多，白肉，甘味少，酸味少，肉質良好，粘核．樹勢中，花粉あり．7月中下旬，あかつきより1週間早く熟す．

2) 中生種

白鳳　神奈川県園芸試験場育成，白桃×橘早生，1933年命名，発表．果実は円形，180g，外観美しい，白肉，甘味多，酸味少，肉質密で多汁，食味優秀，日持ちやや良好，粘核．樹勢やや強，開張性，花粉あり，豊産性，細菌病にやや弱．7月中下旬熟す．中生の代表品種．早熟系，大果系などいくつかの系統があるが，原種は中玉で核周囲に紅色素がある．

千曲　長野県更級郡，大谷勲の園で発見された白鳳の大果種．果実は円形，250g，果皮着色良好，白肉，甘味多，酸味少，肉質良，粘核．樹勢強，花粉あり，豊産性．7月中下旬，白鳳より数日早く熟す．

あかつき　農林水産省果樹試験場育成，もも農林6号，白桃×白鳳，1979年登録．果実は円形，200g，果皮着色良好，白肉，甘味多，酸味少，肉質密でしまる，品質優秀，日持ち性良，粘核．樹勢，樹姿は白桃に似る，花粉あり，豊産性．7月中下旬，白鳳と同時期に熟す．

大久保　岡山県，大久保重五郎育成，偶発実生，1927年命名．果実は円形，250g，果皮着色良，白肉，甘味多，酸味少，肉質やや粗，品質中，日持ち性良，離核．樹勢

やや弱，開張性，花粉あり，豊産性，栽培容易．7月下旬，白鳳についで熟す．白肉モモ缶詰原料としても適す．樹姿直立性の系統もある．

浅間白桃　山梨県東八代郡，須田新喜作育成，浅間白桃の枝変わり，1974年登録．果実は円形，250g，果皮着色良，白肉，甘味多，酸味少，肉質密で良好，品質，日持ち性ともに良好，粘核．樹勢強，直立性，花粉なし．7月下旬，大久保と同時期に熟す．

大和白桃　奈良県農業試験場育成，白桃×カールマン，1924年交配．果実は円形，200g，果皮着色少，白肉，甘味多，酸味少，肉質柔軟多汁，品質良好，日持ち不良，粘核．樹勢強，やや開張性，花粉なし．7月下旬熟す．関西では進物用に供される．

清水白桃　岡山県御津郡，白桃の実生，戦前から栽培．果実は円形，250g，果皮着色少，白肉，甘味多，酸味少，肉質軟で密，品質優良，日持ち性やや不良，粘核．樹勢やや強，直立性，花粉あり．7月下旬～8月上旬熟す．関西では進物用に供される．

愛知白桃　愛知県小牧市，山田利一育成，1957年命名，昭和白桃，山根白桃ともいう．果実は扁円形，260g，果皮着色良，白肉，甘味多，酸味少，肉質やや粗，品質，日持ち性ともに良好，粘核．樹勢強，花粉あり，豊産性，裂果みられる．8月上中旬熟す．

西野白桃　山梨県白根町，芦沢達雄育成，大久保と白桃の混植園で得られた実生，1967年登録．果実は円形，250g，外観美しい，白肉，甘味極多，酸味少，肉質密で多汁，品質優秀，日持ちやや不良，粘核．樹勢強，開張性，花粉なし．8月上中旬熟す．

高陽白桃　岡山県赤磐郡，藤原磯吉育成，白桃の枝変わり，1935年頃より注目．果実は円形，250g，白肉，甘味多，酸味少，肉質密でしまる．品質，日持ち性ともに良好，粘核，ゴム質の性質をヘテロでもつ．樹勢強，花粉なし．8月上旬熟す．

中津白桃　奈良県生駒郡，中津正之育成，白桃の実生，1955年登録．果実は円形，250g，果皮着色少，白肉，肉内紅少，甘味多，酸味中，肉質軟で密，品質良好，日持ちやや不良，粘核．樹勢強，やや開張性，花粉なし．8月上旬熟す．裂果みられ有袋栽培必要．

長沢白鳳　山梨県中巨摩郡，長沢猪四重育成，白鳳の枝変わり，1985年登録．果実は円形，300g，果皮着色多，白肉，甘味多，酸味少，肉質はやや硬く，日持ち性良好，粘核．樹勢中，花粉あり．8月上旬，白鳳より遅く熟す．

3) 晩生種

川中島白桃　長野市川中島，池田正元の園で上海水蜜と白桃の実生から選抜，1977年命名．果実は円形，300g，果皮着色良，白肉，甘味多，酸味少，肉質やや硬く，日持ち性良好，粘核．樹勢強，花粉なし，豊産性．8月中下旬，高陽白桃より少し遅く熟す．

白桃　岡山県赤磐郡，大久保重五郎育成，偶発実生，1899年発見．果実は円形，250g，果皮着色少，白肉，甘味多，酸味少，肉質密でしまる，品質，日持ち性ともに優秀，粘核．樹勢強，開張性，花粉なし，生理的落果あり．8月中下旬熟す，晩生の

代表品種.
　ゆうぞら　　農林水産省果樹試験場育成, もも農林 11 号, 白桃×あかつき, 1983 年登録. 果実は円形, 250 g, 果皮着色良, 白肉, 甘味多, 酸味少, 肉質密でしまる, 品質, 日持ち性ともに優秀, 粘核. 樹勢やや強, 花粉あり, 結実良好. 8 月中下旬, 白桃と同時期か少し早く熟す.
　瀬戸内白桃　　岡山県山陽町, 富山義則育成, 白桃の枝変わり, 1983 年登録. 果実は扁円形, 大果, 果皮着色少, 白肉, 甘味多, 酸味少, 肉質やや硬く, 日持ち良, 粘核. 樹勢強, 花粉あり. 9 月上旬, 白桃より 15 日遅く熟す.
　阿部白桃　　広島県賀茂郡, 阿部静雄育成, 大久保, 白桃などの混植園で発見された実生, 1985 年登録. 果実は短楕円形, 極大果, 400〜500 g, 果肉硬く, 果皮はむけない, 白肉, 甘味多, 酸味少, 日持ち性は極良好, 半粘核. 樹勢中, 花粉なし, 9 月上中旬, 白桃より 2 週間遅く熟す.
　陽山白桃　　岡山県山陽町, 戸田雅夫育成, 白桃と大久保の混植園で発見した実生, 1981 年登録. 果実は扁円形, 大果, 白肉, 甘味多, 酸味少, 肉質硬く弾力あり, 日持ち性極良好, 粘核. 樹は開張性, 花粉なし. 10 月上中旬熟す, 極晩生種.
　黄金桃　　長野市, 池田正元育成, 偶発実生. 果実は円形, 250〜300 g, 果皮着色良, 黄肉, 甘味多, 酸味中, 肉質やや硬く, 日持ち性極良好, 離核. 樹勢強, 花粉あり, 8 月中下旬熟す.
　b. ネクタリン
　1) 早生種
　アームキング (Armking)　　カリフォルニア, アームストロング育成, 1969 年発表. 果実は楕円形, 180 g, 果皮着色多, 裂果少, 黄肉, 甘味少, 酸味多, 肉質やや密, 風味良好, 半離核. 樹勢強, しべ咲き. 7 月上旬, ネクタリンでは最も早く熟す.
　ネクタレッド 1 (Nectared 1)　　ニュージャージー州農業試験場育成, NJ 53739 の実生×NJN 17, 1962 年発表. 果実は短楕円形, 170 g, 果皮着色良, 裂果少, 黄肉, 甘味中, 酸味多, 肉質やや粗, 品質, 日持ち性ともに中, 半粘核. しべ咲き, 花粉あり, 7 月上中旬熟す.
　メイグランド (May Grand)　　カリフォルニア, アーダーソン育成, レッドグランドの F_2×アーリーサングランド. 果実は短楕円形, 150 g, 果皮着色良好, 裂果無, 黄肉, 酸味多, 肉質しまり, 日持ち良好, 離核. 樹勢中, 直立性, 花粉あり. 7 月中旬熟す.
　水野ネクタリン　　長野市, 水野広己育成, 偶発実生, 1959 年発見. 果実は短楕円形, やや凸, 160 g, ひび割れ, 裂果あり, 着色中, 黄肉, 酸多, 肉質硬く, 果汁少, 日持ち性極良好. 樹勢強, 開張性. 7 月中下旬熟す.
　スイートネクタリン黎明　　山梨県果樹試験場育成, 反田ネクタリン×インデペンデンス, 1984 年種苗登録. 果実は短楕円形, 150 g, 果皮着色良, 黄肉, 甘味多, 酸味少, 食べやすい, 肉質密, 日持ち良, 離核. 樹勢強, 直立性, 花粉あり. 7 月下旬, 白鳳と同時期に熟す.

スイートネクタリン晶光 山梨県果樹試験場育成，反田ネクタリン×インデペンデンス，1984年種苗登録．果実は短楕円形，150g，果皮着色良，白肉，甘味多，酸味少，食べやすい，肉質密，日持ち良，離核．樹勢強，直立性，花粉あり，7月下旬熟す．

チヨダレッド 農林水産省果樹試験場育成，もも農林17号，ヒラツカレッド×ネクタレッド5，1989年登録．果実は円形，170g，果皮着色多，黄肉，甘味中，酸味多，肉質中，日持ち性やや良，粘核．樹勢やや強，普通咲き，花粉あり，裂果少．7月中旬熟す．

2) 中生種

ヒラツカレッド 農林水産省果樹試験場育成，もも農林12号，興津×NJN 17，1983年登録．果実は短楕円形，160g，果皮着色良，裂果少，黄肉，甘味中，酸味やや多，肉質良好，離核．樹勢やや強，開張性，花粉あり．7月下旬，興津より10日早く熟す．

興津 農林省園芸試験場谷川利善育成，プレコースドクロンセル×ロードナピア，1934年命名．果実は円形，160g，果皮着色中，黄肉，甘味多，酸味やや多，風味濃厚，肉質軟，日持ち不良，離核．樹は開張性，普通咲き，花粉あり．生理的落果あり，裂果多く，有袋栽培が必要．8月上旬熟す．

フレーバートップ（Flavortop） 米国農務省ワインバーガー育成，フェアタイムの自然交雑実生，1969年発表．果実は短楕円形，220g，全面濃紅色に着色，裂果少，黄肉，酸多，香気あり，肉質中，品質，日持ち性ともに良好，離核．樹勢強，直立性，花粉あり．8月上中旬熟す．

ネクタレッド4（Nectared 4） ニュージャージー州農業試験場育成，NJ53939×NJN 14，1962年発表．果実は円形，170g，果皮着色良，黄肉，甘味中，酸味多，風味良好，肉質良好，半離核．樹は開張性，普通咲き，花粉あり，結実良好．8月上旬熟す．

反田ネクタリン 山梨県塩山市，反田喜雄育成，白桃とネクタリンの自然交雑実生，1980年登録．果実は円形，200g，裂果あり，白肉，甘味極多，酸味少，食味良好，肉質良，粘核．樹勢中，花粉あり．8月上中旬熟す．

3) 晩生種

ファンタジア（Fantasia） 米国農務省ワインバーガー育成，ゴールドキングの実生×レッドキングの実生，1969年発表．果実は短楕円形，240g，濃紅色，裂果無，黄肉，酸多，風味濃厚，肉質中，日持ち良好，離核．樹勢やや強，開張性，花粉あり．8月下旬，秀峰より1週間早く熟す．

秀峰 長野県上田市，曽根悦夫育成，偶発実生，1970年登録．果実は円形，250g，果皮着色やや多，裂果少，黄肉，甘味多，酸味適度，肉質密，品質，日持ち性ともに良好，粘核．樹勢やや強，普通咲き，花粉あり．9月上中旬熟す．

c．缶詰用モモ
1) 早生種
ファーストゴールド　　農林水産省果樹試験場育成，もも農林 7 号，錦×C-18-1，1980 年登録．果実は扁円形，130 g，黄肉，ゴム質で軟，酸多，粘核，核割あり，6 月下旬熟す．無袋栽培に適す．

アーリーゴールド　　農林水産省果樹試験場育成，もも農林 8 号，錦×フォーチュナ，1980 年登録．果実は円形，140 g，黄肉，ゴム質，酸多，粘核．7 月上中旬熟す．無袋栽培に適す．

2) 中生種
錦　　農林省園芸試験場育成，もも農林 5 号，缶桃 12 号×缶桃 2 号，1964 年登録．果実は円形，150 g，黄肉，ゴム質，紅色素少，品質良，粘核．豊産性，7 月下旬，大久保と同時期に熟す．

缶桃 5 号　　農林省園芸試験場育成，もも農林 2 号，(Ki×T)-43×(岡×Or)-9，1956 年登録．果実円形，180 g，黄肉，ゴム質，香気あり，品質良好，粘核．生理的落果あり，8 月上旬熟す．

フレーバーゴールド　　農林水産省果樹試験場育成，もも農林 9 号，II-s-b-9×缶桃 5 号，1980 年登録．果実は円形，170 g，黄肉，ゴム質，香気あり，品質良好，粘核．豊産性，8 月上旬熟す．

スイートゴールド　　農林水産省果樹試験場育成，もも農林 10 号，フォーチュナ×缶桃 5 号，1980 年登録．果実は短楕円形，150 g，黄肉，ゴム質硬い，香気あり，品質良，粘核．8 月上旬熟す．

明星　　岡山県農業試験場育成，山下×シムズ，1952 年発表．果実は短楕円形，180 g，黄肉，ゴム質，粘核．しべ咲き，豊産性，8 月上旬熟す．

シルバースター　　岡山県農業試験場育成，明星×(山下×シムズ)-55，1971 年命名．白肉，ゴム質，缶詰専用種，7 月下旬～8 月上旬熟す．

3) 晩生種
缶桃 12 号　　農林省園芸試験場育成，もも農林 3 号，(Ki×T)-11×(岡×T)-10，1956 年登録．果実は扁円形，170 g，黄肉，濃橙黄色，ゴム質硬い，粘核．しべ咲き，豊産性，8 月中旬熟す．

缶桃 14 号　　農林省園芸試験場育成，もも農林 4 号，岡山 3 号×オレンジクリング，1956 年登録．果実は円形，200 g，黄肉，ゴム質，粘核．しべ咲き，豊産性，8 月中旬熟す．

d．台木用モモ
1) 緑葉系統
長野野生桃　　長野県伊那地方に分布する在来種，明治以前各地で栽培されていた品種群．核の大きさや成熟期などによっていくつかのグループに分けられている．果実は，20～80 g の極小果，白肉，果汁は少なく，品質は不良，離核のものが多いが，粘核もある．8 月から 10 月にかけて熟す．種子は休眠しやすく，5 年くらい生存する．

種子の発芽は良好，実生苗の生育は斉一，細根の発生が良好で，土壌適応性が広い．接ぎ木苗の生育も良好である．

おはつもも　　長野県下伊那郡大鹿村に古くから自生する極小粒種．樹は強健で縮葉病に強い．小果，白肉で，食味も良好である．離核で，1粒2〜3g，種子発芽率，実生苗の均一性は良好で，とくに細根が多く，サツマイモネコブセンチュウに対して抵抗性をもっている．接ぎ木苗の生育は健全で，豊産性である．採種期は9月下旬〜10月上旬，種子は乾燥条件で休眠し，4〜5年保存できる．

ネマガード（Nemaguard）　　米国で選抜した台木．*P. davidiana* の輸入種子から得た実生といわれる．1959年FV 234-1として農務省より発表された．ネコブセンチュウに強い台木として注目され，カリフォルニア州で広く用いられている．実生台木として用いるほか，均一性に問題があるため栄養繁殖したものが台木に供されている．

2) 赤葉系統

モモ台木筑波1号　　農林水産省果樹試験場育成，赤芽×オキナワのF_2，赤葉，高木性，サツマイモネコブセンチュウおよびリンゴネコブセンチュウ抵抗性の遺伝子をいずれもホモで保有しており，この系統の実生は，すべて赤葉で抵抗性をもつ．開花期が早いので，暖地向きの台木として検討されている．

モモ台木筑波4号，筑波5号　　農林水産省果樹試験場育成，赤芽×寿星桃のF_2，赤葉，高木性，サツマイモネコブセンチュウおよびリンゴネコブセンチュウ抵抗性の遺伝子をいずれもホモで保有している．寿星桃のわい性遺伝子が関与しているせいか，高木性でも節間がややつまる半高木性を示し，実生苗を台木に使用した場合，接ぎ木苗の生殖生長も促進される傾向がある．ネコブセンチュウに強い赤葉台木として，各地で試験されている．種子の生産力は高く，離核なので採種が容易である．種子の発芽力も良好である．

e．観賞用モモ

花モモとして栽培されている品種群は，遺伝的に有用な形質をもっている．果樹として利用している品種の樹姿は，いずれも"立性"で，遺伝的に優性の形質を示す．花モモには，枝が下垂する"しだれ性"，枝が直立する"ほうき性"，枝の節間が短い"わい性"などの形質があり，いずれも遺伝的に劣性を示す．しだれ性の品種には，羽衣枝垂，残雪枝垂，相模枝垂，源平枝垂など，ほうき性の品種には箒桃，わい性の品種には，寿星桃のほか果樹として改良されたシルバープロリフィックなど多数の品種がある．花については，一重咲きは八重咲きに対して，赤色は白色に対して，桃色は赤と白に対して，それぞれ優性を示すことが知られている．　　　　　　　　　　［吉田雅夫］

5.4　栽 培 管 理

(1) 開園・植え付け

a．開　　園

モモ栽培を始めるにあたって各種の事項について検討しなければならない．

5.4 栽培管理

① 排水対策: モモの根は酸素要求量が高く,とくに酸素含有量の少ない停滞水に対して抵抗力が弱い.排水不良な土壌・地域では暗きょ排水か明きょ排水を講じなければならない.

② 傾斜地における土壌侵食防止: 傾斜地では降雨のたびに土壌が侵食され,多量の耕土が流亡し,土壌がやせてしまう(表5.1).傾斜地においては階段畑にして土壌の流亡を防止するほか,イネ科の牧草などの被覆作物を栽培したり,苗木の定植後には樹の周囲に敷草をして表土が流亡するのを防ぐ.また階段畑に集水路を設け,雨水を園外に出す方策が必要である(図5.1,5.2).

表5.1 柑橘園の土壌侵食状況 (松木, 1949)

園 の 番 号	I			II			III		IV	
傾 斜 角 度	30°			23°			32°		41°	
傾 斜 の 長 さ (m)	40			28			7		14.5	
調 査 部 位	上	中	下	上	中	下	上	下	上	下
土 層 の 厚 さ (cm)	38.0	42.5	35.0	37.5	58.0	55.0	40.0	50.0	24.0	35.0
土 層 の 流 亡 度 (%)	49	40	24	48	19	24	44	32	67	51
生育 樹 高(cm)	94.7	133.9	143.3	96.3	116.2	131.2	67.3	75.0	—	—
生育 根 回 り(cm)	11.7	11.0	14.9	12.3	14.4	14.4	11.8	8.8	—	—
生育 1本当たり着果数	0	2	67	0	12	39	0	1	0	0

調査場所:香川県三豊郡財田村.樹齢:10年生温州.土質:和泉砂岩を母岩とするもの.
土層の流亡度は隣接の未墾地の土層から計算した.

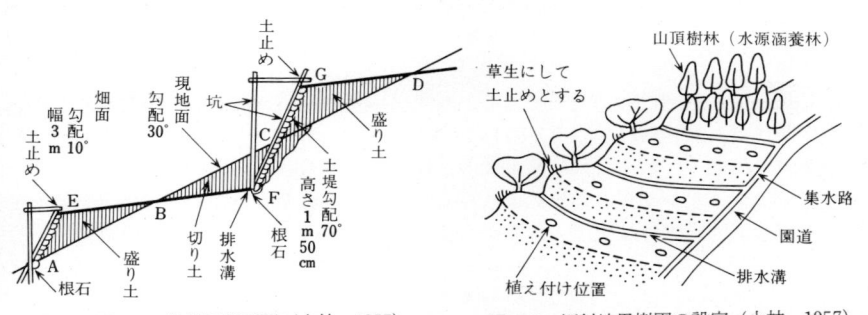

図5.1 階段畑断面図 (小林, 1957)　　図5.2 傾斜地果樹園の設定 (小林, 1957)

③ かんがい施設: モモは耐乾性には強いが,樹に着果している状態において土壌乾燥が続くことは,果実の玉張りを悪くし,収量にも影響を及ぼすばかりでなく,土壌乾燥の状態が長期間続くと,果実自体が凋れてしまう.高品質果実を安定して生産するためには,かん水施設が必要となる.川などの水源が近くにある場合は,スプリンクラー施設を導入して定期的なかん水を行うことが大切である.水源が近くにない場合には,井戸水を汲み上げた水や雨水を貯水槽に貯え,設置したスプリンクラーやスピードスプレーヤーなどでかん水を行う.

④ 防風林・防風網: 強風がたえず吹いている地帯ではせん孔細菌病が多発しやす

く，果実に感染し大きな被害を与える．また袋掛けの終了した後の強風により袋ごと落下してしまう果実がきわめて多い．こうした地域では防風林ないしは防風網を設置する必要がある．

⑤ 山林原野に開園する際の注意点： 山林原野を開墾して開園する場合，林木をそのまま土中に深く埋め込んでしまうと，ナラタケ病やナラタケモドキ病の伝染源となり，モモの樹を枯死させるので，根株は完全に掘り起こし，林木は全部園外に出す．この後，表土は元に戻し，苦土石灰などを10a当たり200kg前後施用し，野菜・麦・豆類を栽培する．こうした熟畑化を図った上でモモの苗木を定植する．

⑥ 桑園などからの転換： 桑園には紋羽病菌が多いことから，桑園から転換するのに際して紋羽病対策を講じる．バックホーなどで抜根し，細根まで掘り取った後，さらにクロールピクリンなどの土壌消毒を行う．クロールピクリンの土壌かん注は，30 cm^2 に1カ所の割合で2～3mlを30cmの深さに注入してからビニル被覆を行う．夏期では10日，冬期では30日後にガス抜きを行う．

b．植え付け

植え付け本数 苗木の植え付け本数は園地の耕土の深さによって加減し，耕土が浅く，地力の少ない傾斜地・やせ地・砂地では植え付け本数を2割程度多くし，逆に耕土が深く有機質に富んだ肥よく地では約2割少なく植え付ける．10a当たりの植え付け本数の基準は，土壌の浅い傾斜地，乾燥する砂土などのやせ地で21～24本，平坦地または緩傾斜の肥よく地で18本，土壌の深い平坦な肥よく地で16本である．

植え付け位置 植え付けは傾斜地では等高線にそって栽植する．平坦地では成木になるまで長年月を要するので，その間，栽植本数を基準より多くし収量を上げる方法を用いる．この場合，残すべき樹を一定間隔で植え付け，中央に間伐樹を配置する"互の目植え"が一般的である（図5.3）．成果期に入り密植になるに従って中央部の栽植樹を間伐し，最終的には目標本数にもっていく．

植え付け時期 植え付けは落葉後の秋期と発芽前の春先が適期．秋植えは翌春の発育までに根と土がなじみ春植えより発根が多く，生育もよいので，砂地の乾燥地や寒さの厳しい地帯以外は秋植えの方がよく，さらにできるだけ早く植え付けるのがよ

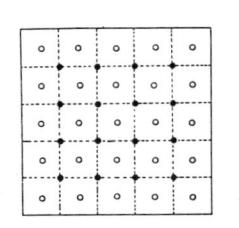

図5.3 モモの苗木の植え付け位置
（互の目植え）
○は永久樹，●は間伐樹．

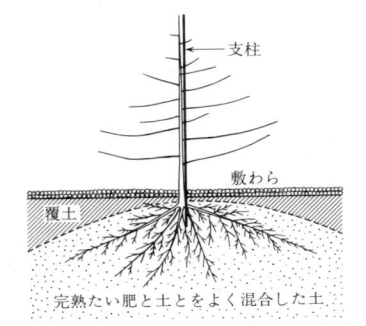

図5.4 1年生苗の定植（秋植え）の模式図

い．春植えの場合は厳寒期の過ぎた3月上旬に仮植してある苗を掘り取り定植する．
　植え付けの実際　植え穴は大きく掘り，土と完熟たい肥とをよく撹拌混合した土を深植えにならないように植え穴の中心部を高く盛り土した上に苗を植え付ける．秋植えの場合は，苗木の根の折れた部分や傷ついたものは健全なところまで切り戻し，他の根は少し先刈を加え発根を促す（図5.4）．地上部は根量を見ながら，少ない場合には副しょう本数を間引き地上部と地下部のバランスを取る．根はまっすぐに四方に広げ，たい肥と土とでよく混合した土を深植えとならないように注意し，台木と穂木の接ぎ木部が地上部に出るように覆土し，十分にかん水する．その際，根と土とがよく密着するように棒などで植え付け部分をつつきながらかん水を行い支柱を添える．植え付け後，定植樹の周囲に敷わらを行うと同時に時々かん水を行い土壌乾燥を防止する．植え付け樹は春のほう芽前にせん定を行う（整枝・せん定の項参照）．

（2）整枝・せん定
a．整　　枝
　モモの樹形　現在モモにおいて一般に使用されている樹形は開心自然形であり，主枝を盃状形のように無理に開かせるのでなく，モモの樹性に逆らわず自然の形で心を開かせ樹形を完成させる．開心自然形は2本ないし3本の主枝で構成する．2本主枝の開心自然形は，各主枝に2本ずつの亜主枝を形成する（図5.5）．3本主枝の場合は1本ないし2本の亜主枝を配置する．3本主枝は枝が混みすぎ，亜主枝を形成することが難しく，これに対し2本主枝の方が樹形を整えやすい．

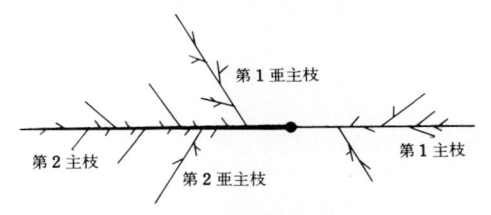

図5.5　モモの開心自然形の模式図（2本主枝）

　2本主枝の開心自然形は第1主枝を地上から30 cm前後の部分から発生した分岐角度が90°ぐらい広く開いた枝を用いる．この分岐点から約50 cm離れた部位で，しかも除草機など作業の能率面から地上1 m以上離れた位置の主枝の側面下半分から発生した枝で，太さが主枝の4割程度のものを第1亜主枝として3年生時に作る．第2亜主枝を5年生頃に第1亜主枝からほぼ50 cmぐらい離れた部位に形成する．
　樹形を維持する基本原則　経済樹齢を永くするのには樹形を維持する工夫が必要である．
　① モモは頂部優勢性が弱く，また地面に近い主枝すなわち第1主枝が第2主枝より大きくなりやすい．つねに第2主枝が第1主枝より勢力を強くするためには結果枝数を多く残し，第1主枝の約2.5～3倍の結果枝を着ける．

② 主枝と亜主枝間および亜主枝相互間にも勢力差をつけ，主枝は亜主枝よりも強大にすると同時に，第1亜主枝は第2亜主枝よりも強くし，バランスを保つ．

③ 亜主枝と側枝間にも同様に勢力差をつける．側枝が大きくなりすぎ亜主枝を弱めることのないようにする．

④ 主枝と亜主枝は樹液がスムーズに流れるように曲がった枝はまっすぐに矯正．

⑤ 主枝と亜主枝の先端は強く切り返し，立てて勢いをつける．

⑥ 主枝と亜主枝の先端が着果により下垂したり，折損しないように帆柱を立てる．

⑦ 主枝および亜主枝は夏の日焼けにより樹皮が傷み，樹勢が極端に低下する．南面の第2主枝や亜主枝には弱小の枝を数本残したり，ホワイトンペーストを塗布して日焼けを防止する．

⑧ せん定の切り口は接ぎ蠟を塗布して，胴枯病や枯れ込みを防ぐ．

⑨ いぼ皮病やコスカシバなどの樹幹病害虫の薬剤防除を徹底する．

b. せん定

定植苗木の切り方　1年生苗を植え付けた場合，栽培管理がよければ地下部の根量も多く，地上部も1.5m以上には伸び副しょうも四方から多数発生している．先端の切り返し程度はあまり弱すぎると他の葉芽から勢いのよい新しょうが発生して樹形を乱す．逆に強く切り返すと樹形の完成が遅れてしまう．一応の目安として生育状況により異なるが，先端の赤い部分から茶褐色に変化する部分の葉芽の外芽で切り返す．

先端の切り返した部分付近には副しょうは残さず，内側から発生している副しょうおよび主しょうの太さと同程度の副しょうをまず間引き，次に混んでいる副しょうを適当な間隔で間引く．他の残した副しょうは軽く切り返す．地上30cm付近から分岐角度が90°くらい広く開いた副しょうで，分岐部分の枝の太さが主幹の太さの4割程度の枝を第1主枝候補として決め，先端を1/5程度切り返す．第1主枝候補枝を覆う枝や同程度の枝および候補枝より下部に発生している副しょうは間引き，樹を早く大きくするため弱小枝は混まない範囲で多く残す．

主枝と亜主枝のせん定　成木になるにつれ主枝や亜主枝の先端は若木のように伸びないので，先端を強く切り返し，つねに強い新しょうが伸びる状態にする．

側枝のせん定　2～3本の結果枝を着けた側枝を亜主枝や主枝に配置するが，前述のように大型化すると樹形を乱すので，側枝を切りつめたり更新を行い小型化するように保つ．

結果枝　若木時代は長果枝の発生が多いので，長果枝は弱目に切り返し，間引きを主体とし早く中果枝ないし短果枝を着生させる．若木時代がすぎると中果枝および短果枝の比率が高くなる．短果枝を多く間引き，長果枝は樹勢に応じて調節するが3割程度の切り返しを行い，中果枝ならびに長果枝が伸びるようにする．

(3) 結実管理
a. 結実の確保

モモのなかには品種によってほとんど花粉がないため自家結実が行われないものが

表5.2 花粉の少ないかあるいはない品種

花粉の少ない品種	花粉のない品種
倉方早生	櫛形白桃
高陽白桃	浅間白桃
一宮白桃	西野白桃
白桃	一宮水蜜
	阿部白桃

ある（表5.2）．こうした品種は他家受粉が行われるよう他の花粉の多い品種を混植する必要がある．受粉樹の植え付け本数は20％前後が適当と思われる．しかし現在訪花昆虫類が農薬散布や農道，河川，排水溝などのコンクリート整備により少なくなっている．したがって結実確保のために人工受粉を行わなければならない．

人工受粉 人工受粉の方法としては直接花を利用する方法もあるが，花粉を採取して受粉を行う方法が能率的である．花粉のたくさんある品種の未開やくの花または開花直前の風船状のつぼみを集め，やく採集器またはふるい・金網でこすってやくを集める．やくは22～23℃に調整した開やく器または乾燥した暗いところに1～2日間ロール紙上に広げておき開やくする．

開やくした花粉は毛ばたきなどを用い人工受粉を行う．人工受粉は開やくした花に全部受粉する必要はなく，収穫を希望する位置にある花を主体として収穫果実数の2～3倍程度を目標に行う．霜害の発生する危険地帯では被害が上向花に多いので，下向花に受粉を行う．

袋掛け モモの早生種および中生種の白鳳までは薬剤散布により病害虫が防除でき無袋栽培が可能であるが，それ以降の中晩生種はゴマダラメイガ，アケビコノハ，モモヒメシンクイムシ，ナシヒメシンクイなどに加害され，病害虫防除が不可能なことから有袋栽培を行わなければならない．袋掛けは結実が確認できる満開後40日頃の5月上旬から始め，5月中には終了したい．

果実袋にはいろいろな種類があるが，電話帳や袋の内側が黒色に印刷されている着色袋が一般的に使用されている．袋掛けおよび除袋には多大な労力がかかる．しかし小型のワックス袋を用いると除袋作業が省略でき，秀級に近い着色が確保でき，果実

表5.3 袋の種類と裂果しやすい品種の外観・品質（鶴田，1987）

品種	袋の種類	着色指数	裂果率(%)	水腐れ率(%)	果点多発果率(%)	1果平均重(g)	糖度(Brix)	酸度(pH)
橋場	小ワックス袋	66.0	0	0	31.8	291	13.7	4.6
白鳳	着色袋	80.0	0	0	16.7	252	11.4	4.8
八幡	小ワックス袋	80.7	0	0	17.8	262	11.3	4.4
白鳳	着色袋	82.9	0	0	23.3	223	11.3	4.6
加納	小ワックス袋	81.3	4.1	2.0	30.0	277	13.1	4.4
岩白	桃着色袋	71.5	0	0	25.0	275	11.3	4.4

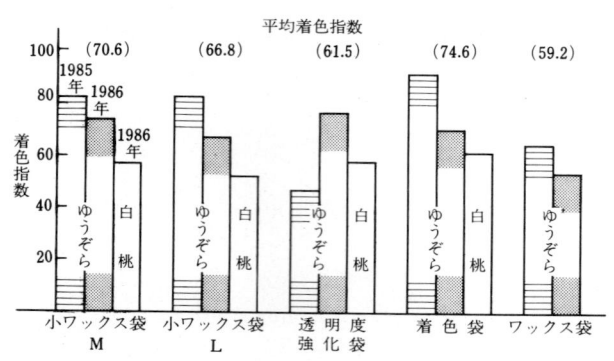

図5.6 袋の種類別着色指数（最高100〜最低20）（鶴田・山田，1987）

品質なども慣行の果実袋と大差ない果実袋が開発され，一般栽培者に使用されている．この袋は収穫前の時期に袋の底が開くので，雨水がたまるのを避けるため，主として下向きに着果している果実に使用する（表5.3，図5.6）．

b．結果調節

摘らい・摘花　モモは前年貯蔵した養分によって開花し，結実する．したがって全部のつぼみを咲かせることは多量の養分を浪費し，最終的には小玉果を生産してしまうことになるので，花粉の多くある品種に対して不必要なつぼみや花を摘除する．

3月になるとつぼみも急速に大きくなるので，この頃から摘らいを開始する．摘らいの程度は長果枝では先端部および基部をまず摘み取り，次に先端を左手でつかみ，右手で枝の下側のつぼみをこすり落とす．中果枝は中央部から先端のつぼみを残し，短果枝は先端のつぼみを残す．摘花の場合も摘らいと同程度の花を残すが，葉芽が大きくなっているので葉芽を掻かないよう基部から先端に向かって摘花を行う．摘らいを極端に行うことは晩霜害の危険もあるし，変形果の発生頻度も高くなるので避けなければならない（表5.4）．

摘果　満開後25日から結実もはっきりしてくるので摘果を行う．摘果は果実の小玉化や樹勢低下を防ぐばかりでなく，養分競合による生理的落果を防止する．

果実の大きさは1果当たりの葉数が多いほど増加する．しかし摘果程度がある限界に達するとそれ以上葉数を増加しても効果はみられないばかりでなく，収量が減少したり核割れ果の発生など不利な面が出る（表5.5）．摘果程度は品種・樹齢・樹勢・土壌の肥よく度により異なるが，おおよそ果実1個当たり15〜20枚の割合で残す．結果枝に果実を残す程度は，結果枝の強弱で判断しなければならないが，一般的には短果枝は約5本に1果，中果枝では1本に1果，また長果枝では2〜3果程度とする．このほか幹周から1樹当たりの着果量を決定することもできる（表5.6）．

残す果実は病害虫や傷のないことはもちろんであるが，変形していない果実を選ぶ．このほか，生理的落果を起こす果実は双胚果が多く，また果実の外観が縫合線を境にして等分の丸い果実は落下する頻度が高いので，やや片肉のものを残す（表5.7）．

5.4 栽培管理

表5.4 摘らい・摘花および摘果強度と変形果の発生率 (鶴田, 1979)

	処　理	果実の大きさ (cm)	変形果率 (%)	核割れ率 (%)
白	90% 摘花	2.8	46.5	66.1
	67% 摘花	2.8	28.2	17.0
鳳	対　照	2.8	0.0	2.3
早	90% 摘らい	3.1	42.2	37.8
生	67% 摘らい	3.1	23.5	35.3
	90% 摘花	3.1	30.8	61.5
白	67% 摘花	3.0	28.0	33.3
	90% 摘果	3.1	18.1	34.7
鳳	67% 摘果	3.0	13.8	26.0
	対　照	2.9	7.1	10.7

表5.5 1果当たりの葉数が離核水蜜桃の落果に及ぼす影響 (新津・梶浦, 1931)

	供試果数	病虫害による落果数	病虫害落果を除く供試果数	生理的落果数	生理的落果歩合 (%)
0葉区	80	0	80	80	100.0
5 〃	80	1	79	47	59.5
10 〃	80	9	71	31	47.7
15 〃	80	6	74	27	36.5
20 〃	82	11	71	26	36.6
25 〃	78	13	65	21	32.3

表5.6 幹周の大きさに対する着果量 (吉田・小柳津, 1965)

幹周 (cm)	幹周 10 cm 当たり着果数(個)	1樹当たり着果数(個)	1樹当たり収量 (kg)
20	50	100	23
30	80	240	55.2
40	100	400	92.0
50	120	600	138.0
70	150	1,050	241.5
80	180	1,440	331.2

表5.7 生理的落果中の双胚果および核割れ果率 (鶴田・山田, 1981)

品種名	場所	樹齢	調査果数	双胚果率 (%)	核割れ果率(%) 全体の中の	双胚果中の	単胚果中の
山根白桃	玉宮	8	74	29.7	55.4	40.9	61.5
ゆうぞら	山地	10	91	96.7	96.7	100.0	0.0
白　桃	山地	10	48	68.8	54.2	51.5	60.0

(4) 収 穫
a. 夏季管理

　早生品種および中生品種は収穫前20日頃から，また晩生種は30日前頃から生育の第3期のステージに入り，急激な果実の生育を示す．またこの時期に多量の炭水化物や無機養分が果実中に蓄積される（図5.7）．この時期の気象とくに気温・日照・降水量の多少ばかりでなく，栽培管理が果実品質に大きな影響を与える．密植で重なり枝も多く園全体が暗い状況下では劣悪な果実を生産することになるだけでなく，病害虫防除に際しても散布むらを生じ，防除効果を上げることができない．

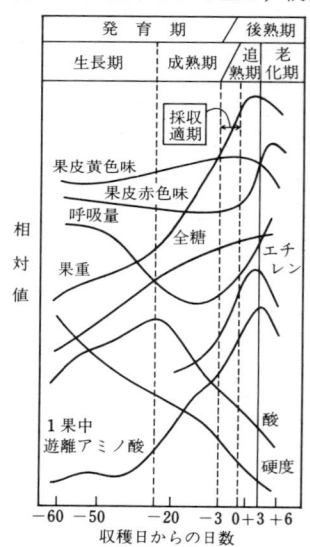

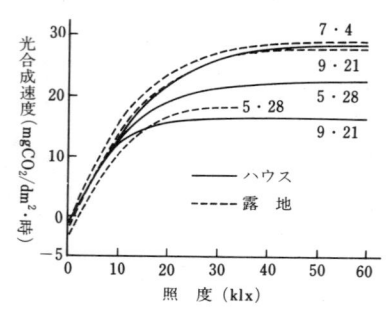

図5.8　モモの白鳳における光-光合成曲線（鴨田ら，1987）

図5.7　モモ果実（白肉桃）の生長と成熟および老化期における理化学的特性の変化（垣内ら，1981）

　新しょう管理　　モモの葉の光合成能は他の果樹に比べて日照量の低下の影響をとくに受けやすい．そのため，下枝にも十分光線が透過できるような栽植距離および樹づくりが必要である．また徒長枝などおう盛な生育を示す新しょうは捻枝を行ったりするほか，多発して混みすぎる場合には基部から切除する．しかし新しょうを切りすぎると新根の発生を抑制して樹勢を落としてしまうほか果実品質を低下させるので，むやみな新しょうの切除は避けなければならない（図5.8）．

　除袋　　モモの着色状態は品種により異なり，果面全体が濃赤色になるものと淡紅色になるものとがある．しかし有袋品種では果実袋の除袋が遅れると果面の着色が進まず，果面が白色のまま果肉が軟らかくなってしまう．したがって，着色容易な品種でも収穫7日前頃には除袋し，着色が比較的困難な品種では遅くとも収穫前15日頃には除袋する必要がある（表5.8）．

　着色管理　　果実の着色の良否は前述のように栽培管理の状態によって大きく影響を受ける．したがってまず樹冠全体にまんべんなく光が透過し，モモ園が明るい状態

表5.8 モモの品種別除袋時期と果実の着色 (鶴田, 1987)

品種	処理区	日照時間(時)	果面の着色指数	果実重(g)	糖度(Brix)	硬度(kg/cm²)	酸度(pH)
八幡白鳳	収穫前15日除袋	45.2	3.80	225	12.1	1.81	4.6
	〃 13日 〃	36.2	3.40	210	12.9	1.12	4.3
	〃 11日 〃	24.1	3.20	200	12.5	1.13	4.7
	〃 6日 〃	15.2	2.40	219	11.3	1.23	4.6
加納岩白桃	収穫前18日除袋	39.3	4.00	229	11.7	1.43	4.8
	〃 15日 〃	30.9	4.00	255	11.8	1.40	4.6
	〃 11日 〃	24.1	3.00	215	10.4	1.48	4.2
	〃 7日 〃	15.2	2.00	200	10.2	1.60	4.2
日川白鳳	収穫前11日除袋	41.8	3.50	223	12.0	1.85	4.4
	〃 9日 〃	32.8	3.00	243	12.0	2.05	4.4
	〃 7日 〃	20.7	2.60	268	12.1	1.97	4.4
	〃 4日 〃	11.8	1.40	206	10.6	1.84	4.4
白鳳	収穫前10日除袋	16.6	3.25	229	11.4	1.23	4.6
	〃 8日 〃	15.6	3.00	225	11.0	1.63	4.6

1) 収穫日は日川白鳳が7月14日、八幡白鳳および加納岩白桃が7月18日、白鳳は7月25日である。
2) 着色指数は4 (果面全体に濃赤に着色), 3 (果面の8割以上が赤く着色), 1 (直径1cm以下の着色), 2 (着色指数1より良好であり、3より劣る着色程度)。

表5.9 下枝の摘葉による着色促進(%)
(山田・大野, 1960)

品種	区別	調査数	日焼け	良	不良
布目早生	無処理	240	0	75.4	24.6
	摘葉	176	0	84.1	15.9
倉方早生	無処理	290	9.0	73.8	17.2
	摘葉	140	6.4	89.3	4.3

を作ることが基本である。その他、着色を良好にする具体的な方法としては、着色期に入ったら果実の重みで下垂した枝の吊り上げなどの支柱立ておよび果実の上にひどく覆いかぶさっている葉の摘み取りを行う(表5.9)。

また反射マルチといって光を反射するシートを地面に敷いて着色する方法もある(表5.10)。この方法はあまりに早く被覆すると未熟な頃から着色が進むため、着色と品質が伴わない不良果を生産することになる。反射シートの被覆時期および収穫時期には細心の注意が必要である。着色しにくい品種や曇天続きで天候不良な年には収穫10日前頃にシートを敷く。逆に着色の容易な品種や晴天続きの年では収穫5日前頃に反射シートを敷くのが一応の目安となる。

b. 収 穫

果実の熟度は果肉の硬度、果実の大きさ、果皮の地色の脱色状態、香気などで判定

表5.10 反射マルチの地面被覆が砂子早生の果実着色に及ぼす効果 (鶴田, 1975)

区　　名	樹冠部位		着　色　度　合　(%)					調査果数
			1	2	3	4	5	
無　処　理	下部	外側・南	1.6	13.7	34.2	40.7	9.8	262
		〃 ・北	0	5.4	53.7	38.7	2.2	177
		懐　部	0	5.3	50.9	32.4	11.5	51
	上　部		0.6	8.4	28.5	40.0	22.5	670
	全　体		0.8	8.2	35.6	39.0	16.4	1,160
シルバーポリトウ (収穫10日前)	下部	外側・南	0	0	0	8.2	91.8	81
		〃 ・北	0	0	1.0	12.9	86.2	126
		懐　部	0	2.5	2.5	16.1	91.7	64
	上　部		1.4	2.0	5.8	26.4	64.5	240
	全　体		0.7	1.2	3.4	19.2	75.6	511
反射シート (収穫10日前)	下部	外側・南	0	0	0.5	16.8	82.7	139
		〃 ・北	0	1.1	1.1	12.5	85.3	88
		懐　部	0	0	1.6	6.7	91.7	59
	上　部		0	0	5.7	10.7	83.6	320
	全　体		0	0.1	3.5	12.0	84.5	606
シルバーポリトウ (収穫52日前)	下部	外側・南	0.2	0.2	3.3	22.9	73.3	362
		〃 ・北	0	0	1.3	16.2	82.5	98
		懐　部	0	0.8	1.8	32.7	64.6	86
	上　部		0.4	0.9	6.5	24.5	67.7	562
	全　体		0.3	0.6	4.7	24.2	70.2	1,108
反射シート (収穫52日前)	下部	外側・南	0	0.4	2.1	17.5	80.1	271
		〃 ・北	0	0	1.4	16.4	82.2	305
		懐　部	0	1	2.1	29.8	68.2	57
	上　部		0.3	0.2	2.5	24.4	71.4	651
	全　体		0.2	0.6	2.2	21.6	75.4	1,284

着色度合5：果面全体濃赤色，4：果面全体が赤く着色し，そのうち5～6割が濃赤色，3：果面全体の8割以上が赤く着色，2：果面の2～7割が赤色，1：果面の1割以下の着色．

され，硬熟期，適熟期，過熟期の3段階に大別される．成熟初期は硬熟期ともよばれ，果皮の地色が抜け始める時期である．この時期の果面着色は品種による差がみられ，ちよひめのようにすでにかなり前から樹冠全体の果実が淡紅色に着色しているタイプと，日川白鳳のように樹冠上部など太陽光線がよく当たっている部位の果実のみが赤く着色を示しているタイプとがある．また果肉もまだ硬く弾力がない状態であり，糖度が少なく食味はよくない．適熟期は成熟初期から数日を経過したもので，果皮の地色が半分以上抜け濃緑から淡黄白色に変わり，着色も品種固有の着色を示し，果実は弾力を帯びてくる．この時期には果肉中に炭水化物や無機養分が急激に蓄積され果汁もあり，モモ独特の風味が出てくる．完熟期になると果実は最大となり，果汁も多く

風味も非常によくなる．しかし果肉の硬度が低いため，ちょっとした外部からの圧力に耐えられず外傷が生じる．また果実には離層が形成され，わずかな風などの刺激によっても落果する．したがって収穫適期は適熟に収穫するが，市場の遠近を考慮した上で農協や共撰所ごとに検討し決定する．

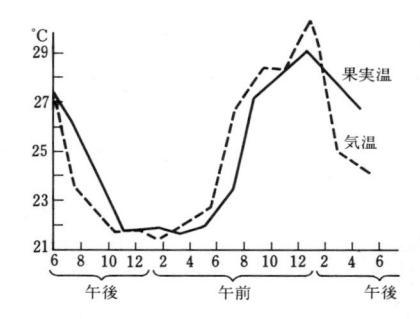

図5.9 樹上におけるモモ果実温度の日変化（8月18, 19日）（松本，1936）

収穫時期の樹上の果実は気温の上昇とともに高くなり，通常は午後1時から2時頃に最高となり，気温の下降に伴い果実温度もゆっくり下がってくる（図5.9）．果実が高温の場合は呼吸が著しく盛んとなり，呼吸消耗により蓄積養分が少なくなるほか，軟化が著しく日持ちがきわめて悪くなる．このため収穫は早朝から午前10時頃までの気温の低い時期に行うのが最もよく，ついで夕刻の涼しくなったときに行うのがよい．

(5) 土壌管理，施肥管理（欠乏・過剰）
a．土壌改良

モモの根は果樹のなかではとくに酸素の要求量が高いため，排水不良による滞水にはきわめて弱い（図5.10）．しかし排水良好な土壌であれば栽培の適応地域は非常に広い．扇状地や火山灰土壌で多く栽培されているほか，土壌の乾燥に対する抵抗性が強いため乾燥しやすい砂質土壌や海岸の砂丘地などでかなり多く栽培されている．モモ

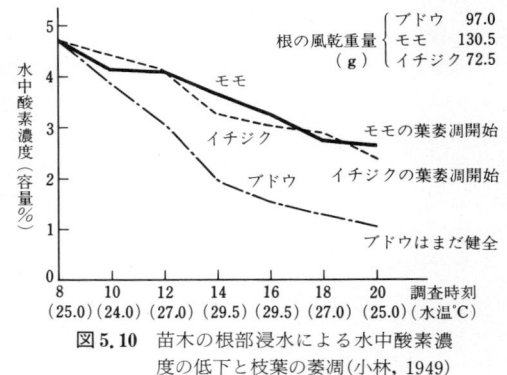

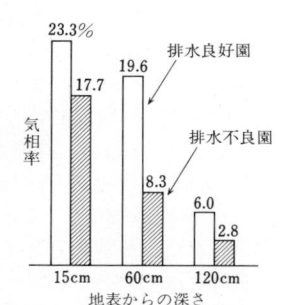

図5.10 苗木の根部浸水による水中酸素濃度の低下と枝葉の萎凋（小林，1949）

図5.11 排水のよい園は各層とも気相が多い（森田・石原，1950）

の土壌管理の目的は, 樹勢を維持しながら高品質の果実を多量に毎年安定して生産できる土壌環境を作ることにあるといえる.

深耕および排水　土壌を下層まで深耕することは有効土層を深くし, 土壌中の孔げき率を高め広い範囲から養水分を吸収できるほか, 夏季の早魃による被害も軽減される(図5.11). しかし土壌の深耕に際しては排水対策も講じておかないと, 深耕した部分に滞水し, 酸素欠乏や硫化水素の発生により根は呼吸阻害を起こし, 根部は腐敗し, 樹勢低下により枯死する. 排水対策としては地下水は暗きょ排水または深い明きょを作る. 暗きょによる排水方法は120cmくらい掘り下げ, ところどころに穴のあるヒュームを埋設し, 砕石・そだなど乾燥しやすい材料を十分におき, 土をかぶせる.

深耕方法　深耕には手掘りによるたこつぼ掘りおよびバックホーやトレンチャーなど機械による溝掘りなどがある. 溝の大きさは幅が約30cm, 深さ50~60cmが一般的であるが, 根をかなり切断するので園全体を一度に行うことは樹勢の極端な低下や枯死の危険性もある. そこで方法としては園の各樹の方角を決め, 樹を中心に放射線状に深耕し, この溝を計画的に年々拡大し, 10年間で樹の周囲および園全体の深耕を完了する.

有機物の施用　深耕の効果を維持し高めるためには, 深耕と同時に有機物の埋め込みが必要である. 有機物の施用効果としては以下があげられる.

① モモは更新をくり返し, 世代を重ねていくと新植のときとは異なり新しょうの伸びが少しずつ鈍化してくるいや地現象がみられる. しかし有機物の施用でいや地を回避することができる. ② 肥料養分を保持し, その利用を促進する. ③ 土を団粒化および膨軟にして根の生育を促す. ④ 有機物が有用土壌細菌のエネルギーの供給源となり, 小動物の活動や繁殖を促し, 良好な生態系を形成する. ⑤ 土壌が酸性化あるいはアルカリ化することを緩和し, 緩衝作用を高める. ⑥ 土壌が黒色化し, 太陽熱を吸収し地温を上昇させる.

有機物の種類は多い. 現在使用されているものは, たいきゅう肥・バークたい肥・木の葉・稲わら・のこぎり屑などがある. いずれの材料とも完全に腐熟していることが必要であり, 半熟のたい肥は窒素飢餓や紋羽病など土壌病害の伝染源となるので注意を要する. 施用した有機物はその年には完全に分解されないので, その連用により土壌中の有機態窒素やその他の物質を蓄積して地力が増加する. 一般的には地力を維持するのには, 10a当たり1.5~2tくらいが必要である.

客土　いや地対策は前述の有機物の施用の他の改良方法としては, 山の赤土の客土がある. これは鉄・ケイ酸・マグネシウム・マンガンその他の微量養分の補給ともなり, また粘土分の増加は肥料保持力の向上に役立つ. 施用は果樹園全体に行うのがよいが, 更新樹の植え穴に客土するだけでも効果が上がる. その際, 客土部分には十分に完熟したたいきゅう肥を施用してやせた土壌の土作りをする必要がある.

b. 施肥管理(欠乏・過剰)
1) 多量要素の欠乏と過剰
窒素　生長するためのタンパク質の合成の必須成分である. 窒素が不足すると葉

が小さく，黄色くなり新しょうの生長をほとんど示さなくなる．また樹勢が極端に弱くなることにより，樹全体に養分の供給が少なくなり，果実に養分競合が起こって生理的落果が多くなる．逆に過剰であると徒長枝が多発し，とくに6月頃に新しょうに多量の養分がとられると，生理的落果が多発する．また熟期が遅れたり，収穫時期になっても果実が良好な着色を示さないばかりでなく花芽の形成も悪くなる．このほか，新しょうが繁茂しすぎることにより薬剤散布の効果が上がらないため，病害虫が発生しやすくなる．

リン酸　リン酸は窒素とともに細胞核を構成する働きをもっている．火山灰土壌の黒ボクなどのリン酸吸収係数の高い土壌では，土壌に施用したリン酸が固定されてしまうためモモが十分にリン酸を吸収することができず，リン酸欠乏になりやすい．リン酸が不足すると新しょうや新根の発生が悪く収量が減る．過剰になると樹体内の鉄や亜鉛・銅などの生理作用を止めるほか，ひどくなるとそれらの要素の欠乏症を引き起こす．

カリ　"実肥"といわれ，カリが欠乏すると果実が小さくなり，収量が減る．また炭水化物の合成が少ないため樹勢が悪くなり，病気に対する抵抗力が弱くなる．逆に窒素の吸収を妨げるため枝葉の生長を抑制したり，苦土欠乏を促し果実の収量や品質を低下させる．

2) **微量要素の欠乏と過剰**

ホウ素　ホウ素の樹体内における生理作用は明らかにされていないが，炭水化物の移動に関係するのではないかと推測されている．ホウ素は樹体内を移動しにくく，欠乏症は生長点や果実に現れやすく，新しょうの先端が枯れ，えき芽から副しょうがたくさん発生してくる．葉は奇形となり厚くなる．果実は変形果となり核の周囲で褐変している．逆にホウ素が過剰となると春になっても花芽が生育せず落ちてしまう落らい症が発生する(図5.12)．落らい症は花粉のある品種にも発生するが，倉方早生や浅間白桃といった花粉のない品種に多く発生する．ホウ素が欠乏した場合にはホウ酸

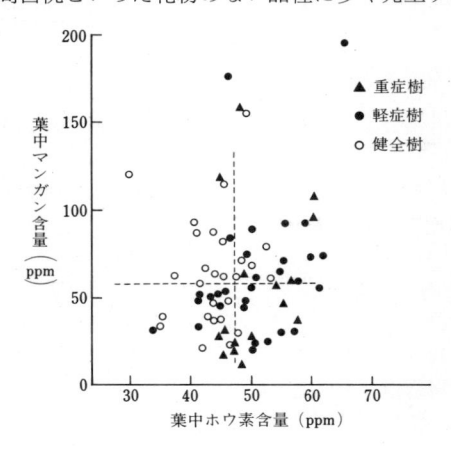

図5.12　葉中ホウ素およびマンガン含量と落らい症発生との関係（品種：浅間白桃）（古屋ら，1988）

0.3％，生石灰0.15％の混合溶液の葉面散布を7～10日おきに2回行う．

マンガン　マンガンは樹体内の移動が困難で，酵素の賦活剤となるものとされ欠乏すると先端から基部まで葉に症状が現れる．症状としては葉脈間の葉緑素が退化して，葉脈間が黄色となる．マンガン欠乏対策としては硫酸マンガン0.3％，生石灰0.15％の混合液に展着剤を加えて葉面散布を行う．散布回数は1回でよいが，症状がひどい場合は7～10日間隔で2～3回散布する．

施肥時期　モモの品質および収量は前年の貯蔵養分に大きく左右される．このため落葉後から1月中下旬までに基肥として8割程度施す．耕土の深いやせ地では，9～10月になると土壌中の肥料が不足してくる．また早生および中生種では6～7月頃から肥料を不足気味にしているので葉色も悪くなり，同化能力も衰え葉の衰弱と落葉が早く，花芽の充実や貯蔵養分の蓄積が阻害されることから年間施肥量の2割程度を追肥として施用する．

施肥量　施肥量は土性による肥料の吸収量・品種・樹齢・樹勢・せん定方法・収量などの要素があり，基準施肥量を示すことは困難であるが，モモの養分吸収量と天

表5.11　山梨県におけるモモの施肥基準 (kg/10a)（窪川ら，1985）

品　種	施肥時期		窒素	リン酸	カリ	たい肥	苦土石灰
早生品種	基肥	11月中下旬	10	12	11	1,500	100
	追肥	9月上旬	4		2		
合　計			14	12	13	1,500	100
中・晩生品種	基肥	11月中下旬	14	15	15	1,500	100
	追肥	9月上旬	3		3		
合　計			17	15	18	1,500	100

然供給量・肥料効率などを総合して窒素・リン酸・カリを計算し，その比率により定める（表5.11）．また最近では各地で土壌測定診断により土壌改良や施肥の合理化に役立てている．

［鶴田富雄］

【低樹高栽培】

現在栽培されているモモの樹高は4.5m以上に達しており，摘果，収穫などの作業能率は悪く，多くの労働力を必要としている．さらに現在農業生産を支えているのは高年齢者や，婦人が主でこの樹高に対応できない面が多くなってきており，樹高を低くすることの必要性が高まってきている．

樹高を低くさせるには次のような方法が考えられる：① わい性品種の利用，② 整枝・せん定法の改良，③ 植物生育調節剤の利用，④ わい性台木の利用，⑤ 断根・スコアリング（環状はく皮）などの方法．このうちわい性品種の利用については，モモでは経済栽培が可能な品種は見い出されていない．断根・スコアリングなどの方法については低樹高栽培のために利用した場合の，木の生長に及ぼす悪影響について心配が大きい．ここでは，整枝・せん定法，植物生長調節剤，わい性台木の利用による低

樹高栽培について述べる．

a．整枝・せん定による低樹高栽培

整枝・せん定による低樹高栽培法として現在主幹形整枝，斜立主幹形整枝，Y字形整枝，棚整枝などの方法が検討されている．以下にこれらの整枝法の特徴を述べる．

低樹高栽培の高さをどの程度に考えるかに問題が残るが，現在の3本主枝の開心自然形整枝より樹高を簡単に低くできる整枝法は上述したものでは，棚整枝だけと考えられる．

棚整枝法については，詳しい検討例はないが，モモは頂部優勢性が弱く棚に整枝した場合分岐部からの徒長枝の発生，先端部の衰弱が著しいと考えられ，この整枝法を成功させるためには，徹底した夏および冬の枝管理が必要と考えられる．この整枝法では，栽培管理に成功すれば，高収量，高品質な果実生産が可能と考えられる．

これ以外の整枝法については，低樹高化よりも栽培管理の効率化，機械の導入を容易にすることを目的としているものと考えられる．

主幹形整枝については，ある程度の密植栽培が可能であり，早期多収が期待できる．しかし主幹を垂直に立てるため木が落ち着くためには，4m以上の樹高が必要になる．また夏季管理が重要になり，これらの作業を怠ると果実品質に大きなばらつきが生じ，徒長枝の多発などのために樹形の維持も困難になる．

斜立主幹形，Y字形整枝についても，主幹形整枝と同様に，栽培を成立させるためには，夏季管理が重要となる．果実品質については，光線の透過性が主幹形よりよい分だけ向上するが，栽植可能本数は少ないため，初期収量は劣ると考えられる．

b．植物生長調節剤利用による低樹高栽培

ダミノジット，マレイン酸ヒドラジド，パクロブトラゾール，ウニコナゾール，エテホンなどが生長抑制効果のみられる薬剤である．ダミノジット，パクロブトラゾール，ウニコナゾールは，ジベレリンの生合成を阻止し，主として節間生長を抑制するが，マレイン酸ヒドラジドはオーキシンの生合成を阻止し，生長点の生長を抑制または阻止する．マレイン酸ヒドラジドはパクロブトラゾールやウニコナゾールより速効的であるが，効果の持続時間が短く，果実を小玉化する傾向がある．パクロブトラゾールとウニコナゾールは果実に悪影響を及ぼすことは知られていない．パクロブトラゾールは，茎葉散布のほか，土壌処理でも有効である．ダミノジットは効果が弱く，エテホンは薬害（生理的落果）があるので研究されていない．パクロブトラゾールとウニコナゾールはほとんど同じ効果を示す．

c．台木による低樹高栽培

モモの木をわい化させる台木としては，ニワウメとユスラウメの一部の系統が知られている．また最近筑波系台木の一部でも，モモの木がわい化するといわれている（表5.12）．

ニワウメを台木として利用することによって，8年生時点で新しょう生長量は普通台木に比べて，20％程度にわい化する．ユスラウメでは10％程度の生長量となる．果実形質についてみると，果重は普通台木と比べて大きな違いはなく，糖度については，

表5.12 白鳳の生長および果実形質に及ぼす台木の影響(日園連)

台木	新しょう生長量			旧枝
	総長	平均長	本数	
ユスラウメA	2,592	5.3	483	3,501
ニワウメA	7,243	10.0	725	4,374
ニワウメB	7,648	10.8	706	4,716
寿星桃	32,454	26.6	1,220	5,495

台木	収穫日	10a換算収量	1果重	糖度	硬度
ユスラウメA	7/18	2.15	164	11.6	3.2
ニワウメA	7/28	2.92	180	12.5	6.3
ニワウメB	7/22	2.98	150	12.2	4.7
寿星桃	7/28	1.69	182	10.5	4.6

2度程度高くなる．収穫日については，ニワウメ(A)を除いて1週間程度早くなる．ニワウメ(A)については普通台木と同じか数日程度早くなる．収量については普通台木と同程度である．夏および冬の管理については，生長は7月中旬に止まり，夏季せん定の必要はない．冬季せん定についても徒長枝の発生はほとんどみられず，発生した新しょうのほとんどを結果枝として使うことができ，簡単となる．

筑波系台木については，まだ検討が始まったばかりである．4号，5号がわい化効果をもつといわれているが，試験地によってわい化効果を示したり，示さなかったりする場合がある．その原因としては，筑波系台木は種子で繁殖されており，わい化効果を示す形質については固定されていないためと考えられる．これらの台木についてわい化効果を示す個体の栄養繁殖を行い，追試する必要があると考えられる．

[村瀬昭治]

【施設栽培】

a．ハウス栽培の歴史とねらい

モモのハウス栽培は，1967年に静岡市で，潮風害防止と熟期促進をねらって取り組まれたのが最初であるとされている．その後，しばらくの間は栽培面積の増加はみられなかったが，1980年頃から増加し始め，1989年で約50haとなっている．県別にみた栽培面積(1989年)は，山梨県，福岡県で多く，ついで熊本県，佐賀県，和歌山県

図5.13 ハウス栽培による熟期促進
右の2果はハウス栽培における収穫期の果実，左の1果は同時期の露地栽培における幼果．

の順となっている．

　モモの品質は天候によって左右されやすく，成熟期が梅雨期と重なると，日照不足，土壌水分過多により果汁の糖度が低下し，また病害虫の発生も多くなる．ハウス栽培のねらいのおもなものは，① 早熟化による早期出荷，② 環境制御による品質の安定化，③ 病害虫被害の軽減などである（図5.13）．

b．品　　種

　モモには早生種から晩生種まで多くの品種があり，開花から収穫までに要する日数は各品種によって異なる．ハウス栽培のねらいの一つは早期出荷による高価格販売であり，そのためには露地栽培の早生種が出荷されるより前に出荷することがのぞましい．早生種の開花から収穫までに要する日数は70日余であり，ハウス栽培によって収穫期は約30～40日前進させることができるから，開花から成熟までの所要日数が100日までの品種が施設栽培向きの品種ということになる．このなかで，大果で，果汁の糖度が高く，着色の容易な品種が最適品種である．

　初期の頃は布目早生，砂子早生が多く，その後種々の品種で試みられており，今後，八幡白鳳，日川白鳳，白鳳などが増加するものと思われる．

c．温度管理

　加温開始時期　　一般に，モモの成熟期は開花後の日数によってほぼ定まることから，ハウス栽培では開花をいかに効率よく早めるかが重要である．しかし，モモは秋冬季には自発休眠に入っており，これが完了するのは高馬（1953）によると，12月下旬から1月中旬頃である．自発休眠が完了する以前に加温を開始すると，開花率が低下し，加温開始から開花までの日数も長くなる（前阪ら，1984）．自発休眠完了期を知る方法として，7.2℃以下の低温遭遇時間が用いられているが，800～1,200時間と振れが大きく，chill-unitモデルを用いた推定方法も検討されているが確実なものは見当たらない．しかし，加温開始時期の一応の目安としては，7.2℃以下の積算時間で1,000時間，Richadsonら（1974）のchill-unitで900時間となった時期を用いることができる．なお，秋冬季の高温は休眠完了を遅らせるとされている（吉村ら，1960）ことから，暖冬の年には加温開始時期を遅らせるなどの注意も必要である（図5.14）．

　最低気温（夜間温度）　　モモの切り枝を5℃で保存しても，時間が経過すれば発芽，開花することから，モモの生育下限温度はこれよりも低いところにあると思われる．

　最低気温の一般的な設定方法としては，露地栽培における各生育相における気温に設定する．すなわち，被覆直後は樹体の馴化も兼ね約1週間5℃程度とし，開花期には10℃，成熟期には15～18℃となるように徐々に高くしていく．このようにすれば，最高気温（換気）設定との関係もあるが，露地に比べて30日程度生育が促進される．なお，馴化期間終了後10℃に上げて，1週間程度経過すると15℃，果実発育第3期後半から成熟期にかけては18～20℃とすれば，さらに10日程度生育が促進される．

　加温用燃料の消費量は，冬季の外気温によっても異なるが，前者では10a当たり5kl程度，後者では15～20klが必要である．

図5.14 モモ普通加温ハウス栽培の成育相と栽培管理暦（和歌山県施設栽培指針，1989）

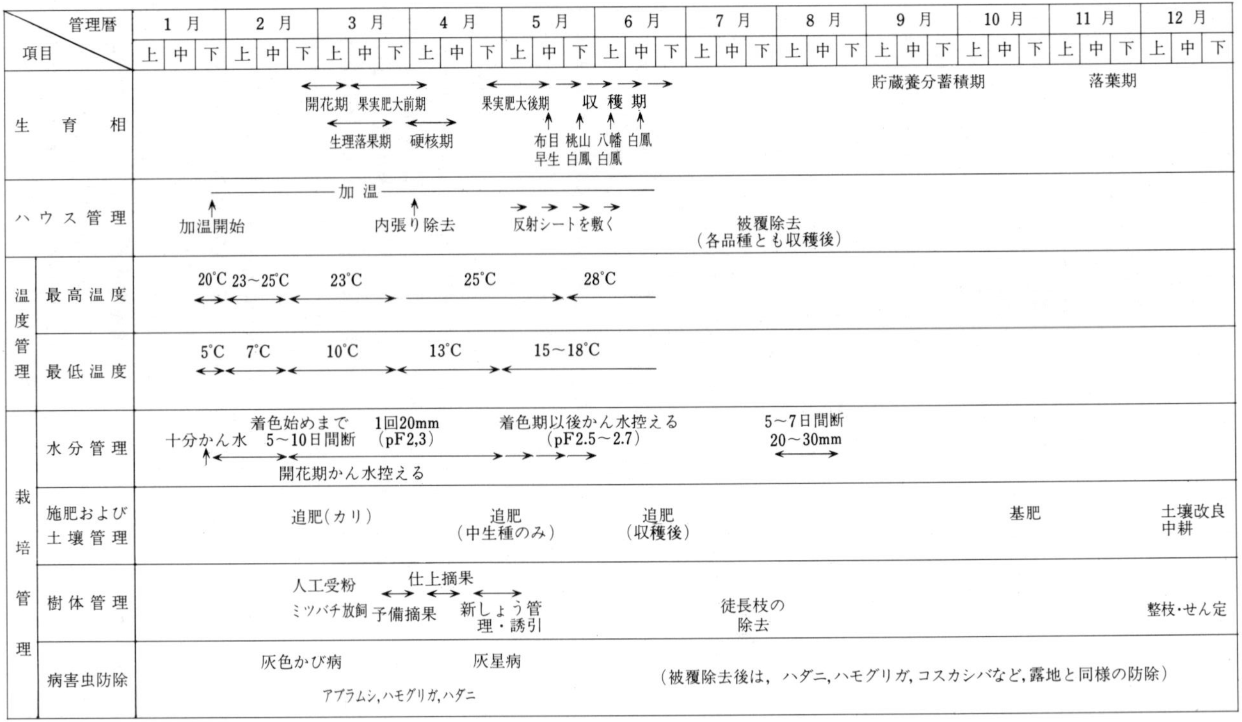

管理暦 項目		1月 上中下	2月 上中下	3月 上中下	4月 上中下	5月 上中下	6月 上中下	7月 上中下	8月 上中下	9月 上中下	10月 上中下	11月 上中下	12月 上中下
生育相				開花期 果実肥大前期 生理落果期	果実肥大後期 硬核期	果実肥大後期 布目 桃山 八幡 白鳳 早生白鳳	収穫期			貯蔵養分蓄積期		落葉期	
ハウス管理		加温開始	←――加温――→ 内張り除去			反射シートを敷く	被覆除去（各品種とも収穫後）						
温度管理	最高温度	20℃ 23～25℃	23℃	25℃	28℃								
	最低温度	5℃ 7℃	10℃	13℃	15～18℃								
栽培管理	水分管理	十分かん水 着色始めまで 5～10日間断 開花期かん水控える	1回20mm（pF2.3）		着色期以後かん水控える（pF2.5～2.7）		5～7日間断 20～30mm						
	施肥および土壌管理		追肥（カリ）			追肥（中生種のみ）	追肥（収穫後）			基肥	土壌改良 中耕		
	樹体管理		人工受粉 ミツバチ放飼 予備摘果	仕上摘果	新しょう管理・誘引		徒長枝の除去					整枝・せん定	
	病害虫防除		灰色かび病	灰星病				（被覆除去後は，ハダニ，ハモグリガ，コスカシバなど露地と同様の防除）					
			アブラムシ，ハモグリガ，ハダニ										

最高(換気)温度 被覆から開花期までの最高気温と結実の関係について，古原ら(1987)は，花粉管の伸長量が花粉長径の3倍以上をもって「発芽」とする基準によって調査した花粉の発芽率は，30°C以上になると明らかに低下し，結実率は25°Cで最も高かったことから，20～25°Cが適温であるとしている．吉田(1968)も花粉の発芽と温度について，低温でもよく発芽するが，発芽率，花粉管の伸長ともに18°Cより急激に増加し，23°Cを超えてやや緩やかになったが，28°Cで最高を示したとしている．また，前阪ら(1987)は，ハウス栽培および露地栽培における生育所要日数と気温の関係から，生育に及ぼす気温の影響を推定し，開花までは20°C前後，果実発育期は25°Cが適温であろうとしている．

最高(換気)温度設定の一例を示すと次のとおりである．被覆直後の馴化期間中は20°C，その後は23～25°Cとし地中への蓄熱とともに，夜間の保温効果を高める．開花から落弁期にかけては20～23°Cとし，換気回数を多くすることによって，ハウス内の過湿化を避け灰色かび病の多発を防止する．生理的落果終了後に25°C，成熟期には28°Cとする．

管理温度を高くすれば生育は早くなるが，加温用燃料を多く要し，奇形果の発生も多くなるので，生育促進効果のみをねらった温度管理は避けるべきである(図5.14参照)．

d．結実管理

安定した結実を得るためには受粉が必要である．モモは自家ならびに交配不和合性がないとされているので，花粉のある品種ではミツバチを放飼すればよい．しかし，開花期に天候不順でハウス内の気温が上がらない場合には，人工受粉を行う必要がある．

着果調節は，結実確認後の摘果に重点をおき，摘果の程度，方法は露地栽培に準ずる．ハウス栽培では降雨がしゃ断されるため，無袋栽培が可能であるが，無袋栽培を行う場合には，着果過多となりやすいので，入念な摘果が必要である．

e．土壌管理

かん水 果実の成熟期に土壌を乾燥させると，果汁の糖度が高くなることは一般的に知られている．古原ら(1987)はモモの施設栽培において生育ステージ別に土壌水分の影響を調査している．これによると，開花から生理的落果までの期間の土壌水分が少ないほど結実率が低下する．硬核期の土壌水分は多いほど果実肥大がよく，果汁の糖度への影響は小さい．成熟期の土壌水分は少ないほど果汁の糖度は高くなるが，果実肥大は劣るとしている．

したがって，被覆直後に十分かん水を行い，発芽期までは樹体が乾燥しないように努める．その後成熟期まではpF 2.4以下に保ち，結実の安定と果実肥大を促進させ，成熟期には土壌を乾燥させ果汁の糖度を高めるようにする．

成熟期の短期間に土壌を乾燥させ，果汁の糖度を高めるためには，排水性のよい土壌でなければならない．このため，中耕，有機物の施用など土壌改良が必要である．

施肥 施肥量はその地域で行われている露地栽培における量でよい．生育相が前

f. 樹体管理

進しているので,肥効が遅れないようにし,果実肥大期に入る頃に新しょう伸長が停止するのが望ましい.

ハウス栽培と露地栽培で異なる点は,ハウス栽培では樹冠拡大,とくに高さの制限を受けることである.このため,整枝・せん定にあたっては樹高は低く横に広がった樹形とするのがよい.2本主枝を基本とし,亜主枝を大きく充実させ,結実部位を2.5m以下にすることが重要である.

せん定は強せん定を避け間引きせん定を中心に行う.果実発育期間中の日照不良は,果汁の糖度低下の原因となるので,不要な枝は切除するとともに,適宜誘引を行い,樹冠下部まで十分日光が届くようにする.

g. 病害虫

モモの主要病害である縮葉病は,連棟ハウスの谷部でつねに水摘の落ちる部分に集中して発生するので気をつける.ハウス栽培で発生の多い病害虫は,灰色かび病,アブラムシ,ハダニである.防除に当たっては薬害回避のため高温時の作業実施は避ける.

5.5 出荷

a. 収穫熟度

モモの成熟と品質の関係についてみると,硬核期以後肥大が急速に進み,成熟期が近づくとショ糖が増加し,果肉硬度が低下する(時田ら,1976).また,過熟果は完熟果に比べて全糖含量が減少する(青柳ら,1976).北野ら(1989)は,可食適期の果実は,円柱プランジャー(直径5 mm,6 cm/秒)を用いて測定した果肉硬度で0.3〜1.0 kg/cm²であり,果実の果頂部から赤道部まで容易にはく皮できる状態であるとしている.これらのことから,甘味が増加し,剥皮しやすくなった状態が収穫適期と考えられる.

流通に要する時間からみると,収穫後2〜3日で食べ頃となる果実を収穫するのが望ましい.熟度判定には,果皮の緑色あるいは地色が目安となるが,袋掛けにより緑色が消失し,地色が判別しにくくなるため,モモの熟度を外観から判定するのは非常に困難である.このようなことから,モモの収穫は経験に頼るところが大きいが,近年食味,とくに果汁の糖度が重視されることから,熟度の進んだ果実が収穫されるようになってきている.

b. 出荷

選別 選別は外観および果実の大きさによってされる.外観選別基準において,異品種混入,腐敗または過熟による変質果,未熟果または過熟果,病害虫被害果,圧傷等障害果は重欠点果とされる.これにつぐ軽欠点果は,形状不良,色沢不良,擦り傷など軽微な傷により外観の劣るものである.これらをもとに品位基準が設けられている(表5.13).

表5.13 モモ果実の全国標準規格（品位基準）（農林水産省農蚕園芸局果樹花き課，1987）

等級呼称 事項	秀	優
玉 ぞ ろ い	斉一であること	同　　左
色　　　沢	品種固有の色沢が秀でたもの	品種固有の色沢が優良なもの
重 欠 点 果	混入しないもの	同　　左
軽 欠 点 果	ほとんど混入しないもの	著しく混入しないもの

優に該当しないもので，商品性を有するものは"良"と呼称して出荷することができる．

　選果は，選果機または手作業で行われるが，品位選別はほとんど手作業で行われている．近年，近赤外線を用いた非破壊品質評価技術が開発されつつあり，糖度による選別が実現するかもしれない．

　出荷容器　　出荷容器はダンボール箱を用い，1箱に入る果数が13～28果の場合はおおむね5 kg詰めを標準とし，30～36果の場合もこれに準ずるとされている．箱詰めに際しては，箱内での圧傷を防止するために，個詰め用パックあるいはフルーツキャップが併用される．

5.6　貯　　　蔵

　モモは高温期に成熟するため，日持ちが悪いので出荷・輸送・貯蔵に当たっては，鮮度保持が最も重要な事項である．ことにわが国のモモは白肉種が多く，黄肉種に比べて貯蔵性が低いので，いっそう鮮度保持が重要となる．

　果実の保存温度と炭酸ガス，エチレンの排出量との関係をみると，炭酸ガス排出量は温度が高くなるのに従って急増し，エチレン排出量は，5℃では少なく貯蔵期間中

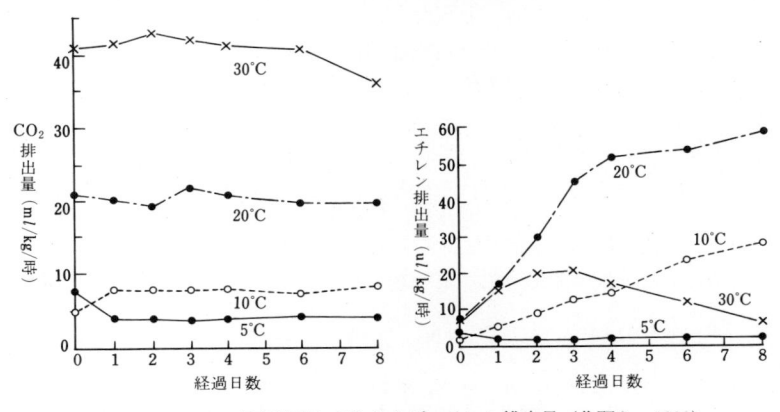

図5.15　モモの保存温度とCO_2およびエチレン排出量（北野ら，1989）

ほとんど変化がみられず，10°Cおよび20°Cでは貯蔵日数の経過に従って増加する．また，温度と日持ちの関係をみると，慣行収穫果の場合，5°Cで8日間，10°Cで6日間，20°C以上では2～3日であった(北野ら，1989)．このことは，モモ果実の品質保持に対する低温の効果を裏づけている（図5.15）．

白肉種のCA貯蔵の特長について，梶浦(1973)は以下のようにまとめている．4°C前後では低温障害が生じやすく，酸素濃度は3％以下で低酸素障害が生じる．CO_2濃度が高いと日持ちが良好となるが，10％以上になるとCO_2障害が生じやすい．低酸素とCO_2を組み合わせると，日持ちがよくなり，低温障害も0°C近辺では抑制される．これらのことから，CO_2濃度および酸素濃度を3％とし，温度を0°Cにすれば3週間以上の貯蔵も可能である．

モモ果実の日持ち性は品種によっても異なるとされている(吉田，1970)．すなわち，水溶性ペクチン含量が多い極早生種は日持ち性が劣り，塩酸可溶性ペクチン含量が多い硬肉種は日持ち性がよい．

5.7 加 工

モモは生食主体の白肉種と，加工主体の黄肉種に大別されているが，両者とも成分的にはほとんど差がない．わが国では白肉種の生産が多いことから，加工原料にもこれが多く用いられている．モモのおもな加工品としては，シロップ漬け，果肉飲料（ネクター）である．

a．シロップ漬け

シロップ漬けは，果皮を除いて，半割り，除核し，糖液を注入し，脱気，密封，殺菌したものである．白肉種は，蒸気または沸騰水で1～3分処理を行いはく皮する．黄肉種では，2％のカセイソーダの加熱溶液で果皮を溶かす．白肉種は果肉が溶質であるため，熟しすぎると加熱殺菌の過程で果肉が崩れ，また未熟果ははく皮できない．黄肉種は熟しても果肉が崩れることはない．

材料としては，果形が整っており，核は小さく，粘核で，果肉は不溶質であり，核周および果肉に赤い着色のない果実がよい．果肉に着色があると，加工後に黒紫色に変色するためである．

b．果肉飲料（ネクター）

果肉飲料は，果肉を裏ごしして作ったピューレーを水で希釈し，甘味料，酸味料，アスコルビン酸などを加え，よく混合し，殺菌後密封したものである．甘味料，酸味料を加えるのは，希釈に伴ってピューレー自体の甘味，酸味だけでは不足するからであり，アスコルビン酸は酸化防止効果もある． ［前阪和夫］

文 献

1) 青柳光昭，牧野　朗，佐藤治郎 (1976)，園学要旨，昭51春，366-367.
2) 古原剛二，吉田智也，芝田展幸，小出　聖，松本誠司 (1987)，園学要旨，昭62秋，191-192.

3) 古原剛二，吉田智也，芝田展幸，松本誠司 (1987)，園学要旨，昭 62 秋，192-193.
4) 梶浦一郎 (1973)，園学要旨，昭 48 春，438-439.
5) 垣内典夫 (1985)，果実の成熟と貯蔵 (伊庭慶昭，福田博之，垣内典夫，荒木忠治編)，326-329，養賢堂.
6) 北野欣信，前阪和夫，山下重良 (1989)，園学雑，**58**(別2)，602-603.
7) 前阪和夫，北野欣信，山下重良 (1984)，和歌山県果樹園芸試験場研究報告，**8**，1-9.
8) 前阪和夫，北野欣信，山下重良，小川正毅 (1987)，園学要旨，昭 62 秋，188-189.
9) 中川昌一 (1978)，果樹園芸原論，422-466，養賢堂.
10) 緒方邦安 (1977)，青果保蔵汎論 (緒方邦安)，168-182，建帛社.
11) 時田鉄二，山木昭平，松田好祐 (1976)，園学要旨，昭 51 春，368-369.
12) 塚本正秋 (1979)，園学雑，**48**(3)，373-380.
13) 内海修一 (1977)，施設の構造と設備，41-159，博友社.
14) 和歌山県 (1989)，果樹施設栽培指針，63-70.
15) 吉田雅夫 (1968)，園芸要旨，昭 43 秋，2-3.
16) 吉田雅夫 (1970)，園学要旨，昭 45 春，290-291.

5.8 病　害

a．せん孔細菌病

診断　葉，枝および果実に発生する．葉では展葉後まもなく，葉脈に境されたカスリ状の病斑として現れ，やがて紫褐色となってせん孔する．枝では結果枝および新しょうに紫黒色のやや隆起した病斑を生じ，健全部との境には割れ目が入り，表面は粗ぞうになる．果実は親指大の頃から収穫期にかけて，暗褐色，不整形，果肉にくいこんだ病斑を生ずる．

病原菌　*Xanthomonas campestris* pv. *pruni* Dye

桿状，1〜6本の単極毛の鞭毛を有し，大きさは $1.6 \sim 1.8 \times 0.4 \sim 0.6$ nm，鞭毛で水中を運動する．培養すると淡黄色の菌叢となる．10〜35℃で生育し，適温は 25℃前後である．モモのほかにスモモ，アンズ，ウメ，オウトウなどにも寄生する．

伝染経路　病原細菌は新しょう皮部組織の細胞間げきに病巣をつくって潜伏越冬する．4月に入り気温が上昇すると病巣内の細菌は増殖して，紫黒色の病斑を生ずる．この病斑部で繁殖した病原細菌は，雨滴にまじって分散して葉や果実の気孔や傷口から侵入感染する．葉では7〜10日，果実では10〜20日の潜伏期間を経て発病する．

多発条件　① 風当たりの強い園地や高湿度出現頻度の高い園地，② 台風の影響で風雨を強く受ける場合．

防除　薬剤防除：　耐病性を示す品種はなく，的確な薬剤防除法もないので，常発生地では病原細菌の密度を高めないよう予防散布を徹底する．具体的には開花直前にジチアノン・銅剤，落花期から7月にかけては硫酸亜鉛石灰液，ジチアノン剤，オキシテトラサイクリン剤などにより組立て体係化を図る．収穫後の秋期にボルドー液の散布も有効である．

耕種的防除：　発病しにくい環境条件の場所を選んで栽培する．

b. 縮葉病

診断 おもに葉に発生するが，まれに果実や新しょうにも発生することがある．展葉後まもなく火ぶくれ状の病斑が現れ，徐々に拡大して厚く大きく膨れあがる．やがて病斑の表面は白い粉でおおわれたようになり，黒く腐って落下する．果実にも赤褐色，火ぶくれ状の病斑ができることがある．

病原菌 *Taphrina deformans* (Berkeley) Tulasne

糸状菌のなかの子のう菌類に属し，子のう胞子と分生胞子を作る．子のう胞子は無色，単胞，球形，径 3〜5 nm．分生胞子は無色，単胞，球形，4〜8×2.5〜6 nm．病原菌は 10〜30℃で生育し適温は 20℃前後である．

伝染経路 被害葉上に形成された子のう胞子は，風雨により分散したのち，芽出法によって増殖して分生胞子のコロニーを作り，枝の表面に付着して越夏，越冬する．モモの発芽後から展葉期にかけて，降雨のあるごとに感染が行われ，10 日前後の潜伏期間の後に発病する．気温が 25℃を越えるようになると発病しなくなる．

防除 薬剤防除： 病原菌は枝の表面に付着して越冬するから，休眠期に殺菌剤をていねいに散布すれば完全に防除できる．使用する薬剤は石灰硫黄合剤，キャプタン・有機銅剤，ジチアノン・銅剤，有機銅剤，ジラム・チウラム剤などがある．温暖無風の日に枝先まで十分に薬液がかかるように散布する．

c. 灰星病

診断 花，枝および果実に発生する．花では開花時に侵され花器全体が軟腐状，のちミイラ状となり，表面には灰褐色の分生胞子層を形成する．枝では被害花や被害果実との接触によって，褐色の病斑を生ずる．果実では収穫直前の熟果に，褐色，軟腐状の病斑を生じ，表面には灰褐色，粉状の分生胞子層を多数形成する．

病原菌 *Monilinia fructicola* (Winter) Honey

糸状菌のなかの子のう菌類に属し，子のう胞子と分生胞子を形成する．地表面に落下した前年の被害果上には子のう盤（キノコ）を形成し，このなかに子のう胞子が作られる．子のう胞子はだ円形，無色，単胞，13×7 nm．分生胞子はレモン状，無色，単胞，15×10 nm．培地上で病原菌の生育は 7〜30℃でみられ，15〜27℃で良好，適温は 25℃である．

伝染経路 病原菌は被害果実と被害枝しょうで越冬する．地表面に落下した被害果実は菌核化し，翌春子のう胞子を作って開花中の花を侵して花腐れをひき起こす．花腐れが発生すると結果枝にも病斑ができて，これらの被害部上には長期間にわたって分生胞子を形成して伝染源となる．前年の被害枝しょうでも菌糸態で越冬し，5〜6 月に分生胞子を作って伝染源となる．本病原菌はモモのほかに，オウトウ，アンズ，スモモ，ウメ，ユスラウメ，サクラなどの核果類に発生し相互伝染が行われる．

多発条件 ① 無袋栽培では最も注意を要する病害であるが，有袋栽培ではほとんど発病しない．② 未熟果に発病することはきわめてまれであり，収穫直前の熟果で発病することが多い．③ 一般には雨の多い梅雨期に収穫される早生種での被害が多い．

防除 薬剤防除： 例年花腐れの発生が目立つ園では，開花期に薬剤散布を行う．

また，果実の予防は収穫の20日前頃から7〜10日ごとに3〜4回薬剤散布を行う．防除薬剤にはベノミル・TPN剤，チオファネートメチル・ビンクロゾリン剤，イプロジオン剤，ビンクロゾリン剤，プロシミドン剤，ビテルタノール剤などがある．耐性菌の出現に留意し同一系統薬剤の連用を避けて，ローテーション散布を行う．

d．黒星病

診断 枝と果実に発生する．枝では灰褐色，楕円状，表面性な病斑をつくる．果実では黒色〜暗緑色，円形，表面性のソバカス状の病斑となる．集団して発病すると亀裂を生ずることがある．

病原菌 *Cladosporium carpophilum* Thümen

糸状菌のなかの不完全菌類に属し分生胞子を形成する．分生胞子は長楕円形，単胞，オリーブ色，10〜20×3〜8 nm，菌糸の生育は2〜32°Cで認められ，適温は25°C前後である．

伝染経路 病原菌は枝病斑中の菌糸態で越冬し，翌春落花期以降に降雨のあるごとに分生胞子を形成して伝染源となる．果実では潜伏期間が約30日であるから，早生種では感染しても発病する前に収穫されることが多い．

防除 薬剤防除： 果実の感染は満開30日後頃から多くなるので，この時期からの予防散布を徹底する．防除薬剤にはチアジアジン剤，ジラム・チウラム剤，TPN（フロアブル）剤，ビテルタノール剤などがある．ベノミル剤，チオファネートメチル剤も防除効果は高いが，灰星病菌に対する耐性を助長する恐れがあるので使用を避けた方がよい．

耕種的防除： 枝病斑が伝染源となるから，病斑のたくさん出ている枝をせん除する．

e．ホモプシス腐敗病

診断 枝および果実に発生する．枝では春先に先端から枯れこみを生じ，表面には黒色，小粒点状の柄子殻を多数形成する．果実では収穫直前の熟果あるいは収穫後の輸送中や店頭で発病する．病斑は淡褐色〜褐色，ややくぼみ軟腐状を呈して徐々に拡大する．病斑部には初め白色，後黒色の小粒点状の柄子殻を密生する．病斑部を指で押すと容易にえぐり取れるのが特徴である．

病原菌 *Phomopsis* sp.

糸状菌のなかの不完全菌類に属し，柄胞子を形成する．柄胞子には α，β の二つのタイプがあり，α 胞子は無色，単胞，紡錘形〜長楕円形，5〜10×2.5〜3.8 nm，通常2個の油滴を有す．β 胞子は無色，単胞，10〜45 nmの鞭状．菌糸の生育は10〜35°Cの範囲で認められ，適温は28°C付近である．

伝染経路 新しょうは年内に感染するが翌春枝枯れ症状として発病し，ここに形成された柄胞子が伝染源となる．収穫が終った果梗痕にも感染して伝染源となる．柄胞子は雨滴とともに分散するので，6〜7月の梅雨期に多くなり，この時期に果実感染も多くなる．果実では潜伏期間が長く，収穫期になって発病する．2次伝染は行われないので，ほ場で急激に蔓延することはない．

防除 薬剤防除： 果実の感染は6〜7月に多くなるから，この時期の予防を的確に行う．防除薬剤にはTPN（フロアブル）剤，ベノミル・TPN剤，ベノミル剤，チオファネートメチル剤などがある．

耕種的防除： 病原菌は樹上の被害枝しょうで越冬するので，枯れ枝のせん除を徹底する．

f．灰色かび病

診断 がく片が落ちないで果実上に残ると，親指大の頃から収穫期にかけて発病する．がく片に接触した部分から褐色，軟腐状の病斑を生じ，急激に拡大して表面には灰色，霜状のかびを密生する．被害果はやがて落下する．

病原菌 *Botrytis cinerea* Persoon

糸状菌のなかの不完全菌類に属し，分生胞子を形成して伝染する．分生胞子は楕円形〜卵形，無色〜淡褐色，単胞，9〜17×8〜11 nm，生育適温は25℃前後である．

伝染経路 モモのほかブドウやオウトウなどの果樹類，キュウリ，イチゴなどの果菜類にも寄生，あるいは軟らかい植物遺体などに腐生する多犯性の病原菌である．病原力が弱いためモモでは生育中の果実を侵すことはないが，がく片が脱落しないで果実上に残ると，病原菌が腐生的に繁殖して果実に接触伝染する．

防除 薬剤防除： モモの果実に発生する黒星病，ホモプシス腐敗病および灰星病の防除に使用するチアジアジン剤，TPN（フロアブル）剤，ビテルタノール剤，ジカルボキシミド系剤（イプロジオン剤，ビンクロゾリン剤，プロシミドン剤）などはいずれも有効である．

耕種的防除： 果実上にがく片が残ると発病するから，がく片の落ちが悪い年には取り除いてやる．

g．胴枯病

診断 幹や主枝に発生して樹体を枯死させるほか，細い枝に発生すると枝枯れをひき起こす．大きな傷口や寒凍害，日焼け部などから発病するが，病斑の拡大進展は速やかであり，樹勢が衰弱を始めるとたちまち枯死する．幹や主枝が発病すると被害部の樹皮は軟らかくなり，褐変してアルコール臭を発する．被害部の表面には黒色，小粒点状の子座を多数生じ，鮫肌状となる．樹皮を剝ぐと黒色の子座殻が見える．細い枝には秋末から暗褐色，楕円状の病斑を生じて枝枯れとなる．

病原菌 *Leucostoma persoonii* (Nitschke) Höhnel

糸状菌のなかの子のう菌類に属し，柄胞子と子のう胞子を生ずる．子座は樹皮下に形成され，750〜1,000×900〜1,200 nm．柄胞子はソーセージ形，無色，単胞，4.0〜6.5×0.8 nm．子のう胞子はソーセージ形，7.5〜13×2〜3 nm．菌糸の発育適温28〜32℃，5℃以下と37℃以上では生育しない．

伝染経路 病原菌は傷口，寒凍害，日焼け部などの傷痍部から侵入する．厳寒期を除いて春先から秋末にかけて感染する．病斑が小さいうちは目立たないので，早期発見はなかなか難しい．

防除 薬剤防除： 休眠期に石灰硫黄合剤を枝幹部に散布して予防するとともに，

生育期に殺菌剤を散布する場合には，枝幹部にもよくかかるようにする．
　耕種的防除：　耐病性を示す品種はないので，品種の選択による発病回避はできない．肥培管理全般を通じて樹勢の維持に努める．幹や主枝部に大きな傷口をつくらないことが大切である．寒冷な地方では寒凍害の防止に留意する．

h．いぼ皮病

診断　枝しょうの樹皮がところどころ盛りあがり，いぼが多数現れる．いぼの周辺には新しいいぼができて，表面が粗ぞうになり，病状が進めば枯死する．幹や主枝も同様の症状となる．樹勢衰弱の原因となり経済寿命を短くする．

病原菌　*Botryosphaeria berengeriana* de Notaris f. sp. *persicae* (Abiko et Kitajima) Koganezawa et Sakuma

糸状菌のなかの子のう菌類に属し，子のう胞子と柄胞子を形成する．柄胞子は無色，単胞，長楕円形～紡錘形，20～35×5～13 nm．菌糸の発育は 10～36°C でみられ，適温は 27°C である．

伝染経路　発病部には主として柄子殻がつくられ，この中の柄胞子が雨滴とともに分散して伝染する．柄胞子の分散は 5 月から 9 月にかけて認められるが，6～7 月の梅雨期に最も多くなる．

防除　薬剤防除：　若木時代からの予防を的確に実施する．休眠期に石灰硫黄合剤にホワイトンパウダーを加用して毎年枝幹部散布を行う．生育期に散布する殺菌剤も枝幹部によくかかるようにする．

i．うどんこ病

診断　葉および果実に発病する．葉では淡黄色の病斑を生じ，のち白色の菌叢ができてゆがむ．台木や実生などに発生することが多い．果実では親指大の幼果期に発生する．径 2～3 mm の白色，円形の病斑を生じ，徐々に拡大する．病斑部の果皮は褐変しはなはだしい場合は亀裂を生ずる．

病原菌　*Podosphaera tridactyla* (Wallroth) de Bary, *Sphaerotheca pannosa* (Wallroth) Léveillé var. *persicae* Woronichin

前者はおもに葉を侵し，後者はおもに果実を侵す．糸状菌のなかの子のう菌類に属し，子のう胞子と分生胞子を形成する．前者の子のう胞子は楕円形，無色，単胞，19.2～26.4×12.0～14.4 nm．分生胞子は無色，単胞，小判形，16.8～32.4×10.8～18.0 nm．

伝染経路　詳細は明らかにされていないが，モモ園の近くにノイバラがあると，これに発病した病原菌がモモに伝染すると考えられている．

防除　薬剤防除：　幼果期に黒星病の防除に使用する水和硫黄剤は，本病の防除にも有効である．

j．斑葉モザイク病

診断　葉にのみ発生し，花や果実には発生しない．展葉後まもなく葉脈によって境された扇状の不規則な，黄色～黄緑色の斑紋を生ずる．7 月以降の高温期に入ると病徴はマスクされる．

病原 モモ斑葉モザイクウイルス (peach yellow mosaic virus)

発病樹から径約 30 nm の小球形粒子が見い出され,その純化試料をモモ実生苗に接種して,症状を再現することができたという報告がある.

伝染方法 モモ栽培地域ではいたるところで発病がみられており,品種間差もない.収量や品質に及ぼす影響は明らかではない.接ぎ木伝染のみが知られている.

防除 本病にかかっていないことが明らかな樹から穂木を取り,苗木を養成する.またウイルスをフリー化した穂木に由来する苗木を使用するのもよい.［落合政文］

5.9 虫害

(1) 発生様相

防除薬剤の変遷とともにモモ園の発生害虫も変わってきた.また耕種的防除法や防除機械器具の発達,さらにビニル利用による施設栽培などの普及により栽培技術が進歩して防除が徹底され,高品質のモモが収穫されるようになった.

薬剤が塩素剤の時代にはアブラムシやシンクイムシ,カイガラムシ,モモチョツキリゾウムシ,モモハモグリガ,ハマキムシなど多くが発生して被害が多かった.パラチオン剤の出現により,シンクイムシ,ハマキムシ,モモハモグリガなどは防除されるようになった.塩素剤やパラチオン剤が使用禁止となりダイアジノン剤が登場したが,パラチオン剤ほどの防除効果が発揮されなかったために再びハマキムシやモモハモグリガ,アブラムシが多く発生するようになった.

しかし,サリチオン剤の登場によって害虫相は一変した.モモハモグリガ,シンクイムシ類,ハマキムシ類,カイガラムシなどの発生は少なくなった.アブラムシ類ではモモアカアブラムシの発生はすっかり少なくなったのに対して,モモコフキアブラムシの発生が多くなり,さらに新しくカワリコブアブラムシが発生するようになった.また産地が山間部に広まったこともあり,晩生種では果実吸蛾類とカメムシ類の発生も多くなった.また,モモ園にバークたい肥の施用の普及によりクワガタムシ類やカブトムシの発生が多くなり思わぬ被害を蒙った.

(2) 主要害虫

a. アブラムシ類

モモアカアブラムシ (green peach aphid) *Myzus persicae* (Sulzer),モモコフキアブラムシ (mealy plum aphid) *Hyalopterus pruni* (Geoffroy),カワリコブアブラムシ *Myzus varians* Davidson の 3 種がおもなものであるが,最近はモモアカアブラムシの発生が少なくなっている.

被害の特徴 加害果樹の種類ではモモ,スモモ,ウメ,アンズなどを加害する.各果樹とも発芽と同時に寄生加害する.モモアカアブラムシは葉を捲葉して筒状に,モモコフキアブラムシは葉裏に,カワリコブアブラムシは葉をパセリ様に加害する.

生態 寒地帯では卵態で,おもに花芽のついた枝の芽や花の付近に産卵されて,暖

地帯では他の寄生植物（中間寄主）で越冬するものが多い．卵越冬のものは3月下旬頃からふ化して葉芽に寄生して増殖する．寒地帯では4月上旬より発生加害する．前年の発生が多く越冬卵の多い場合に多発する．

防除　薬剤防除：　越冬期の防除として越冬卵の多い場合には，機械油乳剤を散布することにより殺卵することができる．発生直後の防除には，4月下旬に浸透性殺虫剤（ESP剤，チオメトン剤，バミドチオン剤など）を散布する．発生が多い場合には7～14日おきに2回散布して防除する．その後は8～9月にかけても新しょうの先端の若葉に発生するので，浸透性殺虫剤かペルメトリン剤またはシペルメトリン剤を用いて防除する．

b．シンクイムシ類

モモに寄生加害するのは，ナシヒメシンクイ（*Grapholitha molesta* Busck），モモシンクイガ（*G. niponensis* Walsingham），モモノゴマダラノメイガ（*G. molesta* Busck）の3種がおもなものである．

被害の特徴　モモ，スモモ，ウメ，アンズ，リンゴ，オウトウなどを加害する．ナシヒメシンクイは新しょうと果実を，他の2種は果実を加害する．発生時期は各種とも5～6月の幼果期と7～9月の収穫期で，果実で被害が多い．ナシヒメシンクイは4～7月の新しょうの先端に食入加害が多く，しんおれと称されている．

生態　越冬・幼虫または蛹で越冬している．発生回数はナシヒメシンクイは年間3～5回，他の2種は2～3回である．

防除　薬剤防除：　越冬期の防除は越冬幼虫の多い場合には粗皮削りを実施する．コスカシバ防除剤散布で同時防除ができる．発生期の防除は新しょうの被害発生期に，サリチオン剤か合成ピレスロイド剤（ペルメトリン剤またはシペルメトリン剤，トラロメトリン剤，フルシトリネート剤など）いずれかを散布する．散布時期は，果実の被害防除には袋掛け前と除袋直後である．新しょうの被害防除には，5月上旬から6月中旬に薬剤散布して防除する．

その他の防除：　交信攪乱剤またはフェロモントラップによる誘殺によって防除する．

c．コスカシバ　（cherry treeborer）*Synanthedon hector*（Butler）

被害の特徴　モモ，ウメ，オウトウ，ナシ，アンズなどを加害する．枝幹の形成層部に食入してこれを食害し，成長してから表層部でまゆを作り蛹化し，蛹を脱出して羽化する．幼虫が食害して虫糞を脱出させるので，形成層の木質の間に空間が作られる．また幼虫の食害により加害部から樹液が露出される．被害の多い樹は降雨後には虫糞とヤニが垂れ下がり被害の大きさが伺える．被害部には成虫脱出後の蛹殻が目立つ．

生態　幼虫越冬であるが，大小の幼虫が入り混じっている．年1回発生する．越冬幼虫が3月上旬から食害し始める．成虫は5月頃から10月まで長期間にわたって発生する．成虫の発生時期は越冬幼虫の大きさによって左右されるが，一般的に9月から10月にかけて発生量が多くみられる．発生最盛期は9月中旬である．年によっては6

〜7月と9〜10月の二山型を示すことがある．

防除　薬剤防除：　成虫の発生産卵期に薬剤散布して，産卵食入防止に努める．サリチオン剤かMEP剤を枝幹にたっぷり散布する．5月から8月の発生期には他の害虫防除で同時防除されるので，成虫発生最盛期の9〜10月の防除に重点をおく．越冬期の防除としては，形成層に食入している幼虫を殺すために，MEP剤，マラソン・MEP剤，ダイアジノン・NAC・PAP剤，DDVP・MEP剤，MEP・PAP剤などを100〜150倍で散布する．また，枝幹塗布剤のホワイトンパウダーやピチコートなどを塗布して産卵防止に努める．

その他の防除：　フェロモントラップを利用して成虫を捕殺する．またスカシバコンを用いて交信攪乱させ被害回避をねらう．

d．カメムシ類

モモに寄生加害するのは，クサギカメムシ (brown marmorated stink bug) *Halyomorpha mista* (Uhler)，チャバネアオカメムシ (brownwinged green bug) *Plautia stali* Scott，アオクサカメムシ (green stink bug) *Nezara antennata* Scott，マルカメムシ *Megacopta punctatissimum* (Montandon) などがおもなものである．

被害の特徴　モモ，カキ，オウトウ，ナシ，アンズ，リンゴ，スモモ，キウイフルーツ，ビワなどを加害する．いずれも5月の幼果期にモモ園に飛来して果実に寄生加害する．成虫が幼果に寄生して果汁を吸収するため，被害部は陥没して暗褐色になる．果実は縮小し，幼果は落果することがある．

生態　成虫で越冬し，年1回発生する．越冬成虫は4月上旬（開花期）から出現する．幼果に集まって加害して成長すると，成葉の葉裏に16個から20個余りまとめて産卵する．ふ化幼虫は群棲しているが，大きくなると分散する．7〜8月にはモモ園から他の植物へ移動する．中・晩生種で除袋期や収穫期に被害を見ることもある．食草の多い山間部に発生が多い．また，モモ園付近に小屋があったり，雑木林やとくに杉林が多いと越冬場所となり，その付近では被害が多い．

防除　薬剤防除：　成虫の発生産卵期にサリチオン剤かピレスロイド剤をたっぷり散布して，産卵，食害防止に努める．7〜8月の発生期には他の害虫と同時防除しうるので，成虫発生最盛期の5〜6月の幼果期の防除に重点をおく．

その他の防除：　発生を少なくするため卵塊をみつけて処分する．また，水銀灯や青色蛍光灯を点灯させて湿式で成虫を捕殺する．

e．クワシロカイガラムシ (white peach scale, mulberry scale)
　　Pseudaulacaspis pentagona (Targioni)

被害の特徴　モモ，ウメ，スモモ，オウトウ，カキ，キウイフルーツ，ナシ，クリ，ビワ，リンゴ，ブドウなどを加害する．4〜5年生の太い枝幹で被害が目立つ．発生が多いと細枝にも寄生が多くなったり，枝が枯死することがしばしばみられる．

生態　枝幹の表皮にカイガラを被った雌成虫で越冬する．寒地帯では2回，暖地帯では3回の発生をくり返す．越冬雌は4月下旬頃から5月上旬にかけて第1回目の産卵をする．第2回目は6月下旬〜7月上旬，第3回目は8月下旬〜9月上旬であるが，

寒地帯と暖地帯によっては多少の差が示される．ふ化幼虫の生存期間は世代によってその差はみられるが，雌は最短21日，最長49日，雄は最短12日，最長29日である．枝幹の表面に定着すると腹面の中央から長い口器を出して組織中に挿入して樹液を吸収しながら発育しカイガラを形成する．雄は白く細長いまゆを作るので枝幹の表面に目立つ．密植で風通しが悪いと多発環境となる．年間の発生回数が多いので少発生時に防除しないと多発する．

防除 薬剤防除：　幼虫発生初期の防除に重点をおき，発生の多いときは2回連続してサリチオン剤かDMTP剤をたっぷり散布する．

越冬期の防除としては，発芽前に機械油乳剤を散布する．縮葉病の防除のために石灰硫黄合剤，有機銅剤，キャプタン・有機銅剤を散布する場合は機械油乳剤の前に散布する．機械油乳剤は3月に入ってから散布すると花らいに薬害が生じるので，2月下旬までに散布を終わるようにする．また，隣接のブドウ，ウメなどに薬液が飛散すると薬害が起こるので注意する．

f．モモハモグリガ (peach leafminer) *Lyonetia clerkella* (Linnaeus)

被害の特徴　モモのほかまれにスモモに被害をみることがある．葉に食入してこれを食害し，成長してから脱出する．葉肉を細長く食害して白色の食痕を残すことから別名エカキムシともよばれている．葉肉を食害成長すると小穴をあけ脱出して葉裏にまゆを作り蛹化する．葉から脱出して糸を垂らしてぶらさがるのもこの虫の特徴である．

生態　成虫で越冬する．ほ場付近では石垣のすき間，河川の橋の下，横穴など，宅地付近では家屋の軒下で北側の壁面や室内などでも越冬する．年7～8回発生する．越冬成虫は3月下旬から移動し始め，展葉まもない葉に産卵するので4月上旬頃から葉の被害が目立ってくる．第2回目の発生は5月下旬からで，それ以後は毎月のように発生をくり返し，9～10月の落葉期まで発生し，成虫越冬となる．前年の発生が多く，越冬成虫の多い年には被害が多い．

防除 薬剤防除：　発生期の防除としては葉の被害発生初期に，サリチオン剤か合成ピレスロイド剤（ペルメトリン剤，シペルメトリン剤，トラロメトリン剤，フルシトリネート剤など）の薬剤を散布する．サリチオン剤は幼虫の食害初期の散布によりほぼ完全な殺虫効果を示す．

g．ハダニ類

おもなものは，ナミハダニ (two-spotted spider mite) *Tetranychus urticae* Koch, カンザワハダニ (Kanzawa spider mite) *T. kanzawai* Kisida, リンゴハダニ (European red mite) *Panonychus ulmi* (Koch), の3種であるが，最近モモサビダニ (plum silver mite) *Aculus fockeui* (Nalepa et Trouessart) の発生も多い．

被害の特徴　ナミハダニやカンザワハダニでは被害葉が黄変するが，モモサビダニでは被害葉は葉緑素を吸収され，葉全体が緑色になる．

生態　卵または成虫で越冬する．5～8月にかけて発生をくり返して加害するが，6～7月の高温乾燥が続くと発生が多い．

防除　薬剤防除：　越冬卵や越冬成虫の多い場合は，11～2月に機械油乳剤を散布する．5～6月の発生期には，ケルセン剤，酸化フェンブタスズ剤，ポリナクチン複合体・CPCBS剤，ヘキシチアゾクス剤などの殺ダニ剤を散布する．発生の多い場合は7～14日おきに2回散布する．抵抗性出現を回避するために輪換散布する．また成ダニ，幼ダニ，卵などが混在している場合にもダニ剤の性質を考えて輪換散布する．

［土屋恒雄］

6. ス モ モ

6.1 経営上の特性と問題点

(1) 栽培の動向

　ヨーロッパスモモを含む世界のスモモ生産量は600万tあまりであり，ヨーロッパ，北米大陸，アジアを中心に五大陸に分布している．ソ連，ルーマニア，中国，ユーゴスラビア，米国，ドイツなどが主産国で，それぞれに100万tから40万t前後の生産があるが，栽培の行われている国はきわめて多く，温帯果樹のなかで最も適地の広い果樹の一つであると考えられている．

　わが国では，古くからニホンスモモが栽培されてきたが，経済的な地位は長い間低いままで，商品生産を目的とした栽培が行われるのは明治中期以降である．大正年代に米国から優良品種が再導入され，また戦後，国内でも優良品種の育成・発見が行われた結果，スモモの栽培面積は近年，著しい増加傾向を示すに至っている．

　1986年度の全栽培面積は3,720haで，ここ10数年で1,400ha，生産量で7,000t前後増加している．産地は北海道から九州奄美大島に至るまで広く分布しているが，な

表6.1 スモモ栽培面積，生産量の推移（上位10県）

県名	1968年		1972年		1976年		1980年		1983年		1986年	
	面積	生産量	面積	生産量	面積	生産量	面積	生産量	面積	生産量	面積	生産量
山梨	448	8,932	719	6,904	985	6,800	1,270	16,600	1,310	17,000	1,370	16,300
和歌山	38	488	79	1,111	131	1,366	211	2,090	283	3,230	341	3,830
長野	24	110	45	240	135	680	170	1,480	222	2,190	258	2,550
鹿児島	7	52	51	450	84	234	114	373	155	339	240	806
福島	47	723	125	980	105	1,140	160	602	170	1,050	198	1,610
山形	117	1,500	132	1,580	135	1,300	127	1,260	170	1,630	147	1,660
福岡							51	296	87	423	101	636
青森							73	514	81	720	88	872
香川	32	340	43	475	65	650	90	651	91	943	85	846
群馬	83	308	61	210	70	210	77	516	76	520	76	599
全国計	1,308	17,597	1,843	15,066	2,358	16,941	2,980	27,900	3,330	31,800	3,720	33,800

果樹統計より作成，単位：面積ha，生産量t．

かでも山梨県は栽培面積の3割,生産量の5割を占める主産県となっている(表6.1).また,和歌山,長野,鹿児島,福島などの諸県にもまとまった産地が形成されており,特色のある栽培の行われている地域も少なくない.

ヨーロッパスモモは明治初頭,あるいはそれ以前にわが国に導入されたといわれるが,生育期に雨の多い条件下では,裂果,腐敗病などが多発し定着しなかった.近年,その栄養的価値が見直され,高価に流通されていることから,長野県など一部の地域で再び栽培が取り組まれるに至っている.

(2) 経営上の特性と問題点

スモモの特性として,① 夏果樹であり,生育期間が短く,降雨などによる品質低下がおきやすい,② 果実の日持ちが一般に悪く,しかも収穫適期の幅が狭い,③ 開花期が早く,自家不和合性,交雑不和合性があり結実が不安定であることなどがあげられる.

このため,スモモ栽培には受粉や収穫作業に著しい労働のピークのあることが経営上の大きな特徴の一つである.1985年度生産費調査報告(農林水産省統計情報部)によれば,10a当たりの労働総時間290時間のうち,収穫調整には140時間,受粉・摘果に48時間を要し,この二つで全体の2/3を占めている.とくに収穫作業は通常日中の高温時を避けて行うため,作業の可能な時間は限られている.スモモの1戸当たり栽培面積はこの面から大きな制約を受けることになる.実際に,山梨県の平均栽培面積は39aで,リンゴ,ニホンナシなどに比べて小さい.

また,作業が比較的短期間に集中することも特徴の一つである.早生では6月中下旬,中生でも8月上旬には作業のピークを過ぎることになる.こうした特徴から,スモモ栽培は,モモ,ブドウなど他の樹種との組合せによって,経営的な特性を発揮できる果樹であるといえよう.このことは,言葉をかえればスモモ栽培が単作では成り立ちにくいことを物語っている.

経営の安定のためには,結実の安定化,異なる熟期の品種の組合せなどを図ることが不可欠である.とくに結実の安定化のためには,人工受粉の徹底とあわせて有効な防霜対策の確立が強く求められている.

近年,スモモの栽培面積が急増していることは前述したが,生産量の増加に伴って産地間の価格差が増大する傾向がみられ,今後,品質向上や産地としての個性を発揮するための方策が重要になると考えられる.現在,加温あるいは無加温ハウスによる熟期の前進化,雨除け施設による品質の安定化,予冷庫の設置による鮮度保持などが一部で試みられている.また,和歌山県の紀南地方では,早くから棚仕立てが行われており,品質の均一化と収穫作業の軽減化が図られている.奄美大島の台湾原産品種である花累李の産地形成,香川県小豆島のハウス栽培を含めたメスレーの団地づくりなど,特色のある産地づくりも進められている.

6.2 分類と来歴

スモモの野生種はアジア,ヨーロッパ,北米大陸に分布しており,その数も多い.分類的にはスモモ,オウトウなどと同じサクラ属に属し,さらにアンズ,ウメなどと同様にスモモ亜属に分かれる.アンズ,ウメとは交雑可能なものも少なくない.

Hedrick (1911) は,スモモ種として24種を記載しているが,その他にも地方種が報告されている.果実生産という点ではヨーロッパスモモとニホンスモモとが最も重要で,その他はスモモ,モモなどの台木として利用されるか,耐寒性,耐病性などの育種素材として用いられることが多く,果実生産は限定されている(表6.2).

a.ヨーロッパスモモ(*Prunus domestica* L.)

西アジア原産で紀元前よりヨーロッパ各地に伝わり,広く栽培されている.現在は,ルーマニア,ユーゴスラビア,フランス,西ドイツ,米国などで栽培が多く,わが国でも近年,長野県など一部の地方で栽培されている.

$2n=48$の6倍体で,後述するスピノーサスモモとミロバランスモモとの自然交雑により生じたと推定されている.ニホンスモモなど2倍体の種の多くとは交雑不和合である.

果実は扁円形から長楕円形,30gから100gを越えるものまでみられる.果皮色も淡黄色から緑色,赤色,青紫色に至るまで変異に富み,品種数も多い.生食,乾果に供されるが,乾果としての生産が多く,プルーンとよばれ,ミネラルや繊維質に富み,健康食品として近年人気が高い.わが国の生産は生食を目的として行われている.

樹は高木ないし亜高木で,葉はニホンスモモに比べて厚く,やや小型で,新しょうに柔毛を発生するものが多い.枝はややまばらで花は白色5弁,1花芽から1〜2小花を発生し花束状短果枝を形成する.開花期はニホンスモモより遅く,品種により自家和合性のものと不和合性のものとがあるが,適切な受粉が行われれば結実は良好である.成熟期は一般に遅く,わが国では8月以降となる.

雨の比較的少ない地域で発達したため,生育シーズンの降雨に弱く,裂果や灰星病の発生が問題になる.

b.インシティティアスモモ(*P. insititia* L.)

ヨーロッパスモモと同じ6倍体で,一部生食にも供されるが品質は劣る.樹はヨーロッパスモモに似るが,より古い種であるといわれる.ダムソン,サン・ジュリアンなどの品種群があり,スモモやモモの台木として利用されている.ピキシーは,サン・ジュリアンから選抜されたわい性台木品種である.

c.スピノーサスモモ(*P. spinosa* L.)

$2n=32$の4倍体で,果実は小さく暗黒色で品質は不良である.樹勢が強く,枝の発生が多く鋭いとげを着生する.耐寒性が強く,ソ連では育種素材として使われている.

d.ミロバランスモモ(*P. cerasifera* Ehrh.)

$2n=16$の2倍体で樹勢強く高木となる.果実は20g程度と小さく,食味は一般に淡

表 6.2 スモモ種の種類と特性

種類	学名	染色体数 (2n)	原産地	特性, 用途
ヨーロッパスモモ	P. domestica L.	48	西アジア	甘果, 生食. 品種多数.
インシティティアスモモ	P. insititia L.	48	西アジア, ヨーロッパ東部	一部生食, 台木.
スピノーサスモモ	P. spinosa L.	32	ヨーロッパ～シベリア	果実品質不良, ヨーロッパスモモの親.
ミロバランスモモ	P. cerasifera Ehrh.	16	ヨーロッパ南東部～アジア南西部	小果, 食味淡泊, 一部生食, 台木.
サイモンスモモ	P. simonii Carr.	16	中国	大果, 果梗短, 生食, 品質育種素材.
ニホンスモモ	P. salicina Lindl.	16	中国	生食, 適応性大, 品種多数.
カナダスモモ	P. nigra Ait.	16	カナダ, 米国北部	一部生食. 耐寒性育種素材.
アメリカスモモ	P. americana Marsh.	16	米国東部	小果, 食味不良, 一部生食. 育種素材.
チッカソウスモモ	P. angustifolia Marsh.	16	米国南東部	小果, 食味不良, 一部生食, 早生, 耐病性育種素材.
ホルチュラナスモモ	P. hortulana Bailey	16	米国中央部	晩生, 小果, 変異多. 環境適応性育種素材.
マンソンスモモ	P. munsoniana Wight & Hedr.	16	米国中央部	小果, 早生, 一部生食, 耐病性育種素材.
メキシコスモモ	P. mexicana Wats.	16	米国中央部, メキシコ	一部生食, 暖地向け育種素材.
アンベラータスモモ	P. umbellata Ell.	16	米国南部	中果, 低木, 食味不良, 暖地向け育種素材.

泊である．外見がオウトウに似ることからチェリープラムの別名がある．挿し木により容易に発根し，スモモ，モモなどの台木として用いられる．ミロバラン29c，ミラビなどの台木用品種がある．ニホンスモモとの種間交雑が可能で，メスレー，ハリウッドなどの品種が育成された．

e．サイモンスモモ（*P. simonii* Carr.）

中国原産といわれるが野生種は確認されていない．果梗が短く，果形扁円形で黄肉赤皮となる．中国北部で一部栽培される．育種素材として優れ，シロ，ウィクソン，エルドラドなどの親になった．サンタローザにも本種が関与したといわれている．

f．ニホンスモモ（*P. salicina* Lindl.）

中国原産で，ヨーロッパスモモについで多く栽培されている．中国，日本などに在来品種があったが，19世紀中頃に日本の在来品種が米国に持ち込まれ，近縁種との交雑を経て世界各国に広がった．その意味では，現在の主要品種の多くは純粋のものではなく，ニホンスモモタイプとよぶべきである．

日本には奈良時代以前に中国から渡来したと考えられている．原産地の中国では，生態的特性や果実特性に大きな変異がみられ，多様な品種分化が認められている．現在の主要品種は米国で育成されたものが多く，とくに民間育種家の Burbank の育成品種は有名で，現在でも世界各国で広く栽培されており，またその後代にも優れた品種を輩出している（表6.3）．

$2n=16$ の2倍体で，果実は 30g 程度から 150g を越すものまであり，とくに近年は大玉品種が育成されている．果皮は淡緑黄色から赤色紫黒色に至るまで変異に富む．果肉色も淡黄色から赤肉，赤黒色まで多様である．一般に果実軟化が速く，肉質が溶

表6.3 Burbank の育成品種と育種への利用

育成者	品種名	育成に関与した種・品種	公表年
Burbank	サンタローザ	*P. salicina, P. americana, P. simonii*	1907
	ビューティ	*P. salicina, P. angustifolia*	
	フォーモサ	*P. salicina* × ?	1907
	ウィクソン	*P. salicina* × *P. simonii*	1892
	シロ	*P. simonii* × *P. salicina*	1889
	エルドラド	*P. salicina, P. simonii*	1904
	ガビオタ	*P. salicina* × *P. americana*	1907
Hesse	ラロダ	ガビオタ×サンタローザ	1954
	クイーンアン	ガビオタ×エルドラド	1954
	ヌビアナ	ガビオタ×エルドラド	1954
	エルドローザ	ガビオタ×サンタローザ	
	レッドハート	ドワート×ウィクソン	1940
	バーモサ	バーバンク×フォーモサ	1952
Weinberger	フライア	ガビオタ×ヌビアナ	1968
	フロンティア	マリポーサ×ラロダ	1967
	クイーンローザ	クイーンアン×サンタローザ	1972

質であることから生食にされることが多い．果肉の紅色素の多いものについては，今後，果実酒など加工原料としての用途も検討されるだろう．

樹は高木ないし亜高木で，開花期は一般に早く，1芽より3小花を発生し，花束状短果枝を形成する．結実は主としてこの短果枝による．多くの品種は自家不和合性であるが，サンタローザ，ビューティ，メスレーなどのように自家和合性を示す品種も一部にみられる．

湿潤条件にも適応し，中国，日本などで栽培されるとともに，米国，イタリアなどにも栽培は多い．

g．北米大陸原産のスモモ

北米大陸には数多くのスモモ種が原生し，その分布もカナダ南部からフロリダ，メキシコにまで及んでおり，生態的にも多様な分化を示している．

北部にはカナダスモモ（*P. nigra* Ait.）が分布している．果実品質は不良であるが，耐寒性が強く，育種の素材として用いられている．アメリカスモモ（*P. americana* Marsh.），ホルチュラナスモモ（*P. hortulana* Bailey）も分布が広く環境適応性育種の素材として使われた．

南部には，チッカソウスモモ（*P. angustifolia* Marsh.），アンベラータスモモ（*P. unbellata* Ell.）などが分布している．これらは低温要求性が低く，低緯度地帯向け育種の素材として用いられている．

北米大陸原産のスモモはいずれも2倍体でニホンスモモと交雑が可能であり，ニホンスモモに生態的あるいは品質上の多様性を付与する上で大きな役割を果たした．

6.3　品種の変遷と品種解説

（1）　品種の変遷

ニホンスモモの品種については，明治初頭に至るまで，きわめて貧弱な記載が残されているにすぎない．明治中頃に各地方の在来品種のなかから品質の優れたものが知られるようになり，小規模ながら経済栽培も始まった．この時期の代表的な品種として，米桃，西瓜李，万佐衛門，西田，陣ノ内，市成，甲州大巴旦杏，角口巴旦杏，牡丹杏，紅牡丹杏，白牡丹杏，寺田李などの名が残されている．このうち，米桃から市成まではいずれも鹿児島県原産で，赤肉，やや硬肉で，果頂部が丸いことが共通している．一方，甲州大巴旦杏，角口巴旦杏，紅牡丹杏などは果頂部が尖り白肉で，現在のケルシータイプだったようである．寺田李は赤皮黄肉で京都府下で栽培されていた．これらの在来品種のうち，甲州大巴旦杏はケルシーの名で日本に再導入された．また米桃はサツマ，牡丹杏はアバンダンスとして米国に紹介された．

大正年代に入り，Burbankの育成品種に代表される，ニホンスモモと近縁種との雑種が日本に導入された．ビューティ，フォーモサ，サンタローザ，ウィクソン，シロ，ソルダムなどがこの時期の導入品種であるが，これらは当時の主要品種として定着した．なかでもサンタローザとソルダムは現在も主要品種の座を保っている．また，フ

ォーモサは大石俊雄の品種育成における種子親として大きな役割を果たした．

戦後，これらの品種をもとにわが国でも多くの品種が育成・発見されている．福島県在住の大石俊雄は，フォーモサにビューティ，ソルダム，サンタローザなどを受粉して実生を得，大石早生，大石中生，紫玉，早生月光，月光など10以上の品種を育成した．このうち大石早生は早生の代表的品種として広く栽培されるに至っている．

山梨県では，レートソルダムなどの枝変わり品種や太陽，小松スモモ（サマークイーン）などの優良品種が発見されている．

海外からの品種導入も引き続き行われ，1977年にはレッドビュート，クイーンローザなどが導入された．1978年の新種苗法施行以降，新品種の登録が相ついでいるが，スモモでは七郎，紅りょうぜん，パルル，りょうぜん早生などが登録公表されている．

以上のように近年，ニホンスモモの新品種が数多く登場し，品種による果実の価格差も増大する傾向がみられることから，スモモについても現在品種の変動期に入ったと考えてよいだろう．

米国では，1950年代に農務省の Hesse が Burbank の品種を用いてラロダ，クイーンアン，バーモサ，ヌビアナなど多くの優れた品種を育成した．また，1960年代以降，農務省の Weinberger や民間の育種家により，フライア，フロンティア，クイーンローザ，アンゼリーノ，ブラッククイーン，ブラックビュートなど数多くの品種が育成されている．

最近の育種は，米国南部やカナダなど，従来の品種では栽培が難しい地域で活発に行われている．こうした育種計画のなかでは，耐寒性の付与や低温要求性の緩和，黒斑病抵抗性，自家和合性など特定形質の改良を目標とした交雑が行われていることが特徴である．パープル，ホームサイド，AU ロードサイド，モリス，バニアなどがこれらの育種計画のなかから育成されている．

（2）品種解説

大石早生　大石俊雄育成品種である．1957年種苗登録された．種子親はフォーモサ，花粉親は不明であるが，果実特性からビューティであると推定される．早生で，山梨県では6月下旬となる．果実は円形で果頂部がわずかに尖る．50～60 g と比較的小果であるが早生種としては甘味が多く，酸味適当で品質はよい．完熟果は果皮全面に赤く着色するが軟熟するので，果頂部が着色した時点で収穫される．樹勢が強く豊産性であるが，自家不和合性で黒斑病には弱く日持ちが悪いのが欠点である．早生の代表的品種となっている（図6.1）．

レッドビュート　カリフォルニア州，苗木業者 Anderson 育成，1965年に公表された．エルドラド×バーモサの実生の自然交雑実生から選抜された．大石早生より数日遅く収穫される早生品種である．果実は球形で70～80 g，完熟果は紫紅色となる．着色が早く，果肉は淡黄色で硬く，日持ちは比較的良好である．甘味がやや低く，品質は中程度である．自家不和合性である．大石早生に続く早生種として山梨県で普及しつつある．

図 6.1　大石早生

図 6.2　ソルダム

メスレー　来歴は不明であるが，1915 年南アフリカ共和国で育成された古い品種である．ニホンスモモとミロバランスモモの雑種であると考えられている．早生で樹勢が強く，自家和合性で豊産である．赤皮赤肉で 30〜40 g と小果である．甘味中程度で酸は少なく，食味やや淡白である．日持ちの悪いことが欠点である．小豆島にメスレーの産地があり，レッドスターの商品名で有利に販売されている．育種素材としても有用で，後代にオザークプレミア，ホームサイドなど大玉で黒斑病抵抗性品種が得られている．

ビューティ　Burbank が育成した品種で，ニホンスモモとチッカソウスモモの雑種であると考えられている．日本には大正年代に導入され，早生の代表的品種として普及したが現在は大石早生にその座を明け渡した．大石早生の約 1 週間後に収穫される．果実は 40〜50 g とやや小玉で，完熟果は鮮紅色となるが日持ち不良である．食味はやや淡白で栽培は減少している．自家和合性がある．

サンタローザ　Burbank 育成．ニホンスモモ，アメリカスモモ，サイモンスモモの雑種であるとされている．米国，イタリアなどでも栽培が多く，世界で最も広く栽培されているニホンスモモである．果形は短楕円形で果頂部はわずかに尖る．果重は 100 g を越え大玉となり，果皮は鮮紅色，淡黄色の果肉に紅色素が少し入る．肉質は溶質多汁で甘味が多いが酸もやや多く，甘酸適和し，濃厚な食味である．香気を持つ．7 月上中旬に収穫される中生品種である．和歌山県の主力品種でプラムコット，三太郎の別名を持つ．

枝変わり品種も多く，レートサンタローザ，ベラローザなどがある．極晩生品種のカッセルマンはレートサンタローザの枝変わり品種である．低率ではあるが自家和合性がある

ソルダム　米国から大正年代に日本に導入されたといわれるが，来歴は不明である．果実は円形ないしは扁円形で 80〜120 g の大果となる．果肉は赤色で，果皮は緑色だが成熟とともに赤色が混じり，完熟果は濃赤色となる．果肉はやや硬くしまり，日持ちは良好である．甘味多く，酸適で食味良好である．サンタローザとならぶ中生の

6.3 品種の変遷と品種解説

表6.4 その他のスモモ品種

	品種名	育成地, 年度など	交配組合せ	熟期	特 性
国内の品種	初光	大石俊雄, 1952	フォーモサ× ?	早生	中玉, 赤皮・黄肉. 黒斑病に弱い.
	紫玉	〃 〃	フォーモサ× ?	早生	中玉, 暗赤色皮, 黄赤肉, 豊産性, 黒斑病にやや弱い.
	ホワイトプラム	不明, シロに似る	?	早中生	中玉, 淡黄色皮・乳白肉. 品質劣る. 日焼け, 裂果出る.
	早生月光	大石俊雄, 1952	フォーモサ× ?	早中生	黄色皮・淡黄肉. 完熟果は鮮紅色となる. 果頂尖がる. 軟肉, 日持ち不良.
	大石中生	〃 〃	フォーモサ× ?	中生	大玉, 淡紅色皮・黄肉. 甘味多く酸少, 食味良好だが日持ち不良, スレ果出る.
	小松スモモ	山梨県, 1969	不明	中生	やや大玉, 赤皮・黄肉. 肉締り日持ち良好, 完熟果は品質良.
	七郎	鹿児島県, 1986		中生	やや大玉, 赤皮・赤肉. 甘味中, 酸少. 肉締まり日持ち良, 暖地向き.
	福茜	鹿児島県, 1984	不明	中生	小玉, 濃紅色皮・黄肉. 甘味中, 酸味少, 肉締まる. 暖地向き.
	りょうぜん早生	福島県, 1987	ホワイトクイーン×大石早生	早生	中玉, 深紅色皮・白肉. 肉質中, 食味中.
	パルル	福島県, 1986	ケルシー op	中生	大玉, 赤紫色皮・淡黄肉. 食味良.
海外の育成品種	花螺李	台湾原産		中晩生	小玉, 暗赤色皮, 暗赤肉. 酸味強く, 食味やや劣るが自家結実性で暖地で栽培可.
	ブラックビュート	カリフォルニア, 1975	レッドビュート op	早中生	やや大玉, 紫皮・黄〜赤肉, 肉はレッドビュートに似て日持ち良.
	ヌビアナ	〃 , 1954	ガビオタ×エルドラド	中生	大玉, 青紫色皮, アメ色肉. 食味中, 日持ち良. カリフォルニアの準主要品種.
	ラロダ	〃 , 1954	ガビオタ×サンタローザ	中生	大玉, 赤紫色皮・アメ色〜淡黄肉. 日持ち, 品質良. カリフォルニアの主要品種.
	クイーンローザ	〃 , 1972	クイーンアン×サンタローザ	中生	やや大玉, 赤皮・白肉. 日持ち良, 果皮強くスレの発生少ない.
	フライア	〃 , 1968	ガビオタ×ヌビアナ	中晩生	大玉, 黒皮, アメ色肉. 日持ち良, カリフォルニアで栽培が増加している.
	オザークプレミア	ミズーリ州, 1946	バーバンク×メスレー	中晩生	極大玉, 暗赤色皮・黄肉. 食味中, 暖地向け耐病性育種素材として利用多.
	フロンティア	カリフォルニア, 1967	マリポサ×ラロダ	中晩生	大玉, 暗赤色皮・赤肉. 食味中, 日持ち良.
	クイーンアン	〃 , 1954	ガビオタ×エルドラド	中晩生	大玉, 暗赤色皮・アメ色肉. 品質, 日持ち良好. カリフォルニアの主要品種.
	カッセルマン	〃 , 1959	レートサンタローザ枝変わり	晩生	サンタローザに似る. カリフォルニア第3位の栽培面積を占める.
同最近の品種	ロブスト	ジョージア州, 1980	(クイーンアン×バーストウ)×(オザークプレミア×チッカソウスモモ)	早生	やや小玉, 緑皮, 追熟を経て赤皮・赤肉となる. 黒斑病抵抗性. 暖地向き品種.
	AUロードサイド	アラバマ州, 1984	オザークプレミア×メスレー	早中生	大玉, 暗赤色皮・暗赤肉. 黒斑病, バクテリアルキャンカー抵抗性. 自家和合性.
	ホームサイド	〃 , 1975	メスレー×オザークプレミア	中生	大玉, 暗赤色皮・橙黄肉. 品質良. 黒斑病抵抗性. 自家和合性.
	クリムソン	〃 , 1973	ブルース×メスレー	中生	中玉, 暗赤色皮・赤肉. 日持ち良, 灰星病, 黒斑病抵抗性.
	バニア	カナダ, 1984	バーバンク×ウィクソン	中晩生	やや大玉, 暗赤色皮・橙黄肉. 灰星病, 黒斑病抵抗性. 寒冷地向き.
	ソンゴールド	南ア連邦, 1972	ゴールデンキング×ウィクソン	晩生	大玉, 赤皮・黄肉, 貯蔵性良好.

代表的品種であり、山梨県では主力品種となっている(図6.2)。熟期は7月中下旬となる。枝の発生はやや少なく短果枝の着生が多く自家不和合性だが豊産性である。これの枝変わりに約2週間遅いレートソルダムがある。

太陽　山梨県塩山市で発見された品種であるが、来歴は不明である。果形は短楕円形で果頂部はやや尖り、100～150gの大果となる。果皮は早くから鮮紅色に着色し、外観は美しい。果肉は淡黄色でやや硬く、日持ちはきわめて良好である。未熟果は酸味強く品質不良である。樹勢が強く花芽の着生が遅く、若木の結実が不安定であることが欠点である。8月中旬に収穫される中晩生種で、山梨県を中心に普及しつつある。自家不和合性。

ケルシー　(甲州大巴旦杏)　日本から米国に渡り、大正年代に再導入された品種である。山梨県では9月上旬に収穫される晩生種である。果形は楕円形で果頂部が尖る独特の形をしている。150gを越える大果となる。完熟果は鮮紅色となるが、軟肉なので通常果頂部に着色した程度で収穫される。甘味多く、酸少なく品質はきわめて良好だが、黒斑病に弱く、また熟期が遅いことなどから栽培は多くない。

表6.5　ヨーロッパスモモの品種

品種名	成熟期	果皮色	品質特性	自家和合性の有無
ツアー	7月下旬～8月上旬	青紫	極早生，小果(30～40)だが甘味多く品質良好，裂果小.	あり
シュガー	8月上旬	赤紫	早生，中果(50～60)，甘味多く品質良.	あり
ビクトリア	8月中下旬	赤	中生，やや小果(40～50)，品質中.	あり
イエローエッグ	8月中下旬	黄	中生，中果(50)，品質はふるわない．果皮着色なし.	あり
ハンガリアンプルン	8月下旬	赤紫	大果(90)となる．品質は中.	なし
グランドプライズ(バーバンク)	8月下旬	赤紫	大果(90～100)となる．品質良好.	なし
サンプルーン	9月上中旬	紫黒	小果(30)だが甘味多く食味良．豊産性.	?
スタンレイ	9月上中旬	青紫	中果(50)，甘味多く，食味良好．きわめて豊産性.	あり
エンプレス	9月上中旬	青紫	大果(100)となる．甘味多く肉なめらかで品質良.	?

その他の品種　表6.4，6.5に特性を示した。新しい品種は、わが国での試作が行われていないものも多く、今後、導入検討すべきであると思われるものも含まれている。

［山口正己］

文　献

1) 相河良博，他(1974)，すももの栽培，199，山梨県果樹園芸会．
2) 猪股雅人，他(1988)，スモモ栽培の手引き，105，山梨県果樹園芸会．
3) Brooks, R. M. and Olmo, H. P. (1972), Register of New Fruit and Nut Varieties, Second Edition, 488-526, Univ. of Calif. Press.

4) Hedrick, U. P. (1911), The Plums of New York, New York Agr. Expt. Sta. Rpt.
5) 菊池秋雄 (1948), 果樹園芸学, 上巻, 175-188, 養賢堂.
6) Knight, R. L. (1969), Abstract Bibliography of Fruit Breeding and Genetics to 1965 Prunus, 649, London : Eastern Press.
7) Weinberger, J. H. (1975), Plums, Advances in Fruit Breeding (Janick, J. and Moore, J. N. eds.), 336-347, Purdue Univ. Press.
8) 吉田雅夫 (1984), 農業技術大系, 果樹編6, スモモ, 基礎編, 3-33, 農文協.

6.4 栽培管理

(1) 開園・植え付け
a. 開園の適地
気象条件　ニホンスモモは，気象条件に対する適応性が広いため，全国的に栽培されている．しかし，開花期が果樹のなかではウメ，アンズについで早いため，開花期，幼果期に凍霜害を受けやすく，結実不良に陥ることがある．また，虫媒花であるため，開花期に曇雨天，強風などの天候不順が続くと，訪花昆虫の活動が悪く，受粉不良となり，結実不良に陥る．また，成熟期に降雨が多いと，果実品質の低下をまねくばかりでなく，サンタローザ，ホワイトプラムなどのように裂果の発生しやすい品種もある．春先に晩霜害がなく，果実成熟期に降雨の少ない気象条件がスモモ栽培に最適である．

ヨーロッパスモモはニホンスモモより開花期が遅いため，晩霜害に遭うことが少ないが，夏乾気候に適するため降雨が多いと病害の発生が多く，また，果実成熟期の降雨は裂果を発生させるので，ニホンスモモより適地は限定され，高品質果実の安定生産のためには雨除け施設の導入が必要である．

土壌条件　スモモは，耕土の深い，肥よくな微酸性土壌であれば土質を選ばず栽培できるが，台木によって土壌に対する適応性に差がある．ニホンスモモに多く用いられているモモ台の場合，排水良好な土壌を好み，乾燥しやすい土壌でもよく生育するが，排水不良な重粘土壌や低湿地では生育不良となりやすい．近年よく用いられているス台などのミロバランスモモ台は適応土壌が広く，耐水性が優れ，排水不良園でも栽培しやすい．

b. 苗木の植え付け
苗木の植え付け時期は，落葉後から厳寒期に入る前に行う秋植えがよく，春先の新しょうの伸長が優れている．しかし冬季積雪の多い寒冷地では，厳寒期後，発芽前に行う春植えが好ましい．植え穴の準備，植え付け方法は他の核果類と同様に行う．

c. 植え付け密度
植え付け密度は，品種，土壌の肥よく度，地形などによって異なるが，10 a 当たり，大石早生，ソルダムで18本，サンタローザ，太陽で15本程度が標準である．しかし，水田転換園などの肥よくな平坦地では，これより疎植にする必要がある．若木期の生産性を高めるための計画密植では間伐樹を永久樹間の対角線の交点上に植える互の目

```
● 永久樹
○ 間伐樹
```

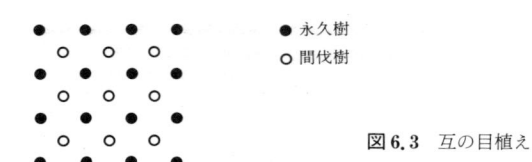

図6.3 互の目植え

植えが行われている(図6.3).この場合,スモモは樹冠の拡大が早いので,間伐樹の間伐が遅れると,密植の弊害が生じるので,早めに間伐する必要がある.

(2) 整枝・せん定
a. 結果習性

スモモは,モモなどの他の核果類同様,1年生枝の葉えきに花芽を着生する.えき芽には花芽のみの単芽と花芽,葉芽両方そなえた複芽とがある.頂芽はすべて葉芽となっている.花束状短果枝には単芽が着生するが,長果枝,中果枝,短果枝には複芽が多く,翌年先端付近の葉芽が伸長し,長果枝,中果枝に,他の葉芽は短果枝,花束状短果枝となる.短果枝,花束状短果枝は結実が良好で果実品質もよいので,生産を安定させるためには,これらをつねに更新し,確保していく必要がある.

b. 樹　　形

スモモは一般的に開心自然形に整枝されている(図6.4).主枝数2～3本で,亜主枝は各主枝に2本が基本的な樹形である.第1亜主枝は地上1～1.5m程度の高さにとり,第1亜主枝より1～1.5m離れた反対側に第2亜主枝をとる.側枝は主枝,亜主枝に交互に30～40cm間隔に配置する.

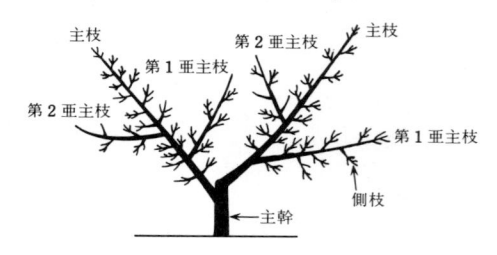

図6.4　開心自然形整枝
(2本主枝)

c. 幼木期の整枝・せん定

幼木期は骨格となる主枝,亜主枝の育成に努める.1年生植え付け苗はその生長量,根量に応じて切り返し位置を多少変えなければならないが,普通40～50cm前後に切り返す.2年目には,先端部より数本の新しょうが発生してくるが,主枝候補枝2～3本を強く切り返し,他の競合する強い新しょうは基部よりせん除する.3年目には,この主枝候補枝の先端部から数本の強い新しょうが発生してくるので,先端から発生した強い枝を切り返して主枝として育てる.亜主枝候補枝は主枝と分岐角度の広い枝を選び主枝より弱く切り返す.4年目も同様に主枝の先端を強めに切り返し,樹冠の拡大を図るとともに,亜主枝を育成する.結実期に入ると主枝先端部には結実させず,

6.4 栽培管理

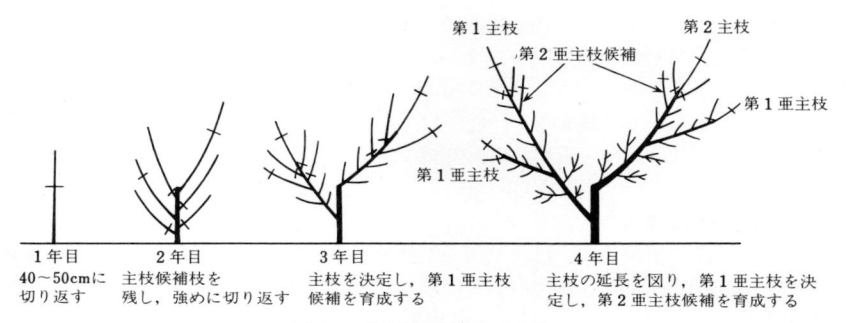

図6.5 幼木期の整枝・せん定

亜主枝にやや多めに結実させ,主枝と亜主枝の勢力に差をつける(図6.5).

d. 成木期の整枝・せん定

スモモは一般的に幼木期には直立性が強く,新しょうの発生も多いが,成木になると樹勢が落ち着き,開張してくる.樹勢維持を図るため,主枝・亜主枝の骨格枝の先端からは強い新しょうを発生させる必要がある.このため,必ず切り返しせん定を行う.

側枝は主枝・亜主枝上に配置し,結果枝を着生させるが,同じ側枝を長年利用していると側枝は長大化し,樹形を乱し,結果部は枝先に移行してしまうので3～4年で新しい側枝に更新していく必要がある.とくに,大石早生やサンタローザは太枝を切ると枯れ込みとなりやすいので注意する必要がある.側枝として育てる新しょうは主枝,亜主枝の側面から発生したものを選び,先端を切り返しておくと2年目に結果枝が発生し,3年目によく結実する.

e. 品種の特性と整枝・せん定

品種により樹勢,樹姿,枝しょうの発生の仕方が異なるので,整枝・せん定にあたっては,品種の特徴をよく把握しておく必要がある.サンタローザ,太陽は直立性が強く,枝の発生角度も鋭角で,発生数が多い.とくに幼木時代はこの傾向が強いのでせん定は軽めに行い,樹を開張させるように誘引し,花芽の着生を促す.成木期になると枝の伸長が弱く,花芽が着生しやすくなる.

ソルダムは開張しやすく,枝の発生も少ない.花芽の着生がきわめて良好で長果枝にもよく結実するので,幼木期より強めにせん定し,成木期にも切り返しを行わないと新しょうの伸びが悪く,花束状短果枝ばかりとなり,樹勢が衰弱する.

大石早生は幼木期,樹勢が強く,結果樹齢に達するのがやや遅いので,強せん定を避け,樹を開張させるよう誘引する.成木期には枝の発生が少なく,弱い枝が多くなるので,切り返しせん定を主体に行う.

f. 芽かき,夏季の新しょう管理

主枝や亜主枝の上面から徒長枝が発生すると樹冠内部への日当たりを悪くし,果実の着色不良,品質低下を招くので,新しょう伸長初期より芽かき,徒長枝のせん除を

行う必要がある．ただし，主枝・亜主枝の側面から発生した新しょうや発生部位のよいものは側枝の更新用に利用する．また，収穫後も徒長枝がおう盛に伸長する場合，樹冠内部の日当たりをよくし，同化作用の向上，結果枝の充実を図るために，おもに間引きを中心としたせん定を行う．ただし，過度の間引きは，樹勢を衰弱させるので，利用できる徒長枝は側枝の更新用として残す．

（3） 結実管理

スモモは，開花期が早く，自家不和合性品種が多いため，凍霜害を受けたり，訪花昆虫の不足などで結実不良になることがある．このため，結実管理には細心の注意が必要である．

a．受　　粉

交配和合性　ニホンスモモは自家不結実性の品種が多く，結実確保のためには，他家受粉が必要で，交配和合性の高い受粉樹を混植する必要がある（表6.6）．メスレー，サンタローザ，ビューティなどの品種は自家結実性が認められるが，このなかでも自家受粉だけで経済栽培が成り立つものはメスレーぐらいで，他の品種は結実確保のためにはやはり他家受粉が必要である．

表6.6　ニホンスモモの交雑和合性（森，1938）

♀＼♂	フォーモサ	バーバンク	ソルダム	ウィクソン	ケルシー	ビューティ	ドワード	サンタローザ	寺田
フォーモサ	S	S?	S?						
バーバンク	F	S	F	F	f				
ソルダム	F	F	s	F	f	F	F	F	F
ウィクソン		F	F	s	f				
ケルシー	F	F	F		S				
ビューティ		F	F			s	F	F	
ドワード			F		f	F	S	F	
サンタローザ			F				F	f	
寺田									S

S：完全な不和合，s：実用的不和合，F：和合，f：実用的に和合性に疑問のあるもの．

受粉樹　主品種と交配和合性が高く，開花期がよく合う品種を受粉樹として選択し，主品種と隣接するように20～30％混植する．受粉樹には果実の商品性の高いものを選ぶことが重要で，現在の主要品種である大石早生，サンタローザ，ソルダムは相互間に交配和合性があり，受粉樹としても適している．メスレーは自家結実性が高いが，他品種とは交配和合性が低く，受粉樹として適さない．

人工受粉　スモモの花粉はミツバチなどの訪花昆虫により媒介され，受粉するので，訪花昆虫を放飼すると効果的である．しかし，開花期に低温，曇雨天，強風などの悪天候が続くと，訪花昆虫の活動が悪く，結実不良になる場合がある．したがって，結実確保のためには，人工受粉を行うのが最も確実である．

花粉の採取：　交配和合性のある品種で，樹勢の強い健全な樹から，花弁の開く直

前の花らいまたは開花直後のまだ開やくしていない花を採集する．やくの分離は採やく機を用いると能率的であるが，ない場合はふるいで軽くこすり落とす．分離したやくは夾雑物を除いてから紙上に広げて，20〜25℃に保つと開やくする．開やく後さらに花粉をふるい分けるか，あるいは，ただちに使用する場合は，やくのついたまま用いてもよい．花粉を保存するときは広口瓶などにシリカゲルなどの乾燥剤とともに入れ，密閉し，冷蔵庫に保存すれば，1カ月くらいは発芽能力を低下させずに使用できる．

受粉方法： 雌しべの受精可能期間は開花後4〜5日あるので，受粉作業は風のない暖かい日中を選んで行うと効率がよい．採取した花粉を毛ばたき，綿棒，筆などに付着させ，上向きか横向きの着果必要量の3倍程度の花に軽く触れ，受粉する．

b．摘　　果

着果過多になると，果実相互間の養水分の競合をきたし，生理的落果，果実肥大不良，果実品質の低下などの原因となる．商品性が高く，品質の優れた大玉果生産を行うには摘果は必須作業である．摘果は，予備摘果と仕上げ摘果の2回以上に分けて行う．予備摘果は受精果が小指大となり，不受精果と区別できるようになる満開後30日頃に行い，仕上げ摘果は，果実が親指大となる満開後50〜60日頃に行う．正常な果実で下向きか横向きの大きなものを残し，小玉果，病害虫被害果，奇形果などを摘果する．サンタローザは生理的落果が多いので，摘果時期を遅らせ，多めに残す必要があ

表6.7 サンタローザの摘果試験 (Overholser, 1944)

摘果程度 (葉果比)	果実重 (g)	全　糖 (%)	乾物量 (%)
4	43.9	6.84	15.5
8	49.9	7.08	14.5
16	65.7	8.06	15.9
32	61.5	8.14	16.7

る．摘果の程度は，葉果比16程度が目安となるが(表6.7)，小果品種では果実をこれより多めに，大果品種では少なめに残すようにする．また，果実間の間隔を摘果尺度としてメスレーなどの小果品種では5 cm，大石早生，ビューティなどの中果品種では8 cm，サンタローザ，ソルダムなどの大果品種では10〜15 cm間隔に残すようにしてもよい．

c．生理的落果

スモモの生理的落果には，普通3回の波相が認められる．第1回目の波相は開花直後に現れ，不完全花の落果(花)を主とするものである．不完全花は前年度に早期落葉，栄養不良などのため花芽の充実が十分でない場合に多くなる．第2回目の波相は開花後2〜4週に現れ，不受精果の落果を主とするものである．3回目の波相は6月落果とよばれ，開花後40〜60日から現れる．これは受精が完全に行われても，着果過多による養水分の競合，日照不足による同化養分の不足が原因で胚の発育が停止し

てしまうために起こる．3回目の落果の山は摘果によりある程度少なくすることができる．このほかに，開花期から幼果期にかけて凍霜害が原因で起こる落果（花）もある．

（4） 収　穫

図6.6は大石早生の着色期における果実品質の推移を示したものであるが，糖度は8分着色期から完全着色期にかけて最高となり，酸含量も適度に低下し，食味が最高

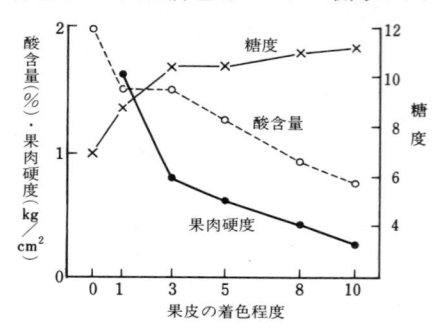

図6.6　大石早生の着色期における果肉硬度，果汁の糖度，酸含量の推移（和歌山県果樹園芸試験場，1987）

となるが，果肉硬度が低下し，日持ち性が極端に悪くなる．このようにスモモは樹上で完熟すると，品質が最高となるが，夏季の高温時に熟し，日持ち性が悪いので，完熟する前に収穫するのが普通である．各産地では，収穫熟度を品種ごとに日持ち性と出荷先までの所要日数を考慮して決めているが，一般的には大石早生では着色始期，サンタローザでは果皮色が紫黒色を帯び始めた頃，ソルダムでは果肉色が紅色を呈し始めた頃である．収穫熟度を進めてより高品質の果実を供給するためには，日持ち性をよくすることが前提条件であり，予冷処理，低温流通体制が必要となるが，多大の施設費，運転経費を要するので，現在のところ，一部で試みられているにすぎない．しかし，今後，果実消費の高級化に対応して増加していくと予想される．

（5） 土壌管理
a．施　肥

スモモは窒素に対する反応が敏感で，過剰になると，枝葉の過繁茂，生理的落果，着色不良，果実の日持ち性の低下などの弊害を生じ，逆に，少なすぎると樹の衰弱，果実品質の低下などがみられる．施肥量は肥よく度・土性などの土壌条件，品種，目標収量などに応じて決定する必要がある．山梨県の施肥基準では，肥よく度中位の平坦地で年間の10a当たりの施用量は，窒素17kg，リン酸10kg，カリ16kg，苦土石灰100kg，たい肥1,500kgとなっている．施肥時期は基肥として11月に窒素8kg，リン酸10kg，カリ16kg，追肥として摘果後に窒素3kg，カリ3kg，9月上旬に窒素6kg，カリ4kgとなっている．この場合の10a当たりの目標収量は早生種で2,000kg，中晩生種で2,500kgとなっている．

b. かん水

　土壌の過度の乾燥は，発芽期，開花期の生育初期には，新しょうの伸長不良，葉の緑化遅延などを招き，その後の，生育，結実に与える影響が大きい．また，果実発育期から成熟期の土壌乾燥は，果実肥大不良，成熟遅延をきたすほか，日焼け症の原因となる．とくに梅雨入り前の5月と梅雨明け後の盛夏期は干ばつを受けやすいので，かん水を行う必要がある．

c. 土作り

　深耕，有機物の投与などを行い，干ばつを受けにくい土壌に改良を行うことが大切である．深耕の時期は根の活動の緩慢な11〜1月が適期で，一挙に，全園で行うと樹勢を低下させるので2〜3年かけて全面深耕となるように行う． 　　［藤本欣司］

（文献は6.7節参照）

【低樹高栽培】

a. スモモの結果習性

　スモモは，ウメと同じように2年生以上の古い枝に着生する短果枝，なかでも太い花束状短果枝（ニホンスモモでは1花芽から3個の花が咲くので，一つの短果枝が花束のようにみえることからこうよぶ）に果実が結実する．モモの場合は一年生の中・長果枝に咲いた花が果実になるが，スモモではほとんど落果してしまう．したがって，スモモでは結実の主体は側枝に発生する短果枝であり，主枝や亜主枝などの太い枝から直接発生した短果枝にも，かなり良質の果実が結実する（図6.7）．

b. スモモ樹の特性

　スモモは小高木性で枝の発生は密である．排水良好な適地では樹高が5m以上とな

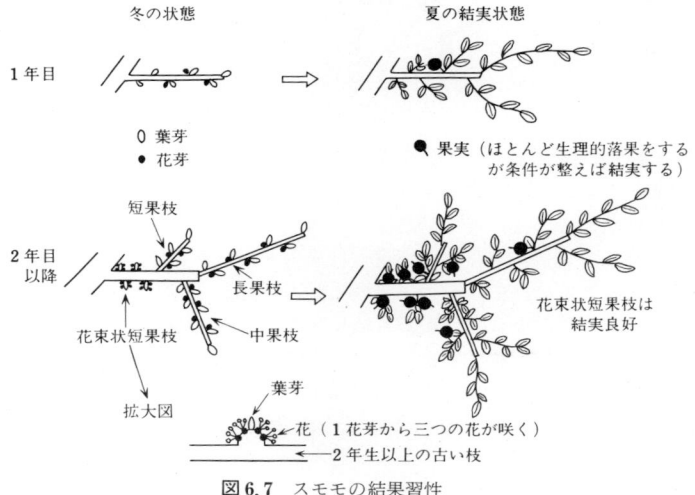

図6.7　スモモの結果習性

り，密植園では樹冠内部の枝が枯れ込んで結実部位が樹冠上部になるため収量が減少し，品質向上のために欠くことのできない摘果や，適期収穫のための作業能率が低下する．

c．低樹高栽培の現地事例

香川県内に多く栽培されているメスレーは，挿し木で容易に繁殖でき，樹勢は強健で大木となり，また自家結実性がよいためきわめて豊産性である．しかし，成熟期が梅雨期後半にあたるため大雨が続くと急激に水分を吸収して果肉内の膨圧のため裂果し，年によっては被害が20%に及ぶことがある．この対策として，ハウス栽培が普及し，熟期促進（露地栽培と比較して20〜30日は早くなる）による前進出荷と品質向上，労働配分に成果をあげている．施設の種類はパイプハウスが主であるが，最近ではAPハウスの導入もみられる．

通常，露地栽培の樹形は2〜3本主枝の開心自然形であるが，ハウス建設の2年前から順次樹高を切り下げ，一般的なパイプハウスにあっては，樹高を2.5m以内に仕立てている（図6.8）．なお，樹高切り下げにあたって留意すべき事項は次のとおりである．① 頂部に強勢な枝が多発しやすいので捻枝を行って勢力を弱める．② 中間ないし基部に直立した強い新しょうが発生した場合は，なるべく早くかき取る．③ 樹間の空いている部分に発生した新しょうは，添え木をあて，分岐角度はできるだけ広くなるように誘引する．

図6.8 低木仕立て法（開心自然形を順次切り下げる）

一方，若木園については作業の容易性と品質向上をねらいとして，棚仕立て整枝（棚面高は作業者の身長によって1.6ないし1.8m，小張線間隔40ないし50cm）を勧めており，樹形は地上60cm前後で分岐する2本主枝整枝であって，ほとんどの作業が地上で可能である．棚仕立て整枝の留意点は，強せん定を避けることと，夏季の新しょう管理である．とくに，主枝や亜主枝の上側の隠芽から発生する枝は徒長枝となって，樹形を乱す原因になりやすいので早めにかき取るが，弱いものは残しておき，摘心をして主枝や亜主枝の日焼け防止に役立てることも考慮しなければならない．

なお，スモモは品種によって樹姿や枝の発生が異なるので，せん定にあたっては，ソルダムは枝の切り返しを強め（約1/3），枝をできるだけ立てておくように努めるが，サンタローザは間引きせん定を主体とし，若木のうちはせん定を軽くして樹勢を落ちつかせる配慮も必要である．

［若林義則］

6.5 出　　荷

収穫果は等級,階級により選別する.等級は表 6.8 に示すように形状,玉揃い,色沢,病虫害,傷などの程度により,秀,優,良に区分され,階級は表 6.9 に示すよう

表 6.8　スモモの等級区分（全国標準規格）
(a)　品位基準

	秀	優	良
玉揃い	異なる大きさ区分のものが混入しないもの	同　左	同　左
色　沢	品種固有の色沢が秀でたもの	品種固有の色沢が優良なもの	品種固有の色沢が良好なもの
重欠点果	混入しないもの	混入しないもの	混入しないもの
軽欠点果	混入しないもの	おおむね混入しないもの	著しく混入しないもの

(b)　等級別基準

	秀	優	良
形　状	秀でたもの	優良なもの	優につぐもの
さ　び	目立たないもの	はなはだしくないもの	
日焼け	目立たないもの	はなはだしくないもの	
病虫害	被害がないもの	灰星病など腐敗性の病原菌による被害のないもの　その他の病虫害にあっては,果肉に及ばず目立たないもの	
傷　害	ひょう傷,裂傷,切傷,刺傷,圧傷などがないもの　枝ずれなどの損傷にあっては,目立たないもの	ひょう傷,裂傷,切傷,刺傷,圧傷などがないもの　枝ずれなどの損傷にあっては,はなはだしくないもの	
その他の欠点	ほとんどないもの	はなはだしくないもの	

等級別基準は上記のとおりとするが,欠点の度合によっては若干の伸縮を許容し,複数の欠点を有するものは,それらを総合して等級を判定するものとする.

表 6.9　スモモの大小基準

大きさの呼称区分	1 果の基準果径(mm)
3 L	60 以上
2 L	55 以上 60 未満
L	50 以上 55 未満
M	45 以上 50 未満
S	40 以上 45 未満
2 S	35 以上 40 未満

基準果径とは,縫合線に対し直角の最大果幅とする.

に5 mm間隔で3 L, 2 L, L, M, S, 2 Sに区分される．ただし，これはメスレー，ガラリなどの小果品種には適用されない．容器は700 gパック詰めの場合，5.6 kg段ボール箱，ばら詰め用の場合，8 kgの段ボール箱に詰められ出荷される．

6.6 貯　　蔵

a．低温貯蔵

　筆者らが大石早生の5分着色期収穫果の貯蔵温度と日持ち性について調査したところ，20〜25℃の温度条件下では収穫後2日が限度であり，4日間日持ちさせようとすれば15℃，6日以上であれば10℃以下に冷蔵する必要があった（図6.9）．また，一般

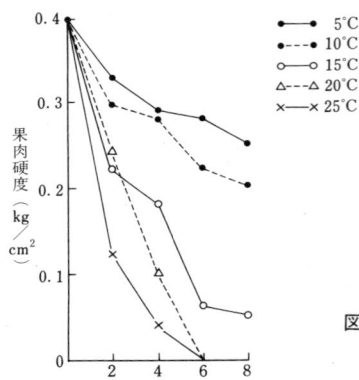

図6.9　大石早生5分着色収穫果の貯蔵温度別果肉硬度の推移（和歌山県果樹園芸試験場, 1987）

に多くの青果物の最適貯蔵温度は0 ± 1℃付近にあり，湿度は85〜90％に保持するとよいとされており，王ら（1988）の報告でも大石早生スモモの最適貯蔵温度は0〜-1℃の温度範囲にあるとしている．

b．高温条件下における追熟抑制

　小宮山ら（1979）はソルダムでは20℃で追熟が最も速やかで，30℃の高温条件下では，かえって追熟が抑制され，3℃とほぼ同程度に日持ちがよいことを報告している．
　また，山口ら（1986）は高温条件下でのスモモの追熟には品種について，以下の三つのタイプがあることを明らかにした．第一のタイプは，30℃条件下でも20℃条件下と同様に果実軟化，果皮の着色が進み，追熟抑制が認められないもので，大石早生，サンタローザ，ビューティなどの品種が属する．第二のタイプは，30℃条件下で果実軟化，果皮の着色がきわめて小さく，高温条件下で追熟が全般に抑制されると推定されるもので，ソルダムなどの品種が属する．第三のタイプは，30℃で果実軟化はある程度抑制されるが，果皮の着色はある程度進むもので，太陽などの品種が属する．

6.7 加 工

わが国ではスモモは生産量が少ないため，生食用としてのみ利用され，加工に利用されることはほとんどなかったが，近年，生産量の増加に伴い，果汁飲料への加工が増加してきている．また，一部で缶詰め，シロップ漬け，ワイン，菓子用としての加工も試みられている．欧米では，古来から，ヨーロッパスモモを乾果として利用しており，この用途に適する品種群をプルーンとよんでいる．その製法は以下のとおりである．

天日乾燥では，乾燥しやすくするため，果実を水酸化ナトリウム 0.5～1.0％の沸騰液に 5～15 秒浸漬し，小さなひび割れを生じさせるアルカリ処理を行う．アルカリ処理後はただちに冷水中で水洗を行う．天日で原料の 2/3～3/4 程度まで乾燥させる．天候が悪く，乾燥に日数を要するような場合，あらかじめ硫黄くん蒸を行う．水分 12～18％程度まで乾燥してから日陰で，2 週間くらいの発汗処理を行い，製品の水分拡散により水分の均一化を図る．人工乾燥では，通常アルカリ処理をせず，熱水処理を行い，トンネル乾燥の場合，出口温度を 60～75℃，乾燥時間は 18～24 時間程度にする．

[藤本欣司]

文 献

1) 藤本欣司（1987），昭和 62 年度和歌山県果樹園芸試験場，果樹試験研究成績，130-132.
2) 小宮山美弘，原川 守，辻 政雄（1979 a），食品工誌，**26**，331-336.
3) 小宮山美弘，原川 守，辻 政雄（1979 b），食品工誌，**26**，351-355.
4) 小宮山美弘，原川 守，辻 政雄（1979 c），食品工誌，**26**，371-374.
5) 王 洪剛，弦間 洋，大垣智昭（1988），園学要旨，昭 63 春，530-531.
6) 山口正己，京谷英壽（1986），果樹試験場報告，A 第 13 号別冊．
7) 山梨県果樹園芸会（1988），スモモ栽培の手引き．
8) 吉田雅夫，他（1983），農業技術大系，果樹編 6，スモモ，基礎編，農文協．

6.8 病 害

a. 黒斑病

診断 葉，枝，果実に発生する．葉でははじめ水浸状の小斑点を生じ，のち赤～黒褐色の不整形病斑となる．最後はせん孔する．新しょうでは茶～黒褐色紡錘型の亀裂を伴い，病斑はやや凹む場合と，逆にこぶ状にふくらむ場合がある．病斑部からはやにが溶出することが多い．果実では，中心が黒緑色の小斑点を生じ，のち拡大して黒褐色の亀裂を伴った円形病斑と，小さなかいよう状の病斑とがある．

病原菌 *Xanthomonas campestris* pv. *pruni* (Smith) Dye

モモせん孔細菌病菌と同じ細菌病である．このほかアンズ，ウメ，オウトウなど核果類に発生する．発育適温は 24～28℃で桿状細菌である（モモせん孔細菌病参照）．

伝染経路　病原細菌は2年生枝の前年の病斑部や芽基部に潜伏し，早春樹液の流動とともに活動を開始し，これらの潜伏部付近に新しい病斑を作り，伝染を繰り返す(モモせん孔細菌病参照)．

多発条件　① 雨が多い地帯および湿潤な土壌条件のところ，② 風の影響で大きく左右される病害で，風の強く吹く地帯や直接風の当たる畑に多い．

品種感受性　ビューティ，大石早生，大石中生，旭光，紫玉，ケルシーに発生が多く，ソルダム，太陽には比較的少ない．

防除　薬剤防除：　薬剤防除は発芽直前に6-6式ボルドー液を散布する．感染初期，発病盛期はジチアノン剤またはストマイ剤の散布が有効である．

耕種的防除：　整枝・せん定時にはとくに病枝の除去に努める．防風対策も重要である．雨の多いところではビニル被覆による雨除け栽培が有効である．

b．ふくろみ病

診断　果実が不思議な奇形を呈するので診断は容易である．落花後まもない頃から果実に発病してくる．まれに葉に発生することもある．果実は多少赤味を帯び，長楕円形，長刀状，扁平さや状などに異常肥大し，小じわができ，白粉で覆われる．被害果は健全果の5〜6倍にも肥厚する．集団して発生することが多い．葉では厚さを増して屈曲し，白粉を生じ，後には乾枯して落葉する．

病原菌　*Taphrina pruni* Tulasne

子実層は果皮の角皮下に形成される．また空洞内面の内果皮上にも形成される．子のうは円筒状〜こん棒状，先端丸く，30〜60×8〜15 nmである．子のう胞子は無色，単胞，円形〜準円形，直径4〜5 nmである．

伝染経路　第一次発生は枝しょう内の菌糸，または胞子が樹皮上で越冬していたものによると考えられている．発芽前の薬剤散布の効果が高いことから，芽および樹皮に付着するものが多いと思われる．被害果は縫合線の裂目から胞子が飛散する．

多発条件　① 寒冷で湿潤な環境条件，② 標高の高い冷涼地帯．

防除　薬剤防除：　発芽直前に石灰硫黄合剤を散布する．1回の散布で高い効果がある．

耕種的防除：　被害果の処分は，胞子成熟前の早期に行い，いつまでも放置しておかない．

c．灰星病

診断　果実，花，枝に発生するが，成熟果の発生が最も多い．果実は腐敗し，灰褐色の粉状を帯びた分生胞子塊を多数形成する．腐敗が全果に及ぶと，樹上に残ってミイラ状になるものが多い．また腐敗は果柄から枝に転移して上部は枝枯れ症状となる．花は，花弁が降霜に出会ったように褐色にしおれる．さらに花柄から結果枝に病斑が広がり，やにを分泌することがある．

病原菌　*Monilinia fructicola* (Winter) Honey

本病原菌はモモ灰星病菌と同一であるので，これを参照．

伝染経路・多発条件・防除　モモ灰星病参照．核果類の共通的病害であるので，使

用薬剤，散布時期，耕種的防除はモモ灰星病に準じて予防対策を重点に実施する．

d．黒星病

診断 果実の発病は，はじめ青味を帯びた斑点であるが，しだいに黒色のほくろ状になり，果実が着色を始める頃になると茶褐色の斑点になる．病斑は果柄部周辺に多い．多数個の病斑が互いに接して形成され，果皮は粗造となり裂果することが多い．枝に発生した場合は，越冬病斑として重視され，灰白色の病斑で周辺が褐色に色どられた明瞭な病斑を形成する．

病原菌 *Cladosporium carpophilum* Thümen

モモ，ウメ，アンズの黒星病と同一菌である．

伝染経路・多発条件・防除 モモ黒星病参照．

e．胴枯病

診断 枝幹部に発病し，樹皮を腐敗せしめる．病斑部には赤褐色の糸くず状の胞子角が噴出してくる．発病部位は，直接日射を受けて樹皮が日焼け症状となったり，冬期間昼夜の樹皮温度差の高い場合，太枝の切り口部の癒合が悪いところに発病しやすい．

病原菌 *Leucostoma persoonii* (Nitschke) Höhnel

モモ胴枯病参照．

伝染経路・防除 モモ胴枯病参照．

多発条件 ① 寒冷地で発生しやすく，樹勢が衰弱し，耐凍性が劣った樹，② 土壌条件が過乾，過湿の差の大きい園．

防除 モモ胴枯病参照．

f．黄色網斑病

診断 症状は5月以降になって葉に現れ，葉脈が黄化し，しだいに明瞭となる．黄色の網目模様を呈するものや，中肋およびこれから出る太い支脈に沿って，黄色，稲妻型の線状斑を生じる．いずれの場合も発病葉は萎縮したり，奇形葉になることはほとんどない．

病原ウイルス plum line pattern virus

品種の感受性・伝搬方法 ホワイトプラム，メスレー，バーバンク，ハンガリアンプルン，レッドジュン，ビューティ，サンタローザ，大石早生などの品種および，サクラの染井吉野，孫普賢，嵐山などに自然発生が認められ，接ぎ木によって他の核果類に伝染することが知られている．

防除 接ぎ木にあたっては，台木，穂木ともに無病のものを厳選して使用する．

[尾澤 賢]

6.9 虫害

(1) 発生様相

スモモ園で発生する害虫もモモ園と同じく，防除薬剤の変遷とともに変わってきた．

サリチオン剤の使用によりシンクイムシ類のモモノゴマダラノメイガやナシヒメシンクイ，ハマキムシ，ウメシロカイガラムシなどの被害が少なくなった．しかし，フナガタケムシ，アメリカシロヒトリ，クワゴマダラヒトリなどの発生はやや多くなった．また新しい害虫としてスモモヒメシンクイの発生が1988年度に確認され，産地の一部であるが被害が拡大されつつある．バークたい肥の施用によりカブトムシ，クワガタムシなどの被害も増加した．さらに産地が山間部に広まったために果実吸蛾類による被害と鳥類による被害も増加した．

(2) 主要害虫
a. シンクイムシ類
モモノゴマダラノメイガ (peach moth, cone moth) *Conogethes punctiferalis* (Guenée)

ナシヒメシンクイ *Grapholita molesta* (Busck)

被害の特徴 モモ，スモモ，クリ，カキ，リンゴなどを加害する．成虫が果実に産卵し，幼虫が果実に食入して加害する．幼果期には果実から白いやにが垂れ下がる．また，幼果の表面に食入痕がみられ，食害が進むと虫糞が脱出してみえる．果実と果実または葉が接触している部分には幼虫が好んで食入する．前者の被害は6月下旬から7月上旬の収穫期に，また後者の被害は収穫後のほか，5月中旬から下旬の幼果期にも多い．

生態 両者とも越冬は幼虫である．ナシヒメシンクイは年3～6回の発生である．4月下旬から成虫が飛来して果実に産卵するので，5月になると幼果に被害が目立ち始める．幼果期の被害が多い．モモノゴマダラノメイガは年2～3回の発生であるが，スモモでは第1回目の被害が多い．果樹園では前年度に発生が多い場合に，果樹園以外では庭園樹木の針葉樹やザクロなどで幼虫が越冬して発生源となるので，このような場合に多発する．

防除 薬剤防除： 5～6月の成虫発生期の産卵防止と幼虫の食入防止に努める．防除薬剤は，サリチオン剤，ペルメトリン剤またはDMTP剤を用いる．発生の多い地帯では7～10日おきに2回散布する．最近スモモヒメシンクイの発生が岩手県と山梨県で確認されているが，同時防除する．

b. アブラムシ類
モモアカアブラムシ (green peach aphid) *Myzus persicae* (Sulzer)

モモコフキアブラムシ (mealy plum aphid) *Hyalopterus pruni* (Geoffroy)

被害の特徴 スモモ，モモ，ウメ，アンズなどを加害する．前者は発芽と同時に展葉直後の若葉にふ化幼虫が寄生加害するため，若葉が捲葉して発育がとまる．捲葉した被害葉のなかで寄生加害を続けるために，葉は縦長の棒状になる．被害葉は4月中旬から5月にかけて多くみられる．9～10月の新しょうでも被害をみることもある．後者は5月中旬頃より6月にかけて発生する．おもに葉裏に寄生して加害し，増殖する．葉脈にそって棲息している．体全体に白い粉をつけている．繁殖がおう盛であり，

葉裏一杯になると枝幹の表面を歩行したり地面上に落ちたりして移動する.

生態 越冬は両者とも卵の場合と他の寄生植物に寄生している場合とがある. 発生回数は多く, 春先から初夏と秋口に発生が多い. 前年の発生が多く越冬卵の多い年や, 果樹園近くに中間寄主が多い場合に多発する.

防除 薬剤防除: 越冬卵の多い場合には発芽前に機械油乳剤を散布して殺卵する. 4月上旬のふ化幼虫がみえる場合にはペルメトリン剤か浸透性殺虫剤を散布する. 発生の多い場合には7～10日おきに2回散布する. 太陽では浸透性殺虫剤散布で葉に薬害がひどいので散布しない.

c. カイガラムシ類

ウメシロカイガラムシ *Pseudaulacaspis prunicola* (Maskell)
ナシマルカイガラムシ *Comstockapis perniciosa* (Comstock)

被害の特徴 モモ, スモモ, ウメ, リンゴ, オウトウ, アンズなどを加害する. 前者は主幹である3～6年生の枝に多く寄生する. 後者は主幹や細い枝にも多く寄生する. また両者とも幼虫が葉や果実にも寄生加害する.

生態 両者とも枝幹の表皮にカイガラを被った雌成虫にて越冬し, 寒地帯では2回, 暖地帯では3回の発生をくり返す. 幼虫の発生時期は5～6月と6～7月, 8～9月である.

防除 薬剤防除: 枝幹に寄生している成虫に対しては, 11～12月上旬にかけての越冬期に機械油乳剤を散布する. スモモでは散布時期が2月以降になると花芽に薬害があるので散布しない. 各幼虫の発生期にはサリチオン剤かDMTP剤を散布する. 発生の多い場合には7～10日おきに2回散布する.

d. コスカシバ (cherry tree borer) *Synanthedon hector* (Butler)

被害の特徴 モモ, スモモ, ウメ, オウトウ, アンズなどを加害する. 枝幹の表皮下に食入して木質部を食害する. 食害幼虫は4～8月にかけて加害が激しいので, 枝幹の被害部からやにや虫糞が漏出する.

生態 年1回の発生であるが, 成虫の発生は東日本では一山型であるが, 西日本では5～7月と9～10月の二山型となり, 両地区とも9～10月の発生が多い.

防除 越冬期の発芽前に枝幹に食入している幼虫に対してはマラソン・MEP剤, ダイアジノン・NAC・PAP剤, MEP剤またはDEP剤を散布する. 成虫の発生産卵期にはサリチオン剤やMEP剤を枝幹にたっぷり散布する.

e. その他の害虫類

ハマキムシ類やモモチョッキリゾウムシは5～6月の幼果期に発生するが, シンクイムシやアブラムシの防除剤で同時防除できる. オビカレハ, クワゴマダラヒトリ, ウスバフユシャク, アメリカシロヒトリなどが発生して被害がみられるが, 幼虫発生初期にDEP剤を用いて防除する.

〔土屋恒雄〕

7. アンズ

7.1 経営上の特性と問題点

　アンズは奈良・平安の昔に中国からわが国に伝来し，長野県などで古くから栽培されていた．表7.1にみるように，わが国における最近の生産状況は，1972年までは600～700 ha だった栽培面積は1974年以降400 haから300 ha弱まで減少した．しかし，1987年には増加に転じ，再び300 haを超えるに至っている．生産量は年により変動が大きいが，1970年までは3,000 t前後あったのが，1972年以降は2,000 tから1,300 tを割るくらいまで減少したが，最近では1,500 t近くで推移している．世界のアンズ生産量は，FAOの統計によれば1985年で約190万tで，わが国の生産量は世界の0.1％にもみたないことになる．

表7.1 わが国のアンズの栽培面積および生産量

年次	栽培面積(ha)	生産量(t)	年次	栽培面積(ha)	生産量(t)
1966	766	3,190	1980	370	793
1968	646	2,640	1982	335	1,479
1970	597	3,160	1983	288	1,265
1972	632	2,090	1984	284	1,483
1974	497	2,404	1985	277	1,228
1976	447	2,118	1986	295	1,460
1978	387	2,102	1987	311	1,401

　生産量を県別にみると，長野県が全体の約60％を生産し，ついで青森県が約25％で，この両県で生産の大部分を占めている．このほかは岩手，福島，山形の各県が多い．このようにアンズの栽培適地は冷涼な気候のところが多く，リンゴとほぼ一致する．リンゴでは最近，暖地での栽培が増えてきているが，アンズでも西日本の暖地で栽培が不可能というわけではなく，広島県や徳島県でも生産されている．

　ここで，果樹としての知名度は高くないが，最近増えているカンキツ類から落葉果樹への転作などにより，特産果樹として注目されているアンズの特徴をあげてみると，次のとおりである．

　① 加工が主体であるが，将来は生食用で伸びるとみられる．

　わが国で栽培されているアンズはほとんどが国内原産の品種で，酸味が多く，生食

用には向いていないので、シロップ漬け、干しアンズ、ジャムなどに加工されている。しかし、一部の品種に酸味の少ないヨーロッパアンズとの交雑種があり、わずかであるが生食用の果実も生産されている。現在、品種改良の方向も生食用品種の育成を目指しているので、将来は生食用アンズの生産は増えると思われるが、現在は加工が利用の主体となっている。

② 加工製品の品質は優秀である。

アンズは酸味が多いため、シロップ漬け、ジャムなど砂糖を加えた加工製品は、甘いだけでなく、酸味が味を引き立て、独特の香りがあって食味が優れている。

③ 裂果が多く、果実は腐敗しやすい。

アンズは本来、夏季乾燥する地帯の原産であり、わが国のように夏季多雨のところでは裂果が発生しやすい。また、同じ酸味の多い果樹であっても、アンズはウメと異なり、果実は熟してくるときわめて腐敗しやすくなる。気象的にもわが国では収穫期は梅雨時であり、落下した果実は放置しておくと一晩でカビが発生してくるほど腐敗が早い。裂果の程度は品種により異なるので、収穫期に雨の多いところでは裂果しにくい品種を選ぶことが重要である。

④ 開花期が早いため寒害を受けやすく、結実が不安定である。

アンズは落葉果樹ではウメについで開花が早いため、晩霜害などの寒害を受けやすい。したがって結実が不安定になり、年により豊凶の差が大きく、場所によっては収穫皆無というような大きな被害を受けることがある。

⑤ 収穫が比較的早く、梅雨時に収穫される。

アンズは開花も早いが、収穫も早く、大部分の品種が6月から7月にかけて収穫され、ほぼ梅雨期と重なる。したがって、平和などの裂果しやすい品種は収穫期になるべく雨の少ない地方でないと栽培が難しい。しかし、経営的にみると、早く収穫できることは換金作物としては早く現金収入が得られるということで有利といえる。

⑥ 直立性で、生育がおう盛であり、大木になる。

近縁のウメが開張性の品種が多いのに対して、アンズは直立性の品種が大部分で、枝は太く、とくに若木のうちは主枝延長枝はおう盛な生育を示し、大木となる。無理に樹高を制限すると徒長枝の発生が多くなり、結果部の確保が難しくなるなど問題が多い。しかし、樹の性質そのままに直立させてやると収穫、せん定などが高所作業になり、労力的に大変になるので、この折り合いをつけるのが難しい。

⑦ 胴枯病に弱く、欠株を生じやすい。

アンズは生育がおう盛であるが、そのため徒長しやすく、充実のよくない枝は胴枯病などによって冬から春にかけて1年生あるいは数年生の休眠枝を中心に枯れ込みを生じる。場合によっては主幹部まで被害が及んで枯死する株も生じる。したがって、全面に植えた樹園地でも10年ぐらいの間にかなりの欠株が出ることがある。

⑧ 適地は多くない。

アンズの生産量の半分以上を長野県が占めているが、その生産地は長野市を中心とする善光寺平である。善光寺の鐘の聞こえる範囲がアンズの適地といういい伝えがあ

るように，長野県でもすべての所が適地ではなく，限られたところが適地である．アンズはこのほかに，かつては新潟県から青森県にかけての日本海側の県で多く生産されていて，比較的冷涼で，冬季の気温の日較差の少ないところが適地として限定されてきた．

太平洋岸気候は冬季晴天が続き，早朝は冷え込む．その後，日が昇ってくると急に気温は上昇してくる．このとき，アンズの幹や主枝は太陽の熱を吸収して温度が上がる．この前後の温度差がアンズの生理にストレスを生じさせ，充実の不十分な徒長的な枝の枯死の原因のひとつになっているものと考えられる．したがって，冬季に晴天の多い気候のところでアンズを栽培する場合は，北向きの斜面など，冬季に急激な気温の日較差の生じにくい場所を選んで栽培することが，欠株の多発をあらかじめ防ぐために重要であろう．

⑨ 省力的だが，大規模栽培は難しい．

アンズは 10 a 当たり 200 時間程度の労力ですむ省力的果樹であるが，収穫に労力が集中し，しかも主要品種の間で大きな熟期の差がないため，大きな面積で栽培することは難しく，他の作目との複合経営を行うのが通常である．

7.2 分類と来歴

(1) 分類

アンズには栽培アンズが含まれるホンアンズ（または食用アンズ，*Prunus armeniaca*）のほかに，野生の近縁種モウコアンズ（*P. sibirica*）およびマンシュウアンズ（*P. mandshurica*）がある．このほかにチベット地方にはチベットアンズ（蔵杏），ヨーロッパにはアルパインプラム，ブラックアプリコットという近縁種がある．

かつてはホンアンズと別に，わが国の栽培アンズを *P. ansu* とする考え方もあったが，菊池秋雄はわが国と中国の栽培アンズを調査した結果，とくに分ける理由はないと結論づけている．

米国の Bailey と Hough はアンズを次の 6 グループに分けている．

① 中央アジアグループ： 原産地から少し西に寄った中央アジア，新疆，アフガニスタン，パキスタン，インド北部にわたる地域に分布するアンズで，最も古く，変異の多いグループとされている．大陸性気候に適応し，開花は晩く，乾燥に対する抵抗力が強い．しかし，病気に対する抵抗力が少なく，雨の多い地域での栽培は難しい．

② イラン・コーカサスグループ： 中央アジアグループからさらに西へ伝わったグループで，アルメニア，グルジア，イラン，シリア，トルコから，アフリカ，ヨーロッパの一部にまたがる地域に分布するアンズである．中央アジアほど気候が厳しくないので耐寒力はあまり強くない．また春の生育開始も早くなっている．果実は大小いろいろで，用途も生食用，加工用の両方ある．

③ ヨーロッパグループ： ヨーロッパで発達したグループで，アルメニア，イラン，アラブ諸国から伝わった少数の早生品種に由来していて，歴史が浅く，したがって変

異の少ない品種群である．早生品種が多く，ほとんどの品種が1カ月の間に収穫されてしまう．ちなみに，英名のアプリコットはラテン語の"早熟の"に当たる言葉に由来するという．中央アジア，イラン・コーカサスグループよりは酸味が多く，甘味が少ない傾向がみられるが，わが国原産の品種よりは甘味が多く，酸味が少なく，生食に適した品種が多い．

④ ズンガル・ザイリグループ： 最も原始的なグループで，耐寒力に富むが，果実の品質はよくないので経済栽培には向いていない．

⑤ 北中国グループ： 原産地から中国北部に広まった品種群で，耐寒力は強いが，低温要求は多くないため，暖地に植えると開花が早くなりすぎて寒害を受けることがある．また，病気も発生しやすく，結実性もよくない．わが国に導入された品種では李二李や白杏がこのグループに属すると思われる．また，野生の近縁種モウコアンズやマンシュウアンズもこのグループに入る．

⑥ 東中国グループ： 中国東部および日本に分布する栽培アンズがこのグループに属する．夏季高温多雨の気候に適応し，樹勢の強いグループである．病害虫や裂果にも比較的強いが，わが国のように生育期間高温多雨の気候のもとでは被害を受ける．結実性は良好な品種が多い．

アンズの原産地は中央アジアから東アジアにかけての比較的冷涼な気候のところで，かなり広い範囲にわたっている．しかし，これは近縁のモウコアンズやマンシュウアンズまで含めてのことであって，栽培アンズである $P.\ armeniaca$ の原産地はもっと狭く，中国北部の華北三省からモンゴル地方，東北区南部にかけての山岳地帯が原生地とみられている．中国ではカンキツは淮河を北へ越えるとカラタチになり，ウメは黄河を北へ越えるとアンズになるといわれている．このことは南はウメ，北はアンズという分布を表している．

わが国の栽培アンズ品種は，その樹性から，① ウメ系アンズ，② 標準型アンズ，③ ヨーロッパ型アンズ，④ スモモ系アンズの4グループに分けられる．①は早咲き，半離核，酸味多で，小笠原，秋田大実などが含まれ，②はやや早咲き，離核，やや酸味多で，平和，新潟大実，宮坂，広島大杏などが含まれ，③はやや遅咲き，離核，酸味中〜少で，チルトン，甚四郎，信州大実などが含まれ，④は果皮毛じょう粗で短（光沢多），果肉色淡で，仁杏が含まれる．

(2) 来 歴

日本の栽培アンズは前述のとおり東中国グループに属し，中国から伝わったことは確かであるが，有史以前から自然に伝わったのか，人が運んだものなのかは正確なところは不明である．しかし，野生種がわが国にはみられないことから，遣唐使などが持ち帰ったものと思われる．

アンズは中国においては重要な作物として古くから栽培されてきた．しかし，その利用する部位は果肉ではなく，核のなかの仁（種子）であった．杏仁は古くからせきどめ，解熱などの医薬品として貴重であった．そして，わが国へもアンズは薬用とし

て伝来している．平安時代の本草和名（918年）にはアンズはカラモモの名前で記載されている．また，延喜式（908年）には信濃の国より調（物納の税）として杏仁が納められた記録があるので，当時，都より離れた長野県ですでに栽培が始められていたことがわかる．おそらく，このとき各地へ伝えられたのであろうが，実際に杏仁が十分に採取できるまで数多く育ったのは長野県だけだったのであろう．しかし，この長野県における杏仁の生産も，その後いったん衰退していったようである．

なお，アンズというよび方が文献に出てくるのは，菊池秋雄によれば多識編（1662年）であろうとしている．このなかでアンズを加良毛々，俗に安牟寸としており，正式名はカラモモであるが，一般社会ではアンズと俗称していたことがわかる．しかし，アンズと俗称するようになったのはもっと前からと思われるが，いつ頃からかは不明であると述べている．

長野県には，特産的なアンズの栽培に関する伝説がいくつかあり，ひとつには戦国時代の弘治2年（1556年）に窪寺平治右衛門が安茂里で始めたというものである．他には，江戸時代に松代藩主真田幸道公のもとに伊予宇和島藩伊達家から嫁入りした姫君が，永く故郷を忘れないためにと持参した2本の苗木に始まるというものである．この説によると，藩で奨励して各所に植えたところ，運上金をとるのが目的と誤解して抜き捨てる者が出たため，領民の利便のために植えさせているものであり，今後，抜き捨てる者があれば厳罰に処するとのおふれを出したところ，誤解もなくなり，大いに普及したという．このようにして，現在の長野市の周辺でアンズ栽培が江戸時代に入って盛んになった．

青森県もアンズの栽培が多いところで，ここでウメと称しているものの大部分は実際はアンズで，ウメとしては，アンズとの雑種といわれ耐寒性の強い豊後ウメが一部にあるといわれている．実際，農林統計に青森県のウメはほとんど載っていない．今でも青森県西部の日本海近くの西津軽地方には樹齢200年を越えるアンズの古木が残っている．都より船で運ばれてきて，日本海側がアンズの栽培に適しているため，この地に定着したものと考えられる．

7.3 品種の変遷と品種解説

（1） 品種の変遷

アンズは長野県などにおいて古くから栽培されてきたが，主として杏仁を利用する時代は実生繁殖が一般的であったため，変異を生じ，種々雑多な品種が栽培されてきた．アンズで果肉を利用するようになったのは江戸時代に入ってからと思われる．しかし，長野県においても江戸時代は大半が杏仁の生産に向けられていたが，明治時代に入ってから化学合成医薬品の発達により杏仁の需要が減少するにつれて果実としての利用が増えていった．明治初期に政府は産業振興のため各種作物を外国から導入し，アンズについてもムアパークなど数品種を導入し，苗木を養成して各地に配布したが，定着しなかった．しかし，大正時代に入り，果実の利用が増えてくると果実が大きく，

可食部の割合の高い品種が増えていった.

　長野県では1913～15年と1925年の2回,日本園芸長野支会と県農事試験場の主催によって優良品種調査会が開かれ,第1回には平和,鏡台丸,清水などを,第2回では昇進堂,甚四郎,さやか丸などを優良品種として選抜した.さらに,県農事試験場果樹試験地に内外の品種を導入して品種比較試験を行い,前記平和に加えて新潟大実,山形3号,早生大実,宮坂,甚四郎などを選抜して県の推奨品種とした.現在でもこれらの品種が多く栽培されている.また,長野県果樹試験場ではアンズの育種に取り組み,新潟大実にヨーロッパアンズのアーリーオレンジを交配して信州大実を,山形3号の自殖実生から信山丸を育成し,1976年に命名発表し,1980年に種苗登録している.このほか,民間で育成された紅浅間,幸福丸の2品種が種苗登録になっている.農林水産省果樹試験場においてもアンズの育種を行っており,現在,アンズ第1回系統適応性検定試験を実施中である.

(2) 品種解説

　平和　　大正時代に長野県更埴市で発見された品種で,第一次世界大戦が終ったときだったので,その記念に当時の郡長が名付けたという.日本のアンズを代表する品種で,主産地の長野県の栽培面積の半分以上はこの品種が占めている.

　樹姿は直立性で,樹勢は強い.枝の発生はやや密で花芽が多く,結実性は良好である.果形は円形で,大きさは50～70g,玉揃いはよい.果肉色は橙色で濃い.酸味が多く,加工用で,シロップ漬け,干アンズなどの製品の品質は優れている.収穫期は長野県で6月下旬～7月上旬の早生である.裂果しやすく,とくに収穫期が梅雨期に当たるため,雨の多い年に多発する.

　病害に弱く,胴枯病のために4～5年生で枯死しやすいので,条件のよいところに植えないと成績が上がらない.品種の選定の際は注意が必要である.

　新潟大実　　新潟県原産の大きな果実をつけるアンズなのでこの名がついた.樹姿,樹勢ともに中くらいであるが,アンズのなかでは開張するほうである.枝の発生はやや密で,花芽は多い.結実は良好で,摘果を強くしないと成りすぎで樹を衰弱させることがある.果形は豊円で果実の大きさは平和とほぼ同じで50～70gであるが,結実が多いと40g台になることがある.果実の色はあまりよくないが,肉質は良く,シロップ漬け,ジャム,干アンズなど加工製品の品質はいずれも優れている.裂果はほとんどない.長野県で7月中旬に収穫される.

　豊産性で,病気にも比較的強く,栽培しやすい品種であるが,結実過多にすると樹を衰弱させるので,この点については十分に注意が必要である.

　山形3号　　山形県原産.長野県で各地のアンズ品種を集めて特性調査を行ったときに,山形県から送られてきた3種類の苗の名札がとれて品種名がわからなくなったとき,かりに山形1～3号と名づけたのが品種名の由来である.

　樹姿はやや開張性,樹勢はやや強い.枝の発生は中くらいであるが,複芽が多く,花芽は多い.花粉も多く,受粉樹としても使える.果形は短楕円で,大きさは40～60

g，玉揃いはややよい．果肉色は淡橙黄で平和や新潟大実より劣る．また，酸味も極多で平和や新潟大実より多い．収穫期は長野県で7月上旬で平和に続いて収穫される．加工製品の品質は平和，新潟大実と比較すると劣る．また，核が大きく，果肉がやや薄い．裂果が少なく，豊産性で栽培しやすいので，主として生果用として出荷されている．

宮坂　　北海道原産．樹姿はやや直立性で，樹勢は強い．枝の発生の密度は中であるが，花芽の着生は多い．果形は新潟大実，甲州大実などに似て豊円で，大きさは50～70gの大果である．果肉色は淡橙黄で，平和よりも淡い．酸味は多くて，生食にはまったく向かない．肉質は優れていて，香気が多く，加工製品の品質は優秀である．裂果は少ない．豊産性で，結実を始めるのが早く，幼木のうちから収量が上がる．しかし，結実過多にすると樹が弱りやすく，肥よく地向きの品種である．

甲州大実　　山梨県原産．樹勢はやや強く，アンズとしては樹は開張しやすい方である．枝の発生は多く，花芽も多い．果形は短楕円～円形で大きさは50～70gの大果である．揃いは大きさ，形ともによい．シロップ漬けの品質はよいが，ジャムにすると変色しやすい．新潟大実とよく似ていて，豊産性で栽培しやすい品種である．

広島大杏　　広島県原産．樹姿は開張性で，樹勢はやや弱い．枝の発生密度は中くらいである．果実は短楕円形で，形の揃いはよくない．大きさは50gくらいでやや大きい．酸味が強く加工用であるが，製品の品質は平和や新潟大実に比べると劣る．しかし，豊産性で，暖地でもよく育ち，裂果も少ないので，暖地に向いた品種である．

信州大実　　長野県果樹試験場で新潟大実にヨーロッパアンズのアーリーオレンジを交配して育成した新品種である．樹姿はやや開張性で，樹勢は強い．枝の発生は少ない．果形は円形で，果皮は橙色になり，陽光面に赤く着色し，毛じょうが少なく光沢が感じられて外観は美しい．酸味はやや多いが，甘味が多く，糖度の高い果実は生食も可能である．シロップ漬けも品質は優秀である．収穫期は遅く，新潟大実に続いて収穫される．

信山丸　　長野県果樹試験場が山形3号の自殖実生のなかから選抜した新品種である．樹姿はやや直立性で，樹勢は弱い．枝の発生は密である．果形は短楕円形で，大きさは30gくらいの小果である．丸アンズ加工に適していて，製品はアンズの仁の香りがあり，品質がよい．熟期は早く，平和より少し遅く収穫される．果実が小さいため収量が上がりにくいことと，胴枯病に弱い傾向があるのが難点である．

チルトン　　カリフォルニア州原産のヨーロッパアンズ．樹姿は開張性で樹勢はやや弱い．枝の発生は密である．果形は短楕円～卵円形で，大きさは40gくらいである．果皮の地色は黄色で色調は劣るが，甘味多く，酸味少なく，品質極上の生食用品種である．しかし，夏乾燥した気候を好むヨーロッパアンズのため，一般に実止まりが悪く，生理的落果も多く収量は少ない．また，開花期は遅いが，それでも霜害を受けやすく，わが国ではごく条件のよい所でないと栽培は困難である．

甚四郎　　長野県須坂市原産．樹姿は中くらいで，樹勢は強い．果形は卵形で，20～25gと小さい．甘味，酸味ともに中くらいで，果汁が多く，生食可能である．この

品種も収量が上がりにくく,とくに若木のときにその傾向が強い. ［京谷英壽］

文　献

1) 前田　知,柴本一好 (1971),現代農業技術双書,ウメ・ウンズ,家の光協会.
2) 東城喜久 (1966),アンズ,農文協.
3) 吉田雅夫,京谷英壽,山西久夫,酒井　亨,東城喜久,小林祐造 (1984),農業技術大系,果樹編6,モモ・ウメ・スモモ・アンズ,基礎編,農文協.

7.4　栽培管理

(1) 開園と栽植
a. 適　地

　現在アンズ栽培がみられるのは長野県など本州中部から東北地方が中心である.その範囲はリンゴの栽培地帯とほぼ一致しており,ウメの栽培地帯に比べると北方に位置する.しかし広島県など暖地でも栽培がみられ,適地はかなり広いものと考えられる.

　栽培種のなかには胴枯病に比較的弱い品種もあり,樹勢衰弱や枯死樹が多発する.これらは凍害や日焼けなどの障害部に胴枯病が二次的に発生したものが多い.酷寒の地帯での栽培は耐寒性の点で不利である.また生育の早い暖地でも樹液が動き出してから寒の戻りなどにより凍害を受けることもあり,温暖な地域が必ずしも栽培適地とはいえない.アンズの適地が限定される大きな要因となっている.

　気象条件では,降雨の多少が最も影響する.とくに開花期の雨は結実を不良にし,成熟期の雨は果実の裂果を多発させ,灰星病の発生の原因となる.したがって,開花期および成熟期に雨量の少ない比較的乾燥する地帯が適する.またウメについで開花が早く,花や幼果は低温には弱いため,霜害常襲地では安定的な栽培は望めない.とくに欧州種は被害果率が高く,栽植に当たっては注意を要する.長野県におけるアンズ栽培は緩傾斜の扇状地に産地が形成されている.北側に山があり,降霜被害の比較的少ない温暖な地帯である (図7.1).

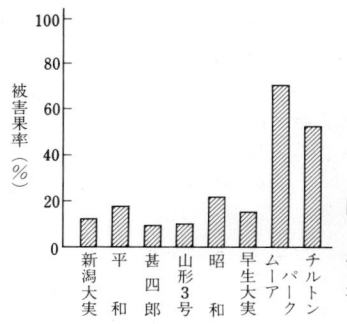

図7.1　アンズの降霜被害果率の品種間差 (長野県園芸試験場,1958)
低温の程度は4月10日4℃,12日5℃.
生育ステージは落花期頃.

土壌条件ではいずれの産地も礫が多く必ずしも肥よくでないが，水はけが良好である．アンズの根は耐水性が劣り，地下水位の高い排水不良地では生育不良や枯死樹がみられる．土壌的にも気象的にもアンズに適した産地が生き残っていると考えられる．

b．栽植様式と距離

栽植本数は品種，土壌の肥よく度，園地の状態などにより異なる．成木時に 8 m×8 m 植えで，10 a 当たりに換算すると 15 本植えくらいが目標の栽植距離である．アンズは比較的結実が早い．植え付け本数を多くして，その後間伐により目的の栽植本数にする計画密植を行うと，早期に成園化が可能となる．土壌の肥よく度により栽植本数を増減してやる．

c．受粉樹の混植

果実品質を揃えるため，品種構成が単純化されてくると，以前のように在来種が多くあった頃に比べ結実不足が目立つ．アンズは自家結実性果樹といわれているが，わが国で栽培されている品種は自家結実率があまり高くなく，単植園では結実が不安定である．生産を安定するためには受粉樹が必要である．

受粉樹の条件は，主要品種と交配和合性があり，開花時期が一致し，花粉が多いことなどである．開花期はわが国の品種が早く，欧州種はやや遅れる傾向がある．また寒冷地では開花期の差は小さいが，暖地では品種間差が大きくなるので受粉樹の選択には留意する．花粉の少ない品種には長野県内で育成された紅浅間があり，交配不和合性については今のところみられない．

アンズは収穫が短期間に集中し，しかも果実の日持ちが劣るため，労力面から単一品種の大面積栽培は難しい．したがって受粉樹を兼ねて，収穫時期が重ならない品種をいくつか選び栽植するのがよい．受粉樹としては 2〜3 割程度の混植が必要である．

d．苗木の作り方

共台（アンズ），スモモ，モモ，ウメなどの台木が検討された．スモモやモモ台は接ぎ木活着はするが，接ぎ木部の親和性が劣り寿命も短い．一般に利用されているのは共台で，接ぎ木親和性が高く，耐寒性および耐干性に優れている．アンズの根は赤味が強く，他の台木と区別がつけやすい．

台木は栽培種および在来種の実生いずれでもよいが，晩生種が発芽率が高く使いやすい．採取した種子は乾燥させると休眠してしまうので，速やかに湿った砂などに貯蔵し，翌春播種する．苗木は切り接ぎあるいは芽接ぎで繁殖する．

e．定植方法

定植に当たっては，できるだけ根群の発達した充実した苗木を選ぶことが大切である．アンズは結実が始まる頃から胴枯病などによる枯死樹が目立つようになる．主幹部の日焼けも一因であるが，排水不良などの土壌条件や肥培管理の悪さからくる樹勢衰弱も原因となる．定植後にはなかなか徹底した土壌改良ができない．定植前に十分な土作りと排水対策を実施しておく．

(2) 結実確保
a. 完全花の確保

アンズには雌しべや花弁が異常な不完全花が多発することがあり，結実不足の一因となっている．雌しべが不完全では受粉や授精ができないし，花弁の異常は訪花昆虫の飛来を減らし受粉率の低下を招く．

不完全花の発生は長果枝に多い傾向があり，充実の悪い日陰の枝にも多くみられる．発生原因としては花芽分化時の異常ではなく，花芽分化後の栄養不足や凍害によるものと考えられる．着果過多による樹勢の衰弱，多肥や強せん定などによる樹の徒長的な生育，収穫後の管理不足からの早期落葉などがもとで，枝の充実不足により耐寒性が低下し，不完全花の発生につながる．

不完全花の発生を少なくするには，適正着果や防除など栽培管理を徹底し，充実した結果枝と健全な樹体作りが必要である．また開花期が近づけば花芽の耐凍性も低下するので，防霜対策も重要である．

b. 訪花昆虫の利用と人工受粉

アンズは開花期が早く，低温や降雨などの不順天候に遭遇しやすい．また野生の訪花昆虫が減少し，結実不足を招くことが多い．このためミツバチやツツハナバチなどを積極的に導入し，結実の確保に努める．

ミツバチの利用においては，活動範囲が広いので集団で実施しないと効果が得にくい．また開花期間中の殺虫剤の散布は慎み，園内外に優先花粉源となる菜の花などの栽植を避けるなど，活動しやすい環境作りに心がける．

表7.2 人工受粉による結実歩合(％)（長野県園芸試験場，1965）

場　所	品種	処理	結実歩合(満開後)		
			20日	25日	35日
須坂市園芸試験場	平和	人工受粉	80.0	69.7	13.7
		放任	64.5	55.3	4.7
長野市安茂里	平和	人工受粉	63.5	55.5	27.4
		放任	66.5	61.5	5.9
	宮坂	人工受粉	62.8	58.3	17.4
		放任	60.3	57.2	19.1

人工受粉は平和には宮坂の，宮坂には平和の花粉を用いた．

アンズの開花期は早く，不順な天候にあう機会も多い．開花期の低温や降雨は訪花昆虫の活動を妨げ，結実不足を招きやすい．人工受粉を実施し，結実確保に徹する．人工受粉は開花の早い品種からあらかじめ花粉を採取して，綿棒で受粉を行ったり，毛ばたきや凡天の数多く付いた長柄式受粉器などを用いて異なった品種間で相互に受粉する方法などがある．いずれも開花期間中に数回実施すると結実率が向上する（表7.2）．

(3) 結果調節

アンズは花芽の着生が多いので,結実がよいのが普通である.全花数の 10～20 ％結実すれば十分といわれている.条件がよく着果過多になると果実が小さく揃いも悪くなる.また果実品質が低下し,熟期も遅れる.その結果,樹勢の衰弱や隔年結果の原因になりやすい.摘果を行い品質のよい果実を作り,生産の安定を図ることが必要である.

a.摘果時期

摘果時期は早いほど養分の消耗が少なく,果実肥大によい結果をもたらすが,晩霜や不受精などによる落果が心配されるので,極端に早い摘果は危険である.逆に摘果が遅れると果実肥大が劣り,樹勢衰弱や生理的落果を助長する.その上果柄が硬化して,枝にしっかりと着き,摘果しにくく作業の能率が低下する.

表7.3 アンズ(平和)の摘果時期と収穫率および1果重(長野県園芸試験場,1958)

摘果時期	結実数	摘果数	1果当たり葉枚数	収穫率 (%)				1果平均重(g)	落果歩合(%)
				7月2日	7月5日	7月7日	7月9日		
5月3日	213	120	3.9	67.0	27.5	5.5	0.0	39.2	2.2
5月7日	458	238	3.1	80.3	4.3	15.4	0.0	32.7	5.1
5月15日	359	181	3.3	83.1	9.0	6.8	0.0	35.3	5.6
無摘果(対照)	621	0	2.6	63.3	3.8	26.3	16.0	29.1	11.6

摘果はがく筒が落ちて果実の形状が判断できる頃から始める.この時期は満開後 20～25 日頃に当たり,遅くとも硬核期に入る前の満開後 40～50 日頃には摘果は終了させる.ただし開花の早い年には晩霜による果実への被害が考えられるので,凍霜害の常襲地帯ではやや遅らせ,危険期をすぎてから摘果を実施する(表 7.3).

b.摘果の程度

果実の大きさは葉枚数(葉面積)で決まる.1果当たりの必要葉枚数は品種や葉の大きさなどによっても異なるが,平和や山形3号などの中玉品種では1果当たり葉枚数で 15～20 枚,新潟大実や信州大実などの大玉品種についてはそれ以上の葉数が必要である.

実際の摘果に当たっては葉を数えながらの摘果は難しいので,残した果実がお互いに接触しない程度にしてやる.残す目安は中玉品種で 3～5 cm 間隔に 1 果あて,大玉品種は 5～10 cm 間隔に 1 果とする.着果量が多すぎると枝の衰弱や下垂を招き,果実品質も低下する.その上果実が密着した部分は防除薬剤が付着せず,灰星病などの果実腐敗病の発生原因ともなるので注意する.

また樹勢を考慮しながら着果量を調節してやることも大切である.樹勢の弱い樹は着果量を減らし,樹勢の強い樹にはやや多めに果実を残してやる.日当たりのよい樹冠上部には多めに着果させ,樹冠内部や下枝は強めに摘果して葉数を多く与えてやる.

c.摘果の要領

摘果する果実は肥大や形状の悪いもの,奇形果,病害虫被害果などを優先する.果

実の品質が優れ，生理的落果が少ない短果枝や花束状短果枝を中心に着果させる．また長果枝に着果させる場合には，基部の果実は摘果し，先端を中心に果実を成らせる．葉の着生の少ない部分は，葉数に応じて着果量を調節してやる．

摘果に当たっては果実を引くのではなく，横に捻るようにすると簡単に取れる．強引に果実を引張ると，残す果実が取れたり，結果枝が折れたりするので慎重に実施する．

若木では主枝や亜主枝の延長枝上に成った果実はすべて摘果を行い，枝を下垂させないで，骨格枝の確立に重点をおいた管理を実施する．

d．生理的落果

アンズの落果には二つの波相がある．第1期は受粉や受精の不完全から生ずる落果で，落花数日後から始まり，3〜4週間頃まで続く．落果には品種間差がみられ，平和や早生大実は落果が多い．原因としては不完全花の発生，受粉樹の不足，受粉環境の不良などが考えられる．栽培管理の適正化により樹体を健全に保ち，受粉樹の導入や訪花昆虫が飛来しやすい環境を作ることが必要である．アンズは開花が早い果樹だけに低温や降雨など開花時に不順な天候にあいやすい．人工受粉を実施して結実の確保を図ることも大切である．また品種によっては新しょうの伸長のおう盛な樹や枝にもみられる．多肥や強せん定を慎み，栽培管理の適正化により樹勢を落ち着けるとともに，短果枝を中心に結実の安定を図る．

第2期は収穫直前にみられる落果で，早生大実，平和，宮坂などの品種に多い．果実の離層形成が早まり，落果の発生となる．今のところ有効な落果防止剤はみつかっていない．果実の成熟状況を把握して，適期収穫に徹する．また過乾過湿など急激な土壌水分の変化は，樹体に水分ストレスを与え落果を助長する．土壌改良により保水力を高め，排水対策を実施し，土壌水分の激変を防ぐ．

（4）収　穫

最近アンズは加工用途だけでなく，生果向け出荷が増加傾向にある．果実の用途に応じた熟度の果実を収穫しなければならない．一般に未熟果は酸味が強く，食味もよ

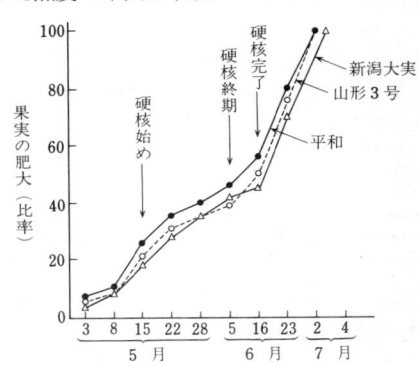

図7.2　アンズ主要品種の果実肥大曲線
（長野県果樹試験場，1985）

くない．また過熟果は日持ちが悪く，腐敗しやすいので，とくに適熟果の収穫に心がける必要がある．

アンズの成熟は品種，気象条件，土壌条件，樹勢，着果量などによって違ってくる．また日持ち性が悪く，収穫適期の期間が短いのがアンズの特徴である．適期を逃さず，速やかに収穫を行う．

アンズの果実の肥大の特徴は，モモなど他の核果類と同様な二重のS字曲線を描いて肥大する（図7.2）．受精した果実が急激に大きさを増す第1肥大期がある．満開後5〜6週間頃になると果実の肥大の鈍る硬核期があり，核の硬化とともに胚の成長が活発となる．収穫3週間前頃になると，再び果実の肥大がみられ，収穫期に至る．硬核期以後に再び果実の肥大が始まると，収穫が近いので準備を進める．

a．適熟果の判定

果皮の地色の変化 品種固有の大きさに達すると，果頂部より果皮の緑色は薄れ黄色となり，その後橙黄色となる．果柄付近の果皮の緑色が黄色に変わり始めた頃が収穫の適期となる．ただし，品種により地色の色調や変化の状況が違うので注意する．山形3号，信陽，信山丸などの品種は赤橙色となり，色の変化も早い．平和や新潟大実は橙色，ゴールドコットは橙黄色とやや淡い．品種と地色の状態を確認して適期に収穫する．また信州大実やハーコットなどの品種は陽光部の果面が着色するので，着色に惑わされないよう注意する．

核離れの状態 適熟になった果実は核離れがよく，手で縫合線にそって押すと，簡単に二つ割りにできる．未熟な果実は核離れが悪く，二つ割りも難しいので，核離れの状態で果実の熟度が把握できる．核離れのよい甚四郎や信山丸などの品種は熟すると果肉との空洞が大きくなり，適熟果を振ると核の音がする．

果実と枝の離脱 果実が成熟してくると果柄との間に離層が形成される．そのため軽く果実を引いたり捻ったりするだけで，簡単に枝から採れるようになる．未熟な果実は離脱しにくい．

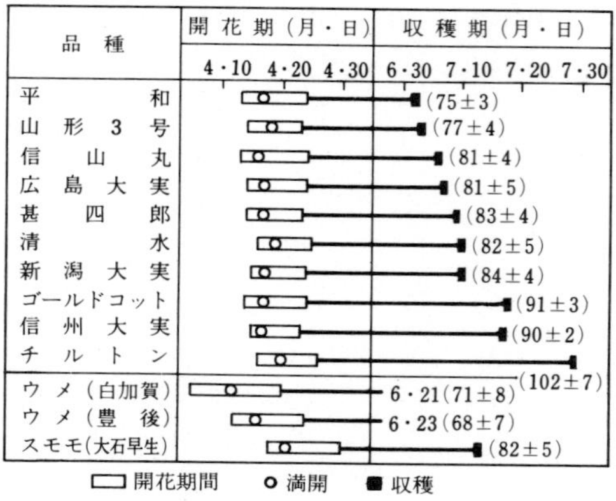

図7.3 アンズ主要品種の開花期と収穫期（長野県果樹試験場，1983）
（ ）内は満開から収穫までの成熟日数．1973〜82年の平均値．

食味 樹冠上部の陽光面の果実を試し採りして，果肉の弾力性，食味や香気などにより成熟状況を判断する．とくに信陽，甚四郎，ゴールドコット，ハーコット，ライバル，アルフレッド，チルトンなどの甘味が多く，酸味の少ない，生食用に適する品種は肉質と食味を収穫の目安とする．

アンズは開花期が早く，年次差も大きいので，果実の成熟日数や暦日での熟度の把握は難しい．主要品種の成熟日数を図7.3に示した．収穫適期は，以上のような項目を総合的に判断して決める．果実は樹冠上部の陽光面から熟してくるので，これらの果実を試し採りして収穫期を決定する．

b. 収穫方法

アンズは日持ちが悪いのが特徴である．鮮度を保ち少しでも日持ちをよくするため，できるだけ果実温の低い早朝に収穫を行う．やむをえず温度の高い日中に収穫した果実は，冷涼な風通しのよい場所におき果実温を下げる．

成熟の早い樹冠上部から収穫を始め，2～3回に分けて適熟果から収穫を行う．収穫は結果枝や収穫果を傷めないようていねいに取り扱う．傷害果は果肉の軟化が早く，腐敗しやすい．また収穫期が梅雨時に当たるので，灰星病被害果が混入しないよう注意する．

c. 裂果の発生原因と対策

アーリーオレンジやチルトンなどの欧州種は裂果が多発する．これらの品種は欧米の降水量の少ない地域で育成されたため，雨の多いわが国での栽培では裂果が多くみられる．しかもアンズの収穫は梅雨期に当たり，悪い条件が重なる．わが国で育成された平和などにもしばしば裂果がみられ，アンズの栽培を不安定にしており，商品価値を下げ果実腐敗の原因ともなる．

アンズの果実は後期肥大がおう盛で，硬核期をすぎると，果実が急激に肥大を始め，収穫期まで続く．収穫間近の最も果実肥大がおう盛な時期に降雨にあうと，果実に大量な水分が吸収され，果皮が耐えきれなくなって裂果が発生する．土壌からの急激な水分の吸収過剰と果面からの水分直接吸収とが原因である．

裂果の発生には品種間差がみられ，一般に生育期間中の雨の少ない欧米で育成された品種に裂果の発生が多く，雨の多い東洋産（日本および中国東南部）の品種には裂果の発生が少ない．わが国で育成されたアンズでも平和や早生大実などは裂果が多い．裂果の発生の少ない品種は山形3号，広島大実，新潟大実，信州大実，信山丸などである．また欧州種でもゴールドコットやアルフレッドなどの品種には裂果がみられず，ライバルやハーコットなども発生は少ない．したがって生産安定のためには裂果の発生の少ない品種を選択することが重要である．あえて裂果の発生の多い品種を栽培するには，施設化により雨を避けるような手段が必要である．

粘土質で土壌水分の変化が激しい園地や耕土が浅く根張りの悪い樹などで，裂果の発生が多くみられる．排水対策や土壌改良を実施して根域を深くするとともに，樹冠下には稲わらを敷くなど土壌水分の激変を少なくしてやることも必要である．また葉が少なく太陽光線が直接当たるような位置の果実に，裂果の発生が多くみられる．こ

のような果実は果皮に弾力がなく,果実の急激な肥大で裂果しやすい.側枝の更新を早めに実施し,枝のはげ上がりを防ぎ,せん定の適正化により好適な樹相へ誘導してやる.

(5) 整枝・せん定

アンズの樹はウメに比べ,直立する性質が強く,大木となる.とくに若木時は樹勢がおう盛で,樹冠の拡大も早い.しかし傷口の癒合は他の核果類同様に悪く,大きな切り口を作るとなかなか癒合しない.放任栽培で樹高が高くなってから,あわてて切り下げるのではなく,若木時からしっかりと樹を仕立てていくことが大切である.

a.結果習性

花芽はモモやウメと同様に,新しょうの葉えきに着生する.多くは複芽の状態で,2～3個の花芽と葉芽が併生している.結果枝は長果枝,中果枝,短果枝,花束状短果枝に区別される.モモに比べれば節間は短い.これらの結果枝は頂芽が葉芽で,えき芽には葉芽と花芽が混在している.長果枝や中果枝にも着果するが,短果枝や花束状短果枝が結果枝として重要である.隠芽の寿命が比較的長く,不定芽も多く発生するので,側枝や結果枝の更新は容易である.

b.目標の樹形

開心自然形を目標に仕立てる.主枝は2～3本とし,第1主枝は地上40～50 cmくらいから発生させ,他は20 cm以上の間隔をあけて出す.各主枝には亜主枝を2～3本作り,各亜主枝の間隔は60～90 cmくらいとする(図7.4).

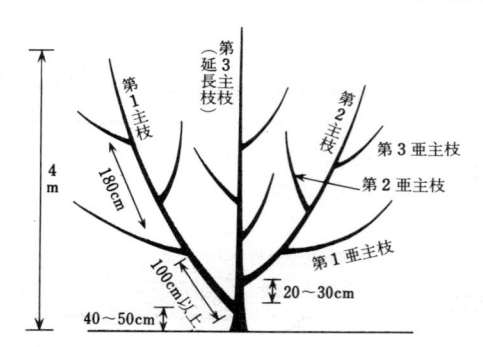

図7.4 目標樹形

アンズは高木性の果樹で,放任すると樹高はかなり高くなる性質がある.作業能率と安全性を考えると,樹高は4 m以下に維持し,あまり高くしない.主幹部に直射光線が当たると,日焼けを起こしやすい.障害部には胴枯病が入りやすく,樹勢衰弱や枯死樹が多発する原因となる.整枝・せん定に留意し,健全な主幹を形成する.

c.幼木の仕立て方

1年生苗木は地上から60 cmくらいの充実した芽で切る.第1主枝の分岐位置を高くすると,主幹部に直射光線が当たり,日焼けを起こしやすくなる.第1主枝は40～50

cm の低い位置から分岐させ，主幹部を日陰にしてやることが大切である（図7.5）．
　新しょうが伸び始めたら主幹延長枝を選び，他の競合する新しょうは切除するか摘心を行う．主幹延長枝には支柱を添えて誘引し，太く伸ばしてやる．幼木期の夏期管理は冬季せん定以上に骨格枝を形成する上で重要である．

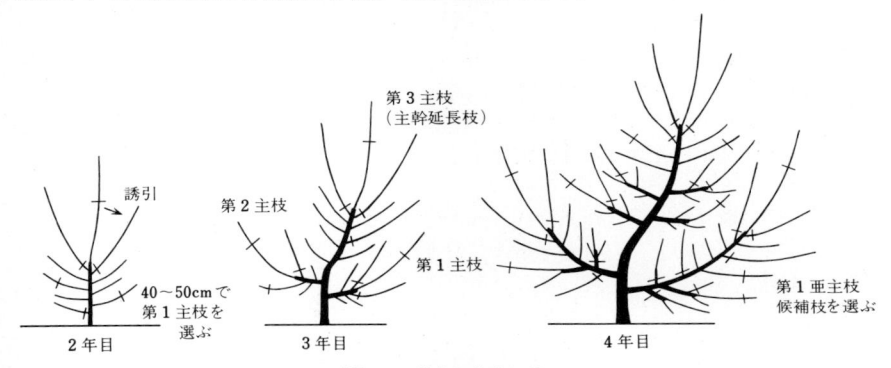

図7.5　幼木の仕立て法

　2年目の冬季せん定では，主幹延長枝は伸長量の1/2〜1/3程度を，外芽の位置で切り返す．延長枝以外の下方の枝については，発生角度の狭い枝や太い徒長枝などは基部から切除し，発生角度の広い枝や細く弱い枝を残す．残した枝のなかから第1主枝候補枝を選ぶ．3本主枝の場合は，発生方向を考えながら第2主枝候補枝も選ぶ．太く強勢な枝を残すと上段主枝（主幹延長枝）の生育を妨げ，樹形を乱す原因となるので注意する．主枝の発生位置を接近させると，車枝になり，主枝が裂けやすくなる．主枝は将来各々均等な勢力をもたせるため，一定の間隔をとり，下部の主枝ほど細く弱いものを使用する．第3主枝を10とした場合，第2主枝は6，第1主枝は2程度の比率にしてやる．生育期間中の新しょう管理は1年目と同様に行う．

d．若木の仕立て方

　若木時代は骨格枝の形成に主体をおき，主枝や亜主枝の先端は強めに切り返す．切り返しは伸長した枝の長さにもよるが，約1/3程度とする．
　亜主枝は主枝より数年遅れて確立する．形成が早いと主枝より強大になり，樹形が乱れるもととなる．亜主枝は結果部を拡大するための枝であるから，隣接する枝との関係をみて慎重に決定しないと，太陽光線の樹冠内部への導入を悪くし，結果容積を減らすことにもなる．亜主枝候補枝の選択は主枝の斜め下方より発生した枝で，主枝の太さの半分以下の太さの枝がよい．2〜3本の亜主枝を下部より順に交互に配置し，上段の亜主枝ほど小さくする．主枝や亜主枝上には側枝や結果枝を配置するが，日照や風通しを妨げない限りなるべく多く残し，樹冠の拡大と骨格枝の肥大を図り，一部結実の確保も考える．

e．成木のせん定

　主枝や亜主枝など骨格枝が確立し，これらの枝には側枝や結果枝が配置されて，本

格的な結実が始まる．樹形の確立後は徒長枝や密生する枝を間引き，樹冠内部への日照の導入を妨げないようにする．密植園では枝の交差により，樹冠内への太陽光線の導入が悪くなり，下枝のはげ上がりや果実品質の低下がみられるようになる．早めに間伐を行い，密植の弊害を防ぐ．

　側枝は大きくなると結実部が上昇し，基部がはげ上がるようになる．3～4年結実を続けると衰弱して枯死するものが出る．なるべく主枝や亜主枝に近い結果枝を利用して更新を図る．結実は短果枝や花束状短果枝を中心とする．逆行する枝は大きいほど下枝への影響も大きくなり，作業もやりにくくなるので早めに間引いてやる．樹冠内で異なる主枝から発生する枝が交差するときは，原則として上段の主枝から出た枝を残す．

　樹勢の強い樹のせん定は弱めに行う．逆に樹勢が弱すぎる場合は，太枝の間引きを多くして，その他のせん定は軽く行う．老木のせん定はやや強めにして，下枝のはげ上がりを防ぐ．

7.5　出荷・貯蔵

　収穫した果実は熟度，外観，大きさなどにより等級別に選果し，生食用出荷の場合は速やかにパック詰めをして出荷する．1パック700g入りで，4パックを1箱としている．アンズは日持ちが悪いので，果実の熟度と鮮度の保持が大切である．加工用出荷の場合はコンテナに等級別に分けて詰め，1℃くらいの冷蔵庫に搬入し，加工まで貯蔵している．適熟果で果皮にあざのない大・中玉果実は二つ割り加工用として，同じく小玉果実は丸アンズ加工用に向けられる．過熟果やあざのある果実はジャム加工用となる．

7.6　加　　工

　アンズの加工にはシロップ漬け，ジャム，乾果などがある．二つ割りシロップ漬け加工は果実を縫合線で切断し除核後に，熱アルカリ液で除皮し，糖液に漬け込む．果実の大きな平和，新潟大実，信州大実などの品種が適している．また信山丸は丸アンズシロップ漬け加工向けに選抜された品種で，肉質がち密で優れており，除皮除核しないで果実を丸のまま加工するため，杏仁の特徴ある香りがする．このほか丸アンズ加工には清水号や昇進堂などの品種が優れている．

　ジャムやプレザーブジャム加工はやや熟した果実が適し，欧州種が香気も多く製品が優れる．乾燥アンズは果実を二つ割にして天日あるいは機械乾燥をして仕上げる．大果で果肉の厚い品種は乾燥に時間がかかり，天日乾燥では腐敗の原因ともなる．また品種によっては乾燥後のアンズの色調が黒ずむことがある．鏡台丸は製品の色調がよく品質も優れる．

〔山西久夫〕

7.7 病害

a. 黒粒枝枯病

診断 前年に伸びた着果枝にのみ発生し,花芽は開花することなく枯れる.芽の周囲は楕円形に黒褐色の波状形輪紋を描き,樹脂を分泌することが多い.発病した芽の上部の枝はやがて枯れる.病斑の形成は,早いものは2月下旬頃から認められる.後期の病斑部の表皮はいぼ状の黒粒点を形成し,内部に柄胞子を蔵成する.

病原菌 *Coryneum* sp.

伝染経路 枝上の被害部で胞子が成熟し,病斑の表皮が破れて飛散する.成熟した胞子はただちに飛散することなく,前年の被害部に残り,長い間伝染源となる.新しい病斑上では7月下旬頃から成熟し,8~9月に感染して,早春から発病してくるものが多い.

品種感受性 品種による発病の差は顕著である.平和が著しく罹病性で,新潟大実,勝沼,昭和は発生するが少ない.在来のきょう木性樹はほとんど発生しない.

防除 薬剤防除: ボルドー液(3-3式)を開花前10日前後に散布する.潜伏感染する秋には,収穫後8月下旬~9月上旬にボルドー液(3-12式)またはキャプタン剤を散布する.散布回数はこの間に3回とする.

耕種的防除: 平和は洋アンズ系で品質はよいが罹病性である.被害枝は伝染源であるので徹底的にせん除する.

b. 黒星病

診断 葉,新しょう,果実に発生するが,果実に発生した場合は商品性が著しく低下する.果面に暗緑色の丸い小さな斑点ができ,果実の肥大に伴って黒色のさび状斑点になる.病斑は果梗に近い部分に多く,集合して発生してさび状あるいは亀裂を生ずることがある.

病原菌 *Cladosporium carpophilum* Thümen

モモ黒星病を参照.

伝染経路 越冬は枝病斑で行われ,翌春分生胞子が形成されて伝染源となる.果実では5月中旬の幼果の頃,雨水によって伝播し,発病までには30~40日ぐらいとされ,果実の肥大に伴って被害は目立ってくる.

防除 薬剤防除: 薬剤の適切な使用で十分防除効果を上げることができる.まず発芽前に石灰硫黄合剤を散布する.その後5~6月の生育期は水和硫黄剤,または有機硫黄系農薬を数回散布する.

c. 灰星病(花腐れ症)

診断 花,枝,果実に発生する.花では花腐れ症ともよばれ,防除不良園ではごく普通に発生する.開花期に花弁は降霜にあったようにアメ色に萎縮して落花することなく,結果枝に固着して残る.やがて病勢は枝に転移し,枝を一周すると上部は枯死する.萎縮した花弁には灰褐色粉状の胞子塊が観察できる.果実では熟期が近づくに

つれて発病は多くなり，軟化腐敗して，表面が灰褐色粉状の胞子塊で覆われる．全果腐敗すると後に乾固してミイラ状になる．

病原菌 *Monilinia fructicola* (Winter) Honey, *M. laxa* (Aderhold et Ruhland) Honey

モモ，オウトウなど核果類共通の灰星病菌である（モモ灰星病を参照）．しかし，アンズでは熟果腐れよりも花腐れが多く，病原菌は *M. laxa* が圧倒的に多い．子実体は暗褐色のロート状で，子のう胞子は広楕円形，無色，単胞，分生胞子はレモン形，ときに亜球形，無色，単胞，分離器を欠く．

伝染経路 被害花器は年内には脱落するが，被害枝部には翌春胞子堆が形成され，多量に分生胞子を形成し，第一次伝染源となる．落果した被害果実には菌核が形成され越冬後に子実体を形成して子のう胞子により伝染する．

防除 薬剤防除： 花腐れの薬剤散布は開花直前と落花直後にプロシミドン剤，ピンクロゾリン剤またはイプロジオン剤のいずれかを散布する．熟果腐れには収穫1カ月前頃，上記薬剤を2回ぐらい散布する． 〔尾澤 賢〕

7.8 虫　　害

(1) 発生様相

主要害虫はアブラムシ類，コスカシバなどで，従来とあまり変わっていないが，一部ではカメムシ類による幼果の被害が目立っている．

(2) 主要害虫

a．モモアカアブラムシ (green peach aphid) *Myzus persicae* Sulzer

被害の特徴 アンズのほか，モモ，スモモ，ウメ，ナシ，カンキツ，リンゴなどに寄生する．展葉直後から寄生が始まり，5～6月頃が発生最盛期となる．葉裏に寄生し，寄生が多くなると新しょう先端葉が不規則に萎縮し，新しょうの伸長が阻害される．

生態 越冬は芽の付近などに産みつけられた卵で行うが，暖地では他の作物で胎生雌で行う．長野県では4月下旬頃から寄生が始まり，5～6月が最も増殖が盛んとなり，6月下旬～7月上旬になると減少する．この時期から有翅虫が出て，ダイコンなどのアブラナ科植物へと移っていく．とくに4～5月の気温が高く経過するような気象条件で多発する．

防除 薬剤防除： 落花直後にバミドチオン剤，ESP剤などの浸透性殺虫剤を散布する．新しょうの先端に寄生し，発生期間は2カ月に及ぶので，好適な気象条件が続いて発生が多い場合は1回の防除では防ぎきれないことがある．したがって，多発してからでは防除の効果が劣るので，発生初期，低密度時の散布が重要である．

b．モモコフキアブラムシ （mealy plum aphid） *Hyalopterus arundinis* Fabricius

被害の特徴　モモ，スモモ，ウメなどにも寄生する．発生時期はモモアカアブラムシより遅れ，最盛期は5月下旬～6月である．葉裏に寄生するが，モモアカアブラムシのように激しく巻葉することはない．また，若葉だけでなく成葉にも寄生する．被害葉は白粉で汚れ，硬化する．排せつ物によりすす病を併発して葉や果実を汚染させる．

生態　枝上に産みつけられた卵で越冬する．春先にふ化して増殖を行い，7月になると有翅虫が現れてアシやヨシなどのイネ科の植物に移動する．無翅胎生雌虫や幼虫は体に白いろう物質をつけているので他の種と判別しやすい．

防除　薬剤防除：　発生が認められたらバミドチオン剤，ESP剤などの浸透性殺虫剤を散布する．体にろう物質をつけて重なって寄生するため，多発してからの防除では効果が劣るので，発生初期の防除に重点をおく．

c．コスカシバ （cherry tree borer）　*Synonthedon hecter* Botier

被害の特徴　モモ，スモモ，オウトウ，ウメなどにも寄生する．幼虫が主幹の樹皮下を食害する．食入孔からは虫糞の混ざった樹脂が漏出する．幼虫は成長するにつれて木質部まで食害するようになり，糞粒も大きくなる．被害樹は樹皮が荒立ち，さらに寄生を受けやすくなって樹勢が弱まる．

生態　越冬は幼虫が食入部で行う．年1回の発生で，長野県のモモ園では8月下旬～9月にかけての発生が多いが，アンズでは6～9月までだらだらと発生するパターンも認められている．幼虫は3月頃から活動を始める．羽化は体を半分ほど樹皮外に出して行うので脱殻が残る．

防除　薬剤防除：　9月に殺卵，殺ふ化幼虫を目的としてMEP剤を散布する．この時期の防除ができなかった場合は，MEP剤を主成分とした浸透性の高い枝幹害虫防除剤を主幹に散布する．これらの防除もできなかった場合は発芽前に10月と同様の防除を被害部の虫糞を取り除いてから行う．

d．ナシヒメシンクイ （oriental fruit moth）　*Grapholitha molesta* Busck

被害の特徴　リンゴ，ナシ，モモ，スモモ，オウトウ，ビワなどにも寄生する．幼虫が果実内部を食害し，食入孔からはヤニが出る．また，第1世代の発生時期は果実がないので，新しょうに産卵され，幼虫は新しょう内を食害するため，やがて先端は枯れる．心折れとよばれている．

生態　越冬は老熟幼虫が枝幹の粗皮下などに薄いまゆを作って行う．長野県の平坦地では成虫は年4回発生するが，岡山県では5回発生する．アンズは収穫期が早いので近くに遅くまで果実のついている樹種のある園で発生が多くなる．

防除　薬剤防除：　落花10～20日頃および6月中旬頃ダイアジノン剤などを散布する．

耕種的防除：　心折れの被害を発見したら取り除く．

e．ウメシロカイガラムシ (white peach scale) *Pseudaulocaspis prunicola* Maskell

　被害の特徴　枝幹に寄生して樹液を吸汁するので多発すると枝は枯死し，樹勢は低下する．また，幼虫は果実にも寄生し，果実の表面に赤色の斑点を生じる．白いカイガラを作り，重なり合って寄生しているので寄生部が白くみえる．

　生態　越冬は授精した雌成虫が樹上で行う．年2～3回発生する．4月頃から産卵が行われる．

　防除　薬剤防除：　休眠期に機械油剤を散布する．また，各世代の幼虫の発生初期にダイアジノン剤などを散布する．　　　　　　　　　　　　　　　　［萩原保身］

8. ウ　メ

8.1　経営上の特性と問題点

　ウメは万葉の昔から花木として日本人に愛されてきたが，果樹として日本人に利用されるようになったのは意外と遅く，江戸時代になってからである．当時の栽培面積はわからないが，明治後期以降の栽培面積の変遷をみると，日露戦争後，軍需用として面積が増え，11,000～17,000 ha で推移し，第二次世界大戦後，軍需がなくなって減少し，1960 年頃は 8,000 ha くらいまで落ち込んだ．それが世の中が落ち着きをとり戻すにつれて回復のきざしをみせ，1962 年に酒造法の改正があり，それまで禁止されていた梅酒の自家製造が認められてからウメの需要が増え，ウメの増植が一気に盛んになって，1964 年に 10,000 ha を超え，1972 年には 16,400 ha に達した．ここでいったん栽培面積の増加は停滞するが，1980 年以降，ウメが健康食品として人気が出てきたことによって需要が再び増加に転じる．他の果樹の価格が伸びないなかにあって堅調なこともあって面積も増えて 1987 年には 17,100 ha に増え，その後も増え続けている．このようにウメの栽培面積は軍需用，梅酒用，健康食品ブームといった社会の動きに応じて増減していることがわかる（図 8.1）．

　生産量は年により豊凶の差が大きいが，戦前が 5 万 t 前後，1955～74 年頃は変動が

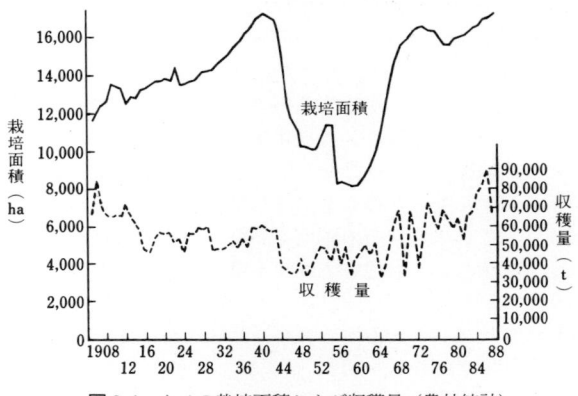

図 8.1　ウメの栽培面積および収穫量（農林統計）

大きく 3〜6万 t，1975〜84 年頃が約 6 万 t，最近は少し増えて 7〜9 万 t となっている．このほかに台湾から輸入が増えて多い年には 15,000 t にも達している．

ウメの需要は今後も堅調であろうが，今のような勢いで増植が続くと生産過剰という事態に陥るおそれがないとはいえず，さらに需要を伸ばすために，ウメジュース，カリカリ漬けなどの他にも新しい，人気のある用途を開拓する必要があると思われる．

ここで果樹としてのウメの特徴をあげると次のとおりである．

① 加工して利用される：ウメの果実にはクエン酸を主体とする強烈な酸があり，生食できないので，必ず加工してから利用される．加工の方法としては梅干し，梅漬けが多く，次に青ウメとして梅酒用に利用される．この他にウメジュース，ウメジャム，ウメシロップ（糖液による果汁浸出液），梅びしおなどがある．

② 未熟状態で収穫される：一部の産地では梅干用にかなり熟度が進んでから収穫するが，一般にウメは未熟状態で収穫される．とくに梅酒用の青ウメがその傾向が強い．

ウメは採取する頃に最もよく肥大するために，採るのが早すぎると収量が少なくなる．しかし，早出しすれば価格が高いためどうしても早く採られる傾向にある．ところが，あまり早いと外観はよくても製品の品質が劣ってくることが多いので，早採りしすぎるのは避けるべきである．

③ 開花が早く結実が不安定である：ウメは暖地の原産で低温要求量が少なく，そのため，落葉果樹のなかでは最も開花が早い．関東から西では，年により差が大きいが，早い年は 2 月から開花が始まる．しかし，開花が早い年はそれだけ寒害を受けやすく，また訪花昆虫の活動が鈍いこともあって結実は安定しない．ウメの開花の早晩と生産量の関係をみると，開花の早い年は不作で，晩い年は豊作となることが多い．

④ 全国に広く栽培されている：ウメは北海道を除く全国至る所で栽培されている．ただし，青森県など東北地方北部ではウメといわれているもののほとんどは正確にはアンズで，ウメはあってもアンズ系の豊後ウメといわれていて，普通のウメは栽培困難である．わが国の農家の多くは庭や畑の片すみなどにウメを植えていて，カキとならんで普及度はきわめて高い．

⑤ 各産地で主要品種が異なる：ウメでは全国的に栽培されている品種は白加賀だけといってよく，あとは甲州最小がやや多いくらいである．白加賀も東日本が主体で西日本では多くない．わが国ではウメは近年までかなりの部分が実生繁殖されてきたので，各産地には多数の実生樹が生じた．これらの実生樹は遺伝的に親とは変異しているので無数の系統が生じたことになる．そして，これらのなかからその土地に適した優良品種が選抜されていって，その産地の品種群が形成されたものと思われる．ウメでは，ある産地で成績のよい品種を気候や土壌の違う他の土地へ移してみると成績がよくないということがしばしばみられる．そのため，各産地ではそれぞれの場所に適合した品種が栽培されている．各地のおもな品種をあげてみると群馬県は白加賀，養老，花香実，和歌山県では南高，古城，徳島県では鶯宿，林州，福井県では紅サシ，剣先，石川県では藤之梅，富山県では稲積などである．

⑥ 収穫に労力が集中する：ウメは比較的労力がかからない果樹であるが，その半分近くが収穫に集中する．とくに小梅の場合は収穫に労力がかかる．青ウメ用の場合は傷をつけないように手取り収穫になるが，梅干し，梅漬け用の場合は竹ざおでたたき落すとか，振動収穫機を用いて収穫時間を短くする方法をとることができる．

⑦ 収量が少ない：ウメは単位面積当たりの収量が少なく，1987年の農林統計の生産量を栽培面積で割ると10a当たり390kgとなり，クリを除く主要な果樹と比較すると大幅に少ない．これには，散在果樹が多いこともひとつの理由であろうが，放任園や管理の不十分な園がかなりあるためと思われる．しかし，日本一の産地であり，よく管理された園の多い和歌山県の反収が1984年から1986年にかけて1tを超えていることからわかるように，適地において十分な管理がされれば1〜2tの反収をあげることはさして難しくない．

⑧ 収穫が早く，現金収入が早く得られる：ウメは収穫が早く，遅くとも7月には収穫が終る．青ウメで出荷すれば販売代金がオウトウ，ビワなどとほぼ同時期で，その他の果樹より早く収入が得られる．ただし，加工して出荷する場合はもっと遅くなる．

⑨ 自家加工すれば収益性が増す：ウメ果実を生産するだけでなく，加工して出荷すれば，付加価値によって高価格で販売できて経営上有利である．しかし，そのためには加工用に設備投資をしなければならないので，大規模に栽培しているところに限られるであろう．

8.2 分類と来歴

(1) 分 類

ウメは花ウメと実ウメに大きく分けられる．花ウメは観賞用であり，花の形状などによりさらに細かく分けられるが，ここでは省略する．実ウメは，その利用する部位である果実の大きさによって小ウメ，中ウメ，大ウメに分けられる．この大ウメには普通系のウメと豊後系のウメが両方とも含まれる．

小ウメはおよそ10g以下の果実を着けるウメをさし，甲州最小，竜峡小梅などが代表的な品種である．ウメはアンズと近い類縁関係にあり，大ウメや中ウメの一部にはアンズに由来すると考えられる形質をもつものがあるが，小ウメはアンズの形質がほとんどみられない純粋なウメと考えられている．枝は細く，発生が密で，花は白色で小さい．開花が早く，花粉稔性があり，自家結実する品種が多い．

中ウメは果実の大きさが10〜30gの品種で，白加賀，南高，鶯宿，玉英など主要品種の多くはここに含まれる．アンズに由来すると思われる形質を少しもち，枝は小ウメより太く，発生は少なくなる．花の色は白か淡桃で，自家結実する品種は少ない．白加賀や玉英のように花粉がないか，稔性の低い品種がある．

大ウメは果実が30g以上の品種群で，普通ウメ系と豊後ウメ系とがあり，普通ウメ系は中ウメと樹性はほとんど変わらず，果実だけが大きい品種で，養老，隠居，杉田などの品種がこれに含まれる．豊後ウメ系はアンズの性質が強く現れる品種群で"豊

後"に代表されるが，豊後は品種名というよりは，品種群の総称と考えた方がよいくらい多くの系統の豊後がある．すなわち，一口に豊後といっても花弁が一重のものや八重のものがあり，果実の形状，大きさもかなり異なる種々の系統が各地でみられる．

　豊後ウメに共通してみられる特徴は，アンズによく似ていて，枝が太く，よく伸びた枝はとくに長さのわりに基部が太く，ずんぐりした感じとなる．また，葉の付いた位置がこぶのように盛り上がるため，ごつごつした枝となる．花は桃色または淡桃色で大きく，花粉稔性はかなり高い系統からまったくない系統までいろいろである．果実はアンズに似て，大きさは40gから大きいものは70gに達し，形はやや平たいものから丸いものまであり，果形が不整で玉揃いがよくなくて縫合線が深いものが多い．核は大きく，中ウメに比べて長さのわりに厚みがなくて平たく，表面の模様が粗く，ざらざらしたかんじである．

　各地にある豊後という品種は同じものではなく，それぞれが別の品種と考えた方が実態に近いようで，その数は数百にのぼるものと思われる．

　ウメの分類にはこのほかに赤い色素をもたない品種を青軸とする分け方がある．実ウメでは玉梅だけがこれに該当するので，玉梅の別名となっている．これを純粋ウメとする考え方もあるが，鶯宿などの実生にも出現するので，これ自体は純粋ウメを示す形質というよりも，ウメのひとつの遺伝的形質と考えた方がよさそうである．

（2）来　　歴

　ウメの原産地は中国南部である揚子江流域の温暖な地域と考えられている．そして，その分布は中国南部，台湾，朝鮮半島および日本であり，東アジアの一部に限定されている．わが国では大分県や宮崎県に自生しているウメが報告されているが，現在はその場所にいっても確認できないようである．そして，古くからわが国で栽培されてきたウメが中国から渡来したものによるのか，自生していたものと渡来したものとのかけあわせによるものなのかは今となってはよくわからない．

　ウメが遣唐使などを通じて中国からわが国へ伝わったのは文献などにより確かである．その当時は観賞用としてであり，そして，ウメの早春に咲く花とその芳香は日本人の心情によく合って好まれ，上流階級を中心に広まっていった．したがって始めは果実は利用されなかった．おそらく，当時のウメは結実がよくなかったと思われる．その後，実生繁殖が行われ，結実のよい系統が得られるようになって，果実の利用が試みられたのであろう．最初は薬用として，次にその強い酸を利用して染料の安定剤として京都・奈良を中心に栽培されるようになった．そして，鎌倉時代ぐらいから梅干しや梅漬けなどが考案され，江戸時代に普及していった．しかし，文献でみる限り，実ウメの品種は江戸時代になっても10数品種程度しかなかったようである．

　実ウメは内田梅の系統が有名で，これが京都から和歌山などに伝わったようである．和歌山では内田梅の実生繁殖などにより数多くの在来品種群ができあがっていった．京都から，さらに福井県，石川県など北陸地方にも伝わっていき，この地域にも種々の在来品種を生み出していった．こうして，各地にそれぞれの気候風土に適した品種

群が形成されていった．

8.3 品種の変遷と品種解説

(1) 品種の変遷

江戸時代　ウメは中国から伝わったものが現在の栽培品種のもとになっていると考えられるが，奈良・平安時代に伝えられたのがどんな品種かはまったくわかっていない．当時は接ぎ木という技術がなくて品種として保存することはできなかったのかもしれない．

果樹として文献に品種名が登場してくるのは17世紀，江戸時代になってからである．江戸時代の文献に出てくる主要な品種は，白加賀，紅加賀，養老，花香実，豊後，林州などである．

明治・大正時代　白加賀の果実品質の優秀性が認められ，全国的に広く普及し，栽培されるようになった．このほかに，甲州最小もこの時期に命名され，普及していった．しかし，これ以外の品種で各地へ広まり，栽培された品種はなかった．

昭和時代　戦争をはさんで栽培面積では大きな変動のあった時代であるが，品種的にも大きな動きがみられた．各地で優良品種を探索する気運が高まり，長野県や和歌山県で実施された．その結果，竜峡小梅と南高が選抜され，名称登録になった．このほかに，在来の実生樹から玉英と梅郷が見出され，やはり名称登録になっている．徳島県からは，大正時代からあった鶯宿が各地に広まっていったのも昭和に入ってからである．このほかに徳島県では県の試験場が城州白に鶯宿を交配して月世界を育成し，発表している．北陸原産の稲積，藤之梅も戦後しだいに各地に普及していった．農林水産省果樹試験場においてもウメの育種を行っており，現在，ウメ第1回系統適応性検定試験を実施中である．

平成と元号が改まった時点で品種の動向を概観すると，東日本を中心に全国的に普及している白加賀は，栽培面積第1位の座は維持しても，今後は少しずつ減少していくものと思われる．そして南高，玉英，梅郷，鶯宿などの新しい品種がしだいにその面積を増やしていって，主要品種が今までよりもバラエティに富んだものとなっていくとみられる．

(2) 品種解説

白加賀　江戸時代から栽培されてきた，古くて最も栽培面積の多い代表的な品種であるが，詳しい来歴はわかっていない．東日本を中心に全国的に栽培されている．

樹勢は強く，樹姿は開張性で，下枝が下垂しやすい．枝は太く，発生はやや少ない．花芽の着生は良好であるが，花粉稔性がまったくなく，自家結実しない．開花期は遅い．

果形は短楕円形で玉揃いがよく，外観が美しい．果実は大きく，25～30gになる．果肉は厚く，肉質は密で繊維が少なく，品質は優秀で，梅酒用，梅干し用のどちらにも

も適する．核の形は短楕円形でやや大きい．
　収穫期は遅く，関東地方でおよそ6月中下旬である．生理的落果はやや多く，やに吹き果の発生もかなりみられる年がある．花粉稔性がないので，結実確保のため受粉樹が必要である．受粉用の品種は鶯宿，南高，梅郷などがよい．

　甲州最小（こうしゅうさいしょう）　有名な品種であるが，来歴はよくわかっておらず，甲州の原産かどうかは不明である．農林水産省果樹試験場の甲州最小は大正時代に当時の園芸試験場長恩田鉄弥が奈良市内の旅館から採集したものと伝えられている．甲州最小は各地に多くの系統があり，特性も少しずつ違うようである．

　樹勢は中くらいで，枝の開張度も中くらいである．枝は細く，密に発生する．短果枝の発生はやや多い．花芽は多く，花は小さい．小ウメは一般に開花が早いが，果樹試験場の甲州最小はやや遅い．花粉稔性は高くない．

　果実の大きさは5gくらいで，玉揃いがよい．果形は短楕円形で，果頂部が少し狭くなっているいわゆるギボシ型である．日当たりのよい果実では陽光面に赤く着色する．自家結実性があるが，率が低いので単植したのでは結実率の変動が大きくなるため，他の中ウメを混植した方が結実は安定する．

　南高（なんこう）　和歌山県南部川村の高田貞楠の園で発見された内田梅の実生で，優良系統と認められ，選抜に寄与した地元の南部高校にちなんで南高と命名され，1965年に名称登録になった．

　樹勢は強く，樹姿は開張性である．枝の太さは中くらい，発生は密で短果枝が多い．花芽は多く，花は白色単弁で，めしべの発達の悪い不完全花は少ない．花粉は多く，稔性も高いが，自家結実はほとんどしない．開花期の早晩は中くらいで，年による差は大きい方である．

　果形は短楕円形～円形で，片肉果は少ない．果実の大きさは約25gで，玉揃いはやや良である．果皮の陽光面の赤い着色が多い．他の品種では結実しにくい長い枝にもよく結実するのが，収量の上がる大きな要因となっている．ほとんど自家結実しないので単植すると収量が上がらない．結果過多にすると樹が衰弱しやすいので肥培管理をていねいにする．

　玉英（ぎょくえい）　東京都青梅市の野本英一の自宅内の実生と思われる樹が品質の良い果実を着けるので，1960年に名称登録となった．

　樹姿は開張性で，樹勢は強い．枝は太く，よく伸びる．短果枝は多く，白加賀よりも密に発生する．花芽の着生は多い．花粉が少なく，稔性も低い．開花期は遅く，原産地で白加賀よりも数日遅れる．

　果形は短楕円形で白加賀より少し細長い．果実の大きさは25gくらいで白加賀や南高とほぼ同じくらいである．果肉は厚く，肉質は密で品質がよく，梅酒用，梅干し用どちらにも適する．収穫期は晩く，白加賀と同時期である．生理的落果は少ない方であるが，やに吹き果は年によってかなり発生することがある．

　玉英は白加賀と似ている点が多く，白加賀の優良系統と思って，白加賀に準じて栽培管理を行えばよい．結果過多にすると樹が衰弱しやすいことだけ注意する．

梅郷　東京都青梅市の吉野農協が開設したウメ試験地に始めからあった実生と思われる樹が原木で，同市梅郷の青木就一郎が調査したところ優秀であったので地名をとって梅郷と命名し，1969年に名称登録となった．

樹姿は開張性で，樹勢は強い．主枝の先端などの発育枝は太いが，中・短果枝はやや細い．発生密度は中くらいであるが，短果枝は多い．花芽の数は多く，短・中果枝に密生する．花粉は多く，稔性も高い．開花期は遅い方であるが，白加賀や玉英よりやや早い．

果実の大きさは25gぐらい，果形は短楕円〜卵円形で果頂部は狭い．肉質は密で，核が小さく，果肉歩合が高い．やに吹き果は少ない方であるが，年によりやや多いことがある．

収穫期は遅く，白加賀，玉英とほぼ同じである．自家結実性はないが，受粉樹があれば豊産性である．結果過多にすると樹が衰弱するので注意が必要である．

竜峡小梅　長野県農業試験場は1959年から1961年にかけて在来ウメの調査を行い，小ウメの優良系統を選抜した．この小ウメは竜峡小梅と命名され，1962年に名称登録となった．なお，このとき一緒に選抜された別の系統が，信濃小梅の名で流通している．

樹姿はやや直立性で，樹勢は中くらいである．枝は細長く，発生は密である．短果枝よりも中果枝が多く，花芽がよく着生する．花は白色で小さく，花粉が多い．稔性も高く，自家結実性が強い．開花期はとくに早い．

果形は円形〜短楕円形で，玉揃いは良好である．果実の大きさは3〜5gと小さい．肉質は密で品質は優れている．核が小さく，果肉歩合が高い．収穫期は早い．

竜峡小梅は品質の優れた小ウメであるが，病害虫抵抗性はあまり強くないので，十分に能力を発揮させるにはかなり条件のよいところで栽培する必要があり，適地は限られよう．

鶯宿　大正初期に徳島県神山町の農家が和歌山県から穂木を入手して苗木を養成したのが始まりで，和歌山県にはもとになる品種があるものと思われるが，徳島県に渡る以前の来歴はわかっていない．

樹姿は，若木のうちはやや直立性を示すが，成木ではやや開張性である．樹勢が強く，樹は大きくなる．枝の発生はやや密で，短果枝は多い．花芽の着生も多い．花弁の色は淡桃色で開花すると桃色が薄くなる．花粉が多く，稔性も高く90％以上になる．開花期はやや遅いが，白加賀よりは少し早い．

果形は短楕円形で，縫合線はやや深い．果実の大きさは25〜30gで玉揃いはよい．果皮の緑色が濃く，毛じょうが少なく，光沢が感じられ，外観が美しい．赤い着色が陽光面に出やすい．やに吹き果の発生がやや多い．

果実の外観がよく豊産性で，白加賀，南高の受粉樹にも使えるので今後も増えそうである．

稲積　富山県氷見市稲積で発見された偶発実生で，富山県農業試験場園芸分場で優良母樹指定のため集めた品種のなかから1949年に選抜され，翌1950年に地名をと

って命名された．

樹勢はやや強く，樹姿はやや開張性である．枝の太さは中くらいで，密生する．花芽が多く，花粉も多いうえ，自家結実するので豊産性である．

果実の形は短楕円形で果頂部がやや狭い．大きさは 15～20 g とやや小さく，玉揃いもあまりよくない．赤い着色はほとんど発生しない．肉質はやや密で加工製品の品質はよい．

収穫期は早く，果皮の地色が抜けてくるので，小ウメに続いて収穫される．開花期はやや早いが耐寒性が強く，開花期の気象の不安定なところでも結実は比較的安定している．

稲積は気候，土壌を選ぶことが少なく，連年よく結実して，しかも弱ることが少ない丈夫で適応性の広い品種である．

玉梅(たまうめ)　中国から導入されたという説があるが，詳しいことはわかっていない．あるいは花ウメのなかから結実がよく，品質もよいということで選び出されて，実ウメとして栽培されるようになった品種かもしれないが，確証はない．

樹姿はやや開張性で，樹勢は中くらいである．枝はやや太く，枝の発生は少ない．短果枝の着生も多くない．新しょうの色は緑色で休眠枝になっても赤く着色せず，緑色のままで，別名を青軸という．花のがくなど，樹体のどこにも赤い色素をもたない．花芽の着生は中くらいで，花粉稔性は高くなく，結実性はよくない．開花期は比較的早く，白加賀より 2 週間くらい早い．

果形はその名のとおり，豊円形で，大きさは 30 g 前後の大果である．果面の毛じょうは少なく，光沢が感じられる．果肉が厚く，肉質はち密で品質は優れている．やに吹き果は年によってかなり発生することがある．　　　　　　　　　　　　　〔京谷英壽〕

文　献

1) 長谷部秀明 (1980)，ウメの品種と栽培，農文協．
2) 石崎政彦 (1968)，現代のウメ，農業図書．
3) 前田　知，柴本一好 (1971)，現代農業技術双書，ウメ・ウンズ，家の光協会．
4) 吉田雅夫，大坪孝之，土方　智 (1984)，農業技術大系，果樹編 6，モモ・ウメ・スモモ・アンズ，基礎編，農文協．

8.4　栽培管理

(1)　開園・植え付け

a．開　　園

ウメはどんな土壌条件でも比較的よく生育するが，他の果樹に比べて根の分布が浅く，土壌の乾燥の影響を受けやすいので，なるべく有効土層が深く，排水良好な土壌が望ましい．ウメの適正土壌反応は pH (H_2O) 5.8～7.1 であり，4.5 以下では生育がきわめて不良となる．

気象条件は年平均気温 12℃以上のところが望ましく, 開花期の気象と訪花昆虫の活動が作柄を左右するので, 開花期間中の日最高気温 15℃以上の出現率が 30％程度あり, 風当たりの少ない場所がよい. 霜穴, 霜道は避けて, 開花期の風を防ぐために防風垣の植え込みや防風網の展張をする.

表 8.1 開花期と結実性と果実重（群馬県園芸試験場調査）

品種	開花期(日) 始	開花期(日) 盛	開花期(日) 終	開花期間 (日)	白加賀と合致日数	結実率(%)	収穫率(%)	自家結実率(%)	果重(g)
白加賀	22	27	33	12	—	5.8	4.7		24.2
玉英	17	24	31	15	—	24.4	15.9		21.2
古城	19	25	31	13	—	33.1	21.1		20.5
鶯宿	12	19	26	15	5	42.0	29.4	3.3	19.0
梅郷	13	21	28	16	7	51.2	26.4	3.8	18.9
南高	12	20	26	15	5	43.1	19.6	4.7	17.8
花香実	15	22	29	15	8	39.9	20.1	38.4	19.4
養老	16	21	28	13	7	60.3	28.1	2.6	20.0
藤五郎	16	22	29	14	7	47.5	18.3	60.0	18.7
甲州最小	11	17	24	14	3	45.0	36.5	32.0	3.3
信濃小梅	2	14	21	20	0	45.2	32.6	—	4.4
竜峡小梅	7	15	22	16	1	49.3	32.9	—	4.3

開花期は 3 月 1 日起算, 1974～87 年, ただし 1979, 1984 年を除く.
果重は 1975～84 年の平均値.

品種の選択では, ウメは従来からの産地は, その地方の特色ある品種を中心として形成されており, また, 品種によって用途に特色があるので目的に合ったものを選ぶ. ウメは一部の品種を除いて自家結実性が低く, 白加賀, 玉英のように花粉を有しないか, あってもきわめて少ない品種もあるので受粉のために必ず 2 ないし 3 品種の混植とする. 品種の選択にあたっては, 開花期が合致する, 和合性が高い, 健全な花粉量が多いことなどを考慮する (表 8.1).

b. 植え付け

植え付け時の混植割合は主品種に対し補助品種は 30％以上が望ましく, 主品種 60％に補助品種 20％と 20％, 主品種 50％に補助品種 25％と 25％などの割合とする. 成木時の 10 a 当たりの植栽本数は, 普通土壌では 16 本 (8 m×8 m), 肥よくな土壌では 12 本 (9 m×9 m), 地力の劣る土壌では 20 本 (7 m×7 m) を目標とする. しかし, 当初からこの本数では初期の収量が少ないので, 間伐樹を入れて, 正方形植えや互の目植えにし, 生育に応じて縮伐や間伐を行い, 目標の本数にする.

植え付ける苗木は充実したものを選び, ウメは他の果樹に比べ根の活動が早く始まるので, 落葉後に早めに植え付けるのがよいが, とくに土壌が凍結する寒い地方や植え付けが遅れた場合は春植えとする.

植え付けは直径 1 m, 深さ 60～70 cm の植え穴を掘り, 完熟たい肥 5～10 kg, 苦土石灰 2～4 kg, 溶リン 1～2 kg を施し, 土とよく混ぜて, 深植えにならないように根を

広げ，かん水しながら覆土する．苗木は高さ60〜70cmで切り返し，支柱をたて，乾燥や凍結を防ぐために敷わらなどを行うとよい．　　　　　　　　　　［村岡邦三］

（2）整枝・せん定

ウメを栽培する上で整枝・せん定は，生産量の安定，品質の向上をはかるとともに，病害虫の防除，収穫などの諸作業の効率をよくするためにも重要な作業である．整枝・せん定を実施するためには，ウメ樹の性質，特異性を理解した上で行うことが重要である．そこで，ウメ樹の特性を列挙すると次のようである．

① 枝の先端から3〜4芽までの新しょうは強く，長く伸長する．
② 主幹部に近い部位から発生した枝は肥大がよく，強くなる．逆に，主幹部から遠い枝ほど勢いが弱い．
③ 栽培品種のほとんどは放任すると枝が開張し，下垂してくる．
④ 陰芽からの新しょう発生がおう盛である．太枝からの新しょう（徒長枝）の発生が多いので，側枝ばかりでなく亜主枝の更新も容易である．反面，過繁茂となり枝の枯れ込みや，樹形を乱す原因ともなる．
⑤ 夏季せん定が容易である．収穫が終了してから実施するので，当年の生産を考慮せずに樹体のみを対象としたせん定が可能である．

以上の事項を考慮に入れるとともに，生産性，収益性を考慮して整枝・せん定をしなければならない．

a．整　枝

ウメは自然に放置すると樹は開張する性質を有している．樹の骨格となるのが主枝であり，この主枝の配置が将来の樹冠拡大，生産量に影響してくる．それだけに主枝の配置（整枝）には十分な配慮が必要である．一般に，ウメ樹の樹形は，開張性の強い樹種であることから開心自然形が望ましい．

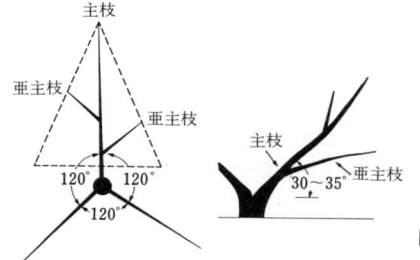

図8.2　主枝・亜主枝の配置

開心自然形の整枝は，3本の主枝と主枝1本当たり1〜2本の亜主枝を主幹を中心に均等に配置するのが基本となる（図8.2）．植え付け1年目には主枝の形成が主となるが，第1主枝（最下部）は地上部30cm，第2主枝との間隔は20cm，第3主枝（最上部）は第2主枝の上方15〜20cmに配置する．樹齢とともに枝が太くなるので主枝間隔は十分にとらないと車枝となる．したがって，植え付け時の苗木の地上部は60

~70cm程度を必要とする．以上のやり方で同年次に主枝3本の配置ができない場合は，初年次に第2・3主枝，次年次に第1主枝を設定する．

幼木時代は樹冠を拡大させながら，主枝・亜主枝を形成することになるが，整枝を厳しく行うと徒長し，結果枝の確保が不十分となり，結実不良のまま樹容積が拡大してしまう危険性がある．若齢樹の期間は亜主枝などの枝数をやや多めに設定し，6～7年次頃から枝数を徐々に整理していくと，初期収量の確保も容易である．

成木になると樹高も高くなり作業性が悪くなる．したがって，作業性，収益性を重視した整枝でなければならない．作業（防除，収穫）効率を高めるために樹高を高くしないことが必要で，主枝を除いた立ち枝は極力除去するか，2～3年で更新することが必要である．水平に近い主枝，亜主枝は衰弱しやすいので，支柱によって適度の傾斜を保つようにして，枝の衰弱を防ぐ．

b．せん定

ウメのせん定には落葉後に行うせん定（冬季せん定）と過繁茂を防ぐために夏季に行うせん定（夏季せん定）とがあり，樹勢や生産量を考慮して各せん定の程度・方法を調節する．

冬季せん定　冬季せん定（一般にせん定といえば冬季せん定をさす）の特徴・注意事項を列挙すると次のようになる．

① 主枝から側枝まで全体の配置を確認しながらせん定作業を行う．
② 翌春に伸長する新しょうの長さを予測して，枝を配置し，樹冠内部の日当たりを考慮しなければならない．
③ せん定量が多い（強せん定）と翌春の反応も強く新しょうの発芽・伸長がおう盛となる．
④ 枝が硬化しているため，枝の切除が困難で疲労度が高い．

夏季せん定　新しょう内への貯蔵養分の蓄積を促すために，8～9月にかけて行う．次に，冬季せん定と比較して夏季せん定の特異的な事項を列挙する．

① 日当たりを悪くしている枝が明確であり，せん定後の日当たりも確認しながら作業できる．
② せん定量が多い（強せん定）と樹勢の低下を招く．したがって，樹勢の弱い樹で

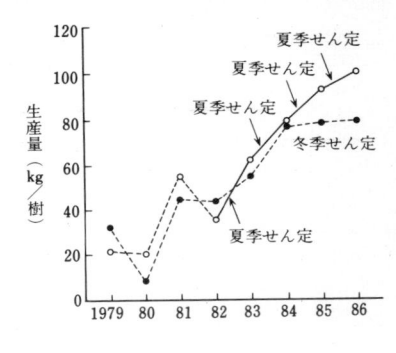

図8.3　夏季せん定の連年実施と生産量の推移（長谷部，1988）

の夏季せん定の実施は避ける.逆に,樹勢が強く結実不良樹に対して実施すると,結実改善に有効である.
③ 枝が軟らかく切除が容易である.
④ 枝の切除後には切り口保護剤の塗布を必ず行う.
　夏季せん定では日当たりを重視して,細部までのせん定は冬季に行う.その割合は夏季7割,冬季3割を目安に実施し,夏と冬の2回のせん定でこの作業の目的を完成させるように心がける(図8.3).　　　　　　　　　　　　　　　　［長谷部秀明］

(3) 結実管理
a. 結実の条件
　ウメの花は,雌ずいに欠陥があって結実できない不完全花の発生率が高い.しかし,健全な雌ずいでは柱頭が褐変するまで受精能力があり,玉英では開花から3日間,紅サシでは6日間は50％以上の高い結実を示す(表8.2).
　また,花粉の発芽は,20℃では受粉後1時間,10℃では2時間,3℃でも6時間以

表8.2　開花から受粉までの期間別結実率と花器の経時変化(宮原,1985)

品種	受粉日 (開花後日数)	結実率 (%)	花器の経時的変化割合(%)			
			柱頭 正常	柱頭の 一部褐色	花弁落下 柱頭褐変	柱頭の しおれ
玉英	開花当日	62	100	—	—	—
	1日目	50	100	—	—	—
	2日目	64	100	—	—	—
	3日目	50	100	—	—	—
	4日目	28	30	60	10	—
	5日目	10	4	10	70	16
	6日目	8	2	8	66	24
	7日目	6	2	6	44	48
	8日目	8	—	4	32	64
	9日目	0	—	—	24	76
	10日目	0	—	—	18	82
紅サシ	開花当日	84	100	—	—	—
	1日目	66	100	—	—	—
	2日目	56	100	—	—	—
	3日目	70	100	—	—	—
	4日目	52	100	—	—	—
	5日目	76	84	16	—	—
	6日目	60	76	22	2	—
	7日目	32	24	64	12	—
	8日目	42	16	62	16	6
	9日目	8	—	22	48	30
	10日目	5	—	10	36	54

内で発芽する．花粉管の伸長は，20℃では12時間後には先端が子房の直上にまで達し，3℃でも24時間後には3～4mm伸長するなど，花粉は低温での発芽伸長力が高い．

ところが，南高・鶯宿・白加賀などの主要品種では自家結実性がなく，他品種との交配によって結実するいわゆる他家結実性である．したがって，植栽に当たっては受粉樹の混植が必要であり，しかも開花期が早春で，訪花昆虫の活動が十分でないことから，2～3の経済品種を同じ割合で混植することが望ましい．また，既存園で品種の混植が不十分な場合は異品種を高接ぎしたり，花芽のついた切り枝をびん挿しすることが有効である．

一方人工受粉は，結実促進のために効果の高い方法であるが，現実には労力的に困難な作業であり，ミツバチやシマハナアブの放飼による虫媒受粉が実用的な方法と考えられる．

ミツバチは，シマハナアブに比べてやや低温での活動力が劣るとされているが，帰巣性があり，飛翔力が大きく，条件さえ整えばその活動量は大きい．花器の受精能力から考えて，4～5日おきに10℃以上の好天に恵まれれば，訪花昆虫が活動し結実は良好となる．そのためにも防風垣を完備し，訪花昆虫の活動しやすい園環境を作ることが大切である．

b．低温障害の回避

受精後の幼果は，生育が進むにつれて低温に対する抵抗力が弱くなり，開花後3週間は－4℃程度，その後は－2～－3℃で凍死するとされている．防風垣は，前述のように訪花昆虫の活動には有効であるが，冷気の停滞による低温障害を招くおそれがある．冷気の停滞しやすい谷間などでは，これを逃がすために防風垣の下部を刈り込むなどの対策を講ずる必要がある．しかし，基本的には低温に遭遇する危険性の少ない立地を選定することが何よりも大切である．

c．着果の適正化

着果の目安は，葉果比で15～20とされており，また，短果枝で2個以内，中長果枝では長さ5～10cmに1個が適当とされている．充実した短果枝では葉果比が小さくても果実は大きくなり，長果枝ではその逆の現象がみられる．このように，ウメの果実肥大は葉数と同時に，結果枝の質との関係が大きい．

摘果は果実の肥大促進に有効であるが，労力的には困難な作業である．また，ウメは開花後1カ月を過ぎた頃の不受精による落果に加え，その後硬核期頃をピークとして収穫期まで，受精果の生理的落果がある．生理的落果の原因は十分解明されておらず，多い年には50％にも及ぶことがある．

このようなことから，着果の調節はせん定作業の段階でむだな側枝を整理し，充実した側枝の適正配置を心がけることが有利と考えられる．

d．結実安定のための総合対策

ウメの結実は，開花期の気象の影響を受けやすく，そのうえ結実後も低温障害や生理的落果に見まわれる危険がある．着果過多年の結実調節もさることながら，むしろ結実不足を解消することが優先課題である．

そのために，結実管理の視点のみの対策にとどまらず，年間を通しての肥培管理の改善，とりわけ貯蔵栄養の合成蓄積期に当たる夏秋季の樹勢管理と光環境の改善が重要であり，充実した側枝を養成し，健全な花芽を着生させることを第一義としたいものである．　　　　　　　　　　　　　　　　　　　　　　　　　　　　　　[田辺賢治]

文　　献

1) 宮原継男，山本　仁（1985），園芸学会北陸支部シンポジュウム講演・研究発表要旨，54-55.
2) 宮原継男（1984），農業技術体系，ウメ，基本技術編，7-18，農文協．
3) 宮原継男（1986），福井園試報，第5号，9-23．
4) 宮原継男（1987），園芸学会北陸支部特別講演研究発表要旨，11-12．
5) 農林水産技術会議編（1982），実用化技術レポート，74-95．
6) 田辺賢治（1984），福井園試報，第3号，11-16．
7) 富田幸作（1982），福園セ報，第1号，1-37．
8) 山本　仁，宮原継男（1985），園芸学会北陸支部シンポジュウム講演・研究発表要旨，53-54．

（4）収　　穫

a．果実肥大と成熟

果実の肥大は満開後30日くらいまでは緩慢であるが，不受精果の落果が終了する満開後30～40日頃から急速に進む．発育の途中，満開後50～60日頃にかけて内果皮（核）の硬化や胚の発育に伴って一時的に発育が緩慢になるが，硬核期以降は再びおう盛な発育をし，収穫期に近づくと大粒種では2日で約1gも増加するようになる．

ウメは開花期や熟期に早晩があるが，おおむね開花後小梅系は80～90日，大粒系は110～130日で成熟期に達する．果実の成熟は果実の肥大，果皮色の変化，果肉の軟化，果肉色の黄化，内果皮の褐色化，クエン酸含量の増加など外観と果実内の変化も認められ，こうした現象はいずれも満開後90日以降に生じてくる．

b．収　　穫

果実の収穫時期は利用目的によって異なり，梅酒用は満開後90日頃から緑色が濃く，果実としては成熟の初期から収穫し，最近増加しているカリカリ漬け用も果肉が軟化しない時期に収穫する．梅干し用は満開後110日をすぎて果皮色が黄ばみ始め，果肉も軟化し始めた頃から収穫する．

収穫の指標として和歌山県では内果皮の色の変化により，白梅干しの収穫適期は内果皮黄化完了期，梅酒は内果皮黄化始期から黄化完了期までを適期とし，成熟した果実ほど追熟が早いので，流通や用途を考慮した場合には前記の時期よりやや早めに収穫するとしている．福井県では梅干しは果実内のクエン酸含量が2％以上になった時期がよいとし，年次間の差はあるが，おおむね開花後90～100日頃でこの時期以降の収穫がよいとしている．

収穫の方法は梅酒用は果実品質，とくに外観を重んじるので，有傷果を生じないように手もぎで収穫しており，収穫期が早いため大玉の果実から2～3回に分けて収穫する場合もある．その他の用途のものも無傷果の方が有傷果に比べて価格が高いので

手もぎの場合が多い．収穫は栽培管理のなかで最も労力を必要とするので，省力のために振動収穫機も開発され一部で利用されているが，落果時の打ち傷や落果中に枝に当たっての打ち傷や裂傷などが生じやすく，樹形の改善や収穫時期の検討，シートの工夫などが必要である．

(5) 土壌管理,施肥管理
a. 土壌管理

樹園地の管理は通常は清耕法による管理か草生栽培による管理が行われている．ウメ園は比較的傾斜地が多いので，降雨による土壌の流亡を防ぐため，また有機物の補給のために，草生栽培による管理の方が適しているが，乾燥期にはウメと草との水分競合が起こるので早めの刈り取りが必要である．樹齢の若いうちは植え付け本数も多いので，草生栽培よりも清耕による管理を主とし，樹幹周辺部は敷わらや敷草を行い，土壌の乾燥や地温の上昇，冬の凍結などを防ぐようにする．

近年は有機物の入手が難しく，有機物の施用量が減少し，化学肥料の施用が続いていることから，土壌の酸性化やカルシウム，マグネシウム，ホウ素などの不足が目立つウメ園が増加してきている．こうした土壌の改良には，10 a 当たり 2～3 t の有機物や苦土石灰，溶リン，その他の土壌改良資材を施用し，同時に深耕によって土壌の団粒化をはかることが重要である．

b. 施肥管理

ウメ樹では根は 2～8 月，新しょうは 4 月～8 月中旬，果実は 4～6 月までの間それぞれ生育・伸長を続けるので，この生長に合わせて施肥を行う．肥料の施用量は窒素の成分量で 10 a 当たりの目標収量の 1/100 を目安とする（目標収量を 2 t とすれば 20 kg）．リン酸は窒素の 60～80 %，カリは他の果樹に比べて葉や果実中の濃度が高いので窒素の 80～100 % とし，土壌条件によって増減をする．

施肥時期は地域によって時期，回数に違いがあるが，第 1 回目は礼肥として収穫直後の 7 月に全施肥量の 20～30 % を，樹勢回復と貯蔵養分の蓄積のために施用する．第 2 回目は落葉までに十分に貯蔵養分を蓄積できる 9 月に，基肥として 50～60 % を施用する．第 3 回目は翌年の 4 月下旬～5 月上旬に実肥えとして 10～20 % を結実量に応じて，果実肥大のために施用する．

ウメは年によって豊凶の差が大きく，施肥量の多少が生育に大きな影響を及ぼす．とくに結実量の少ない年には礼肥や実肥えは減量して，樹勢がおう盛になりすぎないようにする．

生理障害果としてやに果，かんぽつ症果があり，ホウ素の欠乏または，ホウ素欠乏によるカルシウムとの関係が原因とされており，こうした障害果の発生する園では冬期にホウ砂（20～30 g/樹）を土壌施用するか，生育期にホウ素（ホウ酸 0.2 %＋生石灰 0.2 %液）の葉面散布を行い，あわせて苦土石灰などを十分に土壌に補うようにする．

［村岡邦三］

8.5 出　　荷

(1) 選別・包装

ウメの果実は，収穫後の生理的変化が速やかで，黄化，軟化による商品性低下が著しい．したがって，収穫された果実はすみやかに選別，包装し，出荷されなければならない．選別は，他の果実と同様サイズによる階級区分と，病害虫，果皮傷害程度などによる等級区分に仕分けられる．階級基準は表8.3に示したとおりである．出荷容

表8.3　ウメ果実の階級基準（和歌山農協連）

階級	大　　梅			小　　梅
	1果の基準果径(cm)	果実重(g)	10 kgの果実数	1果の基準果径(cm)
4 L	4.2以上	45	220	
3 L	3.9以上～4.2未満	35	280	
2 L	3.6以上～3.9未満	25	385	2.3以上
L	3.3以上～3.6未満	20	480	1.75以上～2.3未満
M	3.0以上～3.3未満	15	600	1.75以下
S	2.7以上～3.0未満	10	1,000	

器は段ボール箱を用い，中～大玉ウメは10 kg，小ウメは5 kg包装としている産地が多い．しかし，最近の果実全般の動きと同様，包装単位の小型化が検討されており，10 kg包装から5 kg包装への動きもみられる産地もある．

(2) 予冷出荷

ウメの果実は生産地で梅干しなどに加工される場合と，漬け梅専用として出荷される場合を除き，青果として市場出荷されるものは梅酒やシロップ漬けなどに用いられることが多いため，かなり未熟な緑色果で，いわゆる青ウメである．この時期は初夏の高温期に当たり，樹上での果実温度は40℃以上に達する場合もある（図8.4）．また，包装後も活発な呼吸のため，その呼吸熱と輸送中の車内温度の上昇により，黄化，軟化による商品性低下の速度はきわめて早い．したがって，青ウメの出荷先は産地の近

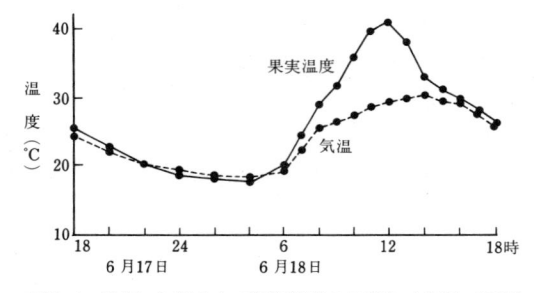

図8.4　樹上におけるウメ果実温度の日変化（北野，1984）

隣市場に限られていた.

しかし,近年の道路網の整備と保冷車,冷房車ならびにクーリングシステムの普及により低温輸送が容易になるとともに,市場の受け入れ体制も整いつつあること,ならびに,鮮度の高い青ウメの需要が高まってきていることから,予冷・保冷などによる長距離輸送が行われるようになってきており,ウメの主産地である和歌山県では北海道から九州,沖縄までその出荷先を広げている.

ウメ果実の保存温度と日持ち性について岩田ら(1976)は20°Cでは黄化と軟化により数日で商品性が失われるとしており,また,著者ら(1984)の成績でも15°Cでは6日程度保存可能だが,それ以上の温度では2〜3日しか保存できなかった(表8.4).

表8.4 ウメ果実の保存温度別果皮色a値の推移 (1984, 北野)

区	処理前	3日後	8日後
10°C	-9.7	-9.5	-10.2
15°C	—	-10.0	-10.9
室温	—	-9.7	-5.8
25°C	—	-9.6	-1.8
30°C	—	-9.9	-4.7

a値:果皮色を測色色差計で測定した値で,値が大きいほど黄化が進んだ状態を示す.

したがって,現在の流通形態の下での鮮度保持を考慮するならば15°C以下に保つことが必要である.この場合,果実の低温障害(岩田ら,1976)や経済性さらに流通途上での昇温を考慮して,予冷目標温度は10〜13°Cとすることが望ましい.著者ら(1984)はウメに対する予冷方法を検討した結果,差圧通風予冷法が最も適していることを認めた.

冷水冷却は予冷速度は早いが果実や容器が濡れ,その作業性や包装形態から現状では実用化が困難である.また,真空冷却法では冷却は可能であるが減圧程度が強くなると,果面に褐色のピッティング状の障害が発生するので実用化は困難であった.

差圧通風冷却では,果実に対する悪影響はなく,1〜2時間で予冷を行うことが可能である.この場合,庫内温度,静圧,包装容器の通気孔率ならびに積み付け方法が重要なポイントとなる.

予冷庫内温度は予冷能率の面から低いほど有利である.岩田ら(1976)は低温貯蔵中の低温障害を指摘しているが,著者ら(1984)は予冷・保冷上必要な時間内では0〜8°Cの範囲に保ってもなんら障害のないことを確認した.

差圧の程度については10〜30 mmH$_2$Oの範囲内では大きな差はなく,それよりも容器の通気孔率が重要である.すなわち,通気孔率は大きいほど庫内もしくは箱間の品温の均質化が図られるが,実用上4.4〜11.2%の範囲内では大差なかった(表8.5).しかし,箱の強度,予冷後の保湿上許される範囲で通気孔率を大きくすることが,作業性ならびに予冷の均一化のために望ましい.

表8.5 差圧通風予冷時の品温降下率 (1984, 北野)

孔 数 (率)		箱位置	降 下 率 (%)		
			30分	60分	80分
3箱連結時	6孔 (4.4%)	1	28	50	67
		2	21	33	46
		3	22	28	35
	9孔 (6.1%)	1	42	77	96
		2	15	37	54
		3	14	29	40
	18孔 (11.2%)	1	55	82	92
		2	24	46	62
		3	21	36	47
2箱連結時	6孔 (4.4%)	1	41	71	86
		2	24	44	58
	9孔 (6.1%)	1	40	74	95
		2	22	43	58

箱位置は冷気流入側より1, 2, 3とした。

予冷の目標品温降下率を50%以上とするならば,現在の10 kg 箱とパレットの寸法からみて,予冷所要時間は70～80分である.

8.6 貯　　蔵

ウメは基本的には青果で食用に供することはまずなく,なんらかの形で加工されたあとで食用とされるので貯蔵の必要度は低い.しかし,前項の輸送途上の鮮度保持を目的とした簡易貯蔵は必要であり,また,最近の要求として,加工業者が仕入れ後,加工までの貯蔵を希望する事例もみられる.

流通期間程度の短期間の鮮度保持については前項で述べたが,それ以上の貯蔵について岩田ら (1976, 1978) が報告している.これによると,20°Cでは各品種とも黄化と軟化により数日で商品性が失われたが,15°Cでは品種により異なるが約1～2週間,豊後に至っては約1カ月間商品性が維持できたとし,さらに,10°Cでは竜峡小梅で3週間,白加賀で1カ月間,豊後では6週間であったとしている.

しかし,5°C以下では黄化・軟化はほとんど起こらず,腐敗あるいは生理的障害(これを低温障害としている)によって貯蔵が限られ,白加賀では5°Cでは4週目頃に果面に大きなピッティングと褐変が生じ,1°Cでは5週目頃より褐変が始まり,長期貯蔵は不可能であったとしている.

他の作物の低温障害は貯蔵温度が低いほど急速に現れるのが普通であるが,ウメ果実では5～6°Cの中間温度で障害が起こりやすい特異な現象がみられ,また,熟度や年次によってもその程度は異なり,未熟果ほど発生が多く,未熟果では10°Cでも障害

がみられる場合があったとしている．

　しかし，0.03 mm のポリエチレン袋に密封し，0℃または5℃に貯蔵したところピッティング障害がまったく発生しなかった．ただし，貯蔵日数が進むと腐敗が発生し，これにより貯蔵が限られてくるが，その期間は0℃と5℃で著しい差があり，5℃では1〜1.5カ月で腐敗が発生し，袋内で蔓延するが0℃では2カ月以上異常がなかった．また，5℃では開封後1〜2日で果肉全体および果皮が変色するが，0℃ではそうしたことがないとしている．

　以上のことから，ウメ果実の貯蔵に際しては0.03 mm のポリエチレン袋に密閉し，0℃で保存することにより1〜2カ月程度は貯蔵が可能と考えられる．しかし，当面の包装単位は1 kg 程度とするのが適当と考えられ，大量に貯蔵する場合は，包装単位，入庫率などを考慮し，環境条件を再検討する必要があろう．

8.7　加　　工

　ウメの加工は，今までは梅干しに限られていたが，近年の食生活向上のなかで，その健康食品としての価値が認められ，その種類は多種多様にわたるとともに，消費量も急増している．おもな加工品とその製造法の要点を紹介する．

（1）梅干し

　梅干しとは，塩漬けした漬け梅を天日乾燥しただけの白梅干しと，これをさらにシソ漬けにし，赤く着色するとともにシソの風味を加え，さらに天日乾燥した（赤）梅干しとに区分される．古来，前者は関西，後者は関東で主流であった．

　梅干し用の果実の熟度は製品の品質に大きく影響を及ぼす．小川ら（1980）は果実の生育ステージ別に調査した結果，果実の内果皮黄化完了期が最も優れるとしており，この時期はほぼ果皮の黄化が始まる時期とみてよい．未熟果は最も仕上りが悪く，また，過熟果であってもよくない．

　このような果実を水洗した後，一夜（1時間程度でもよい）水漬けし，あく抜きをした後水切りし，塩漬けする．塩の量は昔は25％程度用いたが，最近は低塩化傾向のため，18〜20％程度とする．これ以下ではよい製品はできない．

図8.5　梅干し貯蔵中に発生する白いかび状物質

漬け込みに当たっては塩回りをよくし，速やかに梅酢が出るよう，果実と塩を交互に層状に入れていくが，少量の場合は果実に塩が付く程度に果実が湿った状態で塩をまぶして漬け込むのがよい．上蓋をし果実重量の10％程度の重しを置き静置する．3週間程度漬け込んだ後天日乾燥するが，晴天時に3昼夜干すのが基本である．雨をかけるのは禁物であるが，夜露にかけるのがよいとされている．干し上がった梅干しを昔は木の樽，今はポリエチレン袋などに入れ密封し保存してならす．これが白梅干しとよばれる．

なお，保存が長期間に及んだり，乾燥しすぎたりすると梅干しの表面に白いかび状の物質が発生し（図8.5），商品性を損なうことがあるが，著者ら（1980）が調査した結果，これはかびなど微生物ではなく，クエン酸やクエン酸ナトリウムの結晶であることが判明した．したがって，温水に浸せば簡単に溶解除去される．

(2) 梅 漬 け

白梅干しを梅酢で漬け直す．これが梅漬けである．この場合，シソを入れ着色と風味付けを行う場合が多い．

(3) 梅ジャム

ウメ果実はペクチンが多いのでジャムを作りやすい．その製法はウメに水を加え，よく煮込み柔らかくなったところで裏ごしする．これと砂糖を等量加え撹拌しながら煮込む．

(4) 梅 酒

1962年に酒税法が改正され，梅酒の製造が許可されて以来，健康飲料として，梅シロップとともに根強い人気を博している．青梅1 kg，35度焼酎1.5 l，氷砂糖1.2 kgという基準が普通である．氷砂糖を用いるのは砂糖の溶解速度を遅くし，焼酎砂糖液の比重が急速に上がるのを防ぎ，果実が早くから浮き上がらないようにするためである．

(5) 梅シロップ

梅干しにするよりやや未熟な青ウメに対し砂糖を等量もしくは2割増し程度を用意する．これらを最初から混ぜて漬け込む方法と，3～4回に分けて砂糖を追加する方法がある．いずれの場合もときどき撹拌し果実が浮かないようにする．約6日後には果汁の抽出が完了するので，果実を出し，果汁の発酵，腐敗を止めるため，80℃程度で15分間過熱殺菌し保存する．

(6) そ の 他

昔から万病の薬として作られた梅肉エキスは現在も人気が高い．また，かつお梅，シソ葉巻き砂糖漬け，梅びしおなど梅干しを2次加工した製品は数多く，低塩化のなかで需要が多い．ウメ果汁を素材とした果汁飲料を始め，菓子類も数多く生産され，

多岐にわたっている. 　　　　　　　　　　　　　　　　　[北野欣信]

文　献

1) 岩田　隆，緒方邦安 (1976)，園学雑，**44**(4)，422-428.
2) 岩田　隆，木下光子 (1978)，園学雑，**47**(1)，97-104.
3) 北野欣信，小川正毅，角田秀孝，前阪和夫，山下重良 (1984)，和歌山果試研報，**8**，10-21.
4) 北野欣信 (1980)，和歌山果試研究成績，107-110.
5) 小川正毅，北野欣信，角田秀孝 (1980)，和歌山果試研究成績，101-106.
6) 清水祐夫 (1978)，梅とウメの加工，37-149，南海プリント社.
7) 山下忠男 (1967)，和歌山の果樹，**6**，23-32.

8.8　病　害

a. 変葉病

診断　芽，葉，枝に発生する．診断の時期は4～5月である．芽では葉芽，花芽の両方に発生する．葉芽では伸びた芽が黄褐色に変形し，花芽ではつぼみがふくらみだすと異常が見え始め，開花するとがく片，花弁が葉のように変形する．葉では，はじめ表面に鮮やかな橙黄色の細点が一面に密生し，やがてその部分がまるくふくらみ，さび胞子層が形成される．枝では前年の発病部位が肥厚し，それから先が枯れやすくなる．

病原菌　*Blastospora smilacis* Dietel〔*Caeoma makinoi* Kusano〕

糸状菌の一種で，ウメ病葉上にさび胞子，中間宿主のヤマカシュウの葉裏に夏胞子および冬胞子を形成する．さび胞子は卵形で細刺があり，橙黄色で20～42nm×15～25nmである．夏胞子は球形～亜球形で22～28nm×21～26nmである．冬胞子は倒卵形で37～50nm×27～35nmである．

伝染経路　夏～秋にかけて，中間宿主のヤマカシュウの葉上で形成された小生子がウメの芽に感染し，越冬する．芽の発芽，伸長に伴って発病がみられるようになり，4月中旬になると典型的な変葉症状を呈する．ウメ病葉上にはさび胞子が形成され，これが風によって飛散し，中間宿主のヤマカシュウに感染する．ここで夏胞子が形成され，二次伝染をくり返す．やがて冬胞子が形成され，その発芽に伴って小生子が形成される．

多発条件　中間宿主が多い山間地のウメ園．

防除　耕種的防除：　薬剤防除法が確立されてないので，ウメの病巣を取り除き，土中に埋没したり，近くのヤマカシュウをみつけしだい伐採する．

b. かいよう病

診断　葉，枝，果実に発生する．診断の時期は，葉，新しょうでは4～5月，2年生枝では3～4月，果実では4～5月である．葉では，はじめ水浸状の小斑を生じ，しだいに赤味を帯び，葉の硬化に伴って，赤褐色の病斑となる．最後には中心部がせん孔する．枝では新しょうと2年生枝に発生する．新しょうでは，はじめ小さなまる

い水浸斑を生じ，しだいに拡大し，赤褐色の縦長病斑となり，中心部が縦に裂ける．2年生枝では，前年の赤紫色小型病斑部と潜伏越冬病斑部から水浸状に浸潤していく2通りの病斑がある．いずれも浸潤後急速に拡大し，かいよう症状に進展する．果実では，ふつう陽光面に，やや盛り上がった赤褐色かいよう状の小型病斑を作る場合と黒色のややくぼんだ大型のかいよう状病斑を作る場合がある．

病原菌 *Pseudomonas syringae* pv. *morsprunorum* (Wormald) Young, Dye et Wilkie

細菌の一種で，1～数本の単極鞭毛を有し，形は短桿状，大きさは1.5～4.5nm×1～2nmである．

伝染経路 病原細菌は2年生枝の赤紫色小型病斑と潜伏病斑で越冬する．春先に，この病斑が水浸状に浸潤し，多量の病原細菌が形成される．これが風雨によって，葉，新しょう，果実の気孔，毛じょう脱落痕，傷口から侵入する．これらの新病斑から二次伝染がくり返される．

多発条件 ①春先に低温で，雨が続く場合，②風当たりの強い，水田転換園．

品種感受性 竜峡，白加賀，寛うめなどに比較的発生が多い．

防除 薬剤防除： 開花終了直後から果実肥大期にかけて，3～4回ストレプトマイシン，ジチアノン剤を散布する．

耕種的防除： 防風，枝の軟弱徒長防止対策を十分講ずる．

c．黒星病

診断 おもに果実と新しょうに発生する．診断の時期は，果実では5～6月，新しょうでは6月以降である．果実では，5月上中旬になると，はじめ淡黒色の境界がやや不鮮明な小円形病斑を生じ，しだいに拡大し，径が2～3mmのすす状の鮮明な黒色病斑となる．新しょうでは，6月上中旬になると，はじめうす茶色の小さなまるい病斑を生じ，新しょうが木質化するに従って，しだいに茶褐色の病斑となる．さらに，冬季になると灰褐色の病斑になる．

病原菌 *Cladosporium carpophilum* Thümen

糸状菌の一種で，ふつう分生子柄に分生胞子を単生，まれに2個鎖生する．分生胞子は淡褐色長楕円形で両端がややまるくとがり，多くは単胞であるが，まれに2胞のものもある．大きさはばらつきが大きいが，ふつう10～20nm×3～8nmである．

伝染経路 病原菌は前年枝の病斑で菌糸の形で越冬する．3月下旬～4月上旬になると，病斑上に分生胞子を形成し，これが雨によって果実，新しょうに伝染する．果実の新病斑からは二次伝染も行われる．

多発条件 ①4～5月の降雨日数が多い場合，②密植，過繁茂園．

品種感受性 主要品種はほとんど発病する．とくに，竜峡，林州などに発病が多い．

防除 薬剤防除： 3月下旬～5月上旬に3～4回，ほぼ等間隔で，ポリカーバメート剤，ベノミル剤，チオファネートメチル剤，ビテルタノール剤などを前年枝と幼果に十分量散布する．散布量が少ないと十分な防除効果があがらない．

耕種的防除： 密植，過繁茂園では，間伐・縮伐，せん定を十分に行う．

d. 縮葉病

診断 葉,新しょうに発生する.診断の時期は4月である.葉では展葉期になると,未展開の幼葉が順次ふくらみ始め,最初紅色,しだいに赤味の混じった淡緑～黄緑色の肥厚して波打った火ぶくれ状の奇形葉となる.やがて病斑表面が白粉(子実層)で覆われ,のち葉は黒変,腐敗して落下する.新しょうでも発病部位が多肉質にふくらんで,紅色を呈する.また,先端部分の落葉が多いと新しょうは先枯れとなる.

病原菌 *Taphrina mume* Nishida
糸状菌の一種で,子のうを含んだ子実層を葉の上皮下に形成する.子のうは大きさ25～52nm×5～15nmで,子のう胞子は1子のう内に8個形成される.無色,単胞,卵形で大きさ(径)は4～6nmである.

伝染経路 被害葉上で形成された子のう胞子および分生胞子が飛散し,枝や芽の付近に付着して越冬する.翌春,これらの胞子が雨で伝搬し,発芽,展葉と同時に侵入,感染し,発病する.伝染は越冬源からの伝染のみで,二次伝染は行われない.

多発条件 発芽～展葉初期に雨が続く場合.

品種感受性 豊後などアンズ系の品種に発生が多い.

防除 薬剤防除: 伝染源は枝組織内に侵入してないので発芽直前の石灰硫黄合剤散布が最も有効で,樹全体にかけもれのないように十分量散布することが重要である.

e. 灰色かび病

診断 おもに果実に発生する.診断の時期は幼果期の4月である.開花後,落弁すると,がく片と雄ずいが幼果に一時付着したままの状態となる.この花器の残骸(枯死したがく片,雄ずい)下の果実表面に,はじめ赤色の小斑を生じ,しだいに拡大し,中がくぼむ.症状がさらに進む場合とほとんど進まない場合がある.症状が進むのは花器の残骸がいつまでも付着している場合で,病斑は同心円状に広がり,やがて灰褐色に腐敗し,落果する.花器の残骸が途中で離脱すると症状はあまり進まず,そのまま傷となって,収穫時には円形のくぼんだ茶褐色のコルク化した病斑となる.

病原菌 *Botrytis cinerea* Persoon
分生胞子,菌核を生ずる.分生胞子は卵形,無色,単胞で8～18nm×5～11nmである.菌核は扁平,硬質で形は一定していない.

伝染経路 病原菌は前年の病果のほか,多犯性菌であるのでいろいろな越冬場所が考えられる.開花期に越冬伝染源上で形成された分生胞子が飛散し,まず花器に伝染し,菌はそのまま枯死したがく片,雄ずいで残存し,果実に接触伝染する.

多発条件 ①落花期～小豆粒期に雨が多い場合,②幼果期に枯死したがく片,雄ずいの離脱が悪い場合.

品種感受性 がく片,雄ずいが離脱しやすい南高,改良内田は発生が少なく,離脱しにくい林州,古城,竜峡は比較的発生が多い.

防除 薬剤防除: 落花始期～終了期に1～2回,イプロジオン剤,ビンクロゾリン剤,チオファネートメチル剤を散布する.これらの薬剤は耐性菌が発生しやすいので,連用を避ける.

[中尾茂夫]

8.9 虫　　害

（1）発生様相

発芽期の新葉に寄生し，吸汁加害するアブラムシ類にモモアカアブラムシ，スモモオマルアブラムシなどがある．発芽直後から予防的に防除されるため発生は少なくなっているが，油断すると葉は萎縮して巻き込み，新しょうの伸長を抑える．

コスカシバの被害は近年増加傾向にあり，樹勢を衰弱させ，枝幹病害を併発して枯死させることもある．和歌山県での被害は古城で少なく，南高・小梅などの品種で多い．

ウメシロカイガラムシは一時的に発生がみられても天敵類により密度低下する例が多い．オビカレハの発生は少ないが，8月以降にモンクロシャチホコの発生が多くなっている．これは，収穫後にほとんど防除されないためである．このほかに，早春に発生して花らい・新芽を食害するウメスカシクロバ，おもに葉を食害するイラガ，マイマイガ，リンゴケンモン，ヒメシロモンドクガなどがある．さらに，オウトウハダニなどのハダニ類や収穫期の落下ウメに寄生するヒトミヒメサルハムシがみられるが，実害はほとんどない．

（2）主要害虫
a．アブラムシ類

モモアカアブラムシ　（green peach aphid）　*Myzus persicae*（Sulzer）
モモコフキアブラムシ　（mealy plum aphid）　*Hyalopterus pruni*（Geoffroy）
ハスクビレアブラムシ　（waterlily aphid）　*Rhopalosiphum nymphaeae*（Linnaeus）
オカボノアカアブラムシ　（rice root aphid）　*Rhopalosiphum rufiabdominalis*（Sasaki）
ムギワラギクオマルアブラムシ　（leaf-curl plum aphid）　*Brchycaudus helichrysi*（Kaltenbach）
ウメコブアブラムシ　*Myzus mumecola*（Matsumura）

被害の特徴　モモアカアブラムシ，ムギワラギクオマルアブラムシ（別名スモモオマルアブラムシ），ウメコブアブラムシは新葉に寄生し，葉を強く巻縮する．このため，新しょうの伸長を阻害し，樹勢を弱める．また，モモコフキアブラムシは葉を軽く縮葉し，白粉で汚れ，すす病を併発する．ハスクビレアブラムシ（別名ウメクビレアブラムシ），オカボノアカアブラムシは新しょうに群生し，新しょう全体を萎縮させる．

生態　芽の付近で卵態で越冬する．2～3月にふ化した幼虫は幹母となり，発芽後の新葉に寄生し，無翅胎生雌虫を産んで増殖する．5月頃から有翅胎生雌虫が現れ，中間寄主に移動する．モモアカアブラムシはダイコンなどのアブラナ科，トマトなどのナス科，モモコフキアブラムシはアシ，ヨシ，ハスクビレアブラムシはハス，クワ

イ，スイレン，オカボノアカアブラムシはオカボの根，ムギワラギクオマルアブラムシはアレチノギク，ヒメジオンなどキク科植物である．10月になると再びウメに飛来して芽の付近に産卵する．一般に，発生は春先に小雨乾燥が続くと多くなる．

防除 薬剤防除： 縮葉後の防除効果が低いので，発芽直後（暖地では3月下旬）からの予防散布とする．防除薬剤にはマラソン乳剤，ESP乳剤，バミドチオン液剤，エチオフェンカルブ乳剤，DDVP乳剤，チオメトン乳剤，ホサロン・DDVP乳剤，ペルメトリン乳剤などがある．

その他の防除： 本種はテントウムシなどの捕食性天敵があるが，あまり期待できない．

b．コスカシバ (cherry tree borer) *Synanthedon hector* (Butler)

被害の特徴 幼虫は主枝，亜主枝などの樹皮下に食入し，おもに形成層部を食害する．食入部位から樹脂とともに赤褐色の虫糞を排出する．このため，樹は著しく衰弱し，枯死することもある．ウメのほかモモ，スモモ，オウトウ，アンズ，サクラなども加害する．

生態 年1回の発生で幼虫態で越冬する．齢期は不揃いで，若齢から老熟幼虫までみられる．このため，成虫の羽化期は，5月から10月までの長期間で，5〜6月と9〜10月の2山型の発生となる．寒冷地では成虫は5月下旬に出現し，8〜9月がピークで10月に終息する．

防除 薬剤防除： 発芽前および10月上中旬にMEP乳剤，ダイアジノン・NAC・PAP乳剤の枝幹散布が有効である．また，3〜4月に虫糞噴出箇所をナイフなどで削り取り，幼虫を捕殺するのもよい．さらに，性フェロモン剤（商品名スカシバコン）を利用した交信撹乱による防除が実用化されている．

c．ウメシロカイガラムシ (white peach scale) *Pseudaulacaspis prunicola* (Maskell)

被害の特徴 枝に円形白色の介殻（雌）と白色綿状の介殻（雄）が集団で寄生し，枝や幹が白粉で覆われたようになる．多発すると，樹勢は衰え，小枝は枯死する．

生態 受胎した雌成虫で越冬し，4〜5月頃に介殻の下に産卵する．産卵数は1雌で約100粒と多く，第1回目の幼虫は4月中旬からふ化し，おもに5月上旬に介殻の下からはいだして枝幹に定着する．2回目の幼虫は7月上中旬，3回目は9月上中旬にふ化するが，寒冷地では，5月下旬〜6月上旬と8月上旬〜9月上旬の2回の発生にとどまる．

防除 薬剤防除： 幼虫発生期である5月上中旬にDMTP乳剤を散布する．収穫後に発生の多い場合は，7月上中旬または9月上中旬の幼虫発生時にも散布する．

その他の防除： 本種の天敵にはトビコバチ，ツヤコバチなどの寄生蜂とヒメアカホシテントウムシがあり，これらの保護に努める．

d．オビカレハ (tent caterpillar) *Malacosoma neustria testacea* (Motschulsky)

被害の特徴 幼虫は枝に灰白色の天幕状の巣を張り，このなかに群生して葉を食害する．本種はウメのほかモモ，アンズ，スモモ，サクラ，リンゴ，ナシ，クリ，クヌ

ギなどを加害する．

生態 年1回発生する．小枝に指輪状の卵塊で越冬する．おもに3月中下旬にふ化し，4齢幼虫までは天幕状の巣の中に群生，主として夜間に葉を食害する．老熟幼虫は分散して加害し，枝幹の日陰部分に群集する．5月中旬頃から付近の建物や雑草などでまゆをつくり蛹化し，5月下旬から6月中旬に羽化する．

防除 薬剤防除： 発生の多い場合は，若齢幼虫発生時にMEP乳剤を散布する．

耕種的防除： 冬のせん定時に越冬卵・まゆなどをみつけて捕殺するか幼虫の発生初期に天幕状の巣を取り払う．

その他の防除： 本種の天敵にはクロハラヒラタヒメバチなどの蛹寄生蜂のほかに，幼虫を捕食するアシナガバチ，スズメ，ムクドリがある．

e．モンクロシャチホコ (cherry caterpillar) *Phalera flavescens* (Bremer et Grey)

被害の特徴 若齢幼虫は8月中旬以降に発生し，集団で葉を食害する．本種はリンゴ，ナシ，オウトウなども加害する．

生態 発生は年1回，土中で蛹で越冬する．7～8月頃に羽化し，葉裏に産卵する．ふ化幼虫は群生して葉を食害する．老熟すると体色は赤褐色から黒紫色に変わり，分散して加害する．幼虫は頭部と尾端を上げる習性があり，フナガタムシともよばれている．

防除 薬剤防除： 発生の多い場合は，若齢幼虫発生時にMEP乳剤を散布する．

耕種的防除： 幼虫の発生初期に枝ごと除去し，焼却する． ［小松英雄］

9. オウトウ

　初夏の店頭をかざるオウトウは，季節感のある数少ない果物であり，"小さな恋人"のキャッチフレーズのとおり，われわれ消費者の目を楽しませてくれる．1987年度の農林水産統計によれば，全国のオウトウ栽培面積は 2,640 ha で，これは果樹全体の栽培面積の 0.7 ％であり，同じく生産量は 18,700 t で，これは同年度の北半球におけるオウトウ主要生産国の生産量の 1.4 ％である（Horticultural Products Review（USDA FAS），1987.11）．

　このように，オウトウは果樹のなかで占める割合は微々たるものであるが，独特の魅力を持って栽培されており，個々の経営にとっては重要な地位を占めている．以下その概要について述べてみたい．

9.1 経営上の特性と問題点

　経営上の特性の一つは，労働集約型である点である．オウトウの収穫は，早生から晩生まで含めてわずか1カ月足らずの間であり，この期間に多大な労力を必要とする．すなわち，10 a 当たりの作業時間は，全労働時間 303.8 時間のうち，収穫・調整に 222.7 時間（73.3 ％）を要するのである（1987年産，果実生産費統計）．

　また，多額の資本投資を必要とする．これは主として裂果防止施設によるもので，収穫期が梅雨期と重なるため，安定生産のために不可欠である．一例として，山形県で普及しているパイプハウス型の裂果防止施設（雨よけテント）では，10 a 当たり約 200 万円かかるという．さらに，オウトウは植え付けてから生産が上がるまでに 7～8 年と長い期間を要する．

　問題点としては，生産が不安定であるのが特徴である．これは，開花期の結実不良や，収穫期の裂果・腐敗果の発生で，いずれも不順天候によるものである．前者は人工受粉，後者は裂果防止施設の設置や薬剤防除によりある程度は対応が可能であるが，限度がある．他の樹種に比べ，天候による影響は大きいといえる．

　次に，季節感，稀少価値感の減少である．ハウス栽培や外国産オウトウの輸入により早い時期から大量のオウトウが出回るようになる．ことに，冬期に輸入されるニュージーランド産のオウトウは，量こそ少ないもののオウトウのイメージをくずすには十分である．さらに，産地間競争の激化があげられる．オウトウは早出しによるメリットが大きく，品質による価格差が大きい．このため，ハウス栽培や施設栽培などに

より，より早く，より品質のよいオウトウ生産をめざし，産地間競争が激化しており，外国産オウトウの輸入自由化によりさらに激しくなることが予想される．

このような問題点をかかえながらも栽培面積が増加しているのは，単価が高く，上手に作れば収益性の高い樹種であるためである．オウトウは，明治の導入以来，今日に至るまで果樹のなかでは最も高単価で取り引きされており（表9.1），収量を考慮しても収益性は高い．また，収穫が6～7月始めに終わり，早い時期に収入が得られる点も魅力になっている．

表9.1 主要果樹の1kg当たり卸売価格

樹種＼年次	明治40 (1907)	大正5 (1916)	10 (1921)	15 (1926)	昭和5 (1930)	10 (1935)	昭和54 (1979)	58 (1983)	62 (1987)
オウトウ	—	15.11	30.67	25.83	24.86	16.96	1,002	1,107	1,286
ミカン	4.96	3.49	8.47	8.14	5.90	4.56	105	142	146
リンゴ	12.96	5.79	20.05	6.73	6.37	6.43	286	221	247
ブドウ	11.57	6.59	16.72	13.24	10.01	8.21	472	543	624
ナシ	6.03	5.68	13.37	9.43	7.00	6.48	177	224	252
モモ	8.00	4.76	14.03	11.57	8.23	7.70	294	311	365
カキ	4.00	3.17	8.24	5.55	4.70	5.39	229	185	246
ビワ	—	5.95	15.92	16.92	13.46	11.39	656	1,002	921

参考資料：1907～35年は果樹農業発達史，1979～87年は日園連果樹統計より引用．
単位は，1907～1935年は銭/kg，1979年以降は円/kg．

こうして果樹のなかでは高嶺の花のような存在であったオウトウも，生産量の増加，外国産オウトウの自由化により，従来のような価格維持は難しくなってくる．したがって，今後ともオウトウ経営を維持していくためには，収穫時の労力緩和を図り，低コスト生産のための技術開発が必要である．このためには，低樹高栽培の検討や，選別・出荷における共同化・機械化により効率を改善し，大量販売に対応できる体制を作ることが必要である．

さらに，品質向上も不可欠であり，品種更新や新品種の開発が必要である．わが国のオウトウは佐藤錦，北光（水門）を除いては，ほとんど外国からの導入品種を主体に栽培されてきた．また，赤色の白肉種が好まれるが，果色，肉質，甘酸，香りなど，より多様化した方が需要も高まるのではないかと思われる．そして，生産された果実を遠隔地まで品質を低下させずに出荷する流通面の改善が必要となる．

今後は多くの人が消費できる供給体制，価格設定がなされるべきである．しかし，一方でオウトウの存在価値を維持し，外国産オウトウと対抗していくためには，宝石のような果実を作り出す技術を高めていくことも大切であろう．

9.2 分類と来歴

(1) 分類

オウトウは，植物学上はバラ科，サクラ属に属し，欧州系のものと東洋系のものに

大別される．前者はさらに甘果オウトウと酸果オウトウに分けられる．後者はチュウゴクオウトウで，わが国には江戸時代初期に中国から渡来し，歴史は古い．次に，これらの概要を述べる．

a．甘果オウトウ（*Prunus avium* L.）

オウトウ，またはサクランボという場合はこれを指す．和名はセイヨウミザクラ，英名は sweet cherry である．樹勢はおう盛で高木となる．果形は円形～心臓形，果皮色は黄色～赤色，暗赤色と多様である．肉質は軟質～硬質と幅広く，品種数はオウトウのなかで最も多い．$2n=16$ の2倍体である．しかし，3倍体，4倍体のものもある．甘果オウトウの台木に使われるマザート（mazzard）は，甘果オウトウの野生種，または栽培品種の実生である．

b．酸果オウトウ（*Prunus cerasus* L.）

名前のとおり酸味の強いオウトウで，和名はセイヨウスミミザクラ，英名は sour cherry, tart cherry で加工用や料理用に使われる．かん木状で，樹はあまり大きくならない．葉質は厚く，光沢がある．果形は円～扁円形で，果皮色は紅色または黄色で，肉質は軟らかく，多汁である．酸味の程度は多いものから少ないものまで幅がある．病虫害，寒さ，乾燥に強く，さまざまな環境条件に対し順応性があり栽培しやすいが，わが国ではほとんど栽培されていない．$2n=32$．

c．チュウゴクオウトウ

支那オウトウともよばれ，わが国には江戸時代初期に中国より渡来したもので，栽培の歴史は欧州系オウトウより古い．明治初期にも導入されたが，商品化はされず，果樹としての経済的価値は認められなかった．現在でも九州や四国の一部に観賞用として栽培されているという．中井（1932）により，シロハナカラミザクラ（*Prunus pseudocerasus* Lindl.）とカラミザクラ（*Prunus pauciflora* Bunge）の2種類が明らかにされている．$2n=32$．

d．そ の 他

以上のほか，チェリーの仲間に次の種類がある．

表9.2　オウトウの品種群と分類（菊池，1948）

1．東アジア系オウトウ
A．チュウゴクオウトウ(カラミザクラともいう)　　*Prunus pauciflora* Bunge
B．白花チュウゴクオウトウ(シロハナカラミザクラともいう)　　*Prunus pseudocerasus* Lindl.
2．欧州系オウトウ
A．甘果オウトウ(セイヨウミザクラ)　*Prunus avium* L.
① ハート群(軟肉種)：果実心臓形，果皮薄，果肉柔軟多汁……黄玉，大紫
② ビガロー群(硬肉種)：果実円形または心臓形，果皮厚，果肉緊密……ナポレオン，ビング
③ デューク群(甘酸雑種)：甘果，酸果オウトウの雑種……メイデューク，レートデューク
B．酸果オウトウ(セイヨウスミミザクラ)　*Prunus cerasus* L.
① アマレル群：比較的甘味あり，果皮黄色または黄紅色，果汁無色……アーリーリッチモンド，モンモレンシー
② モレロ群：酸味強し，果皮濃紫紅色，果汁有色……イングリッシュモレロ

Prunus tomentosa Thunb.: わが国のユスラウメであり，果梗がごく短いのが特徴である．寒さや乾燥に強い．$2n=16$．

Prunus mahaleb L.: 果実は食用として利用されず，欧州系オウトウの台木として使われる．$2n=16$．

Prunus besseyi Bailey, *Prunus pumila* L.: サンドチェリーとよばれ，北米産のかん木状の果樹である．乾燥地に適する．$2n=16$．

オウトウの栽培品種の分類は，米国の Hedrick (1915) をはじめ，多くの学者により，さまざまな分類がなされている．これらの分類を参考にして，わが国でも杉山 (1929) や菊池 (1948) が分類を行っている．これらは果実の硬さ，果形，果色および果汁の色などから分類しているが，だいたいは同じような分類になっている．一例として表 9.2 に菊池の分類法を示した．

(2) 来　歴

a. 原産地

欧州系オウトウのうち，酸果オウトウの原産地は小アジアを中心とした地域であり，甘果オウトウはヨーロッパ大陸全体に野生種が存在することが知られている (Hedrick, 1915)．また，Vavilov によると，ソ連のコーカサス地方や，中東地方にも甘果オウトウや酸果オウトウの野生種が存在するという．ただし，酸果オウトウ (*Prunus cerasus* L.) は甘果オウトウ (*Prunus avium* L.) の減数分裂をしない花粉が *Prunus fruticosa* Pall. と交雑したものから生じたとする説もある (Olden, 1968)．

中国はさまざまな植物の原産地として知られているが，欧州系オウトウは存在しないようで，東洋系のチュウゴクオウトウが知られているのみである．紀元前の古くから中国全土で栽培されていたらしいが，原産地は明らかでない．

b. 諸外国における栽培の歴史

そもそもの起源は不明であるが，上古時代には北部温帯地方に野生のオウトウが生育しており，これらの果実が古代人や鳥獣により食べられ，しだいにあちこちへ伝播していったのではないかと推察されている．その理由として，スカンジナビア諸国の古い堆積のなかから，オウトウの種子が発見されている例があげられる (Hedrick, 1915)．

Pliny は紀元前 65 年にローマにオウトウが導入され，これがヨーロッパにおけるオウトウ栽培のはじまりとしている．しかし，これ以前からローマには野生のオウトウは栽培されていたという．これらのオウトウはしだいに栽培化され，紀元 1 世紀のはじめには，イタリアから英国，ドイツなどヨーロッパ各国へ伝わったが，さしたる進歩もなく，16〜17 世紀になって大いに発展したという．

17 世紀に入ると開拓者たちによって，北米にオウトウが導入され，東部からしだいに西部へと普及し，18 世紀はじめには，オレゴン州，カリフォルニア州にまで栽培され，18 世紀はじめから 19 世紀はじめに著しく発展をした (Hedrick, 1915)．

一方，中国においては，桜桃（チュウゴクオウトウ，ユスラウメ）が古くから栽培

されており，周時代から桜桃は食用に供されていたようで，礼記のなかに，含桃（＝桜桃の古名）を寝廟に薦めたという記述がある（辻村，1910）．

c．日本における栽培の歴史

オウトウが日本で栽培されるのは，明治以降である．これ以前は，江戸時代初期にチュウゴクオウトウが中国よりもたらされたが，観賞用程度に栽培されていたにすぎない．現在のヨーロッパ系オウトウは，1872年に北海道開拓使が米国より25種を導入したのに始まる．一般に栽培が普及されるきっかけとなったのは，勧業寮が1874〜75年にフランス，米国から主要品種を導入し，これを三田育種場で増殖し，苗木を東北，北海道を中心に全国各地に配布したことによる．

しかし，配布当時は栽培管理，病害虫防除などはなされず，ほとんどが放任されたままで，枯死するものも多かったという．また，うまく育った場合でも，当時はその価値があまり認められなかったらしい．

こうしたなかで，北海道，山形県では気候風土に合い，しだいに定着するようになった．オウトウの主産地である山形県の栽培の歴史をみると，山形県史によれば，県内にオウトウが初めて導入されたのは1874年であり，勧業寮から苗木の配布を受けている．1876年には，当時の県令（＝県知事）三島通庸が北海道開拓支庁より苗木300本を移入し，オウトウ栽培を奨励している．その後，1885年には三田育種場より24種の苗木を購入し，希望者に栽培させている．

こうしてしだいに生産量も増え，1899年の奥羽線開通後は，県外出荷も盛んとなった．また，1908年から山形県立農業試験場で行った，農商務省指定のオウトウの品種試験は，オウトウの主産地としての発展に大いに貢献したという．そして，明治の終りには，北海道，東北各地，新潟で栽培が普及したが，この発展のかげには，日清・日露戦争により，果実の需給が高まり，栽培が促進された事情もある（杉山，1929）．

大正に入ると，物価騰貴とともに栽培が盛んになり，福島県や山梨県，長野県などが早場地帯の利点を生かして普及していった．さらに，大正末には，山形，福島では加工の発達に伴い，栽培面積は増加していった．昭和に入ってからも増加は続き，太平洋戦争の始まる前の1940年には，およそ栽培面積で1,500 ha，生産量で5,000 tまで増加した（図9.1）．

戦時中は，穀物優先で果樹は伐採されて減少したが，とりわけオウトウの減少は著しかった．栽培者のなかには，オウトウに愛着をもって，伐採命令にもかかわらず残した人もいたという．戦後になるといち早く増植は進んだが，戦前の面積まで回復するのは，1964年になってからである．

その後も増植は進むが，1971年からの稲作転換政策に伴う，転作による増加が著しい．この新植によるオウトウ生産量の増加は1973年頃の石油危機による加工業の不振に伴い，加工原料価格の低下となり，加工向け果実生産から生食向け果実生産への転換を余儀なくされた．

さらに，1978年からの米国産オウトウの期限付輸入，これにカナダ，ニュージーランド産オウトウも加わった．そして，1986年12月の日米合意により，1992年度から

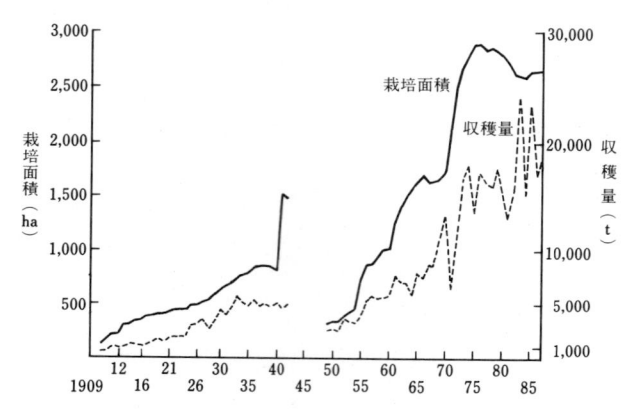

図9.1 全国のオウトウ栽培面積および収穫量の推移（果樹生産出荷累年統計より作図）

栽培面積について，1940年産以前のものおよび1941〜54年産の「散在面積」は栽培樹数の調査であるため，10a当たり50本に換算した数値を栽培面積とした．栽培面積および収穫量について表示が尺貫法になっていたものは，次によりメートル法で換算した．1 ha = 1 町×0.9917，t = 1 貫×3.75÷1,000．

のオウトウ完全自由化が取り決められ，わが国オウトウ栽培史上始まって以来の難局を迎えるに至ったのである．

9.3 品種の変遷と品種解説

(1) 品種の変遷
a. 諸外国

渡部（1985）は，世界各国のオウトウ主要品種をまとめて検討しているが，これによると各国ともナポレオンのような古い品種が今もって主要品種にあげられているのと，それぞれの国が独自の優良品種をもっているのが特徴であるという．また，わが国では酸果オウトウはほとんど栽培されていないが，外国では加工用を中心にさまざまに利用され，新品種の育成も盛んに行われている．

Hedrick (1915) の The Cherries of New York には1,145種のオウトウが記述されている．このなかの80％は来歴が不明であるというが，オウトウの品種育成の歴史はそれほど古くない．オウトウの栽培の歴史は紀元前にまでさかのぼるが，栽培の歴史の古いヨーロッパにおいても16世紀になるまでは，オウトウの品種改良はほとんど行われなかったらしい．北米では，19世紀になって Lewelling や Kirkland，その後 Burbank などの優れた育種家が出て，オウトウの育種が著しく進歩した（Fogle, 1975）．

その後は，各国でオウトウの品種育成が行われるようになるが，次に，外国で育成

9.3 品種の変遷と品種解説

された甘果オウトウのおもな品種の概要を紹介する.

Kristin (Emperor Francis × Gil Peck): 米国ニューヨーク農業試験場の育成品種. 当初 NY1599 として試作され, わが国にも 1967 年に導入された. 赤肉系の大果で, 果皮色は紫黒色〜暗赤色. 耐寒性があり, またウースターと同程度の裂果抵抗性がある (Way ら, 1982).

Brooks (Rainer × Early Burlat): 米国のカリフォルニア大学の育成品種. 暗赤色の大果で豊産性の早生品種で, 熟期になっても果肉が固く, 熟果でも樹上で1週間はもつ (Hansche ら, 1988).

Viscount (V 35024 × V 35029): カナダのオンタリオ園芸試験場の育成品種で, 両親はともに Hedelfingen と Bing との交配からの選抜系統である. 光沢のある暗赤色の果実で, 果肉は固く, 果実の大きさは中〜大で豊産性でビングに似る. 熟期はビングと同期で, 裂果抵抗性があり, ビングよりはるかに強い (Tehrani, 1984).

Lappins, Sunburst (Van × Stella): カナダのサマーランド農業試験場で育成された品種で, ともに赤肉系で自家結実する. Lappins は裂果抵抗性が優れ, 豊産性である. 晩生の通常の栽培品種よりも, 果実や樹の特性が優れる. Sunburst は大果で, 甘味の多い早生種である. 果汁が多く豊産性である (Lane ら, 1984).

Merla (Merton Late の自然交雑実生), Mermat, Merpet (Merton Glory の自然交雑実生): いずれも英国のジョン・インネス研究所で育成された, バクテリアキャンカー抵抗性品種である. Merla は白肉系の豊産な中生種で, 裂果抵抗性である. Mermat は赤肉系の早生種で, 大きさはマートングローリーと同程度, 裂果抵抗性である. Merpet は赤肉系の早生種で, アーリーリバースの代替種である (Mattews, 1977, 1979).

Adriana (Mora di Cazzano の自然交雑実生): イタリアで育成された鮮紅色で大果な品種. 早期結実性で豊産, 収量は安定している. 機械収穫が可能で加工に適する (Bargiori, 1980).

Regina, Octavia, Viola (Schneiders Späte × Rube): 西ドイツで育成された早期結実性の品種. いずれも開花期が遅い. Regina は赤褐色〜暗赤色の晩生種. 大果で果汁が多く, 裂果抵抗性がある. Octavia は裂果抵抗性があり, 果皮が赤色の頃から暗紅色になるまで収穫できる. Viola は暗い赤紫色〜黒色の品種で, 生食用の品種であるがジュース用としてもよい (Zahn, 1981).

Krunopladnaya (Napoleon Belyĭ × Valeriĭ Chkalov), Rubinovaya Ranyaya (Francis × Ranyaya Marki): ソ連で育成された品種である. Krunopladnaya は暗赤色の大果で, 霜害, 乾燥, バクテリアキャンカーに強い. Rubinovaya Ranyaya は, 暗赤色で大果な早生種で, Monilia 〔Scletonia〕 spp. に強い (Filippova, 1983).

紅灯 (ナポレオン×黄玉): 中国大連市農業科学研究所で育成された品種. 紫紅色の大果な早生種, 豊産性で品質がよい (劉桂林ら, 1988).

b. 日 本

わが国におけるオウトウの導入・栽培の経過は p. 495 で述べたとおりであり, 明治

の導入以来，今日に至るまで，わが国のオウトウ栽培は外国からの導入品種が主体になっている。山形県立農業試験場では，1908年から農商務省の品種指定試験の結果から，ジャブレー，ナポレオンなど9種の優良品種を選んでおり(1918，1923)，これが当時の品種選定の参考資料になっているが，すべて導入品種である．

また，1934年の調査によると(農林省農務局，蔬菜及果樹主要品種の分布調査，1939年3月)，協定品種(奨励品種)は，日の出，黄玉，大紫，ナポレオンの4種で，協定外品種にジャブレー，フローレンス，若紫，エルトン，養老，北光があげられている．なかでもナポレオンは，全国栽培面積の46.5％を占め，ついで黄玉の25.2％が多く，国内育成品種は北光が1.6％栽培されているのみである．

1966年には，ナポレオンが57.4％，高砂4.9％となっている．「黄玉は1957年に109 haあったものが，1966年には数字が出ていない．同時期の優良な佐藤錦に替わりつつあるようである」(岩垣，1969)としており，国内育成品種が徐々に栽培されるようになってくる．そして，1988年度において，主産地山形県では，佐藤錦の栽培面積は52.2

表9.3 種苗法登録によるオウトウ品種一覧

品種名	両親	育成者 (品種登録者)	住所	熟期*	果形**	果色**	特性**
羽陽ことぶき	偶発実生	近野 徳壽	山形県南陽市	41～50	短心臓形	帯赤黄色斑	甘味やや多く，酸味中，裂果少ない
香夏錦	佐藤錦×高砂	佐藤 正光	福島県伊達町	30～40	短心臓形	黄色赤斑	高砂より1週間程度早い
コルト	マザード「F299/2」×シロハナカラミザクラ	H. M. TYDEMAN (㈱中島天香園)	英国イーストモーリング試験場	—	—	—	甘果オウトウと接ぎ木親和性あり
ジャンボ錦	偶発実生	木村 コヨ (桜井茂雄)	青森県南部町	41～50	やや長心臓形	黄色赤斑	北光に似て裂果少ない
豊錦	偶発実生	斉藤 一博	山梨県櫛形町	41～50	短心臓形	帯赤黄色斑	高砂より7～10日早い，豊産性
東香錦	ナポレオンの自然交雑実生	武田茂太郎 (㈱中島天香園)	山形県東根市	51～55	長心臓形	帯赤黄色斑	果肉が硬い晩生種
光麗	偶発実生	小沢 光男	長野県中野市	51～55	心臓形	黄色赤斑	果肉が硬い晩生種
弘寿	偶発実生	小関 弘二	山形県東根市	41～50	短心臓形	帯赤黄斑	甘酸ともに多い
正光錦	香夏錦の自然交雑実生？	佐藤 正光	福島県伊達町	41～50	短心臓形	黄色赤斑	甘味多く，酸味少ない
まさみ	高砂の枝変わり	保坂 正巳	山梨県櫛形町	45～50	心臓形	紫朱紅色	甘味中，酸味少，果肉は白い
瑞光	偶発実生	渡辺 富多	山形県寒河江市	30～40	心臓形	黄色赤斑	甘味多く，酸味少ない
陽峰	偶発実生	山野井英幸 (中山 進)	北海道仁木町	55～	長心臓形	紫赤黒色	果頂部がとがる，果実の大きさは極大
桜頂錦	偶発実生	田中清一朗	山形県山形市	40	心臓形	帯赤黄斑	佐藤錦より10日早い
夕紅錦	偶発実生	菊地堅治郎	山形県寒河江市	50	心臓形	帯赤黄斑	ナポレオンに近い風味を有する
ダイアナブライト	偶発実生	佐藤光之助	山形県山辺町	50	心臓形	帯赤黄斑	果実の大きさは極大(11g程度)である

*：熟期は満開後の日数．**：果形，果色，特性は登録申請の記載による．資料：登録公表資料．

%で,ナポレオンの 42.4 %を上回り,全国的にも主要品種となるまでになった.

一方,国内育成品種は,前述の北光*が 1911 年に育成され,ついで 1912 年に佐藤錦*が育成されている.その後も,おばこ(1959 年),蔵王錦(1960 年),天香錦(1965 年),ひかり(1970 年),南陽*,旭光(1976 年)などの品種が育成された(*印は(2)品種解説参照).さらに,1978 年の種苗法の改正に伴い,民間の品種育種に対する関心は高まり,登録品種が次々と発表されている(表 9.3).これら新品種は,発表されて年数も浅いため,特性が十分に確認できていないが,これらのなかから,あるいは今後発表されるもののなかから,わが国独自の優秀な品種が育つことを期待したい.

また,公立機関による育種は,1978 年から山形県立園芸試験場において開始され,これは 1988 年から国の指定試験として取り上げられ,継続されている.これ以外にも,各県で独自に育種を開始している.

(2) 品種解説
a. 佐藤錦
来歴 1912 年に山形県東根市の佐藤栄助により交雑実生から育成された.両親はナポレオンに黄玉を交配したものと推定される.1914 年に同市の岡田東作により命名された.

特性 熟期は山形県で満開後 45〜50 日で,6 月 20 日前後に収穫できる.果実は 6 g 前後で,摘らい・摘果によりさらに大きくなる.着色は良好で,外観は美しく,糖度は 13〜18 度程度で,多汁であり,酸は 0.6 %前後でナポレオンより少ない.食味は良好であり,品質は最高のランクに属する.生食用の主要品種である.

栽培上の留意事項 特別な欠点もなく,作りやすい品種である.高砂,ナポレオンと交配和合性があるが,開花期がこれらの品種より遅れるので,受粉樹としては適さない.着色は容易であるが,日当たりが悪いと十分着色せずに熟してしまうので,日当たりをよくする栽培管理が必要である.

b. ナポレオン (Napoleon Bigarreau, Royal Ann)
来歴 18 世紀はじめにはドイツなどで栽培されていたといわれる古い品種であるが,来歴は不明.欧米では Royal Ann とよばれることが多い.わが国には 1872 年に北海道開拓使によって導入された.

特性 熟期は山形県で満開後 55〜60 日で,6 月下旬に収穫される.果実は 6〜7.5 g と大きく,豊産性である.鮮紅色に着色し,光沢もよい.肉質はやや硬く,輸送性に富む反面,裂果しやすい.酸は 0.8〜0.9 %で佐藤錦より強い.糖度は 13 度くらいで,完熟すると濃厚な味となる.

栽培上の留意事項 日本のみならず,世界各国でも主要品種となっており,優秀な素質をもつものの,熟期が遅い点と,裂果しやすいのが欠点である.また酸味がやや強いので早取りをしない.このため,裂果防止施設での栽培が望ましい.

c. 高砂 (Rockport Bigarreau)
来歴 1842 年米国オハイオ州クリーブランドで Kirtland が Yerrow Spanish の実

生から育成．わが国には，1872年北海道開拓使により米国から導入された．

特性 熟期は山形県で満開後45日前後で，佐藤錦より2～3日早い．開花期もナポレオンより1日くらい，佐藤錦よりは3日くらい早く，両品種の受粉に適する．果実は5～6gで中位，糖度は13～15％，酸は0.7％前後で甘酸適和である．果肉はやや軟らかく，輸送性はやや不良．核がきわめて大きいのが，この品種の最大の特徴である．樹姿は直立性で，結果期になっても開張しない．葉色は通常のオウトウよりやや淡い．

栽培上の留意事項 他の品種の受粉樹に適し，収穫期も早く，ハウス栽培でも収量が比較的安定するなど利点が多い．しかし，品質では佐藤錦に及ばず，輸送性もよくないので，地域や作型に応じて導入割合を検討する．また，幼木時より主枝を開かせる．

d. 南　　陽

来歴 1957年，山形県立農業試験場置賜分場において，オウトウの胚培養に関する予備試験の際に，ナポレオンの交雑実生から選抜された品種．その後，置賜分場の果樹部門が山形県立園芸試験場に業務移管され，同場で引き続き特性調査を行い，1977年2月に登録された．命名は，育成地の所在する南陽市に由来する．

特性 熟期は佐藤錦とナポレオンの中間であるが，開花は通常の栽培種では最も遅く，結実性が悪い原因となっている．果実は7～9gとナポレオンより大きく，糖度は14～16度と高く，酸は0.6％前後で食味はきわめて良好である．着色は淡紅色で，全面に着色しにくい．樹勢は若木のうちはおう盛である．

栽培上の留意事項 本品種での一番の問題は結実確保である．開花期の揃う北海道では多収の部類に入る．和合性のある高砂，ナポレオンなどの花粉で人工受粉を行う．また，樹姿が直立的であり，小枝が出にくいので，幼木時より開張させ，切り詰めるせん定が必要になる．

e. 北　光（水門，北海ナポ）

来歴 北海道小樽市奥沢町藤野氏の果樹園で発見された偶発実生．北海道では水門とよぶことが多い．当初，藤野と命名されたが，1910年の名称選定会において北光と改称命名した．水門という名称は，水門の近くで発見されたという説と，北光とは元来異なる品種であるという説がある．村松（1987）によれば「現在の北海道の「水門」は北海道で生まれた実生がさまざまな形で広まり，かつ育てられて現在の「水門」を形成しているのではないか」としている．またナポレオンに似ているので，北海ナポともよばれる．

特性 熟期は，北海道で7月上中旬，山形県で満開後41～50日で，佐藤錦とナポレオンの中間に収穫される．果形は果頂部がとがった，やや長い心臓形である．果肉はやや硬くしまり，食味はやや良．降雨による裂果が少ない品種として知られる．北海道で水門とよばれるものは，果皮色がナポレオンよりやや赤味が強い．

栽培上の留意事項 系統が多いので，導入の際はよい系統を選ぶ．また，まったく裂果しないわけではないので，裂果防止施設は必要である．　　　　　［西村幸一］

文　献

1) Fogle, H. W. (1975), Cherries. In: Advances in Fruit Breeding (Janick, J. and Moore, J. N. eds.), 348-366, Purdue Univ. Press.
2) Hedrick, U. P. (1915), The Cherries of New York, N. Y. Agri. Exp. Sta., Geneva, NY.
3) 岩垣駛夫 (1969)，戦後農業技術発達史・果樹編 (梶浦　実，他編)，127-187，日本農業研究所.
4) 菊池秋雄 (1948)，果樹園芸学，上巻，189-208，養賢堂.
5) 佐竹正行 (1985)，果樹全書，433-439，農文協.
6) 杉山昌治 (1929)，実験桜桃栽培法，明文堂.
7) 渡部俊三 (1977)，農及園，5-10.
8) 渡部俊三 (1985)，果樹全書，391-394，427-432，農文協.

9.4　栽培管理

(1)　苗木と植え付け
a．台　　木

オウトウの台木としてサクラ類を中心にしてかなり多くのものが使われてきたが，最近では実際栽培においてはしぼられてきている．また，従来の標準台よりわい化する台木の探索が盛んになり，実用的な台木も見出されてきている．

1)　標準台木

アオバザクラ（*Prunus lannesiana*）　　マザクラ（真桜），アオハダザクラ（青膚桜），ダイザクラ（台桜）の別名がある．この台木はオウトウの各品種とも接ぎ木親和性があり，揃った苗木が容易に得られる．繁殖も容易で，休眠枝の挿し木で簡単に発根する．この台木を用いた場合，オウトウの生育は良好であるが，直根の発生が少ないため，乾燥にやや弱い．とくに高砂やナポレオンなどの，ビガロー群に属するものを接いだ場合は大木となる．最大の欠点は，接ぎ木部がもろく，風で折れたり倒伏しやすいことである．台木部分を地上に出しすぎて植え付けると，台木部分が粗皮状になり生育が悪くなることがある．現在最も多く用いられている台木で，管理方法さえよければ，利用価値の高い台木である．

マザード（*P. avium* L.）　　甘果オウトウの実生および野生化したものを一括してマザードといっている．挿し木による繁殖はきわめて困難で，緑枝挿しでも発根率が悪く，実用的には挿し木繁殖は行われていない．実生および根挿しによる繁殖が行われている．甘果オウトウ，酸果オウトウ，デューク種などと接ぎ木親和性が高く，強健で大木になる．直根の発生が多く，根群分布も深く，乾燥や風に対しても強い．この台木を使った場合は，若木のときから生育はおう盛である．アオバザクラを使った場合より植え付け距離を広くとる必要がある．耐湿性はマハレブよりやや劣る．

マハレブ（*P. mahaleb* L.）　　葉は小型で淡緑色で光沢があり，先端はとがっている．花はオウトウより遅れて咲き自家結実する．種子を播種する場合は完熟直前のものがよい．発芽は比較的容易で形状もよく揃う．挿し木は困難なので実生で繁殖とい

うことになるので，利用するまではやや時間がかかる．
　根量はアオバザクラ，マザードよりも少なく，直根が多く細根の割合が少ない．水平分布はアオバザクラに近いが，比較的深いところまで分布する．オウトウとの接ぎ木親和性はやや劣り，しかも硬く接ぎにくい．結果樹齢はアオバザクラやマザードよりも1～2年早く，耐湿性が強く，乾燥にも向くが短命といわれる．地上60～70cmのところで接ぐとわい化するといわれるが，台負け現象が起こる．

　ストックトンモレロ（*P. cerasus* L.）　Marasca Cherry（*P. marasca*）の栄養系台木であるが，わが国では，通常台木として使用されていない．米国では重粘で湿潤な土壌地帯で半わい性台として使用されており，砂質土壌では不適当であるといわれる．甘果オウトウとの組合せでは台勝ちになるといわれるが親和性はよい．根頭がんしゅ病，萎凋病，ネコブセンチュウなどに対して免疫，抵抗性をもっているといわれる．

2）わい性台木

　最近は国内，国外ともわい性台木の開発の研究が盛んである．山形県立園芸試験場では国内に自生あるいは栽培されているサクラ類について，わい性台木として使用可能かどうかの検討を行い，数種類を有望種として選抜し検討を続けている．また長野県果樹試験場でも同様の試験を行い，ミドリザクラおよびオシドリザクラを実用性があるとして普及に移している．わい性台木として市販または普及に移されつつある台木の特徴は次のとおりである．

　マメザクラ（*Prunus incisa* Thunb.）　山形県立園芸試験場で1978年にこのサクラを台木にした佐藤錦を定植し，検討した結果，わい性台木として有望として選抜したものである．4.5m×3.0m程度の栽植が可能で800～1,000kg程度の収量が確保できる成績が得られている．枝はきわめて細く，発根は緑枝挿しで容易に発根するが，台木として接ぎ木できるまでには2年くらいかかるのが欠点である．台負けが若干認められる．佐藤錦，ナポレオンとの接ぎ木親和性は良好である．

　ミドリザクラ（*P. incisa* forma *yamadai* Ohwi）　花も葉も小形で枝も細い．がくや花梗，若葉などはすべて緑色で特徴がある．花は純白で，果実は小さくまるい．挿し木は容易であるが，接ぎ木親和性はアオバザクラよりやや悪いように思われる．また台負けもみられる．長野県果樹試験場の成績では，佐藤錦，ナポレオンの台木に適しており，10a当たり100本植えで8年生で1,000kgの収量を得ている．また，この台木は肥よく地に向くとしている．

　オシドリザクラ（*P. incica* Thunb. cv. Osidori）　フジザクラと他種の自然交雑種で花は小さく，濃紅色の美しい牡丹咲きで花弁数40枚前後の八重咲き種である．葉は小さく，枝も細く分岐し，開張性となる．挿し木が容易である．長野県果樹試験場の成績では，10a当たり100本植えで1,000kgの収量が確保できている．佐藤錦，ナポレオンの台木として適しており，どちらかといえばやせ地に向く台木としている．

　コルト　英国のイーストモーリング研究所のTydemanとGarnerがマザード（F 299/2）と*P. pseudocerasus* Lindl.（シロハナカラミザクラ）とを交配して育成し，

1974年COLTと命名したものである．英国で利用されているF 12/1(マザード)と比べ1/2～1/3程度の大きさになるといわれているが，国内の成績では，初期生育はかなりおう盛であるとするものが多い．接ぎ木親和性はどの品種にも抜群によく，細根量もかなり多い．なお土壌病害と線虫には抵抗力があるが，根頭がんしゅ病(crown gall)には感受性といわれている．夏期せん定などの定植後の管理でおう盛な初期生育をいかに抑えるかが，この台木の利用価値を高めるポイントになる．

これらの台木以外で，チシマ系，フジザクラ系あるいはサクラの園芸種などのなかにも有望なものがあり検討されている．

b．苗木の準備

苗木は上等のものを用意する．よい苗木は接ぎ木部が完全に癒合しているもので，根量とくに細根が多いものがよい．苗木の全長はそれほど重要ではなく，根量が多く節間がつまったものがよい．もともと細根の少ない台木を用いている場合は，掘り上げ時に断根の少ないものを求める．

植え付けは，暖地では落葉後すぐにでもよい．寒冷地では，野ネズミや雪害の心配のない場合は秋植えの方が翌年の生育はきわめてよい．ただし，アオバザクラ台を用いた場合はとくに野ネズミが好んで食害するので注意が必要である．春植えのために仮植しておく場合でも同様である．植え付ける前にはベンレート水和剤1,000倍液に10～30分，またはトップジンM500倍液に10分間根部を浸漬してから植え付ける．

c．植 え 付 け

植え付け方法　長方形，正方形，互の目植えなどがあり，園地の地形，機械の走行方向などにより決めなければならないが，長方形植え（並木植え）が，雨よけテントの設置を効率的にすることなどからみて好都合である．植え穴は，深さ45～60 cm，直径60～100 cmほどの大きさに掘るが，下層が礫で乾燥する地帯ではできるだけ大きく掘る．排水不良園では植え穴を大きく掘ると，逆に湛水状態となり，生育を著しく抑えることがある．

栽植距離　栽植距離は品種，台木の種類，土壌の深さや肥よく度によって異なるので，一概に決めることはできない．最初から，永久樹だけを定植する方法と，間伐予定樹も定植して，その後間伐する2通りの方法がある．一般的には密植して，枝先が隣接樹と互いに触れ合う頃から計画的に間伐する．

栽植距離の基準の一例をあげれば表9.4のとおりである．これはアオバザクラ台の佐藤錦やナポレオンを植え付ける場合の例である．これは永久樹として植え付ける場合の距離であり，計画的密植する場合は8 m×4 m，8 m×3 mにして，10 a当たり本数はそれぞれ31本，41本の定植となる．

表9.4　栽培距離の基準の一例（山形県オウトウ振興指標）

作土の深い肥よく地		作土の浅いやせ地	
植え付け距離	10 a当たり本数	植え付け距離	10 a当たり本数
8 m×8 m	15本	8 m×6 m	20本

植え付け後の管理　植え付け後苗木の切り詰めを行うが，その程度は生育によって異なる．通常50～70 cm程度に切りつめる．貧弱な苗や根の少ないものは地上10～15 cmくらいに切り詰めておく．植え付け後に土壌を乾燥させると初期の生育が著しく劣り，これが，年間の生育量に大きく影響するので，乾燥防止のためのかん水やマルチを実施する．

(2) 受　粉
a．交雑和合性

オウトウは雌ずいの柱頭に同一樹および同一品種の異株の花粉を配しても結実しないという自家不和合性の強い性質をもつので，1品種を植えたのでは結実しない．また，特定の品種間には互いに受精しないという交雑不和合性の性質もある．岩田(1937)および鈴木らによって次の7組の相互不和合性群のあることが確認されている．

A群：ナポレオン (10号)，ビング，ランバート，エンペラー・フランシス（ただしランバートに対してエンペラー・フランシスの花粉を配するときは結実する）．

B群：アーリー・パープル・ギーヌ（日の出，1号），ロックポート・ビガロー（高砂），チャップマン，ターケー・ブラックハート（ただしターケー・ブラックハートの花粉を他の3品種に配するときは結実する）．

C群：ブラックタータリアン（大紫），ジャブレー，カリフォルニア・アドバンス，アーリー・リバース．

D群：グレート・ビガロー（若紫），ナイツ・アーリーブラック（深紫）．

E群：ガバナーウッド（黄玉，8号），ウインクラー，グロリアス・スターク・ゴールド，佐藤錦．

F群：センテニアル，レウリング．

G群：バーバンク，アバンダンス．

以上の各群内の組合せでは互いに結実しないので，受粉樹は他の群から選ばなければならない．他の群から選ぶ場合でも，目的品種より開花期が1～2日早いものでなければならない．山形県における主要品種と最近話題になっている品種の交雑和合性は表9.5のとおりである．これによると佐藤錦，羽陽ことぶき，桜頂錦，ダイアナブライトは同一群とみられる．

表9.5　交雑和合性（山形県立園芸試験場，1989）

♀＼♂	ダイアナブライト	桜頂錦	羽陽ことぶき	香夏錦	佐藤錦	ナポレオン	高砂	バン
ダイアナブライト	×	×	×	○	×	○	○	—
桜頂錦	×	×	×	○	×	○	○	—
羽陽ことぶき	×	×	—	—	×	○	○	○
佐藤錦	×	×	×	○	×	○	○	○
ナポレオン	○	○	○	○	○	×	○	○

○：交雑和合性あり，×：交雑和合性なし，—：未検定．

b. 受粉方法

オウトウの花粉の媒介は訪花昆虫によるものと人工受粉の方法がある.

訪花昆虫の利用　訪花昆虫の利用についてはミツバチとマメコバチを利用する方法がある.

ミツバチを利用する場合は, 転飼後最初に飛ばす日には最も近い花を訪れるので, オウトウでは開花はじめに導入する. 導入が早すぎると, その時期に開花する他の蜜源に行き受粉効果は劣る. 気象条件に敏感で低温, 風, 降雨などによって活動を停止することがあるので注意する. 1群当たりの適正面積は 30〜40 a である. ミツバチの飛ぶ距離が約 2,000 m にも及ぶので, 集団で手に入れるようにした方が効率がよい.

マメコバチを利用する場合は, 巣群の設置はできるだけ果樹園の中心が望ましい. 設置する場所は作業小屋の軒下や壁面, あるいはリンゴ箱やドラム缶の両切りしたものなどを利用して雨の当たらないように設置する. 土面からの湿気をきらうので, 地上 30 cm 以上とし, 風雨や直射日光を避けるため屋根をかける.

1巣当たりの適正面積は, ハチの活動範囲をおよそ 40 m とみて, 80 m の間隔に巣群を設置すればよい. したがって一つの巣群を 50 a 単位におけばよい. 10 a 当たりの雌バチ 100 頭が活動すれば十分であるので, 50 a 当たり 500 頭が必要である. ハチの入っているヨシ (独房 8 個のうち雌 4 個とみて) が 130 本必要となる. それに加えて新しいヨシ (巣材) を 800 本くらいおくのが適当である. なおハチは営巣のため湿った土を必要とするので, 巣の近くに直径 50 cm 程度の穴を掘って湿らせておく.

人工受粉　オウトウの花は手まり (花束状) のように咲くので人工受粉は容易である. 方法は自動車用の毛ばたきを使用し, 開花期に主要品種と受粉樹を交互に軽く接触させると効果が高い (図 9.2). この方法で 5 分咲きの頃と満開期の 2 回は少なくとも実施する.

柱頭の受粉能力は開花日より 3 日後までは十分あるが, 開花 4 日後には低下し始め

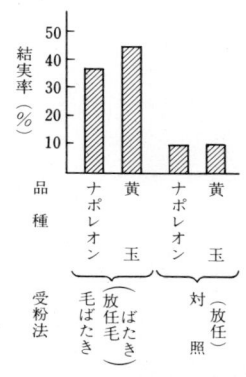

図 9.2　毛ばたきによる受粉効果
(山形県立農業試験場置賜分場, 1968)

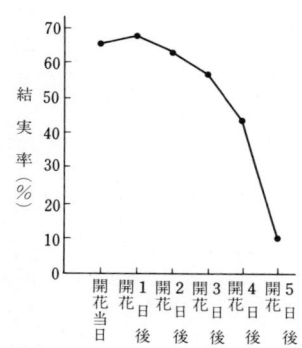

図 9.3　オウトウ (ナポレオン) の受精能力 (山形県立農業試験場置賜分場, 1968)

5日後には著しく低下するので(図9.3)，人工受粉は開花4日後頃までに終るようにする．また，柱頭の乳頭細胞は微細な構造をしており，少しの刺激でも壊れやすい．壊れると花粉管の侵入は不可能となり，受精しなくなるので，受粉の際はていねいに実施することが大切である．

毛ばたきは水鳥の毛を使ったものを使用する．化学製品を材質としたものは，静電気を生じ，花粉の付着が悪く，また花粉の離れも悪いので受粉効果は著しく劣る．

(3) 結実管理

オウトウの従来の結実管理といえば，結実確保だけで，適正着果には十分な注意を払わなかった．しかし，適正な着果調節を行えば，果実の肥大，糖度の増加および着色の増進など著しく品質が向上する(表9.6)．

表9.6 摘らいと果実品質 (山形県立園芸試験場, 1985)

供試ほ場	試験区	1果重(g)	着色	屈折計示度(Brix)	滴定酸度(%)
場内	摘らいA	5.6 (119)	3.5	16.3	0.53
	摘らいB	5.8 (123)	3.3	15.5	0.31
	無処理	4.7 (100)	3.0	13.5	0.57
三泉	摘らいA	6.6 (112)	4.3	16.3	0.56
	無処理	5.9 (100)	3.0	14.3	0.50
神町	摘らいA	6.3 (134)	3.5	14.8	0.53
	無処理	4.7 (100)	2.3	12.0	0.49

摘らいA：すべての花束状短果枝の花芽を50%摘らいしたもの．摘らいB：花束状短果枝一つおきの花芽すべてを摘らいしたもの(全体として50%の摘らい)．
着色：1(果面の0～20%着色)，2(果面の20～40%着色)，3(果面の40～60%着色)，4(果面の60～80%着色)，5(果面の80～100%着色)．

鈴木らおよび山形県立園芸試験場の成績によれば1果当たりの葉数は4葉が適当であるとされ，それ以上葉数が多くとも，果実肥大に影響がみられていない．着果調節の方法として，摘らいと摘果の方法がある．花摘みは花数が多くて容易でない．

a. 摘らい

摘らいを実施する時期はつぼみがややふくらみ始めた頃から始める．大きくなり開花が近くなると残す芽を痛めるので，その前までに終るようにする．山形の場合は3月中旬から始めて4月中旬頃までが適期である．

摘らいの程度は，花芽(小花3個くらいを含む)の50%程度を除去する．全花束状短果枝についてそれぞれ50%ずつ除去する方法と，花束状短果枝のうち一つおきに全花芽を除去し，全体として花芽を50%除去する方法でも効果は同じである．摘らいの労力は，1万個の花束状短果枝(標準的な成木約1樹分)を摘らいするのに600～700

分要する.

　気象災害の受けやすい年や立地条件のときは摘らいは控えて摘果で対応する．また摘らいすることによって樹勢がよくなるので，衰弱樹に実施するとその効果も高い．強勢樹では摘らいを実施すると樹勢が強くなりすぎるので避けた方がよい．

b．摘　　果

　摘果は生理的落果の終る満開3週間後から実施する．多少遅れても効果は認められるが，早い方がよい．摘果の程度は1花束状短果枝当たり2～3果にすると効果が高い．摘果の労力は樹の大きさ，着果量などによって異なるが，標準的な樹の場合8時間前後である．部分的な摘果では効果が少ないので，樹全体を行う．

(4) 着色管理

　着色管理作業はこれまでとくに行われていなかったが，最近生食向果実として外観とくに着色が重視されるようになったことから，摘葉が行われるようになった．山形県立園芸試験場の成績によれば，着色始期の摘葉の程度と果実の着色に密接な関係があり，全葉の2/3程度の摘葉が効果が高かった．その方法として花叢葉を中心に行っても新しょう葉を含めて行っても着色に及ぼす効果に差はなかった．

　しかし，摘葉処理により，花芽の大きさが小さくなる傾向がみられる．とくに2/3程度摘葉を行った場合明らかであったが，1/3程度の摘葉であれば翌年に大きな影響を及ぼさなかった．したがって着色管理には摘葉処理の効果が高いが，摘葉の程度は着葉数の1/3程度にとどめることが大切で，時期もあまり早期にせず，着色始期で十分である．

(5) 整枝・せん定

　オウトウの頂芽はすべて葉芽であるので，主枝の先端や強い枝の場合は伸長方向に伸びる．頂芽に近いえき芽の2～3芽が，その枝の延長枝に対してほぼ一定の角度に開く．延長枝の切詰めをやらなくとも自然にまっすぐに伸び，これにつく側枝も一定の角度で伸びていくので樹は自然に円錐形を形作る．

　樹形は肥よくなところでは変則主幹形とし樹間距離を広くとり，樹勢が落ち着いたところで樹高を制限する．開心形にする場合は，強い心抜きのため大きな切り口を作ることは避け，早目に主枝構成を考え計画的に樹形を作る．

a．結果習性（図9.4）

　オウトウは，頂花芽を着けないから果実はすべてえき花芽につく．長果枝につく場合は，基部にのみ5～6芽えき花芽が着生する．短果枝に密につき，開花すると花束状になるので，花束状短果枝ともいう．花芽は純正花芽で，1花芽中に通常2～3花包蔵している．これらが開花結実したところは盲芽部となり芽が出ないが，花束状短果枝の場合は先端の葉芽から発育枝がわずかに伸びる．そのえき芽が花芽となる．このくり返しが行われるが，古くなるとあまりよい果実はつけない．

　長果枝の場合，先端部が発育枝となるが，基部に近い部分は短果枝となる．そのえ

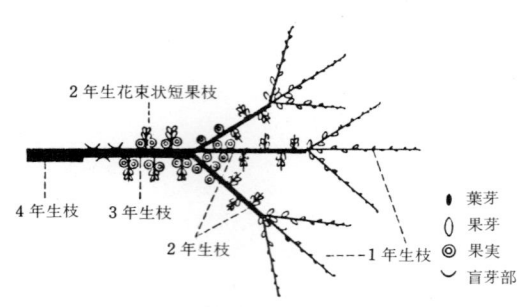

図9.4 オウトウの結果習性（鈴木，1972）

き芽が花芽となり，花束状の短果枝となる．その先端芽は葉芽であり，それがわずかに伸びて，そのえき芽が花芽となる．先端の葉芽を伸ばすには，強い切り返しを行えばよいが，影響を受けるのはその切り返しの部位に近いところだけに限られる．しかし，摘らいや摘果を樹全体に行えば，樹全体の花束状短果枝から発育枝が発生しやすくなる．

b．変則主幹形整枝

定植した苗木を地上 60～75 cm で切り返すと，5～6本の枝が相接して伸びる．それらのなかから3～4本の枝をなるべく離れたところから発生させる．そのうち先端より発生した枝を主幹の延長枝として垂直に立て，その他の枝は側枝として45°くらいに開かせる．その年の冬期せん定では主幹の延長枝は前年同様 60～70 cm 程度に切り詰める．側枝も長いものは 60 cm 程度に切り詰める．短いものは切り返しは行わずそのままとする．

その後2～3年はこのように心枝を切り返しながら伸ばし側枝を作っていく．このように主幹を中心として毎年側枝が 60 cm くらいの間隔で作られるが，2年目の冬期せん定では，側枝のうち枝によって新しょう数が2～4本ぐらいに分岐し，各枝がほとんど接して発生しやすいので，延長枝のほかに，側方または下方に出た側枝1本を残し他はせん除する．

3年目の冬期せん定では側枝のうち立ちすぎるものや間隔の近いもの1～2本を間引く程度にする．残った側枝のうち主枝候補枝に対しては冬のせん定で車枝や共枝にならないようにする．

5年目以降もほぼ同様にして取り扱うが，主枝候補枝をより明確にし，亜主枝をつける．7～8年目には樹高も4～5 m となるが，主幹の延長枝を毎年短く切り詰めて主枝の生長をはかる．心抜きの時期は，最上部の主枝の基部の太さが逆に主幹の延長枝よりも太くなったときに行う．この後順次主枝を間引いて3～4本とする．切り口には必ず保護剤を塗布する．

c．開心形整枝

開心形に仕立てる場合は主幹の延長枝を第3主枝として開張させ，第1主枝は地上 60～70 cm のところから発生させ，第2主枝はその上 50 cm のところから発生させる．

発生角度は鈍角に開いて,垂直線に対して30°くらいに維持する.

　苗木からの仕立て方としては,定植した苗木の地上45～60 cmのところで切り返す.そこから新しく伸びた枝に夏季せん定を行い,二次伸長枝が延長枝で60 cm以上,側枝が30 cm以上伸びるような時期と切り返しの程度にする.秋には夏季せん定前に伸びた枝のうちで不要なものは間引き,その後に伸びた枝に対しては間引きと切り返しを行う.これらの枝のうち,60～70 cmの位置で鈍角に開いた枝を第1主枝とし,主幹の延長枝を第3主枝とする.第2年目に伸びた枝に対しては前年と同様の要領で伸ばそうとする枝に対して夏季せん定を行う.第2主枝は第3主枝上に第1主枝の分岐点から50 cmくらい上方で,各主枝が同じ角度で開くような枝を使って作りあげる.

　植え付け後2～3年目の初夏,すなわち樹液が流動して樹の組織が軟らかい6月下旬～7月上旬に,それぞれの主枝を主幹に対して40°くらいに誘引して開かせる.それぞれの主枝に対して亜主枝をつけるが,変則主幹形整枝の場合に準じて行う.

(6) 施　　肥
a. 施肥量
　施肥量は土壌条件や樹勢によって違いがあるので,樹相を把握して行うことが大切である.山形県における標準施肥量は,窒素,リン酸,カリが15,6,12 kg/10 aとしている.

b. 施肥時期
　施肥時期は樹の生理との関係で決定すべきである.オウトウは収穫までの期間がきわめて短いため,貯蔵養分に依存する初期生育が重要になる.したがって根の活動している9月下旬～10月上旬に基肥を施用し,貯蔵養分を十分に貯えておき,翌春の生育に対応するのがよい.

　オウトウは収穫してから,基肥の時期までの期間が長いので収穫後礼肥を施す.基肥は年間施肥量の80％を施し,礼肥は残りの20％を施す.基肥は,尿素,リン安系などの比較的遅効性の肥料を用いる.有機入り化成の肥料を使うときは2～3週間早めに施す.礼肥は硫安系の速効性肥料を用いた方がよい.

(7) 生理障害と対策
a. 苦土欠乏
　苦土欠乏の症状は葉脈間が黄緑色または黄色となり,それが中央主脈にそって左右対称となって現れる.発生部位は新しょうの基部葉から漸次先端へ向かって進むが,先端の若葉まで及ぶことはまれである.葉の症状のほかに苦土欠乏による不稔あるいは結実歩合の低下が生じる.

　対策として苦土肥料の土壌施用を行う.苦土石灰を施す場合は,症状が軽い場合は150～400 kg/10 aを施すが,症状がはなはだしいときは速効性の硫酸苦土100～150 kg/10 aを併用する.施用時期は晩秋か早春とし土壌とかきまぜ,できるだけ深層まで施す.応急措置として葉面散布する場合は精製硫酸苦土1.5％液を落花後から8月ま

で数回散布する．しかし生育初期の稚葉の発育が不完全な場合は濃度を1.0％以下にした方が安全である．

b．ホウ素欠乏

ホウ素欠乏の症状は果実に発生することが多い．症状の軽い場合は，健全樹に比べ果梗が短く，結実率も劣る．症状が進むと花芽の着生が悪く開花してもほとんど結実しなくなる．結実した果実は幼果期に異常が認められなくとも，果実肥大期頃から，縮果症状が現れ，みそ玉の症状を呈する．この場合は胚を観察すると枯死またはしいな状になっている．ホウ素の欠乏は土壌中の水溶性ホウ素含量が0.6 ppm以上あればほとんど認められない．0.3～0.5 ppmでは軽い欠乏が認められ，0.2 ppm以下の場合は欠乏がはなはだしくなる．そのほか，土壌が乾燥すると土壌中にホウ素があっても吸収できず欠乏症が発生する．

対策としてホウ素資材の葉面散布と土壌施用があるが，土壌の乾燥防止も重要な対策となる．ホウ素の土壌施用による肥効の発現は比較的早いので土壌施用で対応する．症状が軽微な場合はホウ砂を10a当たり0.5～1.0 kgを施用し，症状がはなはだしい場合は10a当たり2.0～3.0 kg程度施用する．症状を見ながら2～3年継続施用する．ホウ素は他の微量要素と異なり，適量の範囲が狭く，過剰障害が出やすいのでとくに注意する．

葉面散布する場合は，ホウ砂などの0.1～0.3％液（10～30 gを60～70℃の温湯10lに溶かす）に等量の生石灰を加えて散布する．葉面散布は効果の持続性がなく，生育ステージや散布時の気象条件により薬害を生じやすいので注意が必要である．

c．裂　　果

オウトウの裂果は果実の生育期後半から成熟期に降雨があった場合，果実が水を吸収し膨れて，その膨圧に耐えられず裂果が起こる．果面には多くの気孔が点在しており，果頂部には花柱痕があり，これらの部分を通して水は容易に吸収される．またクチクラに覆われている部分でも細かい傷があれば吸水する．

品種による裂果の難易は若干認められる．しかし甘果オウトウでは完全な裂果抵抗性品種は見当たらず，一般に果肉の硬い品種は裂果しやすく，軟らかい品種は裂果しにくいとみてよい．着果量が少なく果実が大きい場合や，糖度の高い果実は裂果しやすい．樹上では大きく，糖度の高い良品質果ほど裂果しやすい．

雨よけテントを被覆した場合でも裂果が起こることから，根からの吸水によっても裂果はある程度起こるものと思われる．この場合土壌水分の急激な変化があり，乾燥した後かん水し吸水した場合裂果が多くなる傾向にある．したがって雨よけテントを被覆した場合は，過剰なかん水は控え，土壌水分をpF 2.0程度に維持し，pF 2.3になったらかん水するようにするが，急激な大量のかん水は控える．

裂果の防止対策として，雨よけテントを被覆して防止する方法が最も効率的である．被覆時期は着色始期とし，収穫が終りしだいできるだけ早めに除く．被覆期間中は高温障害が起きないように，樹冠上部と被覆物との間隔を1 m程度あけ，樹を何本か入れる長棟式の場合は15 mごとに50 cm程度の無被覆部分を作り換気をはかる．

図9.5 パイプハウス型雨よけテントの一例（佐竹，1983）

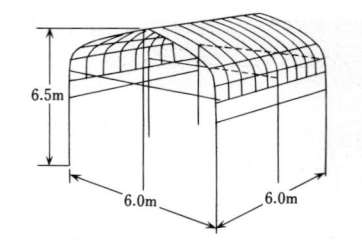

おもな資材の規格
支柱ベース付　42.7φ×1.6mm
中柱ベース付　42.7φ×1.6mm
はり，けた，足渡りパイプ付
　　　　　　　42.7φ×1.6mm
アーチパイプ　22.2φ×1.2mm

雨よけテントの形は，屋根形で開閉式のものやパイプハウス型のものなどさまざまであるが，現在ではパイプハウス型雨よけテントが一般的となっている（図9.5）．この場合，被覆してしまうと収穫終了までそのままの状態となるので，換気と土壌水分管理には十分留意する必要がある．

（8）熟期促進

有利販売あるいは収穫労力の調整などをねらいとして熟期を早めたり着色を増進させる場合には，植物生長調節剤や反射資材の利用が可能である．

a．MGC-140の利用

塩化コリン30％（サンキャッチ液剤30S）を着色増進に使用する場合は300〜600倍の濃度にして収穫14日前と収穫7日前の2回茎葉に散布する．熟期促進の効果は少なく，むしろ着色増進効果が高い．樹に果実を着けておき高品質の果実に仕上げてから一斉に収穫するような使い方に向いている．なお樹冠内部が暗いと効果が劣るので樹冠内部の明るさを適正に保つことが大切である．薬剤との混用については，ロブラールフロアブルとの混用は避けるようにする．

b．エテホン（エスレル）の利用

エテホンを使用する場合は，佐藤錦とナポレオンの散布時期を変える必要がある．ナポレオンには満開4週間後に25〜50 ppmの散布が適しており，佐藤錦には満開3週間後に25〜50 ppmを散布する．いずれも熟期促進効果は4〜5日であり，それぞれの収穫期の前半で効果が現れる．散布時期が早すぎたり，濃度が濃すぎると落果を起こすので十分注意する必要がある．また日当たりがよくないと着色が十分でないまま熟期が進み，いわゆる"うるみ果"となる．

c．反射資材の利用

地面に反射資材を被覆し光線を反射させて熟期を促進し，着色をよくすることが可能である．被覆を満開25日後に行うと山形県では4〜5日，満開35日後では2〜3日の熟期促進効果が認められる．被覆の方法は樹冠下の約50％が被覆されるようにする．資材は反射率の高いものを選ぶ．

着果量の多すぎる樹には実施しても着色は進むが，糖度があがらず品質はよくならない．また樹冠下まで光が透過するような整枝・せん定がされていなければ効果はな

い．反射の効果が及ぶのは地上2.5m程度までである．資材は2年目の使用では反射率は25～30％減少する． ［佐竹正行］

（文献は9.7項参照）

【施設栽培】

a．オウトウの施設栽培の特徴

オウトウは，北部寒冷地果樹に属し，休眠のための低温要求時間が長い．結実については，自家不和合性が強いので和合性がある健全な花粉で受粉しなければならない．樹勢が強く，成木になると樹高が7～8mを超える大樹になるので，できるだけ低樹高仕立てに心がけ，施設の建設費用の抑制に努める必要がある．

b．自発休眠

自発休眠期における低温要求時間は，基準温度7.2℃で1,440時間といわれており，低温遭遇時間と被覆時期との関連が施設栽培においては，重要なポイントとなる．表9.7は，高砂の低温遭遇時間と生育の関係を調査したものである．この結果からみると

表9.7 オウトウ低温遭遇時間と生育の関係

低温時間	くり返し	ほう芽日	満開日	収穫日
1,440 (60日)	1 2	1月9日 (26) 1月11日 (28)	1月28日 (45) 2月3日 (51)	未結実 4月8日 (115)[64]
1,200 (50日)	1 2	1月21日 (38) 1月23日 (40)	2月19日 (67) 2月19日 (67)	4月20日 (127)[60] 4月20日 (127)[60]
960 (40日)	1 2	1月21日 (38) 1月25日 (40)	2月23日 (71) 2月21日 (69)	4月20日 (127)[56] 未結実
720 (30日)	1 2	1月29日 (46) 1月27日 (44)	2月23日 (71) 2月21日 (69)	4月24日 (131)[60] 未結実
無処理 548 (12,15)	1 2	3月4日 (67) 3月8日 (71)	3月8日 (84) 3月12日 (88)	5月4日 (141)[57] 未結実

( )は入室後日数, [ ]は満開後日数.
供試樹：高砂3年生，ポット（コンテナ）．
処理方法：5℃の冷蔵庫に供試樹を10月16日（60日間），10月26日（50日間），11月5日（40日間），10月15日（30日間）にそれぞれ2ポットずつ入れ，低温処理をし，これを12月15日にビニルハウスに入れ，生育を調査した．ビニルハウス内の温度は最低8℃以上，最高22℃に保った．

低温遭遇時間が，1,440時間区ではほう芽日までが26～28日，満開日までが45～51日，収穫日までが115日要している．これに対して1,200時間区では38～40日，67日，127日，無処理区（5℃積算で548時間）では67～71日，84～88日，141日と低温遭遇時間が長いほど，生育が促進される．

山梨県内における被覆時期別の生育状況および収穫期の模式図を図9.6に示したが，被覆時期は12月下旬～2月上旬である．12月下旬の被覆では発芽までに50日を要するが，2月上旬の被覆では30日で発芽がみられる．これからみてもわかるように，

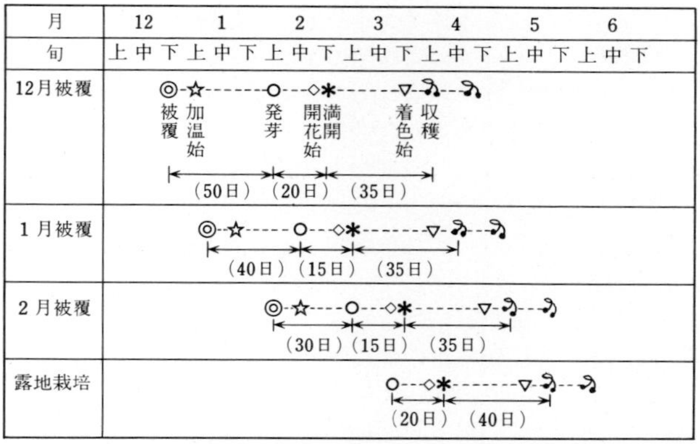

9.4 栽 培 管 理

月	12			1			2			3			4			5			6		
旬	上	中	下	上	中	下	上	中	下	上	中	下	上	中	下	上	中	下	上	中	下
12月被覆	◎－☆------○---◇＊-------▽-🌸-🍒🍒 被覆始 加温始 発芽 開花始 満開 着色始 収穫 (50日)(20日)(35日)																				
1月被覆				◎-☆----○--◇＊-------▽-🌸-🍒🍒 (40日)(15日)(35日)																	
2月被覆							◎-☆---○---◇＊-----▽-🌸-🍒🍒 (30日)(15日)(35日)														
露地栽培													○--◇＊-------▽-🌸-🍒🍒 (20日) (40日)								

図9.6 山梨県における被覆時期別の生育状況および収穫期の模式図

表9.8 オウトウハウスの標準管理体系 (山梨県)

生育相	被覆から発芽直前			発芽から開花始	開花始	満開から落花期	果実肥大期	着色期から収穫期
	被覆後	加温始	加温					
温湿度体系 昼温(℃)	18～20	18～20	20～22	18～20	20～22	20～22	22～25	22～25
夜温(℃)	無加温	2～3	5～6	6～7	7～8	8～10	10～12	12～15
湿度(℃)	80～90				50～60		60	50
1回当たりかん水量(mm)	被覆直後 30以上	10～20			10～15			5～7

低温による自発休眠が完了していない場合には，早く被覆しても発芽や開花までの期間を長く要するので，低温遭遇時間は最低でも1,000時間以上経過してから被覆することが望ましいと考えている．

c. 被覆時期と発芽までの管理

ハウス栽培の標準管理体系を表9.8に示す．

被覆後は，ただちにかん水を30 mm程度行い，土壌水分を十分に保つ．夜温は，無加温期間を1週間程度おき，0℃，2～3℃，5～6℃と徐々に上昇させ，最終的には7℃くらいにする．昼温も当初は18～20℃とし，徐々に22℃くらいに上げる．

発芽までの温度を急激に上昇させたり，これ以上の高温にさせると生育は促進されるが，発芽の不揃いや花器の構造などに影響が出るので，ゆっくりと進めることがこの時期のポイントである．また，できるだけ地温を上昇させるよう努め，根の活動を促すことも重要である．かん水は1週間に10～20 mm行い，室内の湿度をできるだけ高め，ときどき枝への散水も行う．

d. 開花期から落花期の管理

発芽から10～15日で開花始めになり，その後4～5日で満開になる．やくは，開花

後2日目くらいで開やくし，その後3～4日間は花粉を保持している．柱頭は，開花後5日間くらいは健全で，その間は受粉能力を有している．受粉された花粉は，花粉管が伸長し，2～3日間で花柱を通過し，その後1～2日で受精される．

先述したようにオウトウは自家不和合性であるので，人工受粉は結実確保のため，最も重要な作業である．綿棒または毛ばたきなどを用いて，数回ていねいに受粉を行う．ハウス内で開花した花の花粉は，全般に発芽率が悪く，また，品種間で開花期が異なるなどの問題が生じている．これを解決するため，最近では露地の花の花粉を，シリカゲルなどの乾燥剤を入れ密閉して，−20～25℃の冷凍庫で長期貯蔵し，これを用いて結実を確保する技術も確立している．

開花期の夜温は，高い方が花粉管の伸長を助長するため開花前より2～3℃高くする．昼温も多少高めてもよいが，25℃以上の高温にならないよう注意する．かん水は，湿度が高くなると灰色かび病の発生原因になるので注意する．また，逆に30％以下の湿度では柱頭が乾燥しすぎ受精が不十分になることもあるので，低くなりすぎないよう心がける．

e．果実肥大期から収穫期にかけての管理

受精された花は，開花後1週間くらいから果実の肥大が始まり，完全に受精されない花は2週間くらいの間に落下する．この時期は，水分不足にならないように1週間間隔に10～20 mmのかん水を行う．昼夜温は，開花時期より2～3℃上昇させ，生育を促進する．着果のよい樹では，1クラスター当たり2～3果に摘果を行い，商品性の高い大玉果実の生産に心がける．

開花後，30日くらいから高砂などの早生品種の果実は，葉緑素が抜け始め，着色初期の段階を迎える．この時期には，ハウス内の湿度が高いと裂果を生ずるおそれがあるので，湿度の管理には注意し，かん水は少なくし極度の乾燥を防ぐ程度にする．着色期の夜温は，生育をいっそう促進するためさらに2～3℃上昇させる．昼は，日差しも強くなってくるので高温になりやすく，高温で経過させると着色に悪影響が出るので，30℃以上にならないよう十分換気を行う．

収穫にあたっては，適熟果実の収穫に努める．露地栽培のように降雨による裂果のおそれがないので，完全に着色し，糖度も十分に上昇した果実を収穫する．ただし，露地と比較して昼夜温が比較的高く経過するため，適熟期から過熟期への移行が早いので，"うるみ果"が出ないように注意する．収穫期間中のかん水は，葉が萎れると果実の肥大に影響が出るので5～6 mmの散水程度にとどめる．

f．収穫後の管理

収穫が終了する時期には，新しょうは登熟を始め，次年度の花芽の形成も進んでくる．収穫後には，樹勢を維持し，花芽の充実を図るため，薬剤散布などを徹底する．園が暗く新しょうが繁茂している場合には，間伐や夏期せん定を行い，陽光が樹間内部まで入るように努める．

g．病害虫防除

ハウス栽培では，露地栽培に比べ灰星病などの果実に直接大きい被害を与えるもの

は少ないが，灰色かび病やダニ類の発生が多い．灰色かび病は，落花期に花弁が完全に落ちないことなどから，これが伝染源になるのでこれを除去することが必要である．

また，ダニ類が発生すると，早期落葉を誘発し，次年度の花芽などの充実が極度に悪くなるので早期防除に心がける．ハウス栽培では，生育期間が長いため，収穫後にボルドー液の散布回数を増やし，早期落葉の原因となるせん孔褐斑病などの防除にも万全を期したい．

h. ハウス栽培の今後の課題

農産物の自由化による輸入チェリーの増加や国内においてもあらゆる果樹の施設化が急増しているなかで，オウトウのハウス経営を有利に進めていくためには，生産コストの低減と安定生産技術の確立がポイントである．生産コストの低減方法としては，整枝法の改善や誘引の徹底などにより低樹高栽培に心がけ，最も労力のかかる収穫の省力化を図り，また，今後ハウス栽培を計画する場合にも建設費の低減を図る必要がある．

ハウス栽培では，休眠が不完全の場合には，被覆時期を早くし加温期間を長くしても，収穫期はそれほど早くならないので，被覆時期や温度体系を検討し，燃料費の効率をよくすることなど経済的効果の究明も必要となろう．生産の安定は，自発休眠を完全に終了させることを基本とし，樹勢維持を図り，花芽を十分着生させ，開花時期までに完全な花を形成させるよう努めることが重要となろう． ［丹沢 隆］

【低樹高栽培】

従来，オウトウ栽培は樹のきょう木性から土壌の選択あるいは気象条件に伴う結実不安定などで，栽培諸管理が容易でなく経営面積の拡大が図れない要因になっている．

低木栽培については，山形県立園芸試験場，長野県果樹試験場などでわい性台木の探索が進められ，それぞれ成果をあげており，長野県ではすでにオシドリザクラ，ミドリザクラを台木として普及に移されている．また，民間ではすでに英国で開発された，コルト台がわい性台として販売されているが，樹の生育がおう盛で既存台木の1/3程度のわい化度ではないかとの見方が多いが，試作年月が短いので明らかでない．

筆者らは1976年より富士桜，林宝桜を台木として，主幹形密植栽培園を設けて，収量，果実肥大あるいは樹の生産構造について調査を行い，実用化の検討を加えたので，その方法，問題点を記す．

a. 台木の長さ

台木の長さを5, 30, 60 cm に決め，高砂，佐藤錦を穂木品種として芽接ぎを行い，樹高を3mに定めて調査した．台木との親和性についてはまったく問題はみられなかったが，台負けの現象が台長が長いほど顕著に現れ，30, 60 cm では植え付け2～3年の伸長は良好であったが，その後の伸長が悪く，とくに60 cm では，新しょうの伸びとともに花束状短果枝の葉数の減少あるいは葉形が小さい弊害がみられて樹冠拡大が図れなかった．また5 cm では主幹に対して側枝の生育がおう盛になって，側枝上から多くの新しょうが発生して，着果部位の確保が容易でなかった．したがって富士桜，

林宝桜などマメ桜台木では主幹形並木植えでは20 cm前後の台長が適当と思われる．

b．栽植距離と樹高

　栽植距離と樹高は密接な関係があり，側枝の配置，本数，陽光の透過，土壌の肥よく度などさまざまな条件によって違い，一概に決めることは難しい．樹高3 m，側枝数20本以上，植付距離3 m×2.5 mでは側枝の先端の交差が激しく，樹冠内部への光の投入が少なくなって，短果枝の枯れ込み，着色不良が起こり，また病害虫の発生が多く問題点が多くなる．また，主幹形並木栽培では脚立作業が多く脚立の移動が容易でないなど栽培管理上にも問題がある．したがって，並木栽培では地力，台木の樹勢によって違ってくるが，株間3.5 m×幅4 m，10 a当たり71本前後が適当ではないかと思われる（表9.9）．

c．側枝の容易な取り方

　オウトウは切り返しせん定をすると頂部優勢が強く，頂芽の3～4本が伸び，それ以下の芽は単芽あるいは盲芽になって，車枝になりやすい．植え付けた苗木は切り返

表9.9　主幹形仕立ての考え方

項　目	1樹当たり	10 a 当たり	備　考
樹　高	3～3.5 m		
栽植本数	3.5 m×4 m	71本	
側枝数(本)	20	1,420	側枝間隔15 m
花束状短果枝数(芽)	600～700	42,600～49,700	1側枝30～35芽
着果数(個)	1,800～2,100	127,800～149,700	1短果枝平均3個
収量(g)	10,800～12,600	766,800～894,600	1果重平均6 g

表9.10　側枝の発生と花芽の着生

台木品種	穂木品種	接ぎ木位置(cm)	1樹当たり側枝数				側枝1 m当たり花束状短果枝数		
			1985年度	1986年度	1987年度	1988年度	1984年度	1985年度	1986年度
富士桜	高砂	5	12.5	20.0	22.0	25.0	1	9	21
		30	10.4	21.1	22.4	24.5	1	28	30
		60	9.0	22.0	23.0	23.0	7	24	26
	佐藤錦	5	18.0	21.3	22.8	22.0	10	20	26
		30	18.4	24.7	26.0	26.6	7	30	22
		60	12.7	15.4	16.1	21.0	8	35	22
青肌/富士*	高砂	5	9.6	14.6	16.3	21.0	1	21	19
林宝桜	高砂	30	11.3	16.0	19.7	19.8	4	25	23
		60	9.6	17.6	21.9	21.5	6	33	28
	佐藤錦	5	18.0	25.0	25.0	24.3	10	18	14
		30	13.0	16.3	18.3	18.5	3	22	20
		60	17.3	20.6	21.9	26.6	23	32	20
大島桜	高砂	5	20.7	24.7	26.4	25.0	1	38	25

＊：中間台．

しせん定を行わず放任するか,または翌春芽の膨みをみてから,苗木の太さ,大きさによって切り返すと,下部の芽は単芽になるが,その後樹勢に応じて伸長して容易に側枝の形成が図れる(表9.10).

側枝の確保には芽傷によって発生を促す方法もあるが,年によって(乾燥が激しい年)主幹部より"やに"の発生を招き,日焼け症になりやすいので注意が必要である.

d. 側枝の誘引

新しょうの誘引は密植並木栽培では欠かせない作業であり,発生した新しょうはすべて水平あるいは水平以下に誘引をする.強勢な新しょうで主幹延長枝と競合する枝は"ほぞ"切りにするが,オウトウの場合は強勢な枝でも,主幹基部で一度下垂すると樹勢がきわめて抑えられるので,強い枝ほど主幹発生位置より5〜10 cm程度一度下げて誘引するとよい.発生角度の鋭角な枝は誘引の際折れやすく,裂けやすい.無理に発生方向に誘引を行わず捻枝しながら任意の方向に誘引する.

e. 夏期せん定

主幹形並木仕立てでは夏期新しょう管理が重要な作業となる.側枝上から発生伸長した新しょうは樹冠内部への遮光あるいは通風を妨げ,また樹形を乱すので摘心あるいはせん除する.時期的には5月下旬〜6月上旬(山梨県)がよい.この時期より早いと副しょうの発生が多く,また伸長もおう盛で逆に樹冠内を暗くする.遅すぎると副しょうの発生,伸びは抑えられるが,副しょう基部への花芽の着生が少なくなる.摘心の程度は軽いほど,副しょうの発生または伸びがおう盛になるので短くする方がよいが,5 cm程度のせん除は花芽ばかりになり,翌年の葉芽を失うので10 cm程度でせん除するのがよい(表9.11).

表9.11 ナポレオンの摘心処理が副しょうに及ぼす影響(cm)

処理日	処 理 長	副しょう長	全　　長
6月4日	10	9.75	19.75
	20	19.33	39.33
	30	32.00	62.00
	無処理		76.00
6月14日	10	10.18	20.18
	20	6.42	26.42
	30	11.43	41.43
	無処理		56.50
6月25日	10	6.08	16.08
	20	10.75	30.75
	30	19.90	49.90
	無処理		45.60

主幹形仕立てでは主幹,側枝の先端が衰弱すると樹勢が弱まり,樹形を乱すばかりか花束状短果枝の充実が悪く,果実品質に悪影響を与えるので,それぞれの先端(1年枝の新しょう)は放任しておう盛に維持するように努める.

f. 冬期せん定

主幹,側枝の先端の新しょうのせん定は,前記のように,先端の樹勢維持を図るた

め切り返しは強めに行い,新しょうの発生を促すように努める.車枝は上位の樹勢を弱めるが,オウトウでは3〜4本の発生では,それほど樹勢を乱すことは少ない.また,側枝はつねに延長を図り,側枝上の分岐は切り返しせん定を行わない限り避けたい.リンゴわい化栽培と同様に側枝間隔は15 cm以上,側枝の上下間隔は50 cm以上が必要である.

g. その他の管理

施肥,薬剤防除,交配などその他の管理は露地栽培とまったく変わることがないので,オウトウ栽培の項を参照されたい. 　　　　　　　　　　　　　　　　[小柳津和佐久]

9.5 出　　荷

(1) 収　穫

オウトウの収穫適期の判定は,花の満開日からの日数,果実の着色や食味などから総合的に判断する.満開期から成熟するまでの日数はほぼ一定しており,早生種では30〜35日,佐藤錦などの中生種で40〜45日,ナポレオンなどの晩生種で50〜55日である.生食用の果実は味が十分にのり,着色がよく,成熟したものから順に2〜3回に分けて収穫する.加工用は生食用より早めに収穫する.この場合,着色は重要視しなくともよい.

収穫時には果実を採る際に他の果実を傷めないように注意する.また葉や芽を取ったり,短果枝を折ったりしないように注意して,果梗をつまんで,果実に手を触れないようにていねいに収穫する.収穫は果実温の高くないときに行うのがよい.果実温の高いときの収穫では果実の鮮度保持は難しい.日中の高温時に収穫したものは日陰におき果実温を下げてから選果・荷造りを行う.

(2) 選果・荷造り

収穫した果実は,着色不良果,不整形果,奇形果,傷果および腐敗病に感染した果実またはそのおそれのある果実を除いて,箱詰め出荷する.箱詰めは,大きさと品質(主として着色)によって等級と大きさ別に差をつけた格付けをして出荷する.その一例として山形県の出荷規格を示すと表9.12および表9.13のとおりである.

選果の等級は着色によって選別されるが,階級は大きさによって選別する.大きさの区分のために選果板(一定の大きさの穴がたくさんあいているもの)やはかりを用いるが,最近,選果機が利用されるようになってきた.大型のものと小型のものがあり,前者は集荷の多い農協などで設置し,小型のものは栽培農家で利用できる.

表9.12 1果の大きさの基準(山形県果実出荷規格条例の規定に基づく果実の出荷規格,1991)

項　　目	大きさの呼称区分				
	3L	LL	L	M	S
果実の大きさ(横径)	28 mm以上	25 mm以上	22 mm以上	19 mm以上	16 mm以上

表9.13 等級別品位(山形県規格条例の規定に基づく果実の出荷規格)

項目	等級別品位 秀	優	良
異品種果	混入しないもの	同左	同左
腐敗変質果	混入しないもの	同左	同左
形状	品種の特性を備え,最も良いもの	品種の特性を備え,良いもの	品種の特性を備えたもの
色沢および熟度	品種の特性を備え,着色最も良く,熟度よくそろったもの(未過熟果を除く)	品種の特性を備え,着色良く熟度そろったもの(未過熟果を除く)	同左
玉ぞろい	付表の基準に適合し大きさがよくそろったもの	付表の基準に適合し大きさがそろったもの	付表の基準に適合するもの
うるみ	ないもの	着色がよく,目立たないもの	著しくないもの
病虫害	ないもの	灰星病などのものがなく,その他の被害があっても,果皮にとどまり,目立たないもの	同左
傷害	ないもの	目立たないもの(腐敗を誘発するものを除く)	同左
その他の欠点	ほとんどないもの	外観を害しないもの	著しくないもの

品種が佐藤錦およびナポレオンであるものに係わるこの表の色沢および熟度の項に規定する「着色最も良く」の判定の基準は,果面積65%以上が着色していることとし,「着色良く」の判定の基準は,果面積の45%以上が着色していることとする.

箱詰めは,現在ではばら詰めと,パック詰めがなされており,パック詰めは1果1果並べて詰めるので手間がかかるが,詰められたものは芸術的なかんじもするほどきれいである.

(3) 鮮度保持

果実は収穫後の呼吸が盛んであり,そのまま出荷すると鮮度が低下しやすい.鮮度を保つには収穫後直ちに果実温を低下させる必要がある.その方法には空気冷却と冷水冷却がある.

a. 空気冷却

一般に強制通気冷却といわれるものであるが,冷気の流れはダンボール箱の間げきを通ってなされるので,冷却には長時間を要する.冷却時間は箱の大きさ,構造,積み方,包装,箱の開孔率によっても異なるが,2～3時間で予冷ができる.収穫直後の果実温が27℃のものを,1℃の冷蔵庫に搬入して急冷した場合,果実温を3℃まで

下げるのに180分間要するという報告がある（山形県立園芸試験場）．

b．冷水冷却

　冷水を利用して果実温を急速に下げるのが冷水冷却法である．山形県立園芸試験場の調査では収穫時の果実温が27℃のものを冷水（2.5～3.0℃）に浸漬することによって3℃まで果実温を下げるのに要した時間は15分であった．

　浸漬果実については，果梗の萎凋，果皮，糖度，酸度への影響はみられず，むしろ，軸抜け，目減り，病害果の発生の抑制効果がみられた．このように急速冷水冷却は鮮度保持に著しい効果がみられる．また果実腐敗病のうち灰星病の発病は5℃，0℃では認められなかった．しかし冷却に要する水の経費や施設費，作業労質などから実用化は困難である．

9.6　貯　　　蔵

　収穫直後に0±0.5℃，湿度が85～95％の条件であれば約1カ月程度の貯蔵が可能である．しかし，冷蔵庫から出庫後の日持ちが著しく短い．山形県立園芸試験場で，ただちに0℃に貯蔵したものを7月22日に出庫した結果，出庫時の鮮度はよかったが，その保持は3日が限界であった．しかし，ポリエチレン袋（厚さ0.05 mm）に果実とともに活性炭を封入したもの，およびブドウ用コンテナに果実を入れ，それにポリエチレンをカバーすることにより，出庫後6日は鮮度を高く保持できた．

　なお出庫時に果実温と気温の差が5℃以上あると，果実の表面に結露して扱いにくいばかりでなく，鮮度保持効果も劣る結果となる．

9.7　加　　　工

　オウトウの加工はシロップ漬け缶詰と糖果が主であるが，前者が多い．原料は着色せず硬く，ち密なものが適する．品種としては，ナポレオンや佐藤錦が適する．

　そのほかワイン，ジュース，ジャムや塩漬け（梅干しと同じ作り方）に加工される．酸果オウトウを用いたジャムやワイン，果実酒などは独特の風味をもつが，今後さらに用途が拡大すると思われる．　　　　　　　　　　　　　　　　　　［佐竹正行］

文　　献

1) 香山武司（1978），果樹栽培の新技術，539-555．
2) 松田省吾，他（1986），園芸学会東北支部研究発表要旨，17-18．
3) 松田省吾，佐竹正行，小林祐造（1983），農業技術大系，果樹編4，オウトウ，3-29，84-4～84-16．
4) 佐竹正行（1987），農及園，**62**(10)，94-100．
5) 佐藤康一，他（1987），園芸学会東北支部研究発表要旨，25-26．
6) 鈴木寅雄（1972），果樹園芸大事典（佐藤公一，他編），750-766，養賢堂．
7) 高橋幸夫，他（1985），東北農業研究，第37号，209-210．

8) 渡部俊三 (1978), 山形農林学会報, **35**, 15-23.
9) 渡部俊三 (1977), 農及園, **50**(8), 36-38, **50**(10), 21-25.

9.8 病　　害

a. 灰星病

診断　花, 果実を侵し, ときには葉, 枝も侵す. 花腐れは花器全体が淡褐色に枯死し, 幼果は黒褐色の微細斑点が拡大して茶褐色に腐敗する. 熟果でははじめ褐色斑点で後に果実全体が軟腐する. 発病した花, 果実とも灰褐色粉状の分生胞子塊を密生するのが特徴である.

病原菌　*Monilinia fructicola* (Winter) Honey

子のう胞子, 分生胞子を形成する. 被害果に黒色の菌核を作り, 椀状, 盃状の子のう盤を形成する. 分生胞子は鎖生し, 分離器はない.

伝染経路　越冬伝染源は, 地表面で越冬した菌核と樹上の越冬ミイラ果である. 前者は子のう盤に子のう胞子を, 後者は分生胞子を形成し, 開花期に飛散して花腐れを起こす. 花腐れにできた分生胞子が果実への二次伝染源になる. 発病果に形成される分生胞子も健全果実への二次伝染源になる. 果実の発病は成熟期に急増する.

多発条件　高温多雨で多発する.

防除　薬剤防除: 開花期および成熟期の防除が最も重要である. 休眠期に石灰硫黄合剤を樹上散布する. 子のう盤を死滅させるため, 開花前に消石灰を地表に散布する. 花腐れの防除は開花直前にボルドー液剤, ポリカーバメート剤またはキャプタン剤を, 落花直後にはジカルボキシイミド系殺菌剤, ビテルタノール剤にキャプタン剤を混用して散布する. 成熟期の前半はベノミル剤またはチオファネートメチル剤にキャプタン剤を混用し, 収穫期にはジカルボキシイミド系殺菌剤を1～2回散布する. キャプタン剤を加用するのは耐性菌出現防止が主目的である.

耕種的防除: 園地を清耕し, 子のう盤の生育を防ぎ, 樹高を低くして薬液が十分かかるようにする. 密植を避け, 採光, 風通しのよい樹に整枝する.

b. 炭そ病

診断　果実, 葉, 芽を侵す. 果実は茶褐色の病斑部が凹状になり, 橙黄色～鮭肉色で粘質の分生胞子層を形成するのが特徴である. 若い葉には茶褐色の円形病斑が, 古い葉には黒褐色の円形ないし不正形病斑が形成され, 葉柄が侵されると茶褐色の葉焼け状になり, 芽も枯死する. 葉の発病は早期落葉の原因になる.

病原菌　*Glomerella cingulata* (Stoneman) Spaulding et Schrenk

子のう胞子, 分生胞子, 分生子層を形成する. 分生子層には, 円筒形～長棍棒形で両端がややとがった分生胞子を形成する. ブドウ晩腐病参照.

伝染経路　伝染源は枯死芽, 短果枝や落葉痕などで, 形成された分生胞子は降雨で伝播され, 飛散は7月末までみられる. 果実の発病は幼果期および成熟期にみられる. 葉の発病は7月下旬以降に増加する.

多発条件 ①長雨が続くと多発する．②選択性の強いジカルボキシイミド系殺菌剤を単用で多用した場合も多くなる．

防除 薬剤防除： 休眠期に石灰硫黄合剤を散布する．収穫までの防除薬剤は，キャプタン剤，ポリカーバメート剤，ボルドー液剤の効果が高く，チオファネートメチル剤，ベノミル剤も効果が認められる．ジカルボキシイミド系殺菌剤はまったく効果がないので，必ずキャプタン剤を混用する．収穫後の葉を保護するには，ボルドー液剤かキャプタン剤を散布する．

c．せん孔病

診断 葉に斑点を生じ，黄変して早期落葉する．円形～不正形の褐色病斑が葉面に散在し，数個融合すると大型褐変病斑になる．せん孔することもあるが，大部分はせん孔せず黄変して早期落葉し，樹勢を低下させる．

病原菌 *Mycosphaerella cerasella* Aderhold

子のう殻，子のう胞子，分生胞子を形成する．分生胞子は淡オリーブ色，線状でややわん曲し，基部はややふくれ先端に向かって細まる．

伝染経路 落葉の病斑に散在する子のう殻で越冬し，翌年子のう胞子が飛散して葉に侵入する．その後は葉の発病部に形成された分生胞子で二次伝染をくり返す．5月下旬～6月上旬に発生し始め，梅雨あけ後に増加し，8月中旬から9月にかけて黄変し早期落葉する．

防除 薬剤防除： 落花直後から収穫期までは，灰星病の防除を兼ねて薬剤散布を行うが，薬剤はキャプタン剤，ボルドー液剤，チオファネートメチル剤，ベノミル剤などいずれも効果が高い．収穫後はボルドー液剤またはキャプタン剤を2～3回散布する．

耕種的防除： 落葉で越冬するので，発芽前に樹冠下の落葉や吹きだまりの葉を集めて，土中深くすき込む．

d．灰色かび病

診断 おもに熟果を侵す．淡褐色水浸状に軟腐するが，発病部にねずみの毛状のかびを叢生するのが特徴である．

病原菌 *Botrytis cinerea* Persoon

分生胞子を形成する．ブドウ灰色かび病参照．

伝染経路 菌核または被害残渣の菌糸で越冬する．これらの越冬伝染源や発病時期の早い果樹，野菜，花きの灰色かび病発病部に作られる分生胞子が伝染源になり，風または雨滴で飛散する．

多発条件 成熟期が低温で長雨が続くと発生する．

防除 灰星病防除に準ずる．

e．黒かび病

診断 熟果にのみ発生する．暗褐色～茶褐色で果実全体がドロドロに軟腐する．おもに収穫末期や収穫後輸送中，および市場到着後の果実に発生が多い．

病原菌 *Rhizopus nigricans* Ehrenberg

接合胞子と分生胞子を形成する．
伝染経路　他の果実や果菜類なども侵すので，至るところに本菌は存在し，風媒ならびに直接接触して傷口から侵入する．
多発条件　傷のついた果実および収穫が遅れた過熟気味の果実に発生が多い．
防除　薬剤防除：　収穫直前にイプロジオン剤を散布する．
　その他の防除：　10℃以下の低温で輸送すると発生が少ない．

f．褐色こうやく病，灰色こうやく病

診断　円形あるいは楕円形のビロード状の菌そうが，枝の側面あるいは枝を囲むように寄生し，枝の枯死や樹の衰弱の原因になる．菌そうの周縁は色淡く，茶褐色を呈するのが褐色こうやく病，灰色を呈するのが灰色こうやく病である．

病原菌　褐色こうやく病 *Septobasidium tanakae* (Miyabe) Boedijn et Steinmann, 灰色こうやく病 *Septobasidium bogoriense* Patouillard
両菌とも担子柄および担子胞子を形成する．

伝染経路　カイガラムシの分泌物に寄生する．
多発条件　① 放任樹など枝が混み合い，通風の悪い条件で発生．② 褐色こうやく病は寒地で，灰色こうやく病は暖地に発生が多い．
防除　薬剤防除：　マシン油乳剤でカイガラムシ類の防除を徹底する．発病樹には休眠期に石灰硫黄合剤を散布する．

g．根頭がんしゅ病

診断　台木と穂木の接ぎ木部や根の各部に，円いがんしゅ（ゴール）を作る．樹の生育が不良になり衰弱する．

病原菌　*Agrobacterium tumefaciens* (Smith et Townsend) Conn
ブドウ根頭がんしゅ病参照．

伝染経路　土壌中に長く生存しており，接ぎ木部および定植時の根の傷口から侵入し，数週間〜数カ月の潜伏期間を経て発病する．
多発条件　① 連作苗ほでは病菌密度が高く感染率が高まる．② アルカリ土壌や排水不良園で発生が多い．
防除　耕種的防除：　健全種苗を求める．苗畑では連作しない．

h．プルン・ドワーフ病

診断　甘果オウトウでは潜在感染し無病徴である．酸果オウトウでは葉が黄化し，樹勢の衰弱，収量の減退がみられる．PRSV（次項参照）と複合感染すると収量は半減するといわれている．

病原ウイルス　prune dwarf virus (PDV)
Ilarvirus グループ，球状で径約 22 nm．

検定方法　木本検定では白普賢を使用し，木質部のえ死で判別する．カボチャ（バターカップ）による草本検定では，葉脈黄帯や黄色モザイクなど全身症状がみられる．ELISA でも検定できる．

伝搬方法　接ぎ木，花粉，種子，汁液で伝染する．

品種感受性 わが国では高砂の保毒率が高いが，無病徴で外観からは識別できない．
対策 38℃，17日間の熱処理で容易に無毒化できる．0.2〜0.3 mm の茎頂培養でも無毒化可能である．

ⅰ．プルヌス・ネクロティック・リングスポット・ウイルス

診断 甘果オウトウでは潜在感染し無病徴である．外国ではクロロシス，ネクロシス，奇形などの生育障害を起こすといわれている．

病原ウイルス prunus necrotic ringspot virus（PRSV）Ilarvirus グループ，球形で径 22〜23 nm．

検定方法 白普賢による木本検定では木質部がえ死する．草木検定ではキュウリ（ピックリング系）に局部病斑がみられる．ELISA でも検定できる．

伝搬方法 接ぎ木，花粉，種子，汁液で伝染する．

品種感受性 わが国では PDV に比べ検出率が低い．病徴は現さない．

対策 38℃，17日間の熱処理で容易に無毒化できる．0.2〜0.3 mm の茎頂培養でも無毒化可能である． 〔大沼幸男〕

9.9 虫　　害

(1) 発生様相

オウトウの栽培面積は山形県が全国の 65％ とその大半を占め，他に青森県，北海道，山梨県などの数県で栽培されている．最近発生のみられる害虫としては，枝幹ではコスカシバ，ウメシロカイガラムシ，葉ではハマキムシ類，ハダニ類，ウチイケオウトウハバチ，果実ではオウトウハマダラミバエ，オウトウショウジョウバエなどがおもなものである．

(2) 主要害虫

a．コスカシバ （cherry tree borer） *Conopia hector* Butler

被害の特徴 加害果樹はオウトウのほかモモ，ウメ，スモモ，アンズなどで，被害は目通りの高さくらいまでの樹皮の荒れた幹や主枝に多くみられる．皮層部を食入しながら幼虫が成長するので，食入部から糞と一緒に樹脂が漏出し，その周辺は黒褐色でタール状の大きな樹脂の固まりとなるので一見してわかる．

生態 年1回の発生．幼虫は樹皮下に侵入して越冬する．翌春再び食害を始め，しだいに形成層にまで達する．老熟幼虫になると樹皮下の浅いところに戻って蛹になり，半身を外部にずり出して羽化する．成虫の発生期は非常に長く，6月から10月まで続く．産卵は幹や主枝の樹皮の裂け目などに行う．ふ化幼虫は産卵部位に近い表皮から食入する．

防除 薬剤防除：　休眠期間中に MEP 剤などの深達性殺虫剤を目通りの高さくらいまでをめどに枝幹部に散布する．

　その他の防除：　春先に樹脂の固まりを目あてに幼虫の食入部を削り取って捕殺す

る．また，成虫発生期前に交信攪乱フェロモン剤を目通りの高さの枝に50～100本/10 a 設置すると，交尾を妨害し，産卵を回避できる．

b．ウメシロカイガラムシ（white peach scale）*Pseudaulacaspis prunicola* Maskell

被害の特徴 加害果樹はオウトウのほか，モモ，スモモ，ウメ，ナシ，リンゴなどで，枝や幹に寄生し，ふ化幼虫は定着後に白色のカイガラを作るので一見してわかる．樹液を吸汁するため寄生虫数が多くなると樹勢が衰え，寄生部位の枝幹はやせる．

生態 年2～3回発生．受精した雌成虫は枝幹や芽と芽の間に寄生して越冬する．2回発生地帯ではふ化幼虫は5月下旬～6月上旬と8月中下旬に移動分散し，その後樹皮に定着してカイガラを作る．

防除 薬剤防除：休眠期発芽前にマシン油乳剤を散布する．また，ふ化幼虫の移動期（カイガラを作る前）に有機リン剤を散布する．

c．ハマキムシ類

リンゴコカクモンハマキ（summer fruit tortrix）*Adoxophyes orana fasciata* Walsingham

リンゴモンハマキ（Asiatic leaf roller）*Archippus breviplicanus* Walsingham

ミダレカクモンハマキ（apple tortrix）*Archips fuscocupreanus* Walsingham

被害の特徴 加害果樹はオウトウのほか，リンゴ，ナシ，モモ，スモモなどで，オウトウを加害するおもなハマキムシ類は上記の3種である．幼虫の形態はよく似ている．越冬世代幼虫はおもに展葉期から落葉期にかけて花葉叢の葉や花を巻いて食害する．リンゴコカクモンハマキ，リンゴモンハマキは次世代以降も新しょう先端の軟らかい葉をつづりながら次々と移動して食害する．また，葉に接触した果実にも被害を与える．

生態 リンゴコカクモンハマキ，リンゴモンハマキは年3回発生し，ミダレカクモンハマキは年1回発生する．前二者は枝幹の分岐部などで2～3齢幼虫で越冬，後者は枝上に卵塊を産みつけて越冬する．

防除 薬剤防除：越冬世代幼虫の発生が多い場合は，落花直後に有機リン剤を散布する．また，次世代幼虫の発生期も同様である．なお開花期間中は訪花昆虫への影響が大きいので避ける．

d．ハダニ類

オウトウハダニ（hawthorn spider mite）*Tetranychus viennensis* Zacher

ナミハダニ（two-spotted spider mite）*Tetranychus urticae* Koch

リンゴハダニ（European red mite）*Panonychus ulmi* Koch

被害の特徴 加害果樹はオウトウのほか，リンゴ，ナシ，モモ，スモモなどで，オウトウを加害するおもなハダニ類は上記3種である．展葉期から葉に移動して加害を始める．本格的な発生はいずれも梅雨明け後の乾燥期で，被害葉は葉緑素がぬけてかすり状に白化し，激しい場合は落葉する．

生態 オウトウハダニ，ナミハダニの両種は，おもに粗皮裏などで雌成虫で越冬す

るが，リンゴハダニはおもに枝の分岐部や芽と芽の間で卵で越冬する．発生回数はいずれも7回以上に及ぶ．

防除 薬剤防除： 休眠期発芽前にマシン油乳剤を散布する．夏期発生期，梅雨明け直後に殺ダニ剤を散布する．

e．ウチイケオウトウハバチ （cherry slug） *Caliroa cerasi* Linné

被害の特徴 加害果樹はオウトウのほか，モモ，スモモ，ナシなどで，小さなナメクジのようにみえる幼虫が6月上旬～7月下旬と7月下旬～8月下旬にかけて現れる．葉の葉脈と葉裏の表皮を残して食害し，発生の多い場合は樹全体が褐色の葉脈だけ残して枯木のようになる．

生態 年2回発生．幼虫が土中に作ったまゆの中で越冬する．春に蛹となり，成虫は5月下旬～6月中旬と7月上旬～8月上旬の2回発生する．体長4mmほどの黒色のハバチで，葉裏から葉肉中に産卵する．樹勢の弱い樹が被害発生も多い傾向がある．

防除 薬剤防除： 春先に中耕して越冬まゆをすき込んで殺すことも有効であるが，幼虫期は薬剤に対して非常に弱いので，幼虫発生初期の6月上旬と7月下旬に有機リン剤を散布する．

f．オウトウハマダラミバエ （Japanese cherry fruit fly） *Rhacochlaena japonica* Ito

被害の特徴 加害果樹はオウトウのみで，果実がダイズ粒大になった頃，果実内に産卵管を挿入して産卵するため，産卵痕が黒褐色に残りややへこむ．被害果内の寄生幼虫数は大半は1頭である．発生は平坦部の園地より山間地の園地に多い傾向がある．

生態 年1回発生．越冬は土中または下草の根の間で蛹で行う．成虫の羽化は開花始め頃から6月上旬頃までみられ，産卵は5月下旬から6月中旬までで，着色前の幼果に産卵する傾向がある．幼虫は種子のまわりの果肉を食害し，老熟幼虫は果実から脱出して土中で蛹になる．

防除 薬剤防除： 春先に中耕し越冬蛹をすき込んで殺すことも有効であるが，産卵前の成虫防除が大切で，落花直後に有機リン剤を7～10日間隔で2～3回散布する．なお開花期間中は訪花昆虫への影響が大きいので避ける．

g．オウトウショウジョウバエ （cherry drosophila） *Drosophila suzukii* Matsumura

被害の特徴 果汁トラップにはオウトウショウジョウバエのほかにキイロショウジョウバエなど数種のショウジョウバエの飛来がみられる．しかし，健全果に寄生加害をするのはオウトウショウジョウバエである．成虫は果実の着色初期から収穫期にかけて，果実内に産卵管を挿入して産卵する．ふ化幼虫は果肉を食害するため，外見では食害部は黒変してうるみ，指で軽くつまむと産卵孔から果汁がにじみ出る．多いときは果実1個に数頭の寄生がみられる．

生態 年に10数回発生．オウトウでは着色初期から産卵がみられ，産卵痕を拡大してみると果皮上に卵の付属器であるV字形の白いひも状体が出ている．ふ化幼虫は果肉を食害し，老熟すると果実から脱出し地面で蛹になる．オウトウでは2～3回発生

をくり返し，その後は他の果樹で世代をくり返し，樹冠下の落葉下などで成虫で越冬する．

防除 薬剤防除： 加害は収穫時期に集中するため，収穫2〜3日前に合成ピレスロイド剤を散布する．散布10日後になっても収穫が完了しない場合は，さらに散布する．

[山川隆平]

10. ブドウ

10.1 経営上の特性と問題点

(1) 木の特性と経営

ブドウは成長の早い果樹であり,結果年齢は3年,その年の経済的収支が相償うようになる樹齢(経済年齢)は5～6年,累計収支が黒字となる樹齢は7～8年であって,他の果樹と比べると,モモについで短く,経営的に有利である.

つる性の果樹であり,仕立て法として欧米諸国では垣根仕立てや株仕立てがとられているが,わが国では棚仕立てが一般的である.わが国の夏季の高温多湿な気候がブドウ樹を徒長させるため,棚によって樹冠を拡大し,木を落ち着かせる必要があるからである.この棚の設置のためにかなりの経費が開園当初に必要である.

(2) 収益性

表10.1によると,ブドウの10a当たり粗収益は他の果樹と比べて大きい方であるが,収益性はよくない.すなわち,ネオ・マスカットとハウス加温種なしデラウェア

表10.1 ブドウ栽培の収益性 (1988)

	1kg 当たり		10a 当たり						1日当たり
	生産費	販売価格	収量	粗収益	第2次生産費	利潤	所得	家族労働報酬	家族労働報酬
露地平均	431	343	1,348	463,077	580,820	△117,743	247,448	194,599	5,222
種なしデラウェア	468	284	1,069	303,244	500,665	△197,421	117,632	72,939	2,243
ネオ・マスカット	287	306	2,062	631,501	592,157	39,344	428,258	379,449	8,819
マスカット・ベーリーA	375	196	1,736	340,315	651,312	△310,997	145,971	120,867	2,748
巨峰	540	469	1,216	570,520	657,102	△86,582	306,158	236,640	5,896
ハウス加温種なしデラウェア	1,187	1,418	1,334	1,892,284	1,583,211	309,073	964,793	846,449	12,652
ミカン	102	82	3,256	268,402	330,856	△62,454	140,354	91,020	4,940
リンゴ (ふじ)	136	131	3,280	431,248	444,446	△13,198	234,894	195,875	6,401
モモ (白鳳)	226	273	2,291	625,714	517,917	107,797	448,354	399,872	10,778
ナシ (幸水)	235	156	2,111	329,363	496,989	△167,626	145,700	101,449	3,392

農林水産省統計情報部「果実生産費」による.

を除いて粗収益よりも生産費の方が大きく,利潤はマイナスとなっている.露地ブドウ(平均)の1日当たり家族労働報酬はリンゴ,モモなどよりも少なく,ミカンよりもやや多い程度である.収益性を高めるには粗収益の増大とともに生産費の節減を図ることが必要である.

1 kg 当たりの販売価格は品種間差が大きいので,単価の高い品種への更新は粗収益増加の有力な手段である.すでにキャンベル・アーリーやデラウェアから大粒系品種への更新が進められている.現在の栽培品種の品質をさらに向上させることも重要である.また,10 a 当たり粗収益は 1 kg 当たり販売価格(単価)と 10 a 当たり収量との積であり,単価が同じであれば,粗収益は収量によって決まる.ブドウの収量は概して少なく,10 a 当たり 1〜2.5 t の範囲であり,収量の少ないことがブドウの収益性の低い一つの要因である.したがって,ブドウ栽培の収益性を高めるためには,品質を落とさないで収量を高めるための努力が必要である.

表 10.1 によると,ブドウの 10 a 当たり生産費はミカン,リンゴ,モモ,ナシなどよりも大きい.生産費のうちで最も大きいのは労働費で,全体の 52% を占めている.生産費を抑えるためにはこの労働費の節減が必要である.作業別労働時間では果房の管理に最も労力をかけており,ついで整枝・せん定,収穫・調製の順である.摘房,花穂の切り込み,摘粒などの果房管理作業は高品質な果実を生産するために欠くことのできないものであるが,生産費節減のためにはこれら作業の簡易化が必要である.

(3) 経営規模

経営規模別の農家数(1985 年)をみると,30 a 未満の農家の割合が 65% を占めており,1 ha 以上の経営規模をもつ農家の割合は 3% にすぎない.このようにブドウ生産農家の経営規模が小さいのは,果房の管理や新しょう管理,ジベレリン処理などのために短期間に多くの労力を必要とするからである.しかし,ブドウ栽培の収益性を高めるためにはある程度の経営規模が必要である.たとえば,ジベレリン処理デラウェア主体の経営では 100〜150 a の規模が最も収益性が高い.したがって,今後の方向としては規模拡大が望ましいが,自家労力の供給限界を越えた規模拡大は危険であり,自家労力を十分活用させるような経営規模と品種・栽培方式の組合せを決めるべきである.

単一品種の栽培よりも成熟期の異なる 2,3 品種の組合せの方が労働ピークの調整ができ,規模拡大が可能となる.露地栽培とビニル被覆栽培など異なる栽培方式(作型)の組合せについても同様のことがいえる.ブドウの作型は露地栽培と施設栽培とに大別され,施設栽培は加温の有無,加温時期,被覆方式などにより多くの作型に分けられるが,これらの作型を組み合わせることにより,大幅な労力分散が可能となり,自家労力内での経営規模拡大ができることになる.

なお,一つの産地として共同選果・共同出荷を行っていくためには,ある程度の品種と作型の統一が必要なことはもちろんである.

10.2 分類と来歴

ブドウは台木品種も含めて，野生のブドウ属植物（*Vitis*）から発達したものである．ブドウ属に含まれる種の数は約70とされているが，栽培ブドウの成立に関係したのは，このうちの10数種である．ブドウはヨーロッパブドウとアメリカブドウとに大別される．それぞれの起原と発達，分類は次のとおりである．

（1） ヨーロッパブドウ

ヨーロッパブドウは *Vitis vinifera* L. に属する品種群の総称である．その起源は有史前にさかのぼり，原生地は黒海とカスピ海とにはさまれたソ連のコーカサス地方だとされている．数千年の歴史のなかでヨーロッパへ，あるいはアジアへと伝播し，その過程で現在みられるような醸造用と生食用の品種群が発達した．

ヨーロッパブドウはポンティカ群（黒海系），オリエンタリス群（東洋系），オクキデンタリス群（西洋系）の三つに分類される．ポンティカ群にはおもにソ連と東欧諸国の醸造用品種が含まれ，オリエンタリス群にはロザキ，フレーム・トーケーなどの大粒の生食用品種（アンタシアチーカ亜群）とシャスラー，龍眼など（カスピーカ亜群）とが含まれる．また，オクキデンタリス群には西欧諸国の醸造用品種が含まれる．

雨が少なくて温暖な地域に発達したヨーロッパブドウは土地の乾燥には強いが病害や寒さに弱く，また果実が成熟すると裂果しやすくなるなどの特性をもっており，雨の多いわが国では栽培が難しい．

（2） アメリカブドウ

北米には多くのブドウ属植物が分布している．それらが相互に交配され，あるいはそれらとヨーロッパブドウとが交配されて多くの品種が育成された．これらの品種を一括してアメリカブドウとよんでいる．アメリカブドウの成立には10数種が関係しており，その中心となったのがラブラスカ種であり，ついでビニフェラ（ヨーロッパブドウ），エスティバリス，リンセクミー，リパリア，ルペストリスなどの種であった．

アメリカブドウの特徴は寒さと病害に対する抵抗性が強く，寒冷地あるいは多雨地域でも栽培可能なことである．果実は狐臭（フォクシー・フレーバー）をもつものが多く，肉質は塊状で，品質的にはヨーロッパブドウよりも劣る．

10.3 品種の変遷と品種解説

わが国におけるブドウ栽培は12世紀後半（鎌倉時代初期）の甲州ブドウの栽培に始まるとされているが，本格的なブドウ栽培が行われるようになったのは明治以降である．明治維新以降，諸外国から多くの品種が導入され，各地で試作された．しかし，わが国の夏季の高温多湿の気候に適しない品種が多く，しだいに整理されて，残っ

10.3 品種の変遷と品種解説

たのはアメリカブドウではデラウェア,キャンベル・アーリー,ナイアガラ,コンコードであり,ヨーロッパブドウではガラス室栽培のマスカット・オブ・アレキサンドリアとグロー・コールマンの2品種であった.これらのうち,デラウェアとキャンベル・アーリーとがわが国の気候と土壌条件に対する適応性が大きく,広く栽培されるようになった.

1930年代から最近までの60年間のおもな品種の動きをみてみると,デラウェアはブドウ栽培面積の約1/3を占め続けており,キャンベル・アーリーは1970年代後半まで約1/4を占めてきた.1930年代には全体の1/4近くの栽培面積のあった甲州はその後栽培割合が減少し,かわってわが国で育種されたマスカット・ベーリーAとネオ・マスカットが1950年代前半から増植された.巨峰は1965年頃から増植され始め,1970年代に急増し,1984年にキャンベル・アーリーを追い抜いて第2位の栽培面積をもつに至った.また,1980年以降はピオーネの増植が進み,ヨーロッパブドウの甲斐路が栽培され始めた.一方,キャンベル・アーリー,デラウェア,ネオ・マスカット,コンコードなどは減少を続けており,とくにキャンベル・アーリーの急激な減少が目立つ.1988年の品種別の栽培面積の割合は,デラウェア32%,巨峰23%,キャンベル・アーリー12%,マスカット・ベーリーA 7%,ネオ・マスカット4%,甲州3%,ピオーネ3%,その他の品種16%である.

(1) 生食用品種
a. デラウェア

米国で偶発実生として発見された欧米雑種である.わが国の風土に対する適応性が大きく,北海道南部から九州まで栽培されている.現在ではほとんどがジベレリン処理によって無核化されている.おもな産地は山梨・山形・大阪・島根などである.

樹勢はおう盛であり,枝は細く,節間は短く,登熟は容易である.花芽の着生はよく,1新しょうに4～5花穂をつける.果房は有岐円筒形で100～150g,果粒は円形で,平均重1.3gと小房小粒である.果皮は赤灰色で,果肉からはがれやすい.果肉は塊状で,甘味高く(糖度18～20度),酸味はやや多く,食味は濃厚である.香気はない.熟期は8月下旬であるが,ジベレリン処理をすると成熟が早まり,8月上旬(関東以西の地域,以下,他品種についても同じ)となる.施設栽培に適することから,栽培面積の23%(1988年)が施設化されている.施設栽培の果実は4月中旬から出荷される.

豊産性で結果過多となりやすいので,摘房により10a当たり1.5～1.8tの収量に抑えるのがよい.副しょうの発生が多く,棚が暗くなりやすいので,樹冠を拡大して木を落ち着かせることが大切である.適地の幅は大きく,砂土から粘質土まで栽培されているが,粘質土の方が栽培しやすい.病害には強い方であるが,晩腐病,さび病,褐斑病の防除が必要である.

b. 巨　　峰

大井上康が石原早生(キャンベル・アーリーの巨大変異)にセンテニアル(ロザキ

の巨大変異）を交配して育成した品種で，1945年に命名・発表された．はなはだしい花振るい性をもつことから普及が遅れたが，栽培技術の向上により安定生産が可能となり，広く栽培されるようになった．おもな産地は長野・福岡・山梨などで，東北北部地域と北海道では凍害のために栽培困難である．

4倍体品種であり，樹勢は強く，枝しょうの発育はおう盛で，木の広がりが大きい．果房は有岐円錐形で大きく，放任すると花振るいが激しいので，通常は開花前に花穂の切り込みを行い300～350gの円錐形ないし円筒形の果房を作る．果粒は短楕円形できわめて大きく，10～15g（平均12g）となる．果皮は紫黒色で，果粉が多い．果肉は崩壊性と塊状の中間である．果汁が多く，甘味高く（糖度17～18度），酸味は少なく，弱い狐臭があって，食味は優れている．熟期は8月下旬～9月上旬である．収穫後，穂軸がしおれやすく，そのために脱粒の起こることが欠点である．

花振るいは遺伝的な特性であるが，窒素施肥を控え，弱せん定をして，木を落ち着かせることによって少なくすることができる．品質・着色ともに優れた果実を得るために，10a当たり収量は1.2～1.5tに抑える．適地条件としては，土壌はれきを含んだ壌土で排水良好なところが最もよく，生育期間中（4～10月）の雨量が800mm以下のところが望ましい．気温は開花期から成熟期にかけてある程度高温で，成熟期の昼夜の温度較差の大きい地域で品質・着色のよい果実が得られる．病害で警戒を要するのは灰色かび病とべと病，枝膨病であり，害虫ではスリップスとブドウトラカミキリに加害されやすい．

c．キャンベル・アーリー

米国で育成されたアメリカ系ブドウである．わが国の風土に対する適応性が大きく，北海道から九州まで全国的に栽培されているが，価格の低いことから，このところ栽培面積が急減している．おもな産地は北海道・青森・岩手・岡山などである．

樹勢は中位で，枝の節間はやや短く，登熟はよい．自然果房は副穂形であるが，開花前に副穂をとり，房先を摘むことによって350g程度の円筒形果房とする．果粒は5～6g，果皮は紫黒色で果肉からはがれやすい．果肉は塊状で，果汁の糖度は14～16度，酸は中位で，アメリカブドウ特有の狐臭をもつ．熟期は8月中旬から下旬であるが，寒地では1ヵ月近く遅れる．豊産性であり，10a当たり2.4tの収量を目標とする．

耐干性が弱いので，耕土を深くするとともに，有機物を増施して干害を防ぐ．受精に高温を必要とすることから，開花期の気温の低い東北・北海道では花振るいしやすい．土壌に対する適応性は広いが，水分変化の少ない肥よくな埴壌土が最もよい．成熟のための温度要求量が比較的少なく，しかも耐寒性が強いので，寒冷地でも栽培可能である．耐病性はかなり強い方であるが，褐斑病と灰色かび病には注意が必要である．

d．マスカット・ベーリーA

川上善兵衛がアメリカブドウのベーリーにヨーロッパブドウのマスカット・ハンブルグを交配して育成した品種で，1940年に生食・醸造兼用品種として発表された．全国的に栽培されており，岡山・山梨・福岡・兵庫などがおもな産地である．近年，ジ

ベレリン処理による無核果生産が増加している．

　樹勢は中位であるが，若木の生育はおう盛である．花穂は有岐円錐形できわめて大きいため，開花前に切りつめて 400 g 程度の円錐形果房を作る．果粒は円形で 6～7 g であり，果皮は青黒色で厚く，裂果の発生はない．果肉は塊状であり，果汁の甘味は高く，酸味は中位で，かすかなマスカット香があって，食味は良好である．酒質は芳醇で色沢濃厚な赤酒ができる．熟期は 9 月中下旬であるが，ジベレリン処理による無核果は 2 週間促進される．収量は多い方で，10 a 当たり 2.3 t を目標とする．

　土壌に対する適応性は広い．耐干性は弱い方であり，傾斜地よりも平地の肥よく地で多収をあげることができる．成熟のために比較的高い積算温度を要し，関東地方以西で優品ができる．寒冷地では酸の減少が十分でない．耐病性は強い方であるが，黒とう病にはかかりやすい．また，生理障害としてマグネシウム欠乏が出やすい．

e．ネオ・マスカット

　広田盛正がマスカット・オブ・アレキサンドリアに甲州三尺を交配して育成した品種で，1932 年に命名・発表された．露地栽培のできるヨーロッパブドウとして 1949, 50 年頃より増植された．おもな産地は山梨・岡山・香川などである．

　樹勢はきわめておう盛であるが，枝は節間が短く，充実している．花穂は大きな長円錐形であり，大きな副穂をつけるので，主穂のみとし，400～500 g の円錐形果房となるように整形する．果粒は短楕円形で 7～8 g，果皮は完熟すると乳黄白色となる．果肉は崩壊性と塊状の中間である．甘味は高い方で，酸味は少なく，マスカット香があって，食味良好である．熟期は 9 月中旬で，巨峰よりも 2 週間程度遅い．日持ち性・輸送性とも良好である．

　豊産性であり，10 a 当たりの収量は 2～2.4 t を目標とする．果粒の肥大とそろいをよくするための摘果作業にかなりの労力を必要とする．夏季が高温で，日照の多い少雨地帯で優品が生産される．寒冷地では成熟しない．土性は軽しょうな火山灰土を除けば，適応範囲が広い．耐病性は従来のヨーロッパブドウと比べると強い方であるが，黒とう病，晩腐病，べと病には弱いので注意が必要である．

f．甲　　州

　約 800 年前の鎌倉時代初期に現在の山梨県で偶発実生として発見された品種で，東洋系のヨーロッパブドウである．生食・醸造兼用品種であるが，最近は醸造向けの生産が多い．おもに山梨県で栽培されている．

　樹勢はきわめておう盛で，新しょうは太く，節間は長い．樹冠拡大が早く，大木となる．果房の大きさは 270 g 程度で，果粒は短楕円形で 4～5 g である．果皮は淡紅色で，強くて輸送・貯蔵に耐える．果肉は軟らかい塊状で，甘味は中位であり，酸味はやや多い．香気はない．酒質は平凡であるが，良酒ができ，白酒用としては上位に属する．熟期は山梨県で 9 月下旬～10 月上旬であり，棚持ち・貯蔵性とも優れている．収量は多い方で，10 a 当たり 2.4 t が標準である．

　適地が狭く，夏季高温で雨が少なく，成熟期の秋季の温度較差の著しいところで優品ができる．土質は砂壌土かれきを含む埴土で，耕土が深く，排水のよいところがよい．

g. ピオーネ

井川秀雄が巨峰にカノン・ホール・マスカット（この品種名は間違いで，本当はマスカット・オブ・アレキサンドリアの4倍体）を交配して育成した品種で，1973年に種苗名称登録された（図10.1）。

4倍体品種であり，樹勢はきわめて強く，枝しょうの伸びはおう盛である。果穂は大きくて有岐円錐形であり，果粒は短楕円形できわめて大きく，13〜15g，果皮は紫黒色である。果肉は巨峰に似るがややしまり，糖度17〜18度，酸は中位で，軽い狐臭をもち，食味は巨峰よりも優れている。熟期は巨峰よりもやや遅く，9月上旬である。花振るい性が強く，有核果粒のつきにくい欠点があり，巨峰よりも栽培が難しい。施設栽培は有核果粒を増加させ，生産安定に有効である。病害の種類は巨峰とほぼ同じであるが，発生は巨峰よりもやや多い。虫害ではスリップスの被害を受けやすい。

最近，ジベレリン処理による無核果生産技術が確立されて，各地で無核ピオーネが生産されるようになった。ジベレリン処理をすれば花振るいがなく，生産の安定する利点は大きいが，着色不良となりやすいので，果房の大きさと収量の制限が必要である。

図10.1 ピオーネ　　図10.2 甲斐路

h. マスカット・オブ・アレキサンドリア

非常に古い生食用のヨーロッパブドウで，高温・乾燥を好むため，わが国ではもっぱらガラス室で栽培されている。

樹勢は非常に強い。花穂は大きく，開花前の整形と摘粒とによって600〜650gの円錐形果房が作られる。果粒は卵形を帯びた楕円形で大きく，11〜12g，果皮は緑黄色から完熟すれば淡黄色となり，厚くて裂果はほとんどない。果肉は崩壊性でよくしまり，果汁の甘味は高く，酸味は少なく，強いマスカット香があって，食味はきわめて優れている。熟期はやや遅く，無加温のガラス室栽培で8月下旬頃から収穫され，加温ものは5月頃から出荷される。日持ち・輸送性とも良好である。

高温受精品種で，開花期の低温ははなはだしい花振るいを引き起こす。病害にも弱いので，露地栽培は困難であり，ガラス室栽培されるが，品質のよい果実を安定して

生産するためには室内の換気，温度，かん水などのきめ細かい管理が必要である．

i．甲斐路

植原正蔵がフレーム・トーケーにネオ・マスカットを交配して育成した品種で，1977年に種苗名称登録された(図10.2)．食味のよいことから，山梨県を中心に増植されている．

純粋なヨーロッパブドウであり，樹勢はきわめて強く，徒長しやすい．花穂は大きく，整形によって500g程度の円筒形果房がつくられる．果粒は長卵形で9～10g，果皮は橙赤色で，強くて裂果性はない．果肉はやや軟らかい崩壊性で，甘味は高く(糖度18～20度)，酸味は少なく，食味は優れている．香気はない．熟期は山梨県で9月下旬～10月上旬で，甲州とほぼ同時期である．晩生種であり，収穫期間は長く，日持ち・輸送性とも非常によい．直光着色品種のため，棚面を明るくして果房に直射光線を当てる必要がある．

関東地方以西の暖地で，気温の日較差の大きい地域で着色がよい．樹勢調節の点からは重粘で，しかも滞水のない土壌がよい．雨媒伝染の病害の発生が多く，また，縮果病の発生の多い欠点がある．

甲斐路の早生の枝変わりとして生じた品種にガーネット，シャインレッド，赤嶺などがある．これらは甲斐路よりも熟期が20日程度早く，しかも着色しやすいことから注目されており，普及し始めている．

j．高尾

東京都農業試験場において巨峰の自然交雑種子の実生から選抜された品種で，1975年に種苗名称登録された．

樹勢はおう盛で，とくに幼木期の伸長が大きい．果房は有岐円錐形であり，果粒は円形で紫黒色，4～5gの大きさで，ほとんど無核である．落花直後のジベレリン処理によって完全無核となり，果粒肥大が著しく促進され，8～10gの長楕円形の果粒が得られる．ジベレリン処理果は肉質が崩壊性でしまり，狐臭をもち，糖度17～18度，酸味は少なく，食味は良好である．熟期は8月中下旬で，巨峰よりもやや早い．ジベレリン処理によって初めて商品性の出る品種であるが，無核性と食味のよさから市場の人気が高く，山形・福島を中心に栽培面積が伸びている．

k．その他の品種

その他の注目される品種については，その特性の概要を表10.2に示した．

(2) 醸造用品種

わが国におけるワイン醸造には，これまで赤酒用としてマスカット・ベーリーA，白酒用として甲州がおもに用いられてきた．しかし，これらの生食・醸造兼用品種から造られたワインはヨーロッパの醸造専用品種を用いたワインと比べると酒質が劣っている．食生活の向上に伴い，より品質のよいワインが求められるようになり，各地でヨーロッパ系の醸造用品種が栽培されるようになった．また，ヨーロッパブドウと米国の野生ブドウとの雑種であるフレンチ・ハイブリッドのセイベル系統は純粋なヨ

表 10.2 その他の生食用品種の特性

品種名	来歴(交配親)	樹勢	果房 大きさ	果房 形状	着粒の粗密	果粒 大きさ	果粒 形状	果皮 色	果皮と果肉の分離	肉質	甘味	酸	香[1]	品質	熟期[2]	耐病性	備考
ナイアガラ	コンコード×キャッツアイ	強	中	円筒	密	中	円	黄緑	易	塊状	多	少	f	中	9中	強	耐寒性強い
スチューベン	ウェインズ×リダン	中	中	円錐	密	中	円	紫黒	易	塊状	多	少	特	中の上	9上	強	栽培容易
ポートランド	チャンピオン×メルデー	中	中	円筒	中	中	円	黄緑	易	塊状	多	少	f	中	8中	強	耐寒性強い
ヒロハンブル	マスカット・ハンブルグ×甲州三尺	強	大	円錐	中	大	楕円	濃紫赤	難	崩壊	多	少	m	上	9中	中	無核果がつきやすい
オリンピア	巨峰×巨鯨	強	大	円錐	粗	極大	短楕円	鮮紅	やや難	中間	多	少	なし	上	8下	中	裂果しやすい
タノレッド	不詳	強	大	円錐	密	中	短楕円	暗紫赤	易	塊状	中	少	f	中の下	9上	強	豊産性, 摘粒を要する
パッファロー	ハーバート×ワトキンス	中	中	円錐	密	小	円	紫黒	易	塊状	多	中	特	中	8下	中	ジベレリン処理により無核化. 熟期促進
ヒロロッド	オンタリオ×トムソン・シードレス	強	中	円錐	粗	大	円	黄緑	易	中間	多	少	特	中の上	8上	強	無核品種
紅瑞宝	ゴールデン・マスカット4倍体×クロシオ	強	大	円錐	中	大	倒卵	赤褐	易	中間	多	少	特	中の上	8下	強	栽培容易な4倍体ブドウ
グロー・コールマン	ソ連コーカサス原産	強	大	円筒	中	極大	短楕円	紫黒	難	崩壊	少	少	f	中の上	10中下	中	ガラス室栽培
竜宝	ゴールデン・マスカット4倍体×クロシオ	強	大	円錐	中	極大	短楕円	赤	易	塊状	多	少	なし	中の上	8中下	強	栽培容易な4倍色体ブドウ, 着色しやすい
ルビー・オクヤマ	イタリアの枝変わり	強	大	円錐	密	大	短楕円	赤	難	崩壊	多	少	f	上	9中	強	渋味の出ることがある
キングデラ[3]	レッドパール×マスカット・オブ・アレキサンドリア	中	中	円筒	密	中	短楕円	紫赤	易	塊状	多	少	m	中の上	8上中	中	ジベレリン処理が必須
藤稔	井川682号×ピオーネ	強	大	円錐	粗	極大	短楕円	紫黒	易	中間	多	少	なし	上	8下	中	果粒がとくに大きい

1) f=孤臭, m=マスカット香, 特=特殊香. 2) 関東以西の地域での熟期. 3) ジベレリン処理果の特性.

10.3 品種の変遷と品種解説

表10.3 醸造用品種の特性

品種名	樹勢	果房 大きさ	果房 形状	着粒の粗密	果粒 大きさ	果粒 形状	果皮色	肉質	甘味	酸味	酒質	熟期*	耐病性	酒質区分	備考
ミュラー・トゥルガウ	中	中	有岐円筒	密	小	短楕円	黄緑	塊状	中	中	上	9上	弱	白	豊産性
シャルドネ	中	小	有岐円筒	密	小	円	黄白	中間	多	多	上	9上	中	白	酒質極上，比較的栽培しやすい
セミヨン	中	中	有岐円錐	密	小	円	黄白	塊状	多	多	上	9中	弱	白	酒質極上，耐寒性・耐病性弱い
セイベル9110	中	中	有岐円筒	密	小	卵	黄白	塊状	少	少	中の上	9中	中	白	生食兼用
リースリング・フォルテ	中	中	有岐円筒	やや密	中	円	黄白	中間	多	中	中の上	9中下	中	白	耐病性強く比較的栽培しやすい
リースリング	強	小	有岐円筒	ごく密	小	円	黄白	中間	多	多	上	9中下	中	白	寒冷地で比較的栽培しやすい
ピノ・ノワール	中	小	円筒	密	小	短楕円	紫黒	中間	多	中	上	9上	中	赤	収量少
セイベル15053	中	小	有岐円錐	中	小	円	紫黒	塊状	多	中	中の上	9上	中	赤	耐寒性強い
ツバイゲルトレーベ	中	中	円錐	ごく密	小	円	紫黒	塊状	多	多	中の上	9上	中	赤	耐寒性強い，晩腐病に弱い
メルロー	中	中	有岐円錐	密	小	円	青黒	中間	多	多	上	9中	弱	赤	耐寒性強い
カベルネ・ソーヴィニヨン	強	中	有岐円錐	ごく密	小	円	紫黒	中間	多	多	上	10中	中	赤	酒質極上，耐寒性弱く収量少

*：山梨県における熟期．

一ロッパブドウよりもわが国の風土に適することから，各地で栽培され始めている．醸造用ブドウのおもな産地は北海道・山形・福島・山梨・長野・兵庫などである．わが国で栽培されているおもな醸造用品種の特性を表10.3に示した．

ワインの品質は原料となるブドウ品種によって決まるところが大きい．品種の選択がとくに重要であり，酒質と栽培性，収量性，その地域の気象および土壌条件などを総合的に考慮して決める必要がある． ［山根弘康］

文　献

1) 石井賢二 (1974), 農及園, **49**(5, 6).
2) 菊池秋雄 (1948), 果樹園芸学, 上巻, 259-312, 養賢堂.
3) コズマ・パール (粂栄美子訳) (1970), ブドウ栽培の基礎理論, 2-58, 誠文堂新光社.
4) 農林水産省統計情報部 (1990), 昭和63年産果実生産費, 1-111, 農林統計協会.
5) 山梨県 (1984), 昭和58年度種苗特性分類調査報告書 (ブドウ), 3-272.
6) 山部 馨 (1979), 果実日本, **34** (1-12).

10.4　栽培管理

（1）開園・植え付け（台木，棚）

a．園地の選定と開園

ブドウは本来比較的やせ地，乾燥地でも作られる作物であるが，今後の農業経営を進める上での大きな課題である"低コスト"，"高品質果実生産"のためには，適地適作の原則に従うことが重要である．

園地の選定　園地の選定にあたっては，次の条件をみたすよう心がけねばならない．

① 日照時間が長く，年間降水量が1,000 mm前後で，とくに収穫期の降水量が少ない．
② 土壌が肥よくである．
③ 機械化を進めるため傾斜は5～8°以下である．
④ 地下水位が1 mより深い．
⑤ 棚を架設するためには，強度・経費の両面から正方形に近い方がよい．
⑥ 将来施設化を考慮し，近くに電源がある．

園地の排水　排水が悪い園では，土地の低い部分に地表水および浸透水の排除のため，直径30 cm程度の穴あきヒューム管などを埋設するか，深さ1～1.5 mのところに暗きょ排水施設を5～7 m間隔で設置する．とくに水田から転換する場合は，大型機械で鋤床層を破砕し透水性を高めるとともに，排水対策を十分行う．また，その際下層の還元層を表面に上げると，生育に障害を生じやすいので注意する．

エロージョン（土壌流亡）の防止　新墾地，傾斜地は，雑草または牧草（イタリアンライグラス，ラジノクローバーなど）を利用した草生栽培でエロージョンを防止する．やせ地で草が生えにくい場合には，播種前に窒素肥料（石灰窒素など）を施用

して生育を促す．

防風対策 鉄パイプとネットを使用する防風ネットまたは永久樹としてヒノキ，促成樹としてイタリアポプラ（最低気温−5℃以上の地域は，メラノキシロン・アカシア）を利用した防風垣を設置することが望ましい．

b．棚

棚の種類 棚の種類は表10.4に示すとおりである．わが国では一部の地域で改良マンソン式，斜面棚などの形式が導入されているが，そのほとんどが甲州式平棚である．また近年，醸造用品種で，省力化，早期多収などの目的から垣根式棚（マンズレインカットなど）を導入する動きもある．

表10.4 ブドウ棚の種類

区分棚	円架	
	斜面棚	小区画型
	水平棚	短冊型
		連続型（改良マンソン式）
全覆棚	水平棚（甲州式）	
	波状棚	
	トンネル棚	

棚の架設 棚の材料： 甲州式平棚10a建設（正方形）に要する材料は，おおむね次のとおりである．

① 隅柱（隅杭^{すみぐい}）　　130×120×3300 mm　　　4本
② 平柱（間杭^{まぐい}）　　100× 80×2700 mm　　　60本
③ 中柱（束杭^{つかぐい}）　　 50× 50×2000 mm　　　161本
④ 周囲線　　ワイヤー13番7本縒り　　　150 m
⑤ 幹線（杭通し）　　10番線　　　80 kg
⑥ 小張り　　14番線　　　60 kg
　（またはステンレス鋼　16番線　　　50 kg）
⑦ 地上線，地下線（支線）　6番線　　　40 kg
⑧ その他

架設労力として資材の運搬を除き，おおむね25人の労力が必要である．

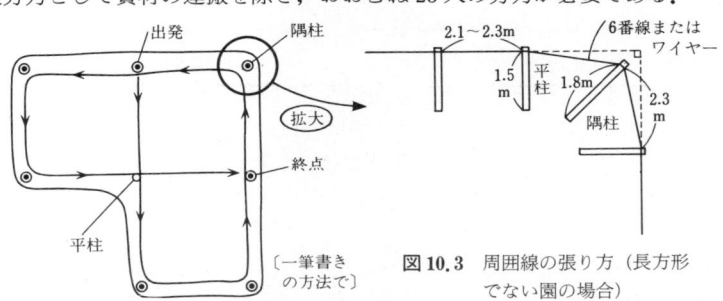

図10.3 周囲線の張り方（長方形でない園の場合）

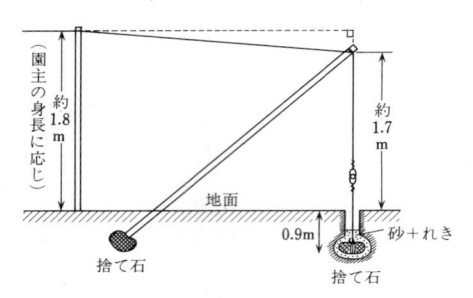

図 10.4 隅柱の立て方

架設の方法： 平棚の概要は，図10.3，10.4のとおりであるが，設計する際は次の点に注意する．

① 周囲線はすべての隅杭に内側に力がかかるように図に示す一筆書きの要領で架設する．

② 角はすべて鈍角になるようにする．

③ 傾斜地の場合，重力方向に幹線を張る．

c. 台　　木

台木の必要性　　台木は本来フィロキセラの被害防止のため利用されてきたが，このほかに穂木品種の樹勢，結実，果実品質，収量，熟期など多面に影響を及ぼすことから，適した台木を利用することで，自分の目的に合わせた栽培が可能となる．しかし，栽培条件により同一台木でも穂木品種により，異なった性質を示す面もあることから，利用する場合には特性を十分生かした栽培を行うことが大切である．

台木品種と特性　　台木の原種：　台木品種は，アメリカ大陸の野生種をおもな原種とするが，それぞれ次のような特徴をもつ．

① リパリア種：河岸湿潤地帯に自生する．酸性土壌に強い．わい性，早熟，収量少，発根容易，乾燥に弱いという性質がある．

② ルペストリス種：砂礫乾燥地に自生する．きょう性，晩熟，収量多，結実不良，乾燥に強いという性質がる．

③ ベルランディエリ種：山頂・傾斜の乾燥地に自生する．石灰抵抗性強い，わい性，早熟，収量多という性質をもつ．

④ ビニフェラ種（純欧州種）：フィロキセラ抵抗性がない．穂木品種との親和性がある．耐乾性，耐湿性が弱い．

台木の品種，特性：　現在おもに利用されている台木品種とその特性は表10.5のとおりである．このなかで現在最も利用されているのが準わい性台のテレキ系，101-14，3309などであるが，最近ウイルスフリー化の研究が進むにつれ，若木のうち樹勢がおう盛になるウイルスフリー樹を，早くから落ち着かせるためのわい性台の利用や，施設化による樹勢の低下を防ぐためのきょう性台の利用などの動きもある．

d. 栽 植 距 離

品種間の広がりの割合　　主要産地における平棚仕立ての栽植本数の従来の基準は

10.4 栽培管理

表10.5 主要台木の品種と特性（植原葡萄研究所資料）

台木品種	合接ぎ	耐寒性	耐乾性	耐湿性	石灰抵抗性	根群	発根	樹齢	収量	熟期	品質	着色	実止り
リパリア・グロワール・ド・モンペリエ(純粋種)	ごくする	やや強	やや弱	強	弱	細・浅	良	短	少	極早	良	良	良
ルペストリス・デュ・ロット(純粋種)	しない	強	極強	弱	やや強	大・深	良	長	多	晩	不良	不良	不良
ベルランディエリ・レッセギー1号(純粋種)	する	強	強	強	極強	やや深	不良	長	多	やや早	極良	極良	中?
リパリア×ルペストリス3309	少ない	極強	極強	中	やや弱	中	やや不良	やや長	やや多	中	良	良	中
リパリア×ルペストリス3306	ややする	強	強	極強	やや弱	中	やや不良	中	やや多	やや早	良	良	中
リパリア×ルペストリス101-14	ややする	強	やや強	やや強	弱	浅	良	短	やや少	極早	良	極良	良
ムルベードル×ルペストリス1202	しない	弱	強	極強	弱	大・深	良	最長	極多	晩	中	不良	中
ルペストリス×カベルネ・イブリ・ブラン	しない	弱	やや強	やや強	やや弱	大・深	良	長	極多	晩	中	不良	中
シャスラー×ベルランディエリ41-B	ほとんどしない	中~弱	中~弱	中	やや強	大・深	極不良	長	極多	やや早	良	中	良
ベルランディエリ×リパリア・テレキ5BB	ややする	強	極強	やや弱	極強	やや浅	中	中	中	やや早	優良	極良	中
ベルランディエリ×リパリア・テレキ5C	ややする	極強	強	やや強	強	中~深	不良	中	中	早	優良	極良	中
ベルランディエリ×リパリア・テレキ8B	する	強	やや強	中~強	やや強	中やや深	極不良	中	中	やや早	優良	極良	中
ベルランディエリ×リパリアSO4	ややする	極強	極強	中	極強	強やや深	不良	中	中	やや早	優良	極良	極良
ベルランディエリ×リパリア420A	少ない	極強	極強	中~強	中	細・やや深	中	長	多	やや早	極良	極良	極良
モンティコラ×リパリア188-08	ややする	強	極強	強	強	やや深	不良	中	多	早	優良	極良	?良

フィロキセラ抵抗性については、日本では問題なく全品種利用できるため割愛した。

表10.6 ブドウ10a当たり栽植本数（在来樹）

品種	長しょうせん定(X字型整枝)		短しょうせん定	
	やせ地→肥よく地		やせ地→肥よく地	
デラウェア	18~8		24~12	
キャンベル・アーリー	24~13		27~14	
マスカット・ベーリーA	20~10		20~12	
ネオ・マスカット	10~4		12~8	
甲州	7~3		8~4	

表 10.6 に示すとおりであるが，ウィルスフリー化のすう勢に伴い現在再検討されている．ウィルスフリー樹の特性は，ある程度解明され，若木ではとくに樹勢，登熟がよく，樹冠の拡大が早いこと，また早くから（2年目）良好な果房を着けることがわかっている．山梨県果樹試験場でフリー化された品種の特性（若木に限る）は表 10.7 のとおりであり，品種により樹冠の拡大が著しく異なる．

台木間の広がりの割合　　台木品種が巨峰と甲州の生育に及ぼす影響を表 10.8，10.9 に示した．準わい性台木に比べわい性台木は，樹冠が8割程度しか拡大しないため，植え付け時から栽植本数を2割程度多くする必要がある．またきょう性台木は，さらに樹冠の拡大が早いため間伐を早めに行う必要がある．

表 10.7　ウイルスフリー化された品種の生育特性（山梨県果樹試験場，1990）

品種	樹齢	樹冠面積 (m^2)	結果部率 (%)	1樹当たり収量 (kg)	栽植本数 (本/10a)	推定収量 (kg/10a)
巨峰	3	83.7	26.4	33.7	19〜23	800〜1,100
甲州		114.7	—	34.4	16〜21	550〜 750
赤嶺		122.5	22.4	39.7	14〜18	600〜 750
キングデラ		91.7	9.6	24.5	20〜24	500〜 600
リザマート		100.3	7.5	39.4	18〜22	700〜 900
ルビー・オクヤマ		62.4	14.3	31.2	30〜34	900〜1,000
ロザキ		104.7	7.2	24.6	17〜21	450〜 550
バラディ		138.8	6.2	22.2	13〜17	300〜 400
ピッテロ・ビアンコ		88.3	9.5	19.3	21〜25	400〜 500
巨峰	4	124.1	37.9	90.8	9〜14	900〜1,400
甲州		244.4	24.3	94.5	6〜 8	600〜 800
赤嶺		193.2	28.9	84.0	10〜13	1,000〜1,200
キングデラ		180.7	18.0	54.0	11〜15	700〜 900
リザマート		149.0	21.1	118.0	10〜14	1,200〜1,400
ルビー・オクヤマ		94.1	30.6	69.4	16〜20	1,200〜1,400
ロザキ		165.0	21.5	69.8	9〜12	700〜 900
バラディ		254.9	23.1	122.6	6〜 9	800〜1,200
ピッテロ・ビアンコ		135.8	25.2	64.8	11〜14	700〜 900
巨峰	5	196.3	44.0	181.7	8〜10	1,400〜1,800
甲州		323.3	30.8	250.2	5〜 7	1,200〜1,400
赤嶺		251.8	45.6	178.8	6〜 8	1,200〜1,400
キングデラ		227.9	19.6	79.6	8〜10	900〜1,100
リザマート		175.0	36.5	131.0	9〜11	1,200〜1,400
ルビー・オクヤマ		117.2	36.2	95.6	13〜17	1,400〜1,600
ロザキ		228.0	34.4	107.2	7〜 9	800〜1,000
バラディ		334.0	29.5	184.1	5〜 7	1,000〜1,200
ピッテロ・ビアンコ		192.3	27.8	86.9	10〜12	900〜1,100

調査ほ場は山梨県果樹試験場場内ほ場（砂壌土）．台木は赤嶺が101-14，その他の品種はテレキ5BB．3年生の調査年は巨峰，甲州が1986年，その他品種は1988年．以下同一樹で毎年調査．

表10.8 台木が巨峰の樹体の生育に及ぼす影響（山梨県果樹試験場, 1989）

台　木	樹齢	樹冠面積 (m²)	結果部率 (%)	1樹当たり 収量(kg)	栽植本数 (本/10a)	推定収量 (kg/10a)
グロワール	3	61.8	18.1	26.8	27～33	800～1,100
101-14		71.8	20.3	28.3	21～26	800～1,100
テレキ5BB		83.7	22.1	26.4	19～23	800～1,100
グロワール	4	100.3	40.8	82.8	14～18	1,200～1,500
101-14		145.1	37.8	123.9	9～13	1,100～1,600
テレキ5BB		124.1	37.9	90.8	9～14	900～1,400
グロワール	5	148.0	41.2	121.3	11～15	1,400～1,800
101-14		185.4	49.4	178.0	8～10	1,400～1,800
テレキ5BB		196.3	44.0	181.7	8～10	1,400～1,800

調査年は3年生時が1986年，以下同一樹で毎年調査．
調査樹はウイルスフリー樹，調査ほ場は場内ほ場（砂壌土）．

表10.9 台木が甲州の樹体の生育に及ぼす影響（山梨県果樹試験場, 1989）

台　木	樹齢	樹冠面積 (m²)	結果部率 (%)	1樹当たり 収量(kg)	栽植本数 (本/10a)	推定収量 (kg/10a)
グロワール	3	95.2	—	31.4	19～23	600～750
テレキ5BB		114.7	—	34.4	16～21	550～750
1202		110.6	—	29.3	15～20	450～700
グロワール	4	211.7	29.6	106.2	7～11	750～1,200
テレキ5BB		244.4	24.3	94.5	6～8	600～800
1202		272.6	30.4	71.7	5～7	450～700
グロワール	5	313.1	38.4	244.0	5～7	1,400～1,700
テレキ5BB		323.3	30.8	175.5	5～7	1,200～1,400
1202		367.9	40.3	250.2	4～6	1,200～1,500

試験条件は表10.8に同じ．

一挙改植を行う場合，苗木購入費などを考慮すると，3年生苗の基準本数を当初の植え付け本数とし，順次間伐・縮伐を行う方法が好ましいが，広島県果樹試験場の報告のように，根域制限を行った密植（列間2.2m，株間0.5m）で植え付け1年目から成園並みの成果を上げた事例もあるので，栽培型に応じて，植え付け本数を調節することが望ましい．

e．植え付け

植え付け時期　　苗木の植え付け（移植も含め）には，地域に応じて秋植えか春植えを選ぶ必要がある．秋植えは，落葉前後10月上旬頃から11月下旬頃に行い，春植えは揚水期の3月上旬頃から芽が動き始める前に行うのがよい．定植後の新しょうの生育は，秋植えの方がよいが，厳寒期に凍結層を生じるような寒地では，春植えの方が安全である．

植え付け方法　　健全な苗木が理想であるが，土壌病害（紋羽病など）に冒されて

いる恐れがある場合には，植え付け前にベノミル剤1,000倍程度の液に一晩漬けておく．植え付け方は図10.5に示すとおりであるが，接ぎ木部が土中に埋まると自根が発生するので浅植えがよい．

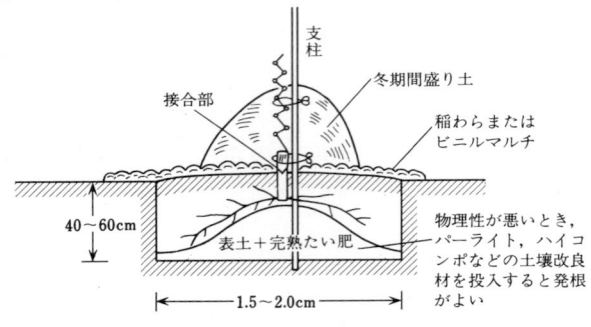

図10.5 苗木の植え付け方

苗木の切り詰めは，やや強めの方がその後の生育が良好であるため，太く充実している苗木は60〜90cm程度に，細い苗木はその半分くらいに切り詰める．

[武井和人]

(2) 整枝・せん定
a. 整 枝

ブドウの整枝法は千差万別で，現在でも新しいいろいろな方法が考案されている．しかし，高品質多収という面から，わが国の温暖多雨の気候に最もよく合っているのは，平棚栽培における自然形整枝法である．したがってここでは，その代表的な整枝法であるX字型自然形整枝について述べる．

整枝のおもな目的は，結果枝を棚面に満遍なく配置できるように樹形を整えて，長年にわたって維持することである．X字型自然形整枝法は亜主枝や側枝を移動させたり，結果母枝の長さを自由に変えることができるので，結果枝を満遍なく配置するという点では優れている．しかし，負け枝が生じやすいという欠点がある．果樹には枝の発生位置が低いほど，年数を経るにつれて勢いが強くなる性質がある．平棚栽培のブドウは立木仕立てに比べ，その傾向が強く負け枝になりやすい．負け枝とは，基部から発生した枝の勢力が先の枝より強くなることをいい，負け枝になると新しょうの生長や果粒の肥大が劣り，ひどいときにはその枝が枯死することもある．

X字型自然形整枝法は土屋長男によって考案されたもので，その完成した形を図10.6に示した．苗木から1本の新しょうを伸ばし，その先端を第1主枝とする．植え付け1年目に生長がおう盛で副しょうが長く伸びるようであれば，棚下50cm前後から出た副しょうを新しょうの反対側へ伸ばし第2主枝とする．そして，第1主枝からは第3主枝を，第2主枝からは第4主枝を分け，4本主枝にする．この4本の主枝の形がアルファベットのXに似ているところから，X字型と名づけられた．各主枝から

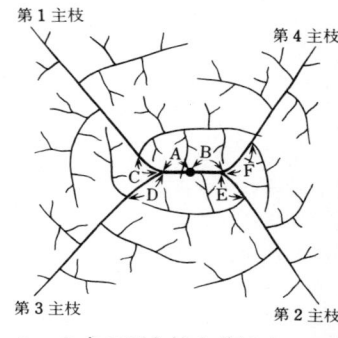

図10.6 X字型自然形整枝（土屋原図を一部修正）
ポイントは A＜B, C＜D≦E＜F.

は交互に2〜3本の亜主枝を分ける．この樹形を維持するには，第1主枝側が第2主枝側に負けないよう，また第1主枝が第3主枝に，第2主枝が第4主枝に負けないよう気を配る必要がある．そして，各主枝の先端部がそれぞれの第3亜主枝に負けないよう気配りが必要である．

負け枝を作らないためには，先端から出た枝がつねに強い状態を保つことである．そのための対策の一つは，強くしておくべき枝の占有面積を広く保つことである．すなわち，第1主枝の占有面積が最も広く，ついで第2，3主枝で第4主枝を最も狭く維持するのである．二つめは，傾斜地では第1，2主枝を傾斜の上方へ伸ばし，そのなかでも第1主枝は最も傾斜の急な方向へ伸ばすことである．次に重要なことは，主枝や亜主枝の分岐点の距離である．棚下の第1主枝と第2主枝の分岐点から第3主枝までの長さ（A）より，第4主枝まで（B）を長くとる．また，各主枝の分岐点から第1亜主枝までの距離は，第1主枝の第1亜主枝まで（C）が最も短く，第4主枝の第1亜主枝までの距離（F）を最も長くすることである．このようにしておけば，まず負け枝になることはない．

そうはいっても，夏季の新しょう管理が十分に行われていないと，残したい位置に適当な枝がないことがある．そのようなときには，分岐の距離や枝の太さなどに多少問題があっても残さなければならない．ブドウは陰芽が出ないので，形を気にしすぎて切り捨てると，主枝や亜主枝がとれなくなる．

樹冠を拡大しながら多収穫をめざす若木時代には，整枝も大切だが結実しやすい樹相にする必要がある．そのためには樹勢を落ち着かせることが必要で，樹全体のせん定を弱めなければならない．したがって，長大な結果母枝であっても，樹勢を落ち着かせるのに必要ならば残すべきであり，基部にポリエチレンの紐をまくなどして大いに利用する．

b．せ ん 定

ブドウ栽培の目的はいうまでもなく，品質の高い果実をできるだけ多く毎年収穫することである．そのためには，適正な樹相に誘導し新しょうの密度を適度に維持する必要がある．

適正な樹相とは"発芽や展葉が早く，初期生長はおう盛で満開2週間前頃から開花

期間中は生長が鈍るために結実がよく，満開後1カ月くらいで生長を停止する．枝は基部が太く先細りでわずかに電光型に伸び，節間は基部で短く5〜6節まではやや短く，その後長くなり10節前後からしだいに短くなっている．本葉は枝が細いわりには大きいが，副しょうの発生は少なく1〜2枚で止まり，葉色は成熟期になっても濃く，糖度の上昇は速く着色は良好である"ような状態をいう．

適正樹相に誘導するためのせん定のポイントは切る強さにある．まず，せん定作業に入る前に園の状態をよく観察し，適正樹相に比べ新しょうの伸びが長く，密度が高ければ弱くせん定し，伸びが短く密度が低ければ，強くせん定する．もし，理想的であれば，前年と同じような強さにせん定すればよい．

実際のせん定にあたっては，せん定の強さを残す芽数で判断するのがよい．なぜなら，品種によって節間の長さが異なるからであり，同じ品種でも，ハウス栽培と露地栽培では違うからである．長大な結果母枝が多く発生している樹では，樹勢がそれだけ強いわけだから，それらを残さなければならない．そのときには5〜30芽の範囲で太いものほど多く残すようにする（図10.7）．

図10.7 露地栽培デラウェアにおける長大な結果母枝の発芽
手前の結果母枝は42芽中41芽が発芽，向う側は28芽全部が発芽．

結果母枝の良否だけにこだわると，強せん定となり花振るいや過繁茂の原因になりやすいので，樹全体のせん定強度に留意してせん定しなければならない．

（3） 結実管理
a．結実促進

生育期前半で最も大切なのは，確実に結実させることである．そのためには第一に，結実しやすい樹相，すなわち前述の適正樹相にすることである．ジベレリン処理によって種なしにするときには，樹勢が多少強くてもよいが，巨峰など花振るいしやすい品種では，適正樹相を守るようにすることが大切である．

第二は摘心である．デラウェアなどのようにジベレリン処理によって種なしにする場合の摘心効果は高く，樹勢が強いものほど強く摘心する．副しょうも摘心すると効果はさらに高くなる．巨峰のように種ありを目指す場合にも摘心の効果はあるが，強い摘心は種なし果実の結実を促進するので，やりすぎは摘粒の手間を多くしかねないので注意する．

第三は結実促進剤の使用である．巨峰では展葉6〜8枚期にメピコート・クロリド

10.4 栽培管理

（フラスター液剤）の処理を，デラウェアではホルクロルフェニュロン（フルメット）またはベンジルアミノプリン（ビーエー）をジベレリンに加用処理する．

その他，ハウス栽培における開花期の温度は，種なしを目的にするときには低温気味に，巨峰系では高温気味に管理する．また，開花期の灰色かび病は結実不良の原因になるので，室内湿度を下げ防除を徹底する．

b．着果管理

結実がわかるのは，デラウェアでは満開後10日，巨峰では2週間から20日後である．結実がはっきりしたら，果粒肥大を促進するために，できるだけ早く摘房する．そのときには，最終摘房後の予定房数の1.2～1.3倍程度を残すようにする．

最終摘房は，満開後1カ月ころがよく，遅くとも果粒軟化期以前に終えなければならない．摘粒を必要とする品種では，できるだけ早く行う．そのときの房づくりは，消費の動向に合わせて行うことが大切である．

結実がよければ適度な着粒密度の房を残すようにし，過密着房や着粒の片寄った房あるいは振るった房を落とせばよい．花振るいの傾向が強い園では，できるだけ結実のよい房を残すように，花振るいのひどい房から落とすのは当然である．しかし，実際には短い結果枝は2房ともに結実がよいのに，長い結果枝は全果房が花振るいしている場合が多い．そのようなときには，結果枝が短くとも2房を残し，長い結果枝であっても振るった房を落とす．ただし，着果の片寄りがあまりにもひどいと問題なので，数本の結果母枝単位程度におさめるようにする．

最終摘房にあたり悩むのは，着果過多による着色不良を避けるには，最大どれくらい着果させることができるかの判断である．その最大限の収量を"適正収量"とよぶことにする．適正収量は生育全般の結果として決まるから，その要因は複雑である．しかし，果実から水を除くと99％が光合成産物によってできている．そこで，適正収量を光合成生産に基づいて考えてみたい．収量は年間の純生産量と果実分配率に比例すると考えられ，純生産量は葉面積指数（LAI，土地面積に対する葉面積の比率）に比例し，果実分配率は新しょうの長さに反比例する．したがって，適正収量を新しょうの密度とその平均長から計算してみたのが表10.10である．

ブドウの果粒が光合成産物を最も多く必要とする期間は，着色初めから成熟期までであるから，その頃の日射量によって着果量を加減するのがよいと考えられる．山陰地方におけるデラウェアの収穫時期と着果比率との関係を試算して表10.11にあげ

表10.10 露地栽培のデラウェアの適正収量の基準（kg/10a）（高橋，1987）

平均新しょう長 (cm)	10m² 枠内の新しょう数（本）							
	80	100	120	140	160	180	200	220
80	1,163	1,302	1,438	1,573	1,705	1,835	1,963	2,100
100	1,228	1,406	1,546	1,701	1,851	2,000		
120	1,281	1,478	1,634	1,805	1,969			
140	1,311	1,524	1,689	1,875				
160	1,324	1,545	1,717					

表10.11 山陰地方におけるデラウェアの成熟時期別着果比率（高橋，1987）

成熟期	比率	成熟期	比率
5月上旬以前	0.5	6月下旬～7月上旬	0.8
5月中下旬	0.8	7月中下旬	0.7
6月上中旬	0.9	8月上旬以後	1.0

表10.10の値に本表の値を乗じたものが適正な着果量である．

た．表10.10にこの比率をかけてその作型の適正収量を計算する．

また，品種が異なれば適正収量も違うはずである．開花期から成熟期までの期間が長いほど，多くの光合成産物を果実へ分配することができるので適正収量は多いと考えられる．また，糖度が高いほど適正収量は低くなると考えられる．したがって，新しょうの密度と平均長が同じならば，成熟期が遅い品種ほど多く着果させ，成熟期が同じなら糖度が高い品種ほど少なく着果させるのがよいと思われる．

しかし，ジベレリン処理デラウェアより成熟期が遅いにもかかわらず，巨峰の適正収量は4倍体品種であるためかデラウェアと同じ程度のようである． ［高橋国昭］

（4）収 穫
a．収穫時期の決定

収穫時期は，樹体のウイルスの有無，収量，樹勢，気象条件により大きく左右される．ブドウの収穫適期は，一部の品種を除き外観（着色）から判断することは不可能である．しかし実際には出荷に際し，外観とくに着色を重視することが多い．最近の研究で近赤外線を利用し，非破壊的に品質検定が可能になったこと，また消費者が"おいしさ"を求めていることから，今後は食味に十分注意して収穫することが大切である．

ブドウの食味は，遊離酸含量が$0.9\,g/100\,ml$以下で低いほどよく，糖度は高い方がおいしく感じるとされている．現在食味の判定におもに甘味比（Brix/％）が利用され，巨峰の場合，ほぼ25以上で収穫可能，30～40が収穫適期であるが，この数値は品種により大きく異なる（表10.12）．

表10.12 各品種の食味適期の甘味比と収穫時期（山梨県果樹試験場，1989）

品種名	食味適期始め		食味最良期		品種名	食味適期始め		食味最良期	
	甘味比	時期	甘味比	時期		甘味比	時期	甘味比	時期
デラウェア	30	8/ 5	38～42	8/10～17	リッシバーバ	45	9/ 1	50～58	9/ 7～27
キングデラ	25	8/12	29～33	8/16～24	ロザキ	39	9/10	40～50	9/12～
巨 峰	25	8/20	38～41	9/ 3～12	ピッテロ・ビアンコ	40	9/ 7	50～60	9/15～26
ピオーネ	26	8/25	32～35	9/ 3～10	ルビー・オクヤマ	21	9/10	30～	9/26～
リザマート	32	8/22	60～	9/ 5～	バラディ	33	9/23	35～	9/26～
ネオ・マスカット	37	9/ 1	40～	9/13～	甲斐路	35	9/15	40～45	9/20～
北 光	37	9/15	40～42	9/19～22	甲 州	30	9/27	35～	10/3～
赤 嶺	30	9/10	35～40	9/12～26					

b. 収穫方法

 果実の収穫は，晴天日の早朝，朝露が切れてから，日中あまり気温が上がらないうちに行う．とくに赤色，暗赤色系品種は，夕刻の太陽光では着色が実際よりも進んでいるように見え，未熟果を収穫しやすいので注意する．また果房が濡れた状態で収穫し，容器に詰めると，腐敗・裂果の原因になるので避ける．収穫する果房は，棚の明るい場所の結果枝が十分褐色に登熟しているものから収穫する．穂梗の切り残しは，病害の越冬源となるため，収穫時の果房は結果枝のつけ根から切り取り，長い場合には容器に入れるとき，適当な長さに切り詰める．

(5) 土壌管理，施肥管理
a. 土壌表面管理

 清耕法，草生法，マルチ法があるが，園の環境に応じ選択されている．平坦地では清耕法が行われている場合が多く，整然とした管理が可能であるが，毎年有機物の補給を行わないと物理性の悪化，地力の低下につながる．

 草生法は園内での有機物補給や草根による土壌改良効果が高いが，作土が浅く乾燥しやすい土壌では草との養水分競合が心配される．傾斜地では等高線上に帯状に行うと土壌流亡防止に有効であり，また草に窒素を吸収させることで樹勢調節にも利用できる．

 マルチ法は土壌の乾燥や降雨による流亡防止を目的とし敷わらが主体であるが，春先の地温上昇が遅いとか，晩霜時の被害助長という欠点がある．乾燥しやすく地力が低い土壌では，毎年晩霜の心配がなくなってから行うことが望ましい．

b. 水分管理

 生育期間中特に水分が要求される時期は，ほう芽前と果粒肥大期で，なかでも梅雨中の長期間の曇雨天後の高温乾燥時に必要である．反対に結実を安定させ，品質を向上させるためには，開花前と成熟期の水分は控えることが大事である．

 かん水の量，頻度は土質により異なるが，夏の期間1日の土壌表面からの蒸散量を5mm程度と考え，砂質土壌では1回のかん水量を少なく間隔を短く，また埴質土壌では量を多く（30mm程度）間隔を長く行う．より的確に行うにはテンシオメーターを設置し，pF2.3～2.5の範囲に保つよう，2.7以上にしないようにかん水する．

 かん水の方法については，スプリンクラーは，地形的な制約を受けず比較的均一に散水が可能なため，最も一般的に利用されている．また棚上に設置することで薬剤散布も可能である．施設栽培ではほう芽前の枝散水用に細霧ノズル（エルメコ，専用ホースなど）を利用したものも多い．このほかホース，ドリップ（点滴）かん水も利用されているが，これらは部分かん水に向くが作業面で手間がかかる．

c. 土壌改良

 土壌の物理性の改良　現在行われている方法は，深耕とそれにあわせ有機物，土壌改良剤などの投入が一般的である．深耕はスコップ，トレンチャー，バックホーなどを利用し，40～50cmの深さまで行う．時期は断根の影響を少なくするため，落葉前

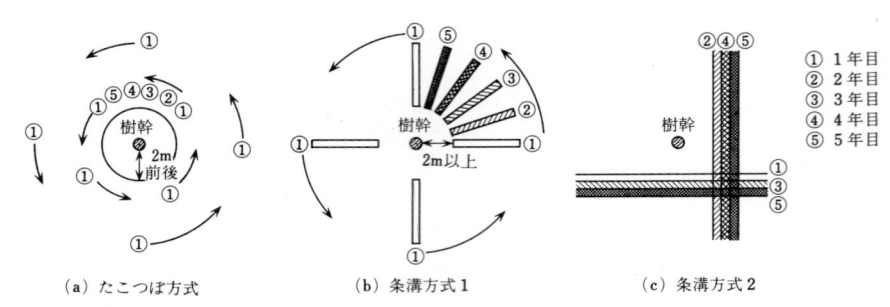

(a) たこつぼ方式　　　(b) 条溝方式1　　　(c) 条溝方式2

① 1年目
② 2年目
③ 3年目
④ 4年目
⑤ 5年目

図10.8　深耕の方法（例：5年計画の場合）

後から11月下旬頃までが望ましい.

深耕の方法は図10.8に示す方法がある. たこつぼ方式は, 集中的にできる反面, 排水性が悪いため土壌の透水性が不良のところでは条溝方式がよい. 深耕の際に投入する有機物については, 従来未熟粗大有機物を入れる傾向がみられているが, 分解の過程で糸状菌病（おもに紋羽病, ならたけ病）の発生がみられ, また干害も心配されることから, 細かく粉砕されたい積期間を十分とった完熟たい肥（手でボロボロになる程度）を投入するのが安全である. このほかにも最近開発された泥炭製品や高分子土壌改良剤なども有効である.

また応急的な改良方法として, 固く締まり透水性が悪くなった土壌に対し, 圧搾空気を送入し破砕する機械（バンダーなど）を利用して効果が上がっている例がある.

化学性の改良　　好適pHは6.5～7.0の範囲であるが, 育成された環境から欧州種は比較的高く, 米国種は好適pHが低いとされている. pHの矯正は石灰質資材で行うが, 土壌の種類, 資材の種類で投入量が異なる. 石灰は下層への移行が悪いため, 深耕を行う際に施用するようにする（表10.13）.

表10.13　土壌改良目標値（山梨県）

pH	6.5～7.0	MgO*	26～ 40mg
P_2O_5*	16～ 30mg	K_2O*	22～ 50mg
CaO*	201～400mg	CEC	0～0.3

*：乾土100g当たりの量.

近年一部の地域で石灰資材の多量施用により, 土壌がアルカリ化しているが, このような地域では, 石灰の施用を避け, 酸性肥料を用いるとともに, 有機物の施用を積極的に行うことが必要である.

d. 施肥管理

施肥量　　土壌分析結果や土性を参考とし, 資材・量を決定する（表10.14）. ただし窒素については, 樹体の生育である程度判断が可能であるため, 生育状況により最終的な投入量を決める. 若木, ウイルスフリー樹, 4倍体品種では樹勢がおう盛である. これらの樹では徒長を防ぐために, 初めの数年は窒素の施用を控える. 場合によ

表10.14 主要品種の施肥基準（kg/10a）（山梨県農務部，1989）

品　種	対象土壌	目標収量 (kg)	施　肥　量				たい肥
			N	P_2O_5	K_2O	苦土石灰	
デラウェア	沖積土，洪積土	1,500	15～17	17～18	15	80	1,500
	洪積土，火山灰土		15	19	15	100	
大粒系	沖積土，洪積土	1,200〜1,400	6	15	12	150	1,500
	火山灰山		6	15	12	100	
ネオ・マスカット	沖積土	2,200	20	17	16	150	2,000
甲斐路		1,800	16	15	15	150	
マスカット・ベーリーA	沖積土，洪積土 火山灰土	2,400	21	26	18	100	1,500
甲州		2,200	17	19	13	150	
			13	21	13	200	

っては無施用とする．樹勢が落ち着くにつれ，施用量を増加させることが生産安定につながる．

施用時期　施用量の大半を基肥として施すが，保肥力の弱い土壌や花振るいが問題となる4倍体品種では，基肥を控えめにし，生育に応じ追肥の量を調節する．最近とくに有機質主体の資材が増加しているが，分解をある程度促進させるには基肥施用が適当である．

　基肥の施用時期は，休眠直前が一般的であるが，春先のほう芽を良好にさせるには，肥料分を休眠前に吸収させ，ほう芽時の枝中の窒素含量を高めた方がよいことから，二次伸長の心配がなくなった10月から秋根が活動している11月上旬頃に行う場合もある．

施用方法　土壌中の移行が悪い石灰とリン酸を除き表面施用し中耕する．全面施用が一般的であるが，若木のうちは肥効を高めるためには樹冠下の部分施用も有効である． ［武井和人］

(6) 施設栽培

　施設栽培には，出荷期の前進による高価格販売，病害や気象災害の回避による生産安定，品質向上，栽培農家の労力分散などの利点があるうえ，ブドウは棚栽培のため施設化が容易であることと相まって，果樹のなかでは最も広く普及している．施設構造としてはガラス室，プラスチックハウス，大型トンネル，雨よけなどがある．

a. 品　種

　主要な品種はデラウェア，巨峰，ピオーネ，ネオ・マスカット，キャンベル・アーリー，マスカット・ベーリーA，マスカット・オブ・アレキサンドリア，グロー・コールマンなどである．このうち，マスカット・オブ・アレキサンドリアとグロー・コールマンはガラス室栽培，キャンベル・アーリー，マスカット・ベーリーAは大型ト

ンネルや簡易な雨よけ栽培が多い．

b．被覆と加温

被覆・加温開始期 施設栽培は加温開始期の早晩によって，12月から加温する超早期加温栽培，1月上中旬から加温する早期加温栽培，1月下旬～2月中旬から加温する標準加温栽培，それ以降に加温開始する準加温栽培，被覆だけ行って加温しない無加温栽培の五つの作型に分類されている．

ブドウの休眠は9～10月が最も深く，その後は覚醒に向かい，12月に入ると加温を行えば発芽する程度に覚醒している．しかし，この時点での生長活性はまだ低い段階にあり，1月上旬頃まで活性の上昇が続く．休眠覚醒に対する低温の効果は，低温にさらされる時期と程度とによって異なり，同じ低温なら休眠覚醒の不十分な11月，12月の方が効果が高く，同じ時期なら低い温度の方が効果が高い．休眠が十分にみたされ，高い生長活性に達するためには晩秋初冬の低温がとくに重要である．1月中旬以降になると低温の効果はあまり認められなくなる．

したがって，1月上旬以前に加温を開始する作型では，加温開始直前まで低温にさらして生長活性を高めることが肝要である．また，1月中旬以降に加温を開始する作型では，1月上旬まで低温にさらしておき，1月中旬に被覆し，施設内温度を高く維持すれば加温開始日から発芽日までの期間が短縮する．

加温栽培は樹勢が低下しがちであるが，毎年安定した作柄で加温栽培を継続するためには生長活性が十分高まってから加温する標準加温栽培，準加温栽培が望ましい．

被覆ビニルの除去 梅雨期までに収穫が終わる作型では，収穫が終わりしだいビニルを除去する．梅雨期以降に収穫する作型では梅雨が明けたら除去し，自然の温度で管理する．着色期に夜温が高いと着色や糖の蓄積が劣る．

発芽促進剤処理 低温量不足で，生長活性の低いときから加温する超早期加温栽培や早期加温栽培では，石灰窒素上澄液かポリリン酸系葉面散布剤を処理すると発芽期が1週間程度，開花期も2，3日前進する．石灰窒素は11月下旬～12月中旬処理，ポリリン酸系葉面散布剤は1月中旬処理が有効である．

処方は，石灰窒素2kgに水10lを加えて固結しないようにかくはんし，2～3時間したら上澄液を布でこし，展着剤を加えて結果母枝（芽）に塗布するか散布する．ポリリン酸系葉面散布剤は2倍（1：1）液を用いて同様に処理する．

c．温度管理

加温栽培の代表的品種であるデラウェアと巨峰，ピオーネの主産県における温度管理基準の概要を表10.15に示した．加温開始後，昼夜温とも高く維持すると発芽日や開花日は前進するが花穂の発育が劣る．果実生長期以降は高い温度で管理しても成熟期はあまり前進しないのみならず，果粒の肥大が劣る．葉が展開すると日中は内張りカーテンを開いて光優先の管理とし，光合成を促進する．被覆後はどの生育期においても日中に最高気温が30℃を超えないように換気する．

なお，デラウェアでは，第1回目のジベレリン処理期から2回目のジベレリン処理後まで低温に管理して結実安定を図る．

表10.15 主要品種の温度管理基準（℃）

生育期	デラウェア		巨峰, ピオーネ	
	昼温	夜温	昼温	夜温
被覆直後	20～25	—	20～25	—
加温開始～発芽	25～30	7～15	25～30	7～12
新しょう伸長期	25～28	7～17	25～28	7～20
開花期	23～25	7～12	25～28	12～20
果粒肥大期	25～28	15～20	25～28	14～22
成熟期	30以下	15～20	25～28	—

夜間は変温管理．

また，発芽するまでは地面や枝に散水を行って施設内の湿度を高く保持する．

d．樹体管理

1月中旬以降に被覆，加温する作型やトンネル・雨よけ栽培は露地栽培に準じて管理する．しかし，超早期加温栽培，早期加温栽培では樹勢が低下し，不発芽，発芽の不ぞろい，新しょうの一時的伸長停止，花穂の生長停止，結実不良，果粒肥大不足などの障害が起こって，品質・収量が低下することがある．

新しょう管理 せん定は露地栽培より枝を若干短めとする．新しょうの勢力が不ぞろいとなりやすいので，とくに強い新しょうは早めに摘心するかかき取り，結果枝の勢力をそろえる．長さ40～50cmに伸びた頃から誘引して棚面に葉を均等に配置する．そして，満開後30～40日目頃に伸長がほぼ停止し，葉面積指数1.8～2.0程度となるように勢力を調節する．一般に，加温栽培では新しょうの伸長停止期が早くなる．

収穫後，本葉が落ち副しょうが再伸長することがある．このようなときには新しょう（結果枝）の基部に近いところの副しょうを用いて，落ちた本葉と同等の葉面積になる程度に伸ばした後摘心し，貯蔵養分の蓄積を促す．

果実管理 強い新しょうには2房，中庸な新しょうには1房着生を原則とし，弱い新しょうの花穂は早めに摘房する．開花1週間前頃までに花穂を切り込んで小花数を少なくする．結実が確実になる開花後2週間目ごろから2～3回に分けて，極大粒と小粒を間引き，房形を整える．

施設栽培では一般に実止まりがよく，房も大きくなって結果過多となりやすい．葉色や葉面積，新しょうの伸長状態を勘案しながら適宜摘房して果実生長第2期の間に適正な結果量に調節し終える．結果過多であると果粒肥大や糖の蓄積が抑制され，着色も劣り，果実品質が低下するのみならず，樹勢も衰える．

e．土壌管理

施設栽培園土壌の望ましい化学性はおおむね次のようである．すなわち，$pH(H_2O)$ 6.0～7.0，電気伝導度（EC）0.15～0.1mS，窒素（N）風乾土100g当たり（以下同じ）1～5mg，有効リン酸（P_2O_5）10mg前後，カリ（K_2O）15mg前後，カルシウム（CaO）200mg前後，マグネシウム（MgO）25mg前後．被覆期間は降雨による肥料成分の流亡がないので施肥量は若干少なめとする．とくに，窒素，カリは過剰になら

ないように注意する．
　物理性の改良目標値は次のようである．すなわち，固相率50％以下，液相率20％以下，気相率20％以上，ち密度（山中式土壌硬度計）20 mm以下，透水係数10^{-4}/秒程度である．深さ40 cm程度までの比較的浅い層に細根群が発達するように有機物を投入して物理性を改良する．

f．かん水

　被覆下では，発芽前までは10日間隔で1回に15 mm，生育期には7日間隔で15～20 mm程度が一応の目安である．しかし，かん水量は雨水の流入や地下水位など園の条件によって大幅に異なるので，それぞれの園によって加減する．ブドウは一般にpF 2.0～2.5程度で良好な生育を示す．pF 2.0以下では徒長的に生育し，pF 2.5以上では水分欠乏症状を呈する．土壌水分が不足すると幼葉の毛茸の発達，未成葉の葉柄先端の萎凋，果粒の濃緑化，種子の退化などがみられる．前記の範囲内で発芽前から発芽期，開花直前，果粒軟化直後は多めに，発芽後から開花前，成熟前には少なめのかん水とする．

g．収穫・出荷

　施設栽培のねらいの一つは成熟期の前進である．大房であったり，結果過多であると成熟が予定した時期より2週間程度遅れることはめずらしくない．開花日とか着色始めからの経過日数によって収穫日を決めることなく，着色の進み具合や糖度の上昇過程を調査観察し，完熟を待って収穫する．
　収穫時には果粉を落とさないように注意して扱い，糖度，着色，房の大きさ，果粒の大きさによって選別し，傷果，極大粒，小粒，突出粒をていねいに間引いた後，箱詰めして出荷する．

h．病害虫防除

　施設内の栽培は露地栽培よりも，病害ではうどんこ病，過湿状態が続くとべと病，灰色かび病，そして害虫ではハダニ類が多発しやすい．これらは早期発見に努め，完全に防除する．なお，果実生長第2期以降に果粒に薬剤が付着すると果面が汚れたり，果粉が溶脱して外観を損ねるので注意深く散布する．　　　　　　　　　〔髙木伸友〕

10.5　出　　荷

　収穫が早いと黒色種は着色しても酸のぬけが悪く未熟の場合があり，黄白色種は成熟期の外観の変化が小さいので早どりになりやすい．収穫の目安は果柄基部まで十分着色し，品種固有の果色になったもので，屈折計示度がデラウェアで18度以上，巨峰，ベーリーA，ネオ・マスカットなどは17度以上，キャンベル・アーリーは14～15度以上あり，酸味が強く感じられなく，調和のとれた果房から収穫する．食味や品質を重視した出荷体制が不可欠である．収穫後は未熟果，裂果，障害果などを除去するが，脱粒させないよう，果粉を落とさないように包装・荷造りをていねいに行う．箱詰めは輸送中ブドウが移動しないように箱いっぱいに詰める．外包装容器，内包装資材は

産地により異なるが，鮮度保持力はそれぞれ長短があって特定できない．

10.6 貯　　蔵

a．品　　種

　蒸散特性は米国品種はどの温度域でも蒸散は変わらないが，欧州品種は貯蔵温度の低下に比例して蒸散量が低下するので貯蔵性が高い．エチレン排出量は米国品種が欧州品種より高い傾向で，米国品種と欧州品種との交配品種である巨峰などはエチレン排出量が高く，米国品種に近い（表 10.16）．脱粒しやすい品種は一般に果心が細い傾向にある．

表 10.16 ブドウの品種のエチレン発生量（青木ら，1977）

品　種	系　統	エチレン発生量(pl/g)	
		2 時間後	68 時間後
ポーランド	L	238.8	1,219.5
レットポート	L	475.3	740.3
バッファロー	L	281.2	628.2
アーリー・スチューベン	L	130.2	348.1
マスカット・ベーリー A	LV	36.4	440.8
巨　峰	LV	268.2	303.9
ピオーネ	LV×V	200.8	210.9
甲　州	V	79.2	277.3*
ヒロ・ハンブルグ	V	78.5	147.3
ネオ・マスカット	V	49.4	39.3

　　温度 20〜25℃，無印は 9 月 8 日，甲州は 10 月 2 日収穫．
　　＊：91 時間後測定．系統の L＝*labrusca*，V＝*vinifera*．

　普通冷蔵（0〜2℃，85〜95％）による実用貯蔵期間の目安は巨峰で 30〜40 日，デラウェアで 30 日，スチューベンで 60 日程度である．この貯蔵期間に大きく影響する要因としては樹勢や施肥・土壌水分などの栽培管理，成熟期における冷涼・多雨などの天候および貯蔵素材（後述）などをあげることができる．

b．収　　穫

　収穫時期と貯蔵性はリンゴなどのように明瞭な関係はみられないが，巨峰は収穫時期が遅れるほど貯蔵中に肉質が軟化する傾向を示し，果柄と果粒との付着力が低下し，脱粒しやすくなるので，巨峰やデラウェアなどの品種は完熟 2〜3 日前が収穫適期と考えられる．屈折計示度は出荷の項で述べた前後とし，酸は即時出荷と同程度かやや高めとする．

　貯蔵素材としては栽培中防除基準に従ってていねいに防除し，菌の密度を低減させた果房で，さらに果房が比較的密で，果粒に張りがあり，果穂が整い，穂軸が緑色のものは貯蔵性が高い．果穂全体が黄色味のある果房や粗い果房は冷蔵しても 1〜2 週間程度にとどめる．穂梗はやや長めとする．損傷果，病虫害果，裂果，脱粒しかかっ

ている果粒などを摘果すると貯蔵性は高まる．

c．収穫後の管理

収穫後直ちに冷蔵庫へ搬入することが鮮度低下を防ぐうえで有効である．収穫後1日以上経過したものは貯蔵しない．冷蔵用ブドウはすかし箱で1段並べが理想で，大粒種は3段以上としない．

d．貯蔵中の鮮度低下要因と品質

ブドウ果粒には気孔がなく，呼吸はおもに穂軸で行われ，穂軸から失われるエネルギーは果粒から補給されると考えられるので，穂軸の呼吸を抑制する必要がある．ブドウは温度の上昇とともに炭酸ガス・エチレン排出量が高くなるが，モモ・ナシ・リンゴなどより呼吸熱は少ない．

貯蔵中に発生する商品性低下要因は微生物の発生，脱粒，穂軸の変色，裂果などが主である．これらは収穫以前の管理に依存することが多く，栽培管理を十分行うことが基本である．

微生物の発生： 貯蔵中に発生する病害の多くはボトリチス菌による灰色かび病である．薬剤を連用すると耐性菌が出現し，効果を低減する例もあるので，薬剤散布をていねいに行う必要がある．ボトリチス菌が多発するような気象条件では貯蔵期間を短縮させることも必要である．

脱粒： 収穫最盛期以降樹上でそのままにしておくと果心維管束長が小さくなり，脱粒しやすくなる．また，エチレン環境下におくと離層形成を促進し，脱粒を助長するので，リンゴなどエチレン排出量の高い青果物との混合貯蔵は避ける．

穂軸の変色： 症状は切り口，主穂軸の先端，果柄に比較的早く出現する．穂軸のなかで果柄部は他の部位より水分含量が低く，貯蔵中の果柄の水分含量と変色とは密接な関係がある（図10.9）．

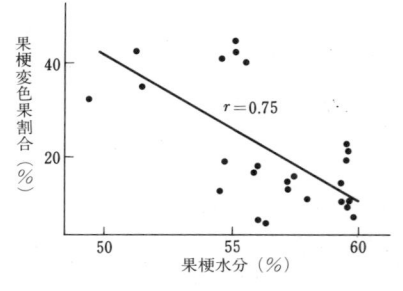

図10.9 果梗水分と果梗変色との関係（武田ら，1980）

裂果： デラウェアなどでは成熟期の降雨により発生し，果皮が薄く，過熟のものほど発生しやすい．裂果を見落すと貯蔵中や流通過程において腐敗や微生物の発生原因となって，品質低下を招くので，栽培中にできるだけ早く摘粒を行う．

貯蔵中の品質： 巨峰やデラウェアなどは30日前後の貯蔵であれば収穫時の品質（屈折計示度・酸）と出庫後の品質はほぼ同程度で，リンゴなどのように屈折計示度の上昇は期待できない．巨峰では貯蔵期間が30日を超えると屈折計示度，酸は低下する

10.6 貯　　　蔵

傾向を示す．

e．貯蔵方法

裸貯蔵：　冷蔵品の調製が不十分であると健全果房まで汚染されるので，調製はていねいに行う必要がある．巨峰やデラウェアなどは適正湿度に保持しても貯蔵 30 日前後で穂軸の変色が見受けられることが多い．

プラスチックフィルム包装貯蔵：　袋内の結露を軽減するには，予冷してから包装貯蔵した方がよい．種々な処理方法があるが，巨峰では冷蔵コンテナに 0.04～0.05 mm のポリエチレンフィルム大袋を広げ，新聞紙を敷いた上に冷蔵品（6～13 kg）を 2 段詰めにし，ハンカチ包装，密封包装をしている産地もある．ガス透過性の低いフィルムでの密封貯蔵はアルコール臭が発生する場合があり，過熟の果実ほど多い傾向を示す．栽培中，巨峰などは袋掛けをするが，そのまま貯蔵すると健全果房まで汚染する心配は少ないが，内容物が見えない欠点がある．湿度が高いときは貯蔵 40 日以降に裂果の発生が一部にみられ，裂果の発生は貯蔵限界とみた方が安全である．

CA 貯蔵：　甲州，巨峰，スチューベンなどの品種で試験されているが，適正ガス条件ははっきりとしていない．普通貯蔵より貯蔵期間は延長できるとされている．

f．予冷・貯蔵管理

予冷庫で予冷する場合は仕様に従って予冷し，冷蔵庫へ移動する．冷蔵庫で予冷する場合は 1 回の処理量が 24 時間以内に品温が 5°C 以下に低下する量とし，あらかじめ予冷量を決定しておく．品温が 5°C 以下となったのを確認して高積みとする．冷蔵庫は温度むらが生じやすいため品温が低下しやすい場所で予冷する．

ブドウの最適貯蔵温度は 0°C とされ，0～2°C で貯蔵する産地が多い．最近 0°C～氷結点で冷蔵のできる冷蔵庫が開発され，0～2°C より貯蔵期間が延長できる可能性があり，今後の課題となっている．湿度は 85～95 ％で保持する産地が多い．適正湿度を保持することは大変難しいので，散水あるいは加湿器の設置が必要となろう．

貯蔵中の品質チェックは数多く行うことが大切である．主穂軸の変色 3～4 mm 以内，果柄部の変色は 3 ％以内，脱粒は 2 粒以内，微生物の発生・裂果などが認められない場合は商品性は高いと考えられ，これを超えた症状が観察された場合は貯蔵可能日数以内でも出荷する．

g．冷蔵庫の管理

入庫する 3～5 日前から予冷庫（冷蔵庫）を運転し，冷蔵品を入庫してからの運転はよくない．正常に稼働しているときに圧力計の値，各機器の電流値などを記録しておき，さらに日常のチェックポイントとしてオイルの点検（量と汚れ），水漏れ，運転音，クーラーの霜付き状況，クーリングタワーの水量，汚れなどの点検を行い，故障時や保守管理に役立てる．

h．出荷時の結露現象

出庫に際しては冷蔵品の表面に結露が生ずるが，これは空気の露点が冷蔵品の表面温度より高いときに起こる．結露は箱内の湿度を高め，変質，腐敗の原因となる．図 10.10 は室内空気の温度 t_a，冷蔵品の温度 t_p と結露が起きる室内空気の関係湿度 φ の

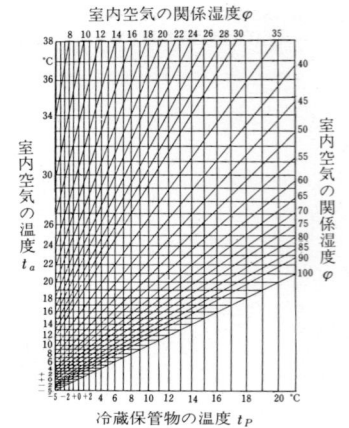

図 10.10 冷蔵保管物に水蒸気が凝縮する条件 (島川,1969)

算出図である.たとえば,室温 t_a が15℃,冷蔵品温 t_p が3℃である場合,室内の相対湿度は45％以上で結露が起きる.出庫後結露を抑制するには外気温との順化も必要となろう.

10.7 加　工

ブドウの生産量は世界では8,000 t を超え,そのうち加工品は約30％を占めるが,わが国では生食用が約85％を占めている.

ブドウの可食率は75〜82％で,糖分は品種により異なり,高いものは25％を超え,低いものは10％前後で,平均15％前後である.欧州産は糖分が高く,20％以上であるが,日本産の糖分は15〜16％のものが多い.そのうちブドウ糖と果糖が大部分を占め,ショ糖はわずかである.未熟果でブドウ糖が高く,過熟果で果糖がやや高い.有機酸は1％前後で酒石酸,リンゴ酸が主である.その他ペクチンは0.1％前後,タンニンは0.2〜0.6％を含んでいる.赤色系のブドウはアントシアニン(メチルデルフィニジン配糖体など)が表皮層に存在する.

(1) ブドウ果汁

原料　赤色系の加工原料としての条件は,①栽培が容易,②価格が販売価格として見合う,③風香味が良好,④色素量(赤色)が多く,きれい,⑤果汁歩留りが良好,⑥内容有効成分が豊富などがあげられる.この条件を満足しているのはコンコードである.その他わが国で利用されている品種はキャンベル・アーリー,デラウェア,マスカット・ベーリーAなどがある.完熟果を使用することが大切である.

一般製法　未熟果・腐敗果などを除去し,農薬などをよく洗い落とす.圧潰除梗機で果粒を軽く破砕しながら果粒と果梗を分離する.果梗などの異物が混入するとタン

ニンなどの溶出の原因となる．加熱条件は品種・熟度により異なるが，60～70°Cで10～5分程度である．未熟果で高温・長時間，適熟果で低温・短時間処理をして果皮内面の色素を溶出させる．そのときに酒石やタンニンなどの渋味物質も溶出する．その後搾汁する．酒石を含む果汁は貯蔵中に懸濁物が析出沈殿して商品価値が低下するため，この酒石を除去する必要がある．他の果汁と最も異なる点である．果汁は低温殺菌後急冷して－5°C前後で2カ月程度貯蔵する．その上澄液をとり，濾過をする．残渣は濾過助剤を加えて濾過して清澄する．これ以後は一般製品法により殺菌・貯蔵（低温・暗所）する．

(2) ブドウ酒

原料 ブドウ酒の主成分である酒精はブドウ果汁中の糖分の発酵により生成されるものであるから，果汁の糖分の多少は製品の品質に影響する．十分に成熟し，糖度が高く狐臭の弱い品種を原料とする．病害虫に強く，栽培しやすい米国品種およびその交配品種であるデラウェア，キャンベル・アーリー，コンコードが利用され，欧州品種の甲州，ネオ・マスカット，ベーリーAは適する．

一般製法 赤ブドウ酒は黒色種を，白ブドウ酒は緑色種を用いる．赤ブドウ酒は果実を破砕除梗し，亜硫酸（メタ重亜硫酸カリ）50～100 ppmを加えて有害菌を抑え，また酸化による品質低下を防ぐ．酒母を加えて発酵させる．製品の酒精分を13前後にするにはブドウ果実に含まれる糖分だけでは不足するので糖（ショ糖やブドウ糖）を加えて発酵させる．発酵中はときどき撹拌し，炭酸ガスを放出し，色素の抽出を助ける．その後搾汁して果皮や種子を除く．白ブドウ酒はそのまま搾汁し果皮などを分け，果汁を発酵させる．酒液は樽（楢・樫）に入れ，熟成させ，その後上澄液を数年貯蔵する．その後びん詰めにしてさらに冷暗所に貯蔵し，製品とする．赤ブドウ酒は美麗な赤色を呈し，適度の渋味を感じ，糖分がなく風味の濃厚なものがよい．白ブドウ酒は黄金色で渋味が少なく，いくぶん甘味を感ずるものがよい．

(3) シロップ漬け

原料 芳香が強く，緑色ブドウが好まれ，剝皮のとき，果汁分の損失が少ない品種が適当である．わが国ではネオ・マスカットがよいとされている．

一般製法 房ごと水洗し，果梗から脱粒，剝皮する．剝皮した果肉はびん詰めをし，30～35％の糖液を注入する．脱気，打栓後，殺菌する． ［武田吉弘］

文　献

1) 安東俊次 (1978), 果汁・果実飲料事典（日本果汁協会監), 228-241, 朝倉書店.
2) 青木幹雄, 佐久間信夫, 雨宮 毅, 鈴木章方, 五味千明(1977), 園学要旨, 昭52春, 68.
3) 香山 武 (1973), 果実日本, **28**(8), 42-46.
4) 大塚謙一 (1985), 醸造学, 117-139, 養賢堂.
5) 太田英明 (1986), 農及園, **56**(1), 198-204.
6) 柴 寿(1985), 果実日本, **40**(8), 94-95.

7) 島川順二(1969), 食品冷凍テキスト (天野慶之編), 157-173, 日本冷凍協会.
8) 武田吉弘(1985), 果実の成熟と貯蔵(伊庭慶昭, 福田博之, 垣内典夫, 荒木忠治編), 319-326, 養賢堂.
9) 武田吉弘, 牛流清志, 高野利康(1980), 長野農総試報, **1**, 84-105.
10) 樽谷隆之 (1963), 食品工試, **10**(5), 186.
11) 樽谷隆之 (1982), 果樹生産ハンドブック (小林 章, 苫名 孝編), 559-560, 養賢堂.

10.8 生理障害

(1) 花振るい

ブドウでは1花穂に数百からときには数千も着生した小花が開花後2週間ほどの間にほとんど全部落ちることがある。この現象を花振るいとよんでいる。

a. 花振るいの原因

花振るいの原因は,不受精,栄養条件の不良,これらに影響する環境条件の三つに分けられる。さらに,不受精は花粉の不稔,胚珠の不完全,受粉から受精に至る過程の障害に分かれるが,花粉の不稔による不受精はほとんどない。胚珠については,花振るいしやすい巨峰系では胚のう,卵細胞,極核の欠如や未分化など胚珠に形態異常のものが多数ある。

内藤らは,巨峰の花穂を開花前にダミノジッド (Bナイン) 液に浸すと有核果が増すことを見出し,胚珠の受精機能の向上に開花前の小花中の内生サイトカイニン活性の増加が関係すると推論した。一方,湯田らは,巨峰の開花前の花らい中にはジベレリンやサイトカイニンがきわめて高レベルに含まれ,これが花粉管の侵入阻害,胚のう発育の進みすぎ,異常胚珠の増加と関連し,不受精を招くとしている。また,岡本らは,花振るいしやすいピオーネ,センテニアルの雌ずい中,とくに子房に強い花粉管生長阻害物質の存在を示唆している。

正常に受精した後花振るいする品種もある。マスカット・オブ・アレキサンドリアも花振るいしやすい品種とされているが,本品種は受粉後ほぼ1日で受精が完了する。しかし,開花後4日目頃から珠心が萎縮して落果する (岡本・今井)。ところが,摘心と花穂の切り込みによって小花数を少なくすると結実率が向上する。また,巨峰やピオーネのように不受精が花振るいの原因となる品種でも同様の処理をすると無核果粒が多数着生する。これは,開花後の栄養条件の良否も花振るいの一因であることを示している。

環境条件のうちとくに重要なのは温度と土壌水分である。温度については低温による不受精が問題視されてきた。しかし,開花期に10°C前後の低温に一時的にさらされても正常に受精する。むしろ,ハウス栽培で30°Cを超えるような高温にさらされると花振るいが助長される。また,土壌が乾燥すると花振るいしやすく,pF 2程度の土壌水分が豊富な条件下で結実率が高い。

b. 防止対策

品種によって花振るいの程度が非常に異なるので,花振るいしにくい品種を選定す

ることがまず大切である.開花期には新しょうの伸長が衰える程度に樹勢を調節する.開花前に花穂を切り込んで小花数を少なくし,新しょうの先端を摘心する.開花期に土壌が乾燥しておればかん水する.さらに,ハウス栽培では 30°C を超えないように換気する.

(2) 縮 果 症

縮果症は温室栽培されるマスカット・オブ・アレキサンドリアに多発して問題になるが,その他ピッテロ・ビアンコ,甲斐路,ネオ・マスカットなどにも発生する.おもに果実生長第2期に発生し,最初,果粒に黄褐色のゴマ粒大の斑点が生じる.これが拡大して果面が紫黒色ないし黒色に変わり,症状が進むと指で押したようにくぼむ.しかし,果粒に水が回る(第3期)とまったく発生しなくなる.

a. 発生条件

本障害は葉と果粒との水分競合によって果粒が水分欠乏になることが原因であると考えられてきた.その後,かん水量が多いと多発する,葉に散水すると多発する,発生直前に断根して急激な水分欠乏を起こしても多発しないなどの理由によって,水分欠乏と直接的関係はないと考えられるようになった.

土壌水分が豊富で,果実生長第2期になっても盛んに新しょうが伸長する樹で,果粒肥大速度の衰える第2期にも盛んに肥大すると発生が著しく多くなる(図 10.11).高温条件下で障害斑の進展が速い.

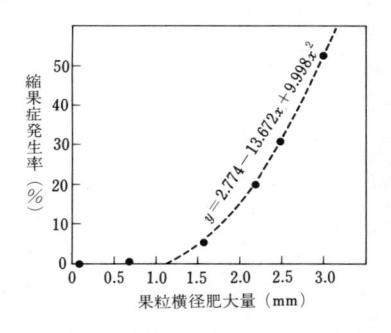

図 10.11 縮果症発生期(6月22日~7月13日)における果粒横径肥大量と縮果症発生率との関係(品種:マスカット・オブ・アレキサンドリア)(高木ら,1981)

曲線式: $y = 2.774 - 13.672x + 9.998x^2$

なお,果実生長第2期後半に,数日のうちに果粒の大半ないし全面が黄褐色から褐色に変色し,ときには落果する日射症(日射病)がある.本障害と縮果症とが同じ原因に基づく障害か否かは明らかでないが,きわめて類似した条件下で発生する.

b. 防止対策

満開後 30~40 日目頃には新しょうの伸長がほぼ止まる程度に樹勢を安定させる.発生期にはかん水を控え,土壌をやや乾燥させる.ハウス栽培では十分換気し高温を避ける.実害軽減のため,着粒数を多くしておく.

(3) 裂　　果

ブドウの裂果は果実生長第3期の着色始め頃から成熟直前までに発生する．裂開した果実から果汁が滴り，下位の果粒に着くとそれも裂果したり腐敗して，外観を損ね，商品性が著しく低下する．

a．品種と症状

品種によって裂果の起こりやすい部分が異なる．密着すると裂果しやすいデラウェアなどは果粒の接触面が縦または横に裂開し，粗着でも裂果する巨峰，オリンピアなどは果頂部から縦または星型に裂開する．リザマートも裂果しやすい品種であるが，果たい付近が三日月状に裂開することが多い．

密着で裂果する品種は果粒の接触面に，粗着で裂果する品種は柱頭痕の周辺にそれぞれ多数の亀裂が生じ，これが拡大して裂果に至る．ただし，果たい部が裂果する品種ではその部分に特徴的な前駆症状は認められていない．

b．発生条件と防止対策

裂果は漿果内細胞液の浸透圧に基づくもので，果粒の吸水によって膨圧が上昇すると果皮の弱い部分が裂けて裂果となる．抵抗性の弱い品種は限界膨圧が15気圧前後であるので，裂果に至る膨圧にはつねに達しうる．根からの過剰な吸水，果皮からの直接的吸水，葉からの蒸散の抑制などが重なると果皮の弱い部分が裂開する．

防止対策としては，果皮を弱める果粒の密着を避けること，病虫害（うどんこ病，褐点病，スリップス類など）を防ぐこと，薬害を出さないこと，果面に直接水がかからないようにすること，通風をよくすること，土壌を適湿に保つこと，乾燥時に多量のかん水をしないことなどに留意する．

(4) 眠　り　病

ブドウの眠り病は，凍害，3年病，萎縮病などともよばれる生育障害である．一般に，東日本の高冷地に発生が多いが，ときには西日本でも発生する．本障害にかかると枝幹の一部が枯死することが多いので，当該年の減収はもちろん，その被害は数年に及ぶ．

a．品種と症状

一般に，欧州系品種に発生しやすく，米国系品種は比較的強い．長野県における調査によると，ネオ・マスカット，イタリアなどに発生が多く，巨峰，デラウェアなどは中程度，コンコード，キャンベル・アーリーなどは少ないとされている．しかし，品種間で抵抗性に顕著な差異があるわけではない．

本障害は，軽度の場合には発芽の遅延・不ぞろい，一部の結果母枝の枯死，重度になると主枝，亜主枝が枯死する．冬季のせん定時には切り口に青みがあって，一見健全なようにみえるのでみすごしやすい．

b．発生条件と防止対策

平田・柴によると，本障害は，結果過多，収穫の遅れ，葉の病害，過繁茂，遅伸びによって貯蔵養分が不足した耐凍性の弱い樹の，耐凍性がいっそう低下する2月中旬

以降に受ける凍害であり,障害部から先へ養水分の供給が円滑に行われないため,芽の枯死,一時的発芽不能,発芽後の生育障害など,いわゆる眠り症状を呈するとしている.

一方,安延は冬季間の空気の乾燥に関係する気象要素が本障害を助長することを認め,とくに1月下旬から2月上旬の空気湿度の低下に伴う物理的な樹体内水分の収奪による干害であるとしている.

防止対策としては,過繁茂や遅伸びしないよう樹勢を調節し,結果過多を避け,貯蔵養分の蓄積を促す,冬季に晴天が続けば適宜かん水して樹体の乾燥を防ぐ,せん定直後に切り口に接ぎろうなどを塗布する.なお,ハウス栽培すると本障害はほとんど回避できる. 〔高木伸友〕

文献

1) Considine J. A. and Kriedemann P. E. (1972), *Aust. J. Agric. Res.*, **23**, 17-24.
2) 平田克明,柴 寿 (1970),農及園,**45**(6),923-927.
3) 平田克明,柴 寿 (1971),農及園,**46**(8),1165-1168.
4) 岡本五朗,今井俊治 (1982),園学雑,**50**(4),436-444.
5) 高木伸友,森本正康,間苧谷 徹 (1981),園学雑,**50**(2),185-191.
6) 安延義弘 (1986),神奈川農総研報,**128**,1-55.

10.9 病害

a. 晩腐病

糸状菌の一種で,通常分生子層,分生胞子のみを生ずる.

診断 熟期近くになると,果面に赤褐色,円形のやや不明瞭な病斑を生じ,その上に鮭肉色で粘着性のある胞子層ができる.ときに数重になった同心円状になる.

病原菌 *Glomerella cingulata* (Stoneman) Spaulding et Schrenk

伝染経路 前年枝の切り残しの果梗や巻きひげで菌糸の形で越冬しており,梅雨期に分生胞子を形成して,幼果に雨媒伝染する.

多発条件 着色まぎわの多雨.

品種感受性 とくになし.いずれの品種でも成熟期に多発する.

防除 薬剤防除: ベンゾイミダゾール系薬剤の休眠期防除,幼果期のマンゼブ剤が有効である.

耕種的防除: 笠掛けや袋掛けを早めに行って,雨媒感染を防ぐ.

b. べと病

糸状菌の一種で,分生胞子,卵胞子,遊走子を生ずる.

診断 気孔の存在する緑色部は,いずれの器官でも発病する.初発は開花前の果穂や若葉の葉裏にみられる.雪白色のかびが密生する.うどんこ病は葉表に胞子を形成することから本病とは容易に区別できる.幼果では,発育が止まり果面にかびが現れ

る．さらに果実の発育が進むと，胞子の形成はみられなくなり，果実は青鉛色に乾固して日射病の症状と類似してくる．

病原菌 *Plasmopara viticola* (Berkeley et Curtis) Berlese et de Toni

伝染経路 秋末，罹病した落葉組織中に卵胞子の形で越冬する．5月中旬，適温と湿度を得て発芽して大型分生胞子を形成して第一伝染源となる．その後は二次感染をくり返して秋末まで伝染が続く．

多発条件 開花期から幼果期にかけての連続降雨．

品種感受性 ネオ・マスカット，甲斐路などの欧州系は罹病性が高く，デラウェア，キャンベル・アーリーなどの米国系は耐病性で，巨峰，ピオーネ，甲州，マスカット・ベーリーAは中間である．

防除 薬剤防除： ボルドー液，マンゼブ剤が予防散布剤として有効である．ホセチル剤，メタラキシル剤，オキサジキシル剤は治療効果がある．

c. 灰色かび病

糸状菌の一種で，分生胞子と菌核を生ずる．

診断 開花期前後に降雨が続くと，花穂や若葉に灰色のかびが発生する．とくにハウス栽培では過湿になりやすく多発する．露地でも熟期に裂果や花かすが付着していると思わぬ多発をみることがある．

病原菌 *Botrytis cinerea* Persoon

伝染経路 明らかではないが，多犯性の菌であるところからおそらく他の植物から伝播すると思われる．

多発条件 ①ハウス栽培，②開花期前後の低温，多雨．

防除 薬剤防除： イプロジオン剤が有効である．ハウスではくん煙剤が利用できる．

耕種的防除： 地面にビニルマルチをしたり，換気を行って除湿に努める．

d. 黒とう病

糸状菌の一種で，分生子層，分生胞子のみを生ずる．わが国では完全世代は未発見である．

診断 新しょう，果実，葉，巻ひげなど若い組織はどこでも侵される．果実の病斑は中心部が灰白色で周囲が赤褐色，さらにその周囲が鮮紅色〜紫色となり，bird's-eye spot (鳥目斑) とよばれている．葉での病斑はつる割病と類似しているが，主脈や葉脈部にそって発生すること，中心部に亀裂を生じて穴があくので区別できる．

病原菌 *Elsinoe ampelina* Shear

伝染経路 病原菌は蔓，巻ひげの病斑部あるいは無病徴の部分で菌糸で越冬する．春先に分生胞子を作り，降雨によってブドウの各器官に侵入して発病させる．

多発条件 春先が冷涼多雨であると，新しょうに壊滅的な損害を与える．

品種感受性 一般に欧州系は罹病性が高く，米国系は耐病性であるが，例外もある．

防除 薬剤防除： ベンゾイミダゾール系薬剤の休眠期防除，生育期初期のマンゼブ剤が有効である．

e. 根頭がんしゅ病

短桿状の細菌で，1～3本の極毛を有する．根頭がんしゅ病菌には生理型1,2,3があり，ブドウでは大部分が生理型3である．

診断 根部にがんしゅが付くのはごくまれで，地上部の主幹の接ぎ木部を起点として直径5～10 mmのしゅようが先端に向かって縦に連なって現れる．ときに側枝や2～3年枝にもがんしゅを作る．若木において激発すると接ぎ木部でのがんしゅは異常に膨らんで主幹部を取り囲み，根からの養水分の移行が妨げられるため，6月下旬頃から急に新しょうの生気がなくなって果房は萎縮し，早期紅葉や気根の発生がみられて枯死する．病徴が軽微な場合，正常なカルスとしゅようとを区別するのが困難なときがある．このような場合は新しいがんしゅを採集して病原細菌を得て決定する．病原性の確認は分離細菌の懸濁液をブドウの新しょうに有傷接種すると約20日後にはがんしゅを形成する．あるいは，がんしゅの摩砕液を直接に接種してもよい．

病原菌 *Agrobacterium tumefaciens* (Smith et Townsend) Conn

伝染経路 汚染土壌から根部を通じて感染するとされていたが，最近の多発状況や樹液中に病原細菌が存在するところから保菌苗木での伝播が考えられる．

多発条件 ①早春の樹液流動期の凍害，②成木樹より3～4年生の初結果の若木（この樹齢が最も低温によるストレスを受けやすいこと，しゅようの生育が早くおう盛で短期間で樹幹を取り囲んでしまうため）．

品種感受性 一般に純粋な欧州系品種は米国系品種より感受性が高い．すなわち，甲斐路系品種，ネオ・マスカット，巨峰は全国的に多発，デラウェア，甲州，マスカット・ベーリーAでは凍害の被害はみられるもののがんしゅの発生は少ない．

防除 耕種的防除： 接ぎ木部を中心としたわら巻により凍害を防止する．接ぎ木部の位置を寒害の最も受けやすい地際部をやめて地上100 cm以上に変える．無病の苗木を入手する．なお病原性のない*Agrobacterium radiobacter*のストレイン84は，ブドウでは生理型3のため効果がない．

f. 枝膨病

糸状菌の一種で，柄子殻と2種の柄胞子を生ずる．病原菌の*α*胞子は同属のつる割病菌（6.0～14.2 nm×2.0～5.4 nm）より大型（13～25 nm×3.6～7.5 nm）より大型（13～25 nm×3.6～7.5 nm）であるのが特徴である．

診断 新しょうでは，楕円形～紡錘形の黒色の小斑点が生ずる．また，果粒や葉柄，葉脈にも黒色小斑点が現れる．これらの病徴は，つる割病の病斑と区別困難である．2，3年枝の節部が，こぶ状にやや扁平になってもりあがって肥大する．これがつる割病との区別できる唯一の症状で，病名の由来となっている．近年，北九州の巨峰で発生が目立っている．

病原菌 *Phomopsis* sp.

伝染経路 枝の病斑部で病原菌は越冬して，翌年春先から秋末まで新しょうや2，3年枝に雨媒伝染する．最近，九州以外の数県で少面積であるが，発生が確認されている．その多くは，九州からの保菌苗木の導入によると考えられているので，未発生

地域では十分注意が必要である．

多発条件 ① 密植園や過繁茂園，日照不足園，排水不良園などの管理不良園，② 窒素過多から新しょうが秋伸びする場合，③ 多雨の年．

品種感受性 巨峰系品種は罹病性であるが，他品種については発生地区での栽培面積が少ないこともあって，まだ明らかでない．

防除 薬剤防除： ベンゾイミダゾール系薬剤の濃厚な休眠期防除の効果が報告されている．生育期の薬剤には，実用性のある有効なものが得られていない．

g．つる割病

糸状菌の一種で，柄子殻と2種の柄胞子を生ずる．

診断 初夏，葉身に淡黄色の円形小斑点が現れ，日に透かすとはっきりする．また，濃い褐色〜黒色のえそ斑が支脈，葉柄，果穂にそって現れる．褐色斑点が大きくなるとやや盛り上がった黒色の条線状の斑点にみえ，さらにゆ合してより大きな黒ずんだ斑点となる．その後，新しょうが急速に伸びると病斑はひび割れして割れ目ができる．そして，ブドウの生育期中に治癒しても簡単に折れやすくなり，果房が脱落することがある．冬になると枝の表面に黒色の柄子殻ができる．病つるが枯れない場合は，翌年病斑は広がって縦に数条の割れ目が入ってつる割れ症状を示す．さらに病状が進むと古つるや主幹の木質部に達する縦の割れ目ができて，数年後には病斑部から先は枯死する．

病原菌 *Phomopsis viticola* (Saccardo) Saccardo

伝染経路 病原菌は樹皮のなかで菌糸と柄子殻の形で越冬する．春に成熟した柄胞子はつるの表皮から噴き出てくる．また古い病斑組織から出てくることもある．湿度を得ると柄子殻から柄胞子が流れ出し，雨によって新しょう先端へはね上がる．感染は自由水あるいは湿度100％近くで数分間で起こる．ただし感染が起こるのは非常に若い組織のみである．病徴は感染後21〜30日で現れる．感染は7月中旬の梅雨の末期まで続くが，その後夏の乾燥した日が続く間は起こらない．伝染は同一樹内で行われるため園内での広がりは限られている．遠方への蔓延は汚染している穂木，挿し木，台木，苗木母樹の保存樹の移動で起きている．

多発条件 ほう芽・新しょう生育期の長期間の雨と冷涼な気象条件．

品種感受性 欧州系品種は一般に感受性が高いが，デラウェアの感受性も高く，品種間差は明確ではない．

防除 薬剤防除： 休眠期防除を主体におき，ベノミル剤，チアベンダゾール・有機銅剤，チウラム・チオファネートメチル剤のいずれかをていねいに散布する．

耕種的防除： ブドウ園へ病原菌を持ち込まないようにする．せん定時に病斑部の枝や枯枝を取り除き焼却する．

h．うどんこ病

糸状菌の一種で分生胞子のみを生ずる．外国で報告されている子のう殻はわが国では発見されていない．

診断 新葉では，葉表に薄い白色のかびを生じる．葉をやや斜めから観察すると診

断しやすい．果実では，幼果期の摘粒時に認めやすい．果面に白色の不整形の病斑ができ，その後の果実肥大が妨げられて，裂果して未熟な種子が露出することがある．ときに展葉2～3枚の新しょう全体が胞子で包まれることがある．これを"芽しぶ"と称する．

病原菌 *Uncinula necator* (Schweinitz) Burrill

伝染経路 5月中旬に"芽しぶ"がみられるところから，主として芽のりん片内に菌糸で越冬して伝染源になっていると考えられているが，6月中旬に果実に最初に病斑が観察されることもあって，その詳細は不明である．

多発条件 ① 発病は降雨が続くときよりもむしろ適当な湿度があれば，4～5月の日照時間が多いときほど発病が多いという調査がある．② 通風の悪い園．

品種感受性 品種による発病の差はかなり明白で，一般に欧州系は罹病性が高く，米国系は耐病性であるが，例外もある．

防除 薬剤防除： 幼果期におけるトリフミゾール剤の効果が高い．

i．リーフロール病

診断 本病はウイルス病でブドウを栽培しているすべての国で発見されている．リーフロールの症状そのものは中央ヨーロッパでは何百年も前から存在していたが，非常に広範囲に広がっていたので病害とは理解されず，品種特有の性質であると受け取られていた．このことは，わが国でも同様で，長い間葉の早期紅葉や黄化，さらに葉巻症状がその品種のもつ特性と思われていた．

本病に罹病したブドウは，樹勢低下，果実の着色不良や糖度低下などを生じ，とくに赤ワイン用品種では被害が大きい．しかし，罹病ブドウのすべてが病徴を示すことはなく，多くの米国系台木用品種は感染していても病徴が現れない．わが国では多くの品種が保毒しており，保毒率も品種によっては100%のものもみられた．味無果病の一因とも考えられている．

病原ウイルス 接ぎ木伝染するところからウイルス性の病害と思われている．最近数種ウイルス粒子が病原体として論議されているが，確認されるまでに至っていない．

検定方法 カベルネ・フランなどが指標ブドウ品種として用いられる．

伝搬方法 接ぎ木伝染が知られている．最近外国において，コナカイガラムシの一種が媒介生物であるとの報告がある．

品種感受性 一般に欧州系は米国系よりも病徴が著しい傾向にある．とくに赤ワイン用品種では被害が大きい．しかし，わが国の一般栽培生食用品種では他のウイルス病と複合感染していることもあって，本病単独の被害は明らかではない．

対策 ウイルスフリー樹を植え付ける．

j．味無果病

診断 1955年頃から，山梨県勝沼町の甲州種に着色不良，食味の悪い果実が発見され，味無果と称せられた．成熟期の果粒の着色が劣り，果汁糖度はベレーゾン期（軟化・着色始期）よりきわめて低く，糖酸比が小さくて食味が不良なのが特徴であるが，新しょうの生育や花房の発育，挿し木苗の発根率や発芽率もわずかながら劣る．初結

果時から糖度が低い樹は，本病に罹病している疑いがある．

病原ウイルス　接ぎ木伝染するところからウイルス性の病害と思われている．病原については，リーフロールとフレックの病原の複合感染説と篩部局在性で径約28 nmの球状ウイルス（味無果ウイルス）の2説がある．

検定方法　リーフロールとフレックの複合感染を検定して確認する．指標ブドウ品種は，リーフロールにはカベルネ・フラン，フレックにはセント・ジョージがよい．

伝搬方法　接ぎ木伝染のみが知られている．

品種感受性　甲州，甲斐路，デラウェアに発生をみているが，他の品種では明らかでない．

防除　ウイルスフリー樹を植え付ける．

k．モザイク病

診断　春先，新しょうが萎縮したり，新葉にモザイク斑，線状斑，輪状斑などが現れ，小葉で奇形になったりする．新しょうの節間にも濃黒緑色の筋条えそ斑を生じることもある．また幼果にも果肉にまで達する濃黒緑色の小斑点が多数みられ，成熟期になっても果実の肥大や着色が劣り，果肉が硬く品質が劣る．通常若木でも発生するが，10年生以上の成木樹で2～3本の結果枝に突然発生し，数年後には樹全体に広がっていくが，病徴がまったくみられない新しょうが混在している場合もある．

病原ウイルス　青森，秋田，茨城，山梨などで発見されている罹病樹からは，closterovirus に属するウイルス（749±32×12 nm，糸状）が検出され，病原性が確認されている．

検定方法　診断は品種によっては無病徴感染しているのでウイルスフリーの巨峰，ピオーネ，グロワールなどを指標ブドウ品種として接ぎ木検定する．また，*Chenopodium quinoa* や *C. amaranticolor* での汁液接種検定さらに ELISA 検定も可能である．

伝搬方法　接ぎ木伝染が知られている．最近，現地において巨峰，ピオーネの激発樹を抜根して，跡地へ新たに無病樹を植え付けたところ翌年病徴の発現をみた例がある．したがって接ぎ木以外の自然伝搬の可能性がある．

品種感受性　自然発病では高尾，ピオーネ，巨峰の順に病徴が激しく，キャンベル・アーリーでも発生が報告されている．接種試験では一部の欧州系品種やグロワール，5BB など多くの台木品種は病徴を発現する．ネオ・マスカット，甲斐路，デラウェア，甲州，マスカット・ベーリーA は無病徴感染品種もしくはきわめて軽微である．

防除　ウイルスフリー樹を植え付ける．汚染ほ場では自然伝搬が心配されるので，無病徴感染品種に切り換える．　　　　　　　　　　　　　　　　　　　　　　　　［寺井康夫］

10.10　虫　　害

(1) 発生様相

従来一部の高級品種は施設内で栽培されていたが，露地栽培が一般的であり，露地

栽培では通常袋掛けが行われているので，防除の対象となるのは枝や葉の害虫であった．近年，園芸作物の施設栽培化が急速に進み，果樹ではブドウがとくに顕著である．これら施設内は降雨の影響がないため，袋掛けをしない無袋栽培が行われ，従来の害虫に加えて，果粒を直接加害するチャノキイロアザミウマなどの発生が多くなってきた．また，早期から高温となるため，ハダニ類などの発生が目立つ上に害虫の発生時期も早くなる．したがって，害虫類の発生生態を熟知して，早期防除を心がけ，手遅れにならないようにすることが重要である．

(2) 主要害虫
 a．ブドウトラカミキリ (grape borer) *Xylotrechus pyrrhoderus* Bates
 被害の特徴　ブドウのみを加害する．秋季芽部から食入した幼虫は樹皮下を加害するため，翌春発芽が不揃いになる．また，4月頃から幼虫が活発に食害するため，5～6月に枝折れが発生し，樹型・整枝に影響を与える．
 生態　年1回の発生で，若齢幼虫が樹皮下の浅い部分で越冬する．成虫は全国に分布し，発生盛期は9月上中旬である．成虫の脱出は暖地ほど長期間にわたり，その盛期が遅くなるなど地域差がみられる．
 施設では加温後50日頃から枝折れが発生する．また，成虫の発生も1月加温では7月中旬～8月中旬と露地での発生より早くなる．越冬幼虫は冬期のせん定により除去されるが，長しょうせん定では枝を多く残すため，短しょうせん定に比べて3～6倍の幼虫が残る．施設では成虫の脱出，幼虫の発育も早くなり，年内には幼虫が材部へと食入するので，発芽前の防除効果も劣り，多発生の原因となる．
 防除　薬剤防除：　秋季(10月上旬)あるいは翌春の発芽前(3～4月)にMEP剤，マラソン・MEP剤，MEP・PAP剤，DDVP・MEP剤，ダイアジノン・NAC・PAP剤を散布する．また，成虫脱出期のMEP剤も有効である．
 耕種的防除：　冬期枝の黒変部(食入部)を小刀などで削り，食入幼虫を殺す．せん定した枝は翌年の3月までに30 cmより深い地下部に埋めるか焼却する．
 b．ブドウスカシバ (grape clearwing moth) *Paranthrene regalis* (Butler)
 被害の特徴　ブドウ，ノブドウ，エビヅルなどを加害する．加害部位は葉柄，新しょうである．幼虫が葉柄に食入すると，葉が萎凋したのち褐変枯死する．新しょうでは先端部がしおれる．幼虫が食入した部位は赤褐色に変わり，食入孔から虫糞が出ている．7月以降になると幼虫が食入している枝は紡錘形に膨大する．結果枝基部が加害されると加害部から折れやすく，果実が思わぬときに着色することがある．
 生態　年1回の発生で，老熟幼虫が枝内で越冬する．春季4月頃から蛹化し，蛹期間は約30日で，5月中旬～6月中旬に成虫が羽化する．成虫の羽化時期は温暖な地方ほど早く，羽化は斉一である．成虫は新しょうのえき芽などに1粒ずつ産卵する．約10日の卵期間を経て幼虫が出現し，葉柄や新しょうに食入する．その後幼虫は数回転食しながら枝の基部へ移り，翌春まで休眠越冬する．施設での成虫の羽化は加温後50～60日からである．

防除 薬剤防除： 成虫の羽化盛期および10日後の幼虫発生盛期に各1回，MEP剤，NAC剤を散布する．

耕種的防除： 冬期に被害枝をせん定し，3月末までに30cmより深い地下部に埋めるか焼却する．また，被害発生初期に新しょうの食入部位をみつけて，安全カミソリを枝に縦に挿入して幼虫を殺した後，枝をしばっておく．

c．フタテンヒメヨコバイ (grape leafhopper) *Arboridia apicalis* (Nawa)

被害の特徴 ブドウのみを加害する．成幼虫が吸汁するため葉がカスリ状となる．多発した場合は排泄物によって果実が黒く汚れ，商品価値が著しく低下する．さらに被害が進むと早期落葉し，枝の充実が悪くなり，翌年の発芽が不揃いになる．発生はデラウェア，キャンベル・アーリーなどで多く，とくに施設で多発する．

生態 年3回の発生で，成虫が園内の樹皮下，落葉中および軒下などで越冬する．春季越冬場所を離れた成虫が展開した葉を吸汁し，産卵する．幼虫発生期は第1世代が5月下旬～7月中旬，第2世代が7月下旬～8月下旬，第3世代が9月上旬～10月中旬である．25℃での卵～産卵までの期間は40日前後とかなり長い．4～5齢幼虫と成虫が14時間以下の日長を感受して成虫休眠する．産卵中の第2世代成虫とその後発生する第3世代の成虫がともに越冬する．ガラスハウスや資材がおかれている園で，多発しやすい．また高温乾燥する園では発生量が多い．冬期加温する施設で成虫が越冬した場合，5月までに1世代を経過し，年4回発生する．

防除 薬剤防除： 成幼虫は薬剤に弱い．第1世代幼虫が発生し始める5月下旬～6月上旬にカルタップ剤，NAC剤を1～2回散布する．また，収穫後に前記の薬剤を1回散布して，翌年の発生を少なくする．

耕種的防除： 葉が繁茂した園で多発するので，不必要な副しょうを摘み取って通風，採光をよくする．

d．チャノキイロアザミウマ (yellow tea thrips) *Scirtothrips dorsalis* Hood

被害の特徴 ブドウのほかカンキツ，カキなどを加害する．新しょう，葉，果粒などを加害する．新しょうでは表皮が茶褐色～黒色に変わり，節間が短くなる．葉では葉脈沿いの部分が黒褐色に変色し，葉が裏側へ湾曲する．開花前に果梗が加害されると，開花・結実が不良となる．果粒では表面が最初油浸状となり，後にコルク化する．果梗，穂軸では表皮が黒褐色に変色し，果粒肥大阻害や脱粒の原因となる．デラウェアより，巨峰など晩生品種で被害が大きい．

生態 年5～6回の発生で，成虫で樹皮下で越冬するが，暖地ではチャ，ツバキなどの常緑樹で，また寒地では落葉中や土中で成虫・幼虫の越冬が確認されている．ブドウ園での発生は6月頃から9月頃まで続くため，晩生系品種ほど被害を受けやすい．施設内で成虫・幼虫が越冬した場合は早期から発生し，デラウェアでも花穂や葉に被害が発生することもある．春先から6月が高温乾燥する年は多発する傾向がある．

防除 薬剤防除： ブドウの葉や新しょうを軽く叩いて本種を払い落として発生を確認し，発生があればシペルメトリン剤，カルタップ剤，NAC剤，ペルメトリン剤，シフルトリン剤を数回散布する．無袋栽培の施設では果粒が汚染したり，果粉が溶脱

するので，早期防除を行う．

e．ドウガネブイブイ (cupreous chafer) *Anomala cuprea* Hope

被害の特徴 ブドウのほかナシ，カキ，クリ，カンキツなどの葉を加害する．被害は園周辺に多く，葉脈を残して葉を食害する．しかし，施設では果粒も食害する．

生態 年1回の発生で，2～3齢幼虫が土中で越冬する．翌春から初夏にかけて蛹化し，6月上旬から9月上旬に成虫が発生する．成虫は日中地上部で葉や果実を食害し，夜間は土中に潜り産卵する．成虫の寿命は長く，卵期間は約10日，ふ化幼虫は土中の有機物や植物の根を食いながら発育し，晩秋期までに2～3齢になる．土作りのため大量の有機物を施用した場合，2～3年間は多発する．

防除 薬剤防除： ブドウ棚を揺すって成虫が地上へ落ちれば，7～10日間隔で数回MEP剤，DEP剤，NAC剤を散布する．

耕種的防除： 土作りのため有機物を施用する場合には，未熟たい肥は避けて完熟たい肥を用いる．

f．クワコナカイガラムシ (Comstock mealybug) *Pseudococcus comstocki* (Kuwana)

被害の特徴 ブドウのほかカンキツ，リンゴ，ナシなどに寄生する．吸汁による被害ははっきりしないが，排泄物に発生するすす病によって果実が黒く汚れ，商品価値が著しく低下する．

生態 年2～3回の発生で，卵のう内で越冬する．4月下旬から幼虫が発生し，新しょう，葉柄に寄生し，6月中旬から成虫になる．第1世代成虫は8月中旬頃，第2世代幼虫は9月下旬～10月に発生する．葉，果実の成虫・幼虫は発見しやすいが，樹皮下のものは発見しにくく部分的に多発生することがある．露地より施設内で多発生する．

防除 薬剤防除： 越冬卵から幼虫が発生する5月上中旬および第1世代幼虫発生期の7月上中旬が防除適期にあたり，その時期にMEP剤，サリチオン剤を2～3回散布する．

耕種的防除： 冬期に粗皮下の卵のうを取り除く．

g．ハダニ類 (spider mite)

カンザワハダニ (Kanzawa spider mite) *Tetranychus kanzawai* Kishida
ナミハダニ (twospotted spider mite) *Tetranychus urticae* Koch
スミスハダニ (Smith spider mite) *Eotetranychus smithi* Pritchard et Baker

被害の特徴 被害葉ははじめ淡黄色となり，その後全体が褐変して落葉する．着色期以降に多発生すると，果粒の着色が不良となる．

生態 年数回発生する．カンザワハダニは芽の内部や樹皮下で成虫越冬するものもあるが，園内外の下草などで越冬する．ナミハダニ，スミスハダニの越冬場所は不明である．露地でハダニ類が発生することはまれであるが，高温乾燥となる施設ではブドウの生育初期から発生し，7～8月に多くなり，葉が黄変落葉することもある．

防除 薬剤防除： 園内の乾燥する場所の葉を注意深く観察し，寄生があればヘキシチアゾクス剤，酸化フェンブタスズ剤，ケルセン剤を1～2回散布する．しかし，

果粒着色期以降は果粒の汚れ,果粉の溶脱のため液剤を散布できないので,DDVP剤（くん煙剤）を用いる．

h. チャノコカクモンハマキ (leaf roller) *Adoxophyes* sp.

被害の特徴 ブドウのほかカンキツ,ナシ,カキなどを加害する．幼虫が葉,果実を加害する．新しょう葉や成葉を数枚重ね,周縁部を折り曲げて白色の糸でつづり合わせて,葉身を食害する．果房の穂軸に糸を張り,果梗の付け根から果粒を食害する．そのため果粒が萎凋し,脱粒・腐敗の原因となる．

生態 年4回の発生で中〜老齢幼虫で落葉,樹皮下などで越冬するものもあるが,園外の常緑樹などでおもに越冬する．越冬幼虫は気温の上昇とともに蛹化し,越冬世代成虫が4月中旬〜6月上旬,第1世代が6月下旬〜7月中旬,第2世代が8月上旬〜9月上旬,第3世代が9月下旬〜10月中旬に発生する．成虫は葉などに卵塊で産卵するが,第1世代以降は果粒上にも産卵する．施設内で幼虫が越冬した場合,3月までに1世代を経過することもある．

防除 薬剤防除: 各世代の幼虫発生期にMEP剤,ダイアジノン剤,DEP剤を2回散布する．ただし,中齢以上の幼虫に対しては薬剤の効果が劣るので,防除時期を的確に把握することが重要である．

i. その他の害虫類

ブドウヒメハダニ (citrus flat mite) *Brevipalpus lewisi* McGregor

新しょう,葉柄,穂軸などの表面が黒褐色となる．穂軸の被害が進むと,果粒の肥大や着色が悪く,糖度も上がらず収穫できなくなる．成虫が芽の鱗片内で越冬し,発芽と同時に新しょうを加害し始める．梅雨明け頃から急激に増加し,年間6〜7世代をくり返す．発芽前の石灰硫黄合剤の効果が高い．発芽後被害の発生がみられたら,ハダニ防除剤を散布する．

ウスミドリメクラガメ *Apolygus spinolai* (Meyer-Dur)

ブドウ,カキ,チャなどの新芽を加害する．被害は4月上中旬の発芽期に成虫およびその後ふ化した幼虫によって発生する．成虫・幼虫は活発に歩き回りながら,幼芽や若葉に口吻を刺し込んで養液を吸汁するため,展開葉は穴があき,奇形となる．また,花穂が加害されると結実不良となる．雑草などが繁った園や山間付近にあるブドウ園で多発生する．防除は発芽期にMEP剤,ダイアジノン剤を1〜2回散布する．

コウモリガ (swift moth) *Endoclyta excrescens* (Butler)

ブドウのほか各種果樹類を加害する．幼虫が枝幹部に食入し,木屑や糞をつづり合わせて食入孔にふたをする．幼虫が食入した枝は樹液の流動が悪くなり,先端部が枯死したり,風で折れたりする．2年に1回の発生で,成虫は9〜10月に出現する．成虫は飛びながら卵を産み落とす．越冬は卵（2年目は幼虫）で,翌春ふ化する．ふ化幼虫ははじめ雑草を食害した後果樹類に移動する．果樹への食入時期は6月中旬〜7月下旬が盛期である．株元に草が繁茂していると幼虫の食入を助長するので園内の除草を励行する．また,食入後の幼虫に対しては針金などを刺し込んで殺す．さらに,幼虫の食入時期に樹幹処理用のMEP剤を塗布する． ［宮崎　稔］

11. カキ

11.1 経営上の特性と問題点

カキは,わが国の風土によく適応した果樹の一つであり,比較的栽培の容易な樹種である.以下に経営上の特性と問題点を示す.
1) 甘ガキと渋ガキがある.
カキには甘ガキと渋ガキがある.甘ガキとは秋の着色期に果実が樹上で自然脱渋しているもので,渋ガキは軟化して熟柿となるまで渋い.渋ガキは,炭酸ガスやエチルアルコールなどで脱渋処理し,さわし柿として出荷される.一般に脱渋処理した果実は,日持ち性が劣ることが多い.また,渋ガキは,はく皮して乾燥し,干しガキとして利用される(乾燥の進んだ状態で製品とするものを枯露柿,半乾きの製品をあんぽ柿とよぶ)ほか,柿渋や柿酢などの原料ともなる.甘ガキ品種と渋ガキ品種は適地も異なるので,選択にあたっては注意が必要である.
2) 優れた経済品種が少ない.
カキの生産は,富有(甘ガキ)と平核無(渋ガキ)の二大品種に大きく偏っている.優良な早生品種が少ないため,生産は晩生に偏っている.したがって,早生の価格が高い.富有などは冷蔵した貯蔵果が翌年3月頃まで出荷されているが,その量はきわめて少なく,一般にカキの販売期間は約3カ月程度と短い.
3) 開園から成木までの年数が長く,また,寿命も長い.
カキは植え傷みしやすく,生長速度も遅いため,成木になるまでの年数が長い.そのため,資本償却に要する年数が長くなって,経営的に不利になりやすいので,計画的密植を行う必要がある.いったん,活着して成木となると寿命がきわめて長い.散在樹のなかには,樹齢700年以上と推定される古木もある.開園にあたっての投下資本は,比較的少ない.
4) 果実の大きさによる価格差が大きく,大玉果生産が必要.
カキは果実の大きさによる価格差が大きく,摘らい・摘果などを適正に行うことが重要である.摘らいは,大玉果生産と隔年結果防止に不可欠の基本作業である.大玉果生産には,樹の力に見合った果実数を結実させるとともに,摘らい・摘果のほか整枝・せん定,施肥,かん水などすべての管理作業を,樹の力を果実(花)に集中できるように体系的に行わなければならない.

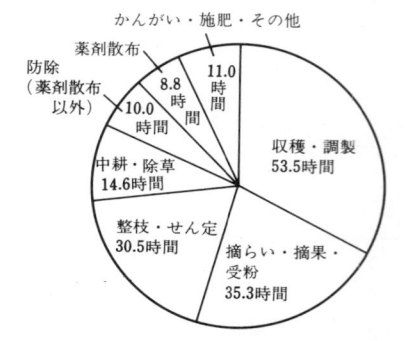

図11.1 カキ（富有）の10a当たり作業別労働時間（農林水産省統計情報報部：1987年産農産物生産費調査報告・果実生産費による）

収穫・調製 53.5時間
かんがい・施肥・その他 11.0時間
薬剤散布 8.8時間
防除（薬剤散布以外）10.0時間
中耕・除草 14.6時間
整枝・せん定 30.5時間
摘らい・摘果・受粉 35.3時間

5) 必要な労力が収穫期と摘らい・摘果期に集中する．

カキ生産上，最も忙しい時期は，収穫期と摘らい・摘果期である（図11.1）．カキの収穫適期は短いため，一つの品種を多く栽培すれば，必要な労力は一時期に著しく集中する．また，渋ガキでは，脱渋操作をする選果場で一時期に処理できる果実数がかなり制約されるため，生産規模が制限されることになる．したがって，できるだけ熟期の異なる品種を導入するのが望ましい．また，摘らいの適期は短く，この時期の労力を確保することが必要である．

6) 立木仕立てで高木性である．

カキは，本来，高木性である．従来，5～6m程度の樹高に整枝されていたが，近年，生産者の老齢化・婦女子化が進んだことや労働生産性の向上が重要となってきたことから，多くの地域で樹高4m程度に抑えるように整枝されるようになってきた．わい性台木の開発が求められているが，現状では未だ研究段階である．

7) 薬剤散布回数が比較的少ない．

多雨条件のわが国にも適応しているため，他の落葉果樹と比べて必要な薬剤散布回数が少ない．しかし，カキは薬害を起こしやすい樹種である．近年，卓効を示したクロン（PCP）の製造が中止されたことや，カキクダアザミウマなどの新害虫の出現，カメムシの多発などによって薬剤散布回数が若干増えつつある．

8) 雌花と雄花，または雌花のみを着生する品種に分かれるので受粉樹の必要な場合がある．

カキは，品種によって雌花と雄花（さらに両全花），または雌花のみを着生する．おもな経済品種は，西村早生を除き，雌花しか着生しない．したがって，富有など単為結果性の低い品種には，結実安定のため，受粉樹を混植したり，人工受粉を行うことが必要である．単為結果性の高い品種の場合には，受粉樹は必ずしも必要でない．

9) 同一品種であれば外観のよいものの価格が高い．

この傾向はどの樹種でも同様であるが，カキの場合，果皮にしみ状の黒変が起こりやすく，これを生じている果実を汚染果（汚損果）とよぶ．これは一般に果皮に生じた微小な亀裂が黒変しているだけの場合が多いが，外観が劣り，価格が低い．開園にあたっては，地形，栽植密度などに留意する必要がある．

11.2 分類と来歴

カキは，主として中国，朝鮮半島，日本に分布している．中国では野生のカキが分布していることが認められており，中国はカキの原生地であると考えられている．日本でも洪積世の化石層からカキの遺物が発見されていることなどから，日本もカキの原生地域であると考えられるが，現在の日本の品種の祖先の多くは奈良時代以後に中国から導入されたのではないかと考えられている．

カキの主要な分類基準は甘渋である．甘ガキ品種と渋ガキ品種は，さらにそれぞれが完全甘ガキと不完全甘ガキ，完全渋ガキと不完全渋ガキに分類される．渋の本体はタンニン物質であり，これが水分に溶ける状態（可溶性）であると，舌が渋味を感じる．渋ガキは，エチルアルコールや炭酸ガスの処理でタンニンを水に溶けない状態(不溶性）に変えることにより脱渋する．

完全甘ガキは，果実中の種子の有無にかかわらず自然脱渋する品種であり，通常，果肉中の褐斑（ゴマ）の量は少ない．不完全甘ガキは，種子が多く形成されたときだけ甘ガキとなる品種である．種子が形成されると多量の褐斑が生じ，その部分の渋味はなくなる．したがって，無核果や少核果は渋い．一般にこのタイプは，多量の褐斑のために肉質が粗く，品質の劣るものが多い．完全渋ガキは種子の有無にかかわらずつねに渋ガキとなる品種であり，褐斑は生じない．不完全渋ガキは種子が形成されると，その周辺のごく一部の果肉だけに褐斑が生じる品種であり，果肉の大部分は渋く，渋ガキとして取り扱われる．

不完全甘ガキは，種子が発生するエチルアルコールやアセトアルデヒドによって樹上で自然脱渋する．不完全渋ガキは，種子がそれらの物質を作る力が弱く，脱渋不完全となる．完全渋ガキでは，種子のエチルアルコール・アセトアルデヒド生成力がきわめて弱く，種子による脱渋作用はない．完全甘ガキは，不完全甘ガキや渋ガキとタンニンの質を異にしており，6～7月の時期にタンニンを集積する細胞が発育を停止することによることが主要な原因で自然脱渋する．

完全甘ガキは，その自然脱渋に比較的高温を要するため，東北地方や内陸部の地域では生産ができない．不完全甘ガキは完全甘ガキほど脱渋に高温を要しないため，より低温の地方での栽培が可能である．

甘ガキは，もっぱら日本で発達してきた．甘ガキはほとんど日本のみに分布しており，日本で渋ガキから誕生し，発達してきたと思われる．鎌倉時代にすでに甘ガキの栽培があったことが知られている．不完全甘ガキの禅寺丸は1212年に発見されたとされ，完全甘ガキの御所は1684年の雍州府志に記述がある．不完全甘ガキ品種は変異の幅も広く，歴史が古いと考えられるが，完全甘ガキは品種数も少なく，果実の形も扁平な品種しかない．各品種の原産地の地理的分布をみると，完全甘ガキ以外のそれぞれのタイプは東北から九州まで幅広く分布しているのに対し，完全甘ガキ品種は近畿・東海地方にほぼ限られている．また，完全甘ガキ品種群は特異的にへたすき・果

頂裂果性をもっている．このように，完全甘ガキは種々の点で偏った狭い変異しかもっておらず，品種的に未発達であり，不完全甘ガキが誕生したよりもかなり新しい年代に突然変異により生じたのであろうと考えられる．

11.3 品種の変遷と品種解説

図11.2に1934年から1986年までのそれぞれの品種の栽培面積が全栽培面積に占める割合の変遷を示した．

カキは古くからわが国で栽培され，各地方に在来品種が数多く発達している．図11.2ではシェアが1％未満の品種は"その他"として一括した．この多くの"その他"の品種は50年あまりの間にしだいに減少し，商品生産上，有利な品種におきかわってきた．"その他"の品種は1934年には52％を占めていたが，1986年には16％になっている．

甘渋性の点で最も望ましいのは完全甘ガキであるが，地域適応性が狭く，また，先に示したように品種の数が少ない．一方，渋ガキは地域適応性が広い上に品種の分化・発達が進んでおり，品質的に優れた品種も多い．不完全甘ガキには，多くの在来品種

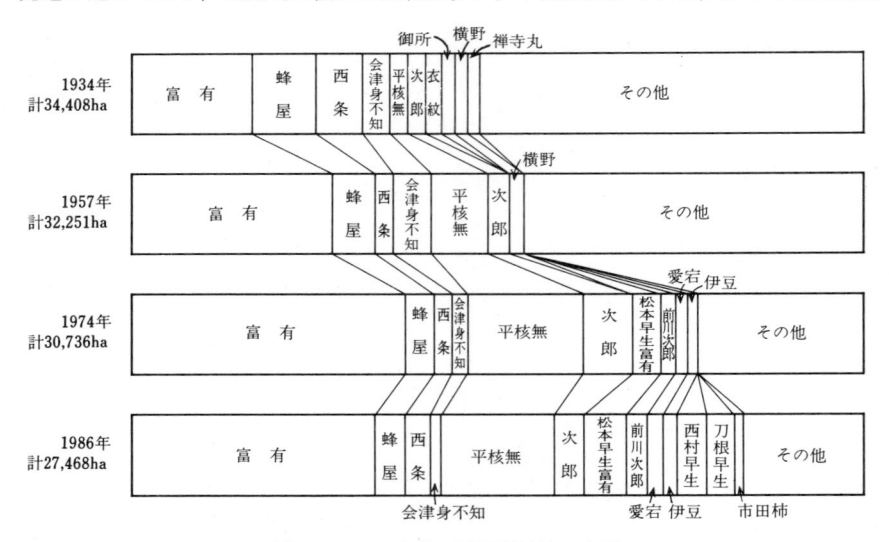

図11.2 カキ品種の栽培面積割合の変遷

1934年と1957年は園芸統計資料（農林省振興局，1961），1974年は果樹栽培状況等の表式調査（農林省農蚕園芸局，1974年産），1986年は果樹栽培状況等調査（農林水産省農蚕園芸局，1986年産）を用いた．

「蜂屋」は堂上蜂屋を含む．シェアが1％未満の品種は「その他」として一括した．「衣紋」は不完全渋ガキ，「横野」は完全渋ガキ，「御所」は完全甘ガキ，「禅寺丸」は不完全甘ガキ．その他の品種の甘渋性は本文参照．

があるが,一つの品種が富有のように大きく普及することはなかった.これは,種子が入らないと生じる渋果の選別が難しく商品果率も低くなること,一般に肉質が粗剛で品質の劣るものが多いためである.しかし,西村早生はその早生性を買われて1970年代後半から1980年代に生産が急増した.この品種も品質や渋果の問題から最近は増植傾向が止まってきた.

現在,生産量の多いのは富有と平核無の二大品種である.富有が広く世に紹介されたのは明治の末のことである.それ以来,岐阜県をはじめとして各地に増植・栽培され,1934年にはすでに最も主要な品種となっていた.1970年代後半まで増加を続けたが,労力の集中と価格の低迷から1986年にはやや減少し,早生品種におきかわられてきた.平核無は明治年間に山形県で栽培されていたが,栽培面積が大幅に伸びたのは戦後である.蜂屋,西条,会津身不知といった戦前の主要な渋ガキ品種は,なかに一時増植されたものもあるが,しだいに減少してきた.しかし,最近,西条はその品質の優れている点が見直され,増植される傾向にある.1950年代後半以降の果樹生産の伸長期に増えたカキの品種は富有,平核無,次郎であり,在来の雑多な品種("その他"の品種)は大きく減少した.そして,富有,次郎の早生枝変わりである松本早生富有や前川次郎が発見・増植された.また,育種によって早生の完全甘ガキである伊豆も育成され,普及した.1970年代後半からは極早生の不完全甘ガキである西村早生が急増し,平核無の早生の枝変わりである刀根早生が1980年に品種登録されて急速に増加した.このように,品種構成は早生化へと動いており,それは主として主要品種の枝変わり品種によって進展してきた.

(1) おもな甘ガキ品種
a.富有(完全甘ガキ)

岐阜県原産.現在のところ,最も優れた甘ガキである.果形は扁球形である.晩生品種であるが,脱渋性がよく,広い地域で栽培されている.肉質はやや粗く,糖度は中程度(16%程度)であまり高い方ではない.しかし,多汁であるため,食味がよい.果色は赤い方で,外観がきれいで玉揃いがよく,270g程度の大果である.日持ちがよく,貯蔵・輸送性がよい.年と管理によっては,へたすき果が多く生じる.雄花は着かない.雌花の着生はよい方で,種子が入りやすく,受粉が行われれば,ほぼ確実に着果する.このような品種は,毎年の結実を確保できるような結実・新しょう管理を行えば,きわめて作りやすい.反収2〜2.5tが標準である.

b.松本早生富有(完全甘ガキ)

京都府の松本豊の園で発見された富有の枝変わりであり,富有より10日から2週間程度,熟期が早い中生品種である.その他の特性は,富有とほぼ同様であるが,一般に富有と比べて樹勢が弱く,小玉になりやすくて収量が上がらない傾向があり,隔年結果にも注意が必要である.また,緑斑症も出やすい.年によっては富有と熟期がかなり重なる場合もある.早生の富有という特長から富有の産地に広がっているが,上述の問題点から1980年代は栽培の増加がみられていない.

c．次郎（完全甘ガキ）

静岡県原産．果形は，やや角張った扁球形であり，果実の側面には4本の浅い溝が入り，果頂部がややくぼんでいる．肉質はち密であるが，やや硬く，果汁は富有より少ない．富有よりやや早い晩生品種であり，果実重は270g程度である．糖度は富有よりやや高い(17％程度)．へたすき性はないが，果頂裂果する性質があり，これが大きな欠点である．果頂裂果は種子形成によって誘発され，受粉を遮断すると著しく軽減する．雄花は着生しない．単為結果性は富有より強く，実止まりしやすい．遅れ花（正常な花よりも小型で，開花期の遅い花）は着生しやすいが，正常花の着生は富有よりしにくく，隔年結果性がやや強い．そのため，毎年，安定した商品生産を行うには摘らいがより重要である．着花不良年には，遅れ花が多く着くため，これを十分に摘らいしないでおくと，翌年も正常な花が少なく遅れ花が多いという現象をくり返すことになる．遅れ花は，果実が小さく，熟期もやや遅れるため，商品生産上，好ましくない．また，短小な枝も多く着生するが，それらも重要な結果母枝として利用しなければならない．次郎およびその枝変わり系統の産地は，東海地方にほぼ限られており，その消費も東京市場が多く，全国的な品種とはなっていない．

d．前川次郎（完全甘ガキ）

三重県の前川唯一の園で発見された次郎の枝変わりであり，熟期が次郎より10日から2週間程度早い．次郎よりやや小果となりやすいが，果頂裂果性が次郎より少ない．その他の特性は次郎とほぼ同様である．近年，次郎の産地ではこの系統がかなり導入され，1986年の統計では，栽培面積が次郎にほぼ匹敵する程度に増加している．

e．伊豆（完全甘ガキ）

農林水産省果樹試験場において富有×興津1号（晩御所×晩御所の実生）の交配から選抜された育成品種であり，1970年に命名・登録された唯一の早生の完全甘ガキ品種である．果実重は220g程度であり，果形は富有より平たい扁球形である．果形が乱れやすく，あまり玉揃いのよい品種ではない．糖度は15％程度とあまり高くないが，肉質は硬くなく，富有よりち密である．そして，果汁は多い方であり，早生のカキのなかでは品質的に優れている．しかし，富有・次郎と比べて渋残りしやすいので，適地の選定が重要である．

果色は赤いが，汚染果が出やすく，この点でも適地選定が重要である．日持ち性は短く，へたすき性も富有より強いため，出荷後の軟化は問題点の一つである．雄花は着生しない．雌花の着生はきわめてよく，遅れ花も多く着く．しかし，単為結果性が弱い上に種子を作る力も強くないため，希釈度の低い花粉（5倍程度）を用いて人工受粉を励行することが結実安定のために重要である．また，樹勢が弱くて収量が上がりにくいため，土壌改良・多肥施用を心がけ，適正な結実管理を行う必要がある．さらに，樹皮があれやすく，クロフタモンマダラメイガの害を受けやすいので，粗皮削りが重要な作業の一つであり，発生程度によっては，枝幹塗布薬剤によって加害を防がなければならない．このように，品質の優良な早生の完全甘ガキという特長がありながらも，栽培の難しいことが普及を妨げている．

f．西村早生（不完全甘ガキ）

　滋賀県の西村弥蔵の富有園で発見された偶発実生．外観が富有に似て良好な極早生品種．果実重は220g程度である．肉質が粗剛で果汁の少ない段階で消費されることが多く，糖度も高くない（15％程度）ため，品質的には決して優良とはいえない．日持ち性は良好である．ややへたすき性がある．樹上軟化も出る傾向があり，商品果率を落としている．極早生という特長が買われて，1970年代後半から1980年代に生産が急増した．ハウス栽培にも取り入れられている．

　この品種は不完全甘ガキであり，渋果の混入という問題をかかえている．甘果は熟期が早いことから，早熟の果実のみを甘ガキとし，残りを脱渋して出荷したり，収穫果に光を当てて，その透過状態から甘渋を判定する甘渋判定器を用いるなどの工夫がなされている．雄花を着生する品種であるが，その花粉の活力は低い．胚のうの発育も良好とはいえず，とくに開花期前の時期が低温であると種子が入りにくい．人工受粉を励行して，種子を多く入れる努力をすることが重要である．開花期が早いため，受粉樹の選定に注意が必要である．また，7月の摘果を2割前後多く残しておき，8月下旬から9月上旬の着色開始期に，渋果の確率の高い，不均一に着色している果実，果頂部の扁平な果実やくぼんだ果実を摘果することが有効である．後期に急激に肥大すると，外周部に渋残りしやすいので，夏期に肥大をスムーズに行えるよう，かん水や適正な結実管理をすることが重要である．一般に花芽分化は良好であり，母枝のかなり低節位まで花が着生するが，樹齢が進むと雄花の着生が多くなり，収量を確保するだけの雌花が着生しにくくなる傾向がある．

（2）おもな渋ガキ品種
a．平核無（不完全渋ガキ）

　新潟県原産の中生品種．果形は角張った平たい扁球形である．果実の横断面は方形で四角い果形の品種である．果実重は220g程度である．雄花は着生しない．普通のカキ品種は6倍体であるが，この品種は9倍体である．不完全渋ガキであるが，9倍体のため種子形成力がきわめて弱く，受精してできた胚が退化してしまうため通常の状態では無核で，果肉に褐斑は入らない．糖度は14％程度と高くないが，肉質が密で著しく軟らかく，多汁である．そのため，品質的には高く評価されている．果色はあまり赤くない．へたすきや果頂裂果は出ない．雄花は着かない．単為結果力も強く，一般に実止まりは良好である．花芽分化も良好で，隔年結果性が小さい．樹勢も強く，豊産性の品種である．脱渋も容易である．干しガキ生産も東北地方南部や信越地方ではかなり多い．しかし，ほう芽時期が早く，晩霜害にきわめて弱いため，適地の選定が重要である．また，果実がチャノキイロアザミウマに加害されるため，適期の薬剤散布が必要である．流通上は脱渋（とくにアルコール脱渋）に伴う汚染果の発生と軟化を克服することが重要である．

b．刀根早生（不完全渋ガキ）

　奈良県で発見された平核無の枝変わりで1980年に品種登録された．熟期が2週間程

度早いほかは、平核無とほぼ同様の特性をもっている。品質優秀な極早生品種であり、栽培が急増し、1986年の統計では栽培面積が1,000 ha を超えている。

c. 西条（完全渋ガキ）

縦長形の緑橙黄色の小さい果実を結実し、樹勢は強く、枝の直立性が強い。そして、葉が下垂しており、樹性・果実形質とも、他の主要品種と比べて著しく特徴がある。中国・四国地方に広く分布している品種であるが、他の主要品種と異なり、西条という品種名は、果形、熟期、果実の大きさを異にする多くの系統の総称である。おそらく、元の西条から、枝変わりなどにより多くの系統が分離・成立したのではないかと思われる。

一般に、100～150g程度の小果で、果実の赤味がなく、汚染果も多いため、外観はきわめて悪い（この品種の汚染果は、富有などと異なって、紫外線が当たることが原因で果皮が黒変することが多い）。しかし、脱渋後の品質は、肉質がち密で軟らかく、糖度が17～19％と高いため、優れている。中国・北九州の市場では、その果実品質を知る消費者が多いため、高値で取引されている。果頂から軟化する性質が強く、脱渋後の日持ちもよくないが、へたすきや果頂裂果は出ない。脱渋も一般に容易な品種である。雄花は着かないが、単為結果性の強い系統が多い。一般に樹勢がきわめて強く、直立性で、幼木期から結果期に入るのが遅い。樹形形成や早期結実のためには、弱せん定と適期の誘引が重要である。炭そ病に強い傾向がある。

干しガキとしても品質が優良で、島根・岡山県を中心にかなり干しガキ生産もある。果実に溝があり、はく皮に難がある。

d. 愛宕（完全渋ガキ）

愛媛県特産の品種である。熟期はきわめて遅く、12月上旬である。縦長形で富有なみの大果品種であるが、富有のようなせん定や結実管理では大果となりすぎ、へたすきがかなり多く発生する。雄花は着かないが、雌花の花芽分化はきわめてよく、隔年結果性が小さいので、下垂枝や水平枝を利用しながら多くの果実を結実させてやや小果とし、収量をあげることが有効である。単為結果力が強く、生理的落果が少ない。実際、生産地では反収4tをあげている園が多く、豊産性の品種といえる。連年の多収によって樹勢が低下すると、胴枯病が発生しやすい。

脱渋後の品質は、肉質はややち密であるが、粉質化する傾向があり、糖度もあまり高くない（16％程度）。しかし、カキの少ない時期に出回るため、有利な品種である。貯蔵性がよく、翌年2月まで貯蔵してから出荷されるものもある。

e. 富士（別名：蜂屋，甲州百目など）（不完全渋ガキ）

ほぼ全国的に分布している在来の中生品種であり、果重は300g以上で、きわめて大果の縦長形の品種である。干しガキとしての生産が東北地方南部に多い。あんぽ柿としての利用が多い。暖地では後期落果性が強く、収量が上がらない。現在のところ、後期落果を防ぐ技術は確立されておらず、後期落果性の強い品種は生食用生産として経営するのは困難である。

f．会津身不知（不完全渋ガキ）

福島県原産．福島県に栽培が多く，古くから東京に出荷されてきた．花芽分化がよく，隔年結果性が小さい，豊産性の品種．250g程度の球形の果実で，肉質は，やや粉質化する傾向があるが，ち密で軟らかい．日持ち性がきわめて優れている．

g．市田柿（完全渋ガキ）

もっぱら長野県に分布する干柿用の早生品種．100g程度の小果であるが，糖度が高い．果皮に条紋が入る．豊産性．熟柿としても品質がよい．

（3） 干しガキ用の品種

カキは，生産量は多くなくても，それぞれの地方に在来品種が発達しており，とくに干しガキには，これらの品種が用いられている場合が多い．干しガキ品種として望ましい条件は，以下のとおりである．品質的には，糖度が高く，肉質が粘質で，可溶性ペクチン含量が高いこと，また，はく皮のためには果実に溝がないこと，大果であること，渋残りがないようにタンニン含量が少ないこと，そして，多収であることが望まれる．干しガキ用には，一般に，さわし柿として出荷されるものより粗放な栽培が

表11.1 おもな干しガキ品種の特徴

品種名	生産量(t)(1985)	主産県	おもな特徴
蜂屋（富士）	2,299	福島・宮城	大果，あんぽ柿の生産が多い
市田柿	1,150	長野	小果，早生，高糖，豊産性
平核無	1,128	山形・福島・長野・新潟	豊産性，無核，果形扁平
三社	192	富山	大果，果頂軟化性強い．
青曽	190	和歌山	着花多いが，生理的落果多い 小果，晩生，豊産性，手もぎ収穫可．正月の串柿用
西条	157	島根・岡山	小果，脱渋容易，高糖．果実に溝がある
葉隠	155	佐賀・熊本	豊産性，品質やや劣る
紅柿	78	山形	小果，高糖
最勝	77	石川	大果

生産量は，農水省果樹花き課：果樹栽培状況等調査（1985年産）による．

されており，放任栽培の樹から採収された果実を用いている場合が多い．乾燥過程が高温・多雨であるとかびが生えやすいため，それぞれの地方に適した熟期の品種を採用する必要がある．干しガキ生産に用いられているおもな品種の生産量と特徴を表11.1に示した．

（4） 受粉樹用品種

受粉樹用の品種としては，雄花の着生量が多いこと，1花当たりの花粉量が多いこと，花粉の発芽能力が高いことが望ましく，さらに，対象とする雌花品種の開花期に合う時期に雄花が開花することが必要である．カキでは自家あるいは交配不和合性は

知られていない．一般に，雄花の開花期間は，雌花に比べてはるかに長いため，少々の開花期のずれは問題にならない．

雄花着生量，花粉量，花粉の活性の点からは，禅寺丸（不完全甘ガキ），正月（不完全甘ガキ）が受粉樹としてきわめて優れている．これらは，開花時期の点からややずれるが，伊豆や富有に適している．西村早生には，開花期の早い赤柿（不完全甘ガキ）が適合しているが，花粉量や花粉の発芽能力の点ではこの品種は劣る．このほか，品質は劣るものの商品性のある果実を結実するため，受粉樹用と果実販売用を兼ねることのできる品種としては，筆柿，さえふじ，大宮早生，猩々，豊岡などの不完全甘ガキがある．多くの地域で，受粉樹用にその地方の在来品種を用いている場合も多い．

[山田昌彦]

文　献

1) 中條利明 (1982)，香川大農紀要，**37**，1-64.
2) 遠藤融郎 (1983)，農業技術体系，果樹編4，基礎編，81-126，農文協.
3) 杉浦　明 (1983)，育種学最近の進歩，**25**，30-37.

11.4 栽培管理

(1) 開園・植え付け
a．開園地の選定

樹齢の長いカキの導入にあたっては適地の選定がきわめて重要で，適地か否かが長年のカキ生産コストに大きく影響する．自然環境条件では気温，霜，風などが適地判定を行う上での重要な項目になる．

気温についてみると，甘ガキは平均気温13°C以下では自然脱渋が困難であるばかりか，糖含量が低く，果実肥大が不十分となるなど果実品質を大きく制約する．またカキは休眠期には-20°Cの低温にも耐えるが，発芽期や開花期には-2°Cで凍霜害を受ける．とくに平核無などの発芽の早い品種はその危険性が高い．

風については，伸長開始直後の新しょうや8月以降の果実重量がかかった主枝，亜主枝などは強い横風を受けると新芽が飛んだり，枝折れ，枝裂けなどの被害が出やすい．開園時にはこれらの気象要因を十分考慮する．

土壌条件については，カキは深い根群域を形成する特性があり，通気性，保水性が良好で有効土層が60 cm以上と，深い土壌で生産性が高い．近年，水田転換園もみられるが，水田は不透水層，還元層が存在する場合が多く，土壌も単粒構造となっているので暗きょ排水を行うとともに，土壌改良を行い，孔げき量の増加，下層土の乾燥を図る必要がある．

b．植え付け

苗木の準備　苗木は品種・系統，形質の確実なものを入手する．地上部は節間が短く，充実したもの，根は細根が多く根張りのよいものとする．台木には共台とマメ

表11.2 14年生早生次郎の生育と収量の台木別比較（青木ら，1982）

台木の組合せ	幹周 (cm)	樹高 (m)	樹容積 (m³)	容積当たり収量 (kg/m³)	7カ年累積収量 (kg)	わい性樹出現率 (%)
富　有×禅寺丸	38.0±0.8	3.7	32.0±2.6	1.4	132.1	18
禅寺丸×赤　柿	36.5±1.0	3.5	29.5±3.0	1.3	120.5	9
赤　柿×禅寺丸	39.4±0.9	3.8	37.4±2.3	1.2	133.6	18
西　条×サエフジ	34.4±1.3	3.3	27.0±1.5	1.3	114.1	25
禅寺丸×禅寺丸	33.9±1.5	3.3	25.9±3.1	1.4	110.5	40
赤　柿×赤　柿	30.8±2.3	3.0	23.7±3.9	1.4	113.2	50

ガキ台があるが，耐干性，耐湿性があり，穂品種との親和性の高い共台を選ぶ．また雄花着生品種から採種した種子は自家結実の可能性が高いが，これらの種子からの実生を台木とした場合，生育量の変異が大きく，わい化した樹体の出現率が高く，生産性に影響するので共台といっても台木の由来が確認できる苗木が望ましい（表11.2）．

植え付け距離　カキは枝しょうの生育や花芽着生，結実のためには十分な光量を要するので，成木時に良好な受光態勢がとれるような植え付け距離をとっておく．早期多収を図るため，計画密植栽培を行う場合は長方形の並木植えとし，一定年数経過後間伐を行う．この場合，間伐樹の縮間伐のタイミングを失し，日照条件の低下や強せん定のくり返しなどで収量低下を招かないような注意が必要である．

栽植距離は土地条件や整枝法，管理法などで異なるが，おおよその目安は平核無は5 m×4 mで間伐後10 m×8 m，富有などでは7 m×3.5 mで7 m×7 m，早生ガキでは5.5 m×2.5 mで最終的に5.5 m×5 mとする．

植え付け方法　植え付け時期は，寒冷地以外では初期生育を高めるためにも秋植えとする．

排水のよい土壌の場合は深さ1 m，直径1.2 mの穴を，不良の場合は幅1 m，深さ1 mの溝を掘り，底部に排水資材を投入する．土壌の埋め戻しは植え付け1カ月ほど前に行い，有機物や石灰，リン酸肥料を層状に混ぜておく．有機物は深層は粗大なものでよいが，上層は完熟したたい肥を用いる．植え付けは30 cmほど盛り土した状態で行う．深植えは若木の生育を抑制するので台木を接ぎ木部から10〜15 cmほど出して植える．　　　　　　　　　　　　　　　　　　　　　　　　　　　　　［木村伸人］

(2) 整枝・せん定

a．カキの生長特性と整枝・せん定の目的

カキは，品種はもちろんのこと栽植されたほ場の環境によっても，生長特性および樹姿や樹勢に個体差が大きく発現するので，それぞれの樹に応じた整枝・せん定を行うことが必要である．カキの整枝・せん定にかかわるおもな特性は次のとおりである．① 頂部優勢性が強く高木性である．② 不定芽の発芽能力が高く容易に発芽する．③ 日照要求度が高く，不足すると枯れ枝が発生しやすい．④ 枝がわん曲，屈曲，下垂しや

すい．⑤花芽は充実した新しょうの頂芽およびこれにつぐ数芽に着生する．カキの自然状態の樹は，これらの生長特性により主幹形となるが，栽培管理によって収量，品質，作業性の高い樹形に誘導するのが整枝・せん定の主目的である．

b．樹形と仕立て方

栽培上のおもな樹形は，主幹を低くとり，主枝を開張させた開心自然形と，主幹を高く主枝間隔を広くとる変則主幹形が基本となる．このほか，樹高の高い樹の上部を切り下げて低樹高に改善したものや，誘引施設を用いた垣根仕立てなどの低樹高誘引栽培も行われるようになった．

開心自然形 樹姿が開張性またはやや開張性で，樹勢が強くない樹に適する．主枝，亜主枝の形成が早く，樹高を比較的低くできる整枝しやすい樹形である．主枝は3本にするが，機械力の導入が容易な並木植えや，樹勢が強勢でない場合は2本主枝がよい．主幹の長さは40 cmで車枝を避けて分岐させる．発生角度は40〜50°とし，枝，樹の強さにより角度を加減すると樹勢が調節できる．亜主枝は1主枝2本を形成させる．側枝は主枝，亜主枝の上部に発生させたものほど短くして，さらに背面に形成しないよう努める（図11.3）．

図11.3 せん定・誘引など管理のよい前川次郎若木園

変則主幹形 樹姿が直立性またはやや直立性および樹勢が強い樹に適する．若木時代のせん定量が少なくて樹勢が早期に安定し，樹冠の拡大が早い樹形である．主枝は5〜8年目頃の心抜きまでは，7〜8本の主枝候補を20〜30 cm間隔で残し，樹形完成時に4本とする．発生角度は枝裂けを防ぎ，樹高を低く抑えるため，角度の広い枝を選ぶ．亜主枝は1主枝1〜2本とする．心抜きは強せん定にならないように計画的に行う．

c．せん定の手順と方法

せん定は時期によって，休眠期に行う冬季せん定と，生育期間中に行う夏季せん定の二つに区別されるが，カキでは一般的には自然落葉後の冬季に行うものを指してせん定といっている．品質のよいカキを生産するためには，光が樹冠内部まで当たるようにすることが必須であり，そのために，せん定は先ず主枝，亜主枝，側枝の数や配置の見直しから始める．これらの骨格枝は，できるだけまっすぐに伸長させるとともに，不適格の場合は時期を失しないように整理する．こうした太枝を対象としたノコ

ギリせん定のあと，細かいせん定に入る．側枝は，結実部位が先端のみに偏らないように努め，4〜5年をめどに更新する．結果母枝などの新しょうは，枝を，基部から切除する間引きせん定と，途中から切る切り返しせん定を併用する．間引きせん定は新しょう発生数の多い場合に行い，また幼木，若木時代に樹勢を安定させる切り方である．切り返しせん定は，翌年発生する新しょうの生育を強勢にするために行い，また充実したよい結果母枝を確保するのに有効である．カキの収量は結果母枝の良否とその数によって決まる．したがってせん定では，優れた結果母枝を発生させるとともに，必要な結果母枝を安定的に確保することが大切である． [今川博之]

(3) 結実管理
a．着果制限

カキの着果制限は開花前の摘らいと6月の早期落果終了後の摘果によって行う．摘らいは養分の浪費を抑え，果実への分配量を増やすことによって，果実肥大を促し，高品質果実を生産するとともに，花芽分化を促進させ，隔年結果を防ぎ，毎年安定した生産を可能にする．

一方，摘果は残された果実への養分分配量を増やし，果実肥大を進めるが，その程度は摘らいほどではなく，また生理的落果防止や花芽分化促進に対する効果はない．したがって着果制限は，受粉条件を整えることが前提になるが，摘らいに重点をおくべきである．

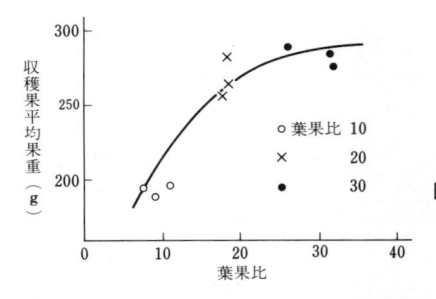

図11.4 富有の摘果時における葉果比と収穫果の大きさの関係
(奈良県農業試験場，1980)

適正な着果量は葉果比からみると20程度であり（図11.4），実際にこの着果量に導くためには，1枝1花を原則に摘らいする．ただし，摘らい数の少ない場合は長果枝に2〜3花残し，多い場合は5葉以下の短果枝はすべて摘らいする．新しょうに着生した花らいのうち中央部のもので，へた片や子房が大きい花らいが開花が早く，大果になるのでこれを中心に残す．また遅れ花の発生によって本花果が落ちやすくなるので着果不足の場合以外はまずこれを除く．上向きの果実は日焼けを起こしやすいので下向きか横向きの花らいを残す．

摘らいの程度は，上記のとおりであるが，生理的落果や不良果の摘果を見込んで伊豆や西村早生，早生次郎などでは20〜30％，富有は10％ほど多く残して生理的落果終了後に仕上げ摘果を行う．

b. 受　粉

　カキはほとんどの品種に大小の差こそあれ，単為結実性がある．しかし結実を安定させるためには種子を形成させる必要がある．とくに徹底した摘らいを行った場合や着らい数が少ない年はなおさらである．種子の形成によって生理的落果を軽減させるのみでなく，果形が整い，一般に果実品質も良好になる(表11.3)．また不完全甘ガキの西村早生などを樹上で脱渋させるためには3〜4個以上の種子を入れる必要がある．

表11.3　前川次郎の果実品質に及ぼす種子数の影響（長谷川，1989）

種子数	果重(g)	果色(カラーチャート)		果形指数	果肉硬度(kg/cm²)	糖度(%)	裂果幅(mm)
		果頂部	赤道部				
0	209.6	4.5	3.7	154.1	2.3	13.8	0.46
1.0	216.4	4.9	3.9	149.6	2.2	14.2	3.81
3.1	238.6	5.4	4.4	148.3	2.1	14.7	8.80
5.9	243.0	5.4	4.3	149.1	2.2	14.7	9.55

　受粉樹としては開花期が栽培品種よりやや早く，開花期間が長く，しかも花粉量の多いものが好ましく，禅寺丸，赤柿，正月などが考えられる．1本の受粉樹によって自然受粉が可能な距離は30mまでであり，10a当たり4〜5本が必要である．
　しかし開花期の天候が悪いと受粉昆虫の活動が期待できないので，人工受粉をあわせて実施する．
　花粉の採取は，開花直前の雄花を集め，細かく刻んで20〜30℃で1日乾燥させ，目の細かい篩の上でもみながらふるい分ける．花粉は石松子などで希釈して使用する．希釈倍数は富有，次郎は容量比で30〜50倍でよいが，結実性の悪い伊豆や早生富有，渋果混入のおそれのある西村早生は5〜10倍とする．採取した花粉は室内で4〜5日，乾燥状態であれば10日ほど保存がきくが，希釈したものはその日のうちに使い切るようにする．雌ずいの受精能力は開花前日から開花後3日ほどが高いので2日おきに2〜3回受粉を行う．

c. 生理的落果の防止

　カキの生理的落果には開花後10日ぐらいから始まる早期落果と8月以降に起こる後期落果とがある．落果の程度としては早期落果がはるかに大きいが，摘果後に起こる後期落果も軽視できない．
　早期落果は種子の有無および栄養条件と密接に関連している．すなわち受粉して種子が十分形成されないと落果しやすい．また同化養分の果実への供給が不十分な場合，たとえば着果過多や日照不足の場合や徒長する新しょうとの養分競合が激しい場合にも引き起こされる．日照については，とくに5月下旬〜6月下旬の日照時間が，前年の9月上旬〜10中旬の日照時間とともに重要である(表11.4)．
　防止対策としては，受粉の徹底を図るとともに摘らいを励行し養分の浪費を防ぐことであるが，基本的には適正な栽植距離や整枝・せん定によって通風や日当たりをよ

表 11.4 名古屋地方気象台における日照時間と愛知県内の成園 10a 当たり収量との重回帰分析結果（金子，1977）

地 域	重相関または 単相関係数	回　帰　式
愛 知 県	0.946**	$Y_1 = -112.2 + 2.35X_1 + 2.49X_2$
東 三 河	0.831**	$Y_2 = -258.0 + 1.82X_1 + 3.47X_2$
西 三 河	0.886**	$Y_3 = 497.1 + 2.83X_1$
尾 張	0.825**	$Y_4 = -214.7 + 1.87X_1 + 3.04X_2$
豊 橋 市	0.728**	$Y_5 = -82.3 + 4.87X_2$
西加茂郡	0.833**	$Y_6 = 166.8 + 2.88X_1$

$Y_1 \sim Y_6$：成園10a 当たり収量．X_1：本年5月下旬～6月下旬の日照時間，X_2：前年9月上旬～10月中旬の日照時間．**：1％水準で有意．

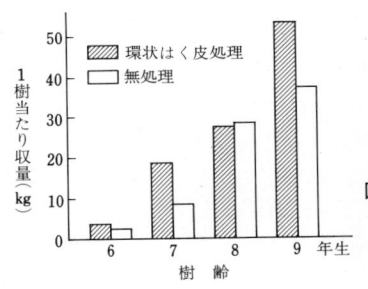

図 11.5 早生次郎に対する環状はく皮が収量に及ぼす影響（青木ら，1977）
毎年6月中旬に主幹基部に実施した．

くするとともに樹勢を落ち着かせることも重要である．また肥培管理上この時期の肥効を抑えることも考慮する．

応急的には開花直前から落果期に入るまでに幅5～6mmの環状はく皮を幹に施す．これは間伐予定樹で強いせん定を受けている樹の着果安定にも有効である（図11.5）．

（4） 収　　　穫
a．収穫期の判定

収穫作業で最も大切なことは適期収穫である．とくに早生種は市場価格につられて早採りしがちであるが，未熟果は肥大が不十分で甘味が少なく，果肉も固いため品質が悪い．このような果実の出荷は市場の評価を下げることになり，販売上得策とはいえない．

果実の成熟の判定は，一般に果色によって行われる．成熟期には着色の進行と果実重量の増加，糖度の上昇，および果肉硬度の低下など内容的な成熟度との関係が深く（図11.6），果色は熟度判定の有効な手段である．果色の基準としてカキ果実用カラーチャートが作製されている．この統一した色票を用いることにより，収穫時期別に収穫果色の基準を設定することが可能になるとともに，生産者あるいは産地間における果色の判定基準のばらつきも少なくなり，収穫，出荷果実の品質の向上と斉一化にと

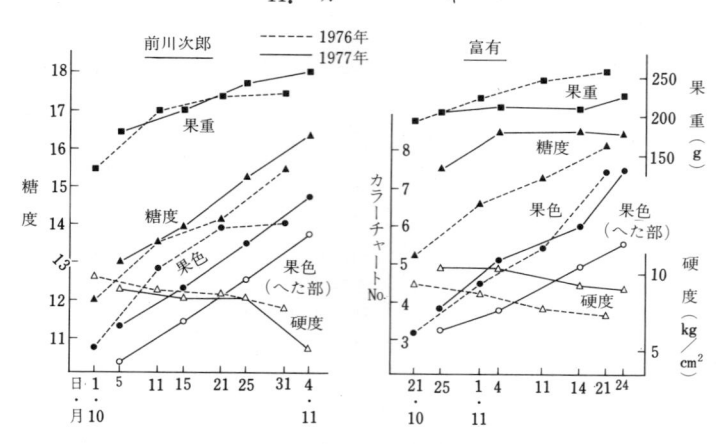

図11.6 成熟期における果実形質の変化（愛知県農業総合試験場，1976～77）

ってきわめて有効である．

カラーチャートによる収穫適期果色は富有，西村早生では果頂部が5～6，へた部が4，次郎では果頂部5，へた部4，伊豆，松本早生富有は4.5～5，また平核無の場合は収穫前期では果頂部5，へた部3以上，収穫後期には日持ちも考えて果頂部7，へた部6以下とする．ただ早生種については収穫初期には果頂部とへた部の着色程度に大きな差があり，へた部の着色の劣るものは糖度も低いため，この時期の収穫はへた部の果色を十分吟味して行う必要がある．

b. 収穫方法

果実の熟度は一樹のなかでも着果部位によるばらつきが大きい．樹冠外周部の着色のよい果実を優先して抜き切りする．日当たりの悪い果実はあらかじめ摘葉，枝吊り，誘引などを行い，完全着色させてから収穫する．

カキは果皮が傷つきやすく，わずかな傷でも黒変の原因になるので，収穫は手袋をはめて行い，果梗の切り直しを徹底する．また収穫時に果面がぬれていると黒変するので降雨直後や朝方の収穫は控える．また午後になると太陽光の影響で果実が赤くみえるので果色を誤らないよう注意する． ［木村伸人］

文　献

1) 青木松信，田中宏一，岡田詔男（1977），愛知農総試研報，**B9**，119-130．
2) 金子　衛（1977），愛知農総試研報，**B9**，131-136．
3) 木村伸人，河渕明夫，岡田詔男（1982），果実及び葉のカラーチャートの開発と利用方法に関する研究収録，199-202，農林水産省果樹試験場．
4) 木村伸人（1985），園芸学会東海支部シンポ資料，**31**，5-8．
5) 長谷川耕二郎，中村芳和（1989），園学雑，**58**（別冊Ⅰ），52-53．
6) 松本善守（1983），農業技術体系，果樹編4，基本技術，15-26，農文協．

（5） 水分管理，施肥管理
a．水分管理

乾燥による障害　カキは乾燥に強い方であろうか．森田らによれば，葉の萎凋，地上部の生長停止から判断すると，カキはナシ，イチジクよりさらに弱く，果樹のなかで最も弱い部類に属するという．

乾燥による障害には葉の萎凋および落葉・果実肥大不良がある．福岡での事例によれば，葉の萎凋・黄変の発生は早いもの（平核無）では旱魃開始65日目から，落葉は70日目から発生した．落葉率は，富有などでは28～43%，平核無などでは84～100%となった．このため，収穫果の大きさは平年より20～30%小さくなっている．しかし，広島地方の有効土層100 cm，粘質土のところで7月中旬から31日間の無降雨の時に干天日数17日目から試験的に週1回30 mmのかん水を行ったが，果実肥大・品質への効果はみられていない．

乾燥処理試験の結果によれば，7月から11月までのうちでは，7～8月の乾燥が最も影響が大きいことが知られている．果実肥大のほかに，乾燥はカキにどのような影響を与えるのであろうか．生育前期（6～9月）の乾燥処理はへたすきの抑制の効果がある反面，熟期の遅延，着色不良，翌年の着果数の減少をもたらし，生育後期（9月～11月中旬）の乾燥処理は反対に果実糖度を上昇させる効果がみられている．

干害が発生するときの土壌水分量はどの程度であろうか．村田によれば，葉が萎凋するときの土壌水分含量は，土壌の種類によって異なるが，葉のWSD(water saturation deficit)では，いずれの土壌でも同じで20～25%である．また，葉焼けが発生するときの土壌水分含量は，葉のWSDで30%となっている．

栽培園においては，土壌がどの程度乾燥したときに，かん水が必要となるのか．堀口は，表層土壌の水分がpF 3.0のときにかん水が必要であり，その判定法として，地表から30 cmの深さに埋設したテンシオメーターの値がpF 2.3～2.7になったときがかん水の適期であるといっている．

土壌過湿の障害　小林らによれば，酸素欠乏に対する根の強度からみてカキはブドウと並んで過湿に対する抵抗性は果樹のなかで最も強い方であるという．また森田は土壌の酸素欠乏の試験ならびに湿潤な土壌での生育比較試験の結果から，カキは過湿状態に最も強いグループに分類されている．

このように，カキは過湿状態に強いことが明らかにされているが，限度があるのは当然であり，現に水田転換カキ園においては過湿によると思われる障害（樹勢の衰弱）が発生している．三重県農業技術センターはその対策として，うねたてをすることによって，地上部の生育・収量が向上することを明らかにした．

長谷らの調査によれば，下層土（深さ100 cm）の土壌水分がpF 1.3未満の状態が頻繁に（全測定回数の80%以上の頻度）現れるようなところに比べ，pF 1.3未満の状態が少なく（同50%以下），pF 1.3～2.0の状態が30%以上あるようなところは幹周増加が1.4倍で，果実の肥大はよく，収量は2倍であることを明らかにしている．

水消費量　カキ園で蒸散と蒸発のために消費される水の量はどれくらいであろう

か．加藤らが浜松市において，7月から10月にかけて調査した結果では，7月は3.1 mm/日前後，8月は2.3 mm/日，9月は1.9～2.4 mm/日，10月は1.1 mm/日前後の値となっている．長谷らが瀬戸内地域において測定した年間蒸発散量は平均755 mmで，月間蒸発散量は4～6月は70～80 mm，7～9月は90～95 mm，10月は70 mm，11月は40～45 mm，12～3月は30～40 mmとなっている．両者の結果はほぼ等しく，夏の蒸散の盛んなときには，平均して1日3 mm余の水が果樹園から蒸発および蒸散によって失われていることになる．

b．施肥管理

現行の施肥基準　施肥量・施肥時期に関して各府県が定めている施肥基準はおおよそ次のようになっている．目標収量を10 a当たり2～3 tとした場合の10 a当たり成分施用量は，窒素は11～36 kg，平均21.0 kg，リンは4.8～21.0 kg，平均13.9 kg，カリは9.6～33.0 kg，平均19.1 kgとなっている．窒素とカリはほぼ等量で20 kg，リンがその6～7割といったところが一般的な施肥量になっている．

年間の分施回数は県によって1回から4回まであるが，最も多いのが3回で，ついで2回が多い．施肥回数が3回の場合の施肥時期は11月から2月にかけての期間，6～7月の期間，9～10月の期間であるが，なかには9～10月のかわりに3月にしている県もある．施肥回数が3回の場合の分施割合は11～12月が50～70 %，6～7月が16～35 %で，残りの1回が9～10月の県では12～25 %，3月の県では22～33 %である．施肥回数が2回の場合の施肥時期は11, 12月の1回と6月から9月にかけての期間の1回となっており，分施割合は11～12月の時期が60～75 %で，6～9月が残りの25～40 %である．

以上の結果から多くの県では，年間3回の分施とし，11～12月に年間施肥量の50～70 %を施用し，6～7月および9～10月の時期に残りをほぼ等量に施用していることが明らかになった．

樹の生育・収量・果実品質と施肥量の関係　次郎，伊豆などを用いた窒素施肥量試験によれば，窒素施用量を2倍にすると，標準施肥量（10 a当たり窒素成分20 kg）に比べて，収量が増加することが広く認められている（ある例では10 %）．しかも，葉色，果実の大きさ，果皮の色，糖度などには影響がないとする試験例が多い．ただ，伊豆では着色の遅延がみられている．

一方，窒素施用量を基準量の1/2または1/3とした場合には，果実品質の向上はなく，収量は少なくなるのが一般的である．カリの施用量については，多くすると果実が大きくなることを他の樹種と同様にカキでも認めている．

牛糞たい肥の施用量については，果樹園として受け入れられる限界量が問題となる．化成肥料を全然用いず牛糞たい肥だけの10 a当たり6 tの施用を6年間継続した結果では，樹の生育，生理的落果，果実収量・品質への影響は認めていないが，ただ，土壌中の可給態窒素が顕著に増加しているので，この付近に限界があるとみられる．

樹の生育・収量・果実品質と施肥時期の関係　施肥時期で問題となるのは夏または秋の時期の施肥である．この時期は果実の成熟期に近く，果実品質への影響が懸念

樹の生育：　窒素の施肥時期については，樹体の生長には影響は認められないという試験もあるが，一方には，幹肥大は冬施肥が他区より26％上回り，新しょう伸長は秋肥が最も盛んであるという試験もある．結論はいえないが，樹の生育には窒素施肥は冬または秋の施用が望ましいということになるのではないか．
　　果実の肥大：　8月中旬までの果実の肥大には，施肥時期による影響はみられないが，それ以後9月上旬までの肥大は冬肥区がよく，それ以後収穫時までの肥大は春肥区が優れたとしており，結局，果実の肥大には冬肥と春肥の両方が必要であることを示唆するものと思われる．
　　果実の糖度：　窒素施肥時期と果実糖度の関係について，秋期（9，10月または11月），または礼肥重点（10月中旬に60％，11月中旬と7月中旬に20％ずつ）の施肥が果実糖度を高くすることを三つの試験場で一致して認めている．果実糖含量を高くするためには10月の葉中窒素の含有率は2.0％くらいあることが望ましく，これより著しく高い場合は果実糖度に悪い影響があるので低くする必要がある．逆にこれより相当低い場合（一つの事例では1.6％）は果実の成熟期へ向かって窒素レベルを下げないように管理することが重要となる．
　　果実のへたすき：　6月中旬から収穫時までの葉内窒素濃度が高いとへたすきが多いこと，また，9月の葉の窒素濃度と収穫時のへたすき果割合との間には高い相関（＋0.742*）があることが明らかになっている．ただ，へたすき発生の葉内窒素濃度の限界濃度は今のところ不明であり今後の解明が待たれる．

　肥料養分の吸収　　肥料養分の吸収については，研究の蓄積が少なく，今までに愛知，岐阜両県の試験場で次のような成果が得られている．樹体が1年間に吸収するN：P：K：Ca：Mgの量の比は100：17〜19：134〜150：62〜65：9〜11であり，各成分とも吸収は5月から8月までの間が多いとしている．また，基肥として施用された窒素肥料の収穫時期までの吸収利用率は19.3〜23.9％，夏肥として施用された窒素肥料の収穫時期の吸収利用率は44.3〜70.4％となっている．
　リンのカキの根の吸収力分布の試験によればカキの根の吸収力は地表からの深さ30〜60cmにおいて最も強いことが明らかになっている．また根のある部位で吸収されたリンは地上部の対応する特定の部位に移行することが確かめられている．

　肥料の種類　　横沢らが有機質肥料と無機質肥料の施肥の影響を比較している．無機質肥料区では4年経過するうちに土壌が酸性化し，8年経過時点では，樹体生長が不良となり，果実収量，糖度（最大2.5度）が低下することを明らかにしている．

〔長谷嘉臣〕

(6)　施設栽培
a．カキの施設栽培のねらいと特徴
　カキの施設栽培は，激しく変化する消費動向への対応と，経営の体質強化策として最近急速に普及しつつある．

カキの施設栽培では、環境を制御することにより、出荷時期がコントロールできるとともに、露地栽培に比べ天候の影響も少なく、安定生産が可能である．また気象災害回避や果面保護の効果も高く，果実品質が良好で商品性の高い果実の生産ができる．農家の経営にあっては、高収益を確保する基幹作型になるとともに、露地を含めた各種作型の設定により、労力分散が可能となる．また露地ガキの価格形成にも寄与するとともに、病害虫防除を軽減することもできる．

一方、カキの施設栽培は、被覆する樹が高いため、施設が大型となり、露地栽培に比べ多大の生産資材の投入が必要であり、それに伴って維持費も大きく、生産費が高くなる．こうしたことから、収益性を高めるためにはより高度な管理技術が要求され、さらに集約的な管理のための労力の確保が必要である．

b．園地の選定

施設栽培のカキは、栽培年次が短い間は、露地栽培に比べ明らかに多収で、成熟促進効果も高いが、年次の経過につれて樹勢が低下する傾向にある．樹勢を維持するためには、以下に述べる諸条件を備えた園地を選定するように心がける．

① 有効土層が深く、地力が高い園であること．② 目標とする作型に合致し、施設導入当初から収量が十分に見込める園であること．③ 日照の良好な園で、とくに朝日が早く当たること．④ 平坦地または緩傾斜地で、排水の良好な園地であること．⑤ 日常の施設管理に便利であること．⑥ 水量が十分に確保できて、風当たりが強くない園地であること．⑦ 降雪が少なく、加温の燃料費が少ない気象条件下にあること．

以上のような多くの条件をみたしているカキ園は少ないと思われる．できるだけ諸条件に近い園地に改良したり、計画的に育成することが重要である．

c．品種と栽培特性

ハウスガキは、7～9月の盛夏が出荷時期となる．したがって熟期が早く多収であることはもちろん、多汁で軟らかくさらに日持ちがよい品種が望ましい．しかしこのような諸条件をみたす品種は現在のところみあたらない．表11.5は各地で検討された早生品種のハウス栽培適性について取りまとめたものである．刀根早生、前川次郎などが比較的有望と思われるが、地域の出荷体制を十分に勘案しながら品種選定にあたる．

d．施設の形式と装備

ハウスは被覆する樹の大きさや栽植距離、ほ場区画などに適したタイプを選択する必要があるが、連棟のAPハウスや軽量鉄骨ハウスの規格化されたモデルが、カキの施設栽培には適しており、経済的と思われる．ハウスは保温性、換気、採光などが選択のポイントとなるが、なかでも換気機能は十分なものを備えるようにする．換気方式は、換気扇あるいは天窓開閉による自然換気方式が多く採用されているが、いずれの方式でも10a当たり毎分3,000m³程度の換気能力は備える必要がある．加温は重油温風暖房機を用い、ポリエチレンフィルムによる二重カーテン被覆により保温性を高める．かん水器具は、スプリンクラーや有孔ホースなどの散水タイプと低圧ドリップタイプのものが用いられる．被覆フィルムは、やや厚手の0.1mmの結露防止、防

表11.5 ハウス栽培におけるカキ品種特性とメリット (今川, 1988)

品種	成熟促進効果	果実肥大効果	着色低温要求度	果皮の着色効果		糖度	果汁の量	果実硬度	栽培特性
				果頂部	へた部				
前川次郎	中	大	多	不良	不良	低	多	中	樹勢が弱ると遅れ花が多く小玉傾向になる.
西村早生	大	中	少	良	良	中	少	硬	生育初期の高温障害がみられる. すじ果, 奇形果の発生がある. 樹勢が衰弱しやすく隔年結果性を起こしやすい.
刀根早生	中	大	多	良	中	高	多	軟	奇形果の発生が多くなる. 樹勢の衰弱が少ない. 果実肥大に伴う増収効果が大きい. 完全渋ガキのため脱渋が必要.
伊豆	大	中	少	良	良	低	中	軟	すじ果の発生がある. 樹勢が衰弱しやすく隔年結果性を起こしやすい.

じん加工のビニルフィルムを使用する.

e. 被覆時期と被覆除去時期

カキは休眠に必要な 7.2°C 以下の低温に約 800 時間遭遇することで自発休眠を完了するといわれており, 甘ガキ栽培地域での実用的な加温開始は 1 月上旬～中旬頃と考えられる. ここでは愛知県東部地域における早生次郎の栽培体系をもとに記述を進める (表 11.6). ビニル被覆は 1 月上旬に行い, その後ハウスの環境に順応させる予備加温期間を 7～10 日間おき本加温に入る.

ハウス側面のビニルは, 梅雨時期の終わり 7 月中旬頃に除去し, 除去後は夜蛾や鳥の害を防止するため 5～6 mm の網を張る. 屋根のビニルは, 果実の品質保持のため収穫を終えるまで掛け続け, 収穫完了後は速やかに除去して, 樹勢の回復に努める.

f. 温度管理

カキのほう芽およびほう芽後の生育は, 露地に比べてやや高温に管理することで良好となる. また果実の生育も高温下で促進される. しかし西村早生, 早生次郎では, 高温障害とみられる奇形果や葉焼けなどの発生がみられるので注意を要する. 表 11.6 は早生次郎と西村早生の基本的なハウス栽培技術体系について示したものである. ハウスの温度管理は被覆後の 1 月上旬から始める. 最低温度は予備加温期間中は 5°C 程度に低く保つ. 1 月中旬から本加温に入り, 10 日間 15°C, その後 2 月上旬の発芽までを 18°C とし, 発芽後は 20°C に維持して 5 月中旬頃に加温を終了する. 最高温度は, 被覆当初には発芽促進のため 28°C とやや高くする. 展葉期から開花期までは, 着果を安定させるとともに, 葉焼けや生育障害の防止のためやや低めの 25°C に設定する. その後は 28°C を維持する. 着色期の温度はできるだけ低い方がよい. しかし施設内温度は, 側面が開放されていても外気温に比べ高くなる. したがってコントロールは難しいが,

表11.6 早生次郎・西村早生ビニールハウス栽培技術体系表（今川，1988）

月	1			2			3			4			5			6			7			8			9			10			11			12		
旬	上	中	下	上	中	下	上	中	下	上	中	下	上	中	下	上	中	下	上	中	下	上	中	下	上	中	下	上	中	下	上	中	下	上	中	下
生育状態	ビニール被覆			発芽			展葉	開花（新しょう伸長停止）		生理的落果			果実肥大			西村着色始			西村収穫始 着色			収穫始め			収穫期						落葉					
作業名	加温開始（西村加温開始）						摘らい（西村人工受粉）			防除(1) 弁除去			防除(2) 摘果 施用 加温終了			防除(3) 造肥施用 摘果			防除(4) サイドビニール除去			防鳥防蛾網設置			礼肥施用 屋根ビニール除去			土壌改良資材施用			基肥施用 有機物施用			整枝・せん定 耕起 有機質肥料を主体に施用		
管理内容	低温遭遇時間約800時間(7.2℃) 耕起 乾燥防止 発芽促進温度管理						低温管理 温度調整 生育量調整 灰色かび病防止			落ヘた障害防止 灰色かび病・炭そ病防除 マメコガネ防除 摘果徹底早めに結果量調整			果実肥大促進 除草 灰色かび・炭そ病防除 温度管理 マメコガネ防除			コナカイガラムシ防除 温度管理			着色適温管理 最高温度抑制 夜間は30℃以下 冷房			積極的に樹勢回復を図る			土壌の理化学性を改良			有機質肥料を主体に施用			樹勢を新たに回復するため必ず耕起する 冠内部の日照確保を促進するため必ずせん定		
温度管理 最高	28℃						25℃						28℃												自然温度											
最低	15℃		18℃			20℃																			自然温度											
水管理	展葉まで十分かん水（1回20〜30mm）			新しょう伸長期はやや水ひかえる（1回10mm）			開花期かん水ひかえる			徐々に増す			果実肥大期は十分かん水（1回20〜30mm）									着色後期からはかん水をややひかえる（1回15mm）														

できるだけ室温を下げることが着色向上，熟期促進に効果が大きい．
g．樹体管理
ハウス（施設）栽培では，空間をできるだけ有効に利用するため主枝，亜主枝を適正配置するとともに，樹体を長期にわたり健全に維持することが基本になる．成木園にハウスを設ける場合は事前にハウス栽培に適するように樹形を改造する（図11.7）．

図11.7　1月中旬加温開始，3月中旬開花頃の前川次郎

　ハウスガキは，葉が大きく新しょうも徒長しやすいため，樹冠内部の採光性が悪化しやすい．そのため，整枝・せん定は露地栽培に比べ切り返しをやや強めに行い，側枝の強化を図る．充実した側枝からほう芽した結果母枝は，果実の生産性に優れるとともに枝も下垂しにくい．したがって，側枝は2〜3年で更新し若い結果層を維持する．ハウス栽培の安定的発展のためには，隔年結果を防止する必要がある．隔年結果の防止技術は未確立であるが，適正着果に努め優れた結果母枝を維持する．そのためには1年枝の1〜2芽を残して切り返す予備枝せん定を実施するとともに，陰芽や徒長枝も結果母枝として利用する．

h．結実管理
　ハウス（施設）栽培の第1目標である大果，良品生産のためには，まず摘らい・摘果をできるだけ早く行い幼果の発育を促進する．摘らい後の着らい数はハウス栽培の場合，障害果の発生率がやや高いため，露地栽培より20〜30％多くする．生理的落果が終了しだい摘果を行うが，果実やへたが大きく，腰高で，緑色の濃い果実を残すようにする．摘果の目安は，30 cm以上の充実した結果枝には2果を，その他の枝には1果を残す程度とし，10 a 当たりの着果数は，樹勢の強い園で 12,000 果程度，弱い園では，10,000 果弱とする．また葉果比は 18〜25 枚程度が適当である．

i．肥培管理
　ハウスガキの長期安定栽培のためには，少なくとも 50 cm 以上の有効土層が必要であり，これ以下の場合は園地改良を行う．施肥は，降雨による流亡が少ないので，露地栽培より 20％程度減肥し基肥中心に施用する．肥料の種類は，塩類の集積が少なく，腐植の供給にも役立つ，有機質肥料中心とする．
　表層の土壌管理は，被覆当初から5月中旬の加温終了までは，裸地またはビニルフィルムで全面マルチして地温の上昇に努め，それ以後は敷わらを行い，保水性を高め地温の上昇を抑える．

j．水分管理

被覆後，2週間程度はハウス内の湿度を高くし，ほう芽を揃えるため十分かん水する．また枝散水を行い芽焼け，葉焼けを防止する．展葉から新しょう伸長期は，徒長防止と花らいの充実を図るため，1回10mm程度までかん水量を減らす．開花から生理的落果の時期は，さらにかん水を控えて結実促進を図るとともに，病害の発生を抑える．果実肥大期は，気温が上昇し蒸散量も多くなるため，1回当たりのかん水を30mm程度まで増やし，肥大を促進する．着色期以降はややかん水量を少なくし品質向上を図る．しかしこの時期の強度の水ストレスは，かえって果実品質を低下させるため，適水分を維持する．

k．病害虫防除

病害虫の発生は，露地に比べて少ないが，予防的に年4回程度の防除を行う．とくに注意する病害は，新緑期の葉に発生する褐紋病と，開花〜落弁期の灰色かび病で，ハウス内が多湿になると発生しやすい．虫害では，カイガラムシ類にとくに注意する．

（7）低樹高栽培

カキは高木性であり，これまでは生理生態的な観点から，ある程度の樹高を維持することはやむをえないとされてきた．しかし最近の労力事情では，5〜6mの樹上で作業する労力の確保は容易ではない．このため各地で低樹高栽培に関する試験が行われるようになった．試験はトレリスとよばれている垂直または水平もしくは波状に架設した簡易棚形式の誘引施設を用いた誘引栽培が多く実施されている．栽培方法は密植と若齢樹からの枝の誘引による生育調節が主体である．いずれも樹齢5〜7年でカキ優良園の収量目標である10a当たり2tを達成し，果実品質も優れているとの報告が多い．

さて，全国でカキ生産のほとんどを支えているのは，樹高5〜6mの高木化したカキ園である．最近では省力化と品質向上のために，樹高切り下げによる樹形改造が実践されるようになった．ここではこの樹高制限による低樹高栽培の要点について述べる．

a．樹高の切り下げ

5〜6mの樹を，2mの脚立上ですべての作業ができる，樹高3.5m程度を目安とし

図11.8　樹高切り下げ2年目の次郎ガキ（せん定後）

て切り下げると，樹形改造後の作業性を改善させ，収量も確保できるとともに，品質も向上する（図11.8）．

切り下げの方法は，主枝の上部を目標の高さまで一挙に切り下げる方法と，2～3年で順次切り下げる方法とがある．いずれにしても，樹の生育の最もおう盛な樹冠上部を30％以上も除くので，樹勢のバランス保持に留意する．樹勢安定のためには，あらかじめ環状はく皮を行い樹勢を抑制し，着花を増加させるのも効果が高い．さらに切り下げ後は，できるだけ弱せん定にとどめて，結果部位の確保と樹勢の安定に努める．

b．枝管理

樹高切り下げによる低樹高栽培の枝管理では，亜主枝の確立が重要となる．とくに切り下げ直後は，亜主枝の負担力が収量を左右するので，できれば改造の数年前から間伐や縮伐あるいは，主枝先端部の環状はく皮などを行って，切り下げ部位以下の亜主枝の力をつけ，樹勢を安定させて，樹冠下部に有効な結果母枝が集中できるように備える．側枝の配置も，スピードスプレーヤーやトラクターの作業に支障のない限り，下部にできるだけ多く残し，しかも結果部が先端に移行しないよう，切り戻しを行って，側枝基部に多くの新しょうの発生を促すようにする．

c．樹高切り下げ低樹高栽培の留意点

樹高切り下げは，枝を強く切るために，徒長枝が多く発生し，基部にヒメコスカシバ，カキノゴマダラメイガの被害を受けやすいので，あらかじめ殺虫塗布剤を用いて防除する．肥よく地で樹勢の強い園や，枝が長大化しやすい品種では，改造前に想定した樹相が得られない場合もあるので，事前に園相，樹相を確認して，施肥量を減じたり，部分的な断根などの措置を行って樹勢の安定に努める．　　　　　　〔今川博之〕

11.5 出　　荷

収穫された果実は家庭選果後集荷場に運ばれ，選果，箱詰め，荷造りの順を経て市場へ輸送出荷される．選果・荷造りは全国的な標準出荷規格によって行われる．果実の品質を示す等級については着色，形状，病害虫の状態，傷害などをもとに区分し，果実の大きさを示す階級については別に定めた基準によって区分する．現在，岐阜県で用いられている等級，階級，容器および容量の規格は表11.7～11.9のとおりである．

（1）共同選果の実態

産地の大きさにより，共選場の規模や選果機も異なるが，大きな産地では1日の処理能力50～180ｔに近い選果能力のものを備えている．現在の選果機は果実の重量によって選別されるものが大半である．カキは機械的な衝撃による傷害は比較的少ないとされているが，最近ではカメラ式形状選果や選果機にソフトな投入をする反転機構のコンテナダンパーを備え，衝撃を少なくする方法がとられ始めている．等級選別についても最近は光学的な機構の組み込みが試みられているが，依然として選別人の感

表11.7 岐阜富有柿選別標準規格（岐阜県青果物標準出荷規格による）

等　　級	秀	優	良
品　　位	特選品	品質・形状・色沢良好なもの	被害が軽微で果頂部の目立ちの少ないもの
熟　　　度	カラーチャート No.5以上	カラーチャート No.5以上	カラーチャート No.5以上
形　　　状	よいもの	ややくずれるもの	大きくくずれていないもの
着色むら	ないもの	少ないもの	大きくないもの
果頂部の凹み	ないもの	平らなもの	深くないもの
果頂裂果	ないもの	小さいもの	やや目立つもの
毛　　す　　じ	ないもの	果胴以下で目立たないもの	目立ちの大きくないもの
す　す　病	ないもの	へた部にあるもの	果底に及ぶもの
スリップス，ハマキ	ないもの	軽微でへたに隠れる程度のもの	果肉に達しないもので大きくないもの
カ　メ　ム　シ	ないもの	ないもの	軽微でくぼみが1カ所以内のもの
傷	ないもの	目立たないもの	果肉に達してなく，大きくないもの
汚　　　れ	ないもの	目立たないもの	上部になく目立ちが大きくないもの
座	ないもの	すじあとの目立たないもの（着色のないもの）	着色のあるもの
日　焼　け	ないもの	ないもの	軽いもの
へ た す き	ないもの	ないもの	着色むらのないもの

着色はカラーチャートNo.4以下は荷受不可．果梗は短く切ること．へたすきは別売りとする．良品以下の物は並品として出荷する．へたむし，炭そ病被害果，傷果，やわ果などは出荷不可．

表11.8　階級（大きさ）区分（富有・松本早生富有）（岐阜県青果物標準出荷規格による）

階級	1果の重さ(g)	平均1果重(g)	1箱の入個数	
			15kg箱	7.5kg箱
3L	300以上	313	48	24
2L	255 〃	268	56	28
L	224 〃	234	64	32
M	195 〃	208	72	36
S	163 〃	179	84	42
2S	136 〃	150	100	50
3S	115 〃	125	120	64

伊豆，西村早生，サエフジは1階級格上げ呼称とする．

表11.9　容器（ダンボール箱）と容量（岐阜県青果物標準出荷規格による）

容器内のり(mm)			容量(kg)
長さ	幅	深さ	
360	300	255	15
380	315	130	7.5

覚に頼る場合が多く，熟練者が果実の外観で秀・優・良に区分している．不公平が生じないように選別者の目揃えを重視している．

(2) 重量選別機

　重量選別の原理はおもりの重量，バネの張力，またはこれの組み合わせたものにより分級するものである．通常はバケットとよばれるおわん型のコンベヤで1個ずつ搬送され，重量によってあらかじめ設定された位置に到達したときにバケットが反転して排出される構造になっている．この方式は構造が単純で取り扱いが容易なことから多くの農産物の選別に利用されているが，最近では電子式の重量選別機も開発されている．

(3) 形状選別機

　これは，回転ふるいや棒ふるいを用い果物の径や長さに対応した穴や間げきの大きさにより分級するものである．この方式は構造上，選別精度は球に近い果実ほど高く，また果皮や果肉の硬いものに適するため，ミカンの例が多くカキでは利用されていなかった．しかし最近では光線を利用した形状選果方式が開発され，カメラ式形状選果機などが実用化されている．これは果実の品質低下を防ぐため，選果工程で加わる果実への衝撃を少なくでき，落差の少ないトレー式コンベヤによる階級区分や，空気の負圧を利用した吸着盤による自動箱詰などの組合せで選果作業の省力化とともに，高品質果実の供給に果たす役割は大きい．

(4) 光線式選別機

　オプトエレクトロニクスの進展に伴い，各種の選別機が開発され，最新のものは固体素子（CCD）カメラで得られた画像から等級・階級を判別するもので高度の画像処理技術が駆使されている．すなわち，搬送中のベルトコンベヤの両側から2台のCCDカメラで農産物を撮像し，幅・高さ・傷の面積・色彩などが瞬時に算出され分級されるものである．今後は，糖度や酸度など果実の成分を非破壊的に判別できる選果機の開発が期待される．

11.6　貯　　蔵

(1) 貯蔵適性

　品種により差があり，一般に富有・駿河・愛宕など晩生種は貯蔵性が高く，果肉細胞の大きい平核無は貯蔵性が乏しく，とくに脱渋後の軟化が早いとされる．また大果ほど貯蔵性が低く，富有の大果はへたすきの発生が多く軟化，腐敗が生じやすい．しかし小果は商品性に乏しいためM～L級の果実がよいとされる．カキの貯蔵性を左右する大きな要因は果実の軟化であり，完熟果は軟化しやすいので，品質とのかねあいでやや未熟果が適すると考えられる．病虫害果や傷果はその刺激によりエチレンが生成され，健全果の追熟をも促すため，選別除去しなければならない．

(2) 低温貯蔵

カキを低温貯蔵したときの品質低下の原因は追熟による軟化と蒸散によるしおれである．富有を0℃,5℃,室温で貯蔵した結果は図11.9のとおりで順に2カ月，1カ月半，1カ月の貯蔵ができ，貯蔵限界は変質，腐敗果が20％に達した時期で順に4カ月，

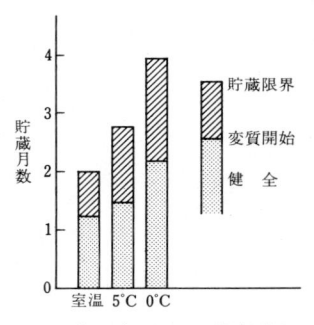

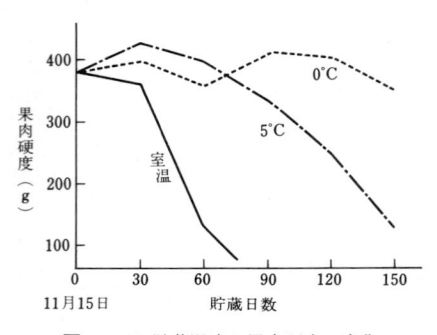

図11.9 各温度における富有ガキの経済的貯蔵限界 (樽谷，1965)

図11.10 貯蔵温度と果肉硬度の変化 (樽谷，1965)

2カ月半，2カ月である．また果肉硬度を測定した結果は図11.10のとおり0℃で硬度が保たれ，5℃との差は大きい．しおれについては減量率が3～5％で光沢が減少し，5～10％でしわが現れる．

(3) CA貯蔵

冷蔵庫内の空気組成，すなわち窒素，酸素，炭酸ガスの濃度を調整し，果実の呼吸を抑制して鮮度保持を行う貯蔵法である．カキにもCA貯蔵は効果があり，田中らによると冷蔵で2カ月が限度であるのに対し，CA貯蔵で6カ月の貯蔵が可能としている．ガス濃度の影響はO_2濃度が高いと軟熟果が多くなり，CO_2濃度が高いと果頂部褐変障害，果皮下部の硬化，異臭発生がある．カキのCA貯蔵における条件は温度0℃，湿度100％とされるが，ガス条件では樽谷らはO_2 5％，CO_2 5～10％，田中らはO_2 3％，CO_2 8％が最適としている．しかしCA貯蔵庫は建設費が高く，そのうえカキの貯蔵性は個体によるばらつきが大きいため，リンゴのような大規模貯蔵に適さず，ポリエチレン冷蔵の方が有利と考えられている．

(4) ポリエチレン冷蔵

樽谷らは蒸散によるしおれ防止をねらいとして，水分を通さないポリ袋にカキを密封貯蔵したところ，袋内のO_2およびCO_2濃度の調節もできることを発見した．図11.11のように0℃の貯蔵庫で厚さ3種類の高圧ポリエチレンフィルムにカキを密封し，ガス濃度の消長を調べた．カキの呼吸でO_2が消費され，CO_2が排出され，一方ガス透過性は厚みの薄いものほど高い．試験の結果，0.6 mm厚さのものが最適なガス条件に保つことを明らかにした．またこの方法で4カ月の貯蔵ができるとして樽谷の特許(ポ

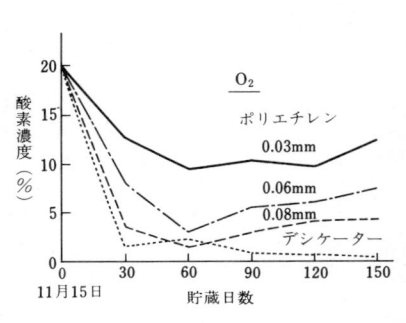

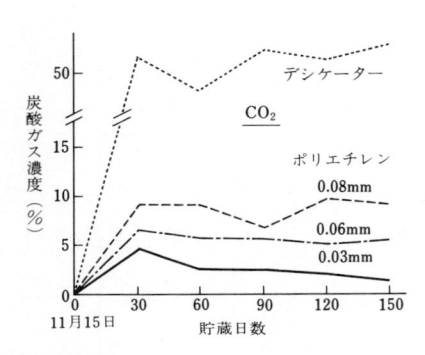

図11.11 容器内ガス組成の消長（樽谷，1965）

リエチレン冷蔵，特許公報昭38-2757)になっている．この貯蔵法は1袋に1果実とする個装がよく，出庫後も袋のまま10℃で保存すれば30日は品質が保持され，果実表面の結露も防止でき果実汚損が防止できる．

(5) 氷温貯蔵（CF貯蔵）

果実の凍結死する温度は0℃ではなく，それよりさらに低い氷結点であり，0℃から氷結点までの微生物などが増殖しえない領域での貯蔵（氷温貯蔵）が注目されている．ちなみに山根らによればカキの氷結点は$-2.2℃$とされる．この方法で食味のよい完熟

図11.12 氷温（$-1.5℃$）でポリエチレン冷蔵し，4カ月経ったカキの状態

果の貯蔵が可能となるもので，近年庫内温度格差の少ない冷蔵庫の開発が進み，氷結点に近い低温（$-1.5℃$）で，前述のポリエチレン冷蔵を活用した貯蔵法が研究されている（図11.12）．

11.7 加　　工

(1) 渋ガキの脱渋

甘ガキはそのまま生食できるが渋ガキは成熟果でも渋味が強く，完熟させ熟しガキにするか人工的に脱渋しないと食用にできない．

脱渋法には湯抜き法，アルコール抜き法，ガス抜き法，被膜抜き法，凍結脱渋法な

表11.10　脱渋果中に認められるタンニン細胞の分類（北川, 1968）

タンニン細胞の型	タンニン細胞の状態	脱渋様式による出現状況							
		天然	追熟	アルコール	炭酸ガス	温湯	乾燥	γ線	凍結
褐変型	細胞内容が褐変し，収縮，凝固しているもの	◎							
収縮型	細胞全体が収縮し，細胞内容も凝固，収縮しているもの						◎		
凝固型	細胞内容が単に凝固しているもの	○		◎	◎	◎	◎		○
分離型	細胞内容は凝固せず原形質分離を起こしているもの	◎	◎	○				◎	
破裂型	細胞が破裂しており，細胞内容の一部または全部が吐出しているもの								◎

どがあるが，いずれもカキタンニンを不溶性タンニンに変化させて舌に渋みを感じさせなくするものである．この脱渋現象は分子間呼吸によって生成したエチルアルコールがアルコールデヒドロゲナーゼによって脱水素され，アセトアルデヒドを生じ，これがカキタンニン細胞内でのゲル化（不溶化）を引き起こすのではないかと考えられている．なお，北川（1968）による脱渋したカキのタンニン細胞は観察によれば五つの型に分けられるとしており，脱渋の機構も一つだけではないようである（表11.10）．

（2）　おもな脱渋法

a．湯抜き法

40～45°Cの温湯に15～24時間渋ガキを浸せき保温しておく簡便な方法であるが，脱渋果に異臭がつき味がよくなく，色がさめ，果面にひびが入るなど欠点があり自家用程度にしか用いられない．

b．アルコール脱渋

アルコール処理により，果実内にアセトアルデヒドが生ずることと追熟が進むことにより脱渋するもので，古くから清酒や焼酎をふりかけて渋を抜いた．この方法の最大の欠点は完全脱渋までの日数が長いため，脱渋後の日持ちが短く軟化しやすく，表皮が黒変しやすいことである．品種によって脱渋に難易があり，20°Cの温度でアルコール処理すると四溝や西条は4～5日，平核無で5～6日，甲州百目や横野では8～9日を要する．

現在，市場出荷向けでは工業用またはレモンエッセンス変性（1 kg/200 l）アルコールを使い，平核無では38度のアルコール（95度の原液1容に水1.5容）を15 kg段ボール箱当たり140～160 mlを噴霧し密閉する方法がとられている．良好な脱渋には熟度の揃った健全果を用いるのがよいが，平核無ではへた部の着色がカラーチャートで

3〜5が目安となる．

c．炭酸ガス脱渋法

この方法の脱渋機構は果実が炭酸ガスにさらされ，代謝の変化を生ずる誘導期とそれに続く，炭酸ガスの有無に関係なく渋味が消失しタンニンが不溶化する自動脱渋期の2過程を経て脱渋するという脱渋二過程説があり，その応用でCTSD（constant temperature short duration）法が開発されている．これは，果実採収後ただちに恒温室に搬入し品温を均一にしたあと100％のCO_2を短時間処理（誘導期）し，その後は空気中に放置して脱渋が完了する（自動脱渋期）のを待つ方法である．この誘導期の最適のCO_2処理温度と時間は品種，タンニン含量，果実の大きさ，熟度などで差が認められるが，普通平核無は23〜25℃で24時間，杉田早生は25℃で20〜24時間，半渋果の西村早生および赤柿は12〜16時間を目安とし，CO_2注入前に所定の品温まで必ず予措を行う必要がある．CO_2処理終了後はただちに開放，換気し，品温を一定に保持させながら24〜48時間経過した後に脱渋程度を判定（タンニンプリント法など）し荷造り工程に移す．本法では脱渋中に葉緑素の分解が停止するため，アルコール脱渋に比べ，果色の進みが少なく完全着色果で収穫する必要がある．また最近，脱渋果に風味を与えるため，アルコール脱渋と併用した脱渋方法も検討されている．

(3) 干しガキ

a．品　種

干しガキ用品種に必要な条件は，①糖分含量が高い，②果肉は粘質（可溶性ペクチンが多い），③繊維が少ない，④種子が少ない，⑤渋が抜けやすいことであり，総合的にみて優良な品種は大和百目，甲州百目，平核無，堂上蜂屋，三社，市田，四溝，最勝などがあり，このほかにも産地特有の優れた在来種がある．

b．収穫および加工適期

干しガキ用の果実は十分着色し，しかも軟化していない完熟したものが最適で採収が早すぎると製品の色が劣り，甘味が少なく肉質も繊維が多く硬化しやすい．また過熟では肉くずれを起こし乾燥が困難である．熟度と果実の大きさが不揃いであると乾燥状態が不均一となるため，未熟果は熟度に応じ3〜10日程度追熟を行い加工するのがよい．

c．は　く　皮

最近，能率化のため機械はく皮が普及しているが，針挿し方式のものは挿した部分が酸化され，かびや腐れの原因となるとしてへた部吸引方式のものも利用されている．また鉄製のむき刃はカキ渋と反応してタンニン鉄の黒い汁がカキに着くため，ステンレスナイフが適している．はく皮歩どまりは一般に87〜90％程度である．

d．硫黄くん蒸

はく皮後ただちに縄がけか糸吊りで連づくりし，くん蒸箱に吊し硫黄くん蒸を行う．粉末硫黄はくん蒸箱の容積1 m^3当たり10〜15 gを準備し，紙の上に薄く広げ，目の細かい金網上にのせ四方から点火するが，燃焼面とカキの間は30 cm以上離すようにす

る．硫黄の燃焼で亜硫酸ガスを生じ，カキ果中の水分に容易に溶けて亜硫酸を生ずる．この亜硫酸の還元力で果実中のタンニン物質の酸化，褐変を防ぎ，製品の色を鮮明にし，また殺菌効果で加工中の腐敗を抑える．しかし同時に果肉細胞が死滅することから過度のくん蒸は脱渋作用を抑え，渋味が残ることと食品衛生法により，二酸化硫黄の残留が 30 ppm（乾果 1 kg 当たり亜硫酸として 0.03 g 以下）に規制されているので，くん蒸時間は 15～20 分が限度である．

e．乾　燥　法

天日乾燥，火力乾燥および両者の折衷法があり，仕上げ品の乾燥程度で二つの種類がある．ころガキは水分 25～30％程度であるが，あんぽガキ（あまぼし）の水分は 50％前後である．

初期乾燥の約 10 日間は果肉中で糖化が進む時期であり，風乾を主体に徐々に乾し上げることが大切で，果面の水分を徐々に奪ってくれる風通しのよい北風の当たる場所を選ぶ．直射日光や火力による急速な乾燥は表面ばかり乾いて薄皮状となり，内部の水分が抜けにくい袋ガキとなり品質が低下する．食べて甘味を感ずるようになる中後期からは急速乾燥に切り替えても品質への影響がないので火力，直射日光による乾燥で早期に仕上げ出荷を早める．乾燥日数は気象や果実の大小で差があるが，小型品種で 18～25 日，大型品種で 35～40 日程度である．近年火力乾燥に切り替える産地が多く，天日乾燥に比べ生産が安定し，製品が衛生的で色沢も良好であり，早期仕上げができる．三社柿における火力乾燥法は表 11.11 のとおりで，乾燥回数は 2 回程度の手もみ作業をはさみ 5～10 回であり平均 7 回程度である．

表 11.11　火力乾燥温度，時間，湿度と休乾時間（千葉，1975）

乾燥回数	火　力　乾　燥			休乾時間
	温度（℃）	時　　　間	湿度（％）	
1	25	8	60～70	12～16
2	25	8	〃	12～16
3	25	8	〃	12～16
4	25	8	40～50	12
5	22	6	〃	12
6	22	6	〃	12

f．粉出し仕上げ

干しガキの白粉は果肉表面近くの糖分が乾燥で飽和状態になり自然に晶出してくるもので，果糖・ブドウ糖が約 1：6 の割合で混在するものだが，原料ガキの糖分，乾燥度によって発生に難易がある．連ばらいした干しガキを山積みしビニルシートで覆い 1 昼夜寝せ込むと乾果の表面に水分と糖分が浸出して粘気状態となる．これを干し上げると表面に白粉が均一に残り，この操作を 3～4 日くり返して粉出しが完了する．

g．干しガキの二次加工

二次加工法として巻きガキ，シソガキ，カキようかんなどがある．巻きガキは干し

ガキを1枚の板状に切り開き種子を抜いたものを重ねながら竹すだれで堅く巻き，わらづとと細なわで巻き上げた菓子であり，輪切でうず巻模様が美しい．シソガキは本名を屏風山柿漬けといい，干しガキを小指大の大きさに細切にし，塩漬けにして保存したシソの葉で1個ずつ包み，広口瓶に白砂糖とともに詰めこみ密封したものであり，長期間の保存ができ，茶菓子として風味のあるものである．屏風山とは，岐阜県にある山の名を冠した呼び名である．カキようかんは種子を除いたころガキを蒸し，肉挽器で砕き，あめ状となったものに寒天と砂糖を加え煮熱溶解し竹の二つ割容器に流しこんだようかんである．

(4) その他の加工

古来，防水，防腐，薬用としてカキ渋が利用されてきたが，最近は健康食品としての柿酢，ジュース，ゼリー，シャーベット，柿葉茶などに加工され，ビタミンC含量の多い食品として見なおされている． 　　　　　　　　　　　　　　[矢井治夫]

文　献

1) 伊庭慶昭，福田博之，垣内典夫，荒木忠治編 (1985)，果実の成熟と貯蔵，養賢堂．
2) 佐藤公一，他編 (1972)，果樹園芸大事典，1001-1011，養賢堂．
3) 傍島善次，他 (1983)，農業技術大系，果樹編4，カキ・ビワ・オウトウ，農文協．
4) 傍島善次 (1986)，健康食柿，農文協．
5) 樽谷隆之 (1965)，香川大農学部紀要，第9号．
6) 野菜生産流通問題研究会編 (1988)，流通技術，206-220，地球社．
7) 吉田賢児，他 (1985)，農業技術大系，果樹編8，共通技術（貯蔵・出荷・加工），農文協．

11.8　生理障害

カキの生理障害は遺伝的特性によるものが多く，発生の品種間差異が大きい．そのため，品種更新により回避できる生理障害もあるが，主要品種または地域特産品種の場合は栽培方法の改善などにより，生理障害の回避を図る必要がある．しかし，カキの生理障害については，研究蓄積が少なく，発生機構の不明なものが多い．

(1) 生理的落果

カキは全開花数に対する結実率が他の落葉果樹に比べて高く，生理的落果の多少が収量に与える影響が大きい．カキの落果は通常2〜3の波相からなる．すなわち，開花後10日目頃の不受精果の落果を主とした第一の波相があり，その後，6月下旬〜7月中旬に第二の波相が現れる．さらに，年により第二の波相は二つに分かれることがある．第一の波相はへたを伴った落果であるが，その後は，へたと果実の接合部から果実のみ落果し，へたはその後落ちる．

カキの生理的落果が他の落葉果樹のそれと異なる点として，品種によって単為結果性と種子形成力が異なることがあげられる．富有など種子形成力の強い品種では受粉

により種子が入るとほとんど落果しない．

　生理的落果を誘発する環境要因のなかで最も影響の大きい要因は日射量であり，遮光率60%以上になると落果が多発する．土壌の過湿は生理的落果に及ぼす影響が少ないことから，梅雨期に生じる落果は降雨よりも日射量の減少によると考えられる．また，20°C以上の高夜温も落果を促進する．樹体栄養では窒素が重要であるが，欠乏状態（生理的落果期の葉の窒素含有率が2%以下）にならない限り落果はしない．

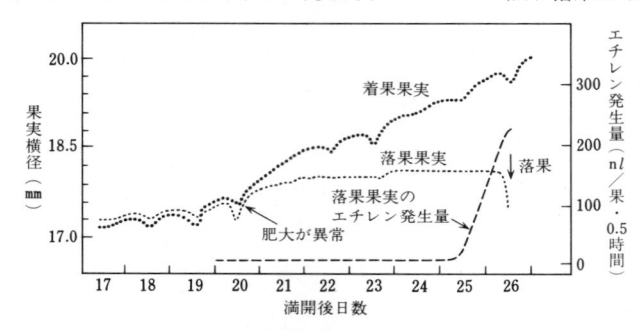

図11.13　着果果実および落果果実の果実肥大経過と落果果実の
エチレン発生量（寿松木，1988）

　生理的落果の発生機構について，寿松木らは果実の肥大経過および内生ホルモンの面から詳細な検討を行っているので，その結果を紹介する（図11.13）．すなわち，落果する果実は落果の5～6日前に果実肥大に異常を生じ，その後ほとんど肥大せずに落果に至ることから，落果の引き金はすでに落果5～6日前に引かれたことになる．一方，落果と密接な関係があるとされているエチレンは落果の半日～1日前に発生量が高まるが，それ以前の発生量は落果しない果実と差がないことから，落果の主原因とは考えにくい．そして，落果数日前に果肉のオーキシン含量が低下し，へたと果肉のオーキシンバランスがくずれることが落果の原因と推察している．

　落果防止技術は種子形成力の強い品種においては受粉が最も確実な方法である．無核品種の平核無でも受粉により落果が抑制される．植物生長調節剤ではジベレリン液の散布による落果防止法が認可されているが，効果が一定しないことから広く普及するに至っていない．樹体管理では枝を二次伸長させないことが重要である．なお，枝の二次伸長は果実との養分競合を引き起こすとともに，伸長に伴いオーキシンの移行が離層部をはさんだ果梗側から果実側へ多くなり，離層形成を促進する．

(2)　へたすき

　果実が成熟期に近づくと果実基部のへたと果実の接合部分に浅い溝のようなすき間ができる．このすき間が部分的に発達すると果心部へ向かって深い裂け目になる．これがへたすき症状である．へたすきは外観が悪くなるだけでなく，症状が出た周辺の成熟が早まり，部分的に着色軟化するため，果実内で成熟の不均一が生じ商品価値を

著しく低下させる．

　へたすきは果実の発育第3期，とくに基部成長や果肩の発達の著しいときに発生する．へたすきの原因は，へたと果実という生長過程の異なる二つの組織が接していることによる．すなわち，へたは7月中下旬に生長が止まり，果実との接着部のへた座側の大きさもこのころにほぼ決まる．一方，果実基部の肥大生長は9月以降に盛んになる．このときに果実部のへた座側部分の生長が，とくに盛んであったり，偏って肥大したときに亀裂が生じやすい．

　へたすきの発生は果形が扁平な品種に多く，長形の品種に少なく，熟期が中〜晩生の品種に多いなど，発生には品種間差異がみられる．有効な防止対策はみあたらないが，原因がへたと果実の生長のアンバランスによることから，へたの生長を促進させるとともに果実の発育の前〜後半とも適正に生長するような樹体管理をすることが基本である．

(3) 緑斑症

　果実の着色が開始する頃から，果皮の一部が発育を中止し，果実の肥大に伴って，その部分があばた状にやや陥没したようになり，緑色が抜けず，はなはだしい場合は暗緑色から黒褐色に変色して商品価値をなくす．この場合，葉や枝など，果実以外の部位にはまったく影響がない．品種間では松本早生富有に最も発生が多く，富有は少ない．緑斑部位の組織観察では表皮細胞には異常がなく，それに続く亜表皮層の細胞配列に異常がみられ，細胞が壊死しているが，それより内部の石細胞から果肉細胞には異常が認められない．

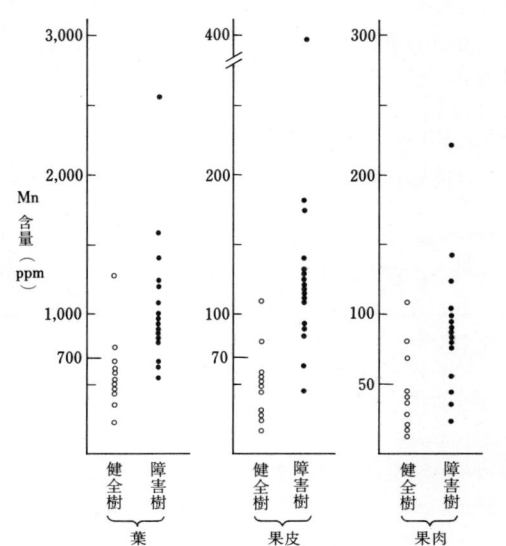

図11.14　緑斑症発生樹と健全樹の葉，果実中のMn含量（青葉，1984）

現地調査および再現試験などの結果から，本障害は土壌の酸性化などにより土壌中の可溶性 Mn 量が増大し，Mn の吸収が過剰になり，とくに果皮部位へ集積するためと考えられている（図 11.14）。品種間差異について，青葉らは緑斑症の発生しやすい松本早生富有と発生しにくい富有を用いて，^{54}Mn の吸収試験を行った結果，地上部への Mn 吸収は，むしろ富有で多いことを認めており，Mn 過剰による緑斑症の発生機構が品種により異なるのではないかと推察している。防止対策としては，土壌中の可溶性 Mn を石灰資材の施用により不溶化させ，吸収を抑制することが最も効果が高い。

（4） 汚染（損）果

樹上または収穫後の果実の表面に種々の黒変が生じた果実を汚染（損）果と称している。障害は果皮のみで果肉品質にはなんらの変化もないが，外観が悪くなるため商品価値が著しく低下する。

発生症状は破線状，雲形状，黒点状の3種類があり，破線状症状が最も多く発生する。黒点状は6月下旬から発生が始まり，成熟期まで漸増する。破線状の発生は着色開始期の9月中下旬に始まり，果皮の着色と並行的に成熟期まで急増する。雲形状の発生は破線状とほぼ同一時期である（表 11.12）。

表 11.12 品種系統による汚染果発生の多少（浜地，1974）

発生の多少	破線状＋雲形状	黒 点 状
多	伊豆，甲州百目，赤柿	花御所，四溝，赤柿
中	富有，天神御所，次郎，西村早生	平核無，次郎
少	松本早生富有，駿河，四溝，葉隠	駿河，松本早生富有，西村早生

これらの症状の発生果はいずれも表皮の亀裂の発生頻度が高く，また亀裂程度も大きいことが認められる。亀裂は表皮層の細胞接合部に生じている。また，亀裂部に生じた黒色色素はメラニン系色素ではなく，ポリフェノール系物質の酸化物と考えられている。防止対策として，カルシウム剤の散布効果が認められている。その他，通風，日射などの環境条件を整備することが大切である。

（5） 果頂軟化

成熟期に果頂部が他の部位より先熟し，果実全体が成熟した時点では，果頂部が過熟軟化状態になる症状を果頂軟化症という。発生には品種間差異があり，一般に富有系に多く，平核無ではほとんど発生しない。

果頂軟化は遺伝的要因が大きいといわれているが，発生機構は明らかになっていない。Ca 剤の散布，GA テープの果頂部処理などにより軟化が抑制されたとする報告もあるが，対策技術として普及するには至っていない。ロ-19 のように品質的には優れていながら，果頂軟化症を生じるために品種登録が見送られた品種もあることから，早期に防止技術が開発されることが望まれる。

(6) 果頂裂果

9月下旬頃に，果頂部に亀裂が発生し，ときにより大きく深く裂開し商品性をなくす．侵入した雑菌により内部や周辺部が黒変する場合もある．発生には品種間差があり，御所系に多い．果頂裂果の発生機構について，北川，石田らの組織形態学的観察によると果頂裂果の原因となる小亀裂はすでに幼果のときから存在し，果実肥大に伴い心皮の縫合部にそって裂果すると考えられている．発生原因が品種特有の遺伝的性質に由来するため，これらの発生しやすい品種に対する有効な防止対策はみあたらない．

〔寿松木　章〕

文　献

1) 青葉幸二，金野三治 (1984)，果樹試報 A, **11**, 55-70.
2) 浜地文雄，恒遠正彦，森田　彰 (1974)，農及園，**49**, 533-536.
3) 中川昌一 (1982)，果樹園芸原論，358-399，養賢堂.
4) 傍島善次，石田雅士，弦間　洋，堀口尚男 (1980)，京都府大農研報，**32**, 8-19.
5) 寿松木　章，岩永秀人，村上ゆり子，間苧谷　徹 (1988)，園学雑，**57**, 167-172.

11.9　病　害

a．炭　そ　病

診断　主として枝しょう，果実に発生するが，まれに葉をも侵す．枝しょうでは5月頃から発生し，最初，黒色の円形病斑を生じ，これは暗褐色，楕円形となって凹陥し，縦に亀裂を生ずる．果実では幼果，着色果に発病する．最初黒色小斑点を生じ，やがて円形ないし楕円形の少しくぼんだ病斑となる．枝しょうおよび果実の病斑面に降雨後などに鮭肉色の粘質物（分生子塊）を生ずる．葉柄には新しょうと同様な病斑を，葉身では葉脈を黒変させる．

病原菌　*Gloeosporium kaki* Hori

病斑上に分生子層を生ずる．分生子層は子座状をなし，そこから分生子柄を生じ，先端に分生子を単生する．分生子は無色，単胞で円筒形または長楕円形をなし，大きさ 15～28 nm×3.5～6.0 nm である．

伝染経路　病原菌は旧しょうの病斑，芽，落葉痕などで越冬する．翌春，分生子を生じて伝染する．分生子は雨水の飛沫とともに飛散して，新しょう，果実に達し，角皮から侵入して発病する．病斑上に分生子を形成し，これが飛散して伝染をくり返す．

多発条件　① 降雨，とくに 5～6 月に多いと若い枝しょうや幼果に多発，9～10月に多いと果実の被害が激しい．② 排水の悪い園や密植園で風通しの悪いところ．

品種感受性　富有，平核無，横野，葉隠は弱，次郎，藤原御所，西条は中，四溝，甲州百目は強である．

防除　薬剤防除：　発芽前に石灰硫黄合剤を散布する．生育期には普通，梅雨期に2回，秋季はじめに1回散布すればよいが，多発園で雨の多い年などでは，さらに追

加する．薬剤はジネブ剤などジチオカーバメート系剤，ベンゾイミダゾール系剤，チアジアジン剤，プロピネブ剤，有機銅剤などを用いる．

耕種的防除： 通風の悪い園では計画的に間伐して園を明るくする．病枝のせん除を行うとともに，窒素の過用を慎しむなど適切な肥培管理を行う．

b. 黒星病

診断 葉，枝しょうおよび果実に発生する．葉では展葉後まもなく黒い斑点が現れ，しだいに拡大して3～4mm前後の黒色，円形となり，周囲に帯黄色のかさができる．その裏面に暗色のかびを生ずる．枝では楕円形または紡錘形の病斑を作り，かびを生ずる．果実の病斑は葉のそれとよく似ており，表面に裂目ができる．

病原菌 *Fusicladium levieri* Magnus

病斑上に分生子を生ずる．分生子柄は子座上の菌叢から数個～10数個群生し，暗色，単生，線状で1～2個の隔膜を有し，大きさ20～40 nm×3～4 nm である．分生子は分生子柄上に単生または2個以上連生し，円筒形～長紡錘形，淡黄褐色，単胞まれに1～2個の隔膜を有し，大きさ16～35 nm×4～8 nm である．

伝染経路 病原菌は枝の病斑中で菌糸の形で越冬する．早春，雨水を得て生じた分生子は葉や新しょう，果実に達して，角皮から侵入して発病させる．発病すると，やがて病斑上に分生子が形成され，分生子は風によって伝播されて二次伝染する．

多発条件 4～6月の多雨と6月の低温．

防除 薬剤防除： 発芽前に石灰硫黄合剤を散布する．生育期は葉が5～6枚開き始める4月中下旬から6月に，予防に重点をおき3～4回散布する．薬剤は水和硫黄剤，ジネブ剤を用いる．

耕種的防除： 伝染源として重要な枝の病斑をせん定時に徹底的に除去する．

c. うどんこ病

診断 葉に発生する．5～6月頃の若葉では，表面に黒色，円形斑点が生じ，これが多数集まると，墨を薄く塗ったようになる．裏面は葉脈部が黒くなるだけで，他は淡紫褐色ないし紫灰色となる．8月下旬頃になると，普通のうどんこ病症状を呈し，裏面に白色粉状物（菌糸および分生子）が生じ，しだいに拡大して葉全面に及ぶことがある．秋季，この菌叢のなかにはじめ黄色，のち黒褐色の細粒点（子のう殻）を散生する．

病原菌 *Phyllactinia kakicola* Sawada

分生子と子のう胞子を生ずる．分生子は外生菌糸から直角に上方に分岐した分生子柄の先端に1個生じ，ラッキョウ形，無色，単胞，大きさ55～97 nm×16～30 nm である．子のう殻は扁球形，直径168～238 nm，黒褐色，赤道部の下方に付属糸を8～23個つけ，頂部に粘質毛を生ずる．子のうは子のう殻内に8個前後形成され，卵形で一端に短柄を有し，大きさ80～115 nm×25～55 nm である．子のう胞子は1子のう内に2個形成され，長楕円形，大きさ26～41 nm×16～25 nm である．

伝染経路 秋季，罹病葉の裏面に形成された子のう殻の一部が落葉前に葉から離れて枝幹部に付着して越冬する．春季，子のう殻から放出された子のう胞子が風によっ

て伝播され,若い葉の気孔から侵入して感染し,発病する.若い葉が発病すると,まもなく病斑の裏側に分生子が形成され,分生子は風によって伝播され次から次へと二次伝染する.

多発条件 ① 山間部の谷間など風通しの悪い園,② 5〜6月が雨の多い年とか,8月が冷涼な年,③ 窒素過多で徒長気味の樹.

防除 薬剤防除: 発芽前の石灰硫黄合剤の散布は重要である.生育期は5〜9月と長期間にわたるため,他の病害防除を兼ねて散布する.そのうち5月中旬,8月下旬〜9月上旬などを中心に防除する.薬剤はベンゾイミダゾール系剤,トリフルミゾール剤などエルゴステロール生合成阻害剤(EBI剤),水和硫黄剤,有機銅剤などを用いる.

d. 円星落葉病

診断 主として葉に,まれにへたの部分にも発病する.9月のはじめ頃から発生し始め,最初針頭大,円形の黒点ができ,これが拡大すると,周縁に黒紫色のかさを伴った赤褐色の円形病斑を形成する.病斑の裏面は表面よりも色がやや淡く,古くなると黒色小粒点(菌核様—子のう殻の原基)を生ずる.病勢の激しい場合は淡褐色の不規則のゆでたような病斑を作り,その病斑は赤褐色に変わらないまま早期に落葉する.このような場合は,果実も早く着色し,へたを残したまま落下する.類似病害の角斑落葉病とは,本病が普通赤褐色円形病斑であり,着葉期には胞子形成せず,初発が9月,落葉が急激であることなどによって区別する.

病原菌 *Mycosphaerella nawae* Hiura et Ikata

落葉上に子のう殻を形成する.子のう殻は葉の裏面表皮下に生ずる.球形または洋梨形,黒褐色,大きさは高さ52.5〜100.0 nm,幅52.5〜99.0 nmであり,底部に子のうを叢生する.子のうは円筒形またはバナナ形,大きさ24.0〜45.6 nm×3.6〜7.6 nmであり,なかに8個の子のう胞子を含む.子のう胞子は紡錘形,1隔膜あり,隔膜部は多少くびれ,大きさ6〜12 nm×2.4〜3.6 nmである.

伝染経路 病原菌は罹病落葉中の組織内で菌糸塊で越冬する.春季,気温の上昇とともに子のう殻に発達し,そのなかに子のう,子のう胞子を生ずる.子のう胞子は,子のう殻が水湿と温度を得ると放出されて飛散し,普通,葉裏の気孔から,まれに葉表から侵入する.長いものでは120日以上,短いものでも60日以上の長い潜伏期間を経たのち発病する.この伝染が唯一の方法であり,二次伝染はしない.

多発条件 ① 前年の罹病落葉が多いとき,② 主要感染期である5月中下旬から6月までに降雨の多い年,③ 干ばつなどで樹勢が弱ったときとか,肥料とくに窒素肥料が欠乏したとき.

防除 薬剤防除: 本病菌の主要感染期である5月中下旬から6月末を中心に3〜4回,薬剤散布する.薬剤はジネブ剤などジチオカーバメート系剤,ベンゾイミダゾール系剤,チアジアジン剤,有機銅剤などを用いる.

耕種的防除: 唯一の伝染源である落葉を処分するとともに,土壌管理,施肥など合理的な栽培管理を行う.

e．角斑落葉病

診断 葉に発生する．最初は不整形の淡褐色～暗褐色の斑点ができ，しだいに拡大して葉脈に境された多角形，褐色の病斑を形成する．周縁は黒色を呈し，内部に黒色小粒点（分生子層）が形成される．とくに降雨後などには肉眼でもわかる程度の淡褐色～淡オリーブ色の胞子叢を作り容易に識別できる．

病原菌 *Cercospora kaki* Ellis et Everhart

病斑上に分生子を生ずる．分生子層は葉の表面，角皮下に形成される．その形は扁球形で，淡暗色～オリーブ色，大きさは，高さ60 nm 前後，幅75～100 nm である．分生子梗は短桿状，隔膜なく，淡褐色～オリーブ色，大きさ 15～27 nm×3.0～4.5 nm，頂部に1個ずつ分生子を着生する．分生子は長こん棒状で基部が太く，多少湾曲し，無色～淡黄色で，普通，4～5個の隔膜を有する．その大きさは 40～66 nm×3～4 nm である．

伝染経路 主として罹病落葉などで菌糸の形で越冬し，翌春，分生子を生じて伝染する．分生子は雨水の飛沫とともに飛散して新葉に達し，葉裏の気孔から侵入する．約30日の潜伏期間を経たのち発病する．病斑上に再び分生子を形成し，これが飛散して伝染をくり返す．

多発条件 ①前年の罹病落葉が多いとき，②肥料不足，土層の浅いところ．

防除 薬剤防除： 円星落葉病と異なり感染期が長期間に及ぶ．そのため主要感染期の6月中旬～7月中旬を重点におき，その後は発生状況をみながら8月まで薬剤散布する．薬剤は円星落葉病と同様，ジネブ剤などジチオカーバメート系剤，ベンゾイミダゾール系剤，チアジアジン剤，有機銅剤などを用いる．

耕種的防除： 罹病落葉の処分と，合理的な肥培管理を行うことも大切である．

f．灰色かび病

診断 若葉と幼果に発生する．若葉でははじめ葉先または葉縁部が水気を失って灰緑色となり，のちに淡褐色となって，しばしば輪紋状を呈する．病斑の周縁は波状となり，巻葉して落葉しやすくなる．幼果では最初花弁が侵され花落ちが悪くなり，花弁が落ちたあとの幼果面に黒色小点を生ずる．葉の病斑上や花弁に灰色の足の長いかび（分生子柄および分生子）を生ずる．

病原菌 *Botrytis cinerea* Persoon

病斑上に分生子を形成する．病原菌の形態についてはブドウ灰色かび病を参照．

伝染経路 ブドウ灰色かび病を参照．

防除 薬剤防除： 西条，伊豆などでは，展葉期～6月に若葉が傷を受けた場合に発生しやすいので，強風のあとではただちに薬剤散布する．薬剤は本病に対して登録されていないが，炭そ病，円星落葉病防除にベンゾイミダゾール系剤を散布すれば同時防除が可能である．

g．胴枯病

診断 主として枝，幹に発生するが，まれに果実にも発生する．枝では最初せん定切り口などから発病し，表面的にはわずかにやや黒ずんだ病状を呈し，健全部との区

別がしにくい．しかし，表皮を削ってみると皮部および本質部まで黒変している．病勢が進展して病患部の木質部が侵されると，通水が阻害され，それより上の枝や新しょうは萎凋枯死する．病患部の表面には亀裂が生じ，黒色粒が形成され，その頂部が表皮を破って露出するので，さめ肌状となる．果実に発生した場合は，炭そ病とよく似た腐敗を生ずる．

病原菌 ① *Botryosphaeria dothidea* (Mougeot et Fries) Cesati et de Notaris, ② *Phomopsis* sp.

2種の病原菌のうち，前者は病斑上に子のう殻または柄子殻を生ずるが，後者については明らかでない．病原菌の形態については，ナシ枝枯病を参照．

伝染経路 ナシ枝枯病を参照．

防除 外科手術： 発病程度が比較的軽く外科手術が可能な場合には，発病部位を健全組織も含めて削り取り，チオファネートメチル塗布剤などを塗布する．せん定切り口も同様に保護する．

耕種的防除： 発病の激しい場合はただちに伐採するとともに，発病枝やせん定枝は速やかに処分する．また土壌条件の悪い園では土壌改良を行う．

h．その他の病害

葉枯病 主として葉に，まれに枝や果実にも発生する．葉でははじめ不正円形または多角形，褐色の斑点ができ，拡大して不規則形，赤褐色となり，黒褐色の周縁で健全部と明瞭に境される．表面に黒小粒点（分生子層）を生ずる．枝，果実では二次的で一定の病斑を作らず，表面に黒小粒点を生ずる．病原菌は *Pestalotia diospyri* Sydow で，病斑上に分生子を形成する．分生子は倒卵状紡錘形，5胞からなり，隔膜の部分がわずかにくびれる．両端細胞は無色，中央部細胞はオリーブ色，とくに上2細胞が濃い．

罹病枝や落葉で分生子または菌糸の形で越冬し，降雨の後など過湿の場合に多量の分生子を作り，傷口から侵入する．① 6～7月が降雨の多いとき，② 耕土の浅い園や乾燥しやすい園などで発生しやすい．普遍的に発生するが，被害はあまり大きくないので，炭そ病，円星落葉病などとの同時防除ができ，本病防除のための薬剤散布は必要がない．

すす病 葉，枝，果実などに発生する．一般にカイガラムシ類などの排泄液などに繁殖するすす様のかびが表面をおおう病害で，組織の内部に病原菌が侵入することはない．しかし，果実を汚染するため，商品価値がなくなり，葉では同化作用を阻害する．病原菌は次の6種が確認されている．① *Aureobasidium pullulans* (de Bary) Arnaud, ② *Capnophaeum fuliginodes* (Rehm) Yamamoto, ③ *Cladosporium herbarum* (Persoon) Link, ④ *Microxyphium* sp., ⑤ *Scorias communis* Yamamoto, ⑥ *Tripospermum juglandis* (Thumen) Spegazzini.

カイガラムシ類などの多発園では発生が多い．菌叢上に生じた胞子は雨で流されたり，風で分散されたり，昆虫や鳥によっても伝播される．栄養源となっているカイガラムシ類などを駆除する．

すす点病 果実に発生する．最初果実表面の果粉が消失し，その部位にハエの糞様の小黒点（小菌核様の黒色菌糸組織）を多数形成する．そのために果実が褐変したり，腐敗することはない．病原菌は *Zygophiala jamaicensis* Mason であり，分生子を形成する．分生子はまゆ形またはひょうたん形，無色，平滑で2細胞からなり，基部に顕著なへそを有する．

病原菌はカキの枝しょう，アラカシ，ナラガシワなど数多くの野生植物の枝しょうなどで越冬し，春季以降分生子が飛散して果実に達して，感染するようである．通常の防除と管理がなされていれば，本病対象の防除は必要ない．しかし，本病は通風，採光など条件の悪い園で発病するので，この点を改善することが必要である．

[多久田達雄]

11.10 虫　害

(1) 発生様相

古くから被害の多かったカキノヘタムシガやハマキムシ類は合成ピレスロイド剤が使用されるようになってから著しく減少したが，一方ではフジコナカイガラムシの発生が多くなり，また，最近までほとんど発生をみなかったハダニ類（カンザワハダニ（*Tetranychus kanzawai* Kishida），ミカンハダニ（*Panonychus citri* (McGregor)），カキヒメハダニ（*Tenuipalpus zhizhilashviliae* Reck））による被害が各地で問題になり始めている．

また，1974年に岡山県で初確認されたカキクダアザミウマが全国的に分布を拡大し，重要害虫になった．このほかに，カメムシ類の発生が年々増加傾向にあり，クロフタモンマダラメイガ（*Euzophera batangensis* Caradja）やヒロヘリアオイラガ（*Parasa lepida* Moore）の発生も依然として多い．

(2) 主要害虫

a．カキノヘタムシガ（persimmon fruit moth） *Stathmopoda masinissa* Meyrick

被害の特徴 加害樹種はカキのみである．被害果は幼虫が食入した果梗やへた基部から糞の排出がみられる．第1世代幼虫による被害果は，落下する場合がほとんどであるが，ときとして落下しないで果肉部が食害されて黒褐色乾燥状態のまま残っている場合がある．落果の場合はへたを残しており，6月から7月に多くみられる生理的落果がへたごと落ちるのと区別できる．第2世代幼虫による被害果は黄赤色となって落下する．他に果実に食入する害虫としてモモノゴマダラノメイガ（*Conogethes punctiferalis* (Guenée)）幼虫がいるが，本種はへた部の外側の果皮から食入しているものが多く，虫糞も大きいことから区別できる．

生態 年間2回の発生をくり返す．果実で生育した幼虫は8月下旬以降亜主枝などに移動し，老熟幼虫態で粗皮下に潜伏して越冬する．幼虫は4月中下旬から蛹化し，成虫羽化は5月中下旬にみられる．卵はえき芽周辺に点々と産み付けられる．ふ化幼

虫は芽や葉柄に食入した後2齢幼虫期まで葉を食害し，その後果実へ食入する．第1世代幼虫による果実被害の最盛期は6月中下旬となり，成虫の羽化最盛期はおよそ8月上中旬となる．なお，本種成虫の発生消長を知るためには，定期的に放任のカキの木の下から葉裏に止まっている成虫を調べる方法が利用されている．

　防除　薬剤防除：　成虫発生最盛期からおよそ1週間後（多くは幼虫ふ化直後から芽食入期に当たる）に1回，発生の多いときにはその1週間後に再度防除する．カルタップ剤，チオシクラム剤，MEP剤，合成ピレスロイド剤などの効果は高い．

　耕種的防除：　せん定時の主枝，亜主枝の粗皮削りや10月上旬に設置するバンド誘殺法（飼料袋などを枝に巻く）により，越冬密度を低下させることができる．

b．ハマキムシ類 (leafrollers)

　おもな加害種は，幼虫の頭部が英褐色で生長した体長が約25 mmのチャハマキ (oriental tea tortrix) *Homona magnanima* Diakonoff と，頭部が淡黄色で体長約15 mmとやや小さなチャノコカクモンハマキ *Adoxophyes* sp. の2種である．

　被害の特徴　加害樹種はナシ，カキ，リンゴ，チャなど多種に及ぶ．葉での被害は，幼虫により展開途中の葉や新葉が糸でつづり合わされて内側に筒状に巻かれ，また成葉では隣り合った葉の重なった部分がつづり合わされて食害される．しかし，葉の被害はいずれも実害が少なく，果実被害が重要である．果実に葉が接触している部分に幼虫が潜み，果皮をなめるように食害する．被害部分は黒くコルク化する場合が多いが，炭そ病菌などが侵入して落果する場合もある．最も多く観察される被害は，へた部に潜んだ幼虫によるへたや果皮の食害である．なお，葉を食害するハマキムシ類には上記のほかにテングハマキ (*Sparganothis pilleriana* (Denis et Schiffermüller))やアトボシハマキ (*Hoshinoa longicellana* (Walsingham)) などがいるが，発生は少ない．

　生態　チャハマキ，チャノコカクモンハマキはともに年4回の発生をくり返す．おもに幼虫態でチャ，マサキなどの巻葉内に潜んで越冬する．両種とも休眠しないため，冬期にも暖かい日には生育し越冬あけの幼虫は中齢のものから終齢のものまである．巻葉内で蛹化する．チャハマキはおもに葉の表側に1雌当たり約500卵を3～5卵塊に分けて，チャノコカクモンハマキはおもに葉裏に約150卵を3～4卵塊に分けて産卵する．産卵から成虫羽化までの期間はチャハマキが40～50日，チャノコカクモンハマキが30～40日である．幼虫は手でふれると機敏な動きをし，巻葉した巣から糸を吐き垂下する．本種の成虫発生期を知るには性フェロモントラップを用いると便利である．

　防除　薬剤防除：　巻葉中に潜んだ中・老齢幼虫に対しては効果が劣るので，各世代の若齢幼虫期に散布するのが望ましい．薬剤としては合成ピレスロイド剤，MEP剤，ピリダフェンチオン剤などがある．

c．アザミウマ類 (thrips)

　渋柿に加害がみられるチャノキイロアザミウマと新害虫カキクダアザミウマの2種が重要である．

11. カ キ

1) カキクダアザミウマ *Ponticulothrips diospyrosi* Haga et Okajima

被害の特徴　加害樹種はカキのみである．4月下旬～5月上旬頃新葉が縦に内側に巻き，なかに越冬成虫が1～3頭生息している．被害葉は軽い火ぶくれ状となる．5月中旬～6月下旬には巻葉中に多数の幼虫の生息がみられる．多寄生の葉はその後落葉するものが多い．果実被害は幼果では淡褐色の小点が，成熟果では果実側面に黒褐色の点がみられる．一般には数個程度の黒点を生ずる被害果が多いが，多発園ではリング状に多数の黒点がみられる．

生態　通常年1回の発生で，カキの粗皮，カキ園周辺のスギ，ヒノキなどの粗皮下に成虫態で越冬する．越冬成虫は4月下旬頃よりカキの新葉に飛来し，葉を巻き，このなかに約100卵を産み付ける．6～7日後にふ化し，幼虫の多くは巻葉内に生息して加害するが，一部のものは脱出して幼果にも加害する．約7日後に巻葉内で蛹化し，5日後に羽化する．新成虫は6月上旬頃からみられ，果実に加害する．7月上中旬頃から上記越冬場所へ飛来し，粗皮内に潜入して越冬する．成虫飛来時期および量を知るには，黄色粘着トラップをカキの枝に吊り下げて付着数を調べる方法が便利である．なお，近年，発生年次が早かった県では，本種の発生が減少傾向にある．これは，本種がスギ，ヒノキなどの粗皮下で越冬中に天敵微生物（白きょう菌）の寄生を高率に受け死亡するためとされている．

防除　薬剤防除：　越冬成虫飛来最盛期（4月下旬～5月上旬）にMEP剤，ピリダフェンチオン剤などの有機リン剤または合成ピレスロイド剤を散布する．巻葉後では効果が劣る．摘らい期に被害葉がみられたら取り除いて処分する．幼虫や新成虫による果実被害防止にはアセフェート剤，ピリダフェンチオン剤などの有機リン剤や合成ピレスロイド剤の効果が高い．

東海地方での防除適期は越冬成虫対象には4月下旬～5月上旬，新成虫対象には6月中下旬であり，この間に少なくとも計3回の散布が必要である．なお，開花期間中は受粉用にミツバチの導入が図られる場合が多いので薬剤の使用にあたっては留意する．

2) チャノキイロアザミウマ　(yellow tea thrips) *Scirtothrips dorsalis* Hood

被害の特徴　加害樹種はカンキツ，ブドウ，チャなどである．平核無など渋柿での被害が多く，甘柿では問題ない．被害果は，開花期の花や幼果期のへた部に潜んだ幼虫，成虫により加害された跡が波形や座布団形のさび色をした紋となり，外観が損なわれ，商品価値を落とす．

生態　年間数世代～10世代の発生をくり返す．蛹・成虫態で越冬芽や落葉下に潜んで越冬する．越冬成虫は4月下旬頃よりカキ園でみられるようになり，10月まで生息するが，おもに被害を与える時期は開花期～幼果期である．成虫はへた部の間げきに好んで生息し，へたや芽に産卵する．老熟幼虫は落下して土中で蛹化する．

防除　薬剤防除：　食害による被害が現れやすい5月下旬から7月上旬頃までに3～4回の薬剤散布が必要である．薬剤としてはカルタップ剤，DMTP剤，合成ピレスロイド剤などがある．

d．カメムシ類 (fruit piercing stink bugs)

カキを加害するカメムシ類は 10 数種報告されているが,優占種はチャバネアオカメムシ (*Plautia stali* Scott) で,ついでツヤアオカメムシ (*Glaucias subpunctatus* (Walker)) である．このほかにクサギカメムシ (*Halyomorpha mista* (Uhler)),アオクサカメムシ (*Nezara antennata* Scott) などがある．クサギカメムシはおもにモモ,ブドウ,ナシに加害し,アオクサカメムシは果樹への飛来は少なく草木類を好む．

チャバネアオカメムシ (brownwinged green bug) *Plautia stali* Scott

被害の特徴 加害樹種はカキの他にカンキツ,モモ,ナシ,ブドウなど多数が知られている．7月上中旬頃からカキ園に飛来した成虫によって吸汁害を受ける．7月から9月上旬までに加害を受けた果実は,吸汁部が水浸状に変色し,落下する．9月上旬以降の場合は吸汁時の刺し口を中心にへこみ,内部がスポンジ状となり,商品価値を失う．

生態 年間1～2回の発生と考えられている．成虫態で11月から3月頃まで落葉下に潜んで越冬する．越冬成虫はクワ,サクラなどの花や果実に飛来して食餌し,5月下旬から6月にかけて産卵するが,卵寄生蜂の寄生を受けて新成虫になるものは少ない．その後越冬成虫はサンゴジュなどを経てスギ,ヒノキのきゅう果に寄生し,産卵する．越冬成虫やここで増殖した新成虫がカキ園に飛来し,10月頃まで加害する．発生量は年による変動が大きく,スギ,ヒノキのきゅう果の結実が多い年には移動する個体は少なくここで大増殖し,翌年きゅう果が少なくなると果樹園に多数飛来する傾向があるといわれる．

卵から成虫羽化までの発育日数は約40～45日であるが,成虫の寿命は長く,秋季に羽化した個体は翌年の7月まで,夏季に羽化した個体は2～3カ月間生存する．産卵数は200～300粒で,1卵塊14粒を10回以上に分けて産付される．

防除 薬剤防除： 年による発生変動が大きいので,予察灯などの誘殺状況などから発生量,時期を予測して防除を行う．薬剤としてはMEP剤,DEP剤,合成ピレスロイド剤などがある．飛来成虫が対象となるので残効のある薬剤が望ましい．

e．フジコナカイガラムシ (Japanese mealybug) *Planococcus kraunhiae* (Kuwana)

被害の特徴 被害果はへた部や果梗部に寄生した幼虫,成虫の排泄物により果皮にすす病が発生し,黒い汚れが目につく．発生の多い場合には果頂部にも寄生がみられる．西村早生などでは果面が斑点状にもり上がり赤く着色する場合もみられる．

生態 年間3回の発生をくり返す．中・老齢幼虫態で樹皮の割れ目や粗皮間などに潜んで越冬する．4月上旬頃より新葉や新しょうへ移動して加害して成虫になり産卵する．第1世代幼虫は6月上旬～8月上旬に葉裏や幼果のへた部に寄生する．第2世代幼虫は8月上旬～9月上旬に,また,第3世代幼虫は9月下旬頃におもに果実のへた部に寄生する．9月下旬頃より越冬場所へ移動を始める．

防除 薬剤防除： 越冬場所から新葉へ移動する時期 (4月下旬),第1世代幼虫期 (6月中下旬),第2世代幼虫期 (8月中下旬) に行う．第1・2世代幼虫期はカキノ

ヘタムシガ防除時期と重なる．薬剤は虫体に直接かからなければ効果は低く，卵期に散布しても効果はみられない．薬剤としてはブプロフェジン剤，MEP 剤，DMTP 剤などが有効である．

耕種的防除： 10 月上旬頃に主枝，亜主枝に飼料袋などを巻いたバンド誘殺法や冬期せん定作業時の粗皮削りがある．これらを行うことにより越冬密度の低下を図ることが必要である．

その他の防除： 本種にはフジコナカイガラヤドリコバチ (*Anagyrus pujikona* Tachikawa) など有力な天敵がおり，多発生が抑えられている．不的確な時期の多回数の薬剤散布はこれらの天敵を殺し，カイガラムシの多発生を招くので注意する．

［山田偉雄］

12. キウイフルーツ

12.1 経営上の特性と問題点

(1) 栽培面積の推移

キウイフルーツはわが国において1980年代に入り急速に栽培面積が増加した新しい果樹の一つである．そして現在では図12.1に示すように4,000 ha近い栽培面積となっている．栽培の急激な増加は全世界的な傾向であり，ニュージーランドを筆頭として，南半球諸国のみならず米国，イタリア，フランスなど北半球諸国でも大幅な増植増産がみられている．そもそもキウイフルーツは栽培化されてからの歴史が浅く，作付けの大半を占めるヘイワードが育成されてからわずか60～70年しかたっていないことを考えると，栽培の増加は他に類をみないスピードで行われているといえる．

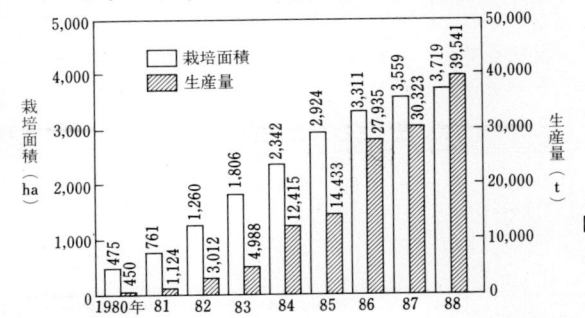

図12.1 全国の栽培面積，生産量の推移(単位：ha, t) (資料：日園連)

輸入量の増大と国内の作付面積の急速な増加から，最近では早くも過剰生産を危惧する声も聞かれるようになってきた．農林水産省ではこの点を考慮して1995年の栽培計画面積を3,900 haとしていたが，現時点でもすでに計画面積にかなり近づいており，1988年からのカンキツの減反，園地転換に伴いさらに栽培面積が上積みされると推定される．

(2) 経営上の位置付け

日本におけるキウイフルーツ栽培は西南暖地のミカン生産県に栽培面積が多く，温州ミカンの転作作物として位置付けられることが多い．これは落葉果樹としては栽培

が比較的容易で集約的な部分が少ないと考えられていたこと，ミカンの諸管理作業との労力競合関係が小さかったこと，寒さに強く温度的にミカンの不適地でも果実品質への悪影響が少ないことなどの技術的有利性に加えて，温州ミカンの過剰生産基調と当初キウイフルーツ栽培の収益性がきわめて高かったことの経済的有利性が考慮されて栽培が急速に進んだと考えられる．

このためキウイフルーツの経営上の位置付けは近年とくに重要となってきつつあり，温州ミカンの生産が立地的・気象的に厳しい地帯ではキウイフルーツを経営の大きな柱とする場合もみられる．逆に温州ミカンの生産適地と称される地域でも，経営の安定化・多角化の視点から多くの農家が生産に取り組んでいる．また関東や北陸，東北南部地域でも高い収益性をみこして生産を行う事例もみられる．いずれにしてもマイナークロップとして経営の補完的作物の地位を付されてきた時期は過ぎ去り，現在は基幹的作物の一つとして経営の重要な一部分を担う作物となりつつある．

(3) 収益性の変化

一方，最近では安易な生産への取組みから，収量が伸び悩み，各種病害や生理障害が多発する傾向がみられる．同時に消費の伸びを上回る急増産は価格の急速な低下を招き，主産国であるニュージーランドでは収益性の低下が最も大きな問題点となってきている．これに同調するように国内産地の収益性も最近急速に低下してきている．とくに成木で 3,000 kg/10 a 程度の収量が見込まれていたものが，実際は 1,000 kg/10 a 程度のレベルで伸び悩んでいることが，販売価格の下落と相まって収益性の低下に拍車をかけている（図 12.2）．販売環境は，ニュージーランド産果実が 5〜12 月まで

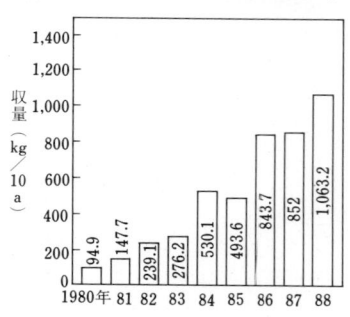

図 12.2 キウイフルーツの 10 a 当たり収量の推移（日園連資料より算出）

先に市場を開拓確保しており，これを国産果実が 12〜5 月に引き継ぐという形が取られているため，国産果実としては市場開拓の努力をせずにすむというある意味での有利性があった．そこでとりあえずは作れば売れるといった安易な生産・販売情勢のもとで急増産したことも収益性低下の一因といえる．

(4) 国際流通商品

ニュージーランドでは生産量の約 80 %を日本や EC 諸国へ輸出する．最近増産に拍

車をかけているチリなどでも多くは北半球諸国への輸出を目標としている．このようにキウイフルーツは他の果樹に比較して，域内流通の枠を超え，グローバルな流通を目標として生産される"国際流通商品"としての性格が強い．これは大きな市場を抱える北半球諸国において植物防疫上の制限がほとんどないこと，ヘイワード種の果実貯蔵性が良好で半年近い貯蔵が可能であることと適地性が広く生産地域による果実品質のばらつきが少ないことなどの理由が背景にある．

このことは逆に生産地域の独自性が発揮されにくいことにつながる．すなわち一定の栽培適地であれば世界のどこで生産しても大差ない品質の果実生産が可能となるため，結果的にコスト（土地と賃金）の安い地域へ生産が集中する可能性が考えられる．現在南半球ではニュージーランド，チリなどの間でコスト競争が激化し始める様相がみられ，このことはわが国の生産に対しても強い影響を及ぼすと考えられる．

（5） 経営上の問題点と今後の方向性

こうした情勢を踏まえ，日本におけるキウイフルーツ栽培の国際競争力強化の方向は非価格的な競争力の付与に尽きよう．輸入果実に対抗して付加価値をいかに高めていくか，コスト競争ではなく品質の競争を行うことが重要である．そこでまず高品質果実生産のための生産流通技術の開発，普及が望まれる．キウイフルーツは追熟が必要であることから，とくに果実の糖度，熟度の斉一化と消費者へ食べ頃の果実を提供する点が重要である．

品種の開発も急務である．ヘイワード種にない特長をもつ"新しいキウイ"は独自性，差別性を打ち出す大きなポイントとなる．年間消費量が10万tを越える果実を1品種でカバーしなければならないことは今後の生産と消費の拡大に大きなブレーキとなる．ヘイワードを超える，あるいはまったく新しいキウイフルーツの品種開発は，非価格的競争力を付与する基本的な戦略となる．

次に消費拡大のための独自策を打ち出す必要があろう．前述のとおり，現在までの国産果実の消費拡大はニュージーランド産果実が開拓してきた市場を半年間だけ引き継ぐ形でいわば他律的に行われてきた．しかしコスト競争を避け差別化を図るならば，独自の商品開発，独自の消費拡大策が必要となる．

12.2 分類と来歴

（1） マタタビ属の分類と特性

キウイフルーツは植物分類学上マタタビ科(*Actinidiaceae*)，マタタビ属(*Actinidia*)に属する．大垣（1983）の記述によると*Actinidiaceae*には3属350種の植物が属し，東アジア，熱帯アジア，オーストラリアが自生地としている．キウイフルーツは最近まで*A. chinensis* Planch. とされていたが，最近形態的差異あるいは染色体数の違いなどから果面の滑らかなタイプはそのままの学名とし，キウイフルーツは *A. deliciosa* (A. Chev.) C. F. Liang et A. R. Ferguson var. *deliciosa* と新しく分類された．

なお中国では A. deliciosa を硬毛獼猴桃, A. chinensis を軟毛獼猴桃と呼んでいる.

A. chinensis Planch. A. deliciosa に比較して A. chinensis は冬芽の座が小さく芽が明らかに露出している．枝葉や果実の表面の毛じょうは少なくかつ軟らかい．葉は前者が紙質と称されるのに対して，後者はやや厚く表面が滑らかで破れにくいため革質と称される（朱，1983）．

花は小さく，果面は滑らかで成熟後期にはほとんど脱落し無毛状態となる（図12.3）．果肉は黄色，黄白色，黄緑色など変異に富む．さらに中国の文献では果心が赤色を呈する系統も紹介されている(湖南省桑植県農業局, 1983)．染色体数は前者が $2n=174$（6倍体）であるのに対し，後者は $2n=58$（2倍体）である(Zhang と Beuzenberg, 1983).

香川県農業試験場府中分場で保存している数系統に関しては，発芽期が3月中下旬，開花期が5月上旬，成熟期が9月下旬から10月上旬と A. deliciosa に比較していずれも早いのが特徴である．果実品質は全般的に良好で減酸が早い果実が多い．貯蔵性はあまり良好でなく，2～3ヵ月が限度である．果実の形は変異が大きく，細長いものからナシやリンゴのような形のものもみられる．

図12.3 A. chinensis（香川県農業試験場府中分場保存系統）の結実状況

図12.4 A. rufa（香川県農業試験場府中分場保存系統）の結実状況

A. arguta Planch.（サルナシ） 日本や朝鮮半島に広く自生する．花は小型で，花弁は5枚，やくは黒色，葉は細く表面に毛じょうはみられない．果実は小さく（10 g前後），表面は緑色で毛じょうはない．開花期は香川県で5月下旬，キウイフルーツとほぼ同時期となる．渡辺らの調査によると染色体数は $2n=58$, 116, 174（一才サルナシ）がみられる．食味は比較的よい．

A. rufa Planch.（シマサルナシ） 本州，九州，四国など暖地に広く自生する．花弁は5枚，やくは黒色，サルナシと似た形となる．ただし1結果枝中の花らい数は多く，側花もあわせて20花以上も着生する場合がある．果実は小さく直径2～3 cm程度の円形あるいは広楕円形となる．表面は褐色で斑点がみられる（図12.4）．開花期は5月下旬，成熟期は10月上旬である．しかし収穫せずにおいても落果せず，果実は長期間樹上に着生したままとなる．果汁はあまり多くない．$2n=58$.

A. polygama Miq.（マタタビ） 広く各地に自生する．枝はサルナシよりも濃い

褐色で葉身は細い．果実は先端が尖る．食味は辛く薬用，果実酒として利用する．ネコ科の動物にマタタビ反応を起こすマタタビラクトンを含む．$2n=58$．

（2） ニュージーランドへの導入と品種改良

ニュージーランドへのキウイフルーツの導入は1906年にMcGregorが種子を中国から導入したのが最初とされている．その後1910年にこの種子からの実生個体が結実した．ブルーノ，アボット，モンティ，ヘイワードなどの品種は1920年代にニュージーランドで発見された偶発実生である(Sale, 1983)．雄品種のマツア，トムリは1950年代にFletcherらが収集選抜し1968年に命名された．このように初期の品種改良は，導入された種子に由来する実生の選抜がほとんどであった．

（3） 日本への導入

日本への導入は1960年代と新しい．当初散発的に苗木や種子の導入がなされてきたものの，経済栽培用苗木の本格的な導入は1970年代から開始された．ヘイワード，ブルーノ，モンティ，アボットの4品種が比較的多く導入されたが，品種の間違い，混入が多くこれらの確認が遅れた．1980年代に入って国内の栽培面積は増加し，輸入果実とともに市場流通量が増えるに従って品種はヘイワードに絞られてきた．

12.3　品種の変遷と品種解説

（1） 品種の変遷

キウイフルーツの経済品種は上述のとおりほとんどヘイワードに限定されており，他の果樹に比較してきわめて特殊な品種構成といえる．これはヘイワード種の優秀性が第一の理由である．育種技術上では雌雄異株であるため優良な雌品種間の交配が不可能で，優良遺伝子の集積が困難であることから，ヘイワード種を越える品種の育成ができていないことがあげられる．しかし栽培化されてからの歴史が浅く，かつ育種への取組みの遅れから世界的に品種改良の歴史的蓄積がきわめて少ないことが，品種育成が遅れている最も大きな理由といえよう．

（2） 日本に導入されたおもな品種

ヘイワード（Hayward）　1920年代にニュージーランド，オークランドの種苗園主Hayward Wrightによって発見された偶発実生である．樹勢はやや弱く，樹冠の広がりはやや小さい．葉は大きく表面は凹凸がみられる．花は大きく花柱は縮れたかんじになる．側花は少ないが，充実した枝では1～2花着生する．果実は大きく，広楕円形でやや扁平な形となる．果肉色は緑白で甘味，酸味はそれほど高くないがバランスが取れている．貯蔵性はとくに優れているため世界で経済栽培される唯一の品種となっている．収穫期は11月上旬で晩生である．

ブルーノ（Bruno）　1920年代にBruno Justによって発見された．樹勢はやや強

く枝は太い．花弁基部は離れ花柱は曲がりが少なく，やや斜立する．側花は多く1花序に2花着生する．果実は細長く，硬い毛じょうが密生する．果肉色は緑色が鮮やかで美しいが，甘味は中位で，酸度は高い．貯蔵性はよくない．収穫期は10月下旬である．

モンティ(Monty)　1957年にBruno Justによって発見された品種とされるが来歴は不詳の部分が多い．樹勢はやや強く枝はろう状物質で薄く覆われるため白っぽい．新しょうや若葉の表面のアントシアンの着色は少ない．しかしつぼみの表面は赤く着色する．側花は大変多い．果実は長台形で果頂部はややくぼむ．果梗は太く短い．糖酸ともに低く，貯蔵性は不良である．

アボット(Abbott)　Hayward WrightもしくはBruno Justにより1930年代に発見されたとされている．樹勢は中位で幼しょうの毛じょうが赤みを帯びるのが特徴である．枝は細いが伸長する力は強く突発枝の発生も多い．花弁は細長く周囲が縮れる．花柱は曲がりが少なく，ほとんど水平に広がる．側花は多い．果実は整った楕円形でやや小さい．軟らかく長い毛じょうが密生するが脱落しやすい．果肉色はやや黄色味を帯びた緑色．糖は高く酸は低いため食味は良好である．貯蔵性もかなりよい．

(3) 最近の品種
a．ニュージーランドにおける品種改良と新品種

ニュージーランドにおける品種改良はヘイワードの改良，ヘイワードタイプの新しい品種の選抜，それ以外のまったく新しい*Actinidia*の品種開発，両性品種や優良台木の選抜について精力的に行われている．Fergusonら(1987)はキウイフルーツはきわめて少ない選抜しか経ていないにもかかわらず栽培化された特異な果樹であり，現在の品種のほとんどが少数の植物体から選抜されたため*Actinidia*の遺伝資源のほんの少ししか利用されていないとしている．このことから種間交雑や放射線照射などによるさまざまな変異の拡大が試みられている．

具体的な成果として最近，ヘイワードの優良クローン系統であるKrammaとSillibowneが選抜された．これらはヘイワードマークや変形果(フラット，ファンとよばれる扁平な果実)の発生が少ないため，輸出規格に適合する率が高い特徴がある．またガンマ線照射によるヘイワードの突然変異個体の選抜なども試みられている．

*A. deliciosa*の偶発実生系統として，ヘイワードタイプのBrodieが発見された．この品種はヘイワードに比較して早期結実性に優れ，収量，果実の大きさ，食味(フレーバー)などでヘイワードに勝っているとされている．新しい*Actinidia*の品種としては*A. arguta*と*A. melanandra*の種間交雑で果皮が緑で果肉は赤い品種が発表されている(SealとMcNeilage，1988)．また雄品種で子房が退化しないため相当大きな果実を結ぶ突然変異系統も発見されている．

b．日本の品種改良と新品種

日本における品種改良は1970年代後半に果樹試験場安芸津支場においていくつか

の系統が選抜され比較試験が始まったが品種とはならなかった。その後研究はほとんど進んでおらず,他の公立の試験場においても取組みは遅れている。

品種としてはセイラ,香緑および信山が最近登録された。セイラおよび香緑はA. deliciosa の偶発実生である。いずれの品種も果実はやや細長く,成熟期は比較的早い。とくに香緑は糖度が高いのが特徴で,屈折計示度で20度近い果実もまれではない。この品種は香川県においてのみ,まとまった産地として栽培されている。

信山は A. arguta に A. deliciosa cv. Tomuri の花粉を交配したもので,果皮表面に毛じょうがみられず,また緑色であることが特徴である。果実は30～40gと大きくない。しかし染色体数が異なる組み合わせでも交配が可能でかつ後代に稔性のある個体が得られたことはキウイフルーツの育種手法として種間交雑が有効であることを示唆している。

c. その他の国の品種と品種改良

中国では A. chinensis の優良系統として盧山植物園の選抜した 79-1 (果心が赤),79-2 (最大果重 175g で果肉は黄色) などが注目されている。中国は野生種,自生種の宝庫であり,さまざまな形質をもった系統があると考えられているため,これらの探索と有効利用が望まれる。

イタリアにおいては子房が退化しないマツアや花粉稔性のあるヘイワードなど両性化した突然変異系統がいくつか報告されている (Rachele ら,1987)。Fatma は偶発実生であるが,ヘイワードと A. kolomicta との種間交雑種であると推定されており,耐乾性とカルシウムの過剰な土地に対して耐性が強く,果実は小さい (5cm×3cm) ものの,果肉は黄色で食味は良好で特別な風味があるとされている (Paglietta, 1987)。またオーストラリアや米国などでも A. deliciosa の選抜が行われており,いくつかの品種が紹介されている。

[末澤克彦]

文　献

1) Ferguson, A. R., Seal, A. G. and Davison, R. M. (1987), Culture Improvement, Genetics and Breeding of Kiwifruit, International Symposium on Kiwi (Abstracts), 30.
2) 湖南省桑植県農業局 (1983),紅心大果獼猴桃,中国果樹,第一期,26.
3) Liang, C. F. and Ferguson, A. R. (1984), *Guihaia*, **4**, 181-182.
4) 大垣智昭 (1983),農及園,**58**(3),389-394.
5) Paglietta, R. (1987), A new promising cultivar of MINI-KIWI, International Symposium on Kiwi (Abstracts), 33.
6) Rachele, M., et al. (1987), Observations on sub-dioeciousness and fertilization during a kiwi breeding program, International Symposium on Kiwi (Abstracts), 32.
7) Sale, P. R. (1983), Kiwifruit Culture, Government Printing Office, Wellington, 8-9.
8) Seal, A. G. and McNeilage, M. (1988), New red and green fleshed *Actinidia*, New Zealand Kiwifruit, February, 9.
9) 朱鴻雲 (1983),中華獼猴桃栽培,上海科学技術出版,45-63.
10) Zhang, J. and Beuzenberg, E. J. (1983), *New Zealand J. Bot.*, **21**, 353-355.

12.4 栽培管理

(1) 開園・植え付け
a. 樹体特性と適地条件
1) 樹体および果実特性

土壌適応性　キウイフルーツの根系は不良な土壌環境に対する抵抗性が小さい．根部を湛水条件にした場合4日程度で枯死する例，数日間で根の吸水能力が低下し葉焼けが発生する例（森永ら，1985）などが報告されており，過湿に対する抵抗力は他の果樹に比較して相当弱いといわざるをえない．

逆に乾燥に対しても弱いことが知られているが，これは蒸散量と吸水量のアンバランス，すなわち葉の展開量に対して根系の空間的拡大が遅れることが原因の一つと考えられる．とくに水田転換園など，土壌表層に比べ下層の土壌物理性が劣る場合にこのような事例が多くみられ，劣悪な土壌条件に対する根の適応力の小さいことをうかがい知ることができる．

花芽の分化と発達　キウイフルーツの花芽分化は，他の落葉果樹とは異なり，形態的には3月に行われると観察されている．結果習性はブドウやカキなどと同じで，新しょうの基部数節に果実が着生する．この果実を着生した節は生長点をもたないため，せん定は十分な注意を払う必要がある．

開花結実　キウイフルーツは虫媒花であり，訪花昆虫あるいは人工受粉による交配が必要である．雄品種の花は花粉をもつものの，子房や柱頭は退化している．雌品種は発達した子房と柱頭をもつが，花粉は退化し発芽能力がない．受精した果実は大半が結実，成熟し，生理的落果などはきわめて少ない．1果実には多数の種子が形成されるが，正常な大きさに肥大するためには約1,000粒以上の種子が必要である（福井ら，1977）．

果実肥大はダブルシグモイド型の経過をたどるが，初期肥大速度が大きいのが特徴で，第1期（開花後約40日）に成熟期に対して容積比で50％近くまで肥大する（図12.5）．

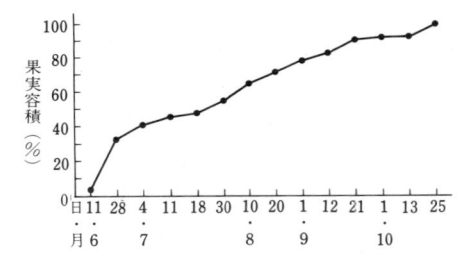

図12.5　果実肥大曲線（香川県農業試験場府中分場，1984）
品種：ヘイワード．10月25日の果実容積を100とした．

追熟　キウイフルーツはバナナと同じく果肉内にデンプンを集積するため，収穫後追熟が必要である．さらに外観は褐色で，追熟前後で果皮色の変化はみられない．

このように果実品質の良否あるいは可食適期を外観で判断することが難しいため,現在流通している果実は糖度の高いものや低いものあるいは追熟が十分なものや不十分なものが十分に整理できていないと考えられる.

2) 適地条件

気象的適地条件 キウイフルーツの収穫時期は10月下旬～11月上旬である.また葉は大きく強風に対して大変弱い.そこで西南暖地においては台風の被害を受けにくい場所を選ぶ必要がある.次にキウイフルーツの発芽は他の落葉果樹に比べ早いため,冷気のたまりやすいところなどでは晩霜害を受けることが多く,収量に大きな悪影響を及ぼす.逆に果実の充実完了以前に早霜にあうと糖度不足,貯蔵力の低下につながるため注意が必要である.

土壌的適地条件 前述したようにキウイフルーツの根系は不良土壌環境に対する抵抗力が小さいため土壌的適地条件は大変厳しいものとなる.みたすべき条件は数多いが,なかでも排水のよさを確保したい.同時に孔げき率を高く保ち,有効根域が40cm程度は確保できるような土壌改良が望まれる.水田転換園では,地下水位の季節変動が栽培性に大きく影響するため,客土などにより地下水位を高くしない処置が望まれる.

その他 キウイフルーツは平棚栽培されることが多く,諸管理の機械化の面からも,緩傾斜ないしは平坦地が望ましい.夏のかん水の必要性から,水源の確保は不可欠である.キウイフルーツの果実は,収穫後貯蔵され市場の要請などに応じて計画的に出荷される.また場合によっては追熟を必要とすることもある.このような作業を個人で行うことはさまざまな面でロスが多いため,農協などの団体を通じ組織的・集団的に栽培する必要があろう.

b. 開園方法

開園時の土壌改良 キウイフルーツは棚栽培され,根が浅く中耕などが行いにくいことから,植え付け後の土壌改良はきわめて困難である.また,棚下での作業は効率が悪く,抜本的な改良となりにくい.土壌深層までの徹底した改良を行うためにも,植え付け前に大型機械による土壌改良を実施することが望ましい.

転換園の問題点と留意点 ミカン園転換の場合,腐植含量が少なく,物理性が劣悪である場合が多い.したがって完熟たい肥の施用と深耕が必要となる.また階段畑では平棚架設のための地形改良も必要となろう.水田転換園の場合,地下水位を下げるための砂質土壌の客土,心土の破砕,排水溝の設置に留意したい.

c. 植え付け

植え付け方法 土壌改良後,植え穴には完熟たい肥,石灰,溶リンなどを適宜施用し,資材と土を約1カ月程度十分になじませる.植え穴は大きいほどよいが,土壌改良を園地造成時に行っている場合はあまり大きくなくてもよい.植え付けは休眠期に行うが,根と土のなじみをよくする点からも,11～12月に植え付ける方がよい.植え付け後は十分にかん水し,土と根とを密着させる.

植え付け本数と雄樹の混植 植え付け本数は,10a当たり33本程度を基本とす

るところが多い。しかし，この密度では樹勢が落ちつかない園地も多い。そこで，やや樹冠を拡大し，10a当たり10～20本程度の栽植密度を一応の基準としたい。植え付け当初は2倍程度の計画密植を行い，順次間伐する。

雄樹は人工受粉をする場合は，本数を少なくし，園地の一部に集中させる。面積的には10a当たり約0.5a程度で十分である。虫媒受粉にする場合，混植率を高める必要があるが，訪花昆虫の行動からして，雄花を薄く均一に配置したい。そこで雌株の主枝，亜主枝，側枝などの先端部に数カ所ずつ高接ぎを行う。雄枝を瓶などに水挿しして，棚下につるす方法も考えられる。

(2) 整枝・せん定
a. 整枝・せん定の考え方

キウイフルーツ導入から一定の時間が経過し，成木化した園地も多くなってきた。しかし，収量の伸び悩み(ないしは低下傾向)，貯蔵性や品質の低下などさまざまな問題が増えてきつつある。この原因の一つとして，整枝・せん定が樹勢調節技術の一環としてとらえられていないことがあげられる。整枝・せん定を機械的に行い，主枝や亜主枝の枝振りを整えることのみと考えていないだろうか。

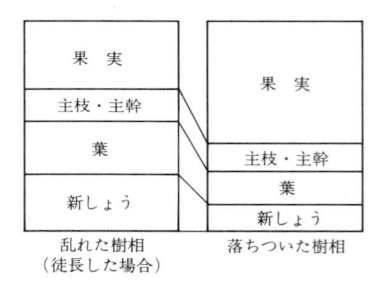

図12.6 樹相と光合成産物の分配割合（模式図）

生理的落果がきわめて少ないキウイフルーツといえども，果実生産は生殖生長と栄養生長の適正なバランスの上に成り立つ（図12.6）。すなわち，整枝・せん定は樹体の生長力を上手にコントロールし，過度な栄養生長あるいは生殖生長を防ぐことがその最大の目的である。樹勢が強いと判断された場合は樹冠拡大をはかりせん定程度を弱くする。逆に弱くなったと判断されたら，切り込んで樹勢を戻すなど樹勢，樹相に応じた整枝・せん定が必要である。

b. 整枝法

キウイフルーツの仕立て方は，ニュージーランドではTバー方法が一般的である。しかし日本の気象条件とほ場条件を考慮すると，平棚仕立てが最も有利な方式であろう。

植え付け時の整枝法 植え付け時には苗木の充実した芽のところまで切り返し，強い新しょうの発生を促す。発生してきた新しょうは1本にし，棚に添わせ主枝候補とする。1年目はこの主枝候補をできる限り長く伸ばすようにする。副しょうは，第

2主枝候補枝以外は，あまり多く残さない．とくに棚上の屈曲部で主枝先端を衰弱させるような強い副しょうは捻枝，摘心などを加え，十分に管理する．

幼木の整枝　幼木は樹冠のスムーズな拡大をはかるため，主幹や主枝基部からの徒長枝をかきとる．また，主枝基部に近い側枝は強大化しないよう，小さめのものを選ぶと同時に，主幹方向へ誘引（返し枝）する．このような枝の切り返しはできる限り軽くする．

若木の整枝　若木の整枝は，樹勢の安定をはかるとともに，亜主枝を整然と配置することが重要である．側枝のなかから適当なものを選び，亜主枝候補として徐々に大きくする．この場合，第1亜主枝は主枝分岐点から少なくとも1m以上の距離をとる．計画密植している場合は樹冠が重なり合わないうちに間伐を行う．

成木の整枝　成木の整枝は適正な樹勢の維持と，樹冠の若返りが目的となる．適正な樹冠面積は，土壌条件や樹体個々の性質などで異なる．新しょうが伸びすぎる場合は，たとえ永久樹であっても適宜間伐を行い，樹冠の拡大をはかる．また側枝が長大化し，亜主枝と区別がつきにくくなるため，突発枝を利用して側枝を更新する．

c．せん定法

せん定技術は樹勢をコントロールする最も重要なものである．この技術は樹勢の強弱を判断することが前提条件となる．

優良な結果母枝　充実した母枝は芽の膨みが大きく，黒みを帯びてつやがある．中心の髄の部分は小さく全体にしまったかんじがする．基部の太さは1.5cm前後で，できれば自己摘心して先端まで揃って太いものがよい．逆に充実不良の母枝は芽の膨みが小さく，毛じょうが残り，つやがない．髄も大きく節間は長い．

充実不良の母枝は発芽率が劣るだけでなく花芽着生数が少なく，奇形果率も高い．またこのような枝の花らいには花腐れ細菌病の発生率が高いことが報告されている（衣川ら，1989）．

結果母枝，残存芽数の密度　結果母枝は樹勢が中庸な樹体の場合，3〜4本/m²程度，1母枝当たりの芽数が3〜4芽として，平均残存芽数は10〜15芽/m²程度となろう（表12.1）．樹勢が強い場合は，全体としてのせん定強度を弱く（当年生長量の60%前後をせん除）すると同時に，残存芽数は8〜10芽/m²程度とする．樹冠内部の突発枝は側枝更新用のものを除いてできるだけ残さないようにし，結果母枝は弱〜中果枝を強めに切り返したものを利用する．樹冠外縁部に近い突発枝は強い結果母枝を残し

表12.1　適正な葉面積指数に対応した枝数（概算）（香川県農業試験場府中分場，1984）

平均新しょう長 (cm)	本　数 (本/10a)	枝　長　別　本　数　(本/10a)					
		0〜50cm	51〜100	101〜150	151〜200	200〜300	300以上
60	14,000	7,400	4,700	1,200	300	400	0
90	12,000	5,200	3,500	1,500	600	700	500
120	10,000	2,600	2,800	1,500	1,900	400	800
150	8,500	1,500	2,500	1,200	1,800	500	1,000

LAI=2.85と仮定．

切り返しも軽く（場合によっては 30〜40 芽近く残す）する．

側枝更新と予備枝の配置　キウイフルーツの結果習性から，結果部位は年々先へ移動する．場合によっては亜主枝のようになってしまうことも多い．このような枝を若返らせ，コンパクトにするためには，側枝基部から発生する突発枝に誘引，摘心を加え充実を図る．翌冬この部分まで切り返し，側枝を更新する．更新の時期は 3〜4 年に 1 回をめどとする．しかし，おもに中短果枝を結果母枝としてきた側枝では更新をもう少し遅らせてもよい．

（3）新しょう管理
a．新しょう管理と果実品質

高品質果実とは，糖度が高く，果肉色が濃く貯蔵力のある果実であるといえる．高品質になるか否かはいかに結果枝や果実に多く日をあてるかで決定される．枝に対する光不足は落葉を招き，また着生している葉も十分な光合成能力を発揮できない．キウイフルーツの糖分のもととなるデンプンは 7〜10 月にかけて連続的に蓄積されるため（福家ら，1982），収穫期直前だけ枝の整理を行っても効果は少ない．果実の生育期間を通じて，十分な枝管理を行い，棚面を明るく（葉面積指数で 2.7 程度）保つこと（末澤ら，1985）が均質で高品質な果実生産の基本となる（図 12.7）．

図 12.7　明るく十分に管理された園

b．芽かき，誘引，摘心

キウイフルーツは突発枝が発生しやすいため，新しょうの生育期間を通して不要な枝を除く必要がある．主枝の背面や分岐部，主幹部，亜主枝の基部，冬に大きくせん除した部分などでは 10 m に近い長大な枝となる可能性があるので注意したい．

花腐れ細菌病の多発園や風による新しょうの折損被害の多い場所は芽を多く残しがちとなる．このような園では 4 月下旬〜5 月中旬にかけて枝あるいは母枝単位で"せん定"すると，残った枝の充実や当年の果実肥大，品質改善が期待できる．

誘引は 4 月下旬から母枝先端の結果枝など強く伸びる枝から順に開始する．発芽が遅れる突発枝は 5 月上旬から始める．樹型構成上の骨格枝は新しょう基部が硬化しない早い時期に誘引し，風で折れないようにする．枝基部が硬化してからの誘引は捻枝を併用する．

摘心はある程度勢力が弱りつつある新しょうについて行うと巻き付きが防止できる．しかし強く伸びつつある新しょうに摘心を加えると多くの副しょうが発生し，かえって逆効果となる場合もある．

c．夏期せん定

夏期せん定は必ずしも必要な作業ではない．せん除を要する無駄な枝や葉を作ることと，十分な光合成をさせずに切り捨てることの両方で物質生産上大きなロスとなる．したがって夏期せん定を必要とする園は本来的には冬のせん定や施肥管理に問題がある．頻繁な夏期せん定が必要な園ほど収量は少なく果実品質は不良で小果となる．根本的には夏期せん定を必要としないような樹勢や枝の配置を考えるべきである．やむをえず夏期せん定を行う場合，まず突発枝を基部からせん除する．強い結果母枝の先端や基部から発生する徒長枝的な新しょうは果実着生節の直上もしくは数節上でせん除し，残ったえき芽は副しょう発生防止のためそぎ取る．

（4） 樹相診断

目標とする樹相　キウイフルーツの望ましい樹相は他の落葉果樹同様できるだけ展葉が早いことと，新しょうの伸長停止が早いことなどである（表12.2）．現地の事例

表12.2 キウイフルーツの好適樹相

項　　　目	内　　　容
棚面の明るさ	葉面積指数で2.8前後，相対照度で7月下旬に5％程度．棚下にちらちらと木漏れ日が落ち，下草が生える程度．
落　葉　率	収穫期まで新しょう基部の発生葉が残る．全体的には5％以下が好ましい．
せん定後の芽数	1m²当たり10～15芽．3～5芽の結果母枝が2～3本．
結果母枝の発芽率	70％以上．
新 し ょ う 長	大半が30～100cmとなること．
平 均 葉 面 積	1枚当たり150cm²．葉幅が14～15cm．
新しょう伸長停止期	80％の結果枝が6月上旬に自己摘心．突発枝は7月中旬に伸長停止．
結　果　量	葉果比で6程度，1m²当たり25～30果．
平 均 果 実 重	L級以上．
平均果実糖度	ヘイワード15％以上．香緑17％以上．

の多くは施肥過多，間伐の遅れなどから徒長的で枝や果実の充実不良であることが多い．

診断の方法と管理へのフィードバック　落葉率，結果量，平均新しょう長，母枝密度などはほ場の平均的な部分を選び1～2m²の枠を設定してそのなかを調査する．新しょう伸長停止期や葉の大きさは農家でも簡単に判断できる．これらの診断はただ

結果が出ればよいものではなく，整枝・せん定，間伐，施肥，摘果など諸管理にフィードバックされて初めて意味をもつ．

(5) 結実管理
a. 受　粉

すでに述べたとおり，キウイフルーツの果実は1果当たりの種子数が多いほど大果となる．受粉の方法はミツバチによる方法も考えられるが，天候や果実のばらつきを小さくすることを考え合わせると人工受粉が最も確実であろう．

花粉の採取は開花直前のつぼみを採取し，採やく器などを利用してやくを集め，24～25℃で一昼夜かけて開やくさせる．これを80メッシュ程度のふるいにかけ花粉を集める．増量は受粉前に行う．増量剤は染色した石松子などを使用し，約10倍程度に増量する．

受粉は小型のポーレンダスターなどで柱頭全体にむらなく吹きつける．雌花の受精能力は開花後4日間であるが，できれば花弁が褐変し始めるまでに受粉する．受粉の回数は3分咲き期と満開期前と後の3回程度は行いたい．

b. 摘らい・摘果

大玉果生産の基本条件　　キウイフルーツの果実肥大は基本的には1果実当たりの葉面積の多少により決定される(末澤ら，1986)．枝の強弱，樹勢などで肥大程度は若干相違するものの，できるだけ早期に摘らい・摘果を行い着果量を制限するとともに，夏枝の遅伸びを防いで果実との養分競合を小さくすることが必要である（図12.8）．

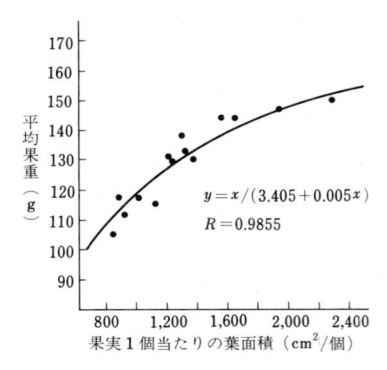

図12.8　着果量と平均果重の関係
(末澤ら，1986)

$y = x/(3.405 + 0.005x)$
$R = 0.9855$

摘らい　　キウイフルーツの果実は時別な場合を除いて，受粉が完全であれば生理的な落果はきわめて少ない．そこで，結果量の調節はおもに摘らいで行う．具体的には5月上中旬に結果枝基部の奇形花らい，側花らいを除き，正常な形の中心花らいを40らい/m²程度にする．弱小な枝の花らいはできるだけ早めに除いてしまう．発芽の遅れた突発枝にもたまに花らいがみられるが，これらはすべて摘らいする．

摘果　　摘果は早いほど効果が高いが，果実の形や受粉の良否が確認できる時期を考慮して数回に分けて行うのがよい．開花1週間後頃に35個/m²程度に粗摘果してお

き，その後果形などが確認できしだい順次 25～30 個/m² に仕上げる．最終の葉果比は成葉で 5～6 枚に 1 果程度とする．　　　　　　　　　　　　　　　　　[末澤克彦]

文　献

1) 福家洋子，松岡博厚 (1982)，日食工誌，**29**(11), 642-648.
2) 福井正夫，森　善四郎，横関義真(1977)，香川県農業試験場府中分場昭和 52 年度果樹試験成績，103-106.
3) 衣川　勝，大熊正寛 (1989)，香川農試研報，**40**, 31-35.
4) 森永邦久，池田富喜夫 (1985)，園学要旨，昭 60 春，44-45.
5) 末澤克彦，土居新一 (1985)，香川農試研報，**37**, 48-54.
6) 末澤克彦，土居新一 (1986)，香川農試研報，**38**, 30-37.

12.5　出　荷

(1)　出荷の現況

　わが国のキウイフルーツはおもに 12～5 月にかけて出荷され，販売されている．キウイフルーツは長期貯蔵が可能なため，連続した出荷で安定した消費が望めるものと思われていたが，果実の貯蔵性や貯蔵病害の発生が年次や産地の違いによって大きく異なるため，長期に連続した出荷のできる産地は少なくなってきている．
　キウイフルーツの 90 % が市場を経て販売されるため，ここ数年前までは，硬い果実での出荷が市場側から指導され，この結果として，小売から消費段階での可食適期の把握が不十分であったが，ここ数年，キウイフルーツの大衆化に伴って大口の消費が多くなり，可食適熟の果実が要望されてきている．生産者段階では，軟らかい果実から順次点検をして出荷する方式が多くなっている．一流産地では適地を含めた栽培方法の良否や貯蔵性の違いによってランク分けを行い，園地を区別して出荷している産地もある．

(2)　出荷適期

　適熟果での出荷が要望されてくるに従い，産地では貯蔵庫内での自然追熟果，追熟処理を行った果実が出荷されるようになってきた．しかしながら軟化果での出荷が増すほど，腐敗果や過熟果の発生割合も多くなり，流通～消費段階での不評をかっている．今後，適熟果の出荷法についての検討が必要であるが，現況下では，果実硬度で 1.5 kg 前後，糖度 14 % 以上で，果肉の緑色がエメラルドグリーンで美しい状態の果実が適熟果の出荷条件と思われる．このような果実であれば急激な品質変化は少なく，出庫後の日持ち性もよい．

(3)　出荷規格

　キウイフルーツの出荷規格は，1980 年に日園連で設定され，その後の全国的な植栽に伴い，1987 年 3 月 2 日付けで，全国標準規格の設定が農林水産省から通達された．

その規格の内容は次のとおりである．

適用品種はヘイワード種，等級基準は秀と優の2等級に簡素化され，その内容は形状，日焼け，毛じょう，病害虫，傷害，汚染，縦傷，その他の欠点で区分けされている．果実の大小は3L～2Sの6段階で，それぞれ1箱(3.6 kg詰め)当たり24個～39個，145 g以上から75 g以上85 g未満までとなっている．また包装基準は箱の大きさや内装資材としてのパックの形状が決められ，量目として，3.6 kg詰めのほかに，10

表12.3　1果の等級基準(農林水産省，1987)

等級基準	秀	優
形　　　状	品種固有の形状を有し秀でたもの	品種固有の形状を有し優良なもの
日　焼　け	目立たないもの	はなはだしくないもの
毛じょう	脱落が目立たないもの	脱落がはなはだしくないもの
病　虫　害	被害のないもの	軽微なもの
傷　　　害	切傷・刺傷・圧傷・風傷がほとんど認められないもの	軽微なもの
汚　　　染	目立たないもの	はなはだしくないもの
縦　　　傷	目立たないもの	はなはだしくないもの
その他の欠点	ほとんどないもの	はなはだしくないもの

1果の等級基準は上記のとおりとするが，欠点の度合によっては若干の伸縮を許容し，複数の欠点を有するものはそれらを総合して，等級を判定するものとする．

表12.4　大小基準(階級規格)(農林水産省，1987)

大きさの呼称区分	1箱の個数	1果の基準重量(g)
3L	24	145 以上
2L	27	130 以上 140 未満
L	30	115 以上 130 未満
M	33	100 以上 115 未満
S	36	85 以上 100 未満
2S	39	75 以上 85 未満

160g以上は4L，65～75gは3Sとして出荷することができる．

kg詰めも基準として設けることができるようになっている．外装には品種名，等級，個数，または量目，出荷者名または商標を表示するようになっている(表12.3，12.4)．

(4) 選果，荷造り

キウイフルーツの大半は低温貯蔵され，販売計画にしたがって出庫され，選果荷造りされる．選果は果実に傷をつけないために重量選果機が用いられている．選果能力は施設の型式によっても異なるが，1条型で6～8 tの処理能力があり，一般的には2～4条型が用いられている．果実の選果は出荷規格によって区分されるが，写真の図示によってわかりやすく選果するように工夫されている県もある．また果形の扁平度を扁平率ゲージで測定している愛媛県の例もある．荷造りは3.6 kg詰めのダンボール

にパック詰めされているが，この集出荷荷造り経費は1 kg当たり105円（愛媛青果連調査）と割高であるため，10 kg詰めのばら詰めダンボールによる出荷が増えてきている．また追熟を施した適熟果での出荷が要望されてきているため，モールドパックの利用試験も行われてきている．キウイフルーツの価格の低下に伴い，より簡素な荷造りと荷姿が要求されている．

（5）追　　熟

キウイフルーツの消費拡大のためには適熟果での出荷がぜひとも必要である．果実は貯蔵中に自然追熟をするが，園地，産地，年次の違いによって追熟のスピードが異なる．このため自然追熟を待っていたのでは計画販売が不可能になる．人工的な追熟処理として，高温下でのエチレン処理が一般的で，エチレンとしてはエチレンシーブ，エチレンガス，エチレンガス発生剤，リンゴなどの混入で行われており，濃度は5 ppm以上であれば十分とされている．温度は20℃前後を適温とし，8～12時間のエチレン処理と，その後の高温の保持によって追熟しているが，軟腐症の発生などから15℃ぐらいの温度で追熟せざるをえない産地もある．追熟スピードは1果ずつ，すべて異なり，また貯蔵期間が長くなるほど早くなるため，果実をよく確かめながら行う必要が

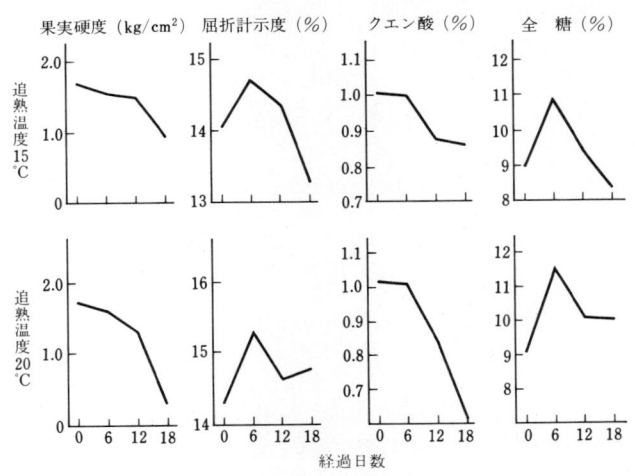

図12.9　出庫後の経過日数と果実品質変化の関係（3月3日出庫）
（真子，1982）

ある．今後，貯蔵～追熟時にかけて軟腐症などの発生を防止できないとすれば，流通から消費段階にかけて大問題となる．このため，果実の特性に応じて，貯蔵温度を変えて，自然追熟果で出荷する方法の確立が重要となる（図12.9）．

12.6 貯　　蔵

(1) 栽培条件と果実の貯蔵性

　果実の貯蔵性の90％は収穫前の果実環境や栽培方法を反映した果実の性状によって決まると一般的にいわれている．立地条件としては，耕土が深く，排水良好な，日照時間の長い園の果実が貯蔵性に富む．耕土が浅いと乾燥と滞水のくり返し，多肥栽培とが重なり，貯蔵性はしだいに低下する．とくに水田からの転換園はこの傾向が強く，また園内の高湿条件とが重なって，軟腐症などの貯蔵病害の発生が多くなる．日照条件が悪く，さらに園内が葉面積指数の高まりによって低照度になると，果実は生育期間を通して充実不足の状態で生育し，糖度は低く，果肉色は淡緑色となり，貯蔵中の果実品質の低下が早い．また低照度は高湿度に経過することを意味するため，花腐れ細菌病や果実の軟腐症の発生を多くし，貯蔵から出庫，消費段階にかけての軟腐症の発生は価格形成に大きな影響を及ぼしている．土壌管理面では，多かん水と多肥による肥大促進の結果としての果実の貯蔵性の低下，カリ不足により品質および貯蔵性の低下などが報告されている．貯蔵性に富む果実とは棚下で5～10％の相対照度が保持され，果実表面は茶～褐色の強い，丸みを帯びた100～120gぐらいの果実で，果実硬度が3.5 kg/cm²以上の値を示す果肉の緑色の濃い果実ということができ，軟腐症などの病原菌の密度が低いことが前提である（図12.10）．

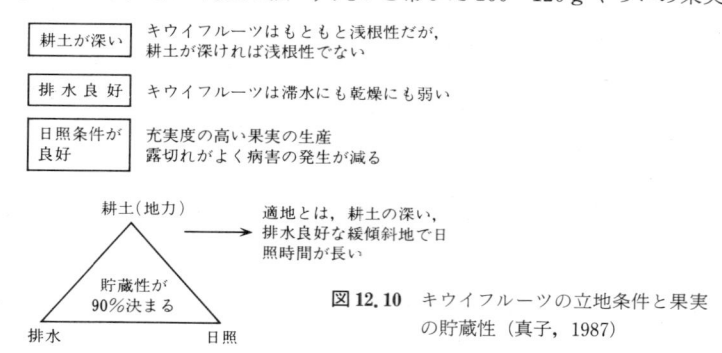

図12.10　キウイフルーツの立地条件と果実の貯蔵性（真子，1987）

(2) 収穫時期と果実の貯蔵性

　キウイフルーツの収穫適期は外観変化ではつかむことができないため，内容成分や生理変化から調査され，デンプン含量が最高値を示し，平行状態からやや低下し始め，果汁中の屈折計示度が7％前後を示す時期であるとされている．この時期は品種や年次，産地の違いによって異なり，年次間では約1カ月の差があるといわれている．収穫時期と果実の貯蔵性との検討が行われており，適期収穫果で貯蔵中の果実硬度は高く保持され，この時期よりも早くても遅くても果実硬度は低下するといわれている．

また一方,収穫時期としては遅い12月の収穫で,貯蔵中の軟化果の発生も少なく,糖度も高いといった成績もある.いずれにしても果実の軟化に最も影響を及ぼす軟腐症の病原菌の密度が考慮されていないため,このような成績を示すものと考えられる.労力面からすれば,屈折計示度で7〜9%になった果実を,快晴の日の気温の低い午前中の早い時期に収穫して,なるべく早く低温貯蔵庫に入庫したい.1〜2℃の低温貯蔵庫に入庫しても果実温が所定の温度になるには2〜4日を要するため,低いうちに,しかも早く入庫するにこしたことはない.

(3) 貯蔵温湿度条件

果実の鮮度保持のためには低温ほど望ましいが,これも低温障害が発生しないことが前提になる.これまで貯蔵温度については,凍結温度よりやや高い0〜1℃がよいというニュージーランドの成績をもとに検討されてきた.この結果,わが国では1〜2℃の温度が実用上適温とされ,全国的に普及している.しかしながら地域によっては低温障害の様相を示すことも明らかにされてきている.実際的には追熟過程に入らないような温度で,しかも貯蔵期間の長短によって決定すべきで,このことが貯蔵経費の点でも考慮されるべきである.

貯蔵湿度については,果実からの蒸散を生じさせないような相対湿度が望ましく,

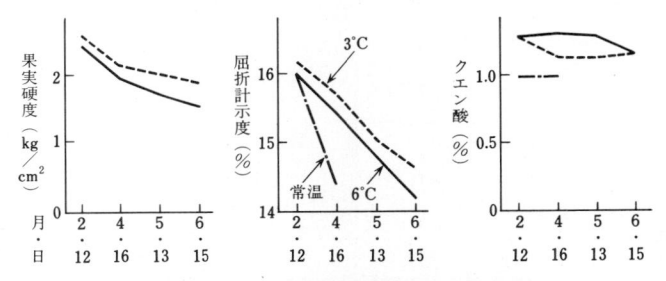

図12.11 貯蔵温度と貯蔵中の果実品質変化との関係(真子,1982)

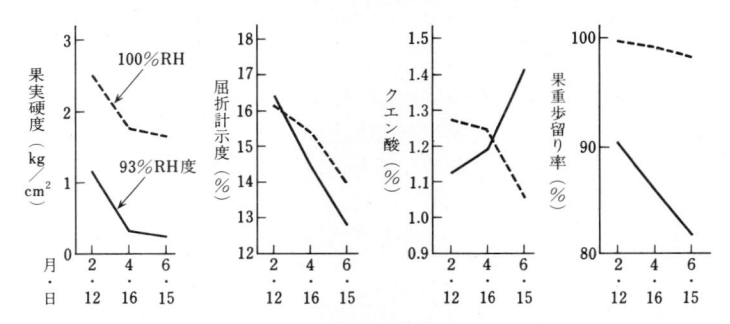

図12.12 貯蔵中の湿度の違いが果実品質変化に及ぼす影響(5〜6℃)
(真子,1982)

一般的には 95％RH 以上の湿度が望ましい．このような高湿条件を低温貯蔵庫で，しかも均一に保持することはかなり困難である．このようなことから，ビニル包装による湿度保持が一般的となっている．ポリエチレンフィルムの 0.02～0.05 mm 厚が用いられ，3.6 kg の出荷箱，または 10～15 kg 入のコンテナに使われている．フィルムを利用した貯蔵では，庫内湿度は 80％RH 以上あればよく，裸果の貯蔵では加湿機を用いて高湿条件を保持する必要がある（図 12.11, 12.12）．

（4）貯蔵方法

現在行われている貯蔵方法には，ミカンの常温貯蔵庫を利用した 2～3 カ月の短期貯蔵，3～5℃で貯蔵する低温中期貯蔵，1～2℃で 6～7 カ月間貯蔵する低温長期貯蔵と，大谷石採石跡地や鉄道などの廃トンネルを利用した省エネ貯蔵などが実用化されている．さらに長期の貯蔵法として，CA 貯蔵が試験され，その効果も認められてきている（表 12.5）．

表 12.5　キウイフルーツの貯蔵方法と特色（真子，1987）

貯蔵法	貯蔵期間	貯蔵条件	特色と貯蔵効果をあげる手だて
常温（短期）	2～3 カ月	1～10℃ 100％RH	①貯蔵前の低温処理（20日）で期間延長可．②温度の日変化が少ない貯蔵庫．③土壁式で良好．④−1℃以下にしない．⑤日当たりのよい果実．
低温（中期）	4～5 カ月	5±2℃ 100％RH	①簡易低温貯蔵庫．②温度の精度を高くする．③循環送風で庫内温湿度の均一化．④入庫率を 15％以下にする．
低温（長期）	6～7 カ月	1～2℃ 100％RH	①循環送風による庫内温湿度の均一化．②風の通り道．③パレットの間隔をとる．④果実厳選の徹底．⑤貯蔵性に富む果実の生産．
省エネ貯蔵 大谷石岩盤	2～6 カ月	1～10℃ 100％RH 設定可	①貯蔵性に富む果実の適期収穫．②低温輸送する．③追熟も可．
鉄道などの トンネル	2～5 カ月	1～10℃ 100％RH （常温より 2 度低い）	①常温より約 1 カ月ぐらい長くもつ．②交通の便のよいこと．市場に近いこと．③貯蔵庫としての施設化，安全の確認．

これらの貯蔵法とともに鮮度保持剤として，エチレンガス吸着剤が利用されている．吸着剤の利用によって貯蔵中の果実硬度は高く保持され，軟腐症の発生も少なく，果汁成分含量の保持もよいが，吸着剤を使っても軟化を抑制することができない産地が多くなってきており，吸着剤を利用しなくてもよいような，貯蔵性に富む果実生産が重要である．

12.7　加　　工

キウイフルーツの急激な生産，輸入量の増加はこれと同様の消費量の増加が見込め

12.7 加工

ないかぎり価格は低下する．ここ1～2年の価格の低下は，キウイフルーツも普通の果実になってしまったかといったかんじがする．当然のことながら，消費拡大策として，加工品への期待が大きくなってきている．果肉のエメラルドグリーン，高糖，適酸度，ビタミンCの豊富さ，タンパク分解酵素に富むことなど，加工製品の開発にとって特異的な性質を有している．果肉色の変化といったデメリットもあるが，価格の低下に伴って，むしろ加工品としての再出発が望まれる．

(1) 果実成分

キウイフルーツは収穫後の追熟とともにデンプンが分解され全糖含量が高くなり，12～17％のブリックス値を示す．この時期以降が加工適期でもある．酸度は適熟期で1％前後の値を示し，クエン酸，キナ酸，リンゴ酸がおもなもので，収穫時期以降はクエン酸含量の割合が高い．キナ酸は特有の酸でもある．

成熟に伴い，果実は良好な芳香を示すようになり，全ペクチンのなかで水溶性ペクチンの含量が高くなり，軟化する．この軟らかさが，ジャムなどのテクスチャーに影響する．ビタミンCは50～100 mg％を示し，産地，年次，貯蔵期間によって異なる．タンパク分解酵素アクチニジンの含量が高く，手袋を着用しないと，傷口がいたむ場合が多い．このプロテアーゼ活性は熟度の進んだ果実で強く，果心部より果肉部に多いといわれている．

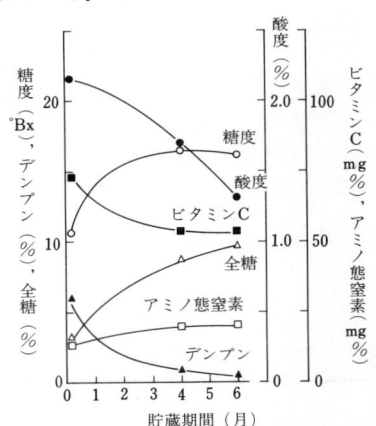

図12.13 冷蔵貯蔵中の成分変化
(丹原，1988)

このようにキウイフルーツは収穫から貯蔵中にかけての成分変化が大きいため，これらの変化をよくつかんで加工することが大切である（図12.13）．

(2) 加工技術

加工技術については食品工業関係の団体や研究所で近年盛んに行われるようになり，毛茸の除去，はく皮，搾汁，種子の除去など，キウイフルーツ独特の技術確立がはかられつつある．はく皮法としてはアルカリはく皮法が一般的であり，効率的であ

る．その他ナイフによる手作業，表面凍結，全果凍結法などが比較検討されている．

　缶詰や瓶詰用として，全果，半裁，スライスの形でシロップ漬けにされる．ヨーグルトやアイスクリーム類，デザートの素材として利用される場合が多く，20％のブリックス値ぐらいが望ましく，果実は果心部は軟らかく，果肉は比較的硬い状態のものがよく，加熱によりフレーバーの変質を少なくするため冷凍保管が望ましい．

　果汁を利用した加工品としてはピューレー，混濁果汁，透明果汁の3種が考えられている．これらの製品を可能にするための圧搾機，搾汁機，濾過法，沈殿防止法，粘度調節法などが検討されてきている．いずれも緑色の退色防止やフレーバーの保持が重要な課題となっている．

(3)　加工製品と家庭での利用

　ニュージーランドでの加工品のおもなものはスライス缶詰と冷凍果肉であり，年々増産されている．日本では統計上の数値は明らかでなく，ヨーグルトやアイスクリームに用いられる冷凍果肉が多いといわれている．このほかにジャム類，フルーツレザー，凍結乾燥品，ネクター，ドリンクなどの果実飲料，炭酸飲料，菓子類，リキュール類，ワインなどが検討され，製品化されてきているが，キウイの加工適性，価格，製造技術，流通，販売条件などの幅広い検討が必要である．

　キウイフルーツは生果としての利用のほかに料理素材としての利用価値が高く，料理の彩り（エメラルドグリーン），含有成分（プロテアーゼ，ビタミンC）などの点から果菜的な利用が可能である．料理法としてよく紹介されているものに，サラダ，肉料理，カレーライス，豚肉とのホイル焼，あえもの，車エビとの炒め，白身魚の甘酢かけ，魚介類とのカクテルなどがある．また家庭で簡単にできる加工法として，スライス，果肉汁，丸ごとの冷凍，ジャム，シャーベット，乾燥キウイ，ジュース，キウイフルーツ酒やワインなどがあり，日本酒にもよく合う．　　　　　　　　　　［真子正史］

文　　献

1) 福家洋子，松岡博厚 (1982)，日食工誌，**29**(11)，642-648.
2) Lodge, N.(1987), Horticultural Processing Bulletin (Kiwifruit Processing), 64-75, DSIR, New Zealand.
3) 真子正史 (1987)，農及園，**7**，51-58，**8**，63-68，**9**，65-70，**10**，69-71.
4) Sale, R. R.(1983), Kiwifruit Culture, 67-93, MAF, New Zealand.
5) 沢登晴雄 (1983)，キウイフルーツのつくり方，189-199，農文協．
6) 田中喜久 (1986)，愛知農試研報，**18**，135-243.
7) 丹原克則 (1988)，キウイフルーツ百科，198-267，愛媛県青果農業協同組合連合会．

12.8　病　　害

a．かいよう病

　1980年頃から静岡県や神奈川県で発生し始め，しだいに他の県にも広がっている．

米国のカリフォルニア州でも類似の病害の発生が報告されている．

診断 枝幹，新しょう，葉，つぼみ，花に発生する．枝幹部では，2月中旬以降に粘質の細菌液が水滴状に滲出して，後には暗赤色に変色した樹液が溢出するようになる．罹病枝は発芽しないか，発芽しても4～5月頃に萎凋，枯死する．赤褐色やさび色の樹液は，凍寒害やキクイムシの加害を受けても発生することがある．

伸長中の新しょうの先端部が感染すると，水浸状～黒色になり，亀裂を生じて萎凋・枯死する．

葉では，新しょうが10～15 cm程度伸びた頃径2～3 mmの不整形の褐色斑点で周囲に明瞭なハローを伴った病斑を形成する．4～5月が湿潤なときには，ハローを伴わない大型の急性型病斑になる．4～6月が発病の最盛期で，梅雨が明ければ発病しなくなる．葉の病斑が本病の目安になるが，他の菌などによっても類似の病状を生じるので，枝幹部の発病の観察や病原細菌の分離による診断が必要である．

病原菌 *Pseudomonas syringae* pv. *actinidiae* Takikawa, Serizawa, Ichikawa, Tsuyumu and Goto

ウメやスモモなどの核果類かいよう病菌と細菌学的性質が類似していたことから，当初 *P. syringae* pv. *morsprunorum* の一系統と分類されたが，病原性や抗原性が異なることから変更された．日本に自生しているキウイフルーツと同属のサルナシやマタタビにも病原性を有し，同様な病斑を形成する．

伝染経路 葉の発病が多くなると，その翌年頃から枝幹部に発病するようになる．葉の病斑内の病原菌は，夏期には減少するが秋には再び増加し，枝などの傷口やせん定切り口などに潜在感染する．枝幹部で増殖した病原細菌は菌泥となって溢出し，強風雨によって広範囲に飛散し，新しょうや葉に伝染する．成熟前の葉では気孔や水孔から容易に感染するが，展開した葉や枝幹部では傷口から感染する．枝の感染は9月から翌年の2月で，発芽が始まると感染しなくなる．発病園から採取した穂木や発病園内で作った苗木で発病が広がった例が多い．せん定ばさみによっても伝染する．

多発条件 ①風当たりの強い所，②くぼ地など寒気の停滞する所，③窒素過多による登熟不十分な枝しょう，④冬季の低温が厳しい年．

防除 薬剤防除：枝幹部の発病樹では，樹幹注入処理として収穫後落葉前の11月中下旬に樹幹下部にドリルで穴をあけ，注入装置を用いてストレプトマイシン剤やカスガマイシン剤を注入する（注入量(l)＝2＋0.1×棚上の樹冠面積(m^2））．主幹が分岐していたり，主枝などが切断されていたりする樹では，薬液の分布が不均一になるので効果が不十分であったり，薬害を生じたりする．薬剤散布は果実収穫後の11月中下旬，せん定直後の1月～2月上旬および発芽前にそれぞれ1回銅剤，発芽後～梅雨明けまでに2～3回ストレプトマイシン剤かカスガマイシン剤を散布する．重症樹には樹幹注入処理と薬剤散布との併用が効果的である．ストレプトマイシン剤やカスガマイシン剤の連続使用は耐性菌を発生させるので避ける．

耕種的防除：防風施設の完備，枝幹部の防寒，過剰施肥を避けた適正肥培管理，汚染せん定ばさみのエタノールによる消毒，せん定切り口への切り口癒合剤の塗布．

b．花腐細菌病

本病は1984年に長崎県で最初に発見されたが，その後数年にしてほぼ全栽培地域に発生するようになった．ニュージーランドにおいても問題になっている．

診断　開花期前後の花らいや花器に発生する．花器の雌ずいや雄ずいが黒褐変するのが特徴的で，激しい場合は花弁も褐変して十分に開かない．雄ずいや子房，花器の基部などが侵されるため，受粉できずに落下する．落下しなくても，受粉が不十分であるため子房部分の肥大が悪く，勾玉状の奇形果や小玉果になる．

病原菌　*Pseudomonas syringae* pv. undetermined, *P. viridiflava* (Burkholder) Dowson, *P. marginalis* pv. *marginalis* (Brown) Stevens

前者が主であるが，後二者によっても同様な症状で発病する．サルナシにも同様な病原菌による花腐細菌病が存在する．ニュージーランドでは *P. viridiflava* によってのみ発生し，日本と若干様相が異なる．

伝染経路　新葉叢生期の4月中旬頃から外観上健全な枝芽や花らい部で病原細菌の密度が高まってくる．花らい肥大後期以降の降雨によって病原細菌密度が著しく増加し，がくの裂開後〜花弁出現期の降雨によって病原菌が花器内部に侵入する．感染したやくや柱頭は2〜3日で黒褐変する．

多発条件　①がく裂開期〜開花期の降雨，②枝数が多く，棚下への光線透過の悪い園，③防風垣根際などの風通しの悪い所，④多肥などによる徒長枝が多い園．

防除　薬剤防除：　発芽初期に銅剤を散布し，花らい肥大期とがく裂開期（花弁出現初期）にストレプトマイシン剤，ストレプトマイシン・テラマイシン剤やカスガマイシン剤などを2〜3回散布する．とくに，がく裂開期の防除が重要である．

耕種的防除：　開花期前後の徒長枝の発生は花らいの乾きを悪くする．徒長枝の発生を少なくするよう多肥を避ける．また，通風をよくするよう，防風垣根の手入れを行う．新葉叢生期〜開花終了の期間の簡易雨よけ施設の設置は効果的である．花らい出現期頃までに主幹や主枝に環状はく皮処理を行うと，発病が著しく少なくなる．

c．果実軟腐病

栽培年数を経るにつれ，発生が多くなる．貯蔵中や流通中に発生するので実害が大きい．

診断　貯蔵中あるいは追熟中の果実に発生する．ときには収穫前に発生して落下することがある．症状には次の3種類がみられる．

円形状腐敗症状：　果実の側面に5〜10 mm大の円形の赤褐色の軟化部分を生じ，ときには指で押したようなくぼみを生じる．はく皮すると，円形で中心部分が白色，周囲が緑色の特徴的な病斑がみられる．この症状が本病の代表的な症状で，これによる腐敗果の発生が多い．

軸腐れ症状：　果梗部から軟化腐敗するのが特徴的で，果梗部周辺の果皮表面に灰白〜灰黒色の菌糸を生ずることがある．はく皮すると，果肉は崩壊して穴があいた状態で，異臭を発する．冷蔵中に発生することもあり，追熟中に急速に発病してくる．年によっては，前記症状よりも多く発生することがある．収穫前の10月頃に落下した

果実を室内におくと，この症状で腐敗する場合が多い．

　小白斑症状:　冷蔵中や追熟中のまだ硬い果実の表皮に，2～3 mm の赤褐色斑が散在し，はく皮すると小さい白色斑点がみられる．追熟が進むと，白斑の周囲は淡黄色に腐敗して，異臭を発するようになる．この症状の発生は，年によって異なり，また園による差もある．

　病原菌　*Botryosphaeria* sp., *Phomopsis* sp.

　円形状腐敗症状からは前者の分離される割合が多い．軸腐れ症状や小白斑症状からは，主として後者の菌が検出されるが，前者も分離される．

　伝染経路　両者とも健全枝の皮目や枝幹部の表皮などに潜在しており，枯枝や前年の枯れた果梗枝などにも寄生・繁殖している．両菌とも多犯性で，他の樹種の枯枝などでも繁殖している．両菌とも胞子は 6～7 月の降雨時に多く飛散し，10 月頃まで続く．

　多発条件　①枝しょう数が多く，通風が悪くて乾きにくく，湿度の高い園，② 6～10 月の多雨，③樹上の果梗枝や小枝の枯込みが多かったり，せん定枝を放置している園．

　防除　薬剤防除:　落花後の幼果期～9 月までの果実肥大期にチオファネートメチル剤，ベノミル剤，TPN 剤などを収穫 60 日前までに 4～5 回散布する．前二者の連年使用は耐性菌を発生させやすいので避ける．

　耕種的防除:　枝が込み合わないような適正整枝管理，夏期せん定の徹底，枯枝のせん除とせん定枝の処置などを行う．

d．灰色かび病

　診断　冷蔵貯蔵中の果実が軸腐れ症状のように軟化する．腐敗が進むと果皮表面に灰白色の菌叢を生じ，後に黒色の菌核を形成するようになる．この腐敗果と接触した果実は，接触部分から軟化する．年によって発生が目立つ．

　病原菌　*Botrytis* sp.

　外国では *B. cinerea* とされているが，わが国では検討不十分である．

　伝染経路　病原菌は開花後降雨が多いと枯死した花弁に寄生して多数の胞子を形成する．葉にも花弁が付着したところに円形の輪紋を伴った褐色の病斑を作る．本菌は多犯性であり，腐生的に園内に生息し，果実に付着して貯蔵庫に持ち込まれて発病する．

　多発条件　①園内の枝数が多く，通風の悪い湿度が高い園，② 6～10 月の多雨．

　防除　果実軟腐病に準じる．イプロジオン剤を収穫前日までに 4 回散布する．

e．白紋羽病

　診断　葉の黄化，萎凋などの樹勢低下樹や枯死樹は根部が腐朽していて，灰白色の菌叢の付着が認められる．

　病原菌　*Rosellinia necatrix* Prillieux

　ナシ白紋羽病の項参照．

　伝染経路　前作物のミカン，ブドウ，ウメなどの果樹や樹木の切株が抜根されずに残った根に寄生していた病原菌が伝染源となる．

多発条件 ①前作の果樹や樹木の切株をそのままにして改植した園，②せん定したキウイフルーツや他の果樹などの枝を園内に埋没すると病原菌が繁殖する．

防除 ナシ白紋羽病の項参照．

f．その他の病害様症状

立枯れ症状 3～9月に急に萎凋し，落葉して枯れる症状のものがしばしば発生する．キウイフルーツの根は，耐水性に弱く，湛水状態が4～5日続くと葉が萎凋し始めて根の腐敗も起こり，湿害を受けやすい．このような衰弱樹や枯死樹の根部や土壌からは *Phytophthora* spp., *Pythium* spp. や *Rhizoctonia* spp. などの菌類がしばしば分離される．*Pythium* spp. は，キウイフルーツ実生苗に立枯れを起こすが，成木においての病原性などの被害は明らかではない．他の2属の菌の病原性については不明である．

衰弱樹の根部にならたけ病菌（*Armillariella* sp.）の根状菌糸束の着生がみられることがある．ニュージーランドでは，防風垣根のポプラを伐採した切株でならたけ病菌が繁殖し，キウイフルーツに寄生して大きな被害が出た例があるので注意を要する．

根頭がんしゅ病様症状 地際部や根部にがんしゅ状のゴールがしばしばみられる．根頭がんしゅ病菌が検出されているが，被害については不明である．

胴枯れ症状 主幹や主枝の途中から蛇が卵をのんだように異常に肥大して皮目が拡大し，後には組織が崩壊して枯れる症状が散発している．発生園においては，周囲に伝染・拡大するような傾向は認められていない．凍寒害やその他の障害で枯れた部分には，*Phomopsis* 菌の白色菌糸や柄子殻が多数形成される．ときにはキクラゲの発生もみられる．

落葉性褐色斑点症状 灰色かび病菌による病斑とは異なって，8月下旬以降から成葉に5～10 mmの角形～円形の灰褐色～褐色の病斑を生じ，10月頃までには80％以上落葉する症状がみられている．*Colletotrichum* spp., *Phoma* sp., *Alternaria* sp., *Pestalotiopsis* sp., *Phomopsis* sp. などが分離され，有傷接種ではいずれも病原性が認められるが，病原性はそれほど強くない．天候不順や多雨による過湿など，軟弱な生育状態のときや強風による傷が多くできたときに発生する． ［牛山欽司］

12.9 虫　害

（1）発生様相

キウイフルーツで防除が必要とされている害虫は数種にすぎない．果実を加害するキイロマイコガや数種の小蛾類，枝や幹・果実にまで寄生するクワシロカイガラムシ，葉を食害するコガネムシ類などである．また，カメムシ類成虫もまれに，果実の商品価値に影響を与える被害をもたらしている．なお，現在ネコブセンチュウの発生が各県で認められ，被害実態の調査が始められている．

(2) 主要害虫

a. キイロマイコガ (apple heliodinid) *Stathmopoda auriferella* Walker

被害の特徴 幼果に寄生して表皮を食害し，損傷を与える．6月中旬～7月上旬に発生する幼虫は，果実の重なりあった間や果実とへたのすき間，または果頂部などに巣を作って，果実の表皮を食害する．食害を受けた表皮はコルク化して，果実の商品価値が低下する．

生態 幼虫は老熟すると体長10mm前後となり，頭部と背楯板は光沢をもった黒色，胸部と腹部は若齢期の淡褐色から黒褐色に変わってくる．寄主植物としては，モモ，ブドウ，リンゴやカンキツなどの果樹類がある．年2化性で，モモでは樹皮の間げきや芽と枝の間または枯葉などをつづって，老齢幼虫態で冬を越し，芽が動き出すとともに花らい付近に移動食害を始めるという．

キウイフルーツ園における詳細な発生生態は不明であるが，成虫は6月上中旬頃園内でみられる．そして，6月中旬～7月上旬に若齢幼虫が発生し，7月中旬頃には薄いまゆのなかで蛹化する．やがて7月下旬～8月中旬に新成虫となるが，第2世代幼虫の寄生ならびにキウイフルーツ園での越冬については明らかでない．なお，果実を加害するその他の小蛾類にはリンゴコカクモンハマキ (*Adoxophyes orana* fasciata W.)，ホソバチビヒメハマキ (*Lobesia aeolopa* M.) など数種が知られている．

防除 薬剤防除：　6月中下旬頃，果頂部などに白い糸でつづった巣に注意し，幼虫の早期発見に努める．有効な殺虫剤としてはペルメトリン剤，フルバリネート剤などがある．

b. クワシロカイガラムシ (white peach scale, mulberry scale) *Pseudaulacaspis pentagona* Targioni

被害の特徴 主枝や亜主枝をはじめ，主として枝幹部に寄生して樹勢を低下させる．さらに，発生の多い園地では果実の表面にも移動するので，収穫果実に多数の雌成虫が寄生していて，出荷できない果実もみられる．

生態 キウイフルーツにおける詳細な生活史は不明であるが，茶樹では年3回発生が一般的であり，2回発生地もあるといわれている．枝幹部で成虫態で越冬し5月上中旬に産卵がみられる．やがてキウイフルーツの開花期頃に第1世代幼虫の分散が起こり，新しょうや結果枝にも移動する．果実への寄生は7月中旬頃から発生する第2世代以降である．発生は，比較的早期に栽植された過繁茂状態の園でしばしば認められる．また，花腐細菌病などの防除のために屋根かけ栽培した場合，発生が多くなっている．

防除 薬剤防除：　5月中旬，7月中旬および9月上中旬頃の幼虫発生期が薬剤散布の対象となる．なかでも7月中旬頃の第2世代目の幼虫期は果実への移動を防止でき，より有効適切な時期である．5月または9月には，多発生して放置できない場合，発生した枝や幹を対象に補助的な薬剤散布を考える．薬剤にはDMTP剤が有効である．

耕種的防除：　園内の密度を下げるために，冬期に寄生枝を除外するとともに，過

繁茂にならないような適切なせん定を行う．

c．コウモリガ (swift moth) *Endoclyta excrescens* Butler

被害の特徴 幼虫が主幹の基部をはじめ，主枝や新しょうの分岐部にせん孔食入する．被害としては成木園では新しょうや結果母枝の枯損，幼木園では主幹基部の環状の食害による枯死などがみられる．

生態 卵で越冬し，暖地では年1回発生することもあるが，普通2年かかって成虫になるといわれている．キウイフルーツでは，新しょう基部や幼木の主幹部に6～7月にかけて新しい食入幼虫が認められる．食入部は虫糞と木屑を集めて袋状に少し盛り上がっている．被害は雑木に囲まれた山手の新植園で多く，雑草地や雑木に接した木に食入孔が多くみられる．コウモリガはきわめて雑食性といわれている．果樹ではブドウ，カキ，クリなどの被害が目立ち，園地周辺に自生しているイタドリやクサギ，クズ，その他各種の雑草に寄生している．

防除 耕種的防除： 若齢幼虫の寄生する雑草や雑木を園地周辺から除去することが有効である．また，虫糞などでつづった食入孔に針金などを入れてなかの幼虫を刺殺し，枯損被害を食い止める．

d．ドウガネブイブイ (cupreous chafer) *Anomala cuprea* Hope

被害 成虫が7～8月に葉を食害する．幼木園をはじめ，発生の多い年は成木園でも被害が問題となる．本種以外にも，アオドウガネ (*Anomala albopilosa* H.)，ヒメコガネ (*A. rufocuprea* M.)，マメコガネ (*Popillia japonica* N.) などのコガネムシ類の加害が知られている．

生態 土中で冬を越した幼虫が，6月上旬頃から成虫になって防風垣のマキ，サンゴジュをはじめブドウ，カキ，モモなどの葉を食害する．成虫は夜行性で，たそがれ時になると活動を始める．木の樹冠部が集中的な加害によって葉脈を残すのみとなる場合がある．なお，成虫は強い趨光性があるので，青色蛍光灯を設置して発生消長の調査が実施されている．

防除 薬剤防除： キウイフルーツに登録のあるペルメトリン剤やDEP剤の散布でコガネムシ類成虫の防除が可能である．薬剤の散布は成虫が活動する夕方が効果的である．

e．チャバネアオカメムシ (brownwinged green bug, oriental stink bug) *Plautia stali* Scott

被害の特徴 吸汁される時期によって，果実の被害症状は異なる．開花直後から幼果期に吸汁された場合，果実の肥大とともに1cm前後の亀裂を生ずるかまたは径3mmほどのこぶ状に盛り上がる．以後の吸汁は，外観的な変化は少なく，肉眼での識別は困難となる．内部をみると，表皮下が径2mm前後の水浸状の小緑斑となるが，8月下旬～9月中旬に集中加害されると白色スポンジ状になる場合がある．キウイフルーツ園への飛来は5月下旬～6月中旬の越冬成虫が多い．防風垣に寄生植物があって発生の多い年には，8～9月にも加害がみられる．

生態 主として年2回発生し，成虫で冬を越す．越冬成虫は5月中旬頃ミカンの花

によく集まり，近くにキウイフルーツ園があると飛来する．やがて産卵のために主としてスギ・ヒノキに移動する．そして8月下旬～9月中旬に羽化した成虫が越冬場所へ移動する．

防除 薬剤防除： 越冬成虫が多い年で，園地周辺に集中飛来する植物がある場合は注意したい．5月中下旬の時期は，ミカン（花），クワ（実），サクラ（実）などが集中飛来植物となっている．また，8月～9月中旬のスギ・ヒノキにおける幼虫の発生状況は，越冬成虫の多少を予測する資料となる．防除には，DEP剤，ペルメトリン剤などが有効であり，散布適期は5月下旬～6月上旬頃である． 〔**高橋浅夫**〕

13. ク リ

13.1 経営上の特性と問題点

　わが国で栽培される果樹のなかで，クリは殻果類（ナッツ）という特異的な位置にあり，他の果樹にはみられない特性が利点であると同時に問題点にもなっている面が数多くみられる．

（1） 生産対象は種子である
　殻果類は食用に供する部分が種子であって，普通の果物の果肉に相当する部分は食べない．生産の対象が種子であることが面積当たりの収量を低くしているうえに，クリの場合には，いわゆるイガの重量がなかの果実の重量とほぼ同じなので収穫物の目方の約半分を無駄に捨てることになり，収量をいっそう抑制している．
　単純に全国の生産量を結果樹面積で割って平均収量を求めると，クリは 150 kg/10 a 以下であり（図 13.1 参照），ミカンの 2,100 kg，ナシの 2,500 kg，リンゴの 2,000 kg に比べて 1/10 以下の生産力しかないことがわかる．これは多くの果物の果肉が 80 % 以上の含水率であるのに対し，クリの果肉の含水率は 50〜60 % であることを考慮に入れても，あまりに大きな差といえる．
　収穫の対象が種子であることは収穫前後における取り扱いにも特徴的な差をもたらす．普通の果物であれば収穫の都合上手の届く範囲の大きさに樹冠を納めておく必要がある．しかしクリの果実は含水率が低く，厚くて物理的にも硬い果皮に保護されているために手が届くところであれば棒できゅう果を叩き落として収穫することもできるし，手が届かない部分のきゅう果は自然に落ちるのを待って拾い集めることにより収穫できる．このような特徴を生かし，従来は他の作物を作付けできないような急傾斜地や山畑の法面などへの植栽が一般的であったが，ようやく近年になって平坦地での園地化や，さらには集団産地の形成もみられるようになった．

（2） 省力的作物である
　クリ栽培の 10 a 当たりの年間労働時間をみると 25 時間で，その半分が収穫・調製に当てられている．これをナシと比較してみると，ナシでは年間 290 時間でクリの約 10 倍であるが，収穫・調製に要する時間は 50 時間で 3〜4 倍でしかない．これはナシで

は人工受粉や摘果，袋掛けに加え病害虫防除の回数が多いためである．このようにクリ栽培では労働時間が少ない上に，大部分の農家はそれを自家労力だけで賄っている．

（3） 生産物の単価が高い

クリの価格は他の作物に比べてみると相対的に高く，1985年における卸売り価格は430円/kgで，オウトウの1,150円，ビワの908円には及ぶべくもないが，ブドウが582円，リンゴ300円，ナシ270円であることからもクリの有利性がうかがわれる．しかし価格の上昇率を比較してみると，1987年のクリの価格は1970年の約2倍でミカンとほぼ同じレベルであるが，リンゴ，モモ，ナシはいずれも3倍以上の価格上昇がみられる．

（4） 収量が低い

1945年以降クリタマバチが全国に蔓延するとともに在来の感受性品種が淘汰されていった．その一方で抵抗性の新品種が育成され，ときを同じくしてクリ栽培の有利性が見直されるようになった．このため1960年には全国で1万ha足らずであったクリの栽培面積は新植ブームに乗って増加し，1971年には4万haを超えた（図13.1参照）．しかし，新植面積の増加は1965年には峠を越し，その後は新植ブームが徐々に静まってきたことがうかがわれる．それでもしばらくの間は廃園面積を下回ることはなかったが，1976年には初めて廃園面積が新植面積を上回るようになった．

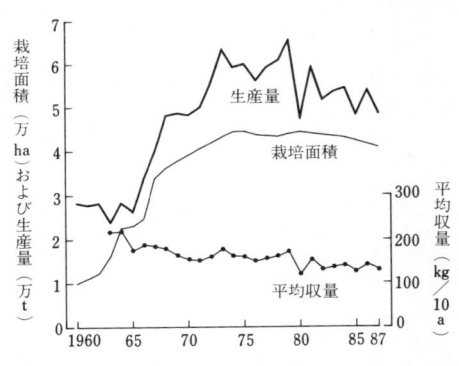

図13.1 クリの栽培面積，生産量および平均収量の推移（果樹生産出荷統計）

栽培面積の増大に伴って生産量も1960年の28,000tから飛躍的な増加を続け，1973年には6万tに達したが，ここ数年は5万tを行ったり来たりしている（図13.1参照）．ところで栽培面積の増加とは反対に結果樹面積当たりの平均収量は1964年の220kg/10aを最高にして減少傾向を続けていた．これが1980年には120kg/10aまで落ち込み，1982年以後は150kg/10aを割った状態が続いている（図13.1）．

（5） "美人薄命"である

1955年以降に発表された新品種のほとんどは若木の間からよく結実する早期多収

型の品種であった．しかし，なり放題にならせていると10年を過ぎた頃から収量の低下が目立つようになり，15年生では老木の状態になる園もみられるようになった．このために"クリの寿命は10年かせいぜい15年"といわれることもある．

これらの品種はいずれも早期多収型であると同時に従来の林木的品種とは異なり，近代的品種とでもいうべきものであって，その特性を十分に発揮しつつ長い経済樹齢を保つためには集約的な栽培管理を必要とする品種である．しかし実際はクリ栽培の利点のなかの省労力，省資材だけが強調されすぎていた従来の粗放的栽培体系から脱皮できていなかったために，これらの品種の特性が誤って理解されたものであろう．

（6） 思ったより枯れやすい

クリは永年にわたって果樹と林木の中間に位置付けられていたために，強くて簡単には枯れないと考えられているが，実際には枯死率が高くて成園率は約70％と低い．とくに若木時代に枯死する木が多いことは計画的密植栽培の障害になっている．

若木の枯死原因としては従来は凍害とこれに伴って二次的に発生する胴枯病，それに接ぎ木不親和によるものがほとんどであった．凍害発生のメカニズムは未だ十分に解明されておらず，実用上は高接ぎ苗によって被害を回避している．しかし瘠薄地では高接ぎ苗でも凍害が多発したり，機械開墾などによる大規模園地で激発した例もある．虫によるものとしては最近では農薬の使用制限の影響もあってか枝幹害虫の生息密度が高まり，これによる枯死も目立つようになった．とくに大型のカミキリムシが多い地域では，以前は被害がみられなかった定植後3～4年の若木に加害される例もみられるようになってきている．

結実期に入ってからは立枯症で枯死することがある．また接ぎ木不親和により一見健全そうに生育していた木が衰弱枯死したり，風で接ぎ木部から折れたりする．また相当の年数が経った木でも大型のカミキリムシなどにより枝が折られたり枯死することもある．

（7） 輸入量が多い

国内のクリの生産量は1968年に4万tを超え，その後は5万tを上下している．そ

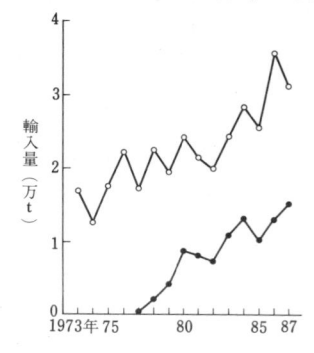

図13.2 クリ果実の輸入量（日本貿易月表）
○：生鮮または乾燥，●：むきグリ．

の一方で諸外国から毎年相当量のクリ生果が輸入され，1970年代後半頃には2万t前後であったものが，現在は3万tを超える輸入量になっている(図13.2)．その用途はほとんどが焼きグリ用であり，90％以上を中国産の果実が占めている．国内では焼きグリ用果実の生産は事実上困難であり，輸入量は今後も増加傾向を示すと予測される．

焼きグリ原料とは別に，1977年には生果をはく皮して水漬けしただけの"むきグリ"が韓国から輸入されるようになった．輸入量は急激に増加し，1987年には15,000tが輸入されている．これを生果に換算すると約3万tとなり，国内生産量の60％に相当する．韓国からの輸入は今後も当分の間は増加を続けると予測され，国内の生産農家との競合が憂慮されている．

(8) 今後の方向

これからのクリ栽培では収量の向上が第一の課題であろう．クリは本質的に収量が低い作物であるとしても現在の2倍以上，つまり300～400 kg/10 aの収量を維持することは決して不可能ではない．その第一歩として樹形の改善を図る必要がある．結実部位をもっと低い場所に作れば，必要なときには薬剤散布も効率よく行えるし，樹冠内が過密になりやすい品種であればそれを防ぐきめ細かいせん定も可能になる．具体的には細部にそれぞれ工夫がこらされた低樹高仕立てとしていくつかの整枝方法が確立されつつある．

年間労働力の約半分を占める収穫・調製はほとんど手作業で行われていて，一部で選果機が用いられる程度である．今後は収穫そのものをもっと効率よく行うよう改善する必要がある．とくに平地園では収穫機械の導入が検討されてもよい時期であろう．

韓国産"むきグリ"は品質がよいので国内産より少々高くても構わないという話もある．クリも高品質が要求される時代になっている．手をかけなくても品質のよい果実がいくらでも収穫できる品種は考えにくい．これからは果樹として扱う栽培管理を実行することが最も重要であろう．

13.2 分類と形態的特性

クリ属の植物は温帯を中心とする世界各地に分布し，地域ごとに特有の種を形成している．クリ属としては現在12種が知られているが，そのなかで経済栽培されているのはニホングリ，チュウゴクグリ，ヨーロッパグリ，アメリカグリの4種であり，いずれも基本的には1きゅう内に3果が成熟するタイプである．野生種のなかではモーパングリだけが1きゅうに3果を蔵し，他は1きゅうに1果を含有する．野生種は一部を除いてあまり利用されていない．

(1) ニホングリ (*Castanea crenata* Sieb. et Zucc.)

わが国の原産でシバグリから改良されたといわれるが不明な点も多い．北海道の南部から本州，四国，九州にかけての地域と朝鮮半島南部に分布する．

樹高10m以上に達する落葉高木であるが，他の栽培種に比べて最もコンパクトな樹冠を形成する．葉は互生し，葉序は普通1/2であるがときには2/5になり，また1本の枝に両者が観察されることもある．葉は楕円状披針形で葉縁には比較的細かい鈍鋸歯がある．葉の裏面には星状毛が密生し，鱗片状腺が分布している．

雌雄同株であるが雌雄異花で，全体は穂状花序をなす．10本前後の花穂が新しょうの基部寄りの葉えきに連続して着生し，6月頃に開花して特有の香気を放つ．雌花は新しょうの先端に寄った1～2本の花穂の基部に1～2個着生する．雌花は全体が総包に覆われ，なかに3個の小花がある．小花は花弁をもたず，開花時には各小花は8本前後の花柱を総包の外に伸ばす．各々の小花は約3週間にわたって受精能力を持続するが，3個の小花のうち中央の小花は両側の小花に比べて1週間程度早く生育が進むので，1個の雌花全体の受精可能期間は約1カ月に及ぶ．

受粉はおもに風媒であるが，訪花昆虫の種類や数も多く，実際栽培の場では虫媒による受粉もかなりの比率を占めるものと推測される．自家結実率には品種間で差が認められるものの，最も自家結実性が高い豊多摩早生でもきゅう果単位で約35％であり，実用的には自家不和合性である．交配不和合現象は確認されていない．

きゅう果は一般に扁球形で大きさは変異が著しいが，他の栽培種に比べて大型である．きゅうの表面には刺束が規則正しく並び，ここから刺毛が分岐している．果実は大きさ，形ともに変異が大きいが，帯円三角形ないし三角形が多い．果皮は一般に光沢があり，果頂部にはわずかに毛じょうが分布する．渋皮は繊維質で厚く，はく離が困難でしばしば果肉に深く陥入する．肉質は比較的粘質で，他の栽培種に比べると甘味も少ないがシロップ漬けなどの加工用原料には適している．

成熟期は8月から11月にわたるが，最近の主要品種は10月上中旬頃までに収穫できるものがほとんどである．

(2) チュウゴクグリ (*C. mollissima* Blume)

中国大陸の原産で，中国では河北省から雲南省までの広い地域で栽培されている．また朝鮮半島に分布するものはわが国では平壌栗とよんでいる．樹高は20mにも達する落葉高木で，樹皮は褐色ないし灰褐色を呈し，全体に毛じょうが密生している．葉はニホングリに比べて幅が広く，鋸歯が粗い．また裏面には星状毛が密に分布する．果実は一般に華北系のものは小さく，華南系は比較的大果である．果皮は褐色ないし暗紫褐色で，果面には毛じょうが多いので光沢を欠いている．渋皮のはく離は容易である．

わが国には徳岸里や宮川系などの華北系のクリと傍士系のような華中または華南の系統が導入されている．いずれもニホングリに比べると小果であり，結実性も低くて収量は少ない．クリタマバチの被害が激しく，ニホングリの花粉が受粉，受精されると渋皮のはく離が困難になることもあって，わが国では経済栽培はほとんど行われていない．

(3) ヨーロッパグリ (*C. sativa* Mill.)

地中海沿岸から小アジアにかけての地域の原産で,イタリア,フランス,スペイン,ポルトガル,トルコなどの諸国で栽培される.落葉高木で枝は光沢のある褐色を呈し,太い.葉にはチュウゴクグリよりさらに粗い鋸歯があり,葉の裏面には毛じょうが密生する.果皮は一般に光沢の強い暗褐色を呈する.渋皮がしばしば果肉に深く入り込むことがあるが,反対に渋皮のはく離が容易な品種群も知られている.

胴枯病にきわめて高い感受性をもつのでわが国での経済栽培はほとんど不可能であるが,イタリアを中心とするヨーロッパ諸国では自然界に病原性の低い胴枯病菌の系

表 13.1 クリ属野生種の特性の概要

名　　称	原産地と分布	特　　性
ヘンリーグリ Henry chinkapin *Castanea henryi* Rehd. et Wils.	中国大陸原産,長江流域以南の各省に分布	落葉きょう木で30mに達することもある.開花期は早い.雄花穂は短くてほとんど下垂しない.果実は直径2cm程度の極小果で1きゅう内に1果を含有する.おもに材の利用を目的に栽培されるが,食味がよいので果実もしばしば利用される.
チンカピン Common chinquapin(Tree chinquapin, Allegany chinquapin) *Castanea pumila* Mill.	北米大陸南東部のペンシルバニア州からフロリダ州北部およびテキサス州にかけて原生分布	落葉性のかん木ないし小きょう木であるが,まれに15mに達することもある.葉は楕円形で鋸歯は小さい.果実は小さく1きゅうに1果を蔵す.地際から吸枝を出しやすい.乾燥地や石礫が多い斜面への植栽に適する.材は耐久性があり鉄道の枕木や電柱に用いられる.果実を食用にする.
わい性チンカピン Bush chinquapin, Trailing chinquapin	北米大陸南東部に原生分布	落葉性の低木でかん木叢状を呈することが多い.葉はチンカピングリより大きくて15cm程度の楕円形を呈する.1きゅうに1果を蔵し,果実は小さい.
アッシュチンカピン Ashe chinquapin *Castanea ashei* SDW.	北米大陸南東部の原産で,ノースカロライナ州からフロリダ州にかけて分布	わい性チンカピングリに似るが樹高は高くなる.小枝の発生が多い.1きゅう内に1果を含有する.
オザークチンカピン Ozark chinquapin *Castanea ozarkensis* Ashe.	北米大陸南東部の原産でアーカンサス州からモンタナ州にかけて分布	かん木または小きょう本で樹高は約6m.葉は陽葉と陰葉で形態が異なり,陽葉は斜形で表面は明るい緑色を呈し,裏面には黄色がかった毛じょうがある.陰葉は広く,裏面には毛じを欠く.1きゅうに1果を蔵し,果実は小さい.
フロリダチンカピン Florida chinquapin *Castanea floridana* Ashe.	北米大陸南東部の原産でジョージア州,フロリダ州からテキサス州にかけて分布	わい性チンカピングリに似ているが,果実が小さく,葉は側脈二つ程度大きい.1きゅう内に1果を含有する.

統が分布していて，その働きにより胴枯病の激発と急速な蔓延が抑えられている．

（4） アメリカグリ （*C. dentata* Borkh.）

北米大陸東部の原産で，アパラチア山脈東部の地域に分布する．落葉性の高木で枝は暗赤色を呈し，皮目が明瞭である．葉はニホングリに比べて幅が広くて大型で，粗い鋸歯がある．葉の裏面には中肋にわずかに毛じょうが分布し，また中肋付近には少数の腺点が観察されることがあるが，全体には滑らかである．果実は小さくて果皮の光沢は強いが，果頂部には毛じょうが密生する．食味は甘味に富み，食用に供されるほか，家畜や野生動物の餌にもなる．

18世紀末に侵入した胴枯病のために大部分が枯死し，現在ではきわめて少数の例を除けば，地際部ないし地下部から再生した枝しょうがかん木状に生存しているだけと伝えられている．

（5） モーパングリ （*C. seguinii* Dode）

中国大陸の原産で河南省から湖南省にかけての一帯の比較的山間部に自生分布する野生種である．かん木状または小きょう木で樹高が 10 m に達することもある．果実は直径 1～1.5 cm ときわめて小さいが，野生種のなかではただ一つ 1 きゅう内に 3 果を蔵する．

少なくとも二つの系統が存在することが知られている．そのうちの一つは新しょうの葉えきに連続して帯雌花穂を着生するために，基部の 1～2 節に冬芽が着生する以外はまったく芽を欠くことになるので，年間の樹冠の拡大は実際上きわめてわずかなものとなる．開花は霜が降りる頃まで連続するが，きゅう果が成熟するのは新しょうの基部寄りに限定され，先端部分にかけての雌花が成熟するのはきわめてまれである．

（6） その他の野生種

野生種の多くはドングリに似て 1 きゅう内に 1 果を含有する．すなわち，雌花の段階から総包内に小花を 1 個しか形成しない．これら野生種の特性の概要を表 13.1 に示した．

13.3 品種の変遷と特性の概要

（1） 品種の変遷

ニホングリはわが国の原産で栽培の歴史も長く，また最近までは実生繁殖が一般的であったために数多くの品種が分化してきた．しかし，これらのなかには同名異品種や異名同品種も相当数混在していたと思われ，1913年および1914年に京都府農事試験場綾部支場で開催された栗品種名称調査会において品種名称の整理統一が行われた．

第1回の調査会には113点が出品されているが，これを産地別にみると京都59，兵

庫24,岐阜10,朝鮮(当時)7,以下新潟,山口,静岡,山梨,長野,大阪の府県が出品している.出品した産地および出品点数から当時のクリ産地の分布をうかがい知ることができる.すなわち西は山口から東は静岡までであり,ここには現在の主産地である関東地方からの出品はみられない.品種別には銀寄の15点が最も多く,父打栗6,丹波栗5,長光寺,今北各4など,合計52品種の名前があり,他に不詳品種13点が出品されている.この調査会では品種名称の統一も行われ,銀由,銀善,銀芳,銀吉を銀寄に,丹波,多田を岸根に統一するなどの協定が取り決められた.2回にわたる調査会での検討結果に基づいていくつかの優良品種を掲げているが,そのなかには豊多摩早生,乙宗,今北,銀寄,岸根,長兵衛,長光寺などの品種が含まれている.

1920年代後半頃の品種事情について梶浦(1931)は,約150品種が栽培されていると述べている.そのなかから全国各地で主要品種として栽培できるものに銀寄を,補助的品種に豊多摩早生,笠原早生,大正早生,赤中,田尻銀寄,霜被をあげている.

表13.2 全国および主産県の品種別栽培面積(1986年産果樹栽培状況等調査)

	丹 沢	伊 吹	国 見	筑 波	石 鎚	銀 寄	その他	合 計
全国	6,263.5ha (16.3%)	1,641.5 (4.3)	313.3 (0.8)	12,544.2 (32.7)	1,168.8 (3.0)	6,970.9 (18.2)	9,465.8 (24.7)	38,368.0 (100)
茨城	991.2 (14.4)	450.3 (6.5)	—	2,457.5 (35.7)	—	1,554.0 (22.6)	1,427.0 (20.8)	6,880.0 (100)
愛媛	147.0 (3.0)	—	—	2,480.0 (50.9)	544.8 (11.2)	483.3 (9.9)	1,220.8 (25.0)	4,875.9 (100)
熊本	810.6 (19.7)	216.4 (5.3)	153.7 (3.7)	1,691.7 (41.1)	—	946.0 (23.0)	294.1 (7.2)	4,112.5 (100)

このように地方品種を含めて多数の品種が一時は栽培されていたが,1950年代以降に全国に急速に蔓延したクリタマバチの被害によって多数の感受性品種が淘汰されていった.1960年代以降は,新しく育成されたクリタマバチに抵抗性をもつ品種を中心にした品種構成になっているが,抵抗性の在来品種のなかでは銀寄が広い栽培面積を維持している(表13.2).

(2) クリ品種の特性

a.丹沢 (くり農林1号)

農林水産省果樹試験場が育成した品種で,交配組み合わせは乙宗×大正早生である.1949年に交配,1952年に初結実,1954年に第1次選抜,翌年から系統適応性検定試験に供試されたが,この頃にはクリタマバチの被害が全国に広がりつつあって,被害のない品種が強く求められていたために異例の短期間で系統適応性検定試験を終了し,1959年に命名登録された.

樹勢はやや強く,若木時代の樹冠拡大は早い.雄花穂の長さは約25cmと栽培品種のなかでは最も長い方である.果実は帯円三角形で果頂部がややとがる.果皮の色は赤褐色で明瞭な縦線が密に分布するが,成熟期のはじめ頃には色調が淡く,また座に白色部分が残っている果実が混在することがある.果肉はやや淡い黄色で,渋皮のは

く皮歩止まりが高く,加工原料にも適しているが,果頂部がわずかに裂ける型の裂果が多発することがある.

8月下旬～9月上旬に成熟する早生種で,若木の間からよく結実するが,管理が十分でないと急激に樹勢が低下することがある.クリタマバチ抵抗性品種として発表されたが,クリタマバチの集団そのものの遺伝的構成の変化により,発表直後から虫えいの着生がみられるようになった.

b. 伊吹（くり農林2号）

農林水産省果樹試験場が育成した品種で,交配組み合わせは銀寄×豊多摩早生である.1947年に交配,1951年に初結実,1954年に第1次選抜,1959年に命名登録された.

樹勢は中であるが,若木時代の樹冠拡大は早い.果実は帯円三角形で,側果の内側面は銀寄に似て湾曲している.果皮は光沢のある暗褐色で,明瞭な縦線が密に分布している.1果平均重は約20gで丹沢よりやや小さい.

9月中旬頃に成熟し,若木の頃から豊産性である.クリタマバチの被害は中程度であるが,モモノゴマダラノメイガの被害が多い.枝しょうの発生が密であるために樹冠内が過密になりやすく,実炭そ病や胴枯病が発生しやすいので,せん定を十分に行って結果部位の通風採光を良好に保つ必要がある.

c. 国見（くり農林5号）

農林水産省果樹試験場が育成した品種で,交配組み合わせは丹沢×石鎚である.1965年に交配,1970年に初結実,1971年に第1次選抜,1981年に命名登録された.

樹姿は開張性で樹勢はやや弱く,若木の間はよく伸長するが,大木にはなりにくい.雌花の着生は中で生理的落果は少なく,結果性は中程度.きゅう梗の離脱は容易で,果実を内蔵したままきゅう果ごと落下することが多い.ほぼ円形の果実と帯円三角形に近い果実とが混在し,左右不対称の果実も多い.果皮は褐色で光沢があり,外観は美しい.平均20g以上の大果になる.果肉は淡黄色でやや粉質であるが,甘味が少なくて食味は中程度.渋皮のはく皮歩合は低い方である.

クリタマバチには強く,石鎚程度の抵抗性を示す.伊吹に比べてモモノゴマダラノメイガの被害は明らかに少ない.樹冠内部が混雑してくると実炭そ病の発生が多くなる傾向がある.結実性はよいが,樹勢が低下したり結果過多になると小果になりやすい.

d. 筑波（くり農林3号）

農林水産省果樹試験場が育成した品種で,交配組み合わせは岸根×芳養玉（はやだま）である.1949年に交配,1952年に初結実,1954年に第1次選抜,1959年に命名登録された.

樹姿はやや直立性で樹勢が強く,若木の間の生育はとくにおう盛で,丹沢,伊吹に比べて結果期に達するのが遅い.雌花の着生は中程度で,生理的落果は多い方であるが結実性はよく,収量は高い.きゅう梗の離脱は容易で,果実を内蔵したままきゅう果ごと落下することが多いが,収穫期前の風などによる落下は銀寄に比べて少ない.果実は帯円三角形で大きく,平均25gに達することもある.果皮は赤褐色で光沢があ

り，縦線はやや不明瞭である．果肉は黄色を呈し，粉質で甘味が多く，品質優良である．双子果，裂果ともに少なく，粒揃いも良好である．

9月中下旬頃に成熟する中生種で，盛果期には他の品種に比べて最も高い生産力を示す．果実は貯蔵性に富み，渋皮はく皮の歩止まりが高く，加工用原料としての適性も備えている．気候や土壌に対する適応性は広い方で，栽培が比較的容易である．クリタマバチに対しては，発表当時は抵抗性とされたが現在は被害が著しい．

表13.2に示すように1986年には栽培面積の約33％を占め，最も重要な品種となっている．

e. 銀寄

大阪府豊能郡能勢町の原産で，在来品種のなかではただ一つ，現在も広い面積を占めている品種である（表13.2参照）．

樹勢は強く大木になるが，結果期に達するのが遅い．枝しょうの発生は多く，発芽期は主要品種のなかで最も早いのでしばしば晩霜の害を受ける．きゅう梗の離脱は容易で，風による収穫期直前の落きゅうが多い．側果の内側面が湾曲してへこむ．平均20〜25gの大果になり，ときに30g以上に達することもある．果皮は暗褐色で光沢があり，果肉は淡黄色，肉質は粉質で香気がある．

9月下旬〜10月上旬に成熟する中生種．かつてはクリタマバチに対して免疫的な抵抗性を示したが，現在では弱小枝への虫えい着生が目立つようになった．若木時代の生育がおう盛で，結果期に達するのが遅いが，盛果期が長くて経済樹齢は相当に長い．土壌に対する適応性は広い方であるが，瘠薄地では小型雌花が増加して収量が上がらない．

f. 利平栗

岐阜県山県郡大桑村の土田健吉が発見した偶発実生で，1950年に種苗名称登録第6号として登録された．ニホングリとチュウゴクグリとの自然交雑による雑種と考えられている．

樹勢強健で樹冠の拡大が早いが，枝しょうの発生は少なく，雌花の着生も少ないので生理的落果が少ないにもかかわらず結果性は劣る．果実は扁円形で厚みがあり，果皮は暗紫褐色を呈して濃く，縦線は目立たない．平均20〜25gの大果で，果肉は黄色を呈し粉質でややもろい．甘味は多いが香気は乏しく，やや風味に欠ける．

9月下旬頃に成熟する中晩生種．果実の外観がニホングリと異なり，容易に識別できることから他の品種と混ぜることなく，単一の品種として扱われることも多い．

g. 石鎚（くり農林4号）

農林水産省果樹試験場が育成した晩生品種で，交配組み合わせは岸根×笠原早生．1948年に交配，1953年に初結実，1954年に第一次選抜，1968年に命名登録された．

樹姿はやや開張性で円形をなし，樹勢は中で若木の間からよく結実する．果実は平均30g以上に達することもある．果皮は赤褐色で光沢があり，縦線は細くて密に分布するが不明瞭で，外観は美しい．果肉は淡黄色，肉質は粉質で甘味も多く，品質は優れている．

10月上中旬に成熟する晩生種で，この時期の平均気温が15℃以上の地域で特性が発揮されることから適地はやや限定される．結実性がよいので強風によって枝が折れることがある．クリタマバチには抵抗性で，現在も実害はほとんどみられない．果実は貯蔵性に富み，双子果が少なく，はく皮歩止まりも高いなど加工用品種としても適している．

h. 岸　根
山口県玖珂郡坂上村（現美和町）で古くから栽培されていた品種で，来歴の詳細は不明．樹姿は直立性で樹勢が強い．葉は大きく，葉身が巻いて下垂しやすい．比較的軟らかくて長い刺毛が密に発生するが，色調は他の品種に比べて淡い．果実は帯円三角形で，平均30g以上になる．果皮は暗褐色でやや黒味を帯び，果肉は淡黄色で甘味が多い．10月中旬頃に成熟する晩生種でクリタマバチには強い抵抗性を示す．

i. その他の新品種
新しい種苗法が施行されて以降，いくつかの品種が登録されている．しかし，いずれも発表後の年数が短く，そのほとんどが栽培の実績も少ないために特性は十分に明らかになっていない．これらについては新種苗法によって登録された果樹の品種（第Ⅰ編表3.3）のクリの項を参照されたい．　　　　　　　　　　　　　　　［壽　和夫］

文　献

1) 荒木　斉（1985），クリ栽培の実際，農文協．
2) Duke, J. A.(1989), Handbook of Nuts, 80-92, CRC Press.
3) 猪崎政敏編（1978），クリ栽培の理論と実際，博友社．
4) Jaynes, R. A.(1975), Advances in Fruit Breeding(Janick, J. and Moore, J. N. eds.), 490-503, Purdue Univ. Press.
5) Jaynes, R. A.(ed.)(1979), Nut Tree Culture in North America, The Northern Nut Growers Association.
6) 壽　和夫（1985），果樹全書，クリ，クルミ，オウトウ，アンズ（農文協編），61-66，農文協．
7) 中原照男（1978），特用林産ハンドブック（全国特殊林産振興会監），189-216，地球社．
8) 志村　勲（1974），果樹園芸大事典（佐藤公一，他編），775-792，養賢堂．
9) 孫雲蔚編，青木二郎訳（1983），中国果樹史と果樹資源，上海科学技術出版社．
10) Woodroof, J. G.(1979), Tree Nuts, 2nd ed., AVI Publishing.

13.4　栽培管理

（1）開園・植え付け
a．土壌改良・防風対策
開園・植え付けにあたっては，深耕と石灰・溶リン肥および有機物施用により十分な土壌改良を行い，同時に排水対策をする．園地造成に際し，大型機械により肥よくに富んだ表土がはぎ取られ，心土がむき出しとなり，硬度の増加と排水不良，栄養不良などになると凍害・立枯症を引き起こし，枯死樹が多発した例があるので，とくに造成法には注意しなければならない．また，クリの収穫期は台風の襲来する季節でも

あるので，防風垣など防風対策に十分留意する．

b．植え付け

　植え付けにあたっては，3～4年間育成した大苗を定植することにより，早期多収・早期成園化を実現することができる．2月下旬から3月中旬に台負けや凍害になっていない良苗を，できるだけ根をつけて掘り上げ，乾かさないようにただちに本ぽに定植する．地上部は1年枝を1/2程度切り返し，太枝を適宜間引くようにする．

c．植え付け本数

　早期多収を目的として，当初永久樹の4倍の本数を植え付け，その後間伐によって最終本数とする計画密植栽培法がとられている．したがって，間伐は計画的に実行するのが基本であるが，間伐が行えず密植害により廃園になった園が多い．

　永久樹本数は品種・土壌・地勢や栽培管理条件によって異なる．従来の粗植大木仕立てでは9m×9mの10a当たり12本が永久樹本数とされてきた．しかし，10a当たり12本植えでは適正な整枝・せん定と土壌管理が伴わないと，樹勢の維持が困難で生産力があがらない．最近は低樹高整枝法によりこの2～3倍の本数が適正な永久樹本数とされている．

d．混　　植

　クリは自家結実性が劣るため受粉樹の混植を必要とする．また，クリの受粉は風媒によるところが大きい．クリの花粉は風によって150m以上飛ぶが，栽培上安定した結実率を得るためには，10mが限度である．したがって，間伐後も10m以内の距離に異なる品種が残るように計画的に植え付ける．また，受粉樹の割合が30％以上になるように3品種以上植え付ける．さらに，収穫などの管理がしやすいように列に植え付ける．

（2）開花・結実

a．雌花形成・受精

　クリの雌花の形態的な分化期は4月上中旬とされているが，中村（1986）は胚珠が完全に形成されるのは，雌花の柱頭が突出して（雌花開花）から15日後であるとしている．また，クリの受精は雌花の柱頭が突出してから30日間可能であるとされてきた．しかし，中村（1987）によるとクリの受粉適期は雌花の柱頭突出からほぼ30日後であるという．また，佐久間（未発表）は受精胚と不受精胚の発育の差が明らかにな

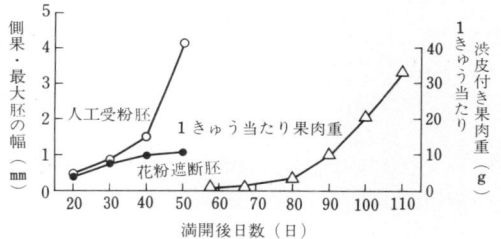

図13.3　クリ（筑波）の胚の発育と果実肥大（佐久間，未発表）

るのは，受粉後40日がたってからであることを確認している（図13.3）．

以上のことからクリの受精・果実肥大開始は開花後30〜40日頃と考えられる．クリは自家受粉でも結実するが，結実率は低く他家受粉が望ましい．交雑不和合性はみられないが，組み合わせによっては結実率に差がみられる．

b．生理的落果

クリは他の果樹に比べて，雌花の着生がきわめて少ないにもかかわらず，落果が多い．落果は原因別に生理的落果，病害虫による落果，台風などによる機械的落果の三つがある．生理的落果はさらに開花前後から7月下旬に起こる早期落果と8月の後期落果に分けられる．

早期落果は品種や樹体栄養条件によって差があり，とくに銀寄に多い．また，雌花分化後の栄養状態が悪く，小型雌花になったものは落果する．さらに，日照不足は落果を助長する．早期落果の防止対策としては，適切な間伐，整枝・せん定，土壌改良および肥培管理によって，園内および樹冠内部の日当たりをよくするとともに，樹勢を適度に維持する．

後期落果のおもな原因は不受精である．クリは他の果樹と異なって不受精でもすぐに落果することはない．7月中下旬に胚の発育が停止しても，きゅう果は8月中下旬まで発育し，やがて落果する．とくにチュウゴクグリ系の品種は収穫期まで不受精きゅう果が着生していることがある．後期落果を防止するためには受粉樹の混植を適切に行って，受精を確実に行うことである．また，樹勢・樹体栄養状態を良好に維持することが重要である．

c．きゅうの発育と果実肥大

クリの胚は果実の果頂部に18個程度かたまっているが，普通そのうち1個が受精して肥大する．果実肥大の盛んな時期は早生種ほど早く，満開後40日以後，7月下旬〜8月上旬頃から肥大が急激に進む．丹沢は8月上旬から収穫まで1カ月間急激に肥大する．筑波は8月下旬〜9月下旬頃肥大し，収穫7日前頃から肥大が緩慢になる．

果実の大きさは着きゅう数や葉数の影響が大きいが，結果枝の形質（とくに太さ）の影響も大きく，2Lクラスの果実を得るには，長さが30 cm，基部の太さが7〜8 mmの結果枝が必要である．

(3) 整枝・せん定

a．結果習性

クリは雌雄異花・同株で，帯雌花穂は結果母枝の先端数芽から発生した結果枝に着生するが，樹勢・日当たりがよければ徒長的に伸びた太くて，長い1年枝（結果母枝）にも先端から基部まで多数着生する．しかし，長い結果母枝は落果率が多くなり，果実肥大が劣る欠点がある．

雌花着生数は結果母枝の形質，とくに基部の太さの影響が大きい．成木樹では果実重量・果実肥大などからみて長さ50 cm，基部径8 mmが結果母枝として理想的であるが，実用的には30 cm，6 mm以上あればよい（表13.3）．このような結果母枝は日当

13.4 栽 培 管 理

表13.3 結果母枝の形質と収量・品質（丹沢，9年生）（佐久間，未発表）

結果母枝の長さ(cm)	本数	平均母枝長(cm)	平均母枝径(mm)	着きゅう数	果数	1きゅう当たり果数	母枝当たり収量(g)	平均果重(g)	裂果率(%)	比重	落きゅう率(%)
〜 30	9	28.2	6.6	2.7	5.4	2.2	122	22.2	24.7	1.07	9.6
31〜 50	21	37.6	7.2	4.3	8.0	2.0	155	20.4	32.9	1.05	25.4
51〜 80	12	59.4	8.6	4.1	7.9	1.9	158	19.7	26.2	1.06	35.0
81〜100	2	90.0	9.1	7.0	16.0	2.6	280	17.3	19.9	1.07	63.9
101〜	7	148.1	12.2	12.9	27.6	2.2	475	17.1	35.3	1.05	37.3

結果母枝当たり収量$=-93.116+1.118\times$結果母枝長$+27.740\times$結果母枝径（$R=0.618\cdots$），
平均果重$=13.379-0.111\times$結果母枝長$+1.612\times$結果母枝径（$R=0.458\cdots$）．

たりのよい樹冠表面に多い．

b．間　伐

クリはリンゴと同様に日当たりが悪くなると生育や収量が低下する．樹冠占有率80％および樹冠下への相対日射量が25〜30％が最も生産力のある望ましい園相と考えられる．これらの状態を維持するためには適切な縮・間伐，整枝・せん定が必要である．

密植による日当たりおよび通風不良は樹の生育不良を招くばかりか，疫病・胴枯病・実炭そ病・モモノゴマダラノメイガ・クリイガアブラムシなど病害虫の発生を助長する．せん定後，隣の樹と1m程度の空間をとり，夏期の新しょう伸長停止後に枝先が交差しないようにする．

c．整枝・せん定

クリの樹形は直立する品種は変則主幹形に，開張する品種は開心自然形にする．主枝は地上1m前後から3〜4本発生させ，30cm以上の間隔をもたせる．主幹との角度は45〜60°とする．各主枝に2本程度の亜主枝をつけ，亜主枝上に側枝を適宜配置する．また，側枝は3年程度で更新し，結果母枝の本数は面積1m²当たり8本程度とする．

樹高は作業性・安全性の上から4〜5mにする．クリは日当たりのよい樹冠表面に優良結果母枝が多く発生するので，それを大切にしていると樹高が高くなりすぎる．樹高を制限するためには，適度な位置から発生した側枝まで切り下げる必要がある．

樹高が高くなり，主枝や太枝が多く，樹冠内部の枝が枯れ上がった放任園は，葉量が減少し，材積が多くなって樹勢が低下する．樹勢低下はクリタマバチや実炭そ病の被害を助長し，果実肥大・収量を低下させる．このようになるとクリ樹の枯死が目立ってきて，やがては廃園となる．

このような園では更新せん定を行い，樹形を改造する必要がある．更新方法は10年生以前でまだ樹勢が強い樹では一挙更新せん定も可能であるが，そうでない場合は2〜3年かけて行う漸次更新せん定がよい．

漸次更新せん定では，樹冠内部に光が入るのを妨げている心枝を樹勢をみながら数年かけて切り下げる．内部に光が入り発育枝が発生し，樹勢が回復してきたら，さら

に主枝・亜主枝を切り詰めて，樹高の制限と樹冠縮小を図る．また側枝の更新を行い，優良な結果母枝を配置する．

しかし，更新せん定も樹勢が極端に低下し，10a当たり収量が100～150kg以下となった園では効果が少ないので改植した方がよい．

（4）土壌管理

クリは収益性が低く，土壌条件が劣悪なところに植え付けられる例が多い．しかし，クリは元来深根性で，腐植が多く，土層が深い，排水・保水のよい肥よくな土壌を好み，このような土壌では樹勢がよく，収量が多い．また，樹齢も長く維持できる．土壌改良の基本は排水対策と深耕・有機物施用である．高樹齢園でも十分な土壌改良によって高い生産力を維持している例がみられる．

a．表層管理

清耕（裸地）栽培では生育期間中数回耕うん・除草を行うが，傾斜地における土壌侵食の増大，降雨の直接的打撃による土壌物理性の悪化，有機物の損耗と養分の溶脱による土壌の悪化と生産力低下など問題点がある（千葉，1982）．また，疫病の発生や

表13.4 草生栽培園の施肥基準 (kg/10a)(茨城県，1984)

樹齢	成分	総量	基肥	追肥(I)	追肥(II)	礼肥
2～3	N	3	1	1	1	
	P_2O_5	1	1			
	K_2O	3	1	1	1	
4～6	N	6	3	2	1	
	P_2O_5	3	3			
	K_2O	6	3	2	1	
7～8	N	12	6	2	2	2
	P_2O_5	6	6			
	K_2O	12	6	2	2	2
9～10	N	16	8	2	2	4
	P_2O_5	8	8			
	K_2O	16	8	2	2	4
11以上	N	20	10	3	3	4
	P_2O_5	10	10			
	K_2O	20	10	3	3	4

基肥は11月下旬～2月上旬に施用．追肥(I)は早生種6月下旬・中生種以後7月上旬に施用，追肥(II)は早生種7月下旬・中生種以後8月上旬に施用．礼肥は9月下旬に施用．
耕土の酸度をpH(KCl)5.0に有効態リン酸5mgになるように石灰ならびにリン酸資材を施用．イタリアンライグラスか雑草草生とし刈取りは年3回以上行う．草生初期で草勢が弱いときは5月，8月に窒素6kgを施用．

収穫期の降雨による果実の汚れなども問題となる．

草生栽培では土壌の流亡・侵食を防止し，有機物を補給して土壌の団粒化を図り，土壌養分の増加など地力の維持増進を実現できる．しかし，有効土層が浅く，干ばつを受けやすい園地では草生との養水分競合が問題となる．また，とくに幹回りの草生管理が悪いと，コウモリガ・カミキリムシなどの被害を受けやすくなる．若木のうちは部分草生とし，株元は刈草をマルチする．成木園は幹回りを清耕，他は草生とし，年数回草刈をする．数年に一度，深耕や有機物施用のため深く起こすのがよい．

b. 施 肥

茨城県の草生栽培園における施肥基準を表13.4に示す．クリの養分吸収は水耕試験によれば，窒素・カリともに7月下旬の新しょう伸長停止期から9月下旬収穫前にかけて吸収量が最高となる（石塚，1982）．

11月下旬から2月上旬に施肥した基肥は新しょう伸長を促し，雌花の形成・充実を良好にする．6月下旬から8月上旬にかけて施す実肥は果実肥大期の最も窒素を必要とする時期に効かせる意味がある．また，9月下旬に施す礼肥は盛夏期に一時停滞した葉の光合成を活発にし，果実の生産で低下した樹勢を回復させる．さらに，貯蔵養分を蓄積し，次年度の雌花数の増加と雌花の質をよくして早期落果の抑制にも効果がある．

c. 有機物施用

高樹齢で樹勢を維持し，収量が多い園では，豚糞・鶏糞・牛糞たい肥など有機物の施用量が多い．施肥基準はたい肥1.0〜1.5t，鶏糞500kgを休眠期の11月下旬〜2月上旬に施すようになっている．　　　　　　　　　　　　　　　　　　　［佐久間文雄］

文　献

1) 荒木　斉 (1985)，クリ栽培の実際，農文協．
2) 千葉　勉 (1982)，果樹園の土壌管理と施肥技術，博友社．
3) 猪崎政敏編 (1978)，クリ栽培の理論と実際，博友社．
4) 中村正博 (1986)，園学雑，**55**(3), 251-257．
5) 中村正博 (1987)，園学要旨，昭62秋，156-157．
6) 早乙女琢磨 (1979)，落葉果樹の整枝せん定（原田良平監），誠文堂新光社．
7) 志村　勲 (1974)，果樹園芸大事典（佐藤公一，他編），クリ，養賢堂．
8) 志村　勲 (1984)，農業技術体系，果樹編5，クリ，農文協．

【低樹高栽培】

a. 特徴と利点

低樹高仕立てでは樹高が3.5mと低く，樹冠が小さくなるため，だれにでも簡単に整枝・せん定ができる．果実は大きくて，より高品質のものができる．病害虫防除では，効果はもとより，作業が大変楽になる．さらに，樹冠が小さいだけに，比較的土壌条件の悪い場所でも好適な樹勢が維持されやすい利点がある．成園後の10a当たりの収量は約700kgである．

b．栽植本数と植え方

　栽植距離は通常の土壌条件下で，4m×4m（10a当たり62本）の正方形に植える．従来の計画密植では，間伐後8m×8m(10a16本)になるが，低木仕立てでは，4m×8m(10a31本)とし，永久樹の列を間伐しないのが特徴である．ただし，これは普通の土（有効土層50cm前後）の場合で，土の深さによって，若干間隔を変える（表13.5）．この方法で仕立てた木を上からみると細長い楕円形で，長径側の横からみると樹高3.5〜4mの横に長い台形となる．

表13.5 有効土層の深さと栽植距離および10a当たりの樹数（荒木，1985）

時　期	有効土層の深さ	浅(40cm前後)		中(50cm前後)		深(60cm以上)	
		距離(m)	樹数	距離(m)	樹数	距離(m)	樹数
植え付け時		4.0×3.5	71	4.0×4.0	62	4.5×4.0	56
間　伐　後		4.0×7.0	36	4.0×8.0	31	4.5×8	28

　植え付けに当たっては，芽の方向に注意する．クリの葉序は1/2のものが多いため，1年目の新しょうは左右の方向に開いた枝が発生しやすい．この性質を利用して永久樹を植え付けるときは，相対する左右の芽が樹冠の長径側（傾斜地の場合は等高線側）に向くようにする．こうするとその後の整枝・せん定がやりやすくなり，目標の2本主枝にもっていきやすい．

c．整枝・せん定

　幼木期　　樹齢5年くらいまでの幼木期は，これまでと同じで，主幹をまっすぐに立てて，主枝は2本とする．本栽培法では植え付け2年目から2本の主枝がほぼ決定される（図13.4）．

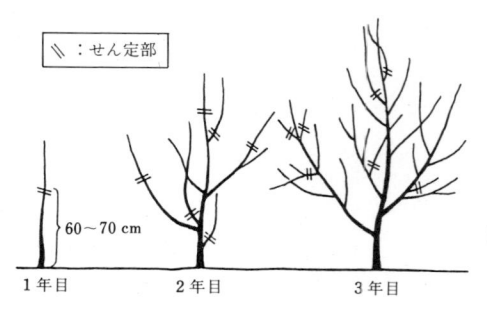

図13.4 幼木期の仕立て方（荒木，1985）

　心抜きの時期と方法　　心を抜く時期は，樹高3.5〜4mのときに一挙または1,2年かけて地上80cmくらいまで切り戻す（図13.5）．心抜きをしたら，3.5m以上の高さの枝はすべて間引きせん定する．残す枝は切る高い枝よりも多少貧弱になるが，思いきって切ることがなにより大切である．多少貧弱であっても，上部の枝を切ることによって，良質の結果枝が発生するので心配ない．なお，このときに高枝切りのはさみを使うと便利である．

13.4 栽培管理

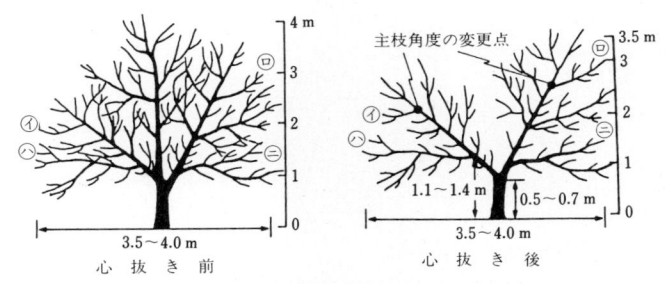

図 13.5 心抜き前後の樹形（荒木, 1985）
㋑, ㋺ が主枝延長枝, ㋩, ㋥ が下枝.

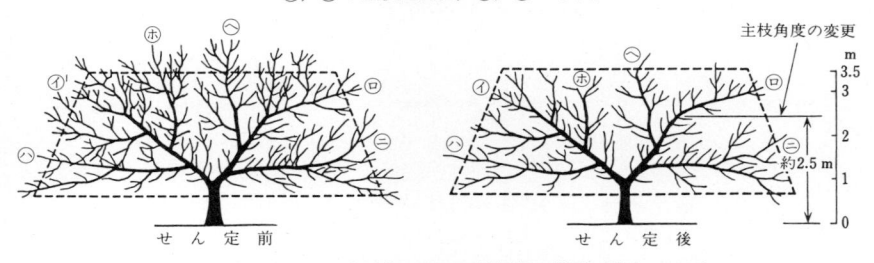

図 13.6 成木時のせん定前後における長径側の樹形（荒木, 1985）

成木期 長径側,短径側とも側面図は台形となるように整枝する.つまり,下枝は上枝よりも長く,外に張り出させ,下枝の受光条件をよくする.

一般に心抜きをすると,主枝の延長枝が立ちやすくなり,そのまま伸ばすと樹高が高くなってしまう.したがって,それより下位の長径側に開いた斜立枝㋑㋺が主枝の延長枝になるよう,主枝角度の変更が必要である（図 13.5, 13.6）.それには,心抜き前後の早い段階から図 13.5 の㋑㋺の枝が弱らないように上枝をすかしていき,図 13.6 の完成樹形に仕立てる.なお,主枝角度の変更の高さは,地上 2.5 m くらいがよい.また,図 13.6 の㋩㋥㋭㋬は亜主枝で,なかでも㋩㋥の枝は樹冠の下枝となるもので,収量をあげるためにきわめて重要な枝になる.

せん定後の結果母枝の数は,面積 1 m² 当たりに,基部の直径が 6 mm 以上の枝が 6～8 本あればよいので思いきってせん定する.

d．縮間伐と必要樹冠間隔

冬期のせん定後における隣接の間伐予定樹との樹冠間隔は,図 13.7 のように長径側,短径側とも上部で 2.1～2.3 m,下部で 1～1.1 m の距離が必要である.間伐予定樹の縮伐は,普通 2 年も続けると所定の距離をとることが困難となる.このときが,間伐の適期となる（図 13.7）.

永久樹間の樹冠間隔は,ここでも上部で 2.1～2.3 m,下部で 1.0～1.1 m 必要である（図 13.8）.これらの間隔は樹冠側面の下部まで着果させるのに必要な最小限の距離である.この場合,切り縮める部位が亜主枝あるいは側枝の中途になるときは,側枝

図 13.7 間伐予定樹の縮・間伐法と必要樹冠間隔（荒木, 1985）
長径側を正面にみた場合．実線：縮伐後，破線：縮伐前．単位：cm．

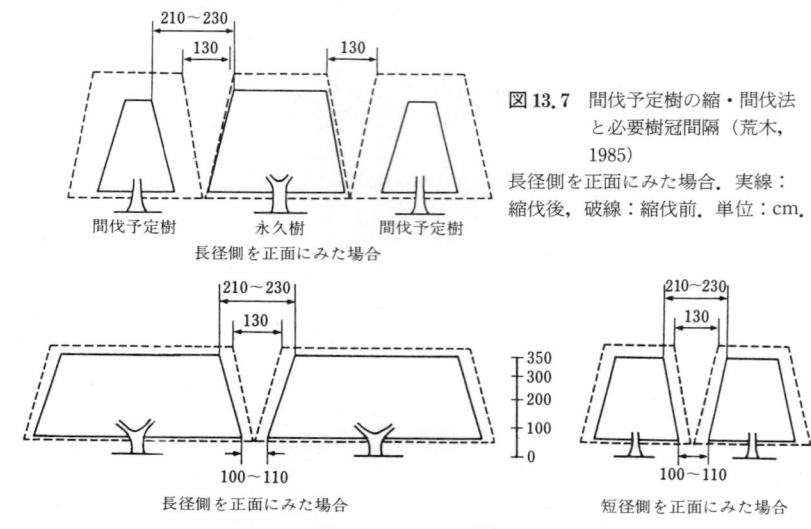

図 13.8 永久樹の樹冠の縮小法と必要樹冠間隔（荒木, 1985）
実線：冬季縮小後（せん定後），破線：縮小前（せん定前）．単位：cm．

あるいは結果母枝が残る分岐部まで切り戻すか，むしろ元から間引くような思いきったせん定がなにより大切である．

[荒木　斉]

文　献

1) 荒木　斉 (1984)，農業技術体系，果樹編5，クリ，農文協．
2) 荒木　斉 (1985)，クリ栽培の実際，農文協．

13.5　出　荷

(1) 収　穫

a．きゅう果の成熟と果実の落下

　きゅう果（イガ）は成熟期が近づくとしだいに黄変し，成熟すると中央部が縦横十文字に裂開する．クリの果実は幼果期は白色であるが，成熟が進むとしだいに褐色を帯びてくる．イガが裂開する頃にはクリ特有の黒褐色の光沢を帯びた果実となり，この頃には果実内容も充実する．きゅう果の裂開程度は品種によって異なり，次の3タイプに分けることができる．

　① 実落ち性品種：　きゅう果が完全裂開し，大部分の果実が自然にイガから離脱して地上に落下する．大和，利平グリ，有磨，銀寄，赤中，石鎚，乙宗，岸根および大部分の中国種などがこのタイプである．

② 丸落ち性品種： きゅう果の裂開が不完全で，一部は実落ちするが，大部分の果実がイガのなかには入ったままイガごと落下する．千代田早生，銀鈴など．

③ 実落ちするものと丸落ちするものとが半々の品種(両者の割合は天候などの影響で年によって異なる)．森早生，伊吹，丹沢，ち-7，筑波など．

b．収穫の方法

クリの収穫期間は早生種の8月中旬頃から晩生種の10月下旬頃まで，70日間前後にわたる．この期間は夏の高温干ばつ時から秋の降雨，台風など気象変化の激しい時期にあたるので，収穫時の果実拾集およびその取り扱いには細心の注意が必要である．

一般にクリの収穫方法としては次のような方法がある．

自然落下収穫法 成熟して自然に落下した果実またはきゅう果を拾集する方法で，丸落ちきゅう果の少ない品種が主体の栽培園や小規模栽培園で行われている最も一般的な方法である．この方法による収穫は未熟果の混入がなく，充実した果実だけを収穫できるので品質，外観ともよく，また日持ちや貯蔵力にも富む．収穫期に入ったら毎日または1日おきくらいに，こまめに拾集作業を行うことが重要で，落下した果実を園内に永く放置すると変質腐敗したり，野ネズミ，野ウサギ，カラス，コオロギなどの食害を受け，水分の消失による減量も著しくなる．さらに，降雨に合うと果実が泥で汚れたり，光沢を失うなど果実品質や貯蔵性が低下し，商品価値を著しく損ねる．

果実の拾集は気温の低い時間帯に行い，拾集した果実は冷涼な場所に広げ果実温の上昇を防ぎ，早期出荷に努める．

熟きゅう収穫 黄変裂開したきゅう果を落下直前に竹ざおなどで落として拾集する方法で，自然落下収穫方法より能率がよく，丸落ち性の品種や大規模栽培園で行われる．収穫果実は座にわずかに白色部を残すが，果皮は完全に果実特有の光沢を呈しており，外観，品質ともに良好である．この方法による収穫は未熟果の混入が多くなるので注意する．未熟果は果実の内容が充実していないので肉質や味，光沢が劣り商品価値を著しく悪くするほか，イガむき作業にも想像以上の労力がかかる．

c．イガむき

イガむき作業はクリ栽培のなかでも労力を多く要する作業の一つであるので，経営に応じて適切な方法で行わなければならない．丸落ちしたきゅう果をその場でむく方法と拾集したものを作業場へ運搬し，手むきまたは機械むきする方法がある．

① クリ園でのイガむき： 竹ばさみや火ばさみなどを使って丸落ちしたきゅう果から果実を取り出す方法である．1人1日の処理量は150 kg程度で，能率は悪いが，丸落ち性の少ない品種を多く栽培している園や小規模の栽培園で広く行われている．

② 手むき： 丸落ちしたきゅう果を拾集運搬し，作業場で竹ばさみとへの字型いがむき台を使って果実を取り出す方法．1人1日の処理量は200 kg程度である．

③ 機械むき： 脱粒機(イガむき機)を利用する方法で，毎時250 kg前後の果実を脱粒することができる．手むきに比べて7～8倍の高能率であり，省力化ができるので大規模栽培園で利用されている．この方法は未熟果の混入が多くなるので選果に注

意する．

d．不良果実の選別

収穫された果実のなかから病害虫被害果，裂果，未熟果，しおれ果などの不良果や異品種果を選別して取り除く．これらの混入が多いと商品価値を著しく低下させるので注意して行う．

（2）集　　荷

選別の終わった果実はビニロンネット（1袋 30 kg 前後）に詰め，生産者名，品種名，袋数などを記入した名札を付けて所定の集荷場所へ運搬する．

（3）選　　果

集荷された果実は選果場で品種別に規格別形状選果を行う．選果方法にはふるいによる手選果と大型機械選果がある．

手選果（金網角ふるい目式）　　出荷規格（LL，L，M，S）に合わせた4個のふるいを使い，人力で果実の大きさをふるい分け，選果する方法である．

選果方法は規格の大きいふるい目（LL）からふるい，ふるい目の上に残った果実をそのふるい目規格とする．ふるい目をくぐって落ちた果実は次の規格ふるい目にかけてふるう．最後のふるい目（S）から落下したものをSS規格とする．ふるい目に一度に多量の果実を乗せると十分な選果ができないばかりでなく，余分な労力がかかるので果実が2層くらいの量でふるう方が能率がよい．この方法での果実選果量は2人1組で1日 1,000 kg 前後である．

機械選果　　クリの選果は形状型選果機で行われる．選果場での選果は納入時に生産者ごとの品種別出荷量を計量した後，選果する選果場と選果後の規格別選果重量のトータルを生産者の出荷量とする選果場がある．

搬入された果実はホッパーから投入されてエスカレーターで洗浄機に送られる．ここで泥やゴミが落とされた後風圧乾燥され，ベルトコンベヤーに乗せられる．ベルトコンベヤー通過時に病虫害果，裂果，しおれ果，未熟果などの不良果実を取り除く．続いて艶出し装置で磨かれ，同時にワックス処理が施される．最後に形状選果機で規格別に選果されたものが自動秤にかけられて箱詰め封かんされる．

選果工程がほとんど自動化されているため，労力は受入，ホッパーへの投入，不良果の選別，製品の規格別仕分けなど，1セット10人程度の人数で1日 5 t 前後のクリ果実を処理できる．

（4）出　　荷

クリの出荷規格は 10 kg 詰めのダンボール箱になっている．しかし，早生種などの早期出荷で高価に取引きされる時期にはビニロンネット 1 kg 入り 10 袋を 1 ケースとして出荷されることもある．また，特殊な場合としてビニロンネット 10 kg 入りで出荷されたり，クリ加工業者が 30 kg または 50 kg 入りの麻袋で取引きしている例もある．

13.6 貯　　蔵

（5）果実の輸送

クリ果実の輸送の大部分はトラックによって行われ，選果場から市場へ直送される．九州，四国など遠距離からの輸送はカーフェリーの利用が多く，夏期高温期の出荷には果実の減量や腐敗防止など品質低下防止のために保冷車の利用も多くなっている．

[片桐澄雄]

13.6 貯　　蔵

（1）貯蔵の目的と生理

クリの利用は生食用，加工用，焼きグリ用などが考えられ，それぞれの用途によって，貯蔵の目的や方法が異なる．たとえば，生食用の貯蔵期間は正月までが目途であり，加工用，焼きグリ用は周年貯蔵が要求される．クリの貯蔵は加工用を目的としたものが主であるが，その加工には貯蔵目的で行われるもの（一次加工）もある．シロップ漬けはそのままで可食されることは少なくクリ菓子などへの二次加工が行われている．

クリは青果物のなかでも呼吸速度の大きいものの一つで，収穫後，ダンボール箱に詰めたままにしておくと呼吸熱により品温が上昇し，果実表皮にかびが発生する．過度に水分の蒸散が起こると表皮に白い模様が生じ，生食用としての価値が低下する．クリの各温度における品質保持期間は，10℃で1カ月，5℃で2カ月，1℃で3カ月である．

クリの場合は，低温貯蔵することによって甘味度が増加することが明らかになった．河野らは，強制通風予冷を行ったクリを温度別に貯蔵し，ショ糖含量を調べた結果，1カ月後，10℃区および5℃区では5％程度であるのに，1℃区では9.1％に増加していた．そして，1℃区は3カ月後に9.5％まで増加し，その後は変化しなかった（表 13.6）．また，放射線を照射するとショ糖含量の増加には効果があったが，腐敗防止効果

表 13.6　クリ予冷法の違いによるショ糖含量の変化（％）（河野ら，1984）

貯蔵期間（月）	前処理法	貯蔵温度（℃）			貯蔵期間（月）	前処理法	貯蔵温度（℃）		
		1	5	10			1	5	10
1	RC	9.1	5.6	5.3	4	RC	9.6	7.0	
	PC	8.8	5.9	6.6		PC	9.5	7.0	
	VC	8.9	5.8	5.7		VC	9.6	7.4	
2	RC	9.3	6.3	7.1	6	RC	9.5		
	PC	9.0	7.3	5.9		PC	9.7		
	VC	9.2	8.0	7.1		VC	9.5		
3	RC	9.5	6.8	6.8	RC：強制通風予冷，PC：差圧予冷，				
	PC	9.4	7.5	7.0	VC：真空予冷．				
	VC	9.5	7.3	7.0					

はなかったとしている．

(2) 貯 蔵 法

クリ果は乾燥状態で放置すると加工原料としては品質がきわめて悪くなるので，おがくず貯蔵や土中に埋める方法のほか水中で一時保存する方法が用いられてきた．最近は他の果実・野菜などと同様に冷蔵貯蔵，CA貯蔵やフィルム貯蔵などが用いられている．

a．前 処 理

貯蔵は収穫されたクリの品質を維持することと果実の腐敗を防止することが主眼となる．したがって，前処理において，病害果および傷害果の除去や殺虫を行い健全果のみを貯蔵することが大切である．また，収穫直後のクリの品温は高いため，クリの品温を急速に下げるために河野らは貯蔵前処理として強制通風予冷，差圧予冷，真空予冷を検討し，差圧予冷が最もよい方法であるとしている．

b．貯蔵方法

水中貯蔵 クリ果実は乾燥状態におくと品質が損なわれやすいため湿度の高い状態で貯蔵するのが一般的である．四国地域技術連絡会議は，水漬低温貯蔵法を検討し，CA貯蔵（プラスチック製容器にクリを入れ窒素91％，酸素6％，炭酸ガス3％に配合したガスを充満させ密封し1℃に冷蔵する）やポリエチレン袋貯蔵（収穫後1晩水漬けし，翌日厚さ0.04 mmのポリエチレン袋にクリを詰め，密封して1℃に冷蔵する）よりも貯蔵効果が高く加工後の品質劣化も少ない貯蔵法であることを明らかにした．その方法はクリと水の比を1：1.5の割合とし，温度は最高3℃まであれば貯蔵効果を保つことができる．水替えは月1～2回ぐらい行えばよい．このように，水漬低温貯蔵法は簡単な操作で貯蔵効果を上げることができる．

冷蔵およびCA貯蔵 原田は冷蔵とCA貯蔵を比較した結果，CA貯蔵の果実は冷蔵果実と比べ差異は認められないが，加熱加工時にかなりの変色抑制効果が認められ，変色するまでの貯蔵期間は冷蔵果に比べ，少なくとも4カ月間延長できることを認めた．また，CA貯蔵果は出庫後，室温に移すとすぐに発芽して，商品価値が低下するので，冷蔵（1℃）すべきであるとしている．

冷凍貯蔵および氷温貯蔵 クリの冷凍貯蔵は実験段階である．その方法は，クリを液体窒素で冷却後，−30℃に貯蔵する．しかし，常温で解凍したとき，鬼皮の色沢は失われ，乾燥状態になりはく皮段階で果肉が割れやすく肉質もいくぶん軟化し，ドリップが浸出するので，シロップ漬けには向かない．しかし，焼きグリ，ゆでグリにした場合はわずかに異臭が感じられたが肉質は良好であった．今後，凍結方法または解凍方法の改良によって新しい貯蔵法として適用できるかもしれない．

氷温貯蔵は実際に栽培農家が実施している．それによれば，収穫後，ポリエチレンフィルムにクリを入れ−1℃前後の冷蔵庫に貯蔵し，翌年の3月以後はさらに温度を下げると夏までも貯蔵が可能であるとしている．しかし，早生のクリ（丹沢など）は発芽が早いので長期貯蔵には適さず，貯蔵は晩生のものを用いる方がよい．

フィルム貯蔵　フィルム包装内の酸素濃度を2〜6％,二酸化炭素を8〜15％の濃度に保持し0〜1℃に冷蔵することによって,5カ月間品質を保持できる.最近開発されているフィルムにはガスの透過性,透湿性を改善したもの,曇り防止,結露防止を施したもの,あるいは,ゼオライト,クリストバライトなどガス吸着性のある多孔質鉱物の粉末を混入したものなどがあるが,これらの機能性フィルムは開発されて日が浅いため,青果物の鮮度保持への利用やその他の効果について不明な点が多い.

13.7　加　　工

加工する上で重要な形質にクリの渋皮はく皮性がある.日本缶詰協会によれば,1日に100箱製造すると仮定すれば人員配置は総計で165〜195名必要で鬼皮剥きに20〜25名,渋皮剥きと整形に110〜130名,肉詰めその他に35〜40名必要である.渋皮はく皮工程が全体の60〜80％を占めている.田中らはニホングリの渋皮の接着過程を解析し,接着物質としてポリフェノールが関与していることを明らかにした.図13.9は渋皮の接着過程である.

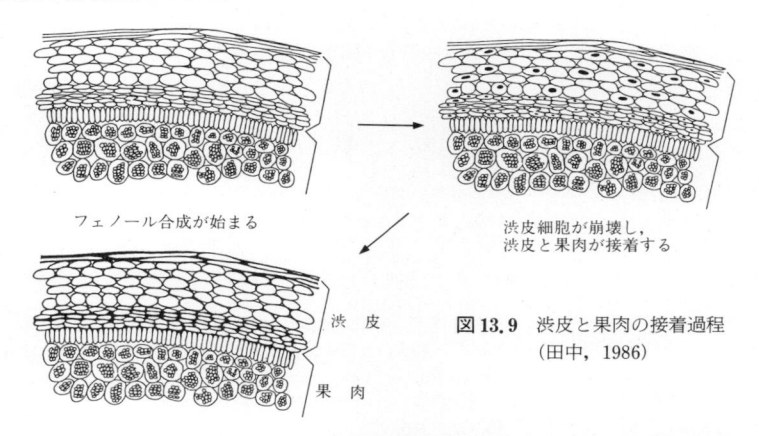

図13.9　渋皮と果肉の接着過程
(田中,1986)

クリ加工時における変色の発生原因は酵素的要因もあるが,非酵素的要因が強く,原田はクロロゲン酸と鉄の2因子が変色に関与し,その程度はクロロゲン酸/クエン酸の比が関係することを認めた.また,クリ果実をシロップ加工するとき,アスコルビン酸とクエン酸の混合溶液がその改善に役立つことも明らかにした.

a. クリの甘露煮

甘露煮は原料の質によってその品質が異なるため原料グリを厳選し,鬼皮と渋皮をはく皮し,清水で1夜以上水にさらしてあく抜きをし,水煮して55〜60％の糖液に漬けて90℃で20分間ほど加熱し,約1昼夜放置したのち缶などに詰める.

b. マロングラッセ

マロングラッセの原料は,かつてニホングリについても検討されたが,現在使われ

ている原料はヨーロッパから輸入されたものが主である．マロングラッセの作り方は鬼皮を除去したのち湯煮し，果実の表面を傷つけることなく渋皮を除去し，95～98℃で8～10時間湯煮してあく抜きをする．その後，35％から5％ずつ糖液の濃度を上げ，最後は70％の糖液に漬ける．その後，果実を乾燥し，糖衣をかける．

c．焼きグリ

原料は中華人民共和国から輸入されている．中国北部地域のクリが輸入されているが，最近，中国中西南部からも輸入され，その一部に渋皮が完全にはがれないクリが存在している．田中らは中国各地から，実生を輸入し，ほ場に栽植し，クリのはく皮性を調べた結果，湖南省を中心とした地域のクリのなかに，はく皮が困難な系統が存在していることを見出した．

焼きグリは，熱した細石を用いる加工方法のため，果肉褐変の原因であるフェノールの発生にそれほど気を使う必要がなく，周年貯蔵が可能となっている．しかし，早生グリは12月末，中生グリは翌年3月末，晩生グリは翌年10月末までが限度となっている．

焼きグリの方法は麻袋から取り出したクリを水中に入れ，浮きクリを除き，約1日風乾し，クリを砂利の入った甘栗機に入れ羽根を回しながら，適宜シロップを入れ焼き上げる．その後，焼き上がったクリを5分間100℃以上で蒸すとよい．

［田中敬一］

文　　献

1) 愛媛県工業試験場 (1974)，クリの利用に関する研究抄録集，1-21．
2) 原田　昇 (1977)，クリ果実の貯蔵に関する生理学的・食品学的研究，大阪府立大学博士論文，1-82．
3) Hayashi, T., Ohta, H., Hayakawa, A. and Kawashima, K.(1983), *Nippon Shokuhin Kogyo Gakkaishi*, **30**, 557-561．
4) 石塚由之 (1978)，クリ栽培の理論と実際（猪崎政敏編），557-566，博友社．
5) 河野澄夫，小野寺武夫，早川　昭，岩元睦夫，太田英明，菅原　渉(1984)，園学雑，**53**, 194-201．
6) 河野澄夫 (1988)，果実日本，**43**, 32-35．
7) 四国地域技術連絡会議 (1973)，四国農業の技術情報，**7**, 1-9．
8) 田村民和 (1979)，缶詰時報，**49**, 372-376．
9) Tanaka, K., Kotobuki, K. and Kakiuchi, N.(1981), *J. Japan. Soc. Hort. Sci.*, **50**, 363-371．
10) 田中敬一 (1986)，今月の農業，**30**, 46-51．

13.8　病　　害

a．実炭そ病

診断　きゅう果と果実への感染がおもな被害で，そのほか葉，枝にも発生する．きゅう果では，8月頃から黒褐色の小斑点が棘内にみられ，病斑の拡大とともに，褐変した棘が全きゅうあるいは局部的に発生してくる．果実では表皮に黒褐色の病斑を作るが，多湿状態におくと白色菌糸が伸びて，鮭肉色の分生胞子塊を生じる．果肉は褐

色～黒褐色に変色し，さらに腐敗が進むと乾腐状に収縮して空洞化がみられる．葉では黒褐色の斑紋，枝では暗褐色紡錘形のややくぼんだ病斑を形成する．

病原菌 *Glomerella cingulata* (Stoneman) Spaulding et Schrenk

分生子層，分生子柄，分生胞子を形成する．分生子層は 150～250 nm，剛毛があるものとないものがある．分生子柄は無色，円筒形で大きさ 12～19 nm×4～6 nm，これに頂生して分生胞子を作る．分生胞子は無色，単胞で内部に油滴状物を含み，両端が円く，大きさ 13～24 nm×4～6 nm の円筒形胞子と両端が細く，大きさ 13～20 nm×4～6 nm の紡錘形胞子の 2 型がある．

伝染経路 病原菌は枝しょうや芽組織内に潜在して越冬する．発芽後芽枯れ，葉枯れ，枝枯れを生じると，潜在菌が発育して多量の分生胞子を作る．4，5 月頃から新しょうや葉に伝搬して二次伝染を行う．きゅう果では 6 月以降に感染し，収穫前後から果実の発病が多くなる．

多発条件 ① 樹齢が古く，全般に樹勢が衰弱している園．② クリタマバチ，クリイガアブラムシ，カミキリムシなどの被害園．

品種感受性 罹病性：大和早生，中程度：筑波，丹沢，伊吹，耐病性：銀寄，岸根，有磨，石鎚．

防除 薬剤防除：7，8 月にベノミル剤，ポリカーバメート剤を 2～3 回散布する．

耕種的防除：園内が密生しないように整枝・せん定，間縮伐を励行する．

b．黒色実腐病

診断 果実の腐敗がおもな被害である．病斑は黒褐色をして黒色小粒の子座を形成する．被害果の発生は収穫期の後半に多く，外果皮からはほとんど異常がみられないものでも，果肉だけ腐敗していることがあるので注意する．果肉の病徴は黒灰色または黒緑色をして乾腐しており，さらに腐敗が進展すると空洞化して灰黒色の菌糸がみられる．なお，細菌類などが混合感染して果肉が軟腐していることがある．

病原菌 *Botryosphaeria dothidea* (Mougeot et Fries) Cesati et de Notaris

果皮上の病患部に子座を形成し，柄子殻，子のう殻を混生する．柄胞子は無色，単胞，長紡錘形で，大きさは 15～30 nm×5～8 nm．子のうは大きさ 65～135 nm×13～25 nm の棍棒状で二重膜を有し，内部に 8 個の子のう胞子を不規則 2 列に内蔵している．子のう胞子は無色，単胞，紡錘形で大きさは 20～30 nm×5～10 nm である．病原菌の発育適温は 20～32°C，最適温度は 28°C である．

伝染経路 病原菌は枝や幹の表皮に潜伏して越冬する．枝幹の病患部に子座を作り，気温が上昇すると柄胞子や子のう胞子を形成し，雨滴に混じってきゅう果や果実に感染する．

多発条件 ① 樹齢が古く密植，樹勢衰弱園．② 8，9 月が高温に推移し，とくに収穫期に入って高温多雨が続く場合．

品種感受性 罹病性：筑波，中程度：丹沢，伊吹，大和早生，耐病性：有磨．

防除 耕種的防除：肥培管理に注意して樹体が衰弱しないようにする．枯枝や枝

幹の枯損部は病巣になるのでできるだけ除去し，果実への感染防止に努める．常発園では収穫時の果実選果を徹底し，早めに出荷する．なお，現在登録農薬はない．

c. 胴枯病

診断 枝幹性病害としては最も普遍的なもので，幼木から成木まで広範囲に発生する．主幹や主枝，亜主枝の一部が褐色または黒褐色に変わり，やがて病患部には橙黄色，小粒の子座が形成される．このような病斑を削ると，樹皮下には淡黄白色の菌糸が扇状に広がっている．病患部が古くなると，周囲が少し盛りあがって病組織に亀裂を生じ，はく離したり，融合カルスの形成により患部は粗造になる．発病が進むと立枯れを起こしたり，あるいは台木部から不定芽を生ずることがある．

病原菌 *Endothia parasitica* (Murill) P. J. et H. W. Anderson

本菌は子のう菌類に属する．病患部に橙黄色の子座を散生または群生し，子座内に柄子殻と子のう殻を形成する．柄子殻は不規則な小室で，内壁に分生子柄を叢生し，無色，単胞，短桿状で大きさ $3\sim5\,\text{nm}\times0.8\sim1.8\,\text{nm}$ の柄胞子を作る．子のう殻は長頸のフラスコ型で子座の底部に埋生し，そのなかに棍棒状の子のうを有する．子のうには8個の子のう胞子を不規則2列に内蔵し，大きさは $6.3\sim9.3\,\text{nm}\times2.5\sim3.8\,\text{nm}$ で，無色，2胞，両端が丸いかやや尖った楕円形で隔膜部が少しくびれている．

伝染経路 病患部で形成された病原菌は，雨滴に混じって飛散伝搬する．通常樹勢衰弱樹で発生しやすく，凍傷害，枝幹の日焼け，枯損部からの感染が多い．

多発条件 ①凍傷害は本病の発生を助長する．②枝幹性病虫害の被害と併発することが多い．

防除 薬剤防除： 病原菌は損傷部から侵入するため塗布剤で保護し，患部は病原菌の病巣になるため早めに健全部を含めてはく皮除去し，チオファネートメチル剤や有機銅剤などを主成分とした殺菌塗布剤を塗っておく．

耕種的防除： 肥培管理に努め，樹勢を強健に保つ．適切な間伐，整枝を励行して枝が交錯しないように注意する．

d. 黒根立枯病

診断 従来ポックリ症とよばれていたもので，立枯れがおもな被害症状である．通常，発芽展葉と順調に生育していた樹が，梅雨明け頃になって急に肥料切れを起こしたように，葉が淡緑色からしだいに黄化萎凋し，早いものでは症状が現れてから1週間程度で落葉枯死する．発生樹齢は4年生からみられ，成木樹まで発生する．このように急激に枯死するもののほか，慢性的に樹勢が衰弱して立枯れになることもある．いずれも発病樹は台芽が出ないこと，根の先端が黒褐色に腐敗して皮層部と木質部がはく離しやすくなっているのが特徴である．

病原菌 ① *Macrophoma castaneicola* Kobayashi et Oishi，② *Didymosporium radicicola* Kobayashi et Oishi．

本病に起因する病原菌は2種類が認められている．一つは *Macrophoma* 菌で，黒変腐敗根の表皮に黒色小粒状，大きさ $300\sim630\,\text{nm}$ の柄子殻を作り，その内部に無色，単胞，長楕円形，全体が少し湾曲した大きさ $17.5\sim25\,\text{nm}\times5.5\sim8\,\text{nm}$ の分生胞子を形

成する．他の *Didymosporium* 菌は根の表皮に黒粒状の分生子層を作る．分生胞子は大きさ 22.5〜35 nm×10〜15 nm で，黒褐色，2胞，基部がややくさび型，頂部は丸みを帯びて全体に少し湾曲している．

伝染経路 病原菌は土壌中に棲息して罹病根上で繁殖する．感染は病根との接触によって行われる．

多発条件 ①土壌が湿潤な園．②夏期が低温多雨に推移する場合．

防除 薬剤防除： 発生跡地は，クロルピクリンで土壌消毒を行う．

耕種的防除： 樹の生育に異常が認められたときはすでに手遅れである．常時，根の状態を観察して健全樹の育成に努める．また改植時には有機物を投入する．

e．疫　病

診断 病斑は地面から1mくらいまでの主幹に発生する．はじめ表皮に割れ目ができて，皮目から墨汁が滲んだ状態になる．病患部は濃褐色から黒褐色に変わり，樹皮を削ると内部の形成層は褐色濃淡の縞状になっている．組織はわずかに軟化し，木質部まで変色して発酵臭を発する．病状が進むと葉は黄化して落葉し，さらに進むと立枯れを生ずる．

病原菌 *Phytophthora katsurae* Ko et Chang

遊走子のうは大きさ 10.0〜42.5 nm×10〜37.5 nm で，レモン形をして先端に乳頭突起がある．蔵卵器は基部が長い漏斗状になっており，表面にいぼ状の降起がみられる．大きさは 19.0〜31.0 nm×18.0〜28.0 nm で，その基部に蔵精器を底着する．蔵精器は球形〜楕円形，無色，大きさは 7.5〜12.5 nm×10〜12.5 nm である．卵胞子は大きさ 15.0〜27.5 nm，球形，厚膜，淡褐色で蔵卵器内に1個作られる．生育温度は 9〜32℃，適温は 26〜28℃ である．

伝染経路 病原菌は土壌中に卵胞子で棲息する．園内が過湿状態になると遊走子のうを形成して，遊走子で媒介伝搬する．初夏あるいは降雨が続くような梅雨期に最も感染が多い．

多発条件 ①密植園でいつも土壌が湿潤状態にある場合．②集中雨があるとすぐ園内が湛水状態になる場合．③草生栽培に比べ，清耕栽培園で発生しやすい．

防除 耕種的防除： 排水対策に努め，園内が過湿状態にならないように注意する．間伐，縮伐，整枝による園内の環境整備を図り，発生園では草生栽培を行う．病患部は見つけしだい削り取り，ボルドー糊など枝幹保護剤を塗布する．

f．うどんこ病

診断 葉，枝しょう，きゅう果に発生するが，最も被害がみられるのは葉の病斑である．はじめ新葉に水浸状の斑紋を生じ，やがて黄変して白粉状の菌体を作る．いわゆるうどん粉の症状になる．秋季になって気温が低下してくると，病斑上には微細な小黒粒点の子のう殻が形成される．

病原菌 *Microsphaera alni* (Wallroth) Salmon

子のう殻は球形で大きさ 70.0〜120.0 nm，内部に 3〜8 個の子のうを有し，一つの子のうに 4〜8 個の子のう胞子を内蔵する．子のう胞子は楕円形，淡黄色で顆粒を含

み，大きさ 14.0〜26.0 nm×8.0〜36.0 nm である．白粉状内の分生胞子は楕円形，単胞で顆粒を含み，大きさ 29.0〜46.0 nm×16.0〜36.0 nm である．

伝染経路　病原菌は子のう殻で越冬し，5月頃から子のう胞子を形成して伝搬する．新しくできた病斑には分生胞子を単生し，二次伝染源として次々に感染を行う．秋季には病斑上に子のう殻を形成し，翌年の第一次伝染源になる．

多発条件　①日当たりの悪い北向きの傾斜地や密植園．②枝が軟弱に徒長したり遅伸びするような園．③5〜7月の新しょう伸長期に降雨が多い場合．

防除　薬剤防除：　例年発生するところでは5月下旬頃から硫黄剤を2〜3回散布する．発生してからの防除は難しいので予防散布，初期防除に努める．

耕種的防除：　園内が密生しないように間伐，整枝を徹底する．また，枝の遅伸び，軟弱徒長を避けるために肥培管理には十分注意する．

g．かいよう病

診断　枝，芽，葉に発生する．枝しょうでは，はじめ水ぶくれ状の水浸斑を生じ，やがて黒褐色の病斑になる．これがいぼ状に肥大連鎖して，粗ぞうながんしゅ状のこぶ病斑を作る．このような枝の表皮を削ると赤褐色の壊死斑が木質部まで侵している．芽の病斑は発芽後水浸状から黒褐色に変色して芽枯れの症状になる．葉では褐色の小斑点を生じ，なかには中肋部や葉柄に黒褐色がんしゅ状の小さな病斑を作ることもある．

病原菌　*Pseudomonas syringae* pv. *castaneae* Takanashi et Shimizu

病原細菌は培地上で白色のコロニーを形成する．発育温度は5〜33℃で，25℃が最適温度，死滅温度は50℃10分間，世代時間は約2時間である．

伝染経路　本菌は枝しょうの病斑内で越冬する．春先になって気温が上昇してくると病斑上には病原菌が溢出し，これが雨滴に混じって枝しょう葉に感染する．病原菌は気孔や傷口から侵入し，風雨が伴うと発生も多くなる．

多発条件　①風当たりの強い園．②遅伸び枝や徒長枝で感染しやすい．

品種感受性　発生が多くみられる品種：利平，有磨，玉錦，石鎚，出雲，伊吹，発生が少ない品種：丹沢，岸根，国見．

防除　薬剤防除：　発芽前から生育期に無機銅剤または抗生物質剤を散布する．

耕種的防除：　病原菌は細菌であるから薬剤だけによる防除は困難である．罹病枝はできるだけせん除し，枝が遅伸びしないように肥培管理に十分注意する．また，風当たりの強い園で発生が多いことから防風対策など耕種的防除を徹底する．

〔磯田隆晴〕

13.9　虫　　害

（1）発生様相

クリに寄生する害虫は100種を超える．果実に寄生するモモノゴマダラノメイガ，クリシギゾウムシ，幹や枝に寄生するカツラマルカイガラムシは河合（1964）により

クリの害虫として記録，以後各地へ分布を拡大した．また，樹幹を加害するカミキリムシ類，芽に寄生するクリタマバチは白神（1941）により岡山県で発見以来，沖縄県を除く全土に蔓延した．当時の耐虫性品種は現在ほとんど寄生され始めた．原因はクリタマバチの系統変異と考えられている．そこで，総合防除と最小限の農薬を活用した害虫の密度管理を多面的に展開しなければならない．

(2) 主要害虫

a．モモノゴマダラノメイガ （yellow peach moth） *Conogethes punctiferalis* Guenée

被害の特長 クリ，モモ，その他12種類以上を加害，きわめて多食性である．第1世代幼虫は7月中旬頃早生種を加害，初期徴候はきゅう刺の間げきに虫糞が認められ，その後褐変して落きゅうする．第2世代幼虫は8月上旬頃からきゅう刺が部分的に褐変する．8月下旬には果実を食害し，刺束の間げきに虫糞を排出して糸でつづる．第3世代幼虫は中晩生種を加害し，収穫期が遅いほど被害が大きい．

生態 年2～3世代を営む．寄生性によって果樹型と針葉樹型がある．幼虫は樹皮の間げきやきゅう果に粗まゆを作り越冬する．4月下旬蛹化を開始，6月上旬終了する．越冬世代成虫は5月下旬～7月上旬に羽化する．成虫は早生種のきゅう刺に産卵，6～7日後にふ化する．第1世代幼虫は20日前後食害する．第1回成虫は8月上旬頃羽化，卵は4～5日後にふ化して第2世代幼虫になり14～15日食害する．第2回成虫の羽化最盛期は9月上旬頃である．卵は7～10日後にふ化し，第3世代幼虫は果実を

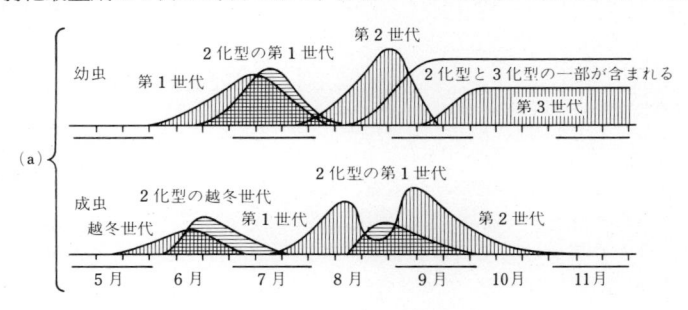

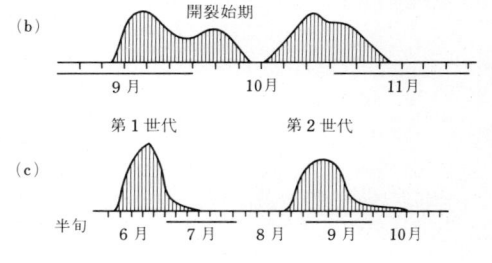

図13.10
（a）モモノゴマダラノメイガ2化型と3化型の発生消長模式図．
（b）クリシギゾウムシの産卵および被害果実からの脱出推移（品種：岸根）．
（c）カツラマルカイガラムシのふ化幼虫の発生消長模式図（大分，山口，島根県）．

食害する．一部の個体群は8月中旬頃から第2世代の幼虫態で越冬する．地方によっては，年2世代個体群が中心になるところもある．これらの個体群の世代経過は図13.10に示した．本種は寄主植物が多く，周辺環境の影響を受けやすいことと，越冬幼虫が多数見つかる翌年は多発を警戒する必要がある．

防除 薬剤防除： 防除の要否は7月下旬頃50きゅう果のうち，産卵きゅう果数が2～3個は8月上旬に1回，4個以上の場合は上旬と中旬の2回散布する．中生種は8月上旬に調査し，同じ基準により8月下旬～9月上旬に散布する．晩生種は8月下旬に調査，同じく9月上中旬に散布する．卵から成虫までの発育日数は有効積算温度と関係があり，真梶（1970）ら算出の値を表13.7に示した．日平均気温を当てはめれば，防除時期が推定できる．また，予察燈による成虫飛来最盛日の3～5日後に散布する．適用登録剤はカルタップ剤，除虫菊剤，ピレスロイド剤，デリス剤，硫酸ニコチン剤，ベンゾエピン剤，CVP剤，DEP剤，MEP剤，PAP剤がある．水溶剤，乳剤，水和剤は所定濃度液に展着剤を加用して300 l/10 a，粉剤および粉粒剤は8 kg/10 a散布を基準とする．散布量は樹冠の容積を勘案して加減する．

表13.7 モモノゴマダラノメイガ果樹型の発育零点(t)と有効積算温度(K) （真梶ら，1970）

世代	発育ステージ	回帰直線式	t(℃)	K（日度）	10℃以上の積算温度（日度）
夏世代	卵	$V=-0.18295+0.01586T$	11.5	63.05	70.1
	幼虫＋蛹	$V=-0.02432+0.00230T$	10.6	434.78	452.9
	蛹	$V=-0.10365+0.00785T$	13.2	127.42	162.0
	卵～羽化				523.0
	産卵前期間				100.3
	1世代				623.3
越冬世代	休眠離脱～羽化	$V=-0.03348+0.00330T$	10.2	303.03	306.1

V は発育速度，T は温度．

耕種的・物理的防除： 8月下旬樹幹部へこも，肥料の空き袋，布などの廃物を巻き付け，翌春害虫と一緒に剝がして焼却する．樹皮の割れ目に潜んでいるものは潰殺し，天敵は保護する．きゅう果皮は収穫のつど取り除いて焼却，ほ場衛生に努める．

生物的防除： 寄生性天敵にクロヒゲヒラタヒメバチなどが知られている．有力な種類は見当たらない．

その他の防除： 合成性フェロモンを活用した交信攪乱法は，被害の軽減効果がある．

b．クリシギゾウムシ （chestnut weevil） *Curculio dentipes* Roelofs

被害の特長 果実へ産卵食害する．きゅう果の刺束間を克明に観察すると，きゅう果皮に錐で突き刺したような跡があり，これが産卵穿孔の痕跡である．収穫した果実を放置しておくと，外果皮に3～4 mmの円形脱出孔を開けて4齢幼虫が這い出る．虫糞は果肉を食べた後に充塡し，外へ排出しないために，被害果実は特有の発酵臭がする．

生態 年1世代を営むものから2～3年経過中に1世代を営むものがいる．幼虫は土中10cm前後の深さに潜入して土室を作り前蛹態で越冬する．7月下旬～9月中旬に蛹化し，10～15日の蛹期間を経て羽化する．成虫は土室内に静止した後，坑道を掘って地上へ這い出る．出現期は8月上旬～10月下旬，趨光性はきわめて弱い．中生種への産卵開始時期は9月上旬，晩生種へは9月中旬で，きゅう果が樹上に着生している（10月下旬まで）間は産卵する．雌は穿孔口に産卵管を挿入して，果実の内果皮（渋皮）へ1粒ずつ産み付ける．卵期間は10日前後，ふ化した幼虫は4齢を営み，22～23℃のもとで約20日間経過すると老熟し，外果皮を食い破って脱出する．幼虫は土中へ数分間で潜入し，土室を作って越冬する．晩生種に多発しやすく，標高300～500mのクリ園には寄生果実率，生息密度ともに高い傾向がある．樹冠ごとの被害の垂直分布は被害きゅう果および果実率ともに有意差がなく，均一に産卵する．

防除 薬剤防除：立ち木（樹上）防除は産卵防止を目的に散布する．中生種の防除適期は収穫最盛期前30日頃が目安になる．晩生種の防除適期は9月16～20日に1回，多発園では7日後に2回目を散布する．適用登録剤はシペルメトリン剤，ペルメトリン剤，DEP剤，MEP剤がある．水和剤，乳剤は所定濃度液に展着剤を加用300 l/10 a，粉剤および粉粒剤は8 kg/10 a散布を基準とする．くん蒸処理法は臭化メチル剤を用いて，果実を密閉容器に収納し，速やかにくん蒸する．薬量は1 m^3当たり50 gとし，2時間くん蒸する．ガス化を促進するために20℃以上の環境下で実施するとよい．

耕種的・物理的防除：成熟落下した果実は幼虫が脱出しないうちにすべて園外へ持ち出し，幼虫の土中潜入を未然に防止する．施肥土壌管理を兼ねての耕起は，幼虫の土室を破壊し寄生菌の活動を容易にするなどの効果がある．

c．カツラマルカイガラムシ *Comstockaspis macroporana* Takagi

被害の特長 クリのほか，30科60種以上の植物に寄生する．主幹をはじめすべての樹体表皮に寄生加害する．始めは枝しょうに寄生吸汁し，2～3年枝になると密度が高くなる．新しょうは伸長が渋滞して落葉が早まり，樹勢は衰え枝枯れが起きる．やがて枝の上面側樹皮に亀裂が生じ枯死につながる．枝枯れが目立てば本種の被害で，枯れ枝の一部には鮮紅色の寄生菌が認められる．

生態 年2世代を営み，樹皮上で2齢後期の幼虫態で越冬する．越冬後は気温の上昇に伴って5月上旬頃から再び発育し始める．卵は暖地で6月上旬，通常6月中旬頃からふ化し始め，最盛期は6月21～25日頃である．1齢幼虫は枝の先端方向への移動が活発で，芽の付け根近くに定着しやすい．雌は15日前後で成虫になる．産卵前期間は約40日，雄はふ化後約40日経過して羽化交尾する．第2世代の卵は8月下旬からふ化し，最盛期は9月中旬，終息期は10月上旬である．2齢幼虫の個体群が11月下旬～12月上旬に越冬期へ入る．カバノキ科，ブナ科の多い樹林に接する園では多発しやすい．

防除 薬剤防除：冬期防除と幼虫発生期防除に区分される．冬期はマシン油乳剤（油分95～97％，15～20倍）を12～1月に300 l/10 a散布する．幼虫発生期の防除は6月下旬と9月中旬に散布する．適用登録剤は前記剤のほかに，PAP剤，DMTP剤，

CVP剤，ブプロフェジン剤などがある．成長調節剤（IGRs）ブプロフェジンは天敵保護の点で理想とされる．

耕種的・物理的防除：　多発樹は早く樹高を切り下げて強力な新しょうの再生を促す．心抜き整枝により採光と樹形改善に努める．

生物的防除：　若干の捕食性天敵が知られていたが，近年児玉（1987）により新たに発見され，活用研究が進められている．

d．シロスジカミキリ　（white-striped longicorn beetle）　*Batocera lineolata* Chevrolat

被害の特長　樹幹の1.5m以下の樹皮に直径15mm程度の凹み（金槌で打ち付けたような傷）を作り産卵する．幼虫は樹皮下の木質部を食害するため，樹皮が膨れて瘤状になり，立てに裂け目ができる．食害期間中細長い木屑を排出する特長がある．樹勢は著しく衰え二次被害を誘発しやすく，多くは枯損する．

生態　2年に1回発生，樹幹内で幼虫から成虫態で越冬し，5～6月に新成虫が出現する．太い幹へ選択的に産卵する性質がある．凹み，産卵痕は数個並んでいることが多い．卵期間は14～15日で，幼虫はしだいに心材部へ食入する．

防除　薬剤防除：　木屑の排出口は見つけしだい所定濃度の薬剤液を注入する．適用登録剤はMEP乳剤，PAP乳剤，DDVP乳剤などがあり，いずれも500倍液を注入または1.5m以下へ散布する．

耕種的・物理的防除：　成虫の捕獲と産卵痕上縁の木質部境界に産み付けられた卵を押しつぶす．

e．クリタマバチ　（chestnut gall wasp）　*Dryocosmus kuriphilus* Yasumatsu

被害の特長　4月に前年生長した枝の芽が生長し始めると，クリタマバチの寄生芽は肥大して虫瘤（gall）となる．最初は緑色，後に赤色を帯びてくる．新しょうは短く数枚の葉を着けているが，成虫が脱出後は虫瘤とともに枯死する．また，葉の主脈に変形した虫瘤を形成することもある．樹勢が弱いと形成率が高く被害も大きくなる．

生態　年1世代を営み，成虫は6月中旬～7月中旬に出現し，すべて雌の単為生殖でえき芽に産卵する．雌の産卵能力は300個前後である．7月下旬～9月上旬ふ化した幼虫は芽の生長点に食入して虫房を作り，幼虫態で越冬する．芽の生長に伴って幼虫も成長し，5月下旬～6月中旬に蛹化，蛹期間は10日前後である．樹勢の衰弱した弱小枝のえき芽へ選択的に産卵する．

防除　薬剤防除：　ほう芽直前防除（3月中旬～4月上旬）と羽化成虫の脱出期（6月下旬）散布が有効である．適用登録剤はシペルメトリン剤，ペルメトリン剤，マラソン・MEP剤などがある．濃度・散布量はクリシギゾウムシの項に準じる．

耕種的・物理的防除：　新規改植は抵抗性品種の導入が基本となる．心抜き整枝・せん定と適正な肥培管理に努め，樹勢の回復を図る．

生物的防除：　寄生性天敵が20数種類記録されている．有力種はクリタマヒメナガコバチ，クリタマオナガコバチ，クリマモリオナガコバチと中国からチュウゴクオナガコバチが導入され，その活躍が期待される．

［黒木功令］

文　献

1) 平山好見, 上野隆史 (1975), 植防, **29**(1), 2-6.
2) 黒木功令, 児玉　行 (1987), 山口農試研報, **39**, 67-75.
3) 前田正孝 (1980), 植防, **34**(2), 20-24.
4) 真梶徳純 (1971), 植防, **25**(6), 13-18.
5) 野原敬吾 (1955), 九州大学農学誌, **15**, 441-446.

14. ク ル ミ

14.1 経営上の特性と問題点

わが国のクルミ栽培は主要産地の長野県をはじめとし,青森県,岩手県などの東北各県に栽培が多い。全国の栽培面積約 700 ha,園地栽培農家数 1,195 戸,生産量 900 t,出荷量 558 t(1988 年)で,これらの過去の推移をみるとほぼ横ばいかやや減少傾向にある(表 14.1)。

表 14.1 クルミの栽培面積,生産量,出荷量の推移(ha,t)(農林水産省果樹花き課)

年次	園地栽培面積	散在樹栽培面積	総栽培面積	生産量	園地栽培農家	出荷量	用途別仕向量		主産県(生産量)
							生食	加工	
1982	330	610	940	1,309	1,945	759	385	374	長野(700),岩手(305)
1983	301	540	841	1,713	1,563	820	386	434	長野(950),岩手(320)
1984	319	502	821	1,068	2,003	934	450	484	長野(580),青森(242)
1985	376	403	952	740	1,663	588	136	441	長野(550),青森(209)
1986	381	347	940	861	1,598	548	159	389	長野(550),青森(207)
1987	384	338	722	909	1,195	558	160	398	長野(580),青森(206)

表 14.2 クルミの輸入状況(t,円/kg)(日本貿易月表)

	1980		1985		1986		1987		1988	
	数量	価格	数量	価格	数量	価格	数量	価格	数量	価格
中 国	1,255	755	1,187	630	1,233	443	1,491	374	2,078	380
米 国	289	884	711	919	2,478	499	4,759	396	2,247	451
インド	23	566	114	614	85	442	74	378	50	421
合 計	1,606	766	2,101	708	3,881	473	6,401	387	4,425	414

この要因はこれまで加工原料としてのクルミを米国,中国,インドなどから輸入してきたが,とくに 1986 年からは米国産殻付きクルミの輸入解禁となり,積極的にわが国の市場開発に乗り出したため,国産クルミの価格に影響したことにある(表 14.2)。一方,栽培の大半は散在樹で休閑地に植栽された放任園で,積極的な振興策も施されないまま,栽培者も高齢化したことにある。また,クルミの消費形態も洋菓子産業が中心で,期待された殻を手で割りながら食べる方法も日本人にあまりなじまず,大きな消費の伸びがみられなかったと考えられる。

表14.3 クルミ果実の一般成分（可食部100g 中）（三訂日本食品標準成分表, 1966；その他）

廃棄率(%)	カロリー(Cal)	水分(g)	蛋白質(g)	脂質(g)	炭水化物		灰分(g)	無機質			
					糖質(g)	繊維(g)		カルシウム(mg)	ナトリウム(mg)	リン(mg)	鉄(mg)
50	626	4.1	23.1	60.3	8.4	1.8	2.3	93	3	290	2.4

ビタミン								備考
A (I.U.)			D (I.U.)	B_1 (mg)	B_2 (mg)	ニコンチ酸 (mg)	C (mg)	C_6 (mg)	
A効力	A	カロチン							
0	0	0	—	0.50	0.08	3.0	5	0.80	セイヨウクルミ カシクルミ

しかし最近は自然食ブームのなかで，果仁の食品的組成と価値についてはタンパク質と脂肪の含量が多く（表14.3），美味で滋養に富むことから菓子類や各種料理に使用されるようになり，品質のよい国産クルミが見直されている．贈答品や観光地の土産品としても扱われている．

クルミの栽培は粗収入は少ないが，生産費が低いので省力栽培用果樹として有利である．経営的に大面積栽培も可能である．病害虫防除も重要であるが，10 a 当たりの所要労力のうちおもな作業は殻果の収穫調製 63 %，施肥 17 %，土壌管理 14 % で他の作業はきわめて少ないのが特徴である．

問題は実生樹の植栽が多いことから，収量が少なかったり，殻果の不斉一や果仁品質が劣るため販売上不利な場合がある．また結実年齢に達するのが 5～6 年，盛果期に達するのは 13～15 年と遅いことである．10 a 当たり収量も優良品種で 250 kg 程度が標準で，実生樹や孤立樹ではこれより少ない．そのために収支償うまでに年数のかかるのが欠点である．また成木は大樹となるため薬剤散布も十分にできず，収量や品質に悪影響し生産も不安定になりやすい．

今後は優良品種の導入を図り，低樹高に仕立て，高品質で早期多収栽培体系の確立が課題である．荒廃農地や中山間地などへ計画的に植栽し振興を図ることが望ましい．

14.2 分類と来歴

(1) 分類

クルミは植物分類学ではクルミ目（*Juglandales*），クルミ科（*Juglandaceae*），クルミ属（*Juglans*）に位置する．ヨーロッパ，アジア，南北アメリカに分布し，クルミ科には 8 属 40 種（北村，1979）あるとされている．菊池（1948）は主要種を表14.4 のとおり分類している．

クルミはきょう木性落葉樹で，果実は殻果で内部の仁を食用にするほか，クルミ油は香料化粧用，油絵に，殻は研磨剤に，樹皮は染料に，材は硬く工芸品や家具に利用される．

表 14.4 東亜産クルミ属植物の植物分類学的分類（菊池，1948）

1. ペルシャグルミ *Juglans regia* Linn.
    ① テウチグルミ（トウグルミ，チョウセングルミ，カシグルミ，薄皮胡桃）*J. regia* var. *orientis* Kitamura (*J. orientis* Dode)
    ② 露仁胡桃 *J. regia* var. *duclouxiana* Kitamura (*J. duclouxiana* Dode)
2. 厚皮胡桃 *J. sinensis* Dode (*J. regia* var. *sinensis* Cas. DC.)
3. 満洲胡桃 *J. mandshurica* Maxim. (*J. cathaensis* Dode. var. *gigantea* Kitamura, *J. hopeiensis* Hu.)
    ① オホシナグルミ，カホクグルミ
4. オニグルミ *J. sieboldiana* Maxim. (*J. ailantifolia* Carr.)
    ① トガリオニグルミ var. *acuta* Kitamura.
    ② カラフトグルミ var. *sachalinensis* Miyabe et Kudo.
    ③ コシボソオニグルミ var. *coarctata* Kitamura (*J. caarctata* Dode.)
    ④ ナガグルミ var. *shinanoana* Makino.
    ⑤ マメグルミ var. *parva* Kitamura.
    ⑥ マルオニグルミ *J. sieboldiana* Maxim.
5. ヒメグルミ，オタフクグルミ *J. subcordiformis* Dode (*J. cordiformis* Maxim.)
    ① ハリサキオタフクグルミ var. *acutissima* Koidz.
    ② ミゾナシオタフクグルミ *J. avellana* Dode (*J. subcordiformis* var. *avellana* Koidz.)

a．ペルシャグルミ

欧州グルミともいわれ，欧米の栽培種，中国の薄皮胡桃，わが国のテウチグルミの基本種である．雌花は新しょうの頂部に2～3個着生する．殻果は長円形ないし円形で淡黄褐色，殻皮薄く破砕が容易．果仁は充実し，摘出はきわめて容易で品質が優れる．耐寒性が劣る欠点がある．

原産地はヨーロッパの南東部からアジア西部一帯，ペルシャ地方といわれている．よく知られた品種にフランケット，ユーレカ，プラセンチア，ペイン，コンコードなどがある．

b．テウチグルミ

カシグルミ，チョウセングルミ，トウグルミともよばれ，ペルシャグルミの変種と考えられている．雌花は1～2個，柱頭が暗黄色．果実の大きさ，形状は変異がはなはだしい．外果皮表面に毛茸がある．成熟期は10月中旬．

殻果は鈴形または球形で表面淡褐色で網状の浅いしわがあり，殻皮を破砕するのはやや困難である．果仁歩合が少なく商品価値が低い．長野県はじめ東北各県で古くから栽培されてきた．

c．シナノグルミ

長野県内で昔から栽培されていたテウチグルミと，明治以降に外国から導入されたペルシャグルミとの自然交雑によってできた実生である．長年の間に交雑を重ね，繁殖をくり返してきた結果，多くの優劣の伴ったさまざまな特徴をもった系統が生じた．成熟期は10月上旬．

殻果は楕円ないし長楕円形で，表面淡黄褐色でしわがある．殻皮が薄く手で破砕が容易で，果仁は摘出しやすい．果仁は充実し果仁歩合も多く商品性が高い．園芸的品

種も選抜されている．現在のわが国クルミ栽培の主要種となっている．

####　d．オニグルミ

わが国原産で全国各地に広く自生分布している野生種．おもに渓流や河川の沿岸にみられる．雌花は5～15個着生し柱頭は暗紅色．結実後果実は房状になる．外果皮は表面に褐色の毛茸が密生し，成熟するとしわができ果実が自然落果する．

殻果は卵円形で先端尖り，表面は褐色，しわがある．殻皮はきわめて固く破砕が困難で，果仁は摘出しにくい．果仁歩合や収量が少なく栽培価値が低い．自然交雑による実生繁殖をくり返した結果，変異が大きい．ヒメグルミと自然交雑しやすく，変種の多いのが特徴である．最近，果頂部縫合線から割れて，果仁を容易に摘出できる系統が選抜されている．

####　e．ヒメグルミ

野生種で各地に自生している．殻果は小さくやや扁平で亜心臓形，頂部尖鋭．中央に浅い縦溝があるだけで表面は平滑である．殻果はきわめて固く破砕困難である．園芸的品種はなく栽培性が劣る．

（2）来　　歴

栽培の基本種とされているペルシャグルミは原産地ペルシャ地方から，4世紀初め頃，中央アジアを経て中国に渡来し，さらに4世紀末には朝鮮半島にまで伝播したとされている．

わが国には中国または朝鮮から渡来したとされているが，年代は不明である．古い文献によれば，平安朝時代の「本草和名」(918)に久留美と書き記され，他の木の実と同様に食用に供されていたが，これはオニグルミなどの野生種と考えられる．江戸時代中期の「本朝食鑑」(1696)には鬼胡桃，姫胡桃，唐胡桃が記載されながらも，唐胡桃はわが国では栽培されていないとしている．このことから江戸時代初期には殻の薄い唐胡桃は貢物として到来していたようである．江戸時代末の「本草綱目啓蒙」(1803)には唐胡桃，朝鮮胡桃の名がみられ，珍品として形は円にして殻薄く手にて砕き仁を出すと説明され，産地は羽州能代と記されている．したがって中国，朝鮮から伝来したクルミは，この頃には植栽されていたと考えられる．

なお，導入された経過は古老の伝承によると，殻果を養蚕指導者が渡来したときに持参した，三韓征伐に参加した人が持ち帰った，貢物として入ってきた，仏教と一緒に関係者が持参したとの諸説がある．

ペルシャグルミ欧州種の来歴は，原産地のペルシャ地方からギリシャ，イタリアを経てフランスで盛んに栽培・品種改良された．1562年に英国に渡り，その後移住者により北米にもたらされた．1800年代には西部に広がりカリフォルニアは適地とあって大産地となった．

わが国に欧州種が導入されたのは，1874年に政府の勧業寮が米国より苗木を導入したのが最初とされている．外国人が持参した殻果を種実とし，本格的に植栽し繁殖させたのは，長野県北佐久郡中佐都村塚東の池田静作である．1881年に軽井沢にきてい

た貿易商人ボアンカレーから殻果を譲り受け，播種したのが最初である．後にこのほかにも殻果を宣教師から譲り受けたり，外国から記念に持ち帰ったり，取り寄せたりして播種した例がある．とくに長野県小県郡豊里村の荒井仁三郎は大正時代から，クルミの商いをしながら毎年多量の欧州系実生苗を養成し，各地に配布し栽培奨励したのである．

おもな苗木による導入は1930年農林省が米国からフランケット，ユーレカの苗木を導入し主要県に配布した．1932年には長野県が小県郡和村大室にクルミ試験地を設置し，ここに米国からフランケット，ユーレカ，チュース，マイエット，プラセンチア，パイシャンなどの品種を導入した．1965年には長野県農業試験場東部畑作試験地がフランケット，ハートレイ，ペインを導入している．このほかに農林省園芸試験場，信州大学繊維学部付属農場などでも著名な品種を導入した経過がある．

このようにわが国における欧州種の来歴は，殻果または苗木で何回か導入された．当時は接ぎ木繁殖技術が劣ったため，積極的には導入品種の増殖普及はされず，また新品種育成にも利用されなかった．むしろ自然交雑実生苗による増殖が主流であった．

14.3　品種の変遷と品種解説

（1）　品種の変遷

明治以降，わが国にはペルシャグルミの著名な品種が苗木または殻果の状態で外国からたびたび導入された．しかし繁殖技術が劣ったため，ほとんどの品種は一般に普及に至らなかった．むしろ，古くから栽植されていた朝鮮グルミとこれら導入品種の自然交雑した殻果を播種し，長年にわたって繁殖を続けた．これらは品質的に劣るものが多かったが，なかには欧米の著名な品種よりも優れた系統もあった．とくに長野県に栽培が多かったことから，1931年頃から総称してシナノグルミとよび，1950年代半ばまで栽培の主体を占めていた．

当時の欧米人からクルミの有利性を教えられ，1908年頃からクルミが商品として取引きされるようになった．本格的に消費が伸びるようになったのは食生活の向上し始めた1950年頃からで，クルミの需要は飛躍的に増加し，価格も高騰したため流通販売も重要視されるようになった．当然生産の振興，殻果の斉一，品質の向上が全国的に急務となった．

長野県では県内に散在する多数の不良系統の淘汰をねらいとして，1946年から優良系統の選抜を開始した．1952年頃には熱心な栽培者によって，優良系統が発見され清香，南安が選抜された．1958年からは殻果調査にあわせて樹の生態調査をし，14系統を選抜し優良母樹に指定した．1962年に優良種として晩春1品種とみずほ，豊園，金豊，豊笑，和光，清玉，要鈴1号，美鶴の8系統を発表した．その後信州大学繊維学部の町田博は信鈴，美鈴，学12号，諸1号，錦秋などの優良品種を選抜した．これら優良系統は種苗業者によって接ぎ木苗として全国に供給されたのである．

1965年から長野県では晩春，要鈴1号，美鶴，信鈴，清香を県推奨品種として増植

を進めた．続いて1976年には豊園，南安が有望として普及に移した．多量苗木育成の困難，増植熱の低下もあって，他の品種は需要もなく普及されなかった．なお最近はオニグルミの系統のなかから，果仁を完全な形で容易に殻から取り出すことができる笑，オニグルミ継衛系が長野県で選抜され，増植が図られている．

(2) 品種解説（図14.1）

a. 清 香

長野県小県郡東部町滋野，清水直江が1951年頃，近在の実生樹のなかから発見し，優良種として1958年に命名した．

樹姿は開張性で樹勢が強い．開花期は雄花が5月上中旬，雌花が5月中下旬で，雌雄花の開花期のずれが大きい．雄花先熟型品種．殻果は長楕円形で，頂部尖り，底部広く平らである．1果平均重は約14gで大果，殻果の色は淡黄褐色で，果面のしわと側穴はごく深く，縫合線の隆起が高い．殻皮の厚さやや薄く破砕の難易は中程度．果仁は楕円形，果仁歩合は約50％で高い．

収穫期は10月上旬，豊産性である．受粉樹として豊園，南安が望ましい．

b. 信 鈴

信州大学繊維学部附属大室農場に栽培されていた欧州系品種の実生樹のなかから，町田博が1960年に薄皮系の優良種として選抜した．1964年に農産種苗法により名称登録された品種である．

樹姿はやや直立性で樹勢は中程度である．開花期は雄花が5月上中旬，雌花が5月中下旬で雄花先熟型品種である．殻果は卵形で頂部がやや尖り，底部がやや狭くいくぶん尖る．比較的大果で1果平均重は12g程度である．殻果の色は淡褐色，果面のしわは浅く平滑で，側穴の深さが目立ち，こぶやや明瞭，縫合線の隆起は並，外観が美しい．殻皮は薄く破砕しやすい．果仁は楕円形，肥厚充実し，果仁歩合は50％程度である．

収穫期は10月上旬，結実期に達するのが早く，豊産性である．受粉樹として豊園，南安が望ましい．

c. 要鈴1号

長野県小県郡東部町和，竹内要人が自家のクルミ園から選抜したもので，優良系と認められ，1963年要鈴1号と命名した．

樹姿は開張性で樹勢が強い．開花期は雄花が5月上中旬，雌花が5月中下旬で，雄花先熟型品種である．殻果は楕円形で頂部がわずかに尖り，底部が狭い．1果平均重は12g程度で，やや大果である．殻果の色は淡褐色で，果面のしわはやや深く，側穴の深さも目立ち，こぶ明瞭，縫合線の隆起高く外観は美しい．殻皮の厚さは薄いが，縫合縁の幅が広いため破砕はやや困難である．果仁は四角形，よく肥厚充実し，果仁歩合は50％程度である．

収穫期は10月上旬，受粉樹として豊園，南安が望ましい．

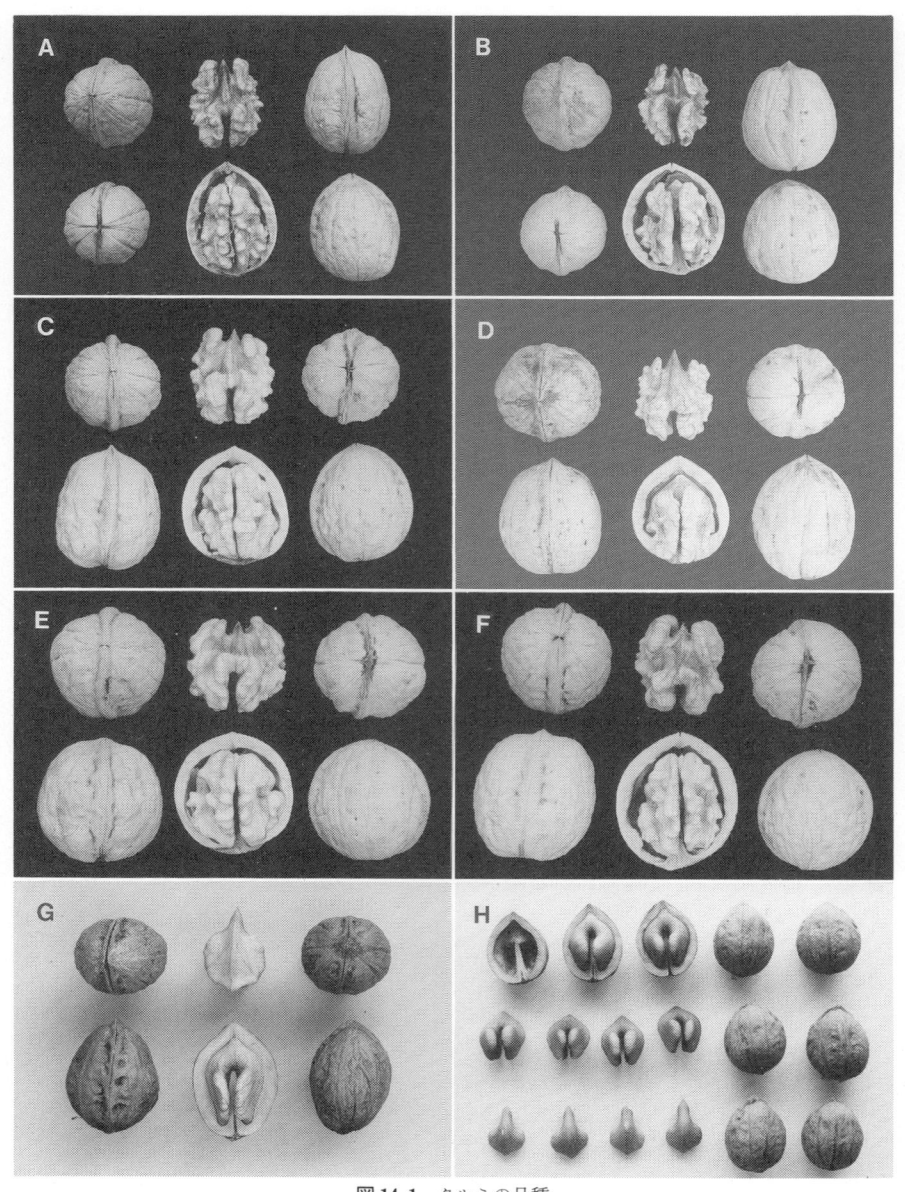

図 14.1 クルミの品種
A：清香，B：信鈴，C：要鈴1号，D：晩春，E：豊園，F：南安，
G：笑（以上小林原図），H：オニグルミ継衛系（牧田原図）．

d. 晩　　春

長野県小県郡東部町滋野,清水直江が1955年頃に自家のクルミ園のなかから,発芽期の遅い系統を発見し,晩春と命名した.1958年に農産種苗法により名称登録された品種である.

樹姿はやや開張性で樹勢が強い.雄花の開花期は5月上中旬,雌花は5月中下旬で雄花先熟型品種である.発芽期がやや遅いことから晩霜の被害を受けにくい.殻果は楕円形.1果平均重は14g程度で大果.殻果の色は淡褐色で,果面のしわは浅く平滑で縫合線の隆起は並,外観は美しい.殻皮の厚さは比較的厚く,縫合縁の幅が広く破砕はやや困難である.果仁は楕円形で,よく肥厚充実し,果仁歩合45％程度である.

収穫期は10月上旬.結実期に達するのが早く,豊産性である.受粉樹としては豊園,南安が望ましい.

e. 豊　　園

長野県小県郡東部町田中,浅川良喜のクルミ園から1958年に選抜されたもので,コンコードの血をひくものとされている.

樹姿は直立性で樹勢は強い.開花期は雌花が5月上中旬,雄花が5月中下旬で雌花先熟型品種である.殻果は肩が張った円形で,大きさは中～大で1果平均重12g程度である.殻果の色は淡褐色,果面のしわは浅く平滑で,縫合線の隆起は低く,外観は美しい.殻皮の厚さは薄く破砕は容易である.果仁は肥厚充実がよく,果仁歩合は55％前後と高い.

収穫期は10月上旬.受粉樹として晩春,清香,信鈴,要鈴1号が望ましい.

f. 南　　安

長野県南安曇郡穂高町柏原,丸山六義が自家で栽培していたクルミ樹のなかから発見した.1952年優良系と認め,この穂木を清水直江が譲り受け,南安と命名した.

樹姿は開張性で樹勢が強い.開花期は雌花が5月上中旬,雄花が5月中下旬で,雌花先熟型品種である.殻果は卵形,1果平均重は12g程度で,大きさは中～大である.殻果の色は褐色,果面縦溝はやや深く,側穴の深さ極深,縫合線の隆起が高く外観は美しい.殻皮の厚さは薄く破砕の難易は中位である.果仁は四角形で,果仁歩合は50％程度である.

収穫期は10月上旬.受粉樹としては晩春,清香,信鈴,要鈴が望ましい.

g. 笑(わらう)

長野県小県郡東部町滋野,清水直江がオニグルミのなかで,縫合線の隆起が低く,幅の狭い殻果を1971年に播種し,得られた実生を翌年にオニグルミ実生台に接ぎ木した.1976年結実した殻果の縫合線部分が自然開殻することに気付き,果仁の摘出がきわめて容易なオニグルミとして選抜した.1985年4月に種苗法により品種登録された.

樹姿は中間型で,樹勢は中程度,雄花先熟型品種である.1花そうの雌花の数は6～8個,雄花穂は極長である.殻果は楕円形で大きさ小.殻果の色は褐色で,しわは浅く,側穴がやや目立ち,こぶは無,縫合線の隆起は低い.殻皮の厚さ中である.果

仁は尖角形で，大きさ小，果仁歩合は少ない．
　収穫期は9月下旬〜10月上旬．青皮は裂開しない．収穫後殻果を水洗いし，天日乾燥中に殻果頂部の縫合線から自然裂開し，指で狭んで押すだけで果仁の摘出がきわめて容易である．

h．オニグルミ継衛系

　長野県南信農業試験場が1973年から県内に自生しているオニグルミ300余の系統について，果仁が完全な形で容易に摘出でき，果仁歩合が高く，品質が優れ収量の多い系統の選抜を行った．そのなかから1987年に田中継衛（上伊那郡高遠町河南）所有のオニグルミを，最も優良と認め選抜し継衛系とした．
　開花は雄花先熟型．1花そうの雌花の数は15個程度で多い．殻果は短楕円形で小さく1果平均重6.4 g，果仁は尖円形，平均重1.8 g，果仁歩合は28％，果仁の色は黄褐色である．
　収穫期は9月下旬〜10月上旬．殻果を1昼夜水に浸けた後，炒ると縫合線から裂開し果仁を容易に摘出することができる．

14.4　栽培管理

(1)　品種の選定

　必ず品種特性の明らかな接ぎ木苗を栽植し，実生苗は避ける．結実確保の点から雌花と雄花の開花期が同時となるよう，雌花先熟型品種と雄花先熟型品種を混植する．殻果は大きく，表面が淡黄ないし黄金色を帯びた褐色で外観美しく，殻皮が薄く破砕しやすく，果仁の摘出が容易で，果仁の肥厚充実がよく，果仁歩合も50％程度の高い品種を選定する．品種の数は販売上から2〜3品種とする．

(2)　苗木の養成

a．台木の養成

　野生種のオニグルミか在来種のテウチグルミの殻果をやや湿った砂と交互に層積して，低温の状態で貯蔵しておく．これを3月上中旬畑に播種する．やや深めに溝を掘り，5 cm程度の深さのところに20 cm間隔に殻果の果頂部を横にし，縫合線を上下にして播種し覆土する．実生は直根が伸びやすく側根が少ないので，梅雨期に断根して側根の発生を促す．ときどき若干の施肥をし，敷わら，除草を行いできるだけ太い台木を養成する．

b．接ぎ木の方法

電熱温床を利用した揚げ接ぎ法　施設と育苗労力を必要とするが，最も安定した方法である．穂木は12〜1月に長さ30〜50 cm，基部の太さ0.7〜1 cm，節間の短いよく充実した髄の小さい枝を採取し，乾かさないようにして冷蔵庫か地下室に貯蔵しておく．3〜4月頃に穂木を2芽つき，長さ7〜10 cmに調整し，あらかじめ秋に掘り上げ仮植してあった台木に揚げ接ぎする．それを電熱温床に接ぎ穂の先端が地表下2

cm の深さになるよう，やや斜めに伏せ覆土する．床土が乾きやすいのでときどきかん水をし，地温 25°C，土壌水分含量 30％程度に保つよう管理する．活着して芽が伸び始めたら台芽を除去し，根部を乾かさないようにして露地に移植し，生育をおう盛にする．

露地における居接ぎ法　穂木の採取は 1〜2 月，充実した枝を採取し低温貯蔵しておく．貯蔵期間が長いので活力が低下しないよう保管する．接ぎ木時期は台木が発芽しおう盛に生育を始めた 4 月下旬〜5 月下旬．接ぎ木は台木の太さ直径 1 cm 以上，地上 4〜5 cm の高さの部位で滑らかな部分に切り接ぎする．接ぎ木後ポリ袋をかけ穂木の乾燥を防ぐ．活着し発芽伸長したらポリ袋を除去する．台木から盛んに伸長する台芽を除去し接ぎ穂の生育を図る．接ぎ木活着率を高める方策として，台木のカルス形成を阻害すると考えられる樹液のえき出を防ぐため，接ぎ木する数日前に台木の断根，台木を接ぐ位置のやや上で切っておくなどの処置をする．

緑枝接ぎ法　緑枝の穂木を用いて，6 月下旬〜7 月中旬に接ぎ木する．接ぐ品種の新しょうを採取し，葉を葉柄基部から摘葉し，ただちに台木に腹接ぎし，ビニル袋を被せる．以上は活着率は劣るが本数の少ない場合の簡易な方法である．

(3) 開園法
a．園地の選定

気象条件　温和で冷涼な気候を好む．長野県の主産地の気候は，平均気温 10〜12°C，年降水量約 1,000 mm，日照 2,000 時間である．生育期の高温多湿は病害の発生が多く，枝しょうは徒長し雌花が着生しにくい．結実確保と穀果品質のため，5 月の開花期と 10 月の収穫期に降雨が少ない地帯がよい．日照は多いことが望ましい．日照不足は花芽分化を妨げ，新しょうの登熟が不十分な場合は冬期の低温で枝しょうの枯死が多く，収量に影響する．樹体が大きいため台風による倒伏・枝折れが生じやすいので留意する．生育開始後，晩霜にあうと著しく減収となるので，霜穴・霜道には植栽しない．

土壌条件　深根性で適応性の幅が広い．有機物の多い肥よくで，土層が深く，通気，排水のよい砂質ないしれき質壌土が望ましい．果実肥大期の夏季の干ばつは果実の肥大，果仁の充実を妨げる．乾燥地よりも保水力の高い土壌条件が適する．土壌 pH

表 14.5　標高と穀果品質（長野県東部畑作試験地，1968〜1972）

標　高(m)	穀果重(g)	果仁量(g)	穀果縦径(mm)	果仁歩合(％)
540	10.4	4.9	35	47
600	10.0	4.8	33	48
700	10.0	4.7	34	47
800	9.3	4.4	34	47
900	9.6	4.3	34	44
1,000	8.8	4.2	33	46
1,100	8.2	3.5	32	44
平　均	9.5	4.4	34	46

は5.7～7.5の範囲が好適である.

地勢と標高　管理上平坦地が望ましいが,かなりの傾斜地でも栽培可能である.日照の確保や霜害,風害の軽減を考慮すると,南西面の緩傾斜地が望ましい.気温の低い高標高地では果仁の肥厚充実が劣る(表14.5).比較的品質のよい殻果が良産できるのは800 m以下で,オニグルミは1,300 m以下である.

b. 栽植密度

植え付け本数は地形や土壌の肥よく度によって異なる.早期多収を図るため,平坦地では10 a当たり20本植え(7 m×7 m)とする.樹が大きくなるに従い密植の弊害の生じないよう間伐し,最終的には5～6本にする.

c. 植え付け方法

定植の適期は落葉期から3月下旬.樹液の流動し始めるのが早いので遅くならないようにする.あらかじめ定植位置を決め,植え穴を大きめに掘り準備しておく.苗木は根部を乾かさないように取り扱い,必ず根部はトップジンM 500倍液,またはベンレート1,000倍液に浸漬し消毒をする.根はやや下向きに八方へ広げて,植える深さはやや深めに植え,十分にかん水をしながら覆土する.敷わらを行い支柱を立てて,風による苗木の動揺を防ぎ良好な活着に努める.植え付け後の管理はときどき苗木周辺の除草をし,コウモリガの幼虫の食害防止をする.

(4) 結果習性と雌雄異熟現象

花は単性花で雌雄花同株である.雌花は前年生の発育中庸で充実した枝の頂芽およびこれにつぐ2～3芽に分化し,翌春発芽伸長した新しょうの先端に1～4個(オニグルミ,ヒメグルミは房状に10個前後)着生し結実する.開花時は淡黄色(オニグルミ,ヒメグルミは紅色)のわん曲した棍棒状柱頭が総苞の頂部にみられる(図14.2).

図14.2 雌花の開花(シナノグルミ)　　**図14.3** 雄花の開花(シナノグルミ)

雄花は前年生長した枝の雌花を分化する節より下位の節の葉えきに数個着生する.開花時には穂状を呈し(図14.3),花粉は風媒によって受粉する.強風,雨などによって落下したり,開やくしなかったりして花粉不足になりやすい性質がある.

クルミは雌花と雄花の開花期が一致しないものが多く,同時期に咲くものもあるがまれで,大部分のものは雄花が先に咲く(雄花先熟型)か雌花が先に咲く(雌花先熟

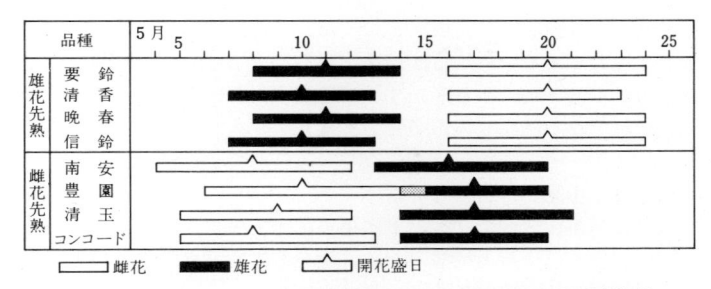

図14.4 優良品種の雌雄花開花期（長野県果樹試験場東部試験地）

型）かいずれかである．これを雌雄異熟現象（dichogamy）といい，結実確保と重要な関係がある．

雌雄両花の開花期の差は3～8日で年によって異なる．開花の早晩は3月下旬～5月上旬の最高気温の高い年ほど早まり，雌雄両花の開花期の差は5月上旬（開花直前）の最低気温が影響し，気温に対する感応度は雄花が高く雌花は低い．気温が上昇するほど雄花穂の開花が早まるので，雄花先熟型品種は差が大きくなり，雌花先熟型品種は雌雄両花の開花期の差が短縮する（図14.4）．

（5）結実確保

毎年安定多収を得るには結実確保に留意する．結実を不安定にする要因は雌雄両花の開花期の差が大きく，受粉受精が十分に行われないことにある．よって雌雄両花の開花期が長く重なり合うように品種を選択し，受粉樹を30～50％の割合で混植する．なお同一品種のみの単植園や独立樹は年によって結実不良になりやすい．人工受粉の実施が必要である．

簡易受粉法として，細かい網目の袋に雄花穂を数十本入れて，樹の頂部に吊り下げておく．花粉が飛散するようになったら袋を軽く竿で叩く，花粉は風に運ばれて雌花の柱頭に付着し受精する．雄花穂量を十分に確保しておき，雌花の受精率の高い開花直後から5日頃，飛散に適する晴天日を選び迅速に行う（図14.5）．受粉用花粉はいずれのクルミ，品種も利用可能である．

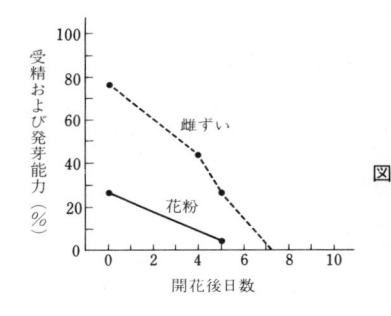

図14.5 クルミの雌ずいおよび花粉の受精・発芽能力と開花後経過日数との関係（シナノグルミ）（柴本，1953）

着果果実を落下させ減収となる要因としては，7月上中旬の硬核期に養水分の競合により落果する場合がある．毎年有機物を施用し，土壌中の養水分の激変を避けるようにする．このほか，年によってクルミガの加害，強風害によって落果を多くみる場合がある．それぞれの防止対策が必要である．

(6) 土壌管理と施肥

クルミは栽培管理が粗放的で，他の果樹類に比べ土壌管理と施肥がおろそかになりがちである．安定生産，生産力増強のため，地力の維持，耕土や肥料の流亡防止，干害防止に留意し管理する必要がある．

有機物の補給をかねて樹冠下にわら，刈り草などを敷く．草生栽培の場合はときどき刈り取り，収穫期直前には必ず短く刈り取り，果実の収集を容易にする．幹周辺は害虫の加害を防ぐため雑草を繁茂させない．夏季の高温干ばつ時には果実の順調な肥大充実を図るためかん水を行う．とくに耕土の浅い園は効果が期待できる．

施肥は土壌の肥よく度，結実状況，樹勢を考慮し施用量を調節し，果仁の充実，隔年結果防止，樹勢の維持のため効率よく施用する．標準施肥量は樹齢によっても異なるが，窒素，リン酸，カリとも表14.6のとおりである．そのほか苦土石灰，たい肥を

表14.6 クルミの基準施肥量 (長野県特産課)

樹齢(年)	施用量 1樹当たり成分量(g)			樹齢(年)	施用量 1樹当たり成分量(g)		
	N	P	K		N	P	K
1	50	20	20	6	250	100	200
2	70	30	30	7	300	150	250
3	100	40	50	10	500	250	400
4	150	50	100	15	800	400	600
5	200	70	150	20	1,000	500	800

施す．施肥時期は基肥を落葉後の11～12月に施し，全面中耕をする．追肥は果実肥大と充実をねらって，結実後の5月下旬～6月上旬にNK化成を施す．また貯蔵養分を確保し，樹勢回復をねらい，礼肥として9月中下旬に窒素肥料を施す．窒素の追肥・礼肥は年間施用量の20％とし，速効性のものを施用する．

(7) 整枝・せん定

クルミ樹は放任しておくと大きくなり，樹高も10m以上にもなる．樹齢がたつに従い枝は開張し混雑して枯れ枝が多くなり，結果部は樹冠外部に移り生産力が低下してくる．樹冠の過繁茂は台風襲来のときに樹の倒伏がしやすくなる．クルミ栽培も多収，安定生産のためには，樹冠全体に通風，日照の導入を良好にし，枝の充実を図り花芽着生と結実を容易にし，防除薬剤がよくかかり，収穫しやすい樹高を維持するよう，他の果樹と同様に整枝・せん定が必要である．目標樹形は変則主幹形または開心自然形とする（図14.6）．時期的に樹液の流動が早いことから，実施時期は休眠期中でも12～1月に実施する．

14.4 栽 培 管 理

図14.6　変則主幹形樹（左）と開心自然形樹（右）　　図14.7　若木の状態

a．若木の仕立て

　幼木から若木時代は枝数が少なく，樹はおう盛に伸び直立性となる性質がある．したがって主幹形に仕立てる．本格的な結果樹齢に達する6～7年生樹までは骨格形成に努める．主枝候補枝を4～5本確保する．4～5年生樹までは毎年，主幹延長枝の1/3を切除し，しっかりとした主幹を作ると同時に主枝候補枝の発生を促す．また主枝候補枝の先端も軽く切り返す．その他の側枝は早期結実のためにそのままにしておく．若木時代は極力枝を残し，樹の肥大生長を図り樹勢を安定に保つ．枯れ込みを考慮して，切り返しせん定をする場合は残したい芽の一つ上の芽を残して切る．5～6年生頃から主枝候補枝の伸長肥大を図るため，支障となる枝を順次間引いていく（図14.7）．

b．成木の仕立て

　7～8年生頃までに主枝を決定する．基本としては主幹の高さ3.5m，第1主枝は地上1～1.5mから出し，そこから上に0.5～1m間隔で第2主枝，第3主枝を出す．二つの主枝が水平投影面上でなす角度は等しくなるようにする．主幹からの主枝の発生角度は40～45°以上の鈍角とする．心枝の除去はあまり早くすると，上段の主枝が立ってくるので注意する．主幹の延長枝をそのまま放っておくと，枝が混雑し日照導入の妨げとなる．将来の心枝の除去に備えて，2～3年計画で，順次強勢な側枝から除去し心枝の生育を弱める．成木になり結実も多くなると，新しょうの伸長も短くなり，理想的な樹勢に落ち着いてくる．

　クルミ樹は他の果樹のような細かなせん定をする必要はない．樹冠内部への日照導入により，充実した多くの結果母枝を養成し収量の増加を図るため，密生枝や重なり枝のせん除と混雑してきた中枝や太枝の間引きを主体に行う程度である．

　密植園は弊害の生じる前に主枝間伐，樹間伐を適宜実施しなければならない．樹高が高くなりすぎたり，衰弱枝や枯れ枝が多くなり収量が低下した成木は，更新せん定を行い樹を若返らせる．骨格枝を更新する場合は切除した付近から発生した徒長枝を

養成していくが,結実するまでに3〜4年かかるので,その間角度,方向,勢力などのよい枝を1〜2本選び計画的に養成することが必要である.太枝の切除後の切り口は癒合を早め枯れ込み防止のため,必ずトップジンMペーストなどの塗布剤を処理しておく.

(8) 収 穫

9月下旬〜10月中旬が成熟期である.オニグルミやヒメグルミは成熟しても外果皮が黄緑色に変わるだけで,裂開せず落下する.このほかの軟殻クルミは果実の頂部や胴部の外果皮に不規則な亀裂ができ,しだいに裂開してなかの殻果が自然に落下する.

収穫適期は果実の外果皮が簡単にはがれる時期で,樹全体の20〜30％の果実が外果皮裂開し,自然に落下し始めた時期である.収穫方法は長い竹竿などで軽く叩いて落とす.あまり早すぎると未熟果まで落ち,外果皮が取れにくく殻果の色も劣る.収穫が遅れ自然落下した果実は,放置しておくと雨や湿気で殻皮が黒く汚れて外観が悪くなり,洗果にも時間がかかり商品性が低下しやすい.収穫は2回くらいに分けて行うのがよい.

外果皮は落下の衝撃で自然に取れるが,未熟果,しいな果,樹勢の悪い樹の果実,成熟期の干ばつなどの場合ははく皮しにくい.手で簡単に取れない果実だけ集めて,ぬれムシロを7日間程度かけておくと自然裂開して容易に取れる.この場合外果皮が腐敗する前に殻果を集めて洗うことが重要である.

表14.7 10a当たり収量(長野県果樹試験場東部試験地,1967〜76)

樹齢(年)	樹冠面積(m²)	本数	収量(kg)
5	4.3× 4.5	20	34
8	7.3× 7.4	18	181
10	9.1× 9.1	12	217
14	11.5×12.1	7	249
20	14.0×14.0	5	350

樹齢20年の値は推定値.

クルミは5〜6年生時から結実し,15年生頃から盛果期になる.10a当たり収量は系統,品種,肥培管理,樹冠の大きさ,病害虫の発生などによってかなり異なる(表14.7).

(9) 調 製

収穫した殻果はそのまま放置しておくと,殻皮表面にかびが発生したり,汚染したり,殻果色を損なって品質が低下する.落としたらただちに水洗いをし乾燥する.

殻果表面のしわや側穴に繊維物が付着している場合はワイヤーブラシなどで落とす.水洗いは多量の殻果は洗浄機を使用する.少量の場合は容器のなかで,水を少なめにして掻き回してよく洗う.外観をよくし商品性を高めるために,殻果を水洗いする前に,米糠汁(水3:米糠1)で30分くらい洗うと光沢がでて,きれいに仕上がる.

米のとぎ水に一昼夜浸漬して漂白する方法は殻果内に水が入り，果仁の品質を低下させやすい欠点がある．

洗った殻果は7〜10日間乾燥する．平らなかごか金網底の容器に重ならない程度に広げ，最初の2〜3日は直射日光にさらし，ときどきかく拌して均等に乾くようにする．ついで通風のよい屋根つきの場所で陰干しをする．雨や夜露に当たらないよう管理する．乾燥の仕上がり程度は殻果内隔壁や果仁の渋皮の乾燥状態で判断する．隔壁や渋皮がパチンと割れるような状態になれば乾燥十分である．乾燥が不十分であったり，強い日光に長時間当てると果仁が変質しやすい．殻果が多量の場合は通風乾燥機か火力乾燥機を使用する．

14.5 出荷販売

商品性を高め有利販売をするためには，選別し商品として不適当な殻果を取り除く．殻付きの場合は果仁の状態から区別することが困難であるが，不良果として次のものがあげられる．しいな果（殻の形状が普通でも色あせて極度に軽い果），汚染果（害虫の食害，病害による黒斑がある果），縫合開離果（縫合線の部分が離れている果），殻皮破損果（落下したときに衝撃で破殻した果），不完全果（発育中に干害などで殻皮のできが不完全），極小果（極端に小果で見劣りする果）．以上の殻果を除去し，殻果の大きさにより選別する．販売価格から商機をみて加工業者，製菓業者，みやげ店などに有利販売する．

殻果を破砕しむき実にして販売する方法もある（表14.8）．むき実労力を必要とするが，果仁の形態によって利用が異なり有利に販売できる方法である．果仁の形態は次のように区分される．ホール（丸身のもの），ハーフ（半身のもの），ミックス（半身

表14.8 むき実の規格（長野県クルミ振興会）

項目＼等級	ホール	ハーフ	ミックス	クォーター
粒　形	丸身のもの	半身のもの	半身以上60%　1/4以上40%　混合のもの	1/4のもの
品　質	淡黄色で充実しているもの	同左	同左	同左
乾燥度	最もよいもの	よいもの	同左	同左
選別度	丸身以外を含まない	半身以外を含まない	1/4以下15%以内混入程度のもの	1/4以下30%以内混入程度のもの
包　装	木箱またはボール箱を使い，堅固に包装されて内容物がもれるおそれのないもの			
調　整	殻皮の破片やクルミ以外の異物を混入しないもの			
量　目	正味22.5kg(50ポンド)			

むき実：殻皮のとれたものをいう．

以上6割，1/4以上4割混合しているもの），クォーター(1/4のもの），さらに加工業者はミンス（クォーターの1/5〜1/6のもの），スライス（実を薄く切ったもの），粉末（粉にしたもの）に区分している．むき実をしたら以上の基準で選別し，風味が低下しやすいので早期に販売する．

14.6 貯　　蔵

殻果の貯蔵はできるだけ温度変化の少ない低温，乾燥した条件（温度2℃，湿度65％）のところに貯蔵しておく．一般には普通の室内貯蔵であるが，収穫後の翌年の梅雨期，盛夏期を経ると果仁が変質し品質が低下しやすい．貯蔵中はネズミの食害防止のために，缶などの容器に入れ密閉し貯蔵する．

14.7 加　　工

クルミの果仁は脂肪とタンパク質を補う栄養価の高い，優れた食品として加工製品が多い．殻を割ってそのまま食べるのもおいしいが，洋菓子や和菓子類（各種ケーキ類，クッキー類，月餅，甘露煮，ミックスナッツ，クルミの砂糖がけ，クルミまんじゅう），郷土料理（クルミあえ，クルミドレッシング，クルミ餅）の材料として多く使用される．

［小林祐造］

文　　献

1) 黒上泰治（1965），果樹園芸各論，中巻，275-309，養賢堂．
2) 町田　博（1966），クルミーつくり方の実際，農文協．
3) 町田　博，横沢弥五郎，矢嶋征雄（1984），農業技術大系，果樹編5，クルミ，農文協．
4) 長野県（1979），長野県果樹発達史，クルミ，358-379．
5) 長野県（1987），果樹指導指針，くるみ，993-1003．
6) 長野県果樹試験場（1982），種苗特性分類調査報告書．
7) 長野県果樹試験場東部試験地（1988），果樹試験成績書，クルミ，12-16．
8) 長野県くるみ振興会（1968），長野県くるみ産業史．
9) 佐藤公一，他編（1984），果樹園芸大事典，クルミ，824-835，養賢堂．
10) 塚田晃久（1978），特産果樹ハンドブック，336-349，地球社．

14.8 病　　害

a．褐色こうやく病

診断　枝の表面に菌叢が密着する．菌叢ははじめ灰白色であるが，中央部分から褐色〜赤褐色のビロード状になる．不規則に広がり，10 cm前後に達するものもある．このために枝が枯死したり，直接樹皮が腐敗することはないが，樹勢が衰える．

病原菌　*Septobasidium tanakae* (Miyabe) Boedijn et Steinmann

菌糸は褐色で，担子のうを作り，はじめこん棒形，無色，単胞である．後に2～4の隔膜をもち，紡錘形となる．各細胞から小柄を出し，先端に担子胞子を作る．担子胞子は長い鎌形で円頭，無色，単胞である．

伝染経路 樹皮上の菌叢に形成された胞子が飛散して伝染する．病原菌はフェルト状の病斑で越冬と伝染源とをつねにくり返している．

多発条件 ① 湿度の高い環境であること，② 太陽光線の当たりが悪く，また風通しの悪い条件のところ．

防除 薬剤防除： 発芽前の休眠期に石灰硫黄合剤を散布する．菌叢はかき取り，そこに石灰硫黄合剤を散布または塗布する．

b．灰色こうやく病

診断 樹皮表面に菌叢が密に形成する．周辺は白色を帯びて中心部は灰色または淡褐色のフェルト状である．褐色こうやく病と色調が異なるだけで，他は共通点が多い．両者隣接して発生することもある．

病原菌 *Septobasidium bogoriense* Patouillard

菌叢の表面に担子のうを形成する．担子胞子は鎌形を呈している．

防除 薬剤防除： 発芽前の休眠期に石灰硫黄合剤を散布する．菌叢はかき取り，そこに石灰硫黄合剤を散布または塗布する．

c．紅粒がんしゅ病

診断 枝や幹に発生する．はじめ樹皮部から樹液が分泌してコールタール状に汚染するものが多い．やがて病患部は乾いて縮小し，健全部との界の樹皮に亀裂ができる．古い病斑には表面に鮮紅色の小球状菌塊が周皮を破って多数形成してくる．やがて樹皮は粗造となり，はげ上がるものもある．病斑の拡大は慢性的で細い枝ではその年に枯死するが，太い枝や幹では枯死するまでは数年を要する．

病原菌 *Nectria cinnabarina* (Tode) Fries

子のう菌類の一種で，分生胞子と子のう胞子を作る．分生胞子は無色，単胞，楕円形である．子のう胞子は無色の2胞で，楕円形である．

伝染経路 枝や幹の病斑上に形成された胞子が伝染源となって発病をくり返す．

多発条件 ① 凍・寒害や積雪害など気象要因による樹体の活性低下，② 栽培管理の不良による樹勢の低下，③ 枝折れやせん定切り口または他の病害虫などによる障害跡が病原菌の侵入門戸となりやすい．

防除 薬剤防除： 発芽前の休眠期に石灰硫黄合剤を散布する．

耕種的防除： 本病の発生は樹勢低下が引き金になる場合が多いので，樹勢低下の原因を除く対策を行う．病枝の切除や太枝切り口の跡は殺菌塗布剤を塗布し，切り口を保護する．

d．炭そ病

診断 枝，葉にも発病すると思われるが，果実での発生が問題になる．果実は親指頭大以上に大きくなった8月以降頃から病徴がみられ，はじめはゴマ粒状の小黒点が散在する．果実の肥大とともに，そのなかの1病斑または数病斑が拡大して果皮は黒

色に腐敗する．病斑は全果に及んで"黒玉"とよばれる（クルミミガの被害によるものもある）ようになる．黒玉はやがて乾固して表面には鮭肉色の細粒点が形成される．

病原菌 *Glomerella cingulata* (Stoneman) Spaulding et Schrenk
本病菌の宿主範囲は広く，多数の生理型をもっている（ブドウ晩腐病を参照）．

防除 薬剤防除： クルミ栽培で生育期における殺菌剤の散布はほとんど実施されていないが，特別の場合は7月下旬～8月上旬にキャプタン有機銅剤の散布が有効と考えられる．

[尾澤　賢]

14.9 虫　　害

a．コウモリガ (Japanese swift moth) *Phassus excrescens* Butler

被害の特徴 リンゴ，ブドウ，クリ，ナシ，カキ，ビワ，モモ，スモモ，キウイフルーツなどにも寄生する．幼虫が枝幹を環状に食害し，やがて木質部に食入する．加害部は虫糞が糸でつづられているのが特徴である．被害樹は幼木では枯死し，成木でも樹勢が衰える．被害は根元に多いが，樹上の枝にもみられ，寄生部から先端は枯れる．

生態 年1回発生と2年に1回発生するものがあり，草本類のみの寄生で終わるものは前者，樹木に寄生するものは後者である．越冬は地面に産み落とされた卵で行うが，樹木に寄生しているものは幼虫で行う．4月頃ふ化し，幼虫はヨモギやアカザなどの草本類に寄生する．5月下旬頃から樹木類に移動し始め，6，7月に最も盛んになる．幼虫は枝幹を環状に食害した後木質部に食入する．成虫は9～10月に発生し，夕方になると飛行しながら地面に卵を産み落とす．

防除 薬剤防除： 登録農薬はないが，幼虫が移動してくる時期に主幹の根元に近い部分にMEPを主成分とした枝幹害虫防除剤を散布するのが有効である．

耕種的防除： 被害を発見しだい幼虫を捕殺する．ふ化幼虫の棲息場所を少なくするため，園内の草本類は除いておく．

b．クスサン (Japanese giant moth) *Dictyoploca japonica* Boteler

被害の特徴 リンゴ，ウメ，カキ，クリなどに寄生する．5月頃若齢幼虫が葉裏に集団で寄生して食害する．齢が進むと分散して食害するようになり，摂食量も多くなる．多発すると葉はほとんど食べられ，樹勢に悪影響をもたらす．

生態 越冬は枝幹の表面に産みつけられた卵塊で行う．成虫は年1回発生する．4月頃ふ化し，はじめは集団で葉を食害し，やがて分散して食害を続ける．幼虫ははじめは黒色であるが，成長すると黄緑色となり背面に長い毛を生じる．体長は7～9cmになる．7月頃には樹上にかご状のまゆを作って蛹化する．成虫は9月頃発生する．翅の開張は約13cmである．別にシラガタロウなどともよばれる．

防除 薬剤防除： 齢が進むと薬剤の効果が劣るので黒色の若齢幼虫が葉裏に集団でいる時期にDEP，DDVP，サリチオン剤のいずれかを散布するのが有効であるが，現在登録農薬はない．

耕種的防除： 冬期に越冬卵塊を発見したら取り除く．

c. アメリカシロヒトリ （fall webworm） *Hyphantria cunea* Drury

被害の特徴 きわめて雑食性で寄生樹種は100種以上におよぶ．若齢期の幼虫は葉をつづり合わせて巣を作り群生する．5齢以降は分散して葉を食害し続けるので，多発すると枝しょうだけになる．6月と8〜9月に被害がみられる．ポプラ，プラタナス，サクラなどの街路樹によく寄生がみられる．

生態 越冬は樹皮の裂け目などに薄いまゆを作った蛹で行う．一般には成虫は年2回発生する．長野県では越冬世代成虫は5月中旬から6月上旬にかけて，第1世代成虫は8月上旬に発生する．成虫は1,000〜2,000個の卵を卵塊で葉裏に産み，自分の体毛で被う．幼虫は7齢を経過する．1齢から4齢までは糸でつづった巣で集団で寄生するが，5齢以降は分散する．越冬世代の雄成虫は翅に黒斑がみられるが，第1世代成虫の翅は純白である．

防除 薬剤防除： 分散後の防除には，現在登録農薬はないがDDVPまたはDEP剤の散布が有効である．

耕種的防除： 幼虫がまだ分散していない時期に巣をみつけて捕殺する．

d. トサカフトメイガ *Locasta muscasalis* Walker

被害の特徴 幼虫が葉をつづり合わせて巣を作り加害するのでアメリカシロヒトリの被害と混同しやすいが，齢が進んでも分散することはない．また，アメリカシロヒトリ幼虫は胸部と腹部の各節側面と背面に黒色のこぶがあり，ここから多数の白く細長い毛が生えているので全体が白っぽくみえるのに対して，本種の幼虫は胴部が赤橙色をしているので判別できる．

生態 越冬は老熟幼虫が地中浅いところでまゆを作って行う．成虫は6月に出現し，年1回の発生である．幼虫は群集して糸を張り，網巣を作って食害する．9月頃老熟した幼虫は地表に下り，地中約1cmほどのところで扁平なマユを作って越冬に入る．とくに野生のクルミでの発生が多い．

防除 薬剤防除： 登録農薬はないがDDVPやDEP剤が有効であり，これらを散布する場合は巣の内部まで薬液がかかるよう十分に散布する．

耕種的防除： 幼虫が分散しないで網巣を作って寄生しているので，巣をみつけしだい枝を切って処分する．

e. クワシロカイガラムシ （white peach scale） *Pseudaulacaspis pentagona* Targioni-Tozzetti

被害の特徴 枝幹に寄生し樹液を吸汁するので多発すると枝は枯死し，樹勢は衰弱する．白いかいがらを作り，重なり合って寄生しているので寄生部が白くみえる．

生態 越冬は受精した雌成虫が樹上で行う．年3回発生する．幼虫の発生時期は4月下旬〜5月中旬，7月上中旬，9月である．産卵はかいがらの下に行われ，ふ化幼虫は樹皮上を移動して定着する．枝が混んで風通しが悪いと発生しやすい．

防除 薬剤防除： 各世代の幼虫の発生初期にDEP，MEP，サリチオン剤のいずれかを散布するのが有効であるが，現在登録農薬はない．

耕種的防除： 寄生部を発見したら削り落とす． ［萩原保身］

15. イチジク

15.1 経営上の特性と問題点

① 経済栽培の成立条件；イチジクはわが国ではもっぱら生食用として栽培され，果実は貯蔵性および輸送を著しく欠く。したがって，経済栽培の成立には自然条件より市場への距離が優先し，古くから大都市近郊で産地が形成されてきた。しかし，近年，輸送および鮮度保持技術の進歩で産地は都市近郊からしだいに中間地ないし遠隔地へと拡大しつつある。

② 投下資本の回収は早いが，経済樹齢が短い；挿し木による苗木の自給が容易で，開園経費も少ない。また，結果樹齢に達するのが早く，定植2年目から収穫でき，密植栽培では植え付け3～4年で成園なみの収量が得られる。しかし，経済樹齢は短く，水田転換園では10～15年で更新されるのが一般的である。

③ 果実の収穫期間が長く，収穫出荷に多くの労力を要する；果実の成熟は8月中旬から始まり降霜期まで続き，この間，毎日または隔日の収穫が必要である。収穫出荷労力は年間所要労力（約400時間/10 a）の45％以上に達するので，1農家の経営規模は20～30 aが限度である。そのため，一般にはイチジクの専作経営は困難で，労力競合の少ない作目との組合せによる複合経営が行われている。

④ 栽培が比較的容易で，生産費が少ない；他の果樹に比べて結実の確保や整枝・せん定は容易で，とくに高度の技術を必要とせず，病害虫も比較的少なく，生産費も少ない。

⑤ 成熟期の気象条件で作柄が左右される；成熟期の雨や台風は収量，品質を著しく低下させるため，年次や収穫時期により市況の変動が生じやすく，経営が不安定である。

15.2 分類と来歴

(1) 分類

イチジク（*Ficus carica* L.）はクワ科，イチジク属に属する亜熱帯性，半高木性の落葉樹で，イチジク属のなかで果樹として栽培されている唯一の植物である。イチジクは花托内面に着生する花の種類と結実に関する習性によって，園芸的には次の4種

類に分類される．

カプリ系：　南西アジアに原生する野生種で，栽培品種の祖先とみなされている．花托内に雌花（長花柱雌花），虫えい花（短花柱雌花）および雄花をもつ．結実には受粉または虫えい花へのブラストファーガという小バチの幼虫の寄生を必要とする．食用には適さず，欧米ではスミルナ系の受粉樹として用いられている．

スミルナ系：　雌花のみをもち，結実にはカプリ系の受粉を必要とする．第2期果が主要な果実で，欧米などではおもに乾果として利用されている．

普通系：　花托内に雌花のみをもち，第1期果（夏果）および第2期果（秋果）とも単為結果する．しかし，受粉すれば種子を生ずる．わが国に栽培されている夏秋兼用種および秋果専用種はすべてこれに属す．

サンペドロ系：　雌花のみをもち，第1期果は普通系と同様に単為結果するが，第2期果はスミルナ系と同様に結実にはカプリ系の受粉を必要とする．わが国では第1期果のみを産し，夏果専用種として栽培されている．

(2)　来　　歴

原産地はアラビア南部の肥よく地帯で，太古時代にシリア，小アジア地方に渡来したといわれ，果樹としての栽培の歴史はブドウとともに最も古いと考えられている．原産地から北進したイチジクは，さらに西進して地中海諸島や沿岸諸国に伝わり，中国には8世紀か13世紀頃に，米国には16世紀末に導入された．現在，世界の主要産地はポルトガル，イタリア，トルコ，スペインなど地中海沿岸とその近隣諸国および米国の西部沿岸地域で，果実はおもに乾果として生産されている．

一方，わが国には原産地から中国を経て渡来（年代不明）したとする説と，寛永年間（1624〜34年）に西南洋の種が長崎に渡来したとする説とがある．江戸時代には紫果品と白果品の2品種が栽培され，芸州はその名産地であったという．その後，明治初年および明治末から大正時代に欧米より多数の品種が導入されたが，栽培が広く普及したのは大正時代からである．現在の主産地は愛知，兵庫，大阪，福岡，広島などである．

15.3　品種の変遷と品種解説

イチジクの品種は数百あり，わが国にはこれまで普通系約40品種，サンペドロ系2品種が欧米から導入されている．これらのなかには品質，とくに風味の優れた品種がいくつかあるが，果実が小さいとか，収量性や日持ち性，輸送性を欠くなどの理由で大部分の品種が経済栽培されず，もっぱら家庭果樹として栽培されている．

営利栽培では，ビオレー・ドーフィンがかつて京浜地方で栽培されたことを除けば，戦前から今日まで桝井ドーフィンと蓬萊柿の2品種が栽培されてきた．いずれも品質面では必ずしも優れているとはいえないが，経済品種としてはこれ以上のものが見当たらないのが現状である．主要品種の特性は表15.1および次のようである．

表15.1 わが国におけるイチジクの主要品種の特性（兵庫県農業試験場, 1981）

品　種	樹勢	樹姿	果実の大きさ	果形	果皮色	果肉色	収量	品質	収穫期*
〔夏果専用種〕									
ビオレー・ドーフィン	やや強	開張	大	短卵円	暗赤紫色	黄色	多	良	6下～7上
サンペドロ・ホワイト	強	開張	大	円	黄緑色	白色	中	ごく良	6下～7中
〔秋果専用種〕									
蓬莱柿	強	直立	大	短卵円	赤紫色	鮮紅色	多	中	9上～11上
ネグロ・ラルゴ	中	中間	中	卵	紫黒色	淡紫色	少	ごく良	8中～9中
セレスト	中	直立	小	長卵	紫褐色	淡紫紅色	中	ごく良	8上～9上中
〔夏秋兼用種〕									
桝井ドーフィン	中	開張	大	長卵円	紫褐色	桃色	多	中	8中～10下
ブラウン・ターキー	やや弱	開張	中	卵円	淡紫褐色	橙紅色	中	良	8下～10下
ブルンスウィック	強	直立	やや大	扁長卵	黄緑色	淡桃色	中	良	8中下～10下
ホワイト・ゼノア	強	直立	やや大	短卵	黄緑色	紅色	中	中	8中～10下
カリフォルニア・ブラック	強	やや直立	中	長卵	紫黒色	紅色	中	良	8中～10中
カドタ	強	直立	小	卵	黄緑色	淡桃色	中	良	8中～10中下
ホワイト・イスキア	強	やや直立	小	円	黄緑色	淡桃色	中	良	8中～10下
ブルジャソット・グリース	強	直立	中	円	帯緑・紫黒色	濃紅色	中	良	8下～10中下
アーテナ	中	やや直立	中	短卵	淡黄緑色	淡黄褐色	中	中	8中～10下
ロイヤル・ビンヤード	強	中間	中	扁長卵	黄褐色	淡桃色	中	中	8中～10中

*：夏秋兼用種の収穫期は秋果を示す（夏果はおおむね6月下旬～7月中下旬に成熟する）.

(1) 桝井ドーフィン

1909年に広島県の桝井光次郎が米国カリフォルニア州から導入した. 夏秋兼用種で, 夏果150g, 秋果70～120g程度で大きく, 収量は10a当たり3～4tで豊産性である. 果頂の裂開は少なく, 果皮は薄いが強くて輸送性に富み, 外観および日持ち性ともに良好である. 耐寒性は幼木で－6℃程度で, わが国の品種のなかでは最も弱い方に属す. 病害では疫病に弱い.

わが国栽培面積の70%以上を占め, 関東, 東海および近畿地方の都市近郊でおもに秋果が生果として生産されている. 近年, 無加温および加温ハウスなどにより作型が多様化しつつある.

(2) 蓬莱柿

在来種, 日本種, 唐柿または南蕃柿ともよばれる. 寛永年間に渡来したともいわれるが来歴は不明である. 秋果専用種であるが, 年により夏果を産する. 果実は60～70

gで,収量は10a当たり1.5～3t程度,果頂は裂開しやすいが,輸送に耐え,日持ちはよい.耐寒性が強く,わが国での分布は広く,桝井ドーフィンについで栽培面積が多い.山陽,四国および北九州地方での嗜好性が高く,この地方で生食用の栽培が盛んである.

樹勢が強いので栽植距離を十分とり,早期に樹勢を安定化することが栽培の要点である.

15.4 栽培管理

(1) 開園・植え付け

園地の選定: イチジクは根の酸素要求度が高く耐水性がきわめて弱く,また水分要求量も多く乾燥に弱く,風にも弱い.したがって,排水良好で土層が深く,かん水に便利なほ場,日当たりがよくて風当たりの少ない場所を選ぶことが大切である.そのほか,凍寒害の発生や収穫運搬時の果実損傷に関係する農道の条件などにも留意する.

開園法: 他の果樹に準ずるが,排水不良の場合は暗きょや側溝を設ける.水田転換園では表土を盛り上げて高畦に整地する.水田以外の既耕地に開園する場合はネコブセンチュウに注意し,必要に応じて土壌消毒する.

苗木の選定: 品種が正しいこと,地上部がよく伸び充実していること,根の発達がよく細根が多いことなどに注意して選ぶ.とくに,ネコブセンチュウが寄生している苗木は1本も植えてはいけない.

植え付け時期: 秋植え,春植えいずれでもよいが,寒地や冬季乾燥するところでは春植えがよく,暖地では秋植えが望ましい.

植え付け本数・距離: イチジクは保水力があり,排水のよい土壌では樹冠が広がり,かなりの大木になり,経済樹齢も長い.植え付け本数は土壌条件,品種,整枝法で異なる.成木時の10a当たり本数は,畑地では桝井ドーフィンで33本(5.5m間隔),蓬萊柿で20本(7m間隔),水田転換園では,桝井ドーフィンの場合,開心自然形や杯状形で75～100本(3.6m×2.8～3.6m),一文字整枝で80～140本(1.8～2m×4～6m),X字型整枝で175本(2.7m×4.2m)が一般的な基準とされている.

植え付け方法: 他の果樹に準ずるが,深植えにならないよう注意する.苗木の切り返し(主幹の高さ)は苗木の良否や整枝法で異なるが,普通30～50cmである.せん定後は丈夫な支柱を立て幹を結束する.

(2) 整枝・せん定
a. 整枝法

イチジクでは発生する新しょうはすべて結果枝であり,果実は単為結果するので,多少粗雑な整枝法でも収量の確保は他の果樹に比べると容易である.そのため,整枝・せん定では樹の本来的な性質よりも,作業性や栽培管理の都合が重視されている.イ

チジクの基本的な樹形は開心自然形または杯状形とされているが，生産現場での樹形は多様で，一般的には樹の重心が低い，平面的な樹形が多い．最近は一文字整枝やX字形整枝が広く採用されている．

開心自然形　仕立て方はモモの開心自然形に準ずる．夏果専用種，夏果と秋果を収穫する栽培，蓬莱柿など樹勢の強い品種に適する．

杯状形　植え付けた苗木を30〜50 cmで切り，3本の新しょうを主枝として伸ばし，冬季せん定で50〜60 cmに切る．2年目は各主枝から2〜3本の枝しょうを出し，冬に20〜30 cmに切る．3年目以降は各枝を2分し，前年同様のせん定をする．結果枝数24〜30本で樹形が完成し，以後は結果枝の短しょうせん定をくり返す．

開心形に比べて樹高が低く，作業性はよいが，結果部位は平面的であり，強せん定になりやすい．秋果を収穫する栽培に適する．

図15.1　イチジクの一文字整枝（左：せん定前，右：せん定後）

一文字整枝（図15.1）　植え付けた苗木を40〜50 cmの高さで切り主幹とし，2本の新しょうを主枝として左右に伸ばし，冬季せん定で1 m程度に切る．植え付け2年目は，4月に主枝を樹列方向に水平に誘引固定する．主枝から発生する新しょうは結果枝として主枝の両側に20 cm間隔に配置し，主枝上に架設した針金に誘引する．せん定は，主枝先端から伸びた枝は主枝延長枝として前年同様に取り扱うが，結果枝は基部2〜3節を残して切り結果母枝とする．植え付け3年目は，主枝延長枝から生ずる新しょうは前年同様に取り扱い，結果母枝から生ずる新枝は1本を残して他は芽かきして結果枝として架線に誘引する．植え付け3年目には主枝先端が隣接樹と接するようになり，樹形がほぼ完成する．

この整枝法は早期成園化，果実品質の向上，管理作業とくに収穫作業の能率向上，風害の軽減回避，施設栽培に適するなどの特徴があり，桝井ドーフィンなど樹勢中位の品種で秋果を収穫する栽培に適する．

X字整枝　主幹の高さは約50 cmとし，4本の新しょうを主枝として伸ばし，冬季せん定で長さ1 m前後で切る．主枝はX字状に水平に誘引する．主枝から生ずる新しょうは各主枝4本，1樹当たり16本を結果枝として適切な間隔で配置し，架設した平棚か支柱を立てて誘引する．結果枝は冬季せん定で短しょうに切る．

b. せん定

 イチジクの果実は新しょうが伸長するにつれて下位節から上位節へと順次各葉えき(節)に着果成熟する．この果実を秋果(第2期果)という．枝先の遅れて着果した果実は晩秋の低温で発育が停止し，やがて萎凋落果する．しかし，頂芽近くの数節の果実は，まだ芽の状態で耐寒性があり，越冬して翌春新しょうの伸長とともに肥大し，6～7月に成熟する．この果実を夏果(第1期果)という．つまり夏果は前年生枝(2年枝)に，秋果は今年生枝(1年枝)に着果する．したがって，せん定の方法は品種の結果習性や収穫対象果実の違いによって異なる．

 夏果専用種の夏果を生産目的とするせん定：　枝の間引きを主体にしたせん定を行うが，適宜切り返しせん定を併用して結果部位の上昇や枝のはげ上がり防止と結果部位の更新を図る．

 秋果を生産目的とするせん定：　切り返しせん定が主体となり，樹形が完成した樹では普通には前年生枝の基部1～2節を残して切る．枝が密生する場合は結果母枝を間引く．

 夏果と秋果の生産を目的とするせん定：　枝の間引きと切り返しを適宜組み合わせる．頂芽近くの着果状況を確認し，着果が多い枝は残し，少ない枝は間引くか，切り返しせん定する．

(3) 新しょう(結果枝)管理

 夏季せん定(芽かき，摘心，新しょうの間引き)，結果枝の誘引によって，充実した結果枝の育成と樹冠内の光環境を良好にして果実の肥大，着色，品質の向上を図る．

 芽かき：　展葉2～3枚の頃，密生部や不要な新しょうをかき取り，生育の揃った新しょうを樹冠に適切に配置する．残す芽の数は品種，整枝法，樹勢(新しょうの長さ)で異なるが，10 a 当たり桝井ドーフィンでは一文字整枝，X字型整枝で3,000本，開心自然形，杯状形で4,000本，蓬莱柿では開心自然形で7,500本を一応の目安とする．

 摘心：　桝井ドーフィンは着果後75～80日で成熟するので，地域によって多少異なるが，普通には8月上旬頃までに着果した13～15個の果実が収穫可能である．したがって，これ以上の着果や枝の伸長は養分を消耗し，樹冠下部への日当たりを悪くするので，展葉数15～18枚で摘心する．摘心によって副しょうが発生する場合は再摘心を行う．

 新しょうの間引き：　枝しょうが密生して樹冠内の日照が不足すると，果実の肥大，着色，品質の低下や熟期の遅延，元葉の落葉が生じ，また病害も発生しやすい．密生部の新しょうをせん除して樹冠内の日当たりをよくする．

 結果枝の誘引：　一文字整枝やX字型整枝では必須作業で，新しょうが40 cm くらい伸長した頃から始める．枝の強さによって誘引の時期や角度を変えて枝の生育を揃えるとよい．

(4) 熟期促進

果実生長第2期の末期に果実に植物油またはエテホンを処理すると，熟期が7～10日促進し，処理5～7日後に成熟する．これらの方法は，熟期促進による早期出荷や秋末の未熟果の救済，熟期調節による台風など気象災害の回避，計画出荷や収穫作業の能率化に利用するとよい．

a. 油処理（オイリング）

処理時期： 自然成熟の約15日前，桝井ドーフィンでは果実の横径が35～40 mmで，外観的には果皮が緑色から黄緑色に変化し，果頂部の開口部（目）が赤味をおび，果実内部の小果（花）が桃色に着色し始める頃が処理の適期である．処理時期が早すぎると効果がなく，ときには肥大，着色しても小果の発育が悪く，また水分や甘味の少ない商品価値のない果実となることがある．

油の種類： 使用する油は植物性油であればなんでもよい．

処理方法： 油さし，スポイド，筆，割箸などで少量の油を果頂部の目に注入または塗布する．果皮に油が付着すると外観を損ねるので注意する．

b. エテホンの処理

処理時期： 油処理の適期か，それよりも1～2日遅く処理する．エテホンは油処理では効果が発現しない発育段階の若い果実でも成熟現象が現れ，やがて萎ちょう落果するので処理適期の判定には十分習熟することが必要である．

処理方法： エテホン100～200 ppm液をハンドスプレーまたは筆で果面の一部に噴霧または塗布する．処理労力は油処理に比べて大幅に省力化できる．

(5) 土壌管理

イチジクの土壌管理では，①耐水性がきわめて弱い．②水分要求度が高い．③根の分布は一般に浅い，とくに水田転換園では浅根である．④中性に近いアルカリ性土壌を好み，カルシウムの吸収量が多い，などの特徴に留意する．

表層管理： 敷わらなどマルチが適する．夏季の地温上昇の抑制，土壌の乾燥防止，雨滴のはね返り防止による疫病の発生防止などに効果がある．

排水： 暗きょや明きょを設けて過剰水や停滞水を除き，湿害を防止する．

土壌改良： 石灰資材を施用して土壌の好適pHを維持する．樹勢が低下した園では，排水対策を講じた上で多少断根しても深耕と有機物の施用を計画的に行う．

かん水： 保水力のある土層の深い園では夏の高温乾燥期でもかん水をほとんど必要としないが，水田転換園や根が浅い園では5～7日ごとに20～30 mmのかん水を行う．

客土： 樹勢が低下した園では10a当たり20t程度の山土を客土する．

(6) 施肥管理

イチジクの施肥の特徴と留意点は次のようである．①特異な結果習性により同一新しょう上に発育ステージの異なる多数の果実が同時に，しかも長期間にわたって混在

するので，肥料は過不足なく，また肥効は大きな変動がなく，かつ長期にわたって持続することが必要である．②秋果を収穫する栽培では一般に強せん定になりやすい．また，貯蔵養分の多少は翌年の着果や果実の肥大に影響する．③浅根である．④カルシウムの吸収量が多い．

肥料の種類と施肥法：　基肥は肥効が長期間持続する有機質肥料を主体にし，不足する成分を化学肥料で補う．追肥は速効性の化学肥料を用いる．たい肥や鶏糞は10月～11月上旬に施用する．施肥の方法は，一般に浅根であるため根を濃度障害で傷めないよう土壌の種類，肥料の種類，施肥量に注意し，できる限り分施する．

施肥量：　主産地の成木園の窒素の施肥量は20 kg/10 a を中心に前後5 kg の範囲にあり，三要素の施肥割合は窒素10：リン酸8～9：カリ10～12である．ほかに石灰資材が100～150 kg/10 a 施用されている．

施肥時期：　時期別施肥割合は品種，肥料の種類，気象や土壌条件で多少異なるが，窒素は基肥50～60％，夏肥30～40％，秋肥10％，リン酸は全量基肥，カリは基肥30～50％，夏肥40～70％，秋肥10％を目安にして施用する．

(7) 生理障害・災害の防止

日焼け：　枝幹が日光の直射を受けると樹皮の組織が熱死したり，水分不足で組織が乾燥死して，ひび割れ，樹皮の脱落，材部の露出などが生じ，樹勢が低下する．防止対策としては杉皮や稲わらなどを巻くか，白塗剤を枝幹の陽光面に塗り，日光の直射を防止する．しかし，基本的には日焼けの誘引となる湿害，凍害，干害を防止して早期落葉や樹勢低下が生じないようにすることである．

いや地：　イチジクの跡地に再びイチジクを植え付けると著しく生育が抑制される，いわゆるいや地現象が生じる．いや地の原因には，古根の分解で生じる水溶性有毒物質の関与と，線虫の再寄生とが考えられている．連作する場合は，古根の完全除去，新しい土の客土，土壌消毒などの対策を行う．水田転換園では水稲を栽培するか，夏季に50日以上の湛水処理をすると再びイチジクの栽培が可能となる．

災害など：　凍害，風害などの気象災害や鳥害（カラス，ヒヨドリ，ムクドリ）が問題になることがある．それぞれ総論を参考にして対策を講じる．

(8) 施設栽培

イチジクの施設栽培では，早期出荷による有利販売，収量・品質の向上，気象災害回避，収穫期労力の分散による経営規模の拡大，などの効果が期待できる．

a．作　　型

イチジクには自発休眠がまったくないか，かりにあってもせん定や摘葉で容易に打破される程度のものであり，発芽や枝しょうの生長温度は約15℃である．したがって，結果枝の更新せん定と生長を可能にする被覆加温の時期を適宜組み合わせることによって多様な作型が考えられ，理論的には周年供給も可能である．現在，栽培されている主要な作型は図15.2に示すとおりである．

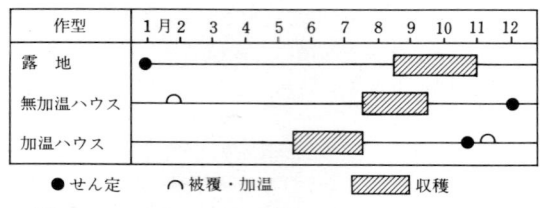

図15.2 イチジクのおもな作型（品種：桝井ドーフィン）

b. 品種と整枝法

施設栽培の品種は，露地栽培と同様に桝井ドーフィンが最も多く，蓬莱柿は西日本の一部の地域で施設栽培されている．整枝法は樹高が低い一文字整枝やX字型整枝が施設栽培に適する．

c. 栽培管理

温度管理：　昼温は被覆から1週間くらいは20〜25℃，その後は25〜30℃に調節する．夜温は無加温ハウスではできる限り高く保持し，加温ハウスでは13〜15℃とする．高温により不発芽，結果枝の徒長，不着果，葉焼けなどの障害が生じるので，換気には十分注意する．

水分管理：　ハウス内の湿度および土壌水分は発芽期までは高くし，展葉後はやや乾燥気味に管理する．かん水は5〜7日ごとに，発芽，展葉期までは30mm，展葉後は10〜15mm，果実成熟期は30mmを基準にして行い，土壌水分の状態によって適宜増減する．なお，発芽期までは芽や枝の乾燥防止のため，晴天日には1日1〜2回，2〜3mmの樹上散水するのが望ましい．

施肥：　露地栽培に準じて施肥するが，一般には施肥量を20〜30％減らしたり，基肥の量を少なくして生育状況をみて追肥している事例が多い．また，施設栽培では土壌のpHの上昇や塩類集積が生じやすいので，土壌診断により施肥量を決定するのがよい．

枝しょう管理：　施設栽培では結果枝は露地栽培に比べて徒長的な生長をして樹冠内の光線不足が生じやすい．適正な肥培管理で結果枝の充実を図るとともに，芽かき，誘引，摘心，枝の間引きなどで受光態勢を良好にし，果実の着色，品質の向上を図る．摘心は一般には15〜18節で行う．

病害虫防除：　露地栽培に準じて防除する．施設栽培では露地栽培に比べてさび病，ハダニ類，カイガラムシ類の発生が多い．　　　　　　　　　　　　　　　　　　［株本暉久］

文　献

1) Condit, I. J. (1951), *A Monograph Hilgadia*, **23**, 323-538.
2) 平井重三 (1966), 大阪府大紀要（農学・生物学），**18**, 169-218.
3) 株本暉久 (1986), 兵庫農総セ特別研報，**10**, 1-88.
4) 河瀬憲次 (1984), 果樹園芸大事典（佐藤公一，他編），942-954，養賢堂.
5) 河瀬憲次，他 (1985), 果樹全書，ウメ・イチジク・ビワ（農文協編），215-446，農文協.

6) Storey, W. B. (1975), Advances in Fruit Breeding (Janick, J. and Moore, J. N. eds.), 568-589, Purdue University Press.

15.5 出　　荷

　経済栽培されている品種の大部分は，1果重が大きく，豊産性の桝井ドーフィンである．桝井ドーフィンは，夏秋兼用種であるが，現在は秋果専用の栽培型がとられ，露地栽培では，8月から10月にかけて収穫，出荷される．イチジクは，収穫適期が1日弱と非常に短く，しかも，収穫後の日持ち期間も2～3日と短いため，産地では，出荷計画に基づいてエテホン処理や油処理が行われている．処理後，果実が成熟するのに要する日数は，外気温に左右され，外気温の高い8月処理果が6日程度であるのに対し，10月処理果では10日強とやや長くなる．

(1) 収穫適期

　イチジクの完熟果は，特有の風味があってすこぶるおいしいが，未熟果は甘味や風味に乏しくまずい．このため，できるだけ熟度を進めて収穫することが望ましい．しかし，イチジクは熟度の進行に伴い，果実硬度が著しく低下し，流通過程中の軟化，腐敗が増加する．とくに，完熟果収穫は，収穫時の商品果率を著しく低下させるとともに，軟弱で傷みやすいため輸送に耐えず，日持ち期間も1日弱と短い（表15.2）．

表15.2　収穫熟度と果実品質（伊藤，1987）

熟　　　　度	果実重量(g)	糖　度(%) Brix	糖　度(%) 還元糖	酸含量 (リンゴ酸)(%)	硬度(g)
未　熟　果（3～4分着色）	91	11.7	10.5	0.24	268
やや未熟果（5～6　〃　）*	110	12.8	11.9	0.19	155
適　熟　果（7～8　〃　）	128	13.5	12.6	0.18	114
完　熟　果（完全着色）	136	14.2	13.1	0.14	61

*：やや未熟果と現行出荷果は，ほぼ同熟度．

　熟度の判定には，果皮の着色度，果実の硬さ，果実の下垂の程度などがよい目安となるが，なかでも果皮の着色度は，糖度を中心とした内容品質とも密接な関係があり，よい指標となる．収穫時の果実品質およびその後の日持ち性を考慮した収穫適期は，受光条件の悪い下位節が収穫対象となる8月収穫果では，6～7分着色時が，果実が硬くなり日持ち性が良好になるとともに，受光条件のよい9月中旬以降は，8～9分着色時が適当と思われる．

(2) 収　穫

　イチジクの収穫期間は，一般には，夏果は6月下旬から始まり2～3週間，秋果は8月上中旬から始まり，品種によって異なるが，秋末の降霜期までの長期にわたる．イチジクの果実は短期間に成熟過程が急速に進展するので，収穫適期の幅は1～2日

と短く，わずかな熟度の違いで食味，品質に著しい差異が生じる．収穫熟度は市場までの時間・距離で決定されるが，一般には完熟の1～2日前に収穫する．

イチジクの樹上での果実品温は，外気温より，1～2時間遅れた上昇カーブを描き，午後2時半頃最高に達する．高温下で収穫した果実は，低温時に収穫した果実に比べ，軟弱で糖度が低いばかりでなく，流通過程中の軟化，腐敗の発生率も高い．したがって，収穫は品温の低い午前10時頃までに終了する．収穫は，果梗のつけねに軽く指をかけ，持ち上げるようにしてもぎとる．収穫時に果柄の切り口から出る乳液にはタンパク質を分解する酵素を含んでいて皮膚や指先を侵すので，薄手のゴム手袋を着けて採取するとよい．収穫した果実は，緩衝材を敷いた収穫箱に，ていねいに平並べし，運搬中もできるだけ振動を与えない．

(3) 選果・荷造り

イチジクは，果実の性質上，選果の機械化は困難であり，すべて手作業で行う．まず最初に，腐敗果，未熟果，過熟果，病害虫被害果など出荷に適さないものを除き，次に，大きさ，形状，外観などに基づき，階級，等級別に500g入り塩ビパックに詰める．この方法は，従来の平箱より，作業能率に優れ，流通関係者や消費者にも便利なため一般化している．

(4) 鮮度保持

イチジクは，前にも述べたように，収穫後の品質低下が非常に激しいため，積極的な鮮度保持対策が望まれる．そのため，従来は，果実の硬い未熟果を収穫したり，市場でせり市にかける数時間前に収穫（朝どり）し，消費者に届くまでの時間を短くする方法がとられていた．しかし，近年，産地規模や商圏の拡大に伴い，労力面や輸送距離の制約を受ける朝どりは難しい．また，食味不良な未熟果収穫は，需要の拡大を図るためにも好ましくない．低温流通は，呼吸，蒸散作用，ならびに果実の軟化を抑制するとともに，腐敗果の防止にも効果が高い．また，今まで出荷の難しかった食味良好な7～8分着色果の出荷を可能にする．

選別，箱詰めした果実は，できるだけ早く予冷することが望まれる．とくに，悪天候下で成熟した果実でこの傾向が強い．予冷終了品温は，0℃が最も好ましいが，この温度では予冷効率が悪い．イチジクの商品性を著しく低下させる軟化や腐敗が10℃以下の温度で顕著に抑制されること，輸送中および市場到着後の品温上昇などを考慮すれば，5℃程度が適当と思われる．各種予冷法のうち，真空冷却予冷は，一部の果実に果面の凹凸や亀裂，糖蜜の浸出などの冷却障害が発生するとともに，品温も熟度や果頂部の裂開程度に左右され，冷却むらも大きい．強制通風冷却予冷は，予冷時間が8時間以上と長いため，収穫当日の出荷が難しく好ましくない．これに対し，差圧通風冷却予冷は，予冷時間が3～4時間と比較的速く，処理時の重量減少も少なく，イチジクの予冷方式として最も適している．冷水冷却予冷は，処理後の水切りが難しく，作業性も悪いうえ，果頂部に付着した水滴が腐敗の原因となり好ましくない．予

冷により5℃程度まで低下した品温も，常温下では，ただちに上昇し，十数時間後には外気温とほぼ同じとなる．したがって，十分な予冷効果を得るためには，予冷後，保冷車または冷凍車で低温輸送する必要がある．

15.6 貯　　蔵

　イチジクは，出荷量の日変動がそのまま価格変化となって現れる．また，イチジクは，元来，貯蔵性に乏しく，出荷期間も長いため，貯蔵の目的は，出荷期間の延長よりも，日出荷量の平準化のための出荷調整技術的側面が強い．

（1）収穫条件と貯蔵性

　果実の貯蔵性は，栽培，収穫ならびに天候条件により，かなり異なるが，イチジクの場合，とくに，収穫熟度と成熟後期および収穫時の天候の影響が大きい．熟度別の常温下での品質保持期間は，やや未熟の果実（4～5分着色）で4日程度，適熟果（6～7分着色）で2～3日，完熟果（9～10分着色）で1日程度である．また，0℃下での貯蔵性も，やや未熟果や適熟果は，それぞれ，20～14日程度と比較的長いのに対し，完熟果は，冷蔵中に，糖蜜の浸出，果皮のはく離，軟化，腐敗が発生しやすく貯蔵期間も3～4日と短い．天候条件についてみると，成熟後期の降雨は，樹上でのかびおよび腐敗果の発生を著しく増加させるばかりでなく，冷蔵中も，腐敗が多発し貯蔵性が低い．収穫時のかびおよび腐敗果の発生率が10％を超えるような悪天候下で成熟した果実の貯蔵は難しい．

（2）保管条件と貯蔵性

　一般に，青果物の品質保持方法としては，低温，フィルム包装，鮮度保持剤の利用などが考えられるが，イチジクでは低温の効果が高い．低温は，呼吸，蒸散作用を顕著に抑制するとともに，果実の軟化，腐敗の防止にも効果が高い．保管温度は凍害の起こらない範囲では低いほどよい．イチジクの氷結点は，－2℃程度であるが，大型冷蔵施設の場合，庫内の温度変動が2℃程度あるため，設定温度は0～1℃がよい．温度別の品質保持期間は20℃下で3日，10℃下で7日，0℃下で20日程度と思われる．また，フィルム包装を併用すれば10℃下で5日，0℃下で10日程度，貯蔵期間が長くなる．しかし，上記の数値は低温下での貯蔵期間を示したものであり，10～0℃下で，それぞれ，7～20日冷蔵した果実の出庫後の日持ち性は1日弱と短い．出庫後の日持ち性を低下させない冷蔵保管日数は，安全性を考慮すれば，0℃下で3～4日，5℃下で1～2日と思われる．

15.7 加　　工

　イチジクは，ジャム，シロップ漬け，乾果，凍果，ワインなどの加工原料として利

用される.しかし,加工を前提とした経済栽培はほとんど行われていない.加工原料は,未熟果,完熟果,胴割れ果など生食用として市場価値の低い果実や日焼け果,変形果が多発する10月中旬以降の収穫果が中心となる.

(1) ジャム

材料は,糖度の高い十分熟したものがよい.果実は果梗を切断し,数分間湯煮し,ただちに冷水冷却し,ていねいにはく皮する.果肉は適度に切断し,少量の水を加え,煮沸し,十分軟化したら,果肉重量の50％強の砂糖を数回に分けて順次加えながら,果肉が透明になるまで煮つめる.イチジクは酸味が少ないため,0.2〜0.3％程度のリンゴ酸またはクエン酸を加える.濃縮の仕上げは,温度を104℃程度とするとともに,冷たい皿に少量を取って,ゼリー化の状態をみて決める.仕上げ時の糖度は,従来は65度前後が好ましいとされていたが,現在は従来より甘みを抑えた50度程度のものが好まれる.しかし,糖度を抑えたジャムの保蔵性はかなり劣るため,詰め込み後の殺菌や容器の選択にも十分留意する.

(2) シロップ漬け

材料としては,果肉の比較的硬い5分着色程度で,果重50〜70gの小果が適する.果頂部が大きく裂開しているものや熟度の進んでいるものは,加工中肉くずれしやすく好ましくない.果梗を切断し,数分間ブランチング後,果実の大きさや硬さを考慮し,10数分間煮沸し肉詰めする.注入液は,40％糖液にクエン酸を0.5％程度加えたものとする.

(3) 乾 果

欧米では,果実が完熟し,樹上でかなり乾燥し,落果したものを拾い集め,さらに乾燥する.しかし,降雨が多く湿度の高い日本では,自然乾燥は難しく,完熟果は樹上で腐敗するため,火力乾燥が中心となる.品種はホワイト・ゼノアが好ましいが,桝井ドーフィンでもよい.半割果は乾燥は早いが,製品の外観が悪いため,普通全果のまま乾燥する.乾燥に先立って,果実を乾燥室に平並べし,硫黄で10分間程度くん蒸する.その後,室内を最高60℃程度まで加温し,12〜24時間で乾燥を終える.仕上げ時の水分は25％程度とする.なお,くん蒸時の硫黄の量が多い場合や果皮の損傷が激しい場合,硫黄臭が残り品質が低下する.また,高温,低湿下での急激な乾燥も,果肉を硬くし,食味を低下させる.

[伊藤裕朗]

文 献

1) 伊藤裕朗,他(1986),愛知農総試研報,**18**, 205-228.
2) 伊藤裕朗,他(1987),愛知農総試研報,**19**, 285-309.

15.8 病　　害

a．疫　病

診断　主として果実を侵すが，葉，新しょう，主幹にも発生する．発生時期は5～10月で，とくに梅雨期は葉，新しょう，幼果，収穫期は果実に発生する．幼果～熟果では果面が暗緑色～暗紫色の水浸状となり，やや陥没して白色粉状のかびで被われる．多湿時には果実全面が軟化腐敗して落果，晴天が続くとミイラ状になって枝に残るものが多い．葉では褐色～黒色の不整形病斑となり落葉する．新しょうでは暗緑色～黒色に変色し，新芽は黒くなって枯死する．苗木や幼木では主幹に黒褐色の病斑を生じ，多湿時には皮層部が軟化腐敗する．

病原菌　*Phytophthora palmivora* Butler

糸状菌の一種で，鞭毛菌類に属し，遊走子のうと厚膜胞子を形成する．遊走子のうは洋ナシ形で頂端に顕著な乳頭突起を有し，大きさは26～112 nm×16～45 nmである．厚膜胞子は罹病組織内に形成し，直径30～45 nmである．

伝染経路　病原菌は被害果，被害葉で土壌中に残り，病組織内で菌糸や厚膜胞子の形で越年する．5月下旬頃から病原菌は活動を始め，遊走子のうから発芽した遊走子が雨滴とともにはねあげられ，葉や果梗から侵入して発病させ，二次伝染する．

多発条件　①5～10月の降雨，②排水不良園，③風通しの悪い密植園や窒素過多による過繁茂．

品種感受性　ホワイト・ゼノア，蓬莱柿は発病が少なく，桝井ドーフィン，ブラウン・ターキーは発病が多い．

防除　薬剤防除：5月下旬から収穫期にかけて7～8回無機銅剤（塩基性硫酸銅，水酸化第二銅）を10a当たり250～300 l散布する．なお，薬害軽減を図るため炭酸カルシウム剤を加用する．

耕種的防除：4月頃までに土壌表面をポリエチレンフィルムでマルチするか，または敷わらをする．被害果，被害葉はみつけしだい除去焼却する．

b．さ び 病

診断　葉に発生する．露地栽培では7月下旬頃から発生し，9～10月に多発する．施設栽培では周年発生する．葉の裏面に黄褐色の微細な斑点を散生あるいは密生し，まもなくこの部分が淡黄色，粉状（夏胞子層）となる．これとは別に赤褐色の斑点を生じ，そこにやや角質で直径0.2～0.8 mmの黒色斑点（冬胞子層）が散生あるいは密生する．

病原菌　*Phakopsora nisidana* Ito

糸状菌の一種で，担子菌類のさび菌目に属し，夏胞子と冬胞子を形成する．夏胞子は淡黄色～黄褐色，球形～卵形，大きさ18～24 nm×16～18 nmで表面に細刺がある．冬胞子は淡黄色，長楕円形，大きさ15～20 nm×8～12 nmで2～4個重生する．

伝染経路　病葉に生じた冬胞子の形で越年し，翌年の第一次伝染源となる．7月下

旬頃から初発生し，二次伝染する．

多発条件 ①7～8月の高温乾燥，②窒素過多による過繁茂．

防除 薬剤防除： 本病に対する登録農薬はないが，7～9月に5～6回石灰硫黄合剤を散布すると有効との試験例がある．

耕種的防除： 翌年の伝染源となる被害落葉を集めて焼却する．窒素肥料の多施用を避ける．

c. 黒かび病

診断 果実，通常成熟果に発生する．罹病部ははじめ暗褐色，水浸状の小斑を生じ，急激に拡大して果実全体が軟化腐敗する．病斑部の表面は最初白色でのち黒色のかびを密生する．

病原菌 *Rhizopus nigricans* Ehrenberg

糸状菌の一種で，接合菌類に属し，胞子のうを形成する．病斑部に仮根を挿入し，仮根上に数本の胞子のう柄を生じ，その先端に球形，暗オリーブ色の胞子のうを形成する．胞子のうには無数の胞子のう胞子を内生する．胞子のう胞子は無色，単胞，不定形，大きさ5～10 nm で表面に多くのしわを生じる．

伝染経路 本菌の胞子のう胞子は空気中に多数浮遊しているとされている．イチジクが熟期に達した頃曇雨天が続くと，きわめてよく発病する．発病果はその表面に胞子のう胞子を多数生じ，さらに胞子のう胞子を噴出して次々に他の果実を侵し，二次伝染する．

多発条件 ①収穫期の降雨，②窒素過多による過繁茂．

防除 薬剤防除： 8月上中旬に2～3回チオファネートメチル剤を散布する．

耕種的防除： 病果を集めて土中に埋没する．窒素肥料の多施用を控え，枝の徒長を抑える．

d. 株 枯 病

診断 主幹や主枝に発生する．発生時期は露地栽培では6～10月，施設栽培では3～11月である．苗木，幼木では地際部が侵されるため，外観的な病徴としては最初新しょう先端の葉が日中萎凋し，萎凋をくり返すうちに下葉まで黄化萎凋して，ついには果実のみを残して落葉枯死する．成木では地際部の主幹や主枝に不規則な大型円形の茶褐色～黒褐色病斑を生じて幹が腐敗するので，病斑を生じた側の上部主枝が萎凋し，病斑の拡大に伴って数本の主枝または全部の主枝が萎凋枯死する．本病の特徴は地上部病斑では雨の多いときに，地下部病斑では土壌水分の高いときに，病斑上に黒色髪毛状に突出した子のう殻を多数生ずることである．

病原菌 *Ceratocystis fimbriata* Ellis et Halsted

糸状菌の一種で，子のう菌類に属し，子のう胞子と分生胞子を形成する．子のう殻は表在性～潜在性，フラスコ状で黒色，径275～425 nm，頸部は1,000～2,000 nmで先端に飾毛がある．子のうは消失性が強くみられない．子のう胞子は帽子型，大きさ3.8～8.0 nm×2.5～6.3 nm である．分生子柄の先端から内生的に2種類の胞子を生ずる．一つは無色，単胞，円筒形，大きさ10.0～42.5 nm×3.8～10.0 nm．他の一つ

は褐色～オリーブ褐色, 樽形ないし亜球形, 大きさ 10.0～13.8 nm×10.0～11.3 nm である.

伝染経路 本病は土壌伝染および苗伝染する. いったん発生すると病斑上に形成される分生胞子や子のう胞子が風雨によって飛散し, 周囲の樹に蔓延する.

多発条件 ① 地温 25～30℃, ② 窒素肥料の多施用.

防除 薬剤防除: 発生園を改植する場合はクロルピクリン剤で土壌消毒する. 定植後は周辺園地からの病原菌の飛散による感染防止のため, 感染期間中 30 日間隔でチオファネートメチル水和剤を 1 樹当たり 1 l 株元かん注する.

耕種的防除: 苗は未発生地で育苗する. 病原菌の飛び込みを遮断するため, 株元土壌をポリエチレンフィルムでマルチする. 株元土壌を pH 8 に調整し, 病原菌の発育を抑制する. 発生地では被害樹の早期発見に努め, 発見しだい除去焼却する.

総合防除: クロルピクリン剤による土壌消毒, 土壌 pH の調整, マルチ, チオファネートメチル水和剤のかん注を組み合わせる.　　　　　　　　　　［廣田耕作］

15.9　虫　　害

(1) 発生様相

イチジクの害虫のなかで, 主要種はカミキリムシ類, アザミウマ類, カンザワハダニ, センチュウ類などであるが, 最近発生が目立っているのは前二者である.

(2) 主要害虫

a. カミキリムシ類 (longicorn beetles)

キボシカミキリ (yellow-spotted longicorn beetle)　　*Psacothea hilaris* Pascoe
クワカミキリ (mulberry borer)　　*Apriona japonica* Thomson

被害の特徴 キボシカミキリの被害は樹幹部や主枝に目立っている. ふ化幼虫による樹皮下の不規則な食害から, 被害が木質部に及ぶにつれ, 樹勢が衰えて樹全体が枯死する.

クワカミキリの成虫は若い枝の樹皮をかんで食べる. また, 産卵のため新しょうに木質部まで達する深いかみ傷を付けるので, この部分から折れやすくなる. 幼虫は枝から樹幹に向けて木質部を食い進み, 食害がひどくなると枝枯れや株全体の枯死を招く. さらに, 台風などによって加害部から折れて被害は増大する.

両種の加害の区別点は, 前者では産卵のためのかみ傷は, 樹幹や主枝にみられ, ふ化幼虫はそこから粉状の糞を排出し, さらに食害が進むと樹皮の割れ目に木屑や糞を排出する. これに対して後者はおもに新しょうの基部に産卵痕を認め, 幼虫は枝の内部を食害してところどころに小さな穴をあけて, そこから糞を排出する.

生態 兵庫県でのキボシカミキリの発生は通常年 1 回である. 成虫は 6～9 月に被害樹から羽化脱出する. 雌成虫は樹幹や主枝にかみ傷を付け, そこに 1 粒ずつ産卵する. 約 10 日後にふ化した幼虫は, はじめ樹皮下の木質部表面を食害し, 中齢期以降に

なると木質部深く食入する．

クワカミキリは1世代を経過するのに2年を要する．成虫の発生期は7月上～下旬である．産卵は新しょうの基部近くに最も多く，ほとんど上向面にかみ傷を付け，そこに卵を1粒ずつ産み込む．約10日後にふ化した幼虫はすぐに木質部に食入し，主枝，樹幹部へ向かって食害しながら発育する．

防除 薬剤防除： イチジクは登録農薬がないが，MEP 剤が有効である．

耕種的・物理的防除： 成虫発生期に園内を早朝に巡回して成虫を捕殺し，さらに産卵場所や食害部位をみつけて，キリなどを差し込み，卵や幼虫を刺殺する．

また，干害などで樹勢の低下した樹は被害を受けやすいので，つねに樹勢の維持強化に努め，被害枝は切り取り，枯死株は抜根して焼却する．

b．アザミウマ類

イチジクの果実内部に侵入して加害するアザミウマ類は次の7種である．

　ハナアザミウマ　（flower thrips）　*Thrips hawaiiensis* (Morgan)
　ヒラズハナアザミウマ　（flower thrips）　*Frankliniella intonsa* (Trybom)
　キイロハナアザミウマ　（honeysuckle thrips）　*Thrips flavus* Schrank
　ビワハナアザミウマ　（loquat thrips）　*Thrips coloratus* (Schmutz)
　ダイズウスイロアザミウマ　*Thrips setosus* Moulton
　ネギアザミウマ　（onion thrips）　*Thrips tabaci* (Lindeman)
　チャノキイロアザミウマ　（yellow tea thrips）　*Scirtothrips dorsalis* Hood

被害の特徴 兵庫県ではハナアザミウマとヒラズハナアザミウマが被害を及ぼす最も普遍的な種類であり，このほか静岡県ではチャノキイロアザミウマやミナミキイロアザミウマも確認されている．被害は果実の外面的にはまったく異常がみられないのに，果実内部が幼果では黄色に，過熟果では黄褐色～黒褐色に変色し，アザミウマの成・幼虫が多く認められる．このような果実では灰白色のかびが生えてアザミウマの死虫が多くなっている．本種らによる被害は成熟の早い果実に多い傾向がある．

生態 兵庫県では，イチジク園周辺の環境条件により発生が異なるが，6月中旬頃から増加し，6月下旬～7月上旬が最盛期で，その後は漸減して8月になると急速に減少する．加害時期はイチジクの果実の肥大生育や着果位置によって異なる．果実への侵入時期は果口の開く時期で6月下旬頃になるようである．

防除 薬剤防除： 登録農薬はないが，有機リン剤，合成ピレスロイド剤が有効と思われる．

耕種的防除： 果実の着色促進のため，シルバーシートマルチを行えば，かなり被害を抑制する効果がある．また，光反射テープを張るのも効果が高い．

c．カンザワハダニ　（Kanzawa spider mite）　*Tetranychus kanzawai* Kishida

被害の特徴 イチジクの葉裏に寄生して汁液を吸収するため，被害初期には葉の表面に小さな白斑が現れる．多発すると葉は緑色が褪せ，しだいに褐変して硬化する．被害が激しくなると落葉する．果実にも発生し，果皮が変色してさび状となり，外観が悪く，商品価値を著しく低下させる．多発すると果実の肥大が妨げられて縮果と

なる.

生態 本種はハウス,露地栽培を問わず発生する.越冬は雌成虫で行う.兵庫県のハウス栽培では5月頃から発生が始まり,新しょうの伸長に伴って生息密度が漸増する.収穫はじめの7月下旬から収穫最盛期の8月中旬にかけて発生が多く,被害も目立つようになるが,9月末には終息する.

露地栽培では,ハウスより初発生が1カ月ほど遅く,その後の増殖傾向も比較的ゆるやかに経過するが,収穫期の8~9月になって多発することがある.

防除 薬剤防除: 登録農薬はないが,ケルセン剤が有効である.

耕種的防除: 園内の雑草で越冬した成虫が発生源となるため,つねに通風をよくして本種の発生を抑制するよう除草を励行する.

d. サツマイモネコブセンチュウ (southern root-knot nematode) *Meloidogyne incognita* Kofoid et White

被害の特徴 イチジクの根に本種が高密度で寄生した場合,根に無数の根こぶが形成される.そのため根の機能が著しく弱まるばかりでなく,新根の発生能力も減退して,植え付け6~7年目頃になると生育は不良となり,樹勢が衰弱する.また,新しょうの伸びが悪くなるとともに,着果数が減少する.

生態 全国的に発生が多く,果樹以外でも寄生植物がきわめて多種にわたっている.越冬は細根のこぶ内や土中で行われる.こぶには雌成虫,幼虫,卵がみられ,土中には幼虫が多く,春で地温が15°Cになると活動を始める.兵庫県のイチジクでは4月末頃から新根に侵入を始め,6月初めから寄生量が増加して根こぶの形成も多くなり,年間数回発生し,とくに施設栽培では増殖しやすい.

防除 薬剤防除: 登録農薬はないが,立木に被害がみられたときに,DCIP剤の土壌処理が高い防除効果をあげた試験例がある.

耕種的防除: 多発園は土壌検診を行い,D-D剤,クロルピクリン剤で土壌消毒を行ったのち,健全な苗木を植え付ける.その後,汚染場所から線虫類を持ち込まないように注意する.また,たい肥など有機質肥料を施用して,天敵である捕食性線虫や捕捉菌の生息密度を高めるよう配慮すべきである. 〔山下優勝〕

16. 小 果 類

16.1 栽培・経営上の特性と問題点

　小果類は液果の低木性果樹で，スグリ類，キイチゴ類およびブルーベリーが代表的なものである．スグリ，フサスグリ，キイチゴ類は欧米温帯北部において経済栽培，ブルーベリーはカナダ，北米の泥炭地果樹として栽培されている．これらの果実は生果のほかに，ジャム，ジュース，ゼリー，シロップ，冷凍果，缶詰などの加工原料や製菓原料として利用されている．わが国におけるスグリ，フサスグリ，キイチゴ類などの小果類は，明治初年に当時の北海道開拓使により，リンゴなどの他の果樹とともに導入されたが，経済栽培として発展するに至らず，わずかに家庭果樹として栽培されていた．しかし，最近の食生活の変化に伴い果実加工品の需要が増加し，各種小果類の加工製品が輸入されるようになり，小果類への関心が高まっている．現在，北海道をはじめいくつかの地域において，スグリ類やキイチゴ類の試作およびブルーベリーの産地化が進められており，これら小果類は各地の特産果樹として，今日の少量多品目の果樹作の動きのなかで注目されている．
　小果類は早くから結実し，盛果期に達するのが早く，また低樹高で，管理作業がしやすく栽培が比較的容易であることが利点としてあげられる．しかし，収穫期間が長期にわたり，さらに果実が小粒で，軟弱なものが多いため，収穫に非常に多くの労力を要することが栽培上での最大の問題である．
　小果類は生食用として適したものもあるが，貯蔵性，輸送性が劣るため，生果として利用される量は多くは期待できない．しかし，加工原料としての用途は広く，ジャムなどの多くの加工製品の原料として優れている．
　小果類がわが国で今後発展するためには，生果として利用できる高品質果実を生産するとともに，加工品の需要拡大を図る必要がある．

16.2 分類と来歴

a．スグリ，フサスグリ

　ユキノシタ科スグリ属の落葉低木性果樹である．スグリは果実が単生または3～4果着生するが，房状にならず枝にはとげがあるのに対して，フサスグリは果実が房状

に着き，枝にとげがない．
　現在の栽培種は，スグリはヨーロッパ原生種のセイヨウスグリ（別名オオスグリ）と米国中部以南原生種のアメリカスグリが基本となっており，それぞれの交雑種または両者の交雑種である．一方，フサスグリは赤色種と黒色種に分けられ，赤色種はヨーロッパ西北部から東北部，またヨーロッパ北部，アジア東北部の原生種から改良され，黒色種はヨーロッパおよび中央アジアの原生種に由来している．
　わが国では，両種とも野生種が自生しているが，栽培種として改良されたものはない．

b．キイチゴ

バラ科キイチゴ属の落葉低木性果樹で，この原生種は世界各地に広く分布している．その栽培種は，ラズベリー，ブラックベリーおよびデューベリーの3種に大別される．ラズベリーの原生種はヨーロッパおよび北米に自生し，ヨーロッパ原生種が古くから知られていた．一方，ブラックベリーの原生種はアジア西部，ヨーロッパ，南北米に自生するが，栽培種に改良されたものは主として米国原生種である．
　わが国にも多くの原生種があり，果実を利用できるものもあるが，栽培種として改良されたものはない．

c．ブルーベリー

ツツジ科スノキ属の落葉低木性果樹で，ハイブッシュ，ラビットアイ，ローブッシュ，マウンテン，カナダ，エバーグリーンおよびドライランドの性状の異なる7種類の原生種が知られている．
　現在，ブルーベリーとしておもに栽培されているものは，北米の北東部原生種のハイブッシュ種とラビットアイ種の改良種，および野生種を中心としたローブッシュ種の3種類である．その他にアジア，ヨーロッパにも類似の野生種がある．
　わが国にも野生のスノキ属が多種類あるが，栽培種として改良されたものはなく，現在栽培されている品種はほとんどが北米で改良，育成されたものである．

16.3　品種の変遷と品種解説

わが国における小果類の栽培の歴史は浅く，現在栽培されている品種は古いものが多く，新しい品種についてはその多くが試作の段階である．各樹種の品種の動向とその概要は以下のとおりであり，主要な品種のわが国における特性を表16.1～16.4に示した．

a．スグリ，フサスグリ

スグリの栽培種は，果実の大きいセイヨウスグリと果実の小さいアメリカスグリが主になっている．両者ともとげがあり，前者はうどんこ病に弱い（図16.1）．そのため，大粒性，うどんこ病抵抗性，とげなし性あるいは茎の基部を除いてとげの少ない品種への改良が進められている．
　フサスグリの栽培種は，赤色種と黒色種に分けられ，赤色種から白色種と桃色種が

16. 小果類

表 16.1 スグリ主要品種の特性（北海道農業試験場）

品種	樹勢	樹姿	果形	果実の大きさ	果皮色	収量	収穫期	耐寒性	うどんこ病耐性	斑点病耐性
オレゴン・チャンピオン	やや強	やや開張	円	中	緑黄	中	7月中~下旬	強	やや強	弱
ドイツ大玉	中	開張	長円	大	緑白	中	7月中~下旬	強	弱	弱
赤実大玉	中	開張	長円	大	暗赤	多	7月下旬~8月上旬	強	やや弱	中
ホートン	やや強	やや開張	円	小	暗赤	多	7月下旬~8月上旬	強	やや強	弱
ピックスウェル	強	やや開張	円	小	紫紅	多	7月下旬~8月上旬	強	強	弱
グレンダール	強	やや開張	やや長円	中	紫紅	多	7月下旬~8月上旬	強	強	強

表 16.2 フサスグリ主要品種の特性（北海道農業試験場）

品種	樹勢	樹姿	果形	果実の大きさ	果房の長さ	果皮色	収量	収穫期	耐寒性	斑点病耐性
レッド・レーク	中	開張	円	大	長	赤	中	7月中~下旬	強	やや弱
ロンドン・マーケット	中	開張	円	大	長	赤	多	7月中~下旬	強	弱
レッド・ダッチ	中	やや直立	円	小	中	赤	多	7月中~下旬	強	やや弱
ローズ・オブ・ホーランド	強	やや直立	円	小	長	濃赤	中	7月下旬~8月上旬	強	—
ボスクープ・ジャイアント	強	やや直立	円	大	短	黒	中	7月下旬~8月上旬	強	—

表 16.3 ラズベリー主要品種の特性（北海道農業試験場）

品種	樹勢	樹姿	果形	果実の大きさ	果実の硬さ	果実の香り	果色	収量	収穫期	耐寒性
ラーザム	強	直立開張	円	中	軟	多	鮮紅	多	7月下旬~8月下旬	強
カスバート	強	直立開張	楕円	中	硬	極多	濃赤	中	7月下旬~8月下旬	強
フレミング・ジャイアント	中	直立開張	短楕円	中	中	多	鮮紅	多	7月中旬~8月中旬	強
セプテンバー	中	直立開張	短楕円	中	中	多	鮮紅	中	7月中旬~8月中旬 9月中旬~降霜時	強
ゴールデン・クイーン	強	直立開張	楕円	中	軟	極多	鮮黄	多	7月下旬~8月下旬	強
ニューボー	中	直立開張	楕円	大	中	多	赤	多	7月下旬~8月下旬	強

表16.4 ブルーベリー主要品種の特性 (Small Fruit Culture (J. S. Shoemaker), ブルーベリーの栽培 (岩垣, 石川) より作成)

品種	樹勢	樹姿	果形	果実の大きさ	果色	収量	収穫期	備考
ハイブッシュ・ブルーベリー								
ウェイマウス	中	開張	高扁円	中	暗青	多	6月上～下旬	香り少, 裂果しやすい
アーリーブルー	強	直立	扁円	中	明青	中	6月上～下旬	果粉多, 裂果しにくい, 落果しやすい
スパルタン	強	直立	高扁円	大	明青	多	6月中旬～7月上旬	果粉多, 香り良, 裂果なし
コリンズ	強	直立	扁円	中	明青	多	6月中旬～7月上旬	果粉多, 香り多, 裂果しやすい
ジューン	中	開張	扁円	中	青	多	6月中旬～7月上旬	香り少
ランコカス	中	開張	扁円	中	青	多	6月中旬～7月上旬	香り少, 裂果しやすい
ブルーレイ	強	直立開張	扁円	大	明青	多	6月下旬～7月下旬	香り良, 耐寒性強
ブルークロップ	中	直立開張	円扁円	大	明青	多	6月下旬～7月下旬	果粉多, 香り良, 耐寒性あり, 耐乾性
バークレイ	強	開張	高扁円	中	青	多	6月下旬～7月下旬	果粉少, 香り良, やや落果しやすい
ジャージー	強	開張	円扁円	大	明青	多	7月上～下旬	果粉多, 香り良, 耐寒性強, 収穫期長
ディクシー	強	開張	扁円	大	青	多	7月上～下旬	果粉多, 裂果しやすい
ハーバート	強	開張	扁円	大	明青	多	7月上～下旬	果粉少, 香り良, 耐寒性強
ダロウ	強	直立	扁円	大	青	多	7月上～下旬	果粉少, 香り良, 落果しにくい
コビル	強	開張	扁円	大	明青	多	7月上～下旬	果粉多, 香り良
レイトブルー	強	直立	扁円	中	青	多	7月中旬～8月上旬	果粉多, 香り良
ラビットアイ・ブルーベリー								
ウッダード	中	開張	扁円	中	明青	多	7月上旬～8月中旬	果粉多, 香り良, 生理的落果あり
ティフブルー	強	直立	扁円	中	明青	多	7月下旬～9月上旬	果粉多, 香り良
ホームベル	強	開張	円	中	青	多	7月下旬～8月下旬	果粉少, 香り少

図 16.1 スグリ (赤実大玉) の結実

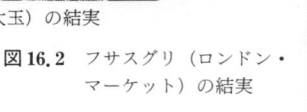

図 16.2 フサスグリ (ロンドン・マーケット) の結実

分離されている (図 16.2)．一般に，果実が大きく，多収の赤色種が好まれ，主要品種となっているが，ヨーロッパでは黒色種も一般的でる．果粒が大きく，熟期が揃い，機械収穫に適した品種，また，さび病抵抗性のものが育成されている．

b．キイチゴ

ラズベリーの栽培種は，果色によって赤ラズベリー (黄色種は変異種)，黒ラズベリー，および紫ラズベリー (赤色種と黒色種の交雑種) の3群に分けられ，赤ラズベリーは直立性で，耐寒性が強く，黒および紫ラズベリーは枝先が垂れ下がり，わずかに耐寒性が劣る (図 16.3)．一方，ブラックベリーは直立性とほふく性のものがあり，果実は黒色であり，デューベリーはほふく性で，果実は大きく，黒色または赤色である．両者はラズベリーより耐寒性が弱く，熟期も遅い．

ラズベリーでは，大果で，豊産性があり，果実離れの容易な，多長茎性で，堅果性 (機械収穫に適する)，耐寒性，耐病虫性を有し，無支柱栽培可能で，秋成り性 (1年生茎結果性) の新しく育成された品種へとかわりつつある．ラズベリーと異なり，生育おう盛なブラックベリーとデューベリーでは，自然交雑種も多く，ラズベリーとの交雑による新しい品種が育成されており，樹勢おう盛な果実の大きい，豊産性の品種，

図 16.3 ラズベリー (セプテンバー) の結実 　　図 16.4 ブルーベリー (ウェイマウス) の結実

機械収穫適性の品種が一般的になりつつあり，手摘みの容易なとげなしのものが主になってきている．

c．ブルーベリー

主要な栽培種であるハイブッシュ種は，今日でも品種構成の中心となっている7大品種（1949～59年に発表された大粒で豊産性の品種）をもとに，多くの品種が育成されている（図16.4）．北米東南部に自生し，土壌適応範囲が広く，高温乾燥に対する抵抗性が強いラビットアイ種は，野生種の優良個体選抜に続いて，交配育種が進められ，ハイブッシュ種との交雑品種の育成も試みられている．また，ローブッシュ種は米国東北部からカナダにかけて自生している野生種が古くから利用されており，品種改良はあまり進んでいない．

新品種としては，ハイブッシュとラビットアイ種を中心に，樹勢の強い，豊産性の品種，栽培適地の拡大のための耐寒または耐乾性品種，大粒で，肉質のよい，芳香性の品種，収穫貯蔵のための離脱性，小果梗性，堅果性品種や耐病虫性品種が育成されている．

16.4 栽培管理

（1） 開園・植え付け

a．スグリ，フサスグリ

スグリ類は夏季冷涼な気候を好み，耐寒性がきわめて強く，−35℃の低温に耐えるが，高温多湿の条件下では病害が発生しやすく，栽培が難しい．土壌適応性は広いが，通気性が良好で，有機質に富んだ粘質がかった土壌が適しており，砂土や乾燥地には向かない．

繁殖は挿し木，取り木，または株分けのいずれによってもよいが，一般には休眠枝挿しで行う．スグリのヨーロッパ系品種は挿し木による活着率が低いため，取り木か，株分けによる方がよい．

定植は，秋の落葉直後か，春先に行う．冬期厳寒で積雪の多い地方では春先に行うのが望ましく，春植えの場合は発芽が早いので，できるだけ早めに植える．栽植距離は，スグリのヨーロッパ系品種では1.5 m×2.0 m，米国系品種では2.0 m×2.5 mとし，フサスグリでは2.0 m×2.0～2.5 mとする．植え付けは，たい肥6～7 kgと溶リン肥二握りくらい入れた直径60 cm，深さ30 cm程度の植え穴に，やや深めに植え，根元に敷草をして乾燥を防止する．

b．キイチゴ

寒冷な気候を好み，寒冷地または高冷地に適するが，耐寒性は種類によって異なる．ラズベリーの耐寒性は強く，赤ラズベリーではスグリ類と同程度であるが，ブラックベリーとデューベリーの耐寒性は弱く，北海道のような寒地では栽培できない．土壌に対する適応性は広いが，極端な排水不良地や砂地を避け，有機質に富んだ保水力のある砂壌土が適している．

繁殖は，赤ラズベリーやブラックベリーのような直立性のものでは親株から発生した吸枝を利用した株分けにより，また黒および紫ラズベリーやデューベリーのように下垂またはほふく性のものでは覆土による取り木で行う．

定植は，春植えの場合は早春の土壌水分の多い時期に，秋植えの場合には落葉後に行い，厳寒多雪地帯では春先に行うのが望ましい．栽植距離は品種や仕立て方により異なり，垣根仕立てでは畦間 2.0〜2.5 m，株間 1.0〜1.5 m，株仕立てでは 2.0 m×2.0 m とする．植え付けはスグリ類と同様に行う．

c．ブルーベリー

ハイブッシュ種は冷涼な気候を好み，−20℃までの低温に耐えるといわれ，比較的寒冷な地域に適している．ラビットアイ種は耐乾性があり高温乾燥条件にも適応する．しかし，耐寒性が弱いので北海道などの寒冷地での栽培は難しい．土壌は有機質含量が多く，排水良好で保水力のある酸性土壌（pH 4.3〜4.8）が適している．とくに，生育期間中の水分不足は花芽の発育および果実肥大を抑制する．

繁殖は，スグリ類と同じであるが，大量に増殖する場合には挿し木が有利である．挿し木には休眠枝挿しと緑枝挿しがあり，活着率は後者の方が高い傾向にある．

定植は春先の発芽前か，秋の落葉後に行うが，厳寒地では春植えが望ましい．栽植距離は，ハイブッシュ種では 2.0 m×2.0 m か，1.2〜1.5 m×2.0〜2.5 m とし，ラビットアイ種では樹勢が強いのでさらに広くする．植え付けは，植穴に低位泥炭またはピートモスを土と半々に混合したものを入れる．そのほかは他の小果類と同様に行う．

（2） 仕立てとせん定

a．スグリ，フサスグリ

せん定は早春の発芽前に行う．定植後，毎年株の周辺に発育枝が数本ずつ発生するので，そのなかから充実した強いものを 3〜4 本ずつ残し，4〜5 年で 15 本くらいにすると，叢状形の樹形ができあがる．

枝が古くなると花芽の着生および果実肥大が悪くなるので，樹形を維持しながら 4〜5 年生以上の古い枝を地際部から間引いて新しい枝に更新し，また混み合っている枝や交差している枝をせん去して日当たりをよくする．フサスグリの黒色種は前年枝に品質のよい果実が着生するので，その枝を残すようにする．

b．キイチゴ

仕立て方には，垣根仕立てと株仕立てがある．垣根仕立ては，樹間に立てた支柱に針金を張り，種茎を誘引する．つる性の品種だけでなく直立性のものにも用いられる．株仕立ては，株元に 1.5 m 前後の 1 本の支柱を立て，種茎をまとめて軽く縛る．直立性の品種に適している．

せん定は夏季と冬季に行い，夏季のせん定は 6 月頃に行い，黒ラズベリーで 60 cm，紫ラズベリーで 80 cm 程度に，またブラックベリーでは 90 cm 程度の高さで摘心し，分枝の発生を促す．分枝しない赤ラズベリーは摘心しない．冬季のせん定は早春の融雪直後に行い，前年伸びた弱い種茎や多すぎるものを地際から間引き，発育のよい種

茎を1株当たり6〜8本残し，長すぎるものは1〜1.5mに切り返す．赤ラズベリーでは1.5m程度，また発生した分枝は黒ラズベリーで20cm，紫ラズベリーで30cm，ブラックベリーで40cm程度にすべてを切りつめる．ほふく性のものは，夏季のせん定を行わず，種茎を伸長させ，冬季のせん定で1.7m程度に切りつめる．結実した枝は翌春までに枯死するので，収穫後に地際から除去し，新しょうの発育を促すようにする．

c．ブルーベリー

せん定は早春の発芽前に行う．定植の翌年から，毎年株の周辺に発育枝が数本ずつ発生するので，そのなかから充実した強いものを3〜4本ずつ残し，4〜5年で15本くらいにすると，叢状形の樹形ができあがる．その後は樹形を維持しながら4〜5年生以上の古い枝を地際部から間引いて新しい枝に更新し，同時に混み合っている枝や交差している枝をせん去して日当たりをよくする．古い枝は冬の低温によって先枯れ

図 16.5 ブルーベリー（ジャージー）の整枝・せん定
（左：せん定前，右：せん定後）

の被害が発生しやすくなり，また発芽や果実肥大が遅れる．せん定で注意することは，花芽は結果枝の先端の方に多く着生するので，先刈りは避けることである（図16.5）．

（3） 施肥と土壌管理

小果類は一般に発芽が早く収穫までの期間が短いため，施肥は全量を基肥として，早春期に行う．積雪地では融雪直後に行う．施肥量は，土壌条件，土壌の肥よく度で異なるが，およそ10a当たり成分量で，2〜3年生では窒素4：リン酸2：カリ3kg，4〜5年生では9：7：9kgとし，盛果期に入る6年生以上ではスグリ類，ブルーベリーで12：10：12kgを目安とする．また，リン酸の肥効の高いキイチゴ類は，6年生以上では窒素12，リン酸12，カリ12kgを目安とする．肥料の種類は，とくにブルーベリーに対しては硫安，過リン酸石灰，硫酸カリなどの酸性肥料を用いる．

土壌管理は清耕として，施肥後，収穫期まで年間3〜4回の中耕除草を行い，ひこばえを同時に除去する．小果類は根が浅く耐乾性が弱いため，株元への敷わら・敷草などによるマルチを行い，根群の発達を促進させる．スグリ，キイチゴ類に対しては，肥料用石灰を2〜3年おきに10a当たり50kg程度施す．

果実発育期の土壌水分は，果実肥大，収量に影響するので，必要に応じてかん水を行うことが望ましい．

（4）冬囲い

北海道や東北地方のように積雪量の多い地帯では，雪の重みで株全体が押しつぶされたり，融雪期には圧雪で枝が折れたり，幹のつけ根から裂けたりする雪害を受ける．

図16.6 スグリ（ホートン）の冬囲い

雪害防止のため，落葉後に株全体を冬囲いする必要がある．縄の長さを株の大きさに合わせて切り，根元の太い枝に縛り，上の方に向けて軽く締めながら巻きつける（図16.6）．

16.5 収穫・貯蔵・加工

a．スグリ，フサスグリ

収穫は，果実が完熟し，品種特有の色，香気，甘味などが高まってから行う．スグリは成熟果を2〜3回に分けて収穫する．加工用に利用する場合は，皮手袋をはめ，一度に結果枝をしごいて収穫する（素手収穫の3〜4倍の能率で収穫できる）．フサスグリでは，赤色種は脱粒が少ないため成熟してから一度に収穫できるが，黒色種は成熟すると脱粒しやすくなるので，成熟したものから2〜3回に分けて収穫する．果実は生食に向かず，加工原料とされるが，ゼリーに加工する場合はペクチン含量の減少を少なくするため早めに収穫した方がよい．収穫した果実は，直射日光を避けて冷涼な場所に保管し，できるだけ早く加工処理するか，冷凍にする．とくに，日焼けを起

こしやすい果実，香気のある品種には注意が必要である．

b．キイチゴ

収穫は，果実が完熟して，品種特有の色と香気がついてから行う．キイチゴ類の成熟果は花床または花盤から容易に離れる．ラズベリーの果実は花盤から離脱して中空になる．成熟期間は品種により異なるが，約1カ月あり，収穫は2～3日おきに行い，雨天や高温時を避け，朝の涼しいうちに収穫する．成熟果は形が崩れやすく，傷つきやすいので，収穫果はスグリ類と同様に取り扱いに注意する．

c．ブルーベリー

果実は頂部から基部の方へ順次成熟する．収穫期間は品種により異なるが，1株で約1カ月間あり，4～5回に分けて成熟果から収穫する．生食用は完熟果を，ジャムなどの加工用は多少酸味の残っている時点で収穫する．収穫した果実は，他の小果類と同様に鮮度を保持するため直射日光を避けて保管し，ただちに冷凍するか加工処理する．

16.6 病虫害

a．スグリ，フサスグリ

スグリ類の主要な病害は，スグリではうどんこ病と斑点病であり，フサスグリではうどんこ病である．うどんこ病は，発芽当初から発生し，葉，新しょうおよび果実を侵すので，発芽期から6月中旬まで10～15日おきに石灰硫黄合剤を散布する．斑点病は被害がひどくなると早期落葉するので，開花直前から収穫直後までに3回くらい殺菌剤を散布して防除する．

虫害の主要なものとしては，フサスグリのナミハダニがあり，多発しないうちに殺ダニ剤散布により防除する．その他，カキカイガラムシ，ケムシ類，ハマキムシ類と黒フサスグリにアブラムシ類の発生をみることもあるが，そのつど殺虫剤の散布で防除できる．

b．キイチゴ

キイチゴ類には，とくに問題となる病害はないが，主要な虫害としてナミハダニによる被害がある．防除を怠ると早期落葉を起こすので，発生初期に殺ダニ剤によって発生を抑え，収穫前までに防除する．その他，ハマキムシ類，シャクトリムシ，アブラムシ類も発生することがあり，防除には殺虫剤を散布する．

c．ブルーベリー

病虫害の発生はきわめて少ないが，主要な病害としてキャンカー，虫害としてハマキムシ類による被害がある．キャンカーは薬剤による防除が確立されていないので，被害枝をみつけしだい地際から切除し，焼却する．ハマキムシ類は，春先に花芽や新しょうを食害するので，発芽期から開花直前までの1～2回の殺虫剤の散布により防除する．

［千葉和彦］

文　献

1) 千葉和彦（1987），今月の農業，**31**(4)，75-80．
2) 岩垣駛夫，石川駿二（1984），ブルーベリーの栽培，誠文堂新光社．
3) 小池洋男，石川駿二（1985），農業技術体系，果樹編7，特産果樹，525-551，農文協．
4) 松井　仁（1978），恵泉女子短大研究紀要，**11**，53-74．
5) 中島二三一（1878），果実日本，**33**(6)，68-73，**33**(7)，86-90．
6) 中島二三一（1984），農業技術体系，果樹編7，特産果樹，471-479，499-506，517-523，農文協．
7) Shoemaker, J. S.(1978), Small Fruit Culture, 188-315, The AVI Publishing.
8) 吉田雅夫（1971），自然科学と博物館，**38**，13-25．

17. アケビ

17.1 分類と来歴

　アケビは，東南アジアが原産で日本，朝鮮半島，中国，インドにかけて分布する．アケビは，アケビ科のアケビ属に分類される．系統種類も多く，おもな系統はアケビ，ミツバアケビ，トキワノアケビ，アケビとミツバアケビの雑種であるゴヨウアケビなどである．北限は北海道で，ミツバアケビは日本の全域に分布している．日本から朝鮮，台湾，中国の華南方面に分布し，西限は四川省とされている．さらにチベットから雲南，ヒマラヤまで広がっているといわれる．
　わが国では，山間地に入ると野山の植物として，ごく普通にみられる．アケビは野山の味覚として，果実，新芽が食用に利用され親しまれてきた．紫色をした果実の美しさが観賞用植物として適しており，実成り盆栽として作られてきた．このように盆栽用としては，古くから人手によって作られてきた経緯はあるが，食用を目的として栽培されてきたのは最近である．

17.2 品種・系統

　アケビには種々の系統があり，それから分化した多くの品種がある．しかし一般に栽培されている果樹のように命名，登録されて品種になっているものはない．分類学上名称がつけられて分類されている系統としては，アケビ，ミツバアケビ，トキワノアケビ，ゴヨウアケビがあげられる．アケビの品種で学名のついているものにアオアケビがある．その他の品種で正式に学名はついていないが，ハナアケビ，ベニバナアケビ，ヒメアケビの3種がある．さらにその変種とみられるフタエアケビとシロバナアケビがある．
　ミツバアケビはアケビより分布が広く，日本全域に自生しており，その量もアケビよりはるかに多い．品種としてはタヨウミツバアケビ，センニンソウミツバアケビ，ナラノミツバアケビなどがあげられるが，正式な品種としては認められていない．また変化した葉の形により，笹葉，丸葉，黄葉，紫葉などの名をつけてよんでいるが，品種として認められたものではない．トキワノアケビは，ミツバアケビとアケビの雑種の一つであるといわれており，北限は石川県とされている．ゴヨウアケビは，アケ

17. アケビ

表17.1 アケビの種類の特徴（山形県農林水産部，1987）

形態	アケビ	ミツバアケビ
花の色	淡紫色	濃紫色
花の着生	総状花序で花穂上に小型で多数の雄花と大型で少数の雌花を着けている。（図(a)）	総状花序で花穂の先端部に小型の雄花が密生して多数着いている。基部には大型の雌花を1～3個着けている。（図(b)）
葉の形状	掌状複葉で小葉は5枚で，挟長な長楕円形や倒卵形の全縁状を呈する。（図(c)）	3枚の掌状複葉で卵形か広卵形で波状芽歯があるが，ときには全縁である。（図(d)）
果実の形状	果実は淡紫色，長楕円形で白っぽく果皮は薄い。	熟すと濃い紫色になり美しく大きい。アケビより大きくなる。

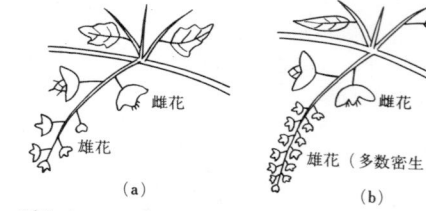

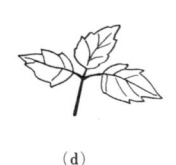

(a)　(b)　(c)　(d)

ビとミツバアケビの雑種でミツバアケビに近い形質のものが多い．その変種としてクワゾメアケビ，ホソナガアケビなどがある．主要な系統はアケビとミツバアケビであるが，栽培用品種としては，品質のよいミツバアケビ系統のものがよい（表17.1）．果実の色，形，大きさ，成熟の早晩などを基準にして，販売上有利な形質をもった商品性の高いものを優良品種として選抜している．それらに独自の品種名をつけて出荷販売しているのが現状である．

17.3 生育特性

(1) 枝葉の生育

つる性植物で秋には落葉する．つるは左巻で物にふれるとすぐ巻き付く．系統，品種によっても異なるが，根元からつるが発生し地を這う性質がある．全株無毛で葉は柄が長く互生で，短枝上に束生する．掌状複葉で種によっても異なるが，小葉は3～5枚で全縁または鋸歯状である．

(2) 結果習性

アケビの花芽はえき花芽で前年に伸長した枝に着生しており，単芽または複芽になっている．リンゴやナシと同じように枝葉を含んでいる混合芽である．花は花房上に着生し，1個の花芽から1～3本の花房が発生する．雌雄異株で花は総状花序になっており，1花房に雌花，雄花をつけるが，ときには雌花だけであったり，雄花だけし

か着生しない場合がある．花序の基部には1～3個の雌花をつけ，その先の方には多数の雄花をつける．雌花は雄花に比べて花梗が長く，一段と大きいので一目でわかる．雌花には多い場合は7～8本の雌ずいを有しており，結実がよいと1花に5～6個着果する．アケビは自家不和合性が強く，同じ系統，品種の花粉では結実しにくい．結実をさせる上で，異なる種を混植する必要がある．花芽の分化については，調査された資料がないので不明であるが，他の落葉果樹と同様に夏期に行われる．地域によっては若干異なると思われるが，おおよそ6月中旬～7月下旬頃が花芽の分化期になる．花芽は丸味を帯びて太っており，8月頃になると外観から葉芽と判別できるようになる．

(3) 果実の発育

果実の発育は生育の初期から前半にかけては緩慢で，成熟期に入る直前になって急激に肥大する．着色は系統，品種によって異なる．栽培用の品種としては，濃厚で紫色に着色することが望ましい．着色には温度条件があり，他の果樹と同様に低い温度が必要で，夜温が下がる山間地での着色が早い．果実は成熟すると裂開するのがアケビの特徴である．

17.4 栽培管理

(1) 適　　地

アケビは北海道から九州と日本全土に広く自生しており，気象的な面で制約を受けることはなくどこでも栽培できる．ただし，栽培にあたって園地を選定する場合，日当たりがよく排水のよいところが適している．とくに東南面から南面にかけて日当たりがよく，排水良好な傾斜地がよい．またアケビは，果皮が弱く傷がつきやすく，果実と葉がふれ合ったりすると果実がさび状になり商品価値が低下するので，風当たりの強いところを避ける．

(2) 品種の選定

経済的な栽培品種としては，果実が大きく外観が紫色に着色し美しく市場性の高いミツバアケビの系統がよい．ミツバアケビの系統のなかでも形状，色択，肉厚がよく商品性の高い多収のできる品種を選ぶ．これら形質のよいもののなかでも，熟期が早・中・晩生の系統があり，有利販売をする上で最近，早生系のものが注目されている．苗木は栽培用として市販されているものもあるが，栽培・経営の条件をみたせるものは少ない．付近の山野に自生しているものから山採りしてきたり，穂木を採取して優良系統の苗木を養成する．また近くの栽培者から優良な品種の苗木を分けてもらって植える．

(3) 苗木の養成

山採りしたものは春にすぐ定植できるが，必要な本数を確保できない場合は増やしてから植える．繁殖の方法としては，接ぎ木，取り木が一般的である．

接ぎ木： 接ぎ木に使用する台木は，実生か山採りした株を使用する．山採りした台木は春にすぐ接ぎ木ができるが，実生を台木とする場合は，秋に採取した種子を翌春播種して1年間台木を養成する．穂木は休眠期間中に採取して，乾燥しないようにポリエチレンフィルムで包み，雪のなかや冷蔵庫に入れて保管しておく．接ぎ木の時期は台木の根が活動し始め，芽が膨らむころがよい．接ぎ木の方法は割り接ぎがよいが，台木が太い場合は切り接ぎ，腹接ぎがよい．

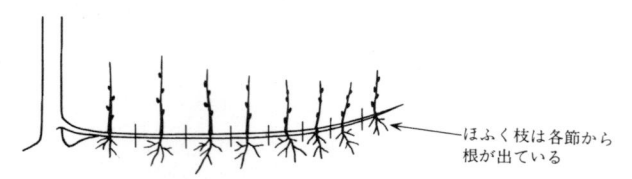

図17.1 ほふく枝を利用した台木の養成方法
地面をはっているほふく枝を節ごとに切離して台木に養成する．

取り木： 春早く前年に伸びた2年枝を環状剝皮をして水苔を巻きビニルで包み結んでおいて，根が発生したら秋に切り離す．また前年伸びたつるを土のなかに伏せ込み，発根させてから秋に切り離し台木にする（図17.1）．

(4) 棚の架設

アケビはつる性であるため，ブドウと同様に着果部位を確保し作業性を高めるために棚を作り，つるを適正に配置して固定する必要がある．苗木を定植する前に棚を作った方が，樹を仕立てる上で都合がよい．棚はブドウと同じように一定の高さで平面に鉄線を張った平棚と垣根のように目標とする高さの間に一定の間隔で鉄線を張って立体的に空間を利用する垣根式の二つの様式がある．平棚は豪雪地帯では棚を超えた積雪にあうと倒壊するおそれがあるので，垣根式がよい．この場合，降雪前につるを棚から取りはずして土に伏せる．さらに鉄線を雪の圧力で切れるのを防ぐため緩めておく．管理のしやすさなどから一般的には平棚が適している（図17.2）．

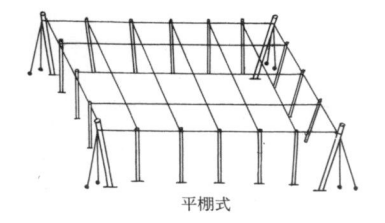

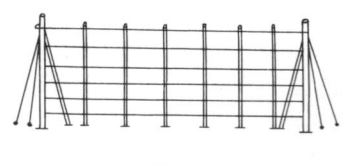

平棚式　　　　　垣根式

図17.2 棚施設の様式

(5) 植え付け

植え付け時期は，生長が停止している休眠期であればいつでもよい．普通11月から3月までに植えればよいが，他の果樹に比べて根は早い時期から活動するので，積雪地帯では雪が消えたらすぐ植えるようにする．植え穴は直径 80～100 cm，深さ 30～40 cm に掘り上げる．アケビは有機質に富み弱酸性の土壌を好むので，植え穴には腐熟したたい肥と土壌改良資材を入れる．1穴当たり腐熟たい肥 20～30 kg，苦土石灰 500 g，溶リン 500 g 程度を入れる．この資材を土と混合しながら植え穴に入れてから苗木を植え付ける．植え付け本数は，早期に多収を図る上で多い方がよい．苗木さえ確保できれば，10 a 当たり 100～150 本程度を目安にして植える．植え付ける際には根を乾燥させないように注意し，根を四方に広げ，深植えにならないようにする．植え付け後は支柱に結束して風で動かないようにする．また植え穴の範囲に黒のビニルをマルチすると水分の保持，地温の上昇，雑草の防止になり，活着が早く初期生育が早まる．アケビは自家不和合性であるので，ミツバアケビの品種で異なるものを混植する．ゴヨウアケビなどの市場性の低いものを混植すると収益が少なくなるので，受粉樹としても品質のよいものを選ぶ必要がある．混植する割合は 15～20 本に1本くらいでよい．

(6) 植え付け後の管理

苗木から伸びてきた新しょうは，最初主幹の候補枝として 2～3 本立てておいた方がよい．主枝候補枝以外の新しょうは，早めにかき取り主枝候補枝が棚面に届く頃に1本に整理する．支柱に巻きついたら，ときほぐして誘引する．棚上に早く届くようにするために生育が弱いときは，1～2回速効性の肥料として硫安を1回 50～60 g 程度施す．夏期に乾燥すると生育が悪くなるので，ときどきかん水をする．

(7) 人工受粉

植え付け後3年目頃になると，かなりの着花がみられるようになる．受粉樹の混植が適当になっており，開花期の天候が温暖で訪花昆虫の飛来が多い場合は，自然交配で十分な結実が得られる．そうでないときは結実が不安定になり，必要とする着果量を確保できなくなるので人工受粉を行う．人工受粉は開花中に雄花をとり，直接雌花にこすりつけてやる方法と，開花直前の花らいを採取し，やくを落として開やくし石松子などで増量して，綿棒に花粉をつけて交配する方法がある．大規模な面積を栽培している場合は後者の方が能率的である．花粉の調整は，リンゴなど一般の果樹で行われている方法に準じてやればよい．開やくに必要な用具や開やく器も市販されているが，手近にあるものを利用して簡単にできる．採取した花らいは，2.5 mm 目程度のふるいで軽くこすりやくを落とす．取り出したやくは，縦・横・高さそれぞれ 50 cm 程度のダンボール箱を利用し，底にパラフィン紙などの花粉のつきにくい紙を敷いて，その上に重ならないように並べる．箱の上部に 40 ワットの電球を吊るして保温する．開やくの温度は 20～25°Cが適当で，アケビの場合，開やくに要する時間は短く5時間

程度である．日当たりのよい温かい部屋のなかにおいて，家庭用のストーブで加温しても開やくできる．開やくした花粉は，石松子で容量比3～4倍に増量して使用する．受粉するときには綿棒がよく，1回で50～60花に受粉できる．

(8) 摘　果

他の果樹と同様に果実が多く着くと小さく，品質も悪くなり商品価値が低下する．また翌年の花芽の着生に悪い影響を及ぼす．とくに人工受粉をした場合には，着果量が多くなりすぎる．良品果実の生産と樹勢を維持し，毎年安定した生産を行うために摘果をする．摘果の程度は，大きい果実ほど販売に有利であることから強めに行う．棚全体へ平均に着果させるが，新しょうが多く，葉枚数の多いところには多めに着ける．1花に結実がよいと5～6個着果するので，2～3果に制限する．摘果をする時期は不受精果の落果が終了し，肥大の良・不良・奇形果の区別がつくようになった頃を目安にする．摘果は2回に分けて行い，1回目は生理的落果の終わった頃，2回目は果実の大きさが2～3cm程度に大きくなった頃に行う．樹勢，品種，着葉数，新しょうの強弱などを考慮して着果数を決める．強い結果枝には2～3果，弱いものには1果として，だいたい3.3m²当たり80～150果くらいに制限する．とくに大果になる品種では強めに行う．

(9) 新しょう管理

新しょうが伸び始めたら，不定芽や徒長枝など不要なものは早めにかきとる．主枝・亜主枝・側枝の延長枝，更新枝など棚面を利用するのに伸ばす必要のある新しょうを除いて，伸長の強い新しょうを中心に摘心を行う．摘心は新しょうが線に巻き始める前に3～5節で先端を摘み取る．副しょうが強く伸びそうな新しょうは長く残しておき，木化してから基部3～5節まで切り戻す．摘心をしない新しょうは，巻きついたところからはずして誘引する．摘心を適切に行うことによって棚の明るさを保つことができ，果実の品質の向上が図られる．

(10) 施　肥

適当な樹勢は，7月中旬頃までに自然に新しょうの伸長が停止する状態がよい．肥料は樹の生育状態をみて施す．基肥は10月上旬と根の活動開始直前の3月下旬～4月上旬の2回に分けて施す．施肥量は10a当たり成分で窒素15～20kg，リン酸6～8kg，カリ12～16kg程度を目安にする．施す割合は春に30%，秋に50%を基肥に，残り6月中旬～7月中旬頃に追肥として10%，収穫後のお礼肥に10%とする．基肥には有機質の配合肥料，追肥は速効性の硫安，硫酸カリ，リン硝安カリを使用する．アケビは有機質の豊富な土壌を好むので，秋によく腐熟したたいきゅう肥を10a当たり2～3t施す．また土壌酸度をpH(H_2O) 6.0程度に保つ必要があるので，苦土石灰や溶リン肥を施す．施用量は10a当たり苦土石灰60kg，溶リン肥40kgくらいでよいが，酸度を調べて改良に必要な量を計画的に施すようにする．

(11) 土壌管理

草生園では早めに草を刈り取り樹幹のまわりに敷く．清耕園では稲わらや麦わらをマルチして土壌水分の保持に努める．アケビは乾燥に弱いので，夏期に降雨がない場合はかん水をする．かん水は5～7日の間隔で行い，1回のかん水量は10a当たり20～30t程度を目安にする．

(12) 病害虫防除

うどんこ病，すす点，すす斑病，黒点病が発生し，とくにうどんこ病の被害が大きい．果実に発病するとさび果になって，外観が著しく悪くなり商品性が低下するので，徹底した防除が必要である．害虫では，アブラムシ，カイガラムシ，コウモリガ，アケビノコノハなどの被害を受ける．アブラムシの発生が多いと葉や枝しょうの発育が悪くなり，果実がすす状になるなど外観を損ねるので防除には十分留意する．このよ

表17.2 アケビの病害虫防除基準(山形県農林水産部，1987)

時期	使用薬剤	対象病害虫	散布量(l)
4月上旬	7倍石灰硫黄合剤	うどんこ病 カイガラムシ	300
4月下旬	1,000倍スミチオン水和剤 加用1,500倍水和硫黄	うどんこ病 アブラムシ	300
5月中旬	1,000倍ディプテレックス水和剤 加用1,000倍トップジンM水和剤	うどんこ病 アブラムシ	300
5月下旬	1,000倍スミチオン水和剤 加用1,500倍水和硫黄	うどんこ病 アブラムシ	300
6月中旬	1,000倍ディプテレックス水和剤 加用1,500倍ダコニール水和剤	うどんこ病 アブラムシ	350
6月下旬	1,000倍スミチオン水和剤 加用3-3式ボルドー液	うどんこ病 アブラムシ	350
7月上旬	1,000倍スミチオン水和剤 加用1,500倍水和硫黄	うどんこ病 アブラムシ	350
7月下旬	1,000倍スミチオン水和剤 加用1,500倍トップジンM水和剤	うどんこ病 アブラムシ	350
収穫直後	6-6式ボルドー液	うどんこ病 アブラムシ	350

うにアケビは，うどんこ病とアブラムシによる被害が大きいので防除の中心になる．防除方法については，各栽培地域でそれぞれ防除基準や防除暦を作って実施しているので参考にする（表17.2）．

(13) 収穫・出荷

熟期は地域によって異なるが，早生系のものは9月上旬から収穫が始まる．品種や系統によって着色の違いがあり，品種特有の色彩になったら裂開する前に収穫する．出荷販売をする場合，裂開した果実は，市場性が低下し不利になる．収穫量は，植栽後順調に生育した場合，5年目で10a当たり800kg程度見込まれる．収穫は朝夕の2

回涼しいときに行い，鮮度が落ちないようにする．収穫後直ちに病害虫の被害果，傷害果，さび果などを除き，大きさにより選別，箱詰めをして出荷する．

(14) 整枝・せん定
a. 目標樹形
栽培方法によって樹の仕立て方が異なる．棚仕立て，棒仕立て，垣根仕立てなどであるが，一般的には棚仕立てで栽培されている．棚仕立ての場合の目標とする樹形は，一文字型，X型，V字型オールバック，十字型などである．それぞれ特徴があり，棚面の利用性，地形や作業性，さらにアケビの樹の特性などを考慮して決める．一文字型，X型，V字型ではブドウの樹形構成に準じた方法で行う．しかしアケビの場合は，ブドウのようにあまり樹形にこだわらないで，早期に多収を得られるようにする．そうした点から十字型整枝は，アケビの自然の特性を生かしたよい方法である．

b. 棚仕立てによる整枝方法
植え付けた苗木から伸びた新しょうは，支柱を立ててまっすぐ伸ばし，巻きついたらほぐして誘引する．棚下30〜50cmのところから副しょうを利用して主枝を分岐させる．棚下で分岐する主枝は，一文字型，V字型，X型整枝では2本であるが，十字型では4本になる．植え付け1年目に主枝をとれない場合は，次の年に発生した新しょうから作る．X型整枝では，棚上で幹から1m前後離れたところから各々2本ずつ分岐させ4本主枝にする．植え付け3〜4年目には，棚上に伸びた主枝に1m前後の間隔で亜主枝を作り結果部位を広げる．5〜6年目には，亜主枝に30〜60cmの間隔を目安にして側枝を配置し，基本となる樹形を仕上げる．樹形構成は栽植密度によっ

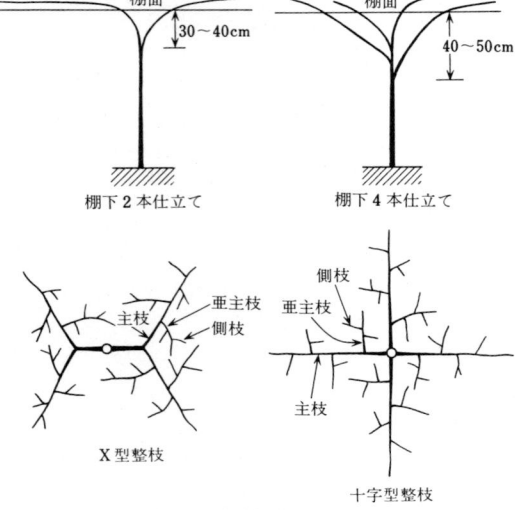

図17.3 整枝方法略図

ても異なり，形にとらわれないで適宜，枝を配置し棚面の有効利用を図る(図17.3).

c. せん定

アケビは花芽の着生がよく，新しょう，しょうが芽になっている古い枝も結果母枝として利用できるので，結果部位の確保は容易である．しかし枝が多すぎて混み合うと着果過多になり，果実の品質が低下するので，計画的な枝の整理が必要になってくる．棚面が空いている場合は，主枝，亜主枝，側枝などの骨組に着生しているしょうが芽の結果母枝も利用する．しかし古くなると果実の肥大が悪くなってくるので，整理して側枝から発生した新しょうを利用する．主枝・亜主枝の先端は充実したところで切る．側枝は混み合っているところは間引きを行い，古くなって弱ったら切り返しをして新しい枝に更新する．結果母枝は長い新しょうを充実したところまで切りつめ，4～5節の中庸なものを1m^{2}当たり4～5本残すようにする． ［高橋清重］

文 献

1) 北村四郎，村田 源 (1979)，原色日本植物図鑑，保育社．
2) 牧野富太郎 (1951)，牧野日本植物図鑑，北隆館．
3) 山形県農林水産部 (1987)，林床の活用による山菜等の栽培技術指針．

18. ハスカップ

18.1 経営上の特性と問題点

　ハスカップは，寒冷地に自生する植物のため，耐寒性は非常に強い．しかし耐暑性については不明で，暖地において栽培できるかどうかは明らかではない．土壌適応性はかなり広く，土質をあまり選ばないが，有機質含量が多く，保水力の高い土壌が適する．

　ハスカップの果実は，酸味が強く，生食に向かないため，大部分が加工に利用される．植栽するにあたっては，加工業者と契約栽培の形をとるか，または産地として加工施設をもつか，前もって明確な方向づけが必要である．

　経営的な面については，収穫労力の確保が最も重要な点である．現在，収穫はすべて手摘みによって行われており，10a当たり約200時間を要している．そのためハスカップ栽培は，比較的市街地に近い場所に団地化され，家庭婦人や高齢者により収穫労力がまかなわれている場合が多い．

　果実価格は一時異常高値を示していたが，生産量の増加に伴い，沈静化に向かっている．将来は，他の小果樹類果実とのバランスを加味した価格に落ち着くと思われるので，増収を図る一方，生産費を下げる努力が不可欠である．

18.2 来歴と一般的性状

　北海道では古くから野生の果実が採取・利用されていたが，近年，開発により自生地がせばめられ，果実の入手が困難になったため，1970年代になり栽培が始まった．1989年現在で約160haの栽培がみられる．

　ハスカップは，和名をクロミノウグイスカグラ（スイカズラ属）という高さ1～2mの落葉低木で，本州中部以北の亜高山帯に自生する．北海道では広く各地に分布し，山地よりもむしろ平地において大きな自生地がみられる．ハスカップという呼称は，クロミノウグイスカグラのほか，ケヨノミなどを含めて使う場合が多い．

　花は黄白色の漏斗状で，新しょう基部2～4節の葉えきに着生する．開花期は5月下旬から6月上旬である．開花時には1個の小果に2個ずつ花が着いているが，これは2個の子房がゆ着して1個の果実を形成しているからである．着花節位により開花

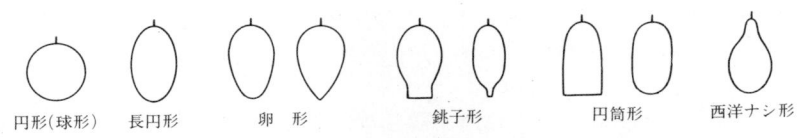

円形(球形)　長円形　卵形　銚子形　円筒形　西洋ナシ形

図18.1 ハスカップの果形（北海道立中央農業試験場）

時期がずれるので，1株の開花期間もかなり長い．

6月末から果実が青紫色に変わり，成熟する．成熟期は開花期の影響を受け，かなりの幅がみられる．収穫期間は同一系統でも2週間以上に及ぶ．

果実は，縦径が10～20 mm，横径が7～12 mmで，重さが0.5～1.5 gの液果である．果形は図18.1のように変異が多いが，一般には長円形，卵形，円筒形が多い．果実のなかには小さな種子が多数含まれている．

18.3 品種と繁殖

(1) 品　　種

1986年，北海道立中央農業試験場が在来株のなかから13系統を選抜し，"在来1号"から"在来13号"まで命名したものが，標準品種となっていた．その後，1990年に果実が大きく高収性の品種系統"ゆうふつ"（HC 1）が選抜され，北海道における優良品種として今後期待されている．表18.1に本品種の特性を標準品種との対比で示した．

表18.1 ハスカップ品種系統の収量および果実形質（北海道立中央農業試験場，1990）

品種系統	1株収量(kg)	果粒重(g)	果粒形	果形指数(縦径/横径)	糖度(%)	酸度(g/100ml)	種子数
ゆうふつ	1.7	1.1	長円～銚子	1.76	10.5	2.47	8
在来1号	1.0	1.1	銚子～長円	1.66	11.1	3.01	9
在来3号	1.1	0.8	銚子	1.73	10.3	3.11	15
在来4号	0.9	0.7	長円～銚子	1.74	10.7	3.16	11

1981年から1988年までの平均値で示す．

一般栽培の段階では，優良品種の普及はごくわずかで，山採り株をそのまま植えるか，または山採り株を元にして，挿し木や実生で殖やしたものを利用している．実生で殖やされた株は，収量・品質にばらつきが出るため，避けた方がよいが，やむをえず実生苗を利用する場合には，優良な株から種子を採るべきである．

ハスカップの品種改良は北海道立中央農業試験場で進めており，また一部の産地では優良株の選抜と増殖を行っている．

(2) 繁　　殖

繁殖法としては挿し木が一般的で，休眠枝挿しおよび緑枝挿しのいずれも可能である．施設を必要とする緑枝挿しに比べ，露地で簡単に挿せる休眠枝挿しが実用的である．休眠枝挿しの時期は春でも秋でもよい．挿し木床に対するポリマルチや挿し穂に

対する発根促進剤（IBA製剤）処理により，活着率は向上する．苗は2～3年間養成し，大苗を定植することが成園化が早く，有利である．

18.4　栽培管理

(1)　開園・植え付け
a．園地の準備
ハスカップは，腐植の多いぽう軟な土壌で良好な生育をするが，土壌適応性はかなり広い．土壌pHは弱酸性が適し，既存の樹園地や畑地に植える場合は土壌改良の必要はとくにない．水田転換畑に植える場合には，排水と酸度の矯正に留意しなければならない．pH6程度を目安として，石灰，溶リンなどを施用する．

b．植え付け
植え付け時期は，春・秋どちらでもよいが，どちらかといえば秋の方が適している．春の活動開始が早いため，秋植えして越冬した方が，春植えより生育がよい．春に植える場合は，できるだけ早く植えるようにする．植え付け密度は10a当たり250～400株で，土壌の肥よく度，仕立て方あるいは使用する機械などにより異なる．

植え付けにあたっては，深目の耕うんをしてあれば，大きな植え穴を掘る必要はない．春植えの場合は，土壌乾燥防止のため，わらなどによるマルチが有効である．

(2)　土壌管理と施肥
a．土壌管理
ハスカップは，根が浅いため，土壌乾燥や雑草との競合に弱いので，適正な土壌管理を行うことが重要である．原則的に清耕栽培とし，通路部分は中耕，株間は除草剤により雑草を抑えるのが一般的である．マルチ材料が手に入る場合は，株元にマルチを行い，有機物補給，土壌水分の保持および雑草防止をするのが理想的である．

b．施　　肥
施肥時期は，春融雪後できるだけ早い方がよい．施肥後，除草を兼ねて浅く中耕する．窒素施肥量の目安としては，6年生程度までの若齢株では10a当たり3～6kg，成株では8～12kgとする．窒素に対するリン酸およびカリの比率については明らかではないが，リンゴなどの果樹に準じて差し支えないようである．

(3)　結実管理
ハスカップは，一般に他家受精植物とされている．自家結実する系統も少なからずみられるが，その結実率は低い．そのため毎年の収量は受粉の良し悪しにより決まり，受粉状態は開花期の天候に左右される．開花期間中の低温，雨あるいは強風などにより，訪花昆虫の行動が鈍くなると，結実が不良となり，収量が低下する．地域によっては，開花期間中に冷たく強い風の吹くことが多く，そのような地帯では，結実率向上のため防風網の設置が不可欠となっている．

18.5 貯蔵・加工

(4) 収穫と出荷

収穫は、現在すべて手摘みにより行っており、非常な労力を要している。通常、1人1時間当たりの収穫量は約 1.3 kg で、10 a 当たり 200 時間程度を要している。機械収穫については現在検討がされているが、実用化までには、まだ時間がかかりそうである。

ハスカップの果実は、軟らかくて傷みやすいので、浅目の容器に入れるようにする。果実が雨や露で濡れていると腐敗しやすいので、果実表面が乾いているときに収穫する。収穫期は高温の季節にあたるので、収穫果はただちに冷蔵または冷凍しなければならない。出荷するにあたっては、果実の品温が高いままでは腐敗が早いので、冷却したものを保冷容器で出荷するようにする。遠距離の場合は冷凍輸送が確実である。

(5) 整枝・せん定

他の小果樹と同様結実部位が古くなると果実が小さくなり、収量や品質が低下するため、たえず若い結果枝をつけることにより生産性を維持しなければならない。

仕立て法としては、株元から 2〜4 年生くらいの枝を 10 本程度出す、いわゆるそう状形仕立てが普通である。結実部が老化した場合には、根元から切って若い枝に切り替える。切り替えに使う枝は毎年数本ずつ準備しておく必要があり、これらには株元から伸び出したおう盛な吸枝をあてる。図 18.2 にせん定の一例を示すが、株の内部ま

図 18.2 ハスカップのせん定(左:せん定前, 右:せん定後)

で日光がよく入るように、株の中央部をやや空けるように枝を配置する。枝が混みすぎると着果・結実が悪くなり、病気や虫の発生も多くなるので注意する。

18.5 貯蔵・加工

a. 貯蔵

生果の長期貯蔵は非常に困難で、一般には行われていない。実験的には、ふた付き

発泡スチロール箱を容器として，気温0℃，湿度65％の条件下で約1カ月の貯蔵が可能である．実用的には，大量貯蔵の可否あるいはコストの問題などが残されている．現在は，冷凍状態で貯蔵されているのが一般的である．

b．加　　工

ハスカップの成分的な特徴としては，濃い色素と高い酸含量のほか，カルシウム，リン，鉄などの無機質およびビタミンC含量の高いことがあげられる．現在，ハスカップ果実の利用として多いのは，ジャム，ゼリー，フルーツソース，果実酒などであるが，近い将来原料価格が安くなれば，清涼飲料に対する利用も増すと思われる．これらのほか，果実酢，粉末などが試作されている．

18.6　病　虫　害

a．病　　害

これまでに，うどんこ病，灰色かび病，菌核病，さび病の発生が確認されているが，これらのうち重要病害となっているのは，うどんこ病と灰色かび病である．

b．虫　　害

ハスカップの害虫は多く，これまで確認されたものは40数種にのぼる．これらのなかで被害の大きいのは，ニンジンアブラムシ，ナガチャコガネ，カタカイガラムシ科の一種(未同定)，ナミハダニ，クワゴマダラヒトリである．このほか，テングハマキ，コカクモンハマキ，ミダレカクモンハマキ，コアトキハマキ，オビガ，アカモンドクガ，マイマイガなどの鱗翅目の加害も目立ち，防除を必要とする．　　　　［渡辺久昭］

文　献

1) 北海道立中央農業試験場 (1987)，昭和61年度種苗特性分類調査報告書：ハスカップ．
2) 北海道立中央農業試験場 (1990)，ハスカップ「HC 1」に関する試験．
3) 渡辺久昭 (1987)，昭和61年度新作物検索調査報告書，68-74，農産業振興奨励会．

19. 温州ミカン

19.1 経営上の特性と問題点

(1) 栽培適地

　主要カンキツ類のなかでは最も早生であり，わが国の夏季に高温多湿で冬季に低温になる気候に適する．すなわち，年平均気温15～18℃の地方に適するが，16～17℃が最適である．わが国では南は鹿児島県から北は神奈川県，千葉県の南部で経済的に栽培されている．九州，四国，和歌山県など11月になっても気温の下がらない地方では年内から正月向け，また，静岡県，神奈川県など秋にやや低温になる地方は果汁の酸含量が多く，浮き皮にならないので1月以降に出荷する貯蔵向け栽培が多い．

　冬季の最低気温が－5℃以下になると葉焼けを生じ落葉を始め，－8℃以下になると幼木では枯死するので最低気温が－5℃以下が長く続く地方は栽培不適地である．また，着色するには収穫前に低温になることが必要で鹿児島県の垂水市以南や宮崎県南部，米国のフロリダやアリゾナ地方では高温のため果実を着色するまで樹上に着けておくと果肉が老熟化するため果汁が減少し，酸が少なく，味ぼけ果になり品質が劣る．

(2) 果実の浮き皮現象

　果実が未熟のうちは果皮が締まっているが，成熟するにつれて果皮がゆるんで，果肉との間にすき間を生じて浮き皮になる．浮き皮は過熟現象とも考えられ，樹上で越冬した果実はほとんど浮き皮になる．浮き皮は果皮と果肉の発育のバランスが破れたときに生じ，10月中旬以降になると果肉の発育がほとんど停止するのに対し，果皮の発育が続いているため果肉との間に間げきを生じ浮き皮になる．また，果皮の肥大は採収後も続き，一方，果肉中の果汁は消失するので貯蔵しておくと浮き皮になる．

　浮き皮は高温地方ほど早くから現れ，11月以降の気温が高く湿度が高い九州ではとくにひどい．普通温州と早生温州の比較では，早生温州は適期に収穫するので少なく，普通温州では系統によってかなり異なる．今村温州や青島温州は浮き皮になりにくく，林温州や山田温州は中位で，シルバーヒル温州はなりやすい．

(3) 隔年結果

　果樹の多くは摘果やせん定をしないと収量の多い成り年と少ない不成り年が生じ，

これを隔年結果という．カンキツ類はカキと同様に結果母枝の先端に花芽を着ける習性をもっている．このため花芽を着けない基部の節位の葉芽が発芽しないか，発芽しても貧弱な枝が多く，樹勢が弱ると葉枝の発育が抑圧されて隔年結果となる．温州ミカンは隔年結果がとくに大きい．温州ミカンの花は収穫果の40〜50倍も咲くが，大部分のものは落果（落花）するので，適量の3倍以上も結実することはほとんどない．しかるに，摘果しなくともかなりの大きさになり，収量も多いが翌年は樹に蓄えた栄養分が少ないので花着きが悪く，また，花が多く着いても結実しないので落果し不作となる．良果を得るためには摘果を行い結果数を調節しなければならないが，摘果を行っても先に述べたように弱い摘果でも適度の大きさになるので，一般農家では適正

表19.1 温州ミカンの反当たり収量の推移（農林統計）

年度	反当収量(kg)	結果樹面積(万ha)	収穫量(万t)	年度	反当収量(kg)	結果樹面積(万ha)	収穫量(万t)
1971	1,725	14.42	248.8	1980	2,142	13.50	289.2
1972	2,317	15.10	356.8	1981	2,202	12.80	281.9
1973	2,168	15.63	338.9	1982	2,369	12.09	286.4
1974	2,110	16.03	338.3	1983	2,467	11.59	285.9
1975	2,280	16.07	366.5	1984	1,805	11.11	200.5
1976	1,958	15.77	308.9	1985	2,330	10.69	249.1
1977	2,300	15.39	353.9	1986	2,104	10.30	216.8
1978	2,025	14.94	302.6	1987	2,526	9.97	251.8
1979	2,523	14.34	361.8				

な摘果が行われがたい．このため，全国的には表19.1のように隔年結果が生じやすい．そして，この成り年，不成り年は気象条件に影響されるので，1年おきに交互に成り年，不成り年になるとは限らない．

（4）貯蔵性

温州ミカンの収穫期はハウスミカンを除いて極早生の9月下旬から晩熟系の12月中旬までであるが，消費は翌年の3月までである．このため，1月以降の出荷は貯蔵に頼らなければならない．カンキツ類は果樹のなかでは貯蔵性があるが，温州ミカンは系統によっては長期間の貯蔵に耐える．早生温州は貯蔵性が劣る．とくに，近年多く栽培され始めた極早生は劣っている．これは早生温州は収穫期の温度が高いこと，果皮が薄くて果汁の酸含量が少ないことなどがあげられる．収穫した果実においても果実中の貯蔵養分，すなわち糖分や酸含量を消費して呼吸を続けているため，糖，酸含量が多い系統が貯蔵性がある．普通温州のなかでは杉山温州やシルバーヒル温州のように酸含量が少ない系統は林温州や青島温州に比べて早く淡泊になり貯蔵性が劣る．また，果皮の薄い系統より厚い系統の方が貯蔵性がある．

（5）カラタチ台の利用

果樹の繁殖は接ぎ木によって行われ，台木は共台または近縁の種類が使用され，そ

れらはすべて単胚性で種子を播種して得た実生のため生育の変異が大きい．しかし，カンキツ類は多胚性の品種が台木として使用されている．多胚性は胚のうを取り巻く珠心細胞に由来しているため，これから生育する珠心胚実生は遺伝的には母親とまったく同じである．このため，これらを台木として使用すれば生育は均一化する．カンキツ類の台木として使用されているおもな品種の胚数を表19.2に示した．温州ミカンの台木として多く使用されているのはカラタチであって，カラタチの平均胚数は4.98の多胚性である．以前はユズ台，ナツミカン台なども使用されていたが，大きな樹に育てるよりも，小さくわい性に育てた方が摘果，収穫などの作業が能率化するため，近年はほとんどカラタチ台が使用されている．

表19.2 カンキツ類の台木として使用されるおもな品種の胚数（上野ら，1967）

品種名	平均胚数	標準偏差
ラフレモン	7.58	2.49
ヤマミカン	3.00	1.47
ナツミカン	4.04	1.60
臭橙(サワーオレンジ)	11.20	5.58
ユズ	4.90	3.16
クレオパトラ	7.34	5.24
シィクワシャー	16.72	6.63
カラタチ	4.98	2.36

カラタチ台は接ぎ木後数年間は台部および樹冠部の発育がよい．また，ユズのように深根は少ないが細根が多いものは移植による植え傷みが少なく，品種更新では早期に結果するので経済的である．

また，カンキツ類はトリステザウイルスに侵されると樹の生育が衰え果実も小果になる．このトリステザウイルスはミカンクロアブラムシによって伝搬されるので，温州ミカンの多くはトリステザウイルスを保毒しているが，カラタチはこのウイルスに抵抗性をもっているのでほとんど侵されない．しかし，温州萎縮病やウイロイドによって生じるエクソコーティスには弱い．

(6) 加工適性

カンキツ類の加工としてのおもな用途はシロップ漬け，果汁，マーマレードがあるが，温州ミカンは前二者に適する．とくに温州ミカンはシロップ漬け用としては最も適した品種である．

a．ミカンシロップ漬け

はく皮し，じょうのう膜を除去したあと果肉を糖液に漬け缶詰とした製品である．カンキツ類では温州ミカンとナツミカンが使用されるが，ナツミカンは種子が多いため砂じょうが割れる現象，すなわちブロークンが多くなるので温州ミカンの方が優れている．温州ミカンでは普通温州は早生温州より適している．早生温州は砂のうがばらばらに離れやすかったり，果肉の色が淡く，肉質が筋っぽいなどで製品としてはや

や劣る．しかし，完熟した果実では品質もかなり良好で果皮が薄いので歩留りが高い．

b．果　　汁

　カンキツ類ではオレンジジュースで代表されるようにスイートオレンジがジュース用としては適している．これはとくに，香りが優れ，果汁歩合もかなり良好であるからで，温州ミカンもジュース用としては適する点も少なくない．

　ジュース用としての温州ミカンは果汁歩合が高く，果汁色調は濃くスイートオレンジより優れているが，スイートオレンジに比べると香気の点で劣っている．早生温州は完全着色前の早期収穫果実ではリモノイドのリモニンとノミリンが果汁に溶解し苦味の原因となるが，完熟果，または緑色が残る未熟果でも収穫して10日前後，後熟してから搾汁することにより苦味の発現を防止することができる．

19.2　分類と来歴

（1）　来　　歴

　温州ミカンが記載された文献で最古のものは江戸時代末期の「草木図説」にタネナシミカン，温州ミカン，オワリミカンなどが図解してあること，また，「柱園柑譜」に李夫人橘，無核ミカン，唐ミカンの名前があげられていることである．しかし，原産地のことについての記述はない．中国浙江省に温州の地名があり，昔，わが国との交流の中心地でもあった．また，中国でのカンキツの産地でもあることから中国が原産地とも考えられる．しかし，田中長三郎の調査によると中国には温州ミカンはみあたらず（現在は日本から導入したものが栽培されている），似かよった名前の温州蜜桔があるが，これは温州ミカンとは異なっている．昭和のはじめに田中はシーボルトのさく葉（おし葉）にナガシマミカンの名前が付けられていることや長崎県地方で温州ミカンに対してナガシマミカンのよび名があることから，長島の地名と温州ミカンの関係について調査し「本草或聞」のなかに「温州ミカンは肥後の国大仲島に植えたのにはじまる」の記載から，鹿児島県出水郡長島が発祥地であると見当を付けた．1936年に長島町の山崎地方に推定樹齢300年以上という最古の温州ミカンを発見，これが原木であると実証された．

　これらのことより，鹿児島県長島町が原産地であり，約350年前に中国より持ち帰ったミカン類の早橘，慢橘，または天台橘（地ミカン）のいずれかの種子から偶発実生として誕生したと推定されている．

（2）　分　　類

　田中の分類によるとミカン科，ミカン亜科に属し，このミカン亜科を8連に分け，ここに35属を設けた．すなわち，8連の最後にカンキツ連を設け，ここにカラタチ属，クリメニア属，カンキツ属，キンカン属の4属とした．さらに，カンキツ属を表19.3に示したように2亜属，8区に分け，ここに159種を設けた．温州ミカンはこのミカン区に属し，種のウンシュウ（*Citrus unshu* Marc.）と亜種のワセウンシュウ（*C. unshu*

19.3 品種の変遷と品種解説

表 19.3 カンキツ属の分類（田中，1928）

カンキツ属		
初生カンキツ亜属	パペダ区	……ヒストリックスなど 12 種
	ライム区	……ライムなど 18 種
	シトロン区	……シトロン，レモンなど 25 種
	ザボン区	……ブンタン，グレープフルーツなど 21 種
	ダイダイ区	……ナツミカン，スイートオレンジなど 35 種
後生カンキツ亜属	ユズ区	……ユズ，スダチなど 11 種
	ミカン区	……<u>温州ミカン</u>，ポンカンなど 36 種
	唐キンカン区	……シキキツ

var. *praecox* Tanaka）である．

現在までに温州ミカンは200に近い系統が現れている．しかし，優良系統のみ残ってきたので，記録にのみ留まっている系統もかなりある．

その系統分化をみると，鹿児島県長島町で誕生した温州ミカンは九州の福岡県や長崎県を中心に伝搬されたが，一般に栽培されるようになったのは明治時代に入ってからである．現在は北は千葉県，南は沖縄県にまで栽培されているが，そのおもな系統を表19.4に示した．これらの系統は枝変わりによる突然変異か珠心胚実生による突然変異によって生じたものである．

原始的な形質を残している在来系と長崎県の伊木力地方（諫早市の多良見，長与）で優良系が選抜された伊木力系に分化し，さらに在来系から平系，池田系が，伊木力系から尾張系が分化した．この尾張系から優良な系統が多く誕生し，現在の普通温州の多くの系統はこの系統に属する．また，在来系からは宮川早生が生じ，これの珠心胚実生突然変異による興津早生を含め早生温州の多くの系統が誕生した．

19.3 品種の変遷と品種解説

（1） 品種の変遷
a．早生温州と普通温州の割合

早生温州と普通温州の比率は1959年には早生温州が17％であった．温州ミカンの新植は1960年代より1974年まで増加したが（図19.1），その増加割合は早生温州，普通温州では大差なかった．このため，早生温州の比率が増加し，1966年には23％，1974年には31％となった．また，1979年以降早生温州は微減傾向に推移しているのに対し，普通温州は急激に減少した．この結果，1990年には早生温州の割合は50％を超えている．この原因として温州ミカンの過剰生産から他作物や中晩柑類への転換が進んだが，普通温州は古い系統の古木が多かったことや中晩柑の高接ぎには普通温州を中間台とした方が生育がより効率的であったこと，また近年ハウスミカンの生産が増加したが，ハウス栽培はエネルギーの効率化のため早生温州が適すること，さらに消費拡大のため9月中下旬から熟する極早生温州が新植されたためであろう．

b．系統の変遷
全国的に栽培されている系統と極早生などのおもな系統の統計が調査され始めた

表 19.4 おもな温州ミカンの系統分化（望月，1986）

```
          ┌ 平系
          │
          │ 池田系────亀井早生(10下)
          │
          │                    ┌ 脇山早生(9下)
          │                    │
          │                    │ 宮本早生・堂脇早生・市文早生・山川早生・稲葉早生
在来系 ────┤ ┌ 花田温州(11下)   │ 田中早生・北口早生・尾鈴早生(10上)
          │ │ 平井温州(12上)   │
          │ │                  │ 徳森早生・上野早生・楠本早生・森早生・今田早生(10中)
          │ │                  │ 原口早生・肥後早生N(10下)
          │ │ 青江早生(10下)   │
          │ │                  │ 三保早生N・上田早生・山下紅早生(10下)
          │ │ 宮川早生(10下)───┤                    ┌ 大坪早生(10上)
          │ │                  │ 興津早生N(10下)────┤ 石塚早生・高林早生(10上)
原        │ │                  │                    └ 富田早生(10上)
          │ │                  │ 盛田温州(11上)
木 ───────┤ │                  │ 橘早生(11上)
          │ │                  │                    ┌ 大浦早生(10上)
          │ │                  │ 山崎早生(11下)─────┤
          │ │                  │                    └ 佐々木温州(11上)
          │ │                  │
          │ │                  └ 持丸早生・原早生(10下)
          │
          │           ┌ 山田温州(11下)・有江温州(11下)
          │           │ 田上温州・磯野温州(11下)
          │           │
          │ 伊木力系 ─┤ 立間早生・松木早生・石川早生・有沢早生(10下)
          │           │                       ┌ 橋本早生・崎久保早生(9下)
          │           │ 松山早生(10下)────────┤ 力武早生・金沢早生(10上)
          │           │                       └ 茶原早生(10下)
          │           │ イセ温州・藤中温州・米沢温州・繁田温州(11中)
          │           │ 南柑20号(11中)────────岡田温州(11中)
          │           │ 長橋温州(11中)────────久能温州N(11中)
          │           │ 向山温州・竹内温州・府川温州・川名温州(11中)
          │ 尾張系 ───┤ 西山温州(11下)
          │           │ 山本温州(11下)────────沖村温州(11下)
          │           │ 伴野温州(11下)────────荒木温州(11下)
          │           │ 杉山温州(11下)────────瀬戸温州N・古田温州(11下)
          │           │ 南柑11号(11下)────────山崎温州
          │           │ 林温州(11下)──────────林田温州・浜崎温州(11下)
          │           │ 尾崎温州・石川温州・大岩5号温州・宇佐美温州・上田温
          │           │ 州(12上)
          │           │ 今村温州(12上中)
          │           │ 土橋紅温州(12上)──────駿河紅温州N(11下)
          │           │ 十万temp州(12上中)────大津4号(11下)
          │           └ 青島温州(12上中)──────寿太郎温州・青島4号N(11下)
```

系統名の後の数字，上・中・下は成熟月旬，また N は珠心胚実生の突然変異体．

図19.1 早生温州と普通温州の栽培面積の推移
(農林統計,果樹生産出荷)

図19.2 おもな温州ミカン系統の結果樹面積の推移(農林統計,果樹栽培状況)

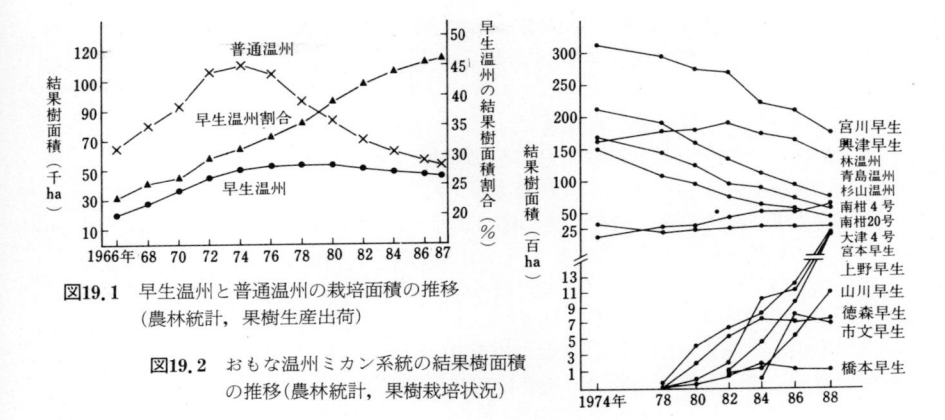

1974年からの系統の変遷を図19.2に示した.

早生温州では樹勢が強く品質のよい興津早生がほぼ安定的に推移しているが,樹勢が弱く,品質の面においても興津早生より劣る宮川早生は1974年から12年間に1万haも減少している.

普通温州では従来樹勢が強く,品質優良な系統に重点をおいたので林温州,杉山温州,南柑4号などが全国的に栽培されていた.しかし,温州ミカンが生産過剰になり品質に重点をおくようになって,これらの系統の減少が大きい.普通温州の大きな減少のなかにあって,品質のよい青島温州,大津4号が増加している.また,中熟系の南柑20号も肉質がよいのに加えて,果汁に適度の酸,糖があり,甘酸相和しその栽培面積はほぼ定常状態にある.このほか,県の特産として,それぞれの県で特徴を発揮して栽培されているおもな系統に早生温州の山崎早生(佐賀),普通温州では向山温州(和歌山),山本系(山口),松田温州(佐賀),磯野温州,田上温州(熊本),伊木力系(長崎)がある.しかし,これらの系統も伐採あるいは高糖系などへの良質な系統に更新が進んでいる.

1970年代の半ばから各地で次々と枝変わりなどで生じた極早生の系統は50を超えたが,1980年代半ばに優良系統に絞られてきた.おもな系統の栽培面積の推移は図19.2に示したが,宮本早生,上野早生,市文早生,山川早生などのハウス栽培にも適する系統が増加している.

(2) 品種解説
a. 極早生温州

橋本早生　愛媛県吉田町の橋本正雄が1965年頃宇和島市大浦の松山早生の1樹に着色の早い変異枝を発見した.1977年に種苗名称登録された.

果実の大きさは中程度で果形は扁平,果面はやや粗く,松山早生に似ている.果皮の厚さは松山早生よりも厚く,果皮歩合は23%程度である.果肉の熟度は極早生のな

かでは最も早く，減酸も早い．酸含量は9月下旬には1％を切る．しかし，果皮の着色はこれに伴わず下旬には3～4分の着色である．10月上中旬にはほぼ完全着色になるが，この時期にはすでに浮き皮になり酸が少なくなって味ぼけ果になる．極早生のなかでは最も早く成熟するが食味期間は短い．樹勢はやや弱く，わい性である．

宮本早生　和歌山県下津町の宮本喜次が1967年宮川早生の1樹の枝に扁平で着色の早い果実を発見した．1981年種苗登録された．

果実の大きさは中程度で果形はきわめて扁平で，果皮の厚さは薄く，果面は滑らかで美しい．果実の着色は9月下旬には4～5分になり，酸含量も1％近くになり10月上旬には食味適期となる．10月下旬になっても味ぼけはせず，極早生のなかでは最も品質がよい．樹勢はやや弱いが，豊産性で隔年結果性はない．

市文早生　佐賀県東松浦郡七山村の市丸文吉が1971年宮川早生の1樹の先端に着色が早く，扁平な果実が着くのを発見した．1983年に種苗登録された．

果実は大きく，果形はきわめて扁平で果形指数は150にもなる．果皮の厚さは中程度で果面はやや粗い．9月下旬には4～5分の着色になり，10月上旬には完全着色になる．また，酸は9月末には1％前後になり糖度も9～10度となって食味良好となる．しかし，10月中旬をすぎると浮き皮となり味も淡泊となる．葉の大きさは宮川早生より大きいが，樹勢は宮川早生とほぼ同じで豊産性で隔年結果しない．

上野早生　佐賀県浜玉町の上野寿彦の園で1970年宮川早生の1樹に着色の早い1枝を発見した．1985年種苗登録された．

果実の大きさは宮川早生程度で中位である．果形は扁平で，果皮は薄く9月下旬には5分の着色で，10月上中旬には完全着色になる．酸は10月上旬には1％程度になり，糖は10度を超え食味良好となる．その後，11月上旬まで含糖量も増加し，減酸も少なく味ぼけ果にならない．また，浮き皮の発生も少ない．葉は極早生のなかでは大きく，また，樹勢も強いので豊産性である．

b．早生温州

青江早生　大分県津久見市青江の河野富太郎の園で1895年頃普通温州の1枝が早く着色するのが発見された．この系統が早生温州の初めての発見である．熟期は早い．しかし，宮川早生よりも果頂部が早く着色するが，果こう部は晩くまで緑色を残す．果実の大きさは中程度，果形は扁平で果皮は薄く果面は滑らかで美しい．熟期は10月中旬で酸がやや多いので甘味が劣る．先祖戻りしやすいので近年はほとんど増植されていない．樹勢は早生のなかではおう盛の方に属する．

宮川早生　福岡県柳川市の宮川謙吉の園で在来系普通温州より枝変わりとして発見され，1926年田中長三郎によって宮川早生と命名され普及した．

果実は扁平で大果であるが，果皮の厚さは中位で果面滑らかで美しい．果汁の糖，酸含量はいずれも多いので味は濃厚であるが，早期にはやや酸味が強い．熟期は10月中下旬で12月まで果実を樹上に着けておいても味上がりしない．樹勢は早生温州としてはおう盛の方に属し，先祖戻りも少なく品質もよいので早生温州では最も多く栽培されているが，酸味がやや多いのと腰高果のため近年その栽培面積は減少している．

興津早生 農林水産省果樹試験場興津支場で1940年に宮川早生にカラタチの花粉を交配して得た珠心胚実生から選抜した．1963年に興津早生と命名，みかん農林1号として登録された．

果実の着色は宮川早生より1週間早く，果形は宮川早生より扁平で果面滑らかで美しい．果汁の糖が多く，酸は宮川早生程度であるので甘味が強く食味は濃厚である．果実を12月まで樹上に着けておいてもす上がりせず，果汁の糖が増加し食味が増す．

樹勢が強くおう盛で収量も多い．温州ミカンの過剰生産で宮川早生の栽培面積の減少は著しいが，この系統の減少はわずかである．

c．早熟系普通温州

久能温州 農林水産省果樹試験場興津支場で1946年長橋温州にジョッパオレンジの花粉を交配して得た珠心胚実生から選抜した．1971年に久能温州と命名，みかん農林3号として登録された．

果実の大きさはきわめて大きく，果形は扁平で果形指数140前後である．果面は滑らかで濃い色であるが，収穫が遅れると浮き皮になる．糖が多く食味は良好である．熟期は11月上中旬である．樹勢が強く豊産性である．

南柑20号 愛媛県宇和島高串の今城辰男の園で発見されたものを，1933年に南予柑橘分場が創設と同時に管内の優良系統を集め比較試験した．南柑20号はこの南予柑橘分場にちなむ．

果実は大きく扁平，果皮色は濃いが果面やや粗い．果汁の糖度は高く，酸が少ないので甘味が高い．また果肉はち密でじょうのうが薄いので舌ざわりがよく，食味が良好である．熟期は11月中旬である．樹勢は中位であるが結実性はよく，豊産性で隔年結果は少ない．

d．中熟系普通温州

大津4号 神奈川県湯河原町吉浜の大津祐男が1964年に十万温州の種子を播種して得た珠心胚実生から選抜し，1977年に種苗登録された．

果実はきわめて扁平で玉揃いはよく，果面は滑らかである．果汁の糖度が高く，酸は収穫時に1％程度であるので食味はよい．着色は11月中旬で収穫が遅れると浮き皮が増加するので8分着色期から採収する．収穫後の貯蔵中の糖度の変化は少ないので2月まで食味が衰えない．樹勢はおう盛で枝の分岐角度は大きい．

杉山温州 静岡市南の杉山甚作の園で尾張系から選抜された．1932年に杉山1号，2号として紹介されたが，1940年静岡県柑橘試験場の設立のおりに杉山温州と改名された．

果実は大きく扁円で果面は滑らかで美しい．果汁の糖度が高く酸が適度で食味がよい．収穫時の食味は優れているが，長期の貯蔵には向かない．樹の性質は枝の伸びがよく，細長くて下垂しやすく，その数は少ない．したがって，樹勢はやや弱い．このため農林水産省果樹試験場で杉山温州の珠心胚実生のなかから樹勢が強く，杉山温州よりやや熟期の早い瀬戸温州を選抜し，みかん農林4号として1971年に命名登録した．しかし，温州ミカンの生産過剰の時期でもあったため，栽培面積は伸びていない．

林温州 和歌山県吉備町の林文吾の園で発見されたもので，農林水産省果樹試験場興津支場で比較試験し優秀であったので各県に普及した．

　果実は中位で扁平，果面は滑らかで美しい．果汁の糖含量が多く濃厚であるが収穫時にはやや酸味が強い．酸が多いので貯蔵用にも適する．興津支場では果皮がしまり浮き皮が少ないが，九州では収穫が遅れると浮き皮になるので注意が必要である．熟期は11月下旬〜12月上旬である．樹勢が強く発育おう盛で直立性で，豊産性である．

e．晩熟系温州

青島温州 静岡県福田ケ谷の青島平十の園の尾張系温州からの枝変わりで1950年静岡県柑橘農業協同組合連合会の優良系統探索事業で注目され，1965年から静岡県の奨励系統になった．

　果実は大きくきわめて扁平で果面は滑らかで美しい．果皮の厚さは中位でじょうのうは厚い．また，種子が入りやすいが，浮き皮になりにくい．果汁の糖含量が多く風味がよく味は濃厚で貯蔵に適する．熟期は12月中旬であるが，完全着色前に収穫しても貯蔵中に着色する．樹勢はおう盛でやや徒長するので摘果，せん定には注意が必要である．豊産性である．この系統の枝変わりに静岡県西浦で発見された寿太郎温州や熊本県果樹試験場で珠心胚実生による変異から選抜した白川（金峯）温州がある．

今村温州 福岡県久留米市草野町の今村芳太郎の尾張温州の1樹が変異したものである．1968年に種苗登録された．

　果実の大きさは中〜大果で扁平である．果面は滑らかでよく締まり，浮き皮にもならないのが特徴である．果色はやや淡い．果汁の糖，酸含量とも多く濃厚な味で，貯蔵性に富む．熟期は12月中旬である．樹勢はおう盛で直立性で枝が鋭角に発生する．浮き皮になりにくいので九州など西南暖地に適するが，結果性に難があるので栽培面積は増加していない．隔年結果性が強い．　　　　　　　　　　　　　　　　[上野　勇]

文　献

1) 岩崎藤助 (1966)，カンキツ栽培法，78-217，朝倉書店．
2) 岩崎藤助，西浦昌男，秋山広光 (1952)，東海近畿農試研報園芸，16-33.
3) 岩崎藤助，西浦昌男，七條寅之助，奥代直巳，財前富一 (1962)，園試報，**B1**，37-47.
4) 岩政正男 (1976)，柑橘の品種，19-54，127-131，静柑連．
5) 木原武士 (1979)，果実日本，**34**(10-12)，58，58，58．
6) 木原武士 (1980)，果実日本，**35**(1-12)，76，54，58，58，58，58，56，50，50，52，50，50.
7) 西浦昌男 (1984)，果樹園芸大辞典（佐藤公一，他編），1068-1076，養賢堂．
8) 上野　勇 (1972)，農耕と園芸，**32**(9-10)，55-57，53-55．
9) 上野　勇 (1987)，今月の農業，**31**(4)，24-299.
10) 上野　勇 (1988)，果実日本，**43**(1)，18-21.

19.4　栽培管理

　温州ミカン栽培における肥培管理は，消費者のニーズに合致した高品質な果実を，

19.4 栽培管理

表19.5 気象要因ならびに米栽培品質の相関表 (岡田ら, 1986b)

変数		最高気温				最低気温				平均気温				日照時間				方位*
		冬	春	夏	秋	冬	春	夏	秋	冬	春	夏	秋	冬	春	夏	秋	地区*	方位**
最高気温	冬	1	0.82	0.42	0.95	0.16	0.09	0.27	0.13	0.68	0.51	−0.15	0.62	−0.36	0.85
	春	0.82	1	0.79	0.91	−0.01	−0.10	0.16	0.03	0.52	0.44	−0.07	0.51	−0.33	0.80
	夏	0.42	0.79	1	0.61	−0.12	−0.18	0.19	−0.04	0.22	0.28	0.15	0.30	−0.47	0.61
	秋	0.95	0.91	0.61	1	0.00	−0.06	0.18	−0.00	0.69	0.54	−0.12	0.65	−0.38	0.84
最低気温	冬	0.16	−0.01	−0.12	0.00	1	0.94	0.88	0.96	−0.08	−0.12	−0.11	−0.10	−0.55	0.65
	春	0.09	−0.10	−0.18	−0.06	0.94	1	0.85	0.93	−0.04	−0.01	0.01	−0.01	−0.49	0.56
	夏	0.27	0.16	0.19	0.07	0.88	0.85	1	0.89	0.01	0.05	0.02	0.07	−0.77	0.42
	秋	0.13	0.03	−0.04	−0.00	0.96	0.93	0.89	1	−0.13	−0.13	−0.08	−0.13	−0.54	0.67
平均気温	冬	0.86	0.64	0.27	0.74	−0.08	0.55	0.65	0.59	0.48	0.33	−0.18	0.42	−0.56	0.80
	春	0.70	0.70	0.49	0.66	−0.12	0.64	0.73	0.68	0.38	0.34	−0.04	0.40	−0.60	0.67
	夏	0.48	−0.7	0.90	0.59	−0.11	0.23	0.60	0.36	0.20	0.27	0.14	0.29	−0.72	0.51
	秋	0.85	0.51	0.48	0.82	−0.10	0.49	0.66	0.57	0.49	0.37	−0.14	0.46	−0.62	0.76
日照時間	冬	0.68	0.52	0.22	0.69	−0.08	−0.04	0.01	−0.13	1	0.86	0.30	0.92	0.00	0.92
	春	0.51	0.44	0.28	0.54	−0.12	−0.01	0.05	−0.13	0.86	1	0.61	0.98	−0.03	0.85
	夏	−0.15	−0.7	0.15	−0.12	−0.11	0.01	0.02	−0.08	0.30	0.61	1	0.50	0.11	0.75
	秋	0.62	0.51	0.30	0.65	−0.10	−0.01	0.07	−0.13	0.92	0.98	0.50	1	−0.06	0.90
日射量	冬	0.72	0.41	−0.04	0.64	0.05	0.09	0.03	−0.05	0.72	0.57	−0.5	0.66	0.06	0.90
	春	0.73	0.58	0.27	0.72	−0.10	−0.03	0.00	−0.16	0.86	0.85	0.28	0.90	−0.03	0.93
	夏	0.67	0.62	0.45	0.68	−0.30	0.01	0.15	−0.08	0.78	0.80	0.38	0.82	−0.18	0.89
	秋	0.76	0.48	0.04	0.69	0.04	0.09	0.05	0.00	0.78	0.65	0.04	0.74	0.04	0.95
地区		−0.36	−0.33	−0.47	−0.38	−0.55	−0.49	−0.77	−0.54	0.00	−0.03	0.11	−0.06	1	—
11月下旬	糖	0.37	0.22	−0.12	0.31	0.07	0.08	−0.01	0.02	0.63	0.54	0.22	0.55	0.13	0.58
11月上旬	酸	−0.34	−0.42	−0.58	−0.40	−0.38	−0.29	−0.63	−0.36	−0.07	−0.10	−0.03	−0.13	0.89	0.23
11月下旬	酸	−0.31	−0.34	−0.48	−0.36	−0.30	−0.26	−0.56	−0.29	−0.12	−0.11	−0.04	−0.14	0.79	0.29

* 地区は原点を0, 吉原を1とした相関. ** 方位は, 各々の気象要因や品質の方位別平均値と実測値の相関.
有意性 0.05…γ=0.36, 0.01…γ=0.46, 0.001…γ=0.57.

[静岡県の開花前収量予測式 (岡田ら, 1981)] $\log(Y_1) = 3.244 - 0.151X_{11} - 0.438\log(X_{12})$ ……(1)式, $R = 0.87$
$Y_2 = -258.9 + 57.2X_{21} + 2.27X_{22}$ ……(2)式

Y_1: 収量変動による予測収量 (前年対比%), Y_2: 気象による補正量 (kg/10 a), X_{11}: 前年収量 (t/10 a)
X_{12}: 前年収量 (前前年対比%), X_{21}: 月平均最低気温の月平均最低気温 (°C), X_{22}: 同月の降水量 (mm)
前年までの収量変化から推定される収量を(1)式によって求め, (2)式によって冬季の気象要因を補正して予測収量を求める.

いかに低コストで毎年安定多収するかが最大の目標となる．しかし樹体発育と結実成熟という，根本的には相反する生理作用を，同一樹内で同時平行的に促す必要のある温州ミカンで，諸管理を効率よく実行するには，発育ステージ別に，主目的達成のための管理適期を認識し，最重要管理を優先して実行し，その両立を図る対応が必要である．以下それらに関する具体策を述べる．

（1）開園・改植

温州ミカンを栽培するにあたって，各種の肥培管理技術が効率よく実行できるためには，その栽培園地の立地条件の良否が重要な前提条件となる．

a．適地条件

温州ミカンの栽培適地は，まずそれにふさわしい気象条件をみたしていなければならない．なかでも気温条件は，亜熱帯性果樹であることを考えれば温暖であることは当然で，年平均気温が15.5℃以上で，冬季の最低極温が-5℃以下に下がらないことを条件に栽培地を選定する．とくに冬季温暖多日照な環境は，これまで各種の収量品質等予測式において重要な要因として利用されている条件で，重要である．もちろん，その他無風少降雨，あるいは土質や保水力ことに排水性といった土壌条件も，とくに高品質果実生産の面で重要な条件で，少なくとも多湿環境の発現が予想される場所は適地ではない（表19.5）．

b．園地整備条件

前述の適地条件のなかでも，防風対策や土壌の排水対策などは，いくぶんかは人為的対応が可能である．また，温州ミカン栽培にあたっては，年間の各種肥培管理が容易かつ省力低コストに実行できるような園地整備が必須条件となる．とくに農道・園内道の整備や，土壌流亡防止のための集排水溝の配備，畦畔の土留対策や防風垣の設置などは，ミカン園としての必須の園地条件である．とくに改植園などにおいてもこの点の再整備を実施すべきである．

c．栽植方式の決定

開園・改植に際して，ミカン樹をどういう栽植方式で定植し，いかなる樹形で育成管理するかといった，根本的な栽培計画を事前に検討・決定する必要がある．ことに昨今の消費者ニーズの多様化・短命化と，管理作業の省力軽労働化対応は重要な課題で，疎植大木仕立てと経済樹齢の長期維持方式は，いろいろな面で不都合で，わい化密植による早期多収対応が必要である．そこで，表19.6に示すような代表的栽植方式について紹介する．このなかより，それぞれの項目について，自園の経営方針や園地

表 19.6 代表的な栽植方式と関連植え付け育成法

栽培型	苗木の配置	植え穴の形態	樹形
Ⅰ．計画密植栽培	1．並木植え	a．独立地上	ア．垣根形
Ⅱ．ボックス栽培	2．正方形植え	b．独立地下	イ．主幹形
Ⅲ．防根布栽培	3．千鳥植え	c．条溝地上	ウ．開心自然形
Ⅳ．シート栽培	4．寄せ植え	d．条溝地下	エ．自然形

条件にかなった方式を1項ずつ選び，最適の栽植方式を決定してほしい．

　計画密植栽培：　植え付けにあたって，育成途中で間伐することを前提に当初の定植本数の2～数倍の本数を植え付ける方法で，経済樹齢はかなり長期とすることを目標とする．

　防根布・シート栽培：　植え付け当初よりすべての樹を永久樹として使用することとし，防根布やシートなどを使用して，根部の伸長エリアを制限し，樹体発育をわい化させ，早期多収を主目的とする（図19.3）．

図19.4　専用容器によるボックス栽培

図19.3　不織布を利用した防根布栽培

　ボックス栽培：　容器内に定植し，根群を完全にほ場と絶縁した状態で園内に並べて育成する方法で，経済樹齢は短命であるが，完全な水管理による果実の高品質化，樹のわい化が達成できる（図19.4）．

(2) 苗木の定植

　適地に園地整備が完了し，栽植方式が決定すれば，いよいよ苗木の定植を行うことになる．新園地への温州ミカンの定植は，苗木定植と結果樹移植の2法があるが，ここでは主として大苗による定植法について紹介する．

a. 定植前の準備

　栽植距離と必要苗木数　苗木の植え付け間隔は，園地の肥よく度や品種，さらには栽植方式などを考慮して決定する必要がある．とくに計画密植栽培においては，付近既成園での栽培樹の様子などを十分視察して参考にする．また品種別の樹齢別樹体発育量について表19.7に示した．これらを参考に必要本数を算出決定してほしい．

　なお防根布栽培については，根域容量の大小によって間隔は変化するが，根域容量200 l 前後が作業上からも妥当と考えると，定植間隔2 m前後，10 a当たり250～350本程度の苗木が必要である．

　またボックス栽培については，70 l 程度の容器を使用するものとして，10 a当たり1,000～2,000本の定植が可能である．

表19.7 標準的な温州ミカンの年次別発育程度 (小野ら, 1967)

系統	年次	幹径(cm)	樹高(m)	樹幅(m)	樹容積(m^3)	樹幅/樹高
早生温州	1	1.4	0.5	0.3	0.03	10：10
	2	2.5	0.9	0.9	0.58	10： 9
	3	3.3	1.1	1.2	1.10	10： 9
	5	5.7	1.6	1.8	3.63	10： 9
	6	6.6	1.9	2.0	5.32	10： 9
	8	7.5	2.0	2.2	6.80	10： 8
	20	—	2.3	2.9	13.54	10： 8
普通温州	2	2.2	0.8	1.0	0.56	10： 8
	3	2.8	1.1	1.2	1.10	10： 9
	5	4.4	1.4	1.6	2.50	10： 9
	12	—	2.3	2.9	13.50	10： 8
	25	—	3.1	3.9	33.00	10： 8

定植位置の土作り 植え穴の形態には，独立植え穴と条溝植え穴の2方式が考えられる．またときには園地表面に盛土した高畝方式もあろうが，いずれにしろ定植位置の作土は，ほ場の土そのものを使用するのでなく，必ずほ場土に有機物を容量で30％程度混入した作土を作って，培土とするのがよく，この場合溶リンを加え，バークたい肥を有機物として使用するのが理想的である．

苗木の手配と到着後の処置 当然のことながら，信用ある場所より優良苗木を入手できるよう，早めに注文する．温州ミカンでは，できれば2〜3年生の苗木を入手する．それも容器育苗されたものであればなおよい（図19.5）．本来苗木は自家育苗す

図19.5 18ℓ缶を利用した大苗育苗状況

べきもので，少なくとも1年生苗木は，入手しても自園で1〜2年容器育苗し，定植にあたる．なお，苗木生産地より露地育苗された苗木が到着した場合，ただちに結束をほどきかん水を行って，苗木のむれと乾燥を防止しておくことが大切である．

b．植え付け

植え付け適期 温州ミカンは周年植え付けが可能である．ただし苗木供給の面から春植えが多い．樹液流動が活発となり，発芽前で温暖に転じた春先は適期でもあるが，冬季温暖な地帯では秋植えを推奨する．また，高温乾燥の続く夏季は避けるのがよい．

19.4 栽培管理

苗木の整理 植え付け時に苗木の枝根を整理する必要がある。とくに露地掘り上げの苗木については、まず根の切り口や傷口を、せん定鋏できれいに切り返しておくこと、またその切り取り量の程度に応じて、地上部の着葉を一部摘除し、乾燥防止に努めること、ただし、原則的には、枝葉は極力減じないよう、できるだけ弱小枝の整理を行う程度にとどめ、骨格となる太枝の切除は慎むように、もちろん充実不良な未緑化秋枝などは切除する。また、根部の苗木畑用土は、バケツなどに水を入れてそのなかできれいにゆすり落として植え付けるようにする。ただし容器育苗苗木は、ほとんど手を入れることなく、根部の外周用土を若干ほぐして定植すればよい。

覆土の仕方 事前に準備した植え穴に、用意した作土をまず深さの80％ほど投入する。次に、定植用苗木の根群の広がりと深さがほぼ同等の植え付け穴を手で作り、覆土にあたっては横根の張り出しに合わせて何段にも作土を根の間にはさんで、根を広げながら覆土する。この場合注意することは、定植後苗木位置が安定したときに、必ず接ぎ木部が地表面に出るよう植え込むこと、そのためには、植え付け時若干の盛土をした状態に維持しておくと、植え付け後の沈下に対応できる。

定植後の管理 覆土がすめばただちに十分かん水する。かん水後は再度土の沈下分だけ作土を覆土し、できれば敷わらまたは敷草をして、乾燥と雑草発生防止に努める。また支柱も早めに実施して、風による定植苗のゆれ防止に備えるようにする。施肥は活着を確認してから行うこととし、やり方は慣行法に準じて枝張りの範囲に施用する。病害虫対策も慣行成園に準じて実施すればよいが、とくにゴマダラカミキリ、ハモグリガ駆除は徹底する。ゴマダラカミキリに対しては、ネットなどを株元にまきつける物理的防除が有効である。

なお春定植後にしばしば着花をみる場合があるが、ボックス栽培などわい化栽培を目的とした栽培法を除いて、定植初年度は全摘花しなければならない。またボックス栽培でも、過着花樹では、着花枝のうち1/3程度の枝について、着葉ごと全摘花すると（しごき摘花）、翌年の結果母枝が確保できる。

(3) 結果樹園の管理

樹齢の老若を問わず、結実を開始した樹園地は、成園化したものとして一般的な肥培管理を実行する必要がある。以下おもな管理について述べる。

a. 結実調節

温州ミカンはいわゆる単為結実性があり受粉を要さない。また、着花数も通常は意外に多くて、結実調節は、着花着果数を減らすための、摘花摘果が主体となるが、大切なことはこの摘花摘果を何の目的で行うかによって、方法や実施時期を使い分けることである。

摘らい摘花 着花が異常に多く、新しょうの発生が少ない樹に対しては、翌年の結果母枝作りを目的にできるだけ早期に、つぼみまたは花を摘除し、その後の新しょう発生を促す必要がある。その場合、温州ミカンでは、生理的落果という自然の調節作用があるので、ある側枝単位あるいは母枝単位で、枝別に全花を摘除した枝を1樹

内に1/3～1/5程度，均等間隔で配置するような，枝別部分全摘花方式で対処するのが理想的である．この場合摘花剤(エチクロゼート20％乳剤の1,000倍液＋エテフォン10％液2,000倍液)をスポット散布する方法もあるが，この種ホルモン剤を使用する場合には，生理的落果のピーク時をねらって散布するのが効果的である．

また，手による摘花の場合でも，極端に着花過多で，樹勢衰弱のひどい樹では，摘花のみでは以後の新しょう発生が期待できないので，母枝単位に葉と花を同時にしごいて摘除しておくと，翌年母枝の発生が確実である．さらにまた翌年確実に着花を確保する方法として，新しょうの着葉数数枚以上の有葉花の摘らいも有効である(表19.8)．

表19.8 青島の摘らい，摘果の時期と枝の長さによる翌年の着花
(井口ら，1981)

処理月日	翌年の状況	摘らい(果)枝の長さ		
		3～5 cm	6～10 cm	11～20 cm
5月19日 摘らい	新しょう発生本数	2.1	2.4	3.4
	1枝当たり平均着花数	2.2	2.2	3.2
	着花した枝の割合(%)	69.0	76.7	81.5
7月19日 摘果	新しょう発生本数	1.3	3.7	4.3
	1枝当たり平均着花数	1.3	2.1	1.4
	着花した枝の割合(%)	49.0	56.5	50.5

摘果 温州ミカンの果実肥大を正常に促し，翌年の着花数を安定的に確保するための葉果比は通常20～30である．したがって，生理的落果が終了しなおかつこれ以下の葉果比に着花した場合は，摘果処理で葉果比を調節しなければならない．

摘果のやり方も，その主目的によってやり方の使い分けが必要で，極端に結実数の多い場合には，翌年の母枝作りを考慮して，生理的落果終了後できるだけ早い時期に，枝別の部分全摘果方式で対処し，果実肥大促進が主目的の場合には，樹内均等に全面間引摘果方式で早めに摘果する．さらにまた高糖高品質果実生産を目標とする場合には，9月頃の後期摘果で，樹上選果もかねて対処するなどの使い分けを考慮して実行してほしい(図19.6，19.7)．なお葉果比調節と品質向上をかねた摘果剤(エチクロゼ

図19.6 摘果の方法

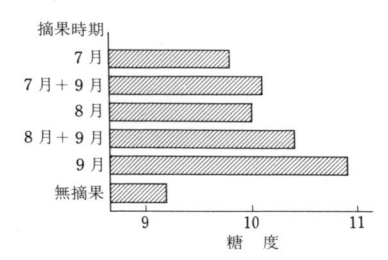

図19.7 摘果時期と糖度 (青島温州16年生)
(岡田ら，1984)

19.4 栽培管理

表19.9 葉内成分と果汁の糖度および翌年の着花量との相関係数（岡田, 1985）

葉内成分		糖度	翌年の	葉内成分		糖度	翌年の
成分名	時期	(12/10)	着花量	成分名	時期	(12/10)	着花量
糖	7/23	0.68	0.53	窒素	7/23	−0.40	−0.48
	8/24	0.61	0.40		8/24	−0.16	0.20
	9/26	−0.31	−0.27		9/26	−0.42	0.02
	10/26	0.86	0.86		10/26	−0.64	−0.42
デンプン	7/23	0.64	0.43	C/N	7/23	0.68	0.50
	8/24	0.57	0.57		8/24	0.66	0.59
	9/26	0.42	0.48		9/26	0.15	0.18
	10/26	0.65	0.84		10/26	0.74	0.85
全炭水化物	7/23	0.66	0.47				
	8/24	0.66	0.62				
	9/26	0.11	0.17				
	10/26	0.74	0.88				

ート）の散布も有効で，使用基準を厳守して利用したい．

着花結実促進 温州ミカンの着花量は，結果母枝数と母枝の充実度の良否によって変化する．毎年着花不安定な樹に対しては，樹体内の生理を着花促進の方向に改善する策が必要であり，また母枝となる新しょうの発生を促すことも必要となる(表19.9)．

樹体内栄養や生理活性を着花側に促す策としては，もちろん年間を通しての樹勢維持管理の徹底は当然のことであるが，応急的な対応策として，太枝を対象とした環状はく皮や環状カット（環状付傷）が有効である（図19.8）．処理法としてはいろいろなやり方があるが，10月頃までに枝葉内の全炭水化物含量を高めておくよう対処することと，処理後の切傷部が年内に完全癒合するよう，切り傷のつけ方や傷口の癒合促進

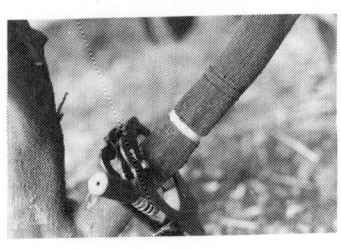

図19.8 環状カット（上）および環状はく皮（下）

表19.10 ベンジルアミノプリン液剤散布後の発芽および着花状況(%)（白石ら, 1987）

処理	発芽率	着花率	直花率	有葉花率	発育枝率
50倍	68.9	65.2	36.2	28.6	3.7
100倍	51.5	45.9	24.1	21.8	5.6
300倍	34.1	22.0	13.1	8.3	12.1
1,000倍	26.6	9.6	7.9	1.7	17.0
対照	21.5	12.0	8.5	3.5	9.5

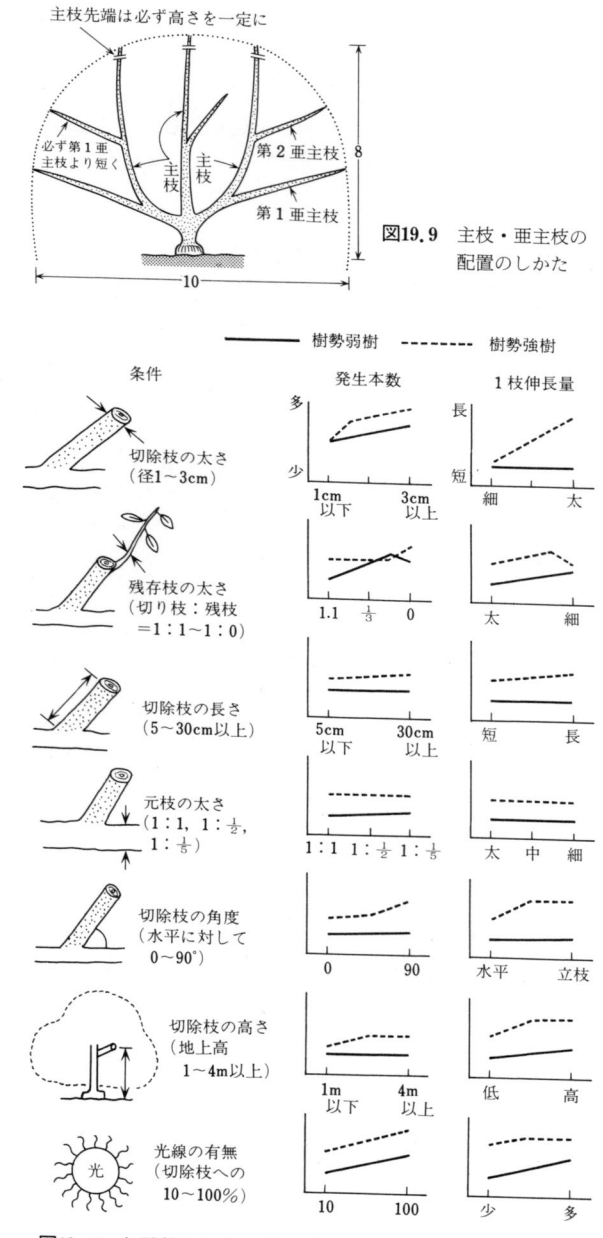

図19.9 主枝・亜主枝の配置のしかた

図19.10 切除枝の条件と以後の新しょう発生度（谷口ら，1975）

策を工夫して実行することが大切である．

また，新しょうの発生促進や着花促進を目的にホルモン剤（ベンジルアミノプリン）の利用も一法で，使用基準を順守して活用する（表 19.10）．

b. 整枝・せん定

常緑果樹である温州ミカンを自然放任で仕立てると，枝葉の密度が高く頂芽優勢性が強いために，着葉位置が樹冠外周部に集中し，年次を経過するとともに，結実をみない無効容積率が拡大し，樹冠内日照量が不均一不足化し，これによって，品質も低下不均一化するなど，樹冠拡大がむしろ生産面でマイナス要因となってしまう．

整枝・せん定は，この種のマイナス要因を改善し，かつ各種肥培管理作業の効率化を促すための枝条整理であり，誘引整枝やハサミによるせん定によって，① 樹冠内日照量の均一確保，② 新しょうの発生促進，③ 管理作業の効率化，の3点を同時に達成させるように実施する必要がある．

一般的には図 19.9 に示すような，開心自然形を基本樹形とし，主枝，亜主枝とよぶ骨格枝を，図のように樹冠内に均等間隔に配置して，主枝・亜主枝上の細枝を対象に毎年1回はせん定を実施する．ただし最近は，管理作業の省力効率化や，高品質果実の早期多収を最重点に整枝・せん定が実行される場合が多く，そのためのいろいろな樹形が考案試行され始めている．栽植方式を含めた経営目標に合わせた樹体管理を行うようにされたい．

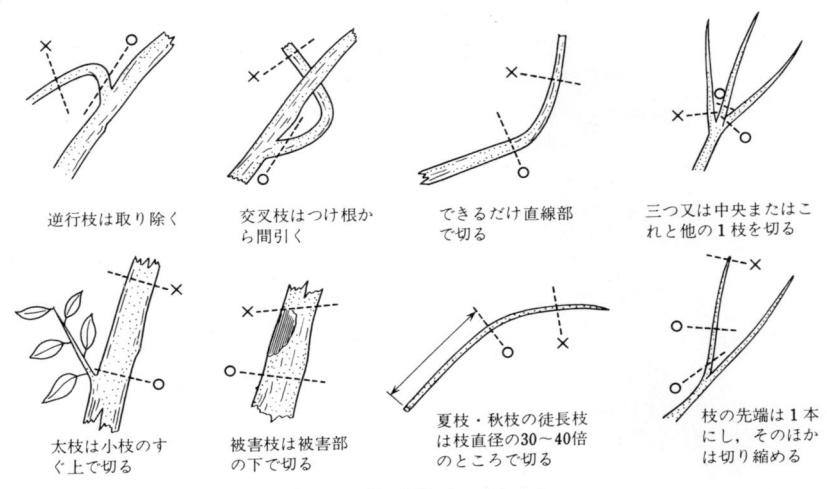

逆行枝は取り除く　交叉枝はつけ根から間引く　できるだけ直線部で切る　三つ又は中央またはこれと他の1枝を切る

太枝は小枝のすぐ上で切る　被害枝は被害部の下で切る　夏枝・秋枝の徒長枝は枝直径の30～40倍のところで切る　枝の先端は1本にし，そのほかは切り縮める

図 19.11　枝の切り方のよしあし

なお温州ミカンせん定にあたって，実際に枝を切除する場合，次の切り方の5原則はどんな樹形に育成しようとも守ってほしい（図 19.10，19.11）．① 枝の最先端は1カ所とする．② 切除後に必ず新しょう発生があるように心がけて行う．③ 枝の短縮は上部枝を優先する．④ 切り口数は少なく，効率よいせん定を行う．⑤ 切除葉数を極力

少なく，年次計画をもって実行する．図示する効率よいせん定の条件も参考にしてほしい．

［谷口哲微］

【土壌管理，水分管理，施肥管理】

a．土壌管理

　温州ミカン園の一般的な土壌表面管理法としては，清耕，草生，敷わらなどがあげられる．

　敷わらによる土壌管理は，腐熟後のすき込みによる有機物の供給効果，梅雨期の降雨による土壌流亡の防止，盛夏期の土壌乾燥防止，秋冬期の地温低下の軽減などの効果が期待できる．一方，欠点としては，春先における地温上昇の遅延，秋期における土壌乾燥の抑制などがあげられ，資材の確保や搬入が困難なこともあって，幼木園を除くと現在はあまり行われていない．被覆する期間は，一般に地温が高くなった4月頃から始めて干ばつの害を受けやすい8月頃までとし，その後は取り除いて土壌の乾燥を促す．

　草生栽培は，刈り取り後の有機物供給効果，土壌流亡の防止効果，作業管理による土壌物理性劣化の軽減などの利点があるが，一方では施肥養分（とくに春肥）の吸収や盛夏期の水分吸収などにおけるミカン樹との競合が大きいこと，除草に要する労力が大きいことなどの問題がある．このため，草生栽培では春肥施用前後の草刈り・除草剤散布や施用後の軽中耕によって肥効を高めるとともに，梅雨明けには早めに刈り取って，夏草の蒸散による水分消費を少なくする必要がある．また，秋に入って草があまり伸びなくなった頃には，草を刈り払って土壌の乾燥を促すことが望ましい．

　清耕栽培は，草生栽培とは逆に養水分の吸収競合は回避できるものの，肥よくな表層土壌の降雨による流亡や作業管理に伴う土壌物理性の悪化が著しい．このため，傾斜地園には不向きであり，平坦地園でも地力維持と土壌物理性改善の意味で客土やたい肥施用に努める必要がある．

　樹園地の土壌改良は，土壌物理性（通気性，排水性，土壌硬度など）を改善して細根の伸長を促すとともに，土壌化学性（土壌酸度，塩基組成など）を改善して養分吸収を円滑化するもので，一般に深耕と有機物，リン酸質および石灰質資材の下層土への施用を主体とする．

　深耕の方法は，樹列間を掘削する溝状深耕，樹幹から外周に向けて溝を掘る放射状深耕，樹冠外周にいくつかの穴を掘るたこつぼ深耕などに分けられる．溝状深耕は機械を用いて大規模に行うことが多く効率的であるが，断根量が多いため数年に分けて実施する．放射状深耕とたこつぼ深耕は，断根量が比較的少なく簡便に実行できるが，多大な労力を要する．従来のトレンチャーやバックホーに加えて，最近は自走式小型深耕機や圧縮空気の打ち込み機も市販されており，園地の規模や投入可能労力によって実行可能な方法を選ぶとよい．なお，排水の悪い重粘土壌では滞水による湿害を生じて逆効果となる場合もあり，深耕部分からの排水に留意する必要がある．

　深耕の実施時期は一般に樹体が休眠状態にある1～3月に行うが，年内に少しでも

19.4 栽培管理

表 19.11 温州ミカンの土壌診断基準 (農林水産省果樹試験場, 1987)

対象土層	項目		I	II	III
	主要根群域の深さ	(cm<)	30	30	40
	根域の深さ	(cm<)	60	80	60
	地下水位	(cm<)	100	100	100
根域全体	ち密度	(mm>)	20	20	21
	粗孔げき	(%<)	15	20	10
	透水係数	(cm/秒<)	10^{-4}	10^{-4}	10^{-4}
根域下層	pH(H_2O)			4.5〜5.5	
主要根群域	pH(H_2O)			5.5〜6.5	
	塩基飽和度	(%)	50〜80	40〜80	60〜80
	Ca/Mg	(当量比)	4〜8	5〜9	3〜5
	Mg/K	(当量比)	2〜6	2〜6	2〜6
	有効態 P_2O_5	(mg/100 g<)	20	5	20
	腐植	(%<)	2	—	1

有効態 P_2O_5 はトルオーグ法. 土壌区分 I：褐色森林土, 赤黄色土, 灰色台地土など, II：黒ボク土, III：砂丘未熟土など.

発根させておく意味で9月頃に行うこともある.

深耕の深さは，樹体水分を制御しやすいように根群分布を浅く密にする考え方から，従来より比較的浅い土層 (30〜40 cm まで) を対象とする傾向にある．深耕時には完熟たい肥や粗大有機物とともに，表面施用では下層土に移行しにくい溶リンや苦土石灰などを掘り上げた土壌と混和して埋め戻す．これらの資材施用量は，園地の土壌条件によって異なり，土壌診断を行って決めることが望ましい (表 19.11). 酸度矯正のための石灰施用量の決定にあたっては，中和曲線法を用いるのが一般的である.

b. 水分管理

温州ミカンの好適な土壌水分条件は生育段階によって異なり，収穫後から翌年の果実肥大初期までは土壌水分の過不足を避けて適度の水分条件を維持する．この時期のかん水開始点は，土壌 pF 3.0 程度である．果実肥大後期から成熟期にかけては，果実品質を向上させるため徐々に土壌の乾燥を促して樹体の水分ストレスを高める必要があり，成熟期のかん水開始点は，pF 3.8 程度とされている．

春枝の伸長が止まり新根の発育がおう盛になる梅雨期には，湿害による根腐れを避けるため暗きょ，明きょなどによる排水対策の実施が望ましい．盛夏期には干ばつによる果実肥大抑制，樹勢低下を防止するためかん水を行う必要がある．かん水量は土壌条件によって異なるが，梅雨明け後干天が15日くらい続いたときに，十分なかんがい用水がある園では約 20〜30 t/10 a の15日間隔，用水が少ない場合は 100〜200 l/樹の10日間隔を目安としてかん水する.

温州ミカンの果実品質は土壌水分に左右されるところが大きく，樹体の水分ストレスを高めることによって果実糖度の向上，浮き皮発生の軽減などの効果が期待できる．具体的な水分制御技術としては，降雨を遮断する方法 (屋根掛け栽培，フィルムマル

チ栽培），排水を促進する方法（高うね栽培，溝切り栽培），根域を制限して水分吸収を抑制する方法（断根処理，ボックス栽培）などがあげられる．これらのうち，フィルムマルチ栽培や高うね栽培はすでに普及段階に入っているが，高品質果実を連年安定生産できて，なお資材・労力・作業管理などの面で効率的な技術は十分に確立されておらず，産地ごとに栽培方式の改善を検討しているのが現状である．

c. 施肥管理

ミカン園の施肥管理は，1950年代後半まで多肥多収栽培が主体であったが，その後は土壌の酸性化に伴う異常落葉の発生や生産過剰による高品質指向などの理由から，少肥栽培が大勢を占めるようになった．その結果，樹勢が低下して大幅な収量の年次変動がみられるようになり，近年はやや増施の傾向にある．

ミカン園の年間窒素施肥量は，各県施肥基準でおおむね20〜25 kg (収量4 t/10 a)の範囲に設定されている．長崎県果樹試験場の窒素施用量試験では，窒素施用量を施肥基準より少なくした場合，収量の減少とともに，表年には着花過多で新しょうの発生が少なく，裏年には着花不足で新しょうの発生が多くなる隔年結果の傾向が顕著に認められている．また，果実品質と窒素施用量との関係をみると，果実糖度・酸含量・着色などは，基準施肥量付近に好適水準があって，それ以上でも以下でも品質は低下しており，窒素施用量の削減によって確実に品質が向上する項目は，浮き皮の発生が減少することだけであった（図19.12）．果実の品質は，前述のように土壌水分による影響がきわめて大きく，肥料の削減効果は比較的小さい．以上のようなことから，温州ミカンの連年安定多収には適正な施肥管理がきわめて重要であるといえる．

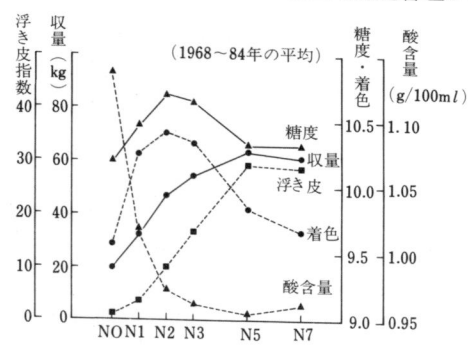

図19.12 窒素施用量と果実の収量,品質 (1968〜1984年の平均)(長崎県果樹試験場，1987)

施肥時期は一般に秋肥・春肥・夏肥の3回分施であり，参考として愛媛県の施肥基準を示した（表19.12）．秋肥の施用は，着果負担に対する樹勢の回復，翌年の発芽・開花のための貯蔵養分の増加などが目的であり，地温の低下に伴って施肥窒素の吸収利用率も大幅に低下するので，施肥の適期を逃さないことが大切である．

春肥は，発芽後の新しょう伸長と幼果の初期発育に対して養分を供給するもので，西南暖地では春草との吸収競合が大きいため施肥前後の中耕・草刈りなどによる除草が重要である．

19.4 栽培管理

表19.12 温州ミカンの施肥基準（kg/10a）（愛媛県，1988）

施肥時期	窒素	リン酸	カリ	施肥時期	窒素	リン酸	カリ
普通温州　（4t）				極早生温州　（4t）			
春肥（3/上）	10	8	8	春肥（3/上）	7	5	5
夏肥（5/下）	5	3	4	秋肥（10/上）	8	6	6
秋肥（11/上）	10	6	7	（11/上）	5	3	3
年間	25	17	19	年間	20	14	14
早生温州　（4t）				ハウスミカン（6t）			
春肥（3/上）	9	7	7	収穫直前	6	5	6
夏肥	—	—	—	収穫直後	10	7	7
秋肥（10/下）	11	7	7	秋肥（10）	6	4	5
年間	20	14	14	年間	22	16	18

ハウスミカンの秋肥は，早期出荷型が10月上旬，後期出荷型が10月下旬．

　夏肥は，果実肥大の促進と春枝の充実に必要な肥料であるが，窒素が遅効きすると着色の遅延や浮き皮の発生につながるので，早生温州では一部廃止している産地もみられる．一般に施肥量は年間施肥量の1～2割までとして，速効性の肥料を早めに施用する．
　近年増加の著しい高糖度系温州（青島，大津4号など）については，樹勢がおう盛で隔年結果性が強く，施肥試験においても比較的多肥栽培で好結果が得られていることから，従来の系統より若干の増施が必要と考えられる．
　極早生温州については，熟期促進と樹勢回復期間が長いことから夏肥を施用せず，秋肥（2回分施）に重点をおいた施肥体系が一般的である．
　ハウスミカンの施肥管理では，露地ミカンと同程度の年間施肥量を収穫直後に6～7割，残りを被覆直前に施用している産地が多い．
　なお，リン酸やカリは，それぞれ果実の品質や肥大などに重要な役割を果たしているとされているが，ほ場での施肥試験では顕著な施肥効果が認められないことも多く，現行施肥量程度（窒素施用量の約7割）で十分と考えられる．　　　　　［高辻豊二］

文　献

1) 千葉　勉（1982），果樹園の土壌管理と施肥技術，48-80，博友社．
2) 岩本数人（1982），果樹園の土壌管理と施肥技術（千葉　勉編），219-256，博友社．
3) 松本和夫（1981），柑橘園芸新書，107-134，養賢堂．
4) 村松久雄（1982），ミカン栽培の基礎，108-148，農文協．
5) 高辻豊二（1987），農業技術体系，果樹編，追録第2号，139-154の6，農文協．
6) 山下重良（1984），畑地と水―畑地灌漑技術の進歩―（畑地と水編集委員会編），197-211，畑地農業振興会．

【施設栽培】

　露地温州ミカンの恒常的生産過剰と価格低迷のなかでハウスミカンの栽培は年々増加しており，農家経営の改善に一定の役割を果たしつつある．温州ミカンはハウス栽

培を行うことにより前進出荷が可能となるとともに糖度が高く，じょうのう膜の薄いきわめて食味の優れた果実を供給することができる．また，露地栽培の2倍前後の果実を毎年安定して生産できる点などが利点としてあげられる．しかし，生産の拡大に伴って出荷時期のよりいっそうの前進化や果実品質の向上，品質のばらつき解消など解決しなければならない問題点も多い．

a．品種・系統

品種としては早生温州が大部分であるが，一部では極早生温州の導入も試みられている．早生温州の系統としては宮川早生や山崎早生，興津早生，松山早生など多くの系統が栽培されているが，品質や収量の安定性などから宮川系が主流となっている．興津早生は着色や糖度の面で優れているものの樹勢が強く，やや作りにくい面がある．また，松山早生は果実が扁平であるものの糖度がやや低く，裂果しやすい欠点を有している．一方，極早生温州については各地でさまざまな系統の導入が図られているが，一般には早生温州と比較して糖度が低い点や味ぼけや浮き皮を生じやすい点などが問題となっている．また，最近ではじょうのう膜が厚い点なども食味との関係で問題となってきている．しかし，成熟期間が短く，早期出荷が可能であることや生産コストの低減が可能であることなどは利点としてあげられる．

b．被覆と加温

被覆・加温の開始時期が早すぎると発芽まで多くの日数を要するとともに発芽が不揃いとなり着花数も減少する．これは温州ミカンにも休眠に類似する現象が存在するためと考えられる．この現象は平均気温20°C以下で導入され，2カ月あまり続くといわれている．したがって，低温遭遇による休眠明けは12月中旬頃になると考えられる．しかし，気象条件には地域差・年次差があるとともに樹体条件や園地条件にも差があるため，実際の休眠明けは各園によってかなり異なってくる．したがって，早期加温をめざす場合には休眠を満足させ着花の促進を図るため土壌乾燥などで低温要求を代替させるとともに枝しょうの充実を図ることが大切である．枝しょうの充実には発芽時期や充実期間，日照条件，前年の収穫量や収穫終了の時期，秋枝の発生状況など多数の要因が関係している．一方，実際の加温にあたっては，被覆・加温前に着花量や加温開始可能時期を診断する必要がある．従来は樹体条件や園地条件および気象条件から経験に基づいた総合的な判断を行ってきたが，近年は葉柄や根のヨード・ヨードカリ反応によるデンプンの検出，水挿し法による発芽・着花数の確認，結果母枝中の炭水化物含量の測定などによる着花・加温開始時期の診断が試みられており，一定の成果をあげている．

c．温度管理

温度管理は生育ステージや品種・系統および加温のタイプによって異なってくるが，15°C前後で加温を開始した後は20°C前後まで徐々に昇温し発芽を促進する．花らい発育期から生理的落果時期にかけては16～18°C程度まで温度を下げ，花器の充実と生理的落果の防止を図る．この時期が高温で昼夜温較差も大きいと開花期は早まるものの花器の発育が不十分となり生理的落果が起こりやすい．また，奇形果が発生し果形は

19.4 栽培管理

表 19.13 温度管理プログラム (1989年度佐賀県園芸農協連合会)

樹体の生育状態(生育の目安)	12月加温開始							1月加温開始						
	基準(月/日)	ハウス内必要温度(°C)						基準(月/日)	ハウス内必要温度(°C)					
		最高温度	8~16時	16~23時	23~6時	6~8時	一般サーモ		最高温度	8~16時	16~23時	23~6時	6~8時	一般サーモ
ビニル被覆 (温度を徐々にならしながら上げる)	12/5	20						12/25	20					
加温開始 (発芽をみたら温度を徐々に下げる)	12/15	23~31	19~27	17~22	15~22	17~22	17~22	1/1	22~25	18~20	14~18	14~18	14~18	14~18
発芽開始	12/25	31~27	27~21	22~19	22~19	22~19	22~19	1/10	25	20	18	18	18	18
花らい出現	1/5	24	20	19	19	19	19~17	1/25	24	20	18	18~16	18	18~16
つぼみ小豆大	1/15	24	20	18	18	18	17	2/5	24	20	18	16	18	16
つぼみ大豆大	1/20	25	21	18	16	18	16	2/10	24	20	17	15	17	16
開花始	1/25	25	21	18	16	18	17	2/15	25	21 7~17	18 17~24	16 24~5	18 5~7	17
開花盛	2/1	25	21 7~17	18 17~24	16 24~5	18 5~7	17	2/20	25	21	18	16	18	17
開花終	2/5	25	21	18	16	18	17	2/25	25	21	18	16	18	17
(温度を徐々にならしながら上げる) 第一次生理的落果期	2/15	26~28	22~24	18~19	17~18	18~19	18	3/5	26	22	19	18	19	18
(温度を徐々にならしながら上げる) 果実横径10 mm	2/25	28~29	24~26	20~21	18~19	19~20	19~21	3/15	27~28	24~26	20~21	18~19	20~21	20
第二次生理的落果期 果実横径20 mm	3/5	29	26	21	20	21	21	3/25	29	26 6~18	21 18~24	19~21 24~4	21 4~6	21
果実横径30 mm (温度を上げる)	3/20	29~32	26~27	22~23	22~23	22~23	22~32	4/15	29~32	26~27	22~23	22~23	22~23	22~23
果実横径40 mm	4/10	32	27 6~18	27 18~24	24 24~4	24 4~6	24	5/10	32	27	23~24	23~24	23~24	23~24
(満開後90~100日) 果実横径50 mm (温度を徐々に下げる)	5/10	32~30	27~25	24~20	24~20	24~20	24~20	6/10	32~30	27~25	24~22	24~22	24~22	24~22
着色	6/15	自然温度 ↓					7/10	自然温度 ↓					自然温度 ↓	
収穫始	7/5						8/15							
収穫終了	7/25						9/10							

腰高となる．しかし，早期加温・早期出荷をめざす場合には生理的落果時期の後半から速やかに昇温することが必要である．一方，着花が少なく着果不足が予測される場合には15~16℃くらいの低温で管理し実止りの促進を図るが，出荷時期の遅延はまぬがれない．果実肥大期から成熟期までの温度管理としてはできるだけ速やかに23~24℃程度まで昇温し積算温度をみたしてやることが成熟の促進と品質の向上のために大切である．しかし，着色・成熟期に入ると高温条件では着色の遅延をきたすため，換気を促し高温になることを避ける（表19.13）．

d．水分管理

被覆・加温時には十分なかん水を行うことが大切であり，かん水量が不十分であると発芽が不良となるとともに落葉を助長し花器の発育も不十分となる．花器の発育期間中は4~5日ごとに10~20 mm程度のかん水を行うが，開花期前後はややかん水量を減らし5~7日ごとに10 mm程度とする．これはハウス内湿度を下げて灰色かび病の発生を軽減するとともに，生理的落果の防止を図るためである．その後の幼果の発

育期には7日ごとに20〜30mm程度のかん水を行い肥大の促進を図るが，果実の横径が30〜35mmくらいに達したら果実糖度が8度になるまでかん水を中断する．果実糖度が8度に達したら薬剤散布程度の葉への散水（葉水という）を実施した後，徐々にかん水量を増し肥大の継続を図るが，かん水量が多すぎると裂果を誘発したり，果実糖度の上昇が不十分となったりする．したがって，実際のかん水量は果実の肥大状況に応じて実施する．果実の糖度上昇に最も効果的であるのは収穫前の水切りであり，収穫前1カ月くらいを目安にかん水を中止する．

e．結実管理

ハウスミカンの安定生産の基本は着花の確保と実止りの安定であるが，結実の確保には温度管理や新しょう管理が重要であるとともに，生理的落果の発生しにくい充実した花器・子房を作ることが基本である．樹勢が弱く着花過多で花器の充実が不十分な場合にはハウス内気温をやや低く保つとともに，葉面施肥を実施して花器の充実を図る．また，着花量が少なく新しょうが多発する場合には低温管理を実施するとともに，不要な新しょうを除去し花と新しょうの養分競合を避ける．ハウスミカンの摘果は葉果比で10〜15程度が適当とされているが樹冠上部ではやや多く，下部や内部ではやや少ない結果量とする．摘果時期は生理的落果がほぼ終了する頃から中間水切り終了時頃までとする．摘果の遅れは果実肥大を不良にするとともに果皮を薄くし，発育後期における裂果を誘発する．また，ハウスミカンでは着果密度が高いために放任すると枝折れを生じやすいので枝吊りが必要である．これは日照条件の改善による品質の向上も目的としている．収穫・出荷にあたっては品質基準の厳守が大切である．また，ハウスミカンは果皮が薄く傷みやすいのでていねいな取り扱いが必要である．

f．樹体管理

高品質果生産と早期加温の実現のためには日照の確保が大切であり，整枝・せん定の基本としてはまず間伐を実施して独立樹冠を維持することが必要である．また，樹冠内部においても太枝を整理し下枝まで十分な日照を確保することが大切である．実際のせん定にあたっては収穫が8月上旬までに終了した園については夏季せん定を実施し，夏枝を翌年の母枝として利用する．母枝として利用可能な夏枝は加温開始までに発芽後約4カ月あるいは夏枝の伸長停止後2カ月以上の充実期間が必要とされており，加温開始時期を早めるためには早期に揃って発芽させ，伸長の停止，新葉の緑化充実も速やかに終わらせることが大切である．夏季せん定の時期が遅すぎると夏枝の発生数が少なく充実も遅れるので，遅くとも8月中旬までには終えるようにする．一方，収穫の時期が8月中旬以降となる園ではせん定はビニル被覆直前に行う．せん定の基本は露地栽培に準じるが，間引きを主体に軽く実施する．ただし，弱せん定を毎年継続すると結果部が樹冠外周部に集中し，樹冠の内部がはげあがるため適度の切り返しも必要となる．また，秋期の気象条件や園地条件，樹体条件によっては秋枝の発生をみるが，秋枝が多発すると母枝の充実が不良となり着花数の減少や発芽の不良を招くので，土壌乾燥などにより秋枝の発生を防ぐ必要がある．

g. 土壌・施肥管理

ハウスミカンでは極度の水切りのため表層部の細根が枯死して根群分布が深くなり，土壌水分のコントロールが不十分となりやすい．したがって，表層部の細根を維持するように客土や有機物の投入，マルチの実施が必要である．施肥量は地域によってかなりの変異がみられるが，降雨による肥料養分の流亡・溶脱が少ない反面，果実収量が多い点を考えると露地の標準施肥量並かやや少なめとする．

h. 病害虫防除

ハウスのなかでは降雨がないため，病害の発生は少ないものの害虫の発生は多い．害虫ではハダニの発生が多く薬剤抵抗性の問題もあり効果的防除が難しい．また，枝葉が混み合いやすいためカイガラムシの発生も多い．その他，水切りによる土壌乾燥や樹勢低下と関連してネカイガラの発生も多くみられる．病害のなかでは開花期から落弁期にかけて灰色かび病が発生しやすく，落果や傷果発生の一因となっている．

[末次信行]

文　献

1) 井上　宏 (1984)，園学要旨，昭 59 春．
2) 川野信寿 (1982)，農及園，**57**．
3) 重里　保，他 (1983)，園学要旨，昭 58 秋．
4) 白石雅也 (1985)，園学要旨，昭 60 春．
5) 白石雅也 (1989)，ミカンのハウス栽培，農文協．
6) 谷口哲微，他 (1985)，ウンシュウミカンの施設栽培について (昭和 59 年度果樹課題別検討会資料)，農林水産省果樹試験場．
7) 宇都宮直樹，他 (1982)，園学雑，**51**．

19.5　出　荷

温州ミカンの出荷にかかわる作業工程を図 19.13 に示す．この間に行われる作業は，① 外観をよくするためのカラリング・除じん (塵)，② 流通段階における品質劣化を抑制するためのワックス処理と出荷予措，③ 出荷規格に適合させるための等級選別・階級選別や箱詰めからなる．これらのうち，比較的重要な工程であるカラリング (ハウスミカン・早生温州)，ワックス処理，選果工程について現状と問題点を述べる．

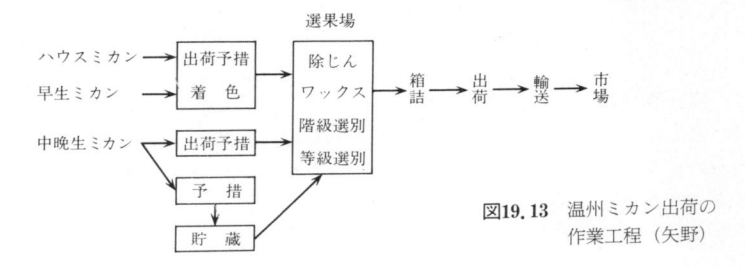

図19.13　温州ミカン出荷の作業工程 (矢野)

（1） ハウスミカン・早生温州のカラリング

ハウスミカンや早生温州は果肉が可食状態となっても果皮の着色が伴わず収穫が遅れることがある．ハウスミカン・早生温州とも収穫期の外気温が高く，クロロフィルが分解しにくいためであるが，着色の進んだ頃には酸が減りすぎ食味が劣化してしまう．

ハウスミカンの場合はクロロフィルが分解しにくいのに加え，収穫期が盛夏であるため，外気温がカロチノイド合成の適温（20℃）より，はるかに高いことも着色が進まない原因である．そこで可食期となった果実はすみやかに収穫し，20℃前後に4～8日保管して着色促進を図った後出荷する技術が広まりつつある．図19.14に収穫後の保存温度と果皮色の関係を示した．この図からわかるように，着色促進には20℃が最

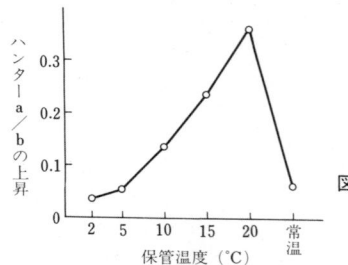

図19.14 ハウスミカンの収穫後の保管温度と果皮色の変化（8日間の保管）（長谷川ら，1987）

適で，室温におく限りほとんど着色は進まない．また，収穫時に5分着色まで至っていない果実は，完全着色に至るまで時間がかかりすぎるので，このカラリングの手法を適用する果実は5分着色以上に限った方がよい．この処理期間中の湿度は90％程度と普通の温州ミカンの貯蔵の最適湿度85％よりやや高い方がよいが，これはハウスミカンの果皮が薄く，萎凋しやすいことによる．また，クロロフィルの分解が進みにくい場合にはエチレンを使用する場合もある．

早生温州の場合には，外気温はカロチノイド生成の適温に近いので，エチレン処理によるクロロフィルの分解がカラリングの基本となる．エチレンは低濃度であれば長時間，高濃度（1,000 ppm）であれば短時間の処理を行う．この間，酸素濃度を長時間にわたって低下させることは好ましくないので，高濃度・短時間処理の北川式簡易カラリング法が実用的である．この方式では果実をビニルシートで覆い，1,000 ppm程度の濃度になるようにエチレンを注入し，25℃程度に15時間程度保つ．この処理によってクロロフィルの分解は完全となる．

（2） ワックス処理

果実の表面には天然のワックスが形成されており，蒸散を抑制して果実の萎凋を防いでいる．しかし，外気温が高く蒸散作用が活発なハウスミカンや早生ミカンでは，そのワックスだけでは不十分で，萎凋防止のため人工的にワックス塗付が必要である．使用されるワックスは天然のロウ（高級アルコール）・乳化剤・溶剤・香料・着色剤な

19.5 出荷

表19.14 ワックスの材料（技術資料より作成）

原料ロウ	カルナバロウ，サトウキビロウ，キャンデリラロウ，セラックなどの天然ロウ
乳化剤	モルホリン脂肪酸塩，オレイン酸ナトリウム，高級脂肪族アルコール，グリセリン脂肪酸エステル，ショ糖脂肪酸エステル，ソルビン酸エステル
溶剤	アルコール，鉱物油
その他	香料，着色剤

これらはすべて食品添加物で許可されている．

どの食品添加物を混合して作られている（表19.14）．その配合割合は，企業のノウハウに属しており公表されていない．

ワックスの評価は，従来，あまり芳しくなかった．たとえば，ワックス処理果は腐りやすい，貯蔵臭が強い，添加物を嫌う消費者には好まれないなどである．腐敗との関係では，塗付時に傷がつきやすいこと，貯蔵臭については，蒸散と同時にガス交換も抑制されて果実内の酸素が不足するため嫌気呼吸を行うこと，消費者のし好との関係ではワックスが厚すぎ，異様な感じを与えることが，低い評価の原因となっている．

近年は，選果工程に組み込まれているワックス処理機が改善されたり，ワックス自体も蒸散抑制はするものの，呼吸を抑制しない方向で研究開発が進められており，ワックス処理の弊害は少なくなる方向にある．

早生温州やハウスミカンは果皮が薄くて萎凋しやすいし，エチレン処理した場合には呼吸・蒸散とも激しくなるので，ワックス処理は品質の維持に不可欠の技術である．

（3） 選果工程における品質劣化

果実が選果場の荷受けボックスに搬入されてから，箱詰めされるまでに移動する距離は大きい選果場で300 m，小さい選果場でも40 mに及ぶ．この間に，混合・防塵・洗浄・ワックス塗付・階級選別・等級選別などが行われ，出荷の形態となる．この複雑な選果工程は，農薬などで汚れた果実がきれいに磨かれ，大きさ・質ともにそろった商品に変わる積極的な意義の反面，この間に受ける果実の衝撃・損傷が著しく大きいマイナス面もある．表19.15に選果による呼吸・果実内炭酸ガス・腐敗（2週間保管後）の増加を示した．また，この図には示していないが，選果工程でエタノールや

表19.15 選果工程における呼吸・果実内炭酸ガス・腐敗の増加（長谷川，1989）

選果場	呼吸量 (mg/kg/時)	果実内CO_2 (%)	腐敗歩合 (%)
A	25.92	2.01	3.3
B	33.11	2.58	5.3
無選果	20.43	1.34	0

表19.16 選果の各工程ごとの果実の損傷程度（長谷川，1989）

果実を抜き取った選果工程	腐敗果 (%)	腐敗果の増加分(%)
処理前	2.6	—
荷受けボックス出口	6.6	4.0
昇降機　　入口	7.7	1.1
除　塵　　後	12.4	4.7
引出しベルト　上	15.9	3.5
秤　量　　後	19.0	3.1
バイブレーター後	25.5	6.5
製　品	21.9	—

アセトアルデヒドが多量に生成し，食味が著しく劣化することも知られている．

このように選果工程中に生じる品質劣化は小さくないが，それを理由に選果しないで出荷するわけにはいかないので，選果工程中の品質劣化を防止するための技術開発が行われている．一例として，各工程ごとにサンプリングを行い，一定期間保管後の腐敗率から，どの段階で損傷が発生するかを推定した実験結果を示した（表 19.16）．この結果を詳しく解析した結果，①搬入した果実を混合・一時貯留する段階，②ベルトコンベアで移送する段階，③ドラム式やプレート式階級選別機のドラムやプレートにあけてあるS・M・Lなどに相当する穴から落下する段階などで，果実の損傷が起こっていることが明らかとなった．これらの箇所を改良することで，果実の品質劣化を少しでも防止できると考えられる．たとえば，①の段階では混合ボックスを小さくして，充填される果実量を小さくし，下層の果実が押しつぶされるのを防ぐ，②では移送距離を極力短くするよう各工程のレイアウトを変える，③については落下距離を従来の数分の1に短くしたドラムを作ったり，落下させる必要のない光線式の選果機を導入することなどがその例である．

このように，改良によって品質劣化をさらに小さくするよう各工程や選果機の改善がなお続けられている．

（4） 等級選別の精度

温州ミカンに限らず，青果物は大きさによる選別（階級）以外に品質による選別（等級）が行われる．この選別は一般に選別人による手選別で行われるが，その方法には，①はねだし法，②取り出し法，③手取り法がある．温州ミカンでははね出し法で選別が行われているが，単位時間当たりの選別個数の多さから考えると精度よく選別が行われているとは考えにくい．あらかじめ厳密に選果工程に流す方法で等級選別の精度を調べた報告によれば，予想されたとおり，選別精度は著しく低かった．選別量が著しく多いことのほか，選別人の能力差や疲労などがその原因と考えられる．

いずれにせよ，秀・優・良と表示された商品に必ずしもそれに相当する果実が入っていない状態では，このような等級選別を行うことの意味を再検討しなければならない．加えて，等級選別には農林水産省によって基準が設けられてはいるものの抽象的な表現であることから，産地・選果場によって選別基準がかなり異なっていることも重要な問題である．

このような事情を背景として，CCDカメラセンサー方式の等級選別機が開発され，一部の選果場に導入されている．この選別機では果実の色に濃淡・むらや傷の有無・大小をCCDカメラで測定し，あらかじめ設定されている選別基準に基づいて等級選別を行うものである．図 19.15 に早生ミカンの選別結果を示す．この実験では手取り法で厳密に選別した果実をCCDカメラ方式の等級選別で再選別を行ったものである．一部の果実で手選別結果とは異なっているものの，等級の境界線上にある果実が隣のランクに判定されることは手選別（厳選）でも当然起こることを考えると，この選別機では手選別（厳選）をほぼ再現できていると考えてよいと思われる．この選別

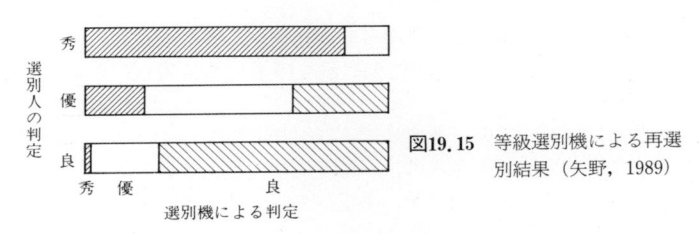

図19.15 等級選別機による再選別結果（矢野，1989）

機はまた，再現性もよいこと，選果場間に共通した客観的な指標で等級選別を行えることから，将来的にはこのような機械による等級選別が，人手による選別に取って変わると思われる．

また近年，近赤外吸収やNMRを利用することによって果実内成分を非破壊的に測定することが可能となった．モモについてはすでに実際の選果にも利用されているが，温州ミカンについてもこの手法を用いる選別機が開発され，外観だけではなく，内部品質・食味などに基づいて等級選別を行うことが期待される．

19.6 貯　蔵

貯蔵用温州ミカンは12月上旬から中旬にかけて収穫される．予措乾燥後，貯蔵され1月から3月中旬までで出荷は終わるが，一部の後期出荷をねらう産地では4月中旬まで出荷する場合もある．できるだけ少ない貯蔵ロスで，高品質果実を出荷するには，①貯蔵性の高い果実を作ること，②適切な予措を行うこと，③適切な貯蔵環境を整えることの3点が重要である．

(1) 温州ミカンの系統・栽培条件と貯蔵性

貯蔵に適する系統の条件として，浮き皮になりにくい，糖酸が多いことがあげられる．この条件に完全に適合するわけではないが，糖の多い青島温州が貯蔵系統としての地位を確立している．しかし，近年は販売戦略の面から，各県独自の奨励系統が決められることが多く，大津4号・十万温州・今村温州などのほか，近年育成された系統も各県固有貯蔵用品種として使われるようになっている．

貯蔵性に優れた果実の条件とは，M・L級の中型（浮き皮になりにくく萎凋しにくい），栽培管理のいき届いた園で生産されたもの（貯蔵中の病害発生，たとえば青かびや緑かび病，軸腐病はほ場での薬剤散布が徹底していればかなり防げる），収穫作業や時期が適切であること（ていねいな扱いをすること，霜あたりを防ぐことも，貯蔵病障害の発生を低下させる要因である）があげられる．

(2) 予　措

温州ミカンを長期貯蔵する場合，本格的な貯蔵の前に，①呼吸の抑制，②腐敗果の発生防止，③浮き皮の抑制，④果肉成分の消耗防止，⑤果皮の強度の増加，⑥果肉重

量の減少防止を目的として，果皮を乾燥させる処理が必要で，この処理を予措と称している．一般に果実を70〜80％の湿度条件下に10日前後保管し，果実重量3〜4％程度まで減量させる．

従来，この予措は室温（冬期であるので，5〜10℃程度）で行われていたが，近年20℃程度で予措を行う方法が開発され，一部で実用化されている（高温予措）．この方法では，上述の六つのメリットのほか，果皮色が向上するメリットも認められる（表19.17）．

表19.17 予措温度と果皮色の関係（長谷川，1987）

処理区	着色の良い果実				着色不良の果実				カロチノイド
	L	a	b	a/b	L	a	b	a/b	(mg/果実1個)
初期値	61.0	22.9	36.5	0.63	59.6	5.6	34.4	0.16	1.77
予措20℃	58.3	28.5	34.5	0.83	62.1	22.1	37.2	0.59	2.29
予措5℃	58.8	26.0	35.3	0.74	60.9	9.7	35.2	0.28	1.95

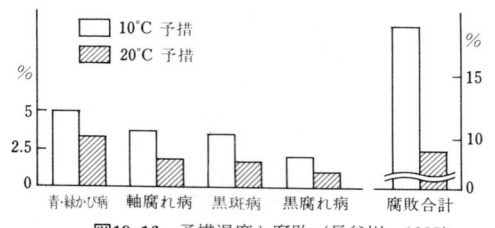

図19.16 予措温度と腐敗（長谷川，1987）

この果皮色向上にはエステル型のカロチノイドの蓄積が関係することが明らかにされている．また，高温予措は通常の予措と比較しても，病害の発生は少ないが（図19.16），高温での予措には，イモ類のキュアリングと類似した病害発生の抑制効果のあることが認められている．

（3）貯蔵庫・貯蔵環境条件

温州ミカンの最適貯蔵条件は，多くの研究から，温度3〜4℃，湿度85％であることが明らかになっている．貯蔵期間が長くなるほどこの条件を厳密に設定できる貯蔵庫が必要となる．

貯蔵期間の長短と必要とされる貯蔵庫の種類との関係から，1ヵ月以内の短期貯蔵では特別の貯蔵庫は必要なく，コンテナに入れて積み上げておく程度でよく，3月上旬までの貯蔵では換気口を備えた常温貯蔵庫が，3月中旬以降の出荷を目指す場合は低温貯蔵庫がそれぞれ使用される．

温州ミカンの貯蔵の時期は厳寒期のため，よく使われるのは冷凍機のない常温貯蔵庫である．これは，換気口と断熱性の高い壁，天井からなっており，冷気のたまりやすい，日光の当たりにくい場所に建てられていると，冷凍機がなくても，庫内温度が高くなりすぎることはない．難しいのはむしろ湿度のコントロールで，高すぎると浮

き皮や腐敗，低すぎると萎凋を生じさせる．湿度は，もっぱら庫内に入れる果実量と換気程度でコントロールしている．一般に 100 kg/m³ (800〜1,000 kg/3.3 m²) の果実を入れ，適当に換気を行えば，最適の湿度を維持できる．この方法は厳密な方法ではないので，湿度測定や果皮の萎凋の観察をこまめに行い，換気，散水，さらには収納位置の移動によって，庫内湿度をできるだけ 85 %に，かつ湿度むらのない環境にする必要がある．

　果実の収納方法も貯蔵の成否に大きな影響がある．甘夏などでは 20 kg 入りの収穫・運搬用のコンテナをそのまま貯蔵用として使用できるが，温州ミカンでは一時貯留以外は避けた方がよい．このコンテナの内部は，貯蔵庫内がたとえ湿度 85 %の好適条件であっても，果実同士が密着しているため，果実の周辺は著しく高湿になっている．おそらくはそれが原因となって，高い割合で腐敗果が発生するのであろう．また，コンテナ内部は酸欠も生じやすく，いわゆる貯蔵臭の原因にもなる．したがって，平箱にいっそうに果実を並べ(車詰め)，果実を重ねないことが大切である．この収納方法は，貯蔵期間中 10〜15 日に 1 回行う腐敗果の除去作業もやりやすい．労力の都合で，車詰めができない場合でも浅いコンテナを使い，果実を 2〜3 段以上に重ねないことが大切である．

[矢野昌充]

文　献

1) 長谷川美典 (1987)，果樹試興津支場研究年報，79-81，90-91．
2) 長谷川美典，矢野昌充，広瀬和栄 (1987)，園学要旨，昭 62，62-63．
3) 長谷川美典 (1989)，果樹試報，**B15**，29-39．
4) 伊庭慶昭 (1985)，果実の成熟と貯蔵，260-296，養賢堂．
5) 牧田好高 (1989)，園学雑，**58** (別 1)，492-493．
6) 森島　博 (1980)，農機誌，**41**，647-654．
7) 宇田　拡 (1984)，園学シンポ要旨，昭 59，142-149．
8) 矢野昌充 (1989)，果樹試興津支場年報，88-90．

19.7　加　　工

(1)　加工適性

　果実の加工適性は収穫前（品種，産地，栽培・気象条件など），収穫時（果実熟度，収穫時期）および収穫後の諸要因に支配される．そのため加工用適性品種が専用的に栽培され，供給されることが望ましいが，わが国では栽培上の収益性の面から加工専用園の経営はきわめて困難である．

　現実には，生食・加工兼用品種で対応せざるをえず，カンキツの温州ミカン，オウトウのナポレオンなどは生食用として優良品種であり，同時に加工適性を備えている好例である．また，カンキツで優れた生食用品種であるバレンシアオレンジは果汁用としても適性品種であり，ブラジルの主要品種であるペラは果汁用として抜群の適性をもつ品種である．

（2） 温州ミカンのシロップ漬け缶詰適性

果形指数　シロップ漬け缶詰用は果形が扁平であることが望ましい．果形指数が大きいほど果形は扁平であることを示すが，温州ミカンでは早生種の果形指数が小さく腰高果である（表 19.18）．腰高果の果粒は細長い三日月型となり，欠けやすくブロークン率が高まる傾向にある．

表 19.18　温州ミカン主要系統の果実形質と成分（伊藤ら，1966）

区別	果形指数	果肉歩合(％)	じょうのう膜の厚さ(mm)	じょうのう数(個)	全糖(％)	果肉色調
早生	1.330	82.9	0.160	10.2	6.92	3.2
中生	1.409	78.6	0.184	10.4	7.76	4.3
普通	1.389	76.6	0.204	10.6	7.96	4.6

早生3系統，中生3系統，普通8系統，3カ年の平均，果肉色調：シロップ漬け製品の Hunter a 値．

じょうのう膜の厚さ　早生，中生，普通の順にじょうのう膜が薄い（表 19.18）．じょうのう膜が薄いことは脱皮果肉歩合を高め，脱皮工程での酸・アルカリ処理が軽度ですむ利点となるが，実際には種々の形質のものが混在するため，脱皮過剰や脱皮不完全果が生じ製品品質低下の一因となる．缶詰製造において，製品の固形量は早生，中生温州が普通温州より低く，所定の肉詰量の場合，早生では製造後 6 カ月で規格量以下になるので，製造時に肉詰量を増やす必要がある．

固形歩留り　シロップ漬け缶詰の固形歩留りは早生温州は普通温州に比べ 2〜6％低いが，脱皮果肉率が高いので，原料ミカンに対する真の利用率である最終歩留りは 2〜4％高くなる（表 19.19）．

表 19.19　温州ミカンのシロップ漬け缶詰製造工程および製品の歩留り（伊藤ら，1966）

	1962年			1963年			1964年		
	早生	中生	普通	早生	中生	普通	早生	中生	普通
脱皮果肉率(A)(％)	76.2	69.5	67.9	75.2	71.6	66.7	76.2	71.5	67.6
完全果粒率(B)(％)	98.2	97.2	97.7	96.7	98.6	98.5	96.5	93.5	96.3
固形歩留り(C)(％)	75.6	74.0	77.7	76.3	78.2	80.6	73.2	74.6	79.7
最終歩留り(A×B×C)(％)	56.6	50.5	51.5	55.5	55.2	53.0	53.8	49.9	51.9
1ケース当たり原料(kg)	16.2	18.2	17.7	16.4	16.5	17.2	17.0	18.3	17.6

1ケース（5号缶4ダース入り）製品固形量1缶当たり190gを保つに要する原料．

果肉の物性　果肉の硬さなどの物性は製品の肉質を左右する重要な要因である．ミカン果肉の組織，構造は他の果実と異なり，モモやリンゴのように柔細胞が集まっただけのものでない．ミカンの果粒は，汁液を含む柔細胞が集まったものが繊維質の細胞組織で包まれた砂じょうという単位を作り，これが多数集合し，じょうのう膜に包まれたものである．缶詰製品で重要なことは砂じょうの強さでなく，砂じょう相互の接着力の強さである．早生温州は普通温州に比べ砂じょうが分離しやすく，シロップ中に浮遊し外観を損ねる．

温州ミカンは早生,普通それぞれ多くの系統があるが,缶詰加工適性上の主要因については系統間差は小さい.したがって,原料果実の特性把握は早生および普通温州の熟期別に行い,栽培年次による変動などを考慮し適正な加工条件を決める.青島温州など高糖系の品種は脱皮困難の傾向があるので,脱皮条件設定に留意する.

(3) 温州ミカンの果汁加工適性

搾汁率 搾汁率は果汁製造工程上の重要な特性値であり,温州ミカンでは品種間差がある.また同一品種でも,果実サイズ,果皮,果肉歩合,果肉組織の性状などにより異なる.さらに搾汁方式によっても異なるが,一般に温州ミカンはインライン(IL)方式で約49%,チョッパー・パルパー方式(CP)で約55%である.

果実サイズ 小果単位方式であるIL搾汁機ではS級よりL級果実ほど搾汁能率がよいが,CP方式では果実サイズの影響は少ない.IL方式ではカップサイズが適正でないと搾汁率が下がるが,同一条件では大果の方が高い.しかし果汁中のパルプ量も増加するので,果汁歩合の差は小さくなる.

果皮・果汁歩合 早生温州の果皮歩合は18%前後で普通温州に比べ約5%低いが,果汁歩合は逆に約6%高い.これらの歩合は栽培年次により変動し,かつ,果皮歩合が低くても必ずしも果汁歩合が高いとは限らない.早生温州は果皮が薄く搾汁率は高いが,可溶性固形物含量が少ないため濃縮果汁の製造歩留りが低い.

果汁成分 糖,酸含量は早生温州は普通温州に比べ低いが,年次や産地間の変動が大きい.また果汁成分は果実サイズの影響を受ける.大果ではパルプ,ペクチン,ヘスペリジン,全窒素,アミノ態窒素,カルシウムおよびマグネシウム含量が高く,糖,酸やビタミンC含量が低い傾向が認められる.

カンキツ果実のリモノイド成分は品種により異なる.ネーブルのリモノイドはそのほとんどがリモニンであるが温州ミカンはそのほかノミリンを含んでいる.その含量は早生温州が高く普通温州の1.5〜3.0倍であり,早生温州果汁で指摘される苦味はこのリモノイドに由来する.カンキツ果実のリモノイド含量は果実熟度に依存し,未熟果に多く成熟に伴い減少する.

カンキツ果汁の色調はカロチノイド成分の含量と組成により左右される.温州ミカン果汁の色調は他のカンキツ果汁に比べ鮮やかな橙黄色であり,優れた形質の一つであるが,これは含量が高いこととカロチノイド組成でモノール画分が約70%を占めることによる.これに対しオレンジ果汁の黄色はジオール画分が多いことによる色調である.

温州ミカンのカロチノイド組成は系統や産地間の差異はない.果汁中のカロチノイド含量はパルプ量に伴って増減するので,製造工程中脱パルプ処理により,カロチノイド含量は減少するが組成比の変化は少なく普遍性が認められる.なお,早生温州果汁のカロチノイド含量は普通温州に比べ低いが,完熟果を用いれば普通温州に劣らない色調の果汁が得られる.

収穫時期別果汁品質 早生温州の代表的系統である宮川早生を供試し,慣行収穫

表 19.20 温州ミカン果汁の官能検査結果 (荒木ら, 1990)

	A(宮川)(慣行収穫)			B(宮川)(後期収穫)			C(杉山)			差の有意性
	1位	2位	3位	1位	2位	3位	1位	2位	3位	
男性-1	5	15	3	16	3	4	2	5	16	B*>A>C
男性-2	20	4	1	5	19	1	0	2	23	A**>B>C
男性-3	11	12	2	14	10	1	0	3	22	B**>A>C
男性合計	36	31	6	35	32	6	2	10	61	A・B**>C
女性	5	5	1	5	4	2	1	2	8	A・B>C
合計	41	36	7	40	36	8	3	12	69	A・B**>C

期とそれより3週間後の後期収穫果および比較のため普通温州の慣行収穫果の果汁品質を調査した(表19.20). 官能検査では早生の後期収穫果汁が最も評価が高く, 飲みやすいとの指摘が多い. 果汁品質についても, 色調も遜色なく, 糖度も高い. これらの結果は熟度が進んだ早生温州の果汁は品質もよく, 温州ミカンの特性を生かした製品が得られることを示している.

果粒入り果実飲料 カンキツでは砂じょうを果汁に配合した製品で, 1977年に日本農林規格が設定された. これによると, 果汁分が10〜100%, 砂じょうの配合率が10〜30%の範囲で各種果汁濃度, 配合率の製品がある.

この製造技術はわが国で開発された技術であり, 果汁製品は温州ミカンの特性を生かし, 温州ミカン果汁の欠点の一つである飲みづらさがないという特徴をもっている. 当初はこの商品寿命は短いとの考えが多かったが, 消費者から"生のミカンを食べたときの実感がある", "砂じょうがのどをこすときの感じがよい" などの評価を得た.

製品の形態 カンキツ果汁の主要製品は濃縮還元果汁であるが, 近年, ストレートタイプの100%天然果汁が高品質果汁製品の形態として注目されている. 温州ミカン果汁はとくに濃縮工程でその特性が損なわれるので, この形態の製品開発が必要である.

［荒木忠治］

文　献

1) 荒木忠治 (1981), 農及園, **56**(1), 178-182.
2) 荒木忠治, 泉　嘉郎, 金沢秀次, 山田彬雄, 石川祐子 (1990), 果樹試報, **18**, 47-64.
3) 稲垣長典, 三浦　洋, 小曽戸和夫, 幸野憲二, 服部達彦編(1978), 果汁・果実飲料事典, 158-210, 朝倉書店.
4) 伊藤三郎, 村田　侃, 時任俊広, 泉　嘉郎, 松井　修 (1966), 園試報, **B5**, 45-73.
5) 三浦　洋, 荒木忠治 (1988), 果実とその加工, 144, 256, 建帛社.

19.8 生理障害

(1) 浮き皮
a. 症　状
浮き皮は, 成熟期から貯蔵中に現れる, ミカン果実の果皮部と果肉部との間に空げ

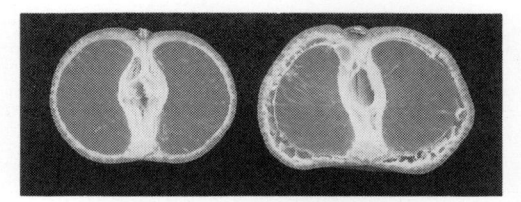

図19.17 ミカンの浮き皮果（右側）

きができる現象をいう．ぶくミカンとよぶこともある（図19.17）．

　成熟期の浮き皮は，概して果肉部の組織は正常であるが，果皮部はアルベド層内の亀裂と果肉部とのすき間発生で，フラベドの支えは弱く，もろいものとなる．浮き皮発生の初期は，その空げきは果実の果梗部付近から赤道部にかけて生じ，後に果頂部まで達する．

　貯蔵中に発生する浮き皮は，果皮部の吸水膨潤のほか，呼吸消耗が伴う．貯蔵初期は成熟期の浮き皮と類似するが，果汁の内容物の消耗が多く，味は淡泊になる．その後，果肉部の萎縮が加わり，著しい浮き皮となって商品価値を失う．収穫時，すでに浮き皮になっている果実ほど，貯蔵後の進度は早い．

　浮き皮は果皮がもろいため，収穫，貯蔵，選果，箱詰めなど流通の過程で，品質低下を招きやすく，ミカン産地に莫大な経済的損失を与えることがある．

b．発生要因
主的要因
　1）フラベドとアルベド組織の発育不均衡：　ミカンの果皮のフラベド層のうち，外界に接している表皮組織は，成熟期に達しても細胞分裂をする能力があり，窒素が遅くまで効いている果実ほど分裂が盛んである．一方，アルベド層は果肉の発育に近い発育を示すようで，細胞分裂は開花後4週間くらいまでで，その後は細胞肥大によっている．このように果皮の外側と内側の細胞の発育不均衡から，アルベド組織は表皮の広がりにそって引っ張られ，スポンジ状になる．成熟期以降は肉眼的にも亀甲状に大きく裂けて見え始め，果皮が構造的に弱くなる．

　2）果皮部と果肉部の発育不均衡：　果肉部の発育肥大に最も影響するのは砂じょう組織である．この細胞内の液胞に果汁が充満し，果肉の発育が停止し始めるのが，着色初期からである．表皮の方は前述のように，遅くまで発育したり，細胞老化による水分吸収で膨潤したりして表皮面積の拡大は進行する．果肉部の体積は変わらない

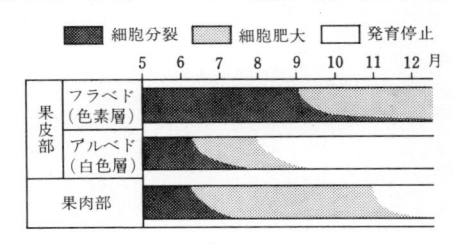

図19.18 普通温州果実の細胞発育概要（河瀬, 1984）

ため，アルベドと果肉部の境界付近から外方向にすき間を生じる．

以上のように，果皮の組織間，果皮と果肉間での発育の不均衡が大きな内的要因であり，これが促されるような条件下において，アルベドは横方向には亀裂を，縦(外)方向には果肉部との離脱によって空げきを生じ，浮き皮を招くことになるのである(図19.18)．

二次的要因

1) **外的要因**：外的な環境要因としては，まず成熟期における園内の相対湿度があげられる（表19.21）．浮き皮は降雨や結露によって果面が高湿下に長時間おかれると発生する．着色が進むと果皮の老化した細胞は容易に吸水膨張するため，表面積の拡大を助長するからである．また，樹体における浮き皮発生の感受性は果実発育後期の土壌水分に影響される．この時期の多雨は浮き皮を助長する．これは養分吸収との関連が大きい．なお，地上，地下部の高湿環境下に，さらに高温条件が加わると浮き皮発生を著しく促す．

表19.21 成熟期における果実周辺の湿度と温州ミカンの浮き皮発現 (河瀬, 1984)

目標値	処理法 湿度(RH)	材料	果実重量(g)	着色歩合	果皮厚(mm)	果皮歩合(%)	アルベド亀裂度	浮き皮度	浮き皮果発生率(%)	果実比重
低湿	53%	Mg(NO₃)₂飽和溶液	88c	10.0a	2.5c	24.3b	1.4c	0.57c	0c	0.898a
中湿	75%	NaCl	89c	9.9a	2.6bc	27.4b	2.3b	1.71b	71.4b	0.848ab
高湿	100%	水	98b	9.7a	2.7b	27.4b	3.0ab	2.43b	85.7b	0.816b
過湿	100%	水（ガーゼ湿布）	107a	8.9b	3.4a	31.6a	3.4a	3.57a	100.0a	0.754c

密閉ポリ容器(1l容)内に50mlを注入して処理．アルベド亀裂度は無：0，軽：1，中：2，甚：3，激甚：4の5段階で評価．浮き皮度は無：0，軽：1，中：2，甚：3，激甚：4の5段階で評価．ダンカン多重検定；数値末尾アルファベットの同一文字間有意差なし(5%)．

2) **内的要因**：施用窒素の残効が前述の果実発育後期の降雨により促されると浮き皮は助長される．また，強樹勢，強勢台木の場合，あるいは結実不良，過摘果なども浮き皮発生を促す原因となっている．これらによる浮き皮は，成熟期に入っても果皮だけが発育を続けることによって生じ，果皮乾物重（ほとんどが糖）は明らかに増加している．

c．防止対策

基本的対策

1) **耐浮き皮性品種の導入**：早生温州は一般に浮き皮で問題になることはなかった．しかし，施設栽培および完熟栽培のもとでは，かなり浮き皮発生がみられる．傾向としては極早生系は早生系よりももっと浮き皮になりやすい．耐浮き皮の早生温州は選抜されていない．普通温州では，耐浮き皮性品種として，今村温州，市原温州，丹生系温州，紀ノ国温州などが認められているが，結実性に難点のある品種が多い．このほかにトマト系の盛田温州も浮き皮になりにくいが，市場性はさほどよくない．

2) **耐浮き皮性台木の選択**：カラタチより浮き皮になりにくい台木は，今のところキンカンのような実用性に乏しいものしか知られていない．

抑制技術

1) **結実管理**: 浮き皮になりやすい条件を列挙すると次のとおりである.①同一樹内では早咲きの有葉果,②早期に摘果のすんだ樹の果実,③葉果比の高い樹（または枝）の果実,④果梗枝の太い果実,⑤大きい果実,⑥熟度の進んだ果実.防止対策で現在のところ最も効果的なものは,群状結果法（枝別着果法ともいう）であろう.また,⑥の対策としては,収穫を遅らせないことにつきる.したがって,収穫期を極限まで遅くする完熟栽培の場合,とくに浮き皮発生による品質低下には注意しなければならない（図19.19）.

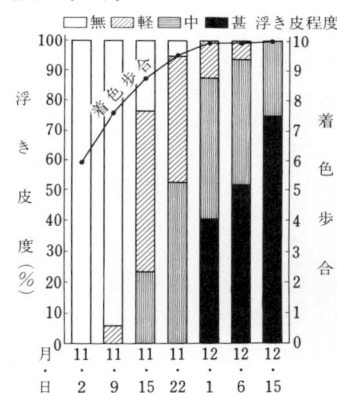

図19.19 着色と浮き皮発生の関係（河瀬, 1984）

2) **土壌管理**: 一般に保水力のある園地では浮き皮が多い.土壌乾燥は樹体の養分吸収を抑制するが,同時に浮き皮も少なくする.したがって,高畝栽培,溝切り（明きょ）栽培は浮き皮抑制に有効である.また,果実発育後期から収穫期まで,ビニルマルチによって降雨を遮断し,樹体に水分ストレスを与えることによって品質が向上するが,本法により浮き皮も減少する.施肥については,浮き皮対策上最も注意すべき事項は,窒素過多と窒素の遅効きである.夏肥は予定量を数回に期間をおいて分施する方が浮き皮を抑え,着色を良好にするようである.

3) **成熟期における空気湿度管理**: 西南暖地では成熟期に相対湿度が高く,結露期間が長い園地は浮き皮発生が恒常化している.結露防止には防霜ファンの利用,防風垣の刈込みによる通風促進も考えられる.降水と結露による老化した果皮組織の吸水膨張による浮き皮を軽減させるためには,屋根掛けもあろうが,実用的に普及しているのが,炭酸カルシウム水和剤（商品名クレフノン）100倍液の散布である.本剤が果面に付着することによって,結露時間の短縮,果皮からの吸水防止,蒸散促進が促され,浮き皮の軽減と,貯蔵予措効果が認められている.施設栽培の果実の浮き皮も成熟期の空気湿度管理をおろそかにした場合に多発している.したがって,施設内の湿度対策としては夕刻の葉水は避け,夜間（日没から日の出すぎまで）の換気,ビニルマルチ,ヒートポンプの多目的利用などによる果実周辺の乾燥化に心がけなければならない.

4) 貯蔵管理: 貯蔵中に発生した浮き皮を貯蔵ぶくとよんでいる。この場合は，果肉部の萎縮が加わり，樹上果の浮き皮とは趣きを異にする．よくしまった健全果の状態で収穫し，予措を実施すると，現在の貯蔵技術では被害も少ないから，基本的に樹上浮き皮の防止に徹することが，先決であると考えられる．貯蔵管理では，結露し

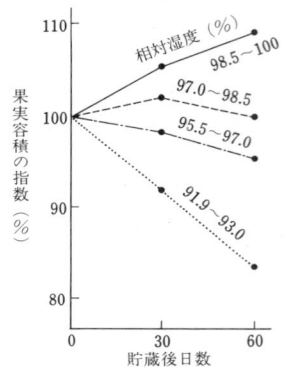

図19.20 ミカン果実の貯蔵庫の空気湿度と果実体積の関係(10℃)(河瀬, 1984)

やすい湿度に保持すると，果面からの吸水が認められ，果実体積が増大する（図19.20）．一方，果肉の方の体積および水分は，減少傾向にあるため，浮き皮が進むことになる．貯蔵庫の相対湿度をつねに97～98％以下に抑えることが必要である．

(2) クリーシング（ゆず肌）
a. 症　状

果皮表面が亀甲状模様を呈し，果皮がもろくなる症状を一般にゆず肌とよんだり，菊ミカンとよんでいる．このよび名について考えてみると，菊ミカンは別にカンキツの一種として存在するので，この呼称は適切ではない．したがって本症状の英名，クリーシング（creasing）を用いたい．クリーシングは，果皮のアルベド層に亀裂が起こり，表皮の薄いフラベド層だけが，果皮の役割を果たしているような構造になり，アルベド層の亀裂部位の表皮が溝状に陥没しているため，外見上亀甲状に凸凹した果面を呈するのである．輸送中，浮き皮果よりいっそう裂果などの障害は受けやすく，取

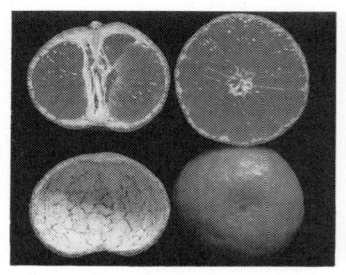

図19.21 ミカンのクリーシング果

り扱いにくい果実となる（図19.21）．
b．発生要因
フラベドとアルベド組織の発育不均衡といった生理的特性が素因としてあり，これに果実肥大期の長期にわたる乾燥が誘因となって発生する．すなわち樹体の水分ストレスによって，アルベド組織の発達が抑えられた状態におかれるが，表層のフラベド組織は遅くまで細胞分裂をくり返し，肥大を続けるため，均衡がとれなくなり，アルベド組織は崩壊し，大きな亀裂が生じたものである．さらに成熟期を迎え，高温多湿条件下におかれると，一般の果実同様浮き皮になるが，本症状が伴っているため，アルベド亀裂部がくぼみ，外見上典型的なクリーシングを呈する．この症状は施設栽培の普及によって普通にみられるようになった．果実発育盛期の乾燥管理が原因である．この乾燥は果汁の糖酸を高めるから，クリーシング果はうまいという風評にもつながっている．
c．防止対策
原因は明らかに，果実発育盛期の乾燥であるから，かん水によって完全に防止できる．したがって，露地にせよ施設栽培にせよ，樹を極端な乾燥状態にしないよう，かん水の量と回数，方法などに配慮が必要である．

（3）裂　　果
a．症　　状
果実の発育後期の裂果は，概して果頂部付近の果皮上に，約4～5mmのひびが入り，経線方向に縦割れを起こし，果肉にまで達して，腐敗・落果するものが多い．成熟期に入ってからの裂果には，果実の赤道部にそって割れるものも出てくる．いずれの裂

図19.22 ミカンの早期裂果（ハウスミカン）　　**図19.23** ミカンの後期裂果（ハウスミカン）

果も商品価値を失うため，その被害は大きい．温州ミカンのなかでは早生温州が裂果しやすく，施設栽培の方が露地栽培のものより裂果しやすい（図19.22，19.23）．
b．発生要因
裂果の原因は，果実一般の裂果に共通することであるが，果肉部の発育肥大に対し，果皮部の強度が耐えられず，裂けを生じるものと考えられる．ただし，発育後期までに裂果する果実は施設栽培で多くみられるが，幼果の時点では発育おう盛な果皮の粗いようなものが，比較的裂果しやすい．これは果梗部付近と果頂部付近の表皮細胞の

成熟度の勾配が急な果実である．果頂部の果皮はフラベド，アルベド両層ともに薄く，成熟・老化した細胞が最も早く偏在しやすい部位である．果実発育後期は果頂部以外の果皮組織が若く，表皮の発育は続いているとみられる．果頂部の強度が，果肉部の急激な発育に耐えられない最も弱い部位であるため，この部位に裂け目ができるのであろう．成熟期に達してからの裂果はアルベド層が薄く，フラベド層に達するような深い亀裂のある果実が裂果しやすい．赤道部位はその頃の果肉部の内圧が最も強くかかる場所である．

c．防止対策

裂果防止対策としては，① 裂果しにくい品種の選択，② 衰弱樹とか結果過多樹，水切りのすぎた果実などは，果皮が薄く裂果しやすいので，急激な水分管理は避けること，③ 根群域の全樹均一化による適切な肥培管理，④ 早期裂果の多い施設栽培では，果皮粗く発育おう盛な幼果を摘果し，滑らかな果実を残すことなどがあげられる．

(4) 日焼け

a．症　状

果実の陽光面の果皮が退色・枯死し，ときに二次的に炭そ病菌が寄生して，黒褐色病斑を作ったものをいい，その周辺の着色が遅れることがある．高温時期に成熟する早生温州に多発しやすい．当初数個の油胞が陥没し，その後しだいに退色して被害部

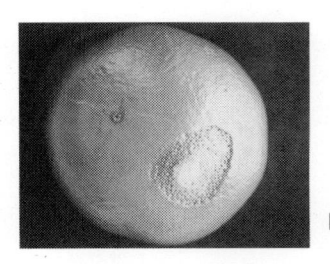

図19.24　ミカンの日焼け果

は全面にややくぼみ，大きさは10〜20 mm程度になる（図19.24）．松木早生は果皮が厚く粗であるが，日焼けにはかかりやすい代表的品種として知られている．

b．発生要因

8〜10月の着色初期に乾燥が続いたり，降雨が続いた後に，急に強い日射を受けたりすると日焼けになりやすい．とくに西日の当たる園地で多発する．果頂部付近に発生し，果梗部付近の発生は認められない．これらのことから，原因は強い日射が続き，著しく高温となった部分の表皮組織がえ死したことによるものと考えられる．一方，果皮の薄い果実は日焼けしにくい傾向が認められる．したがって，内的要因としてはスポンジ状のアルベド層が発達している果皮の厚い果実では，降温のための果肉部への温度拡散能力か，または蒸散能力が乏しいためと考えられる．

c．防止対策

日焼け果の発生が認められない品種を選ぶことが基本である．また，果皮の薄い果

実を生産する管理が日焼け対策にもなる．確実に日焼けを防止するには，袋掛けやガムテープ様の切片を陽光面に貼付するなどして，日光の直射を避ける以外に実用性のある対策は見当たらない．この時期は8月中旬～9月中旬である．

(5) 奇形果
a．症　状
温州ミカンは，扁球形をしているのが普通であるが，施設栽培をすると腰高のものやサンボウカン状の果形を呈する果実が着生することがある．初心者が最初に遭遇する失敗の多くは，この奇形果の多発による品質低下である．奇形果は果梗部周辺の果皮が厚く，形状も不揃いで商品性に乏しく，施設栽培上における経済的損失はすこぶる大きい（図19.25）．

図19.25　ミカンの奇形果（右側）
（ハウスミカン）

b．発生要因
奇形果発生の原因は，花器発育期間中の温度管理にある．つぼみ期から落花期までの間，最高温度が30℃以上の高温条件や，最高温度が30℃以下でも，1日の温度較差の大きい条件下におかれると発生する．これは高温により，花器が急速に発達して，多花弁花になったり，子房の奇形をもたらすことによるものと考えられる．

c．防止対策
ミカンの施設栽培では温度管理に注意をはらう必要がある．つまり，ビニルの被覆・加温開始から，開花後に至る期間，最高25～28℃，最低15～18℃に温度を調節することである．なお，この温度条件は，着果率向上にもよい条件である．また，日中の気温にのみとらわれることなく，夜間の加温・保温によって，積算温度を増加させると同時に，土壌水分を十分に保ち，地温の上昇を図ることも重要である．

(6) 生理的落果
a．症　状
温州ミカンの生理的落果には，一次落果と二次落果がある．果梗が果実に着いたまま落下するのが一次落果であり，果梗およびがくを樹上に残したまま落下するのが二次落果である．この生理的落果は，成り年で着花（果）の多い年はむしろ歓迎されている．しかし不成り年で着花（果）の少ない年は，生理的落果がひどいために著しい減収となることがある．生理障害としての落果現象は，後者の場合に当てはまるから，不成り年の生理的落果をおもに考えてみたい．

b. 発生要因

不成り年は新しょうが多く発生し,着花量が少ない.実験的に新しょうを除去して,旧葉だけにすると新葉の多い区より生理的落果が少ないのが普通である.つまり,不成り年は貯蔵養分が新しょうに取られ,幼果は養分競合によって落ちやすくなることを意味している.また,環境条件のなかで落果を促す要素としては高温と日照不足が知られている.高温条件では25°C以上,高温ほど著しく落果するが,高温によって呼吸や蒸散などの代謝が促進され,そのエネルギーの補給不足,また,オーキシンの分解が促進されて,オーキシンレベルの低下のため,落果が助長されるのであろう.遮光率が30％以上になると生理的落果が多くなる.不成り年には新しょうが多く伸び樹冠を覆うようになり,その陰になった果実は落ちやすくなる.これは遮光により,光合成産物の転流先が果実から新しょうへと変わるため,栄養不良になるからと考えられる.

c. 防止対策

不成り年の生理的落果の防止は,隔年結果問題の解決のために重要である.基本対策として,① 樹勢の維持,② 旧葉の長期利用,③ 光線の高度利用などがあげられる.①については,適正結果量をまもり,早期収穫により樹勢回復を早める管理が必要である.②については旧葉が少ないと生理的落花(果)が多くなるので,防風防寒対策を講じ旧葉の落葉防止を図りたい.③については日照不足は生理的落果を助長することが明らかなので,密植園の間伐,採光を考慮した整枝・せん定,支柱誘引,新しょうの芽かきと摘心,地表面へのアルミ箔蒸着フィルムのマルチなどを実施する.このほか,生理活性物質利用による生理的落果の防止の効果も明らかにされつつある.静岡県柑橘試験場の杉山(1987)はブラシノライドでネーブルオレンジの生理的落果を軽減させうることを明らかにしている.また,果樹試験場口之津支場では生理的落果の激しい今村温州の発芽期にパクロブトラゾールなどのわい化剤を散布して,着果率を高め,新しょうをわい化させており(1988),今後の成果を期待したい. ［河瀬憲次］

文 献

1) 船上和喜 (1984), カンキツ類ハウス栽培の新技術 (広瀬和栄編), 97-101, 誠文堂新光社.
2) 河瀬憲次(1984), ウンシュウミカン果実における浮皮発現の要因と防止法に関する研究. 京都大学学位論文, 1-153.
3) 倉岡唯行 (1962), 愛媛大紀要第6部 (農学), 8, 106-154.
4) 松本和夫 (1973), 柑橘園芸新書, 275-290, 養賢堂.
5) Monselise, S. P., Weiser, M., Shafir, N., Goren, R. and Goldschmidt, E. E.(1976), *J. Hort. Sci.*, **51**, 341-351.

19.9 病　害

a. 黒点病

診断　葉,枝,果実に発病する.葉では5月上旬の新葉展開期から6月中旬の成葉

期まで，果実では5月下旬の幼果期から10月上旬まで発病する．とくに果実発病は梅雨後の6月下旬～7月中旬と秋雨後の9月上中旬の発病が多い．

病徴は葉，果実とも黒色の0.1～0.5 mmの小斑点で，これが表面に盛り上がり，病斑周囲が白く縁取りされる場合もある．この黒色斑はその分布状態から，黒点が散在する黒点型，流れた液滴状になる涙斑型，小斑点が密に集まり，泥を塗った状態になる泥塊型などの病斑となる．この泥塊型病斑は茶褐色になる．さらに，果実では7月以前に発病するのを初期感染病斑，8月以降の発病を後期感染病斑と区別するが，後者の病斑はさらに小さく，色も赤褐色となる．

病原菌 *Diaporthe citri* (Fawcett) Wolf. 〔*Phomopsis citri* Fawcett〕
柄子殻および子のう殻を枯死枝，幹の樹皮内に形成する．

伝染経路 病原菌は生きた枝内では菌糸，枯死枝では菌糸，柄子殻，子のう殻で越冬する．早春とともに，枯枝内で越冬あるいは新形成柄子殻や子のう殻内に，それぞれ柄胞子，子のう胞子を多数形成し，これが雨水に混じって伝搬する．病原菌の組織内侵入は表皮であることから，この感染は葉では組織の若いうちに多く，果実では10月まで続く．

多発条件 多雨，とくに長時間の連続降雨．排水不良，日照不良園，密植園，整枝不良園などの多湿園．

品種感受性 品種による差異はほとんどなく，すべてのカンキツが罹病する．

防除 薬剤防除： 6月上旬，6月下旬，8月中下旬の3回を基準とするが，地域，品種による生育の早晩，降雨状況などにより，時期，回数はやや異なる．防除薬剤にはジネブ剤，マンゼブ剤，マンネブ剤，ジチアノン剤，有機銅剤，チアジアジン剤などがある．

耕種的防除： 伝染源となる樹上の枯枝をせん除し，園内外のせん定枝，間伐樹などを処分する．園内の通風，日照を良好にするため，整枝，せん定，間伐を行い，土壌排水を良好にする．

b．そうか病

診断 葉，枝，果実に発病する．新葉の発病は発芽直後から始まり，6月上旬頃に多発する．果実では6月中旬から7月にかけて多発する．葉，果実ともに病斑は小型で，灰黄色から淡褐色であり，組織の若いうちに感染すると，病斑を中心に突起し，多発すると葉，果実とも奇形となる．感染がやや遅くなるとかさぶた状のそうか型病斑になる．

病原菌 *Elsinoe fawcetti* Bitancourt et Jenkins 〔*Sphaceloma fawcetti* Jenkins〕
病斑上に分生子柄を叢生し，この先端に分生胞子を形成する．子のう菌類であるが，わが国では完全世代の子のう殻は認められていない．

伝染経路 葉，枝の病斑内に菌糸で越冬し，3月上中旬頃より病斑上に分生胞子が形成され，これが雨水によって分散する．さらに，新しく形成された病斑は胞子形成力が強く，有力な二次伝染源となる．感染は傷口もあるが，多くは若い組織の表皮侵入である．

多発条件 多雨，長時間の連続降雨．園内の乾燥不良．幼木，多肥栽培などの生育おう盛樹．

品種感受性 罹病性：温州ミカン，紀州ミカン，中間：レモン，三宝柑，抵抗性：ナツミカン，ネーブルオレンジ，キンカン．

防除 薬剤防除： 葉では発芽直後から展葉期にかけて，果実はごく幼果期から7月に，発病に応じ2～3回散布とし，初期防除を重点とする．防除薬剤にはジチアノン剤，ベノミル剤，チオファネートメチル剤，マンゼブ剤などがある．

耕種的防除： 冬季，せん定時に病斑形成枝や葉をせん除する．園内の乾きを良好にするため，カンキツ樹および防風樹の整枝・せん定・間伐をする．土壌面の排水を良好にする．

c．そばかす病

診断 葉，枝，果実に発病する．新葉の発病は展葉初期から認められ，径数 mm の不整形の灰白色斑のそばかす症状となり，この病斑部はやや陥没し，多発葉では大型病斑になり，奇形葉になる．果実もごく幼果期から発生し，症状は葉と同じく，多発すると大型のそばかす症状となる．

病原菌 *Mycosphaerella pinodes* (Berkeley et Bloxam) Vestergren 〔*Ascochyta pinodes* Jones〕（エンドウ褐紋病菌）

エンドウに柄子殻，子のう殻を形成し，カンキツにはこれらの器官は形成しない．

伝染経路 病原菌はエンドウの茎葉で越冬し，春採りエンドウを収穫後の4～6月にかけて，エンドウが枯死するとこの茎内に柄子殻，子のう殻を多数形成し，この胞子が風雨によって拡散する．病原菌は葉，果実で表皮侵入する．カンキツの葉，果実の病斑には胞子形成はないことから，この病斑からの二次伝染はない．

多発条件 エンドウ褐紋病の多発，5～6月の多雨（エンドウ枯死茎での胞子形成を助長）．

品種感受性 品種による感受性の差異はないが，エンドウと近接栽培される機会の多い温州ミカン，ハッサクでの発病が多い．

防除 薬剤防除： 胞子飛散の始まる5月下旬から7月にかけて，とくに初期防除を重点に数回散布する．防除薬剤は石灰ボルドー液，マンゼブ剤などである．

耕種的防除： 地域全体で収穫後のエンドウ茎葉を焼却処分する．

d．褐色腐敗病

診断 果実に発病する．発生時期は幼果期から果実着色前までの長期にわたるが，夏期高温期の発病が多い．症状は果実表面にごく小さな油浸斑を生じ，これが短時間で水浸状の大型，淡褐色斑となって果面全体に及ぶ．この病斑部には多湿条件下で白色綿毛状の菌糸を生ずる．また，発病果は独特の異臭を発する．

病原菌 *Phytophthora citrophthora* (R. E. Smith et E. H. Smith) Leonian.

遊走子のう（分生子）と，これが発芽して遊走子を形成する．卵胞子の形成はなく，厚膜胞子を作る．

伝染経路 土壌中に生存し，比較的高温時に水中に遊走子のうを形成する．これか

ら数十個の遊走子を生じ，この遊走子は鞭毛をもち，水中を運動する．遊走子が雨滴により土壌面から跳ね上がり，下枝の果実に伝染する．スプリンクラーの樹上かん水，あるいは多雨による園の浸水などで伝搬する場合もある．感染は気孔あるいは傷口侵入によって起こる．

多発条件 多雨，長時間の連続降雨．密植園，日当たり不良園，水田転換園などの多湿園．長時間のスプリンクラーかん水．

防除 薬剤防除： 突発的な発生が多いことから，薬剤の予防散布は困難である．早期発見に努め，発生を認めしだい早急に薬剤を散布する．防除薬剤には水和硫黄剤，キャプタン・有機銅剤がある．スプリンクラーかん水では，水の汚れの多い場合は次亜塩素酸カルシウムによって水を消毒する．

耕種的防除： 園内の日照，通風を良好にし，土壌排水に努め，下枝を上げて地面から果実を離し，敷わらなどにより水滴の跳ね返りを防ぐ．

e．灰色かび病

診断 果実に発病する．幼果期の発病と，収穫，貯蔵果の発病とがある．生育時には花弁落下時に花弁に灰白色の胞子が繁殖し，これに接した果実表面に黒色の傷を生ずる．これが果実の肥大に伴ってやや拡大し，不整形の灰褐色のかさぶた状の傷になる．収穫果ではまず果面に水浸状の小斑ができ，これらが短期間に拡大し，表面が灰白色の病原菌胞子でおおわれる．

病原菌 *Botrytis cinerea* Persoon

分生胞子を形成する．

伝染経路 多犯性の菌であり，多くの植物上で繁殖し，分生胞子は風によって運ばれ，カンキツの花弁に寄生し，そこで分生胞子を形成する．この胞子が花弁と接した果面から表皮を通して侵入，感染する．貯蔵果では，収穫前あるいは庫内で空中浮遊胞子が果面につき，これが果面の傷口より侵入する．

多発条件 幼果の発病では，花つきが多く，花弁落下期が長く，この間の連続降雨．収穫，貯蔵果では果実の扱いが乱暴で，傷の多い果実．貯蔵庫内の高湿度．

防除 薬剤防除： 開花，落弁期に1～2回，および収穫果防除は収穫前に1回散布する．防除薬剤には開花期ではチオファネートメチル剤，ベノミル剤，キャプタン・有機銅剤，ビンクロゾリン剤，イプロジオン剤，プロシミドン剤，イミノクタジン・ポリオキシン剤，収穫前ではチオファネートメチル剤，ベノミル剤がある．

耕種的防除： 多雨，多湿で菌の繁殖がおう盛になるので，園内の通風，日照を良好にする．貯蔵果の場合は収穫，貯蔵作業をていねいにし，庫内の温度，湿度に注意し，発病果を取り除く．

f．かいよう病

診断 発病部位は葉，枝，果実である．発芽展葉初期の葉および幼果ともに，ごく小さな油浸斑を生じ，これがしだいに拡大する．病斑は淡褐色となり，この周囲が油浸斑で囲まれる．病斑の大きさは感受性の程度，発生時期によって異なるが，数～10mmのものが多く，この病斑が集まって大型病斑になる場合もある．夏葉や秋葉では

ミカンハモグリガの被害痕に発病する場合が多い．

病原菌 *Xanthomonas campestris* pv. *citri* (Hasse) Dye

伝染経路 病原細菌は葉，枝，果実の病斑内で越冬する．なかに，秋期に葉に感染したまま越冬し，春先に病斑を形成する潜伏越冬病斑もある．これらの病斑は3月下旬頃から病原細菌を形成し，これが風雨によって伝搬する．感染は組織の若いうちは気孔侵入であり，組織が固くなると傷口侵入となる．侵入門戸となる傷は台風，季節風による風ずれ，およびミカンハモグリガ侵入痕が多い．新しくできた病斑は病原細菌の形成力が強く，有力な二次伝染源になる．

多発条件 葉，枝，果実に伝染源となる病斑の多い園．発芽，展葉期，幼果期にかけての多雨，連続降雨．生育全期間をとおして，強風雨のある場合．ミカンハモグリガの被害が多い場合．

品種感受性 罹病性：ナツミカン，ネーブルオレンジ，レモン，グレープフルーツなど，中間：温州ミカン，ハッサクなど，抵抗性：キンカン，三宝柑など．

防除 薬剤防除： 発芽前から発芽展葉期，幼果期にかけて2～3回散布する．このほか，発生により夏秋しょう伸長期および強風雨期に1～2回．ハモグリガの防除も重要である．防除薬剤は石灰ボルドー液，抗生物質剤，銅水和剤である．

耕種的防除： 病斑のある枝，葉をせん除して処分する．葉の緑化促進のための肥培管理を行い，防風樹，防風ネットを完備する．

g．青かび病，緑かび病

診断 収穫期から輸送，貯蔵中の果実に発病する．発病はともに，果実の一部に水浸状の小斑ができ，これが急速に拡大する．青かび病はこの病斑上に青色の胞子を全面に形成し，この外周が幅の狭い白色菌糸で縁取られる．緑かび病は病斑に緑色の胞子を形成し，縁取りの白色菌糸の幅が広い．

病原菌 青かび病：*Penicillium italicum* Wehmer，緑かび病：*Penicillium digitatum* Saccardo

分生胞子を形成する．

伝染経路 両病原菌とも土壌中で越夏する．この分生胞子が夏以降空中を飛散し，樹上の温州ミカン果実に感染発病し，ここでさらに多量の胞子を飛散する．この胞子が果実表面に付着したまま収穫，貯蔵される．病原菌胞子は果皮の傷口から侵入する．

多発条件 浮き皮でしまりの悪い果実．収穫作業が乱暴で傷の多い果実．

防除 薬剤防除： 収穫20日前後を基準とし，1回散布する．防除薬剤にはチオファネートメチル剤，ベノミル剤，イミノクタジン剤などがある．

耕種的防除： 収穫，貯蔵などの作業をていねいにする．貯蔵庫内の温度，湿度を適正に管理する．

h．温州萎縮病

診断 葉，果実に発病する．新葉は著しく外転し，小形で葉の先端が尖り，舟形やさじ形状になる．新しょうは節間がつまり，叢性状となる．展葉期に部分的に黄化し，まだら症状を呈する．果実は小型で，果皮が厚く，腰高となる．

病原ウイルス 温州萎縮ウイルス（SDV）
球状粒子で，直径約 27 nm．

検定方法 検定植物にはマメ科，タバコ科，アカザ科植物があるが，とくに，シロゴマが多く用いられる．シロゴマの反応は子葉に褐色の円形斑を生じ，その上葉に奇形，葉脈黄化などの症状が出る．抗血清による検定はラテックス法も可能であるが，ELISA 法は検定精度が高い．

伝搬方法 接ぎ木伝染が主体で，汁液伝染もあるが，ほ場での可能性は低い．また，土壌伝染性とされるが，土壌での伝染方法，媒介者は明らかでない．

発生条件 気温が 22～23℃以下では発病が激しく，25℃以上になると発病は少ない．このため高温期に発生する夏秋しょう葉では発病しない．

品種感受性 温州ミカンが主体であるが，ウイルス保毒樹に高接ぎすると，中晩柑でも発病する．

対策 無毒母樹からの採穂による無毒苗木の育成，あるいは無毒穂木の高接ぎ．

i．モザイク病

診断 葉，果実に発病する．葉では発芽，展葉初期に黄化するが，早期に緑化する．また温州萎縮病と同じ葉の萎縮症状を生ずる場合もある．果実の症状は，着色初期に果皮の一部あるいは全面に，輪紋状あるいは雲紋状の緑色リング斑を生じ，この部分はやや陥没し，発病が激しい場合は褐色となり，果実着色後も明瞭に残る．また発病果は果面に凹凸を生じ，果皮が厚く，腰高あるいは奇形果となる．

病原ウイルス カンキツモザイクウイルス（CiMV）
球状粒子で径約 27 nm．

検定方法 検定植物は温州萎縮病と同じく，シロゴマが多く用いられ，反応も同じである．また，ELISA 法で検定可能であるが，SDV との明確な区別はできない．

伝搬方法 温州萎縮病と同じ．

発生条件 日照量の少ない樹冠内部の果実，あるいは夏秋期の曇天，多雨年に多い．ただし，これらは普遍的なものではない．

品種感受性 温州ミカンが主体であるが，マルメラ，セミノールなども発病する．多くの中晩生カンキツでは発病しないか，発病しても病状は軽く，短期間に消失することが多い．

対策 温州萎縮病に同じ． 〔山本省二〕

19.10 虫害

（1）発生様相

日本にいる約 200 種のカンキツ害虫のうち，最近 20 年間の主要な害虫は 25 種類で，このうち常時防除の対象となる重要害虫は，カイガラムシ類，ロウムシ類，コナジラミ類，アブラムシ類，ミカンハモグリガ，ハマキムシ類，訪花甲虫類，ミカンサビダニ，ミカンハダニ，チャノキイロアザミウマの 11 種類である．

これらの害虫の大部分は発生予察技術の発達や有効な薬剤の出現によって，その被害は潜在化している．しかし，ミカンハダニやチャノキイロアザミウマは年間の発生回数が多く，薬剤抵抗性の獲得や発生予察の困難さ，他の害虫の薬剤防除による異常発生などによって，最も防除困難な害虫である．さらにカメムシ類，果実吸蛾類，カミキリムシのように果樹園外から侵入して突発的被害を生ずる害虫も，発生予察の不備や有効な薬剤の不足から，その被害が顕在化している．

(2) 主要害虫

a. ヤノネカイガラムシ (arrowhead scale) *Unaspis yanonensis* (Kuwana)

被害の特徴 カンキツ類だけ加害する．果実および葉，緑枝に寄生し，果実の外観劣化のほか，樹勢の低下，木の枯死に至らしめるが，果実寄生が最も重要である．

生態 年間2～3世代を経過する．葉や枝に寄生した状態で，おもに雌成虫態（暖地では2齢幼虫も）で越冬する．第1世代1齢幼虫の初発時期は5月上中旬で，その早晩は2月以降の気温で決まる．幼虫は2齢を経過し，7月上中旬に成虫に達する．第2世代1齢幼虫の初発は7月中旬頃となる．第3世代が発生する場合は1齢幼虫は9月下旬から発生する．九州南部では通常3世代まで，九州北部～東海地方では第3世代の発生は一部か発生しない年もある．

第1世代1齢幼虫の初発日は2～4月の積算温量で，それ以降の各世代の各発育段階の発生時期も積算温量によって予測できる．密度は葉や果実寄生数によって推定するが，後者が簡便である．

防除 薬剤防除： 越冬期（12～1月，あるいは3月）にマシン油乳剤，第1，2世代2齢幼虫最多寄生日（6月中下旬，8月下旬）に有機リン剤やブプロフェジン剤を散布する．前者は他のカイガラムシ類やハダニ類との同時防除が可能で，防除の基幹とする．

生物的防除： 中国から導入したヤノネキイロコバチとヤノネツヤコバチを4～5月あるいは7～9月に放飼すると，天敵だけで4～5年後には被害果率を5％程度まで下げることができる．被害をこれ以下のレベルに保つためには前記の薬剤との併用が必要である．

b. ルビーロウムシ (red wax scale) *Ceroplastes rubens* Maskell

被害の特徴 枝や葉に寄生して吸汁し，樹勢の低下と排せつ物（甘露）によるすす病の併発で果実の外観劣化をもたらし，商品価値を落とす．

生態 年1世代で，雌成虫態で枝，葉上に寄生したまま越冬する．1齢幼虫は6月上旬よりふ化し始め，2齢・3齢幼虫を経過し，9月には成虫に達し，そのまま越冬する．

防除 薬剤防除： 1～2齢幼虫期（7月上中旬）1回に限られ，DMTP剤などを散布する．カンキツには他にツノロウムシ，カメノコロウムシが加害するが，これらの薬剤防除も本種に準ずる．

生物的防除： 有力な寄生蜂，ルビーアカヤドリコバチを6月上旬，あるいは9月

c. ミカンクロアブラムシ (tropical citrus aphid) *Toxoptera citricidus* (Kirkaldy)

被害の特徴 成・幼虫が伸長中の新芽や新葉に寄生して芽の変形やしおれを起こしたり，すす病を併発する．またトリステザウイルスを媒介する．

生態 ミカン樹上で成虫態で越冬する．4～5月の春芽伸長期および9月の秋芽伸長期に多発するが，7～8月の夏芽の時期は少ない．

防除 薬剤防除： 新芽伸長期の発生初期にジメトエート剤など有機リン剤や合成ピレスロイド剤を散布する．本種のほかに同様の被害を出すワタアブラムシと葉を巻くユキヤナギアブラムシが加害するが，防除法は本種に準ずる．ただし，有機リン剤抵抗性ワタアブラムシの防除には合成ピレスロイド剤を使用し，合成ピレスロイド剤抵抗性ワタアブラムシにはMEP剤，DDVP剤とNAC剤を混用して使用する．

d. チャノキイロアザミウマ (yellow tea thrips) *Scirtothrips dorsalis* (Hood)

被害の特徴 カンキツの果実のほかにブドウ，カキの果実およびナシ，キウイフルーツなど多くの果樹の新しょうを加害する．6～7月の幼果期におもに果梗部のへた周辺を加害し，灰色～灰褐色のリング状の傷をつける．8～9月はおもに果頂部のへそ周辺を加害し，褐色の雲形あるいは放射状の傷をつけ，商品価値を落とす．被害を受けやすい品種はオレンジ類やブンタン類で，温州ミカンやハッサクがこれに続き，イヨカンや川野なつだいだいは果梗部の被害に限られる．

生態 暖地では年間7～8世代経過する．越冬は土壌表面，樹皮内，樹冠内部などで成虫態で越冬する．成虫の発生は図19.26のとおりであるが，カンキツへのおもな加害時期は第3世代幼虫期（6月中下旬），第4世代幼虫期（7月上中旬），第5～6世代幼虫期（8月上中旬），第6～7世代幼虫期（8月下旬～9月上旬）の4回である．寄主植物が100種以上にのぼるため，果樹園周辺に増殖に好適な植物，とくにサンゴジュ，イヌマキ，チャがあって，6月以降少雨，乾燥の年に多発する．

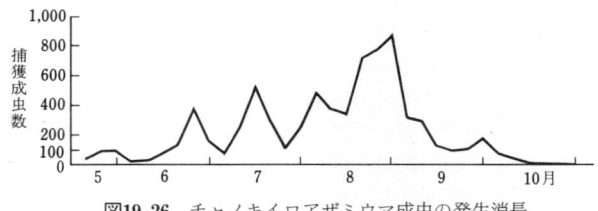

図19.26 チャノキイロアザミウマ成虫の発生消長

発生予察法としては，黄色平板粘着トラップ(20 cm×20 cm, 付着面18 cm×15 cm)による成虫の発生量を把握する方法のほか，洗浄法や直接見取りによる果実寄生数の調査法がある．

防除 薬剤防除： おもな加害時期である6月中下旬，7月上中旬，8月上中旬および8月下旬～9月上旬に，要防除水準｛3～5頭/トラップ/日，あるいは果実寄生

密度0.1頭（6～7月）～0.3頭（8～9月）｝に達したら，薬剤散布を行う．このうち1回目および4回目には殺虫力の高い合成ピレスロイド剤やアセフェート剤を使用し，他の時期は黒点病との同時防除でマンゼブ剤を使用する．

耕種的防除： 寄主植物となるイヌマキやチャなどを周辺に栽植しないことによって全体に密度を下げる．また，糖度向上対策を兼ねて，成虫の忌避効果を利用したシルバーマルチ法などもある．

ハナアザミウマ類の防除： ハウス栽培ミカン着色果を加害して白い斑点状の傷をつけ，ひどい場合は腐敗させて商品価値を落とす．防除には5～6月の着色期以降，園内に黄色あるいは青色平板粘着トラップを設置し，飛来初期に合成ピレスロイド剤やアセフェート水和剤を1～2回散布する．

e．ミカンハダニ　(citrus red mite)　*Panonychus citri* (McGregor)

被害の特徴　休眠性と不休眠性の系統があり，ナシ，モモ，ビワなど多くの他の果樹をも加害する．カンキツの被害は，年間通じて生じる葉表面の吸汁による光合成能の低下に伴う木の生長抑制や品質低下と，8月以降の果実表面の直接加害による着色不良などである．被害許容水準は葉の場合3～4頭/葉，果実の場合1頭/葉である．

生態　カンキツには不休眠性系統が寄生し，年間12～13世代を経過する．越冬はおもに成虫態（一部卵態）で，樹冠内部の葉上で行う．越冬成虫は3月下旬頃より増殖し始めるが，とくに5月下旬の春葉の展開以降急増し，通常7月中下旬に発生最盛期を形成した後，減少する．9月以降再び増加を開始し，10月中旬頃発生最盛期に達するが，その後は気温の低下とともに減少する．

高温，少雨，乾燥条件下で多発する．とくに最近増えている施設栽培では年間20世代以上経過する．また近年合成ピレスロイド剤多用による有益昆虫の活動抑制による多発が問題となっている．

防除　薬剤防除： 越冬期（12～1月，あるいは3月）のマシン油乳剤の散布が最も効果的で，6月まで発生を抑える．生育期は6月上旬，梅雨明け後，9月上中旬，10月の密度上昇期に，要防除密度（0.5頭/葉，あるいは寄生葉率30％）に達したら，ピリダベン剤，フェンピロキシメート剤，アミトラズ剤などを散布する．施設栽培ではとくにビニル被覆前や，周囲のカンキツ園の防除を徹底して，内部への侵入を防ぐことが第一である．

近年上記薬剤のほか，主要な薬剤に抵抗性を獲得した個体群が増えているので，有効な薬剤の選択とともに，同一系統，同一作用機作をもつ薬剤の年1回使用の厳守と初期防除による散布回数の低減を図って，抵抗性回避を心がける．

f．ミカンサビダニ　(pink citrus rust mite)　*Aculops pelekassi* (Keifer)

被害の特徴　6～10月に，成・幼虫が新葉および果実表面に寄生し，幼果期には灰白色の，8月以降は褐色のケロイド状の傷をつける．

生態　芽のりん片内で成虫態で越冬する．新芽の発生とともにそこで増殖して葉の被害を生じるが，6月以降果実に移動して増殖する．とくに7月と9月の被害が大きい．6～7月の梅雨期および8月下旬～9月の秋雨の時期に少雨，乾燥の年に多発

する．

防除 薬剤防除： 通常は発生初期に当たる6月中旬，7月上中旬，8月中下旬に黒点病の防除でマンゼブ剤やジネブ剤を散布して同時防除するが，多発の年や9月以降にはクロルベンジレート剤やアミトラズ剤などの殺ダニ剤を散布する．

g．コアオハナムグリ (citrus flower chafer) *Oxycetonia jucunda* (Faldermann)

被害の特徴 開花期だけ花を訪れ，爪の先端で幼果の表面に傷をつけ，商品価値を落とす．中晩生カンキツ類の被害が大きい．

生態 年1世代を経過する．成虫態で土中で越冬し，4月中旬頃より活動を開始し，5月上中旬の開花期の花を加害する．5月下旬以降土中に産卵し，幼虫は半分解の有機物を食べて3齢を経過し，7月に土まゆ中で蛹化する．新成虫は8～10月まで発生する．ミカン園などに敷わらを行うと幼虫の餌が増えて多発する．また暖冬の年にも多発する．

防除 薬剤防除： 開花期に発生の多少によって1～3回，NAC剤などを散布する．同様の被害を出すケシキスイ類との同時防除にはDMTP・NAC剤などがよい．

h．ゴマダラカミキリ (white-spotted longicorn beetle) *Anoplophora malasiaca* (Thomson)

被害の特徴 幼虫が樹皮下の形成層および本質部を食害し，樹勢低下，木の枯死を起こす．とくに夏～秋に被害が急に目立つ．

生態 1年で1世代を経過するが，隔年多発がみられる．越冬は幼虫態で樹皮下で行う．6～7月に羽化した成虫は木の地際部などに産卵し，ふ化幼虫は樹皮下の形成層や木質部を食害しながら，翌年の春に木質部内で蛹化する．干ばつの年が続いたり，高接ぎ更新園，管理不良園が増えるなど樹勢が低下すると多発する．

防除 薬剤防除： 7～8月の卵～若齢幼虫期に樹幹や太枝にMEP剤やDMTP剤を散布する．多発園では樹上の成虫の捕殺や成虫発生期の有機リン剤の樹冠散布を同時に行う．

i．チャバネアオカメムシ (brownwinged green bug) *Plautia stali* Scott

被害の特徴 8月以降，成虫が着色前から果実を吸汁し，早期落果や樹上腐敗の原因となる．越冬成虫が開花前の花房を加害し，落花させる．

生態 年2～3世代を経過する．ミカン園周辺などの雑木林の落葉下で成虫態で越冬し，3月下旬より活動を始める．越冬成虫は各種樹木の幼果を餌とするが，産卵はヒノキやスギなどのきゅう果やキリなどに行う．幼虫は5齢を経過し，7月から第1世代成虫が発生する．8月以降各種果樹の果実を加害しながらすごし，10月下旬以降越冬場所に移る．増殖源となるヒノキやスギのきゅう果が多い年に多発するが，とくに7～9月に少雨，乾燥の年の被害が大きい．

防除 薬剤防除： 園内の一部の木に飛来し始めたらMEP剤や合成ピレスロイド剤を5～7日間隔で数回散布する．初期防除に失敗すると散布回数が増える．カンキツにはほかにツヤアオカメムシ，アオクサカメムシなどが加害するが，防除法は本種

に準ずる．

j．ミカンハモグリガ (citrus leafminer) *Phyllocnistis citrella* Stainton

被害の特徴 新葉展開期，とくに7月以降の夏秋しょう発生期に，幼虫が葉内を潜孔食害し，葉の縮れや変形を起こす．

生態 年間7～8世代を経過する．成虫態で越冬する．成虫は3月中旬から11月上旬まで発生するが，6月までの被害はほとんど目立たず，7月以降の夏秋しょうで多発する．このため夏秋しょうの発生しやすい幼木園や高接ぎ園，および果実不成りの裏年に多発する．

防除 薬剤防除： 夏秋しょうの発生する7～8月に合成ピレスロイド剤，ジフルベンズロン剤，硫酸ニコチンなどを7～10日間隔で3～4回散布する．有機リン剤や硫酸ニコチンに感受性が低下した地域が多いので，そこでは5日間隔で5～6回散布する必要がある．

k．クワゴマダラヒトリ (mulberry tiger moth) *Spilosoma imparilis* (Butler)

被害の特徴 3～4月に越冬後の幼虫が新芽を暴食する．成木に約10頭の幼虫がいると1日で新芽は食べ尽くされる．また10～11月に越冬前幼虫が収穫前の果実に食い込み，腐敗させる．

生態 年間1世代を経過し，幼虫態で雑木林の落葉中で越冬する．越冬幼虫は3月頃より種々の植物の新芽を暴食して7～8齢を経過し，5月に落葉下などで蛹化する．成虫は8月下旬から発生し，おもにカラスザンショウやアカメガシワなど特定の樹木に産卵する．ふ化幼虫は集団で巣網を作りながら生長し，11月に落葉とともに地上におりて越冬する．この一部は収穫前の果実を食害する．5～6年あるいは10数年に1回大発生するが，その原因は不明である．

防除 薬剤防除： 3～4月の越冬後の幼虫には，ミカン樹に上る前に，周辺の雑木林を含めた下草を中心にクロルピリホス剤やイソキサチオン剤などを散布する．

耕種的防除： 9～10月にミカン園周辺50m以内の産卵植物を伐採して卵塊や幼虫の巣網を焼却する．

l．その他の害虫

コナカイガラムシ類： 果実や葉に寄生してすす病を併発し，果実の商品価値を落とす．とくに施設栽培で多発する．6月中旬にサリチオン剤やブプロフェジン剤を散布する．

イセリヤカイガラムシ： 葉や枝に寄生してすす病を併発し，果実の商品価値を落とす．有力な天敵ベダリヤテントウムシを発生期に約200頭/10a放飼する．または6月中下旬にイソキサチオン剤などを散布する．

ミカントゲコナジラミ： 葉裏に寄生してすす病を併発し，果実の商品価値を落とす．有力な天敵シルベストリコバチを4月あるいは9月に1,000頭/10a放飼する．または冬期にマシン油乳剤や6月中下旬と8月中下旬にPAP剤などを散布する．

ハマキムシ類： 6～7月に新葉，8～10月に果実を食害する．6月中旬あるいは8月中旬に有機リン剤か合成ピレスロイド剤を散布する．

果実吸蛾類: 着色期の果実を成虫が吸汁し，落果や腐敗を起こす．有効な防除法がなく，5mm目以下の防蛾網や黄色蛍光燈を4～5個/10a設置して被害を防ぐ．

ヒメヨコバイ類: 10月中旬以降の着色初期から果実表面を吸汁して，褐色の傷をつけ，商品価値を落とす．着色初期から約10日間隔で数回，石灰硫黄合剤や合成ピレスロイド剤を散布する．

［**大久保宣雄**］

20. 中晩生カンキツ類

20.1 経営の特性と問題点

　熟期を異にし，さまざまな特徴をもつ中晩生カンキツ類は，温州ミカンを主体としたわが国のカンキツ経営において品種構成に幅をもたせ，労力の配分，出荷の適正化に重要な役割を果たしてきている．とくに，温州ミカンと中晩生カンキツ類とを適切に組み合わせることによりカンキツ類については周年供給体制が可能になり，さらにこれに落葉果樹を組み入れることにより広く果樹経営の規模を拡大させることができる．

　しかし，果樹農業をめぐる情勢として，果実の需要が少量多品目化，高品質化の傾向を強めており，カンキツ類に関しては，今後オレンジの自由化により果実消費の多様化はいっそう顕著になると考えられる．一方，収益性については，中晩生カンキツ類の場合，農家手取り価格の生産費(一次生産費)カバー率が1979年頃までは200％，あるいはそれを越えており，高い収益性を示していたが，1983年以降になると農家手取り価格と生産費とが徐々に縮まり始め，最近では100％近くまで低下している．

　こうした情勢のもとで，中晩生カンキツ類の経営を安定させるためには，需要の動向を踏まえ，個々の品種のもつ特徴を十分に生かした品質の高い果実を安定して生産することが必要となる．温州ミカンとは異なって熟期の遅い中晩生カンキツ類は，冬期の低温によって品質が大きく影響される．したがって，中晩生カンキツ類の栽培にあたって，高品質果実を安定して生産し，しかも生産コストを低減させるために適地適作をより徹底し，適期収穫に努めることが重要となる．一方，露地の条件で特性が十分に発揮できない品種については，ハウス栽培など集約的栽培方式を導入して品質の向上を図ることもまた有効な方法となる．しかし中晩生カンキツ類の施設栽培については，温州ミカンのように収量の増加が期待できないため，省エネルギー技術を極力活用し，生産コストの低減に十分留意すべきである．

　さらに，中晩生カンキツ類を含め果樹経営全般にわたっていえることであるが，就業者が高齢化し，兼業化していることに加えて後継者不足が進んでいる現状で生産性を高め，収益を増大させるためには労働力を確保し，高水準の技術を積極的に導入するとともに，生産基盤を整備し，樹園地の有効利用に努めることが不可欠である．

20.2 分類と来歴

　中晩生カンキツ類には，広く経済栽培されているものから，限られた地域で特産品として栽培されているものまでさまざまな特徴をもった品種が数多くある．ここではある程度の栽培面積をもつ品種を対象にして，これらをいくつかの種類に分け，その来歴を述べる．

a．スイートオレンジ類

　スイートオレンジ類は，普通オレンジ，ネーブルオレンジ，無酸オレンジ，ブラッドオレンジに分けられるが，わが国ではネーブルオレンジが経済栽培されている．

　ネーブルオレンジは，ブラジルのバヒア州の州都サルバドルの近郊でポルトガルより導入したセレクタオレンジの枝変わりとして発生したといわれている．当初はバヒアオレンジとよばれていたが，1870年米国に導入されて，首都ワシントンの温室で育てられたことにちなんでワシントンネーブルの名が付けられた．本品種からは世界各地で多くの変異系統が発生している．

b．ミカン類

　中晩生カンキツ類として比較的まとまった栽培面積をもつものにポンカンがある．ポンカンは，温州ミカンと同じくミカン類に属しており，インド原産とされている．インド，中国南部，台湾，フィリピン，インドネシア，マレーシア，スリランカでは重要な品種になっており，ブラジルなどでも栽培されている．中国へは唐代に伝わり，台湾には1796年に伝わった．わが国には1896年に導入され，鹿児島，宮崎，熊本県が主産地になっている．

　このほかミカン類に属するものとしては，育成品種のアンコールがある．

c．ブンタン類

　マレー，東インド諸島原産で，タイ，ベトナム，マレーシア，インドネシアなど東南アジアの国々で広く栽培されている．単胚性であるため，自然交雑によりブンタン同士で多くの品種が生まれている．中晩生カンキツ類として栽培されている品種に晩白柚，土佐ブンタンなどがある．

d．タンゴール類

　ミカン類とオレンジとの雑種を指す．経済栽培されている品種にイヨカン（伊予柑）とタンカンがあるが，いずれも自然に発生したタンゴールと考えられている．イヨカンは，1887年に山口県阿武郡東分村中村正路の園で発見されたものであるが，起源は不明である．果実の特性から九年母または他の寛皮性柑橘の血を引くものとみなされ，1893年に穴門蜜柑の名で紹介された．まもなく愛媛県松山市三好保徳が苗木を増殖し，普及に努めた．当初伊予蜜柑とよばれていたが，愛媛県産の温州ミカンと混同されることを避けるためイヨカンの名に改められた．

　タンカンは中国広東省が原産地とされ，ポンカンとスイートオレンジとの雑種と考えられている．

このほか，米国で育成されたマーコットや果樹試験場興津支場で育成された清見が交雑育種によって作り出されたタンゴールであって，いずれも経済栽培されている．

e．タンゼロ類

ミカン類とブンタンあるいはグレープフルーツの雑種をタンゼロとよぶ．ある程度栽培されている品種に米国で育成されたセミノールがある．

f．雑柑類

自然交雑により生まれたわが国独自のカンキツ類である．その出現にはミカン類，ブンタン類，オレンジ類，ユズなどが関与していると考えられる．経済栽培されている品種にはナツミカン，ハッサク，ヒュウガナツなどがある．

ナツミカン　山口県原産で，ブンタンの血を引く自然雑種である．来歴についてははっきりしていないが，一説には1700年代（徳川時代中頃）に山口県長門市仙崎町大日比の西本要助邸に発生したといわれている．実際栽培は山口県萩市を中心に進められ，その後全国に広まっていき，中晩生カンキツ類の代表的な品種になった．しかし，酸が強く品質も優れていなかったため1968年頃から価格が暴落し始め，本品種より発生した川野ナツダイダイや他の品種へ更新されていった．

ハッサク（八朔）　広島県豊田郡田熊村の恵日山浄土寺の境内に古くからあったもので，万延年間当時の住職の恵徳上人により発見され，八朔の頃から食べられるとして命名された．ブンタンの血を引いていると考えられている．因島を中心に広島県下で栽培が始まり，戦後和歌山県を始め全国的に広まっていった．本品種からは，果皮が濃橙色に変異した系統や，早生化した系統が枝変わりで発生している．

ヒュウガナツ（日向夏）　文政年間に宮崎市（旧赤江町）の真岡安太郎方で偶発実生より発生したものであって，ユズと類縁関係にあるとみられている．1887年に田村利親により日向夏蜜柑と命名され栽培されるようになった．宮崎，福岡，高知，静岡の各県で経済栽培されている．

20.3　品種の変遷と品種解説

(1)　品種の変遷

ネーブルオレンジ類：最初に導入されたワシントンネーブルは，結実が不安定であったが，その後枝変わりによって結果性や外観，品質の優れた系統が多数発生し，こうした系統がワシントンネーブルにかわって栽培されるようになった．現在広く栽培されている系統として，大三島，白柳，清家，吉田，森田ネーブルなどがある．

ミカン類：ポンカンについては，台湾で選抜された系統にかわって，タタリーフウイルスを保毒していない太田ポンカンや吉田ポンカンが主力系統になっている．米国で育成されたアンコールが施設栽培用品種になっている．

タンゴール類：イヨカンについては，枝変わりで生まれた早生で豊産性の宮内伊予柑が，着花過多によりしばしば結実不良に陥っていた普通イヨカンにかわって主力系統になった．タンカンについては，台湾在来の低しょう系から大果で品質のよい高し

ょう系が主流系統になっている．育成品種については，マーコットが施設栽培用の主力品種になっており，清見も経済栽培品種になりつつある．

　ブンタン類：　大果の晩白柚や平戸文旦が減り，小形の土佐ブンタンに人気が集まっている．

　雑柑類：　生産量が最も多いナツミカンについては，枝変わりで発生した川野ナツダイダイ（甘夏）が1976年以降普通ナツミカンにかわって急速に増えた．川野ナツダイダイからは果面がなめらかな系統や，果皮色の濃い系統が出現しているが，もとの川野ナツダイダイを超える系統は見出されていない．ナツミカンについで生産量の多いハッサクは，黄色の果皮の欠点を補うものとして，枝変わりによる濃橙色の変異系が一時期待されたが，目立った伸びはみられない．

（2）　品種解説
　a．ネーブルオレンジ
　ワシントンネーブル　　果実の大きさは200〜250g，果形は球形ないし長球形である．果頂部に顕著なへそがみられる．果面は濃橙色で，油胞が小さいためなめらかである．果皮は中程度の厚さで比較的軟らかく，オレンジ類として剝きやすい部類に入る．じょうのうは薄く，軟らかい．果肉は柔軟多汁で，香りに富み，風味はすばらしい．花粉がまったくできず，雌性器官もほとんど不稔であるため，果実は無核になる．他のオレンジ類と同様にかいよう病には弱い．樹勢は他のオレンジ類に比べてやや弱く，わい性である．樹姿は開張性で，葉はやや小さい．

　ワシントンネーブルは，わが国に導入された最初のネーブルオレンジの系統である．結実性に問題点があるものの，現在でも旧有名産地では主力系統になっている．12月中下旬に収穫，貯蔵して3〜4月に出荷されている．本品種からは多数の変異系統が発生している．

　山見坂ネーブル　　福岡県粕屋郡古賀町山見坂龍馬の園で発見され，1983年に種苗登録された最も新しい系統である．着色，減酸とも早く，果皮の色が濃紅橙色を呈することが特徴となっている．裂果が少なく，貯蔵性はよい．樹勢はやや強く，結果性はよい．年末から1月にかけての早期出荷用として期待されている．

　大三島ネーブル　　愛媛県越智郡大三島町藤原義衛の園で発見された．果実は大きく，果形は球形ないし短球形で，果面はやや粗いが濃橙色を呈している．豊産性で，着色，減酸とも早くから始まる．山見坂ネーブルが出るまでは最も早熟の系統で，早期出荷用として多く栽培されている．

　白柳ネーブル　　静岡県引佐郡細江町加茂吾郎の園で発見された系統で，同町の白柳辰雄が増殖に努めた．ネーブルオレンジのなかでは果実が最も大きく，玉揃いもよい．果皮は果頂部で薄く，果梗部で厚い．酸は低く，早熟タイプである．樹勢はおう盛で，豊産性である．1〜3月にかけての出荷に適し，全国的に栽培されている．

　清家ネーブル　　愛媛県北宇和郡吉田町清家清太郎の園で発見され，1975年に種苗名称登録された系統．果形は球形で果頂部がやや下ぶくれでへそが小さい．着色が早

くから始まり，減酸も早い早熟タイプである．樹勢は中程度であるが，豊産性である．12～2月が出荷の適期である．

吉田ネーブル　福岡県粕屋郡新宮町吉田武雄の園で発見され，1975年に種苗名称登録された．着色は早くから始まるが，酸の減少は遅く，ネーブルオレンジのなかでは中生種である．樹勢は強く，結実性も良好である．若木時代はおう盛な生育を示し，結果期に入るのが早い．貯蔵性があるので，12月上中旬に収穫し，2～3月に出荷できる．

森田ネーブル　静岡県引佐郡三ケ日町森田要市の園で発見され，1975年に清家，吉田ネーブルとともに種苗登称登録された．着色はワシントンネーブルと同程度かやや早い．糖・酸とも高く，味は濃厚で，貯蔵性に富む．3～5月が出荷適期である．

b．ミカン類
1）ポンカン

ポンカンには高しょう系と低しょう系とがある．低しょう系は味はよいが，果実が扁平で小さいため，経済栽培はもっぱら高しょう系が用いられている．

吉田ポンカン　典型的な高しょう系ポンカンで，約50年前，台湾の優良系統を吉田が鹿児島県に導入したものとされている．果実は角張った球形で150ｇ前後，果形および玉揃いは良好である．果皮は平滑で橙色ないし紅橙色を呈している．果肉は柔軟多汁です上がりは少ない．

樹勢は比較的強く，枝は分岐して開張しやすい．カラタチ台でも生育障害が少なく，豊産性である．ポンカンではタタリーフウイルスが大きな問題となっているが，本系統はこのウイルスを保毒していない．

太田ポンカン　静岡県清水市庵原町の太田敏雄が庵原ポンカンの枝変わりとして発見し，1983年に種苗登録された．低しょう系ポンカンで，果実の大きさは150ｇ前後．果皮はポンカンとしてはなめらかな方で，果梗部のネックもほとんど目立たない．早熟系であって，12月中旬頃が収穫適期で，1月下旬までに出荷する必要がある．

樹勢はポンカンとしては弱い方である．カラタチ台との親和性もよく，接ぎ木した翌年からよく結実する．吉田ポンカンと同様にタタリーフウイルスを保毒していない．

2）アンコール

カリフォルニア大学において，キングマンダリンに地中海マンダリンを交配して育成された品種である．

果実の大きさは150ｇ前後で，果形は扁平．果頂部に小さなネックを生ずることがある．果面は橙色で，非常になめらかである．果皮は薄く，光沢があり剝きやすいが，強い香気を有する．果実はよく締まっていて，浮き皮にならない．果肉は濃橙色で，やや粗いが，多汁で，糖度が高く，味は濃厚である．種子は多い方に属し，単胚性である．熟期は3～4月である．

樹勢は中程度で，直立気味である．細い枝が多数発生する．葉はやや小さい．隔年結果しやすいが，豊産性である．

本品種はマーコットとともに施設栽培用品種となっている．加温栽培では，果実は

200g以上になり，果皮の色も鮮やかな紅橙色になり，品質も一段と向上する．しかし，果皮に発生する緑褐色の斑点や隔年結果性が問題となっている．

c．ブンタン類

晩白柚(ばんぺいゆ)　1920年にベトナムのサイゴン植物園から島田弥市によって台湾の士林園芸試験場に導入され，わが国へは1923年に池田甚によって鹿児島県柑橘研究場(現鹿児島果樹試験場)へ導入された．

わが国で栽培されているブンタン類のうちで最も大果で，大きさが2kg前後になる．果形は短球形ないし球形で，果頂部は豊円であるが，果梗部はややくぼむ．果皮の色は完熟すると淡黄色になる．果皮の厚さは2～3cmで剝きにくい．果心は比較的小さい．果肉は淡黄色でやや緑色を帯び，肉離れがよく，柔軟多汁である．ブンタン特有の香りを有しており，甘味が強く，味はきわめてよい．種子は100粒前後になるが，自家不和合性であるため無核になることもある．単胚性である．

樹勢は強い方で，幼木時代は立ち気味であるが，成木になると開張する．葉は大きく，翼葉も大きい．枝に毛じょうが発生する．熟期は2～3月であるが，12月下旬～1月に収穫し，2～4月に出荷する．本品種は，全体的にみて，わが国で栽培されているブンタン類のなかでは最も優れている．

土佐ブンタン　鹿児島県で法元ブンタンとよばれていた品種が高知県に導入され，土佐ブンタンの名が付けられ栽培が広まった．

果実は400g前後．果形は扁球形であるが，果実によっては腰高になることもある．果面は淡黄色で，なめらかである．果皮は薄いが，剝きにくい．果肉は淡黄白色でやや緑色をおびる．肉質はよく締まって硬く，じょうのうとの肉離れはよいが果汁は少ない．じょうのう数は14～15．糖は比較的高く，酸も適度にあって食味はよい．種子は50個前後で，単胚性である．

樹勢は強い．幼木時は直立気味であるが，成木になると落ちつき，球形の樹姿となる．豊産性である．本来の熟期は3～4月であるが，12月中下旬に収穫し，貯蔵後3～4月に出荷する．ハッサクやイヨカンに比べて耐寒性が劣るので暖かいところで栽培することが望ましい．

d．タンゴール類

イヨカン　果実の大きさは250g程度で，形は球形から倒卵形．果面はやや粗いが，赤橙色でつやがある．果皮はやや厚いが，比較的剝きやすい．じょうのう数は9～11程度で，果心がやや大きい．じょうのうは厚く硬い．果肉は濃橙色を呈し，柔軟多汁で，糖と酸が調和し，芳香に富み風味は非常によい．種子は15粒程度で，単胚性である．

樹体はそれほど大木にならないが，強健である．枝は立ち気味で，節間はつまっている．葉は直立性で密生しており，先端がさじ状で，葉柄は短く翼葉は小さい．樹体の耐寒性は温州ミカンより弱いが，ネーブルオレンジに比べて強い．

本来の熟期は1～2月であるが，一般には12月に収穫し貯蔵して2～4月に出荷される．本品種からは宮内伊予柑が出現し，イヨカンの評価を高めた．

宮内伊予柑 愛媛県松山市宮内正義の園で普通イヨカンの枝変わりとして発見され，1966年に種苗名称登録された．果実は普通イヨカンに比べて扁平で大きい．果皮は薄く，果肉歩合が高い．着色が普通イヨカンより20日以上早まっている．果汁中の糖含量は普通イヨカンとほとんど差がないが，酸が少ないため甘味比は高くなっている．種子数は普通イヨカンに比べて少なく，無核果が多い．

樹勢は普通イヨカンに比べてやや弱く，枝は節間が短く，屈曲しているのが目立つ．葉の大きさは普通イヨカンと大差ないが，やや立ち気味である．本品種は，結実不良が目立つ普通イヨカンに比べて結果年齢に達するのが早く，連年よく結実し，しかも非常に豊産性である．収穫は12月上中旬に行い，年末から3月上旬にかけて出荷する．

本品種は豊産性であるため，温州ミカンを中間台として高接ぎ更新した場合，高接ぎ後早い時期からよく結実する．しかし，早くから結実させすぎると樹勢が衰弱し，葉は極端に小さくなるので，接ぎ木後は十分に摘果し，樹冠の拡大を図ることが必要である．

本品種からは，果面が非常になめらかな大谷伊予柑（1980年に種苗登録）や果形が扁平で，果面もなめらか，着色および減酸とも早くなっている勝山伊予柑（1987年に種苗登録）が枝変わりによって出現している．大谷伊予柑については，樹勢が極端に弱く，果実にやけが発生するなど問題点が多い．

タンカン 中国と台湾が主産地で，わが国へは1896年に台湾より鹿児島県に導入された．

果実は大きさが150g前後，球形で果梗部に放射溝がある．果面は橙黄色で，やや粗い．果皮はやや厚いが，剝きやすい．じょうのう数は9〜10．じょうのうは薄く軟らかい．果肉は濃橙色で柔軟多汁，糖度が高く，風味はきわめてよい．種子は少なく，無核果も多い．多胚性である．本来の熟期は3月頃であるが，1月頃に収穫し，貯蔵後3〜4月に出荷されている．

樹勢は強い．幼木時代は直立性であるが，成木になると枝が密生し，開張してくる．葉は比較的小さい．結果習性はポンカンに似ているが，ポンカンよりも隔年結果しにくい．かいよう病には強いが，そうか病に弱い．また，本品種はカラタチ台と親和性がないので，タチバナ，シイクワシャー，クレオパトラなどを台木に用いる必要がある．

栽培適地は年平均気温が18℃以上で，冬期温暖なところとされている．わが国では主として鹿児島県南部以南で栽培されているが，今後同県および沖縄県での増殖が期待される．

マーコット 米国で育成された品種であるが，交配親などは不明である．

果実の大きさは120g程度で，扁円〜短球形．果面は黄橙色を呈し，非常になめらかで光沢がある．果皮は薄く果肉部によく密着しているため剝きにくい．じょうのう数は11〜12．果肉は橙色，柔軟で果汁がすこぶる多い．糖がきわめて高く，味は濃厚である．種子は18〜24粒で，果実の大きさに比べてやや多い．多胚性である．本来の熟期は3〜4月頃である．

樹勢は中程度で，直立性．枝は長く，垂れやすい．葉は小さい．果実は結果母枝の

先端にとまりやすい．豊産性であるが，隔年結果しやすい．

　この品種は現在最も多く施設栽培されている．加温栽培では果実は200～250 gになり，果皮の色は赤味を増し，品質も一段と向上する．しかし，果皮が薄いため，生育後半には裂果が起きやすくなる．このため水分管理を徹底して，極端な乾湿の差を避けるようにしなければならない．

　清見　1949年，当時の園芸試験場（現果樹試験場興津支場）において宮川早生を種子親としトロビタオレンジを花粉親として交配が行われ，育成された交雑実生である．1979年にタンゴール農林1号として登録のうえ公表された．

　果実は大きさが平均200 gで，扁球形．果面は黄橙色で比較的なめらかである．果皮の厚さは3～4 mmで，オレンジの香りを有する．温州ミカンに比べてやや剝きにくい．果肉は濃橙色で，じょうのうは薄く，柔軟多汁である．糖度は11～12度，酸は1％前後で，わずかにオレンジの香りがある．やくは退化しているが，単為結果性が強いため通常は無核である．他の品種の花粉がかかると種子ができる．種子は単胚性．熟期は3月中下旬．またこの品種は果汁原料にも適している．

　樹勢は中程度．樹姿は幼木時代はやや立ち気味であるが，結実を始めると開張し，枝は下垂する．葉の大きさは中程度で，縁が波打つ．樹体の耐寒性は温州ミカンよりやや劣る傾向にある．隔年結果性がある上に，結果量が少ないと果実が大きくなりすぎて品質が落ちるので，摘果により結果量を調節し，良品質の果実を連年結果させるように心がける必要がある．

e．タンゼロ類

　セミノール　米国農務省でダンカングレープフルーツとダンシータンゼリンとの組み合わせにより育成された品種である．

　果実は大きさが150～200 gで，果形は扁球形．果面は鮮やかな赤橙色を呈し，非常になめらかで光沢がある．果皮は薄く特有の香気を有する．はく皮は成熟に達すると比較的容易に行える．果肉は濃橙色で，柔軟多汁である．じょうのうも柔らかい．糖度は中程度であるが，酸が非常に高い．果実を5月頃まで樹上におくと，さわやかな味になる．3月下旬～4月上旬に収穫し，貯蔵して5月以降に出荷する．種子は小さく，多い方に属する．多胚性である．

　樹勢は強い．葉はやや小さく，丸みをおびる．隔年結果がほとんど起こらず，非常に豊産性である．かいよう病にも強い．

　本品種はきわめて晩生であるため，樹上越冬が必要となる．しかし，あまり遅くまで樹上におくと，果皮の色があせ，寒さにあうと落果が激しくなる．こうしたことから，栽培にあたっては適地の選定に十分留意する必要がある．

f．雑柑類

　ナツミカン　果実の大きさは400～500 gで，カンキツ類としては比較的大きい部類に属する．果実の形は扁球形．果皮は厚く，硬いため，皮は剝きにくい．種子数は1果当たり平均20～30個で，比較的多い方に入る．多胚性である．じょうのう数は11～13で，じょうのうは厚く硬い．肉質はやや粗く，果汁量は中程度である．糖度は

10度前後で，酸含量は4月で2.0％以上あり，6月になっても1.5％以上あり，またナリンギンによる苦みも感じられ，品質は決してよくないが，壮快な味には人気があった．晩生品種であるため果実は樹上で越冬せざるをえないが，寒さの害を受けると落果やす上がりが起こりやすくなり，果汁は苦みを増す．

　樹勢は強く，大木になる．豊産性で，栽培しやすい．かいよう病には弱いが，他の病気には強く，ヤノネカイガラムシに対しては抵抗性を示す．

　川野ナツダイダイ　　普通ナツミカンの変異樹で，大分県津久見市蔵富川野豊の園で発見され，1950年に種苗名称登録されたものである．普通ナツミカンに比べて可溶性固形物含量にはほとんど違いはないが，酸の減少が早くから始まるため，早い時期から甘酸相和して食味が良好となる点が大きな特徴となっている．酸の減少程度からみて，本来の熟期は3月上中旬である．

　果汁特性を除いて，樹体および果実の特性は普通ナツミカンとはほとんど違いがない．普通ナツミカンと同様に，寒さにあうと落果やす上がりの発生が著しくなり，苦みも増してくる．したがって，冬期寒害を受けやすい地域では，遅くとも1月上中旬頃までには収穫し，貯蔵して出荷する．

　本品種は，当初奨励品種として取り上げられることもなかったが，早い時期から栽培に取り組んでいた熊本県田浦町や愛媛県御荘町の努力により有利に販売されてきたことから，やがて全国的に栽培されるようになり，中晩生カンキツ類の主要品種になっていった．

　本品種からは果面がなめらかな新甘夏，立花オレンジ（1974年に種苗名称登録），果皮や果肉の色が濃く，紅橙色をしている紅甘夏（1975年に種苗名称登録），サマーレッド（1983年に種苗名称登録）が枝変わりで現れている．

　ハッサク　　果実は大きさが350g前後で扁球形である．果面は橙黄色で，やや粗い．果皮は比較的厚く，果肉と密着している．剝皮はやや困難である．じょうのう数は10～13．じょうのうは厚く硬いが，果肉との分離はよい．果肉はやや硬いが，よくしまっていて，果汁は少ない．糖度は10度前後でそれほど高くないが，酸との調和が取れているため食べやすい．本来の熟期は2～3月である．冬期寒害を受けるおそれのないところでは，樹上になるべく遅くまでおいて収穫した方が品質は高まる．しかし，ほとんどの場合12月中に収穫し，貯蔵して出荷している．貯蔵中に発生するこ斑症が不整形の小陥没と茶褐色の斑点をもたらし，商品価値を低下させるためやっかいな問題になっている．ポリエチレンフィルムで果実を包み，貯蔵中の温度を5℃前後に保ち，湿度を90％程度に保てば発生を少なくすることができる．

　樹勢は強く，やや直立性で大木になる．枝は長大で，疎生する．葉は比較的大きく，翼葉がある．ハッサクは自家不和合性を示し，単為結果性が低いため，大果を生産し，十分結実させるためには受粉樹が必要になる．自家受粉の果実はほぼ無核であるが，他家受粉した果実には30個前後の種子を含む．種子は単胚性である．

　本品種はトリステザウイルスに弱く，強毒系ウイルスを保毒している場合果実は小さくなり，樹勢も衰える．こうした被害は，土壌管理をしっかり行い，樹勢を強化す

ることにより発生を遅らせることができる．しかし，根本的には弱毒系ウイルスをもった苗木を栽植することである．

ハッサクは場所により，品質に大きな差が現れる．水田転作や傾斜地の下部で作られるものは品質が劣る．一方，比較的乾燥した場所で作られたものは品質は高く，高い値段で販売されている．この場合，樹勢維持のためにかん水を行えることが絶対条件になる．

本品種からは早生ハッサクや果皮の色が濃橙色に変異した農間紅ハッサク（1976年に種苗名称登録），和紅ハッサク，長浜紅ハッサクが枝変わりで生まれている．このうち，農間紅ハッサクについては，原木より採穂して育成した1個体がトリステザウイルスについて無毒であることが発見され，これに弱毒ウイルスを接種したものを母樹として，苗木の増殖が図られている．

ヒュウガナツ　　果実の大きさは200～300g，果形は球形ないし倒卵形．果面はなめらかで光沢があるが，春先まで樹上におくと果頂部から回青する．果皮は厚く柔らかく，剥きやすい．果肉は淡黄色で，柔軟多汁．果汁中の糖含量は3月中旬に最も高くなるが，酸は6月になって1％以下になる．この時期になると糖と酸の調和がとれ，風味が最もよくなる．種子は20～30個で，単胚性．熟期は5～6月である．

樹体は直立気味で，幼木時代は生育がやや緩慢であるが，5～6年目頃からよく伸びるようになる．枝は密生しやすい．葉はやや小さい．自家不和合性で単為結果性が乏しいため，結実を安定させるために受粉樹が必要となる．　　　　　　［生山　巌］

文　　　献

1) Hodgson, R.W. (1967), The Citrus Industry, Vol. 1, 431-551, University of California Division of Agricultural Sciences.
2) 岩政正男 (1976)，柑橘の品種，静岡県柑橘農業協同組合連合会．
3) 佐藤公一，他編 (1984)，果樹園芸大事典，養賢堂．
4) 田中諭一郎 (1946)，日本柑橘図譜，上，養賢堂．
5) 田中諭一郎 (1948)，日本柑橘図譜，下，養賢堂．
6) 山口勝市，大和田　厚，水谷恒雄(1977)，話題の柑橘100品種，愛媛県青果農業協同組合連合会．
7) 山口勝市，大和田　厚，水谷恒雄(1982)，続話題の柑橘100品種，愛媛県青果農業協同組合連合会．

20.4　栽培管理

（1）開園・植え付け

a．適地基準

外国においては，降水量の少なさとか塩類土壌が最大の栽培制限要因になっているところもある．日本では冬季の低温が栽培を制限しており，適地かどうかも冬の気象条件に大きく左右されている．このほか，生育期の多雨と台風などの強風も重視される．

表20.1　農林水産省が示した晩カン類の栽培条件の基準

種　　　類	年平均気温	冬の最低気温	摘　　　　　要
ハッサク	15.5℃以上	－5℃以上	収穫期までに－4℃以下に下がらないこと
イヨカン	〃	〃	〃
ネーブル	〃	－4℃以上	収穫期までに－3℃以下に下がらないこと
アマナツミカン	16℃以上	〃	〃
福原オレンジ	〃	〃	〃
ブンタン	〃	〃	〃
ヒュウガナツ（ニューサマーオレンジ）	17℃以上	〃	〃
タンゼロ類	16.5℃以上	－3℃以上	品種により熟期が異なるが，収穫期までに－3℃以下に下がらないこと
ポンカン	17℃以上	〃	〃
タンカン	19℃以上	0℃以上	〃

　品種により適地基準は異なる．品種の耐寒性，かいよう病抵抗性などの特性を十分理解した上で栽培に取り組む必要がある．とくに，新品種，外国からの導入品種については注意が必要である．農林水産省が定めている基準を表20.1に示した．

b．適地判定

　気温の推移が最も重要である．あらかじめ気象観測することが望ましいが，不可能な場合は最寄りの気象官署のデータにより冬の気温を調査する．データと開園地の差異に十分留意する．新芽の出る時期の強風も不利な条件となる．気象データの入手困難な場合は植物を指標にすることができる．

　適地での栽培が低コストでの高品質果実生産につながる．気象条件に多少無理がある場合は施設化を前提にして開園を考える．

　土地もきわめて重要である．大型機械による土地の大改造，客土も可能であるが，コストを考えると土性そのもののよさ，傾斜度，方位などの地形が好条件であることが大切である．地下水の滞留，冬季の冷気湖のような悪条件になる場所は避ける．また，紋羽病菌，温州萎縮病ウイルス（SDV）などの有害な病害虫がいないことも確認する必要がある．

c．開　　園

　開園は大型機械により行われる．かつての手開墾と異なり，地形を大幅に変えるケースが多いので，大雨，地震による災害防止にはとくに注意を払う必要がある．大型事業の場合は土砂の貯留池などの対策が義務づけられている．個人による場合も，周辺農地などへの影響を配慮する．一般に雨を避け，冬季に開園工事は行われる．表面のよい耕土が有効に利用できるよう配慮する．

d．開園方式

　開園方式は地形，地質，投資金額により左右されるが，石の多いところでは石の排除もかね石垣積みが行われる．山なりにするか，階段畑にするかは原傾斜，土性，気象条件(雨量)，管理方式により異なってくる．土の流亡を考えると急傾斜地での山な

り開墾は避けるべきである．段畑のテラス幅は栽培管理のことを考えると3m以上は必要と思われる．平坦部に機械を通し，斜面に植栽する斜面畑方式も傾斜地の機械化には有用である．平坦地の地下水位の高いところでは排水工事が不可欠である．

近年，果実品質を重視して，高畝栽培，ボックス栽培，不織布などによる根域を制限する栽植方式が注目されている．果実肥大，寒害の回避が重視される中晩生カンキツ類では全面的に採用できないが，ポンカンとかネーブルのように比較的早生で，果汁成分の高糖度が重視されるものでは検討されてよいと思われる．とくに高畝栽培は冷気の停滞，排水などの面から平坦地園では有用といえる．

e．園のレイアウト

運搬のための主要道，小運搬，管理のための園内道，用排水設備，風向，日照を考慮した防風垣の配置を考える．これは，傾斜度，方位，開園方式，並木植えまたは正方形植えなどの栽植方式と相互関係がある．単位面積当たり収量（樹冠占有面積率）を重視するか，生産費，労働強度の軽減を重視するかによっても異なる．土地の利用率は低下しても，樹高2.5m，樹間距離3～5mでスピードスプレーヤーによる防除可能な園が理想的といえる．

防風樹は，促成用にはメラノキシロンアカシアなどが用いられる．生長は遅いが，養水分の競合，刈込みの手間などの面からマキが多用される．このほか，スギ，イスノキ，マツなどが利用される．

f．改　　植

いや地に注意する．カリフォルニアの試験では，カンキツの跡地に15種の1年生作物を栽培したが，生育量の差はなく，カンキツだけに悪影響が出ている．また，レモン，オレンジ跡にスイートオレンジを植え，葉分析を行った結果，対照区との差を認めていない．養分関係がいや地の原因でないことを裏づけるデータといえる．

対策としては大苗の植え付けが有効といわれている．温州萎縮病ウイルスの被害跡地にはカンキツ類は栽培できない．改植は基盤整備の機会である．ある程度の規模で行うのが望ましい．

g．土壌改良

開園，改植にあたっては土壌の改良を行う．排水不良のところは明きょ，暗きょなどの工事が優先する．土の物理性改良のための有機物投入，化学性改良のための苦土石灰，溶リンの施用を行う．とくに下層土の改良は開園，改植時に行った方がよい．

h．栽植距離

樹体の生長速度は品種により異なり，特性といえる．また，土，気象条件，台木によりその特性の発現は異なる．ナツミカンとかハッサクは最終的には6mほどの樹間距離がないと落ち着かない場合が多い．しかし，樹高は2.5mくらいが理想的である．台木とか根域制限により樹冠拡大を調整する技術開発が重要である．無理な密植栽培は品質，収量を低下させる．

i．植え付け

植え傷みを少なくするために時期を選ぶ．一般に，3～4月の春植えを行う．準備

時に有機物を大量投入したところは土が落ち着いてから植える．新芽を傷めなければ，ある程度発芽していてもよい．天候は曇天無風が最適である．一斗缶育苗のように掘り上げ時に根の傷みの少ないものは夏期，冬期を除き移植できる．掘り上げ時に根の傷みの大きい若木の移植は春葉の伸長停止後の多雨の時期または春の発芽期がよい．

　植え付け時のかん水は土と根をなじませる意義が大きい．土が根の間に沈み込むようにかん水する．根と土がなじむと植え傷みが少ない．植え付け後，乾燥防止のため敷わらなどをする．幼木は植え付け後，ビニルなどで行燈状に樹の周囲を囲むと病害防除，生育促進に効果がある．

j．高接ぎ

　品種更新を効率的に行うために高接ぎが行われる．改植に比べ成園化は早く，3～4年で元の状態に復する．新品種を早く産地化する重要な手段となる．しかし，基盤整備を伴わないため完全な策とはいえない．中間台木の影響は大きい．とくにウイルス病の感染は重大であり，配慮しなければならない．強勢の中間台は一般に品質を低下させる．

（2）整枝・せん定
a．樹形の差異

　放任状態の自然の樹形は品種により異なる．台木によっても多少異なるが，穂部の品種特性が強く影響する．このような特性を無視しない方が樹形の管理は行いやすい．

　しかし，整枝・せん定は樹勢を保ち良品質の果実を連年生産させるための一手段としての目的以外に，栽培管理を容易にするための手段としても行われる．そこで，樹高を下げたり，樹幅を縮めたりする整枝・せん定を行う．無理な切り返しを行うと樹勢を悪くするとともに，生産性を低下させる．このような場合は誘引，芽かき，台木の選択などを検討する必要がある．

　中晩生カンキツも大部分の品種は開心自然形を基本と考えてよい．ユズ，ポンカンなども誘引により開心自然形にした方がよい．

　未結実期間の生長量は品種により異なる．一般に樹勢の強い品種ほどこの期間の生長量が大である．また節間も長い．結実後の樹冠の拡大量の差異は隔年結果性の強弱に関係するものが多い．

　樹勢が強く，樹冠の拡大が早い品種のせん定は弱めで間引き主体にする．また，樹勢の弱い品種は切り返しを適当に組み入れたせん定にする．切り返しの程度が強く，量が多いほど着花量は減少し，栄養生長型の樹相になる．極端な例は宮内伊予柑のせん定にみられ，緑枝の坊主枝を作り着花を減らす調節を行い，生産性を保っている．

b．せん定の時期

　寒害のおそれのなくなった3月を中心に，発芽前に行う．早いほど，樹冠内部まで発芽し，芽立ちもよい．しかし，果実がなっている場合はせん定を行えないので，採収後ただちに行う．5月中に終わらせたいが，さらに遅くなりそうな場合は，果実の採収を兼ね，おおまかなせん定を5月中に行う．

成木の夏秋しょうは出ない状態がよい．発生した場合は果実品質の低下，かいよう病防除面から，極力芽かきにより除去する．

c．せん定の程度

土壌，気象条件，品種により異なる．連年，安定して品質のよい果実を生産できる樹体に調節された状態がよい．これは，摘果との組合わせで好結果が得られる．温州ミカンでは隔年に結実させ，品質が不良になりやすい裏年は生産しない方法が一部で実用化されつつある．中晩生カンキツでも品質のよいものを生産するために，隔年結果性の強い品種では検討することも必要と思われる．

（3）結実管理

a．花の種類

カンキツ類は新芽の先に一つまたは複数の花が着生する．花序の形成は，品種の遺伝的特性による．形成の程度も品種により異なる．ブンタンとかグレープフルーツのように大部分の花が花序を形成するもの，ネーブルオレンジとか清見のように単生のものが混在するもの，ユズのように単生花のみのものがある．花序の形成は栄養条件などによっても左右され，年により，樹体により花序形成の程度に差が認められる．

花序の形成されるものは，花序における花らいの位置により果実の形質が少し異なる．ネーブルオレンジ，サガマンダリンでは栽培上の問題になっている．一般に頂花（中心花）は最も早く開花し，扁平果の品種では，品質的に優れるが，脱落しやすい．そのため，頂花の脱落防止技術または花序形成の阻止技術の開発が望まれている．

また，花は有葉花と直花に分けられる．有葉花は果実肥大はよいが，開花時期は直花に比べ遅く，一般に酸の減少が遅い．充実した直花の方が果実品質は一般に優れる．しかし，結実歩合は有葉花の方が高い．開花期を早め，かつ揃えるためには葉数のあまり多くない有葉花（温州ミカンでは3～4枚）を確保する栽培管理が望まれる．

b．受　　粉

単為結果性の程度は品種により異なる．単為結果性のないものまたはその程度が弱いものは受粉が必要である．現在，雄性不稔で単為結果性のない（低い）経済品種はない．しかし，ブンタンおよびその近縁種を中心に自家不和合性が認められているので，栽培する品種によっては人工受粉，受粉樹の混植が必要である（表20.2）．

単為結果性のあるものを含め，一般に受粉により結実率は高まる．また，ネーブルオレンジなどごく一部の品種を除き，含核数が増えると大果になる傾向がある（図20.1）．しかし，種子が入るため，商品性は低下する．また，果皮も一般に厚くなる．

単為結果性のないもの（弱いもの）については，四倍体花粉の受粉による無核果の生産が行われている．ヒュウガナツではかなり普及している．この方法は花粉が稔性で自家和合性のものには利用できない．完全に無核化することはできないが，商品性はかなり高まる．白鳥日向の受粉がヒュウガナツの無核化に有用であることが最近明らかにされている．

カンキツ類の満開期は5月上中旬に集中するが，品種により多少ずれるので受粉樹

表20.2 結実に関する特性とその現象が知られている品種（山田，1988）

特　性	品　種　名
隔年結果性	アンコール，カボス，キシュウミカン，ナルト，福原オレンジ，ユコウ，ユズ
着花過多	大谷伊予柑，ネーブルオレンジ，宮内伊予柑
花器の異常	清見，サガマンダリン，スイートスプリング，清峰，祖母の香，南香，ネーブルオレンジ，ビューティメイプル，ポンカン，レモン
自家不和合性	アサヒカン，イエローポメロ，江上ブンタン，オーランド，オセオラ，カワチバンカン，クネンボ，クレメンティン，サンバースト，じゃばら，土佐ブンタン，ノバ，ハッサク，はやさき，バンペイユ，ヒュウガナツ，フェアチャイルド，ページ，ホウライカン，ミネオラ，メイポメロ，ヤマブキ，リー，ロビンソン
交配不和合性*	オーランド×ミネオラ，タチバナ×ナツダイダイ，タチバナ×ハッサク，ページ×ノバ，ページ×ロビンソン，ミネオラ×オーランド
後期落果	カワチバンカン，清峰，ナルト，ネーブルオレンジ，はやさき

*：後者が受粉品種．文献については山田（1988）を参照されたい．

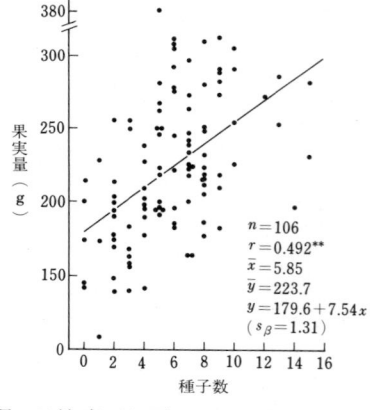

図20.1 種子数と果実重の関係
品種：スイートスプリング．1979年2月，果樹試験場興津支場の原木で調査．**：1％水準で有意．

$n=106$
$r=0.492**$
$\bar{x}=5.85$
$\bar{y}=223.7$
$y=179.6+7.54x$
$(s_\beta=1.31)$

の選択には注意が必要である．開花前の花を冷蔵庫で保存することは1週間程度なら十分可能である．品種特性として，単為結果性の強い無核品種が望まれているため，特色あるものを除き有核品種は減少するものと思われる．

c．生理的落果防止

単為結果性のないもの，弱いものは受粉する必要がある．ある程度肥大した7月中旬以降の落果は種子の多少が関係するといわれている．

日照不足，落葉，土壌の乾燥により生理的落果は助長される．防風樹の刈込み，せん定による受光率の向上は生理的落果防止になる．冬～春にかけての落葉は発芽した枝しょう，花の生育に影響するとともに，生理的落果を多くする．それに，乾燥が伴うと落果はさらに助長される．土壌管理を十分に行い，寒害・干害に強い樹体にすることが肝要である．

薬剤による生理的落果防止技術も検討されている．ネーブルオレンジでは西浦・伊

庭 (1964) によりジベレリンの効果が明らかにされた．しかし，結実性のよい系統の出現で実際にはあまり利用されていない．近年，ブラシノライドの効果がネーブルオレンジで確認されている．しかし，実用化のためにはさらに検討が必要である．開花期の窒素を主体にした葉面散布は新葉を充実させ，生理的落果防止に効果がある．

d．摘　　果

生理的落果の波相は品種，着花量により異なる．また，気象条件，とくに気温と日照量も落果に影響する．落果がいつ頃多く，いつ終了するのかを把握することは，人手による摘果，薬剤摘果（現在，使用できる摘果剤はない）のいずれにおいても大切である．摘果は隔年結果防止と高品質果実の生産を目的に行われる．摘果の時期，程度（葉果比で表現される），摘み取る果実の選び方が，摘果の3要素といえる．

時期は，早いほど果実肥大がよく，隔年結果防止効果もある．しかし，生理的落果終了前に適正葉果比にするのは好ましくない．7月下旬以降の生理的落果終了後に目標値にするよう2～3回に分け摘果するのがよい．しかし，宮田 (1985) の実験によれば，翌年の花芽形成促進のためには，川野ナツダイダイ，ハッサクは7月下旬，宮内伊予柑では7月上旬までがよい．

標準的な葉果比を表20.3に示した．樹勢，気象条件により異なってくるため，一律には決められない．自園で試行錯誤により微調整を行い，適正値にもっていく．樹冠の

表20.3 中晩生カンキツ類の摘果基準（葉果比）例

品　　種	1果当たり葉数 (葉果比)(枚)	産地または発表者
イ　ヨ	60～ 70	愛媛(温泉郡)，静岡
宮内伊予柑	70～ 80	愛媛(温泉郡)
	80～100	愛媛(中島町)
	80～120	山口(橋本，田中)
アマナツ	80～100	熊本(田浦町)
	60～100	愛媛
	100	和歌山
ハッサク	60～ 80	和歌山(紀北地方)，静岡
	100	愛媛(越智郡，樹勢弱のもの)
ネーブルオレンジ	80～100	広島(瀬戸田町)
森田ネーブル	150	静岡(西遠地方)
白柳ネーブル	120	静岡(西遠地方)
ポンカン	80～100	口之津(吉永)，鹿児島
清　見	75～100	佐賀(野方ら)
	70～120	静岡(清水市)
ヒュウガナツ	80～ 90	宮崎(清武町，150g以上を目標)
	60～ 70	静岡
福原オレンジ	40～ 50	静岡
ナルト	80～100	兵庫(浜田，谷口)

業界誌，研究報告より抜粋．一般に7月中下旬までに粗摘果を行い，その後，2回程度の手直し摘果と仕上げ摘果が行われる．

位置により果実の生産力（担果能力）は異なる．樹冠の上部，陽光部，外周はすその部分，内部など光条件の悪い部分に比べ担果能力は高いので多めに結実させる．また，これらの部分は一般に高品質の果実を生産する．

摘み取る果実は，幼果時に病虫害，傷害があり品質不良のもの，極小果，奇形果を優先する．次に，果実品質を中心に考え順次適正葉果比に近づける．果梗の太さは重要で，一般に太いものは品質的に劣る．ポンカン，南香では太いものはす上がりしやすい．ネーブルではへそが大きいと裂果しやすい．

樹冠拡大を必要としない成木の夏秋しょう発生は，病虫害防除，品質低下の面から好ましくない．樹冠上部とか上向きの大玉果は9月下旬〜10月上旬以降，夏秋しょう発生のおそれがなくなってから摘果する．結実量の少ない樹はとくに注意する．

e．後期落果防止

低温が引き金となり，果梗部に離層が形成され，冬季に落果する．品種間差異があり，河内晩柑のようにきわめて落果しやすいものから，レモンのように落果しないものまである．適地に栽培することが最も望ましいが，落果しやすい品種では防風，被覆による防寒，薬剤散布が必要である．落果防止剤としてはジクロルプロップ液剤（エラミカ），MCPB乳剤（マデック）が登録され利用されている．

（4）収　穫
a．収穫時期

中晩生カンキツ類の収穫時期の決定には冬季の寒害の回避が重視される．寒害は落果とす上がり，苦味の発生が主であるが，低温による果皮障害もこはん症の発生との関連もあり無視できない．果実の凍害（す上がり，苦味の発生）の耐性は，果皮の厚い，大果の品種ほど大である．しかし，−2.5〜−4.5℃以下に長時間遭遇すると，大部分の品種は凍害を受ける．

品種のもつ固有の味が最もよくなった時期，すなわち，糖，酸濃度のような果実品質面から優れた時期の収穫が望まれ（表20.4），厳冬期前の収穫は好ましくないものが多い．袋掛けとか被覆栽培による寒害防止と適熟期収穫は中晩生カンキツでは大切である．

赤色系の果皮色の品種は退色が問題になる．陽光面から退色するので袋掛けにより防止する．また，ポンカンなどでは生理的す上がりが問題になる．樹勢が強すぎると発生しやすいが，果梗の太い果実は生じやすいので摘果時に取り除く．寛皮性のカンキツでは浮き皮が問題になる．軽度のものははく皮性をよくするが，はなはだしいものは貯蔵・輸送性を低下させる．一種の過熟現象と考えられ，現在のところ完全な防止策はない．過熟現象と考えられているものに水腐れ病がある．暖冬で春先の雨の多い年に発生が多いといわれる．ナツミカンで最も問題になっているが，清見でも同じような症状のものがみられる．カルシウム剤散布などの試験が行われているが，決め手は見つかっていない．回青も暖かい年に多い一種の過熟現象である．袋掛けが効果的である．これらは，いずれも収穫期を少し早めることにより，ある程度回避できる．

表 20.4 各品種の果実糖度が最も高まる時期と濃度 (山田, 1988)

品種	時期	可溶性固形物[*1](%)
イヨ	2〜3月	12.8
宮内伊予柑	3月中旬	13.4
ナツミカン	3月下旬〜4月上旬	12.5
川野ナツダイダイ	2月中旬〜3月中旬	12.0
ハッサク	2〜3月	13.0
ワシントンネーブル	2月	12.4
トロピタオレンジ	1月下旬〜3月上旬	11.9
タンカン	3〜4月	13.0
平戸ブンタン	1〜3月	12.6
晩王柑	2〜3月	10.4
清見	3〜4月上旬	13.0
ヒュウガナツ	3月中旬〜4月	12.4
カワチバンカン	3月下旬〜4月中旬	12.0
ダイダイ	1〜2月	10.9
サンボウカン	2〜3月	11.4
福原オレンジ	2〜3月	14.3
ナルト	3〜4月	12.2
スイートスプリング	2〜3月	14.5[*2]
バレンシアオレンジ	3〜4月	12.2
サマーフレッシュ	2月	12.0[*2]
メイポメロ	3月	12.0
イエローポメロ	2〜3月	13.0
はやさき	1月	11.4[*2,*3]
南香	12月下旬〜1月	12.6[*2,*3]

山田・西浦 (1985, 1986) などにより作成. 3年間程度の平均値. 農林水産省果樹試験場興津支場で調査.
[*1]: 果汁の比重より求めた値. [*2]: 屈折糖度計示度. [*3]: 単年度のデータ.

b. 収穫方法

　大果のブンタンから小果のキンカンまで，はさみによる採収が行われる．品種により果皮の強度は異なる．清見とか清峰のように傷害により果皮障害が発生しやすいものもあるので，はさみ傷のみならず，取り扱いをていねいにして傷による商品性の低下を防止する．果梗部を長く残すと他の果実を傷つける．果梗部の果形が複雑なものはとくに注意を要する．また，水滴のついた果実は貯蔵・輸送性が低くなるので，朝露の付着した果実の採収は避ける．

　引きもぎ採収はハッサクなど，離層の形成しやすい品種で可能である．しかし，へたのない果実は鮮度が低いというイメージなどから，引きもぎ果の商品性は低い．コストダウンのために，引きもぎ果が市場，消費者に認知されることを期待したい．引きもぎ採収は，離層形成度の低いもの，果皮の弱いものには適さない．

　果実の熟度は1果1果異なる．また，寒害の被害を受ける条件も結実位置により異

なるので，これらも考慮して2～3回に分割採収するのが望ましい．
c．鳥獣害防止
ヒヨドリ，カラス，タヌキなどにより収穫直前の果実が被害を受ける．費用，労力をかけずに完全に防ぐ方法はない．袋掛け，網掛け，音によるおどし，案山子などの対策がとられている．網掛けが最も効果的だがコストがかかる．
d．品質のばらつき
果実品質は産地，園地，樹間，果実間により異なる．消費者に信頼されるためには，味がよいうえばらつきが小さいことが重要である．産地，園地間変異はあらかじめ調査し，できるだけ減らす努力と，異なるものを同一ロットで出荷しない配慮が必要である．

樹間，果実間(樹内)変異は栽培農家がそれぞれ努力して，ばらつきを小さくする．土壌条件とか結実量を均一にする努力，摘果によりばらつきを小さくする努力が必要である．樹冠内では，上部は糖が高く，下部・内部は低い．酸濃度は一般に上部は低いが，ナルトのように高いものもある．品種により異なるが，一般に大果は糖・酸濃度とも低い．糖度が低く，酸濃度の高いものは収穫期を少し遅らせ，果実品質を向上させる．

　　　　　　　　　　　　　　　　　　　　　　　　　　　　　　　　[山田彬雄]

文　献

1) 浜田憲一，谷田　保 (1984)，兵庫農総センター研報，**32**，71-74.
2) 橋本和光，田中　仁 (1987)，山口農試研報，**39**，27-32.
3) 日高　昭 (1985)，昭和59年度実用化技術レポート (櫛渕欽也)，111-125，農林水産技術会議事務局．
4) 井上　宏 (1968)，果樹の生理障害と対策 (鳥潟博高編)，88-121，誠文堂新光社．
5) 宮田明義 (1985)，山口農試研報，**37**，151-157.
6) 野方俊秀，他 (1984)，九州農業研究 (九農研)，**46**，250.
7) 小川勝利 (1985)，広島果試報，**11**，25-37.
8) 岡田正道 (1989)，柑橘，**41**，18-22.
9) Tsao, P.H., Martin, J.P. and Davis, R.M. (1989), The Citrus Industry (Reuther, W., Calavan, E.W. and Carman, G.E. eds.), 261-279, University of California.
10) 山田彬雄 (1988)，園学シンポ要旨，1-19.
11) 山田彬雄 (1988)，特産果樹情報提供事業報告書 (ゆず)，13-21，日本果樹種苗協会．
12) 吉田　守，他 (1983)，福岡の果樹園芸，**18**(7)，10-23.

(5) 土壌管理，水分管理，施肥管理
a．土壌管理
一般に中晩生カンキツは，温州ミカンと比べて商品性の面で大果生産が重視されることから，根群分布を拡大して樹勢を強化するための積極的な土壌改良が必要である．とくに，宮内伊予柑のような着果過多になりやすい品種では，連年多収を維持する上で摘らい・摘果による結実管理とともに土壌改良による根群拡大が不可欠である．

細根の発育に必要な条件としては，根が呼吸するための酸素が土壌空気中に十分あ

ること,極端な土壌の乾燥や排水不良による滞水の害がないこと,根の伸長を阻害するような圧密層が存在しないことなどがあげられる.そこで細根の発生を促すためには,土壌改良を行い,土壌構造を団粒化させることによって,土壌の物理性(通気性・透水性・土壌硬度など)を改善することが重要である.

深耕にあたっては,過度の断根による樹勢の低下を避けるため,年次計画を立てて深耕を実施する.参考として,トレンチャーによる溝状深耕の深耕位置と年次計画の例を図 20.2 に示した.深耕の時期は 1～3 月が一般的で,深耕する深さは温州ミカンより深く,60 cm 程度を目安とする.

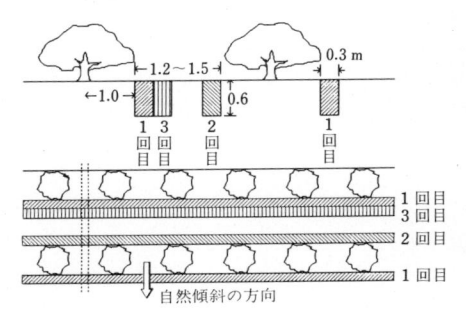

図 20.2 深耕位置と年次計画(長崎県果樹指導指針,1978)

掘り上げた土には,完熟たい肥や土壌改良資材などを混和して埋め戻す.未熟な有機物は,窒素飢餓,紋羽病,根の発育障害などの原因となりやすいので使用しない.中晩生カンキツ類では多肥栽培で土壌の酸性化が進んでいる園地が多く,一部ではそれに伴うマンガン過剰症の発生も認められるので,有機物施用によって土壌緩衝能を高めるとともに,積極的に土壌診断を行って必要量の石灰質資材を施用する.石灰およびリン酸質資材は,表面施用では効果が現れにくいので,深耕時に混和施用することによって下層土の化学性改善に努める.石灰質資材としては苦土石灰と炭カル,リン酸質資材としては溶リンがよく用いられている.

なお,重粘ち密な細粒質土壌では,深耕部分に梅雨期の滞水を生じやすく,湿害回避のため排水に留意する必要がある.

中晩生カンキツ園の土壌管理では,温州ミカンと比べて肥料より地力に依存する割合が高いため,有機物を多く施用して地力の増進に努める必要がある.たい肥・きゅう肥などの有機質資材を,少なくとも年に 3 t/10 a 以上は施用したい.有機物資材の不足を補う意味では,草生栽培による地力向上効果も大きい.ただ,苗木仕立てのイヨカンなどでは樹冠の拡大が遅いため,草との養水分競合による弊害が大きいので草生栽培は避ける.高接ぎ樹の場合も,施肥時期や梅雨明けには早めに草刈り・中耕などを実施して,養水分の吸収競合を軽減する.清耕栽培は表層の肥よく土が流亡しやすいため傾斜地には不向きであり,平坦地でもなるべく敷わらや敷草による防止対策を講じることが望ましい.

b．水分管理

　中晩生カンキツ類は一般に大果生産を指向する傾向にあり，適度の土壌水分で果実の発育を促す意味から果実肥大期の干ばつ防止に重点をおいた水分管理が必要である．

　かん水は梅雨明けから2週間程度干天が続いた頃から始めて，9月下旬頃まで行う．かん水の程度は土壌条件や乾燥程度によって異なるが，おおむねかん水の間断日数は10日くらいで，スプリンクラーなどのかん水施設がある場合には全園かん水で20～30 t/10 a程度，かんがい用水が少ない場合にはホースによる局部かん水で100～200 l/樹程度を目安としてかん水する．また，盛夏期には土面蒸発を抑えて過度の土壌乾燥を防ぐために敷わらを行うことが望ましい．

　かん水以外の水分管理としては，新根の発育がおう盛な梅雨期には湿害を回避するため暗きょの設置や側溝の整備を行って排水対策を講じること，10月以降は土壌を乾かして糖度を高めるため，敷草や敷わらなどの被覆資材を樹幹に寄せて土面蒸発を促すことなどがあげられる．

c．施肥管理

　中晩生カンキツの年間施肥量は，安定多収・大果生産などの面から温州ミカンと比べて多く施用される傾向にある．各県の施肥基準でみた場合，年間窒素施用量はおおむね30～35 kg/10 aの範囲にあって，温州ミカンより2～4割程度多い．現地では施肥基準の倍量以上を施用している園地も一部みられるが，各県の施肥量試験をみると，必要以上に施肥量を増やしても収量増加や生産安定には結び付かないことが多い．逆に，連年多肥栽培を続けると有機配合肥料を用いた場合でも硫酸根の集積によって土壌が著しく酸性化するため，マンガンの過剰吸収による弊害も指摘されている．

　施肥窒素の吸収利用率は，施肥量が多いほど，また細根の分布密度が小さいほど低くなる．したがって，中晩生カンキツの樹勢強化対策としては，施肥基準を目安にし

表20.5　中晩生カンキツの施肥基準（熊本県，1987，抜粋）

品種(収量)	施肥時期～	窒素成分(kg/10a)	品種(収量)	施肥時期～	窒素成分(kg/10a)
アマナツ(4t)	春肥（2月上旬～3月上旬）	10.5	イヨカン(3t)	春肥（2月上旬～3月上旬）	9.0
	夏肥（5月中旬～6月上旬）	9.0		夏肥（5月中旬～6月上旬）	7.5
	初秋肥（9月上旬）	6.0		初秋肥（9月上旬）	7.5
	晩秋肥（11月上旬）	4.5		晩秋肥（11月上旬）	6.0
	年間	30.0		年間	30.0
ネーブル(3t)	春肥（2月上旬～3月上旬）	8.0	ハッサク(4t)	春肥（2月上旬～3月上旬）	10.2
	夏肥（5月中旬～6月上旬）	4.8		夏肥（5月中旬～6月上旬）	8.5
	〃　（6月下旬～7月上旬）	4.8		初秋肥（9月上旬）	8.5
	初秋肥（9月上旬）	8.0		晩秋肥（11月上旬）	6.8
	晩秋肥（11月上旬）	6.4		年間	34.0
	年間	32.0			

3要素の比率はN：P_2O_5：K_2O=10：7：7で，時期別の施肥割合は3要素共通．

た適期適量の施肥管理を行い，土作りによって細根量を増やすことが基本といえる．
参考として，熊本県における中晩生カンキツの施肥基準（抜粋）を表20.5に示した．
　中晩生カンキツの施肥回数は，養分供給を切れ目なく行う意味で温州ミカンより多く，春肥・夏肥・初秋肥・晩秋肥の4回分施が普通である．肥料の種類も，緩効性で有機成分割合の高い配合肥料を用いることが多い．時期別の施肥割合では，新しょうの発育と果実の初期肥大促進に重要な役割を果たす春肥に重点をおいた施肥体系が一般的であり，愛媛県立果樹試験場の宮内伊予柑を用いた施肥時期試験でも，春肥重点区が初秋肥重点区に比べて果実品質・収量とも良好な結果が得られている．夏肥は新しょうの充実，果実の肥大促進，新根の発育などに必要な養分を供給する肥料で，温州ミカンと比べてこの季節の施肥割合が大きい．秋肥は中晩生カンキツでは2回に分けて行うことが多く，貯蔵養分の蓄積や翌年の花芽分化に効果がある．なお，イヨカンのように着花による養分収奪が大きい品種では，開花前後に花肥として尿素を葉面散布することによって，養分を補完的に供給することもある．
　高接ぎ更新を行う場合は，更新前に土壌改良と適正施肥によって中間台木の樹体栄養を充実させるとともに，更新から結実までの期間は，樹容積の減少や根群の損傷などを考慮して施肥量を削減した方がよい．長崎県の施肥基準では，高接ぎ当年が更新前（温州ミカン）の50％，2年目は65％として，3年目で更新前の施肥量まで戻し，その後は収量別施肥基準を適用している．

表20.6　一般的な葉面散布剤の種類および使用濃度（高辻，1987）

要素	種類と使用濃度	
窒素	尿素	0.5%
リン酸	第一リン酸カリ	0.3%
カリ	第一リン酸カリ	0.3%
カルシウム	塩化カルシウム	0.4%
マグネシウム	硫酸マグネシウム	2.0%
鉄	硫酸第一鉄	0.2%
マンガン	硫酸マンガン	0.3%
亜鉛	硫酸亜鉛	0.3%
ホウ素	ホウ砂	0.2%
銅	ボルドー液	
モリブデン	モリブデン酸アンモン	0.02%

薬害防止のため，硫酸マンガン，硫酸亜鉛，ホウ砂には等量の石灰を加用する．

　また，中晩生カンキツでは高接ぎ後の亜鉛欠乏，土壌乾燥によるホウ素欠乏，着果過多に伴うマグネシウム欠乏などの栄養障害が発生しやすい．要素欠乏が発生した場合には，その程度に応じて土壌施用や葉面散布を行い欠乏成分を補給する必要がある（表20.6）．ただ，ホウ素は許容範囲が狭く吸収されやすいため過剰障害（葉先からの黄変と落葉）を生じやすいので，施用にあたっては十分に注意する．　　［高辻豊二］

文　献

1) 石田善一 (1982), 農業技術体系, 果樹編1, カンキツ, 272-278, 農文協.
2) 石原正義 (1982), 果樹の栄養生理, 141-232, 農文協.
3) 岩本数人 (1982), 果樹園の土壌管理と施肥技術 (千葉 勉編), 219-256, 博友社.
4) 高木信雄 (1987), 昭和62年度実用化技術レポート (農林水産技術会議事務局編), 139-162, 農林統計協会.
5) 高橋英一, 吉野 実, 前田正男 (1980), 原色作物の要素欠乏過剰症, 221-244, 農文協.

(6) 施設栽培

施設栽培は, 冬季が低温で, 生育期に降雨の多い日本の気象条件では, 経済栽培が困難な品種を主体に, 結実, 果実の外観, 肥大, 食味に優れるなど, 生産の安定や品質面の利点があり, 小規模ではあるが, 多数の品種で広い地域に普及している.

a. 品　種

主要品種の作型とその特性を表20.7に示した. 加温栽培ではいずれの品種も他の作型に比べ果実が大きい特徴を有する. このほかに清見, ポンカン, セミノール, ミネオラ, ブンタン, キンカン, ヒュウガナツ, レモン, ユズ, スダチ, カボスなどがある.

表20.7　主要品種の施設栽培における特性 (愛知県農業総合試験場, 1987)

品　種	作型	収穫期	収量*(kg)	果実の大きさ(g)	糖度
大三島ネーブル	加温	10月下旬	21	268	12.5
ワシントンネーブル	〃	12月上旬	22	317	11.0
吉田ネーブル	雨よけ	2月上旬	8	189	12.3
パイナップルオレンジ	加温	12月上旬	22	210	12.0
トロピタオレンジ	〃	11月下旬	15	264	11.6
マーコット	〃	12月中旬	14	205	15.6
〃	保温	3月上旬	8	143	14.5
アンコール	加温	12月中旬	30	180	13.7
〃	保温	3月上旬	13	121	15.4
キノー	加温	11月下旬	28	214	14.7
〃	保温	2月下旬	12	125	15.9
フレモント	加温	11月下旬	13	133	14.6
ページ	〃	11月上旬	7	109	13.8

*：樹冠容積10m³当たり収量.

b. 作型と被覆

施設栽培は加温, 保温および雨よけの三つの作型に分類される.

加温栽培は1月下旬にビニルを被覆し, 2月1日前後から加温を開始する. 内張りビニルは, 換気能力の限界がみられる4月下旬頃に除去する. 夜温が18℃以上になる6月中旬頃にサイドビニルを除去して加温を停止する. 以降, 収穫終了まで雨よけ状態で管理する.

保温栽培は12月上旬に外張りビニルを，下旬に内張りビニルを被覆する．被覆ビニルの除去およびそれ以降の管理は加温栽培に準じて行う．

雨よけ栽培は3月に被覆し，12月収穫の品種は，台風シーズンが終わり，病害の発生の心配がなくなる10月にビニルを除去する．1～2月まで着果させ，完熟してから収穫する品種は周年被覆しておき，3月に新しいビニルに張り替える．

被覆ビニルは外張り0.1 mm，内張り0.05 mmのものを使用する．

c. 温度管理

加温栽培は夜温を加温開始～発芽期15°C，発芽期～生理的落果終了18°C，生理的落果終了～加温停止20°Cで，昼温を加温開始～一次生理的落果期25°C，二次生理的落果期28°C，果実肥大最盛期30°Cで管理する．花芽発育期から開花期，細胞分裂期の高温は奇形果や落果を誘発する．この生育期間には，昼温が25°C以上にならないように管理する．とくに保温栽培ではこの生育期間が4～5月で，外気温が高くなってくる時期である．このため，施設内温度を25°C以下で管理できる能力の高い換気装置を装備する必要がある．

d. 樹体管理

加温栽培は1月，保温栽培は収穫後にせん定を行う．加温栽培では着花がよく，樹勢が衰弱しやすい．せん定は軽くし，衰弱枝や枯枝を間引き，適宜，側枝を切り返して更新を図り，新しょうの発生を促す．

保温栽培は収穫期が遅いこともあって，着花が少なく，隔年結果性もあり，樹勢が強くなる．この性質はアンコール，マーコットなどで顕著にみられる．樹姿は直立で，強い発育枝が多発し，側枝が長大となり，花は枝の先端部にしか着生しない．早期から着果させるには，側枝の間引き中心のせん定が行われるが，このせん定を続けると枝が長くなりすぎ，柳状を呈し，樹形が乱れる．むしろ，早期着果を多少制限しても早く完成した樹形を作る方がよい．主枝・亜主枝は両方で6本以内にとどめ，短い側枝群を作る．長い側枝は1/3くらい切り詰めて，樹冠内部に短い緑枝の発生を促す．

e. 結実管理

着花の多いオレンジなどは摘らいをして樹勢の強化と結実の向上を図る．内成りの果実の肥大と品質が優れる特性を有するオレンジは枝先を重点的に摘らいする．

摘果は生理的落果終了時から始め，果形や大きさの目安がつく果径30 mmくらいの時期に仕上げる．アンコールなどの不時開花がみられる品種は小玉の摘果を8月下旬～9月上旬に行う．摘果の程度は葉果比100～150を目安とする．

f. 土壌管理・施肥

施設栽培では着果の安定に伴い樹勢は徐々に衰弱してくる．そのため，土壌の生産力を高めて，樹勢の強化を図ることが重要である．収穫後に完熟たい肥を5,000 kg/10 a施用するなど土壌改良に努める．

施肥量は，降雨による肥料成分の流亡がないので露地栽培の70～80％とし，被覆前，緑化期，果実肥大盛期および完全着色期の4回に分施する．

g. かん水

 水管理の要点は，大果生産を目標とするから果実肥大盛期までは十分かん水をして適湿に保ち，着色初期からは果実の糖度を高めるためにかん水を控えめにする．前者は pF 2.0～2.7，後者は pF 2.3～3.0 をかん水の目安とする．

h. 収穫・出荷

 施設栽培は高品質果実の生産をねらいとするから早採りを避け，完熟させて収穫する．クエン酸含量の 0.8～1.0％が収穫の適期である．マーコットは着色の進行が樹上では遅いが，貯蔵中の進行が早いから20～30日貯蔵してから出荷する．キノーは貯蔵すると果皮色が退色するので，収穫後速やかに選別して出荷する．

i. 果実障害と防止対策

 加温栽培のマーコットは9～10月に裂果が多発する．気温が高いと発生が多く，発生率が80％に及ぶこともある．土壌水分を制限して果実肥大を抑えると若干防止効果がある．
 アンコールの緑斑症は果径 35 mm 以上の果実で，果実温 30℃以上で発生し，高温ほど激しくなる．梅雨明け頃からシルバーネット（遮光率40％）を被覆して果実温を下げると発生が抑制される．

j. 病害虫防除

 ハダニ，ホコリダニ，サビダニなどのダニ類，カイガラムシ，スリップス，アブラムシ，灰色かび病の発生が多い．密度が急激に上昇するハダニは早期防除を心がけ，とくに発芽前の防除は必ず実施する． 　　　　　　　　　　　　　　　　［榊原正義］

文　献

1) 広瀬和栄（1984），カンキツ類ハウス栽培の新技術，105-173，誠文堂新光社．
2) 谷口哲微（1985），果樹の施設栽培，72-160，家の光協会．

20.5 出　荷

 19.5節で述べた温州ミカンの出荷技術は中晩生カンキツにも共通する点が多いので，ここでは中晩生カンキツに特徴的な出荷技術に限って2，3紹介するにとどめる．

(1) 選果工程における品質劣化

 温州ミカンの選果工程における品質劣化防止に関しては，多くの研究があり，実際に改善が進んでいる．しかし，中晩生カンキツについては，果皮や砂じょうに十分な物理的強度があるため，選果や輸送中の品質劣化は少ないとみなされ，温州ミカンのような対策はとられていない．しかし，近年，清見，セミノール，アンコール，マーコットなど従来の中晩生カンキツとは異質のカンキツの生産が増加している．これらの果実は砂じょうが軟らかく多汁で，果皮も柔らかいという特徴があり，温州ミカン同様，選果工程での品質劣化が心配される．清見については，実際に選果工程中の傷

害による果皮障害が問題となっており，大型選果機の使用をやめるなど諸種の対策がとられている．他のカンキツについても生産量が増大するにつれ，この種の問題が顕在化する可能性があり，品種に応じた品質劣化防止技術の開発が望まれる．

####（2）着　　色

未熟で収穫せざるをえない中晩生カンキツには早生温州と同様，出荷時に着色を必要とする場合がある．イヨカン，ネーブルがその例で，クロロフィル分解とカロチノイド生成の促進のためにエチレン処理と加温が必要である．収穫時期の外気温が低いため，加温（15℃程度）が必要な点以外は早生温州と同様の処理が行われている．エチレン処理は，クロロフィル分解に卓効があるものの，へた枯れやへた落ちの原因となるため，着色のあと長期貯蔵を行う場合は避けた方がよい．また，果皮の未熟が原因で生ずる果皮障害をエチレン処理によって防止できることがネーブル，大谷イヨカンについて発表されている．

20.6　貯　　蔵

中晩生カンキツの貯蔵は，温州ミカンの場合とは異なり，単なる販売期間の延長のためだけに行われるのではない．このカンキツ類の多くは3～4月が本来の収穫期であるが，大部分の産地では果実が寒害を受けるため，この時期まで樹上におけず，12～1月に収穫している．したがって，酸含量は高く，着色は不十分，香りも少ないなどで商品価値は低い．このような果実の食味・外観・香りなどを改善することが中晩生カンキツの貯蔵の目的である．以下，主要な中晩生カンキツの貯蔵管理について，とくに19.6節で述べた温州ミカンの貯蔵とは異なる点について重点的に述べる．

####（1）アマナツ

アマナツの産地のうち，ごく一部を除けば，樹上で可食状態まで成熟させるのは不可能で，早いところで12月，遅いところでも2月に収穫し，酸が減少するまで貯蔵される（図20.3）．使用されている貯蔵庫はバラエティに富んでおり，常温貯蔵庫，低温貯蔵庫，天然の冷気を利用する高原の貯蔵庫や洞くつ利用の貯蔵庫がある．これらの

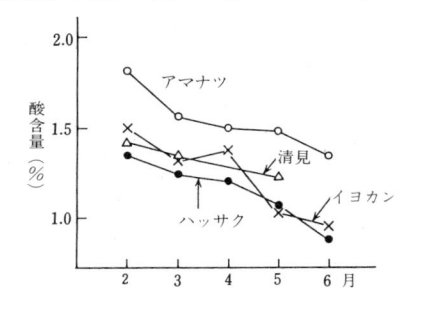

図20.3　各種中晩生カンキツ類の貯蔵中における酸含量の消長（5℃貯蔵）（農林水産省果樹試験場興津支場貯蔵研究室の研究結果に基づいて作図）

貯蔵庫のうちアマナツ貯蔵の最適条件（温度5℃，湿度90％）に近い条件を設定できる貯蔵庫ほど長期貯蔵が可能である．常温で4月中旬，高原で貯蔵する場合で5月上旬，低温貯蔵庫で5月末までが一応の貯蔵限界である．

収納方法はほとんど20 kg入りのコンテナ箱貯蔵である．1個ずつポリエチレン(20 nm)袋にくるむ方法（ポリ個装）を併用することも多い．この包装内は酸素が低く，炭酸ガスが多くなって，CA条件に近くなっているほか，湿度も90％付近で，品質劣化防止のための好適な条件が作り出されており，裸果による貯蔵よりも1～2カ月の長期間の貯蔵が可能である．

(2) ハッサク

ハッサクも可食状態となるまで樹上におく栽培法はごく一部の産地に限られる．酸含量がアマナツより低いだけ，早く出荷可能となる（図20.3）．ハッサクには2種類の貯蔵障害があり，注意が肝要である．一つは果皮に褐色の斑点を生ずる障害（こ斑症）で，8℃以上での貯蔵や低温貯蔵庫からの出庫後に発生し，商品価値を著しく損なう．ポリ個装や出庫予措によってある程度は抑制できるが，完全な防止法はない．

もう一方の障害は"ずる症"と総称されるもので果皮表面が水浸状となったり，油胞の黒変・へた枯れ・異臭を生じる．原因は貯蔵庫内の酸素不足にあるとされており，十分な換気や底の浅いコンテナに貯蔵するなどの対策で回避できる．

(3) その他の中晩生カンキツ

その他の中晩生カンキツにはハッサクとほぼ同等の生産量のあるイヨカンから数百t程度のものまで多く品種がある．イヨカンを別にすればこれらの貯蔵技術が完全に確立しているとはいいがたいが，最適の温湿度条件については解明されている．すなわち，イヨカンは7℃，85％，ネーブルオレンジは7℃，87～88％，清見は3℃，87～88％，ブンタンは6℃，93％，セミノールは8℃，87～88％．これらの条件に近ければ，果皮障害（こ斑症）や，す上がり・萎凋の発生など貯蔵障害および腐敗果の発生を低く抑えられるが，完全に防止できるわけではなく，ポリ個装，予措，あるいは耕種的な防止法（たとえば，栽培管理を適切に行い丈夫な果皮・果実を作るなど）を組み合わせて総合的な防止対策を講ずる必要がある． ［矢野昌充］

20.7 加　　工

本来，中晩生カンキツとは中生と晩生のカンキツ類のことであるが，わが国では早熟性という優れた特性をもつ温州ミカンが主要品種であるため，温州ミカン以外の栽培品種を一括して中晩生カンキツとみなしている．中晩生カンキツの多くは従来地域的な産地を形作っているため，その加工品もその地域の特産品的な扱いを受けている．いずれも数量はわずかなうえ，加工法も品種ごと，製品ごとに異なる場合が多い．

(1) 果汁加工
a. 清見の成分特性と果汁加工適性

清見は農林水産省果樹試験場で宮川早生とトロビタオレンジの交雑種として育成され，タンゴール1号として登録された品種である．清見のカロチノイド組成はモノール画分が約60％を占める．この値は宮川早生よりやや低いが，その組成の基本的特徴は温州ミカンに類似している（図20.4）．果皮や果汁色調が宮川早生に比べ黄色味が強いが，このことはカロチノイド組成からも支持される．

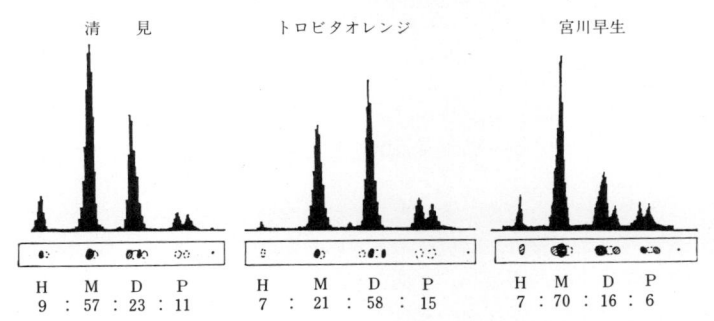

```
      清 見              トロビタオレンジ              宮川早生

   H  M  D  P         H  M  D  P              H  M  D  P
   9 :57 :23 :11      7 :21 :58 :15           7 :70 :16 :6
```

図20.4 清見と親品種のカロチノイドパターン（荒木ら，1989）
H：ハイドロカーボン，M：モノール，D：ディオール，P：ポリオール．

香気成分については，含酸素画分から約90成分が分離・同定されたが，清見とトロビタオレンジに共通する成分が多く検出された．とくにオレンジ香をもつといわれるα-シネンサールの存在が確認された．このほか，ビタミンC含量が温州ミカンより高いなど，成分特性の面で親品種の優れた形質を引き継いでいる．果汁加工適性で重要な搾汁率も約55％で，中晩生カンキツのなかでは高く，果汁の官能検査でも評価が高

表20.8 混合果汁の品質（泉ら，1974）

区別	糖度(Brix)	クエン酸(%)	アミノ態窒素(mg%)	ビタミンC(mg%)	フラバノン(mg%)	パルプ(%)	果汁色調a値	香気
〔リーマ〕								
ポンカン	11.7	0.86	35	26	120	13	5.8	a
クネンボ	11.6	0.85	36	25	116	10	3.3	b
キンコウジ	10.9	0.75	36	24	114	12	4.4	b
アマナツ	11.4	0.82	36	26	124	8	4.3	b
バレンシアオレンジ	11.7	0.95	39	30	128	10	2.3	a
トロビタオレンジ	11.6	0.95	35	28	93	8	4.6	b
〔インライン〕								
福原オレンジ	11.3	0.92	39	28	156	12	3.2	a
トロビタオレンジ	11.4	0.92	40	28	200	11	2.6	b
ポンカン	11.4	0.90	37	26	166	11	3.7	a
タンカン	11.4	0.90	36	28	200	8	3.8	b

混合割合：温州ミカン(9)，他のカンキツ果汁(1)．香気は，a：よい，b：普通．

く，とくに飲みやすいことが指摘された．

b．ブレンド用果汁

果実飲料製造において，消費者のし好の多様化に応えるため各種の混合果汁が生産されている．温州ミカン果汁をベースにして，ブレンドに適した品種選抜が検討され，福原オレンジ，ポンカン果汁を10～20％混合すると，し好性の高い果汁製品が得られる（表20.8）．

福原オレンジの風味はまろやかで日本人の好みに適していると考えられるが，生産量が少ないため原料供給が不安定で，その利用に大きな制約がある．

（2）果実酢

フルーツビネガーは元来，リンゴやブドウを原料とした醸造酢のことであるが，レモンやスダチのように果汁がそのまま食酢として用いられ，調理用として欠かせないものになっている．

レモンとライムは世界における香酸カンキツの双璧であるが，わが国のスダチやカボスの風味はノーブルで優れた品位をもっていると考える．このほか，地方の特産物として栽培されている品種があり，大別するとユズ系統のものとダイダイ系統のものに分けられる．

香酸カンキツは他の果汁と異なり，糖分より酸味に重点がおかれる．沢村らはおもな品種の品質を調べ，指数として糖酸比の逆数を温州ミカンを1.0として換算した値を用いることを提唱している．表20.9の指数で数値が高いユズ，スダチ，ムカクユ，オオユなどは香酸カンキツとして適性品種であるといえる．今後，清澄化技術，褐変防止技術開発を進める必要がある．

表20.9　調理用カンキツの品質(沢村ら，1979)

	1果重(g)	果汁歩合(%)	クエン酸(%)	指数*
ユ　　ズ	157	19.1	5.03	23.3
ナオシチ	181	27.6	4.06	12.6
ムカクユ	60	31.7	5.37	24.5
オ オ ユ	436	28.0	4.37	21.5
ベ ニ ユ	59	27.1	4.23	9.5
ユ コ ウ	106	30.2	5.84	12.7
ス ダ チ	27	25.9	4.96	21.8
カ ブ ス	190	27.4	4.88	13.6
スミカン	132	19.7	3.65	10.0
キヨオカダイダイ	128	28.9	5.19	18.0
ト コ ス	187	33.7	5.33	10.7
ウジュキツ	62	21.0	2.31	4.2
タチバナ	18	27.8	3.19	6.7
温州ミカン	105	39.0	0.98	1.0

*：糖酸比の逆数を温州ミカンを1.0として換算．

(3) 糖果

砂糖の保存性を生かした製品として，形のある果実を砂糖液で煮つめ，果実組織内に糖を浸透させ最終糖度を 60～70％ にした糖漬果実と，糖液から引きあげ乾燥した製品である．ブンタン，晩白柚の果皮，キンカンなどの砂糖漬が製造され，一部薬用として家庭で用いられている．有名なブンタン漬は鹿児島県阿久根地方特産で本田ブンタンが用いられている．

(4) シロップ漬け缶詰

ナツミカン，イヨ，ハッサクの缶詰が製造されているが，贈答用の詰合せ品としてのみでその数量は少ない．近年シロップのかわりに果汁を用いるものや，内果皮を完全に脱皮せず透明の状態に残したものを用いる製品がある．

(5) 精油

カンキツ果皮のフラベド部の油胞中には，温州ミカンは果皮に対し 0.6～1.2％，ナツミカンは 1.3～2.4％ の精油（α-リモネンとして）が含まれている．ナツミカンの精油は香料原料として利用されてきたが，ユズやカボスなどからも採油が行われ，菓子やゼリーでの利用が試みられている．

(6) ユズの加工

ユズは果皮歩合が高く約 52％ を占め，果皮にはペクチンが約 70％ 含まれている．古くから菓子の香料として用いられているほか，"ユズみそ" など多種類にわたるが，そのほとんどが小規模である．また，果皮を細断凍結し薬味としても用いられている．

(7) マーマレード

マーマレードはカンキツ特有の加工品であり，中晩生カンキツがもつそれぞれの風味特性を最もよく生かすことができる．現在，ダイダイのほかナツミカンの果皮が用いられているが，ネーブルを混用した製品のほか，イヨ，カボス，キンカンなどを用いた特徴ある風味をもつ製品が作られている．また，ジャムと同様低糖化が進められている．

(8) 加工上の問題点

a．苦味成分

苦味は中晩生カンキツの加工にあたって共通する最大の課題である．カンキツの苦味はナツミカンのナリンギンに代表されるフラボノイドに由来するものと，ネーブルのリモニンに代表されるリモノイドに由来するものに大別される．

カンキツ果実のフラボノイドは，品種によって含有するフラバノン配糖体の種類が異なり，それぞれの呈味を示す．ルチノサイド型（ヘスペリジンなど）は無味で，ヘスペリドサイド型（ナリンギンなど）は苦味がある．含量は品種，果実部位で異なる

が，一般に果皮やじょうのう膜に多く含まれる．また，ナツミカンの砂じょうで，柄部の含量は中央部に比べ約30倍高い．

ハッサク，ナツミカンはナリンギンとリモノイドを含み，とくにハッサクは含量も高く果汁品質上問題があるが，近年イオン交換樹脂，合成吸着剤による除去法の開発が進んでいる．リモノイド含量も品種や果実部位により異なる（表20.10）．また，果実熟度に依存し，成熟に伴い減少する．

表20.10 主要中晩生カンキツの収穫時期，果実部位別リモノイド含量（福谷ら，1983）

品　種	収穫期(月／日)	リモニン(ppm)		ノミリン(ppm)	
		パルプ	じょうのう膜	パルプ	じょうのう膜
イヨカン	12/26	12	137	1	24
	1/18	18	103	nd	19
	3/23	16	108	1	4
アマナツ	11/16	10	175	12	158
	3/23	7	132	1	14
ナツミカン	3/23	29	260	22	114
	4/17	15	262	7	53
ハッサク	11/16	62	646	29	1,297
	1/18	32	534	4	152
	3/23	20	496	4	57
	5/17	22	447	4	38

b．搾汁法と果汁品質

インライン搾汁機によるナツミカンの搾汁率は38〜43％にすぎず，搾汁率を上げようとすると苦味が増すなど果汁品質が低下する．また，カボスのインライン搾汁果汁は貯蔵中に異臭が発生しやすい．

苦味成分はじょうのう膜に高濃度に含まれるので，これを損傷するような搾汁法で

表20.11 主要中晩生カンキツの加工適性（荒木，1982）

加工品\品種	天然果汁	ブレンド用	ドリンク用	砂じょう	シロップ漬け	マーマレード	糖果実	果皮	果酢	油	加工品\品種	天然果汁	ブレンド用	ドリンク用	砂じょう	シロップ漬け	マーマレード	糖果実	果皮	果酢	油
清見	○										ネーブル	○									
ポンカン		○									ブンタン						○				
福原オレンジ		○									ユズ								○	△	
ナツミカン	○	○	○	△	○	○			△		スダチ			△					○		
ハッサク		○	△		△	○			△		カボス			△					○		
イヨ				△	△	△															

△：現在加工されているが，さらに試験研究が必要なもの．

は果汁の苦味が増大する．このように搾汁法と果汁品質との関連が深いので，中晩生カンキツの搾汁においては，苦味成分の混入を最小限に抑えることが重要である．

表20.11に主要中晩生カンキツの加工適性を示した．中晩生カンキツは品種が多いが1品種の生産量は少なく，加工に向けられる果実は数量，品質ともに制約される．さらに，成分特性や加工品の品質保持技術について解明すべき課題も多いが，消費者のし好の多様化に応えるためにも，特有の風味をもつ中晩生カンキツを原料素材としてとらえ，その加工技術開発を進める必要がある．　　　　　　［荒木忠治］

文　　献

1) 荒木忠治，泉　嘉郎，高野祐子，榊原英公，上野　勇 (1989)，果樹試報，**B 16**, 41.
2) 柴田　萬，平野稔彦 (1988)，研究成果 No. 208，西日本における転換柑橘類果実の需要拡大のための加工法の開発，8, 129, 農林水産技術会議事務局．
3) 児玉雅信 (1980)，愛媛県工試研報，No. 18, 34-54.
4) 前田久夫，高橋保男，三宅正起，伊福　靖 (1984)，日食工誌，**31**, 413-420.

20.8　生　理　障　害

（1）　凍結による苦味の発現

カンキツの苦味成分には，リモノイド系とフラバノン・グリコシド系の2系統がある．前者は果実が成熟するに従い含量が減少し，完熟果を生食する限り，苦味成分としてはほとんど問題にならない．ナツミカン，ハッサクなどの中晩生カンキツの苦味成分として問題となるのは後者である．このフラバノン・グリコシドは大きく2群に分けられ，苦味のないフラバノン・ルチノシド（ヘスペリジン，ナリルチンなど）と苦味のあるフラバノン・ネオヘスペリドシド（ナリンギン，ネオヘスペリジンなど）がある（Albachら，1969）．なかでもナツミカン，ハッサクにおいてネオヘスペリジンの含量は少なく，その苦味もナリンギンの約1/10なので，これらの品種の苦味成分の本体はナリンギンと考えてよい．ナリンギンを含有する中晩生カンキツは寒候期を経過して完熟するため，つねに凍害の危険にさらされている．この凍害により果実が凍結すると苦味が増加する(間苧谷ら，1979；松本ら，1983, 1985)．カンキツ果実の果肉部を構成している砂じょう中には果汁が充満している．この果汁を包む砂じょう膜および柄の部分には果汁部分よりきわめて高含量のナリンギンを含んでいる．凍害を受けていない果実では通常のそしゃくでは苦味を感じない．しかし，凍害を受けた果実では，凍結により脆弱化した砂じょう膜および柄より果汁中へ多量のナリンギンが溶出し，苦味を強く感じることになる（間苧谷ら，1979）．

ナリンギン含量には品種間差異があり，凍結していない果実では，グレープフルーツで顕著に高く(211 mg%)，ついでニュージーランド産のグレープフルーツ系雑種であるウイニー，モリソンが次に高い．わが国原産の中晩生カンキツでは，ナルトがかなり高い含量 (69 mg%) であるのを除くと，平戸ブンタン，土佐ブンタン，バンペイ

ユ，バンオウカン，カワチバンカン，フナドコなどの主要晩柑類は 30 mg% 以下で，10 mg% 前後の品種が多い．これら中晩生カンキツ果実が凍害を受けると多少とも苦くなるが，食味の上から苦味が問題にならなかった品種に土佐ブンタン，フナドコ，キヌカワがあった（松本・奥代，1985）．

　果実が寒候期を経過して成熟する中晩生カンキツ栽培の成立条件として，冬季の気象の温暖な立地（果実の凍結による苦味発生の限界条件を考慮，たとえば－6.5℃，6 時間，川野ナツダイダイ；間苧谷ら，1980）とナリンギン含量の低いあるいは含有しない品種の選択が重要である．

（2）す上がり

　苦味の発生とともに，す上がりには凍結によって起こるす上がりと生理的す上がりとがある．前者は凍結により砂じょう内の果汁が砂じょう外にもれ，中軸維管束を通って果皮に伝わり蒸散することにより起こる（中島ら，1974）．石内ら（1975）によると，福原オレンジのす上がりは－4℃以下の低温が 3 時間以上継続すると発生するとしている．また，す上がりの発生には，最低気温とその持続時間が影響し，内田（1983）はす上がりの程度（Y）は最低気温（X_1）とその持続時間（X_2）の回帰から，$Y=-0.599 X_1+0.0063 X_2-3.43$ の回帰式で説明できるとしている．中川ら（1976）は，す上がりの発生限界温度を，イヨカン，福原オレンジ，ヒュウガナツで－3.5～－4.5℃以下，ナツミカンで－4～－5℃以下，阿久根ブンタンで－5～－6℃以下としている．大果で果皮の厚いブンタンがす上がりしにくいことは内田ら（1984）の観察と一致している．なお，小果でも果汁濃度の高いピキシーマンダリン，貯蔵中に果実内の水分が移動しにくいバレンシアオレンジ，セミノールです上がりしにくいことも観察されている．

　す上がりの発生を軽減させるため，栽培者はコモや寒冷しゃ，不織布などで樹冠全体を被ったり，果実に三重袋やアルミ箔で被覆して，果肉温度の低下を防止している．

　凍害によらない生理的す上がりは，粒化症ともいい，中晩生カンキツでサンボウカンなどで多発する．また本障害の発生機構は，低温にあって，その発育が一次休止状態になり，春の昇温に伴い，発育が二次的に再開されて砂じょうが肥厚，ゲル化し，さらには，砂じょう内の組織が崩壊して空洞を生じるため（松本，1973）とされている．また，遅くまで（6月下旬）樹上に着果させた川野ナツダイダイ果実においても観察される生理的す上がりの発生には，春季の新しょうの発生（新たな栄養生長との競合）との関連も深いと考えられる．

（3）回　青

　カンキツ果実は成熟期に達すると，それまで果皮に含まれていたクロロフィルが消失し，カロチノイドが増加して橙色となる．ところが，成熟期が初夏である晩生カンキツでは果皮に再びクロロフィルを生成して果面が緑色を帯びることがあり，これを回青現象という．バレンシアオレンジ，ヒュウガナツ，ダイダイ類，モリソン，スム

ースセビルおよびサマーフレッシュなどにみられる．とくに樹冠の内側に着果した成熟の遅れた果実で顕著に認められ，このような果実は一般に果皮が厚く，果汁・糖・酸含量も少なく，果実品質も劣る．回青現象は環境条件や樹体栄養によっても助長あるいは抑制される．バレンシアオレンジでは，回青の出ない年次では果実発育の前半気温が平年より高く発育の促進がなされ，発育の後半では気温は平年より低い状態にある．一方，回青が出る年次は，発育の前半の気温が平年より低く発育が遅延し，発育の後半の気温が高めに推移している．このように，回青の発生には果実の熟度が大きく関与している(松本，1973)．なお，バレンシアオレンジでは過剰の窒素の施用によって回青が助長される(Jones と Embleton, 1959)．さらに成熟期のナフタレン酢酸，ジベレリンおよび 2,4-D などの生長調節剤の散布により回青は促進される．逆にエテホンの散布で抑制されるが，落葉と落果を助長するため，防止法としてまだ実用化の域には達していない．回青の防止法としてまず，果実の二次的生長を再開する春季の窒素の効きすぎに注意し，回青の発現する前の果実に黒色ハトロン紙や厚紙の袋を掛けることによりクロロフィルの生成に必須の光線を遮断することにより，防止することができる（岩崎，1966)．

（4）こ斑症

こ斑症はカンキツ果皮の生理障害で，中晩生カンキツにその発生が多い．収穫後，貯蔵中あるいは出庫後に果皮が斑点状あるいは円形状に不規則に褐変する症状をいう．症状が発生した果皮では油胞がつぶれ，その周囲の表皮組織やフラベド組織が破壊し褐変する．こ斑症の発生は，温州ミカン，ハッサク，川野ナツダイダイ，イヨカン，キヌカワ，ネーブルオレンジ，セミノール，清見などでみられる．その発生原因については，低温による障害，果皮の未成熟，果皮の乾燥，果皮からの揮発性物質の揮散などが上げられているが，十分に解明されていない．

ハッサクでは 10°C 以上の高温と相対湿度 75～80％の低温条件によって発生が助長される（Kanlayanarat ら，1988)．また，低温貯蔵中には発生しないが，出庫後の昇温によって急激に増加する．さらに，収穫時の着色度の進んだ果実では発生が少なく，未熟な年内収穫果（12月）で発生が多く，年明け収穫果（1月）で発生が少ない（真子，1988)．防止法として，収穫直後に果実を厚さ 0.02 mm のポリエチレンで包装したり，あるいはチアベンダゾール加用ワックスで被膜剤処理し，できるだけ低温条件で貯蔵する方法がある．

ネーブルオレンジではハッサクと同様に未熟果の貯蔵と貯蔵中や予措時の乾燥によって発生を助長する．防止法として，エチレンと高温（20°C）による追熟予措により，果皮の着色・追熟が促進され，こ斑症の発生を抑制することができる．

こ斑症の発生する品種に共通することは，完熟果の貯蔵でなく，本来の熟期より数カ月も早く収穫した未熟果を貯蔵したときに多発することである．したがって，こ斑症に対する抜本的対策は冬季が温暖で果実が樹上越冬できる適地での栽培，あるいは加温ハウス利用による樹上での果実の完熟化を図ることが必要である．ちなみに温暖

な果樹試験場口之津支場では，樹上越冬させた完熟した果実にこ斑症はほとんど発生しない．

[松本亮司]

文　献

1) 岩崎藤助 (1966)，カンキツ栽培法（改訂新版），朝倉書店，36-38．
2) Kanlayanarat, S., Oogaki, C. and Genma, H. (1988), 園学雑, **57**, 513-520.
3) 間苧谷　徹，長谷嘉臣，松本亮司 (1979)，園学雑, **47**, 546-552．
4) 間苧谷　徹，長谷嘉臣 (1980)，果樹試報, **E3**, 67-74．
5) 松本和雄 (1973)，柑橘園芸新書，305-309．
6) 松本亮司，間苧谷　徹，奥代直巳 (1983)，園学雑, **52**, 1-6．
7) 松本亮司，奥代直巳 (1985)，果樹試報, **D7**, 1-10．
8) 真子正史 (1988)，園学雑, **57**, 295-303．
9) 中川行夫，本条　均，小中原　実 (1976)，農業気象, **31**, 195-198．
10) 内田　誠 (1983)，果樹試報, **D5**, 59-66．
11) 内田　誠 (1984)，果樹試報, **D6**, 85-96．

20.9　病　　害

a．さび果病

診断　ナツミカン（川野ナツダイダイなどを含む），レモン，ブンタン類などの果実のみに発生．熟期に入る頃から果皮に橙紅色（レモンなど）あるいは赤褐色，紫褐色のしみ状の微細な斑点が生ずる．症状が重い場合は斑点が密に癒合し，果梗部周辺を中心にして涙斑状あるいは不整形の幅広い泥塊状の病斑となり，著しく外観を損ねる（図 20.5）．一見黒点病の後期感染型の病徴と似ているが，発生時期の相違と斑点が黒点病に比べて小さく，かつ平滑，不鮮明なので区別できる．なお，ハッサクなど12月に収穫し，長期にわたって貯蔵する品種の果実では収穫時，病斑部は緑色の斑点状を呈しており，貯蔵期間が進むにつれてこの部分が褐変してくるのが特徴である．

図 20.5　カンキツさび果病（樹上で発病した果実）

病原菌　*Colletotrichum gloeosporioides* Penzig

炭そ病菌の一種で，生じてあまり時間の経過していない新しい枯枝（摘果，生理的落果跡の果梗枝の枯れ込みなど）に寄生し，ここに分生子層を形成して伝染原となる．

伝染経路 降雨の際分生胞子が雨で流出，あるいは飛沫とともに飛散して伝搬，果皮の気孔部から侵入感染する．果皮の活力が高い間は気孔部に留まりなんら病変を起こさないが，果皮の活力低下に伴う抵抗力の減退につれ病変が生ずる．しかし果実が腐敗することはない．

多発条件 ①感染は6月から10月まで降雨の都度行われるが，とくに夏秋季，8月下旬から10月にかけて雨の多い場合，②樹勢の弱い，枯れ枝の多い樹，あるいは生理的落果の多い樹でとくに多発する．

品種感受性 上記の品種のほか，ヒュウガナツ，ナルト，サンボウカンにも発生が認められている．温州ミカン，ネーブルオレンジなどのスイートオレンジ，イヨカンでは発生が認められていない．

防除 薬剤防除： 通常は黒点病の防除を徹底することによって同時防除が可能であるが，例年多発する園では9月中旬にさらにジネブ剤，マンネブ剤，マンゼブ剤などを散布する．

耕種的防除： 枯れ枝のせん除を徹底し，枯れ枝が生じにくいせん定を行う．また，摘果時には果梗枝を残さぬためはさみを用いるよう心がけたい．

b．エクソコーティス病

診断 カラタチ（外国ではシトレンジ類，ラングプアーライム台も含まれる）台のカンキツはすべて罹病性で，穂部には固有の病徴は生ぜず，台木部のみにうろこ状のはく皮症状の生じるのが特徴である（図20.6）．菌類病の裾腐病と類似するが，本病の場合は穂部にまで病斑が拡大することがないので区別できる．発病して年数が経るに従い，二次的に樹全体の萎縮，樹勢衰弱，結実不良などの症状が現れるので，このような状態の樹が認められたならば台木部の観察を行う．ステムピッティング病罹病性の品種の場合は，当然のことながらこれについても留意して調査する必要がある．

図20.6 エクソコーティス病
台木部のはく皮症状，穂部はレモン．

病原 リング状を呈する1本鎖RNAからなるウイロイドで，いわばコートタンパク質を欠くウイルスと考えればよい．

検定方法 通常検定植物を用いた生物検定を行う．検定植物はエトログシトロンを用い，これに被検樹の穂の芽を接ぎ木接種する．検定は高温期に行うとよい．接種後早い場合は1カ月，遅くとも1年以内に生ずる葉の倦葉（エピナスティ），中肋上あるいは葉柄基部のコルク化の有無や程度により罹病の是非を判定する．なおエクソコー

ティスウイロイドには弱毒系統が存在するので，検定に際しては極軽度の症状にも留意する必要がある．
　伝搬経路　接ぎ木伝搬と接ぎ木ナイフ，せん定・収穫ばさみなどの汚染を介しての伝搬が主で，土壌伝搬や虫媒伝搬は知られていない．
　発生条件　①病原ウイロイドに潜在感染している樹を母樹にして苗木を繁殖した場合に多発，②保毒樹の穂を高接ぎした場合も同様．
　品種感受性　わが国で発病が認められた品種は広範にわたるが，比較的多発しているものとしては，レモン，スイートオレンジ類などである．
　対策　無病母樹から採穂繁殖した樹で栽培を行う．また，罹病樹で未だ樹勢衰弱の程度の軽いものでは，耐病性台木，たとえばユズ，ナツミカンを根接ぎすれば病勢の進展は阻止できるが，果実の品質が重視される昨今では，無病苗で更新するのが得策である．なお，罹病樹の存在する疑いのある園では，せん定や収穫時，樹が変わるごとに，はさみを消毒液（ホルマリン4％液と苛性ソーダ4％液を等量混合したもの）に瞬時浸漬して消毒する．

c．ステムピッティング病

　診断　前年生の緑枝を，1樹につき4～5本，前々年生枝との境界部分を少し付けて採取し，全はく皮してピッティング（微細なすじあるいははくぼみ）の有無や程度を調べる．これが木質部全域にあるいは局部的に明瞭にかつ密に生じておれば本病に罹病していると判断してよい．罹病後年数を経た樹では春しょうの伸びが悪く，葉は小形で直立気味となり，花は過多気味に着くが結実が悪く，玉伸びも悪いため小玉果の比率が高くなるなど，一般に樹勢衰弱樹によくみられる症状が現れる．さらにイヨカン，川野ナツダイダイなどでは果皮に黄褐色のいわゆるこ斑症が多発するのも症状の一つであり，肉眼診断上重要な病徴である．
　病原ウイルス　カンキツトリステザウイルス（CTV）の強毒系統で，12×2,000 nmのclosterovirus群に属する屈曲性に富んだ紐状ウイルスである．CTVには一般に，弱毒と強毒の2系統が存在し，強毒系統にはさらにステムピッティング，シードリングイエローズの2系統が存在するとされ，いずれも本病の病原となりうる．
　検定方法　通常幹が鉛筆大に成長したメキシカンライム苗を用いた生物検定を行う．被検樹の穂を芽接ぎあるいは一芽腹接ぎなどの方法を用いて接ぎ木接種し，10～12カ月間観察を行う．葉にベインクリアリング（葉脈透過），ベインコーキング（葉脈コルク化），生育阻害，ステムピッティングなどの症状を現した場合陽性と判定する．なお，CTV弱毒系統が感染している被検樹の場合はベインクリアリングとごく軽いステムピッティングを生ずるのみで，これは時間が経過しても変わらない．以上のほか，酵素結合抗体法（ELISA），蛍光抗体法など，いわゆる血清反応を利用した検定法があり，多数の樹を対象に短期間で無毒樹を探し出すには有効な方法であるが，その詳細は他書を参照されたい．
　伝搬方法　接ぎ木伝染とミカンクロアブラムシによる媒介が主で，実験的にはネナシカズラによる伝搬あるいはナイフによる付傷接種でも伝染するとされるが，実際の

防除の上では問題にならない．土壌伝搬，葉の接触伝搬は知られていない．

発生条件 ①罹病樹を母樹として苗木を繁殖した場合に多発，②無毒樹を栽植してもアブラムシの防除などに留意しない限り3年後には高率に感染を受ける．

品種感受性 わが国の主要品種のなかではハッサク，ユズ，ブンタン類がとくに弱い．その他の品種についてはほぼ表20.12に示すとおりである．

表20.12 ステムピッティング病に対する主要カンキツ品種の耐病性

耐病性	品種名
非常に弱い	ブンタン類(安政柑，晩王柑，晩白柚，宇和ポメロ)，グレープフルーツ，ハッサク，マルメラ，ユズ，金柑子温州，ミネオラ，セミノール
弱い	イヨカン，ナツミカン類，オレンジ類（バレンシアを除く），三宝柑
強い	スダチ，バレンシアオレンジ，ヒュウガナツ
非常に強い	ポンカン，タンカン，レモン，温州ミカン
免疫性	カラタチ，トロイヤーシトレンジ

この類別は厳正な比較試験に基づくものではなく，各所での実態調査，一部の比較試験などをもとに作成したものである．一応の目安として参考に供されたい．

対策 努めてCTV弱毒系統に感染している母樹を育成，これより繁殖した樹で栽培を行う．この際通常の防除以上にアブラムシの防除は徹底的に行うよう努める．また，上述の諸症状に注意し，樹勢衰弱が目立ってきたならば土壌改良，肥培管理，着果量の調節など樹勢の保持強化策に努め，実害の軽減に努める．それでも樹勢が衰弱し採算が取れなくなったと判断される樹は早急に健全苗で更新する．

d．接ぎ木部異常病

診断 カラタチ台のカンキツ類はすべて罹病性で，温州ミカンではいわゆる台負け症状，ブンタン類では穂・台木部の境界部分が多少くびれる症状を示す．この部分をはく皮すると，台・穂の接着部にクリーズと称する褐色の離層が形成されているので容易に診断できる．葉や果実にはウイルス病特有の病徴は生じないが，二次的症状として葉の黄変，落葉などの激しい樹勢衰弱症状を示す．

病原 カンキツタタリーフウイルス（CTLV）

$600～700 \times 19$ nm の多少屈曲する紐状ウイルス．

検定方法 通常ラスクシトレンジ，トロイヤーシトレンジ，*C. exelsa* などのカンキツ実生苗あるいはラフレモン台に接いだ接ぎ木苗を用いた生物検定を行う．これらのなかでラスクシトレンジが最も敏感に反応するとされている．22～25°Cの低温条件下では数カ月で葉縁の奇形化した葉（タタリーフ症状）を生ずるが，一般には1年間は継続観察するのが無難である．

伝染方法 接ぎ木伝搬が主で，虫媒伝搬，土壌伝搬などは知られていない．実験的

には草本植物に対し容易に汁液伝搬し，ナイフの汚染を介しても伝搬したとの報告もあるので，せん定・収穫ばさみなどを介して伝搬する可能性もあるが，詳細は不明である．

発生条件 病原ウイルスが潜在感染している樹を母樹にして苗木を繁殖したり，高接ぎ更新した場合に多発．

対策 無病母樹から育成した苗木で栽培を行う．なお，罹病樹であっても樹勢がひどく衰弱していない場合はユズ，ナツミカンなどの耐病性台木を根接ぎすることによって樹勢の維持延命策が図れる．しかし，罹病樹を温存することは後々本病を拡散させるなどのトラブルのもとになりかねないので，無毒母樹から育成した苗木で更新するのが得策である．

〔佐々木 篤〕

20.10 虫　　害

(1) 発生様相

外観品質を重要視する中晩生カンキツ類にとって，果皮傷害の原因となる訪花害虫，ミカンハダニは重要な害虫である．近年，薬剤・栽培様式の変遷に伴いチャノキイロアザミウマ，チャノホコリダニなどの被害も増加傾向にある．

(2) 主要害虫

a．コアオハナムグリ (citrus flower chafer) *Oxycetonia jucunda* (Faldermann)

被害の特徴 開花中に飛来し，花粉，花蜜を食べるために花中に潜り込む．そのとき，頭部や足の爪で子房に引っ掻き傷を付け，これが収穫時まで残り，外観を損なう．すべてのカンキツ類に訪花して加害するが，とくに，中晩生カンキツ類は温州ミカンに比べ栽培面積が少なく，また開花時期がずれるので，被害が集中しやすい．

生態 越冬は成虫態で，地中で行い，平均気温が15℃くらいになる頃から現れ始める．4～5月に多くみられ，種々の花に集まるが，なかでもカンキツ類のように白色系の花に誘引されやすい．越冬世代成虫は6月までみられ，この間，腐植の多い土中に産卵する．ふ化幼虫は土中の有機物を食べながら成長し，8～9月に成虫になる．10月中旬頃から越冬のために土中に潜り始めるが，この間，花粉や花蜜を求め種々の花に集まる．越冬は落葉下や，土中で行うため，暖冬の年には生存率が高く，翌春の発生が多い傾向にある．

防除 薬剤防除：　移動性の大きい虫なので，広域を一斉に行うことが望ましい．なお，防除の時期は，発生量が多い場合，3分咲きと満開期の2回，少ない場合には4～5分咲きのときに1回行う．使用薬剤は，有機リン剤，カーバメイト剤，合成ピレスロイド剤の単剤，またはこれらの混合剤を使用する．

b．ヒメヒラタケシキスイ *Epuraea domina* (Reitter)

被害の特徴 成虫が花に飛来し，花蜜を食べるため花中に潜り，子房に引っ掻き傷を付ける．本虫による引っ掻き傷はコアオハナムグリのものより浅くて細い．また発

生量が多い場合は，花柱や子房も食害し，とくに子房を食害された場合には黄変して落果することが多い．すべてのカンキツ類に飛来するが，前項で述べたように中晩生カンキツ類はとくに被害を受けやすい．

生態 本虫は，カンキツの開花期に花上で多数みられるが，夏から秋には落下した腐敗果のなかなどでも棲息している．また，他の樹木の樹液に集まることも知られているが，詳しい生態は明らかでない．

防除 薬剤防除： コアオハナムグリと加害時期が同じであるため，これと同時防除を行う．

c．チャノキイロアザミウマ (yellow tea thrips, chillie thrips) *Scirtothrips dorsalis* (Hood)

被害の特徴 ネーブルオレンジ，マーコット，イヨカン，アマナツ，ブンタン，ハッサク，ポンカン，清見など多くのカンキツ類に寄生加害するが，これら外観品質を重要視する中晩生カンキツ類では，わずかな被害も無視できない．なお，被害の現れ方は品種により異なり，なかでもネーブルオレンジなどのオレンジ類に被害が大きい．

また，果実への被害の現れ方は，加害時期によって異なる．たとえばネーブルオレンジでは，6～7月の幼果期に加害されると，へた部を中心にケロイド状灰白色の傷ができる．この時期はへた部と果皮の間にすきまがあり，そこに棲息し，加害するため，被害はへたと相似形に現れることが多い．8月以降に加害された場合は次の2種類の傷が発生する．一つは陽光面を中心にサビダニまたは小黒点病様の被害となる．これは夏芽に寄生していた虫が，夏芽の除去に伴い，果実に移動して加害した場合に多い．もう一つは果頂部に寄生加害した場合で，症状は黒褐色雲形状となる．

生態 越冬は成虫態（暖地では蛹も考えられる）で，枝幹部や地表の落葉中や土壌中で行う．越冬虫は3月中旬頃から現れ，秋までの間に7～8世代をくり返す．越冬場所を離脱した虫は新芽，新しょうが発生している植物に飛来し，産卵する．たとえばカンキツ園付近では防風樹のサンゴジュなどへの飛来がみられる．第1世代成虫は5月上旬に羽化し，これらがカンキツ園にも飛来する．広島県内のネーブル園における，果実への寄生は7月，8～9月に多いが，場所や年次によるふれも多い．このため，防除と結び付ける予察をするためには，個々の地点，園での調査が必要である．一般に空梅雨，8～9月の降雨が少ない年には発生量が多く，また防風樹にイヌマキ，サンゴジュを植えている園で被害が多い傾向にある．

防除 薬剤防除： 発生の多くなる6月と7～8月に，果実の寄生率10％を目安にして，アセフェート剤，合成ピレスロイド剤を散布する．なお，黒点病の防除時にはマンゼブ剤の散布で同時防除することも大切である．

d．チャノホコリダニ (broad mite) *Polyphagotarsonemus latus* (Banks)

被害の特徴 被害は主としてハウス栽培でみられていたが，最近は露地栽培でもみられるようになった．新芽や幼果など若い組織に寄生加害するため，葉は湾曲わい小化し，心止まり状態となる．幼果に寄生した場合，加害跡がケロイド状になったり，果実全体が加害された場合は灰白色さめ肌状になり，発育が阻害される．

生態 気温が10°C以上あれば発育可能で，施設栽培のカンキツ園では，年間を通して生存している．好適発育温度は15～20°Cであり，これが発芽時や果実の発育期と重なると急激に増殖し，被害が発生する．

防除 薬剤防除： 新芽の被害を目安に，ハダニ類の防除薬剤である酸化フェンブダスズ剤，テトラジホン剤，ケルセン剤，アミトラズ剤を散布する．低温時であればキノキサリン系剤，BPPS剤，水和硫黄剤でもよい．

e．ミカンハダニ （citrus red mite） *Panonychus citri* (McGregor)

被害の特徴 カンキツ栽培にとって最も重要な害虫であるため，温州ミカンの項で詳しく述べられており，ここでは簡単に記す．年間を通じて寄生がみられるが，春から夏にかけてはおもに葉を加害する．被害葉は葉緑素がぬけ，白いかすり状の痕が残る．被害が軽い場合には回復するが，著しい場合は黄変して落葉する．また，夏以降は果実にも寄生する．とくに秋期に果実への寄生が多くなると葉緑素が失われるため，品種独特の紅が乗らず，いわゆる黄ぼけミカンとなる．

生態 カンキツ園では年中，卵，幼虫，成虫の各態のものがみられ，冬季でも気温の高いときには活動する．ハダニの増殖適温は25°C前後で年間10～14世代をくり返す．発生量は一般に6月から7月にかけて多くなり，盛夏期に減少，9月中旬頃から再び増加する2山形になる．薬剤の防除暦やその年の気象要因によって発生パターンは，大きく変化することもある．また合成ピレスロイド剤などの散布によりカンキツ園の天敵相が乱された場合には多発しやすい．

防除 薬剤防除： 外観品質を重要視する中晩生カンキツ類の場合，秋期の被害を受けないようとくに注意が必要である．また，冬季マシン油乳剤の散布はハダニを年間低密度に抑えるために，実施したいが，薬害や品質への影響などから控える園も多いので，春先から発生状況に注意し，早めの防除を行うことが必要である．

生育期の防除適期は1葉当たりの平均寄生数が0.5～1頭のときである．防除薬剤は春季と秋期はキノキサリン系・テトラジホン剤，ケルセン剤，テトラジホン・ピリダフェンチオン剤，フェニソブロモレート剤，フェノチオカルブ剤，BPPS剤のなかから，夏季にはフェンピロキシメート剤，ピリダフェン剤，酸化フェンブダスズ剤，ヘキシチアゾクス剤，精製マシン油乳剤のなかから選び散布する．なお，ハダニに対する薬剤抵抗性発達を回避するため，同一系統薬剤の使用は年1回に留める．

f．ヤノネカイガラムシ （arrowhead scale） *Unaspis yanonensis* (Kuwana)

被害の特徴 葉，枝，果実に定着して寄生し，樹液を吸汁加害する．多発すると樹勢が低下し，葉や小枝が枯れ込む．また果実に寄生した場合には着色不良などを起こし，外観を著しく損なう．

生態 越冬は成虫，未成熟成虫態で葉，枝に寄生したまま行い，暖地では4月下旬から1齢幼虫が発生し始める．年間2～3世代発生し，第2世代幼虫の発生は暖地で7月上旬から始まる．中国・四国地方以北の冷涼地では年により第3代幼虫は発生しないことがある．

防除 薬剤防除： 12月下旬にマシン油乳剤を散布するとともに，図20.7に示す

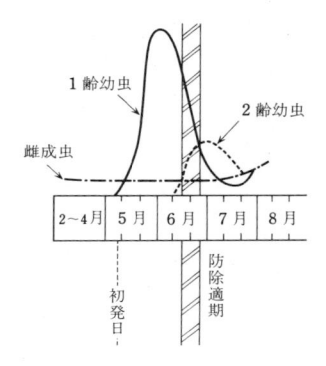

図20.7 ヤノネカイガラムシ第1世代幼虫発生期と防除適期（広島県農政部，1968）

第1世代1齢幼虫初発日の40日後，すなわち2齢幼虫最盛日～未成熟成虫発生初期までにDMTP剤，PAP剤，ブプロフェジン剤などを散布する．さらに第2世代幼虫の発生がみられる場合には，初発から30日後に上記の薬剤を散布する．

近年有力な天敵，ヤノネキイロコバチ，ヤノネツヤコバチを静岡県が中国から輸入し，増殖配布されているので，天敵と薬剤防除をうまく組み合わせた防除も可能である．

その他のカイガラムシ類 果実，葉，枝に寄生するものに，ナシマルカイガラムシ，ミカンマルカイガラムシ，アカマルカイガラムシがあり，さらに，すす病を併発するものにイセリヤカイガラムシ，ミカンワタカイガラムシ，コナカイガラムシ類，ロウムシ類がある．

g．**オオミノガ** (giant bagworm) *Eumeta japonica* (Heylaerts)，**チャミノガ** (tea bagworm) *E. minuscula* (Butler)

被害の特徴 幼虫が若い葉や果実の表皮を食害する．食害跡は果面に少しへこんだ白色～灰褐色の傷として残り，外観を著しく損なう．

生態 オオミノガは老熟した幼虫で越冬し，翌春成虫となり，6月中旬頃に幼虫が発生する．チャミノガは若齢幼虫で越冬し，7月中旬頃から幼虫が発生する．

防除 薬剤防除： 幼虫発生期に有機リン剤などを散布する．

その他の果皮を加害するもの 同様の被害が発生するものにヨモギエダシャクなどのシャクガ類やカネタタキがいる．

h．**ミカンクロアブラムシ** (tropical citrus aphid) *Toxoptera citricidus* (Kirkaldy)

被害の特徴 成虫は黒色で光沢があり，新しょうや新葉に寄生する．寄生が多い場合，新葉は葉表を外側に反り返り，新しょうの伸長が阻害される．そのほかに，ステムピッティング病に弱いブンタン類，ハッサク，ユズなどでは病原であるカンキツトリステザウイルスを媒介するため，発生にはとくに注意を要する．本虫のおもな寄主植物はカンキツ類で，寄生は4月下旬頃から秋期までみられ，5月中旬および夏枝，秋枝に発生が多い．

防除 薬剤防除： 密度が高くなる前に有機リン剤を散布する．このほか，カンキツ類を加害するおもなアブラムシ類には，ユキヤナギアブラムシ（ミカンミドリアブラムシ），ワタアブラムシがいるが，これらのなかには有機リン剤抵抗性のものもみうけられるので，合成ピレスロイド剤，カーバメイト剤およびこれらの混合剤を使用して防除する．　　　　　　　　　　　　　　　　　　　　　　　　　　　［松本　要］

21. ビワ

21.1 経営上の特性と問題点

　戦中戦後にかけて減少したビワの栽培面積は，1963年には3,180 haに回復したが，この頃からのミカンの増植に押されて徐々に減少し，1975年前後には2,300 ha台にまで落ち込んだ．その後は新植面積が廃園面積をやや上回り，微増の状態が続いている．1987年には2,650 haとなっている．最近の生産量は年による豊凶の差が大きいが，多い年で15,000 t程度である．

　ビワの出荷期は5～6月で新鮮な果物の端境期であったこと，また季節感を与える果物として根強い需要がある一方で，生産が停滞しているため，卸売価格はほぼ順調に上昇してきた．近頃ではメロンやイチゴの生産量の増加や輸入果物の増加により，端境期の感はなくなってきているが，主要果樹のなかではオウトウについで高価格を維持している．

　販売価格が高値である半面，栽培面積が伸びない要因としては，気象災害を受けやすく栽培適地が限定されること，農地の流動化が進まず適地の取得が困難であることがある．また10 a当たり収量が他の果樹に比べて少ないこと，寒害，台風，収穫期の長雨などの気象災害を受けやすく，生産がきわめて不安定であることも要因となっている．10 a当たり収量は気象災害がない年の平均でも800 kg程度であり，収量の多い事例でも1.2 t程度である（図21.1）．そのため単価が高いわりには収益性は低く，不安定である．

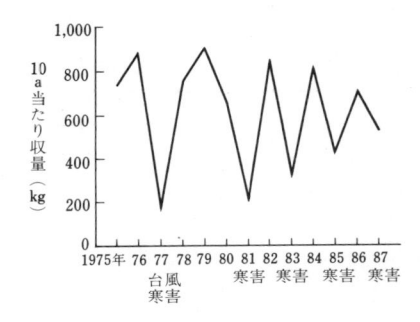

図21.1　10 a当たり収量（長崎県）1975～87年産果樹生産出荷統計（農林水産省，1976～87）より作図．

表21.1 10a当たり作業別労働時間（長崎県基準技術，1988）

	せん定芽かき	土壌管理草管理	施肥防除	摘房摘らい	摘果袋掛け	収穫出荷	被覆	温度管理	水分管理	その他	計
露地栽培(%)	45 (11.8)	40 (10.5)	36 (9.5)	50 (13.2)	95 (25.0)	111 (29.2)	—	—	—	3 (0.8)	380 (100)
ハウス栽培(%)	51 (8.4)	20 (3.3)	35 (5.8)	60 (9.9)	119 (19.7)	159 (26.3)	69 (11.4)	50 (8.3)	27 (4.5)	15 (2.5)	605 (100)

　さらに10a当たりの労働時間が他の果樹に比べて多くかかり（表21.1），しかも3月上旬〜4月上旬の摘果，袋掛け，5〜6月の収穫，出荷に労力が集中することが経営規模拡大のネックになっている。これらの作業は機械化による省力化が困難であり，また成木になると樹高が高くなるため，木に登っての作業が多くなり，作業の能率が非常に低い。これまで実用品種が少なく，産地により茂木あるいは田中の単一品種の栽培が行われてきたことも労力の集中に拍車をかけている。これらのことから家族労働による経営規模は40〜50aが限度である。ビワ栽培の経営規模は一般に零細で，専業経営は少なく，ミカンや野菜との複合経営が一般的である。

　労力の集中を分散し，経営規模の拡大を図るためには，品種構成の改善が必要である。近年実用的な品種が相ついで育成されており，早生〜晩生品種の組み合わせによる労力の分散がある程度可能になってきた。

　露地栽培では確実に寒害を防止する手段はないが，ハウス栽培では寒害回避により生産の安定化が可能になるほかに，品質の安定化，早期出荷による有利な販売，ならびに露地栽培との労力の分散というメリットがある。

　10a当たり生産費の約8割を労働費で占めている。今後ほかの果物と競争していくためには，生産費の低減を図ることが重要である。そのためには低木仕立て，樹形改造により樹高を低くし，作業の効率化を図る必要がある。

21.2　分類と来歴

　ビワ属には20余種があり，アジアの暖温帯および亜熱帯に分布している。このうち中国にはビワ，タイワンビワ，ウンナンビワなど11種が雲南省，四川省，広西省，広東省など揚子江以南の地域に分布しているが，雲南省に原生する種が多い。ビワ属のなかで果樹として重要で分布が最も広いのはビワであり，日本にも分布している。中国では野生のビワが四川省，湖北省など揚子江上中流域の各地に広く分布しているが，華中農学院の調査によると，ビワの発生と初期伝搬地域は，揚子江上流の大渡河流域に位置する四川省の峨嵋山以西および南隣の雲南省西部で，その中心は四川省漢源県であるとしている。また揚子江を東下するに従い半野生タイプ，栽培タイプの分布がみられるとしている。

　中国でのビワの栽培，利用の歴史は古く，すでに周代の「周礼」にビワの記載がある。また湖北省江陵の東漢時代の墓からモモ，アンズなどとともにビワの種子が出土

21.2 分類と来歴

している．唐代以降になると，ビワはすでに主要な栽培果樹となっており，唐・宋代には浙江省余杭，江蘇省呉県，福建省莆田などはビワの名産地になっていた．中国のビワ栽培は揚子江流域および以南の各地で行われているが，東シナ海沿岸各省で最も盛んで，江蘇省の洞庭，浙江省の塘栖，福建省の莆田，湖南省の沅江などが著名な産地になっている．中国では長い栽培の歴史のなかで優良品種の選抜が行われ，100以上の品種がある．各産地にそれぞれ固有の品種があるのが特徴的である．それらの品種の形質の変異の幅も大きい．台湾のビワ栽培は日本から導入した品種（おもに茂木）を用いて，戦後30年間に日本の栽培面積を超える2,700 ha余に達している．最近中国の品種が少しずつわが国に導入されているが，それらの日本での適応性はまだ明らかになっていない．

日本には古来ビワの和名がなく，枇杷の唐韻をそのまま比波(ひわ)として用いたことから，日本には原生せず，中国から渡来したものとされていた．しかし長崎県対馬や山口県から福井県に至る日本海沿岸のほか，大分県，新潟県佐渡，福島県，岩手県にも自生が確認されている．長崎県果樹試験場では各地の自生ビワを調査，収集した．これらは群落を形成せず，樹林間に点在混生している．栽培品種に比べ葉がやや小さく，果実も小さく円形か扁円形で，栽培品種のような大果で卵形のものは認められない．果皮色には橙黄色のものと黄白色のものがある．なお，これらの日本に自生するものが中国の揚子江上流域の野生タイプのものに相当するか，あるいはやや栽培タイプに近づいたものかは，現在中国の野生タイプのものが導入されておらず，明らかでない．

日本では文献にビワが現れるのは天平宝字6 (762)年の正倉院文書が最初とされる．それ以降平安時代から江戸時代まで各種書物にビワの記載がみられるが，利用，普及の程度は低く，果樹として重要視されなかったようである．江戸時代後期になると，千葉県，和歌山県，兵庫県，愛媛県などで小産地が形成されてくるが，栽培されたものは小果で円形の在来ビワであった．ビワの本格的栽培が始まり，産地形成が行われたのは江戸末期から明治初期にかけて，中国から当時唐ビワとよばれた大果のビワが導入され，それをもとに優良品種が育成されてからである．

日本の代表品種となった茂木は，天保・弘化（1830～1847年）頃に，当時長崎で女中奉公していた茂木村の三浦喜平次の妹シオが，長崎唐通詞某からビワの種子を入手し，自家の畑に播種したものから偶発実生として生じたものである．この茂木ビワの果実が長崎に出されたのは，明治維新前後のようである．また田中は1879年6月，長崎に旅行した植物学者田中芳男が，そこで出された大果ビワの種子を東京の自宅に持ち帰り播種して得た偶発実生である．1888年大日本農会報告で育成経過と特性が発表され，世に出された．このほかにも多数の唐ビワに由来する品種が育成され，在来ビワにかわって各地に導入され，普及していくが，明治末期までは在来ビワの栽培も多く残っていた．それ以降栽培品種はしだいに茂木と田中にしぼられ，2大品種としてそれぞれの産地が確立した．1987年の県別栽培面積は長崎県が最も多く全国の27.9%，続いて鹿児島，千葉，愛媛，香川，熊本の順で，これらの県は100 ha以上の栽培がある．

ビワ栽培は中国,日本だけでなく,スペイン,イタリア,イスラエルなどの地中海沿岸諸国,米国,ブラジルなどでも行われている.これらのビワは中国,日本から導入されたものがもとになっている.

ビワは熟期,果形,果肉色によって分類される.ビワの熟期は4～6月で,各品種の熟期は連続的であるが,早生品種にはシャンパン,天草早生,長生早生,長崎早生などがある.早生品種は一般に開花期が早く,また開花期間が短い.つぼみ,花,幼果と発育ステージが進むに従い,耐凍性が低下するため,開花期の早い品種は,冬季の低温に遭遇して寒害を受けやすい.このため早生品種は栽培適地がきわめて限定される.しかし近年ハウス栽培が普及しつつあり,早生品種の活用場面が広がってきた.中生品種には茂木,大房,房光,里見,湯川などがある.晩生品種には田中,白茂木,森本などがある.熟期の遅い品種は収穫が梅雨期に入り,果実品質の低下を招きやすい.

果形では円果品種と長果品種に分けられる.円果品種は果形指数(縦径/横径×100)が85～105くらいで,果実は扁円形,円形である.長果品種の果形指数は106～165くらいで,果実は短卵形,卵形,長卵形である.日本の品種の大部分は長果品種であるが,円果品種には土肥,広東がある.

中国では果肉の色により紅沙類と白沙類に分けている.紅沙類の果肉は橙紅色または橙黄色で,一般に果皮が厚く肉質は比較的粗い.白沙類は果肉が黄白色で,一般に果皮が薄く,肉質はち密で品質が優れている.なお,果皮色も果肉色とほぼ一致する.日本の品種では茂木,田中をはじめ大部分が紅沙類に属する.白沙類には土肥,広東などがあり,日本では白ビワと称している.果肉が軟らかく,品質が優れているが,果実が小さいために実用性に乏しい.

21.3 品種の変遷と品種解説

江戸時代までのビワは日本の自生ビワに由来する小果で円形の在来ビワであった.繁殖は実生が多かったと思われ,各地にいろいろなものがあったと考えられる.清蔵,立花,田村などの名が残っているが,多くは大きさ,色によって区別した程度で,確たる品種名はなかったようである.江戸末期から明治初期にかけて中国から導入された大果のビワは唐ビワとよばれ,各地で実生繁殖されて,茂木,田中,楠をはじめ多くの品種が育成された.1925年刊行の「最新枇杷栽培法」(池田憲司著)には,各地に栽培され目立った品種として39品種,各地に散在する品種として54品種が掲載されている.その多くは唐ビワに由来するものである.1897年頃までは唐ビワの実生によってできた品種が改良種と称され,各地にしだいに普及していく時代であるが,産地に影響を与えたのは千葉県の福聚院,静岡県の土肥くらいで,多くの産地ではまだ在来ビワの栽培が多く,改良種は一般化されていなかった.

1897年以降になると,改良種のなかでとくに優れた茂木,田中が各地に導入され,その優秀性が認められ,栽培品種はこの2品種に集中していった.同時に産地の立地

21.3 品種の変遷と品種解説

条件により,茂木あるいは田中の産地に分化していった.大正後期以降になると,茂木,田中の産地分化が進み,それぞれの産地が確立した.この最大の要因は両品種の耐寒性の差異で,寒害を受けやすい茂木はおもに九州に,寒害に比較的強い田中は千葉県から中国・四国にかけて産地ができた.

第二次大戦後はとくに茂木への集中が著しく,1986年には64.5%を占め,田中の23.3%を大きく引き離し,両品種で約90%を占めている.ほかにまとまった栽培があるのは長崎早生5.9%,大房1.9%のみである(表21.2).

茂木,田中,楠は日本の主要品種となっただけでなく,その後のビワの品種改良に重要な役割を果たした(図21.2).組織的なビワの育種は1917年から農林省農事試験場園芸部(現果樹試験場興津支場)で行われたのが最初である.1936年に瑞穂,津雲が,1939年に戸越が発表された.これらの品種は果実が大きく,品質が優れていたが,

表21.2 品種別栽培面積の推移 (ha)

	茂 木(%)	田 中(%)	長崎早生(%)	大 房(%)	その他(%)	計
1934年	1,731(41.6)	1,503(36.1)			928(22.3)	4,162
1947年	718(47.3)	691(45.5)			110(7.2)	1,519
1957年	1,454(57.2)	850(33.4)			239(9.4)	2,543
1980年[1]	1,324(59.1)	595(26.5)	59(2.6)	37(1.7)	227(10.1)	2,242
1986年[1]	1,645(64.5)	594(23.3)	150(5.9)	48(1.9)	115(4.5)[2]	2,551

1) 県報告集計値で統計情報部数値とは調整されていない.
2) 長生早生,室戸早生,森尾早生,天草早生など.
園芸統計資料(農林水産省,1963)および昭和55,61年産果樹栽培状況等調査(農林水産省,1981,1987)より作成.

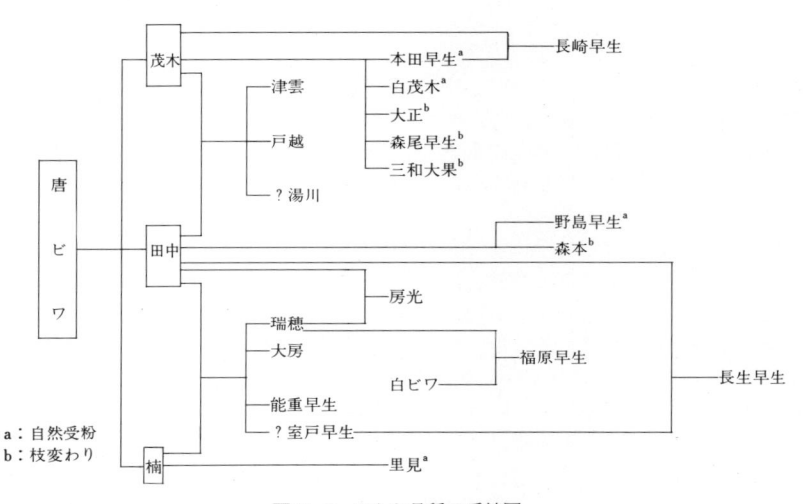

図21.2 おもな品種の系統図

果皮障害などの問題があり，ほとんど栽培されなかった．また大房はこの時期に作出されたものであるが，後に優秀性が再認識され，1967年に命名された．熟期が田中より早く，しかも寒害に強い特徴があり，1955年頃から1975年頃に千葉県で増植された．

　第二次大戦後は1950年前後に長崎，千葉，静岡，鹿児島の各県試験場でビワ育種が開始された．長崎県では1976年に長崎早生を育成し，暖地での実用的な早生品種，またハウス栽培用品種として徐々に栽培面積が増えている．また1981年に白茂木が育成され，茂木の後に出荷できる品種として注目されている．千葉県暖地園芸試験場では1982年に里見，房光を育成し，田中の栽培地帯の早出し用として期待されている．このほかビワ育種に果した民間の役割は大きく，近年育成された品種としては天草早生，湯川，長生早生などがある．

　以下に現在の主要品種の特性を述べる（表21.3）．

表21.3　おもな品種の来歴

品　種	来　歴	登録（育成）年	育成者
天草早生	在来の早生品種の枝変わり	1975年名称登録	熊本県：小浦庄松
長生早生	室戸早生×田中	1981年品種登録	高知県：下司長生
長崎早生	茂木×本田早生	1976年名称登録	長崎県果樹試験場
茂木	唐ビワの実生	天保〜弘化頃	
里見	楠の自然受粉実生	1982年品種登録	千葉県暖地園芸試験場
房光	瑞穂×田中	1982年品種登録	千葉県暖地園芸試験場
湯川	田中と茂木の自然交雑	1977年名称登録	福岡県：中山茂喜
田中	唐ビワの実生	1879年播種	東京都：田中芳男
白茂木	茂木種子に放射線照射	1981年農林登録　1982年品種登録	長崎県果樹試験場

　天草早生　樹勢は強く開張性．果実は卵形で橙黄色．大きさは40g程度．果肉はち密で軟らかく果汁も多い．早生品種としては食味がよいが，完熟直前まで酸が多く，早採りすると食味が悪い．果面に紫斑症が発生しやすいのが難点である．熟期は茂木より1カ月ほど早い極早生品種である．開花期が早くとくに寒害を受けやすいので，適地は温暖な無霜地帯あるいはハウス栽培に限定される．

　長生早生　樹勢は強く開張性．果実は円形〜短卵形，果皮は濃橙黄色で赤味が強く外観がよい．大きさは50g程度．肉質はやや粗く酸は少ない．紫斑症などの果皮障害は少ない．熟期は茂木より2週間くらい早く，長崎早生とほぼ同時期である．

　長崎早生　樹勢は強く直立性．果実は茂木に似て卵形で橙黄色．大きさは40〜45g．果肉は軟らかく多汁で肉質がよい．糖度は12〜13度と高く，食味はよい．紫斑症の発生は少ない．熟期は茂木より10日〜2週間早く，熟期の揃いはよい．早生品種のなかでは開花期が遅く寒害を受けにくいが，茂木に比べれば受けやすいので，適地は暖地に限定される．ハウス栽培用としても徐々に栽培面積が増加している．

　茂木　樹勢は強く直立性．果実は卵形で橙黄色．大きさは40g程度．肉質はち密

で比較的軟らかく多汁．糖は 11～12 度で，酸が少ないため甘味が強い．熟期は長崎県では 5 月下旬～6 月上旬．田中に比べると寒害を受けやすく，暖地，西日本向きの品種で，九州各県の主要品種となっている．

里見 樹勢は中庸で若木ではやや直立するが，しだいに開張する．果実は短卵形で橙黄色．大きさは 60～70 g．果肉の粗密は中程度．糖，酸ともに田中より多く，食味は濃厚である．紫斑症の発生は中程度．熟期は千葉県では 5 月下旬で楠とほぼ同じである．

房光 樹勢は中庸，開張性で樹高が低い．開花期は田中とほぼ同じで，寒害には強い．果実は短卵形で橙黄色．大きさ 65～70 g．肉質はち密で軟らかく，果汁も多い．糖度は田中よりも高く，酸も多い．紫斑症，そばかす症などの果皮障害の発生は少ない．熟期は 6 月上旬で田中より約 1 週間早い．

湯川 樹勢はやや弱く開張性．寒害には茂木よりやや強い．果実は短卵形～卵形でやや角張り，濃橙黄色で美しい．大きさは 65 g 程度．果肉はち密で果汁は多い．糖度は 12 度程度で酸は少なく，食味は良好である．熟期は 6 月上中旬で茂木と田中の中間である．

田中 樹勢は強く開張性．果実は短卵形で角張っている．大きさは 60～70 g 程度．果皮は濃橙黄色で，果肉がやや硬い．糖度はかなり高いが，完熟間際まで酸が多く，早採りでは食味が悪い．熟期は 6 月中下旬で茂木より 10 日くらい遅い．開花期が遅く，茂木より寒害に強いので，千葉，兵庫，広島，愛媛各県の主要品種になっている．

白茂木 樹勢は中庸かやや弱く，直立性で枝がやや細い．開花期が遅く寒害を受けにくい．果実は卵形．大きさは 45～50 g 程度で晩生品種としてはやや小さい．果皮は黄白色で果肉は白肉である．果肉はち密で軟らかく多汁．糖度は 13 度くらいで高く，食味が非常によい．果皮障害の発生はほとんどみられない．熟期は 6 月中下旬で茂木より 10 日～2 週間遅く，田中とほぼ同時期である．果皮が黄白色なので熟度の判定にやや熟練を要する． 〔吉田俊雄〕

文　献

1) 兪徳竣 (1979)，中国果樹分類学，309-316，農業出版社．
2) 章恢志，張友徳 (1982)，華中農学院学報，86-93．
3) 月川雅夫 (1971)，茂木枇杷発達史 (茂木枇杷発達史編纂委員会編)，5-56，長崎県園芸農業協同組合連合会．

21.4　栽培管理

(1) 結実管理
a. 摘らい

ビワは，1 果房に 100 個前後の花をつけ，そのまま開花結実させると，果実の肥大が悪く小玉果が多くなる．茂木での試験結果では，無摘らいの果実は，摘らいの果実

より7～8%小さい．また，摘らいによって遅れたつぼみが発育するため，開花期間が延長され，寒害は受けにくくなる．摘らいの時期は，長崎では出らい後，側軸が枝分かれする10月中旬からが適期である．

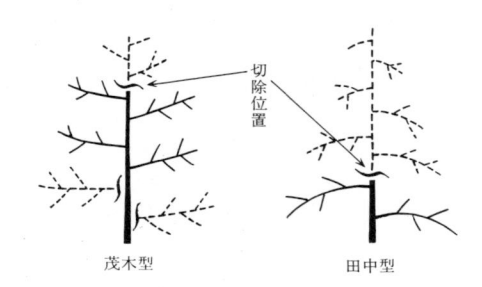

図21.3 摘らいの方法

摘らいの方法は，図21.3のように茂木型と田中型がある．茂木では花房中段の3～4本の側軸，田中では花房下段の2本の側軸を残し，それぞれの側軸に1個の幼果を摘果時に着果させる．なお，寒害を受けない園では，さらに側軸の先端を摘除して，4～8個のつぼみを残す強い摘らいを行っている地域もある．

b．摘　　房

摘房は，果実の肥大をよくし，次年度の着房を確保して，隔年結果を防止する効果がある．摘房の時期は，秋の10月中旬～11月上旬と春の袋掛け時がある．寒害を受けない園は，秋に摘房すると効果が高い．寒害を受ける園は，秋に弱小な花房を摘房し，袋掛け時に寒害の発生状況をみながら再度の摘房を行う．

摘房の程度は，長崎では茂木の場合，着房率を基準として1年生枝数の40～50%（若木では50～60%）とされている．千葉では田中の場合，1花房当たり15～20枚の葉数が適正とされている．枝数で換算すると1花房当たり2～2.5本の1年生枝数となり，着房率では50～60%となる．

摘房は，弱小な花房，寒害を受けた花房をまず摘除し，次に密に着房している部位の花房を摘除する．摘房の際，手で花房をもぎとると傷口からがんしゅ病が感染しやすいのではさみを使用する．

c．摘　　果

摘果は果実の数を制限することによって，残った果実の肥大をよくする効果がある．花房当たりの果実数を少なくしすぎると，大玉果となるが，収量は少なくなる．逆に果実数が過多となると小玉果が多く，着色が不揃いとなる．茂木では，1花房当たり3～4果，田中では1～2個を着果させ，他の幼果は摘果する．

摘果時期が遅れると果実の肥大が悪くなるので，寒害の発生がなくなると早く行い，遅くとも4月上旬までに終える．摘果する幼果は，病害虫の被害果，寒害を受けた幼果，生育の遅れた小さい幼果などである．種子が多く入っていると思われる肥大の良好な果実を残す．

d. 袋掛け

ビワの袋掛けは，モモチョッキリゾウムシなどの害虫から果実を守るために行われてきたが，果実の商品性向上のためにも必要性が高く，ビワ栽培には欠くことができない作業である．袋の種類は，破袋は多いが品質は安定している新聞紙袋と破袋は少ないが，品質にやや難点のあるさらしクラフト紙袋が使用されている．新聞紙袋は，熟期はやや遅れるが，障害果の発生は少ない．さらしクラフト紙袋は，熟期は早いが，障害果の発生はやや多く，果肉がやや硬くなる．このため，風当たりが弱く，障害果の発生が多い園は新聞紙袋，風当たりの強い園はさらしクラフト紙袋を使用するなど園地の条件に配慮することが必要である．

（2） 整枝・せん定
a. 樹形改造

ビワの整枝は，変則主幹形と杯状形仕立てが一般に行われているが，樹高が5～6mにもなり，作業能率が低い．図21.4のように，成木の主幹を地上60 cmに切り下げて低樹高へ改造した樹は，収量は70～80％と減少するが，果実の大きさ，品質は無改造樹と差はなく，作業能率は向上する．改造の際に主幹を一度に切除すると，枝幹に

図21.4 成木の低樹高改造樹

日焼けを起こしたり，紋羽病が発生することがあるので，2～3年かけて順次間引くことが必要である．最初に3～4本の主枝を決め，その上の主枝を間引き，最後に主幹を切除する．残した主枝，亜主枝は誘引して横に開いて整枝する．整枝，誘引後に日が当たる枝には日焼け防止剤を塗布して保護する．低樹高樹は作業の能率を向上させるとともに，作業が容易になることから今後のビワの整枝として採用したい．

b. 芽かき

ビワでは芽かきはせん定以上に重要な作業である．芽かきは副しょうや果こん枝を整理して，丈夫な結果枝を作るために行う．しかし，副しょうを全部芽かきする強い芽かきを続けると葉数が少なくなり，収量は減少するため，副しょうも利用する軽い芽かきとする．成木の芽かきは，枝の強弱に応じて調整し，果こん枝は1～2本残す．副しょうは，強い中心枝では1～2本残し，樹の内部の弱い中心枝では全部芽かき

する．

若木，幼木では将来の骨格を考えながら，主枝，亜主枝の先端は2本残し，その他の枝は成木より軽い芽かきをして，枝数の確保に努める．芽かきの時期は，発芽直後から3cm程度伸びた頃が適期である．枝により発芽期が異なるので6月から7月にかけて2～3回行う．芽かきは手で行っている場合が多いが，はさみで行うとがんしゅ病の発生を軽減できる．

(3) 寒害
a．寒害の原因

ビワの寒害は，冬期の気温が大きく影響して，幼果は−3℃が3時間以上持続すると凍死が多くなる（表21.4）．開花時期別に収穫果数を調査した茂木での結果によると，11月下旬までに咲いた花は凍死してほとんど収穫できなかったが，12月下旬以降に咲いた花は大部分収穫できている．このように，開花時期と寒害は関連し，開花が早く，厳寒期に幼果になると寒害を受けやすい．

表21.4 温度および時間と幼果の凍死（浜口ら，1957）

気温(℃)	時間	大果(径13 mm以上)(%)	中果(径13～11 mm)(%)	小果(径11 mm以下)(%)	全体(%)
−2	2	—	0.7	12.5	2.5
	4	0	0	—	0
−3	1	0	4.4	28.6	4.4
	2	0	1.9	4.3	2.1
	3	11.1	22.7	33.3	20.1
	4	53.2	36.1	100	47.2
−4	1	50.0	37.0	—	41.2
	2	59.3	32.6	50.0	40.8
	3	67.8	50.7	—	56.0

b．寒害対策

適地での栽培 ビワは冬期の気温が−3℃以下にならない場所が適地である．しかし，この条件をみたす場所はわが国では非常に少なく，実際には−3℃以下の発生頻度が少ない場所を適地としている．種々の寒害対策も限界があるため，適地での栽培が最も重要である．

品種の選定 ビワは品種によって寒害の被害程度に差があるため，地域に合った品種を選定することが必要である．とくに，開花期が早く，寒害に弱い早生種は温暖な場所で栽培する．わが国のビワ産地は，長崎県，鹿児島県などの九州各県では，冬期温暖なことから寒害にはやや弱いが，早く収穫できる中生種の茂木が栽培され，千葉県，兵庫県などの中国・四国以東の産地では，寒害に比較的強い晩生種の田中が栽培されている．

樹勢の強化 樹勢の弱い樹は，着葉数が少なく葉は小型で，幼果（花）が直接に

外気温にさらされ,葉の被覆による保温効果が軽減されること,また,花房が貧弱で開花期が早く開花期間が短いことから寒害を受けやすい.樹勢強化には,整枝・せん定,芽かき,摘房などの栽培管理,施肥,土壌管理,病害虫防除などの総合的対策を実施する必要がある.

開花期間の延長　摘らいが開花期間を延長して,寒害を軽減することは前述のとおりである.夏に発生する副しょうの花房は,小さく貧弱であるが,春に発生する中心枝の花房より開花期が遅れるため,寒害を受けにくい.したがって,中心枝の花房が寒害を受けた年には,副しょうの花房を利用すると寒害を軽減できる.このため,芽かきは軽くして副しょうを残すことが必要である.

園の加温　園内をリターンスタック型重油燃焼器などを利用して加温する方法が,最も確実な寒害防止法である(表21.5).10aのビワ園の気温を1〜2°C上昇させるためには,20〜30個の点火源が必要である.点火は気温が−2〜−2.5°Cとなり,さらに気温の低下が予想されるときに行う.点火回数の節減には,点火期間を寒害防止に最も必要な時期に集中する.すなわち,点火は幼果の割合が多くなる1月下旬以降とする.重油燃焼器の点火は,従来そのつど人手で行っていたが,最近は自動点火装置が開発されており,今後は労力の節減と燃焼器の効率的な利用が期待される.

表 21.5　重油燃焼の寒害防止効果
(浜口ら,1955)

処理区	測定	凍死果率(%)	樹　勢
重油加温	1	0	弱
	2	0	とくに弱
	3	1.9	とくに弱
無加温	4	38.5	弱
	5	41.6	普通

花房の被覆　花房の上に20〜25g程度の木毛をのせ,さらに紙あるいはアルミホイルをのせて輪ゴムなどで固定する方法がある.木毛の被覆は,寒害の限界付近の比較的軽い低温には効果が期待でき,茂木のように1花房に多数着果させる品種の栽培に適する.最近は,木毛被覆より保温効果があるといわれるアルミはく袋の使用が一部で試用されている.　　　　　　　　　　　　　　　　　　　　　　　　　　　　　［浅田謙介］

(文献は 21.4(5)項参照)

(4) 土壌管理,施肥管理
a. 土壌管理

ビワ樹は一般に地上部に比べて地下部の発達が悪く,TR率(地上部と地下部の比率)は温州ミカンの1〜1.5に対して3〜4程度である.また,根群分布が浅く細根量も少ない.このため,盛夏期の干ばつや梅雨期の湿害,台風による倒伏などの気象災害を受けやすい.そこで,ビワの樹勢強化と収量増加を図るためには,土壌改良を行

って細根の伸長を阻害する土壌要因（通気不良，湿害，硬盤など）を排除する必要がある．

深耕の時期は，一般に着果していない時期で干ばつの害を受けにくい9月上旬に行うことが多い．深耕の方法は溝状深耕，たこつぼ深耕いずれでもよいが，深さはおおむね60 cm程度で深耕部分の滞水による湿害を避けるため傾斜方向へ排水できるよう留意する．広範囲の深耕を一度に行うと断根によって樹勢が低下することもあるので，障害のない範囲で年次計画を立てて行う．

深耕時には，表面施用では下層土に入りにくい有機物，石灰質資材，リン酸質資材，などを掘り上げた土と混和して埋め戻す．投入する有機物資材は，完熟したきゅう肥や樹皮たい肥を用いる．未熟な有機物資材は，ビワが紋羽病の被害を受けやすいことから使用しない．土壌改良資材の施用量は，土壌診断を行って決めるが，その場合の改良目標は，非火山灰土壌でpH(H_2O)が5.5〜6.5，有効態リン酸が15 mg/100 g以上を目安とする．

土壌表面管理は，ビワが浅根性であるため敷わらの効果が大きい．敷わら管理は，傾斜地における土壌流亡の防止，干ばつ期の土壌乾燥の軽減，盛夏期や厳冬期の地温変化の緩和，腐熟後のたい肥化による有機物供給などの利点がある．しかし，被覆資材の入手や搬入が困難なこともあって，現状では雑草草生が一般的である．この場合でも，幼木では草との養水分競合による影響が大きいので，樹幹周辺は除草して敷わらを行うことが望ましい．草生園の場合，梅雨期には土壌流亡を防止するため除草剤による裸地化を避けるとともに，梅雨明けには干ばつ期の水分競合を回避するため早めに草を刈り取って樹冠下に敷く．また，除草剤の連用は土壌の物理性や生物性を低下させるので，使用回数はできるだけ少ない方がよい．

b. 施肥管理

ビワ園の施肥量は園地によって大きく異なるが，各県施肥基準では成木樹の窒素施用量で30 kg/10 a前後に設定されている（表21.6）．ビワは比較的花着きがよく，十分な枝数を確保すれば，高収量を得ることができ，そのためには樹体の窒素栄養を充実させることが望ましい．一方果実品質の面からみると，窒素の多量施用は果肉を硬くして食味を著しく損なうことがわかっている．長崎県果樹試験場の窒素施肥試験でも，施肥基準量以上の窒素増施は収量増加につながらないだけでなく，果肉が硬くなって食味が大幅に低下する傾向が認められている（表21.7）．高品質果実の安定生産に

表21.6 ビワ園の施肥基準（長崎県，1988）

(a) 樹齢別年間施肥量(kg/10a)

樹齢	窒素	リン酸	カリ
1	4.0	2.0	2.5
5	9.5	5.5	6.0
10	17.0	11.5	12.5
15	22.5	16.0	17.5
20	30.0	22.5	24.0

(b) 時期別施肥割合(%)

	施肥時期	窒素	リン酸	カリ
春肥	2月中旬	20	40	30
夏肥	5月下旬〜6月中旬	30	20	20
秋肥	8月下旬〜9月上旬	50	40	50

表21.7 窒素施用量と果実の品質・収量（長崎県果樹試験場，1989）

処理	収量 (kg/樹)	果実重 (g)	糖度 (Brix)	酸含量 (g/100ml)	硬度 (kg/cm^2)	着房率 (％)
N1/2	6.0	31.8	11.4	0.29	244	45
N1	10.0	33.4	11.7	0.22	292	58
N2	9.8	31.5	12.0	0.21	332	69

1982～87年の平均，N1が県施肥基準量．

は，現行施肥基準程度の施肥量の範囲内で，たい肥などの施用によって地力増進を図ることが重要といえる．

施肥時期は，秋肥・春肥・夏肥の3回分施が一般的である．秋肥は，基肥として年間施肥量の半分程度を開花の始まる1ヵ月前頃に施用する．基肥施用のねらいは開花期から果実肥大初期・低温期までの樹体栄養を供給する肥料で，春肥までの期間が長いことから有機配合肥料を用いる．また，秋肥の施用時期は土壌改良の時期と重なるが，酸度矯正のため石灰類を施用する場合は窒素成分の揮散を考慮して施用時期を2週間程度ずらす必要がある．

春肥は，果実肥大を促進するとともに春枝の充実を促すための追肥であり，施肥時期が遅れると果実の品質低下を招くこともあるので，速効性肥料を適期に施用することが大切である．夏肥は，着果負担によって衰えた樹勢の回復と生理的花芽分化期における樹体栄養の充実を目的としており，収穫前に施用する．原則として速効性肥料を用いるが，梅雨期の溶脱を考慮して保肥力の小さい土壌では緩効性肥料を併用するとよい．寒害の常襲地帯では，基肥とは別に10月頃に窒素やカリを年間施肥量の1割程度施用することもある．　　　　　　　　　　　　　　　　　　　　　　　　［高辻豊二］

文　献

1) 平野　暁 (1967)，果樹園芸ハンドブック (小林　章編)，200-202，養賢堂．
2) 井田　明 (1983)，農業技術体系，果樹編4，技63-66，農文協．
3) 村松久雄 (1986)，新しいビワ栽培，104-119，農文協．
4) 中井滋郎 (1985)，果樹の施設栽培 (谷口哲微編)，153-157，家の光協会．
5) 土持武男 (1983)，農業技術体系，果樹編4，技54-60，農文協．

(5) 施設栽培
a. 品　種

現在，施設で栽培されている品種は，早生種では森尾早生，天草早生，長崎早生，中生種では茂木，房光である．森尾早生と天草早生は熟期は早いが，食味が劣り，障害果の発生が多く商品性は劣る．長崎早生は，熟期は茂木より早く，収穫は5月上旬までには終了して露地栽培との競合が避けられる．果実の大きさは45～50g程度で，食味は良好，障害果の発生は少なく商品性が高く，現在の品種のなかでは施設栽培に最も適している．既存園の若木や成木で施設化されている茂木は，品質は長崎早生と

同程度であるが,熟期が遅れるため不利である.房光は,熟期は茂木とほぼ同時期であるが,果実は大きく,食味が良好なことから千葉では施設栽培向きの品種とされている.

b.整枝・せん定

施設栽培での樹形は,二段杯状形が基本とされているが,一段杯状形も樹高を低くできることから管理が容易なため用いられている(図21.5).樹高が高い木は,屋根と

図21.5 幼木の1段杯状形樹

の間隔が狭いと樹冠頂部が高温となり,障害果の発生が多くなるので,樹高を切り下げて低くする.施設内では,枝葉の生長がおう盛で日光の透射が悪くなりやすいため,大枝はできるだけ少なくなるよう整枝し,こみ合った部分は間引いて,残す枝には基部から先端まで充実した結果枝をつける.果こん枝と副しょうは,露地より充実がよくなるので,軽い芽かきとして1～2本を残し,結果枝を多く確保して収量の増加を図る.

枝の整理とともに誘引が大切である.誘引は枝葉のこみあいを防ぎ,施設内を有効に利用するために行う.立枝,強すぎる枝は誘引して,基部にも枝を発生させ結果枝を多くするとともに着房しやすい枝とする.せん定時期は,収穫直後と8月下旬がある.施設栽培では着房しやすいので,収穫直後でも可能である.しかし,樹形改造などで着房しにくいと思われる木では,8月にせん定して着房枝の確保に努める.

c.摘らい・摘果

施設内では寒害がほとんどないので,早くしかも強く摘らいして,幼果の肥大を促す.茂木型品種では,露地での普通の摘らい,つまり3～4本の側軸を残したうえに,さらに側軸の先端を切除する.摘果は,幼果が肥大を始めた花房より順次行う.施設内では開花期の違いにより熟期の差が露地以上に生じるので,生育の揃った幼果を1花房に茂木型品種では3～4個残して摘果する.

d.ビニルの被覆時期

ミカンやブドウは休眠さえ十分にあれば,早く被覆するほど発芽や開花が早まり,それに伴って早く成熟する.しかし,ビワは早くから被覆しても,出らいや開花が早まることはない.被覆の効果は結実した幼果の発育を促進して,その結果,熟期を早めることにある.被覆の適期は開花盛期以降で長崎早生では11月下旬～12月上旬,茂木では12月上中旬である.被覆が早く,しかも湿度が高いと灰色かび病が発生して,

結実不良となる．また，果実の外観を損なうことがあるので適期に被覆する．

e．温度管理

ビワの施設栽培では，温度管理が最も重要である(表21.8)．夜間の温度管理の方法によって，栽培型が臨時加温型と加温型の二つのタイプに分けられる．臨時加温型は寒害回避を目的とし，最低気温が 0 ℃前後になったときに加温する．加温型は早期収穫を目的として，積極的に加温して最低気温を 10℃前後に保つ．最高気温は高すぎると，熟期は早くなるが小玉のまま成熟し，また，障害果の発生が多くなる．これまでの試験結果では，最高気温は 20～25℃に維持するのが適正である．このためには，サイドビニルの開閉，換気扇の利用により換気に努め高温を防止する．

表21.8 ビワ果実発育初期および果実肥大期の気温と果実の形質 (浜口ら，1986)

処理区	果実発育初期 (12/20～2/6)	果実肥大期 (2/6～)	開花日	収穫日	開花～収穫 までの日数	1果 平均重(g)	糖度 (Brix)	果肉 硬度
I	高 温	高 温	12/10	5/11	152	26.8	14.4	140
			12/20	5/14	145	28.5	13.6	150
			12/30	5/13	134	27.7	13.0	230
II	低 温	高 温	12/10	5/ 9	150	36.8	12.2	150
			12/20	5/11	142	40.3	11.4	140
			12/30	5/10	132	36.3	11.9	180
III	高 温	低 温	12/10	5/22	163	53.1	13.3	230
			12/20	5/15	147	50.2	11.8	140
			12/30	5/22	143	44.5	13.0	220
IV	低 温	低 温	12/10	5/16	157	43.3	13.1	170
			12/20	5/23	155	40.3	13.7	190
			12/30	5/19	141	41.5	13.5	240

果実発育初期の平均最高気温，高温21.8℃，低温17.8℃．
果実肥大期の平均最高気温，高温25.4℃，低温22.8℃．

f．施　　肥

施肥時期は露地と同様に 3 回である．夏肥（礼肥）は露地では収穫直前に施用するが，施設栽培では収穫期間が長いので，収穫直前の使用は難しく，収穫終了直後に施用する．施用割合の最も多い基肥は，木の発育は露地と同じ状態にあるので，露地と同時期の 8 月下旬に施用する．春肥は，露地では 2 月に施用するが，施設ではビニルを被覆すると幼果は肥大を始めるので，被覆直前または直後に施用する．春肥の施用時期が遅れると，着色や収穫が遅延するので，適期施用が必要である．施用量は，施設では肥料の流亡が少ないため，少量とする考えもあるが，収穫量が多くなるため露地と同程度の施用が適当と思われる．施用時期別の割合は，夏肥 30 ％，基肥 50 ％，春肥 20 ％を基準とする．

g．かん水

ビワの食味には，糖度と果肉の硬軟が大きく影響し，糖度は高く，果肉は軟らかいことが望ましい．生育期間中に土壌が乾燥すると，糖度は高くなるが，果肉は硬くな

り食味が低下する。果肉を軟らかくするには，適度の土壌水分を保持する管理が必要である。被覆時から1月までの果実肥大前期には，7～10日間隔で1回に10a当たり10tのかん水量とする。ただし，開花終了までは灰色かび病予防のため，高湿とならないようかん水量を控える。果実肥大後期の2～4月には同量を5～7日間隔と多めにかん水する。収穫直前にはかん水量をやや少なくして，糖度の上昇を図る。

h. 病害虫防除

ビワの施設栽培では，灰色かび病（花腐病）とたてぼや症の発生が多い。他の病害虫の発生は露地とほぼ同程度で，防除も同様に実施する。

灰色かび病の防除： 本病は露地ではほとんど発生はなく，施設内で特異的に発生する。施設内の湿度が高くなると発生が多くなり，花腐れや花弁の落下，幼果の軟腐症状を起こす。被覆後の薬剤散布は人体への危害やビワへの薬害の危険が大きくなるため，被覆前に防除を徹底する。防除は開花盛期にトップジンM水和剤1,000倍か，ロブラール水和剤1,000～1,500倍，またはロニラン水和剤1,000～1,500倍を散布し，被覆後は過湿にならないよう換気に努める。

たてぼや症の防除： 本症状はつぼみと苞の間にいるサビダニの吸汁跡に糸状菌が侵入して茶褐色の小斑点を細長く残し，外観を損うものである。施設内は露地よりサビダニの発生が多く，たてぼや症が発生しやすい。糸状菌の防除を行うとたてぼや症の発生を抑制するので，開花盛期にトップジンM水和剤1,000倍を散布する。

i. 果実障害の防止

果実障害の発生には，気温が大きく影響し，へそ黒症，へそ青症，しなび症は最高気温が25℃以下では発生は少なく，30℃以上になると多発する。紫斑症は20℃の気温でも発生するが，遮光によって発生はまったくなくなり，30℃になっても遮光によって発生を著しく少なくする。このため，障害果の発生防止は，まず施設内の最高気温を換気によって25℃以下とすることが必要である。ついで袋による防止法がある（表

表21.9 袋の種類と果実障害の発生（大倉野ら，1988）

品種	袋の種類	1986年				1987年			
		平均収穫日	紫斑症		へそ黒症	平均収穫日	紫斑症		へそ黒症
			発生率	発生度			発生率	発生度	
長崎早生	さらしクラフト紙	4月11日	22.0	9.3	8.0	4月7日	3.4	1.1	0
	クラフト紙	4月11日	9.1	4.2	11.3	4月4日	0	0	0
	クラフト紙(外緑)	4月12日	9.1	4.0	15.2	4月6日	0	0	0
	クラフト紙+ハトロン紙	4月10日	2.0	1.4	16.3	4月3日	0	0	3.5
	新聞紙2重	4月12日	0	0	5.7	4月5日	0	0	0
茂木	さらしクラフト紙	4月18日	2.4	0.8	0	4月13日	3.3	1.1	0
	クラフト紙	4月15日	0	0	0	4月14日	1.7	0.6	0
	クラフト紙(外緑)	4月19日	0	0	0	4月17日	0	0	1.9
	クラフト紙+ハトロン紙	4月12日	0	0	0	4月15日	0	0	3.5
	新聞紙2重	4月13日	0	0	0	4月15日	0	0	0

$$発生度 = \frac{少 \times 1 + 中 \times 2 + 多 \times 3}{調査果数 \times 3} \times 100.$$

21.9).光線透過率が低く温度が上昇しにくい新聞紙2重袋あるいはクラフト紙とハトロン紙の2重袋では障害果の発生を軽減する．したがって，障害果の発生しやすい品種や樹冠上部などの温度が高くなる位置では2重袋の利用が有効である．

[浅田謙介]

文　　献

1) 浜口克己 (1984)，果樹園芸大事典 (佐藤公一，他編)，1249-1258，養賢堂．
2) 浜口壽幸 (1988)，果実日本，**43**(2)，42-45，日本園芸農業協同組合連合会．
3) 平野　暁 (1967)，果樹園芸ハンドブック (小林　章編)，196-200，養賢堂．
4) 村松久雄 (1970)，ビワの栽培，77-146，農文協．
5) 村松久雄 (1985)，新しいビワ栽培，174-214，農文協．
6) 村松久雄，一瀬　至，藤崎　満 (1983)，農業技術大系，果樹編4，カキ・ビワ・オウトウ，技71-110，農文協．

21.5　出　　荷

(1) 収　　穫

ビワは温度が上昇するにつれて着色し，収穫期を迎える．春先早くから温度が上がる沖縄から収穫が始まり，鹿児島，長崎，千葉と南から北へと順々に収穫，出荷される．

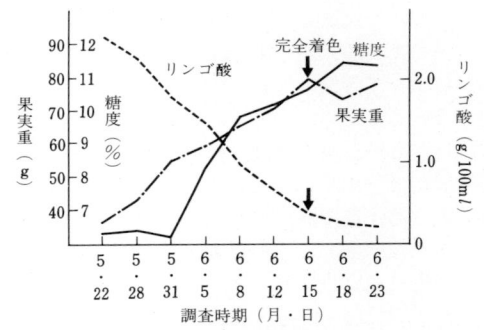

図21.6　田中の時期別糖度酸含量 (千葉県暖地園芸試験場，1973)

着色は図21.6のとおり収穫2週間前から始まり，糖は増加し，酸は減少していくが，ビワは収穫間際まで酸が多く，とくに田中種は早採りすると酸が多く味が悪い．酸抜けが早い茂木種でも早採りすると酸は多く，収穫後，日がたつにつれ酸は減少していくが，糖は増加しない．このようなことからビワは完熟してから収穫することが重要である．しかし，出荷時期が早いと価格が高いこともあって早採りする傾向がある．また，収穫が終わりに近づくにつれ収穫遅れによる過熟果が多くなり，果肉が硬く，酸が著しく減少し，食味が悪いため，価格が安い．

（2） 選果・箱詰め

　選果規格は，全国的に統一されているが，出荷容器は，販売を有利にするため各地で工夫されていて，箱の大きさ，デザインなどはまちまちである．選果規格は階級と等級があり，表21.10のように階級は茂木種と田中種では異なっている．

表21.10　ビワの出荷規格（1959）

階級			等級	
階級	茂木種	田中種	等級	品位の基準
4 L		85g 以上	秀	形状，着色良好で病害虫および障害果
3 L		75～85		（ソバカス，風ずれ，へそ黒など）の
2 L	55g 以上	65～75		被害のないもの
L	40～55	55～65	優	着色良好で形状，障害果，病害虫の
M	30～40	45～55		被害が軽微のもので秀品に混入できな
S	25～30	35～45		いもの．
2 S		35g 未満	良	優品よりやや劣るもの．

茂木種は長崎県，田中種は千葉県の規格．

　出荷容器は1960年頃まで竹かごであったが，その後はダンボール箱に変わった．最近は，価格が高い高級品の一部に木箱や竹かごが使われているが，ほとんどがダンボール箱で出荷されている．はじめ，ダンボール箱は，市場までの輸送用として6kg入りと大きかった．しかし，現在は，市場まで輸送したものをそのまま果物店，さらに家庭まで使える持ちやすく，みばえのよいきれいな小さな容器に変わり，箱詰めが容易な一段詰めが大勢を占めている．出荷容器の大きさは，500g～2kg入りぐらいとまちまちで，階級，等級によって容器の大きさ，デザインなどを変えて消費者にアピールし，有利販売に努めている．

　ビワの選果は，取扱いが悪いと果実に傷が付いたり，果面に付いている果粉や毛じょうがとれて，商品価値が低下することもあって個人選果が多い．しかし，最近，選果，選別の均一化を図るため，選果機による共同選果をする産地もみられるようになった．選果機は，選果能率は向上するが手選果に比べてやや傷が付きやすい．

　輸送手段としては，市場に遠い長崎県では，鉄道輸送が主体であったが，最近，道路が整備され，高速化が実現したこともあってトラック輸送が増加した．さらに，出荷時期が梅雨と高温であることから輸送費はやや高いが，品質保持の点から保冷車が用いられることが多くなってきた．

　ビワは果肉が軟らかく，収穫，選別，箱詰めはていねいに扱うことが必要で，とくに果粉や毛じょうが取れないように注意する．また，輸送中に果実が動かないように箱詰めすることが大切である．

21.6 貯　　蔵

　ビワは，収穫期間が短く，販売時期を延長するため，貯蔵が必要ではないかと考え

表21.11 ビワの収穫後の果実品質の変化(%)(長崎県果樹試験場, 1958)

項目		果皮歩合	種子歩合	果汁歩合	果肉歩合	果汁*歩合	酸	全糖	色素	
									果肉	果皮
収穫当時	完熟	10.0	15.8	59.2	14.9	79.9	2.80	10.8	1.16	8.82
	八分	11.3	16.3	57.2	15.1	79.1	5.63	8.0	0.78	3.40
3日後	完熟	9.6	16.2	65.1	9.2	87.7	2.11	11.7	1.70	9.16
	八分	9.6	16.5	60.2	13.7	81.5	3.25	8.5	0.90	4.02
7日後	完熟	—	—	—	—	—	2.48	10.1	1.19	9.41
	八分	—	—	—	—	—	2.62	8.3	1.34	4.87

酸は3.0%以上になると酸味が強い. *:果肉に対する割合.

表21.12 ビワの貯蔵性(熊本県果樹試験場, 1987)

分析月日(入庫日数)	貯蔵温度(℃)	1果重(g)	糖度(Brix)	リンゴ酸	果皮色			果肉硬度(g)
					L	a	b	
7月7日(17日)	−0.8	35.4	12.3	0.255	56.0	17.5	27.1	516
	0.0	35.4	11.7	0.192	53.6	15.3	27.0	406
	6.0	35.6	12.0	0.235	50.5	16.2	26.7	631
7月18日(28日)	−0.8	31.0	11.6	0.203	54.7	16.5	27.5	475
	0.0	34.2	11.6	0.247	55.0	17.5	27.7	693
	6.0	36.1	12.6	0.177	55.9	18.8	27.6	723
8月6日(47日)	−0.8	34.2	12.7	0.204	53.8	17.0	26.1	575
	0.0	33.7	11.7	0.160	53.6	17.7	27.2	680
	6.0	34.3	10.3	0.155	54.5	20.2	27.6	762
貯蔵前	—	38.6	12.1	0.288	58.1	14.4	26.9	618

0.05mmのポリエチレン袋で貯蔵した.

られる.しかし,出荷は南から北へと移っていき,生産量も少ないことからミカンのように出荷調整も現状では必要ない.さらに,貯蔵が長引くと高温のため貯蔵しにくく,低温で貯蔵すると貯蔵経費が高くつくとともに,7月になるとブドウ,モモなど味のよい果実が出回る.また,表21.11のとおりビワはバナナ,セイヨウナシなどのように追熟がなく,品質の向上は望めないなどの点から現状では貯蔵は必要ないと思われる.

しかし,表21.12のとおり0℃近くで20日間の貯蔵は可能であるが,酸が減少しすぎることと果肉が硬くなることなど品質低下の点とともに出庫後の日持ち性や貯蔵経費面などからみて,実用化には問題がある.

21.7 加工

原料の加工適性 原料は生果向に近い品質,着色のよい大きな完熟果で傷が少ないものが,加工製品も良質なものができ歩留りもよい.

缶詰 缶詰原料としては,果実が大きい田中種が多く使われている.しかし,ビ

ワの原料は価格が高いことと生産量が少なく，生果として有利に販売ができることにより，原料確保が困難なことや出荷期間が短いことなどもあって，缶詰製造量も少なく，今後とも大量生産は望めない状況にある．

ビワ酒 戦前の1939年から長崎の茂木の産地で製造され，輸出やみやげ品として販売されたが，戦争が始まり砂糖の入手難や食料難により栽培面積減による原料不足で製造が中止された．最近は，地域特産品の育成という観点からビワ酒，ワインなどの開発が始まっている．しかし，缶詰と同様に原料が高く，その確保が困難なこともあり，他の酒と競争するには，製品価格が高くなる．さらに，酒造免許が取りにくく，酒税法の規制も厳しい．このようなことから本格的な製造は困難であるが，技術的には製造は可能である．製造法は，他の果実酒とほぼ同様である．

菓子 最近，ビワ果実の皮と種子を取り除き，果肉をゼリーで包み固めた"びわゼリー"が開発販売され，地域特産として評価が高まりつつある．今後，消費者ニーズが高級化・多様化するにつれて，ビワの特性を生かした菓子などの商品開発が望まれるが，やはり，原料の確保および高価格というビワのもつ宿命的な特異性から加工品の製造拡大は難しいものがある．　　　　　　　　　　　　　　　［一瀬　至］

21.8 病　　害

a．がんしゅ病

診断　がんしゅ病は葉に発生すると黄色ハローを，芽に発生すると芽枯れ症状を，果実に発生するとかいよう状を，枝幹に発生するとがんしゅ状病斑を，それぞれ形成する．枝幹部の病徴が本病名の由来となっている．このように，ほとんどの部位を侵し，それぞれの部位に特徴ある病斑を作る．

病原菌　*Pseudomonas syringae* pv. *eriobotryae* (Takimoto) Young, Dye et Wilkie
Pseudomonas 属に属する細菌病の一種で，1〜7本の極性鞭毛を有する桿菌である．菌の発育温度は25〜26°Cで，細菌のなかでは比較的低温を好み，32°Cを超えるとほとんど増殖しない．

伝染経路　越冬場所は主に枝や幹の病斑部で，雨によって伝搬される．各部位の感染時期は，果実の場合ではその横径が10mmくらいの頃，葉の場合では葉長12cmの頃，芽ではほう芽時の寒害発生後，枝幹部は管理作業で傷がつく時期(袋掛け，収穫，芽かき，せん定など)である．

多発条件　①低温，多雨のとき，②風傷（台風など）を受けたとき．

防除　本病の防除法としては，枝幹部の病斑削り取り後薬剤塗布による外科的治療法と薬剤散布による予防法の二つがある．

外科治療：病斑崩壊部を取り除き，樹皮をやや広めにていねいに削り，削り面に，ナシヒメシンクイの食入防止のために，カルタップ剤（成分濃度5％）を加用したペーストマイシン剤を塗布する．処理時期は9月下旬が最適である．

薬剤散布：前述の感染時期，すなわち，春芽のほう芽時，収穫後，芽かき後，せん

定後などの枝幹部に傷が付いた直後に，無機銅剤を散布する．

b．白紋羽病

病原菌 *Rosellinia necatrix* Prillieux

本病はもともと子のう胞子を形成する子のう菌に属するが，普通はいずれの胞子も作らず，菌糸で伝染・越冬する．

診断，伝染経路，多発条件，防除 ナシ白紋羽病を参照．

c．ごま色斑点病

診断 おもに台木用実生苗の葉に発生するが，まれに成木や果実にもみられる．はじめ，葉の表面に円形，黒紫色の輪郭がはっきりした1～3mm大の斑点を生じ，病斑が拡大すると内部は灰色に変わり，周囲は紫赤色に縁取られ，裏面は淡褐色となる．後に，病斑内に小黒点粒（柄子殻）を生じる．果実では，はじめ病斑の周囲が黄変し，後に赤紫色に変わる．

病原菌 *Entomosporium mespili* (de Candolle ex Duby) Saccardo

糸状菌の一種で不完全菌類に属し，病斑部に柄子殻，柄胞子を形成する．柄胞子は昆虫様の特異な形状をしている．胞子の大きさは20～23nm×9～10nmである．菌糸は10～30°Cで生育するが，低温を好む．柄胞子形成は20°C以下で行われ，夏の高温時には形成しない．

伝染経路 着生葉または落葉の病斑部に柄子殻を形成して越冬する．降雨後や下葉に多発生することから，雨または土壌の雨による"はねあがり"で伝染するのが主体と思われる．若齢葉では発病せず，硬化直前の葉が最も発病しやすい．

多発条件 ① 前年多発した園，② 水田跡地など，排水の悪い陰湿な土地，③ 密植で，徒長気味の苗．

防除 薬剤防除： 葉の展開期～硬化直前期を重点的に防除する．ベノミル剤またはチオファネートメチル剤を散布する．ビワは葉裏に毛じょうがあって薬液が付着しにくいので，十分に散布する．

耕種的防除： 実生苗ほ場を選定する際，前年使用したほ場は避ける．雨による土からの菌のはね上がりを防ぐために，敷わらをする．また，被害葉は焼却する．

d．灰斑病

診断 葉および果実に発生する．葉でははじめ表面に小円形淡褐色の斑点を生じ，後に灰色に変わり，そこに小黒点粒（分生子層）を生じる．多発すると激しく落葉する．果実に発生すると，はじめは水浸状，後に紫褐色に変わり，白い菌糸が果面に現れ，さらに進むと小黒点粒（分生子層）が現れる．

病原菌 *Pestalotiopsis funerea* (Desmaziéres) Steyaert

糸状菌の一種で不完全菌類に属し，分生子のみ作る．分生子は形態的に二つの系統があるが，病徴では区別できない．分生子は広棍棒状～紡錘形で，5細胞からなり，2～4本の鞭毛を有する．

伝染経路 病原菌は生存力が強く，分生子の形で病葉の分生子層中で越冬し，翌春これから分生子が飛散して伝染する．その年の春葉の病斑には分生子は形成されず，

夏葉に対しても前年の葉病斑に形成された分生子によって感染が起こる.

多発条件 ① さび病の病斑跡に二次的に発生する場合が多い. ② 樹勢の弱った園, 耕土が浅く乾燥しやすい園, および日当たりの悪い園.

防除 薬剤防除: 4月上旬, 6月上中旬, 7月中下旬および9月上旬にベノミル剤またはチオファネート剤を散布する. ビワは葉裏に毛じょうがあって薬液が付着しにくいので十分に散布する.

e．灰色かび病

診断 花房および幼果に発生する. 開花初期から発生するが, 開花終期の1月頃に花房がしおれて枯死してから目立つ. 枯死した花弁や雌雄ずいに灰色のかび(分生子)が密生し, 子房や花梗を侵して枯死させる. 花梗は軟化し, 内部の組織は褐色～黒色に変わり, 後に水分を失って乾固する. また, 果頂部の花弁に感染した後, 幼果が発病し, 軟腐する場合もある.

病原菌 *Botrytis cinerea* Persoon

糸状菌の一種で, 不完全菌類に属し, 分生子, 菌核を作る. 分生子は短楕円形, 無色, 単胞である. 菌糸の生育適温は20℃, 分生子形成適温は10℃付近である.

伝染経路 菌糸で越冬し, 罹病した花房がそのまま樹上に残って, 翌春その上に分生子を形成し, 飛散して伝染する.

多発条件 ① 霧雨が続いたり, 曇天の多いとき, ② 花房が寒害にあったとき, ③ ハウス栽培では過湿になったとき.

防除 薬剤防除: 開花盛期にチオファネートメチル剤, ビンクロゾリン剤およびイプロジオン剤を散布する.

耕種的防除: ハウスでは換気をよくすると発生が抑えられる. 　　　　[森田　昭]

21.9 虫　　害

(1) 発生様相

ビワの主要害虫としては, ナシマルカイガラムシ, ナシヒメシンクイ, クワカミキリ, ミカンハダニ, ナシミドリオオアブラムシ, ユキヤナギアブラムシなどがある. この他新葉展開初期にビワコガ, スグリゾウムシなどが発生することもある. またハウス栽培では花らいや果実を加害するコカクモンハマキ, ホソチビヒメハマキ群の一種などがあげられる. 露地栽培では, クワゴマダラヒトリの多発生年に, 幼果を食害されることがある.

(2) 主要害虫

a．クワカミキリ (mulberry borer) *Apriona japonica* Thomson

被害の特徴 ビワのほかクワ, イチジク, リンゴ, イヌビワなども加害する. ビワでは後食することはなく産卵だけを行う. 産卵部位は直径1.5～2 cmの側枝の上面が最も多い. 樹皮下に産下された卵は10日前後でふ化し, まもなく木質部に食入し, 枝

の基部へ向かって孔道を作る．孔道の途中数カ所，枝の下面に排糞孔を作り，木屑様の糞を排出する．加害された枝は強風時や収穫作業時に折れやすくなり，樹勢も衰える．

生態 この虫は通常2カ年で1世代をくり返す．産卵期は7月上旬〜9月上旬で，盛期は7月下旬〜8月上旬である．クワ園では昼間も成虫が後食を行っているが，昼間のビワ園では成虫の生息は認められない．ビワ園へは22時頃から飛来し，3時頃までの間に産卵を済ませて飛び去る．産卵は樹皮に10 mm×17 mmの長方形の嚙傷をつけ，樹皮下に1卵ずつ産下される．近接した部位に複数卵産下されることはまれである．

幼虫は，孔道のなかを上下しながら食害，排糞を行い，孔道の長さは1 mを超える．2回の越冬後，初夏に孔道最下部から50〜60 cm上部に蛹室を形成して蛹化する．産卵数が多いのは樹勢の弱った樹よりも，むしろおう盛な樹である．年間の1樹当たり産卵数は，8年生樹で22個の記録があるが，平均すると8個程度である．同一園内であっても，山林，雑木林に近い樹に産卵が多い傾向がある．

防除 耕種的防除： 登録農薬はない．防除は産卵期に産卵痕をみつけて卵を圧殺するか，排糞孔から針金などを挿入して幼虫を刺殺する．または，重要でない枝はせん除して焼却する．

b．ナシヒメシンクイ (oriental fruit moth) *Grapholita molesta* (Busck)

被害の特徴 ビワのほか，リンゴ，ナシ，モモ，スモモ，オウトウ，ウメなどを加害する．新しょう伸長期に新芽に産卵，幼虫が新しょう内を食害し，新しょうを枯死させる．また，芽かき跡，せん定後の傷口，がんしゅ病病斑部などに食入し，病斑部の形成層やめくれた樹皮下の木質部を食害する．年間をとおして生息しており，とくに夏期のがんしゅ病病斑部には多い．加害部位には虫糞がまばらにつづられたような形で付着しており，食害痕は不規則な線刻を描いている．

生態 越冬はがんしゅ病病斑部などのはげかかった部分や，病斑周辺部の樹皮下で，幼虫態で行われる．老熟幼虫は加害部位でまゆを作り，そのなかで蛹化する．蛹は羽化前にまゆから蛹体の大部分を露出し，多くは樹皮上に突出して羽化が行われる．がんしゅ病の発生が多く，樹勢の弱い木で発生が多い．長崎県大村市の場合，発育有効積算温度から算出される年間の成虫発生回数は4〜6回で，第3世代以降は世代が重複して出現し，実際の成虫発生ピークは4回になることが多い．

防除 薬剤防除： 適期は幼虫ふ化直後であるが，防除時期は6月中下旬（収穫期），7月中下旬（芽かき後），9月中下旬（せん定後）である．また，収穫直後か9月にがんしゅ病病斑部を削り取り，ストレプトマイシン剤に，カルタップ剤を加用して傷口に塗布する．

c．ナシマルカイガラムシ (San Jose scale) *Comstockaspis perniciosa* (Comstock)

被害の特徴 ビワのほかカンキツ，リンゴ，ナシ，ブドウ，モモ，スモモ，オウトウなどを加害する．枝幹の樹皮表面が白っぽくささくれだったり，樹皮がはがれかけ

ている場合は，本虫の寄生を受けていることが多い．そのような場所をルーペなどでよくみると寄生を確認できる．若い枝の表面が本来のみずみずしさを失してみえるときは要注意である．多発生樹では葉表面にも寄生する．寄生密度が高くなると樹勢が低下する．カンキツでは果実にも寄生するが，ビワでは生育期のずれによるためか，果実には寄生しない．

生態 本虫は年3世代をくり返す．幼虫発生期は第1世代が5月下旬～7月中旬，第2世代7月下旬～9月上旬，第3世代8月下旬～12月下旬である．第3世代幼虫は1齢幼虫の発育を終えると，その後の発育を停止して越冬に入る．越冬後は平均気温8～10°Cの日が数日続くと2齢への脱皮が始まり，以後は斉一な個体群として発育を続ける．一般に集中分布をし，園内でも特定樹に集中発生したり，1樹のなかでも発生枝が偏ることがある．

防除 薬剤防除： PAP剤，マシン油乳剤（97，95%）が有効である．6月下旬および8月下旬～9月上旬にはPAP剤により幼虫を対象とした防除を行う．樹幹部の防除には8月下旬～9月上旬にマシン油乳剤（97%），越冬期の12月下旬～1月上旬には同乳剤（95%）を散布する．ただし，いずれの薬剤も単用散布とし，日中高温時の散布は避ける．また，PAP剤は早生種には薬害が出やすいので散布しない．冬期のマシン油乳剤散布が最も効果が高いので，この時期に寄生部位をめがけ，ていねいに散布すればほぼ被害防止ができる．

d．ナシミドリオオアブラムシ（別名ギョウレツアブラムシ）　(green pear aphid)
Nippolachnus piri Matsumura

被害の特徴 ビワのほかナシ，リンゴ，クリなどを加害する．晩秋から初夏にかけて，硬化葉の葉裏の葉脈にそって寄生する．その下葉には甘露が付着し，すす病を併発する．被害葉は黄化し，やがて落葉する．落葉は3月頃から始まる．

生態 初夏から秋にかけてはナシを加害し，11月頃からビワへ飛来して葉裏に寄生繁殖する．通常卵態で越冬するが，暖地ではそのまま成幼虫が混在して越冬する場合もある．春になると再び増殖を始め，葉裏の主脈にそって1列ずつ並んで吸汁加害する．5～6月頃までビワで増殖し，その後有翅虫が夏寄生のナシなどへ移動する．

防除 薬剤防除： 大型のアブラムシであり，増え始めると急速に被害が現れるので早めに防除することが重要である．防除薬剤としては，硫酸ニコチン剤，PAP剤，除虫菊剤がある．ただし，硫酸ニコチンは強アルカリとの混用をしない．また，PAP剤は早生種には薬害が出ることがあるので散布しない．　　　　　　　［横溝徹世敏］

22. ヤ マ モ モ

22.1 経営上の特性と問題点

(1) 果樹としての歴史

ヤマモモ（*Myrica rubra* Sieb. et Zucc.）はヤマモモ科（Myricaceae），ヤマモモ属に属する雌雄異株の常緑性きょう木であり，雌株には種子の周囲に棍棒状の果瘤が密生して釈迦頭状の凹凸な外観をした多汁な果実を着ける（図22.1）．果実は幼果が緑色で，成熟するにつれて黄色から赤色に着色する．果実色は品種により異なり，まったく赤色色素を含まない純白なものから，濃紫色まである．果実の大きさも図22.2のように平均直径が 8 mm 程度の極小果から 30 mm 程度の大果まである．樹の寿命は長く，500年を超すと思われる古木も各地にみられる．

図22.1 ヤマモモ雌株の着果状態

図22.2 ヤマモモ果実の大きさ
瑞光：中国系大果品種（直径2.7 cm）．408，512，228-2：野生樹のなかから発見された在来品種と同程度の大きさの系統（2.0 cm）．平均果：野生樹の平均的果実（1.2 cm）．

その分布地域は中国大陸東南部，台湾，フィリピン，朝鮮半島南部，わが国では福井県と千葉県を結ぶ線の南側の海岸地帯で温量指数120度が限界地とされている．これらの地域では，庭先や裏山に庭先果樹として古くから栽培され，1950年代後半に入

って清涼飲料や各種菓子類が普及するまで，西南日本では広く利用されていたきわめて身近な果物である．果樹としてだけではなく，古くは薪炭材として，また魚網の染料のミリセチンを樹皮から採るために利用されていた．

　高知県と徳島県では優良樹が山採りされて農家の庭先や裏山に移植され，それらから接ぎ木繁殖されて在来品種が成立している．また，中国大陸から導入された大果系品種とその実生も繁殖されている．近年ではミカンの転作，農山村の振興に取り入れられて，大果系品種を利用して果樹園としての経済栽培がなされるようになった（図22.3）．このようにヤマモモは果物の改良の歴史からみると，かなり未発達な段階に留

図 22.3 高知県における大果系のヤマモモ園（低樹高を目指して成園化途上の状態）

まっており，未だに山中にある自生樹のなかに優良樹を発見できるとともに（図22.2参照），果実の大きさ，品質，日持ちの程度など，改良の余地が多い発展途上の果物である．

（2）利 用 方 法
a．果実の利用

　果実の利用方法としては，生食と，ジャム，焼酎漬などの加工がある．完熟果実では収穫後2〜3日で商品性がなくなるため，特産地の徳島産のものは，果物の大量消費地である大阪や東京は産地から遠くて出荷できず，高知市，徳島市などの近郊地方都市での販売に限られていたが，日持ちがやや長い中国系品種を早採りし，整備された高速輸送体系を利用することにより，近年，関東へも出荷が可能となっている．長距離出荷は品質を犠牲にしており，ヤマモモ本来の味を賞味するには，依然として産地で完熟果実を購入する必要がある．産地はリゾート地域にある例が多いことから，リゾート開発と組み合わせ，加工と並立させ，産地で加工品と生果実を販売する方式も重要となっている．

b．緑化樹としての利用

　果樹としての栽培は開花期である4月の低温や幼木時の耐寒性程度から考え，温州ミカンの栽培地とほぼ一致すると考えられる．しかしながら，東京オリンピック（1964

年)以降，常緑の高木緑化樹として関東地方でも利用が可能なことが認識され，都市公園，街路樹，庭園樹として大量の成木が山採りされて移植されている．この場合は種子からの生育と異なり，本来の自生地の北限を越え，仙台近くまで栽植されており，成木の耐寒性はかなり大きいと思われる．また，緑化樹としては果実が落果して路面が汚れるため，雄株が優先的に利用されている．緑化樹としての利用が急増した理由としては，関東以北の落葉樹地帯で貴重な常緑樹であること，成木の移植が容易であること，根に菌根を共生し，やせ地でも生育しやすいこと，排気ガスなどの公害に強いことなどがあげられる．このほかの利用方法として，菌根を共生することから，海岸などに松の砂防林を造成するときにヤマモモを肥料木として混植する．

22.2 品種と品種改良

　数少ない日本原産果樹であり，住民が山中に入り，優良樹を選んで収穫してきた．これらの一部は山採りされて庭先に移植され，接ぎ木や実生で繁殖されて広まり，遺伝的に似通った品種群が形成されている．これらの多くは無名であるが，高知県と徳島県では発見者の名前や，果実の形，品質などに由来する品種名が付けられている．
　約30の品種が記録されているが，このなかで徳島県在来の品種としては鬼団子(阿波錦)，紅玉，完熟しても赤色の着色が淡い白妙，食味がよいよがわち，このほかに立石，御前モモ，住吉，ビロード，赤団子などがあり，高知県在来品種としては亀蔵，中山早生が有名であるが，このほかに八平，十六，亀蔵に関係が深いと思われる亀蔵白がある．また，静岡県には影山がある．
　これら在来品種のほかに，大正時代に中国から導入された近藤，瑞光，中国系と推定される森口，カントン，竹内，西村1号などがあり，いずれも在来品種より大果で日持ちがよいため，近年，瑞光と森口を中心にして普及している．中国大陸にはわが国以上に果径，果実色，樹性などに大きな変異が知られており，貴州水城には，成木の樹高が90～120 cmや50 cm程度のわい性の系統も報告されている．葉のアイソザイム分析によると，わが国の物と中国から導入された系統ではパターンが異なり，遺伝的に系統を異にすると思われる．
　ヤマモモは品種改良の歴史が浅く，現在でも山中から優良系統を選抜することが可能であるが（図22.2参照），中国系実生のなかからの選抜が開始されている．中国でも直径4 cm程度の系統が育成されており，果物として改良の余地が大きいことを示している．わが国での育種を考える場合，花粉親の雄株が山中の野生樹のため，その遺伝的能力が判定できない．計画的育種を進めるには大果系の雄株の育成や導入が重要であるが，一方では種子親として中国で育成された優良な系統を導入することが必要である．また，交雑実生は放任栽培下では20年近く経過しないと結実しないため，高接ぎなどの早期結実技術の応用も利用する必要がある．

22.3 栽培管理

(1) 繁　　殖

　4～6月に取り木を行って繁殖することも可能であるが，一般には接ぎ木が利用される．接ぎ木用の台木にはヤマモモの実生が用いられる．果実から取り出した種子は乾燥を防いで暗所に保存し，12月上旬に播種する．発芽後，2～3年経過し，接ぎ木に適する鉛筆大の太さになった後，3月下旬～4月上旬に掘り上げて揚げ接ぎを行うが，この場合，剝ぎ接ぎの活着がよい．接ぎ木後，3週間で発芽する．高接ぎは3月末～6月上旬まで可能であるが，4月中旬頃に剝ぎ接ぎで腹接ぎを行うのがよい．穂木は休眠状態にある物を用いるので，春芽または2年生の新しょうを3月上中旬に採穂し，ビニル袋に入れて冷蔵する．
　接ぎ木苗は3月中旬～4月中旬に植え付ける．化学肥料に弱く，植え傷みしやすいので，苗木の植え付け時には化学肥料をひかえ，根を傷めないようにていねいに行う．また乾燥しないように敷草などを行う．幼木期には3要素をそれぞれ5～10 kg/10 a，結果期に入ったらリン酸，カリをそれぞれ10～15 kg/10 a 程度施用する．接ぎ木した後，初結果までに在来品種では約10年を要し，早期結実を示す瑞光では3年，森口で5年が必要である．また高接ぎでは翌年に着果させることもできる．

(2) 樹体管理

　放任状態のヤマモモは極端な隔年結果性を示し，表年は結果過多のため，小果となる．また，樹冠内での結果部位により果実の成熟に差が出やすい．さらに2年前に伸長した枝には数は少ないが大果が着く性質もある．そこで，古くはヤマモモの収穫は枝を折って収穫していた地方もある．この方法は6～7月に結果して下垂した枝を除き，そこから新しい枝を出させて，将来の結果枝を育成していることになる．この徒長気味の枝は翌年には裏年で結果しないが，翌々年には大果が収穫できる．このような調節法を用いて，樹ごとに表裏を入れ替え，群落としてはつねに表年の樹が連年あるようにすることも可能である．近年は，少数の樹で大果の連年結果を目指しているが，このためのせん定方法は試行錯誤の段階である．幼木の段階から計画的に樹形を作らねばならないが，一例としては，枝が混んでいる所を間引き，樹冠内の禿げ上がりを防止するとともに，結果して疲れた枝を切り返して，結果枝の育成を図る一方で，強勢な枝を間引いて樹勢を落ち着かせる方法を組み合わせる方法が検討されている．
　また，労力面から問題もあるが，5～6月の果実発育期に30～50％の摘果を行うと連年結果と大果生産が可能になる．

(3) 低樹高化

　有効なわい性台木がわが国にはないため，接ぎ木樹も短期間に大樹となり，収穫や枝管理が難しくなる．大胆な枝の切り返しにも強い性質があるので，既存の園では低

樹高に計画的に切り換える必要がある．また，古い在来品種や，自生林を利用して，低く切り返し，優良品種に高接ぎ更新することも重要となっている．

(4) 結実管理

ヤマモモは雌雄異株であり，4月に開花して受粉する．本来，雌株だけでは着果しないが，現在，産地化している場所では，周囲の山林に雄株が自生しており，風媒の花粉が2〜4 km以上にわたり運ばれるため，受粉樹としての雄株は必要としていない．しかしながら，スギ，ヒノキの植林が進んで，以前に比べて着果が悪くなった例もある．雄株だけが選択的に伐採された伊豆の例でも同様な現象が観察されており，緑化樹の山採りの影響も考慮すると，自生地から1〜2 km離れた大規模開園地では雄株を少数受粉樹として植え付ける必要があろう．また，自生林の更新では雄株の一部をそのまま残す配慮も必要である．

(5) 収　穫

在来品種の収穫期は，静岡県の場合，極早生系統が6月中旬から始まり，早生のビロード，中山早生が6月下旬〜7月上旬まで，中生の亀蔵が7月上中旬，晩生の瑞光が7月上旬〜下旬にあたる．この時期は梅雨期に当たり，ヤマモモの収穫に際し，適期の収穫が困難になりやすい一因となっている．他の果樹では早生から晩生まで，3カ月以上にわたって収穫できるが，ヤマモモの1カ月半は極端に短い．このため，収穫労力を分散できない．梅雨期を避けるためにも，極早生系統や極晩生系統の探索や育成が必要である．

品種に特有な収穫期間が極端に短いのも特徴である．1樹内で収穫の開始から終了までが15日程度の品種が多く，なかには1週間で全果実が一斉に成熟する系統もある．このため，着果した果実の一部しか収穫できないとともに，労力が集中するため，単一品種の大面積栽培に適せず，収穫期の異なる品種の組み合わせが必要である．自生樹のなかには1カ月近く収穫を続けられる系統もみられるので，このような特性をもった品種の育成も今後の課題である．

22.4　出　荷

ヤマモモの販売が産地周辺に限られてきたのは収穫後の軟化や品質劣化が速いことによる．在来品種では，甘さなどの食味が最良となった完熟果は2〜3日で商品性を失ってしまう．収穫後の日持ちが長く，しかも果実品質が優良な品種が育成されていない現状で大都市への遠距離出荷を行うには，品質は在来品種に見劣りするものの日持ちのよい中国系品種を用い，商品性を著しく損なわない範囲で早採りを行うとともに，低温流通体系，高速輸送体系に組み込む必要がある．

早採りする理由には，梅雨期に成熟するために自然状態下で腐敗・発酵しやすく，成熟期の後半になるとショウジョウバエが多く産卵することがあげられる．このため，

成熟期の前期から中期に完熟果を避けて収穫することになり，後期に成熟する果実や，中期に完熟に達してしまった果実は利用できず，収益性を向上させる面から問題が残っている．この時期の薬剤散布は困難であり，発酵しにくい品種の出現がない限り対策が成り立たない．

22.5 加工利用

　日持ち性の悪さと品種改良の遅れから，生食の利用が限定されざるをえない．そこで，経済栽培として成立するには加工も併用して付加価値を高める必要がある．また，成熟果の一部だけ生食に利用していることから，残りの果実の加工利用が有効と思われる．

　加工利用としては，古くから完熟果を自然発酵させてヤマモモ酒を醸造した地方もあるが，近年では梅酒のように焼酎に漬けるリカーが普及し始めている．焼酎漬けでは，梅酒のように果実（1 kg），焼酎（1.8 l），砂糖（1 kg）の比率にするのが一般的だが，砂糖を少なめにするとあっさりした味となる．また，製品の赤い色は明るい所で褐色に変色するので，冷暗所で保存する．果実色の赤い色の程度や苦みが酒質に影響するため，この面からも適する品種の選定が必要である．

　このほか，ジューサーで搾り，果汁 1 kg に砂糖 500 g を加えてできるジュースも家庭で利用されるとともに，ジャム，シャーベットなども販売されている．

　また，7月以降の端境期には果実の凍結したものを流通させ，解凍して直接利用したり，加工作業のピークを崩すことも可能である．さらに中国ではシュガーシロップに漬けた果実の罐詰や瓶詰も販売されている．

22.6 病　　害

　ヤマモモはわが国に古くから自生する果樹のため，本来，わが国に固有な病害虫に対して抵抗力があるとともに，天敵による制御もあって，他の樹種のような薬剤による防除を必要としてこなかった．しかしながら，園地として集団栽培されるようになり，また，中国からの病害虫が新たに侵入してくるなど，徳島県での観察によると，従来のような無散布状態では経済栽培上，問題を生じる例も出始めている．

　致命的な病害は見当たらないようであるが，褐斑病，疫病，こぶ病などが認められる．病斑の付いた落葉をほ場から除去し，焼却するとともに，発生しにくい環境を作るための風通しをよくするせん定など，耕種的防除法を主体とする．

22.7 虫　　害

(1) 食葉性害虫

　ミノガ類　　チャやサンゴジュなども食す多食性のオオミノガがとくに多く，丸坊

主の被害を受けることもある．冬季にミノを採収して焼却するとともに，ミノが小さいうちに有機リン剤を散布する．このほか，チャミノガも加害する．

イラガ類　ヒロヘリアオイラガとヒロクロイラガが多くみられる．前者は近年増加しており，若齢時に集団加害するので，この時期に摘葉するか有機リン剤を散布する．

ハマキガ類　ヤマモモハマキが特異的に加害する．

(2) 吸汁性害虫

カキノキカイガラムシの被害が大きく，近年，中老樹では樹勢の衰えが著しい．多食性のミカンマルカイガラムシも加害するが，天敵である寄生蜂による抑制の効果が認められている．

(3) 果実穿孔性害虫

成熟期の果実内に食入するショウジョウバエがヤマモモの一大害虫の一つとしてあげられる．徳島県の調査では，6種のショウジョウバエが確認され，なかでも近年に渡来したオナジショウジョウバエが多く，成熟期前半ではオウトウショウジョウバエが多くみられる．成熟した果実には多種のショウジョウバエが産卵しているので，産卵される前に早採りをすることになるが，食味が落ちるので新たな対応策が必要となっている．

ヤマモモの害虫の特徴は，従来は天敵による抑制などにより，著しい被害がなかったものが，近年，渡来侵入害虫による被害が目立ち始めた点にあり，その防除にあたっては天敵を考慮して耕種的防除を組み込んで必要最小限の薬剤防除を行うようにする．

[梶浦一郎]

文　献

1) 梶浦一郎 (1988), 果樹種苗, **29**, 8-12, 18.
2) 梶浦一郎, 平井正志 (1987), 果樹試報, **B 14**, 1-25.
3) 幸山　功 (1986), 柑橘, **38**(1), 46-52.
4) 高橋公一 (1972), やまもも, 1-116, 教育出版センター (徳島).
5) 上原敬二 (1959), 樹木大図説 I, 589-595, 有明書房.
6) 和田英雄 (1985), 果樹全書, 特産果樹, 321-330, 農文協.

事項索引

ア

IBPGR 18
IGR 170
INA 細菌 86
愛知白桃 382
会津身不知 581
青ウメ 480
青江早生 752
青島温州 754
アオナシ 286
アオバザクラ 501
アオハダザクラ 501
あかつき 381
秋子梨 288
秋施肥窒素 109
アグロバクテリウム 57
アケビ 731
浅間白桃 382
アスコルビン酸 213
愛宕 580
圧枝下垂法 84
圧条法 62
圧密化 103
アブシジン酸 191
アボット 624
甘ガキ 573
天草早生 848
網掛け 160
1-アミノシクロプロパン-1-カルボン酸 190
網被覆棚 324
雨よけ栽培 95
アメリカグリ 654
アメリカスグリ 721
アメリカスモモ 424
アメリカブドウ 530
アーモンド 377
アルコール 219
アルデヒド 219
アルパインプラム 446
アルベド 781
アンコール 804
アンズ 444
アントシアン 190, 217
アンベラータスモモ 424

イ

EBI 剤 146
イガむき 667
育種技術 31
育種素材 25
育種の歴史 27
育種法 30
育種目標 28
移行型除草剤 177
石鎚 657
石ナシ 325, 356
萎縮 117
異常気象 85
伊豆 578
一次加工原料 223
イチジク 702
市田柿 581
遺伝子組換え 56
遺伝資源 14
　――の保存 23, 53
遺伝子工学的手法 131
遺伝子診断法 123, 128
稲積 471
伊吹 656
今村温州 754
イヨカン 805
イワテヤマナシ 286
インシティティアスモモ 421
インベルターゼ 187
インライン搾汁法 223

ウ

ウイルスグループ 119
ウイルスの検定 21, 122
ウイルスの無毒化 20, 53
ウイルス粒子 118
ウインター・ネリス 345
上野早生 752
浮き皮 745, 780
内田梅 468
ウニコナゾール 175
ウメ 465
梅ジャム 484
梅酒 484
梅シロップ 484
梅酢 483
梅漬け 484
梅干し 483
温州ミカン 745
ウンナンビワ 844

エ

ACC 190
栄養成分 212
栄養生理 108
栄養体保存 54
エステル 219
枝変わり 77
エチクロゼート 174
エチレン 190, 193, 204
エチレン吸着剤 209
エテホン 171
エネーション 117
ELISA 22, 123, 131
エルゴステロール生合成阻害剤 146
遠心分離法 165

オ

OF 検定 132
鶯宿 471
黄色光源 160
黄色土 102
黄色灯 325
黄色粘着トラップ 616
オウトウ 491

事項索引

ア

王林　243
大石早生　425
大ウメ　467
大久保　381
オオスグリ　721
太田ポンカン　804
大津4号　753
大三島ネーブル　803
オーキシン　191
興津早生　753
晩三吉　295
おさ二十世紀　294
オシドリザクラ　502
オニグルミ　685
オニグルミ継衛系　690
おはつもも　386
オヒヨモモ　377
オルガネラ　182
オールドホーム　346
オレンジ（マルメロ）　367
卸売業者　210
温度管理　97
温度制御　96
温度変換日数法　89
温量指数　67

カ

開花期の予測　88
階級選別　199
甲斐路　535
開心形　79
回青　832
害虫相　149
カイロモントラップ　165
かおり（マルメロ）　366
化学的防除法　153
カキ　573
殻果類　648
核酸検出法　123
隔年結果　183, 745
隔離栽培　19
加工利用　220
果実
　——の一次機能　224
　——の香気　219
　——の三次機能　225
　——の自給率　4
　——の総需給量　3
　——の総消費量　3
　——の二次機能　224
　——の年間購入数量　4
　——の輸出　211
果実飲料　221
果実缶詰　220
果実自給率　4
果実酢　828
果実肥大　183
　——の予測　90
果実ピューレ　222
果汁入り清涼飲料　222
果汁飲料　221
果汁加工適性　222
果樹
　——の原生地　14
　——の特性調査　25
　——の発祥地　14
　——の品種　38
果樹栽培農家数　6
果樹導入の歴史　14
果樹農業振興基本方針　66
ガス条件　203
架線式大苗育成　301
下層土診断　104
褐色森林土　102
褐色低地土　103
果糖　226
カナダスモモ　424
果肉異常　198
果肉飲料　222
果肉褐変　272
果肉硬度　196
カーバメート剤　168
カプリ　703
花粉伝搬　125
ガラクチュロン　218
カラーチャート　197, 307
カラートラップ　165
カラミザクラ　493
カラモモ　448
果粒入り果実飲料　222
カリン　371
カルシウム　108
カロチノイド　226
カロチン　190, 212
川中島白桃　382
川野ナツダイダイ　808
干害　88
甘果オウトウ　493

管型熱交換機　223
環境制御　95
還元型ビタミンC　214
還元糖　216, 226
がんしゅ状病斑　130
かん水　114
官庁育種　35
缶詰規格　220
岸根　658
寒風害　86
缶桃5号　385
缶桃14号　385
甘露煮　671

キ

キイチゴ　724
キウイフルーツ　619
気温　66
偽果　184
奇形果　117
気孔侵入　129
気象　81
気象災害　85
寄生性天敵　163
気体調節貯蔵　206
忌避剤　159
キャンベル・アーリー　532
吸引粘着トラップ　164
吸湿剤　209
休眠覚醒　81, 96
休眠枝挿し　61
強勢台木　76
杏仁　447
競売　210
玉英　470
魚毒　167
巨峰　531
清見　807
切り接ぎ　59
菌叢集落　133
銀寄　657

ク

偶発実生　27
クエン酸　217
矩形植え　244
国見　656
久能温州　753
組換えDNA　57

事項索引

組換え体植物　58
クライマクテリック型　193
クライマクテリックライズ　187, 202
倉方早生　381
グラム反応　132
クリ　648
クリーシング　784
クリプトキサンチン　212
クリプトグラム　119
グルコース　187
クルミ　682
黒ボク土　102
クロミノウグイスカグラ　740
クロルピクリン処理　143
クロロメレス区　234

ケ

計算図表　155
形質転換植物　56
傾斜地　70
形成層　59
茎頂接ぎ木　53, 63
茎頂培養　20, 52, 63
系統適応性検定試験　35
茎葉処理型除草剤　177
結果　181
結実　181
結実調整　182
血清学的検定法　122, 131
毛桃　377
ケルシー　428
減圧貯蔵　207
検疫　11
原料適性　220

コ

光化学スモッグ　85
光核桃　377
硬化障害　325
好気性菌　132
紅玉　241
後期落果　181
抗原抗体反応　22
抗原抗体法　165
光合成特性　85
交さ耐性　147
交雑育種　30
交差抵抗性　159

交差分枝法　84
香酸カンキツ　828
甲州　533
甲州大実　450
甲州最小　470
甲州式平棚　539
甲州百目　580
耕種的防除法　159
交信かく乱　159, 170
幸水　292
降水量　67
合成ピレスロイド剤　168
酵素結合抗体法　22, 123, 131
行動制御剤　159
小ウメ　467
呼吸　192
国際植物遺伝資源委員会　18
国際単位　212
コナダニ　250
コハク酸　217
こ斑症　833
ゴム病　272
ゴヨウアケビ　731
コルクスポット　272
コルト　502
コールドチェーン　202
コルパス　184
根域　104
根系　78
根原基　61
昆虫成長調節剤　170
昆虫伝搬　125
昆虫病原性バクテリア　162

サ

西条　580
サイトカイニン　175
栽培規模別農家数割合　6
栽培面積　7
細胞選抜　55
細胞融合　56
サイモンスモモ　423
在来天敵　161
酢酸　217
搾汁法　223
挿し木　61
挿し床　61
雑柑　807
殺菌　221, 223

殺菌剤　146
殺ダニ剤　169
殺虫剤の弊害　158
佐藤錦　499
里見　849
サルナシ　622
酸果オウトウ　493
酸化型ビタミンC　214
さんさ　240
酸性化　103
サンタローザ　426
サンドチェリー　494
サンペドロ　703

シ

CA貯蔵　206
CO_2制御　99
シアニジン　217
ジカルボキシイミド系薬剤　146
枝幹病害　137
ジクロルプロップ　174
自己摘果　181
市場外流通　210
市場流通　210
システム・ダイナミックス　156
施設栽培　93
シナノグルミ　684
指標生物　21
渋ガキ　573
ジベレリン　171
シマサルナシ　622
清水白桃　382
シミュレーション　144, 156
重回帰分析　155
汁液伝搬　124
収穫　196
収穫期の予測　91
収穫適期　196
収穫量　7
秀玉　293
周年結実　181
秀峰　384
収量の予測　91
樹液流動期　182
樹園地土壌　69
種間雑種　51
縮果症　561
シュクロース　134, 187

シュクロース合成酵素　187
種子伝搬　125
珠心胚　21
樹勢衰弱　95
酒石酸　217
出荷　198
出荷容器　199
出荷予措　198
樹皮えそ　117
種苗登録　37
種苗繁殖　52
種苗法　37
主要根群域　104
ジューンドロップ　251
省エネ貯蔵　205
常温貯蔵　205
小果類　720
条件的嫌気性菌　132
蒸散　92
硝酸塩の還元　134
植物ウイルス名　118
植物生長調節剤　171
植物防疫　19
食味判定　200
食物繊維　225
除草剤　175
ショ糖　216
ジョナゴールド　241
ジョナサンスポット　272
しり腐れ　354
シルバーベル　344
次郎　578
白加賀　469
白梨　288
シロハナカラミザクラ　493
白茂木　849
白柳ネーブル　807
真果　184
新彊桃　377
シンク　185
深耕　106
新興　294
信山丸　450
信州大実　450
侵食　72
甚四郎　450
新水　292
新星　294
真正リンゴ区　234

ジーンバンク事業　15
信鈴　687

ス

す上がり　832
衰弱症状　117
水浸状病斑　130
スイートオレンジ　801
水分制御　97
水門　500
スキャフォールド　77
杉山温州　753
スグリ　721
スターキング・デリシャス　240
ステムピッティング　117
ストックトンモレロ　502
ストーニーピット類似症　346
ストレプトマイシン　173
砂子早生　380
砂梨　288
スパータイプ　77
スピノーサスモモ　421
ズミ区　234
スミルナ（イチジク）　703
スミルナ（マルメロ）　366
スモモ　419
スレンダースピンドル　76, 248

セ

生育調節剤　78
清家ネーブル　803
清香　687
生産性阻害要因　73
生産量　4
成熟　186, 193
成熟積算温度　82
成熟相　31
生鮮果実の輸出　10
生鮮果実の輸入　12
生体防御　225
性フェロモン　159, 170
性フェロモントラップ　615
生物季節　88
生物検定法　122
生物的防除法　161
生物防除　137
セイベル　535
精油　219
セイヨウスグリ　721

セイヨウスミミザクラ　493
セイヨウナシ　340
セイヨウミザクラ　493
生理活性物質　185
生理障害　203
生理的転換温度　90
赤色土　102
積層法　62
雪害　84
接触型除草剤　177
接触伝搬　124
施肥　108
施肥時期　109
セミノール　807
セミマイクログラフティング　53
セルラーゼ　189
セルロース　189
選果　220
選果場　199
潜在感染　117, 129
千秋　241
扇状葉　116
選択的殺草性　176
選択培地法　165
せん定　79
鮮度保持剤　208
選別基準　200

ソ

霜害　86
早期検定法　32
早期落果　181
草本検定植物　21
そぎ芽接ぎ　60
側枝変角法　84
組織培養　51
疎水材　244
粗皮症　273
ソルダム　426
ソルビトール　187, 216
ソルビトール酸化酵素　187
ソルビトール脱水素酵素　187

タ

台木　59
体細胞雑種　56
ダイザクラ　501
耐性菌　146

耐性菌対策　148
耐虫性品種　162
耐凍性　67
台風対策　88
太陽　428
タイワンビワ　844
高尾　535
高砂　499
高接ぎ更新　299
多作用点阻害剤　146
ダゾメット微粒剤　143
脱渋　205, 601
脱皮　221
眉芽接ぎ　60
田中　849
棚栽培　80
たねなし品種　52
多胚性品種　34
玉梅　472
ダミノジット　174
多粒子性ウイルス　119
単一ゲノム　118
タンカン　806
タンゴール　805
丹沢　655
炭酸カルシウム水和剤　175
タンゼロ　807
タンニン　190
タンニン物質　575
タンニンプリント法　603
単胚性品種　34
単粒化　104

チ

チェリー　493
筑水　292
チッカソウスモモ　424
窒素栄養　108
地表面管理　106
チベットアンズ　446
着花促進法　31
着色度　196
着色不良　117
チャンピオン　367
中ウメ　467
虫害　149
中間台　41
チュウゴクオウトウ　493
チュウゴクグリ　652

中晩生カンキツ類　800
チュニカ　184
長寿　291
長十郎　293
超低温貯蔵　54
貯蔵　192, 202
貯蔵養分　108
チョッパーパルパー搾汁法　223
地力保全基本調査　69
チルトン　450

ツ

追熟　204
つがる　239
接ぎ木　59
接ぎ木伝搬　124
接ぎ木部異常　117
接ぎ木不親和　41
筑波　656

テ

DIBA 法　123
DVI　90
DVR　90
Ti プラスミド　57
T.P.法　112
低温障害　195, 203
低温遭遇時間数　96
低温貯蔵　206
低温要求量　81
低樹高栽培　74
テウチグルミ　684
摘果　181
適期防除　92
デューベリー　724
デラウェア　531
デルフィニジン　217
天敵　163
天敵糸状菌　162
天敵節足動物　161
天敵微生物　162
天然果汁　221
天然殺虫剤　169
デンプン　186

ト

糖　215
凍害　86

凍害発生温度　86
胴枯性病斑　130
等級呼称　199
等級選別　199
統計的方法　153
導入育種　30
導入定着法　161
導入天敵　161
唐ビワ　846
トキワノアケビ　731
特異作用点阻害剤　146
特性検定試験　37
毒物　167
トコフェロール　214
土佐ブンタン　805
土壌　102
土壌感応性　73
土壌兼茎葉処理型除草剤　178
土壌処理型除草剤　177
土壌診断基準　104
土壌的適地条件　73
土壌伝搬　125
土壌病害　140
突然変異　27
突然変異育種　31
突然変異誘起　53
刀根早生　579
取り木　62
トレリス　596
泥巻き法　276

ナ

内生ホルモン　185
内部褐変　196
苗木生産　63
長生早生　848
長崎早生　848
長野野生桃　385
梨酒　355
ナシ属　286
ナツミカン　807
ナポレオン　499
成り年　183, 746
ナリンギン　218
南安　689
南柑20号　753
南高　470
難培養細菌　124
南陽　500

ニ

新潟大実　449
新高　294
二十世紀　294
　——の栽培　313
西村早生　579
日射症　561
日射量　67
ニホングリ　651
ニホンスモモ　423
ニホンナシ　285
ニホンヤマナシ　346

ネ

ネオ・マスカット　533
ネクタリン　377
根挿し　61
熱処理法　20
熱電対湿度計法　112
ネーブルオレンジ　803
ネマガード　386
眠り病　562

ノ

濃縮果汁　221
ノンパラメトリック法　89

ハ

バイオテクノロジー　32, 51
梅郷　471
排水対策　105
倍数性育種　30
梅肉エキス　484
胚乳培養　52
胚培養法　51
ハイブッシュ　725
ハウス栽培　80
ハウスの構造　101
バークたい肥　107
白桃　382
はく皮　221
白鳳　381
パクロブトラゾール　175
橋本早生　751
ハスカップ　740
パス・クラサン　344
蜂屋　580
発酵性試験　134

発酵性の検定　132
ハッサク　808
発生予察　143, 153
バートレット　343
花ウメ　467
花腐れ　130
花振るい　560
葉巻　116
林温州　754
反射マルチ　98
晩春　689
繁殖　59
半数体　54
斑点性障害　271
バンドウ　378
晩白柚　805

ヒ

BA剤　173
BT剤　167, 170
P.C.法　112
ピオーネ　534
光環境　99
光制御　98
光透過率　98
光飽和点　85
光補償点　85
光利用防除法　160
非クライマクテリック型　193
肥大生理　185
ビターピット　111, 271
ビタミンA　212
ビタミンC　213
ビタミンE　214
被覆資材　101
ヒメグルミ　685
皮目　129
ヒュウガナツ　809
ビューティ　426
ひょう害　87
病害　116
氷核活性　86
病原性微生物天敵　164
平核無　101
ヒラツカレッド　384
広島大杏　450
ビワ　843
ビワ酒　862
品位基準　199

フ

ファンタジア　384
斑入り果　117
フィルム包装　207
風水害　87
フェニルアミド系薬剤　146
N-フェニルカーバメート系化合物　148
袋掛け　160
フサスグリ　721
房光　849
ふじ　242
富士　580
負相関交さ耐性　148
普通加温　95
物理的防除法　160
ブドウ　528
ブドウ酒　559
ブドウ糖　226
不成り年　183, 746
不妊化虫　162
富有　577
ブラシノライド　175
ブラックアプリコット　446
ブラックベリー　724
フラベド　781
フラボノイド　218, 226
ブルーノ　623
フルフラール　214
ブルーベリー　725
プレッシャー・チャンバー法　112
プレート型熱交換機　223
フレーバートップ　384
プロトプラスト　55
プロトペクチン　219
プロビタミンA　212
豊後ウメ　448, 468
分節ゲノム　118
ブンタン　805
分離育種　30

ヘ

平和　449
ヘイワード　623
ペクチニン酸　219
ペクチン　189

ペクチン質　218
ヘスペリジン　218
へたすき　606
ヘッジロウ方式　244
ヘミセルロース　189
ペラルゴニジン　217
ペルシャグルミ　684
ベンジルアミノプリン　173
ベンゾイミダゾール系薬剤　146
鞭毛着生位置　132

ホ

豊園　689
訪花昆虫　250
胞子角　359
豊水　293
包装　207
包装基準　199
防鳥機　267
防風林　88
蓬萊柿　704
北光　500
北斗　242
捕殺　160
干しガキ　603
捕食性天敵　164
北海ナポ　500
ボックス栽培　78
ポリガラクチュロナーゼ　189
ホルクロルフェニュロン　175
ホルチュラナスモモ　424
ホンアンズ　446
ポンカン　804

マ

前川次郎　578
マーコット　806
マザクラ　501
マザード　501
マシン油乳剤　169
桝井ドーフィン　704
マスカット・オブ・アレキサンドリア　534
マスカット・ベーリーA　532
マスキング　117
マストラッピング　159
マタタビ　621, 623
マックス・レッド・バートレッ

ト　343
松本早生富有　577
マハレブ　501
マーマレード　829
マメコバチ　250
マメザクラ　502
マメナシ　286, 346
マルゲリット・マリーラ　345
マルメロ　346, 364
マロングラッセ　671
マンシュウアンズ　446
マンシュウマメナシ　346

ミ

実ウメ　467
ミカン　804
実生繁殖　62
ミスト装置　62
水ポテンシャル　113
蜜入り指数　256
みつ症　326
ミツバアケビ　731
ミツバチ　250
密閉挿し　62
ミドリザクラ　502
宮内伊予柑　806
宮川早生　752
宮坂　450
宮本早生　752
ミロバランスモモ　421
民間育種　34

ム

無加温　95
むきグリ　651
無機質　214
陸奥　241
無毒苗供給システム　126
無毒母樹　125
無病地帯　145

メ

メスレー　426
芽接ぎ　60
メトキシル　219
免疫電顕法　123

モ

毛管ポテンシャル　113

茂木　848
木質部えそ　117
木本検定植物　21
木本指標植物　122
モザイク　116
モットル　116
モノクローナル抗体　165
モーパングリ　654
モモ　376
森田ネーブル　804
盛り土法　62
モンティ　624

ヤ

焼きグリ　651, 672
薬剤抵抗性　159, 170
薬剤抵抗性天敵　162
薬剤防除　146
やく培養法　54
八雲　293
やけ　273
八里　292
山形3号　449
山見坂ネーブル　803
ヤマモモ　867

ユ

誘引剤　159
有機酸　216
有機物　107
有機リン剤　167
有効積算温度　67
ゆうぞら　383
湯川　849
ゆず肌　325, 784
ユスラウメ　494
輸送　201
輸送中の振動　202
輸送方法　201
輸入自由化　11

ヨ

葉果比　183
用途別出荷割合　4
幼若相　31
要防除水準　145
葉脈黄化　116
葉面積指数　183
要鈴1号　687

予察 92, 143, 153
予察式 92
予察の適合性 157
予察防除支援システム 145
吉田ネーブル 804
吉田ポンカン 804
予測誤差 155
予措 204
ヨード反応 256
ヨード・ヨードカリ反応 351
予冷 201
ヨーロッパグリ 653
ヨーロッパスモモ 421
ヨーロッパブドウ 530

ラ

ラインパターン 116
ラクトン 220
落葉 182

落葉痕 130
ラズベリー 724
ラビットアイ 725
ラ・フランス 343

リ

リコピン 190
リサージェンス 158, 169
利平栗 657
竜峡小梅 471
流通 209
緑枝挿し 61
リンゴ 231
リンゴ酸 188, 217
リンゴ野生種 26
輪番散布 339

ル

ル・レクチェ 344

レ

冷房貯蔵庫 206
裂果 328, 562
レッドビュート 425
連作障害 104
連絡形成層 59

ロ

老化 193

ワ

わい化 76
わい化剤 78
わい性台木 75, 87
わい性品種 77
ワシントンネーブル 803
ワックス処理 772
笑 689

病虫害索引

日本語索引

ア

青かび病 792
アオクサカメムシ 416, 616, 798
アオドウガネ 646
アカエグリバ 337
赤衣病 139
赤星病 278, 330, 370
アカマルカイガラムシ 841
アケビコノハ 337
アザミウマ 615, 718
味無果病 567
アトボシハマキ 615
アブラムシ 335, 414, 442, 488, 729, 737
アボカドサンブロッチウイロイド 128
アメリカシロヒトリ 701

イ

イセリヤカイガラムシ 798, 841
いぼ支病 278, 413
イラガ 873

ウ

ウイルス病 116
ウイロイド病 126
ウチイケオウトウハバチ 526
うどんこ病 279, 333, 413, 566, 610, 675, 729, 737
ウメクビレアブラムシ 488
ウメコブアブラムシ 488
ウメシロカイガラムシ 443, 464, 489, 525
温州萎縮ウイルス 793

温州萎縮病 792

エ

疫病 139, 142, 278, 333, 675, 715, 872
エクソコーティスウイロイド 127
エクソコーティス病 128, 835
えそ斑点病 117, 334
枝枯病 332
枝膨病 139, 565

オ

黄色網斑病 441
オウトウショウジョウバエ 526, 873
オウトウハダニ 362, 525
オウトウハマダラミバエ 526
オオミノガ 841, 872
オカボノアカアブラムシ 488
晩腐病 563
オビカレハ 489

カ

カイガラムシ 443, 841
かいよう病 485, 640, 676, 791
カキクダアザミウマ 614, 616
カキノキカキカイガラムシ 873
カキノヘタムシガ 614
カキヒメハダニ 614
角斑落葉病 612
果実吸蛾 799
果実軟腐病 642
果頂軟化症 608
褐色こうやく病 523, 698
褐色腐敗病 790

褐斑病 279, 872
カツラマルカイガラムシ 679
カネタタキ 841
株枯病 141, 716
カブリダニ 281
カミキリムシ 717
カメムシ 337, 416, 617
カラーロット 139
カワリコブアブラムシ 414
カンキツタタリーフウイルス 837
カンキツトリステザウイルス 836
カンザワハダニ 338, 417, 571, 614, 718
がんしゅ病 862

キ

キイロハナアザミウマ 718
キイロマイコガ 645
キボシカミキリ 717
キャンカー 729
ギョウレツアブラムシ 866
ギンモンハモグリガ 282
キンモンホソガ 282
銀葉病 139

ク

クサギカメムシ 337, 416, 617
クスサン 700
くぼみ果病 361
クリシギゾウムシ 678
クリタマバチ 680
黒かび病 522, 716
黒根立枯病 141, 674
クロフタモンマダラメイガ 614

黒星病 275, 329, 360, 370, 411, 441, 461, 486, 610
クワカミキリ 717, 864
クワコナカイガラムシ 281, 336, 571
クワゴマダラヒトリ 798
クワシロカイガラムシ 416, 645, 701

コ

コアオハナムグリ 797, 838
コウモリガ 572, 646, 700
紅粒がんしゅ病 139, 699
コガネムシ 646
黒色実腐病 673
黒点病 279, 788
黒とう病 564
黒斑病 328, 439
黒粒枝枯病 461
コスカシバ 415, 443, 463, 489, 524
コナカイガラムシ 336, 798, 841
こぶ病 872
ごま色斑点病 863
ゴマダラカミキリ 797
根頭がんしゅ病 135, 334, 503, 523, 565

サ

細菌病 129
サツマイモネコブセンチュウ 719
さび色胴枯病 333
さび果病 129, 279, 834
さび病 715

シ

糸状菌病 137
縮葉病 410, 487
傷い寄生菌 137
ショウジョウバエ 873
シラガタロウ 700
シルベストリコバチ 798
シロスジカミキリ 680
白紋羽病 141, 276, 332, 643, 863
シンクイムシ 336, 371, 415, 442

ス

すす点病 279, 614
すす斑病 279
すす病 613
ステムピッティング病 836
スミスハダニ 571
スモモオマルアブラムシ 488
スモモヒメシンクイ 442
スモモ斑入り果病 128

セ

せん孔細菌病 409
せん孔 522

ソ

そうか病 789
そばかす病 790

タ

ダイズウスイロアザミウマ 718
高接ぎ病 277
炭そ病 521, 609, 699

チ

チャノキイロアザミウマ 570, 616, 718, 795, 839
チャノコカクモンハマキ 337, 572, 615
チャノホコリダニ 839
チャバネアオカメムシ 338, 416, 617, 646, 797
チャハマキ 337, 615
チャミノガ 841

ツ

接ぎ木部異常病 837
ツノロウムシ 794
ツヤアオカメムシ 617, 798
つる割病 566

テ

テングハマキ 615

ト

ドウガネブイブイ 571, 646
胴枯病 138, 139, 331, 359, 412, 441, 612, 674

トサカフトメイガ 701

ナ

ナシアブラムシ 335
ナシグンバイ 363
ナシチビガ 339
ナシヒメシンクイ 336, 415, 442, 463, 865
ナシマルカイガラムシ 443, 841, 865
ナシミドリオオアブラムシ 866
ナミハダニ 280, 417, 338, 362, 525, 571, 729
ならたけ病 143, 333

ニ

ニセナシサビダニ 339

ネ

ネギアザミウマ 718

ハ

灰色かび病 412, 487, 522, 564, 612, 643, 791, 864
灰色こうやく 523, 699
灰斑病 863
灰星病 410, 440, 461, 521
葉枯病 613
ハダニ 338, 362, 417, 525, 571, 614
ハナアザミウマ 718, 796
花腐細菌病 642
花腐れ症 461
ハマキガ 873
ハマキムシ 337, 363, 525, 615, 729, 798
斑点病 729
斑点落葉病 274
斑葉モザイク病 413

ヒ

ヒメエグリバ 337
ヒメコガネ 646
ヒメヒラタケシキスイ 838
ヒメヨコバイ 799
ヒラズハナアザミウマ 718
ヒロクロイラガ 873
ヒロヘリアオイラガ 614, 873

病虫害索引

ビワハナアザミウマ 718

フ

ふくろみ病 440
フジコナカイガラムシ 617
フタテンヒメヨコバイ 570
ブドウスカシバ 569
ブドウトラカミキリ 569
ブドウヒメハダニ 572
フナガタムシ 490
腐らん病 139, 276, 371
プルヌス・ネクロティック・リングスポット・ウイルス 524
プルン・ドワーフ病 523

ヘ

ベインイエローズ病 360
べと病 563
変葉病 485

ホ

ホソバチビヒメハマキ 645
ホップわい化ウイロイド 127
ホモプシス腐敗病 411

マ

マツモトコナカイガラムシ 336
マメコガネ 646
マルカメムシ 416
円星落葉病 611

ミ

ミカンクロアブラムシ 795, 841
ミカンサビダニ 796
ミカントゲコナジラミ 798
ミカンハダニ 338, 614, 796, 840
ミカンハモグリガ 798
ミカンマルカイガラムシ 841
ミカンミドリアブラムシ 842
ミカンワタカイガラムシ 841
ミダレカクモンハマキ 284, 525
実炭そ病 672
緑かび病 792
ミノガ 872

ム

ムギワラギクオマルアブラムシ 488
紫紋羽病 141, 277

モ

モザイクウイルス 793
モザイク病 568, 793
モニリア病 274
モモアカアブラムシ 414, 442, 462, 488
モモコフキアブラムシ 414, 442, 463, 488
モモサビダニ 417
モモシンクイガ 283, 336, 361, 415
モモノゴマダラノメイガ 415, 677
モモハモグリガ 417

ヤ

モンクロシャチホコ 490

ヤガ 337
ヤノネカイガラムシ 155, 794, 840
ヤノネキイロコバチ 794, 841
ヤノネツヤコバチ 794, 841
ヤマモモハマキ 873

ユ

ユキヤナギアブラムシ 335, 363, 795, 842
ゆず果病 128

ヨ

ヨモギエダシャク 841

リ

リーフロール病 567
緑斑症 607
リンゴコカクモンハマキ 284, 363, 525, 645
リンゴハダニ 281, 362, 417, 525
リンゴモンハマキ 363, 525
輪紋病 139, 278, 331, 359

ル

ルビーアカヤドリコバチ 794
ルビーロウムシ 794

ワ

ワタアブラムシ 335, 795, 842

外国語索引

A

ACLSV 277
Aculops pelekassi 796
Aculus fockeui 417
Adoxophyes
  A. orana 645
  A. orana fasciata 284, 363, 525
  A. sp. 337, 572, 615
Adris tyrannus 337

Agrobacterium rhizogenes 136
Agrobacterium tumefaciens 135, 334, 523, 565
Alternaria alternata 274, 329
Anomala
  A. albopilosa 646
  A. cuprea 571, 646
  A. rufocuprea 646
Anoplophona malasiaca 797
aphid 335

Aphis citricola 335, 363
Aphis gossypii 335
apple aphid 335
apple golden leafminer 282
apple heliodnid 645
apple leafminer 282
apple scar skin viroid 279
apple tortrix 284, 525
Apriona japonica 717, 864
Arboridia apicalis 570
Archips breviplicanus

363, 525
Archips fuscocupreanus
　284, 525
Armillariella mellea　333
arrowhead scale　794, 840
Ascochyta pinodes　790
ASGV　277
Asiatic leaf roller　363, 525
ASPV　277
ASSV　279
Aureobasidium pullulans　613

B

Batocera lineolata　680
Blastospora smilacis　485
Botryosphaeria
　B. berengeriana　278
　B. berengeriana f. sp. *persicae*　413
　B. berengeriana f. sp. *piricola*　278, 331, 359
　B. dothidea　332, 613, 673
　B. sp.　643
Botrytis cinerea　412, 487, 552, 564, 612, 791, 864
Botrytis sp.　643
Brchycaudus helichrysi　488
Brevipalpus lewisi　572
broad mite　839
brown marmorated stink bug
　337, 416
brownwinged green bug
　338, 416, 617, 646, 797
Bucculatrix pyrivorella　339

C

Caeoma makinoi　485
Caliroa cerasi　526
Capnophaeum fuliginoides
　613
Carposina niponensis　283, 336, 361
Ceratocystis fimbriata　716
Cercospora kaki　612
Ceroplastis rubens　794
cherry caterpillar　490
cherry drosophila　526
cherry slug　526
cherry tree borer　415, 443,

463, 489, 524
chestnut gall wasp　680
chestnut weevil　678
chillie thrips　839
CiMV　793
citrus flat mite　572
citrus flower chafer　797, 838
citrus green aphid　363
citrus leafminer　798
citrus red mite　338, 796, 840
Cladosporium carpophilum
　411, 441, 461, 486
Cladosporium herbarum　613
Colletotrichum gloeosporioides
　834
Comstock mealybug　281, 336, 571
Comstockaspis macroporana
　679
Comstockaspis perniciosa
　443, 865
cone moth　442
Conogethes punctiferalis
　442, 614, 677
Conopia hector　524
Coryneum sp.　461
cotton aphid　335
Crisicoccus matsumotoi　336
CTLV　837
cupreous chafer　571, 646
Curculio dentipes　678

D

Diaporthe
　D. citri　789
　D. eres　331
　D. medusaea　331
　D. tanakae　359
Dictyoploca japonica　700
Didymosporium radicicola
　674
Diplocarpon mali　279
Drosophila suzukii　526
Dryocosmus kuriphilus　680

E

Elsinoe ampelina　564
Elsinoe fawcetti　789
Endoclyta excrescens　572, 646

Endothia parasitica　674
Entomosporium mespili　863
Eotetranychus smithi　571
Epuraea domina　838
Eriophyes chibaensis　339
Erwinia　133
　E. carotovora subs. *carotovora*　333
　E. chrysanthemi pv. *chrysanthemi*　333
Eumeta japonica　841
Eumeta minuscula　841
European red mite　281, 362, 417, 525
Euzophera batangensis　614

F

fall webworm　701
flower thrips　718
Frankliniella intonsa　718
fruit moth　336
fruit piercing moth　337
fruit piercing stink bug　617
fruit stink bug　337
Fusicladium levieri　610

G

giant bagworm　841
Glaucias subpunctatus　617
Gloeodes pomigena　279
Gloeosporium kaki　609
Glomerella cingulata　521, 563, 673, 700
grape borer　569
grape clearwing moth　569
grape leafhopper　570
Grapholitha molesta　336, 415, 442, 463, 865
Grapholitha niponensis　415
green peach aphid　414, 442, 462, 488
green pear aphid　866
green stink bug　416
Gymnosporangium asiaticum
　330
Gymnosporangium yamadae
　278

病虫害索引

H

Halyomorpha mista 337, 416, 617
hawthorn spider mite 362, 525
Helicobasidium mompa 277
Homona magnanima 337, 615
honeysuckle thrips 718
Hosinoa longicellana 615
Hyalopterus arundinis 463
Hyalopterus pruni 414, 442, 488
Hyphantria cunea 701

J

Japanese cherry fruit fly 526
Japanese giant moth 700
Japanese mealybug 617
Japanese swift moth 700

K

Kanzawa spider mite 338, 417, 571, 718

L

Lacasta muscasalis 701
leaf-curl plum aphid 488
leaf roller 337, 363, 572, 615
Leucostoma persoonii 412, 441
Lobesia aeolopa 645
longicorn beetle 717
Lyonetia clerkella 417
Lyonetia prunifoliella malinella 282

M

Macrophoma castaneicola 674
Malacosoma neustria testacea 489
Matsumoto mealybug 336
mealy plum aphid 414, 442, 463, 488
mealybug 336
Megacopta punctatissimum 416

Meloidogyne incognita 719
melon aphid 335
Microsphaera alni 675
Microxyphium sp. 613
mite 338, 362
Monilinia
　M. fructicola 410, 440, 462, 521
　M. laxa 462
　M. mali 274
mulberry borer 717, 864
mulberry scale 416, 645
mulberry tiger moth 798
Mycosphaerella
　M. cerasella 522
　M. nawae 611
　M. pinodes 790
　M. pomi 279
Myzus
　M. mumecola 488
　M. persicae 414, 442, 462, 488
　M. varians 414

N

Nectria cinnabarina 699
Nezara antennata 416, 617
Nippolachnus piri 866

O

onion thrips 718
Oraesia emarginata 337
Oraesia excavata 337
oriental fruit moth 336, 463, 865
oriental stink bug 338, 646
oriental tea tortrix 337, 615
Oxycetonia jucunda 797, 838

P

Panonychus citri 338, 614, 796, 840
Panonychus ulmi 281, 362, 417, 525
Paranthrene regalis 569
Parasa lepida 614
PDV 523
peach fruit moth 283, 336, 361

peach leafminer 417
peach moth 442
peach yellow mosaic virus 414
pear lace bug 363
pear leafminer 339
Penicillium digitatum 792
Penicillium italicum 792
persimmon fruit moth 614
Pestalotia diospyri 613
Pestalotiopsis funerea 863
Phakospora nisidana 715
Phalera flavescens 490
Phassus excrescens 700
Phomopsis
　P. citri 789
　P. fukushii 331
　P. sp. 411, 565, 613, 643
　P. viticola 566
Phyllactinia kakicola 610
Phyllactinia pyri 333
Phyllocnistis citrella 798
Phyllonorycter ringoniella 282
Physalospora piricola 331
Phytophthora
　P. cactorum 279, 333
　P. citrophthora 790
　P. katsurae 675
　P. palmivora 715
pink citrus rust mite 796
Planococcus kraunhiae 617
Plasmopara viticola 564
Plautia stali 338, 416, 617, 646, 797
plum line pattern virus 441
plum silver mite 417
Podosphaera leucotricha 279
Podosphaera tridactyla 413
Polyphagotarsonemus latus 839
Ponticulothrips diospyrosi 616
Popillia japonica 646
PRSV 524
prune dwarf virus 523
prunus necrotic ringspot virus 524
Psacothea hilaris 717

Pseudaulacaspis pentagona
  416, 645, 701
Pseudaulacaspis prunicola
  443, 464, 489, 525
Pseudococcus comstocki 281,
  336, 571
Pseudomonas 133
  P. *marginalis* pv. *mariginalis* 642
  P. *syringae* pv. *actinidiae* 641
  P. *syringae* pv. *castaneae* 676
  P. *syringae* pv. *eriobotryae* 862
  P. *syringae* pv. *morsprunorum* 486
  P. *syringae* pv. undetermined 642
  P. *viridiflava* 642

R

red wax scale 794
Rhacochlaena japonica 526
Rhizopus nigricans 522, 716
Rhopalosiphum nymaphaeae 488
Rhopalosiphum rufiabdominalis 488
rice root aphid 488
Rosellinia necatrix 276, 332, 643, 863

S

San Jose scale 865
Schizaphis piricola 335
Scirtothrips dorsalis 570, 616, 795, 839
Scorias communis 613
SDV 793
Septobasidium bogoriense 523, 699
Septobasidium tanakae 523,
  698
Smith spider mite 571
southern root-knot nematode 719
Sparganothis pilleriana 615
Sphaceloma fawcetti 789
Sphaerotheca pannosa var. *persicae* 413
spider mite 571
Spilosoma imparilis 798
spiraea aphid 335
Stathmopoda auriferella 645
Stathmopoda masinissa 614
Stephanitis nashi 363
summer fruit tortrix 284, 363, 525
swift moth 572, 646
Synanthedon hector 415, 443, 463, 489

T

Taphrina
  T. *deformans* 410
  T. *mume* 487
  T. *pruni* 440
tea bagworm 841
tent caterpillar 489
Tenuipalpus zhizhilashviliae 614
Tetranychus
  T. *kanzawai* 338, 417, 571, 614, 719
  T. *urticae* 280, 338, 362, 417, 525, 571
  T. *viennensis* 362, 525
thrips 615
Thrips
  T. *coloratus* 718
  T. *flavus* 718
  T. *hawaiiensis* 718
  T. *setosus* 718
  T. *tabaci* 718
Toxoptera citricidus 795, 841

Tripospermum juglandis 613
tropical citrus aphid 795, 841
two-spotted spider mite
  280, 338, 362, 417, 525, 571

U

Unaspis yanonensis 794, 840
Uncinula necator 567

V

Valsa ceratosperma 276
Venturia
  V. *inaequalis* 275
  V. *nashicola* 329
  V. *pirina* 360

W

waterlily aphid 488
white peach scale 416, 464, 489, 525, 645, 701
white-spotted longicorn beetle 797
white-striped longicorn beetle 680

X

Xanthomonas 134
  X. *campestris* 792
  X. *campestris* pv. *pruni* 409, 439
Xylotrechus pyrrhoderus 569

Y

yellow peach moth 677
yellow-spotted longicorn beetle 717
yellow tea thrips 570, 616, 718, 795, 839

Z

Zygophiala jamaicensis 279, 614

MEMO

MEMO

MEMO

MEMO

最新 果樹園芸技術ハンドブック（普及版）　定価は外函に表示

1991年11月25日　初　版第1刷
2006年 2 月20日　普及版第1刷

編 者　吉　田　義　雄
　　　　長　井　晃四郎
　　　　田　中　寛　康
　　　　長　谷　嘉　臣

発行者　朝　倉　邦　造

発行所　株式会社　朝　倉　書　店
　　　　東京都新宿区新小川町6-29
　　　　郵 便 番 号　162-8707
　　　　電　話　03（3260）0141
　　　　FAX　03（3260）0180
　　　　http://www.asakura.co.jp

〈検印省略〉

© 1991〈無断複写・転載を禁ず〉　　　新日本印刷・渡辺製本

ISBN 4-254-41029-8　C 3061　　　　Printed in Japan